Ullstein Sachbuch

Lutz Mackensen

Ursprung der Wörter

Etymologisches Wörterbuch
der deutschen Sprache

Ullstein Sachbuch

Ullstein Sachbuch
Ullstein Buch Nr. 34442
im Verlag Ullstein GmbH,
Frankfurt/M – Berlin

Ungekürzte Ausgabe

Umschlagentwurf:
Rita Nicolay
Alle Rechte vorbehalten
Mit freundlicher Genehmigung
der Südwest Verlag
GmbH & Co. KG, München
© 1985 by Südwest Verlag
GmbH & Co. KG,
München
Printed in Germany 1988
Druck und Verarbeitung:
Ebner Ulm
ISBN 3 548 34442 9

März 1988

Vom selben Autor
in der Reihe
der Ullstein Bücher:

Das große Buch
der Vornamen (34425)
Das Fachwort
im täglichen Gebrauch (34311)

CIP-Titelaufnahme
der Deutschen Bibliothek

Mackensen, Lutz:
Ursprung der Wörter: etymolog.
Wörterbuch d. dt. Sprache / Lutz
Mackensen. – Ungekürzte Ausg. –
Frankfurt/M; Berlin: Ullstein, 1988
   (Ullstein-Buch; Nr. 34442:
   Ullstein-Sachbuch)
   ISBN 3-548-34442-9
NE: HST; GT

Inhalt

Vorwort 6

Zur Benutzung 7

Einige häufige Lautveränderungen 9

Verzeichnis der Abkürzungen 11

Als Einführung 18

Wörterverzeichnis 25

Für meine Frau
und meine Kinder

Vorwort

„Ursprung der Wörter" basiert auf meinem „Etymologischen Wörterbuch" (Stuttgart 1966), das erweitert, ergänzt, dem aktuellen Sprachgebrauch und den veränderten Bedürfnissen seiner Benutzer angepaßt wurde. Dieses Buch möchte nicht nur einem eiligen Informationsbedürfnis dienen. Es hat versucht, sich auch *diesem* Anspruch zu bequemen: sein Wortschatz ist so weit gezogen, wie es sein Umfang erlaubte, und er ist möglichst dicht an die Gegenwart herangeführt. Aber noch eifriger möchte es Verständnis für die Vielfalt und die unbegreifliche Schönheit der Sprache wecken. Es stellt sich daher, neben der selbstverständlichen Absicht, dem Studenten und Lehrer zur Hand zu gehen, besonders auch auf *den* Benutzer ein, der etwas von dem Zauber der Sprache verspürt und ihm nun nachtastet. Daher die vielen Verweise von Wort zu Wort, die auf gleiche oder ähnliche Vorgänge oder Verläufe aufmerksam machen; daher die Beispiele, die zeigen, worauf etwa man achten kann, wenn man die Sprache etwas genauer sehen möchte; daher unser Bestreben, Wörter, die nach Stamm oder Wurzel zusammengehören, innerhalb eines Blocks darzustellen.

Die Vornamen, für die im gleichen Verlag und vom selben Verfasser ein eigenes Nachschlagewerk geschaffen wurde („Das große Buch der Vornamen"), konnten hier weggelassen werden. Um möglichst breite Benutzerkreise anzusprechen, wurden, wie das bei gleichartigen Werken auch geschah, die griechischen Wörter in Antiqua gesetzt (bei dieser Transkription wurde im Zweifelsfall der phonetischen vor der lautgesetzlichen Lösung der Vorzug gegeben). Die „Einführung" (Seite 18) ist meinem Buch „Deutsche Etymologie" (Bremen 1962 u. a.) entnommen.

Verlag und Autor hoffen, dem Leser und Benutzer mit diesem Werk eine nützliche Hilfe zur Verfügung stellen zu können.

Bremen, im Sommer 1985   *Lutz Mackensen*

Zur Benutzung

Dieses Buch verzichtet – nicht nur, um Platz zu sparen – bewußt darauf, Wortparallelen und -belege aus sehr entlegenen Sprachen und Zeiten beizubringen, wenn sie nicht über Ursprung oder Inhalt des Wortes Entscheidendes aussagen. Dieser Verzicht gilt nicht für die „klassischen" Sprachen (dabei bringen wir die griechischen Wörter in Transkriptionen).

Die Hinweise auf ältere deutsche Wortformen („16. Jh.", „mhd.", „ahd." usw.) möchten gleichzeitig den Zeitpunkt andeuten, seit oder zu dem das Wort im Deutschen gebräuchlich oder doch überliefert ist. Wird z. B. bei einem Wort wohl seine mhd., nicht aber seine ahd. Form vermerkt, so will das sagen, daß u. W. dies Wort erst seit dem hohen Mittelalter in unserer Sprache lebt.

Erklärung der Lautzeichen

Die Etymologie bedarf, um die von ihr ermittelten Laute möglichst unmißverständlich festzustellen, phonetischer Lautzeichen. Unser Buch hat versucht, mit ihnen sparsam umzugehen, kann sie aber nicht ganz entbehren. Die verschiedenen Lautzeichen entstammen entweder der Schriftgeschichte (wie die Buchstaben zur Wiedergabe germanischer Laute) oder beruhen auf Übereinkunft der Forscher.

Es bezeichnet

eine Vokalligatur einen gedehnten Umlaut: _æ_ = _â_, _œ_ = _ô_;

ein im Kopf durchstrichener Buchstabe eine stimmhafte mediale Spirans:
   ð (wie engl. _th_ in _with_), b (etwa wie unser _w_);

der Buchstabe þ eine stimmlose dentale Spirans (wie engl. _th_ in _Thursday_);

ein Kreis unter dem Buchstaben, daß dieser eine Silbe bilden kann (nur bei Liquiden und Nasalen): ḷ, ṛ, ṃ, ṇ;

ein Halbkreis unter den Buchstaben _i_ oder _u_ die Vorstufen unserer heutigen Spiranten _j_ und _w_ (i̯, u̯). Hochstellung (i̯, u̯) bedeutet, daß der _j_- oder _w_-Laut nachgeschlagen wird;

ein Punkt unter dem Buchstaben, daß der Laut mit der Zungenspitze am Gaumen gebildet wird („Cerebral"- oder „Kakuminallaut"): ṭ, ṣ, ḳ, ḥ, ṇ, ḍ;

waagrechte Striche über Buchstaben (ā und ē) bezeichnen unbetonte Längen.

⌢ über Konsonanten (k̂, ĝ) ihre Palatalisierung (Erweichung) (wie in _gehn_, _Kind_);

∧ über Vokalen (â, ê, î, ô, û) ihre Länge;

‿ über Vokalen (ă, ĕ, ĭ, ŏ, ŭ) ihre Kürze;

′ über an. Vokalen (á, é, í) ihre Länge, sonst den Wortton;

der Buchstabe _ƕ_ ein labialisiertes _h_ („_hv_");

das Lautzeichen ə einen Murmelvokal (wie in _habən_);

das Lautzeichen č einen _tsch_-Laut (wie in engl. _child_);

das Lautzeichen *ć* einen kombinierten Zischlaut;

das Lautzeichen *š* unsern *sch*-Laut;

das Lautzeichen *ś* einen einfachen Zischlaut;

das Lautzeichen ʒ (ahd. mhd.) und *ç* (frz.) einen scharfen *s*-Laut (= *ß*);

das Lautzeichen *ø* einen langen *o*-Umlaut (= *ȏ*);

das Lautzeichen *ǫ* einen offenen *o*-Laut;

das Lautzeichen *ą* ein nasaliertes a;

das Lautzeichen *ž* einen stimmhaften Reibelaut (wie *j* in frz. *jour*);

ḥ etwa *ch*; *å* etwa *ao*;

ein Sternchen (*) vor dem Wort, daß dieses Wort nicht überliefert ist, sondern etymologisch erschlossen wurde.

Einige häufige Lautveränderungen

Die Etymologie ist der wissenschaftliche Versuch, der Herkunft, dem Ursprung der Wörter und ihrer früheren Bedeutung näherzukommen. Dabei konnte man feststellen, daß sich die Laute im Lauf ihrer Geschichte und auf ihren Wanderungen von einem zum anderen Volk oft mit einer gewissen Regelmäßigkeit verändern: sie ändern sich von Mund zu Mund, von Generation zu Generation, von Volk zu Volk nach wiederkehrenden Sprechgewohnheiten. Die häufige Wiederkehr dieser Änderungen nennt man, etwas übertreibend, **Lautgesetze**. Auch Gesetze werden nicht immer befolgt.

Einige besonders häufige **Lautgesetze** (Lautveränderungen) sind:
> die Neigung, Laute umzustellen (**Metathese**), z. B. be**rs**ten / Ge-b**re**st;
> die Neigung, einander verwandte Laute einander anzugleichen, z. B.:
>> -**mb**- kann zu -**mm**- werden (**Assimilation**);
> die Neigung, ein Wort nach dem Muster eines älteren Wortes zu bilden (**Analogie**), z. B.:
>> Nachbildungen des Verhältnisses zweier Wörter: *Gatte*: *Gattin* / *Wolf*: *Wölfin* / *Spatz*: *Spätzin*.
>> Reimnachbildungen: *Wipfel* nach *Gipfel*.
>> Nachbildung von Zusammenbildungen: *ehren* bildet sich einen Gegenbegriff (eine „Opposition") in *entehren*; danach entsteht *entkräften* (zu dem es kein Grundwort *kräften* gibt, das vielmehr unmittelbar von *Kraft* gebildet wurde), u. a. m.;
> die Neigung, Wörter miteinander zu kreuzen („**Kontamination**"), z. B.:
>> aus *es schwebt mir vor* und *ich ahne* entsteht: *es schwant mir* (ein Zeitwort *schwanen* besteht nicht);
> die Neigung, sich Wörter neu (d. h. nicht historisch) zu erklären („**Volksetymologie**"), z. B. das Wort *Armbrust* hat weder mit *Arm* noch mit *Brust* etwas zu tun, sondern ist aus lat. *arcu-ballista* = Bogen-schleuder im Lauf der Zeit mundgerecht gemacht worden.

Eine große Rolle bei der Bildung von Wörtern spielt die Möglichkeit, Silben in bestehende Wörter einzufügen oder sie an jene anzufügen. Dies kann

> durch Voranstellung geschehen (**Präfixe**), z. B. *Wort*: **Ant**-*wort*; *fliehen*: **ent**-*fliehen*;
> durch Nachstellung erfolgen (**Suffixe**), z. B. *Sitte*: sitt-**sam** – *Hilfe*: hilf**reich** – *Liebe*: liebe-**voll** – *reich*: Reich-**tum** – *trübe*: Trüb**sal** – *ganz*: Ganz-**heit** – *Heim*: Heim-**at**. Manche Suffixe sind vormals selbständige Wörter gewesen (die Suffixbildungen waren also ursprünglich zusammengerückte Wörter); andere sind für uns undurchsichtig geworden; wir erkennen nur noch ihre Funktion (und manche waren

wohl immer nur Funktionsträger); z. B. *-er* deutet auf einen Täter (*verfolgen*: *Verfolg*-**er**; *schuldig*: *Schuldig*-**er**; *warten*: *Wärt*-**er**); *-el* deutet oft auf Geräte (*dreschen*: *Drisch*-**el**; *Gurt*: *Gürt*-**el**, *decken*: *Deck*-**el**); *-chen* und *-lein* verkleinern das Grundwort („**Deminutiva**"): *Kind*: *Kind*-**chen**: *Kind*-**lein** usw. – Was für die Suffixe gilt, trifft auch, je nach den Gegebenheiten, auf die Prä- und Infixe zu;

durch Einfügung in das Wort eintreten (**Infixe**). Auch sie erzielen eine Bedeutungsnuance; z. B. *-r-* kann eine mehrfache Wiederholung bezeichnen (z. B. *meck*-**er**-*n* = oft „*Meck!*" *sagen*: **Iterativ**); es kann auch eine **Intensivierung** andeuten (z. B. *reich*: *an*-*reich*-**er**-*n*); *-l-* kann den Grundvorgang dämpfen (z. B. *lachen*: *läch*-**el**-*n*; *Streich*: *streich*-**el**-*n*) oder seine Wiederholung (ähnlich wie *-r-*) markieren (z. B. *Funke*: *funke*-**l**-*n*) usw.

Verzeichnis der Abkürzungen

Abl. (abl.)	Ablaut (ablautend) (regelmäßiger, vom Akzent bewirkter Vokalwechsel: binden – band – gebunden; Binde – Band – Bund)
Adj.	Adjektiv (Bei-, Eigenschaftswort)
Adv. (adv.)	Adverb (adverbial) (Umstandswort)
aengl.	altenglisch (Vorstufe des Englischen, bis zum 11. Jh.; = ags.)
afries.	altfriesisch (Vorform der friesischen Mundart)
afrk.	altfränkisch (vorliterarische Stufe der frk. Mundarten, bedeutsam für die Vermittlung von Wortgut zwischen Deutschland und Frankreich)
afrz.	altfranzösisch (älteste literarische Form des Französischen; 9.–Mitte 14. Jh.)
ags.	angelsächsisch (= aengl.)
ägypt.	ägyptisch
ahd.	althochdeutsch (älteste Stufe des Hochdeutschen; 8.–12.Jh.)
aind.	altindisch (älteste Sprachstufe der arisch sprechenden Bevölkerung Nordindiens)
air.	altirisch (Stufe des Irischen zwischen dem 8. und 10.Jh.)
Akk.	Akkusativ
alb.	albanisch (ostindogermanische Sprache)
alem.	alemannisch (südwestdeutsche Mundart)
alg.	algerisch
allg.	allgemein
altäg.	altägyptisch (Sprachform des altägyptischen Reiches [hamitisch-semitisch])
altbab.	altbabylonisch (↗bab.)
altbulg.	altbulgarisch
altkelt.	altkeltisch
altlat.	altlateinisch
altschwed.	altschwedisch (Vorstufe des Neuschwedischen, vor 1526)
am.	amerikanisch (Form der englischen Sprache in den USA)
an.	altnordisch (Sprache der nordgermanischen Stämme bis zum 15. Jh.)
anfrk.	altniederfränkisch (westliches Altniederdeutsch; 9.–12. Jh.)
apers.	altpersisch (älteste Stufe des Persischen)
ar.	arabisch (semitische Mundart)
aram.	aramäisch (alte westsemitische Sprache eines Nomadenvolkes aus der arabischen Wüste)
arm.	armenisch
as.	altsächsisch (älteste Form des östlichen Niederdeutschen; 9.–12.Jh.)
aslaw.	altslawisch (älteste Form der slawischen Mundarten)
ass.	assyrisch (akkadische Mundart, am mittleren Tigris im heutigen Irak zwischen 900 und 600 v.Chr. gesprochen)
awest.	awestisch (altiranische Mundart)
azt.	aztekisch

bab.	babylonisch (Sprache der Babylonier im Irak; 3.–1. vorchristliches Jahrtausend)
bad.	badisch (im Raum des heutigen Baden vertretene Mundarten)
balt.	baltisch (indogermanische Mundarten: litauisch, lettisch, altpreußisch)
bask.	baskisch (nichtindogermanische, am Golf von Biskaya zwischen Bilbao und Bayonne gesprochene Mundart)
bayr.	bayrisch (südostdeutsche Mundart, einschließlich des Österreichischen)
beng.	bengalisch
bergm.	bergmännisch (Sondersprache der deutschen Bergleute)
berl.	berlinerisch
bes.	besonders
bibellat.	bibellateinisch
bras.	brasilianisch (kolonialisiertes Portugiesisch)
bret.	bretonisch
bulg.	bulgarisch (südslawische Mundart)
byz.	byzantinisch
chald.	chaldäisch (= babylonisch)
chin.	chinesisch (ostindochinesische Sprachgruppe)
d.	deutsch
dän.	dänisch
draw.	drawidisch (ind. Sprachgruppe)
ebf.	ebenfalls
ebso.	ebenso
eigtl.	eigentlich
engl.	englisch (Grundsprache der angelsächsischen Sprachformen)
etw.	etwas
Ez.	Einzahl (Singular)
FaN	Familienname
finn.	finnisch (Ostseemundart der finnisch-ugrischen Sprachen)
FN(N)	Flußname(n)
fries.	friesisch (anglofriesische Mundart)
frk.	fränkisch (westmittel- und niederdeutsche Mundarten)
frühnhd.	frühneuhochdeutsch (Hochdeutsch zwischen 1500 und 1650)
FrW	Fremdwort
frz.	französisch
FW	Fürwort (Pronomen)
gäl.	gälisch (keltische Mundartgruppe)
gall.	gallisch (altkeltische Mundarten auf dem Boden Frankreichs)
gemeingerm.	gemeingermanisch (allen germ. Mundarten gemeinsame Form, Erscheinung)

12

Gen.	Genitiv
germ.	germanisch
Ggs.	Gegensatz
got.	gotisch (ostgermanische Mundart)
gr.	griechisch (westindogermanische Mundart, vornehmlich = altgriechisch; vor 5. Jh. n. Chr.)
grönländ.	grönländisch
hait.	haitisch
hd.	hochdeutsch (von der Lautverschiebung ganz oder auch nur teilweise erfaßte deutsche Mundarten)
heb.	hebräisch (nordwestsemitische Sprache)
hess.	hessisch (westmitteldeutsche Mundart)
hind.	Hindustani (Mundartgruppe des Westhindi; Hauptverkehrssprache Indiens)
holst.	holsteinisch (niederdeutsche Mundart)
hunn.	hunnisch (mongolische Mundart)
id.	identisch
Imp.	Imperativ (Befehlsform des Zw.s)
Ind.	Indikativ
ind.	indisch (in Indien gesprochene indogermanische Sprachen)
indian.	indianisch
indoir.	indoiranisch (in Indien und im Iran gesprochene indogermanische Mundarten)
indoport.	indoportugiesisch (in den indischen Besitzungen Portugals gesprochene Mischsprache)
Inf.	Infinitiv (Zeitwort-Nennform)
Interj.	Interjektion (Ausruf)
ir.	irisch (keltisch-gälische Mundart)
iran.	iranisch (im Iran gesprochene indogermanische Mundarten)
isl.	isländisch (nordgermanische Mundart)
it.	italienisch
jap.	japanisch (dem Koreanischen verwandte, sonst etymologisch nicht näher bestimmbare Sprache)
javan.	javanisch (jüngere westindonesische Sprache)
Jh(h).	Jahrhundert(e)
jidd.	jiddisch (Mundart der Osteuropajuden, aus Deutsch, Hebräisch und Slawisch gemischt)
jmdm. (jmdn.)	jemandem (jemanden)
jur.	juristisch (rechtssprachlich)
kal.	kalifornisch
kar.	karibisch (indianische, südamerikanisch-westindische Mundartengruppe)
kasch.	kaschubisch (westslawische Mundart)
kelt.	keltisch
KF(F)	Kurzform(en)
kirchenlat.	kirchenlateinisch

kirchenslaw.	kirchenslawisch
kleinr.	kleinrussisch
klosterlat.	klosterlateinisch
Komp.	Komparativ (Steigerungsform des Adjektivs)
Konj.	Konjunktion (Bindewort)
kopt.	koptisch (jüngste Stufe des Ägyptischen)
kreol.	kreolisch
krimgot.	krimgotisch (spät und nur bruchstückhaft überlieferte Mundart der auf der Krim zurückgebliebenen Goten)
kurd.	kurdisch (iranische Mundart)
KW	Kunstwort (bewußt gebildetes Wort)
kymr.	kymrisch (britisch-keltische Mundart)
lad.	ladinisch (rätoromanische Mundart)
lang.	langobardisch (westgermanische Mundart)
lat.	lateinisch
laus.	lausitzisch
lib.	libysch
lit.	litauisch (baltische Mundart)
LÜ	Lehnübersetzung (wortwörtliche Übersetzung eines Fremdwortes)
LW	Lehnwort
m.	männlich (maskulin)
Ma(a). (ma.)	Mundart(en), (mundartlich)
mag.	magyarisch (ugrofinnische Mundart)
mail.	mailändisch
mal.	malaiisch (jüngere westindonesische Sprache)
md.	mitteldeutsch (nur teilweise von der Lautverschiebung erfaßte Mundarten)
meckl.	mecklenburgisch (ostniederdeutsche Mundart)
mengl.	mittelenglisch (Sprachform des Englischen zwischen dem 11. und dem 15. Jh.)
mex.	mexikanisch (etymologisch nicht immer klar definierbare indianische Mundartengruppe)
mfrz.	mittelfranzösisch (Sprachform des Französischen zwischen 1350 und 1605)
mgr.	mittelgriechisch (Sprachform des Griechischen in der byzantinischen Zeit)
ınhd.	mittelhochdeutsch (Sprachform des Hochdeutschen zwischen 1150 und 1500)
mir.	mittelirisch (Sprachform des Irischen vom 11.−15. Jh.)
mlat.	mittellateinisch (Sprachform des Lateinischen im Mittelalter)
mnd.	mittelniederdeutsch (Sprachform des Niederdeutschen im hohen Mittelalter, bis etwa 1650)
mnl.	mittelniederländisch (Sprachform des Niederländischen vom Ende des 12. bis zum 16. Jh.)
MoW	Modewort
Mz.	Mehrzahl (Plural)
Nbf(f).	Nebenform(en)

nd.	niederdeutsch (die nicht von der Lautverschiebung erfaßten deutschen Mundarten)
ndrh.	niederrheinisch
nfrk.	niederfränkisch (die nicht von der Lautverschiebung erfaßten fränkischen Mundarten)
ngr.	neugriechisch (Sprachform des Griechischen seit dem 15. Jh.)
nhd.	neuhochdeutsch (hochdeutsche Sprachform seit etwa 1500)
nl.	niederländisch
nlat.	neulateinisch (lateinische Sprachform seit dem Humanismus)
nnl.	neuniederländisch (niederländische Sprachform seit dem 16. Jh.)
nord.	nordisch
nordam.	nordamerikanisch
nordd.	norddeutsch
nordfrz.	nordfranzösisch
nordgerm.	nordgermanisch
nordit.	norditalienisch
nordostd.	nordostdeutsch
norw.	norwegisch
nub.	nubisch
obd.	oberdeutsch (die vollständig von der Lautverschiebung erfaßten deutschen Mundarten)
obs.	obersächsisch (Mundarten auf dem Boden des ehem. Kurfürstentums Sachsen)
ON(N)	Ortsname(n)
öst.	österreichisch (bayrische Mundartform)
ostafr.	ostafrikanisch
ostd.	ostdeutsch
ostfr.	ostfriesisch (aussterbende friesische Mundartengruppe)
ostfrk.	ostfränkisch (westmitteldeutsche Mundart)
ostfrz.	ostfranzösisch
ostmd.	ostmitteldeutsch
ostpr.	ostpreußisch
osttürk.	osttürkisch
Part.	Partizip (Mittelwort)
Pass.	Passiv (Leideform des Zeitworts)
per.	peruanisch (indianische Mischsprache)
pers.	persisch (indogermanische Mundart Persiens)
pfälz.	pfälzisch (westmitteldeutsche Mundart)
Pkl.	Partikel (nur der Gliederung der Rede dienendes Wort)
phön.	phönikisch (semitische, dem Hebräischen nahestehende Sprache)
PN(N)	Personenname(n)
pol.	politisch
poln.	polnisch
port.	portugiesisch
Präp.	Präposition (Verhältniswort)
Präs.	Präsens (Gegenwartsform des Zeitworts)

Prät.	Präteritum (Vergangenheitsform des Zeitworts)
prov.	provenzalisch (südfranzösische Mundart)
r.	russisch
RA	Redensart
rätorom.	rätoromanisch (romanische Mundart der Zentralalpen)
roman.	romanisch
rotw.	rotwelsch (gaunersprachlich)
rumän.	rumänisch (ostromanische Mundart)
S	Süden
s.	sächlich (Neutrum)
sächs.	sächsisch (ostmitteldeutsche Mundart)
schles.	schlesisch
SchlW	Schlagwort
schriftd.	schriftdeutsch
schspr.	schülersprachlich
SchW(W)	Schallwort (Schallwörter) (lautnachahmende Wortbildung)
schwäb.	schwäbisch
schwed.	schwedisch
schwz.	schweizerisch
sem.	semitisch
serb.	serbisch (südslawische Mundart)
siebb.	siebenbürgisch
skand.	skandinavisch
skr.	Sanskrit (alte indogermanische Hochsprache Indiens)
skyth.	skythisch (alte südrussische Nomadensprache iranischer Herkunft)
slaw.	slawisch
slow.	slowenisch (südslawische Mundart)
s.o.	siehe oben!
sold.	soldatensprachlich
sorb.	sorbisch (westslawische Mundart)
span.	spanisch
spätahd.	spätalthochdeutsch (Anfang 12. Jh.)
spätlat.	spätlateinisch
spätmhd.	spätmittelhochdeutsch (14./15. Jh.)
stud.	studentensprachlich
Subst.	Substantiv (Haupt-, Dingwort)
südd.	süddeutsch
sum.	sumerisch (agglutinierende Sprache ohne näher greifbare Beziehungen)
Sup.	Superlativ
syr.	syrisch
tah.	tahitisch (polynesische Mundart)
tam.	Tamili (zum Draw. gehörend)
tat.	tatarisch (türkische Mundart)
thür.	thüringisch (ostmitteldeutsche Mundart)
tir.	tirolerisch (österreichisch-bayrische Mundart)
tschech.	tschechisch
türk.	türkisch

u.	und
u.a.	und andere(s)
u.ä.	und ähnlich(es)
überhd.	überhochdeutsch (auf falsche Überkorrektheit abgestelltes Hochdeutsch)
übtr.	übertragen
ugs.	umgangssprachlich (in der Sprachform des Alltags)
urkelt.	urkeltisch (Vorform des Keltischen)
urspr.	ursprünglich
urverw.	urverwandt
verm(utl).	vermutlich
verw.	verwandt
vgl.	vergleiche
VkN	Volksname
VN(N)	Vorname(n)
volkset.	volksetymologisch (nicht geschichtlich, sondern assoziativ entwickelte Wortform)
volkslat.	volkslateinisch (Vulgärlatein)
vorgr.	vorgriechisch
voridg.	vorindogermanisch
vorkelt.	vorkeltisch
w.	weiblich (feminin)
wend.	wendisch (= sorbisch)
westd.	westdeutsch
westf.	westfälisch
westslaw.	westslawisch
wgerm.	westgermanisch (im Bereich der Weser-Ems-Germanen geltende Wortform)
ZaW	Zahlwort (Numerale)
zig.	zigeunerisch (arische Mundart, mit nordwestindischen Mundarten verwandt)
Zs(s).	Zusammensetzung(en)
Zw(w).	Zeitwort (Zeitwörter) (Verbum, -ben)

Als Einführung

1. Alle Wörter unserer Muttersprache zusammen bilden ihren Wortschatz. Da sich die Sprache unablässig und unaufhaltsam entwickelt, ändert sich auch ihr Wortschatz unaufhörlich.

Das gilt zunächst für den Wortschatz des einzelnen Sprechers: er trifft eine Auswahl aus dem Gesamtvorrat der Sprache, die durch seine Herkunft, seine Umwelt, seine Erlebnisse und seine Erfahrungen bedingt ist. Genaugenommen gibt es nicht zwei Personen der gleichen Sprachgemeinschaft, deren Wortschatz sich ganz deckt.

Aber auch der Wortschatz des einzelnen Sprechers wandelt sich im Ablauf seines Lebens: das Kind verfügt (nicht nur über weniger, sondern auch) über andere Wörter als der Erwachsene, der junge Mensch über andere als der alte usw.

2. Entscheidend für den Wortschatz des einzelnen ist der Sprachkreis, dem er angehört. Wir unterscheiden zunächst

Mundart – Umgangssprache – Hochsprache.

Die Mundartsprecher unserer Muttersprache gehören überwiegend bäuerlichen, Arbeiter- oder kleinbürgerlichen Kreisen an; ihre Zahl verringert sich von Jahrzehnt zu Jahrzehnt, neuerdings sprunghaft.

Die Umgangssprache, gegen Ende des 18. Jahrhunderts entstanden, strebt von der Mundart fort und zur schriftsprachlichen Form hin; gerade im Wortschatz weist sie mundartlich bedingte landschaftliche Unterschiede auf. So bezeichnen Schwaben und Schweizer das Junge des Pferdes als *Füllen,* Hessen und Niederdeutsche als *Fohlen;* der Berliner nennt die beschmierte Brotschnitte eine *Stulle,* der Sachse *Bemme,* der Thüringer *Fladen,* der Schlesier *Schnitte,* der Rheinländer *Butterram* usw. Die Umgangssprache ist heute die eigentliche Haus- und Herzenssprache des überwiegenden Teils der deutschen Sprecher.

Die Hochsprache endlich versucht, Schriftsprache in gesprochene Sprache umzusetzen; sie wird nur in einer verhältnismäßig schmalen Schicht der geistigen Führung und auch von dieser (zumal in Süddeutschland) nur bei besonderen Gelegenheiten gesprochen (Kanzel, Rede, Schule usw.). Der Gebrauch von Mundart, Umgangs- und Hochsprache regelt sich also für die meisten Gegenwartsdeutschen nach der Sprechgelegenheit.

3. Zu den Lebenskreisen, die den Wortschatz des einzelnen mitbestimmen, gehören auch sein Beruf und seine Standesgruppe. Auch sie haben für ihre Bedingtheiten eigene Wort- und Bedeutungssprachen gebildet, die wir als Sondersprachen bezeichnen und bei denen wir zwischen

Berufs- und Gruppensprachen

unterscheiden.

Berufssprachen sind zum Beispiel die Jäger-, Seemanns-, Tischler-, Bergmanns- oder Druckersprache; auch Gelehrte, Ärzte, Pfarrer, Techniker usw. haben ihren eigenen Berufswortschatz.

Gruppensprachen sind zum Beispiel die Soldaten-, die Studenten- oder die

Gaunersprache (das sogenannte Rotwelsch, das heißt, der Wortschatz der Landstreicher und Verbrecher).

4. Ist schon der Begriff „Wortschatz" beim einzelnen Sprecher eine schwer-bestimmbare, flutende und uneinheitliche Größe, so wird er im geschichtlichen Ablauf eine nur wissenschaftlich faßbare Vorstellung, die alle erreichbaren Tatsachen zu einem im Grunde unwirklichen Bild vereinigt.

Der Wortschatz einer Zeit, einer Landschaft oder einer Person (im Gesamtablauf oder zu einer bestimmten Zeit ihres Lebens) wird nur im Wörterbuch greifbar; ein Wörterbuch aber, das den ganzen Wortschatz einer Sprache in Geschichte und Gegenwart erfaßt, ist nicht denkbar; auch das „Deutsche Wörterbuch" der Brüder Grimm, das vor mehr als hundert Jahren (1854) zu erscheinen begonnen hat und erst seit kurzer Zeit abgeschlossen ist, enthält nur eine Auswahl der in unserer Geschichte und Gegenwart vorhandenen deutschen Wörter.

5. Unser Wortschatz ist aus

Erbgut – Neugut – Fremdgut

zusammengewachsen. Als Erbgut bezeichnen wir die Wörter, die unsere Vorväter aus ihrer indogermanischen Urzeit mitgenommen und beibehalten haben. Die Wörter, die sie aus eigenem Sprachgut und ohne fremde Vorbilder dann im Lauf unserer Geschichte gebildet haben, nennen wir Neugut. Es entsteht entweder durch Wortschöpfung, d. h. durch Nutzung einer bisher noch nicht als sinnvoll empfundenen Lautgruppe, oder durch Wortbildung, d. h. durch Fortbildung einer bereits sinnerfüllten Lautgruppe (etwa Zusammensetzungen und Ableitungen). Je älter eine Sprache ist, um so seltener sind ihre Wortschöpfungen, um so häufiger ihre Wortbildungen. Das Fremdgut schließlich besteht aus Wörtern, die aus fremden Sprachen in die deutsche herübergenommen oder nach dem Vorbild fremdsprachlicher Wörter gebildet sind.

Hat ein Wort, das aus einer anderen in unsere Sprache herübergenommen wurde, Lautentwicklungen unserer Muttersprache mitgebracht, so bezeichnen wir es als Lehnwort; ist das nicht der Fall, nennen wir es Fremdwort. Unser Wort *Fenster* z. B. entstammt dem lat. *fenestra*; es hat den Ton auf die erste Silbe zurückgezogen und sich damit den deutschen Betonungsgesetzen unterworfen; es ist also ein Lehnwort. Das Wort *Paragraph,* das über das Lateinische aus dem Griechischen zu uns gekommen ist, hat zwar die griechische Endung abgeworfen, aber die fremde Endbetonung beibehalten und auch sonst lautlich nichts geändert; es ist ein Fremdwort geblieben. –

Ein deutsches Wort, das ein fremdsprachiges Wort aus eigenem Sprachstoff nachzuahmen sucht, heißt Übersetzungslehnwort oder Lehnübersetzung. So ist unser Wort *Gewissen* genau dem lat. *conscientia* nachgeformt *(con = Ge-; scire = wissen)*; es ist eine Lehnübersetzung.

Manchmal sind die Fremdwörter, die zu uns kommen, ursprünglich germanischer oder deutscher Herkunft, Teile unseres alten Wortschatzes, die auf die Wanderschaft gegangen sind und nun zurückgeholt werden. Man nennt sie Rückwanderer. So ist das Lehnwort *Banner,* im Mittelalter aus dem frz. *bannière* herübergeholt, aus dem westgermanischen Wort *banda* = Zeichen ins Romanische gedrungen; etwa gleichzeitig kehrte auch das Wort *Galopp* zu uns zurück, das die Romanen der altfränkischen Heeressprache des 8. Jahrhunderts entlehnt hatten (eigentlich hieß es: *wala hlaupit* = es läuft gut, wohl).

6. Die Geschichte des deutschen Wortschatzes ist kein Wachstum schlecthin. Jedem Mehr auf der einen entspricht vielmehr ein Minder auf der anderen Seite. Wenn neue kulturelle, politische oder wirtschaftliche Gegebenheiten ihren Ausdruck suchen, wenn alte Gegebenheiten aufgegeben werden oder absterben, werden neue Wörter nötig.

Ein aufschlußreiches Beispiel für diesen Vorgang ist die Tatsache, daß unsere Bezeichnungen für „Kupfer" mehrfach gewechselt haben. In den ältesten Zeiten, die sich unserer Forschung erschließen, galt bei den Germanen ein Wort, das etwa *ajiz* gelautet haben muß und mit lat. *aes* verwandt war; unser Beiwort *ehern* gehört zum gleichen Stamm, der eigentlich das „Metall von der Insel Agasja" (so hieß der alte Name für Kypros) bedeutete. Dann entlehnten unsere Vorväter aus dem Sumerischen das Wort ahd. *aruzzi* (= sum. *urudu*), das sich im Lauf der Zeiten zu unserem Wort *Erz* entwickelte. Schließlich kam vom lat. *aes cyprium* (= Erz aus Kypros, über das Mittellateinische *cuprum*) die ahd. Bildung *kupfar* – nhd. *Kupfer* zustande. Woher erklärt sich dieser Wortwandel für die gleiche Sache? Es war eben *nicht* die gleiche Sache, die in den verschiedenen Zeiten verschieden benannt wurde; vielmehr wechselten die Legierungsmethoden und die Verwendungsweisen des Metalls. Das älteste Wort ist abgestorben und nur noch im Beiwort *(ehern)* erhalten; das zweite *(Erz)* zu allgemeiner Bedeutung („mineralhaltiges Eisen") abgeblaßt; das dritte *(Kupfer)* ist für unsere Zeit (und nun seit einem Jahrtausend) die als gemäß empfundene Bezeichnung des Metalls. Ob für immer? Das wissen wir nicht. Neben diesem Wortwandel *(ajiz – Erz – Kupfer)* gibt es aber auch einen Inhaltswandel, wenn nämlich für die neue Sache ein altes Wort benutzt wird.

Unser Lehnwort *Meister* entstammt dem lat. *magister* und bezeichnete demgemäß zunächst den Lehrer, dann den Lehrherrn und Gelehrten, in weiterer Entwicklung sinngemäß den Schulvorsteher so gut wie den Handwerker, der Lehrlinge anlernen konnte (Zunftmeister), schließlich jeden überlegenen Könner seines Faches.

Der Bedeutungswandel ist immer das Ergebnis einer kulturellen, wirtschaftlichen, geistigen oder politischen Änderung; er betrifft daher niemals nur *ein* Wort, sondern verschiebt die Sinngehalte aller Wörter, die zum gleichen Bedeutungskreis gehören. So kann der Inhaltswandel, der z. B. unserm Wort *Elend* im Lauf der Jahrhunderte einen ganz anderen Sinngehalt zugeschoben hat, als es ursprünglich hatte (nämlich = Ausland, Fremde), nur dann verstanden werden, wenn man den ganzen Bedeutungskreis des alten Wortes *Elend*, sein sog. Wortfeld, mitbetrachtet. Dann wird z. B. deutlich, daß „Elend" für „Ausland" etwa in der gleichen Zeit abkommt, in der „Vaterland" sich an die Stelle von „Heimat" setzt, d. h. als eine nüchterne Vernunftszeit allzu gefühlsbetonten Wörtern abhold wurde. Dadurch wurde *Elend* für den Gefühlsbereich frei, in dem es sich nun weiterentwickelte (= hochgradige Not; als Beiwort *elend* später auch = erbärmlich, schurkisch).

7. Unser Wortschatz läßt sich also
a) soziologisch begreifen; dann gliedert er sich in

Mundart
umgangssprachliche
sondersprachliche } Wörter
hochsprachliche

Oder man kann ihn
b) geschichtlich betrachten; dann zeigt er ein Nebeneinander, Ineinander
und Nacheinander von

Erbgut
Neugut { Fremdwort
Fremdgut { Lehnwort
Lehnübersetzung.

Seine innere Bewegung stellt sich als

Wortwandel oder
Sinngehaltswandel (innerhalb des Wortfeldes) dar.

Zu Wort- und Sinngehaltswandel kommt schließlich ein Gestaltswandel.
Schon ein flüchtiger Vergleich etwa eines Gedichtes von Walther von der
Vogelweide mit einer modernen Strophe zeigt, daß viele Wörter, die dort
auftauchen, zwar unsern heutigen Wortformen ähnlich, keinesfalls aber
gleich sind. Das Lautbild der Sprache fächert sich also nicht nur geographisch
auf, sondern ändert sich auch in seinem geschichtlichen Ablauf; unsere
heutige Lautform hat sich „entwickelt"; rückwandernd durch die Jahrhun-
derte läßt sich feststellen, wie sie sich verändert hat. Dabei erweist es sich,
daß sich ein Laut nicht nur in einem Worte wandelt, sondern überall, wo er
unter den gleichen Voraussetzungen auftritt. Dem Zurückblickenden scheint
sich der Lautwandel gesetzlich zu vollziehen; tatsächlich hat er sich, von
einem bestimmten Punkt ausstrahlend, allmählich verbreitert. Am Beginn
jedes Lautwandels steht ein Strukturwandel im Gefüge der muttersprachli-
chen Gemeinschaft: sie wird von Anderssprechenden, die sie politisch oder
kulturell beeinflussen, über- oder unterwandert und übernimmt von ihnen
allmählich die eine oder andere lautliche Eigenheit. Der Wissenszweig, der
den Sinn- und Lautwandel im Ablauf der Wörtergeschichte untersucht, heißt
Etymologie.
8. Die germanischen Sprachen, zu denen das Deutsche gehört, sind historisch
und etymologisch ein Teil der indogermanischen Sprachfamilie, von der sie
sich, nordwestwärts wandernd, im letzten vorchristlichen Jahrtausend lang-
sam zur Eigenständigkeit gelöst haben. Die Auseinandersetzung mit den
Völkern, die sie auf ihrem weiten Wanderweg trafen, hinterließ auch tiefe
Spuren im Lautbild ihrer Dialekte: in jenen Jahrhunderten gingen die
Germanen vom schwebenden Wortton zur Erstbetonung über und entwik-
kelten im Vollzug der sog. „ersten Lautverschiebung" neuartige Reibelaute,
die ihren Sprachverwandten fremd waren und ihrer Sprechweise nun eine
Rauheit verlieh, die auf andere leicht abstoßend wirkte.
Eine zweite isolierende Lautentwicklung machten die Deutschen rund ein
Jahrtausend später, als sie sich in Mittel- und Süddeutschland neue Wohn-
sitze eroberten, durch.

Die „zweite Lautverschiebung" trennte die Lautform ihrer Mundarten von der der übrigen Germanenstämme; nun erst läßt sich von einer „deutschen" Sprachgruppe reden. Im einzelnen mutet manche Veränderung, die sich in der zweiten Lautverschiebung ergab, wie eine Wiederholung der ersten an; auch diesmal verstärkte die Neubildung einer reibelautartigen Lautgruppe (der sog. „Affrikaten" *pf, tz, kch*) und die Entstehung von Doppelspiranten (*ff, hh, ß*) den Charakter der Rauheit unserer Sprache. Aber die lautliche Isolierung der deutschen Sprache ergab sich nicht nur durch konsonantische Umbildungen; auch im Vokalstand zog die Erstbetonung weittragende Umformungen wie den Umlaut nach sich (Vokale der Folgesilben wirken auf die Stammsilben ein). Umlauterscheinungen haben unsern Vokalbestand seit dem Urgermanischen anhaltend und häufig verwandelt, Lautverschiebungen benötigen jeweils „nur" etwa 300 bis 500 Jahre, um sich in allen Mundarten durchzusetzen. Zu den Umlautungen treten mehrfache Mono- und Diphthongierungen sowie Vokalschwächungen.

Die vielverästelte Bewegung läßt sich etwa so verdeutlichen:

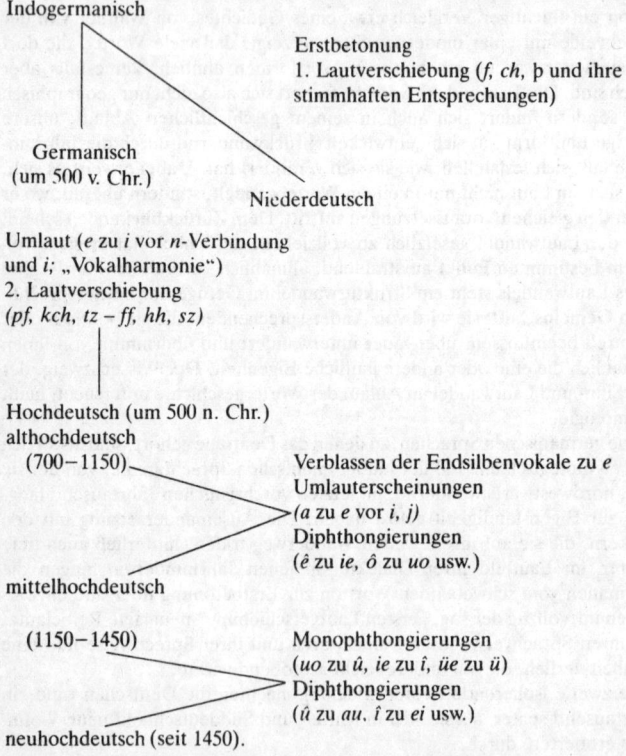

Indogermanisch

Erstbetonung
1. Lautverschiebung (*f, ch, þ* und ihre stimmhaften Entsprechungen)

Germanisch
(um 500 v. Chr.)

Niederdeutsch

Umlaut (*e* zu *i* vor *n*-Verbindung und *i;* „Vokalharmonie")
2. Lautverschiebung
(*pf, kch, tz – ff, hh, sz*)

Hochdeutsch (um 500 n. Chr.)
althochdeutsch
(700–1150)

Verblassen der Endsilbenvokale zu *e*
Umlauterscheinungen
(*a* zu *e* vor *i, j*)
Diphthongierungen
(*ê* zu *ie, ô* zu *uo* usw.)

mittelhochdeutsch

(1150–1450)

Monophthongierungen
(*uo* zu *û, ie* zu *î, üe* zu *ü*)
Diphthongierungen
(*û* zu *au, î* zu *ei* usw.)

neuhochdeutsch (seit 1450).

Beispiel:

Unser Wort „Pfefferminz" kommt aus dem lat. *mentha piperita*. Die beiden lateinischen Wörter erscheinen bei uns umgestellt. *p* im Anlaut wurde in der 2. Lautverschiebung zur Affrikata *pf,* nach Vokal im gleichen Zeitraum zur Doppelspirans *ff;* die 2. Hälfte des Wortes (*-ita*) ist durch die germanischen Auslaut„gesetze", eine Folge der Erstbetonung, abgestorben. – Das *m* von *mentha* blieb unverändert; *e* wurde vor der *n*-Verbindung zu *i* umgelautet, *t* nach Konsonanz zur Affrikata *(t)z* verschoben; das auslautende *a* im Althochdeutschen zu *e* abgeblaßt. – Mit Ausnahme dieser Auslautschwächung liegen alle Lautveränderungen, die die lateinische Bezeichnung auf ihrem Wege vom Latein zu uns durchgemacht hat, im germanischen Zeitraum: es muß demnach in urgermanischer Zeit, d. h. zwischen der Isolierung der germanischen Sprachen vom Indogermanischen und der des Deutschen vom Germanischen entlehnt sein.

A

-a in ONN, FNN (*Fuld-a, Werr-a*) ↗
-ach!

Aal m. germ. Fischname ohne idg.
Entsprechung. Verw.: ↗ *Ahle*, al-
so = pfriemenförmiger Fisch?
↗ *Alant¹*. – **sich aalen** Zw. sich rä-
keln, 19. Jh. aus ostmd. Maa. –
aalglatt Adj., 19. Jh. – **Aalraupe** w.
Dorschart, Zs. 16. Jh. *Aal* + *lat.
rubeta* Kröte (ahd. **rupta*, mhd.
rutte, ruppe). Volkset. an *Raupe*
angelehnt.

Aar m. idg. Vogelname, mhd. *ar*
neben *arn*, ahd. *aro, arn*, got. *ara;*
urverw. gr. *órnis* Vogel; eigtl. =
Vogel schlechthin. Daneben seit
12. Jh. (höfische Falknerei): *adel-
are* edler, jagdbarer Aar, ↗ *Adl-er*,
das sich in den folgenden Jhh.
ausbreitet und *Aar* zurückdrängt;
Neubelebung als poetisches Wort
Mitte 18. Jh. Ugs. nur noch in Zss.
Aarweihe, Fisch-, Hühner-, Stock-
aar. *Arn-old*, ferner ↗ *Sperb-er*.

Aas s. Tierleiche, mhd. ahd. *âs* Fut-
ter; *âʒ* Speise. Abl. zu ↗ *essen*.
Eigtl. = Speise. ↗ *äsen*. **aasen** Zw.
Fell vom Fleisch säubern, 18. Jh.;
vergeuden, 18. Jh. **aasig** Adj. eigtl.
= was wie Aas riecht oder
schmeckt; übtr. 19. Jh.

ab Adv. idg. Präp. (gr. *apó*, lat. *ab*)
mhd. *ab(e)*, ahd. *aba* von – weg,
von – hinab, got. *af* (engl. *of*). Da-
zu vermutl.: ↗ *aber*, ↗ *Ebbe*,
↗ *Ufer*. Vgl. auch: ↗ *von*.

Abart w. eigtl. = schlechte, herun-
tergekommene Art; dann (18. Jh.)
= Neben-, Spielart; zunächst na-
turwiss. Fachwort; vom Zw. **abar-
ten** abweichen, 17. Jh. LÜ von lat.
degenerare (↗ *degenerieren*).

abäschern Zw. sich abjagen, sich ab-
hetzen, zu *Äscher* m. Mischung aus
Asche und Kalk zum Beizen. Eigtl.
= beim Beizen ermüden, 18. Jh.

Oder zu holst. *Ascher* Spaten aus
Ebenholz (= beim Graben er-
müden)?

Abbau m. bergm. = (Ort der) Ge-
winnung von Bodenschätzen; 20.
Jh. = vorzeitige Pensionierung. **ab-
bauen** Zw. bergm. = ausbeuten;
20. Jh. = vorzeitig pensionieren.
↗ *bauen!*

Abbé m. vgl. ↗ *Abt*.

abblitzen Zw.: *jmdn. abblitzen las-
sen* = schroff abweisen, eigtl. =
das Pulver auf der Pfanne wir-
kungslos aufblitzen lassen (beim
Abschuß der urspr. Gewehre);
übtr. 19. Jh.

Abbreviatur w. Abkürzung, aus
mlat. *abbreviatura* (lat. *brevis*
kurz) um 1500. ↗ *Brief.*

Abbruch m.: *jmdm. Abbruch tun*
ihn beeinträchtigen, mhd. *abe-
bruch* zu *abebrechen* Zw. schädi-
gen, wegnehmen.

Abc s. Anfangsgründe, mhd. *abece-
de* (lat. *abecedarius* Gedicht, des-
sen Zeilen jeweils mit einem Buch-
staben in der Folge des Alphabets
beginnen); daneben seit 1200 *abe-
ce*. **Abc-Schütze** m. seit Ende 16.
Jh. für älteres ↗ *Schütze* Schulan-
fänger. Volkset. LÜ aus lat. *tiro*
Neuling, fälschlich zu it. *tirare*
schießen gestellt.

abdanken Zw. für frühnhd. = mit
Dank entlassen; 17. Jh. = zurück-
treten. ↗ *Dank.*

Abdecker m. Schinder, frühnhd. *ab-
decken* (dem Wild) die Haut abzie-
hen, schinden; ↗ *Decke* Haut des
Wildes.

Abend m. mhd. *âbent*, ahd. *âband*
(verw. engl. *evening*). Zu gr. *epí*
auf, *épithe* hinten, *opsé* nachher;
eigtl. = hinterer Teil (des Tages).
In ↗ *Sonnabend, Christabend, Hei-
ligabend* = einem Feste vor-

aufgehender Tag. Gen. und Akk. werden als Adv. gebraucht: *abends um 7 Uhr, gestern abend.* **Abendland** s. 19. Jh. für älteres *Abendländer;* LÜ für *⁄ Okzident.* **Abendmahl** s. mhd. *âbentmâl* Abendessen, seit Luther = Altarsakrament. **Abendrot** s. seit mhd. *âbentrôt,* jedoch selten; häufiger seit Ende 18. Jh. für älteres *Abendröte* (mhd. *âbentrœte*); nach *⁄ Morgenrot, Morgenröte* gebildet. Also wohl zu *⁄ Rat.*

Abenteuer s. mhd. *âventiure,* 12. Jh. aus frz. *aventure,* von lat. *adventura,* dies vom Zw. *advenire* sich zutragen (*⁄ Advent*); = was sich zutragen wird. **Abenteurer** m. mhd. *âventiurœre.*

aber Konj., Adv. mhd. *abe(r),* ahd. *abur, avar* abermals, dagegen. Verw.: got. *afar* nach(her). Vermutl. Komp. zu *⁄ ab.* Nach Vorbild von *abe-r* entsteht: *⁄ ode-r.* **Aberglaube** m. seit 15. Jh. für älteres *Mißglaube* (so meist Luther); seit 17. Jh. vorherrschend. Zs. mit *aber-* dagegen; vgl.: *Aberwitz* Unverstand. **abergläubisch** Adj. 16. Jh.; noch Adelung verteidigt (obd.) *abergläubig.* – **abermal** Adv., erst nhd. verdeutlichend für *aber* abermals.

Aberraute w. Stabwurz, Artemisia abrotanum. Volkset. aus mnd. *âverrûte,* as. *abarata, aberûthe,* dies aus lat. *abrotanum* Stabwurz (ahd. *avaruʒa,* frühnhd. *abrausch,* nhd. obd. *Affrusch*).

abfällig Adj. 16. Jh. = abtrünnig; so bis Ende 18. Jh.; dann = ungünstig beurteilend.

Abfindung w. 17. Jh. zum Zw. *abfinden,* mnd. *afvindinge* Verurteilung, Vergleich(szahlung).

abflauen Zw. Seemannswort, mhd. *flewen; ⁄ flau, ⁄ Flut, ⁄ fließen.*

Abfütterung w. scherzhaft um 1800 zum Zw. *abfüttern* 18. Jh. = Futter geben.

abgebrannt Adj. verarmt, eigtl. = wessen Haus abgebrannt ist. Kurz vor dem Dreißigjährigen Kriege

aufgekommen, in der Landsknechtssprache = verarmt; im 18. Jh. von Studenten umgedeutet.

abgebrüht Adj. nicht zu *brühen* sieden, sondern zu mnd. *brü(d)en* geschlechtlich verkehren, 16. Jh. Später volkset. zu *brühen* gestellt, parallel dazu 19. Jh. *⁄ hartgesotten.*

abgedroschen Adj. nach lat. *verba trita* = gedroschene Wörter; 18. Jh. zum Zw. *abdreschen* ganz ausdreschen.

abgefeimt Adj. Mitte des 15. Jh.s zum Zw. *abfeimen* den Schaum (*⁄ Feim*) abnehmen, klären. Eigtl. = geklärt, dann = durchtrieben (gleiche Entwicklung bei *⁄ raffiniert*). *⁄ Abschaum.*

abgekarte(r)t Adj. zum Zw. *abkarten* Spielkarten nach heimlicher Verabredung geben, 18. Jh. *⁄ Durchstecherei.*

Abgeordnete m., w. 17. Jh. LÜ nach frz. *déligé.*

abgeschieden Adj. abseitig; tot; Part. Prät. zu mhd. *abescheiden* Zw. entfernen, entlassen, bei Mystikern = vom Irdischen lösen; *⁄ Abschied.*

abgeschmackt Adj. seit Mitte 17. Jh. neben älterem *abgeschmack* geschmacklos. Vielleicht zu mhd. *âsmec* geschmacklos, oder LÜ nach frz. *dégoûtant?*

abgespannt Adj. 2. Hälfte 18. Jh. Eigtl. = von der Spannung gelöst. *⁄ spannen.*

Abgott m. Bildung der Germanenmission; got *afguʂs* gottlos nach gr. *asebês.* Ahd. *daʒ abgot* Götze(nbild), noch mhd. *daʒ* nom *der abgot.* Eigtl. = weg von Gott, falscher Gott. **abgöttisch** Adj. mhd. *abgötisch* gottlos.

Abgrund m. mhd. *abgrunt* neben älterem mhd. *abgründe,* ahd. *abgrunti.* D.-nl. Wort. Eigtl. = Stelle, an der der Grund abstürzt.

Abgunst w. mhd. *abegunst* neben häufigerem *abegünste* von jmdm. abgewandte freundliche Gesinnung; vom Zw. *⁄ gönnen. ⁄ Gunst.*

abhanden Adv. mhd. *abe handen,*

ahd. *aba hantum* von (aus) den Händen: Präp. ∕ *ab* + alter Dativ-Plural von *Hand.* Urspr. obd. Noch lebendig in **abhanden kommen** Zw. ∕ *behende,* ∕ *vorhanden,* ∕ *zufrieden.*

Abhandlung w. Mitte 17. Jh. für lat. *tractatus* von Schottel gebildet.

Abhang m. Ende 15. Jh.; 17. Jh. (Zesen) als LÜ aus frz. *déclivité* (von lat. *declivitas*) vereinzelt; 18. Jh. ugs. – ∕ *Hang.*

abhängen Zw. LÜ 18. Jh. von frz. *dépendre.* **abhängig** Adj. 2. Hälfte 15. Jh. = abwärts gehend; übtr. Ende 18. Jh.

Abhilfe w. LÜ um 1800 von frz. *remède.*

abhold Adj. sätmhd. *abholt;* urspr. obd.; allgem. schriftsprachl. erst durch die Klassik. ∕ *hold.*

Abiturient m. 19. Jh. aus nlat. *abituriens* wer abgehen wird. Dazu **Abitur(ium)** Abschlußprüfung einer höheren Schule. Nlat. *abiturire* abgehen werden für lat. *abire* abgehen. Vgl.: ∕ *Trance,* ∕ *transitiv.*

abkanzeln Zw. Mitte 18. Jh. Eigtl. = von der Kanzel herab tadeln.

Abklatsch m. Ende 19. Jh. vom Zw. *abklatschen* ohne Pressen abbilden, Holzstücke in Blei drücken (Buchdruckerwort).

Abkommen s. substantiv. Inf. vom Zw. *abkommen* übereinkommen, 18. Jh.; davor (17. Jh.) = abstammen. Dazu: **Abkömmling** m.

abkratzen Zw. sich entfernen, sterben, eigtl. = bei Verabschiedung als Andeutung einer Verbeugung (*Kratzfuß* m., 18. Jh.) mit den Füßen scharren.

Ablaß m. mhd. der *ablâʒ,* ahd. *daʒ ablâʒ;* got. *aflêts* Vergebung, zum Zw. got. *aflêtan* ahd. *ablâʒʒan* erlassen, vergeben.

Ablaut m. 1819 von Jakob Grimm aufgegriffen zur Bezeichnung des gesetzl. Wechsels im Wurzelvokal der starken Verben; vorher (seit Mitte 16. Jh.) abschätzig für den ungleichmäßigen Lauf der starken Verben.

Ableger m. Pflanzentrieb, Mitte 18. Jh. zum älteren Zw. *ablegen* beiseite legen.

Ableitung w. LÜ von Schottel Mitte 17. Jh. aus lat. *derivatio.*

abluchsen Zw. Intensivbildung 18. Jh. zu *ablugen* (∕ *krächzen* zu *krachen,* ∕ *falzen* zu *falten,* ∕ *schnitzen* zu *schneiden,* ∕ *nützen* zu *genießen*).

abmachen Zw. mnd. *afmaken* fertig machen; hd. erst seit 1700, zunächst nur ugs.

abmurksen Zw. stud. Scherzbildung, bei der Verdrehungen von lat. *mortuus* und das rotw.-schwäb. *marixeln, morixeln* töten (erweiternde Bildung zu heb. *ragam* steinigen) mitspielen. Auch nd. *murken* töten (dazu: md. *murksen* herumpfuschen) mag eingewirkt haben.

abmustern Zw. die Schiffsmannschaft entlassen, zum Zw. *mustern* Soldaten überprüfen, dies vor 1500 schwz. von ∕ *Muster.*

abonnieren Zw. vorausbestellen, 18. Jh. aus frz. *abonner* festsetzen, vereinbaren (afrz. *abosner* abgrenzen; ∕ *borniert*). – **Abonnement** s. Ende 18. Jh. aus frz. *abonnement.*

Abort m. mnd. *afort* abgelegener Ort, so auch zuerst hd. (18. Jh.); kurz vor 1800 = Abtritt. – Dagegen: **Abort** m. = Fehlgeburt, 19. Jh. aus lat. *abortus* (*abori* Zw. abgehen) für älteres *Abgängling* m. Frühgeburt (Adelung).

sich abplacken Zw. sich abmühen, steigernd zu ∕ *plagen,* 18. Jh.

sich abrackern Zw. sich sehr abmühen, um 1800 von ∕ *Racker* Abdecker, Schinder, dies zu nd. *racken* zusammenfegen (mnd. *raken* scharren); urspr. nordd. ugs.

abrichten Zw. mhd. *aberihten* richtig machen; dann = unterrichten; schließlich (bes. jägersprachl.) = eine Fertigkeit beibringen.

Abriß m. Entwurf, Skizze, zu *Riß* Grundriß, mhd. ahd. *riʒ* Buchstabe; seit Mitte 16. Jh. (Luther: *abreißen* Zw. Umrisse zeichnen).

abrupt Adj. abgerissen, 18. Jh. aus lat. *abruptus* (lat. *abrumpere* abreißen).

abrüsten eigtl. = ein Gerüst abbrechen; 1862 als LÜ von frz. *désarmer*.

absacken Zw. sinken, ohnmächtig werden, nmd. *zakken* sinken; seemannssprachlich (nicht zu *Sack*, sondern verw. mit: ∕ *sinken*). ∕ *versacken*.

Absage w. vom Zw. mhd. *abesagen* widerrufen; kurz nach 1800 erneuert.

abschalten Zw. sich erholen; 20. Jh., eigtl. = das Empfangsgerät abstellen.

abschätzig Adj. abfällig, alpenländ. Bildung (älter *abschatz*, *abschätze*), durch Wieland literarisch, durch Lessing und Jean Paul üblich.

Abschaum m. urspr. = Unreinlichkeit, die von siedender Flüssigkeit ausgestoßen wird; dann = minderwertiger Mensch (seit 1500). ∕ *abgefeimt*.

Abschied m. spätmhd. *abeschit*, *-scheit*, zu spätmhd. *abescheiden* entfernen, entlassen, verabschieden. ∕ *abgeschieden*.

abschlägig Adj. 16. Jh. zu *Abschlag*, mhd. *abeslac*, urspr. = abgeschlagenes Holz; dann Preis-, Schuldminderung (15. Jh.) = Zurückweisung, abschlägige Antwort.

abschrecken Zw. mhd. *abeschrekken* durch Schreck abbringen. Eigtl. = wegspringen lassen (∕ *schrecken*). Erst 16. Jh. = schnell abkühlen machen.

abschüssig Adj. (17. Jh. *abschießig*) um 1700 zu *Abschuß* jähe Neigung einer Erdfläche.

Abseite w. mhd. *apsîte*, zu ahd. *absîda*, dies aus lat. *absida* (gr. *ápsis*). Volkset. an *Seite* angelehnt.

abseits Adv. Ende 17. Jh. für älteres *abseit*, Umkehrung des neben ihm bestehenden *seitab*. Durch Goethe und Schiller wird das im 18. Jh. als obd. geltende *abseits* gesamtdeutsch. – Fußball: nach Vorbild von engl. *offside* = verbotene Stellung zwischen Gegnertor und Ball.

Absicht w. erst im 18. Jh. für älteres *Absehen*; urspr. sinnlich = zielende Richtung der Augen; dann = Visier an Meßwerkzeugen und Gewehren; schließlich = Richtung des Geistes auf etwas. **absichtlich** Adj. kurz vor 1800.

Absinth m., 19. Jh. aus frz. *absinthe*, dies aus lat. *apsinthium* (gr. *apsínthion*). Die Wurzel *-intho* ist vorgriech.; ∕ *Labyr-inth*, *Kor-inth*.

absolvieren Zw. ableisten, abschließen, 16. Jh. aus lat. *absolvere* loslösen, vollenden. Dazu 19. Jh. **Absolvent** m. wer eine Schule durchlaufen hat. **absolut** Adj. 17. Jh. aus lat. *absolutus* (Part. Prät. zu *absolvere*); Einfluß von frz. *absolu*. ∕ *resolut*. **Absolutismus** m. 19. Jh. aus frz. *absolutisme*.

absorbieren Zw. ganz beanspruchen, 17. Jh. aus lat. *absorbêre* verschlingen (*sorbêre* verschlucken); dazu 20. Jh. nach engl. Vorbild **Absorber** m. Sauggerät.

abspenstig Adj. 16. Jh. neben älterem *abspennig;* häufig erst 18. Jh. Zu ahd. *spanst* Verlockung, ahd. *spenstig* verlockend, beide zu ahd. *spanan* locken. ∕ *Gespenst*, ∕ *spannen*, ∕ *widerspenstig*.

Abstand m. Entfernung, als Rechtswort 16. Jh. zu mhd. *abstân*, *abstên* verzichten, zurücktreten (heute: *Abstand von etw. nehmen*). Von Zesen Mitte 17. Jh. als LÜ von lat. *distantia* aufgegriffen, von der mathemat. Fachsprache 18. Jh. übernommen, von dort militärisch und bei den Turnern.

Abstecher m. zu nd. *afsteeken* mit dem Bootshaken abstoßen, um 1700 *afste(e)ker; een afste(e)ker maken* zu kleiner Fahrt mit dem Boot vom Schiff abstoßen. In der 2. Hälfte 18. Jh. ins Hd. übernommen.

abstimmen Zw. für älteres *stimmen*, in der Zeit der Frz. Revolution als Eindeutschung von *votieren*. Frühere Bedeutungen: ein Instrument stimmen, eine abweichende Meinung haben. **Abstimmung** w. von Stieler Ende 17. Jh. LÜ von lat. *dissensio;* ein Jh. später für lat. *votum.*

Abstinenz w. 16. Jh. aus lat. *abstinentia* Maßhalten im Essen und Trinken; 19. Jh. = Verzicht auf Alkohol, unter Einfluß von engl. *abstinence.*

abstrakt Adj. 1. Hälfte 18. Jh. aus lat. *abstractus* (zu *abstrahere* weg-, abziehen, das im 16. Jh. d. **abstrahieren** ergab. Dazu: **Abstraktion** w. 18. Jh. aus spätlat. *abstractio.* – ⁄ *trachten,* ⁄ *Attraktion,* ⁄ *Kontrakt,* ⁄ *Porträt,* ⁄ *subtrahieren*).

abstufen Zw. schriftd. kurz vor 1800; davor bergm. = in Stufen abbauen.

Absud m. zurückbleibende Flüssigkeit beim Abkochen von Kräutern, Neubildung Ende 18. Jh. zu ⁄ *sieden.* Eigtl. = Abgesottenes.

absurd Adj. um 1600 aus lat. *absurdus* (*surdus* taub). Eigtl. = von einem Tauben kommend, mißlautend; durch Thomasius philos. gebraucht. ⁄ *surren.*

Abszeß m. eitriges Geschwür, mediz. 18. Jh. aus lat. *abscessus,* vom Zw. *abscedere* abgehen.

Abt m. Wort der römischen Mission, aus lat. *abbas, abbātem,* ahd. *abbat,* mhd. *abbat, abbet, apt* (frz. *abbé,* aus afrz. *ábes,* it. *abáte,* engl. *abbot*). Ursprung: aram. *abba* Väterchen (Lallwort), über das Bibelgr. (*ábbas*) ins Lat. (4. Jh.). **Abtei** w. aus *Abt* + Suffix *-ei;* dagegen ahd. *abbateia,* mhd. *abbeteie,* aus lat. *abbatia.* (Engl. *abbey* aus frz. *abbaye.*) **Äbtissin** w. mit zwiefacher w. Endung: mhd. *eppetisse,* später *ebtissin.* (Vgl.: *Prinzess-in, Diakoniss-in.*)

abtakeln Zw. ndl.-nd. Küstenwort, von dort in den Küstensprachen der Nordsee verbreitet. Hd. kurz vor 1700. ⁄ *Takelage.*

Abteil s. von Sarrazin 1886 als Eindeutschung von *Coupé* vorgeschlagen; durchgesetzt 1914.

Abtritt m. = Abort seit 16. Jh.; da-

neben = Weggehen, Tod; vom Zw. mhd. *abetreten* wegtreten.

abtrünnig Adj. mhd. *abetrünne(c),* ahd. *abatrunni(g),* zu ahd. *trinnan,* wozu ⁄ *trennen* gehört. Also = sich von etw. getrennt habend. – Mhd. *trünne* Einzelgruppe.

Abwandlung w. Eindeutschung von *Deklination* 1672, von *Konjugation* 1748 (Gottsched). Vorbereitet durch: **abwandeln** Zw. Eindeutschung von *deklinieren* (durch Schottel; Mitte 17. Jh.).

abwärts Adv. spätmhd. *abwerts;* das zweite Glied wird von dem ahd. mhd. adv. Gen. *-wertes* gebildet (vgl.: *gegen-wärt-ig*), dieser zu ⁄ *werden,* lat. *vertere.*

abwegig Adj. kurz vor 1500 zum m. Subst. **Abweg,** mhd. *abewec* vom rechten abführender Weg. Neubelebt durch die Klassiker.

Abwesenheit w. hd. erst seit Mitte 17. Jh. aus nd. *afwesenheit* seit 16. Jh. Älter (15. Jh.) der substantiv. Inf. *affwesen* (*in affwesene* LÜ von lat. *in absentia*). Parallel: das ahd. Zw. *abawesan* LÜ von lat. *abesse.* ⁄ *Wesen.*

-ach in ONN (*Eisen-ach*) und FNN (*Schwarz-ach*) zu ahd. *aha* Wasser (an. ⁄ *á* Fluß; ferner: FN *Aa*); verw. lat. *aqua* Wasser. ⁄ *Aqua.*

Achat m. Halbedelstein (vom Ufer des sizil. Flusses *Achates,* seinem – nach Plinius – 1. Fundort?); gr. *Achátês,* = lat. *achates;* um 1200 entlehnt; mhd. *achat(es).*

Achel w. Granne, Ährenspitze, ahd. *ahil,* mit anderm Suffix zu ahd. *ahir, ehir* ⁄ *Ähre.* Idg. Wurzel *ak-* spitz sein.

acheln Zw. essen, rotw. schon 1510 verzeichnet, aus heb. *ākhál* essen.

Achillesferse w. verwundbare Stelle, 1. Hälfte 19. Jh. (durch G. Schwab, Sagen des klass. Altertums, 1836–1838?); der gr. Held Achilles war nur an der Ferse verwundbar. Danach: **Achillessehne** w., 19. Jh.

Achse w. idg. Wort; mhd. *ahse,* ahd. *ahsa,* gr. *áxôn,* lat. *axis:* idg. Wurzel *aĝes-, *ak̂s-, zum Zw.-Stamm *aĝ- (gr. ágein, lat. agere) führen, urspr. = mit geschwungenen Armen treiben: der von Tieren gezogene Karren als idg. Gerät. ↗Akker. – **Achsel** w. mhd. ahsel, ahd. ahsala, lat. ala, aus *aksla Achsel; dann = Flügel; dazu lat. axilla Achselhöhle, Flügelchen. Idg. Wurzel *aĝ-. s. o. Die Achsel ist der Körperteil, durch den die Arme schwingen.

acht idg. ZaW; mhd. ahte, ahd. ahto, got. ahtau, gr. ók̂tô, lat. octo (↗Oktave); idg. *oktōu, zur Wurzel *ok-, *ak- spitz (↗Achel); augenscheinlich ein alter Dual = zweimal die vier (Finger-)Spitzen (Hand ohne Daumen als Zählinstrument). ↗neun, ↗vier.

Acht[1] w. Rechtlosigkeit, mhd. âht(e), ahd. âhta. Vgl.: Männername Actumerus 1. Jh. „berühmter Friedloser". Ursprung ungeklärt. Vgl.: air. êcht Totschlag aus Rache. – Mit der Sache tritt das Wort im 18. Jh. zurück, erneuert gegen Ende des Jh.s. – **ächten** Zw. mhd. œhten, ahd. âhten, aus germ. *anhtjan verfolgen. Aber: **verachten** Zw. zu:

Acht[2] w. Augenmerk, Überwachung, mhd. ahte, ahd. ahta Beachtung, zum germ. Verbalstamm *ah- (got. ah-jan glauben, ah-a Verstand, ah-ma Geist); idg. Verbalstamm *ok- überlegen (gr. okneîn zaudern). **achtbar** Adj. mhd. ahtbære. Eigtl. = angesehen, bedeutend; urspr. Rechtswort. **achten** Zw. mhd. ahten, ahd. ahtôn. Dazu be-acht-en, beob-acht-en, ver-acht-en.

Achtel s. abgeschwächt aus Achtteil: mhd. ahtel neben ahtteil. Vgl.: ↗Viertel, ↗Zehntel.

achter Adv. nd. für hd. ↗after hinter. (↗Gerücht, ↗Gracht, ↗beschwichtigen, ↗berüchtigt, ↗anrüchig, ↗echt, ↗ruchbar, ↗sacht, ↗Schacht, ↗Schachtelhalm, ↗Schicht, ↗Schlucht, ↗sichten.)

ächzen Zw. mhd. achzen, echzen. Eigtl. = ach! schreien. (Vgl.: duzen du sagen, siezen Sie sagen, ferner: ↗anranzen, ↗anschnauzen, ↗jauchzen, ↗seufzen. – ↗weinen.)

Acker m. mhd. acker, ahd. ackar; verw. lat. ager, gr. agrós; zur idg. Wurzel *aĝro-, die zur Verbalwurzel *aĝ- treiben gehört (dazu lat. agere, gr. ágein [↗Pädagoge, ↗reagieren, ↗Synagoge, ↗Redakteur], ferner: ↗Achse); urspr. = Weideland, auf das man das Vieh treibt (d. h.: Vieh- vor der Feldwirtschaft). ↗Agrarier, ↗Air, ↗Akt, ↗Ecker, ↗exakt. **ackern** Zw. spätmhd. ackern für älteres ern (vgl.: ↗Ernte). **Ackerwurz** m. Kalmus. Volkset. aus lat. acorus Kalmus, mit verdeutlichendem Grundwort -wurz.

Action w. Handlung, Tätigkeit, 20. Jh. aus engl.; ↗Aktion.

Adagio s. im frühen 17. Jh. aus dem adv. adagio, it. = langsam, seit 1619 als Notenvorschrift.

Adamsapfel m. vorstehender Teil des Schildknorpels, Ende 17. Jh. nach dem heb. tappuāch ha ādām: tappuāch (= Apfel) heißt jede Erhöhung am menschlichen Körper, adam = Mensch, Name des ersten Menschen. Nach dem Volksglauben (seit 15. Jh.) = im Hals steckengebliebenes Stück des verbotenen Apfels vom Baum der Erkenntnis (engl. Adam's apple); daher Bezeichnungen wie Adamsbiß, -griebs, -butzen.

addieren Zw. 15. Jh. aus lat. addere hinzutun (dare geben).

ade lebe wohl!, frz. 12. Jh. adé, aus lat. ad deum = an die Gottheit (empfohlen!); mhd. nach frz. Muster adê (kurz nach 1200). Daneben nordd. adjüs, aus lat. (bon)a dies! guter Tag! – Frz. adieu seit 1600 übernommen und abgeschliffen (berl. tjö!, schwäb. atjê, ugs. tschüs usw.).

Adebar m. nd., aber auch hess. pfälz. z. T. schwäb. Bezeichnung des Storches. Mnd. odevare führt auf altes *odefaro;* = germ. *uda-faran* (*ud-* = Sumpfwiese, *faran* gehen): der Storch wird als „Sumpfgänger" bezeichnet. Frühe volkset. Umdeutung: *odaboro* = Segenbringer (vgl. ↗ *All-od*); daher der nistende Storch als Glücksbringer.

Adel m. mhd. *adel,* ahd. *adal* neben *edili* Natur, Wesen, Art, Abstammung. Mit Dehnstufe dazu: ahd. *uodal* (wozu die PNN *Uodalrich, Ulrich, Othmar, Ottilie, Uwe* usw.; vgl.: got. *haim-ôþli* = Hofbesitz zu Hause, ahd. *heim-ôdil,* ferner: ↗ *Allod*). Liegt das alte Lallwort idg. *atta* Vater zugrunde? Dann = Vatersart. Dazu: PNN wie *Adalbert,* zusammengezogen: *Albert, Albrecht* (glänzend durch Art); *Adelheid,* frz. *Adelaide* (zur Sippe gehörend); *Alfons* ahd. *Adalfuns* (der Adelswillige); *Adele* aus ahd. *Adala* über frz. *Adèle* (von ausgezeichnetem Geschlecht); *Adolf* (got. *Aþawulf* Edelwolf); *Elger.*

Adept m. Eingeweihter; urspr. = wer Gold machen kann, 18. Jh. aus lat. *adeptus* wer etw. erlangt hat (*adipisci* erlangen).

Ader w. mhd. *âder,* ahd. *âdara* Ader, Sehne, Nerv, Eingeweide; urverw. gr. *êtor* Herz, *êtron* Bauch. **Aderlaß** m. spätmhd. *âderlâʒ* neben *âderlæʒe,* auch einfach *læʒe.*

adieu ↗ ade.

Adjektiv s. aus nlat. *adiectivum* (*adicere* hinzutun). LÜ: ↗ *Beiwort.*

Adjutant m. um 1600 aus span. *ayudante* (frz. *adjudant*) unter Einwirkung von lat. *adiutantem* (*adiutare* beistehen).

Adler m. ↗ *Aar.*

Admiral m. mhd. *amiral,* aus afr. *amiral,* über span. aus ar. *amîr-al-mâ* Emir (Herr) des Meeres. Volkset. (wie frz. *admiral*) an lat. *admirari* bewundern angelehnt.

adoptieren Zw. frühnhd. aus lat. *adoptare* hinzuwählen, (an Kindes Statt) annehmen. – **Adoption** w. frühnhd. aus lat. *adoptio* Annahme.

Adresse w. 17. Jh. aus frz. *adresse;* 18. Jh. = feierl. Schriftstück, aus engl. *address* Parlamentsschreiben an den König. **adressieren** Zw. 17. Jh. aus frz. *adresser,* dies aus lat. *ad-directiare* wohin richten (zu *directus; dirigere* lenken; ↗ *regieren!*).

adrett Adj. 17. Jh. aus frz. *adroit* geschickt, dies aus lat. *ad-directus* hingelenkt, -gerichtet.

Advent m. mhd. *advent(e),* aus lat. *adventus* Ankunft (Christi). **Adventist** m. 19. Jh. aus engl.-am. *adventist* (lat. *adventus*). ↗ *Abenteuer.* – Hierher auch: **Adveniat** s. kath. Spendensammlung in der Adventszeit (lat. *advenire* ankommen), 20. Jh.

Adverb s. 17. Jh. aus lat. *adverbium* (= *ad verbum* zum Zeitwort gehörig).

Advokat m. vor 1400 *advocate,* aus lat. *advocatus* (zur Rechtshilfe) Herbeigerufener. – ↗ *Vogt.*

Aëronaut m. KW aus gr. *aêr* Luft (vgl. ↗ *Mal-aria*) + *naútēs* Schiffer: „Luftschiffer". **Aeroplan** m. KW 19. Jh. aus gr. *aêr* Luft + lat. *planus* eben. – ↗ *Arie.*

-aff- in Bachnamen (vgl.: *Asch-affenburg* Burg am Eschenwasser; unverschoben: *Lenn-ep*) vermutlich auf illyr. *apa* Wasser zurückgehend.

Affäre w. 17. Jh. aus frz. *affaire* (eigtl. = *à faire* zu tun).

Affe m. mhd. *affe,* ahd. *affo* (engl. *ape*), viell. aus urkelt. *abranas,* sehr altes LW aus einer nichtidg. Sprache (oder altruss. ?? Dagegen idg.: lat. *simia,* frz. *singe,* mnl. *simminkel* = nnl. *scharminkel*). In der Soldatensprache 20. Jh. = Tornister (nach dem Affen auf der Schulter des Schaustellers). ↗ *Schlaraffe.*

Affenliebe w. blinde Elternliebe, 17. Jh.

Affekt m. 16. Jh. aus lat. *affectus* (*afficere* hinzutun). **affektiert** Adj., eigtl. = Part. Pass. zum Zw. *affektieren,* im 17. Jh. aus frz. *affecter* (lat. *affectare*) übernommen.

Affront m. 17. Jh. aus frz. *affront,* zum Zw. *affronter* vor den Kopf stoßen. ⁄ *Front.*

After m. mhd. *after,* ahd. *aftar* gegenüber nd. mnl. ⁄ *achter;* germ. Adv. zur idg. Wurzel **opi* nach, hinter (⁄ *Abend*), dazu adjektiv. ahd. *aftaro* hinterer, LÜ von lat. *posterior* (*pars*) Hinterteil; seit 1200 zurückweichend; auch in Zss. absterbend.

Agave w. Narzissengewächs, 1737 (Linné) aus gr. *agauê* (*agaués* prächtig). Frz. *agave* (spätes 18. Jh.), engl. *agave* (19. Jh.).

Agende w. Handbuch für den Gottesdienst, Ende 16. Jh. aus lat. *agenda* vorzunehmende Handlungen. – **Agent** m. 16. Jh. aus it. *agente,* dies aus lat. *agens, agentem* (Part. vom Zw. *agere* tun, ausführen). **Agentur** w. 19. Jh. aus nlat. *agentura.*

Aggregat s. Maschinensatz, KW 19. Jh. aus lat. *aggregare* (*ad + grex, gregis* Herde) beigesellen. ⁄ *Gremium*

Aggression w. 20. Jh. aus lat. *aggressio* Angriff (*ad-gredi* heranschreiten, angreifen). **aggressiv** Adj. 19. Jh. aus frz. *agressif.*

Ägide w. Schutz, 19. Jh. aus frz. *égide,* dies aus gr. *aigís, aigídos* Ziegenfellschild des Zeus und der Athene.

Agio s. Aufgeld beim Wechseln, spätes 16. Jh. aus venez. *l'agio* Bequemlichkeit = it. *l'aggio;* zunächst mit anlautendem *l* (*Lagio, Laso, Lazo*); 18. Jh. ohne *l.*

Agitator m. 19. Jh. aus frz. *agitateur* mit lat. Endung *-ator.* – **agitieren** Zw. 19. Jh. aus frz. *agiter* erregen, lat. *agitare* in Bewegung setzen.

Aglei w. = nd. *Ak(e)lei* (Aquilea vulgaris), mhd. *ackelei, ag(e)leie,* spätahd. *agaleia, ag(e)leia,* aus mlat. *aquileia* (zu *aquila* Adler, = Adlerblume [Blattform!]).

Agonie w. Todeskampf, 19. Jh. über frz. aus gr. *agonía* Kampf; ⁄ *Koma.*

Agraffe w. um 1700 aus frz. *agrafe* Spange (*agrafer* zuhaken; Zw. *gra-*

fer, afrz. *grafe* spitzes Werkzeug, dies vielleicht aus ahd. *krâpho* Haken).

Agrarier m. 1874 aus lat. *agrarius* (*ager* ⁄ *Acker*) zum Acker gehörend.

Agreement s. Vereinbarung, 20. Jh. aus engl.; dies aus frz. **Agrément** s. Genehmigung (*agréer* genehmigen, aus lat. *gratum* das Willkommene; ⁄ *Grazie*).

Ahle w. mhd. *âle,* ahd. *âla.* Idg. Werkzeugname: idg. **êlâ* (vgl. engl. *awl*); frz. *alêne* ist germ. **alasna, *alanso* entlehnt (mit Suffixablaut: ahd. *alunsa*).

Ahn m. mhd. *ane, ene,* ahd. *ano.* Idg. Lallwort (**an-*) für Eltern und Großeltern (vgl. gr. *anní̄s* Großmutter, lat. *anus* altes Weib, ahd. Männernamen *Anulo* Alterchen). Erneuert 17. Jh. von Niederdeutschland aus; durchgesetzt durch Klassiker (Goethe, Schiller). ⁄ *Enkel,* ⁄ *Großmutter, -vater,* ⁄ *Hebamme.* **Ahnfrau** w. mhd. *anvrouwe* Großmutter.

ahnden[1] Zw. strafen, mhd. *anden,* ahd. *antôn, anadôn,* vom ahd. Subst. *anto, anado* Zorn, Ärger. Erweiterung der Präposition ⁄ *an;* also = Hochgehen (germ. **anapan*). Häufig in obd. und md. Kanzleisprache, von dort 17. Jh. literarisch. ⁄ *ahnen.*

ahnden[2] Zw. ⁄ ahnen.

Ahne[1] w. Hanf-, Flachssplitter, mhd. *agene,* ahd. *agana,* got. *ahana;* zur idg. Wurzel **ak-, *ak̑-* spitz (⁄ *Achel,* ⁄ *Ähre,* ⁄ *acht,* ⁄ *Ahorn,* ⁄ *Ecke*).

Ahne[2] w. Form zu ⁄ Ahn.

ähneln Zw. ugs. KF 17. Jh. zu älterem *ähnlichen;* durch Lessing durchgesetzt.

ahnen Zw. mhd. *anen* zur Präp. ⁄ *an;* eigtl. = an-, überkommen. Im 17. und 18. Jh. daneben ⁄ *ahnden*[2] (aus Formen wie *es ahnt mir*), so noch Goethe. Die Nebenform mit Rücksicht auf ⁄ *ahnden*[1] strafen seit 1800 aufgegeben.

ähnlich Adj. frühnhd. *enlich, ein-*

lich, ainlich 16. Jh. md. zu *ein* (vgl.: lat. *similis* zu *semel*). Dafür obd. ↗*gleich*, das erst im 17. Jh. von *ähnlich* abgehoben wird. Mhd. *anelîch*, ahd. *ana*(*gi*)*lîh* ist Kompositum von ↗*gleich*.

Ahorn m. mhd. ahd. *ahorn* Bergahorn. Vgl.: lat. *acer* (ohne n-Formans) Ahorn, gr. *ákarna* (mit n-Formans) Lorbeer. Idg. Baumname zur Wurzel **ak-* spitz (nach der Blattform). ↗*Ahne*[1] und seine Sippe.

Ähre w. Mz. zu mhd. *eher*, ahd. *ahir*, *ehir*, got. *ahs;* urverw.: lat. *acus* Granne, gr. *akosté* das Grannige, die Gerste. Idg. Wurzel **ak-* spitz (↗*Achel*, ↗*acht*, ↗*Ahne*[1], ↗*Ahorn*, ↗*Ecke*); gr. *ákros* spitz, lat. *acies* Schärfe, ferner: ↗*Akazie*, ↗*Akrobat*, auch: ↗*Hammer*.

Air s. Haltung 20. Jh. aus frz. *air* von lat. *ager* Grundstück, Heimat (↗*Acker*). Aber: **Airbus** m. Nahflugverbindung, Zs. aus engl. *air* Luft (gr. *aêr*) + (*Omni*)*bus*.

Akademie w. gr. *Akádêmeía* hieß nach dem Heros *Akádêmos* ein Platz in Athen, Sitz der platonischen Akademie. Im 16. Jh. = Hochschule, im 17. Jh. = gelehrte Gesellschaft. **akademisch** Adj. 16. Jh. nach lat. *academicus*.

Akanthus m. Bärenklau, aus lat. *acanthus*, gr. *ákanthos*, zu *ákantha* Dorn.

Akazie w. um 1600 in Europa eingeführt, 18. Jh. aus lat. *acacia* = gr. *akakía*, zu *ákros* spitz (nach der Blattform und wegen der Dornen). ↗*Ähre* und seine Sippe.

Akelei w. ↗*Aglei*.

Akklamation w. 18. Jh. aus lat. *acclamatio* (*acclamare* zurufen).

Akkord[1] m. Übereinkunft, um 1600 aus frz. *accord*, dies aus mlat. *accord*(*i*)*um* = *ad-* zu + *-cor, cordis* Herz. – 19. Jh.: *im Akkord* (= Stücklohnvertrag) *arbeiten.* – **akkordieren** Zw. 17. Jh. aus frz. *accorder*.

Akkord[2] m. Zusammenklang, um 1600 aus frz. *accord*, unter dem

Einfluß von *corde* Saite (lat. *chorda* Darmsaite, gr. *chordé*). **Akkordeon** s. KW 19. Jh.

Akku m. KF 20. Jh. für **Akkumulator,** dies KW 19. Jh. (lat. *accumulare* anhäufen).

akkurat Adv. 17. Jh. aus lat. *accurate* (*accurare* aus *ad-curare* pünktlich besorgen). **Akkuratesse** w. 18. Jh. aus it. *accuratezza* mit frz. Endung *-esse.* – ↗*Kur.*

Akkusativ m. aus lat. *accusativus* Anklagefall (*accusare* anklagen). LÜ des gr. Grammatikbegriffs *aitiatikê* (*ptôsis*) = Fall für Ursache und Wirkung.

Akrobat m. KW 19. Jh. aus gr. *akrobateîn* (*ákros* spitz) auf Zehen gehen. ↗*Ähre.*

Akt m. in mehreren Bedeutungen: Verhandlung – feierliche Handlung – Schauspielaufzug 16./17. Jh. aus lat. *actus* Handlung (*agere* handeln, tun); erst 19. Jh. = Malermodell, Nacktbild. ↗*Acker*, ↗*aktiv,* ↗*aktuell.* **Akten** Mz. 16. Jh. aus lat. *acta* Verhandeltes, dazu 19. Jh. Ez. **Akte** w. – **Aktie** w. 2. Hälfte 17. Jh. über nd. aus nl. *aktije*, dies 15. Jh. aus lat. *actio* Klage, Anteilrecht (frz. = engl. *action*). Aus lat. *actio* wurde im 19. Jh. auch **Aktion** w. Handlung, Tat genommen. ↗*Action.* **Aktionär** m. um 1800 aus frz. *actionnaire* (aus mlat. *actionarius*) Besitzer von Aktien. – **aktiv** Adj. um 1700 aus lat. *activus* tätig (lat. *actus* Handlung; ↗*Akt*). **Aktiva** Mz. tatsächliches Vermögen, 18. Jh. ↗*Passiva.* **Aktivist** m. 20. Jh. nach r. Vorbild. **Aktiv(um)** 18. Jh. = Tätigkeitsform. **aktuell** Adj. zeitnahe, 18. Jh. aus frz. *actuel*, dies aus spätlat. *actualis* tatsächlich (lat. *agere*).

Akupunktur w. med. Behandlung durch Einstiche, KW 20. Jh. aus lat. *acus* Nadel (↗*Ähre*) + lat. *puncturus* gestochen werdend.

Akustik w. KW 18. Jh. aus gr. *akostiké* (*téchnê*), zu *akúein* hören. **akustisch** Adj. 19. Jh.

akut Adj. 19. Jh. medizinisch-lat.;

seit alters meint *morbus acutus* die plötzliche Krankheit (Ggs.: ∕ *chronisch*).

Akzent m. 16. Jh. aus lat. *accentus* (woher auch frz. *accent*), dies aus lat. *accinere = ad-cinere* hinzusingen. ∕ *Betonung.* **akzentuieren** Zw. 18. Jh. aus lat. *accentuare.* ∕ *betonen.*

akzeptieren Zw. um 1400 aus lat. *acceptare* annehmen (wie frz. *accepter*).

Alabaster m. mhd. *alabaster,* got. *alabastraún,* aus gr. *alábastron;* eigtl. ein ägypt. ON, dann = Gips aus diesem Ort.

Alant[1] m. Süßwasserfisch, Nerfling, mhd. ahd. *alant.* Wurzelverw. mit ∕ *Aal.*

Alant[2] m. Korbblüter, Inula helenium, mhd. ahd. *alant.* Lat. *inula,* mit Umstellung der Konsonanten aus gr. *helênion;* daraus volkset. unter Anlehnung an ahd. *alan* (lat. *alere*) wachsen: *Alant,* scheinbar Part. Präs. – Daneben ahd. (= mlat.) *elna* (= afrz. *eaune,* frz. *aunée*).

Alarm m. 15. Jh. *alerm* neben *Lerman, Alarm(a)* u. ä., aus it. *all'arme!* zu den Waffen! (= frz. *à l'arme*). Dasselbe Wort ist ∕ *Lärm.* **alarmieren** Zw. 17. Jh. aus frz. *alarmer.*

Alaun m. schwefelsaures Salz, mhd. *alûn,* aus lat. *alumen* Tonerdesalz. ∕ *Aluminium.*

Alb w. in *Rauhe Alb:* mhd. *albe* Gebirgsweide. ∕ *Alm,* ∕ *Alpe* (dazu: *Alb-anien, Alb-ion*).

Albatros m. aus engl. nl. *albatros,* dies über angloind. aus span. *alcatraz* für *alcaduz* Brunnenrohr. Ursprung: ar. *al kadus* Krug. Nach der Nasenröhre des Sturmvogels.

Albe[1] w. Chorhemd, mhd. *albe,* ahd. *alba,* aus lat. *alba (vestis)* weißes (Gewand). – **Albe**[2] w. Weißfisch, mhd. *albel,* aus lat. *albula (albus* weiß; frz. *able*). – **Alber** w. Weißpappel, obd. ahd. *albari,* aus spätlat. *albarus* (it. *albaro*) für *albulus* weißlich (*albus* weiß).

albern Adj. ahd. *ala-wâri* ganz freundlich, ganz aufrichtig (zu ∕ *wahr*). Zu große Freundlichkeit und Aufrichtigkeit gelten als Dummheit. Schon mhd. *alwære* bedeutet „dumm". Je mehr die Beziehung zu „wahr" aus dem Bewußtsein gleitet, um so mehr wird die zweite Silbe geschwächt (frühnhd. *alber*). Das -n stammt aus den flektierten (obliquen) Formen (wie bei: ∕ *schüchter-n*).

Albion ∕ *Alpe.*

Album s. 17. Jh. aus lat. *album* das Weiße (Blatt). Urspr. bestand das Album aus losen Blättern. – ∕ *Albe.*

Alchimie w. Goldmacherkunst, mhd. *alchemîe, alchamîe,* aus mlat. *alchimia,* dies aus gr. *al-kîmiyâ* die Chemie, von gr. *-chymía* (zu *chéein* gießen; ∕ *Chemie*), mit ar. Artikel (∕ *Admiral,* ∕ *Albatros,* ∕ *Algebra,* ∕ *Alkali,* ∕ *Alkoven,* ∕ *Aprikose* usw.).

Alemanne m. vgl.: got. *alamans* Menschheit. Also = vollständiger, tüchtiger Mensch (frz. *allemand* deutsch).

alert munter, vor 1700 aus frz. *alerte* (aus *à l'erte!* auf der Hut!; Zuruf an die Schildwache).

Alge w. Mitte 19. Jh. aus lat. *alga* Tang; zur idg. Wurzel **el-, *ol-* modern.

Algebra w. 17. Jh. über span. it. *algebra* aus ar. *al-jabr* Verbindung getrennter Teile zu einem Ganzen, Zurückführung gebrochener Zahlen aufs Ganze.

Alibi s. Fernsein vom Tatort, 18. Jh. über frz. aus lat. *alibi* anderswo (aus: *ali-ubi*).

Alimente Mz. Unterhaltsgeld, aus lat. *alimenta* Nahrungsmittel (*alere* ernähren; ∕ *Proletarier,* ∕ *Alant*[2], ∕ *all,* ∕ *alt*).

Alk m. ∕ *Elch.*

Alkali s. Laugensalz, 16. Jh. über frz. span. *alcali* aus ar. *al-qáli* salzhaltige Pflanzenasche (ar. *qálâ* im Tiegel rösten); vgl. ∕ *Kali.*

Alkohol m. Anfang 16. Jh. (Paracelsus) *alcool* Pulver, über span. port. engl. *alcohol* aus ar. *alkohl* Bleiglanz zum Brauenfärben (engl. *alkool* Antimonschminke, frz. *alquifoux*); dann (um 1600) = feinster Weingeist (doch schon bei Paracelsus: *alcool vini*).

Alkoven m. um 1700 *Alcove*, aus frz. *alcove*, dies über span. *alcoba* Schlafzimmer aus ar. *al-qubba* gewölbtes Gemach; das -n 18. Jh. aus den obliquen Kasus.

all mhd. ahd. *al*, got. *alls;* zur idg. Wurzel **al-* (lat. *alere*, got. *alan*) wachsen. Eigtl. = ausgewachsen, dann = vollständig; schließlich = jeder. ⚏ *Alimente,* ⚏ *alt.* – **All** s. 17. Jh. LÜ von lat. *universum.* Verdeutlichend: ⚏ *Weltall.*

Allee w. 17. Jh. (über nnl. *allee?*) aus frz. *allée* Gang, Weg, vom frz. Zw. *aller* gehen, dies aus volkslat. *alare* = lat. *ambulare* herumgehen; ⚏ *ambulant.*

Allegorie w. frühnhd. (wie frz. *allégorie*) aus gr. *allêgoría* was anders gesagt ist (als es gemeint war), Zs. von *állos* anderer + *agoreîn* reden.

allegro Adv. 17. Jh. aus it. *allegro*, von volkslat. *alacrus* = lat. *alacer* lebhaft.

allein Adj. mhd. *alein(e)* ganz, nur einer. **Alleinherrscher** m. Ende 18. Jh. für älteres *Alleinherr* 16. Jh. LÜ von *Monarch* (⚏ *Monarchie*). Dazu **Alleinherrschaft** w. Ende 18. Jh. für älteres *Alleinherrschung* w., LÜ 16. Jh. von *Monarchia.*

allenfalls Adv. 17. Jh. aus Akk. *allen Fall* mit adverbiellem *-s* (eigtl. = Gen.; ⚏ *flug-s*).

allenthalben Adv. ahd. *allên halbôn* (*halba* Seite, Richtung), mit eingeglittenem *-t-* (wie bei ⚏ *öffen-t-lich* und seinen Entsprechungen). – **allerdings** Pkl. 16. Jh. *aller dinge* gänzlich; um 1600 mit adverbiellem *-s* (⚏ *allenfall-s,* ⚏ *neuerding-s,* ⚏ *schlechterding-s*).

Allergie w. KW 20. Jh. aus gr. *állos* ein anderer + *érgon* Werk (= Fremdwirkung).

allerhand Adv. mhd. Gen. *aller han-*

de, aller hende (*hant* Seite, Richtung). – **Allerheiligen** s. mhd. *aller heiligen tac*, LÜ aus lat. *dies omnium sanctorum.* – **allerlei** Adv. mhd. Gen. *aller leie;* frz. *ley* Art, aus lat. *legem* Gesetz (Akk.). ⚏ *derlei.*

Allianz w. um 1600 aus franz. *alliance;* dies aus mlat. *alligantia* verbindende Dinge (vom Zw. *alligare* verbinden).

Alligator m. vor 1600 aus frz. engl. *alligator*, dies aus span. *el lagarto* (*de Indias*) indische Eidechse. Zugrunde liegt lat. *lacerta* Eidechse.

Alliteration w. Stabreim, um 1800 nach frz. *allitération*, aus nlat. *alliteratio, ad-literatio* (*litera* Buchstabe). Also = Anbuchstabung.

Allmacht w. ahd. *alamaht;* dann anscheinend abgestorben; im 17. Jh. aus dem Adj. *allmächtig*, mhd. *almehtec*, ahd. *alamahtig* neugebildet.

allmählich Adj., Adv. mhd. *almechlich* langsam, zu ⚏ *gemächlich.*

Allmende w. mhd. *almende, al(ge-)meinde* was allen gemeinsam ist. ⚏ *Gemeinde.* – **Allod** s. freier Erbbesitz, 19. Jh. nach dem germ. Rechtswort *alodis* (latinisiert: *alodus, al[l]od[i]um*), zu frk. **ôd,* germ. **auda* Gut, Besitz. Also = Vollbesitz. ⚏ *Adel;* vgl.: *Othmar, Ottilie.*

Allotria Mz. 18. Jh. aus gr. *allótria* nicht zur Sache gehörige Dinge, vom gr. Adj. *allótrios* fremdartig (*állos* der andere).

Alltag m. urspr. Adv. *alltag(s)*, aus Mz. *alle tage;* davon 17. Jh. die Zs. *Alltagskleider*, aus der das Subst. *Alltag* um 1800 zurückgebildet wurde.

Alm w. bayr. Nbf. zu *alben*, Mz. zu mhd. *albe* Gebirgsweide. ⚏ *Alpe.*

Almrausch m. tirol. für Alpenrose, *alm* + lat. *ruscum* Mäusedorn. Volkset. an *Rausch* angelehnt.

Almanach m. 15. Jh. über mnl. *almanag*, aus mlat. *almanachus*, dies aus gr. *almenichiaká*, einem vermutl. kopt. Wort, mit dem die ägypt. Kalender bezeichnet wurden.

Almosen s. so urspr. nd. gegen hd. mhd. *almuosen*, ahd. *alamuosan;* FrW der Mission aus kirchenlat. *eleemosyna* (gr. *eleêmosýnê* Barmherzigkeit). Das Wort kam über den Rhein (afrz. *almosne*, frz. *aumône*).

Aloe w. Liliengewächs, mhd. *âlôe*, aus lat. *aloe*, gr. *alóê;* Bibelwort: heb. *ahālīm*.

Alp m. Traumgespenst, mhd. *alp* (Mz. *elbe*), dasselbe Wort wie ⁄ *Elfe* (engl. *elf*); wohl zu skr. r̥bhú Kunstgenius. *Alp* gilt md. für nd. ⁄ *Mahr*, obd. ⁄ *Drude*. Dazu: *Alfred*, *Oberon* (= *Alberich*), ⁄ *Alraun*.

Alpaka s. Seidenwolle, 18. Jh. über span. *alpaca* aus per. *alpaco* Kamelziege (*pako* gelbrot; d. *Paco* = Alpaka, schon 1590).

Alpe w. Bergweide, ahd. *Albûn*, aus lat. *Alpes*, dies aus Kelt. ⁄ *Alb*, ⁄ *Alm*. Dazu: *Albion*.

Alphabet s. mhd. *alfabēte*, aus lat. *alphabetum*, dies um 200 n. Chr. aus den Bezeichnungen der beiden ersten gr. Buchstaben gebildet (*Alpha*, *Beta*).

Alraun, m., **Alraune** w. Zauberpflanze = Zaunrübe oder Mandragora, eigtl. = Frauenname, ahd. *Albrûn* = Elfenzauberin. Die Zauberwurzel hat Menschengestalt. ⁄ *raunen*, ⁄ *Rune*.

als Konj. mhd. *als*(*e*), *alsô*, dasselbe wie **also** Zs. aus ⁄ *all* ganz + ⁄ *so* (engl. *as*, *also*). – **alsbald** Adv. mhd. *al sô balde* ganz so schnell.

alt Adj. mhd. ahd. *alt*. Eigtl. = altes Part. Pass. zum Zw. got. *alan* wachsen; eigtl. = aufgewachsen (germ. Neubildung für idg. Bezeichnungen wie lat. *vet-us, sen-ex*). ⁄ *Alant²*, ⁄ *all*, ⁄ *Eltern*, ⁄ *Welt*, ⁄ *Alter*, ⁄ *Koalition*, ⁄ *Alimente*.

Alt m. 2. Stimme, 16. Jh. aus it. *alto* hoch und lat *vox alta* hohe Stimme (*altus* hoch). Ggs.: ⁄ *Baß*. – **Altan** m., **Altane** w. offener Söller, obd.

um 1470 aus it. *altane* (it. *alto* hoch). – **Altar** m. mhd. *altâre*, *altœre* neben *alter*, ahd. *altâri* neben *alteri*, aus lat. *altare*, das das ältere *alta ara* = hoher Altar zusammenzieht. ⁄ *Asche*, ⁄ *exaltiert*.

altbacken Adj. 16. Jh. im Ggs. zu mhd. *niubacken* frischgebacken. – **Alter** s. mhd. *alter*, ahd. *altar*, Suffixbildung zum Zw. *alan* wachsen. ⁄ *alt*. **altern** Zw. 18. Jh. in Anlehnung an *Alter* gegenüber mhd. *alten*, ahd. *alten*.

alterieren Zw. 17. Jh. aus frz. *altérer*, dies aus lat. *alter-are* anders machen. ⁄ *altruistisch*.

Alternative w. 17. Jh. aus frz. *alternative* (zum frz. Adj. *alterne* wechselweise, von lat. *alternus* jeder zweite).

altfränkisch Adj. 14. Jh. *altfrensch*, in Opposition gegen die aus Frankreich eindringenden Rittermoden.

Althee m. (w.) Stockrose, spätmhd. *altê*, aus lat. *althaea*, das von gr. *althaía* herkommt; dies zum gr. Zw. *álthein* heilen; eigtl. = Heilkraut.

althochdeutsch Adj. 1819 (J. Grimm) nach dem Muster von *altnordisch*, das die Brüder Grimm 1811 aus dän. *oldnordisk* herübergenommen hatten.

altruistisch Adj. KW 20. Jh. zu lat. *alter* der andere. ⁄ *alternieren*, ⁄ *Alternative*.

Altvordern Mz. mhd. *altvorderen*, ahd. *altvordoro* Vorfahr (Ez.); ahd. *althêrro* Ahn. – **Altweibersommer** m. um 1800 als vereinheitlichender Ersatz für eine Fülle ma. Bezeichnungen.

Aluminium s. KW von F. Wöhler 1827 nach dem *Aluminit* Hallesche Erde (aus lat. *alumen*). ⁄ *Alaun*.

Alwegbahn w. Einschienenbahn, aus den Anfangsbuchstaben des schwed. Auftraggebers Axel Lenard **W**enner-**G**ren, 1957.

Amalgam s. Metall mit Quecksilber, vor 1600 aus span. it. *amalgama*, dies aus gr. *málagma* weicher Körper.

Amarelle w. Sauerkirsche, neben *Ammer* 16. Jh. aus mlat. *amarellum* vom lat. Adj. *amarus* bitter. ↗ *Ampfer;* ↗ *Aprikose.*

Amateur m. 18. Jh. aus frz. *amateur* (lat. *amator* Liebhaber), = dilettantischer Kunstfreund. Erst 19. Jh. = wer etw. aus Freude an der Sache (nicht beruflich) betreibt. ↗ *Tante.*

Amazone w. mhd. *amazône*, über frz. *amazone* aus gr. *amazôn*, dies vielleicht aus skyth. *Amajani* Herrscherin.

Ambi- ↗ *um.*

Amboß m. mhd. *anebôȝ*, ahd. *anabôȝ*, zum Zw. mhd. *bôȝen*, ahd. *bôȝȝan* schlagen, stoßen (engl. *beat* schlagen). ↗ *Posse*, ↗ *Beifuß*, ↗ *bosseln*. Eigtl. = Anschlag, Draufhau (daneben auch mhd. *anehou*, bis 16. Jh.). -*mb* für älteres -*nb*-, -*np*- wie in ↗ *Himbeere*, ↗ *Imbiß.*

Ambra m. neben **Amber** m. Ausscheidung des Pottwals, das erste Mitte 18. Jh. aus it. mlat. *ambra*, das zweite mhd. aus frz. *ambre*. Zugrunde liegt ar. *anbar, ambar* Edelharz.

ambulant Adj. umherziehend; nicht ortsfest, 19. Jh. aus frz. *ambulant* (lat. *ambulans* zu *ambulare* herumgehen). ↗ *Allee.*

Ameise w. mhd. *âmeiȝe*, ahd. *âmeiȝa*; Zs. von *â* = un- (↗ *Ohnmacht*) + -*meise* (zu einem gem. Zw. *maitan* schneiden). Eigtl. = Abschneiderin. ↗ *Meißel.* Die idg. Bezeichnung in engl. nd. *pismire.*

Amen mhd. *âmen*, aus lat. *āmēn*, gr. *amên*, dies aus heb. *āmēn* wahrlich! So soll es sein!

Amerika 1507 *terra America* nach *Amerigo Vespucci* (it. Seefahrer 1451−1512, galt durch seine Reiseberichte als Entdecker Amerikas). Der Name *Amerika* 1507 von Martin Waldseemüller auf seiner Weltkarte geprägt, zunächst nur = Südamerika; ganz Amerika 1538 auf der Mercatorkarte. **Amerikanisierung** SchlW um 1875; **Amerikanismus** SchlW = Amerikasucht vor 1900; später = am. Abart des Englischen.

Amethyst m. Edelstein, vor 1200 *ametiste*, aus frz. *ametiste*, dies aus lat. *amethystus*, aus gr. *améthystos* nicht trunken: der Stein sollte vor Trunkenheit schützen.

Amme w. mhd. *amme*, ahd. *amma* Lallwort (span. port. *ama* Amme). Nicht hierzu: ↗ *Hebamme*, doch ↗ *Tante.*

Ammer[1] w. Finkenart, mhd. *amer*, ahd. *amero*, gekürzt aus *amero-vogal*. Das Bestimmungswort ist: ahd. *amaro* Sommerdinkel (Nahrung des Vogels; sprachl. unerklärt).

Ammer[2] w. ↗ *Amarelle.*

Ammoniak s. aus lat. *sal ammoniacum* Salz aus der dem ägypt. Gott *Ammon* heiligen Oase, 17. Jh. ↗ *Salmiak.* – **Ammonshorn** s. = **Ammonit** m. versteinerte Seeschnecke, 1. Hälfte 18. Jh. nach lat. *Ammonis cornua* Widderhörner des Gottes *Ammon* (nach der Form der Windungen).

Amnestie w. 16. Jh. *amnistia*, aus frz. *amnistie*, lat. *amnestia*. Zugrunde liegt gr. *amnēstía* Vergessen (älterer Straftaten; *mnēsis* Gedenken).

Amok m. Blutrausch, 20. Jh. aus mal. *amuk* rasend (*Amok laufen, Amokläufer*).

amortisieren 18. Jh. aus mlat. *amortisare* langsam tilgen (lat. *ad mortem* zum Tode; eigtl. = auf das Ende hin wirken).

Ampel w. mhd. *ampulle*, ahd. *amp(ul)la*, aus lat. *ampulla* Eimerchen. ↗ *Eimer.* Daher aus nd.: md. ↗ *Pulle* Flasche. Urspr. ist *Ampel* die Ewige Lampe; im Profangebrauch erst 14. Jh., vorzugsweise obd. Seit 16. Jh. durch ↗ *Lampe* eingeengt. ↗ *Ampulle.*

Ampfer m. Wiesenpflanze Rumex, mhd. *ampfer*, ahd. *ampfaro*, zu einem Adj., das „bitter" bedeutet (nl. *amper*, lat. *amarus;* ↗ *Amarelle*). Die (mhd.) Bezeichnung

Sauerampfer ist also eine Tautologie.

Amphibie w. 18. Jh. über lat. *amphibium* aus gr. *amphíbion* (*amphí* auf beiden Seiten [✗ *um*], *bíos* Leben. Eigtl. = was auf beiden Seiten – zu Wasser und auf dem Lande – leben kann). – **Amphitheater** s. KW 18. Jh. aus gr. *amphí* (✗ *um*) + *théatron* Schaubühne (= runde Schaubühne).

Ampulle w. 19. Jh. aus lat. *ampulla* (aus *amphorla* kleine Flasche [*amphora*]) Ölfläschchen. ✗ *Ampel,* ✗ *Pulle.*

amputieren Zw. Ende 18. Jh. aus lat. *amputare* abschneiden [✗ *deputieren*], *putare* schneiden; ✗ *impfen,* ✗ *Konto,* ✗ *Pfütze.*

Amsel w. mhd. *amsel,* ahd. *ams(i)la, amsala,* germ. Vogelname (engl. *ouzel*), aus idg. Wurzel, von der vielleicht auch lat. *merula* (frz., engl. *merle,* ahd. *merla,* mhd. *merle, merlin,* rhein. *Merle*) ausgeht.

Amt s. mhd. *ambe(h)t, ammet,* ahd. *ampaht,* got. *andbahti* s. Form aus älterem m.: ahd. *ampaht(i);* got. *andbahts* Gefolgsmann. In germ. Zeit aus Kelt.: lat. *ambacti* die sich um den Herrn bewegen. Vom got. *and-, ambahti* roman. *ambaisa* Auftrag; daher: frz. *ambassade* Gesandtschaft. ✗ *Beamte(r).*

Amtsschimmel m. SchlW 19. Jh., wohl Erinnerung an die schwz. reitenden Amtsboten? Oder aus öst. *Simile* Formular (lat. *similis* ähnlich)?

Amulett s. vor 1600 aus lat. *amuletum* Kraftmehlbrei (mlat. *amylum,* aus gr. *ámylon* nicht auf der Mühle gemahlenes Mehl, woraus 16. Jh. *am(e)lung, amelmehl* Kraftmehl). Lat. *amuletum* volkset. zu *amoliri* abwenden (*moliri* fortbewegen; *moles* Last; gr. *môlos* Mühsal) gestellt; daher = Abwehrzauber.

amüsieren Zw. vor 1700 aus frz. *amuser* unterhalten. Eigtl. = jmdn. lachen machen (aus roman. *musus* Schnauze). Daher bei uns zunächst = Maulaffen feilhalten.

an Adv. Präp. mhd. *ane,* ahd. *ana* an, auf, in; urverw.: gr. *aná* auf, an. ✗ *ahnden,* ✗ *ahnen.*

Anachronismus m. Zeitverstoß, KW 18. Jh. aus gr. *aná* auf, gegen; *chrónos* Zeit. – **Anagramm** s. Buchstabenversetzung als Rätselspiel, 18. Jh. aus lat.-gr. *anagramma* (gr. *aná; grámma* Buchstabe). – **analog** Adj. 18. Jh. aus gr. *análogos* der Vernunft entsprechend, älter: *analogisch.* **Analogie** w. Anfang 18. Jh. aus gr. *analogía.* – **analysieren** Zw. Anfang 18. Jh. aus frz. *analyser,* vom frz. *analyse* Auflösung, aus gr. *análysis* Auflösung (d. **Analyse** w. aus franz.) (gr. *lýein* auflösen). ✗ *Para-lyse,* ✗ *los.*

Ananas w. 1590 aus port. *anánas* (= engl.); urspr. Bezeichnung aus einer bras. Indianersprache. Dagegen span. *piña* (engl. *pine-apple*).

Anarchie w. 17. Jh. aus lat. *anarchia,* dies aus gr. *anarchía* führerloser Zustand (*archós* Führer). **Anarchist** m. SchlW der Frz. Revolution, d. 1793.

Anästhesie w. Schmerzbetäubung, KW 20. Jh. aus gr. *an-* = un- + gr. Zw. *aisthánesthai* fühlen.

Anatomie w. 16. Jh. über lat. *anatomia* aus gr. *anatomê* (*aná* auf, gegen, *tomê* Schnitt).

anbahnen Zw. um 1800 als ma. Ausdruck notiert; durchgesetzt Mitte 19. Jh.

anbandeln, anbändeln Zw. bayr.-öst. Ma.-Wort, durch südd. Schriftsteller (oder nordd. „Sommerfrischler"?) 1860 vordringend.

Anbeginn m. mhd. *anbegin(ne),* Kreuzung von mhd. *begin* mit mhd. *anegin* Anfang.

anbelangen Zw. obd. Kanzleisprache vor 1700.

anbequemen Zw. Eindeutschung vor 1800 für frz. *accomoder;* ✗ *Kommode!*

anberaumen Zw. mhd. *berâmen* festsetzen, zu *râm* Ziel. Volkset. an *Raum* angelehnt. Kanzleiwort.

Anbetracht m. 18. Jh. obd. Kanzleiwort.

sich anbiedern Zw. um 1800 zum Adj. ⟋ *bieder* gebildet.

anbinden Zw. mhd. *anebinden*, ahd. *anabintan* festbinden. – *Mit jmdm. anbinden* zu streiten beginnen 17. Jh. für älteres *mit jmdm. aufbinden* den Helm aufbinden. Daher: *kurz angebunden* leicht gereizt (oder *binden* Klingen vor dem Zweikampf kreuzen?)

Andacht w. mhd. *anedâht*, ahd. *anadâht*, zu *denken* (Prät.: *dachte*). Eigtl. = zielhaftes Denken; religiös seit 12. Jh. (L. („kluniazensische" Reform des verweltlichten Benediktinerordens). ⟋ *Andenken*.

Andante s. langsames Tonstück, 17. Jh. aus it. *andante* (*andare* gehen, dies aus volkslat. *ambitare*); = in gehender Bewegung.

Andenken s. spätmhd. *andenken* substantiv. Inf. *anedenken*, ahd. *anadenkan* seine Gedanken richten; vor 1700 = was zum Andenken gegeben wird. ⟋ *Andacht*.

ander Adj. mhd. *ander*, ahd. *andar*, von der idg. Pronominalwurzel **eno-*, **ono-*, durch Komparativsuffix **-tero-* erweitert. Verw.: ⟋ *jener*, ⟋ *vorder*, ⟋ *weder*. – **ändern** Zw. mhd. *endern*. – **anderseits** Adv. mhd. *andersît* mit angetretenem Genitiv-s (⟋ *flug-s* usw.). Dazu 17. Jh. mit genitiv. 1. Glied: *andrerseits*. – **anderthalb** mhd. *ander(t)halb*. Eigtl. = das zweite halb. – **anderweit** mhd. *anderweit*, *-weide* zum 2. Mal: *drîweit* dreimal, *vierweide* viermal; ⟋ *Weide*.

Andorn m. Pflanze Marrubium, mhd. *andorn*, ahd. *antorn;* idg. Pflanzenname; verw.: gr. *ánthos* Blüte. Eigtl. = Blühkraut.

anecken Zw. unangenehm auffallen, 19. Jh. zum spätmhd. Zw. *ekken* anstoßen.

Anekdote w. 18. Jh. aus frz. *anecdote*, dies aus lat. *anecdota* = gr. *anékdota* nicht herausgegebene Geschichten (urspr. Buchtitel).

Anemone w. Mitte 16. Jh. aus gr. *anemônê* (zu *ánemos* Wind), = Windblume; ⟋ *Asthma*.

Anerbieten s. 17. Jh. substantiv. Inf. der Kanzleisprache.

anerkennen Zw. Rechtswort 18. Jh. (LÜ von lat. *agnoscere?*); m. Subst.: *Anerkenntnis* w., heute nur jur.; ugs. seit 19. Jh. nur: *Anerkennung* w.

anfachen Zw. dichterisch 18. Jh. zum Simplex *fachen* 18. Jh. für älteres *fochen* 15. Jh., dies aus mlat. *focare* entzünden (*focus* Herd).

Anfang m. mhd. *anevanc*, ahd. *anafang*, vom Zw. **anfangen**, ahd. *anafâhan*. **Anfangsgründe** Mz. 1710 als Eindeutschung von lat. *elementa* Grundstoffe.

anfechten Zw. ahd. *anefehten* mit Waffen eindringen.

anführen Zw. mhd. *anefüeren* an sich tragen, ahd. *anafuoren* herbeibringen; spätmhd. = (militärisch) leiten; daraus 16. Jh. = mißleiten, hintergehen. Mitte 18. Jh. = als Beweis bringen. **Anführungsstriche, -zeichen** Mz. Mitte 18. Jh. LÜ von lat. *signum citationis*. – ⟋ *Gänsefüßchen*.

angeben Zw. mhd. *anegeben* anordnen, -zeigen; später = (Musikinstrumente) tönen lassen; dann = prahlen. ⟋ *angeblich*.

Angebinde s. 17. Jh. (urspr. an den Arm gebundenes Paten-) Geschenk.

angeblich Adj. Mitte 18. Jh. vom Zw. ⟋ *angeben* vorbringen.

angedeihen lassen Zw. aus *es gedeihet an mich* es wird mir zuteil. – ⟋ *gedeihen!*

Angel w. mhd. *angel*, ahd. *angul* (engl. *angle*); obd. verkleinernde Bildung zu ahd. *ango* Haken (verw.: gr. *ánkos* Widerhaken; idg. Wurzel **ank-* krümmen). Also = Häkchen (**Angelhaken** also Tautologie! 19. Jh.). Verw.: ⟋ *Anker[1]*, ⟋ *Anger*. – **angeln** Zw. mhd. *angeln*, ahd. *angilôn*.

Angelegenheit w. nach 1600 = was angelegen ist. **angelegentlich** Adj. um 1700 *angelegenlich;* später *-t-* eingefügt (⟋ *öffen-t-lich* und seine Entsprechungen).

angemessen Adj. Mitte 18. Jh. = so abgemessen, daß es paßt.

angenehm Adj. 15. Jh. *angenem*, mhd. *an-, genæme*, spätahd. *ginâmi* neben *nâmi:* Verbaladj. zu *neman ⁄ nehmen*. Vgl.: got. *andanêms* angenehm, zum Zw. *andaniman. ⁄ vornehm.*

Anger m. mhd. *anger*, ahd. *angar* Grasland; verw.: lat. *ancrae* Feldstreifen an Flüssen; ohne -r-: gr. *ánkos* Tal, Schlucht. Dazu die unter *⁄ Angel* besprochene Sippe, die von der idg. Wurzel **ank-* krümmen herkommt. – Zu *Anger* gehört der Stammesname der *Angri-varii* (= Weidelandmänner) und der Landschaftsname *Engern; ⁄ Engerling.*

Angesicht s. mhd. *angesiht(e)*, ahd. *anasiht;* zum Zw. *an(ge)sehen.* – *⁄ Gesicht.*

Angina w. Mandelentzündung, aus lat. *angina* (gr. *angchónê* Erdrosselung, *ángchein*, lat. *angere* erdrosseln).

Angriff m. vgl.: lang. *anagrif* unrechtmäßiges Berühren einer Frau; zum Zw. *⁄ greifen.*

Angst w. mhd. *angest*, ahd. *angust;* verw.: lat. *angustiae* Enge (woher engl. *anguish* Kummer). *⁄ eng, ⁄ bange.* Vom Adj. mit dem Suffix *-ust* gebildet; vgl.: *⁄ Ern-st, ⁄ Dien-st, ⁄ Gun-st, ⁄ Hor-st, ⁄ Kun-st, ⁄ Ri-st, ⁄ Tre-st-er.* – **ängstlich** Adj. mhd. *engestlich*, ahd. *angustlih*. – **Angströhre** w. Zylinder, scherzhaft Wien 1848.

anhaben Zw. bekleidet sein, 17. Jh. verkürzt aus *angezogen haben.*

anhängig Adj. vor der Entscheidung stehend, Kanzleiwort, 15. Jh. – **anhänglich** Adj. kurz vor 1800 aufkommend.

anheben Zw. beginnen, mhd. *aneheben* urspr. = lupfen; dann = anfangen. Durch Luther verbreitet, durch Klassik vor dem Absterben gerettet. Nur noch in feierlicher Sprache.

anheim (*-fallen, -geben, -stellen*) Kanzleiwort 16. Jh. Eigtl. = an das Haus; dann = zur freien Verfügung. – **anheimeln** Zw. aus alem. Ma., durch alem. Schriftsteller 18. Jh. schriftd.

anheischig Adj. mhd. *antheizec*, aus *antheiz* Gelübde (got. *andahait* Bekenntnis). Zum Zw. *heißen* mit Präfix *ant-*. Volkset. Anlehnung an *⁄ heischen.*

Anhöhe w. Ende 18. Jh. für älteres nd. *Anberg, Amberg*, dies seit 16. Jh.

Anilin s. KW 1826 aus port. *anil* blau (ar. *annilah* Indigo).

animalisch Adj. KW 17. Jh. zu lat. *animal* Tier (*animus* Seele; *⁄ Mumm*). – **animieren** Zw. 17. Jh. aus frz. *animer* beleben.

Anis m. mhd. *anîs*, wie frz. *anis* aus lat. *anisum* Dill = gr. *ánison* Anis.

Anke m. Butter, mhd. *anke*, ahd. *anko, ancsmero;* ältere heimische Bezeichnung der Butter aus idg. Wurzel. Vgl.: lat. *unguentum* Salbe, Fett, *unguere* salben. *⁄ Butter.*

Anker[1] m. mhd. *anker*, spätahd. *anchar* (engl. *anchor*), aus lat. *ancora*, an der Nordseeküste entlehnt (lat. *ancus* gekrümmt: Zweiarmanker statt des heimischen Senksteins: ahd. *sinchila, senchil; ⁄ Senkel*). Die Erfindung ist gr.: *ánkyra* (dazu: lat. *uncus* gekrümmt). Verw.: *⁄ Angel.*

Anker[2] m. Flüssigkeitsmaß, nhd. aus nl. *anker* = engl. *anker*, von mlat. *anc(h)eria* kleinere Tonne (Herkunft?).

ankreiden Zw. 19. Jh. Eigtl. = mit Kreide aufs Schwarze Brett (des Wirtshauses) schreiben.

ankurbeln Zw. beleben, 20. Jh. (Kraftwagen!). – **Ankurbelung** w. 1929. *⁄ Kurbel!*

Anlage w. mhd. *anlâge* Bitte, zum Zw. *aneligen* jmdm. anliegen; spätmhd. = Steuer; 16. Jh. = Beisteuer, Entschädigung; später = Beilage; dann auch = Entwurf und (18. Jh.) Ausführung eines Entwurfes; 18. Jh. = natürliche Begabung; 20. Jh. = Nutzung von Geld.

Anlaß m. mhd. *anelâz* Rennstart;

dann = schiedsrichterliche Entscheidung einer Sache; frühnhd. = Anstoß zu einer Handlung. **anläßlich** Adv. Kanzleiwort 19. Jh.

Anlaut m. 1. Laut im Wort, grammat. Bezeichnung durch J. Grimm 1819.

Anleihe w. Ende 18. Jh. für älteres *Anlehen*, mhd. *anlêhen*, ahd. *analêhan*. ↗ *leihen*.

Anliegen s. frühnhd. substantiv. Inf. Zw. mhd. *aneligen*, ahd. *analiggen* bittend zusetzen. – ↗ *Anlage!*

anmaßen Zw. mhd. *anemâzen* mit Recht beanspruchen; später = über das zustehende Maß beanspruchen. **Anmaßung** w. frühnhd.

Anmerkung w. 17. Jh. (Schottel) als LÜ für lat. *observatio* Beobachtung, Rücksicht.

Anmut w. 14. Jh. der *anemuot* das Verlangen; erst ab 16. Jh. w.; seit 17. Jh. = Lieblichkeit. **anmutig** Adj. 16. Jh. zunächst = verlangend; später = lieblich; vom Zw. mhd. *anemuoten* zumuten.

Annalen Mz. 18. Jh. aus lat. (*libri*) *annales* Jahrbücher (lat. *annus* Jahr).

annektieren Zw. 1862 aus lat. *annectere* anknüpfen; davor *annexieren* aus frz. *annexer* (engl. *annex*). Ein frühes *annectirn* aneinanderknüpfen nach der lat. Bedeutung, 16. Jh. **Annexion** w. Mitte 19. Jh. aus frz. *annexion*.

Annonce w. 18. Jh. aus frz. *annonce*, zum Zw. *annoncer* ankündigen, lat. *adnuntiare* anzeigen (↗ *Anzeige*). **annoncieren** Zw. 18. Jh. aus frz. *annoncer*.

annullieren Zw. 16. Jh. als Rechtswort aus lat. *a-nullare* (*nullus* keiner).

Anode w. positiv geladene Elektrode, 19. Jh. durch Faraday aus gr. *án-odos* Aufgang, Eingang (weil über sie die positive Ladung in ein Vakuum eintritt). ↗ *Elektrode*, ↗ *Periode*.

Anomalie w. Regelwidrigkeit, 18. Jh. aus gr. *anômalía* Ungleichheit (*nómos* Gesetz).

anonym Adj. für älteres *anonymisch*, dies 18. Jh. aus gr. *anônymos* namenlos (*ónoma* ↗ *Name*). ↗ *Pseudonym*.

Anorak m. 20. Jh. über skand. (Skisport) aus grönländ. *anorak* Pelzüberzug, Windbluse.

anranzen Zw. Ende 18. Jh. aufkommend; zu *ranzen* (aus mhd. *rankezen;* mhd. *ranc* schnelle Drehung?) lärmen; im 19. Jh. durchdringend. – Zu den -z-Bildungen vgl. ↗ *ächzen* und seine Entsprechungen.

anrempeln Zw. stud. 19. Jh. aus ma. (obs.) *Rämpel* Baumklotz, *anrämpeln* anstoßen. ↗ *rempeln*.

Anrichte w. schon mhd. *anrihte*, zum Zw. *anerihten*, nhd. **anrichten** Speisen zum Auftragen bereit machen.

anrüchig Adj. um 1300 *anruchtig* hansisches Rechtswort, in hd. Rechtstexten 15. Jh. Nd. *-cht-* für hd. *-ft-* (↗ *achter*): anrüchtig also zu mhd. *ruoft* Leumund (mnd. *ruchte*); zum Zw. ↗ *rufen*. – Schriftd. durch Luther; Ausfall des *-t-* seit 1600 vordringend (wohl Einfluß von ↗ *ruch-bar* und volkset. Anlehnung an *riechen* = wer schlecht riecht).

ansässig Adj. zu frühnhd. *Ansess* fester Wohnsitz, mhd. *ansæze* Erbsitz.

anschaulich Adj. Mystikerwort 14. Jh. (Gott ist *anschaulich*, d. h. läßt sich ansehen); später = ansehnlich; pädagog. Schrifttum seit 19. Jh. = der Anschauung dienend. **Anschaulichkeit** w. durch Herder. **Anschauung** w. Mystikerwort *anschouwunge* vom Betrachten Gottes; später = Anblick, philos. (Kant) = unmittelbare Erkenntnis des Gegenstandes; ugs. = Ansicht.

anscheinend Part. Präs. zum Zw. mhd. *ane schînen* den Anschein haben, mhd. *anschîn* Erscheinung.

anschirren Zw. vom Grundwort *schirren* Zw., von ↗ *Geschirr* abgeleitet.

anschmieren Zw. 16. Jh. = durch Schmieren haften machen; 17. Jh.

= fälschlich Schuld beimessen; 18. Jh. = jmdm. etw. betrügerisch aufhalsen; daher 19. Jh. = betrügen.

anschnauzen Zw. 16. Jh. ostd.; nicht zu *Schnauze*, sondern Intensivbildung zu ⁄*schnauben* = heftig anschnauben; -*z*- wie bei ⁄*ächzen* u. a.

Anschovis w. 17. Jh. aus nl. *ansjovis*, dies aus frz. *anchois* (aus span. *anchoa*, dies aus mlat. *apiua* = gr. *aphuê* Sprotte, oder aus einem baskischen Fischnamen *anchu*?).

anschwärzen Zw. 17. Jh., urspr. = mit schwarzer Farbe behaften; dann = verleumden.

Ansicht w. mhd. *anesiht*, ahd. *anasiht* Anblick; im 18. Jh. aufs Nd. zurückgedrängt (mnd. *ansicht* Meinung); erst 19. Jh. wieder gemeindeutsch. – **ansichtig werden** Zw. schon mhd. *ansihtec werden;* ahd. *anasihtîg* gesehen werdend.

Ansinnen s. frühnhd. substantiv. Inf. Zw. *ansinnen* für mhd. *an einen sinnen* jmdn. um etw. angehen.

anspielen Zw. seit Lessing = etw. andeuten; davor = das (Karten-) Spiel beginnen.

Anspruch m. mhd. *anspruch* rechtliche Forderung. **anspruchslos** Adj. 18. Jh., zuerst meist *anspruchlos.* **anspruchsvoll** Adj. Neubildung um 1800.

Anstalt w. 13. Jh. = Einrichtung, Anordnung; zum Zw. *anstellen* (Prät. *stalte,* Part. *gestalt*); vorwiegend Kanzleiwort, allgemeiner seit 17. Jh. – 1794 (Preuß. Landrecht) = Organisation als Rechtspersönlichkeit (so durch Goethe 1809 schriftd.); später = Gebäude hierfür.

Anstand m. mhd. *anstant* Waffenstillstand; später jägersprachl. = Platz des Jägers. Erst im 18. Jh. = Schicklichkeit, zurückentwickelt aus dem Adj. **anständig,** dies seit 17. Jh. = schicklich (vgl.: *anstehen* passen). ⁄*beanstanden.*

anstatt Präp. mhd. *an stat, an stete;* Dativ zu ⁄*Statt;* als Präposition im Kanzleigebrauch.

anstellig Adj. aus der schwz. Ma.,

vor 1800 durch Lavater und Nicolai schriftd., von Schiller (Tell) aufgegriffen; zum Zw. *sich anstellen* sich in einer Tätigkeit zeigen (frühnhd.). **Anstelligkeit** w. schwz., durch Lavater 1776 schriftd. ⁄*Anstalt!*

anstiften Zw. frühnhd. das Zw. ⁄*stiften* gründen, an-, einrichten verdeutlichend.

anstößig Adj. 16. Jh. zu **Anstoß,** mhd. *anestôȝ* ärgerliches Hindernis (in der Bewegung). – Der *Stein des Anstoßes* nach *Jesaias* VIII 14.

ansträngen Zw. anspannen, 18. Jh. vom Subst. ⁄*Strang.* – **anstrengen** Zw. mhd. *anstrengen* inständig bitten, *strengen* stark machen. Vom Adj. ⁄*streng* (daher auch mit ⁄*Strang* verw.).

ant- Vorsilbe in ⁄*Antlitz,* ⁄*Antwort,* ⁄*anheischig,* ⁄*Handwerk;* meist abgeschwächt zu *ent-,* mhd. ahd. *ant-,* got. *and(a),* got. Präp. *and* auf – hin, über – hin. Idg. Entsprechungen, z. B. lat. *ante* vor, gr. *antí* gegen. (Nicht hierher das *ent-* in ⁄*entgegen,* ⁄*entbehren,* ⁄*entlang,* ⁄*entweder,* ⁄*entzwei.*) Verw.: ⁄*Ende.*

Antarktis w. KW 19. Jh. aus gr. *antí* gegen + *árktos* Sternbild des Bären (*árktis* Nordpolgegend). ⁄*Arktis!*

antediluvianisch Adj. voreiszeitlich, KW 2. Hälfte 18. Jh. aus lat. *ante* vor + *diluvium* Überschwemmung (*di[s]luere* auflösen; verw.: *lavare* waschen, frz. *laver;* ⁄*Lavendel*).

Anteil m. schon mhd. *daȝ anteil* zustehender Teil, häufiger erst seit 17. Jh.; 2. Hälfte 18. Jh. = Mitgefühl.

Antenne w. nach dem Ersten Weltkrieg aus it. *antenna,* urspr. = Rahe (aus lat. *antemna* Rahe, eigtl. = die Ausgespannte [*an(a) tempna;* verw. mit: *templum;* ⁄*Tempel*]).

Anthologie w. KW 18. Jh. aus gr. *anthología* Blumenlese (*ánthos* Blume [⁄*Antilope*] + *légein* lesen).

Anthrazit m. KW zu gr. *ánthrax* Kohle mit Anlehnung an lat. *anthracitis* Karbunkel. ⁄*Indanthren.*

Anthropologie w. Lehre vom Menschen, 18. Jh. aus gr. *anthrôpología* (*ánthrôpos* Mensch + *-lógos* Lehre).

antik Adj. 1. Hälfte 18. Jh. aus frz. *antique;* dafür früher (16. Jh.) *antikisch* (lat. aus *antiquus* 16. Jh.; *ante* vorher). **Antike** w. Mitte 18. Jh. aus frz. *antique.* **Antiquität** w. Anfang 16. Jh. aus lat. *antiquitas.*

Antilope w. um 1800 aus frz. nl. *antilope,* dies aus mlat. *antalopus* (daher engl. *antelop*). Zugrunde liegt gr. *anthólôps* Blumenauge. – ⁊ *Anthologie.*

Antipathie w. Ende 16. Jh. von lat. *antipathia,* dies aus gr. *antipátheia* Abneigung; im 17. Jh. mit d. Endung. – ⁊ *mißliebig.*

Antipode m. Gegenfüßler, im 16. Jh. als lat.-gr. Mz. *Antipodes* (gr. *antipódês: antí* gegen + *pûs, podós* Fuß); 19. Jh. = Widersacher.

Antiquar m. Mitte 18. Jh. in der lat. Form *Antiquarius* (lat. *antiquarius* das Altertum betreffend, *antiquus* alt) für *Antiquitist* (so vor 1600). – ⁊ *antik!*

Antisemit m. KW, 1879 aus gr. *antí* gegen + *Semit.*

Antithese w. Gegenbehauptung, KW 19. Jh. aus gr. *antí* gegen + ⁊ *These.*

Antlitz s. mhd. *antlitze,* ahd. *antlizzi;* got. *wlits* Aussehen, *wlaiton* umherblicken. ⁊ *ant-* entgegen; urspr. = das Entgegenblickende. Luther, der das Wort oft benutzt, hat die zweisilbige Form eingeführt. – Verw.: der Name der germ. Seherin *Veleda* bei Tacitus und lat. *vultus* Miene (idg. Wurzel *$\underset{\cdot}{u}el$-* sehen, erweitert zu *$\underset{\cdot}{u}leid$-*).

Antrag m. frühnhd. zum Zw. mhd. *antragen* anstiften; frühnhd. = vorschlagen.

antun Zw. mhd. *anetuon* (Kleider) anziehen; 2. Hälfte 17. Jh. (verhüllend) = verhexen (*jmdm. etw. antun*).

Antwort w. mhd. *antwort, -würte,* ahd. *antwurti:* Vorsilbe ⁊ *ant-* + *wurti,* Ableitung von ⁊ *Wort* (etwa = das Geworte); später an *Wort* angeglichen. Dagegen: engl. *answer* zu ⁊ *schwören.* **antworten** Zw. mhd. *antwürten, antwurten, antworten,* ahd. *antwurten* got. *andwaurdjan.* – ⁊ *verantworten.*

Anwalt m. mhd. *anwalte,* ahd. *anawalto* advocatus, zu ahd. *anawalt* w. Gewalt. Also = Gewalthaber, Anstifter; später = Bevollmächtigter, Abgesandter; dann = Stellvertreter. 1877/78 amtl. Standesbezeichnung (*Amts-, Rechts-, Reichs-, Bundes-, Staatsanwalt;* doch *Rechtsanwalt* schon 1808 bei H. v. Kleist). ⁊ *walten.*

Anwärter m. frühnhd. zum Zw. mhd. *anewarten* erwarten. 1899 als Verdeutschung von ⁊ *Aspirant* (lat. *ad-spirare* anhauchen). ⁊ *warten.*

Anweisung w. mhd. *anwîsunge* Unterricht, frühnhd. = Weisung, eine Geldsumme auszuzahlen.

anwenden Zw. mhd. *anewenden* ordnen; seit Luther = verwenden.

Anwesen s. 15. Jh. substantiv. Inf. vom Zw. mhd. *anewesen,* ahd. *anawesan* drin- und dasein; LÜ zu lat. *ad esse* (⁊ *Wesen*); = Wohnung seit 15. Jh. – **anwesend** Part. Präs. zum Zw. *anwesen,* um 1600. – **Anwesenheit** w. Dasein, um 1600.

Anzeige w. kanzleisprachl. Kompositum zu mhd. *zeige* An-, Wegweisung, ahd. *zeiga* Ankündigung; zu ⁊ *zeigen.* – Im 19. Jh. als Eindeutschung für ⁊ *Annonce* und ⁊ *Inserat.*

anzetteln Zw. 16. Jh. Eigtl. ein Weberwort (⁊ *Zettel²* Aufzug eines Gewebes). Urspr. = das Gewebe befestigen. ⁊ *verzetteln.*

anziehend Adj. 18. Jh. Verdeutschung von ⁊ *interessant.* – **Anzug** m. urspr. (1400) Rechtswort, = Forderung, Einspruch, Berufung, Klage; zum Zw. *anziehen* heran-, vor Gericht ziehen, auch (Kleider) überziehen; daher: *Anzug* Männergewand (vorwiegend md.). – *Im Anzug sein* zum Zw. **anziehen** herankommen. – **anzüglich** Adj. vor 1700 für etwas älteres *anzügig* und *anzügisch,* zum frühnhd. Zw. **anziehen** tadelnd anführen, als Zeugen benennen. – *Sich etw. anziehen* etw. für auf sich gemünzt halten.

Äolsharfe w. um 1800 für älteres *Windharfe;* nach dem gr. Windgott *Aiolos.*

Äonen Mz. Mitte 18. Jh. aus gr. *aiōn, aiónos* Ewigkeit (= lat. *aevum;* engl. *eon*).

Aorta w. Hauptschlagader, aus gr. *aortê (aeírein* anbinden). Eigtl.: „(am Herzbeutel) Angebundenes". ∕ *Arterie.*

apart Adj. 1. Hälfte 17. Jh. aus frz. *à part* zur Seite (daher: engl. *apart*). Zugrunde liegt: lat. *pars, partis* Teil. – ∕ *Appartement,* ∕ *halbpart,* ∕ *Partei.* – **Apartheid** w. 20. Jh. = strenge Trennung von Weißen und Schwarzen in S-Afrika.

Apathie w. über lat. *apathia* aus gr. *apátheia* (a- un- + *páthos* Leiden, Gefühl).

Aperitif m. Schnaps als Appetitanreger, 20. Jh. aus frz. *apéritif* (lat. *aperire* öffnen).

Apfel m. mhd. *apfel,* ahd. *aphul* (engl. *apple*), ein nordeurop. Wort mit kelt. und balt. Entsprechungen. Mit dem germ. Baumnamensuffix *dra-* wird die Bezeichnung des Apfelbaumes gebildet: mhd. *apfal-ter,* ahd. *aphol-tra.* Vgl. ONN wie: *Apolda, Affolter(n), Affolter-, Apfaltsbach, Affaltrach;* nl. *Apeldoorn;* dazu: *Gablonz* aus aslaw. *jablanu* Apfelbaum. – **Apfelschimmel** m. um 1700 für älteres *apfelgrâ ros;* mnd. *appelgrawe.* – **Apfelwein** m. schon mhd. *apfel-, epfelwîn.* – **Apfelsine** w. Hamburg um 1700 *Appelsina;* zunächst nd.-nl. Handelsbezeichnung nach frz. *pomme de Sine* Chinaapfel (gegenüber it.-obd. ∕ *Orange;* ∕ *Pomeranze*); hd. ab 1770 *Apfelsine.* – Die Frucht wurde um 1500 von den Portugiesen aus China eingeführt.

apodiktisch Adj. unwiderleglich, 18. Jh. aus gr. *apodeiktikós* beweisend (*apó-* weg, von + *deíknynai* [vor-] zeigen). ∕ *Zeichen.*

Apokalypse w. Offenbarung, aus gr. *apokálypsis* Enthüllung (*apó-* weg, von + *kalýptein* verbergen); vgl. den gr. w. PN *Kalypso* = die Bergende.

Apokryphen Mz. biblische Bücher zweifelhafter Echtheit, aus gr. *apókryphos* verborgen (*apó-* weg, von + *krýptein* verbergen). ∕ *Krypta.*

Apologie w. Verteidigungsrede, -schrift, 16. Jh. aus gr. *apología* (*apó-* weg, von + *lógeîsthai* reden; *lógos* Rede; ∕ *Logik*).

Apostel m. mhd. *apostel,* ahd. *apostolo,* aus lat. *apostolus;* gr. *apóstolos* (Zw. *apostéllein* wegschicken). – Durch Luther verbreitet.

Apostroph m. 16. Jh. aus gr. *apóstrophos* (Zw. *apostréphein* wegwenden); eigtl. = weggewendet.

Apotheke w. mhd. *apotêke* aus lat. *apotheca* (gr. *apothêkê* Wegsetzungsort, Warenlager (*apó-* weg, von + *thêkê* Lager). – ∕ *Theke,* ∕ *Biblio-thek,* ∕ *Disko-thek,* ∕ *Hypo-thek.*

Apparat m. 15. Jh. aus lat. *apparatus* Zubereitung (lat. *ad* zu + *parare* bereiten); zuerst = Aufwand; später (bis 19. Jh.) = Gerätschaftssammlung; erst danach = Werkzeug, Hilfsmittel.

Appartement s. Zimmerflucht, Einzelwohnung; 17. Jh. aus frz. *appartement* (lat. *ad partem* zur Seite; ∕ *apart*). 20. Jh.: *Apartment* s. Kleinwohnung, aus engl.-am.

Appeal m. 20. Jh. aus engl. = Reiz; engl. Form von: **Appell** m. 18. Jh. aus frz. *appel* (lat. *appellum* Vorladung vor Gericht); zuerst nur militärisch (= Signal); dann jägersprachl. = Folgsamkeit des Hundes. – **appellieren** Zw. mhd. aus lat. *appellare* ansprechen, Berufung einlegen (*ad-* heran + *pellare* = lat. Entsprechung zu got. *spillôn* verkündigen). – **Appellation** w. 15. Jh. *appelaz,* aus lat. *appellatio.*

Appetit m. 15. Jh. aus frz. *appétit* Eßlust (lat. *appetitus* Verlangen: *ad* zu, *petere* verlangen).

applaudieren Zw. Ende 16. Jh. aus lat. *applaudere* (*ad* zu + *plaudere* schlagen) = an etwas schlagen. ↗*plausibel.* – **Applaus** m. Ende 18. Jh. *Applausus* aus gleichlaut. lat.

applizieren Zw. beibringen, Ende 16. Jh. aus lat. *applicare* (*adplicare* anfügen). – Verw.: ↗*Komplex.*

apportieren Zw. 18. Jh. aus frz. *apporter* herbeibringen (über die Jagdhunddressur; im Frz. mit *rapporter* bezeichnet, das im D. durch die militär. Bedeutung von *Rapport* m., seit dem 17. Jh. aus frz. *rapport* übernommen, besetzt war).

Appretur w. Zurichtung, 18. Jh. zum Zw. *appretieren* (aus frz. *apprêter*, 18. Jh. (frz. *prêt* bereit, aus lat. *paratus* bereitet; ↗*Parade*).

Approbation w. aus lat. *approbatio* Billigung; zum Zw. **approbieren,** Kanzleiwort um 1500 aus lat. *approbare* billigen; dazu **approbiert** Adj. 17. Jh. zum Arzt-, Apothekerberuf zugelassen.

Aprikose w. Mitte 17. Jh. aus nl. *abrikoos,* dies aus frz. Mz. *abricots* (engl. *apricot*). Zugrunde liegt lat. *praecocium* (*praecoquus* frühreif); das anlautende *A-* über span.-it. aus ar. *al-barkuk* Pflaume. – Anfangs nur nd.-obs. gegenüber obd. *Marille* (aus it. *armenillo* armen. Pflaume, wohl unter Einwirkung von ↗*Amarelle*). ↗*kochen.*

April mhd. für ahd. *ôstarmânôd,* aus lat. *Aprilis* (zum Zw. *aperire* öffnen: = der [die Erde] Öffnende [?]). – *In den April schicken* 1. Hälfte 17. Jh. **Aprilnarr** m. Mitte 18. Jh. nach engl. *April-fool.* **Aprilwetter** s. mhd. *aberellen weter.*

Aquaplaning ʾ s. Ausgleiten der Kraftwagenreifen auf Naßflächen, 20. Jh. aus am. (engl. *aquaplane* Surfbrett). Zs. aus lat. *aqua* Wasser + *planare* ebnen (*planus* flach). – ↗*-ach.* – **Aquarell** s. um 1800 aus frz. *aquarelle* (it. *acquerello* Wasserfarbe, lat. *aqua*). – **Aquarium** s. Zuchtbehälter für Wassertiere, -pflanzen, KW 19. Jh. zu lat. *aquarius* das Wasser betreffend.

Äquator m. 2. Hälfte 16. Jh. aus lat. *aequator* Gleichmacher (teilt die Erde in 2 Hälften; lat. *aequare* gleichmachen).

Aquavit m. 16. Jh. aus lat. *aqua vitae* Wasser des Lebens. ↗*Whisky,* ↗*Wodka.*

Ar s. Flächenmaß, 1868 aus frz. *are,* dies 1793 aus lat. *area* Platz.

Ära w. um 1800 aus lat. *aera,* Mz. zu *aes* Erz, als w. Ez. mißverstanden.

Arabeske w. 18. Jh. aus frz. *arabesques* ar. Verzierungen (= Fortbildung antiker Ornamentik durch die Araber, denen der Koran die Nachbildung von Lebewesen untersagt).

Arbeit w. mhd. *ar(e)beit,* ahd. *arabeit(i),* got. *arbaiþs.* Eigtl. = Mühsal des Verwaisten; ↗*arm,* ↗*Erbe* (germ. **arbêjô-* bin eine Waise [und muß daher für andere arbeiten]). Arbeitsethos erst seit Mystik, bes. durch Luther. Verw.: ↗*Roboter.* **arbeiten** Zw. mhd. *ar(e)beiten,* ahd. *ar(a)beiten* sich mühen. **Arbeiter** m. Mitte 13. Jh. = Handarbeitender; 19. Jh. = Lohnarbeiter. – **arbeitsam** Adj. mhd. *arbeitsam* beschwerlich.

Archäologie w. 18. Jh. KW aus gr. *archaiología* (*archaîos* altertümlich + *légein* sprechen, erzählen).

Arche w. ahd. *buoh-arahha,* got. *arka,* germ. FrW aus lat. *arca* Verschluß; urspr. = Kasten, Kiste; dann (Bibeleinfluß) = Noahs Kasten.

Architekt m. 16. Jh. aus lat. *architectus,* dies aus gr. *architéktôn* Baumeister: *archi-* Haupt- + *téktôn* Holzhandwerker; ↗*Technik;* ↗*Arzt!* **Architektur** w. 16. Jh. aus lat. *architectura* Baukunst.

Archiv s. 17. Jh. für älteres *archivum* = lat. *archivum,* dies aus gr. *archeîon* Regierungsgebäude (*archi-* Haupt-). **Archivar** m. 18. Jh. nlat. *archivarius.*

Arena w. 18. Jh. aus lat. (h)*arena* Kampfbahn, Sand(bahn) (Herkunft?).

arg Adj. mhd. *arc,* ahd. *ar(a)g* böse,

schändlich, feige, geizig, lang. *arga*
Schelte (span. *aragan* träge, aus
got. **args,* finn. *arka* feige, aus
germ.); urspr. = angstbebend. –
Arg s. mhd. *arc,* ahd. *arg* substantiv. Adj. **ärgern** Zw. ahd. *argirôn*
schlechter machen; zum Komp. *är-*
ger; davon 18. Jh., zuerst nd. **Ärger**
m. – **ärgerlich** Adj. anstößig, vor
1500. **Ärgernis** s. 18. Jh. zum Zw.
ärgern.

Argument s. 16. Jh. aus lat. *argu-*
mentum (lat. *arguere* erhellen, beweisen; Stamm: *argu-* weißlich;
eigtl. = weiß machen).

Argusaugen Mz. vor 1700; *Argus* in
gr. Sage der hundertäugige Wächter der in eine Kuh verwandelten
Jo.

Argwohn m. mhd. *arcwân,* ahd. *arg-*
wân; noch im 17. Jh. *Argwahn.*
↗ *Wahn* (eigtl. = schlimme Vermutung). *-ô-* für älteres *-â-* ist
md. (↗ *Odem,* ↗ *ohne,* ↗ *Mohn,*
↗ *Mond,* ↗ *Ohm* [1], ↗ *Ton,* ↗ *Woge,*
↗ *Kot,* ↗ *wo*).

Ariadnefaden m. Mitte 18. Jh.
Ariadne gab (nach Ovid) Theseus
das Knäuel, mit dem dieser sich
aus dem Labyrinth heraustastete.
↗ *Leitfaden,* ↗ *Faden.*

Arie w. 17. Jh. aus it. *aria* Lied, dies
aus lat. *aerius* zur Luft gehörend
(↗ *Aeronaut,* ↗ *Airbus*); erst 18. Jh.
= Opernlied.

Arier m. 1776 nach frz. Vorbild für
die Selbstbezeichnung der Inder
und Perser gegenüber den farbigen
Urbevölkerung: aind. *arya,* iran.
airya Herr. Eigtl. = der Erhabene.
Vgl.: gr. *áristos* der beste; vielleicht
hierher auch der germ. Männername *Ar-iovistus.* Urspr. nur = Indoiranier (*airy-nam* = Iran); dann (F.
Schlegel) = alle Indogermanen.
Durch Gobineau verschwommener Rassenbegriff (*Nichtarier* =
Juden).

Aristokratie w. 17. Jh. für älteres
aristocratia = lat. *aristocratia* (aus
gr. *aristokráteia; áristos* der beste
[↗ *Arier*], *krateîn* herrschen). – **Ari-**
stokrat m. 18. Jh. aus *Aristokratie*

zurückgebildet, unter Einfluß von
frz. *aristocrate.* **aristokratisch** Adj.
schon 16. Jh.

Arithmetik w. vor 1500 über lat.
arithmetica aus gr. *arithmêtikê*
(*téchnê*) (*arithmós* Zahl; zur idg.
Wurzel **ar-?* ↗ *Arm*) Rechenkunst. – **arithmetisch** Adj. 16. Jh.
aus lat. *arithmeticus.*

Arkade w. vor 1700 aus frz. *arcade*
Laubengang, dies über it. *arcata* zu
lat. *arcus* Bogen (↗ *Armbrust*).

Arktis w. KW 19. Jh. zu gr. *árktos*
Bär (Sternbild des Bären im Norden).

Arm m. mhd. *arm,* ahd. *ar(a)m,* got.
arms; idg. Körperteilbezeichnung.
Vgl.: lat. *armus* Oberarm, *armilla*
Armband, *armillum* Henkelkrug;
gr. *harmós* Schultergelenk. Idg.
Wurzel: **ar-* fügen, passen; eigtl.
= Fügung. Verw.: ↗ *Armee,* ↗ *Art,*
↗ *Harmonie,* ↗ *Rede,* ↗ *Reim,* ferner: ↗ *Ärmel.*

arm Adj. mhd. *arm,* ahd. *ar(a)m,*
got. *arms* (finn. *armas* lieb, eigtl. =
mitleidenswert, aus germ.), verw.:
↗ *Erbe.* Eigtl. = verlassen; Ggs. zu
reich wgerm.; vertieft durch Christentum. – **armselig** Adj. 15. Jh. zu
mhd. *armsal* Elend. – **Arme Ritter**
Mz. Speise, schon mhd. *arme ritter.*

Armada w. ↗ *Armee!*

Armatur w. Bewaffnung, Bemannung; Maschinenteil, 2. Hälfte 16.
Jh. aus it. lat. *armatura* Rüstung
(lat. *armare* bewaffnen; ↗ *Armee*).

Armbrust w. mhd. *armbrust.* Volkset. Eindeutschung für afrz. *arbale-*
ste, dies über volkslat. *arbalista* aus
lat. *arcuballista* Bogenschleuder;
gr. *bállein* werfen.

Armee w. um 1600 aus frz. (*force*)
armée bewaffnete Macht (lat. *ar-*
matus bewaffnet [idg. Wurzel **ar-;*
↗ *Arm*]; daher span. ↗ *Armada,*
das im 16. Jh. nach Deutschland
kommt; zuerst = Ausrüstung;
dann = Flotte).

Ärmel m. mhd. *ermel,* ahd. *ermilo,*
armilo; = Ärmchen. ↗ *Arm.*

armieren Zw. frühnhd. aus lat. *ar-*
mare ausrüsten, bewaffnen.

Armut w. mhd. *armuot(e)*, ahd. *ar(a)muoti:* mit dem Suffix ahd. *-ôti-* von ⁄ *arm* gebildet. Volkset. an *Mut* (ahd. *muot*) angelehnt. Zum Suffix vgl.: ⁄ *Heim-at*, ⁄ *Einöde*, ⁄ *Klein-od*, ⁄ *Zier-at*.

Arnika w. Köpfchenblütler, 14. Jh. *arnich;* vielleicht aus lat. *ptarmicum* Niesmittel, zum gr. Schallwort *ptárnysthai* niesen.

Aroma s. 17. Jh. *Aromata* Mz. aus lat. Mz. *aromata* Gewürze (= gr. *arôma-ta*); Ez. erst 19. Jh.; Bedeutung „Duft" durch Adj. **aromatisch** 16. Jh. aus lat. *aromaticus* (= gr. *arômatiskós*).

Arrak m. Reisbranntwein, um 1700 (zunächst nordd.) aus frz. *arak*, dies aus ar. *araq* Schweiß, Saft: die Araber vermittelten das ostind. Getränk nach Europa.

arrangieren Zw. 18. Jh. aus frz. *arranger (rang* Reihe, Rang; ⁄ *Ring).*

Arrest m. 15. Jh. Rechtswort, aus mlat. *arrestum* Gerichtsbeschluß, Haftbefehl. **Arrestant** m. 16. Jh. = verhaftender Beamter, 18. Jh. = Verhafteter (früher: *Arrestat*). – **arretieren** Zw. um 1700 aus frz. *arrêter;* dafür früher: *arrestieren* 15. Jh. aus lat. *arrestare* (für **ad-restare* dableiben).

arrogant Adj. 16. Jh. aus frz. *arrogant*, dies aus lat. *arrogans, -gantis*, zu *ad-rogare* verlangen, sich anmaßen. **Arroganz** w. 16. Jh. aus frz. *arrogance.*

Arsch m. mhd. ahd. *ars;* idg. Körperteilbezeichnung (idg. Wurzel **orsos;* vgl.: gr. *órros* Steiß). – Nhd. *-rsch* für älteres *-rs* wie in ⁄ *Birsch*, ⁄ *Hirsch*, ⁄ *Kirsche* u. a.

Arsenal s. Zeughaus, um 1500 aus it. *arsenale*, dies aus ar. *dâr-aṣ-ṣinâ'a* Schiffswerft (frz. engl. *arsenal*), eigtl. = Haus des Handwerks. ⁄ *Zeughaus.*

Arsenik s. 15. Jh. aus lat. *arsenicum*, dies aus gr. *arsenikó* starkes Gift, zu *arsenikós* männlich, stark (FrW aus syr. *zarnik* Arsenik?). Die lat. Form wird d. bis ins 18. Jh. beibehalten; dann dringt durch frz. *arse-* nic die endungslose Form vor. Weiter verkürzt zu **Arsen** s. chem. Element (⁄ *Auerhahn).*

Art w. mhd. *art*, zum idg. Zw.-Stamm **ar-* fügen, passen (⁄ *Arm*, ⁄ *Rede).* Urverw. ist z.B.: lat. *ars, artis* Kunst (⁄ *Artillerie*, ⁄ *Artist*), *artus* Gelenk, *artus* straff, gr. *ártios* angemessen. Urspr. = Abstammung, Herkunft (wie mhd.). ⁄ *Artikel.* **artig** Adj. mhd. *ertec, ertic* von guter Beschaffenheit.

Arterie w. 16. Jh. aus lat. *arteria* (= gr. *artêría* Pulsader zum Zw. *aeírein* anbinden; ⁄ *Aorta).*

Artikel m. spätmhd. *artikel* Schriftsatz, aus lat. *articulus* Glied, Absatz, ⁄ *Geschlechtswort* (so d. 18. Jh.); ⁄ *Art;* = Ware 17. Jh. durch frz. *article.* – **artikulieren** Zw. 16. Jh. aus lat. *articulare* gliedern.

Artillerie w. 17. Jh. aus frz. *artillerie*, davor 15. Jh. aus it. *artiglieria*, span. *arteglieria.* Zugrunde liegt: prov. *artilla* Fort (zu lat. *ars*, ⁄ *Art;* vgl.: mhd. *kunst* Geschütz, urspr. = Fortbestückung).

Artischocke w. Mitte 16. Jh. *Artischock*, aus it. *articiocco*, dies über span. *alcarchofa* aus ar. *al-ḫaršôf.*

Artist m. 16. Jh. aus mlat. *artista* (lat. *ars, artis* Kunst; ⁄ *Art).*

Arzt m. mhd. *arzet*, ahd. *arzât* (für heimisches ahd. *lâchi*, got. *lêkeis* Besprecher), im 8. Jh. entlehnt aus spätlat. *archiater* Ober-, Leibarzt (gr. *archíatros*). ⁄ *Erz-.* **Arznei** w. mhd. *arzenîe, arzenîe* mit roman. Endung *-ie* zum Zw. ahd. *arzinôn, erzinôn*, unter Benutzung von ahd. *arz-ât* nach dem Vorbild des heimischen ahd. *lâch-inôn* heilen (zu ahd. *lâchi* besprechender Arzt).

As s. die Eins auf dem Würfel und der Spielkarte, nhd. aus frz. *as* (lat. *as* Münzeinheit, Pfund).

Asbest m. 18. Jh. aus lat. *asbestus* (gr. *á-sbestos* unauslöschlich).

Asche w. mhd. *asche;* mit anderem k-Laut got. *azgô;* idg. Herkunft (**asg[h]on* zur Wurzel **as-* heiß sein; lat. *arere* trocken sein; *ara* Brandaltar). ⁄ *einäschern*, ⁄ *Esse.*

– **Aschenbrödel, -puttel** s. eigtl. =
Küchenjunge, so schon im 14. Jh.
Danach: engl. *Cinderella* (*cinder*
Asche). – ↗*brodeln,* ↗*buddeln.* –
Aschermittwoch m. seit Mitte 15.
Jh. für älteres *aschtac. Ascher*
ist alte Mz. von *Asche* (neben
Aschen).

Asen Mz. Germanengötter, 19. Jh.
aus an. *áss* Heidengott, spätlat.
(Jordanes) *Anses* Halbgötter (=
got. *anseis*), zu einem Stamm, der
in got. *ans* Balken auftaucht: an.
áss Holzgott, Götterbild. (Oder zu
gr. *ánemos* [↗*Anemone*]?)

äsen Zw. jägersprachlich zu ↗*Aas.*
Schon mhd. (*æzen*).

Asket m. 18. Jh. aus gr. *askêtês* Bü-
ßer. **Askese** w. 18. Jh. nach gr.
áskêsis Übung (*askeîn* üben).

Aspekt m. 16. Jh. aus lat. *aspectus*
Anblick, Aussicht (*aspicere* aus
ad-specere erblicken; verw.: ↗*spä-
hen*).

Asphalt m. 19. Jh. (1838 Hamburg)
aus frz. *asphalte,* dies aus spätlat.
asphaltus = gr. *ásphaltos* Erdpech
(zum Zw. *asphállesthai* durch
Sturz Schaden erleiden; = un-
zerstörbar).

Aspik m. Fleischgelee, aus frz. engl.
aspik, zu gr. *aspís* (Weiteres un-
klar).

Aspirant m. ↗*Anwärter.*

Assel w. Ringelkrebs, 16. Jh. *ossel,
nassel;* unerklärt. Früh zu ↗*Esel*
gezogen: Nbf. 16. Jh. *eselchen*
(doch vgl.: it. *asello* Assel, zu lat.
asellus Eselchen, gr. *ónos, onískos*
Esel, Assel; danach obd. ma. *Kel-
ler-, Mauer-, Dungesel*).

Assessor m. um 1500 aus lat. *asses-
sor,* vom lat. Zw. *ad-sidere* bei
jmdm. sitzen.

assimilieren Zw. 18. Jh. aus lat. *assi-
milare* anähnlichen. ↗*Amtsschim-
mel;* ↗*sammeln.*

Assistent m. 16. Jh. aus lat. *assi-
stens, -tentis* dabeistehend, unter-
stützend. **assistieren** Zw. 17. Jh.
aus lat. *as-sistere* beistehen, unter-
stützen.

assoziieren Zw. Kaufmannswort 17.

Jh. aus frz. *s'associer,* dies aus lat.
associare verbinden (*socius* Ge-
nosse).

Ast m. mhd. ahd. *ast,* got. *asts;* idg.
Wort: *o-zdos,* zur Wurzel *sed-
↗sitzen.* Eigtl. = was (am Stamm)
dransitzt. Im Rotw. ist *Ast* = Buk-
kel; vgl.: *sich einen Ast lachen.*

Aster w. Ende 18. Jh. aus lat. *aster,*
gr. *astêr* ↗*Stern;* w. nach ↗*Blume.*
↗*Astronomie.*

Ästhetik w. nach dem Werk des Phi-
losophen Baumgarten *Aesthetica*
1750–1758 (lat. *aesthetica* = gr.
aisthêtikê [*téchnê*] Kunst des Wahr-
nehmbaren; verw.: lat. *audire* hö-
ren; ↗*Audienz*). **ästhetisch** Adj.
seit Mitte 18. Jh.

Asthma s. im 16. Jh. aus gr. *ásthma*
Engbrüstigkeit (für älteres *ansth-
ma,* zu *ánemos* Wind; ↗*Anemone*).

Astrologie w. 16. Jh. aus lat. *astrolo-
gia,* = gr. *astrología* Wissen-
schaft von den Sternen; ↗*Strolch,*
↗*Aster.* – **Astronomie** w. 16. Jh.
aus lat. *astronomia,* = gr. *astrono-
mía* (*ástron* Stern, *nómos* Gesetz,
Ordnung; also = Gestirnordnung).

Asyl s. 2. Hälfte 18. Jh. in lat. Form
aus lat. *asylum* (gr. *a-* un- + *sylón*
berauben; eigtl. = Ort, an dem das
Kriegsrecht nicht gilt). ↗*Freistatt.*

Atelier s. 19. Jh. aus frz. *atelier*
Werkstatt (des Zimmermanns, zu
afrz. *astele* Span, dies aus spätlat.
astella Span von lat. *asser* Stange).

Atem m. mhd. *âtem, âten,* ahd.
âtum; idg. Wurzelwort (vgl.: aind.
âtmán Hauch, Seele). ↗*Brod-em,*
↗*Od-em.*

Atheist m. 17. Jh. aus nlat. *atheista*
(von gr. *a-* un- + *theós* Gott; =
Gottloser). **atheistisch** Adj. Ende
17. Jh. für älteres *atheisch.*

Äther m. 1536 Paracelsus = Stern-
himmel; 1730 von Frobenius zur
Bezeichnung des von ihm darge-
stellten Betäubungsmittels (von
lat. *aether* aus gr. *aithêr* obere
Luft); = hypothetische feinste Ma-
terie im Weltraum, seit 19. Jh. =
ätherisch Adj. überzart, durch
Klopstock.

Athlet m. 18. Jh. aus gr. *athlêtês* Wettkämpfer (*áthlos* Kampf).

Atlas[1] m. Landkartenwerk. Mercator nannte sein Landkartenbuch 1595 nach einem Sagenkönig *Atlas* von Mauretanien. Eingebürgert durch die Verbreitung seines Werks im 17. Jh. – **Atlantis** w. antike Sageninsel; daher: **atlantisch** Adj. – Aber: **Atlantik** m. nach dem lib. Gebirge *Atlas* (dieses nach dem gr. Gott *Atlas*, der die Erdkugel auf seinem Rücken trug), schon gr. *atlántikon pélagos*, lat. *mare Atlanticum*.

Atlas[2] m. Glanzseide, spätmhd. aus ar. *atlas* glattes Seidentuch (Handelsware).

Atmosphäre w. 16. Jh. aus lat. *atmosphaera* = gr. *atmós* Dunst + *sphaîra* Kugel (↗ *Sphäre*); = Dunstkugel. ↗ *Dunstkreis*.

Atoll s. runde Koralleninsel, 19. Jh. aus engl. *atoll* (= frz. *atoll*), dies aus einer südwestind. Sprache: *aḍal* verbindend.

Atom s. 18. Jh. von gr. *átomos* unteilbar (*témnein* schneiden).

Atout m. Trumpf im Kartenspiel, Mitte 17. Jh. aus frz. *à tout* für alles.

Attaché m. nichtselbständiger Diplomat, 19. Jh. aus frz. *attaché* (vom Zw. *attacher* anbinden, zuordnen).

Attacke w. 17. Jh. aus frz. *attaque* Angriff. **attackieren** Zw. 17. Jh. aus frz. *attaquer*, it. *attacare* angreifen.

Attentat s. Mitte 16. Jh. aus frz. *attentat*, dies zu einem lat. Part. *attentatum*, zu *attentare* antasten. **Attentäter** m. Scherzbildung 1844 als Reimwort auf *Hochverräter*. Volkset. angelehnt an *-täter*.

Attest s. 18. Jh. für älteres *Attestat*, dies aus lat. *attestatum* Zeugnis (*adtestari* durch Zeugnis bekräftigen). **attestieren** Zw. 17. Jh. aus lat. *attestari*. ↗ *Testament*.

Attraktion w. Zirkusschlager, 19. Jh. aus engl. *attraction* (dies aus frz. *attraction* Anziehung[skraft], vom lat. Zw. *attrahere* anziehen). ↗ *abstrakt* usw. **attraktiv** Adj. 18. Jh. aus frz. *attractif* (lat. *attractivus*).

Attrappe w. 19. Jh. aus frz. *attrape* Falle, Fopperei (zum frz. Zw. *attrapper* fangen, täuschen); zugrunde liegt: frz. *la trappe* Falle, dies von frk. *trappa*. – ↗ *trappe(l)n*.

Attribut s. 18. Jh. aus lat. *attributum* Zugeteiltes, vom lat. Zw. *attribuere* zuteilen; ↗ *Tribüne*.

ätzen Zw. mhd. *etzen*, *azzen*, ahd. *ga-azzen*, *azzôn;* Bewirkungswort zu ↗ *essen* (wie: **atzen** Zw. ahd. *azzen*); also = essen machen. Schon 15. Jh. bei *Säuren* = sich einfressen lassen. Vgl.: ↗ *beizen*.

Au(e) w. mhd. *ouwe*, ahd. *ouwa*, *auwia* Insel, Wiese am Wasser (vgl.: an. *ey* Insel, in ↗ *Ei-land*, *Norden-ey*, *Hiddens-ee*, *Fär-öer*, *Lange-oog*); verw.: lat. *aqua* Wasser (↗ *-ach*; vgl.: ↗ *Gau*).

auch Konj. mhd. *ouch*, ahd. *ouh;* urspr. imperativ. zur idg. Wurzel *auk-* vermehren (lat. *augere*, gr. *aúxein*, *auxánein*). Grundbedeutung also = Mehre dich! ↗ *wachsen*[2].

Audienz w. 16. Jh. aus it. *audienza* (frz. *audience*, zu lat. *audire* hören; ↗ *Ästhetik*).

Auerhahn m. mhd. *orrehan*. Das erste Glied stammt von einer idg. Wurzel *ŗsón* männlich (gr. *ársên* männlich): = männlicher Vogel schlechthin. Später Vermengung mit: **Auer(ochse)** m. mhd. *ûr(ohse)*, ahd. *ûr(ohso)*; aus dem Germ.: lat. *urus*. Verw.: an. *ûr* Nieselregen, *úrigr* feucht, lat. *urina* Harn, *urinari* tauchen, gr. *ûron* Harn. Zugrunde liegt idg. Wurzel *ŭer-* feucht(en) (↗ *Urin*). Also = der Nasse (Samenspender). Da ↗ *Ochse* urspr. gleichbed. ist, ist *Auerochse* eine Tautologie. ↗ *Ur*, ↗ *Gaul*.

Auerlicht s. nach dem öst. Erfinder Carl *Auer* v. Welsbach, 1885.

auf Präp. mhd. ahd. *ûf;* idg. Präp. *upo-* unten heran (dazu: lat. *sub*, gr. *hypó*). ↗ *ob*[2], ↗ *offen*, ↗ *übel*, ↗ *über*.

aufbäumen Zw. 15. Jh. *sich uffbeymen* für älteres *sich boumen*. ↗ *bäumen*.

aufbauschen Zw. um 1800 für älteres *aufbausen, -pausen;* Abl. von *⁄ Bausch.*

aufbieten Zw. mhd. *ûfbieten* in die Höhe heben (und dadurch bekannt machen), zur Heeresfolge auffordern; *⁄ Aufgebot.*

aufbringen Zw. mhd. *ûfbringen* großziehen, finden und vorbringen, spätmhd. = sich durch Tätigkeit verschaffen; 15. Jh. = in Zorn bringen. Hierzu: *aufgebracht* 18. Jh.

Aufbruch m. mhd. *ûfbruch,* vom Zw. *ûfbrechen* das Lager abbrechen, fortgehen. *⁄ brechen.*

sich aufdonnern Zw. zuerst stud., 19. Jh. schriftd. – Zu nd. *dunner* Dame (aus *Donna*?).

aufdringlich Adj. 18. Jh. vom Zw. **aufdringen** aufnötigen.

Aufenthalt m. mhd. *ûfenthalt* Stütze, Unterhalt, Wohnung, zum Zw. mhd. *ûfenthalten* aufrecht erhalten; Unterkunft, Nahrung gewähren.

auffällig Adj. um 1800 zum Zw. **auffallen** Mitte 18. Jh. Anstoß geben, ungewöhnlich erscheinen.

Aufführung w. 18. Jh. Vorstellung, Betragen; zum Zw. **aufführen** mhd. *ûfvüeren* nach oben führen, 16. Jh. = vorbringen und zeigen.

Aufgebot s. Bekanntmachung 18. Jh., (Einberufung einer) Mannschaft 16. Jh., zu einem frühnhd. Zw. *aufgebieten* (Luther), das neben *aufbieten* steht.

aufgebracht Adj. *⁄ aufbringen.*

aufgedunsen Adj. Part. Pass. zum (verlorenen) Zw. *aufdinsen;* ahd. *dinsan* schwellen. *⁄ Dunst.*

aufgekratzt Adj. Part. Pass. zum Zw. *aufkratzen* Wollgewebe mit der Kardendistel zum Scheren herrichten; übtr. zuerst stud. 18. Jh.

aufgelegt Adj. disponiert, LÜ um 1700 nach frz. *disposé.*

aufgeräumt Adj. gut disponiert, schon 17. Jh. übtr.: von Wohnräumen, dann von Bewohnern (bildete *Frauenzimmer* das Bindeglied? *wohlaufgeräumtes Frauenzimmer* = Gemach, später: w. Person).

aufgeweckt Adj. geistig rege, 17. Jh. Eigtl. = Part. Pass. zu *aufwecken* ermuntern (Luther).

aufhaben Zw. verkürzt aus *aufgemacht* (*aufgegessen, aufgesetzt, aufbekommen*) *haben.* Seit etwa 1800.

aufhalsen Zw. Ende 18. Jh. Eigtl. = Lasten auf den Nacken legen.

aufhalten Zw. mhd. *ûfhalten* in die Höhe, zurückhalten; 16. Jh. = *sich aufhalten* verweilen; 18. Jh. = sich abfällig äußern.

Aufhebens machen Zw. 16. Jh. Fechterwort: Zeremonie vor dem Kampf (dem Gegner die Waffe durch Hochheben zeigen [Beweis ehrlichen Kampfes]); zum Zw. **aufheben** mhd. *ûfheben,* ahd. *ûfheffen* in die Höhe heben.

aufhören Zw. mhd. *ûf hœren,* verstärktes *⁄ hören:* hinhörend die Tätigkeit unterbrechen.

aufklären Zw. = militärisch auskundschaften 19. Jh. nach frz. *éclairer* (aus lat. *exclarare* klarmachen). Daneben seemännisch: **aufklaren** aufräumen, säubern. Das Part. Pass. *aufgeklärt* nach dem Vorgang von **Aufklärung** w. Mitte 18. Jh. (vgl.: frz. *les lumières*).

aufkratzen Zw. *⁄ aufgekratzt.*

aufkrempeln Zw. vor 1800 neben älterem *aufkrämpen,* dies urspr. nd.: mnd. *ûpkrempen* sich in die Höhe biegen. Vgl.: *⁄ Krempe.*

aufkündigen Zw. *⁄ kündigen.*

Auflage w. frühnhd. Kanzleiwort = behördlicher Auftrag, Geldabgabe; davor (Luther) = Beschuldigung. 18. Jh. = alle Abdrucke eines Buches (= Auftrag an den Drucker).

Auflauf m. mhd. *ûflouf* Menschenansammlung, Aufruhr; später = im Ofen quellende Speise.

aufmachen Zw. mhd. *ûfmachen* in die Höhe richten; *sich ûfmachen* losgehen; Luther: öffnen.

aufmerken Zw. spätmhd. *ûfmerken* sein Merken auf etwas richten. **aufmerksam** Adj. 17. Jh. für älteres *aufmerkig.*

aufmöbeln Zw. um 1900. Eigtl. = Möbel aufarbeiten.

aufmüpfig Adj. 20. Jh. = widerständig; zu obd. *Mumpfel* s. aus *Mundvoll* (Assimilation); eigtl. = den Mund zu voll nehmend.

aufmutzen Zw. tadelnd ankreiden, mhd. (*úf*)*mutzen, -mützen* herausputzen; Intensivbildung zu *aufmucken: mucken* = halblaut aufbegehren (wie ↗ *anranzen* zu *ranken*, ↗ *blitzen* zu *Blick*, ↗ *Batzen* zu *backen*, ↗ *schmatzen* zu *Schmack-*). ↗ *anschnauzen*.

aufoktroyieren Zw. 19. Jh. für einfaches *oktroyieren* 2. Hälfte 17. Jh. aus frz. *octroyer*, mlat. *auctoricare* bestätigen (= lat. *auctorare; auctor* Urheber; vgl.: ↗ *Autor*).

aufpäppeln Zw. um 1800. Eigtl. = mit Brei (↗ *Papp*) großziehen.

aufpassen Zw. 18. Jh. = *úp passen*, schon mnd. (vgl. nnl. *oppassen*). *Uppassen as een Scheethund* 18. Jh. ↗ *Schießhund; ↗ passen*.

sich aufpflanzen Zw. sich stramm hinstellen, Mitte 18. Jh. LÜ aus frz. *se planter*.

sich aufrappeln Zw. 18. Jh. mit nd. Lautung für hd. *aufraffeln* (Luther); mit intensivierendem *-el-* (wie bei ↗ *läch-el-n* u. a.) zu *aufraffen; ↗ raffen*.

aufrecht Adj. mhd. ahd. *úfreht* grade in die Höhe, mhd. = offenherzig. Dafür mhd. *úfrihtic*, das im 18. Jh. *aufrecht* in dieser Bedeutung verdrängt (nhd. **aufrichtig**).

Aufruhr m. früher w. 15. Jh. *úfruor* Zs. mit mhd. *ruore*, ahd. *hruora* Bewegung. ↗ *Ruhr*. **Aufrührer** m. 15. Jh. **aufrührerisch** Adj. 2. Hälfte 17. Jh. für älteres *aufrührisch* (Luther).

aufsässig Adj. frühnhd. zu älterem, aus mnd. *úpsâte* zu erschließendem *úfsâȝe* Hinterhalt, -list; daneben spätmhd. bis 18. Jh.: *úfsetzig, aufsätzig*.

Aufsatz m. mhd. *úfsaz* Nachstellung; (schriftl.) Bestimmung, Gesetz; erst 18. Jh. = Schriftsatz; aufgesetzte Verzierung.

Aufschluß m. mhd. *úfsluȝ* Rätsellösung. Häufiger bei den Pietisten (= Enthüllung einer Offenbarung), die es denn Klassikern vermitteln. Zum Zw. **aufschließen** mhd. *úfslieȝen* etw. Verschlossenes öffnen; dann auch = deuten (pietistisch = die Bibel auslegen).

aufschneiden Zw. 17. Jh. = prahlen; urspr. = (renommistisch) dem Gast vorlegen. **Aufschneider** m. 17. Jh. **Aufschnitt** m. Mitte 19. Jh. aus obd. Maa. für obd. älteres: *Aufgeschnittenes*.

aufschrecken Zw. mhd. *úfschrecken* hochhüpfen; ↗ *schrecken*.

Aufschub m. mhd. *úfschup*, zum Zw. *aufschieben*, mhd. *úfschieben* zeitlich hinausrücken.

Aufschwung m. Turnerwort, 19. Jh.

Aufsehen s. substantiv. Infinitiv, spätmhd. *úfsehen* Aufmerksamkeit; später = Staunen (*Aufsehen machen* 18. Jh. Verwunderung hervorrufen).

aufspielen Zw. vormusizieren, vor 1700 (↗ *Spiel*!); *sich aufspielen*, = sich selbst aufführen, 19. Jh.

aufstecken Zw. mhd. *úfstecken* in die Höhe stecken; z. B. eine Arbeit „an den Nagel hängen"; urspr. wohl Handwerkerausdruck.

aufstöbern Zw. Luther *aufsteubern*, Jägerwort: mhd. *stöuber* Jagdhund, mhd. *stöuben* aufjagen (Bewirkungswort zu ↗ *stieben*). Also = mit dem Hund aufscheuchen.

auftakeln Zw. mit Takelzeug versehen, (protzig) putzen, 19. Jh. aus nd. ↗ *Takelzeug*.

Auftrag m. 17. Jh. vom Zw. *auftragen*, mhd. *úftragen* anempfehlen.

auftreiben Zw. mhd. *úftríben* aufscheuchen; 17. Jh. = sich suchend verschaffen.

auftreten Zw. mhd. *úftreten* auf den Boden treten, sich öffentlich zeigen. 18. Jh. = sich aufführen, sich benehmen. Dazu mhd. *úftrit* Höhe; dann **Auftritt** m. öffentliches Erscheinen, Schauspielerauftritt; 18. Jh. Verdeutschung von frz. *scène* (Aktteil, auffallender Vorgang).

auftrumpfen Zw. 16. Jh. *aufdrumpfen* im Kartenspiel *↗ Trumpf* spielen; Schiller = jmdm. redend zusetzen.

Aufwand m. 18. Jh. vom Zw. *aufwenden. ↗ wenden, ↗ Vorwand.*

Aufwärter m. 16. Jh. = Tischdiener; zum Zw. **aufwarten** spätmhd. *ûfwarten* bedienen (16. Jh. = bei Hofe zu Diensten sein).

aufwärts Adv. mhd. *ûfwert,* seit 15. Jh. mit genit. Endung (wie *↗ flug-s* und seine Entsprechungen).

aufwiegeln Zw. wohl schwz. Intensivbildung zum Zw. ahd. *wegan* sich *↗ bewegen;* seit 16. Jh. kanzleisprachlich. Vgl.: mhd. *wiegelôn ↗ wanken.*

aufwiegen Zw. 18. Jh. für älteres *aufwägen,* mhd. *ûfwegen* mit der Waage messen; *↗ Wiege!*

aufziehen Zw. mhd. *ûfziehen,* ahd. *ûfziohan* in die Höhe ziehen. Daher: *eine Uhr aufziehen* eigtl. = die Gewichte der Turmuhr hochwinden; *jmdn. aufziehen* eigtl. = in der Folter in die Höhe ziehen. Dagegen *ein Kind aufziehen* zu *↗ ziehen* = pflegen; *die Wache zieht auf* zu *ziehen* = gegangen kommen. **Aufzug** m. mhd. *ûfzuc* Vorrichtung zum Hochziehen, Aufschub, Einfluß. Mitte 17. Jh. = Szene (Harsdörffer); dann = Akt (Gryphius, nach dem Aufziehen des Vorhangs); 17. Jh. = Bekleidung (was man sich aufzieht); 17. Jh. = feierlicher Auftritt in einer Schauhandlung.

Auge s. mhd. *ouge,* ahd. *ouga,* got. *augo:* idg. Körperteilbezeichnung (lat. *oculus [↗ okulieren];* Wurzel **oqʷ- sehen [↗ Optik]).* Das *au* stammt wohl aus der Anlehnung an *Ohr,* got. *ausô. ↗ ereignen.* **Augapfel** m. mhd. *ougapfel,* ahd. *(ouga)aphul.* **Augenblick** m. mhd. *ougenblic* Sehen der Augen; 14. Jh. = Moment. **augenblicklich** Adj. spätmhd. für älteres *ougenblikkig.* **Augenbraue** w. mhd. *ougenbrâ, oucbrâ,* ahd. *oucbrâ* neben an. *augabrún.* Verdeutlichend für

↗ Braue. **Augendiener** m. 2. Hälfte 15. Jh. als Verdeutschung für lat. *oculista,* gr. *ofthalmódûlos;* engl. *eye servant.* **Augendienerei** w. nach Ephes. 6,6. **Augenmaß** s. Mitte 16. Jh., Handwerkerwort. **Augenmerk** s. seit 1600 für nl. *ogemerc; ↗ merken.* **Augenschein** m. 15. Jh. Dazu **augenscheinlich** Adv. um 1500 (= für die Augen sichtbar). **Augentrost** m. Wiesenblume Euphrasia officinalis, 16. Jh. **Augenweide** w. mhd. *ouge(n)weide* Lieblingswort der mhd. Ritterdichter; dichterisch neu belebt: Ende 17. Jh. **Augenzeuge** m. 2. Hälfte 17. Jh. nach frz. *témoin oculaire* (LÜ).

Augiasstall m. verrotteter Zustand, 19. Jh. nach der gr. Sage, nach der Herakles den Rinderstall des elischen Königs *Augeias* an einem Tage säuberte.

Augur m. Vogelschauer, 19. Jh. aus lat. (zu *avis* Vogel?).

August[1] m. Monatsname, mhd. *ougest(e),* ahd. *a(u)gusto.* Der nach dem 1. röm. Kaiser benannte Monat behält seinen lat. Namen trotz mehrfacher Versuche, einen d. Namen einzuführen (Karl d. Gr.: ahd. *aran-mânôd;* Zesen 17. Jh.: *Erntmond).* **August**[2] m. PN, nach dem 1. röm. Kaiser *Augustus* (lat. *augustus* glänzend [**augus* Kraft; *augêre* vermehren]). Der *dumme August* berl. 2. Hälfte 19. Jh. für den Hagenbeck-Clown Tom Belling. –

Auktion w. 16. Jh. Kaufmannswort; aus lat. *auctio* (engl. *auction),* zu lat. *augêre.*

Aula w. von lat. *aula* Haushof, -halle, dies aus: gr. *aulê* Viehhürde ums Haus, Vorhof, Festhalle.

Aureole w. Heiligenschein; Lichthof, aus frz. *auréole* (lat. *aureolus* golden, *aurum* Gold).

Aurikel w. Primula auricula, nach lat. *auricula* Öhrchen (Form der Blätter); *↗ Ohr.*

aus Adv., Präp. mhd. ahd. *ûz;* idg. Adv., das zunächst „empor, hinaus" bedeutet. Verw.: *↗ er-* (got. *us-; ↗ ur-).* Vgl.: *↗ Beutel*[1]. – Das

Subst. **Aus** s. = Raum hinter der Spielfeldgrenze LÜ 20. Jh. von engl. *out.*

ausarten Zw. 2. Hälfte 17. Jh. LÜ von lat. *degenerare.*

ausbaldowern Zw. rotw. aus heb. *ba'al* Herr + heb. *dôbôr* Sache; = sich zum Herrn der Sache machen.

ausbeißen Zw. mhd. *ûzbîʒen* durch Beißen vertreiben; Luther = gehässig verdrängen.

Ausbeute w. ostd. bergmännisch = Reinertrag einer Grube (16. Jh.), vom Zw. **ausbeuten** 16. Jh. – **Ausbeuter** m. SchlW 19. Jh. (Klassenkampf).

ausbilden Zw. Mystikerwort, spätmhd. *ûʒbilden* zum Bild formen.

Ausbund m. auf den Warenpack gebundenes Probestück, 15. Jh.

Ausdruck m. Mystikerwort; dann erst wieder im 18. Jh. für älteres *Ausdruckung* (so Luther). Ersetzt im 18. Jh. frz. *expression* (↗ *Expressionismus!*). – **ausdrücklich** Adj. 15. Jh. **ausdrucksvoll** Adj. für frz. *expressif* 18. Jh.

auserkoren Adj. mhd. *ûʒerkoren,* Part. Pass. zu einem verlorenen Zw. **ûʒerkiesen* auswählen; ↗ *kiesen!*

auserlesen Adj. schon mhd. *ûʒerlesen,* Part. Pass. zum Zw. *ûʒerlesen* sorgfältig auswählen.

ausfallen Zw. mhd. *ûʒfallen* herausfallen, wegfallen; 18. Jh. = ausschlagen (urspr. von der Zunge an der Waage); um 1800 = plötzlich angreifen.

ausfindig Adv. für älteres *ausfündig* 15. Jh. zu *Ausfund* Erfindung. Vgl. ↗ *Fund.*

ausflippen Zw. drogensüchtig werden; Eindeutschung 20. Jh. von am. *flip out* auspendeln.

Ausflucht w. urspr. = Ausflug; dann Rechtswort = Vorwand, Ausrede (so seit etwa 1500).

Ausflug m. mhd. *ûʒfluc* 1. Flug vom Nest; frühnhd. = größerer Spazierweg; 19. Jh. = Wanderung, Vergnügungsfahrt.

Ausfuhr w. 18. Jh. zum Zw. **ausführen** mhd. *ûʒvüeren,* ahd. *ûʒfuoren* aus einem Ort führen. **ausführlich** Adj. 15. Jh. zum Zw. *ausführen* zu Ende führen (↗ *führen*).

Ausgeburt w. vor 1800, zunächst auch im positiven Sinne.

ausgeben Zw. ↗ *ausgiebig!*

ausgelassen Adj. 16. Jh. Part. Pass. zum Zw. **auslassen** freilassen (urspr.: das Vieh aus dem Stall, auf die Weide).

ausgezeichnet Adj. 18. Jh. vom Zw. **auszeichnen** mhd. *ûʒzeichenen* mit Zeichen versehen; 18. Jh. *sich auszeichnen* hervorragen.

ausgiebig Adj. vor 1800 zum Zw. **ausgeben** Gewinn abwerfen, obd. 18. Jh.

Ausgleich m. 19. Jh. zum Zw. **ausgleichen** gleichmachen (17. Jh.).

Ausgrabung w. 18. Jh. bes. als Fachwort der Archäologen; vom Zw. **ausgraben**; ↗ *graben!*

Ausguck m. 19. Jh. aus nd. *Utkiek,* Seemannswort um 1800.

aushändigen Zw. übergeben, Kanzleiwort 17. Jh. ↗ *einhändigen.*

ausheben Zw. mhd. *sich ûʒheben* sich aufmachen; später = ausnehmen; Luther = herausheben; 18. Jh. = zum Soldaten bestimmen.

aushecken Zw. 15. Jh. = ausbrüten; 16. Jh. = sich durch viele Junge fortpflanzen; vor 1700 = ausgrübeln.

ausklamüsern Zw. heraussuchen, -finden, stud. um 1600 *Kalmauser* Stubenhocker, von lat. *calamus* Schreibrohr (↗ *Kalmus*). Verbreitet Mitte 19. Jh.

auskneifen Zw. stud. 19. Jh. neben älterem *exkneifen,* von nd. *ûtknîpen* für älteres *knîpen gân* weglaufen.

ausknocken Zw. niederschlagen, entscheidend besiegen, Eindeutschung 20. Jh. aus am. *knock* klopfen; ↗ *knockout.*

Auskommen s. substantiv. Infinitiv zum Zw. **auskommen** frühnhd. = mit seinem Geld reichen, mit jmdm. fertig werden. **auskömmlich** Adj. 2. Hälfte 18. Jh. obd. für älteres *auskommenlich*. **Auskunft** w. 18. Jh. **Auskunftei** w. 1889 neugebildet (nach: *Pfarr-ei, Vogt-ei*).

Ausland s. Mitte 18. Jh. aus Bildungen wie **ausländisch,** mhd. *ûʒlendisch* oder **Ausländer** m. 16. Jh. zurückgebildet. Mnd. *ûtland* Land außerhalb des Deiches, mhd. *ûʒlant* Land außerhalb der Gemarkung.

Auslaut m. von Jakob Grimm geprägte gramm. Fachbezeichnung = letzter Laut eines Wortes.

ausmergeln Zw. verdeutlichend für älteres *mergeln*, eigtl. (14. Jh.) = mit ∕*Mergel* düngen; dann (16. Jh.) = (durch Mergeldüngung) entkräften, wohl mit volkset. Anlehnung an *Mark*.

ausmerzen Zw. frühnhd. = im ∕*März* aussondern (nämlich die zur Zucht untauglichen Schafe, was nur im Süden im Frühjahr geschieht). Oder ist *merzen = merkezen* (wie ∕*blitzen = blickezen*) = die Schafe zur Aussonderung kennzeichnen (vgl.: engl. *mark out*)? Oder gehört das Zw. zu lat. *merx* Handel (= Schafe zum Verkauf aussuchen)? Bis 18. Jh. nur von Schafen.

Ausnahme w. LÜ 17. Jh. von lat. *exceptio*. **ausnehmend** Adv. obs. 1. Hälfte 18. Jh.

ausposaunen Zw. (wie) mit Posaunenschall verkünden, 18. Jh. nach Matth. 6,2.

ausrangieren Zw. 19. Jh.; zugrunde liegt frz. *ranger* ordnen. ∕*Rang!*

ausrotten Zw. 15. Jh. für md. nd. *ausroden* älter *ausreuten*, mhd. *ûʒriuten* tilgen; zu idg. Stamm, der „roden" bedeutete. Vgl.: ∕*roden*.

Ausruf(ungs)zeichen s. vor 1700 LÜ für nlat. *signum exclamationis*. Formen mit *-ung-* Mitte 18. Jh.

Aussatz m. spätmhd. *ûʒsaz* Lepra neben älterem und häufigerem *miselsuht* (lat. *misellus* armer Kerl). Aber schon ahd. gilt *ûʒsazeo* für den Aussätzigen (der abgesondert [„ausgesetzt"] leben mußte).

ausscheren Zw. sich vom Schiffsverband lösen, 18. Jh. aus nd. Eigtl. = sich absondern. ∕*scheren*[2].

Ausschuß m. 15. Jh. = Gruppe gewählter Personen (mhd. *ûʒschießen* aussondern), 17. Jh. = Ausgeschiedenes.

ausschweifend Adj. 16. Jh. für älteres *ûßschweiffig*, Part. Präs. zum Zw. **ausschweifen** über die Grenzen gehen.

außen Adv. mhd. *ûʒen*, ahd. *ûʒan(a)*, got. *ûtana*. ∕*aus*, ferner: ∕*unten*. **Außenseiter** m. LÜ von engl. *outsider* 1894 (zunächst nur sportlich: Rennpferd, auf das nicht gewettet wird; Sportler, der nicht zum Tattersall gehört).

Außenstände Mz. finanzielle Forderungen, für ältere Ez.: mhd. *ûʒstant* ausstehendes Geld. – **außer** Adv. Präp. mhd. *ûʒer*, ahd. *ûʒar*. **äußerlich** Adj. mhd. *ûʒerlich* körperlich; dazu **Äußerlichkeit** w. Lavater 1775. **außerordentlich** Adj. LÜ von lat. *extraordinarius* 1691.

ausspannen Zw. wegnehmen; ∕*Gespenst*.

aussprengen Zw. in alle Richtungen verbreiten, schon bei Luther.

ausstaffieren Zw. 16. Jh. *staffieren*, aus mnd. *stofferen*, dies über nl. aus afrz. *estofer; estoffe* Gewebe. *-a-* für älteres *-o-* wegen Vortonigkeit wie in ∕*Halunke* und Entsprechungen. ∕*Stoff*.

Ausstand m. Streik, obd.; schriftd. um 1890 für ∕*Streik*; zum Zw. **ausstehen** aus dem Dienst treten, die Arbeit beenden (zunächst nur obd.).

ausstatten Zw. 17. Jh. zum Zw. *statten*, mhd. *staten* zufügen; mhd. *state*, ahd. *stata* [rechte] Gelegenheit. ∕*Statt*.

Aussteuer w. 18. Jh. zum Zw. **aussteuern** mhd. *ûʒstiuren* ausrüsten. Vgl.: ∕*steuern*.

Auster w. Ende 16. Jh. aus nd. *ûster*, dies über nl. *oester* aus lat. *ostreum* = gr. *óstreon* (*óstrakon* Scherbe), zu einer idg. Wurzel, die „Knochen" bedeutet. – Lat. *ostreum* als FrW schon mhd.: mhd. *ôster*,

vgl. ahd. *aostarscala* Austernscha-
le. ↗ *Estrich!*

austricksen Zw. umspielen, 20. Jh.
vom Subst. ↗ *Trick.*

Ausweg m. hd. 18. Jh. nach nd. *ût-*
wech Weg nach draußen.

ausweiden Zw. mhd. *ûzweiden* ne-
ben einfachem *weiden* = die ↗ *Ein-*
geweide herausnehmen.

Ausweis m. Kanzlei 17. Jh.; älter
mhd. *ûzwîsunge;* zum Zw. **aus-**
weisen.

auswendig Adv. 16. Jh. Eigtl. = oh-
ne Einsicht in das Buch; ↗ *wenden.*
Vgl.: ↗ *notwendig.*

auswischen Zw. vgl. ↗ *Wischer.*

Auswuchs m. Mitte 18. Jh. für älte-
res *Auswachs.*

Auszehrung w. 18. Jh. zum Zw. *aus-*
zehren aufessen, frühnhd.

autark Adj. 20. Jh. nach gr. *autárkês*
(*autós* selbst + *arkeîn* helfen).

authentisch Adj. 16. Jh. aus gr. *au-*
théntês Urheber.

Auto- gr. *autós* selbst. – **Autochtho-**
ne m. Ureinwohner, KW um 1800
(gr. *chthôn* Erde). – **Autodidakt** m.
18. Jh. aus gr. *autodídaktos* selbst-
gelehrt. **Autogramm** s. 20. Jh. für:
Autograph, um 1700 (gr. *gráphein*
schreiben, *-grámma* Buchstabe).
Automat m. um 1700 (gr. *autóma-*
tos von selbst handelnd); vgl.:
↗ *Manie.* Dazu im 20. Jh.: **Automa-**
tion w. – **Automobil** s. Ende 19. Jh.
(lat. *mobile* beweglich) ↗ *Meute,*
↗ *Mob.* **autonom** Adj. um 1700 (gr.
nómos Gesetz). Eigtl. = sich selbst
Gesetze gebend. Aber:

Autodafé s. Ketzergericht, Glau-
bensakt; 18. Jh. aus port. *auto da fé*
(lat. *actus fidei*) Glaubensakt.

Autor m. 2. Hälfte 15. Jh. aus
lat. *au(c)tor* Urheber, vgl. ↗ *aufok-*
troyieren. **autoritär** Adj., 20. Jh.
aus frz. *autoritaire.* – **Autorität** w.
mhd. *auctoriteit,* aus lat. *auctoritas*
Urheberschaft; 16. Jh. = maßge-
bende Persönlichkeit.

avancieren Zw. 17. Jh. aus frz. *avan-*
cer vorwärtskommen (frz. *avant*
vorwärts, aus lat. *ab ante* von
vorn).

Avemaria s. lat. nach dem Vulgata-
text Luk. 1, 28. Lat. *ave* = Gegrüßt
seist du!, aus phön. *ḥawê* du sollst
leben.

Aversion w. 17. Jh. aus frz. *aversion*
Widerwille (lat. *a-vertere* abwen-
den).

Axiom s. unbezweifelter Lehrsatz,
17. Jh. aus gr. *axíôma* Würde, Da-
fürhalten (gr. *axiûn* würdigen).

Axt w. mhd. *ackes,* ahd. *ackus*
(engl. *axe*), got. *aqizi; -t* später
(13. Jh.) angetreten wie bei:
↗ *jetz-t,* ↗ *Kuns-t,* ↗ *Obs-t,* ↗ *Palas-t,*
↗ *Paps-t,* ↗ *Saf-t,* ↗ *sons-t,* ↗ *Spech-t,*
↗ *selbs-t,* ↗ *Sek-t* usw. Idg. Geräte-
name (vgl.: lat. *ascia* aus älterem
*acscia), gr. *axínê,* idg. Wurzel
**ak-,* **ag-* scharf; dazu auch
↗ *Ahorn,* ↗ *Ähre,* ↗ *Egge.*

Azalee w. über nlat. aus gr. *azaléos*
dürr.

Azur m. 18. Jh. *azurblau,* nach frz.
azur, das aus ar. *lâzaward* stammt;
anlautendes *l-* als ar. Artikel ver-
kannt. Schon mhd., aber mit l-
Anlaut: *lâsûrblâ; lâsûren* leicht
mit durchsichtiger Farbe bemalen
(nhd. *lasieren*). Zugrunde liegt
pers. *läzwärd* Lasurstein. ↗ *Gla-*
s-ur.

B

babbeln Zw. schwatzen, nd. Lall-
wort. Eigtl. = *baba!* sagen. Vgl.:
frz. *babiller.* 16. Jh. ↗ *Barbar.*

Babuschen Mz. leichte Hausschuhe,
18. Jh. aus frz. *babouches,* dies
aus türk. *babudsch,* pers. *papusch*
leichter Hausschuh.

Baby s. 19. Jh. aus engl. *baby* (Lallwort?). **Babydoll** s. niedlicher Damenschlafanzug, aus am. = Puppenkind; 20 Jh.; dann: Name einer am. Filmheldin. – **Babysitter** m. 20. Jh. (engl. *sit* sitzen).

Bacchant m. Part. Präs. zu lat. *bacchari* umherschweifen. 15. Jh. = älterer Schüler; 16. Jh. = Trinker. **bacchantisch** Adj. frühnhd. – Ableitungen vom Namen des gr.-lat. Weingottes *Bacchus* (↗ *Bagatelle!*).

Bach m. mhd. *bach*, ahd. *bah;* zu einer idg. Wurzel, die vermutl. "fließen" bedeutete. – 17. Jh. w. (*die Bach*) neben m. – **Bachbunge** w. Ehrenpreis (Veronica beccabunga); 2. Glied zu mhd. *bunge*, ahd. *bungo, pungo* Knolle.

Bache w. Wildsau, mhd. *bache*, ahd. *bahho* Schinken; in der Jägersprache 16. Jh. auf das ganze Schwein übertragen (daher afrz. = engl. *bacon*). ↗ *Backe[1]*.

Bachstelze w. volkset. Umdeutung von ahd. **wagistarz* (*wâc* ↗ *Woge; starz, sterz* Schwanz ["Wogenschwanz"]; vgl.: nd. *Wippstert*). ↗ *Stelze*.

Back s. Holzschüssel für Speisen, nd. Seemannswort, wohl aus spätlat. *bacca* Wassergefäß (Herkunft ungeklärt). ↗ *Becken*.

Backbord s. 18. Jh. aus nd., eigtl. = Rückenseite, weil früher das Steuer rechts, die linke Schiffsseite also im Rücken des Steuermans lag (engl. *back* Rücken; ↗ *Backe[1]*). ↗ *Steuerbord*, ↗ *huckepack*. – **Backe[1]** w., **Backen[1]** m. Hinterbacke, mhd. *bache, backe*, ahd. *bahho* Schinken (↗ *Bache*); zu idg. Zw. = "biegen, wölben" (?). ↗ *Bank[1]*.

Backe[2] w., **Backen[2]** m. Wange, mhd. *backe, bache*, ahd. *bahho, backe;* urverw.: gr. *phageîn* essen; zu einem idg. Zw.-Stamm, der "essen" bedeutete. ↗ *Wange*. **Backenbart** m. erst kurz vor 1800. **Backpfeife** w. 19. Jh. nordostd., = was an die Wange pfeift.

backen Zw. (buk/backte, gebakken), mhd. *backen*, ahd. *backan;* zur idg. Wurzel **bhog-* (vgl.: gr.

phôgein rösten) erwärmen. Verw.: ↗ *bähen*. **Bäcker** m. mhd. *becker* neben *Beck*, mhd. *becke*, ahd. *bekko;* vgl.: FaN *Beck*. **Backfisch** s. 16. Jh. = der unreife Student (mit Anlehnung an mlat. *baccalaureus*), auch und besonders das halbwüchsige Mädchen; eigtl. = junger Fisch (nur zum Backen geeignet).

Bad s. ahd. *bad*, germ. Suffixbildung zum Stamm des Zw.s ↗ *bähen* (wie ↗ *Bran-d* zu ↗ *brennen*, ↗ *Fros-t* zu ↗ *frieren*). ↗ *Bett!* – **Bader** m. mhd. *badære* Badestubenbesitzer.

Badminton s. Federballspiel, 20. Jh. nach der Besitzung eines engl. Herzogs.

Bagage w. zunächst militär., vor 1600 über nl. aus frz. *bagage* (daher auch engl. *baggage*), dies zu mlat. *baga* Sack (Herkunft? [nordit.? span.? an.?]). Früher: ↗ *Plunder*. Wie ↗ *Pack* auch = Gesindel. Vgl.: ↗ *Gepäck*.

Bagatelle w. um 1600 aus frz. *bagatelle*, dies aus it. *bagatella* kleine Weinbeere, zu lat. *baca* Beere (= frz. *baie*); verw.: *Bacchus* Weingott.

Bagger m. 18. Jh. zum Zw. *baggern*, dies aus mnl. *baggheren*, mnl. *baggher* Schlamm (vgl.: poln. r. *bagno* Schlamm? Oder altes Küstenwort?). – Nd. *-gg-* wie bei ↗ *Dogge*, ↗ *Flagge*, ↗ *flügge*, ↗ *Roggen*.

bähen Zw. feucht erwärmen, mhd. *bæ(je)n*, ahd. *bâjan*, aus idg. Wurzel **bhe-* erwärmen. Dazu: ↗ *bakken*, ↗ *Bad*.

Bahn w. mhd. *ban(e)*, verw.: got. *banja* Todeswunde; also = Schlag (-fläche). – **Bahnhof** m. um 1830 für älteres *Eisenbahnhof*. **Bahnsteig** m. 1886 als Verdeutschung von *Perron* vorgeschlagen, durchgesetzt 1914.

Bahre w. mhd. *bâre*, ahd. *bâra*, zur Wurzel germ. **ber-* tragen (idg. **bher-;* vgl.: lat. *ferre* tragen, gr. *phérein*). Verw.: ↗ *ge-bär-en*, ↗ *Bör-de*, ↗ *ent-behr-en*, ↗ *Bür-de*, ↗ *Kummer*, ↗ *offen-bar*, ↗ *sonder-bar*, ↗ *Ei-*

mer, ⁄Zuber; ⁄-bar; vgl. ferner auch: ⁄Berg.

Bai w. Bucht, 15. Jh. über Nl. aus frz. *baie* Bucht (woher auch engl. *bay*). Zugrunde liegt ein vermutlich bask. Wort (*baia* Meerbusen, über span. *bahia* nach Frankreich). ⁄Bajonett.

Baisse w. Kurssturz, 19. Jh. aus frz. *baisse* (von spätlat. *bassiare* senken, *bassus* niedrig).

Bajadere w. 1797 von Goethe aus frz. *bayadère*, dies über Nl. aus indoport. *balliadera* Freudenmädchen. Zugrunde liegt port. *bailadera* Tänzerin (zu: *Ball²*).

Bajazzo m. 2. Hälfte 18. Jh. aus mail. *pajazz* (it. *pagliaccio*), dies zu mail. *paja* Stroh (= lat. *palea* Streu); eigtl. = Strohsack (nach der Verkleidung).

Bajonett s. um 1700 aus frz. *bajonette* Stoßwaffe aus der Stadt *Bayonne* (deren Namen, zu bask. *baia* Meerbusen gehörend, „guter Hafen" bedeutet; ⁄Bai).

Bake w. Seezeichen, hd. kurz nach 1600 aus mnd. *bâke* Leuchtfeuer = fries. *bâken* Leuchtfeuer; germ. Wort (mhd. *bouchen*, ahd. *bouhhan;* engl. *beacon;* Grundform: urgerm. **baukna-*), aus dem Lat. *bucina* = Rinderhorn als Signalgerät. ⁄Boje.

Bakelit s. 1915 nach seinem Erfinder *L. H. Baekeland*, 1863–1944.

Bakterie w. Einzeller, 19. Jh. aus gr. *baktêría* Stab, Stock.

Balance w. 18. Jh. aus frz. *balance* Schaukel (mail. span. *balanza*) Waagschale, Gleichgewicht; mit assimil. *-a-* aus lat. *bilanx* zwei Waagschalen habend (lat. *lanx* Schale). ⁄Bilanz. **balancieren** Zw. 18. Jh. aus frz. *balancer*.

bald Adv. mhd. *balde* schnell, sogleich, ahd. *baldo*. Adv. zum Adj. ahd. *bald* kühn, schnell (⁄Raufbold, ⁄Tugendbold, ⁄Witzbold, m. PN *Leopold*, ⁄-bold); vermutl. zu der idg. Wurzel **bhol-*, **bhel-*, zu der auch ⁄*Ball¹* gehört. Grundbedeutung = geschwollen. Zur Be-

deutungsentwicklung vgl.: ⁄geschwind. **Bälde** mhd. *belde*, ahd. *baldi* Kühnheit.

Baldachin m. Mitte 17. Jh. für älteres *Baldachino*, dies aus it. *baldacchino* (frz. *baldaquin*, engl. *baldachin* ebendaher). Eigtl. = kleines (Ding aus) *Bagdad* (it. *Baldacco*). Schon mhd. kurzlebig: *baldekîn* Goldseide aus Bagdad.

baldowern Zw. erkunden, rotw. aus heb. *ba'al* Herr + *dôbôr* Sache; also = Herr einer Sache (werden).

Baldrian m. spätmhd. *baldriân*, aus lat. *valeriana* (Zw. *valêre* gesund sein), was zu frz. *valériane* wird (über das Frz. engl. *valerian*); *-d*- Übergangslaut wie in: *minder*, ahd. *minniro*.

Balg m. mhd. *balc*, ahd. *balg*, got. *balgs* Schlauch (vgl.: engl. *belly* Bauch), zur germ. Wurzel **belg*- (idg. **bhel-*) schwellen; also = Tierhaut für Flüssigkeiten. Verw.: ⁄Polster, ⁄balgen, ⁄Ball¹, ⁄bald; auch: ⁄Wechselbalg.

Balge w. Waschkübel, aus nd. *balje,* mnd. *balge*, *ballye*, dies über nl. *balie* Zuber aus frz. *baille* Kufe (bret. Herkunft?).

sich balgen Zw. vgl. mhd. *belgen;* ahd. *belgan* zornig sein; zur germ. Wurzel **belg*- schwellen (frühnhd. *balg* Streit). ⁄Balg, ⁄katzbalgen.

Balken m. mhd. *balke*, ahd. *balko*, *balcho;* verw.: gr. *phálanx* Baumstamm. ⁄Balkon, ⁄Bohle, ⁄Planke. **Balkon** m. 17. Jh. aus frz. *balcon*, im 16. Jh. aus it. *balcone*. Das it. Wort stammt über das Lang. aus dem germ. ⁄Balken.

Ball¹ m. Kugel, mhd., ahd. *bal* (das über frz. *balle* auch engl. *ball* anstößt), aus einer Wurzel, die das idg. **bhel-*, **bhol-* schwellen erweitert (vgl.: gr. *phállos* Phallus, lat. *follis* aus **folnis* Ballon). ⁄Ballen, ⁄Ballon, ⁄Balg, ⁄Polster, ⁄bald; auch: ⁄Böller.

Ball² m. Tanzfest, 2. Hälfte 17. Jh. aus frz. *bal*, it. *ballo*, zu gr. *ballízein* tanzen. ⁄Bajadere, ⁄Ballade, ⁄Ballett. **Ballade** w. 1771 von Goethe aus engl. *ballad* episches Gedicht sagenhaften Inhalts, dies aus afrz. *balade* Tanzlied (prov. *balada* Tanz, *balar* tanzen).

Ballast m. Wort der Küstenschifffahrt (engl. nl. *ballast*); bei uns zuerst nd.; erst im 17. Jh. hd. vordringend (davor: *Last-, Schiffsand;* mhd. *last*). – *-ll-* durch Angleichung; älter: *barlast*, dies wohl für älteres **barmlast* (zu an. *barmr* Rand?). ↗ *Last.*

Ballen m. mhd. *balle*, ahd. *balo* schwache Nbf. zu ↗ *Ball*[1]. Über frz. *balle* ins Nl. (*baal*) und Engl. (*bale*). ↗ *Ballon*. **ballen** Zw. zu Ball[1]: mhd. *ballen* zum Ball machen.

Ballett s. Mitte 17. Jh. aus it. *balletto*, frz. *ballet;* zu ↗ *Ball*[2].

Ballon m. schon Mitte 16. Jh. aus it. *pallone* große Kugel (*palla* Kugel aus lang. *palla*); daher frz. *ballon*, das Ende 18. Jh. (Luftfahrt) von uns nachgeahmt. Verw.: ↗ *Ballen.*

Balsam m. mhd. *balsam(e)*, ahd. *balsamo* gegenüber got. *balsan*, aus lat. *balsamum*, gr. *bálsamon*. Zugrunde liegt heb. *bâsâm*, das den Strauch und sein Harz meint. Verw.: ↗ *Bisam.*

baltisch Adj. 16. Jh.; vgl.: spätmhd. *beltemere* (nlat. *mare balticum*); wohl zu lit. *baltas* weiß (aslaw. *bělu* weiß): das „weiße Meer". ↗ *Belche*, ↗ *Belt.*

Balustrade w. um 1800 aus frz. *balustrade*, dies aus lat. *balaustium* Granatbaumblüte; nach der Form des Säulenkapitells.

Balz w. Mitte 14. Jh. obd. *valz* neben md. *baltz* (grammat. Wechsel *v:b*); verw. dän. *bolte* sich rollen, norw. ma. *bolt* Kater, m. Waldvogel.

Bambus m. 17. Jh. aus nl. *bamboe(s)*. Von Java und Sumatra dringt mal. *bambû* in der 2. Hälfte des 16. Jh.s nach Europa (span. port. *bambu;* engl. *bamboo*, frz. *bambou*).

Bammel m. Angst, aus jidd. *baal emoh* wer Furcht hat.

banal Adj. nach 1800 aus frz. *banal*, zuerst = zwangsmäßig, dann (Goethe 1830) = abgedroschen, fade. Frz. *banal*, zu afrz. *ban* (↗ *Bann*), meint zunächst = gemeinsam besitzend; dann = gemeinnützig; schließlich = uneigenständig.

Banane w. vor 1600 aus port. *banana* (frz. *banane*, span. engl. *banana*), dies aus einem Kongowort *banam.*

Banause m. um 1800 aus gr. *bánausos* handwerksmäßig, gemein; als Subst. = Handwerker.

Band[1] m. zusammengebundenes Schriftwerk, Mitte 17. Jh. als Nbf. zu: **Band**[2] s. was verknüpft, mhd. ahd. *bant*, zu ↗ *binden*. ↗ *bändigen*. **Band**[3] w. Kapelle, 20. Jh. aus engl.-am. *band* Vereinigung, Gruppe (von Musikern). – **Bandage** w. von Medizinern 1. Hälfte 18. Jh. aus frz. *bandage*, zuerst nur in der Mz. = frz. *bandage* Bindezeug, Verband zum Zw. *bander* verbinden, dies wohl von afrz. *bende*, frz. *bande*, soldatensprachlich aus got. **binda* entlehnt. – Daher auch **Bande**[1] w. Rand (des Spielfelds), = frz. *bande*, 19. Jh. **Bande**[2] w. Schar, 17. Jh. aus frz. *bande* Trupp, Fähnlein, dies aus got. *bandwa*, *bandwô* Zeichen (lang. mlat. *bandum* Fahne; ↗ *Banner*).

Bandelier s. Wehrgehänge, Anfang 17. Jh. aus frz. *bandoulière*, aus span. *bandolera;* ↗ *Bandage.*

Banderole w. aus frz. *banderole* Wimpel (span. *banderilla* Stierkampfhaken mit Fähnchen).

bändigen Zw. 17. Jh. zum abgestorbenen Adj. *bändig* durch das Band (die Hundekoppel) zusammengehalten (↗ *unbändig*).

Bandit m. 16. Jh. aus it. *bandito* Straßenräuber, Part. Pass. zum Zw. *bandire* verbannen; dies eine Kreuzung von afrk. **bannjan* verbannen (↗ *bannen*) mit wgerm. **banda* ↗ *Banner.*

Bandoneon s. große Ziehharmonika, 1845 von dem Krefelder *Heinrich Band* konstruiert.

bang(e) Adj. mhd. *bange* (voller

Angst; Zs. *be-* + mhd. *ange,* ahd. *ango* eng. Eigtl. = beengt. ↗ *Angst,* ↗ *eng.* **bangen** Zw. schon mhd. *bangen* bange machen, werden; durch Wieland erneuert.

Bank¹ w. Sitz für mehrere, mhd. *banc,* ahd. *bank,* wohl von idg. Wurzel **bheg-* biegen, wölben; ↗ *Backe¹.* Eine Nbf. it. *banca* (frz. *bance, banque*) (↗ *Bank²,* ↗ *Bankett*). – *Durch die Bank* (schon 13. Jh.) eigtl. = in der Reihenfolge, in der man (z. B. beim Essen, in der Schule) auf der Bank sitzt. *Auf die lange Bank schieben* meint die Banktruhe für Gerichtsakten (1. Hälfte 17. Jh.). **Bank²** w. öffentl. Kasse, um 1400 aus it. *banca* (↗ *Bank¹*); später (18. Jh.) beeinflußt von frz. *banque* (woher auch engl. *bank* und Bank = Glücksspielkasse, 18. Jh.). – **Bank(e)rott** m. um 1500 aus it. *bancarotta* (it. *rotta* = lat. *ruptus* zahlungsunfähig); später (17. Jh.) beeinflußt von frz. *banqueroute.* **bank(e)rott** Adj. Mitte 17. Jh. – **Bankert** m. uneheliches Kind, mhd. *banchart,* aus ↗ *Bank¹* + *-hard* kühn; = auf der Bank gezeugtes Kind; ↗ *Bastard.* – **Bankett** s. um 1500 aus it. *banchetto* Bänkchen (↗ *Bank¹*), später unter dem Einfluß von frz. *banquet* (wie engl. *banquet* aus dem lat.). – **Bankier** m. 17. Jh. aus frz. *banquier,* davor schon aus it. *banchiero.* Die d. Form *Bankherr, Bankherr* setzt sich im 16. Jh. so wenig durch wie im 17. Jh. *Bankirer,* wird aber neuerdings häufiger. – **Banknote** w. Ende 18. Jh. aus engl. *bank-note* für älteres *Bankzettel, -billett.*

Bann m. mhd. *ban* Acht, Bekanntmachung, Aufgebot, ahd. *ban* Verbot, Gerichtsbarkeit, -gebiet, zum Zw. **bannan* bei Strafe ge-, verbieten (zur idg. Wurzel ** bha-* sagen; vgl.: lat. *fari* sagen [↗ *fatal*], gr. *phánai* sprechen [↗ *Saxophon*]). Eigtl. = was angesagt wird. ↗ *prophezeien,* ↗ *banal,* ↗ *eu-phem-istisch.*

Banner s. mhd. *banier(e),* aus frz.

bannière Heerfahne. Beläßt das mhd. Wort den Ton auf der Endsilbe, wird es zu ↗ *Panier;* zieht es ihn auf die 1. Silbe zurück, wird nhd. *Banner* daraus. – Das frz. Wort kommt aus dem Germ.: wgerm. **banda* Banner (= got. *bandwa* Zeichen). ↗ *Bandit.*

Bannmeile w. Schutzbezirk, mhd. *banmîle* Stadtrechtsbezirk (in Größe einer alten d. Meile = 12 000 Schritt), daher: frz. *banlieu.*

Banse w. Seitenscheune, nd., md. Bezeichnung. Vgl.: engl. *boosy* Stall, got. *bansts* Scheune; zum idg. Verbstamm **bhend-, *bhond-* binden (↗ *binden*), flechten. – Aus dem Got.: span. *banasta* Korb.

Bantamgewicht s. ein sportl. Leichtgewicht, 20. Jh. nach **Bantamhuhn** s. Huhn für Hahnenkämpfe. *Bantam* Provinz auf Java.

bar Adj. bloß, mhd. ahd. *bar* (engl. *bare*); zum idg. Stamm **bhosó-s* entblößt.

Bar¹ w. Trinkstube, 19. Jh. von engl. *bar,* dies aus (a)frz. *barre* Stange, Schranke. ↗ *Barre.* – **Barkeeper** m. 20. Jh. aus engl. (*keep* halten).

Bar² s. Einheit des Luftdrucks, KW aus gr. *barýs* schwer (= lat. *gravis*). **-bar** Adjektiv-, eigtl. Adverbialsuffix neben den Adjektiven auf mhd. *-bære,* ahd. *-bâri,* zu *beran* tragen (↗ *Bahre*). Also = tragend.

Bär¹ m. Raubtier, mhd. *ber,* ahd. *bero;* zum idg. Adj. **bhero-* braun: „der Braune". Eigtl. Tabuname (auch in lat. *ursus* Bär), wie denn der Bär auch in der Fabel *Braun* heißt. Das Sternbild 17. Jh. nach antiker Überlieferung (gr. *árktos*); als Gerätebezeichnung (= Rammklotz) seit 17. Jh. ↗ *Biber,* ↗ *braun;* vgl.: *Björn.* – **Bärendienst** m. um 1900 nach der Geschichte von dem Einsiedler, dessen Bär ihm die Fliegen mit Steinen vertreibt (von La Fontaine, 1621–1695). – **Bärenführer** m. Fremdenführer, 2. Hälfte 19. Jh. (urspr.: Tanzbärenführer?)

Bär² m. Zuchteber, mhd. ahd. *bêr,*

germ. Bezeichnung, wegen des Gleichklanges mit Bär¹ abgestorben.

Baracke w. 17. Jh. über frz. *baraque* aus span. *baracca* Lehmhütte (span. *barro* Lehm, ungewisser Herkunft; vgl. engl. *barracks* Kaserne, aus frz.).

Barbar m. spätmhd. *barbar*, aus lat. *barbarus* (woher auch *Berber* m. = Nordafrikaner); von gr. *bárbaros* (Lallwort) nichtgriechisch, fremdsprachig. Betonung der 2. Silbe nach frz. Vorbild. ↗ *brav*, ↗ *Rhabarber*. **barbarisch** Adj. 14. Jh.; zunächst = unverständlich, dann = ungepflegt, roh.

Barbe w. Flußfisch, mhd. *diu barbe*, ahd. *der barbo*, nach lat. *barbus* (lat. *barba* Bart), wegen seiner Bartfäden.

bärbeißig Adj. 18. Jh. jägersprachl. zum Subst. *Bärenbeißer* Boxerhund (für die Bärenjagd), 17. Jh.

Barbier m. spätmhd. *barbierer;* zum Zw. *barbieren;* aus it. *barbiere* Bartscherer (spätlat. *barbarius,* lat. *barba* Bart). Zweisilbig seit 15. Jh.

Barchent m. Baumwollzeug, mhd. *barchan(t),* aus mlat. *parchanus* (oder *barracanus,* was engl. *barrakan* ergibt). Zugrunde liegt: ar. *barrakân* grober Stoff.

Barde m. Mitte 17. Jh. (Schottel) = altdeutscher Dichter, aus frz. *barde* (16. Jh. aus lat. *bardus* = gall. *bardo* keltischer Sänger). Nicht damit zusammen hängt: **Bardiet** m. Schildgesang der Germanen; ungedeutet.

Bärenhäuter m. nach der Wendung *auf der Bärenhaut liegen* 16. Jh. (nach Tacitus, Germania 15 und 17), zunächst von Landsknechten; dann (18. Jh.) von Studenten.

Barett s. 15. Jh. *barete* neben *biret(e),* aus mlat. *barretum* neben älterem *birretum* (lat. *birrus, birrum* Kapuzenumhang). Betonung und Schreibweise nach frz. *barette* Mütze.

barfuß Adv. mhd. *barvuoʒ.* Eigtl. = adjektiv. Subst. wie **barhaupt** mhd.

barhoubet (↗ *bar* Adj.); also = der mit bloßem Fuß (Haupt).

Bariton m. Ende 18. Jh. aus it. *baritono* (gr. *barýtonos* tief, betont: *barýs* schwer, tief; *teínein* spannen [dazu ablautend: *tónos*]). ↗ *Ton²*.

Barkasse w. großes Beiboot, 18. Jh. über nl. *barkas,* aus span. *barcaza,* dies aus it. *barcaccia* große Bark. –
Barke w. kleines Schiff, kurz vor 1200 mhd. *barke,* aus mnl. *barke,* dies über pik. *barque* aus lat. *barca* (für älteres **barica*). Zugrunde liegt: kopt. *bari* Nachen (Nilschifffahrt). – *Bark* nach engl. *bark* (doch bleibt das Geschlecht w.!).

Bärlapp m. Farnart Lycopodium, 16. Jh. Zw. aus *Bär* + ahd. *lappo* Hand, = Bärentatze (nach der Gestalt der Sporenwedel).

Barlauf m. ↗ *Barre*.

Bärme w. Hefe, 17. Jh. aus mnd. *barm, berm;* wgerm. Bezeichnung der Bierhefe. Urverw.: lat. *fermentum* Sauerteig, Gärstoff (↗ *Ferment;* idg. Wurzel **bh(e)reu-* gären, wallen). ↗ *brauen,* ↗ *Brot.*

barmherzig Adj. ahd. *arm(a)herzi,* got. *armahairts.* Verdeutschung von lat. *miseri-cors,* unter späterer Anlehnung an ahd. *(ir-)barmen;* vgl.: lat. *miseri-cordia* = got. *arma-hairtei, arma-hairtiþa,* ahd. *arma-herzi(da)* Barmherzigkeit.

barock Adj. Mitte 18. Jh. aus frz. *baroque* (woher auch engl. *baroque*). Zugrunde liegt vielleicht der Name des it. Malers *Federigo Barocci* (1526–1612). Oder von it. = port. *barocco* unregelmäßig, schief (wie die Oberfläche einer Perle)?

Barometer s. KW 17. Jh. aus gr. *báros* Druck, Schwere + *métron* Maß(stab).

Baron m. um 1600 aus frz. *baron* (wie mhd. *barûn*), dies über mlat. *baro, baronis,* aus ahd. *baro* Mann; vgl.: an. *berjask* streiten (verw.: ↗ *bohren*).

Barras m. Kommiß[brot], um 1875 aus jiddisch *baras* Brot?

Barre w. Schranke, mhd. *barre* um 1200 aus frz. *barre* Schranke,

Zaun, Buschhecke (gall. **barros* buschiges Ende). Aus *Barre* formt F. L. Jahn *Barren* (m.) Turngerät. Dazu *Barlauf*, das Jahn aus Maa. kannte (mhd. *die barre loufen*, afrz. *corre as barres* an die Grenze laufen; vgl.: frz. *jouer aux barres*). ↗ *Embargo*. **Barriere** w. Anfang 18. Jh. aus frz. *barrière*, Weiterbildung zu *barre* Stange. **Barrikade** w. volkstüml. seit 1848; doch schon 17. Jh. aus frz. *barricade* Verrammlung (12. V. 1588 Barrikadensonntag), dies aus it. *barricata* (it. *barricare* verrammeln; zu gall. **barra* Sperrbalken). Im Frz. Einfluß von frz. *barrique* Faß (Fässer zur Verstärkung von Barrikaden! Eigtl. = Faßverschanzung, Ende 16. Jh.). **Barsch** m. Raubfisch, mhd. *bars;* verw.: ↗ *Borste*, ↗ *Bürste*; nach seiner Stachelflosse; wgerm. Bezeichnung (engl. *barse*, *bass*). *-rsch* wie bei ↗ *Bursche*, ↗ *forsch*. ↗ *Kaulbarsch*. **barsch** Adj. vor 1700 aus nd. *ba(r)sch* scharf, ranzig; verw.: ↗ *Barsch*, ↗ *Bart*, ↗ *Borste*, ↗ *Bürste* (germ. *bars* spitz). – **Bart** m. mhd. ahd. *bart* (engl. *beard*); vgl.: *Lango-bardi* Langbärte. Idg. Bezeichnung (lat. *barba* Bart), eigtl. = der Stachlige. ↗ *Borste*, ↗ *Bürste*. **Barte** w. Beil, ahd. *barta*. Eigtl. = die Bärtige (dazu *Hellebarde* Stielbeil, mhd. *helmbarte* Beil zum Durchschlagen des Helms).

Basalt m. Mitte 16. Jh. *basaltes*, dies verdruckt und verschrieben für lat. *basanites* Lavagestein aus der Landschaft *Basan* (Ostpalästina). Zweisilbig seit Goethe.

Basar m. 16. Jh. aus pers., 19. Jh. aus frz. *bazar*, von pers. *bâzâr* Markt. Verbreitet durch „Tausendundeine Nacht".

Base w. mhd. *base*, ahd. *basa*, wohl Koseform für *baðarsweso* statt *faðarsweso* Vaters Schwester. Zur Bedeutungsentwicklung vgl.: ↗ *Vetter*.

Basilika w. von gr. *basilikê* die königliche (Halle) (gr. *basileús* König). – **Basilikum** s. Pflanze, mhd. *basilie*, *basilig*, von mlat. *basilicum*, gr. *basílikon* das königliche (Kraut). – **Basilisk** m. Fabelschlange mit Hahnenkopf, -flügeln und -füßen, über lat. *basiliscus* aus gr. *basilískos* Königseidechse (wegen des krönchenartigen weißen Kopffleckes).

Basis w. mhd. *basis*, aus lat. *basis* Fuß, Grundmauer, dies aus gr. *básis* Fuß, Grundlage, -gestell (*baínein* gehen). – **basieren** Zw. um 1800 aus frz. *baser* (*la base* Grundlage, -linie).

Baß m. verkürzt für *Baßgeige* Anfang 17. Jh. Hundertfünfzig Jahre davor = tiefe Stimme, aus it. *basso* (mlat. *bassus* niedrig).

baß Adv. zum Komp. ↗ *besser*. Mhd. ahd. *baȝ*. Germ. Stamm, zu dem ↗ *Buße* ablautet.

Bassin s. 18. Jh. aus frz. *bassin* Bekken, dies wie it. *bacino* aus mlat. *bacinum* (volkslat. *baccinum*); ↗ *Becken*.

Bast m. gemeingerm. Wort, urverw. mit lat. *fasces* Rutenbündel, *fascia* Binde (↗ *Faschine!* Lat. *fasciculus* Bündel ergibt um 1700 d. *Faszikel* s.). Das germ. Wort drang früh ins Romanische: frz. *bât* = it. *basto* Waschkorb; frz. *bâtir* mit großen Stichen heften. Vgl.: ↗ *basteln*.

basta Interj. fertig!, vor 1700 aus it. span. *basta!* es ist genug! (volkslat. *bastare* genug sein).

Bastard m. mhd. um 1200 *bast(h)art*, aus afrz. *bastard* illegitimer Sohn eines Adligen. Zugrunde liegt afrz. *bast* Kebsehe, dessen germ. Abkunft vielleicht der Stammesname der *Bastarnen* (= Bastarde) erweist (*-ard* = *-hard*; ↗ *Bankert*).

Bastei w. Festungswerk, über die Schweiz 14. Jh. aus it. *bastia* Bollwerk (zum afrz. Zw. *bastir* bauen). ↗ *Bastion*.

basteln Zw. obd. Ma.-Wort, gelegentl. vor 1700 aufgezeichnet, aber erst 2. Hälfte 19. Jh. langsam durchdringend. Verkleinernd (*-el-*!) zu *besten* schnüren, also zu: ↗ *Bast*.

Bastion w. Anfang 17. Jh. aus it. *bastione* große ↗*Bastei* (frz. *bastion*).

Bataillon s. Anfang 17. Jh. aus it. *battaglione* großer Schlachthaufen (*battaglia* Schlachthaufen). Vgl.: frz. *bataillon,* das die spätere Schreibung bedingte. Zugrunde liegt lat. (-gall.?) *batt(u)ere* schlagen. ↗*Rabatt,* ↗*Batterie.*

Batate w. Knollenwinde, über span. aus südam.-indian. *batata* Süßkartoffel.

batiken Zw. mit Wachsaufguß färben, um 1900 aus nl. *gebatikt* auf ostind. Art gesprenkelt, dies aus javan. *baṭik* gesprenkelt(er Stoff).

Batist m. feinste Leinwand, 18. Jh. aus frz. *batiste,* nach einem Fabrikanten *Baptiste* (regte vielleicht im 13. Jh. die Leinwandweberei in Flandern von Cambrai aus an).

Batterie w. Anfang 17. Jh. aus frz. *batterie* (*battre* schlagen) = Geschützabteilung; 19. Jh. = Stromquelle (↗*Bataillon*).

Batzen m. schwz. Münze; frühnhd. *batzen* Klumpen, = vor 1500 in Salzburg und Bern geprägte Dickpfennige; aus älterem *backezen* zusammengezogen (wie ↗*blitzen* aus *blickzen* und Artgenossen). Volkset. auf den Berner Bären (*Betz, Petz*) umgedeutet (davon: it. *bezzo* Geld). ↗*patzig.*

Bauch m. mhd. *bûch,* ahd. *bûh;* idg. Wurzel **btou-, *bhu-* schwellen. Verw. mit: ↗*Beule,* ↗*Busen,* ↗*Bausch,* ↗*böse,* ↗*Pocke.* **Bauchredner** m. 16. Jh. LÜ von spätlat. *ventriloquus.*

Baude w. Gebirgshirtenhütte, 18. Jh. aus tschech. *bouda* (vorher schon im Schles. geläufig), dies aus d. ↗*Bude.*

bauen Zw. mhd. *bûwen,* ahd. *bûan;* zur idg. Wurzel **bhu-* (vgl.: ↗*sein[1]* [bin, bist], lat. *fui* bin gewesen, *futurus* zukünftig, gr. *phýein* sein, werden; *phýsis* Natur [↗*Physik*], *phýma* Gewächs. ↗*Bude,* ↗*-büttel,* ferner: ↗*Biene*). **Bauer[1]** s. Vogelkäfig, mhd. *bûr* Käfig, ahd. *bûr* Kam-

mer, Haus; vgl.: ahd. *bûri* Behausung, in ONN auf *-buren, -büren, -beuren;* vgl.: *Beuron;* engl. Adelsnamen *Byron;* alle zur erweiterten idg. Wurzel **bhu-ro-.* ↗*bauen.*

Bauer[2] m. Landmann, mhd. *gebûre,* ahd. *gibûro,* zu ahd. *bûr* Haus, Kammer; eigtl. = Hausgenosse; dann = Nachbar, schließlich = Dorfgenosse. ↗*Nachbar.*

Baum m. mhd. ahd. *boum;* verw.: got. *bagms.* Gemeingerm. Bildung zum Zw. ↗*biegen;* = was sich (im Winde) biegt. Zur Lautentwicklung vgl.: ↗*Traum,* ↗*Boom,* ↗*sich bäumen,* ↗*Purzelbaum.* **Baumwolle** w. mhd. *boumwol(le).*

baumeln Zw. md. Form zum SchW nd. *bammeln, bummeln.* Eigtl. = langsam hin und her schwenken.

sich bäumen Zw. mhd. sich *boumen* sich (wie ein ↗*Baum*) in die Höhe richten. ↗*aufbäumen,* ↗*Purzelbaum.*

Bausch m. mhd. *bûsch* Knüppel, Wust; Schlag, der die Beulen macht. Erweiterung der idg. Wurzel **bhou-, *bhu-* schwellen (↗*Bauch,* ↗*Beule,* ↗*Busen,* ↗*böse,* ↗*Busch,* ↗*Pauschale*).

Bauten Mz. nd. Mz. zu *Bau,* zurückgehend auf mnd. *bûwete* Gebäude; 2. Hälfte 18. Jh. (Kanzleien!).

Bauxit m. 19. Jh., Ausgangsstoff zur Aluminiumherstellung, nach dem 1. Fundort *Lex Baux* (Rhonemündung, = die Felsen).

Bayer m. ahd. *Baigari, -giri* der aus *Baja,* Böhmen, Stammende. Dazu *Bayern,* eigtl. = *zu den Beiern* bei den aus Böhmen Stammenden.

Bazille w., **Bazillus** m. Stäbchenpilz, 19. Jh. aus lat. *bacillus* Stäbchen (*baculum* Stab).

be- (Vorsilbe, verkürzt in: ↗*barmherzig,* ↗*b-leiben,* ↗*b-ange*) mhd. *be-,* ahd. got. *bi-.* Dasselbe mit Vollton: ↗*bei* (mhd. ahd. *bî*).

beachtlich Adj. mhd. *beahtlich;* zum Zw. *beachten,* mhd. *beahten,* ahd. *biahtôn,* ↗*Acht[2].*

Beamte m. um 1600 aus Part. Pass. *beamt(et).* ↗*Amt.*

Beat m. rhythm. Taktteilbetonung, 20. Jh. aus am.-engl. *beat* Schlag. – **Beatnik** m. junger Gammler, 20. Jh. aus ⁊ *Beat* + jidd. *nudnik* Faulpelz.

beben Zw. nd. zu mhd. *biben,* ahd. *biben;* unsere Form seit Luther. Mit Präsensreduplikation (ahd. *bi-bê-m, bi-bê-s* usw.) zur idg. Wurzel **bhi-* fürchten, vor Furcht zittern. ⁊ *bibbern.*

Becher m. mhd. *becher,* ahd. *behhari,* mit der frühen Mission entlehnt aus volkslat. *bicarium, piccarium* Weinnapf (engl. *pitcher* Krug), dies aus gr. *bîkos* irdenes Gefäß. *-e-* für älteres *-i-* wie in ⁊ *Pech,* ⁊ *Messe* usw.

Becken s. mhd. *becke(n),* ahd. *bekkîn,* aus volkslat. *baccinum* (woher auch frz. ⁊ *bassin,* engl. *basin*), dieses zu *bacca* Wassergefäß (⁊ *Back*). ⁊ *Pickelhaube,* ⁊ *Bassin.*

bedacht Adj. mhd. *bedâht* w.; m. seit 15. Jh. Eigtl. Part. Prät. zu ⁊ *bedenken.* **bedächtig** Adj. mhd. *bedæhtic,* ahd. *bídâhtîg.*

Bedarf m. Kanzleiwort 17. Jh. vom Präs. des Zw.s *bedürfen* (⁊ *bedürftig*). Zunächst nordd.; erst 19. Jh. allgemein.

bedauern Zw. mhd. *betûren, betiuren* viel kosten (*tiure* ⁊ *teuer*); dann = schätzen, hoch anschlagen; verdrießen.

Bedenken s. substantiv. Infinitiv, Kanzleiwort 15. Jh.; urspr. = an jmdn. denken (und ihn beschenken); mit Verdacht an jmdn. denken. **bedenklich** Adj. frühnhd.

bedeutend Part. Präs. zum Zw. **bedeuten** von Wichtigkeit sein; durch Goethe die Bedeutung „ansehnlich". **bedeutsam** Adj. Modewort um 1770. **Bedeutung** w. im heutigen Sinn seit 15. Jh.; davor: mhd. *bediutunge* Auslegung.

bedingen Zw. mhd. *bedingen* Vertragspunkte festsetzen, = ahd. (*gi*)*dingôn.* ⁊ *Ding.* **Bedingung** w. seit Luther, neben anfangs häufigerem *Beding* (s., auch m.).

bedürftig Adj. spätmhd. *bedurftic,*

zu einem verlorenen Subst. *bedurft* (⁊ *Notdurft*), Part. Prät. zum Zw. *bedürfen,* ahd. *bidurfan.* ⁊ *unbedarft,* ⁊ *Bedarf.*

beduselt Adj. betrunken, 17. Jh. von nd. ⁊ *Dusel* Rausch. ⁊ *Dunst.*

Beefsteak s. 19. Jh. aus engl. (*beef* Rind = frz. *bœuf,* aus lat. *bos* + ⁊ *Steak*).

beeinträchtigen Zw., seit 1600 Kanzleiwort (erst durch Wieland allgemeinsprachlich), zum Subst. *der Eintracht* für älteres *der Eintrag* Einschlag beim Weben, Hemmnis. Später volkset. an *trachten* angelehnt. ⁊ *einträglich.*

Beere w. eigtl. Mz. zu mhd. *diu ber* die Beere, ahd. *beri;* vielleicht zu einem idg. Wort, das „rot" bedeutete (vgl.: mir. *base* rot, ags. *basu* purpurn); dann = die Rote.

Beet s. von ⁊ *Bett* erst im 17. Jh. geschieden: mhd. *bette,* ahd. *betti* das Beet; got. *badi* (nl. engl. *bed* Beet).

Be(e)te w. rote Rübe, in nd. Lautung für hd. ahd. *bieʒa,* mhd. *bieʒe;* bis Mitte 17. Jh. nd. Ma.-Wort, aus lat. *beta* (kelt.?) Mangold (woher auch engl. *beet*). Daher *Beethoven* der vom Rübenhof.

befähigen Zw. von Campe 1807 gebildet. **befähigt** Adj. 19. Jh.; ⁊ *fähig!*

befangen Adj., = Part. Prät. zum Zw. mhd. *bevâhen,* ahd. *bifâhan; refl.* = sich mit etw. befassen. Um 1800 durch Klassik und Romantik aufgenommen.

sich befassen Zw. erst Ende 18. Jh. (mhd. *bevaʒʒen* befestigen, besitzen).

befehden Zw. spätmhd. *bevehden;* Ende 18. Jh. durch Dichtung vor dem Absterben bewahrt; ⁊ *Fehde.*

befehlen Zw. (befahl, befohlen), mhd. *bevelhen* übergeben, anvertrauen, ahd. *bifel(a)han* übergeben, anvertrauen, bergen (vgl.: got. *filhan* begraben, verbergen): Grundbedeutung = anvertrauen, dann = Auftrag geben, gebieten. ⁊ *empfehlen.* **Befehl** m. spätmhd.

63

bevelch; vom Zw. abgeleitet. **befehligen** Zw. zum obd. Subst. *befehl(i)ch;* obd. Kanzleiwort.

Beffchen s. Kragenläppchen des Geistlichen; aus nd.: mnd. *beve, beffe* Chorrock, -hut der Prälaten; mnl. *beffe* Pelzkragen; wohl aus mlat. *biffa* Überwurf, Mantel.

befinden Zw. mhd. *bevinden,* ahd. *bifindan* finden, erlangen, wahrnehmen. */ Befund.* **Befinden** s. substantiv. Infinitiv zum Zw. *sich befinden* sich aufhalten, sich fühlen (frühnhd.). **befindlich** Adj. 16. Jh. = wahrnehmbar; 18. Jh. = vorhanden (das erste zum Zw. *befinden,* das andere zum Zw. *sich befinden*).

beflissen Adj., eigtl. = Part. Prät. zum Zw. *befleißen* sich befleißigen; */ Fleiß.*

befremden Zw. Kanzleiwort Mitte 15. Jh.

befriedigen Zw. 15. Jh. *bevridigen* neben älterem mhd. *bevriden* umzäunen, sichern.

Befugnis w. Mitte 17. Jh. zum Zw. mhd. *bevuogen, bevüegen* Recht einräumen.

Befund m. jurist. oder medizin. Tatbestand, Ende 18. Jh., von */ befinden.*

befürworten Zw. Kanzleiwort 19. Jh. zum Subst. */ Fürwort* Fürsprache, 17. Jh.

begabt Adj., eigtl. = Part. Prät. zum Zw. mhd. *begâben* mit Gaben ausstatten; durch die Mystik unter dem Einfluß von lat. *dotatus* auf geistige Gaben beschränkt. **Begabung** w. zunächst (14. Jh.) jurist. = Schenkung, Vorrechte; dann (18. Jh.) unter dem Einfluß von *begabt* = geistige Befähigung.

Begebenheit w. Mitte 17. Jh. (aber mhd. *begebenheit* Hingebung) vom Part. Prät. *begeben* (Zw. **sich begeben** sich ereignen bei Luther; davor = in ein Kloster gehen).

begegnen Zw. mhd. *begegenen,* ahd. *bigaganen.* */ gegen.*

Begehr s. mhd. *beger, begir;* vom Zw. **begehren** mhd. *begern* neben häufigerem *gern,* ahd. *gerôn,* dies

zum Adj. ahd. *ger* gierig. – Durch Goethe neu belebt. */ Gier, / gern.*

Begeisterung w. zuerst bei Gottsched 1730; vom Zw. **begeistern** 17. Jh. = mit */ Geist* erfüllen; 18. Jh. = entflammen.

Begier w. mhd. *begir* neben häufigerem *gir, / Gier.* **Begierde** w. mhd. *begirde* neben häufigerem *girde,* ahd. *girida,* zum Adj. *ger / gierig. / gern.*

Begine w. Mitglied eines geistl. Frauenverbandes; Herkunft unsicher (nach dem Priester *Lambert le begue* [*beghe*] = der Stammler, dem Gründer des Lütticher [des 1.] Beginenhauses, † 1177?).

Beginn m. mhd. *begin,* ahd. *bighin* Anfang; zum Zw. **beginnen** (begann, begonnen), mhd. *beginnen,* ahd. *beginnan* (engl. *begin*). Subst. und Zw. nach 1800 durch die Dichtung neu belebt.

begleiten Zw. Anfang 17. Jh. aus *bege-leiten* (mhd. *beleiten,* ahd. *bileiten;* Luther: *geleiten*).

begnadigen Zw. 17. Jh. zum Adj. *gnädig* (daher frühnhd. *begnädigen*), neben älterem mhd. *begnaden,* das im Part. Prät. **begnadet** fortlebt. */ Gnade.*

begnügen Zw. mhd. *be(ge)nüegen;* zum Adj. */ genug.*

Begonie w. Schiefblatt, 1690 durch den frz. Entdecker Plumier OSF nach dem Statthalter von San Domingo *Bégon* benannt.

Begräbnis s. mhd. *begrebnisse;* vom Zw. **begraben** mhd. *begraben,* ahd. *bigraban.*

begreifen Zw. mhd. *begrîfen,* ahd. *bigrîfan* betasten; in Worte fassen; durch Mystik = geistig auffassen. Daher **Begriff** m., zunächst = Umfang, Bezirk; seit Mystik = Umfang und Inhalt einer Vorstellung; so vermutl. durch Ch. Wolff (Mitte 18. Jh.) erneuert und verbreitet. – *Im Begriff sein* Anfang 18. Jh. **begreiflich** Adj. mhd. *begrîfelich.*

begünstigen Zw. 17. Jh. neben älterem *begunsten;* vom Adj. *günstig. / Gunst.*

behäbig Adj. um 1800 = wohlhabend, für älteres (ge)häbig, zu: ↗ Habe.

behaftet Adj. Zum Zw. (be)heften wird neben behaftet mit Rückumlaut auch das Part. Prät. mhd. behaft, ahd. bihaft gebildet. Daraus entsteht das Zw. behaften, 16. Jh. ↗ Heft².

behagen Zw. mhd. behagen gefallen, passen (vgl.: ahd. bihagan, gihagan heiter, mhd. behagen frisch, freudig). Zu ↗ Hag? Oder zu einer idg. Wurzel *kak- = „helfen, vermögen"? – **behaglich** Adj. mhd. behegelich; bis ins 19. Jh. behäglich neben neuerem behaglich.

behändigen Zw. Kanzleiwort Ende 15. Jh. neben älterem mhd. behenden; zu ↗ Hand, = in die Hand geben.

behaupten Zw. mhd. behoubeten. Eigtl.: = sich zeigen als ↗ Haupt (Herr) von etw. zeigen; dann = siegreich verteidigen; schließlich = an einer Aussage festhalten (17. Jh.).

Behausung w. 19. Jh. vom Zw. behausen, mhd. behûsen mit einem ↗ Haus ausstatten, als Gast aufnehmen (dazu: 20. Jh. unbehaust Adj. = ohne Zuhause).

behelligen Zw. 17. Jh. neben älterem helligen: mhd. hellec ermüdet; dazu: mhd. hel schwach, matt. Verw.: ↗ schal.

behende Adj. Das mhd. Adj. behende geschickt, schnell ist anscheinend junger als das Adv. behende, das wohl aus ahd. bi henti bei der Hand entstanden ist. ↗ abhanden.

beherzigen Zw. Kanzleiwort ab 1500, von Luther mißbilligt. Mhd. beherzen ist = zu Herzen gehen, standhalten. – Bildung wie bei ↗ sätt-ig-en u. a.

Behörde w. 18. Jh. = Gerichts-, Verwaltungsstelle; urspr. wohl nd. Kanzleiwort, eigtl. = Ort, wo etw. hingehört (vgl. einerseits nd. behören für hd. ↗ gehören, andrerseits obd. Gehörde für nd. Behör). – Bildung auf -de wie ↗ Gelübde, ↗ Gebärde, ↗ Gemälde.

Behuf m. Zweck, mhd. behuof Geschäft, Zweck, Vorteil, ahd. bihuobida Vorsicht, Vermutung; mit der Sippe von ↗ haben, -haft, heften (↗ Heft²) usw. zu der idg. Wurzel *qap- fassen.

behutsam Adj. 16. Jh. vom Zw. behüten mhd. behüeten bewahren, verhindern.

bei Präp., Adv. mhd. ahd. bî, got. bi um-herum, bei. Verw.: gr. amphí, lat. amb(i)- (vgl.: ↗ um), beide im Ggs. zum germ. Wort zweigliedrig. Als tonloses Präfix: ↗ be- (engl. by, be-). ↗ Biwak.

Beichte w. mhd. bîht, aus älterem mhd. ahd. bîgiht, dies zu bîjehen ins Ohr sagen, beichten. ↗ genieren; ↗ Gicht. **Beichtstuhl** m. frühnhd.

beide Zw., urspr. zweigliedrig: mhd. ahd. bei-de, bê-de. Das zweite Glied ist der Artikel; das erste (im Got. selbständig: got. bai, ba beide) von idg. *ambho- (gr. ámpho, lat. ambo), dessen erste Silbe im Germ. verloren ist. Verw.: ↗ um.

Beiderwand s. kräftiges Gewebe aus Leinen und Wolle, zu wand Zeug (↗ Lein-wand), = Zeug aus beiderlei Stoff (nämlich Leinen und Wolle); Mitte 18. Jh.

beiern Zw. mit dem Klöppel an die Glocke schlagen, 18. Jh. über nd. aus nl. beieren (nl. beiaert Klöppel); Herkunft unbekannt.

Beifall m. 16. Jh. = Übertritt von einer Partei zu anderen, Zustimmung. **beifällig** Adj. 17. Jh.

Beifuß m. Wermutart Artemisia vulgaris, mhd. bîbôz, ahd. pîbôz; das zweite Glied zum Zw. bôzen schlagen (↗ Amboß) urspr. = Gewürz, das zur Speise getan wird? Oder = Pflanze, die böse Geister abstößt (oder als Heilmittel aufs kranke Glied gelegt wird?). – Anlehnung an Fuß volkset.

beige Adj. sandfarben, aus frz. beige, Ende 19. Jh. (Herkunft ungeklärt).

Beil s. mhd. bîl, ahd. bîhal; mit Schwundstufe mhd. bil (engl. bill Schwert); zur idg. Wurzel *bhei-, *bhi- schlagen (vgl.: r. *bit* schlagen; dazu: ∕ *Peitsche*). Verw.: ∕ *beißen*.

beiläufig Adj., Adv. um 1500 = ungefähr; vor 1700 = nebenbei.

Beileid s. Wortprägung von Paul Fleming; 1. Hälfte 17. Jh.

beimessen Zw. Kanzleiwort 17. Jh. für mhd. *meʒʒen* zuteilen, geben.

Bein s. mhd. ahd. *bein,* Grundbedeutung: Knochen; wgerm. und nordgerm. für idg. lat. *osseum,* gr. *ostéon.* Wohl zum an. Adj. *beinn* gerade, urspr. = Röhrenknochen. – Die Bedeutung „Unterschenkel" schon ahd. Vgl.: ∕ *Knochen,* ∕ *Elfenbein,* ∕ *Eisbein,* ∕ *Überbein.*

Beinkleid s. seit 16. Jh., verhüllend für ∕ *Hose;* bis Anfang 19. Jh. selten.

beipflichten Zw. Kanzleiwort 15. Jh.; mhd. *phlihten* sich jmdm. verbinden; *phliht* Teilnahme (∕ *Pflicht*).

beisetzen Zw. 2. Hälfte 17. Jh. = bestatten; = Segel lösen und dem Wind aussetzen, seemannssprachl.

Beispiel s. mhd. *bîspel* Gleichnis, Sprichwort; Zs. mit mhd. ahd. *spel* Bericht, Sage, Fabel (engl. *gospel* aus *gôdspell* Evangelium; urverw.: gr. *a-peil-ê* Drohung, Prahlerei). – Die Anlehnung an -*spiel* volkset., ähnlich wie in ∕ *Kirchspiel,* mhd. *kir(ch)spil, -spel.*

beißen Zw. (biß, gebissen), mhd. *bîʒen,* ahd. *bîʒʒan,* got. *beitan.* Urverw.: lat. *findere* spalten; urspr. = spalten. ∕ *Bissen,* ∕ *Gebiß,* ∕ *Imbiß,* ∕ *verbissen,* ∕ *bitter,* ∕ *Beil.*

Beißker m. kleiner Fisch, 15. Jh. ostmd. aus tschech. *piskoř,* r. *piskár.* Eigtl. = Pfeifer, Flöter (nach einem Ton, den der Fisch bei der Gefangennahme hervorbringt); Anlehnung an *beißen* volkset.

Beistrich m. Komma. Schottel schlug 1641 für ∕ *Komma Beistrichlein* vor; häufiger 19. Jh.

Beitel m. ∕ *Beutel²*.

beitreiben Zw. Schulden einziehen, Mitte 18. Jh. Eigtl. = Vieh in den Zinsstall treiben.

Beiwesen s. Zugegensein, Kanzlei-

wort 15. Jh., substantiv. Infinitiv zum Zw. mhd. *bîwesen* zugegen sein.

Beiwort s. von Gottsched (Mitte 18. Jh.) als Eindeutschung für ∕ *Adjektivum* vorgeschlagen. ∕ *Eigenschaftswort.*

beizen Zw. mhd. *beitzen* mit Falken jagen, ahd. *bîʒʒan* beißen machen; ∕ *beißen* (vgl.: engl. *to bait* ködern; das Pferd unterwegs füttern; einkehren). Vgl. auch: ∕ *ätzen.* Zum Verhältnis *beizen: beißen* ∕ *reizen: reißen,* ∕ *heizen: heiß,* ∕ *Weizen: weiß,* ∕ *schwitzen: Schweiß.*

bejahen Zw. nach 1600 für älteres mhd. *bejâzen* (∕ *du-zen, sie-zen* u. ä.). Zuerst = bewilligen, später = ∕ *ja* sagen.

bekannt Adj., altes Part. Prät. zu ∕ *bekennen* kennen; *ich bin bekannt* eigtl. = man kennt mich; erst später = ich kenne mich aus. **bekanntlich** Adv. Kanzleiwort 18. Jh.

Bekassine w. Wasserschnepfe, 19. Jh. aus frz. *becassine* (frz. *le bec* der Schnabel, aus lat.-gall.), = Geschnäbelte.

bekehren Zw. mhd. *bekêren,* ahd. *bikêran* LÜ zu lat. *convertere* umdrehen; ∕ *Konvertit.* Erst mhd. = geistlich überzeugen (mhd. *bekêrunge* für älteres *bekêrde* Bekehrung).

bekennen Zw. mhd. *bekennen,* ahd. *bikennan* (er)kennen. Im Rechts- und Kirchenbereich = eingestehen; daher mystisch = überzeugt sein und aussagen. ∕ *bekannt.* **Bekenner** m. LÜ für lat. *confessor* 14. Jh. **Bekenntnis** s. mhd. *bekanntnisse* LÜ für lat. *confessio.*

beklommen Adj. eigtl. altes Part. Prät. zum Zw. mhd. *beklimmen* (urspr. *beklummen;* Formen mit -o- seit 18. Jh.) umklammern. ∕ *klemmen.*

bekommen Zw. mhd. *bekomen* erhalten, ahd. *biqueman* ergreifen, got. *biqiman* überfallen (engl. *become* werden); alte nuancenreiche Zs. mit ∕ *kommen.* **bekömmlich** Adj. mhd. *bekom(en)lich* bequem;

urspr. = was zu bekommen ist; = zuträglich 19. Jh.

Belag m. 17. Jh. (falsch gebildete) Ez. zur Mz. *Belege* angelegte Streifen (Ez.: ∕ *Beleg[e]*).

Belang m. mhd. *belang* Sehnsucht; aber mnd. *belang* Bedeutung; wird Kanzleiwort und dringt aus den Amtsstuben 18. Jh. ins Schriftd. Vom Zw. **belangen** 18. Jh. jmdn. vor Gericht ziehen. Eigtl. = ihn klagend erreichen; frühnhd. = betreffen; davor = erreichen; mhd. *mich belanget* mich verlangt.

Belche w. Bläßhuhn, mhd. *belche*, ahd. *belihha*, zu einem germ. Adj. *bala* weiß (∕ *bal-tisch*): der Vogel heißt nach seinem weißen Stirnfleck „Weißvogel" (lat. *fulix*, gr. *phalêrís*). Das Suffix *-ihha* wurde auch zur Bildung anderer Vogelnamen verwendet: ∕ *Hab-icht,* ∕ *Kran-ich,* ∕ *Ler-che*. **Belchen** m. obd. Bergname, zu *Belche* gehörend („der Weiße").

Beleg m. Urkunde als Nachweis, urspr.: das unter den Grenzstein gelegte Markzeichen. **Belegschaft** w. 19. Jh.; urspr. nur vom Bergwerk. ∕ *Belag*.

beleibt Adj. (der Form nach ein Part. Prät. nach dem Muster von: *bejahrt, behaart*); vor 1700 = mit einer Seele (einem Leib); um 1800 für älteres *wohl beleibt, schwer beleibt* (um 1600).

beleidigen Zw. mhd. *beleidigen,* aus Vorsilbe *be-* + ahd. *leidegôn* betrüben, vom Adj. ahd. *leidîg* kränkend.

belemmern Zw. urspr. nd.; hd. 18. Jh. vom Komparativ *lahmer*. Eigtl. = lahmer machen. ∕ *lahm*.

belesen Adj. häufig seit Mitte 16. Jh. Eigtl. = Part. Prät. zum Zw. *belesen* durch-, gründlich lesen.

belfern Zw. stoßweise bellen, Mitte 16. Jh. vom Subst. *Welf* Junghund (∕ *Welp[e]*!). Unter volkstüml. Einfluß von *bellen*.

Belfried m. Burg-, Wach-, Glockenturm; = ∕ *Bergfried*.

belichten Zw. in allg. Bedeutung schon 16. Jh.; photographisch seit Mitte 19. Jh.

bellen Zw. mhd. *bellen,* ahd. *bellan* (engl. *bell* röhren; isl. *belja* brüllen [von Kühen]). Die lautnachahmende idg. Wurzel *bhel-* war = „lärmen". ∕ *poltern*.

Belletrist m. 2. Hälfte 18. Jh. zum MoW *Bell-Lettres* schöne Wissenschaften, aus dem gleichbedeutenden und -zeitigen frz. *belles lettres*.

Belt m. Name von Meerengen, vom lat. *mare balticum* Ostsee; ∕ *baltisch*. Vgl.: mhd. *beltemere* Ostsee.

bemängeln Zw. seit 19. Jh. verbreitet; urspr.: obd. Kanzleiwort. ∕ *Mangel*[2].

bemänteln Zw. neben *vermänteln* in der reformatorischen Kampfliteratur, abwertend aus der kirchenlat. Redensart *aliquid pallio dilectionis christianae tegere* etwas mit dem Mantel der christlichen Liebe zudecken (LÜ, 17. Jh.).

Bemme w. Brotschnittchen; Luther: *bam*, nordostd. und ostmd. aus wend. *pomazka* Butterschnitte, dies aus *po-* auf + einem Verbalstamm aslaw. *mazati* schmieren, eigtl. = Aufschmiere.

benedeien Zw. lobpreisen, mhd. *benedîen,* nach it. *benedire* (lat. *benedicere* Gutes wünschen, segnen). Daher der m. VN *Benedikt,* der nach seinem Gründer *Benedikt von Nursia* (5. Jh.) dem Mönchsorden der **Benediktiner**[1] (m.) den Namen gab. – Der Kräuterschnaps **Benediktiner**[2] (m.) nach dem 1. Hersteller Pater Bernardo Vincelli (1510), OSB. – **Benefiz** s. Vorstellung für einen Schauspieler, seit Börne 1833; davor (seit Mozart 1787) nach frz. Vorbild *au bénéfice d'un acteur* = Benefiz des Schauspielers (Dirigenten usw.; lat. *beneficium* Wohltat).

Bengel m. nordostd. zum Zw. nd. *bangen* klopfen (wie ∕ *Schlegel* zu *schlagen* [dort Entsprechungen!]; engl. *bang*); dazu ablautend: mhd. *bunge* Trommel. Vgl. ähnl. Bedeutungsentwicklung bei ∕ *Knabe,* ∕ *Knecht,* ∕ *Stift,* ∕ *Kegel,* ∕ *Flegel*.

Benzin s. KW Wortbildung von Mitscherlich (1833) nach: **Benzoë** s., aus deren Säure Benzin zunächst durch Erhitzen gewonnen wurde. *Benzoë* über it. *bengiuì* aus ar. *lubân dschâwî* javan. Weihrauch (aber das Benzoëharz kam aus Sumatra, das mit Java verwechselt wurde). **Benzol,** 20. Jh., Zs. aus *Benzoë* + Alkoho*l*).

bequem Adj. mhd. *bequæme,* ahd. *biquâmi* passend, tauglich, zum Zw. ahd. *kuman,* got. *qiman* ⁊*kommen* (vgl.: got. *gaqimiþ* es ziemt sich; engl. *become* geziemen). Eigtl. = ⁊*bekömmlich.* **Bequemlichkeit** w. zum Adj. mhd. *bequæmelich.*

berappen Zw. bezahlen, stud. Mitte 19. Jh. aus älterem Rotw., beeinflußt von rotw. *rebbes* Gewinn unter Anlehnung an den schwz. Münznamen ⁊*Rappen.*

Berber m. ⁊*Barbar.*

Berberitze w. Sauerdorn, Berberis vulgaris, nhd. nach mlat. *berberis* für *barbaris,* dies aus ar. *barbaris* Berberitze (Weiteres ungeklärt).

Bereich m. kurz vor 1800 für älteres *Reich;* zum Zw. bereichen sich erstrecken. ⁊*reichen.*

bereit Adj. fertig, mhd. *ge-, bereit* (dienst)fertig, ahd. *reiti;* vom Zw. ⁊*reiten* wie ⁊*fertig* zu *fahren;* also urspr. = (zum Dienst) aufgesessen. Verw.: ⁊*Reede.* **bereits** Adv. Ende 17. Jh. neben älterem *bereit; -s* nach: ⁊*flug-s* u. a. **bereitwillig** Adj. 17. Jh.

Berenike w. ⁊*Firnis.*

Beresina w. ⁊*Birke.*

Berg m. mhd. *berc,* ahd. *berg;* vgl. got. *bairgahei* Gebirgslandschaft; zu einer idg. Wurzel **bherĝh-* erhoben, vermutl. Erweiterung von **bher-* tragen (⁊*Bahre*). Verw.: ⁊*Burg,* der ON *Bregenz* und der Stammesname der *Burgunder* (zu dem *Bornholm = Burgundarholm* gehört); engl. *barrow* Grabhügel. ⁊*Gebirge.* **Bergwerk** s. mhd. *bercwerc* bergmänn. Anlage und Arbeit unter Tage (*Berg* später = jede

abbauwürdige Gesteinsschicht). ⁊*Werk!*

Bergamotte w. Birnenart, über frz. *bergamot* 17. Jh. aus it. *bergamotta,* dies volkset. Anlehnung an ON. *Bergamo,* aus ar. *begar-mûdy* Fürstenbirne.

bergen Zw. (barg, geborgen), mhd. *bergen,* ahd. *bergan;* zu einer idg. Wurzel **bherĝh-* aufheben und verwahren. ⁊*borgen,* ⁊*Herberge.*

Bergfried m. Turm. Volkset. an *Berg* und *Friede* angelehnt; die Frühzeit des Wortes liegt im Dunkel. Älteste mhd. Form: *perfrit* hölzerner Belagerungsturm; davon: mlat. *berfredus, berefridus, belfredus, -fragium* u. ä., frz. *beffroi* (engl. *belfry* Glockenturm). Vielleicht liegt gr. *pýrgos phorêtós* Tragturm zugrunde? – nl. = ⁊*Belfried* (nl. *l* aus d. *r* dissimiliert).

Bericht m. mhd. *beriht;* zum Adj. ⁊*recht.* **berichtigen** Zw. 2. Hälfte 18. Jh. für älteres *berichten* richtig machen. **Berichter** m. KF 19. Jh. für *Berichterstatter.*

beritten Adj. eigtl. = Part. Prät. zu mhd. *berîten;* Mitte 16. Jh. für älteres *geriten.*

Bernstein m. mnd. *born-, barn-, bernstên,* in Ostpreußen gefundenes brennbares Baumharz, zu *bernen* ⁊*brennen* (Metathese des *-r-* wie bei ⁊*bersten,* ⁊*preschen*); hd. (selten) seit 15. Jh., durchgesetzt seit Mitte 17. Jh. für *A(u)gstein* (aus lat. *achates*), ahd. *gismelzi,* mnd. *glâr* ⁊*Glas,* gr. *êlektron* (⁊*elektrisch*). – Germ. Bernsteinhandel!

bersten Zw. (barst, geborsten), md. nd. *bersten* für hd. *bresten,* ahd. *brestan* brechen (Metathese des *-r-* wie bei ⁊*preschen,* ⁊*Bernstein*); durch Luther schriftsprachl. Herkunft? ⁊*Gebresten,* ⁊*prasseln.*

Bert-, -bert in PNN, mhd. *berht,* ahd. *beraht* glänzend (⁊*Birke*): *Berta* die Glänzende; *Berthold* glänzender Walter; *Bertram* Glanzrabe; *Albrecht* adliger Glanz; *Hubert* Geistglanz u. a. m.

berüchtigt Adj., eigtl. = Part. Prät. eines alten Zw.s *berüchtigen* ins Gerede bringen, beschreien; zu ⁊ *rufen* (*-cht-* für hd. *-ft-* ist nd.; ⁊ *achter*). ⁊ *anrüchig,* ⁊ *Gerücht.*

berücken Zw. eigtl. = Wort des Vogel- und Fischfanges, = mit dem Netz kommen (⁊ *rücken*) und überraschen; durch Luther schriftd. – ⁊ *bestricken.*

berücksichtigen Zw. um 1800 umgangssprachl. zum Subst. ⁊ *Rücksicht,* das sich seit der Mitte 18. Jh. durchsetzt.

Beruf m. mhd. *beruof* Leumund; durch Luther als LÜ für kirchenlat. *vocatio* (gr. *klêsis*) Ruf Gottes an den Menschen; dann = menschlicher Stand, Amt.

berühmt Adj., eigtl. = Part. Prät. zum Zw. mhd. *berüemen* rühmen.

Besatz m. 19. Jh. zum Zw. *besetzen.* (Vgl.: *Versand: versenden* u.ä.).

Besatzung w. Mitte 16. Jh. zum Zw. *besetzen* (wie *Bestallung: bestellen* u.ä.). Davor = spätmhd. *besatzunge* Befestigung.

Beschaffenheit w. seit 1600; davor mhd. *beschaffenheit* Schöpfung. Zum Adj. *beschaffen,* Part. Prät. zum Zw. **beschaffen** erschaffen; = geartet, seit 17. Jh. unter dem Einfluß von Part. Prät. *geschaffen* (⁊ *schaffen*).

beschäftigen Zw. md. mhd. *scheftic* tätig, mnd. *bescheftich* geschäftig; zum Zw. ⁊ *schaffen.*

beschälen Zw. die Stute bespringen, nhd. zum Subst. mhd. *schel,* ahd. *scelo* Zuchthengst. Zur idg. Wurzel **(s)kel-* springen. **Beschäler** m. Zuchthengst, 15. Jh.

beschatten Zw. heimlich beobachten; Anglizismus 20. Jh. nach engl. *shadow;* ⁊ *Schatten.*

beschaulich Adj. Mystikerwort, spätmhd. *beschouwelich,* zum Zw. *beschouwen,* LÜ von lat. *contemplari* mit der Seele betrachten.

bescheiden[1] Zw. Auskunft erteilen, mhd. *bescheiden,* ahd. *bisceidan;* zum Zw. ⁊ *scheiden* trennen. Das alte Rechtswort hat zwei Bedeu-

tungen: = zuteilen und = Bescheid geben. **sich bescheiden** Zw. eigtl. = sich selbst Bescheid geben = zur Einsicht gelangen, sich begnügen. Dazu als Part. Prät.: **bescheiden**[2] Adj. eigtl. = erfahren, dann = genügsam. **Bescheid** m. von *bescheiden* zurückgebildet. Mhd. *bescheit, bescheide* Bestimmung, Bedingung; später = Auskunft (*Bescheid geben, wissen, erbitten, erteilen; Bescheid tun* eigtl. = den Trinkspruch erwidern, Mitte 16. Jh.). **Bescheidenheit** w. mhd. = Unterscheidungsvermögen; bei Luther = Erkenntnis; später unter Einfluß von *bescheiden* genügsam zur heutigen Bedeutung entwickelt.

bescheinigen Zw. nicht zu *Schein,* sondern zum frühnhd. Adj. *scheinig,* mhd. *schînec* leuchtend, sichtbar, mhd. *bescheinen* sichtbar machen, beweisen. – Noch um 1700 = beweisen; in jetziger Bedeutung Anfang 18. Jh.

bescheren Zw. mhd. *beschern* zuteilen (von Gott), zum Zw. ahd. *scerjan* zuteilen (ags. *scearu* = engl. *share* Anteil; verw.: ⁊ *Schar*). – Die Weihnachtsgaben als Geschenke des Christkindes!

beschlagen Adj. bewandert, eigtl. = Part. Prät. zum Zw. mhd. *beslahen,* ahd. *bislahan* das Pferd mit Hufeisen versehen; urspr. = durch Eisenbeschlag stark; dann (17. Jh.) = wohl wissend.

beschließen Zw. ahd. *bislioʒan* ein-, ver-, zuschließen, mhd. *beslieʒen* beenden, festsetzen.

beschnüffeln Zw. zu ⁊ *schnaufen;* engl. *snivel, snuff(le),* nl. *snuffelen.* – **beschnuppern** Zw. nd.-md. Nbf. zu *beschnüffeln.*

beschränkt Adj. Part. Prät. zum Zw. mhd. *beschrenken* einschränken, zu Fall bringen. – Jung ist das Part. **beschrankt** durch Schranken abgeschlossen (bei der Eisenbahn). ⁊ *Schranke.*

beschummeln Zw. vom rotw. Subst. *Schund* Kot (vielleicht Einwirkung von zig. *chindalo* Abtritt).

beschupsen Zw. leicht betrügen.
Unter volkset. Anlehnung an
Schubs (zu ∕ *schieben¹*) aus rotw.
beschuppen betrügen; Weiteres
ungeklärt.

Beschwerde w. mhd. *beswœrde*
Kummer, zum Zw. mhd. *beswœren*
belasten; daher *Beschwerde* zu-
nächst Rechtswort = Belastung,
Zins; dann (15. Jh.) unter dem Ein-
fluß von *sich beschweren* = Ein-
spruch. **beschwerlich** Adj. seit Lu-
ther.

beschwichtigen Zw. mit nd. *-cht-* für
hd. *-ft-* (∕ *achter,* ∕ *berüchtigt*):
ahd. *geswiftôn* still werden, mhd.
swiften stillen, *swift* ruhig. Hd. erst
Ende 18. Jh.

beschwipst Adj. Mitte 19. Jh. nord-
ostd. *Schwipp* plötzlicher Schlag
(SchW); *schwippen* schnell plötz-
lich bewegen; ∕ *Schwips* kl. Rausch
(Ostpreußen, 2. Hälfte 18. Jh.).

beseitigen Zw. Wiener Kanzleiwort
zum Adv. mhd. *besîte* beiseite;
durch Goethe schriftd.

Besen m. mhd. *bes(e)me, besem,*
ahd. *bes(e)mo;* zur idg. Wurzel
*bheidh- flechten, binden. Eigtl. =
Geflochtenes. – Als Schelte (für
Frauen) seit 16. Jh.

besessen Adj. mhd. *beseʒʒen.* Eigtl.
= Part. Prät. zu ∕ *besitzen.*

besetzen Zw. ∕ *entsetzen.*

besichtigen Zw. 16. Jh. aus älte-
rem *besihten* beaugenscheinigen.
∕ *Sicht.*

Besitz m. Ende 15. Jh. zunächst sel-
ten für älteres mhd. *beseʒ;* vom
Zw. **besitzen** ahd. *bisizzen* umsit-
zen, belagern; dann auch = inne-
haben; ∕ *besessen.*

besonders Adv. seit 16. Jh. mit Ge-
nitiv-s (wie bei ∕ *flug-s* und seinen
Entsprechungen); davor: mhd. *bî
sunder.* Wirkt auch auf das Adj.
besonder ein, das spätmhd. für äl-
teres mhd. *sunder* eigen, ausge-
zeichnet aufkommt.

Besorgnis w. Ende 18. Jh. zum Zw.
besorgen ahd. *bisoragên* sorgend
bedenken. **besorgt** Adj., eigtl. =
Part. Prät. zum Zw. *besorgen.*

besprechen Zw. = bereden 19. Jh.,
2. Hälfte 18. Jh. = zauberisch ein-
wirken; davor: mhd. *besprechen*
bitten, beschuldigen, verabreden,
ahd. *bisprehhan* tadeln, verur-
teilen.

besser Komp. (Sup. *best*) mhd.
beʒʒer, best, ahd. *beʒʒiro, beʒʒi-
sto.* ∕ *baß.* Stammverw.: ∕ *Buße.* –
Bessere Hälfte LÜ von engl. *my
better half* (Sidney, Arcadia 1590).
– **bestens** Adv. 17. Jh. – *Jmdn. zum
besten haben* eigtl. = ihn als Besten
behandeln, im verspotten (2. Hälf-
te 18. Jh.). *Etw. zum besten geben*
eigtl. = als Preis (z. B. im Schüt-
zenfest) aussetzen (16. Jh.).

bestallen Zw. nachträgl. Inf. zum
Part. Prät. *bestallt,* zum ehem. star-
ken Zw. **bestellen;** schon früh
(md.). **Bestallung** w. 15. Jh. Kanz-
leiwort. ∕ *Besatzung: besetzen.*

beständig Adj. mhd. *bestendic;* zum
Subst. **Bestand** m., 15. Jh. = Dau-
er; Waffenstillstand; ∕ *stehen.* **Be-
standteil** m. 2. Hälfte 18. Jh. aus
philosoph. Fachsprache.

bestätigen Zw. mhd. *bestætigen* zum
Adj. *stætec* (∕ *stetig*).

bestatten Zw. mhd. *bestaten* Tochter
ausstatten; beerdigen; amtl. und
feierl. Wort, daher selten; häufiger
erst seit Aufkommen der Feuerbe-
stattung (Ende 19. Jh.).

bestechen Zw. 18. Jh. = für sich
einnehmen; davor bergmänn. =
stechend untersuchen (schon
mhd.). **bestechlich** Adj. 18. Jh.

Besteck s. frühnhd. = Futteral für
Messer und Gabel; daneben auch
Gesteck. ∕ *stecken.*

bestialisch Adj. 16. Jh. aus lat. *be-
stialis* viehisch. **Bestie** w. 14. Jh.
aus lat. *bestia* Vieh. Nd. *Beest* ohne
abschätzigen Nebensinn, aus afrz.
beste (engl. *beast,* daher seit 19. Jh.
auch *Biest*).

bestimmt Adj. MoW um 1800, LÜ
nach frz. *décidé.* Eigtl. = Part.
Prät. zum Zw. **bestimmen** (= ver-
anlassen; definieren [in philosph.
Fachsprache, 18. Jh.]).

bestricken Zw. berücken, mhd. *be-*

stricken, ahd. *bistricchan* Jägerwort, = mit Stricken fangen. ↗ *berücken*.

Bestseller m. 20. Jh. aus engl. *bestseller* (*sell* verkaufen [mhd. *sellen* Zw. rechtmäßig als Eigentum übergeben, verkaufen]; = was sich am besten verkaufen läßt).

bestürzen Zw. mhd. *bestürzen*, ahd. *bisturzan* umstürzen, bedecken; dann = verwirrt machen.

betagt Adj. mhd. *betaget*. Eigtl. = Part. Prät. zum Zw. mhd. *sich betagen* alt werden. ↗ *Tag*.

betätigen Zw. 18. Jh. geschäftssprachlich; von Goethe ugs. durchgesetzt.

betäuben Zw. mhd. *betouben* taub machen. ↗ *taub*.

Bete w. rote Rübe, ↗ *Be(e)te*.

Betel m. vor 1600 über frz. aus mal. (von den Malaien als Betäubungsdroge gekaut).

beten Zw. mhd. *beten*, ahd. *betôn* zu einem höheren Wesen bittend sprechen; nur d. Wort. Vom Zw. ↗ *bitten*.

Beton m. 1836 aus frz. *beton*, dies aus lat. *bitumen* Erdpech; durchgesetzt mit dem Erfolg des Eisenbetons, 20. Jh. ↗ *Kitt*.

betonen Zw. Ende 18. Jh. LÜ für ↗ *akzentuieren*, nach dem Muster von: **Betonung** w., Mitte 19. Jh. als Eindeutschung von ↗ *Akzent*.

betrachten Zw. mhd. *betrahten*, ahd. *bitrahtôn* achten auf (↗ *trachten*). Dazu: **Betracht** m. obd. Kanzleiwort, durch Wieland schriftd. – **beträchtlich** Adj. 16. Jh. = ansehnlich; 18. Jh. = beachtlich, unter Einfluß von frz. *considérable*.

sich betragen Zw. mhd. *sich betragen* mit etw. auskommen; dann = mit jmdm. auskommen; Mitte 18. Jh. = sich aufführen. **Betrag** m. 18. Jh. vom Zw. *betragen*, = zusammengetragen. **Betragen** s. seit Lessing.

Betreff m. Kanzleiwort, vor 1800 schriftd.; davon **betreffs** Adv. um 1800 (mit Genitiv-s wie ↗ *flug-s* und Entsprechungen). – **betroffen** Adj. 18. Jh. durch Klassiker; Part. Pass.

zu *betreffen* überraschen, 16. Jh. ↗ *treffen*.

Betrieb m. vom Zw. *betreiben;* = Ausübung einer Tätigkeit 2. Hälfte 18. Jh. (davor = Viehaustrieb). **betriebsam** Adj. 2. Hälfte 18. Jh.

betrügen Zw. 16. Jh. neben älterem *betriegen;* erst im 18. Jh. durchgesetzt. ↗ *trügen*. Dazu: **Betrug** m. 16. Jh. (mhd. *betroc*).

Bett s. mhd. *bet(te)*, ahd. *betti;* vielleicht zu einer idg. Wurzel, die „Schlafgrube" bedeutet; dann: identisch mit ↗ *Beet*. Oder zu ↗ *Bad* (= warme Stelle)? **bettlägerig** Adj. 17. Jh. **Bettstatt** w. mhd. *betestat*, für nd. **Bettstelle** 18. Jh. (↗ *stellen*).

Bettel m. Ende 17. Jh. zum Zw. **betteln** mhd. *betelen*, ahd. *betalôn*, Iterativbildung zum Zw. ↗ *bitten*. – **Bettler** m. mhd. *betelære*, ahd. *betelâri*. **bettelarm** Adj. frühes 18. Jh. **Bettelstab** m. mhd. *betelstap* weißer Stock für Bettler.

betucht Adj. still u. verschwiegen, von heb. *bâtûach* vertrauensvoll; 20. Jh. volkset. Anlehnung an ↗ *Tuch*, = wohlhabend.

betulich Adj. 18. Jh. zum Zw. *sich betun* sich geschäftig zeigen. ↗ *tun*.

Betunie w. Gliedkraut, mhd. *betonîe*, ahd. *betonîa*, aus lat. *betonica*, dies aus gall. *vettonica* nach Art des Volks der *Vettonen* (die am Tajo wohnten). Doch ist die Betunie erst im 17. Jh. nach Europa gekommen. Das mhd. u. ahd. Wort meint die *Betonica officinalis*.

beugen Zw. mhd. *böugen*, ahd. *bougen;* zum Zw. ↗ *biegen*. Als Eindeutschung von *flektieren* seit Ende 18. Jh. (↗ *Flexion*). **beugsam** Adj. Ende 17. Jh.

Beule w. mhd. *biule*, ahd. *bulia*. Mit erweiterndem *-l-* verw. mit der Sippe von ↗ *Bauch;* idg. Wurzel *bhou-*, *bhu-* schwellen.

Beute[1] w. aus mnd. *bûte* Tausch, Wechsel, *bûten* austauschen, austeilen, Beute machen; wohl = *be-ut-en;* Kernwort: ↗ *aus*. – Durch Landsknechte 15. Jh. nach Mittel- und Oberdeutschland.

Beute² w. Bienenstock, Backtrog; mhd. *biute,* ahd. *biutta;* erweitert zum got. Subst. *biups* Tisch (Herkunft ungeklärt).

Beutel¹ m. Säckchen, mnd. *biutel,* ahd. *bûtil.* Wie ⟋ *Bauch,* ⟋ *Bausch,* ⟋ *Beule* zur idg. Wurzel **bhou-,* **bhu-* schwellen.

Beutel² m. Schlaggerät, mnd. *bötel* (engl. *beetle*); ins Hochd. eingewandert. Ausgang: germ. **baut*-schlagen (das Suffix *-el* bildet Gerätebezeichnungen: ⟋ *Flüg-el,* ⟋ *Heb-el,* ⟋ *Schlüss-el,* ⟋ *Züg-el,* ⟋ *Orge-l* [für *-n*] usw.). Unter dem Einfluß von *M-ei-ßel* wird *Beutel* zu *Beitel.*

bevölkern Zw. 17. Jh. neben älterem *bevolken.* Dazu: **Bevölkerung** w. vor 1700; 18. Jh. = Volksmenge, Eindeutung von *Population.*

bevor Konj. mhd. *(be)vor ê* früher als, unter Wegfall des *ê.* ⟋ *vor.* **bevormunden** Zw. 16. Jh. für älteres mhd. *vormunden.* ⟋ *Vormund.*

bewahre! Interj., verkürzt aus „*Gott bewahre!*".

sich bewähren Zw. mhd. *bewæren,* ahd. *biwâr(r)ên;* zum Adj. ⟋ *wahr.*

bewahrheiten Zw. 18. Jh. nach nl. *bewaarheiden;* LÜ von *verifizieren.*

bewältigen Zw. 15. Jh. *bewelt-, bewaltigen* für älteres mhd. *gewelt-, gewaltigen* in seine ⟋ *Gewalt* bringen.

bewandert Adj. eigtl. = Part. Prät. zu *bewandern* erfahren, 17. Jh. für älteres *bewandelt.* ⟋ *wandern.*

Bewandtnis w. 17. Jh. zu: **bewandt** Adj. mhd. *bewant* beschaffen. Vgl. das Suffix *-nis* bei ⟋ *Gedächt-nis,* ⟋ *Vermächt-nis.*

Beweggrund m. Anfang 18. Jh. für älteres *Bewegungsgrund* 17. Jh., LÜ von frz. *motif* (von lat. *movere* bewegen; älteste Eindeutung: *Bewegung*); zum Zw. **bewegen,** ahd. *wegan.* Verw.: ⟋ *Wagen* und ⟋ *wackeln.* Vgl.: ⟋ *unentwegt,* ⟋ *verwegen,* ⟋ *Waage,* ⟋ *Wackerstein,* ⟋ *Wiege.*

Beweis m. als mathemat. Fachwort LÜ 17. Jh. für lat. *demonstratio;* aus älterem *bewîsunge,* einem

Rechtswort, das etwa = Weistum ist. **beweisen** Zw. mhd. *bewîsen* zurechtweisen, belehren.

bewerkstelligen Zw. 17. Jh. aus mhd. *ze werke stellen* ausführen. ⟋ *Werk.*

bewillkommnen Zw. 19. Jh. für älteres *bewillkommen* 17. Jh. aus mhd. *willekome,* ahd. *willikomo.* ⟋ *Willkomm.* – *Das -n-* vom Adj. *willkomm-en* (eigtl. *willkomm-en-en*).

bewußt Adj. 16. Jh. Eigtl. = Part. Prät. zum Zw. frühnhd. *bewissen; bewußt* (statt *bewisst*) hat Luther durchgesetzt. **bewußtlos** Adj. zum frühnhd. Subst. *der Bewusst.*

bezichtigen Zw. frühnhd. *bezüchtigen* neben häufigerem *bezichtigen,* zum Adj. ahd. *bîzihtîc* beschuldigt. ⟋ *zeihen.*

beziehen Zw. mhd. *beziehen,* ahd. *piziohan,* got. *bitiuhan;* Transitivierung von ⟋ *ziehen* mit der Vorsilbe *be-; sich beziehen* rechtssprachl. = appellieren; durch Verallgemeinerung (Präp. *auf* statt des urspr. *an*) gemeinsprachlich. Daher: **Beziehung** w. 2. Hälfte 17. Jh. ⟋ *Bezug.* **beziehungsweise** Adv. Mitte 18. Jh. LÜ zu lat. *respective.*

Bezirk m. spätmhd. zum Zw. *bezirken* im Umfang bestimmen, dies zum Subst. mhd. *zirc* Umkreis (aus lat. *circus* Kreis; ⟋ *zirka* usw.).

Bezug m. 2. Hälfte 18. Jh. vom Zw. ⟋ *beziehen.* **bezüglich** Adj. nach 1800.

bezwecken Zw. 18. Jh. LÜ von *intendieren;* um 1800 durchgesetzt.

bibbern Zw. zittern, nd.; seit 19. Jh. hd.; Iterativ zu ⟋ *beben (-er-* wie bei ⟋ *meckern* u. a.). – nd. *-bb-* ähnlich wie *-gg-* bei ⟋ *Do-gg-e* u. a.

Bibel w. mhd. *bibel,* ahd. *biblie,* aus kirchenlat. *biblia* die biblischen Bücher (nach gr. *biblía* [Mz.] Pergamentblätter aus dem syr. Hafen *Byblos,* heute Zebaïl). ⟋ *Bibliothek.*

Biber m. mhd. *biber,* ahd. *bibar.* Urverw.: lat. *fiber* Biber; zur gleichen Wurzel wie ⟋ *Bär¹* (idg. **bhebhru-* zum Adj. **bhero-* braun, = der Braune).

Bibliothek w. 16. Jh. aus lat. *bibliotheca,* dies aus gr. *bibliothêkê* Bücherstapel, -sammlung. ⁊ *Diskothek,* ⁊ *Apotheke,* ⁊ *Hypothek,* ferner: ⁊ *Bibel.*

bieder Adj. mhd. *biderbe,* ahd. *biderbi.* Verw. mit dem um die Vorsilbe *be-* verstärkten ⁊ *dürfen;* = dem Bedürfnis gemäß; dann über „brauchbar" = wacker; absterbend im 16. Jh.; im 17. Jh. aus *Biedermann* neu erschlossen (Logau), von Lessing empfohlen und um 1800 wieder geläufig. ⁊ *unbedarft,* ⁊ *anbiedern.* **Biedermeier** s. 1853 ironisch, fingierter FaN für den bad. Dorflehrer Sauter als Zeittyp (A. Kußmaul), um 1900 zur Bezeichnung einer Lebens- und Stilform (*Biedermeierzeit*).

biegen Zw. (bog, gebogen), mhd. *biegen,* ahd. *biogan,* urverw.: lat. *fugere* fliehen = gr. *pheúgein.* Davon abgeleitet: ⁊ *beugen.* ⁊ *Baum,* ⁊ *Bogen,* ⁊ *bücken,* ⁊ *Bucht,* ⁊ *Bügel.* Idg. Wurzel **bheugh-.* – *Auf Biegen oder Brechen* (nämlich einer Gerte) seit Mitte 17. Jh. **biegsam** Adj. vor 1700.

Biene w. mhd. *bin(e)* neben *bîn,* ahd. *bini* neben *bina;* zur idg. Wurzel **bhi-,* die vielleicht mit **bhu-* ⁊ *bauen* verwandt ist; dann urspr. = Bauerin (Tabuname?). ⁊ *Imme.* **Bienenkorb** m. volkset. für älteres mhd. *binekar,* ahd. *binikar* Bienengefäß, -kasten. **Bienenstock** m. spätmhd. *binestoc.* Eigtl. = Bienenbaum.

Biennale w. Veranstaltung alle 2 Jahre, 20. Jh. aus it. *biennale* (lat. *biennium* Zeitraum von 2 Jahren [lat. *bis* zweimal, aus **duis;* ⁊ *Biskuit,* ⁊ *Bi-gamie*] + *annus* Jahr).

Bier s. mhd. *bier,* ahd. *bior,* aus klosterlat. *biber* Trunk (lat. *bibere* trinken). Das heimische ungehopfte Bier hat im engl. *ale* seinen alten Namen erhalten. – *Bier* hat frz. *bière,* it. *birra* angeregt. **Bierbaß** m. um 1800. **Bierbrauer** m. mhd. *bierbriuwe(r).* **Bierreise** w. stud., 19. Jh.

Biest s. ⁊ *Bestie.*

bieten Zw. (bot, geboten), mhd. *bieten,* ahd. *biotan* an-, gebieten; vgl.: got. *ana-biudan* befehlen, *faurbiodan* verbieten; urverw.: gr. *pýthesthai* fragen, forschen; reichentwickelter idg. Verbalstamm. ⁊ *Bote,* ⁊ *Gebot.*

Bigamie w. frühnhd. *bigami,* über lat. *bigamus* zweimal verheiratet (⁊ *Bi-ennale,* ⁊ *Bi-lanz*) aus gr. *dígamos* (*gamía* ehelich [w. Form]).

bigott Adj. Mitte 18. Jh. aus frz. *bigot* übertrieben fromm; wenig davor das Subst. frz. *bigot* Abergläubisch-Frommer, dies nach span. *hombre de bigote* Knebelbärtiger (nach dem Fluch „*Bei* ⁊ *Gott!*" der deutschen Landsknechte in Spanien). **Bigotterie** w. 17. Jh. aus frz. *bigoterie.*

Bikini m. zweiteiliger Badeanzug, Name eines durch Atomversuche bekannten Südseeatolls, der 1946, als die *Bikinis* modern wurden, durch die Zeitungen ging.

Bilanz w. 16. Jh. aus it. *bilancio* Gleichgewicht; davor 15. Jh. bu. *balanc* (⁊ *Balance*). Zugrunde liegt: lat. *bilanx* 2 Waagschalen habend. ⁊ *Bi-ennale,* ⁊ *Bi-gamie.*

Bild s. mhd. *bilde,* ahd. *bilidi, bilodi, biladi;* unklarer Herkunft. Jedenfalls zu einem germ. Stamm **bil-* (Wunder-)Kraft und urverw. mit ⁊ *billig,* ⁊ *Unbill* und ⁊ *Weichbild.* Daher Urbedeutung wohl = Wunder(zeichen), dann erst = Abbild. ⁊ *gebildet.* **Bilderbuch** s. vor 1700. **Bildfläche** w. 2. Hälfte 19. Jh. = photograph. Platte. **bildschön** Adj. ugs. 18. Jh. für älteres *engelschön;* danach 19. Jh. *bildhübsch.* **Bildung** w. mhd. *bildunge,* spätahd. *bildunga* Schöpfung; vergeistigt seit Mystik (= bildhafte Vorstellung), durch J. Böhme befördert, dann in der philosoph. Fachsprache; bis gegen 1800 ein literar. Wort; erst durch ältere Klassik zögernd verbreitet. **Bildungsphilister** m. Mitte 19. Jh., verbreitet durch Nietzsche

Bill w. Gesetzentwurf, vor 1700 aus

engl. *bill* (anglonormannisch *bille* Holzzylinder; dann = aufgerollte Urkunde); ↗ *Billett*.

Billard s. 16. Jh. aus frz. *billard*, dies aus bask. *billarda*, worin der Name eines kastil. Ballspiels *vilorta* (aus lat. *vitis* Rebe + *volumen* Band + *retorta* Weidenband).

Billett s. 2. Hälfte 17. Jh. aus frz. *billet* Briefchen (zu *bille* = engl. *bille;* ↗ *Bill*); davor 16. Jh. = Soldatenquartierschein (mlat. *billa* gesiegeltes Schriftstück). Vgl.: ↗ *Fahrkarte*.

billig Adj. mhd. ahd. *billich; -ig* für älteres *-ich* 17. Jh.; wohl zum Stamm von ↗ *Bild;* urspr. = wunderkräftig; dann = gemäß, angemessen; schließlich (19. Jh.) = preiswert. ↗ *unbillig*. **billigen** Zw. mhd. *billichen* als angemessen bezeichnen.

Billion w. Potenz der ↗ *Million*, 18. Jh. aus frz. *billion*, KW. ↗ *Trillion*.

Bilsenkraut s. Tollkraut, Hyoscyamus niger, mhd. *bilse*, ahd. *bil(i)sa;* zur idg. Wurzel **bhel* = weißlich (nach der Blätterfarbe).

bimmeln Zw. mnd. *bimmelen*, hd. seit 17. Jh., SchW (= *bimbim* machen. *-el-* iterativ (↗ *läch-el-n*).

Bims(stein) m. mhd. *bümeʒ*, ahd. *bumiʒ*, aus lat. *pumex* (↗ *Pause²*, ferner: lat. *spuma* Schaum, = Schaumstein). ↗ *Feim*. Verdeutlichung durch *-stein* seit 16. Jh. Zur Entrundung *ü* zu *i* ↗ *Gimpel*. **bimsen** Zw. (= *Bimse kriegen*) prügeln; stur einlernen, Mitte 19. Jh. Eigtl. = Lederzeug mit Bimsstein glätten.

binden Zw. (band, gebunden), mhd. *binden*, ahd. *bintan*, got. *bindan;* zu idg. Verbalwurzel, zu der auch lat. *of-fend-ix* Priesterbinde gehört (weitere Verwandte bei ↗ *Pfette*). – Dazu ablautend: ↗ *Band*, ↗ *Bund;* ferner: *Banse*.

Bindewort s. Eindeutschung für ↗ *Konjunktion*, Ende 17. Jh. **Bindfaden** m. vor 1500.

binnen Präp. Vor die alte Präp. mhd. *innen* (↗ *innig*) ist die Vorsil-

be *be-* getreten. Früher räumlich (vgl.: *Binnenland, -see*), jetzt zeitlich, bes. für zukünftige Dinge.

Binse w. frühnhd. *bintz(e)*. Eigtl. = Mz. zu mhd. *bin(e)ʒ*, ahd. *bi-nuʒ;* aus der Vorsilbe *bi-* + der Schwundstufe von *natja* ↗ *Netz*. Eigtl. = Geknüpftes. – *In die Binsen gehen* 2. Hälfte 19. Jh. jägersprachl. (zunächst vom flüchtenden Entenwild). **Binsenwahrheit** w. 19. Jh. Eigtl. = binsenglatte Wahrheit (nach dem Stengel der Binse). Vgl.: lat. *nodum in scirpo quaerere* einen Knoten an der Binse (die einen glatten Stengel hat) suchen.

Biographie w. 18. Jh. aus gr. *biographía* Lebensbeschreibung (gr. *bíos* Leben + *gráphein* schreiben). **Biograph** m. KW 18. Jh. aus gr. *bíos* + *gráphein*. **Biologie** w. KW 19. Jh. aus gr. *bíos* + *lógos* Lehre.

Birett s. ↗ *Barett*.

Birke w. mhd. *birke*, ahd. *birka;* idg. Baumname zur Wurzel **bher[ə]ĝ̱*- glänzen. ↗ *-bert, -brecht*. Urspr. = die Glänzende; hierzu der r. FN *Beresina* (r. *bereza* Birke). **Birkhuhn** s. schon mhd. *birkhuon*, ahd. *birihhuon*.

Birne w. mhd. *bir*, ahd. *pira, bira*, aus klosterlat. *pira* (für lat. *pirum* Birne, einen voridg. Baumnamen des Mittelmeerkreises). Das *-n-* in *Birne* (frz. *poire!*) stammt aus den obliquen Kasus von mhd. *bir* (schwach gebeugt). Das ausklingende *-e-* im 17. Jh. angefügt. (Hierher der FaN *Bierbaum* = Birnenbaum.)

Birsch w. 16. Jh. vom Zw. **birschen** mhd. *birsen*, vor 1200 aus afrz. *berser* mit dem Pfeil jagen; als ritterl. MoW verbreitet. *-rs-* zu *-rsch-* in frühnhd. Zeit verschärft (vgl. Entsprechungen: ↗ *Arsch*). Mit *-r-* = Umstellung: ↗ *preschen*.

bis Präp. Konj. mhd. *biʒ*, aus ahd. *bi ze*, im 12. Jh. in Verbindungen wie *bi z'an, bi z'úf* zusammengewachsen. Die Konjunktion zunächst mit *daʒ*, das später wegfällt.

Bisam m. Moschustier, sein Pelz, sein Saft, mhd. *bisem*, ahd. *bisam(o)*, aus mlat. *bisamum*, dies aus heb. *besem, bâsâm* Wohlgeruch. Verw.: ╱ *Balsam*.

Bischof m. mhd. *bischof*, aus altroman. **piscopu*, dies wie das got. *aípiskaúpus* aus gr. *epískopos* Aufseher (*skopeîn* spähen; ╱ *Skepsis!*). – Die Bezeichnung eines Glühweines als *Bischof* nach der violetten Farbe (18. Jh.). **Bistum** s. mhd. *bis(ch)tuom*, ahd. *bischoftuom*.

Biskuit s. Ende 16. Jh. aus frz. *biscuit* für älteres *piscot, bischot*, dies aus it. *biscotto* (lat. *biscoctus [panis]*) zwiefach gebackenes Brot; lat. *bis* zweimal. – ╱ *Kombination*, ╱ *Biennale*, ╱ *Bilanz* usw., auch: ╱ *Protze*. – ╱ *kochen*, ╱ *Zwieback*.

Bison m. Wisent, aus lat. *biso* (*bisontis*), dies aus dem germ. ╱ *Wisent*.

bißchen s. eigtl. = Verkleinerungsform zum Subst. *Bissen*; in der Bedeutung „etwas" seit Ende 17. Jh.

Bissen m. ahd. *biʒʒo* was man auf einmal (ab)beißen kann, zum Zw. ╱ *beißen*. **bissig** Adj. frühnhd. für älteres mhd. *bíʒec* „beißig".

bisweilen Adv. im 16. Jh. zusammengezogen aus *bî ze wîlen* (vorher brauchte man *bî wîlen* und *ze wîlen* nebeneinander).

bitten Zw. mhd. ahd. *bitten*, got. *bidjan*; urverw.: lat. *fidere* sich auf jmdn. verlassen, = gr. *peithesthai*, gr. *peíthein* überreden, erbitten; lat. *foedus* Vertrag. – ╱ *beten*, ╱ *Pedell*, ╱ *betteln*, ╱ *Gebet*. **Bitte** w. vom Zw. *bitten*, spätmhd. neben mhd. *bete*, ahd. *beta*. **Bittschrift** w. Verdeutschung für lat. *supplicatio* (frühnhd. *supplicatz*) Mitte 17. Jh. **Bittsteller** m. Verdeutschung für *Supplikant* (nach dem Muster von ╱ *Briefsteller* u. ä.) Ende 18. Jh.

bitter Adj. mhd. *bitter*, ahd. *bittar*; verw.: ╱ *beißen*; eigtl. = was beißt, scharf ist (*-er*-Suffix wie bei ╱ *lauter*, ╱ *munter*, ╱ *sauer*, ╱ *tapfer*, ╱ *wacker*). **bitterlich** Adj. mhd. *bitterlich*.

Biwak s. 17. Jh. aus frz. *bivouac*, dies aus nd. *bi-wake* Beiwache. ╱ *bei*, ╱ *Wache*.

bizarr Adj. 17. Jh. nd. entlehnt aus it. *bizarro* (it. *bizza* Zorn). Etruskischer Herkunft?

blähen Zw. mhd. *blæjen*, ahd. *blâjan*. Verw. mit ╱ *Blase*, ╱ *Blatter*.

blaken Zw. aus dem Nd. vor 1800. Verw. mit ╱ *blecken*, ╱ *blank*.

blamieren Zw. 17. Jh. aus frz. *blâmer* tadeln, schmähen; stud. 18. Jh. = beschimpfen; 19. Jh. = bloßstellen. **Blamage** w. zunächst stud. 18. Jh. humoristisch nach frz. *blâme* (KF zu kirchenlat. *blasphemia*). ╱ *Blasphemie*.

blank Adj. mhd. ahd. *blanc*. Verw. mit ╱ *blaken*, ╱ *blinken*, ╱ *blecken*; urspr. = weiß, leuchtend; daher: frz. *blanc*, it. *bianco*. ╱ *plänkeln*.

blanko Adv. 17. Jh. aus it. *bianco*; Ableitungen: *Blankoscheck, Blankovollmacht;* dazu: *Blankett*.

Blase w. mhd. *blâse*, ahd. *blâsa*, zum Zw. **blasen,** mhd. *blâsen*, ahd. *blâsan* hauchen; mit ╱ *blähen* zur Wurzel idg. **bhle-, *bhla-* schwellen. ╱ *Blatt*, ╱ *Blatter*. **Blasebalg** m. mhd. *blâsebalc*.

blasiert Adj. Ende 18. Jh. als naturwiss. Fachwort aus frz. *blasé* übersättigt (von Flüssigkeiten).

Blasphemie w. Gotteslästerung, 16. Jh. über kirchenlat. aus gr. *blasphêmía* Ehrenkränkung, Gotteslästerung (zum gr. Zw. *phánai* sagen; das Bestimmungswort ist unerklärt; ╱ *Blamage*).

blaß Adj. mhd. *blas* kahl, gering; 14. Jh. ostmd. = bleich; langsam verbreitet. Verw.: ╱ *Blesse*.

Blatt s. mhd. ahd. *blat;* mit ╱ *Blume*, ╱ *Blüte*, ╱ *blühen* zum germ. Stamm **blo-* blühen. Eigtl. = Aufgeblühtes. Vgl. auch: ╱ *Blase* und seine Sippe. **blatten** Zw. auf der Kante eines Blattes blasen, um Rehwild anzulocken, 18. Jh. – **Blatter** w. mhd. *blâtere*, ahd. *blâttare;* mit ╱ *blähen* und ╱ *Blase* zur idg. Wurzel **bhle-, *bhla-* schwellen (engl. *bladder*).

blau Adj. mhd. *blâ,* ahd. *blâo;* aus dem Germ. *it. biavo,* frz. *bleu* (daher engl. *blue);* urverw.: lat. *flavus* blond; *-wo-* Stamm wie ↗ *gelb* und ↗ *grau.* Verw.: ↗ *Blei,* jedoch nicht: ↗ *bleuen.* – *Blau machen* = feiern, urspr. von den Färbergesellen, deren in Waid gefärbte Wolle nach dem Sonntagsbad montags trocknen mußte. – *Blauer Brief* nach der Farbe des amtl. Briefumschlages. *Blauer Dunst* von den Rauchwolken der Zauberer (15. Jh.). **Blaubart** m. LÜ von frz. *Barbebleue,* Märchen von Ch. Perrault, 1697. **Blaubuch** s. Mitte 19. Jh., LÜ nach dem seit 1715 nachweisbaren engl. *blue-book.* **Blausäure** w. 1782 von Scheele aus Berliner Blau dargestellt; urspr. *Berliner-Blau-Säure.* **Blaustrumpf** m. gelehrte Frau, LÜ Ende 18. Jh. von engl. *bluestocking* (davon auch frz. *bas-bleu),* nach dem Mitglied eines engl. schöngeistigen Kreises Mitte 19. Jh., das statt in schwarzen in blauen Kniestrümpfen erschien. – Älter stud. 17./18. Jh. = Polizeidiener, Angeber.

Blazer m. Jacke mit aufgenähten Taschen, 20. Jh. aus am., zum Zw. *blaze* leuchten; eigtl. = Jacke mit leuchtenden Klubabzeichen.

Blech [1] s. mhd. *blech,* ahd. *bleh.* Verw. mit ↗ *bleichen* [1] (also eigtl. = Goldblech?)

Blech [2] rotw. 16. Jh. = Groschen. – **blechen** Zw. zahlen, rotw. um 1500.

blecken Zw. (die Zähne) zeigen, mhd. *blecken,* ahd. *blecchen;* Bewirkungswort zu einem abgestorbenen st. Zw. **blikan* leuchten, damit urverw.: lat. *flagrare* brennen (↗ *in flagranti),* gr. *phlégein* brennen, leuchten (↗ *Phlegma,* ↗ *Phlox,* ferner: ↗ *blaken,* ↗ *Blitz,* ↗ *Blick).*

Blei s. mhd. *blî,* ahd. *blîo.* Verw. mit ↗ *blau.* Eigtl. = blaues Metall.

Bleistift m. Mitte 17. Jh. ausklammernd für *Bleiweißstift;* 18. Jh. = Graphitstift.

bleiben Zw. (blieb, geblieben), mhd. *belîben,* ahd. *bilîban,* got. *bi-*

leiban, zu einem Zeitwortstamm, der „kleben" bedeutete. Urverw.: gr. *lípos* Fett, *liparós* glänzend, fettig, *lipareîn* beharren. Vgl.: ↗ *Leber,* ↗ *Leib,* ↗ *leben.* **Bleibe** w. 20. Jh. durch die Jugendbewegung verbreitet.

bleich Adj. blaß, mhd. *bleich,* ahd. *bleih;* zur germ. Wurzel **blik-* Glanz. Verw.: ↗ *Blech.* **Bleiche** w. Bleichplatz, mhd. *bleiche.* **bleichen** [1] Zw. mhd. *bleichen* weiß machen. ↗ *erbleichen* [2]. **bleichen** [2] Zw. mhd. *blîchen,* ahd. *blîhhan;* zur germ. Wurzel **blik-* Glanz. ↗ *bleich,* ↗ *Blech.* Erhalten in ↗ *erbleichen* [1], *verbleichen.*

blenden Zw. mhd. *blenden,* ahd. *blenten,* Bewirkungswort zu ↗ *blind,* also = blind machen. **Blende** w. Abblendvorrichtung, davor (16. Jh.) = nichterzhaltiges Mineral. **Blender** m. lichtbenehmender Baum, ↗ *Plenterbetrieb;* 19. Jh. = eindrucksvoller Mensch ohne nachhaltige Wirkung.

Blesse w. weißer Stirnfleck bei Tieren, Tier mit Stirnfleck; mhd. *blasse,* ahd. *blassa.* Verw. mit ↗ *blaß.*

bleuen Zw. schlagen, mhd. *bliuwen,* ahd. *bliuwan,* got. *bliggwan;* unerklärt. *blau* ist nicht verwandt (doch ↗ *blöde).* **Bleuel** m. Wäscheklopfer, mhd. *bliuwel,* ahd. *bliuwil.* ↗ *Pleuelstange.*

Blick m. mhd. *blick,* ahd. *blic* glänzender Strahl, Blick. Verw.: ↗ *blecken,* ↗ *Blitz.* Vom Zw. *blik-ken* mhd. *blicken,* ahd. *blicchen* glänzen.

blind Adj. mhd. ahd. *blint,* got. *blinds,* zu einer germ. Wurzel **bland-* mischen. Eigtl. also = gemischt, trübe (Sehvermögen des Erblindenden!). – Idg. Bezeichnungen für körperliche Gebrechen fehlen. Vgl.: got. *haihs* einäugig = lat. *caecus* blind. ↗ *blenden.* – *Blinder Passagier* 2. Hälfte 18. Jh. (Postkutschenverkehr, eigtl. = Passagier, der keiner ist, zu: *blind* = unwirklich [vgl. *blindes Fenster*]. So auch:) **Blinddarm** m. frühnhd.

LÜ für lat. *intestinum coecum*.
blindlings Adv., ⚊ *rücklings*. **Blindschleiche** w. mhd. *blintslîche*, ahd. *blintslihho* (engl. *blind-worm*). ⚊ *schleichen*.
blinken Zw. spätmhd. *blinken* (engl. *to blink*). Verw. mit ⚊ *blank*. Nasaliert zur Wurzel **blik-* Glanz, zu der auch ⚊ *bleichen* [2] gehört? **Blinker** m. Blinklicht an Kraftwagen, 20. Jh. **blinzeln** Zw. spätmhd. *blinzeln*, aus **blink(e)zzen;* zur Bildung vgl. die Entsprechungen bei ⚊ *blitzen*.
blitzen Zw. mhd. *bliczen*, ahd. *blecchazzen;* abgeleitet von ⚊ *blicken* (⚊ *quietschen*). Dazu **Blitz** m. mhd. *blicz(e)* neben mhd. ahd. *blic. -ck-* vor -z fällt aus wie bei ⚊ *Lenz*, ⚊ *anranzen*. Zur Bildung ⚊ *aufmutzen*, ⚊ *kotzen*, ⚊ *schlitzen*, ⚊ *schluchzen*, ⚊ *verschmitzt*, ⚊ *schmatzen*, ⚊ *blinzeln*, ⚊ *Batzen*, ⚊ *Schwanz*. Verw. ⚊ *blecken*. **Blitzableiter** m. 2. Hälfte 18. Jh. neben *Wetter-, Gewitterableiter, Wetter-, Auffang- und Saugstange* u. ä. **Blitzlicht** s. 20. Jh. – **Blizzard** m. (nordam. Schneesturm) gehört nicht hierher (Herkunft??).
Block m. nd. 17. Jh. gegenüber hd. *bloch,* das nur noch ma.; Herkunft unklar (aus: **bilôke* zu ahd. *lûhhan* umschließen?). **Blockade** w. Mitte 17. Jh. aus frz. *blocquade,* kurz davor aus span. *blocquada*. Zum Zw. frz. *bloquer* befestigen, das aus *bloc* Klotz (aus mnl. *bloc* = d. *Block*) abgeleitet ist und als Zw. **blockieren** übernommen wird. **Blockhaus** s. 19. Jh. aus engl. *blockhouse* am. Siedlerhaus; davor 17. Jh. militär. Vorwerk aus Holzstämmen (aus nd. *blokhus,* nl. *blochuus*). **Blockstelle** w. Eisenbahnstellwerk zum Blockieren besetzter Strecken, 19. Jh.
blöde Adj. mhd. *blœde* gebrechlich, zaghaft, ahd. *blôdi* ängstlich; Herkunft unklar, vielleicht mit ⚊ *bleuen* und ⚊ *bloß* verw.; = geistesschwach erst nhd. ⚊ *sich (nicht) entblöden*. **blödeln** Zw. 19. Jh. (mit

-el-Iterativ; ⚊ *läch-el-n*). **blödsinnig** Adj. 17. Jh. **Blödsinn** m. im 18. Jh. aus *blödsinnig* zurückgebildet.
blöken Zw. nd. SchW nach dem Schafschrei; hd. 17. Jh. Vgl. gr. *blêchê* Geblök; auch engl. *bleat* ist SchW. – ⚊ *brüllen*.
blond Adj. mhd. *blunt,* aus frz. *blond;* häufiger erst 2. Hälfte 17. Jh. mit der Perückenmode (doch stammt frz. *blond* vielleicht aus einer germ. Farbbezeichnung. Selten mhd. *blunt,* Adj. aus frz. [Tristanroman]). **Blondine** w. um 1700 aus frz. *blondine*. **blondieren** Zw. Haar blond färben, 20. Jh.
bloß Adj. mhd. *blôʒ* nackt, ahd. *blôʒ* stolz. Verw. vielleicht mit ⚊ *blöde* und ⚊ *bleuen;* urspr. wohl = ungeschützt, weich. Urverw.: lat. *fluere* strömen, gr. *phlydarós* matschig. **Blöße** w. mhd. *blœʒe* Nacktheit. **bloßstellen** Zw. urspr. Fechterwort?
Blue jeans Mz. Nietenhose, 20. Jh. aus am. Eigtl. = blaue Genueser (Baumwollhosen)? *jeans* vielleicht aus frz. *Gênes* Genua (bedeutender Baumwollhafen). **Blues** m. Tanz, 20. Jh. aus am. *blues,* abgekürzt für *blue devils* blaue Teufel (Vision der Tanzekstase?).
Bluff m. 18. Jh. aus nd. *bluff* Schlag (engl. *bluff*); = Irreführung, 20. Jh. aus engl. *bluff;* dazu: d. Zw. **bluffen.** Von einem SchW *bluff* = plumps? – ⚊ *verblüffen.*
blühen Zw. mhd. *blüe(je)n,* ahd. *bluoen, bluojan* (engl. *blow*); zum germ. Stamm **blô-,* ⚊ *Blatt,* ⚊ *Blume,* ⚊ *Blüte* usw. – **Blume** w. mhd. *bluome,* ahd. *bluoma,* vom germ. Stamm **blô-* blühen; verw.: lat. *florere* blühen, *flos* Blume (engl. *blossom*); Übergang vom m. zum w. Geschlecht schon ahd. – *Durch die Blume,* d. h. mit umschreibender Redewendung (lat. *flosculus; ⚊ *Floskel*). ⚊ *verblümt.* **Blumenkohl** m. LÜ Ende 16. Jh. für lat. (*brassica*) *cauliflora* (it. *cavolfiore,* das bayr. 16. Jh. zu *Karfiol* wird; engl. *cauliflower*).

blümerant Adj. 1. Hälfte 17. Jh. aus frz. *bleu-mourant* mattblau; später auch für schwindelig, flau.

Bluse w. 1827 mit dem Kleidungsstück aus frz. *blouse,* dies seit Frz. Revolution (= Arbeiterkittel) aus mlat. *pelusia* (daher engl. *blouse*) indigoblauer Kittel aus der ägypt. Stadt *Pelusium*?

Blut s. mhd. ahd. *bluot* (engl. *blood*), got. *blôþ;* zur idg. Wurzel **bhle*-quellen; germ. Tarnbezeichnung für das idg. Wort (lat. *cruor*) (also = „das Quellende").

blutarm Adj. sehr arm, seit frühnhd.; *blut*- nd. (auch obd.) = *blutt* = ↗ *bloß*. – Doch mediz. = anämisch, LÜ aus gr., 19. Jh.

Blutbad s. Luther nach der Redensart mhd. *im bluote baden*. **Blutdurst** m. Luther nach der Redensart mhd. *nâch bluote dürsten*. **Blutegel** m. 16. Jh. für mehr einfaches *egel(e)*, ↗ *Egel*. **blutrünstig** Adj. spätmhd. *bluotrünstec,* vom Subst. mhd. ahd. *bluotruns(t)*, Zs. mhd. ahd. *bluot + runse, runst* vom Zw. ↗ *rinnen*. **Blutschande** w. Luther. **blut**- verstärkt das Grundwort in: **blutjung** (18. Jh.), **blutwenig** (um 1700), aber nicht in: ↗ *blutarm*.

Blüte w. urspr. Mz. zu mhd. *bluot* Blüte; zum Stamm germ. **blô*- blühen (die Sippe bei ↗ *blühen*).

Bö w. Windstoß, nd. Seemannswort 18. Jh. für älteres *buy* (17. Jh.), dies aus nl. *bui*, Herkunft unklar (germ. **bujo*- zur idg. Wurzel **bhu*- aufblasen?). ↗ *Bühl*, ↗ *pusten*.

Boa w. Schlangenart, 2. Hälfte 16. Jh. aus lat. *boa* große Schlange (Herkunft?); mit Pariser Mode 1831 = Halspelz.

Bob m. Sportschlitten, Abkürzung von *Bobsleigh*, aus dem Engl. 20. Jh. (*bob* rücken + *the sleigh* = Schlitten).

Bobby m. (engl.) Schutzmann, nach Sir Robert (abgekürzt: *Bobby*) Peel (1788–1850), engl. Premierminister.

Bock m. mhd. ahd. *boc;* vielleicht frühe Entlehnung aus dem Keltischen? Idg. **bhughnó*-. – *Einen Bock schießen* eigtl. = einen Trostpreis für schlechtes Schießen erhalten; daher *Bock* = Fehler. *Den Bock zum Gärtner machen* (16. Jh.). – Auch = vierbeiniges Gerät, = Kutschersitz (18. Jh.), = Turngerät (19. Jh.). ↗ *Kran*, ↗ *Ramme*, ↗ *Bückling* [2], ↗ *Buxe*, ferner: ↗ *Geiß*. **bockbeinig** Adj. 16. Jh. = steifbeinig; Ende 18. Jh. = hartnäckig; vordringend 19. Jh. aus Bayern. **bocken** Zw. mhd. *bocken* stoßen wie ein Bock. **Bocksbeutel** m. Flaschenform und Weinart, 17. Jh. nach der Form der Flaschen (Hodensack eines Bockes als alter Flüssigkeitsbehälter). – **Bockshorn** s. (*ins B. jagen*) volkset. aus ahd. **bokkes hamo* Bocksfell, in das der, dem das Haberfeld getrieben wurde, eingezwängt wurde (Haberfeldtreiben = altes volkstümliches Rügegericht). ↗ *Leichnam*.

Bockbier s. München um 1800 *Oam-, Ambock* Einbecker Bier (16. Jh. *Einbeckisch Bier,* 17. Jh. *ampokhisch Bier*). – **Bockwurst** w. 19. Jh. urspr. zum Bockbier gegessene Wurst.

Boden m. mhd. *bodem,* ahd. *bodam*. Urverw.: lat. *fundus* Bodenstück (↗ *Fundament*); gr. *pythmên* Boden (eines Gefäßes). Nd. = **Bodden** m., auch = Bucht. ↗ *Bühne*. – **Bodensee** m. nach der Karolingerpfalz *Bodman,* ahd. *Bodama* (Mz. zu *bodam*?). – **bodenständig** Adj. 17. Jh. = auf dem Boden stehend (d. h.: auf eigenem Grund und Boden stehend); erst später = heimatverbunden.

Bogen m. mhd. *boge,* ahd. *bogo;* abgeleitet von ↗ *biegen*.

Boheme w. Unbürgerlichkeit, 19. Jh. aus frz. *bohème* (mlat. *bohemus* Böhme, Zigeuner). **Bohemien** m. 19. Jh. aus frz.

Bohle w. mnd. *bol(l)e* Planke; dazu ablautend: ↗ *Balken* und seine Sippe. Urverw. (auf anderer Ablautstufe): lat. *fulcire* (mit Planken) stützen. – Schriftd. durch Luther. ⇗ *Bollwerk,* ⇗ *Planke.*

Bohne w. mhd. *bône,* ahd. *bôna;* idg. Bezeichnung der Saubohne (idg. **bha- bhâ:* reduplizierendes Lallwort? Oder verw. mit ⇗ *Bauch* u. seiner Sippe [= die Geschwollene?]? Lat. *faba;* ohne Reduplikation gr. *phakós* Linse). – Eine fries. Insel heißt bei Plinius *Baunonia* Bohnenland. – **Bohnenstroh** s.: *grob wie Bohnenstroh,* seit 16. Jh.

bohne(r)n Zw. Fußboden wichsen, mnd. *bonen* blank reiben; zu einer Wurzel, die „sichtbar machen" bedeutet (gr. *phaínein* leuchten). – *bohnern* nordostd. iterativ zu *bohnen* (wie ⇗ *räuchern* zu *rauchen*); die Formen mit *-r-* nordostd., die ohne *-r-* westd. **Bohner** m. Gerät zum Bohnern, 19. Jh., verkürzt aus *Bohnerbesen.*

bohren Zw. mhd. *born,* ahd. *borôn;* zur idg. Wurzel **bher-* mit scharfer Schneide bearbeiten (gr. *phárein* spalten, *pharûn* pflügen; mit Hochstufe: lat. *forare* bohren). ⇗ *Bord,* ⇗ *Brombeere;* ⇗ *Baron;* ⇗ *Brosame.* – **Bohrer** m. 15. Jh.

Boiler m. Heißwasserspeicher, 20. Jh. aus engl. *boiler (boil* heiß machen, dies aus afrz. *boillir* [neufrz. *bouillir*]). Zugrunde liegt lat. *bulla* Wasserblase; vgl.: ⇗ *Bulle²*.

Bojar m. Gutsbesitzer in der Walachei, 16. Jh. aus rumän. *boiariu* Edelmann (serb. *boljar* der Große, zu *bolji* besser).

Boje w. 2. Hälfte 16. Jh. über mnl. *bo(e)ye* aus afrz. *boye;* dieses aus nfrk. **bokan* Zeichen, das auf germ. **baukna-* zurückgeht. ⇗ *Bake.*

-bold in Zss. wie *Rauf-, Witzbold* von ⇗ *bald* kühn (dort weitere Zss. mit *-bold*).

Böller m. Mitte 14. Jh. *pöler,* zu mhd. *boln* schleudern, ahd. *bolôn* werfen (⇗ *Bollwerk*). Verw.: ⇗ *Ball¹*?

bollern nd. = ⇗ *bullern,* verw.: ⇗ *poltern;* dazu: **Bollerwagen** m.

Bollwerk s. Das 15. Jh. kennt 2 versch. Wörter; das eine, das eine Wurfmaschine bezeichnet, gehört zum Zw. mhd. *boln* schleudern (⇗ *Böller!*); das andere bezeichnet ein Schanzwerk und gehört zu ⇗ *Bohle.* Von diesem frz. ⇗ *boulevard,* engl. *bulwark.*

Bolschewik m. 20. Jh. aus r. *bolsche* mehr; = revolut. Mehrheit der 1903 gespaltenen sozialist. Partei Rußlands.

Bolzen m. mhd. ahd. *bolz;* zur idg. Wurzel **bheld-* klopfen (SchW) Urspr. = Holznagel (nach dem Klang des Einhämmerns).

Bombast m. 1. Hälfte 18. Jh. aus engl. *bombast* Rockwatte (zum Wattieren der Wämser). Zugrunde liegt pers. *pänbä* Baumwolle (vermittelt durch lat. *bombacium*). ⇗ *Wams.* **bombastisch** Adj. Wieland 1774.

Bombe w. Anfang 17. Jh. aus frz. *bombe,* dies aus it. *bomba* (lat. *bombus* dumpfes Geräusch, höchste Beifallstufe). – **bombensicher** Adj. 16. Jh. für älteres *bombenfest* Anfang 19. Jh. **Bomber** m. 20. Jh.

Bombenerfolg m. bühnensprachlich nach jidd. *pombe* pomphaft; ebenso: *Bombengedächtnis, Bombenrolle.*

Bonbon m., s. 2. Hälfte 18. Jh. aus frz. *bonbon;* Kinderwort, daher (wie ⇗ *Papa* u. a.) reduplizierend (frz. *bon* gut). **Bonbonniere** w. kurz vor 1800 aus frz. *bonbonnière.* **Bonmot** s. um 1700 aus frz. *bonmot.* Eigtl. = gutes (treffendes) Wort. – **Bonne** w. um 1800 aus frz. *(ma) bonne* (meine) Gute; frz. *la bonne* Dienstmädchen. – **Bonus** m. 20. Jh. = Gutschrift o. ä. aus lat. (= der Gute). – **Bonvivant** m. nach 1700 aus frz. *bon vivant* Gut-, Wohllebender.

Bonze m. Parteigröße, 2. Hälfte 18. Jh. aus frz. *bonze;* schon ein Jh. davor *Bonzy* unmittelbar aus dem Japanischen (*bonso* Buddhistenpriester). Zugrunde liegt chin. *fanseng* religiöse Person.

Boom m. Hochkonjunktur, 20. Jh. aus am. (= d. ⁊ *Baum*).

Boot s. hd. Mitte 16. Jh. *poet*. Aus nd. *boet* (kurz vor 1300), urverw.: lat. *fodio* ich grabe; urspr. = ausgehöhlter Baumstamm, Einbaum. Vgl. dazu: ⁊ *Nachen*, ⁊ *Schiff*.

Borax m. borsaures Natrium, spätmhd. *buras*, über mlat. *borax* aus ar. *bûrak*. Zugrunde liegt pers. *bûräh* (in gleicher Bedeutung).

Bord m., s. mhd. ahd. *bort* (Schiffs-) Rand, Brett; daneben (doch nicht verwandt): ahd. *bort* Rand; beide vermischt. *bort* ist ablautend und mit Umstellung des -*r*- verw. mit ⁊ *Brett* (idg. Wurzel **bher-*; ⁊ *bohren*). ⁊ *Bordell*, ⁊ *bordieren*, ⁊ *Borke*, ⁊ *Borte*, ⁊ *Brackwasser*; ⁊ *Back-*, ⁊ *Steuerbord*.

Börde w. fruchtbare Niederung, um 1300 mnd. = zinspflichtiges Landgebiet; vgl.: ahd. *giburida* (vom Zw. *beran* tragen; ⁊ *Bahre*) was (Zins) trägt.

Bordell s. 2. Hälfte 15. Jh. *bordeel*, über mnl. *bordeel* aus frz. *bordel* Hüttchen, Freudenhaus. Zugrunde liegt mhd. *bort* Brett (⁊ *Bord*), das über mlat. *bordellum* ins Frz. kam (it. *bordello* Hüttchen).

bordieren Zw. einfassen, 16. Jh. aus frz. *border*, dieses aus afrk. *bord* Rand (⁊ *Bord*).

Borg m. mhd. *borc;* vom Zw. **borgen,** ahd. *bor(a)gên* sich vor etw. hüten, dies im Ablaut zu ⁊ *bergen*, daher = (mit Zahlung) verschonen. ⁊ *Bürge*.

Borke w. mnd. *borke* (engl. *bark*), hd. seit etwa 1600. Unerklärt; vielleicht zur idg. Wurzel **bher-* schneiden? (⁊ *Bord*).

Born m. mhd. *born(e)*, *burne;* dasselbe Wort wie ⁊ *Brunnen*, mit md.-nd. Umstellung des -*r*- (wie bei ⁊ *Bernstein*, ⁊ *bersten*, ⁊ *preschen*).

borniert Adj. 2. Hälfte 18. Jh. aus frz. Zw. *borner* begrenzen (*la borne* Grenze, Ziel; ⁊ *abonnieren*).

Borretsch m. Küchenkraut *Borrago officinalis* L., spätmhd. *borretsch*, *burretsch,* aus it. *borragine* (frz. *bourrache*), dies aus mlat. *bor(r)ago*, von ar. *abû 'araq* Vater des Schweißes (Heilmittel).

Borschtsch m. ⁊ *Borste*.

Borsdorfer m. Apfelsorte, 16. Jh., nach dem Dorf *Borsdorf* bei Meißen.

Börse w. 18. Jh. = Geldbeutel, aus nl. *beurs;* davor Mitte 16. Jh. = Börsengebäude, nach dem Brügger Kaufleutehaus, das seinerseits nach der Brügger Kaufmannsfamilie *van der Burse* vom Geldbeutel (3 Geldbeutel im Wappen) heißt (15. Jh.). Die Bezeichnung meinte zuerst den Platz vor dem Versammlungshaus, dann die Versammlung der Kaufleute selbst, schließlich deren Haus. Zugrunde liegt: mnl. *burse* Geldtasche, aus lat. *bursa* (frz. *bourse* Beutel), gr. *býrsa* abgezogenes Fell, Leder. ⁊ *Bursche*.

Borste w. mhd. *borste* w. neben *borst, bürst* m., s.; ahd. *burst* m., s.; eigtl. = Mz. zu *borst* (⁊ *Hornisse*, ⁊ *Locke*, ⁊ *Mähne*, ⁊ *Woge*). Urverw.: lat. *fastigium* aus **farstigium* Gipfel; r. *boršč* Bärenklau, dann = Roterübensuppe mit Sahne; d. *Borschtsch*. Urspr. = Spitze, Zacke. ⁊ *Barsch*, ⁊ *Bürste*.

Borte w. mhd. *borte* Einfassung, Rand, ahd. *borto* Saum, Besatz. Verw.: ⁊ *Bord*.

Boschhorn s. Autohupe, nach 1920 nach dem Hersteller Robert *Bosch*, 1861–1942.

Böschung w. Mitte 16. Jh. = Festungswall, zum schwz. Subst. *bösch* Grasboden. Verw.: ⁊ *Busch*.

böse Adj. mhd. *bœse;* ahd. *bôsi;* zur idg. Verbwurzel **bhou-* aufblasen, schwellen (vgl. die Sippe unter ⁊ *Bauch*, ⁊ *Bausch* usw.). Eigtl. = aufgeblasen, geschwollen (engl. *boast* prahlen, sich aufblähen). **Bösewicht** m. mhd. *bœsewiht*, aus: *der bœse wiht* die schlimme Person. ⁊ *Wicht*.

Boskett s. 2. Hälfte 17. Jh. aus engl. *bosket;* dies aus frz. *bosquet* (Deminutiv zu *bois* Wald). Eigtl. = Wäldchen. ⏶ *Bukett.*

Boß m. Chef, 20. Jh. aus engl.-am. *boss* Herr (urspr. = Parteiführer); dies aus nl. *baas* Meister, Herr (nicht erklärt; Küstenwort?).

bosseln[1] Zw. kleine Arbeit tun; kegeln, zum Zw. mhd. *bôзen* stoßen (⏶ *Amboß*), verkleinernd: spätmhd. *bôзeln* klöpfeln (-*el* = Infix wie bei ⏶ *läch-el-n* u. a.). – **bosseln**[2] Zw. formen, 16. Jh. aus frz. *bosseler* erhabene Arbeit machen, zum Subst. frz. *bosse* Beule (aus gall.-roman. *bottia* Beule zum Zw. afrk. *bôtan* schlagen, sprießen = ahd. *bôзan* schlagen).

Botanik w. Mitte 17. Jh. über nlat. *botanica (scientia)* aus gr. *botanikê (epistêmê) (botánê* Weide, Futterpflanze). **Botaniker** m. erst seit 1800; davor: *Botanist.* **botanisch** Adj. nach lat. *botanicus,* gr. *botanikós.* **botanisieren** Zw. 18. Jh. nach gr. *botanízein.*

Bote m. ahd. *boto* Herold, zum Zw. ⏶ *bieten.* **Botschaft** w. ahd. *boto-, botascaf.* **Botschafter** m. = Führer einer Gesandtschaft, um 1600; 18. Jh. Eindeutschung von *Ambassadeur.* – **botmäßig** Adj. spätmhd. *potmæззig,* zum Subst. *bot* Befehl, = befehlsgemäß.

Böttcher m. ostd. spätmhd. *botecher, büttiger, bötticher,* der Mann, der die ⏶ *Bütten* (Wannen; ahd. *butin[na],* aus lat. *butina* Flasche; gr. *bytínê*) zum Brauen macht. Abgeleitet von: **Bottich** m. mhd. *botige, butche,* ahd. *potega, poteche;* Einwirkung von: lat. (gr.) *apotheca* Vorrats-, Weinkeller (it. *bottega,* span. *bodega,* eigtl. = Abstellraum, und von mhd. *botech* Rumpf (engl. *body*).

Bouclé m. Haargarnteppich, 20. Jh. aus frz. *tapis bouclé* Teppich aus Kräuselgarn (frz. *boucler* ringeln, *boucle* Ring, aus: lat. *buccula* Bäckchen; ⏶ *Buckel*).

Boudoir s. 2. Hälfte 18. Jh. aus frz. *boudoir* (zu *bouder* schmollen; eigtl. = Schmollwinkel).

Bouillon w. Anfang 18. Jh. aus frz. *bouillon* (aus roman. **bullione* Aufwallung, dies aus lat. *bullire* Blasen aufwerfen, sieden). – ⏶ *Bulle*[2].

Boulevard m. 19. Jh. aus frz. *boulevard,* das (über *boulevert*) aus d. ⏶ *Bollwerk* stammt.

Bourgeoisie w. 19. Jh. aus frz. *bourgeoisie (le bourgeois* der Bürger nach afrk. **burg* Stadt; ⏶ *Burg*).

Boutique w. 20. Jh. aus frz., = Modelädchen; ⏶ *Budike.*

Bovist m. Staubpilz, 15. Jh. *vohenfist* Bauchwind der Füchsin (⏶ *Fuchs;* mhd. *vist* Bauchwind, zu idg. **peis-* blasen), mit dissimiliertem Anlaut (*b-* für *v-*).

Bowle w. 2. Hälfte 18. Jh. aus engl. *bowl* Napf; aber: **Bowling** s. Kugelspiel, 20. Jh. aus engl. *bowl* (frz. *boule* Kugel). – ⏶ *Zwiebel.*

Box w. Pferdestand, 20. Jh. aus engl. *box* (aus volkslat. *buxis* = lat. *pyxis*). ⏶ *Büchse,* ⏶ *Boxkalf.*

boxen Zw. 2. Hälfte 18. Jh. *baksen* aus engl. *box.* Verw. mit ⏶ *pochen?*

Boxkalf s. Kalbsleder, 19. Jh. aus engl. *box calf* kästchenförmig genarbtes Kalb(sleder). Vgl. ⏶ *Box.*

Boy m. ⏶ *Bube.*

Boykott m. Ende 19. Jh. aus engl. *boycott,* eigtl. = FaN eines irischen Offiziers und Gutsbesitzers, den die irische Landliga 1880 wegen seiner Englandfreundlichkeit ächtete. **boykottieren** Zw. Ende 19. Jh. nach engl. *boycott.*

Brache w. mhd. *brâche,* ahd. *brâhha;* zum Zw. ⏶ *brechen,* urspr. = das Aufbrechen der Felder im Juni (Dreifelderwirtschaft). – **brach** Adj. 17. Jh. vom Subst. *Brache.* **Brachmonat** m. mhd. ahd. *brâchmanôt* ⏶ *Juni.* **Brachvogel** m. Schnepfenart, mhd. ahd. *brâ(c)hvogel* (gern auf brachen Feldern).

Bracke m. Spürhund, mhd. *bracke,* ahd. *braccho* (daraus: frz. *brachet, braque,* das engl. *brach* Spürhund anstößt), mhd. *bræhen* riechen, lat. *fragrare* stark riechen.

Brackwasser s. Mischung aus See-

und Flußwasser, hd. Mitte 17. Jh. aus nd. *brackwater*. Zur idg. Wurzel **bher-* schneiden. Eigtl. = schneidendes Wasser (nach dem Geschmack). *⁄Bord* und seine Sippe.

Brägen m. Hirn, mnd. *bregen;* zu einer idg. Wurzel, die das Gehirn bezeichnete (**mregh-*). Verw.: gr. *brechmós* Vorderhaupt. – Das Wort hat sich hd. nicht durchgesetzt (*⁄Hirn*).

Bramarbas m. Prahlhans, durch Gottsched Titel einer d. Übersetzung eines Holbergschen Lustspieles 1741; davor 1710 in einem anonymen, von Burchard Menke veröffentlichten satirischen Gedicht. **bramarbasieren** Zw. Mitte 18. Jh. – Zu dän. *bram* Prahlerei (nl. *brammen* prahlen)?

Brand m. mhd. ahd. *brant;* vom Zw. *⁄brennen* (wie *⁄Bad* zu *bähen*, *⁄Frost* zu *frieren*). **Brandbrief** m. Mitte 18. Jh. stud. = Brief um Geld; davor südd. seit 1617 = Verordnung zur Sammlung von Geldmitteln für Brandgeschädigte; älter (nordd. und md. seit 16. Jh.) = Fehdebrief mit der Androhung der Brandstiftung. – **branden** Zw. vom Subst. *Brand*; verbreitet 18. Jh. Also eigtl. = sich flammengleich verbreiten. – **brandmarken** Zw. 17. Jh. aus *brandmark* Brandmal. – **Brandmauer** w. 17. Jh. **brandschatzen** Zw. 14. Jh. *brantschatzen.* **Brandsohle** w. innere Sohle aus dem mit dem Brandzeichen versehenen Abfalleder, 18. Jh. – **Brandung** w. so seit 18. Jh., davor (17. Jh.) *Branding*, entlehnt aus nl. *branding* (nl. *brant* Feuer; *branden* brennen). **Brandy** m. engl. = **Branntwein** m. 16. Jh. *brantewein*, aus mhd. *gebranter wîn* = mnd. *brandewîn*, das über nl. *brandewijn* engl. *brandy* anstößt.

Braten m. ahd. *brâto* schieres Fleisch gerät unter den Einfluß des nicht verw. Zw.s *⁄braten;* daher: mhd. *brâte* gebratenes Fleisch. Älteste Erwähnung: 5. Jh. afrk. *brâ-*

do Schinken (Herkunft?); *⁄Wildbret*. **Bratwurst** w. schon ahd. *brât-wurst* Wurst aus schierem Fleisch. Aber nhd. *Bratwürste* Mz. gehört zum Zw.:

braten Zw. (briet, gebraten), mhd. *brâten*, ahd. *brâtan;* verw.: *⁄brüten* und *⁄Brodem*, auch *⁄Brühe*, nicht *⁄Braten*. – Urverw. wohl: lat. *fervere* sieden, *fermentum* Sauerteig; näher steht: lat. *fretum* Hitze. – *⁄brauen!*

Bratsche w. 17. Jh. verkürzt aus älterem *Bratschgeige*, dies LÜ aus it. *viola di braccio* Armgeige (Ggs.: Kniegeige; *⁄Gambe*). *⁄Brezel.*

Bräu s. mhd. *briuwe* was auf einmal gebraut wird; später = Brauhaus. *Bräu* ist obd.; von Bayern aus verbreitet.

brauchen Zw. mhd. *brûchen*, ahd. *brûhhan*, got. *brûkjan;* urverw. lat. *frui* genießen (*⁄frugal*). *⁄Gebrauch*. **Brauch** m. vom Zw. *brauchen*, schon ahd. *brûh*. **bräuchlich** Adj. seit Luther.

Braue w. mhd. *brâ*, ahd. *brâ(wa);* zur idg. Wurzel **bherek-* glänzen. Urspr. vom blinzelnden Lid (vgl.: got. *brahv augins* Augenblick)? *⁄Wimper*, *⁄Augenbraue*.

brauen Zw. mhd. *br(i)uwen*, *brouwen*, ahd. *br(i)uwan;* zur idg. Wurzel **bh(e)reu-*, **bh(e)ru* wallen, gären, zu der auch *⁄braten*, *⁄Brei*, *⁄brennen*, *⁄brodeln*, *⁄Brot*, *⁄Bärme*, *⁄Brunnen* und ihre Sippe gehören. Verw.: lat. *fervere* sieden; *⁄braten!* – Nhd. *-au-* für älteres *-iuw-* wie in *⁄kauen*, *⁄traun*, *⁄brausen*. **Brauer** m. mhd. *briuwer*. **Brauerei** w. 17. Jh.

braun[1] Adj. Mischung aus Schwarz und Orange; mhd. ahd. *brûn;* aus dem Germ.: frz. *brun*, it. *bruno*. Idg. Wurzel **bher-* braun, hell. *⁄Bär*, *Biber*, ferner: *⁄brünett*. **Bräune** w. Angina, 16. Jh. **Braunkohle** w. 18. Jh.

braun[2] Adj. violett, mhd. *brûn*, ahd. *prûn*, aus lat. *prunum* *⁄Pflaume* (bes. südd. zur Bezeichnung der Veilchenfarbe).

brausen Zw. mhd. mnd. *brûsen,* Fortentwicklung von ↗ *brauen?* Oder SchW? **Braus** m. mhd. *brûs* Lärm; vom Zw. *brausen.* **Brause** w. Gießkopf, nd. 2. Hälfte 18. Jh., ebf. vom Zw., durch Voss u. a. schriftd.; 20. Jh. = Sprudellimonade. **Brausekopf** m. Mensch mit hitzigem Temperament, vor 1800; 20. Jh. = Gießkopf (Tautologie!).

Braut w. mhd. ahd. *brût,* got. *brûps* Schwiegertochter; urspr. = junge Ehefrau; später (Luther) = Verlobte; gemeingerm.; sonst ohne Verwandte. **Bräutigam** m. mhd. *briutegome,* ahd. *brûtigomo,* zum Subst. ahd. *goma,* got. *guma* Mann. Eigtl. = Mann der Braut. ↗ *Homunkulus.* – **Brautlauf** m. mhd. *brûtlouf(t),* ahd. *brûthlouft* Hochzeitstanz (des Bräutigams auf die Braut zu).

brav Adj. schwäb. 1. Hälfte 16. Jh., später verbreitet (17. Jh. aus frz. *brave* tüchtig, dies 16. Jh. aus span. *bravo* unbändig, von mlat. *barbarus* wild; ↗ *Barbar*). **bravo!** Anfang 18. Jh. mit der it. Oper der it. Beifallsruf *bravo!* tüchtig!; Ende 18. Jh. gesteigert: *bravissimo!* **Bravour** w. Tapferkeit, Anfang 18. Jh. aus frz. *bravoure.*

brechen Zw. (brach, gebrochen), mhd. *brechen,* ahd. *brehhan,* got. *brikan* (engl. *break,* als Subst. und Imp. 20. Jh. vielfach im d. Sport); verw.: lat. *frangere* brechen, idg. Wurzel **bhreĝ-* brechen. ↗ *Brache,* ↗ *Bresche,* ↗ *Brocken,* ↗ *Bruch,* ↗ *prägen,* (vielleicht) ↗ *Brikett,* ferner: ↗ *Pracht!* **Brecher** m. Ende 19. Jh. aus engl. *breaker* Sturzsee (nd. *bräkers* Brandung).

-brecht in VNN = ↗ *-bert.*

Breeches Mz., = Knie-, Reithosen; 20. Jh. aus engl. *breeches,* das mit ahd. *bruohha* = afries. *brêk* Reiterhose zusammenhängt. Herkunft (kelt.?)?

Brei m. mhd. *brî(e),* ahd. *brîo;* verw.: lat. *frigo* röste, = gr. *phrýgô.* Die idg. Wurzel ist Erweiterung zu **bher-* wallen, kochen; ↗ *brauen.*

breit Adj. mhd. ahd. *breit,* got. *braiþs,* ohne sichere außergerm. Entsprechungen. **Breite** w. mhd. *breite,* ahd. *breiti,* got. *braidei.* **Breitseite** w. zusammengefaßtes Feuer einer Schiffsseite, 19. Jh.

Bremse[1] w. Insekt, mhd. *breme,* ahd. *bremo;* (urspr. nd.) Formen mit *-s-* seit 17. Jh. Zum Zw. ↗ *brummen,* SchW.

Bremse[2] w. Hemmschuh, spätmhd. *bremse,* zum Subst. mnd. *prame* Druck (Herkunft?) mnd. *premese* Nasenklemme); vorwiegend md.

brennen Zw. (brannte, gebrannt), mhd. *brennen,* ahd. *brennan,* got. *brannjan* anzünden ist Bewirkungswort zu mhd. *brinnen,* ahd. got. *brinnan* brennen, leuchten; verw.: ↗ *brauen.* Vgl.: ↗ *Brunnen,* ↗ *Bernstein,* ↗ *Brunst.* **Brennpunkt** m. LÜ 17. Jh. von lat. *punctum ustionis* (= *focus*). **brenzlich** Adj. 17. Jh. **brenzelicht;** vom Zw. *brenzeln* verbrannt riechen (*-el-*Infix wie bei ↗ *läch-el-n* u. a.); 16. Jh. (zum Zw. ↗ *brennen*).

Bresche w. vor 1600 aus frz. *brèche* Mauerlücke durch Beschuß (it. *breccia*), dies aus germ. **brekan* ↗ *brechen.*

Brett s. mhd. ahd. *bret,* mit Ablaut zu ↗ *Bord* gebildet; davon: ↗ *Pritsche.* – *Die Welt ist mit Brettern vernagelt* in einer Lügengeschichte (1. Hälfte 17. Jh.). – **Brettl** s. Kleinkunstbühne, Ende 19. Jh. („die Bretter" sind die Bühne, die früher aus Brettern „aufgeschlagen" wurde). ↗ *Überbrettl.* **Brettspiel** s. mhd. *bretspil.*

Breve s. ↗ *Brief.* – **Brevier** s. 15. Jh. *breviere,* aus lat. *breviarium* Kurzverzeichnis (*brevis* kurz); ↗ *Brimborium.*

Brezel w. mhd. *breze(l),* ahd. *brez(i)tella;* Verkleinerung zu mhd. *bræzte,* ahd. *brezita;* dies aus klosterlat. **brachitum* Gebäck in Form verschlungen. Arme (lat. *brachium* Arm, ↗ *Bratsche,* ↗ *Pratze*).

Bridge s. 20. Jh. aus engl. *bridge,* dies unerklärt; keine primäre Verbindung zu engl. *bridge* Brücke. Oder baut der Ansagende dem Partner eine „Brücke" im Spiel? **Brief** m. mhd. *brief*, ahd. *briaf*, aus lat. *brevis (libellus)* kurz(es Schreiben). ⁊ *Abbreviatur;* ⁊ *Brevier.* Aus gleichbedeutend *breve scriptum* entwickelte sich die Bezeichnung *Breve* für ein päpstl. Handschreiben. – D. *-f* für lat. *-v-* wie in ⁊ *Käfig*, ⁊ *Stiefel; -ie-* für lat. *-ê-* wie in ⁊ *Fieber*, ⁊ *Riemen²*, ⁊ *Spiegel.* Vgl.: ⁊ *blau.* **Briefkasten** m. seit 1824 (mhd. *brêfkaste* 15. Jh. Urkundenschrein). **Briefmarke** w. um 1880 für älteres *Franko-, Freimarke.* **Briefsteller** m. 18. Jh. = Anweisung zum Briefeschreiben (davor = Briefschreiber). ⁊ *Bittsteller.* **Brieftaube** w. 18. Jh. **Briefträger** m. 18. Jh., aber mhd. *brieftreger* Gerichtsbote, Kurier. **Briefwechsel** m. Mitte 17. Jh. Eindeutschung von *Korrespondenz.*

Brigade w. 17. Jh. aus frz. *brigade*, span. *brigada* (it. *brigata* Kampftruppe, *brigare* kämpfen, *briga* Kampf; Herkunft?). – Verw.: **Brigg** w. 18. Jh. aus engl. *brigg* KF aus *brigantin*, frz.-it. = Jagd-, Räuberschiff (d. vor 1600).

Brikett s. 19. Jh. aus frz. *briquette* (*brique* Ziegelstein, also = Ziegelsteinchen, vom unerklärten mnl. *bricke* Ziegelstein, 15. Jh. [zu ⁊ *brechen*, = abgebrochenes Stück?]).

brillant Adj. 18. Jh. aus frz. Part. Präs. *brillant*, zum Zw. *briller* glänzen, aus lat. *beryllus* Halbedelstein *Beryll.* MoW aus Paris um 1820. **Brillant** m. 1. Hälfte 18. Jh. aus frz. *brillant;* urspr. Schliff des *Berylls.* **Brille** w. spätmhd. *b(e)rille*, aus lat. *beryllus* (gr. *bēryllos*). Die optischen Qualitäten des *Berylls* hatte man um 1300 erkannt und nutzbar gemacht. – **brillieren** Zw. 18. Jh. aus frz. *briller* glänzen. ⁊ *brillant.*

Brimborium s. Umstände, 2. Hälfte 18. Jh. aus frz. *brimborion* Lappalien; aus lat. *breviarium* Kurzverzeichnis entstellt (Adj. *brevis* kurz); ⁊ *Brevier* usw.

bringen Zw. (brachte, gebracht), mhd. *bringen*, ahd. *bringan* (engl. *bring*), germ. Zw., weitere Verwandtschaft ungeklärt.

Brise w. Ende 18. Jh. aus engl. *breeze*, dies aus span. *brisa* (unerklärt).

Brite m. Bewohner Englands, mhd. *britte*, ahd. *pretto*, aus lat. *brit(t)o*, dies aus kelt. *Bry-, Prydain* Stammesname.

Brocken m. mhd. *brocke*, ahd. *broccho;* ablautend zum Zw. ⁊ *brechen;* urspr. = abgebrochenes (Stück). *-ch:ck* vgl.: *Dach:Decke, wach:wacker!* **bröckeln** Zw. 18. Jh. Verkleinerung zum Zw. **brocken** (ahd. *brocchôn*). – Zum *-el-*Infix ⁊ *läch-el-n* u. a.

brodeln Zw. spätmhd. *brodelen;* verw. mit ⁊ *brauen*, ⁊ *Brot*, ⁊ *brühen.* In Namen von Leuten, die mit siedendem Wasser (z. B. in der Küche) umgehen (⁊ *Aschenbrödel*). ⁊ *Sprudel.*

Brodem m. verw. mit ⁊ *braten*, ⁊ *Brut;* im Ausklang beeinflußt von ⁊ *Atem.*

Brokat m. 2. Hälfte 17. Jh. aus it. *broccato* gekräuselt (it. *brocco* Kräuselung). Verw.: ⁊ *Brosche.*

Brom s. Grundstoff, KW 19. Jh. zu gr. *brômos* Gestank (1826 von dem frz. Entdecker Balard benannt).

Brombeere w. mhd. *bramber*, ahd. *bramberi. Bram-* heißt ein Dornbusch (nd. *Brambusch*, engl. *broom* Ginster, *bramble* Brombeerstrauch). Idg. Wurzel: **bher-* herausstechen; ⁊ *bohren. -o-* für *-a-* vor Doppelkonsonanz (⁊ *Docht*). Vgl.: ⁊ *verbrämen.*

Bronchien Mz. 19. Jh. aus lat. *bronchia*, = gr., dies zu gr. *brónkchos* Kehle. ⁊ *Kragen.*

Bronze w. Anfang 18. Jh. aus frz. *bronze;* davor (16. Jh.) aus it. *bronzo;* ungeklärt, vielleicht aus pers. *piring* Kupfer (urgerm. LW?).

Brosame w. mhd. *brosem(e)*, *brosme*, ahd. *bros(a)ma*, zu einer Wurzel, die „zerquetschen" bedeutete (engl. *bruise* zerstoßen, lat. *frustum* Stückchen; zu ⁊ *bohren*).

Brosche w. Mitte 19. Jh. aus frz. *broche* Nadel, dies aus galloroman. **brocca* Spitze, Spieß (gall. *brok-kos* Spitze; ↗ *Brokat*). – **Broschüre** w. Mitte 18. Jh. aus frz. *brochure*, dies zum Zw. *brocher* stechen (in der 2. Hälfte 18. Jh. als *broschieren* übernommen).

Brot s. mhd. *brôt*, ahd. *prôt* gesäuertes Brot (im Gegensatz zum ungesäuerten Brot, dem ↗ *Laib*); zu einer idg. Wurzel **bh(e)reu-* wallen (lat. *defrutum* eingekochter Most). ↗ *brauen*, ↗ *brühen*, ↗ *Bärme*, ↗ *brodeln*. **Brötchen** s. Semmel, 18. Jh.

brotlos Adj. Anfang 17. Jh. **Brotneid** m. Mitte 18. Jh.

Browning m. Handfeuerwaffe, nach dem am. Erfinder, Büchsenmacher J. M. *Browning*, 1856–1926.

Bruch[1] m. mhd. *bruch*, ahd. *bruh*; ablautend zum Zw. ↗ *brechen*. **Bruchstück** s. Mitte 17. Jh. als Eindeutschung zu lat. *fragmentum*.

Bruch[2] m. Sumpfwiese, mhd. *bruoch*, ahd. *bruoh* (vgl. engl. *brook* Bach); urspr. = Grenzsumpf, Grenze (kelt. **brog-* Bezirk, Land). Herkunft?

Brücke w. mhd. *brücke*, ahd. *brucca* (engl. *bridge*; doch ↗ *Bridge!*; vgl.: an. *bryggja* Hafendamm, Landebrücke; verw.: ↗ *Prügel:* die Urform der germ. Brücke war der Knüppeldamm durch Sumpfgelände. **Brückenkopf** m. LÜ aus frz. *tête de pont*.

Bruder m. mhd. ahd. *bruoder;* idg. Verwandtschaftsbezeichnung (gr. *phrêtêr*, lat. *frater;* ferner: ↗ *Bube*, ↗ *Buhle*). **Brüderlichkeit** w. brüderliche Gesinnung, 2. Hälfte 18. Jh. **Bruderschaft** w. enge (religiöse) Vereinigung, mhd. *bruoderschaft*, ahd. *bruoderscaf*. **Brüderschaft** w. erst nhd.

brühen Zw. mhd. *brü(ej)en*, mit ↗ *Brei*, ↗ *Brot* und ↗ *Brut* zur idg. Wurzel **bh(e)re-* aufwallen. Dazu: **Brühe** w. mhd. *brüeje* gekochte Flüssigkeit.

Brühl m. tiefgelegener Grasplatz, mhd. *brüel*, ahd. *bruil* Aue, zu

gall. **brogilo* Äckerchen (*broga* Acker).

brüllen Zw. mhd. *brüelen*, abl. zu mhd. *bral* Schrei (SchW), vermischt mit mhd. *brüelen, blüelen* das Schafblöken nachahmendes SchW. Verw. mit ↗ *blöken* und ↗ *plärren*, ↗ *prahlen*.

brummen Zw. mhd. spätahd. *brummen*, ablautend zu mhd. *bremen*, ahd. *breman* (SchW). Verw. mit ↗ *Bremse*[1], ↗ *Brunft* (lat. *fremere* knirschen); = gefangen sitzen, zuerst rotw., dann schülersprachlich (19. Jh.).

brünett Adj. Anfang 18. Jh. aus frz. *brunet;* davor schon (Mitte 17. Jh.) *Brünette* Frau mit dunklem Haar (Teint), aus frz. *brunette*. Dies verkleinernd zu *brun*, dessen Quelle ahd. *brûno* ↗ *braun* ist.

Brunft w. mhd. *brunft*, ablautend zum Zw. ahd. *breman* (↗ *brummen*), vom Röhren der Hirsche. – Eintritt des Gleitlauts *-f-* wie bei ↗ *künftig*, ↗ *Vernunft*, ↗ *Zukunft*, ↗ *Zunft*.

Brunnen m. mhd. *brun(ne)*, ahd. *brunno;* zum Zw. ↗ *brennen*, = der Aufwallende; verw.: ↗ *brauen*. Identisch: ↗ *Born, Bronnen*.

Brunst w. mhd. ahd. *brunst* Brand, Glut, ablautend zum Zw. ahd. *brinnan* ↗ *brennen*. Urspr. = Brand; dann unter dem Einfluß von ↗ *Brunft* = geistige, sinnliche Erregung. Gebildet wie ↗ *Kun-st*, ↗ *Dien-st*, ↗ *Ern-st*, ↗ *Gun-st*, ↗ *Hor-st*, ↗ *Ang-st*, ↗ *Ri-st*, ↗ *Tre-st-er* mit *-ust*-Suffix.

brüsk Adj. 18. Jh. (Wieland) aus frz. *brusque* barsch (it. *brusco* rauh), dies aus lat. *bruscum* Ahornknorren. **brüskieren** Zw. 2. Hälfte 18. Jh. aus frz. *brusquer.*

Brust w. mhd. ahd. *brust*, got. *brusts* (dazu ablautend: engl. *breast*), zum Zw. mhd. *briustern* aufschwellen, alter Dual; urspr. = die beiden (weiblichen) Brüste (idg. Wurzel **bhreus-* schwellen). – **Brüstung** w. Ende 17. Jh. = Hochmut; dann (2. Hälfte 18. Jh.) = bis zur Brust reichende Mauer. **sich brüsten** Zw. zur alten Bedeutung von *Brüstung* (mhd.).

Brut w. mhd. *bruot*, mit *t*-Ansatz (wie: ↗ *Glut*, ↗ *Naht*) zu dem unter ↗ *brühen* behandelten Zw., also = Erwärmtes, Erhitztes. ↗ *Brodem*. **brüten** Zw., mhd. *brüeten*, ahd. *bruoten* (engl. *breed*).

brutal Adj. Mitte 17. Jh. *brutalisch*, aus lat. *brutalis* unvernünftig (*brutus* schwerfällig) (Bauernwort mit *b*- statt *gv*-; verw.: *gravis*). **brutto** Adv. eigtl. = im Rohgewicht, Mitte 16. Jh. aus it. *brutto* roh, dies aus vulgärlat. *bruttus* roh (lat. *brutus*).

brutzeln Zw. 16. Jh. *prutzeln*, zum Zw. ↗ *brodeln* (wie ↗ *schnitzen* zu *schneiden;* Entsprechungen: ↗ *abluchsen*).

Bube m. mhd. *buobe;* ahd. PN *Buobo* (as. *Bovo*), wohl urspr. reduplizier. KF für ↗ *Bruder* (germ. *baban, boban*). Eng verw.: engl. *boy*, obd. *Bua, Bue.* ↗ *Buhle*, ferner: ↗ *Muhme.* **bübisch** Adj. mhd. *büebisch.* **Bubenstück** s. 16. Jh. (Prägung Luthers). **Bubikopf** m. 1920.

Buch s. ahd. *buoh* Mz. zusammengebundene Buchenholztafeln (also zu: ↗ *Buche*); dann erst Ez. = geschriebenes Buch. Die gemeingerm. Verbreitung von *Buch* deutet das Alter des Brauches an, Holztafeln zu beschreiben (noch mhd. *an den buochen lesen* Geschriebenes lesen). **buchen** Zw. eintragen, 1. Hälfte 18. Jh. als Eindeutschung von engl. *book* (nl. *boeken*). **Bücherei** w. Mitte 17. Jh. (Comenius) aus nl. *boekerij*, LÜ zu lat. *libraria.* **Buchhalter** m. Anfang 16. Jh. nach älterem *die Bücher halten*, dies LÜ Ende 15. Jh. zu it. *tenere i libri.* **Buchmacher** m. LÜ 19. Jh. aus engl. *bookmaker.* **Buchstabe** m. ahd. *buohstap* ↗ *Stab* (früher = Runenhauptstrich; dann = Letter) im (einst hölzernen, jetzt pergamentenen) Buchband. – *toter Buchstabe* nach 2. Kor. 3,6. – **buchstabieren** Zw. 17. Jh. für älteres *buchstaben.* – **Buche** w. mhd. *buo-*

che, ahd. *buohha;* idg. Bezeichnung der Rotbuche: lat. *fagus*, gr. *phêgós* (= Eiche; verw.: *phageîn* essen; = Baum mit eßbaren Früchten). – Die Buche kommt nur westlich einer Linie Königsberg–Odessa vor; in Sprachlandschaften, die östlich dieser Linie liegen, wurden mit dem Namen der *Buche* andere Bäume (gr.: Eiche, r.: Holunder) benannt. ↗ *Fagott.* **Buchecker** w. nd.-md. Bezeichnung für die Frucht der Buche, 15. Jh. ↗ *Ecker.* **Buchfink** m. spätmhd. *buochvinke.* **Buchweizen** m. nd., nach der Form der buncheckerähnlichen Samen; kurz vor 1400 (aber wohl schon von Kreuzfahrern eingeführt; engl. *buckwheat*).

Buchs(baum) m. urspr. obd. (ahd. *buhsboum*), aus lat. *buxus* vor 600 entlehnt, dies aus gr. *pýxos* (unbekannter Ursprung im Mittelmeerraum). **Büchse** w. aus Buchs gedrechselter Behälter, über lat. *buxis* aus gr. *pyxís* (ahd. *buhsa*, mhd. *buhse*). Vgl. ↗ *Bussole.* – **Buchse** w. Hohlzylinder, 20. Jh. aus obd. Maa. (fehlender Umlaut), = *Büchse.*

Bucht w. Küstenwort (mnd. *bocht*, engl. *bight*); Abstraktform zu ↗ *biegen.* ↗ *ausbuchten.*

Buckel m. mhd. *buckel*, über afrz. aus lat. *buccula* Bäckchen (zum SchW *bucca* aufgeblasene Backe); urspr. = Metallbeschlag auf der Schildmitte; 16. Jh. = Rücken. ↗ *Bouclé.* **bucklig** Adj., früher *buckeleht* höckrig.

bücken Zw. mhd. *bücken, bucken*, Intensivform zu ↗ *biegen.* Zur Bildung ↗ *nicken*, ↗ *placken.* **Bückling**[1] m. sich bückender Mensch, frühnhd. *bücking.*

Bück(l)ing[2] m. Räucherhering, mnl. *buckinc.* Nach seinem schlechten Geruch; nl. *boksharing* = Bocksbering. Spätmhd. *bücking.*

Buddel w. nd. 17. Jh. aus frz. *bouteille*, dies aus spätlat. *buticula* Fäßchen, Verkleinerung zu lat. *buttis* Faß = gr. *bûttis* Tonne; ↗ *Bütte.*

buddeln Zw. berl. 19. Jh. Nbf. zu *pudeln* im Wasser plätschern (↗ *Aschenputtel*).

Bude w. mhd. *buode,* zum Stamm von ↗ *bauen.* ↗ *Baude;* = Studentenzimmer Mitte 18. Jh. aus Leipzig, woher auch **Budenangst** w. Seelenbeklemmung (des auf seiner Bude einsamen Studenten).

Budget s. Ende 18. Jh. aus engl. *budget* Staatshaushalt; urspr. = Lederbeutel, dies aus frz. *bougette* Säckchen, Verkleinerung von *bouge* aus lat. *bulga* Ledersack; verw.: ↗ *Balg.*

Budike w. 2. Hälfte 17. Jh. aus frz. *boutique;* unter dem Einfluß von ↗ *Bude* entwickelt sich die urspr. Bedeutung „Magazin" zu „kleine Gastwirtschaft". ↗ *Boutique.*

Büfett s. Anfang 18. Jh. aus frz. *buffet;* davor (16. Jh.) *Puffet,* aus it. *buffeto;* Ursprung ungeklärt.

Büffel m. spätmhd. *büffel,* aus frz. *buffle,* dies aus lat. *bufalus,* Nbf. zu *bubalus* = gr. *búbalos* eigtl. = Gazelle, dann, wegen des Anklangs an gr. *bûs* Rind, = Büffel. **büffeln** Zw. fleißig lernen, 2. Hälfte 16. Jh. stud., nach älterem *büffelerbeit* (Luther; ↗ *ochsen*). Daher: *Büffel* 16. Jh. = Hausknecht.

Bug m. mhd. *buoc,* ahd. *buog;* idg. Körperteilbezeichnung (gr. *pêchys* Ellenbogen). **Bugspriet** m. schräg über den Bug ragender Mast, mnd. *bughspret;* nd. *spriet* Mast gehört zum Zw. ↗ *sprießen.*

Bügel m. 16. Jh. zum Zw. ↗ *biegen;* schon mhd. *bügele* Steigbügel. – **Bügeleisen** s. 2. Hälfte 17. Jh., nach seinem gebogenen Griff. Dazu **bügeln** Zw. 17. Jh.

bugsieren Zw. eigtl. = als kleineres Schiff ein größeres schleppen, 1. Hälfte 17. Jh. buxiren, aus nl. *boegseeren,* dies aus port. *puxar* schleppen (volkset. Einfluß von *Bug*). Ausgang: lat. *pulsare* stoßen (Intensivum zu *pellere* [ver]treiben).

Bühl m. Hügel, mhd. *bühel,* ahd. *buhil;* bes. obd.-md.; Herkunft?; vielleicht verw. mit ↗ *Bö?*

Buhle m. (w.) mhd. *buole;* ahd. PN *Buolo;* urspr.: lallende Koseform zu ↗ *Bruder* (wie ↗ *Bube*). Eigtl. = vertrauliche Anrede des m. Verwandten.

Bühne w. mhd. *bün(e)* Podium, Zimmerdecke. Herkunft ungeklärt; verw.: ↗ *Boden?* 18. Jh. = Theaterschauplatz, verkürzt aus *Schaubühne.* Vielleicht verw.: **Buhne** w. Uferschutz (aus Latten), nd. Mitte 17. Jh.

Bukett s. 17. Jh. aus frz. *bouquet,* der pikardischen Form von afrz. *boschet* Wäldchen (Deminutiv zu *bois* Wald; verw.: ↗ *Busch?*). ↗ *Boskett.*

Bulldogge w. 18. Jh. aus engl. *bulldog,* für heimisches *Bullenbeißer;* ebso. nach engl. Vorbild: 20. Jh. **Bulldog** m. Zugmaschine. – **Bullauge** s. rundes Kajütenfenster, 19. Jh. aus engl. *bull's eye.* – **Bulle**[1] m. Stier, mnd. *bulle* (engl. *bull*), urspr. nd. Bezeichnung des Stiers nach seinem Zeugungsglied (gr. *phallós* [↗ *Phallus*]; idg. Wurzel **bhel-* schwellen).

Bulle[2] w. päpstliche Verordnung, mhd. *bulle,* aus lat. *bulla* Wasserblase, Kapsel (↗ *Bouillon*). ↗ *Bulletin,* ↗ *Boiler.*

bullern Zw. wallend kochen, spätmhd. *boldern, bollern,* SchW zu ↗ *poltern.*

Bulletin s. vor 1800 über frz. *bulletin* aus it. *bulletino* Zettel (lat. *bulla* Urkunde. ↗ *Bulle*[2]).

Bumerang m. Mitte 19. Jh. aus engl. *boomerang,* dies aus einer austral. Sprache.

bummeln Zw. Anfang 18. Jh. SchW (nach dem Glockenschlag); zuerst = (wie die Glocke) schwanken, pendeln; dann (nd. 18. Jh.) = nichtstuend schlendern. **Bummel** m. schlendernder Spaziergang, stud. Mitte 19. Jh. vom Zw. *bummeln.* **Bummler** m. SchlW 1848.

Bund m. mhd. *bunt;* ablautend zum Zw. ↗ *binden.* **Bündel** s. mhd. *bündel* m. und s. – **bündig** Adj. mhd. *bündec* verbündet. **Bündnis** s. spätmhd. *büntnisse.*

Bungalow m. 20. Jh. aus engl. *bungalow*, aus hind. *banglâ* einstöckiges Europäerhaus in Indien.
Bunge w. Trommel, ↗ *Bengel*.
Bunker m. 19. Jh. aus engl. *(coal-) bunker*, zu *bunk* Holzkiste (an. *bunki* Planken; Einwirkung von *Bank*); 1916 = Betonunterstand.
bunt Adj. mhd. *bunt* schwarz-weiß gestreift (wie ein Pelz), Klosterwort (Stickereien!); als s. Subst. = Pelzbündel; 14. Jh. = vielfarbig; aus mlat. *punctus* gepunktet (gestickt). ↗ *Punkt*. *-nt* für *-nkt* wie bei ↗ *Finte*. **buntscheckig** Adj. Ende 17. Jh.; zuerst von Pferden (↗ *scheckig*!).
Bürde w. mhd. *bürde*, ahd. *burdi*, got. *baurþei;* urspr. Adjektivabstrakt zum Zw.-stamm idg. **bhertragen* (↗ *Bahre*, ↗ *gebären*).
Burg w. mhd. *burc*, ahd. *burg* (engl. *borough*, *burrow*); ablautend zu ↗ *Berg*. Aus dem Afrk. frz. *bourg*. ↗ *Stadt*, ↗ *Bourgeoisie*. **Burgfriede** m. mhd. *burcvride;* urspr. Frieden(svertrag) unter den Erben einer Burg; dann = Frieden(szusicherung) am Fürstenhof in einer Stadt; schließlich (Wartburgfest 1817) = Versammlungsfriede.
Bürge m. ahd. *purgeo, burigo;* zum Zw. ↗ *borgen*.
Bürger m. mhd. *burgære*, ahd. *burgâri*, Zs. aus *burg* + **wâri*, dies zu ↗ *wehren*, Verteidiger der Burg. Vgl.: *Angrivarii* Anger-Verteidiger (germ. Stammesname). ↗ *Städter*. **Bürgerkrieg** m. LÜ 17. Jh. von lat. *bellum civile*. **Bürgermeister** m. mhd. *burge(r)meister*. **Bürgerschule** w. Mitte 16. Jh. *burgerschuel;* Anfang 19. Jh. neu belebt. **Bürgertum** s. LÜ kurz vor 1800 (von Fichte?) von frz. *bourgeoisie*.
Burgunder Mz. ↗ *Berg*.
Burleske w. 2. Hälfte 17. Jh. aus frz. *burlesque*, it. *burlesco* Posse; = span. *burla* Posse, dies aus lat. *burrulae* Possen, Verkleinerungsform zu lat. *burra* Zotten-, Wollkleid. ↗ *Büro*, ↗ *Humoreske*. **burlesk** Adj.

gleichzeitig mit *Burleske*. **Büro** s. vor 1700 aus frz. *bureau* (afrz. *bure*, aus lat. *burra* Zottenkleid, -decke [Herkunft?]; eigtl. = Wolltischtuch, Tisch mit [wollenem] Tuch, Zimmer mit einem bedeckten Tisch). – **Bürokratie** w. um 1790 aus frz.; davon um 1819 (Görres): *Bürokrat, bürokratisch*.
Bursche m. frühnhd. *burssgesell, bursant, mitbursche* Mitglied einer aus gemeinsamem Beutel lebenden Gesellschaft (von Studenten, Handwerkern, Soldaten); eine solche Gesellschaft (und ihr Haus) hieß *bursa* (↗ *Börse*), aus lat. *bursa* Geldbeutel. Wie bei ↗ *Frauenzimmer* wird die Bezeichnung des Aufenthaltsortes zur Bezeichnung des Wohnenden. *Die Bursche* wurde als Mz. zu einer Ez. *der Bursch* mißverstanden. *-rsch* aus *-rs* wie bei ↗ *Barsch*, ↗ *forsch*. **Burschenschaft** w. vor 1800 = Gesamtheit der Studenten einer Universität; 1815 = vaterländischer Studentenbund. – **burschikos** Adj. stud. Scherzbildung Mitte 18. Jh. mit griech. Endung *-ikós* zu *Bursch* Student.
Bürste w. mhd. *bürste*. Eigtl. = Mz. zu *burst, borst* ↗ *Borste;* = die Borsten; dann = Gerät mit Borsten. ↗ *Barsch*. **Bürstenbinder** m.: *trinken wie ein B.* (16. Jh.) zum Zw. **bürsten**, das auch „trinken" bedeutet. Wohl volkset. von *Bursch*.
Bürzel m. Wild-, Geflügelsteiß, frühnhd. *bürtzel, pirtzel,* von *burz* Steiß, dies zum Zw. *borzen* emporrecken, vom Adj. ahd. *bor* ↗ *empor*. – ↗ *purzeln*.
Bus m. 1. Hälfte 20. Jh. aus engl. *bus*, abgekürzt aus ↗ *Omnibus*.
Busch m. mhd. *busch, bosch(e)* (engl. *bush*), zur Zw.-Wurzel germ. **bus-* schwellen; = was dick (dicht) ist (↗ *Bausch* und seine Sippe). – *Auf den Busch klopfen* urspr. jägersprachl., übtr. 17. Jh. – ↗ *Böschung*, ↗ *Gebüsch*. – **Büschel** s. mhd. *büschel* Verkleinerung zu *Busch*. **Buschklepper** m. 17. Jh. –

↗ *„Klepper"* bezeichnet Pferd und Reiter. Also = Strauchreiter, Wegelagerer. **Buschwindröschen** s. frühnhd. LÜ zu ↗*Anemone.*

Busen m. mhd. *buosem, -sen,* ahd. *buosam, -sum* (engl. *bosom*); zur idg. Wurzel **bhu-* schwellen. ↗*Bausch* und seine Sippe.

Bussard m. Mitte 16. Jh. *Bushard, Bussaar, Busshart,* aus frz. *busart* (engl. *buzzard*), dies aus lat. *buteo,* einem SchW nach dem Vogelschrei. Älter: mhd. *busant,* aus afrz. *buson* (frz. *buison*).

Buße w. mhd. *buoȝ(e),* ahd. *buoȝ(a)* (engl. *boot*); im Ablaut zu ↗*baß,* eigtl. = Besserung (z. B. im alten Zauberspruch: eines Übels; im christl. Bereich: einer sittlichen Verschuldung). – **büßen** Zw. mhd. *büeȝen,* ahd. *buoȝȝen* wiedergutmachen; got. *gabôtjan.* ↗*Lückenbüßer.*

Busserl s. Küßchen, bayr. Verkleinerung zum Kinderwort *Buß* Kuß (SchW). ↗*Kuß.*

Bussole w. 2. Hälfte 17. Jh. aus it. *bussola,* Verkleinerung zu lat. *buxis;* eigtl. = Käpselchen (in der sich die Magnetnadel befindet). ↗*Büchse.*

Büste w. = weibl. Brust, Mitte 19. Jh. aus frz. *buste;* = Porträtplastik 1. Hälfte 18. Jh. aus frz. *buste* (woher auch engl. *bust*), kurz davor schon aus it. *busto* Grabplastik des Verstorbenen. Zugrunde liegt: lat. *bustum* Leichenbrandstatt: die urspr. hohlen Grabplastiken nahmen den Leichenbrand (etrusk.) auf (*bustum* irrig für *ustum* [zu: *urere* brennen]; das *b* aus Zss. wie:

amb-urere, comb-urere [völlig] verbrennen).

Butt m. Flachfisch, mnd. *but;* Küstenwort, nach nd. *butt* stumpf, plump (nach der Form des Fisches). ↗*Butzen.*

Bütte w. mhd. *bü(t)e, büten,* ahd. *butin(na),* aus lat. *butina,* dies aus gr. *putinê* umflochtene Flasche. Vgl. ↗*Buddel.* **Bütten** s. abgekürzt aus *Büttenpapier* 19. Jh. aus der *Bütte* handgeschöpftes Papier.

Büttel m. mhd. *bütel,* ahd. *butil* (engl. *beadle* über afrz.), zum Zw. ↗*bieten:* der *Büttel* entbot urspr. die Beklagten vor Gericht. ↗*Pedell,* auch: ↗*Winzer.*

-büttel in nd. ONN (*Wolfen-büttel* usw.), alte Bildung mit as. *but* Haus, zur Sippe von ↗*bauen.*

Butter w. mhd. *buter* (m. und w.), spätahd. *butera* (engl. *butter*), aus lat. *butyrum* = gr. *bûtyron* Kuhquark, einem urspr. skyth. Wort (frz. *beurre,* it. *burro*). Die heimischen Wörter unter ↗*Anke[1]* und ↗*Schmer.*

Büttner m. thür., frk., pfälz. = Büttenmacher; schon mhd.

Butzen m. Kerngehäuse des Obstes, vgl.: nd. *butt* plump (also verw. mit ↗*Butt*). ↗*Hagebutte,* ↗*Mumpitz.* (Aber: **Butz** m. Nasenschleim zu ↗*putzen;* **Butze** m. Kobold gehört zu ↗*putzig.*) **Butzenscheibe** w. Anfang 19. Jh. zuerst in Nürnberg verbreitet; nach der Erhebung in der Mitte der Scheibe. **Butzenscheibenlyrik** w. ironisch 1884 (durch P. Heyse).

Buxe w. nd. 17. Jh., zusammengezogen aus nd. *buck-hose* Hose aus Ziegenfell. ↗*Bock.*

C

Cadillac m. am. Kraftwagentyp, 20. Jh., nach dem frz. Gründer der am. Kraftwagenzentrale Detroit, A. de la Mothe *Cadillac,* 1660–1720.

Camembert m. 20. Jh. nach einem Dorf in der Normandie.

campen Zw. 20. Jh. aus engl. *camp* zelten. ↗*kampieren,* ↗*Kampagne.*

Camping s. Zeltlagerdasein, 20. Jh. aus engl. – **Campus** m. Universitätsgelände, nach am. Vorbild aus lat. *campus* Feld. ↗*Champignon.*

Cape s. 20. Jh. aus engl. *cape* Umhang über afrz. *capa* aus lat. *cappa.*

Caravan m. Reisewagen, 20. Jh. aus am.; ↗*Karawane.*

Catcher m. Freistilringer, 20. Jh. aus am. (*to catch* fangen, aus pikardisch *cachier* [frz. *chasser* jagen]; lat. *captiare* fangen, *capere* nehmen). Dazu: das Küstenwort *Kescher* m. Handfangnetz, 16. Jh.

Cello s. 1. Hälfte 18. Jh. abgekürzt aus it. *violoncello* kleine Baßgeige (it. *violone* große Bratsche, dazu -*cello* verkleinernd).

Cembalo s. Tasteninstrument mit angerissenen Saiten, 17. Jh. aus it. (lat. *cymbalum* Schallbecken, aus gr.; daher auch: d. *Zimbel w., Zymbal* s. ein Schlaggerät).

Center s. 20. Jh. aus am.; = ↗*Zentrum.*

Chamäleon s. 13. Jh. aus afrz. *gamalion,* dies aus gr. *chamailéon: chamaí* am Boden + *léon* Löwe, also = Bodenlöwe.

Champagner m. 18. Jh. *Champagnewein,* aus frz. *vin de Champagne;* bald verkürzt nach frz. Vorbild (*Champagner* nach *Champagne*).

Champignon m. vor 1700 aus frz. *champignon* Eßpilz (galloroman. *campaniolus* Brachfeldpilz); ↗*campen.*

Chance w. 19. Jh. aus frz. *chance.* Eigtl. = glücklicher Würfelwurf (von mlat. *cadentia* Würfelfall; *cadere* fallen. ↗*Kadenz,* ↗*Kaskade*). Dazu: *etw. in die Schanze schlagen* aufs Spiel setzen. ↗*Schanze[1].*

Chanson s. 18. Jh. aus frz. *chanson,* lat. *cantio* Gesang; ↗*Kantor.*

Chaos s. = gestaltlose Urmasse; 16. Jh. nach klassischem Muster (1538 Paracelsus = Luft); Mitte 18. Jh. = Wirrwarr; aus gr. *cháos* Urmasse. ↗*Gas.*

chaptalisieren Zw. Most durch Zukkern aufbessern, 19. Jh. nach dem frz. Chemiker Antoine *Chaptal,* 1756–1832.

Charakter m. spätmhd. *karacter* Zauberzeichen, über lat. *character* aus gr. *charaktêr* Gepräge, *charássein* ritzen. Vor 1700 noch einmal in der Bedeutung „Haupteigenschaft" aus dem Frz. *caractère* entlehnt (daher die d. Aussprache *K*-statt *Ch*-!). – **charakteristisch** Adj. kennzeichnend, 18. Jh.

Charge w. 1. Hälfte 17. Jh. aus frz. *charge,* dies zum Zw. *charger* (d. **chargieren** Zw. 17. Jh.); volkslat. *carricare* beladen, lat. *carrus* Wagen; ↗*Karre.*

charmant Adj. Ende 17. Jh. aus frz. *charmant* Part. zum Zw. *charmer* bezaubern, dies aus lat. *carminare* bezaubern (*carmen* Lied, zu *canere* singen). – **Charme** m. 18. Jh. aus frz. *charme,* dies aus lat. *carmen* auch = Zauberspruch.

Charta w. Grundsatzurkunde, 20. Jh. aus lat. *charta* Urkunde. Vgl. ↗*Karte.* **chartern** Zw. 19. Jh. aus engl. Zw. *charter,* dies über afrz. *chartre* Briefchen, aus lat. *chartula* kleine Urkunde.

Chassis s. 19. Jh. aus frz. *châssis* Rahmen (*châsse* Kästchen, aus lat. *capsa* Behälter; vgl. ↗*Kapsel*.)

Chauffeur m. 20. Jh. aus frz. *chauffeur* Heizer (*chauffer* heizen, aus volkslat. *calefare,* lat. *calefacere* warm machen). – ↗*echauffieren,* ↗*Fahrer,* auch ↗*Kalorie,* ↗*nonchalant.*

Chaussee w. Mitte 18. Jh. aus frz. *chaussée,* dies aus lat. [*via*] *calciata* Straße mit Kalksteinpflaster. ↗*Kalk.*

Chauvinismus m. 1870 aus frz. *chauvinisme* (engl. *chauvinism*), nach einer Lustspielfigur der Brüder Cogniard 1831. Ausgangspunkt der Napoleonschwärmer und Veteran Nic. *Chauvin* aus Rochefort.

checken Zw. (über-)prüfen, 20. Jh. aus engl. (urspr. = Schach spielen), vom engl. Subst. *check* = ↗*Schach.* Im Am. mit ↗*Scheck* (engl. *cheque*) zusammengefallen.

Chef m. 17. Jh. aus frz. *chef* Heerführer; Mitte 18. Jh. = Vorgesetzter; vor 1800 = Geschäftsinhaber (Ausgangspunkt: lat. *caput* = ⟋ *Haupt*).

Chemie w. 2. Hälfte 18. Jh. aus spätgr. *chêmeía*, für älteres *chymía* zu *chýma* Guß. Vielleicht ist *Chemie* aus ⟋ *Alchemie* verkürzt?

-chen Verkleinerungssilbe, urspr. Verbindung der alten Verkleinerungssilben -*ka*, -*ko* mit -*in;* dringt allmählich seit Ende des Mittelalters aus nd. in md. Gebiet vor; durchgesetzt seit 17. Jh.

Cherub m. mhd. *cherubîn*, aus der Mz. heb. *cherubim* die Thronträger Jehovas.

Chicorée w. Salatart, 20. Jh. aus frz. *chicorée*, das aus mlat. *cichorea* stammt; ⟋ *Zichorie*.

Chiffre w. 18. Jh. aus frz. *chiffre* Zahlzeichen, dies aus ar. *ṣifr*, aus dem auch ⟋ *Ziffer* stammt. ⟋ *entziffern*.

Chinin s. 19. Jh. aus it. *chinina;* davor *China*(*china*) nach per. *quinaquina* gepulverte Rinde des Chinabaumes.

Chip m. Scheibchen, Spielmarke, 20. Jh. aus engl. *chip* Schnitzel, Span, Spielmarke, von: volkslat. *cippare* (*cippus* Pfahl) oder: zur idg. Wurzel **gei*- spleißen.

Chirurgie w. 16. Jh. *Cirurgy,* aus afrz. *cirurgerie* (daher auch engl. *surgery*), dies aus gr. *cheirûrgía* Handarbeit (d. Angleichung an die gr. Lautform: 18. Jh.).

Chlor s. 19. Jh. aus gr. *chlôrós* gelbgrün. **Chloroform** s. 1834 KW aus *Chlor*kalk und Acidum *form*icicum Ameisensäure (durch Dumas dargestellt).

Cholera w. 15. Jh. *colera,* über lat. *cholera* aus gr. *choléra* Gallenbrechruhr; im 19. Jh. auf die jetzt so genannte asiat. Infektionskrankheit übertragen (gr. *cholê* Galle). ⟋ *Galle*, ⟋ *Koller*, ⟋ *melancholisch*. **cholerisch** Adj. 17. Jh. nach frz. *colère* Zorn, gr. *cholerikós* gallensüchtig (Grundtempe-

rament: durch Galle überhitztes Blut).

Chor m. mhd. *kôr* Sängergruppe, Chorraum, ahd. *chôr* Chor der Geistlichen beim Gottesdienst, aus lat. *chorus,* dies aus gr. *chorós* Tanz, Reigen. **Choral** m. 17. Jh. aus älterem *Choralgesang* verkürzt. Zugrunde liegt: lat. *cantus choralis* Gruppengesang.

Christus m. gelehrte Vollform 16. Jh. für mhd. ahd. *krist,* dies aus got. *Chreistus* (arian. Mission); zugrunde liegt gr. *christós* der Gesalbte. Beiname Jesu. **Christ** m. Anhänger Jesu, mhd. *kristen,* aus lat. *christianus* (vgl.: *Christen*-tum, *Christen*-heit). ⟋ *Kretin*. **Christbaum** m. Mitte 18. Jh. für älteres *Weihnachtsbaum* Mitte 17. Jh. Straßburg. **Christstollen** m. ⟋ *Stolle(n)*.

Chrom s. 19. Jh. aus frz. *chrome,* dies aus gr. *chrôma* Farbe (nach der Farbschönheit seiner Verbindungen). – **Chromosomen** Mz. 20. Jh. KW aus gr. *chrôma* + gr. *sôma* Körper („Farbkörper", durch Färbung sichtbar zu machen).

Chronik w. mhd. *kronik,* aus lat. *chronica,* dies aus gr. *biblía chroniká* Zeitbücher (*chrónos* Zeit). ⟋ *Zeitschrift.* **chronisch** Adj. Anfang 16. Jh. aus lat. *(morbus) chronicus* langdauernde (Krankheit). **Chronologie** w. 18. Jh. aus gr. *chronología* Zeitrechnung.

Cinema s. ⟋ *Kino*.

City w. 19. Jh. aus engl. *city,* dies über afrz. aus lat. *civitas* Gemeinde (⟋ *zivil*).

Clan m. Sippe, Clique, 19. Jh. aus engl., = Stammesverband (in Schottland), urspr. kelt. (= Familienzusammenhang).

Claque w. ⟋ *Clique!*

clever Adj. reaktionsschnell, 20. Jh. aus engl. *clever;* ungeklärt.

Clinch m. Umklammerung (beim Boxen), 20. Jh. aus engl. *clinch;* verw.: d. ⟋ *Klinke*, ahd. *klenken* binden, schnüren, frz. *clenche* Türdrücker.

Clip m. Ohr-, Schmuckgehänge, 20. Jh. aus engl. *clip* (zum engl. Zw. *clip* anklammern). **Clipper** m. ⟋ *Klipper!*

Clique w. Ende 18. Jh. aus frz. *la clique* die applaudierende Gesellschaft, SchW (wie **Claque** w. bezahlte Beifallsklatscher im Theater, 19. Jh. aus frz.).

Clochard m. Stadtstreicher, 20. Jh. aus frz. (*clocher* hinken, aus lat. *cloppus* lahm).

Clou m. 20. Jh. aus frz. *clou* Nagel, Mittelpunkt; aus lat. *clavus* Nagel.

Clown m. 19. Jh. aus engl. *clown* dummschlauer Bauernbursche (als Bühnenfigur), dies über lat. *colon* Siedler aus lat. *colonus* Bauer. Vgl. ⟋ *Kolonie.* Davor: ⟋ *Bajazzo.*

Cockpit s. Pilotenkanzel, Fahrersitz, 20. Jh. aus engl., = Hahnengrube (für Hahnenkämpfe). Verw.: ⟋ *Gockel* + ⟋ *Pfütze.* **Cocktail** m. 20. Jh. aus engl.-am. *cocktail* eigtl. = Hahnenschwanz, nach der Buntheit des Mischgetränks. ⟋ *Gockel,* ⟋ *Kokarde.*

Code m. ⟋ *Kode!*

College s. ⟋ *Kolleg!*

Colt m. nach dem am. Erfinder des Trommelrevolvers Samuel *Colt,* 1814−1862; ⟋ *Revolver.*

Computer m. Datenmaschine, KW 20. Jh. aus am. von lat. *computare* zusammenrechnen (engl. *comput, count,* frz. *compter, conter;* zu lat. *putus* rein, *putare* berechnen, *purus* rein = frz. *pur;* ⟋ *pur*).

Container m. Frachtgutbehälter, 20. Jh. aus engl., = Behälter (von lat. *continere* zusammenhalten).

Converter m. ⟋ *Konverter.*

Copyright s. ⟋ *Kopie!*

Couch w. 20. Jh. aus engl. *couch,* das aus frz. *couche* stammt (vom Zw. *coucher* liegen; ⟋ *kuschen*). Von: lat. *collocare* legen; ⟋ *Lokal,* ⟋ *gautschen.*

Coulomb s. elektr. Maßeinheit, 1881 frz., nach dem frz. Ingenieur Ch. A. de *Coulomb,* 1736−1806.

Coupé s. 19. Jh. aus frz. *coupé* (vom frz. Zw. *couper* schneiden; ⟋ *Kupon*). Eigtl. Halbkutsche; ⟋ *Abteil.*

Courage w. 16. Jh. aus frz. *courage* (zu frz. *cœur* Herz). Eigtl. = Beherztheit. ⟋ *Konkordat.*

Cousin m. Mitte 17. Jh. aus frz. *cousin;* lat. *consobrinus* Vetter, Base (verw.: *soror* Schwester).

Creme w. um 1700 aus frz. *crème* (für älteres *chrème,* das aus lat.-gr. *chrisma* Salbe stammt).

Croupier m. vor 1800 aus frz. *croupier* (vom frz. Zw. *croupir* hocken, *croupe* Hinterteil; dazu: d. ⟋ *Kruppe*). Also = Hintermann.

Curaçao m. vor 1900 nach der Antilleninsel *Curaçao* (Pomeranzenausfuhr).

Curry m., s. Pulvergewürz, 20. Jh. über engl. aus tam. (= Tunke).

Cut m. 20. Jh. Kurzform von engl. *cutaway* weggeschnittener Rock (vom engl. Zw. *cut* schneiden). − **Cutter** m. Schnittmeister beim Funk, Fernsehen, 20. Jh. aus engl. *cutter.* ⟋ *Kutter.*

D

da[1] Adv., Konj. mhd. ahd. *dô;* urspr. Akkusativ Ez. des w. Artikels (got. *þô*). Vgl. ⟋ *der.*

da[2] Ortsadv. mhd. *dâ(r),* ahd. *dâr,* vom germ. Demonstrativpronomen abgeleitet. Das alte auslautende -*r* erhalten in Wörtern wie *daraus, darin, darüber, darunter* usw.; = weil (kausale Konj.) seit mhd.

Dach s. mhd. *dach,* ahd. *dah(h);* urverw. lat. *toga* Bekleidung, Bedachung; zur Sippe des Zw.s ⟋ *dek-*

ken (lat. *tegere* decken, *tegulum* Dach, gr. *tégos, téchnê* Dach, Haus). Eigtl. = das Deckende; ↗ *Detektiv. – Aufs Dach steigen*, um es dem Pantoffelhelden abzudekken: Volksjustiz (2. Hälfte 16. Jh.) –**Dachreiter** m. Türmchen, 2. Hälfte 18. Jh. **Dachschaden** m. geistige Trübung, 20. Jh.

Dachs m. mhd. ahd. *dahs;* urverw.: lat. *texere* bauen, flechten, gr. *téchnê* Handwerk, Kunst? Dann wäre das Tier eigtl. = der Bauer (wegen seiner Grabereien). Oder nach dem Muster von ↗ *Fuchs* und ↗ *Luchs* zur idg. Wurzel **tegu-* dick? Dann = der Dicke. ↗ *Dackel.*

Dachtel w. Ohrfeige, eigtl. = ↗ *Dattel;* ↗ *Ohrfeige.*

Dackel m. Koseform Ende 19. Jh. für *Dachshund.* ↗ *Teckel,* ↗ *Dachs.*

daheim Adv. mhd. *dâ heime,* älteres *heime* zu Haus verstärkend.

Dahlie w. 1791 in Madrid nach dem schwed. Botaniker A. *Dahl* (1801 nach dem finn. Akademiker Georgi ↗ *Georgine*). 1. Dahlienblüte in Berlin 1805. Name 1954 internat. festgelegt.

dalli Adv. schnell, 19. Jh. Berlin und Ostd., aus poln. *dalej* vorwärts!

Damast m. frühnhd. *damasch, damast,* aus mlat. *damascenus* Gewebe aus Damaskus. – *-t* angetreten wie bei ↗ *Moras-t.*

Dame w. um 1600 aus it. *dama,* etwas später aus frz. *dame;* beide aus lat. *domina* Herrin; seit Mitte des 17. Jh.s Titel der adligen und Hofdamen; später (um 1800) bürgerlich.

Damhirsch m. mhd. *tâm(e),* ahd. *tâm(o);* urverw. vielleicht: gr. *damálês* Jungstier; dann zum Zw. ↗ *zähmen.* Eigtl. = gezähmtes Hornvieh. Oder aus lat.-kelt. *dam(m)a* Reh?

dämlich Adj. Mitte 18. Jh. zum Zw. *dam(m)eln.* Urverw.: lat. *temulentus* trunken? Dazu bayr. **damisch** Adj.

Damm m. mhd. *tam.* Das nhd. *Damm* hat nd. Anlaut (Verbrei-

tung der Dammbaukunst durch Küstenbewohner; vgl.: ↗ *Dübel,* ↗ *Dung* usw.). Urverw. vielleicht: gr. *thémein* festmachen; dann zum idg. Zw.-Stamm **dhe-* stellen, setzen. **dämmen** Zw. mhd. ahd. *temmen,* mnd. *demmen.*

Dämmer m. 2. Hälfte 18. Jh. (Goethe, Urfaust) für älteres *Dämmerung,* mhd. *demerunge,* ahd. *demerunga.* Urverw.: lat. *temerare* verdunkeln, beflecken, *tenebrae* Finsternis, *temere* blindlings; idg. Wurzel **tem(e)-* dunkel. **dämmern** Zw. Mitte 17. Jh., ↗ *diesig.*

Dämon m. 1. Hälfte 18. Jh. von gr. *daímôn* (böser) Geist, dies zum Zw. *daíesthai* teilen, verteilen (↗ *Demokratie*), also = Zuteiler des Geschickes?

Dampf m. mhd. *dampf, tampf,* ahd. *damph;* zum Zw. *dimpfen* rauchen. Verw. mit ↗ *dumpf,* ↗ *dunkel,* vielleicht ↗ *Duft.* – **Dampfer** m. LÜ 19. Jh. aus engl. *steamer* für älteres *Dampfschiff* Anfang 19. Jh. LÜ aus engl. *steamship.* – **dämpfen** Zw. Bewirkungswort zum starken Zw. *dimpfen* rauchen, mhd. *dempfen, tempfen,* ahd. *demphen, temphen* auslöschen, ersticken machen. **Dämpfer** m. urspr. Violinklammer (2. Hälfte 18. Jh.). Übtr.: *einen Dämpfer aufsetzen* LÜ 19. Jh. aus engl. *to put a damper on.* **Dampfmaschine** w. LÜ 2. Hälfte 18. Jh. aus engl. *steam-engine.*

Dandy m. um 1830 aus engl.; Koseform des PN.s *Andrew* (seit etwa 1815 = Stutzer).

Däne m. ↗ *Tenne.*

Dank m. mhd. ahd. *danc;* zum Zw. ↗ *denken;* eigtl. = Gedenken, Hindenken. **danken** Zw. mhd. *danken,* ahd. *danchôn.* **dankbar** Adj. mhd. *dancbære,* ahd. *dancbâri.*

darben Zw. ahd. *darbên,* got. *(ga)þarban;* abgelautet zum Zw. ↗ *dürfen;* durch die Lutherbibel durchgesetzt.

Darling m. Liebling, 20. Jh. aus engl. *darling (dear* lieb; ↗ *teuer*).

Darm m. mhd. *darm,* ahd. *dar(a)m;*

zur idg. Wurzel *tormo-,* die zum Zw. idg. *ter-* durchbohren gehört (also = Loch). Verw.: ∕ *drehen.*

Darre w. Trockengerät, mhd. *darre,* ahd. *darra;* verw. mit den Zww. ∕ *dörren,* ∕ *dorren,* dem Adj. ∕ *dürr* und dem Subst. ∕ *Durst;* mit diesen zur idg. Wurzel *ters-* trocknen.

Dasein s. Verdeutschung von lat. *existentia,* durch Gottsched 1725. Schon um 1700 = Anwesenheit. ∕ *sein*[1], ∕ *Existenz.*

daß Konj. identisch mit dem Pronomen (*der, die*) *das* (*ich sehe das: der Mann geht*). Schreibung mit -ß seit Mitte 16. Jh.

Dativ m. (3., Wemfall) aus lat. (*casus*) *dativus* Gebefall (lat. *dare* geben). ∕ *Datum.*

Dattel w. spätmhd. *datel,* aus it. *dattilo,* span. *datil* (Südfruchthandel). Schon davor mhd. *tahtel,* ahd. *dahtil*(*boum*), aus lat. *dactylus,* gr. *dáktylos* Finger (volkset. wegen der Blatt- oder Fruchtform; primär aus ar. *daqal* Dattel; ∕ *Palme*). ∕ *Ohrfeige,* ∕ *Dachtel.*

Datterich m. ma. für ∕ *Tatterich.*

Datum s. 14. Jh. mhd. *datum* vor der Angabe des Tages auf Urkunden, aus lat. *datum* gegeben, vom Zw. *dare* geben; ∕ *Dativ;* ferner: ∕ *kommandieren,* ∕ *Mandat,* ∕ *Pardon,* ∕ *Tradition.* **datieren** Zw. 2. Hälfte 16. Jh. aus frz. *dater.*

Daube w. Seitenbrett eines Fasses, seit Luther mit -*b*-, vielleicht in Anlehnung an frz. *douve* Daube; davor mit -*g*-: mhd. *dûge,* dies aus mlat. *doga* Daube, aus gr. *dóchê* Behälter.

Dauer w. mhd. (selten) *dûr;* vom Zw. **dauern**[1] währen, mhd. *tûren, dûren,* aus lat. *durare* dauern, das in Norddeutschland entlehnt wird; hd. häufiger seit Mitte 16. Jh.

dauern[2] Zw. bedauern, mhd. *tûren;* im Ablaut zu ∕ *teuer,* mhd. *tiure.* Der *d*-Anlaut aus dem Ostmd.

Daumen m. mhd. *dûme,* ahd. *thûmo;* idg. Fingerbezeichnung: idg. **tûmon* stark. Urverw.: lat. *tume-*

re schwellen. ∕ *tausend,* ∕ *Tumult;* ferner: ∕ *tosen,* ∕ *Dünung.*

Daune w. mnd. *dûne* aus isl. *dûnn;* Mitte 17. Jh. auch hd. Urverw.: gr. *thýnein, thýein* sich heftig bewegen. Idg. Wurzel **dhu-* stieben. ∕ *Düne.*

Dauphin(é) m. (w.) ∕ *Delphin.*

Daus[1] s. 2 Würfelaugen, Trumpfas, spätahd. *dûs,* aus südfrz. *daus* = frz. *deux* zwei (lat. *duo*).

Daus[2] m. in Redensarten wie: *Ei der Daus!* Verhüllende Entstellung für: *Teufel.*

Davit m. Schiffskran (20. Jh. aus engl.), aus PN *David* (heb., = Geliebter)?

Däz m. (nordd. md. = Kopf) aus it. *testa,* frz. *tête.*

dealen Zw. Drogen verkaufen; 20. Jh. aus am., = ∕ *teilen.*

Debatte w. 1. Hälfte 18. Jh. aus frz. *débat* Wortgefecht; zuerst in der Mz. *Debatten* (frz. *débats;* zugrunde liegt über volkslat. *battere:* lat. *battuere* schlagen). **debattieren** Zw. 2. Hälfte 17. Jh. aus frz. *débattre* Wortgefechte liefern.

Debet s. 2. Hälfte 17. Jh. aus lat. *debet* er schuldet; anfangs auch *Debit,* aus it. *debito.*

Debüt s. Erstauftreten eines Schauspielers, Ende 18. Jh. aus frz. *début* (*but* Ziel, *début* 1. Schuß auf die Scheibe; Herkunft ungeklärt).

Dechant m. mhd. *techan*(*t*), *dechent,* ahd. *techan,* aus lat. *decanus* Führer von 10 Mann. ∕ *Dekan.*

Decharge w. Entlastung, um 1800 aus frz. *décharge* (*dé-* ent- + *charger* laden).

dechiffrieren Zw. 1. Hälfte 18. Jh. aus frz. *déchiffrer* (*dé-* ent- + *chiffre* ∕ *Ziffer*).

Deck s. 1. Hälfte 18. Jh. aus nl. *dek* (engl. *deck*), dies LÜ zu frz. *couvert,* it. *coperta* (lat. *cooperire* ganz bedecken). – **Decke** w. Verbalabstrakt zum Zw. **decken,** mhd. *dekken,* ahd. *decchen, decken.* Urverw.: lat. *tegere* bedecken (∕ *Protektion,* ∕ *Ziegel*); verw.: ∕ *Dach,* ∕ *Detektiv.* – Bedeutung „begatten, bespringen" späte LÜ zu frz. *couvrir.* ⁊ *Abdecker,* ⁊ *Gedeck.* **Deckbett** s. 2. Hälfte 15. Jh. *deckpet.* **Deckel** m. 15. Jh. Gerätenamen auf *-el* (⁊ *Drisch-el* und Entsprechungen). – **Deckmantel** m. mhd. *deckemantel* LÜ (17. Jh.) von lat. *pallio christianae dilectionis;* ⁊ *bemänteln!*

Dedikation w. 16. Jh. aus lat. *dedicatio.* **dedizieren** Zw. 1. Hälfte 16. Jh. aus lat. *dedicare* (lat. *dicare* weihen, *dicere* sagen). ⁊ *Diktat.*

Deduktion w. Beweisführung, 2. Hälfte 16. Jh. aus lat. *deductio* (lat. *ducere* führen).

Defätismus m. Miesmacherei, 20. Jh. KW aus frz. *défaite* Niederlage, mit lat. Endung (frz. Zw. *défaire* vernichten; lat. **dis-facere* auseinandermachen).

Defekt m. 1. Hälfte 16. Jh. aus lat. *defectus* Mangel (*deficere* abnehmen). ⁊ *Defizit.* **defekt** Adj. Mitte 17. Jh.

defensiv Adj. 1. Hälfte 16. Jh. aus mlat. *defensivus* (lat. *defendere* abwehren). ⁊ *offensiv.* **Defensive** w. 16. Jh. aus frz. *défensive.* **Defensivkrieg** m. 1. Hälfte 17. Jh. LÜ zu lat. *bellum defensivum.*

defilieren Zw. vorbeimarschieren, um 1700 aus frz. *défiler* (frz. *le fil* Faden, Reihe, von lat. *filum* Faden).

definieren Zw. um 1500 aus lat. *definire* abgrenzen (daher schon mhd. *diffinieren* bestimmen). – **Definition** w. frühnhd. **definitiv** Adj. Anfang 18. Jh. aus lat. *definitivus* bestimmt.

Defizit s. 1. Hälfte 18. Jh. aus lat. *deficit* es fehlt; als Modewort der Frz. Revolution Ende 18. Jh. nach frz. *déficit* durchgesetzt.

deftig Adj. nd. Mundartwort, hd. seit 13. Jh. an der Küste und am Rhein vordringend; fries.-nl. *deftig* stattlich, got. *gadaban* passen. Verw.: r. *dóbryj* gut; engl. *deft* flink; lat. *faber* Handwerker.

Degen[1] m. Waffe, um 1400 aus frz. *dague* (ostfrz. *degue*); dies aus

mlat. *dagua,* von kelt. *dag* Dolch (engl. *dagger* Schwert). ⁊ *Haudegen.*

Degen[2] m. Kriegsheld, mhd. *degen* Held, ahd. *thegan* Knabe, Gefolgsmann, verw.: gr. *téknon* Kind (*tíktein* gebären). ⁊ *Dirne.*

degenerieren Zw. 2. Hälfte 16. Jh. aus lat. *degenerare* (*degener* entartet, *genus* Geschlecht). ⁊ *Abart.*

degradieren Zw. mhd. *de-, digradieren* amtsentsetzen, aus lat. *degradare* (*gradus* Stufe, Rang; ⁊ *Grad!*).

dehnen Zw. mhd. ahd. *den(n)en;* urverw.: lat. *tenere* halten, *tendere* spannen, *tenus* Strick, gr. *teínein* spannen; idg. Wurzel: **ten-* spannen. ⁊ *dünn,* ⁊ *gedunsen,* ⁊ *Tempo,* ⁊ *Tendenz,* ⁊ *Ton*[2]. – Eine Weiterbildung von **ten-* ist **tenko-* gerinnen: ⁊ *gedeihen,* ⁊ *Tang.*

Deich m. spätmhd. *dîch,* aus as. *dîk;* Küstenwort, das mit der Eindeichkunst nach Süden wandert. ⁊ *Teich.* Urverw.: lat. *figere* stecken; idg. Wurzel: **dheig-* stechen; also = ausgestochene Erde. **Deichgraf** m. mnd. *dîkgrêve* (⁊ *Graf*).

Deichsel w. mhd. *dîhsel,* ahd. *dîhsala;* wie ⁊ *Drisch-el* mit der Gerätendung *-sel* vom idg. Verbalstamm **tengh-* ziehen, dehnen. **deichseln** Zw. stud. 19. Jh. Eigtl. = einen Wagen mit der Deichsel rückwärts schieben.

Deist m. 2. Hälfte 17. Jh. aus frz. *déiste,* Mitte des 16. Jh.s aus lat. *deus* Gott gebildet.

Dekadenz w. 17. Jh. aus frz. *décadence* (lat. *decadentia; cadere* fallen); also = was herunterfällt. **dekadent** Adj. 20. Jh. aus frz. *décadent.*

Dekan m. mhd. spätahd. *dechan, techan,* aus lat. *decanus* Führer von 10 Mann (lat. *decem* zehn). ⁊ *Dechant,* ⁊ *Doyen.* **Dekanat** s. Anfang 18. Jh.

deklamieren Zw. Mitte 16. Jh. aus lat. *declamare* laut hersagen (*clamare* schreien; ⁊ *klar*). ⁊ *Reklame.* **Deklamation** w. um 1700.

deklarieren Zw. mhd. *declariren,* aus lat. *declarare* (*clarus* hell, klar); also = klar machen.

deklinieren Zw. mhd. *decliniren,* aus lat. *declinare* abbiegen. **Deklination** w. frühnhd. aus lat. *declinatio* Abbiegung.

Dekolleté s. 19. Jh. aus frz. *décolleté* (*dé* weg, ab; *collet* Kragen, von lat. *collum* aus **colsom ↗ Hals*).

Dekor s. Zierform, um 1800 für älteres *Dekorum* = Anstand, aus lat. *decorum, decorus* anständig, zierlich (*decus* Zierde, *decet* es ziemt; *↗ dezent, ↗ indigniert*). – **Dekoration** w. 16. Jh. aus spätlat. *decoratio.* **dekorieren** Zw. 16. Jh. aus lat. *decorare;* später von frz. *décorer* beeinflußt. **dekorativ** Adj. 19. Jh. aus frz. *décoratif.*

Dekret s. mhd. *decret,* aus lat. *decretum* Entscheidung (*decernere* entscheiden; *cernere* [ent]scheiden; verw.: *↗ Kritik*).

delegieren Zw. 16. Jh. aus lat. *delegare* (*legatus* Gesandter, *legare* abordnen). **Delegation** w. 18. Jh. aus lat. *delegatio* Anweisung.

delikat Adj. um 1600 aus frz. *délicat* heikel, dies aus lat. *delicatus* verweichlicht (*delicere* ergötzen, altlat. **lacere* locken); Mitte 17. Jh. = köstlich. *↗ Lasso.* **Delikatesse** w. 17. Jh. aus frz. *délicatesse* Leckerbissen; Mitte 18. Jh. = Takt. *↗ Zartgefühl.*

Delinquent m. um 1600 aus lat. *delinquens* Verbrecher (*delinquere* sich schuldig machen, *linquere* lassen, Stamm: **l[e]ikv;* verw.: *↗ leihen*). **Delikt** s. 19. Jh. aus lat. *delictum* Verfehlung.

Delirium s. Wahnzustand, vor 1700 aus lat. *delirium* Irresein (*delirare* von der Linie abweichen, *lira* Ackerfurche); *↗ Gleis.*

Delle w. Vertiefung; mhd. *telle* Schlucht; *↗ Tal, ↗ Tülle.*

Delphin m. mhd. *del-, tel-, talfin,* aus lat. *delphinus,* dies aus gr. *delphís* (*delphýs* Gebärmutter). Nach der Form des Zahnwals? – Wappentier der *Dauphiné;* nach deren Anglie-

derung an Frankreich 14. Jh. führt der frz. Kronprinz den Titel *Dauphin.*

Delta s. gabelförmige Flußmündung, Mitte 16. Jh. = Nilmündung aus gr. *délta* (der gr. Großbuchstabe Δ [heb. *dâleth*] wurde mit der Nilmündung verglichen); seit 1. Hälfte 19. Jh. allg. = Flußgabelung.

Demagoge m. 2. Hälfte 18. Jh. aus gr. *dēmagôgós* Volks(ver)führer (*dêmos* Volk + *ágein* führen; *↗ Akker!*). **Demagogie** w. 2. Hälfte 17. Jh. aus gr. *dēmagôgía.*

Dementi s. 2. Hälfte 18. Jh. aus frz. *démenti* (*démentir* Lügen strafen; lat. *de mente* von Sinnen); **dementieren** Zw. 19. Jh. aus frz. *démentir ↗ Lügen* strafen.

demnach Adv. Kanzleiwort 15. Jh.

Demokrat m. 1789 = Republikaner, aus frz. *démocrate,* dies um 1550 aus *démocratie* gebildet. **Demokratie** w. 1. Hälfte 17. Jh. aus gr. *dēmokratía* Herrschaft des Volks (*dêmos* Volk [*daíesthai* teilen] + *krateîn* herrschen [verw.: *↗ hart*]; vgl. *↗ Dämon, ↗ Epidemie*).

demolieren Zw. 2. Hälfte 17. Jh. aus frz. *démolir,* dies aus lat. *demoliri* zerstören (*de-* herab + *moliri* kraftvoll bewegen [zu: *moles* Last?]).

demonstrieren Zw. 2. Hälfte des 16. Jh.s aus lat. *demonstrare* deutlich zeigen (*monstrare* zeigen; *↗ Monstranz!*). **Demonstration** w. Zurschaustellung, Massenkundgebung, 18. Jh. aus lat. *demonstratio* (über engl. Vermittlung?). **demonstrativ** Adj. 18. Jh. aus lat. *demonstrativus.*

Demut w. mhd. *diemüete,* ahd. *diomuoti,* vom Adj. *deomuoti* demütig: **dio* Knecht (got. *þius* Diener) + *muot* Gesinnung; eigtl. = Gesinnung des Dienenden; Missionswort; LÜ von: lat. *servilis animus,* lat. *servus* Knecht? Das *-e-* nd.; *↗ dienen.*

dengeln Zw. die Sense schärfen, mhd. *tengeln* hämmern, zu ahd. *tangol* Hammer, dies (mit *l*-Iterativ) zum Zw. mhd. *tengen* schlagen (engl. *ding* schlagen). Herkunft ungeklärt.

denken Zw. (dachte, gedacht) mhd. ahd. *denken*, got. *þagkjan;* Bewirkungswort zu: ↗ *dünken;* also = machen, daß etwas richtig scheint. ↗ *Gedanke,* ↗ *Verdacht,* ↗ *Andacht,* ↗ *Dank,* ↗ *Gedächtnis.* **Denker** m. 2. Hälfte 18. Jh., Verdeutschung von frz. *penseur.* **Denkfreiheit** w. 1. Hälfte 18. Jh., **Denkzettel** m. 16. Jh. Verdeutschung von gr. *phylaktêrion* jüd. Gebetsriemen (Luther, nach Malachias 3,16; davor (15. Jh.) schon hansisches Rechtswort = Vorladung; 17 Jh. auch = Schuldzettel der Jesuitenschüler.

denunzieren Zw. frühnhd. aus lat. *denuntiare* anzeigen (*nuntius* Bote). **Denunziant** m. um 1700 aus lat. *denuncians, -antis* anzeigend. **Denunziation** w. Mitte 16. Jh. aus lat. *denuntiatio.*

Depesche w. Mitte 17. Jh. aus frz. *dépêche* Eilbrief (*dépêcher* beschleunigen; Ggs.: *empêcher* hemmen, aus lat. *impedicare* verstricken, lat. *pedica* Fußschlinge, *pes* [*pedis*] ↗ *Fuß*], ↗ *Fessel.*

deponieren Zw. 2. Hälfte 16. Jh. aus lat. *deponere* niederlegen (↗ *Position*!). **Depositen** Mz. nach 1700 aus lat. *deposita* hinterlegte (Gelder). **Depot** s. 19. Jh. aus frz. *dépôt* (aus lat. *depositum* Hinterlegtes).

Depp m. Tor, 19. Jh. aus bayr. *Tepp, Tapp;* zum Zw. ↗ *tappen* unsicher gehen? Verw. mit oberit. *tapa* Tölpel? ↗ *Taps.*

deprimieren Zw. 19. Jh. aus frz. *déprimer,* dies aus lat. *deprimere* herabdrücken (↗ *Presse*!). – **Depression** w. 19. Jh. aus frz. *dépression* Senkung (lat. *depressio*). **depressiv** Adj. leicht entmutigt, 20. Jh. aus frz. *dépressif.*

deputieren Zw. 2. Hälfte 16. Jh. aus lat. *deputare* bestimmen (lat. *putare* schneiden; ↗ *amputieren*). – **Deputat** s. 1. Hälfte 16. Jh. aus lat. *deputatum* Zugewiesenes. **Deputation** w. Mitte 16. Jh. **Deputierte**

m., w. 2. Hälfte 16. Jh. aus frz. *député (lat. deputatus).*

der, die, das. Der bestimmte Artikel ahd. mhd. *der, diu, daȝ* ist aus dem (Demonstrativ- und Relativ-)Pronomen entwickelt (idg. **te-, to-*). ↗ *sonst,* ↗ *da.*

derart Adv. Zusammenrückung aus *der Art,* frühes 19. Jh.

derb Adj. mhd. ahd. *derp* ungesäuert; gerät in Nord-Süd-Richtung Mitte 17. Jh. unter den Einfluß von afries. *therf* heftig (an. *þjarfr* gemein); daneben wirkt mnd. *derve* geradezu (as. *derƀi* kräftig) ein. Ahd. mhd. *derp* gehören mit ↗ *sterben* zur idg. Wurzel **(s)terp-* steif werden; mnd. *derve* geht auf idg. **dherbh-* arbeiten zurück.

Derby s. Ende 18. Jh. aus dem engl. *derby.* Die engl. Pferderennen haben ihren Namen von ihrem Begründer, dem *Earl of Derby,* 1780.

dereinst Adv. Klammerform für älteres *der mâle eines;* das *-t* ist spät angetreten (17. Jh.); ↗ *einst!*

dergestalt Adv. Zusammenrückung der Kanzleisprache aus *der Gestalt,* um 1500. **derlei** Adj. mhd. *der leie* (*lei* Art und Weise; ↗ *aller-lei*).

Derwisch m. Mitte 17. Jh. aus frz. *derviche* (engl. *dervish*) für älteres *Dervis* (aus nl. *dervisj*); älter: (1. Hälfte 16. Jh.) *dermschler.* Von türk. *derwiš* mohammed. Mönch, aus pers. *därwêš.*

derzeit Adv. mhd. *der zîte.*

desertieren Zw. 17. Jh. aus frz. *déserter* von mlat. *desertare,* lat. *deserere* verlassen; ↗ *Serie.* **Deserteur** m. 17. Jh. aus frz. *déserteur.*

deshalb Adv. für älteres *des halben;* mhd. *halbe* Seite; eigtl. = auf der Seite davon, 15. Jh.

Design s. Plan, Zeichnung, 20. Jh. aus engl. (von lat. *signum;* ↗ *Signal*).

desinfizieren Zw. 19. Jh. aus frz. *désinfecter* unter Einfluß von *infizieren* anstecken (16. Jh. aus lat. *inficere* hineintun, färben, anstecken; ↗ *Infektion*).

despektierlich Adj. vom Zw. *de-*

spektieren, 17. Jh. aus lat. *despectare* herabsehen; ⌐ *Pro-spekt,* ⌐ *Respekt,* ⌐ *Spekt-akel*!

Despot m. 1. Hälfte 15. Jh. aus gr. *despótês* Gewaltherrscher, eigtl. = Hausherr; zuerst bei uns als Titel von Balkanfürsten. Vgl. ⌐ *ziemen.*

Dessert s. Mitte 17. Jh. aus frz. *dessert* (vom frz. Zw. *desservir* die Speisen abtragen, abservieren; also = Speise beim Abservieren. Vgl.: *Nachtisch*).

Dessin s. Vorlage, Kniff; 19. Jh. aus frz. (= Skizze, lat. *designare* darstellen, bezeichnen).

Dessous s. Unterwäsche, 19. Jh. aus frz. (= unterhalb; lat. *sub,* gr. *hypó* unter; = got. *uf*).

destillieren Zw. 15. Jh. *distillieren,* aus spätlat. *distillare* abtropfen (lat. *stilla* Tropfen; verw.: ⌐ *Stein*). – **Destille** w. Kneipe, berlin. verkürzt aus *Destillation(sanstalt).*

desto Adv. ahd. *des diu,* bei Notker schon zu *testo* zusammengezogen. *diu* ist alter Instrumental des Artikels.

Detail s. 2. Hälfte 18. Jh. aus frz. *détail* (vom Zw. *détailler* zerschneiden, lat. *talea* abgeschnittener Zweig). Schon Anfang 18. Jh. war frz. *détail* in die Kaufmannssprache eingedrungen (*en détail* im Kleinverkauf). ⌐ *Taille,* ⌐ *Teller.*

Detektiv m. 1868 aus engl. *detective* (*policeman*) geheimer Polizist (lat. *detegere* aufdecken; ⌐ *Dach,* ⌐ *decken*).

Deut m. aus mnl. *duyt,* Scheidemünze. Dorthin vermutl. durch Küstenhandel aus an.; vgl.: an. *þveiti* Scheidemünze, eigtl. = abgehauenes Stück; vom Zw. an. *þveita* abhauen (Hacksilber als Scheidemünze im Küstenhandel); d. 18. Jh. (*keinen Deut wert* nichts wert). ⌐ *Dittchen.*

deuten Zw. mhd. ahd. *diuten,* aus altgerm. Zw. **þeuðian* volksmäßig machen (**þeuðô* Volk), wohl zuerst vom Priester, der aus der Opfergabe weissagt. Oder LÜ von lat. *vulga(riza)re*? – **deutsch** Adj. mhd.

tiu(t)sch, ahd. *diutisc;* got. *þiudisks* heidnisch. Mit der Ableitungssilbe *-isc* von ahd. *diot,* mhd. *diet,* got. *piuda* Volk; also eigtl. = volksmäßig, volkstümlich. Ältester Beleg in mlat. Form: 786 *theodiscus.* Urspr.: Bezeichnung für die heimische, die Volkssprache: wer *theodisce* sprach, benutzte die Volkssprache (nicht das Lateinische). Seit 2. Hälfte 11. Jh. auch für Land und Leute. – *Deutsch mit jmdm. reden* 2. Hälfte 18. Jh. (= ohne Umschweife). **Deutschland** 15. Jh. für älteres *daз diutsche lant.* **Deutschtum** s. Befreiungskriege, anfangs ironisch; daher: *deutschtümeln, Deutschtümelei.*

Devise w. 2. Hälfte 16. Jh. *Divis,* aus it. *divisa,* frz. *devise;* zunächst = Wappenfeld; dann = Wappenspruch; schließlich = Sinnspruch. Um 1800 = Wechsel auf Auslandsplatz (vom Sinnspruch auf dem Vordruck?). Zugrunde liegt lat. *dividere* teilen (⌐ *dividieren*).

devot Adj. 17. Jh. aus lat. *devotus* Part. Prät. zu *devovere* weihen; = ([als Opfer] Gott) unterwürfig. ⌐ *Votum.* **Devotion** w. Unterwürfigkeit, 1. Hälfte 17. Jh. aus lat. *devotio* und frz. *dévotion.*

Dezember m. Mitte 16. Jh. aus lat. *December* zehnter Monat (*decem* zehn: der 1. Monat war bis ins 2. Jh. v. Chr. der März), für d. älteres *Christ-, Wintermonat.* – ⌐ *zehn,* ⌐ *dezimal.*

dezent Adj. 18. Jh. über frz. aus lat. *decens, -ntis* (Part. zum Zw. *decere* geziemen), idg. Wurzel **dek-* empfangen, zu der die Sippen von ⌐ *Dekor,* lat. *docere* lehren (⌐ *Dozent*) und gr. *dógma* ⌐ *Dogma, dóxa* Lehre (⌐ *ortho-dox,* ⌐ *para-dox*) gehören.

Dezernent m. 2. Hälfte 18. Jh. (Preußen) vom lat. *decernens, -ntis* (Part. zum Zw. *decernere* entscheiden). ⌐ *Sekret.* **Dezernat** s. 19. Jh. Eigtl. = 3. Pers. Ez. Präs. Konjunktiv von *decernere,* = er möge entscheiden.

dezimal Adj. Anfang 18. Jh. aus mlat. *decimalis* die Zahl ↗ *zehn* (*decem*) betreffend; ↗ *Dezember*.
dezimieren Zw. 18. Jh. aus lat. *decimare* (lat. *decimus* der Zehnte).
Dia s. ↗ *Diapositiv!*
diabolisch Adj. 17. Jh. aus lat. *diabolicus* teuflisch (gr. *diábolos* Teufel, *diabállein* durcheinanderwerfen).
Diadem s. 1. Hälfte 16. Jh. aus gr. *diádēma* Turbanbinde (*diadeîn* herumbinden). Urspr. = blaues Band um den pers. Königsturban.
Diagnose w. 18. Jh. aus frz. *diagnose*, dies aus gr. *diágnōsis* Erkenntnis, zum Zw. *diagignṓskein* erkennen. ↗ *normal.*
diagonal Adj. 18. Jh. aus nlat. *diagonalis*, dies aus gr. *diá* durch + *gōnía* Winkel (*góny* ↗ *Knie*), also = durchwinkelnd.
Diakon m. mhd. *diâken*, aus mlat. *diaconus* Pfarrgehilfe (gr. *diakoneîn* dienen). **Diakonisse** w. 1836 (Gründung der Kaiserswerther Krankenanstalten) aus mlat. *diaconissa* Kirchendienerin. – Die Form *Diakon-iss-in* hat zwei w. Endungen!
Dialekt m. Mitte 18. Jh. für älteres *Dialectus*, aus lat. *dialectus* = gr. *diálektos* (*phonē*) Umgangssprache (zum Zw. *dialégesthai* sich unterreden). **Dialektik** w. 16. Jh. aus gr. *dialektikê* (*téchnê*) Kunst der Gesprächsführung. **Dialog** m. 18. Jh. aus frz. *dialogue* Gespräch (auf der Bühne) für älteres *Dialogus*, aus lat. *dialogus* = gr. *diálogos* Gespräch.
Diamant m. mhd. *diemant*, aus frz. *diamant*, dies aus volkslat. *adiamante*, von gr. *diá* durch + *adámas* der Unbezwingbare (*damnánai* bezwingen; ↗ *zähmen*).
Dia(positiv) s. KW 20. Jh. aus gr. *diá* durch + lat. *positivus* gegeben, seitenrichtig. ↗ *Position!*
Diarium s. um 1600 aus lat. *diarium* Tagebuch, eigtl. = tägl. Soldatenkost (*dies* Tag). ↗ *Diäten.*
Diät w. 2. Hälfte 15. Jh. über lat. *diaeta* aus gr. *díaita* Lebensart, -einteilung (durch Hippokrates verbreitet).
Diäten Mz. 1. Hälfte 18. Jh. aus *Diätengelder* gekürzt; dies aus frz. *diète* Tagung (lat. *dieta; dies* Tag). ↗ *Journal.*
dibbern Zw. eingehend besprechen, 2. Hälfte 19. Jh. aus heb. *dibbêr* reden.
dicht Adj. mhd. *dîhte*, vorwiegend nordd. (daher das kurze *-i-*). Verw.: ↗ (*ge*)*deihen:* germ. Wurzel **pinht(i)a*, idg. **tenk-* sich zusammenziehen (urspr. vom gehärteten Lehm beim Hausbau?). **dichten**[1] Zw. dicht machen, 16. Jh. zunächst seemännisch (= ↗ *kalfatern*).
dichten[2] Zw. Verse machen, mhd. *tihten*, ahd. *dihtôn, tihtôn*, aus: lat. *dictare* ansagen, zum Nachschreiben vorsagen (↗ *Diktat*). Das anlautende *d-* (für *t-*) ostmd.; *-cht-* aus lat. *-ct-* wie bei ↗ *Frucht*, ↗ *Pacht*, ↗ *trachten*. Vielleicht Einfluß durch ein germ. Zw., das lat. *fingere* bilden, gestalten entsprach? **Dichter** m. mhd. *tihtære*. Im 18. Jh. neubelebt. **Dichterling** m. vor 1700. **Dichtung** w. mhd. *tihtunge* Diktat; frühnhd. = Dichtkunst.
dick Adj. mhd. *dic(ke)*, ahd. *dicki, dichi* (engl. *thick*); gemeingerm. und kelt. Adj., Ursprung unklar (vgl.: air. *tiug* dick). **Dicke** w. schon ahd. *dicki*. – **Dicht** s. dichtes Gebüsch, 2. Hälfte 17. Jh. Jägerwort (wie *Röhricht, Weidicht*); auslautend *-t* spät wie bei ↗ *Habich-t*, ↗ *Kehrich-t*, ↗ *Predig-t*, ↗ *Spülich-t;* doch vgl.: ↗ *Reisig* (ohne *-t*). Aber: **Dickung** w. Jungbaumbestand, 15. Jh. – **Dickkopf** m. urspr. (Mitte 17. Jh.) = großer Kopf; dann = Mensch mit großem Kopf, Sturkopf.
Didaktik w. 18. Jh. aus gr. *didaktikê* (*téchnê*) Lehrkunst (*didáskein* belehren). ↗ *Autodidakt!*
Dieb m. mhd. *diep*, ahd. *thi-, diob, diub*, got. *þiufs* (engl. *thief*), idg. Wurzel **teup-* hocken und verbergen; eigtl. = wer sich hinkauert,

um etwas zu verstecken. Doch darf das nur germ. Wort ins Idg. zurückdatiert werden? – **Diebstahl** m. urspr. Tautologie: mhd. *diube* Diebstahl + ahd. *stâla* (zum Zw. ↗ *stehlen*) Diebstahl.

Diele w. mhd. *dil(le)* Brett(wand), ahd. *dil(o)* Bretterwand, *dilla* Deck; verw.: lat. *tellus* Erde, gr. *têlía* Würfelbrett. Urspr. = Fußboden; dann = Brett, das den Boden bedeckt. – Nd. *Dele* hat anderen Ablaut. **dielen** Zw. mit Brettern auslegen, mhd. *dillen*, ahd. *dillôn*.

dienen Zw. mhd. *dienen*, ahd. *dionôn*, abgeleitet vom Subst. got. *pius* Knecht (↗ *Demut*); eigtl. = Knecht sein (vgl.: got. *frau-jinôn* Herr sein, *reiki-nôn* Herrscher sein). – **Diener** m. mhd. *dienære*; die Bedeutung „Verbeugung" 18. Jh. aus der Brief- und Höflichkeitsfloskel „Gehorsamster Diener" verkürzt. – **dienlich** Adj. 16. Jh. (Luther). – **Dienst** m. vom Zw. *dienen* mit dem Suffix *-st* (wie ↗ *Kun-st* von *können*, ↗ *Gun-st* von *gönnen*; ↗ *Ang-st*, ↗ *Hor-st*, ↗ *Ern-st*, ↗ *Ri-st*, ↗ *Tre-st-er*). **Dienstmädchen** s. um 1800 für älteres mhd. *dienestmaget*.

Dienstag m. Eingedeutscht für lat. *dies Martis* Tag, der dem Kriegsgott Mars geweiht war (frz. *mardi*, it. *martedì*). Bei den Germanen war *Tiwaz* (ahd. *Ziu*) Kriegsgott (gr. *Zeus*). Daher ahd. *ziostac*, mhd. *ziestac*. Da *Tiwaz* Schutzherr des ↗ *Dings* (der Volksversammlung) war, erhielt er (ndrhein.) den Beinamen *Thingsus*; daher mnd. *dingesdag*, woraus sich im Lauf der Zeit das nach Süden vorrückende *Dienstag* entwickelte (südd. 17. Jh.). Vgl. engl. *Tuesday*. – Aber bayr. *Ertag* = Tag des (gr.) Kriegsgottes Ares (got. Mission!).

dieseln Zw. mit Dieselmotor treiben, 20. Jh. vom FaN des Maschineningenieurs und Erfinders Rudolf *Diesel*, 1858–1913.

diesig Adj. Küstenwort, im 19. Jh. schriftd. Vgl. mnd. *disinge* Nebelwetter. Ausgang: idg. Wurzel *tem-* dunkel (↗ *Dämmer*).

diesseit(s) Adv. mhd. *dissit*, Zusammenrückung von *dise sîte; -s* spätmhd. angetreten (genitivisch wie bei ↗ *flug-s* und Entsprechungen).

Dietrich m. Nachschlüssel, spätmhd. *dieterich* für älteres *diepslüzzel*, ahd. *aftersluzzil;* scherzhafte Übertragung des m. PNs *Dietrich* (= Volksherrscher) auf das Diebsgerät, nach 1400.

diffamieren Zw. 19. Jh. aus frz. *diffamer* (lat. *diffamare* verleumden; *fama* Gerücht; *fari* sprechen; ↗ *Fabel*, ↗ *famos*, ↗ *fatal*).

Differenz w. spätmhd. aus lat. *differentia* Unterschied (*differre* auseinandertragen). ↗ *indifferent*. Davon: **differieren** Zw. über frz.

difteln Zw. ↗ *tüfteln*.

Diktat s. 18. Jh. aus lat. *dictatum* Part. Pass. vom Zw. *dictare* zum Nachschreiben vorsagen (*dicere* sagen; ↗ *dedizieren*). ↗ *dichten* [2]. **Diktator** m. Gewaltherrscher, 16. Jh. aus lat. *dictator*. **Diktatur** w. frühnhd. aus lat. *dictatura*. – **Diktion** w. Stil, 20. Jh. aus lat. *dictio* Rede(weise). ↗ *Indiz*.

Dilemma s. um 1700 aus gr. *dílêmma;* zuerst = Entweder-Oder-Satz (Alternativsatz); später = Wahl zwischen zwei unangenehmen Dingen. – Gr. eigtl. = Doppelfang (*lambánein* nehmen).

Dilettant m. Mitte 18. Jh. aus it. *dilettante* Halbwisser, Part. Präs. zum Zw. *dilettarsi* (= lat. *delectari* sich ergötzen).

Dill m. Küchenkraut, mhd. *tille*, ahd. *tilli, tilla;* germ. Pflanzenname, ungeklärt. – Der D-Anlaut ist nd.

Diluvium s. ↗ *antediluvianisch*.

Diner s. 18. Jh. aus frz. *dîner*, afrz. *disner* = ital. *desinare*, von mlat. *dis-ieiunare* die Fasten unterbrechen (lat. *ieiunus* hungrig; ungedeutet).

Ding s. ahd. *th-, ding* Volksversammlung, Gerichtsurteil, -ort,

Handlung; seit 1000 = Gegen-
stand. Urverw.: lat. *tempus* Zeit,
got. *þeihs* Zeit. Eigtl. = Zeit
der Zusammenkunft (Gerichtssit-
zung), dann = Verhandlungsge-
genstand (↗ *unbedingt*). Idg. Wur-
zel **ten-* dehnen, Zeitdauer. ↗ *ver-
teidigen*, ↗ *bedingen*, ↗ *Dienstag*. –
Ein Ding drehen (*verpassen*) von:
rotw. *Ding* = Verbrechen. – **din-
gen** Zw. mhd. *dingen*, ahd. *dingôn*
vor Gericht verhandeln. **dingfest
machen** Zw. Mitte 19. Jh. zum
Subst. *Ding* Gericht. Eigtl. = (für
die Dingverhandlung) verhaften.

Dinkel m. Getreideart, mhd. *dinkel*,
ahd. *din-*, *thinkil*, *dinchel;* nur hd. –
Herkunft ungewiß. ↗ *Spelt, Spelz.*

Diözese w. um 1700 über lat. aus gr.
dioíkêsis Landbezirk (*oikía* Haus);
d. = Kirchensprengel.

Diphtherie w. KW 19. Jh. aus gr.
diphthéra Haut, für älteres *häutige
Bräune.*

Diphthong m. Zwielaut, 2. Hälfte
15. Jh. über lat. aus gr. *díphtongos*
Doppelvokal (*phthéngesthai* einen
Laut von sich geben).

Diplom s. 17. Jh. aus lat. *diploma*,
dies aus gr. *díplôma* Faltbrief vom
Zw. *diplûn* doppelt falten. – **Diplo-
mat** m. kurz nach 1800 aus frz.
diplomate durch Urkunde beglau-
bigter Gesandter (so seit 1792), für
älteres *Diplomatiker.* **diplomatisch**
Adj. vor 1800, aus frz. *diploma-
tique.*

dippen Zw. [die Fahne] senken, 19.
Jh. über nd. aus engl. *dip* eintau-
chen. Verw. mit: ↗ *tief*, ↗ *Topf*,
↗ *topp*, ↗ *tupfen.*

direkt Adj. 2. Hälfte 16. Jh. aus lat.
directus (lat. *dirigere* gerade rich-
ten). ↗ *Dreß*, ↗ *gerecht*. **Direktion**
w. 16. Jh. aus lat. *directio* das
Ausrichten. **Direktive** w. 19. Jh.
aus lat. *directivus* gerade. **Direktor**
m. 2. Hälfte 16. Jh. verwaltungs-
sprachl. aus lat. *director* Ausrich-
ter, Lenker. – **Dirigent** m. 1. Hälfte
19. Jh. aus lat. *dirigens, -gentis* aus-
richtend, lenkend. **dirigieren** Zw.
16. Jh. aus lat. *dirigere* lenken.

Dirne w. mhd. *diern(e)*, ahd. *thiorna*
Dienerin; urspr. = Mädchen (nd.
Deern, bayr. *Dirndl*): w. Form zu:
↗ *Degen*, zur idg. Verbalwurzel
*tek- gebären, erzeugen.

Diskant m. mhd. *discante*, aus lat.
discantus, für älteres *cant* = lat.
cantus diversus Gesang (der Ober-
stimme), der gegen eine andere
Stimme geführt wird. ↗ *Kantorei*,
↗ *Hahn*!

Diskont m. Mitte 17. Jh. aus it. *dis-
conto* (= lat. *discomputus* Zah-
lungsabzug, lat. *computare* zusam-
menrechnen; *putus* rein). ↗ *dis-
putieren*. – Dazu: **Discount** Billig-
verkauf, 20. Jh. aus engl.

Diskothek w. Schallplattenarchiv,
20. Jh. KW aus engl. *disk* Schall-
platte, von: gr. *dískos* Scheibe
(↗ *Tisch*, ↗ *Diskus*) + gr. *thêkê* Be-
hälter (nach: ↗ *Bibliothek*).

diskret Adj. um 1600 aus frz. *discret*
taktvoll (lat. *discretus*, zum Zw.
discernere unterscheiden; *cernere*
aus **crinere* sehen); seit 2. Hälfte
18. Jh. = verschwiegen. ↗ *indis-
kret*. **Diskretion** w. 16. Jh. aus frz.
discrétion, von lat. *discretio* Unter-
scheidung. **diskriminieren** Zw. 19.
Jh. aus lat. *discriminare* abson-
dern, vom Zw. *discrimen*.

Diskurs m. um 1600 aus frz. *discours*
Gespräch (= lat. *discursus* Hin und
Her, *currere* laufen). ↗ *Kurs*.

Diskus m. 19. Jh. über lat. aus gr.
dískos Scheibe. ↗ *Tisch*, ↗ *Disko-
thek.*

diskutieren Zw. 16. Jh. aus lat. *dis-
cutere* auflösen (*dis-* auseinander +
quatere erschüttern). **Diskussion**
w. 17. Jh. aus frz. *discussion* = lat.
discussio.

dispensieren Zw. mhd. *dispensieren*,
aus lat. *dispensare* wägen und ver-
teilen (*pensare* wägen, von: *pende-
re* wägen, ↗ *Pendel*!).

disponieren Zw. 2. Hälfte 16. Jh. aus
lat. *disponere* einrichten (*dis-* aus-
einander + *ponere* setzen, legen). –
Disposition w. 16. Jh. aus lat. *dis-
positio.*

disputieren Zw. mhd. *disputieren*,

aus lat. *disputare* sich (im Gespräch) auseinandersetzen (↗ *Diskont!*). **Disput** m. um 1700 aus frz. *dispute*, it. *disputa* (lat. *disputatio*). **Dissertation** w. 2. Hälfte 18. Jh. = Doktorarbeit, aus lat. *dissertatio* Erörterung (seit 16. Jh. = gelehrte Untersuchung); *dissertare* entwikkeln verstärkt das lat. Zw. *disserere* entwickeln, eigtl. = auseinanderreihen (↗ *Serie*).

Dissonanz w. 15. Jh. *dissonantz*, aus lat. *dissonantia* (*dis-* auseinander + *-sonare* tönen).

Distanz w. 16. Jh. aus lat. *distantia* (*dis-* auseinander + *stare* stehen).

Distel w. mhd. *distel*, ahd. *distil(a)*. Eigtl. = kleine Stecherin (zur idg. Verbalwurzel *(s)teig-* ↗ *stechen*, mit germ. Suffix *-ila* wie ↗ *Has-el*, ↗ *Quend-el*, ↗ *Weich-sel*, ↗ *Mistel*). **Distelfink** m. mhd. *distelvinke*, ahd. *distilvinko*, *-cho* (nährt sich hauptsächlich von Distelsamen).

Distinktion w. 1. Hälfte 16. Jh. aus lat. *distinctio* Unterscheidung, Absonderung vom Zw. *distinguere* absondern, verw.: ↗ *stechen*.

Distrikt m. 16. Jh. aus lat. *districtio* Herrschaftsbereich, vom Zw. *distringere* zwingen, *stringere* straffen; ↗ *Strang*, ↗ *strikt*.

Disziplin w. spätmhd. *discipline* Zucht, aus lat. *disciplina* Lehre, von *discipulus* Schüler (*discipere* aufnehmen, eigtl. = auseinandernehmen, zergliedern). – 15. Jh. = Wissenschaftszweig; 16. Jh. = Mannszucht.

Dittchen s. Scheidemünze; verkleinernd zu ↗ *Deut*.

divers Adj. um 1700 aus lat. *diversus* in verschiedene Richtungen gewandt, zum lat. Zw. *vertere* wenden, ↗ *-wärts*.

Diva w. 2. Hälfte 19. Jh. aus it. *diva* Göttin (lat. *dea*), anfangs = italien. Sängerin; dann allg. = Künstlerin. ↗ *Zier*.

Dividende w. 1. Hälfte 18. Jh. aus engl. *dividend*, lat. *dividendum* das zu Teilende; vom Zw. *dividere* teilen; *dis-* auseinander, *viduus* be-

raubt, *vidua* ↗ *Witwe*. ↗ *Individuum*. – **dividieren** Zw. spätmhd. *dividieren*, aus lat. *dividere* teilen (↗ *Devise*). **Division** w. 15. Jh. aus lat. *divisio* Teilung; um 1700 = Heeresabteilung, aus frz. *division*.

Diwan m. Mitte 17. Jh. über it. *divano*, frz. (engl.) *divan* aus türk.-pers. *diwan* Vorzimmer mit Polstermöbeln; um 1800 = Sofa; wenig später = Gedichtsammlung (Goethe 1819; pers. *dābir* Schreiber).

Dobermann m. nach 1880 nach dem 1. Züchter, verkürzt aus *Dobermannscher Hund*.

doch Konj. ahd. *doh*, got. *þauh* Verstärkungspartikel, Zs. aus germ. *þau-* + got. *-uh* und (= lat. *-que*).

Docht m. mhd. ahd. *tâht;* verw.: ablautend lat. *texere* weben (↗ *Technik!*). – Idg. Verbalwurzel *tek-* weben, flechten. – Anlautend *D-* wie in ↗ *dauern*, ↗ *Dohle*, ↗ *Dotter*, *-o-* für *-a-* (vor Doppelkonsonanz) wie in ↗ *Brombeere*.

Dock s. Küstenwort, mnd. mnl. *docke* (engl. *dock*, = frz.); mnl. *docke* Rinne, vielleicht aus nlat. *ductia* Wasserleitung (zu lat. *ducere* ↗ *ziehen;* ↗ *Dusche*? – **Doge** m. Staatsführer Venedigs, Genuas, von: lat. *dux* Führer (zum Zw. *ducere*).

Dogge w. 2. Hälfte 16. Jh. aus engl. *dog* Hund. Herkunft ungeklärt. ↗ *Bulldog(ge)*. – Nd. *-gg-* wie bei ↗ *baggern*, ↗ *Flagge*, ↗ *flügge*, ↗ *Roggen*.

Dogma s. 18. Jh. aus gr. *dógma*, zum Zw. *dokeîn* meinen. ↗ *dezent*.

Dohle w. mhd. *tahe*, ahd. *taha* (engl. *daw*); 13. Jh. *tole;* SchW zu *tallen*, *dalen* schwatzen. Anlautend *D-* wie bei ↗ *dauern*, ↗ *Docht*.

Dohne w. Vogelschlinge, mhd. *don(e)* Spannung, ahd. *dona* Zweig, zum Zw. ahd. *donên* gespannt sein. Urverw.: lat. *tenus* Vogelschlinge, gr. *ténôn* Sehne; alle zur idg. Verbalwurzel *ten-* spannen; ↗ *dehnen*, ↗ *dünn*.

Doktor m. um 1500 = Arzt aus lat. *doctor* der Gelehrtere (*doctus* gelehrt, *docere* lehren [↗ *dezent*, ↗ *dozieren*]); 16. Jh. = Hochschullehrer; daraus entwickelt sich die Bedeutung „akadem. Grad". – **Doktrin** w. 17. Jh. über frz. *doctrine* aus lat. *doctrina* Lehre (*docere* lehren, zu *discere* lernen, ↗ *Disziplin*). **Dokument** s. 1. Hälfte 17. Jh. aus lat. *documentum* Beweis (lat. *docere*).

Dolch m. um 1500, unbekannter Herkunft (vgl.: den Stamm von an. *dálkr* Nadel und lat. *dolo* Stilett, die vielleicht zusammengewirkt haben?).

Dolde w. mhd. *tolde,* ahd. *toldo* Pflanzenkrone; mhd. *toldel* Haferrispe; unklarer Herkunft. Anlautend *D-* wie in ↗ *dauern,* ↗ *Docht* usw. ↗ *Tolle.*

Dollar m. 19. Jh. aus am. *dollar,* dies aus nd. *dâler* = ↗ *Taler.*

Dolle w. Ruderpflock, Küstenwort: mnd. *dolle* (engl. *thole*); verw.: gr. *týlos* Pflock; zur idg. Verbalwurzel **tu-* schwellen (↗ *Daumen*).

Dolmetscher m. mhd. *tolmetsche,* aus mag. *tomács,* das über türk. aus einer kleinasiat. Sprache (Mitanni) stammt. – Daher wohl auch mhd. *tolke* Dolmetsch, aus lit. *tulkas,* dessen Verwandte in den Balkan weisen.

Dom m. mhd. ahd. *tuom,* aus lat. *domus (ecclesiae)* Kirchenhaus (*domus* = ↗ *Zimmer*); nach gr. *oîkos tês ekklêsías.* Anlautend *D-* 17. Jh. nach it. *duomo,* frz. *dôme.* –

Dompfaff m. Gimpel, Mitte 16. Jh. (wegen seines schwarzen Scheitels), zuerst ostd. – **Domäne** w. 1. Hälfte 17. Jh. aus frz. *domaine* (lat. *dominium* Herrschaft, *dominus* Herr; zu: *domus* Haus [= Herr des Hauses]). – **dominieren** Zw. 2. Hälfte 16. Jh. aus lat. *dominari* beherrschen (*dominus*). **Domino**[1] s. Brettspiel, 18. Jh. über frz. aus it. *domino* Sieger im Spiel. Eigtl. = Herr. Identisch mit: **Domino**[2] s. Karnevalskleid, 1. Hälfte 18. Jh. (durch frz. Vermittlung) aus it. *do-*

mino Wintersoutane. – **Domizil** s. 1. Hälfte 18. Jh. aus lat. *domicilium* (*domus* Haus).

Dompteur m. 20. Jh. aus frz. *dompteur* (*dompter* zähmen, von lat. *domitare; domare* ↗ *zähmen*).

Donner m. mhd. *doner, donre, tunre, tuner,* ahd. *thonar;* an. *pórr* Name des germ. Gewittergottes. Verw.: lat. *tonare* donnern (mhd. *dunen* donnern), *tonitrus* Donner. Idg. SchW **(s)ten-;* ↗ *stöhnen.* – *Donner und Doria!* nach Schillers „Fiesko" (1783). – **Donnerkeil** m. Luther, = Blitzstrahl; Ende 16. Jh. = Belemnit. **Donnerstag** m. mhd. *donerstac,* ahd. *Donares tag,* eingedeutscht für lat. *dies Jovis* Zeustag; nach dem germ. Wettergott (*Donar* = an. *pórr*).

doof Adj. dumm, nd. Form für ↗ *taub;* aus Berlin um 1900.

dopen Zw. aufputschen 20. Jh. aus engl. *dope* Rauschgift; dies von nl. *doop* Tunke; verw.: ↗ *taufen.*

doppelt Adj. 2. Hälfte 15. Jh. nrhein. *dobbel,* aus frz. *double* (= lat. *duplus* zwiefältig, *duo* zwei [↗ *Dublee* usw.]); auslautend *-t* 16. Jh. (vom Part. *gedoppelt*?). – **Doppelgänger** m. Anfang 19. Jh. = wer einem andern täuschend ähnlich sieht; davor (Jean Paul) = wer an 2 Orten gleichzeitig sein kann (romant. Psychologie!). **Doppelpunkt** m. Mitte 17. Jh., d. Ersatz für: lat. *colon* = gr. *kôlon* Redeteil; dann (16. Jh.) = Satzzeichen, das 2 Satzteile trennt.

Dorf s. mhd. ahd. *dorf* Gehöft (engl. *thorp*); got. *þaurp* Acker; verw.: lat. *trabs* Balken; ursp. = Balkenbau, Haus (die Entwicklung ging vom Haus über die Häusergruppe zum Dorf)? – Doch ↗ *Trupp(e).* – *Böhmische Dörfer* = unbekannte Dinge (2. Hälfte 16. Jh., wegen der schwierigen Aussprache der tschech. ONN).

Dorn m. mhd. ahd. *dorn;* verw.: ↗ *starr,* ↗ *sterben;* idg. Wurzel **(s)ter-* steif sein? Oder: ↗ *drehen:* idg. Wurzel **ter-* durchreiben,

103

-bohren. – *Dorn im Auge* nach 4. Mos. 33,55.

dorren Zw. mhd. ahd. *dorren,* vom Adj. ∕ *dürr,* = dürr werden. **dörren** Zw. mhd. *derren,* ahd. *der-, darran* Bewirkungswort zu einem ausgestorbenen Zw., das in got. *gapairsan* ablaut.: *gabaurþnon* verdorren, lat. *torrere* trocknen vorliegt. ∕ *Darre.* – **Dorsch** m. mnd. *dorsch;* zum Zw. *dorren.* Eigtl. Dörr-, Stockfisch.

dort Adv. mhd. *dort,* ahd. *do-, tho-, tharot.* Zusammengesetzt aus ahd. *thar,* got. *þar* dort und einem Suffix *-ward,* in ∕ *-wärts* erhalten.

Dose w. 2. Hälfte 15. Jh. ndrhein. aus mnl. *dose,* dies vermutl. aus lat. *dosis* = gr. *dósis* Gabe (*dí-dômi* ich gebe). Die Bezeichnung wäre dann von dem Arzneimaß auf den Arzneibehälter übergegangen. **Dosis** w. 1. Hälfte 16. Jh. aus gr. *dósis;* zuerst = Arzneimaß. **dosieren** Zw. 19. Jh. aus frz. *doser* zuteilen.

dösen Zw. 19. Jh. aus nd. *dösen* (engl. *doze* schläfrig sein, mhd. *dösen* schlummern); 14. Jh. *verdösen* überhören. ∕ *Dusel,* ∕ *Tor*². Zur Sippe von ∕ *Dunst.* **dösig** Adj. 19. Jh. aus nd. (mnd. *dösich*); ahd. *tûsig* dumm.

Dotation w. Schenkung, 19. Jh. aus mlat. *dotatio* (lat. *dotare* ausstatten; *dos* Mitgift; von *dare* geben). – **dotieren** Zw. von lat. *dotare* (*dos* Mitgift). ∕ *Dativ!*

Dotter m., s. mhd. *to-, tuter,* ahd. *totoro;* verw.: gr. *dýssesthai* zittern? Dann = das Zitternde. Anlautend *D-* wie bei ∕ *dauern,* ∕ *Docht,* ∕ *Dolde* usw. (doch wird damit mehr die Embryonennahrung als das Vogelei erklärt). – **Dotterblume** w. Mitte 16. Jh.; nach den gelben Blüten.

Double s. Rollenersatz, 19. Jh. aus frz. *double.* Vgl. ∕ *doppelt,* ∕ *Dublee,* ∕ *Dublette.*

Douglasie w. am. Nadelbaum (auch *Douglasfichte, -tanne*) 20. Jh. aus am. nach dem e. Naturforscher David *Douglas* (1798–1834).

Doyen m. Sprecher des diplomat. Corps, 19. Jh. aus frz. *doyen* (lat. *decanus*). ∕ *Dekan.*

dozieren Zw. 16. Jh. aus lat. *docere* lehren. ∕ *Doktor,* ∕ *Doktrin.* **Dozent** m. 18. Jh. aus Part. Präs. lat. *docens, -ntis* lehrend. ∕ *dezent.*

Drache m. mhd. *trache,* ahd. *trahho,* aus lat. *draco* Drache (Kohortenzeichen der röm. Besatzungstruppen). – Anlautend *D-* humanist. vom Lat.; 18. Jh. = Flugdrache als Kinderspielzeug. – **Dragoner** m. 1. Hälfte 17. Jh. Mz. aus frz. *dragon* Feuerdrache; dann = Bezeichnung einer Handfeuerwaffe; schließlich = Name des mit ihr bewaffneten Reiters (16. Jh. Wappen der leichten Kavallerie). Aus lat. *draco.*

Dragée s. Pille mit Glasur, 19. Jh. aus frz. *dragée,* zu gr. *tragêmata* Zuckerwerk.

Draht m. mhd. ahd. *drât;* verw.: gr. *trêtós* durchbohrt. Zum Zw. ∕ *drehen* wie ∕ *Naht* zu *nähen.* **drahten** Zw. 1871 Verdeutschung von *telegraphieren.* **Drahtzieher** m. 15. Jh. = Drahthersteller; 18. Jh. = ungenannter Anstifter. Eigtl. = Marionettenspieler.

Draisine w. Schienenfahrzeug, 1817 nach dem bad. Forstmeister *Drais* v. Sauerbronn, 1785–1851.

drakonisch Adj. 2. Hälfte 18. Jh. aus frz. *draconique* hart (wie die Gesetze des Atheners *Drako,* 7. Jh. v. Chr.; verw.: ∕ *Drache*).

drall Adj. mnd. *dral* schnell (sich drehend); zum Zw. ∕ *drillen* wirbeln. ∕ *drollig.* **Drall** m. Drehung, 18. Jh. abgeleitet vom Adj.

Drama s. 18. Jh. über frz. *drame* aus lat. *drama,* dies aus gr. *drâma* Handlung von *drân* tun (∕ *drastisch*); für älteres ∕ *Spektakel.*

Drang m. mhd. *dranc* Bedrängnis (18. Jh. = starker Trieb), zum Zw. ∕ *dringen,* wozu **drängen** Zw. mhd. *drengen* Bewirkungswort. **Drangsal** w., s. vom Subst. *Drang* mit Suffix *-sal* (aus *-sl*), spätmhd. *drancsal.* **drangsalieren** Zw. 1. Hälfte 19. Jh.

drapieren Zw. 1. Hälfte 18. Jh. aus frz. *draper* (frz. *le drap* das Tuch, aus lat. *drappus* Tuch).

drastisch Adj. Mitte 19. Jh. = derb, stark, aus frz. *drastique;* davor = wirksam, durchgreifend, aus lat. *drasticus* (gr. *drastikós* wirksam, *drân* tun); bis ins 19. Jh. bes. medizinisch (*remedia drastica* Abführmittel).

dräuen Zw. ↗ *drohen*.

drechseln Zw. mhd. *drœhseln, drehseln*, vom Subst. **Drechsler** m., mhd. *drœhsel(er)*, dies vom Zw. ↗ *drehen*. Verw.: lat. *torquere* drehen (frz. *tordre*). ↗ *Tort* und Sippe; ↗ *torkeln*, ↗ *Tresse*, ↗ *zerge(l)n*, ↗ *Zwerchfell*.

Dreck m. mhd. *drec;* mit gr. *stérganos* Dung zu einer idg. Wurzel **(s)terg-*. Urverw.: lat. *stercus* Mist (idg. **sterk-*). **dreckig** Adj. 16. Jh. – *dreckig lachen* 19. Jh. für älteres *schmutzig lachen* volkset. für älteres mhd. *smuzelachen* ↗ *schmunzeln*.

drehen Zw. mhd. *drœhen, drœ(je)n*, ahd. *drâen;* verw.: lat. *terere* reiben, gr. *teírein* reiben, *trēma* Loch; zur idg. Wurzel **ter-* durchbohren, reiben (zum Feuermachen; ↗ *Darm*, ↗ *Draht*, ↗ *drechseln*). ↗ *Kontur*, ferner ↗ *turnen*, ↗ *Turnier*, ↗ *Dorn*, ↗ *drillen*, ↗ *drohen*, ↗ *drücken*.

drei ZaW mhd. *drî(e), driu*, ahd. *drî, drîo, drîu*, got. *þreis, þrija;* verw.: lat. *tres, tria*, gr. *treîs, tría*. Idg. ZaW; ↗ *Triangel* und Entsprechungen; ↗ *Troika*, ↗ *Drillich*, ↗ *Testament*, ↗ *Treff*. **Dreibund** m. 2. Hälfte LÜ 18. Jh. aus frz. *triple alliance*.

dreieinig Adj. 17. Jh. vom Subst. mhd. *drîeinekeit;* LÜ aus lat. *trinitas* (ebso. *dreifaltig* mhd. *drîvaltec;* Christentum steigert die alte Bedeutsamkeit der Dreizahl!).

dreist Adj. ahd. *drîsti;* aus dem Nd. im 17. Jh. allmählich vordringend. Zur Wurzel **trenk-;* ↗ *dringen*. **Dreistigkeit** w. mnd. *drîsticheit*, vom Adj. mnd. *drîstich*.

dreschen Zw. mhd. *dre-, dröschen*,

ahd. *dreskan*, got. *þriskan* (vgl. das aus dem D. stammende it. *trescare* tanzen, trampeln); aus einer Wurzel idg. **tre-sko-* mit den Füßen stampfen. ↗ *Drusch*. **Dreschflegel** m. verdeutlichend für älteres ↗ *Drischel*, ↗ *Flegel*.

Dreß m. zünftige Kleidung, 20. Jh. aus engl. *dress* (*dress* aufmachen von frz. *dresser* abrichten). **dressieren** Zw. Jägerwort Mitte 18. Jh. aus frz. *dresser*, dies aus nlat. *directiare*, von *directus* grade, *dirigere* richten (↗ *direkt!*). **Dressur** w. um 1800.

Dribbling s. Fußballtechnik, 20. Jh. aus engl. *dribbling*, Part. Präs. zu *dribbel* (das unser Zw. *dribbeln* ergibt); *drip* tröpfeln; verw. mit: ↗ *Tropfen*.

Drift w. (m.) Wasserströmung, 19. Jh. aus mnd. *drift* = hd. ↗ *Trift*.

drillen Zw. mhd. *drillen* rund drehen, bohren (Part. Pass. *gedrollen* rund), seit 17. Jh. = einexerzieren. Eigtl. = herumdrehen, wirbeln. Idg. **ter-* ↗ *drehen*. Verw.: ↗ *drall*, ↗ *Thriller*.

Dril(li)ch m. ahd. *drîlich* dreifach, mhd. *dril(i)ch* dreifach gefadete Leinwand (aus lat. *trilix* dreifädig, *licium* Faden). ↗ *Zwillich*, ↗ *drei*. **Drilling** m. um 1600 nach dem Muster von ↗ *Zwilling* für älteres *Dreiling;* 19. Jh. = Dreilaufgewehr.

dringen Zw. (drang, gedrungen), ahd. *dringan*, got. *þreihan* (mit grammat. Wechsel); zur Wurzel **trenk-* stoßen, drängen (Fortbildung von **ter-* ↗ *drehen?*). ↗ *Drang*, ↗ *dreist*, ↗ *gedrungen*.

Drischel m. Dreschflegel, mhd. *drischel*, ahd. *driscila*, vom Zw. ↗ *dreschen* mit dem Gerätesuffix *-el* wie ↗ *Beut-el*, ↗ *Deck-el*, ↗ *Dü-b-el*, ↗ *Deichs-el*, ↗ *Griff-el*, ↗ *Gür-t-el*, ↗ *Heb-el*, ↗ *Meiß-el*, ↗ *Quir-l*, ↗ *Schauf-el*, ↗ *Schleg-el*, ↗ *Schlüs-s-el*, ↗ *Schüss-el*, ↗ *Sie-l*, ↗ *Stemp-el*, ↗ *Wirb-el*, ↗ *Wirt-el*, ↗ *Züg-el*.

dritte Zaw mhd. *dritt(e)*, ahd. *dritt(i)o*, got. *þridja*, mit Suffix zum ZaW ↗ *drei* (idg. **tritjo*); lat. *ter-*

tius, dazu ablautend: gr. *trítos*.
Drittel s. mhd. *dritteil*, ⁄ *Teil*.

Droge w. 2. Hälfte 16. Jh. aus frz.
drogue Chemikalie, dies aus nd.
droge ⁄ trocken (*droge fate* Pack-
fässer für Trockenwaren). **Droge-
rie** w. 16. Jh. aus frz. *droguerie*.

drohen Zw. mhd. *drôn*, vom Subst.
drô Drohung, für älteres mhd.
dröuwen, ahd. *drouwen*; ⁄ *dräuen*.
Zur Wurzel **t(e)reu-*, die **ter-*
⁄ *drehen* erweitert (= plagen). Erst
im 17. Jh. durchgesetzt. ⁄ *drücken*.

Drohne w. mhd. *trene*, ahd. *treno*;
vgl. gr. *tenthrênê* Wespe, *thrônax*
Drohne; zur idg. lautmalenden
Wurzel **dhren-* brummen. Das *-o-*
aus dem Nd. dringt im 17. Jh. vor.

dröhnen Zw. mnd. *drönen*, Mitte
17. Jh. vordringend; zur Wurzel
*dhren-.

drollig Adj. Mitte 17. Jh. aus nd.
drollig, dies aus dem Nl. *drol*
Clown, woher auch frz. *drôle* drol-
lig; ablautend: ⁄ *drall*, ⁄ *drillen*.
Oder verw. mit ⁄ *Troll?*

Dromedar s. mhd. *dromedâr*, aus
mlat. *dromedarius* Kamelreiter (gr.
dromós laufend, *drameîn* laufen;
⁄ *zittern*).

Drops Mz. 19. Jh. aus engl. *drops*,
⁄ *Tropfen*.

Droschke w. 2. Hälfte 18. Jh. aus r.
drožki leichter (Miet-)Wagen, *do-
roga* Weg.

Drossel[1] w. Singvogel, mhd. *dro-
schel*, ahd. *drosca(la); lat. *turdus*.
Vermutlich SchW.

drosseln Zw. würgen, abdrehen, 15.
Jh. vom Subst. **Drossel**[2] w. Kehle
(des Schalenwildes), Fortbildung
zu: mhd. *droʒʒe, stroʒʒe*, ahd.
droʒʒa Kehle (engl. *throttle*); verw.
mit: ⁄ *strotzen* (von der luftgefüll-
ten Kehle).

Druck m. mhd. ahd. *druc;* vom Zw.
drücken, mhd. *drücken, drucken*,
ahd. *drucchen;* verw. mit: ⁄ *dro-
hen*, ⁄ *drehen*. – *Sich drücken*
heimlich ausweichen, Jägerwort
(vom sich duckenden Hasen). –
drucken Zw. obd. ohne Umlaut für
md-nd. *drücken* Mitte 15. Jh.

(Buchdruck zuerst obd.!). **druck-
sen** Zw. 2. Hälfte 18. Jh. iterativ
zu *drücken, drucken;* ⁄ *piep-s-en*.

Drückeberger m. 2. Hälfte 19. Jh.
scherzhafter Zuname (nach einem
fingierten Ort *Drückeberg*).

Drusch m. 2. Hälfte 18. Jh. vom Zw.
⁄ *dreschen*.

Drüse w. Mz. zu mhd. ahd. *druos*
(nhd. **Druse** Erzverwitterung); un-
geklärter Herkunft.

Dschiu-Dschitsu s. jap. Verteidi-
gungskampf, 20. Jh. aus jap. *ju* ge-
schmeidig + *jutsu* Kniff.

Dschungel s., m. (w.) 19. Jh. aus
engl. *jungle*, dies aus ind. *dschân-
gäl* unbebautes Land.

du FW mhd. ahd. *du*, vgl. lat. *tu*, gr.
sý. – Idg. Fürwort (**tu*).

Dübel m. mhd. *tübel*, ahd. *tubili;*
zur idg. Wurzel **dhubh-* schlagen
mit Gerätesuffix *-el* (Entsprechun-
gen ⁄ *Drischel*!). – Das anlautende
D- zeigt nd. Herkunft (nd. *dübel*,
döbel); ⁄ *Damm*, ⁄ *Dung* usw. –
Verw.: gr. *typhós* Keil.

Dublee s. geringes Metall mit mehr-
wertigem Metallüberzug, 20. Jh.
aus frz. *doublé* gedoppelt. **Dublet-
te** w. 18. Jh. aus frz. *doublet* (*dou-
ble* ⁄ doppelt).

ducken Zw. umlautlose obd. Form
zu mhd. *tücken* schnell nach un-
ten neigen, dies intensivierend zu
⁄ *tauchen* (mhd. *tûchen*). – Das an-
lautende *d-* stammt aus dem Nd.
(⁄ *Dübel*!). ⁄ *Tunke*. – **Duckmäu-
ser** m. vor 1500 *duckelmuser*, zum
Zw. mhd. *tockelmûsen* versteckt
sein (bayr. *duckeln* betrügerisch
verheimlichen [*duckeln* zu ⁄ *duk-
ken* wie ⁄ *lächeln* zu *lachen*]; *mûsen*
mausen, wie ein Dieb schleichen).

Dudelsack m. 17. Jh. aus tschech.
dudy Dudelsack mit Anlehnung an
das SchW **dudeln** (schlecht) flöten
(seit 17. Jh.). – *el* = Ableitung wie
bei ⁄ *läch-el-n*.

Duell s. 2. Hälfte 16. Jh. aus frz.
duel, dies aus altlat. *duellum* für
späteres *bellum* Krieg; ⁄ *Rebell*.
Volkset. an *duo* zwei angelehnt;
daher = Zweikampf. **Duett** s. 1.

Hälfte 18. Jh. aus it. *duetto* Zwiege-
sang (lat. *duo;* ↗ *Duo*).

Düffel m. Wollstoff 19. Jh. aus engl.
duffel (*Duffel* Ort bei Antwerpen).

Dufflecoat m. 20. Jh. aus engl.
(*coat* aus frz.-afrz. *cotte* Rock, = d.
Kotze).

Duft m. mhd. *tuft,* ahd. *duft* (nur
d.!), aus **dumft,* zum Zw. *dimpfen*
rauchen, zu diesem ablautend
↗ *Dampf*? Oder zu ↗ *Dunst*?

dufte Adj. prima, 19. Jh. aus jidd.
toff (heb. *tôb*) gut. ↗ *tüfteln.*

Dukaten m. mhd. *ducate,* aus it. *du-
cato* (Münzname seit 1284 Vene-
dig), von: lat. *ducatus* Herzogtum,
seit 1140 auf apul. Münzen, viel-
leicht nach dem Beinamen Kon-
stantins X. *Dúkas,* im 11. Jh. auf
seinen Goldmünzen.

dulden Zw. mhd. ahd. *dulten;* verw.:
lat. *tollere* aufheben. Al. Neubil-
dung (8. Jh.) zum Zw. mhd. *doln,*
ahd. *dolên,* got. *þulan;* lat. *tol-erare*
ertragen (zu **tol-us* Last; ↗ *tole-
rant*). ↗ *Geduld.* – -d- für altes *-t-*
wie bei ↗ *Geld.*

Dulzinea w. Liebchen, aus span. PN
Dulzinea (*von Tobosa,* aus dem
„Don Quichotte" des Cervantes);
d. seit 18. Jh. (lat. *dulcis* süß), ver-
mutl. durch Studenten.

dumm Adj. mhd. ahd. *tumb;* got.
dumbs stumm; Grundbedeutung =
sprachlos, unverständl. (↗ *stumm*).
Zur idg. Wurzel **dhumbhos* dun-
kel, unverständig (nasalierte Er-
weiterung zur Wurzel **dhubh-*
stumpf sein); ↗ *taub.* **dummdreist**
Adj. Mitte 18. Jh. aus dem Nd. –
Dummy s. Attrappe, 20. Jh. aus
engl. *dummy* (seit 1845) (zu:
↗ *stumm*).

dumpf Adj. 17. Jh. für älteres *dump-
fig, -icht,* vom Subst. mhd. *dumpfe*
Dampf; verw. mit: ↗ *Dampf.*

Dumping s. Preisschleuderei auf
Auslandsmärkten, 20. Jh. aus engl.
(*to dump* niederwerfen, abladen;
nd. *dumpen* schlagen, stoßen).

Düne w. 15. Jh. Küstenwort, ins Nd.
wohl aus dem Nl., hd. 17. Jh.
Verw.: ↗ *Daune,* ↗ *Dunst* (idg.

Wurzel **dhu-* schütteln; engl.
down).

Dung m. mhd. *tung,* ahd. *tunga* Mist
neben mhd. *tunc,* ahd. *tung* Keller
(urspr. zur Wärmung mit *Dung* be-
deckt). Wurzel = **dhengh-* bedek-
ken. Anlautend *D-* statt *T-* = nd.
(↗ *Damm,* ↗ *Dübel* usw.).

dunkel Adj. mhd. *tun-, dunkel,* ahd.
tun-, dunkal, tunchal, -char; zur
idg. Wurzel **dhem-* rauchen; also
= neblig (engl. *dank* feucht). – An-
lautend *d-* rückt langsam frühnhd.
nach Süden. **Dunkelmann** m. LÜ
vor 1800 für *obscurus vir* (nach der
Satire *Epistolae obscurorum viro-
rum,* = Briefe Unbekannter, von
Crotus Rubeanus, Ulrich Hutten
u. a., 1515–17). = Finsterling erst
Anfang 19. Jh.

dünken Zw. mhd. *dun-, dünken,*
ahd. *dunchen,* got. *þugkjan;* verw.
mit (seinem Bewirkungswort)
↗ *denken;* urverw.: lat. *tongere*
kennen. **Dünkel** m. frühnhd. aus
mhd. *dunc* Meinung. **dünkelhaft**
Adj. 2. Hälfte 18. Jh. (Klopstock).

dünn Adj. mhd. *dünne,* ahd. *d-,
thunni;* urverw.: lat. *tenuis* dünn,
zart; idg. Wurzel **tenu-s* gedehnt;
↗ *dehnen,* ↗ *Dohne.*

Dunst m. mhd. ahd. *tunst;* zu ei-
ner Erweiterung der idg. Wurzel
*dh(e)u- stieben; verw. mit ↗ *Dau-
ne,* ↗ *Düne;* ↗ *beduseln,* ↗ *dösen,*
↗ *Duft,* ↗ *Dusel,* ↗ *quasseln,*
↗ *Tau[1],* ↗ *Tier,* ↗ *Tod,* ↗ *toll,* ↗ *tot,*
↗ *tummeln,* ↗ *Typhus,* ↗ *verdutzt,*
↗ *blau.* **dunstig** Adj. mhd. *dunstec*
dampfend, ahd. *dunistig* stürmisch.
Dunstkreis m. LÜ 2. Hälfte 17.
Jh. von ↗ *Atmosphäre* (gr. *atmós*
Dunst + *sphaîra* Kugel: man mein-
te, daß die Himmelskörper Dunst
ausströmen).

Dünung w. Seegang nach Sturm,
19. Jh. für älteres nd. *deining,* aus
nl. (vom nl. Zw. *deinen* hin- und
herwogen, idg. **ten[d]-* schwellen;
verw. mit ↗ *Daumen* (nicht mit
Düne).

Duo s. Stück für 2 verschiedenartige
Instrumente, für 2 Partner, 19. Jh.

aus it. *duo* ↗ Duett (lat. *duo* zwei;
↗ *Duplik).* **Duodez** s. kleines Buchformat 17. Jh. aus lat. *in duodecimo* im zwölften (= 12 Blätter = 24
Seiten pro Bogen), lat. *duodecimus*
der zwölfte. **Duodezfürst** m. 18.
Jh. (Kleinheit des Herrschaftsgebietes!).

düpieren Zw. vor den Kopf stoßen,
verblüffen, 1. Hälfte 18. Jh. aus
frz. *duper* (*le dupe* der Dummkopf,
dies wohl verformt aus lat. *upupa*
Wiedehopf, SchW).

Duplik w. Entgegnung des Beklagten, 1. Hälfte 18. Jh. aus frz. *duplique* (frz. *dupliquer* entgegnen, aus
lat. *duplex* (Gen.: *duplicis*) doppelt; *duplicare* verdoppeln, *duo*
zwei; ↗ *Duo.* – **Duplikat** s. 1. Hälfte
18. Jh. aus lat. *duplicata* die Verdoppelte (*duplicare* verdoppeln).

Duplizität w. Verdopplung, 19. Jh.
aus lat. *duplicitas* (*duplex* doppelt.)

Dur s. 2. Hälfte 17. Jh. für mhd.
bedûre der Ton *h,* aus lat. *b durum*
hartes b = h (Ton).

durch Präp. mhd. *dur(ch),* ahd. *du-,
thuruh, durah;* dazu ablautend:
got. *þairh;* zur idg. Wurzel **ter-
(-que)-* hindurch (mhd. *dürkel, -hel,*
ahd. *dur[i]hil* durchbohrt, ahd.
derh durchlöchert); urverw.: lat.
trans jenseits (Part. Präs. zu **trare*
hindurchdringen?). – **durchbrennen** Zw. stud. Mitte 19. Jh. = fliehen, urspr. = mit Brand durchdrungen sein (werden), dann = die
Universität verlassen. **durchfallen**
Zw. stud. = nicht bestehen. Eigtl.
= durch den Korb fallen, wie der
genasführte Liebhaber, der ein
Mädchen im Korb in ihre Stube zu
ziehen vorgibt, der aber durch den
schadhaften Boden des Korbes
durchbricht. (stud. nlat. scherzhaft
corbissare durchs Examen fallen).
Durchfall m. vom Zw. *durchfallen*
1. Hälfte 18. Jh. **Durchgänger** m.
17. Jh. = Deserteur. **Durchlaucht**
w. 16. Jh. mhd. *durchlucht* für *durchliuhtet,* Part. Pass. zum Zw. mhd.
durchliuhten durchstrahlen, LÜ für
lat. *perillustris* (*per-* durch + *illu-*

strare erleuchten). **Durchmesser**
m. LÜ 2. Hälfte 17. Jh. für älteres
mhd. *dyameter,* über lat. aus gr.
diámetros. **durchqueren** Zw. Eindeutschung 2. Hälfte 19. Jh. von
engl. *cross.* **durchschnittlich** Adj.
19. Jh. zum Subst. **Durchschnitt** m.
Mittelzahl, *-wort* (seit 18. Jh.; davor 17. Jh. = Durchmesser, 16. Jh.
= Durchschneidung). **Durchsicht**
w. 18. Jh. zum älteren Adj. *durchsichtig,* mhd. *durhsihtec.* **Durchstecherei** w. 1. Hälfte 18. Jh. vom Zw.
durchstechen schmuggeln, mit gezinkten Karten spielen; ↗ *abgekartet* (schon spätmhd.). **durchtrieben**
Adj. 13. Jh. = listig, Part. Prät.
zum Zw. mhd. *durhtrîben* durchstreifen; dann = geistig durchdringen. **durchweg** Adv. Ende 18. Jh.
aus nd. Mundart, = Präp. *durch* +
↗ *Weg,* also = durch den Weg.

dürfen Zw. ahd. *durfan,* got. *þaurban;* urverw.: gr. *térpein* erfreuen; idg. Wurzel **terp-* genießen.
Verw.: ↗ *darben,* ↗ *Notdurft,* ↗ *bieder.* – **dürftig** Adj. mhd. *dürftic,*
ahd. *durftic;* abgeleitet vom Subst.
mhd. ahd. *durft,* got. *þaurfts* Bedürfnis.

dürr Adj. mhd. *dür-, durre,* ahd. *d-,
thurri,* got. *þaursus;* urverw.: lat.
torridus dürr, *terra* das (trockne)
Land; zur idg. Wurzel **ters-* trocknen; **t̥s-* trocken sein; ↗ *Darre,*
↗ *dörren,* ferner: ↗ *Terrain* usw.,
↗ *Toast.* – **Durst** m. mhd. *durst,*
ahd. *thurst,* got. *þaurstei;* mit
gramm. Wechsel zum Adj. ↗ *dürr,*
mit Ablaut zum Subst. ↗ *Darre*
(verw.: lat. *tostus* aus älterem **torstus* verbrannt). **durstig** Adj. mhd.
durstec, ahd. *durstac.*

Dusche w. 2. Hälfte 18. Jh. aus
frz. *douche* Gießbad, dies über it.
doccia aus lat. *ductio* Leitung,
zum Zw. *ducere* führen; ↗ *ziehen;*
↗ *Produkt,* ↗ *Dock.*

Düse w. verengendes Mundstück einer Rohrleitung; Gerät zur Strömungsmessung, Mitte 16. Jh. (Hüttenwesen) aus tschech. *duše* Seele
(von Gußstücken), dies aus aslaw.

duša Seele, Atem (idg. Wurzel: *dhu-* atmen; ↗ *Tier*!).

Dusel m. Glück, 19. Jh. aus nd. *dusel* Betäubung (engl. *dizzy* schwindlig); dann = Glück des Trunkenen; verw. mit ↗ *Tor²*, ↗ *dösen*. ahd. *tûsic* töricht. ↗ *Dunst*, ↗ *quasseln*, ↗ *beduseln*. – **Dussel** m. Dummkopf, dasselbe Wort wie *Dusel;* hd. seit 17. Jh.

düster Adj. 16. Jh. (Luther) aus nd. *düster,* as. *thiustri;* vgl.: r. *tusk* Finsternis.

Dutzend s. 1. Hälfte 18. Jh. für älteres 14. Jh. *totzen,* aus afrz. *dozeine*

Zwölfergruppe (*douze* zwölf, aus lat. *dodicina, duodezim*); das auslautende *-d* angetreten wie in ↗ *je-, nieman-d.*

duzen Zw. ↗ *verhunzen.*

dynamisch Adj. 19. Jh. aus gr. *dynamikós* kräftig (*dýnamis* Kraft, *dýnasthai* können). **Dynamit** s. KW 1867 (Alfred Nobel) aus gr. *dýnamis.* **Dynamo** m. nach engl. Vorbild (*dynamo*), verkürzt aus *Dynamomaschine,* 2. Hälfte 19. Jh. – **Dynastie** w. 16. Jh. aus gr. *dynasteía* Herrschaft, vom gr. Zw. *dynasthai.*

E

Ebbe w. 2. Hälfte 16. Jh. aus nd. *ebbe,* as. *ebbiunga;* Ableitung von der Präp. nhd. ↗ *ab;* Nordseeküstenwort. – Nd. *-bb-* wie bei ↗ *Krabbe,* ↗ *Robbe,* ↗ *schrubben.*

eben Adj. mhd. *eben(e),* ahd. *eban,* got. *ibns;* urspr. = gleich, später = gleichmäßig hoch. Herkunft ungeklärt (vielleicht verw.: lat. *aem-ulari* nacheifern, *im-itari* nachahmen?). ↗ *neben.* **Ebenbild** s. LÜ 14. Jh. aus lat. *configuratio.* – **Ebene** w. mhd. *ebene,* ahd. *ebani.*

Ebenholz s. mhd. ahd. *ebenus,* Luther verdeutlichend *heben holtz;* über lat. *(h)ebenus* und gr. *ébenos* aus altäg. *hbnj* Ebenholz.

Eber m. mhd. *eber,* ahd. *ebur;* urverw.: lat. *aper* Eber. Herkunft unklar (hierher m. PN *Eberhard*).

Eberesche w. 1. Hälfte 15. Jh. *eberboum, -asch.* Vielleicht verw. mit: ↗ *Eibe* (nach den roten Beeren).

echappieren Zw. 1. Hälfte 18. Jh. aus frz. *échapper* (frz. *é* heraus + *chape* Bedeckung, von lat. *cappa,* also = aus der Bedeckung [dem Versteck] heraus; ↗ *Kappe*).

echauffiert Part. Pass. zum Zw. **echauffieren** 1. Hälfte 18. Jh. aus frz. *échauffer* erhitzen; dies aus lat. *excalfacere: ex-* heraus, *calidus*

warm, *facere* machen. ↗ *Chauffeur.*

Echo s. 2. Hälfte 16. Jh., zuerst w., aus lat. *echo,* dies aus gr. *êchô* Widerhall (*êchê* Schall); seit 17. Jh. s. (nach andern Bildungen auf *-o* wie *Tempo*). ↗ *Katechismus,* ferner: ↗ *Widerhall.*

Echse w. 1836 durch Oken gebildet, durch falsche Trennung von ↗ *Eidechse* (*Eid-echse* statt *Ei-dechse*).

echt Adj. nd. Zusammenziehung von mhd. ahd. *êhaft* gesetzmäßig (mhd. *êhe* Gesetz; vgl. ↗ *Ehe*); hd. seit 16. Jh. – Nd. *-cht* für hd. *-ft* wie in ↗ *achter* und Entsprechungen. **Echtheit** w. vor 1800.

Ecke w. mhd. *ecke, egge,* ahd. *ecka, egga;* urverw. lat. *acies* Schärfe, *acêre* sauer sein, gr. *akís* Spitze, *oxýs* scharf (↗ *Oxid*), zur idg. Wurzel *ak-* scharf, zu der auch ↗ *Ähre* und seine Sippe und ↗ *Elster* gehören. Dazu der m. PN *Eckehard* (Zs. aus ahd. *ecka* Schwert[spitze] + *hart* kühn, also = schwertkühn).

Ecker w. in ↗ *Buchecker;* frühnhd. aus nd. *ecker* Eichel, Buchecker; dazu mhd. *ackeran,* got. *akran* Frucht. Dann urverw. lat. *agrestis* ländlich, gr. *ágrios* wild. Oder zu ir. *áirne* Schlehe?

Dann wie lat. *augēre* zur idg. Wurzel *og-* wachsen.

edel Adj. mhd. *edele*, ahd. *edili;* zum Subst. ↗ *Adel;* urspr. = von adliger Geburt; dann (mhd). = sittlich hochstehend. **Edelmut** m. 2. Hälfte 17. Jh. verkürzt aus älterem mhd. *edelmüetekeit.* **Edelrost** m. LÜ von lat. *aerugo nobilis*, 19. Jh. für älteres *edler Rost*, so 2. Hälfte 18. Jh. **Edelstein** m. 14. Jh. für älteres *der edele stein* (ahd. *stein* Edelstein).

Efeu m. Mitte 17. Jh. für älteres mhd. *ebehöu, ephöu,* ahd. *ebahewi,* dies volkset. an *Heu* angelehnt (Schreibung *Epheu*, vor 1901, war etymol. richtig!); aus ahd. *ebah, ebowe, ebewe;* vgl. engl. *ivy* Efeu. Herkunft ungeklärt (vielleicht urverw. mit lat. *ibex* Steinbock, Kletterer; dann urspr. = Kletternde?).

Effekt m. Mitte 16. Jh. aus lat. *effectus* Erfolg, vom Zw. lat. *efficere* bewirken. **Effekten** Mz. 2. Hälfte 17. Jh. aus frz. *les effets* unter Anlehnung an lat. *effectus.* **effektiv** Adj. 17. Jh. aus lat. *effective,* zum Adj. *effectivus* bewirkend.

egal Adj. 1. Hälfte 19. Jh. = gleichgültig; davor = gleichförmig; 2. Hälfte 17. Jh. aus frz. *égal,* dies aus lat. *aequalis* gleichbeschaffen, *aequus* gleich; vgl.: ↗ *eichen.*

Egel m. mhd. *egel,* ahd. *egala;* wie *Igel* aus idg. Wurzel *eĝhi-* Schlange. ↗ *Igel,* ↗ *Blutegel,* ↗ *Eidechse.*

Egge w. spätmhd. vom Zw. **eggen** mhd. ahd. *ecken, egen* mit der Egge bearbeiten (= lat. *occare*). Das Gerät heißt mhd. *egede,* ahd. *egida* (verw.: lat. *occa*), Wurzel *oketa,* zur Adjektivwurzel *ok-* spitz; also eigtl. = Gerät mit Spitzen.

Egoismus m. 1. Hälfte 18. Jh. aus frz. *égoisme* Ichsucht (lat. *ego* ↗ *ich*). **Egoist** m. Anfang 18. Jh. aus frz. *égoiste* (lat. *ego*). **egoistisch** Adj. 2. Hälfte 18. Jh. aus engl. *egoistic.*

ehe Adv. mhd. *ê,* aus dem Komp. mhd. ahd. *êr* eher geschwächt (got. *airis* früher neben dem Adj. *airiza,*

ahd. *êriro,* mhd. *êrre*). Urverw.: gr. *hêri* in der Frühe (vermutl. Urbedeutung). Vgl. ↗ *Eifer.*

Ehe w. mhd. *ê* (↗ *echt*), ahd. *êwa* Gesetz; dann = Ehevertrag. Herkunft unerklärt; mit ↗ *ewig* verw.? **ehelich** Adj. mhd. *êlich,* ahd. *ê(o)lih* gesetzmäßig. – Der m. PN *Ewald* gehört zum gleichen Stamm. **ehedem** Adv. 2. Hälfte 18. Jh. für älteres *ehedes* (↗ *ehe* als Präp.). Ebenso **ehemals** (Luther: *ehe mals*) ↗ *eher* Adv. = früher, Konj. = bevor.

ehern Adj. mhd. ahd. *êrîn,* zum Subst. mhd. ahd. *êr,* got. *aiz* Erz; urverw. lat. *aes.* Die idg. Wurzel *aios* bezeichnete bei Germanen und Vorrömern wohl das Kupfer (*Erz* ist nicht verwandt!).

Ehre w. mhd. *êre,* ahd. *êra,* zum gr. *aídesthai* scheuen, *aidôs* Scheu; ablautend *hierós* heilig; vgl. Wurzel *ais-* verehren. Im Deutschen wie im Idg. zunächst ein Wort der religiösen Sphäre; dann unter dem Einfluß von lat. *honestas* ritterl. Begriff. **Ehrenmann** m. LÜ um 1500 von lat. *vir honestus.* **Ehrenpreis** m., s. Heilpflanze (schützt vor Blitz- und Hexengefahr!), seit 15. Jh. **Ehrfurcht** w. 2. Hälfte 17. Jh. für lat. *reverentia,* zurückgebildet aus dem Adj. **ehrfürchtig** 16. Jh. **Ehrgeiz** m. seit Luther aus dem älteren mhd. *êrgîtecheit.* Vgl. ↗ *Geiz.* **ehrlich** Adj. mhd. *êrlich,* ahd. *êrlîh* anständig, ehrenhaft. **ehrsam** Adj. mhd. = ahd. *êrsam;* zu *-sam* ↗ *gehor-sam.*

Ei s. mhd. ahd. *ei;* urverw. lat. *ovum* (vgl. ↗ *oval*), gr. *ôón* Ei. Die idg. Wurzel *o(u)iom-* ist mit *auei-* Vogel verwandt (lat. *avis* Vogel). Zss. bei ↗ *Eierkopf* usw. – Das *Ei des Kolumbus* 1565 durch Benzoni auf Kolumbus übertragen, der Trick vermutl. von Brunelleschi 1421.

Eibe w. mhd. *îwe,* ahd. *îwa;* urverw. lat. *uva* Traube, gr. *oíê* Eberesche. Idg. Wurzel *(o)iua* Baum mit roten Beeren. ↗ *Eberesche.*

Eibisch m. mhd. *îbische,* ahd. *ibisca,* aus lat. *ibiscum,* dies aus dem Keltischen.

Eiche w. mhd. *eich(e),* ahd. *eih;* urverw. vielleicht: lat. *aesc-ulus* Bergeiche, gr. *aígi-lóps* Eiche, *aígeiros* Schwarzpappel. ↗ *Eichhörnchen.* **Eichel** w. mhd. *eichel,* ahd. *eihhila,* Verkleinerungsform zu *Eiche,* = kleine Eiche (↗ *Heide-l-beere*).

eichen Zw. amtlich abmessen, spätmhd. *îchen;* vorahd. entlehnt aus lat. *aequare (aequus* gleich); also = gleichmachen, ↗ *egal.*

Eichhörnchen s. für älteres *Eichhorn,* mhd. *eichorn,* ahd. *eihhurno, -horno.* Germ. Name des Waldtieres, der sich aus d. ↗ *Eiche* (oder einem zur idg. Wurzel **aig-* sich sehr bewegen gehörenden Wort?) und seinem idg. Namen zusammensetzt. Seit etwa 1000 volkset. Anlehnung an *Horn.* Die idg. Bezeichnung (vgl. lat. *viverra* Frettchen) ist redupliziert wie ↗ *Biber,* stammt also vielleicht aus der Kindersprache.

Eid m. mhd. ahd. *eid,* got. *aiþs,* aus dem Keltischen (air. *oeth* Eid; jurist. Überlegenheit der Kelten zur Zeit der Entlehnung). Herkunft unerklärt (vielleicht urverw. gr. *oîtos* Gang, Schicksal, dann zur idg. Verbalwurzel **ei-* gehen? Dann würde *Eid* den Gang zur Schwurhandlung bezeichnen. Aber *Eid* ist nur germ.-kelt.!). ↗ *eilen.* Langsam von ↗ *Schwur* zurückgedrängt.

Eidam m. mhd. *eidem,* ahd. *eidum;* urverw. gr. *íssasthai* Anteil erlangen; also = der (an der Mitgift) teilhat. Nicht zu ↗ *Eid. -a-* statt älterem *-e-* wie in ↗ *jemand,* ↗ *niemand,* ↗ *weiland.*

Eidechse w. mhd. *egedehse,* ahd. *egidehsa;* Zs. aus germ. **agi-,* idg. **eĝhi-* Schlange (Zusammenziehung zu *-ei-* wie in ↗ *Getreide,* ↗ *verteidigen*) und ahd. *dehsa* Rokken, Spindel, wohl nach der Schnelligkeit des Tieres (gewandt wie eine Schlange, wendig wie eine Spindel?). – Durch falsche Trennung (*Eid-echse*) entsteht ↗ *Echse.*

Eiderdaune w. 1. Hälfte 18. Jh. über nd. aus isl. *œðardzúnn* (gesprochen *aiðr-*): Daune der Eiderente; mit dem Daunenhandel nach Süden (engl. *eiderdown*). – *Eider* m., w. germ. Vogelname (**edi-*).

Eierkopf m. LÜ 20. Jh. aus engl. *egghead.* – **Eierkuchen** m. spätmhd. *eierkuoche,* nordd. für südd. *Pfannkuchen.* **Eierstock** m. 2. Hälfte 16. Jh. Eindeutschung von lat. *ovarium.* **Eiertanz** m. vor 1800 Kunsttanz zwischen ausgelegten Eiern (in Italien und Süddeutschland; vgl.: Wilhelm Meisters Lehrjahre II 8); dann = geschicktes Lavieren zwischen heiklen Dingen (vgl. [*wie*] *auf Eiern gehen* unsicher und mit Vorsicht gehen).

Eifer m. durch Luther aus Subst. *Eiferer* Mitte 14. Jh. Dies aus einem Adj. ahd. *eivar, eibar* herbe; dazu idg. Wurzel **ai-* brennen (vgl. gr. *hēri* frühmorgens; ↗ *eher*), **aibhro-* scharf? **Eifersucht** w. 1. Hälfte 16. Jh. verdeutlichend zu *Eifer.* ↗ *Sucht* Verlangen.

eigen Adj. eigtl. = Part. Pass. zu einem Zw. ahd. *eigan,* got. *aigan* haben (vgl.: ↗ *Fracht*); verw.: aind. *íśe* besitzen, awest. *isan-* Herr, Besitzer. **Eigenbrötler** m. 1. Hälfte 19. Jh. aus südwestd. Mundarten = Junggeselle mit eigenem Haushalt. **Eigenname** m. LÜ Mitte 17. Jh. aus lat. *nomen proprium,* für älteres *eigen name.* **Eigenschaft** w. mhd. *eigenschaft,* spätahd. *eiginscaft* Eigentum. **Eigenschaftswort** s. Ende 18. Jh. Eindeutschung von lat. ↗ *Adjektiv (adiectivum* = das Zugeworfene). **Eigensinn** m. Mitte 18. Jh. für älteres *eigen sinn,* dies aus dem Adj. mhd. *eigensinnec.*

eigentlich Adj. mhd. *eigenlich* = eigenartig; im 14. Jh. vertiefen die Mystiker die Bedeutung (= in Wirklichkeit); damals gleitet md. *-t-* hinein (wie in ↗ *hoffen-t-lich,* ↗ *fle-*

hen-t-lich, ✻ namen-t-lich, ✻ öffen-t-lich, ✻ orden-t-lich, ✻ wesen-t-lich, ✻ wöchen-t-lich usw.). **eigen-willig** Adj. schon mhd.; daraus das Subst. **Eigenwille** m. 15. Jh. – **eignen** Zw. mhd. *eigenen*, ahd. *eiganen*.

Eiland s. 17. Jh. aus mnd. *eilant*, dies aus fries. *eiland*. Erster Bestand-teil: ✻ Au(e); eigtl. = Innseland.

eilen Zw. mhd. ahd. *îlen*, *îllan*. Intensivum zur idg. Verbalwurzel *ei- gehen (zu lat. *ire* gehen; ✻ Eid). Davon das Subst. **Eile** w., mhd. *île*, ahd. *îla*. ✻ Schlendrian, ✻ weit. – **Eilbote** m. 2. Hälfte 18. Jh. als Eindeutschung von frz. *cou-rier* (aber schon spätahd. *îleboto*, das bald ausstarb). **Eilbrief** m. 1835 von Jahn als Eindeutschung von älterem *Expreßbrief*, durchgesetzt 1875. **Eilpost** w. um 1800 (Campe) als Eindeutschung für frz. *diligean-ce*. **Eilzug** m. Mitte 19. Jh. neben *Schnellzug*.

Eimer m. mhd. *eim-, einber*, ahd. *ein-, eimbar* neben älterem *ambar*, aus lat. *amphora* (Zwei-)Henkel-gefäß (aus gr. *amphoreús* an bei-den Seiten tragbar). Später volkset. an *ein-* und *-beran* tragen (✻ Bah-re) angelehnt (= Einhenkelgefäß). ✻ Zuber, ✻ Ampel.

ein ZaW mhd. ahd. *ein*, got. *ains*; verw. lat. *unus* (Zss. mit ✻ Uni-), gr. *oinós* (vgl.: engl. *one* ZaW); ur-spr. Erweiterung des idg. Pronomi-nalstammes *-e, *-i (lat. *is* er)? Vgl. ✻ einig, ✻ einzeln usw.

einäschern Zw. 17. Jh. *einaschern* neben *eineschen;* zur alten Mz. *Ascher, Escher* von ✻ Asche. ✻ Aschermittwoch.

Einbaum m. 2. Hälfte 18. Jh. aus obd. Mundarten für älteres ahd. *einboumic scif.* ✻ Nachen, ✻ Schiff.

sich einbilden Zw. 16. Jh. unter Ein-fluß von frz. *s'imaginer* als transit. Zw. *einbilden* Mystikerwort = (in die Seele) hineinprägen; Luther = eine falsche Meinung beibringen. **Einbildung** w. mhd. *înbildunge*. **Einbildungskraft** w. LÜ Mitte 17. Jh. von lat. *vis imaginationis*.

einblasen Zw. vorsagen, altes Pen-nälerwort, LÜ von lat. *inspirare*.

Eindruck m. Mystikerwort (= Ein-wirkung auf das Gemüt); erneuert durch Pietisten 1. Hälfte 18. Jh.

einfach Adj. 15. Jh. Zs. aus *ein* + *fach* (✻ Fach), zunächst = unzu-sammengesetzt; dann (16. Jh.) = schlicht; schließlich = leichtver-ständlich.

Einfall m. Mystikerwort 14. Jh. = unerwarteter Gedanke, vom Zw. **einfallen** 14. Jh. *învallen*, LÜ von lat. *incidere* hineinfallen.

Einfalt w. mhd. *einvelte*, *einvalt(e)*, ahd. *einfalti*, got. *ainfalþei*, vom Adj. ahd. *einfalt*, got. *ainfalþs;* LÜ der Mission aus lat. *simplex* (✻ sim-pel [*sem-el ein + plicare* falten]). ✻ falten, ✻ vielfältig. **einfältig** Adj. mhd. *einvaltec, -veltec*, ahd. *einfal-tig*, schlicht, leichtgläubig. **Ein-faltspinsel** m. stud. 1. Hälfte 18. Jh.; Zs. aus *Einfalt* + ✻ Pinsel [2] (nd. *pin* Schusterzwecke + nd. *sûl* Ahle; Mitte 17. Jh. = Geizhals; 18. Jh. = gemeiner Kerl).

Einfluß m. Mystikerwort; LÜ von lat. *influxus* Einströmen (göttl. Kräfte in den Menschen).

einfriedigen Zw., 2. Hälfte 18. Jh. aus Norddeutschland; mhd. *vride* Umzäunung; ✻ Friede.

Eingang m. mhd. *înganc*, LÜ aus lat. *introitus;* zuerst = Hineingehen; dann = Stelle, an der man Haus (Gemach) betritt; 20. Jh. = alle Postsachen einer Zustellung.

eingefleischt Adj. LÜ Luthers von lat. *incarnatus* (*caro, carnis* Fleisch).

Eingeweide s.mhd. *ingeweide*, ver-deutlichend zum Grundwort mhd. *geweide* Gedärm (des erlegten Wildes), nhd. ✻ Weide [2], mhd. *weide*, ahd. *weida* Futter, Weide-ort. ✻ ausweiden.

Einglas LÜ 19. Jh. aus frz. *mon-ocle*.

einhändigen Zw. Kanzleiwort 1. Hälfte 17. Jh.; vom Adj. *einhändig* in die Hand gegeben (Mitte 16. Jh.). ✻ aushändigen.

einheimisch Adj. so Luther für älter *inheimisch* 15. Jh. zu ahd. *inheima* Heimat; also = zu Hause. ↗ *Heim*.

einheimsen Zw. 2. Hälfte 17. Jh. verdeutlichend für einfaches *heimsen* (mhd.) heimbringen.

Einheit w. LÜ 15. Jh. von lat. *unitas* (*unus* einer).

einhellig Adj. spätmhd. *einhellec*, zusammengezogen aus mhd. *enein hellen*, ahd. *in ein hellan* ineinander tönen, übereinstimmen. Zugrunde liegt das Subst. ↗ *Hall*. ↗ *mißhellig*.

Einhorn s. ahd. *einhurno* LÜ von lat. *unicornis* Nashorn.

einig Adj. mhd. *einic*, ahd. *einig;* von ↗ *ein*. **einigen** Zw. mhd. *einigen;* von *einig*. **einigermaßen** Adv. vor 1700, zusammengerückter Genitiv: *einiger Maßen*.

Einkünfte Mz. vor 1700 für älteres *Einkunft* Einkommen (17. Jh.); mhd. *înkumft* Eintreffen.

einleuchtend Adj. seit Lessing Mitte 18. Jh.; davor = religiös eingegeben, nach mystischem Sprachgebrauch (14. Jh.) *înliuhtunge* Erhellung.

einmal Adv. 16. Jh. zusammengerückt aus dem Akk. *ein Mal* (↗ *mâl* Zeitpunkt). **Einmaleins** s. 1. Hälfte 16. Jh. = Rechentabelle.

einmütig Adj. mhd. *einmüetec*, ahd. *einmuotig*, vom Subst. mhd. *einmuot(e)* Gesinnungsharmonie und dem Adj. mhd. *einmuote*, ahd. *einmuoti* harmonisch.

Einnahme w. 15. Jh. vom Zw. **einnehmen** mhd. *înnemen*, ahd. *înneman* hineinnehmen.

Einöde w. mhd. *einœte, -œde*, ahd. *einôti;* von *ein* allein mit dem Suffix ahd. *-ôti* (↗ *Arm-ut*, ↗ *Heim-at*, ↗ *Klein-od*, ↗ *Zier-at*, ↗ *Ern-te*; verkürzt: ↗ *Gegen-d;* lat. *magistr-atus*, *sen-atus*) gebildet. Volkset. an ↗ *öde* angelehnt.

eins ZaW, s. Form zu ↗ *ein*.

einsam Adj. 15. Jh. Zs. aus mhd. *ein* allein + Suffix *-sam;* durch Luther verbreitet. **Einsamkeit** w. LÜ 15. Jh. aus lat. *solitudo*.

einschlägig Adj. um 1800 aus einer d. Ma.; zum Zw. *einschlagen* betreffen (Mitte 18. Jh.).

einschließlich Adv. LÜ um 1800 (Campe) aus lat. *inclusive* (*claudere* schließen; *clavis* Schlüssel).

einschwärzen Zw. schmuggeln, heimlich hineintun; 18. Jh. aus rotw. – ↗ *Schwarzarbeit*.

einsehen Zw. mhd. *însehen*, LÜ von lat. *inspicere*, bei Mystikern und Pietisten „religiös erfassen". **Einsicht** w. 18. Jh. pietistisch = Erfassen religiöser Gegebenheiten.

Einsiedler m. mhd. *einsidelære* für älteres ahd. *einsidilio* Einsiedel; LÜ von lat. (-gr.) *mon-achus* (*ein* allein + *sedal* Sitz). ↗ *siedeln*.

Einspänner m. seit 18. Jh. = Sonderling; davor = Wagen mit nur einem Pferd; Fuhrmann eines solchen.

einst Adv. mhd. ahd. *eines;* Gen. zu *ein;* das auslautende *-t* tritt seit 1000 an (↗ *jetz-t* u. ä.). **einstmals** Adv., Zusammenrückung aus dem Gen. mhd. *eines mâles* (*mâl* Zeitpunkt); adv. Genitivbildung wie ↗ *flug-s* u. ä.

Eintracht w. mhd. *eintraht(e)*, aus mnd. *endracht* Vertrag (*över ên dragen* übereinstimmen); vom Zw. ↗ *tragen*. ↗ *Zwietracht*. **einträglich** Adj. 1. Hälfte 18. Jh. = Querfäden im Aufzug des Webstuhls; spätes 15. Jh. = Schaden, Nachteil. ↗ *beeinträchtigen*.

eintreiben Zw. (Gelder) mit Zwang einbringen, eigtl. = Vieh in den Zinsstall treiben; 16. Jh.

eintrichtern Zw. nach Harsdörffers Buch „*Poetischer Trichter*" 1647; ↗ *Trichter*.

einverleiben Zw. LÜ 16. Jh. aus lat. *incorporare;* dafür früher *verleiben* und *einleiben* (lat. *corpus* Leib; vgl. ↗ *Körper* usw.).

Einverständnis s. 2. Hälfte 18. Jh. aus der Kanzleisprache. ↗ *verstehen*. Voraus liegt ein Zw. *sich einverstehen* übereinstimmen.

einwecken Zw. Anfang 20. Jh. nach dem Erfinder des keimfreien Einkochens ↗ *Weck* (1841–1914).

Einzahl w. LÜ Campes (1807) für lat. *(numerus) singularis;* dafür älter *einzelne zal* Mitte 17. Jh. Vgl.: ↗ *Mehrzahl*! **einzeln** Adj. mhd. *einzel,* Fortbildung aus ahd. ↗ *ein* allein über ahd. *einaʒ* einzeln. **Einzelwesen** s. vor 1800 von Campe als Eindeutschung für lat. ↗ *individuum* eingeführt. **einzig** Adj. mhd. *einzec,* aus ahd. *ein* allein über ahd. *einaʒ* einzeln. ↗ *winzig*.

Eis s. mhd. ahd. *îs;* mit idg. Entsprechungen, aber ungeklärter Herkunft; 18. Jh. = Speiseeis LÜ aus frz. *glace*.

Eisbein s. gepökeltes Schweineschienbein; 19. Jh. aus nordd. Umgangssprache (↗ *Bein*). Eigtl. = das zur Schlittschuhherstellung geeignete Schienbein des Schweins (Knochenschlittschuhe). Vgl. norw. *islegg* Schlittschuh (zu an. *leggr* Wadenknochen). Urverw. gr. *is-chíon* Hüfte. ↗ *Ischias*.

Eisen s. mhd. *îsen,* ahd. *îsa(r)n* (vgl. mit grammat. Wechsel: got. *eisarn,* engl. *iron*), mit den kelt. Entsprechungen (air. *iar[an]n*) wohl aus dem Illyrischen entlehnt. Urverw. lat. *ira* Zorn. Eigtl. also = das sprühende, starke Metall. – *Ein heißes Eisen,* urspr. (12. Jh.) vom Gottesurteil der Eisenprobe; *eiserner Vorhang* = 1889 Feuerschutz im Theater; 1920 (engl.) = Grenze Ost:West. **Eisenbahn** w. um 1800 Bezeichnung für die (seit 1775 in Klausthal) auf eisernen Schienen fahrenden bergm. Förderbahnen; seit 1825 für die Dampfbahn. – *Höchste Eisenbahn* 1847 (Wortverdrehung aus einer Humoreske von Glaßbrenner). – **Eisvogel** m. mhd. ahd. *îsvogel* für älteres ahd. *îsarnovogal* Eisenvogel (nach der Farbe), verkürzt zu *îsarno* der Eiserne, dies volkset. an *Eis* angelehnt (*îs-œr* Eis-adler; weil man annahm, der Vogel brüte im Winter).

eitel Adj. mhd. *îtel,* ahd. *îtal;* keine außerwestgerm. Parallelen; unerklärt. Urspr. = leer; dann = nur (*Eitel Friedrich* heißt „nur" Fried-

rich, er hat keinen Doppelnamen); dann auch = eingebildet (hohl, inhaltslos).

Eiter m. mhd. *eiter,* ahd. *eitar;* urverw.: lat. *aemidus* geschwollen, gr. *oîdos* Geschwulst; vgl. ↗ *Ödem* Geschwür (vom Zw. *oidân* schwellen. *Ödipus* Klumpfuß).

Ekel m. von Luther aus der md. Umgangssprache genommen, vom älteren Adj. *ekel* heikel; unerklärt.

Eklat m. Krach, Skandal, 2. Hälfte 17. Jh. aus frz. *éclat,* älter *esclat* Glanz, vom Zw. afrz. *esclater* entzweibrechen. Vielleicht vom got. Zw. **slaitjan* zerreißen (↗ *verschleißen*), dem Frz. durch volkslat. *esclattare* zerreißen vermittelt. **eklatant** Adj. 1. Hälfte 18. Jh. aus frz. *éclatant,* Part. Präs vom Zw. *éclater* zerspringen.

Ekliptik w. Sonnenbahn, 2. Hälfte 17. Jh. aus lat. *ecliptica (linea)* mangelhafte Linie (gr. *ekleiptikós* mangelhaft), weil die Sonnenbahn die Sonnen- und Mondfinsternisse (*Eklipsis*) enthält.

Ekstase w. 16. Jh. aus lat. *ecstasis* (von gr. *éktasis* Aussichheraustreten, Verzückung); im 17. Jh. durch frz. *extase* verstärkt.

Elaborat s. (unzureichende) Ausarbeitung, 19. Jh. aus lat. *elaboratum* (Part. Pass. zum Zw. *elaborare* ausarbeiten; ↗ *Labor*!).

Elan m. 1. Hälfte 19. Jh. aus frz. *élan,* dies vom Zw. frz. *s'élancer* sich aufschwingen, dies aus mlat. *lanceare* die ↗ *Lanze* schwingen.

elastisch Adj. Mitte 17. Jh. vom nlat. Adj. *elasticus* (nach gr. *elastós* biegsam, *elaúnein* treiben); *vis elastica* bezeichnete die Treibkraft der Luft. ↗ *Spannkraft,* ↗ *wendig*.

Elch m. mhd. *elhe,* ahd. *elaho,* germ. Tierbezeichnung (von den Römern als *alces, alcis* übernommen); urverw. r. *losí* Elch. – Zur idg. Wurzel **el-* rot, braun (dazu auch *Alk* m., = Tauchervogel; ↗ *Elen*!).

Elefant m. mhd. *elefant,* (h)*elfant,* ahd. *elpfant, elafant, helfant,* aus lat. *elephantus,* dies von gr. *elé-phas;* Ausgangspunkt altäg. *jebu* ⚹ *Elfenbein,* Elefant (daher lat. *ebur* Elfenbein). ⚹ *Element.*

elegant Adj. 1. Hälfte 18. Jh. aus frz. *élégant* geschmackvoll, von lat. *elegans* wählerisch (*eligere* auswählen).

Elegie w. Klagegedicht, 1. Hälfte 16. Jh. aus lat. *elegia,* dies aus gr. *elegeía* Gedicht in Distichen (*élegos* Trauerlied mit Flötenbegleitung [urspr. kleinasiatisch?]). **elegisch** Adj. 18. Jh. aus lat. *elegiacus.*

elektrisch Adj. Anfang 18. Jh. nach älterem lat. *electricus,* nach engl. Vorbild 2. Hälfte 17. Jh. zur Bezeichnung der bislang unbenannten Kraft benutzt. Lat. *electrum* = gr. *êlektron* Bernstein (da man im ⚹ *Bernstein* den Hauptträger der el. Kraft sah). **Elektrizität** w. Mitte 18. Jh. nach frz. *électricité.* **Elektrode** w. KW 20. Jh., Zs. mit gr. *hodós* Weg (⚹ *Epis-ode*). **Elektron** s. kleinster Teil negativer Elektrizität, KW 20. Jh. Vgl. ⚹ *Ion.*

Element s. 13. Jh. *element,* aus lat. *elementa* Mz. Buchstaben, Grundstoffe, dies vielleicht aus gr. *elé-phanta* (von *eléphas* Elfenbeinbuchstabe (mit dem die röm. Kinder buchstabieren lernten)? Vgl. ⚹ *Elefant.* **elementar** Adj. 2. Hälfte 18. Jh. für älteres *elementarisch,* dies im 17. Jh. aus lat. *elementarius* zu den Anfangsgründen gehörig.

Elen m., s. Hirschart, aus lit. *élnis* (vgl. gr. *ellós* aus älterem *elnós* Hirschkalb). Verdrängt seit 1500 ⚹ *Elch.*

elend Adj. mhd. *ellende* unglücklich, ahd. *elilenti* verbannt, zu got. *aljis* anderer (lat. *alius,* gr. *állos*) + ahd. *lant;* urspr. = im andern ⚹ *Land.* **Elend** s. mhd. *ellende* Ausland, Not, ahd. *elilenti* Verbannung, Fremde. Der Name *Elsaß* (mlat. *Alisatia*) bedeutet dasselbe.

Eleve m. Praktikant, 19. Jh. aus frz. *élève* (*élever* hochheben, belehren; lat. *elevare*); ⚹ *leger.*

elf ZaW mhd. *eil(i)f,* ahd. *einlif,* got.

ainlif. Das zweite Glied gehört zur idg. Wurzel *liku* übrig sein (⚹ *leihen*). Urspr. = eins drüber. Vgl. got. *twa-lif* ⚹ *zwölf,* eigtl. = zwei drüber (nämlich über zehn).

Elfe w. 1742 (Wieland nach Bodmers Vorgang) aus engl. *elf.* ⚹ *Alp, Elfriede,* ⚹ *Erlkönig.*

Elfenbein s. spätahd. *helfan-, helfenbein,* eigtl. = Elefantenknochen, für älteres ahd. *helfantbein,* dies verdeutlichend für einfaches ahd. *helfant* Elefant, Elfenbein, aus lat. *elephas* (= gr. *eléphas*), das auch das Tier und seine Stoßzähne bezeichnete. ⚹ *Elefant,* ⚹ *Bein!*

Elise w. Oblatengebäck, um 1860, nach der Nürnberger Lebküchlertochter *Elise* Haeberlein.

Elite w. 18. Jh. aus frz. *élite* (frz. Zw. *élire* von lat. *eligere* auswählen; ⚹ *elegant*).

Elixir s. spätmhd. *elixîre* 13. Jh. über lat. *elixirium* aus ar. *aliksir* Heilmittel, Stein der Weisen, dies aus gr. *xêríon* trockenes Heilmittel.

Elle w. mhd. *elle,* aus älterem *elne,* ahd. *elina,* got. *aleina;* urverw. lat. *ulna,* gr. *ôlênê.* Idg. Gliedbezeichnung als Längenmaß; idg. Ursprung: **el(ei)-* biegen. *-ll-* aus *-ln-* wie bei ⚹ *Scholle¹,* ⚹ *Zwilling,* ⚹ *Müller.* **Ellenbogen** m. mhd. *el(l)enboge,* ahd. *el(l)inbogo,* aus ahd. *elina* Unterarm + *bogo* Biegung.

Eller w. nd. zu ⚹ *Erle.* Wie ⚹ *Elch* aus der idg. Wurzel **el-, *ol-* rot, braun. ⚹ *Ulme,* ⚹ *Elritze.*

Ellipse w. 18. Jh. über lat. aus gr. *élleipsis* Ermangeln (der Kreisrundung; einiger Wörter im Satz), vom Zw. *elleípein* mangeln, *leípein* zurücklassen (verw. mit ⚹ *leihen*).

Eloge w. Lob, 2. Hälfte 18. Jh. aus frz. *éloge,* dies über lat. aus gr. *eulogía: eu* gut + *logía* = *lógos* Rede.

Elritze w. Karpfenfisch, seit 16. Jh. md., abgeleitet von ⚹ *Eller,* ⚹ *Erle* (nach ihrem Standort).

Elster w. mhd. *agelster, eilster,* ahd. *aga(l)stra;* zugrunde liegt das germ.

Adj. **ago-* spitz (idg. **ak̂-;* lat. *acies*, d. *↗ Ecke*), mit Suffix erweitert; urspr. = die Spitzige (?, nach der Schwanzform? Oder hat der Unglücksvogel einen Tabunamen?).

Eltern Mz. mhd. *altern, eltern*, ahd. *altiron, eltiron;* substantivierter Komparativ zu *↗ alt*.

Email s., **Emaille** w. 1. Hälfte 18. Jh. aus frz. *émail* Schmelzglas, dies aus mlat. *smeltum* (it. *smalto*), das aus d. *↗ schmelzen* stammt. **emaillieren** Zw. um 1700 aus frz. *émailler*.

emanzipieren Zw. 17. Jh. aus lat. *emancipare* aus dem *Mancipium* entlassen (*mancipium*, aus *manus* Hand + *capere* fassen, = Eigentumserwerb durch Anfassen; *e-mancipare* [den Sohn oder Sklaven] aus der väterl. Gewalt entlassen). **Emanzipation** w. Begriff der Frz. Revolution, bei uns seit 1830 für die Befreiung der Frau, auch der Juden, der Sklaven.

Embargo s. Schiffsbeschlagnahmung; Hafensperre, 19. Jh. aus span. *embargo* (vom Zw. *embargar* beschlagnahmen; vgl. gall. *barros* buschiges Ende, *barra* Sperrbalken; *↗ Barre*).

Emblem s. 16. Jh. aus lat. *emblema*, gr. *émblêma* eingelegte Metallarbeit (*en* hinein + *blêma* zum Zw. *bállein* werfen [*↗ Teufel*]). Aus den gleichen Bestandteilen bildet das 19. Jh. das KW **Embolie** w. Kreislaufstörung durch Blutpfropf.

Embryo m., s. nhd. über lat. *embryo* aus gr. *émbryon* (*en* hinein + *brýein* sprossen).

emigrieren Zw. 2. Hälfte 18. Jh. aus lat. *emigrare* (*e-* hinaus + *migrare* wandern).

Emir m. oriental. Fürst, 1. Hälfte 18. Jh. aus ar. *amîr* Befehlshaber (zum ar. Zw. *amara* befehlen). *↗ Admiral!*

empfangen Zw. (empfing, empfangen), mhd. *enphâ(he)n* angeglichen aus älterem *entfâ(he)n*, ahd. *intfâhan;* Zs. aus der Vorsilbe *↗ ent-* und dem Zw. ahd. *vâhan ↗ fangen*. Die Form *empfangen* ist nd. (hd. vereinzelt seit Luther); *-m-* durch Assimilation. – **Empfang** m. mhd. *en-, anpfanc*, ahd. *antfanc;* vom Zw. *empfangen*. **Empfängnis** w. mhd. *enpfencnisse*, ahd. *intfancnissa* Entgegennahme; seit Luther = Befruchtung des Eis.

empfehlen Zw. (empfahl, empfohlen), mhd. *enpfelhen* angeglichen aus älterem *entfelhen*, vom Zw. ahd. *felahan* (*↗ befehlen*) bergen; urspr. also = zum Bergen geben, anvertrauen.

empfinden Zw. (empfand, empfunden), mhd. *enpfinden* angeglichen aus älterem *entfinden*, ahd. *intfindan;* Zs. aus *↗ ent-* und dem Zw. *↗ finden*. **empfindlich** Adj. mhd. *enpfintlich*, ahd. *inphintlich* der Empfindung leicht zugänglich. **empfindsam** Adj. LÜ 18. Jh. aus engl. *sentimental*.

Emphase w. Eindringlichkeit, 18. Jh. aus frz. *emphase* für älteres *emphasis;* beides über lat. *emphasis* aus gr. *émphasis* (*en* hinein + *phaínein* scheinen, sichtbar machen; *↗ Phänomen*). **emphatisch** Adj. um 1700 aus gr. *emphatikós* eindringlich.

Empirie w. Erfahrung(swissenschaft), 18. Jh. aus gr. *empeiría* Erfahrung (aus *en* hinein + *peîra* Versuch). **empirisch** Adj. 18. Jh. aus gr. *empeirikós* (*émpeiros* erfahren). *↗ Pirat!*

empor Adv. mhd. *enbor(e)*, ahd. *in bor* in die Höhe (ahd. *bor* Höhe [*↗ Bürzel*], zum Zw. *beran* tragen; *↗ Bahre* und seine Sippe). *↗ gebühren*. – *-mp-* für älteres *-nb-* ähnlich wie in *↗ Wimper* (Teil-Assimilation!). – **Empore** w. 18. Jh. gekürzt aus *Emporkirche* (mhd. *borkirche* w. höher gelegener Kirchenraum). **empören** Zw. mhd. *enbœren*, ahd. *anaboren:* ahd. *bor* Trotz, *burian* erheben. **Emporkömmling** m. Verdeutschung 2. Hälfte 18. Jh. von frz. *parvenu* (*↗ Parvenu!*).

emsig Adj. mhd. *emʒec*, ahd. *ema-, emiʒʒig*, zum ahd. Adj. *emiʒ* beständig (vgl. an. *ama* plagen, bemühen, urverw. gr. *homoíos* plagend). Eigtl. = unablässig.

Ende s. mhd. *ende*, ahd. *enti*, got. *andeis;* urverw. lat. *antiae* Stirnhaare, gr. *ántios* gegenüber; lat. *ante* vor, gr. *antí* gegen. Dazu: ↗ *ent-*. **endigen** Zw. spätmhd. *endigen*, zum Adj. mhd. *endec* endend.

Endzweck m. LÜ kurz nach 1600 von lat. *causa finalis;* seit Leibniz in der philos. Sprache.

Endivie w. um 1400 *endivie*, aus it. *endivia*, dies wohl aus dem Ar., wohin das Wort aus dem lat. *intubus* gedrungen ist. Zugrunde liegt eine sem. Bezeichnung (aram. *hebda* Zichorie oder ägypt. *tybi* Januar, = im Januar wachsende Pflanze?).

Energie w. 18. Jh. aus lat. *energia*, dies aus gr. *enérgeia* Tatkraft (*érgon* ↗ *Werk*). ↗ *Organ,* ↗ *Orgie.*

eng Adj. mhd. *enge*, ahd. *engi, angi,* got. *aggwus* eng; urverw. lat. *angere* zusammendrücken, gr. *ánchi* nahe; zur idg. Wurzel *anĝh-schnüren. ↗ *Angst,* ↗ *bange.*

engagieren Zw. 17. Jh. aus frz. *engager* (vgl. frz. *gager* pfänden, ↗ *Gage* Lohn).

Engel m. mhd. *engel*, ahd. *en*-, *angil,* got. *aggilus,* aus gr. *ángelos* Bote (durch die arian. Mission nach Deutschland [das lat. Wort *angelus* hätte keinen Umlaut ergeben]). Zugrunde liegt hebr. *mal-âk* (Gottes) Bote; dazu das gr. Wort LÜ.

Engerling m. mhd. *enger(l)inc,* ahd. *engirinc* ist Verkleinerung von mhd. *anger, enger,* ahd. *angar(i)* Made; urverw. lat. *anguis* Schlange. Idg. Wurzel **angu(h)i*- Wurm (was sich krümmt); ↗ *Anger.*

England mhd. *Engellant,* ahd. *Engillant* = Land der Angeln.

Enkel[1] m. Kindeskind, mhd. *enin-, enenkel,* ahd. *eninchili,* zu ahd. *ano* ↗ *Ahn,* = Ähnchen, kleiner Ahn (im Enkel ersteht der Großvater wieder); vgl.: lat. *avunculus* Onkel zu *avus* Großvater, eigtl. = Großväterchen.

Enkel[2] m. Fußknöchel, mhd. *enkel*,

ahd. *anch-, enchil,* abgeleitet vom Subst. mhd. *anke* Gelenk; vgl. lat. *unguis* Nagel, gr. *ónyx* Nagel.

Enklave w. Land in fremdem Gebiet, 19. Jh. aus frz. *enclave.* Eigtl. = Eingenageltes (lat. *in + clavus* Nagel – oder zu *clavis* Schlüssel? Dann = Verschlossenes). ↗ *Exklave.*

enorm Adj. 1. Hälfte 18. Jh. aus frz. *énorme* ungeheuer, dies aus lat. *e-normis* unverhältnismäßig (groß) (*ex*- aus + -*norma* Regel).

Ensemble s. 18. Jh. aus frz. *ensemble* zusammen, dies aus lat. *insimul* zugleich, miteinander, lat. *similis* ähnlich. ↗ *simulieren,* ↗ *sammeln.*

ent- Vorsilbe, mhd. *ent*-, ahd. *int-;* verw. lat. *ante* vor, gr. *antí* gegen (als Verbalpräfix ist *ent*- unbetont, daher verblaßte das alte *a*- zu *e*-; als Substantivpräfix ist es betont, dadurch erhielt sich das *a-;* ↗ *Antwort,* ↗ *Antlitz* gegenüber ↗ *entrinnen,* ↗ *entwöhnen* u. a.). ↗ *Ende.*

entbehren Zw. mhd. *enbern*, ahd. *inberan;* Zs. aus der Negation *en-* (nicht dem Präfix *ent-!*) und dem Zw. *beran* tragen; also eigtl. = nicht tragen, nicht besitzen. ↗ *Bahre –;* ↗ *Gebärde* und seine Sippe.

sich nicht entblöden Zw. *entblöden* urspr. = die Blödigkeit nehmen; *sich entblöden* also = sich erkühnen. Im 17. Jh. tritt *nicht* als verstärkender Zusatz dazu (= nicht ↗ *blöde* sein).

entdecken Zw. mhd. *ent-, endecken,* ahd. *intdecchan.* Eigtl. = aufdecken, entblößen; seit 16. Jh. = auffinden.

Ente w. mhd. *ant,* ahd. *anut;* urverw.: lat. *anas* (Gen. *anatis*), gr. *nêssa.* Idg. Vogelname. „Zeitungslüge" LÜ von frz. *canard,* Mitte 19. Jh. **Enterich** m. mhd. *antrech,* ahd. *anutrehho;* Zs. aus *anut* Ente + *trahho* Männchen (wgerm. *drâko- Männchen, engl. *drake* Enterich). Später unter Einfluß der m. PNN auf *-rich* [z. B.: *Diet-rich*] und Muster für Bildungen wie ↗ *Täuberich,* ↗ *Gänserich* usw.). ↗ *Erpel!*

enteignen Zw. um 1800 als Verdeutschung von *expropriieren* vorgeschlagen (Campe).

entern Zw. als Küstenwort Mitte 15. Jh. aus nl. *enteren,* dies aus frz. *entrer,* span. *entrar* = lat. *intrare* hineingehen (*↗ Entree*); hd. 2. Hälfte 17. Jh.

entfachen Zw. *↗ fächeln.*

entgegen Adv. mhd. *engegen,* ahd. *ingagan, ingegin;* Zs. aus *in-* (nicht *ent-!*) und *↗ -gegen.* **entgegnen** Zw. mhd. *engegenen,* ahd. *ingaganen,* zunächst = begegnen; erst um 1800 = antworten.

Entgelt s. (m.) 15. Jh. vom Zw. *↗ gelten.* Vgl. *↗ unentgeltlich.*

Enthaltsamkeit w. Neubildung 2. Hälfte 18. Jh. vom Adj. *enthaltsam,* dies 1. Hälfte 18. Jh. vom Zw. **enthalten** einen Gebrauch unterlassen.

entlang Adv. um 1800 aus dem Nd.; Zs. aus *in* + *lang* (vgl. engl. *along*).

entlegen Adj. urspr. Part. Pass. vom Zw. *entliegen* (mhd. *entligen*) nieder, abseits liegen.

entmutigen Zw. 1691 von Stieler nach dem Muster von nl. *aanmoedigen* anmutigen gebildet. *↗ ermutigen.*

Entree s. 17. Jh. aus frz. *entrée,* vom Zw. *entrer* eintreten, dies aus lat. *in-trare* hineingehen (*↗ durch, ↗ entern*).

entrinnen Zw. mhd. *entrinnen,* ahd. *intrinnan,* zum Zw. *trinnan,* von dem *↗ trennen* und *↗ abtrünnig* abgeleitet sind. Daneben hat das Zw. *↗ rinnen* eingewirkt.

entrüsten Zw. mhd. *entrüsten* die Rüstung ausziehen; seit 16. Jh. = außer Fassung bringen, erzürnen. *↗ rüsten.*

Entsagung w. um 1700 Verdeutschung von *Resignation;* davor = Auf-, Absage; zum Zw. seit mhd. **entsagen,** ahd. *intsagên* sich von etw. losmachen.

Entsatz m. *↗ entsetzen.*

entschieden Adj., eigtl. = Part. Pass. zum Zw. **entscheiden** bestimmen (mhd. *entscheiden* unter-, be-

scheiden). Dazu das Subst. **Entscheid** m. 15. Jh.; *Entscheidung* 14. Jh. Vgl. *↗ scheiden.*

entschlafen Zw. frühnhd. = einschlafen; 19. Jh. = sterben.

Entschluß m. 2. Hälfte 17. Jh. zum Zw. **sich entschließen** (mhd. *sich entsliezen* aus einem Geschlossensein heraustreten; Kanzleisprache 16. Jh. = sich fest vornehmen).

entsetzen Zw. mhd. *entsetzen* aufregen, Bewirkungswort zum Zw. mhd. *entsitzen,* ahd. *intsizzen* aus dem Sitz geraten, ängstlich fliehen; got. *andsitan* bange (sein); daneben mhd. *entsetzen,* ahd. *insetzen* helfend befreien (z. B. von feindlicher Bedrängung, Ggs.: *besetzen*). Dazu um 1600 das Subst. **Entsatz** m. – Eine ähnliche Bedeutungsentwicklung bei *↗ erschrecken.*

sich entspinnen Zw. anfangen, refl. (bei Luther) zum Zw. *entspinnen* zu spinnen anfangen.

entsprechen Zw. Mitte 18. Jh. aus schwz. Mundart aufgenommen; dort LÜ 15. Jh. von frz. *répondre* antworten.

entstehen Zw. mhd. *entstân, -stên* zu sein beginnen; Zs. aus *in-* + *stehen* (nicht *ent-!*). Dagegen ist mhd. *entstên, -stân* = wegbleiben, ermangeln Zs. aus *ent-* und *stên.*

enttäuschen Zw. um 1800 LÜ von frz. *détromper* und frz. *désabuser;* schnell aufgenommen und durchgesetzt. Eigtl. = von einer Täuschung befreien. *↗ täuschen.*

entweder Konj. mhd. *eintweder,* ahd. *ein weder.* Vermutl. = einer (oder der andere), welcher von beiden? Der Gleichlaut *-t-* ist nachträglich eingefügt (ähnlich: *↗ en-t-zwei*). *↗ weder.*

entwerfen Zw. mhd. *entwerfen* webend ein Bild schaffen (indem man den Einschlag in die Kette einwirft); erst später = bilden, gestalten; schließlich als LÜ von lat. *proiectare* = planend aufzeichnen. *↗ Entwurf.*

entwickeln Zw. urspr. 2. Hälfte 17. Jh. = auseinanderwickeln; dann

18. Jh. (LÜ zu frz. *développer?*) = klarlegen; 2. Hälfte 19. Jh. = photogr. Platte behandeln. Vgl. ⁄ *Wickel.* – **Entwicklung** w. Mitte 17. Jh. = Deutung; 2. Hälfte 18. Jh. = Entfaltung.

entwischen Zw. mhd. *entwischen,* ahd. *intwisken.* Eigtl. = sehr schnell über den Boden dahinlaufen (vgl.: *fegen* = sehr schnell laufen); ⁄ *wischen.*

entwöhnen Zw. mhd. *entwenen,* ahd. *intwenen.* Eigtl. = von der Gewohnheit abwenden; schon früh = von der Mutterbrust abwenden.

Entwurf m. LÜ Mitte 17. Jh. von lat. *proiectum.* ⁄ *entwerfen.*

entziffern Zw. LÜ 2. Hälfte 18. Jh. von frz. *déchiffrer* (*la chiffre* Zahl-, Geheimzeichen; ⁄ *Chiffre*). ⁄ *Ziffer.*

entzücken Zw. mhd. *enzücken* fortreißen, rauben (⁄ *zucken*); als Mystikerwort 14. Jh. = (aus der Wirklichkeit) reißen, = in Ekstase versetzen; 16. Jh. = bezaubern.

entzwei Adv. mhd. *enzwei,* ahd. *in zwei* (nämlich: Teile). ⁄ *zwei.* Gleitlaut *-t-* ähnlich wie in ⁄ *entweder.* **entzweien** Zw. mhd. *enzweien.*

Enzian m. mhd. *enziân,* ahd. *enciân, entiân, genciâne,* aus lat. *gentiana* (aus dem Illyrischen?; nach Plinius hat der Illyrerkönig *Genthius,* 2. Jh. v. Chr., die Heilkraft der Pflanze entdeckt; volksetym. Entstehung des Pflanzennamens?); frz. *gentiane,* engl. *gentian.* Der Abfall des *g-* unerklärt.

Enzyklika w. päpstliches Rundschreiben, aus lat. *encyclica* (w. Form zum Adj. *encyclicus,* dies von gr. *énkyklos* rund; *kýklos* Kreis). **Enzyklopädie** w. 18. Jh. aus frz. *encyclopédie,* dies aus gr. *enkyklopaideía* Rundunterricht (*énkyklos* rund + *paideía* Erziehung).

Epaulette w. 2. Hälfte 18. Jh. aus frz. *épaulette* (*épaule* Achsel), also = Achselchen; ⁄ *Leibchen.*

Epidemie w. 1. Hälfte 18. Jh. für älteres *Epidemia,* dies 1. Hälfte 16.

Jh. aus mlat. *epidemia,* das seinerseits das gr. *epidémía nósos* Volkskrankheit verkürzt ist (vgl. *dêmos* Volk, ⁄ *Demokratie*).

Epigone m. um 1800 aus gr. *epígonoi* die Nachgeborenen (urspr. = Söhne der im 1. Theban. Krieg gefallenen Heerführer; dann = Nachfolger Alexanders d. Gr. – Verbreitet durch Immermanns Roman 1830).

Epigramm s. 2. Hälfte 18. Jh. für *Epigramma* 1. Hälfte 17. Jh. aus gr. *epígramma* Aufschrift (*gráphein* schreiben), Sinngedicht.

Epilepsie w. 18. Jh. aus frz. *épilepsie* aus gr. *epilêpsía* Dranfassen (*epilambánein* daranfassen), Anfall.

Epilog m. 18. Jh. aus gr. *epílogos* Draufrede (*lógos* Rede).

Episode w. 18. Jh. aus frz. *épisode,* dies aus gr. *epeisódion* Nochhinzutritt (nämlich der Schauspieler zum Chor auf der Bühne), Zwischenhandlung – ⁄ *Elektr-ode.*

Epistel w. spätmhd. *epistole,* aus lat. *epistola* = gr. *epistolê* Übersandtes (*epi-stéllein* übersenden).

Epoche w. 18. Jh. über mlat. *epocha* aus gr. *epochê* (*ep-échein* draufhalten). Eigtl. = das Anhalten (in der Zeitrechnung).

Epos s. erzählende Versdichtung, 18. Jh. aus gr. *épos* Wort. ⁄ *erwähnen.*

Equipage w. 17. Jh. aus frz. *équipage,* vom Zw. *équiper,* afrz. *esquiper,* in dem d. ⁄ *Schiff* steckt (an. *skipa* ein Schiff ausrüsten).

er FW mhd., ahd. *er,* got. *is,* urverw.: lat. *is.* Idg. FW.

er- unbetonte Verbalvorsilbe, aus betontem ⁄ *ur-* (⁄ *Urteil* usw.); urspr. Bedeutung = heraus; dann = zum Ende hin.

erbarmen Zw. mhd. *erbarmen,* ahd. *irbarmên,* aus **ir-ab-armên,* got. *(ga-)arman,* alte LÜ zu lat. *miserere.* ⁄ *barmherzig.*

erbauen Zw. mhd. *erbûwen* an-, auf-, fertig bauen; seit Pietismus = fromm erheben.

Erbe s. mhd. *erbe,* ahd. *erbi,* got. *arbi,* von einem idg. Stamm **orb-*

ho- verwaist (↗*arm*); urverw.: lat. *orbus* beraubt, gr. *órph(an)os* verwaist; urspr. = das Waisengut. – Davon abgeleitet: **Erbe** m. mhd. *erbe,* ahd. *arbeo,* got. *arbja,* eigtl. = der Verwaiste. **Erbfeind** m. mhd. *erbevînt* zuerst = Teufel; dann 15. Jh. = Türke; seit 16. Jh. vereinzelt = Franzose, verbreitet durch Reunions- und Befreiungskriege. **Erblasser** m. eigtl. = wer ohne Testament stirbt, von der mhd. Wendung *daʒ erbe lân.* **Erbschleicher** m. LÜ Ende 17. Jh. von lat. *heredipeta* (lat. *heres* Erbe, urspr. = Waise; *petere* streben). **Erbsünde** w. LÜ 17. Jh. von lat. *peccatorium hereditarium.*

erbleichen¹ Zw. (erblich, erblichen), mhd. *erblîchen* den Glanz verlieren, Kompositum zum Zw. *blîchen* glänzen (↗*bleichen²*). Dagegen **erbleichen²** Zw., mhd. *erbleichen* blaß werden, sterben; vom Adj. ↗*bleich.*

Erbse w. mhd. *ar-, ärw(e)iʒ,* ahd. *araw(e)iʒ,* vielleicht Zs. aus dem Grundwort germ. **ait-* Korn (engl. *oats* Hafer) und einem Bestimmungswort, das mit lat. *ervum* Hülsenfrucht urverw. ist. Oder kaukas. Herkunft?

Erde w. mhd. *erde,* ahd. *erda,* got. *airþa* (engl. *earth*); zu einer idg. Wurzel **er(t)-,* **eru-* Erde (urverw. gr. *éraze* zur Erde hin und ahd. *ero* Erde). Dazu ↗*irden,* ↗*irdisch.* **Erdbeere** w. mhd. *ertber,* ahd. *erdberi,* nach der Erde, auf der die reifen Früchte liegen. **erden** Zw. Anfang 20. Jh. (Telegraphenbau). **Erdkunde** w. LÜ 18. Jh. von ↗*Geographie;* dafür Anton Friedr. Büsching 1724–1793 *Erdbeschreibung.* **Erdöl** s. LÜ 18. Jh. (1899 amtlich) von ↗*Petroleum* (gr. *pétros* Fels + lat. *oleum* Öl; genauere LÜ Ende 17. Jh.: *Steinöl,* eigtl. = Öl, das aus dem Kalkstein fließt. Namensänderung nach Erkennung dieses Irrtums). **erdrosseln** Zw. 17. Jh. vom Subst. *Drossel* Kehle. ↗*drosseln.*

ereignen Zw. mhd. *eroügnen* neben *eroügen,* ahd. *irougen* vor Augen halten; von ahd. *ouga* ↗*Auge;* später unter Einfluß des (nicht dazugehörigen) Adj. *eigen;* ↗*Schleife.* **Ereignis** s. ahd. *araucnissa, arougnessi* das Sichzeigen; wiederbelebt Ende 18. Jh. neben älterem *Ereignung* (*Eräugnung* u. ä.).

Eremit m. 16. Jh. aus lat. *eremita,* dies aus gr. *erêmítēs* (*érêmos* einsam; Herkunft?). ↗*rar.*

erfahren Zw. mhd. *ervarn,* ahd. *irfaran* durch Reisen feststellen; abgeleitet von ↗*fahren.* **Erfahrung** w. mhd. *ervarunge.* Eigtl. = Erwanderung; dann = Erforschung, Wahrnehmung.

Erfindung w. 15. Jh. vom Zw. **erfinden** mhd. *ervinden,* ahd. *irfindan* herausfinden.

Erfolg m. 1. Hälfte 17. Jh. vom Zw. **erfolgen,** mhd. *ervolgen* erreichen, erlangen.

Ergebnis s. kurz vor 1800 Eindeutschung von ↗*Resultat,* dies im 17. Jh. aus frz. *résultat,* das von lat. *resultatum* stammt; lat. *resultare* zurückprallen, dann auch = entstehen. Also = das Entstandene.

ergötzen Zw. mhd. *ergetzen,* ahd. *irgetzan;* Faktitivableitung von Zw. mhd. *ergeʒʒen,* ahd. *irgeʒʒan* ↗*vergessen;* eigtl. = vergessen machen. ö statt *e ist obd.;* ↗*schöpfen.*

erhaben Adj., eigtl. = Part. Pass. zum Zw. ↗*erheben.*

erheblich Adj. LÜ Mitte 16. Jh. von lat. *relevans* (die andere Waagschale) zurückhebend, also = schwer (genug), von Belang (Kanzleiwort).

Erholung w. 16. Jh. vom Zw. **erholen** mhd. *erholn,* ahd. *irholôn* (wieder) erwerben.

erhören Zw. mhd. *erhœren* (an-)hören, das Gehörte verwirklichen.

Erika w. Heidekraut, 17. Jh. über lat. *ericê* (it. *erica*) aus gr. *ereíkê;* Erstbetonung nach dem w. PN **Erika** (w. Form zu **Erich,** Zs. aus *êre-* + *-rîch* reich).

erinnern Zw. mhd. *erinnern,* ahd.

innarôn, vom Komp. ahd. *innaro* der Innere; also eigtl. = etw. mehr nach innen machen, innewerden lassen; 16. Jh. = ermahnen.

Erisapfel m. ↗ *Zankapfel!*

erkenntlich Adj. mhd. *erkantlich* bekannt; frühnhd. *erkentlich* dankbar.

Erker m. *erker(e), ärkêr, arkêre,* von nordfrz. *arquière* (Mauerausbuchtung als) Schützenstand (lat. *arcuarium; arcus* Bogen); dann = Schießscharte; schließlich = Vorbau.

erklären Zw. mhd. *erklæren* klarmachen; 15. Jh. = kundtun.

erküren Zw. 18. Jh. für mhd. *erkiesen* (Stammzeiten: *erkôs, erkorn*), ahd. *irkiosan,* got. *uskiosan;* zum Zw. ↗ *kiesen* prüfend kosten, auswählen (urverw. mit lat. *gustare* schmecken, gr. *geúesthai* kosten, frz. *goûter*).

Erlaß m. 2. Hälfte 18. Jh. vom Zw. **erlassen** mhd. *erlâ(ʒe)n,* ahd. *irlâʒan* freilassen; 2. Hälfte 18. Jh. = verkünden.

erlauben Zw. mhd. *erlouben, -löuben,* ahd. *irlouben,* got. *uslaubjan* (obd. umlautlos, ist schriftspr. geworden!); davon: ↗ *Urlaub.* Verw. mit ↗ *Glaube,* ↗ *lieb,* ↗ *Lob;* also = etw. lieb machen, gutheißen.

erlaucht Adj. LÜ 15. Jh. zu lat. *illustris;* ↗ *Durchlaucht* (lat. *lustrare* beleuchten, *lux* Licht; verw.: ↗ *Laune*).

erläutern Zw. mhd. *erliutern* lauter, klar machen. ↗ *lauter.*

Erle w. mhd. *erle,* ahd. *erila* für älteres *elira* (↗ *Eller,* mnd. *eller*); vgl. engl. *alder;* vermutl. verw. ahd. *elo* gelb und ↗ *Ulme;* verbreitete idg. Baumbezeichnung. **Erlkönig** m. Fehlübersetzung Herders von dän. *elle(r)konge* Elfenkönig, ↗ *Elfe.*

erlegen Zw. mhd. *erlegen* bezahlen. Eigtl. = auf den Zahltisch legen; dann = niederlegen, fallen machen.

erleiden Zw. ↗ *leiden.*

Erlös m. um 1800 aus obd. vom Zw. **erlösen** mhd. *erlœsen* frei machen;

dann = Geld gewinnen (vgl. nhd. *locker machen*).

ermessen Zw. mhd. *ermeʒʒen,* ahd. *irmeʒʒan* ausmessen, erwägen; frühnhd. Kanzlei = beurteilen.

ermitteln Zw. 17. Jh. = durch Mittel ermöglichen; 19. Jh. = herausfinden (für älteres *ausmitteln*).

ermutigen Zw. von Stieler 1691 nach dem Muster von nl. *aanmoedigen* („anmutigen") Mut zusprechen gebildet. ↗ *entmutigen.*

ernennen Zw. mhd. *ernennen* benennen; 17. Jh. = für einen Posten bestimmen.

Ernst m. mhd. *ern(e)st,* ahd. *ernust;* von einem Adj., das in got. *arniba* sicher, an. *ern* tüchtig vorliegt, mit dem Suffix *-ust* (vgl. ↗ *Ang-st,* ↗ *Hor-st,* ↗ *Gun-st,* ↗ *Dien-st,* ↗ *Kun-st,* ↗ *Ri-st,* ↗ *Trest-er*). Urspr. also = sicheres, tüchtiges Wesen. Das Adj. *ernsthaft* kann im Mhd. (*ernesthaft*) auch die Bedeutung „kampfbereit", das Adj. *ernstlich* (mhd. *ernestlich*) die Bedeutung „streitbar" haben! Dazu m. PN *Ernst.*

Ernte w. mhd. *ernde* eigtl. = Mz. zu ahd. *arnôt* Kornernte; mit *-ôt*-Suffix (↗ *Einöde,* ↗ *Kleinod,* ↗ *Heimat,* ↗ *Zier-at*) zum Subst. ahd. *ar(a)n,* mhd. *ern(e)* Ernte (dazu das Zw. ahd. *arnôn, -nên* ernten). Verw.: ahd. *arnên* verdienen, *as-, esni* Knecht.

erobern Zw. mhd. *erobern* für älteres *oberen,* ahd. *obarôn;* zum Komp. ↗ *ober.* Eigtl. = der Obere bleiben, die Oberhand behalten.

erörtern Zw. 16. Jh. LÜ von lat. *determinare* die *termini* (Begriffsgrenzen; ↗ *Termin*) des Urteils bestimmen. Zuerst rechtssprachl. (= verhandeln).

erotisch Adj. 2. Hälfte 18. Jh. aus frz. *érotique,* dies aus gr. *erôtikós, érôs* Liebe.

Erpel m. Enterich, flämisches Wort, im 15. Jh. in der Mark Brandenburg; durch Jäger verbreitet. Urspr. m. PN, wohl = „der Dunkle" (ahd. *erpf* dunkel, dazu: ↗ *Rebhuhn*).

erpicht Adj. um 1700 für älteres *ver-picht*, = mit ∕ *Pech* angeklebt (wie der gefangene Vogel); aus der Sprache der Vogelsteller).

erquicken Zw. mhd. *erkücken, erquicken,* ahd. *irquicchan* wieder lebendig machen, vom Tode erwekken; vom Adj. ∕ *keck.* – ∕ *quicklebendig,* ∕ *Quecksilber,* ∕ *verquikken.*

Errungenschaft w. LÜ 2. Hälfte 16. Jh. von lat. *acquaestus* in der Ehe erworbenes Vermögen eines Ehepartners (*ad-quirere* hinzuerwerben, vgl. frz. *acquêt;* lat. *quaerere* aus **quaesere* suchen, sich verschaffen); seit Görres und bes. der Märzrevolution 1848 allg. = Erwerbung, Vorteil.

ersaufen Zw. mhd. *ersûfen,* ahd. *irsûfan* sich volltrinken; seit Luther = ertrinken.

erschrecken[1] Zw. (erschrak, erschrocken), mhd. *erschrecken, -schricken,* ahd. *irscricchan* aufspringen; idg. Wurzel **skreg-,* erweitert aus **sker-* springen. ∕ *schrecken.* Ähnliche Bedeutungsentwicklung bei ∕ *entsetzen.*

erschrecken[2] Zw. (erschreckte, erschreckt), Bewirkungswort zu *erschrecken*[1], schon ahd.

erschüttern Zw. frühnhd. *erschuttern; r*-Erweiterung zum Zw. mhd. *erschütten,* ahd. *irscuttan* erschüttern, erschüttert werden. Verw.: ∕ *schütteln.*

erschwinglich Adj. 2. Hälfte 18. Jh. vom Zw. mhd. *erswingen* schwingen lassen; 2. Hälfte 16. Jh. = Kosten aufbringen. ∕ *unerschwinglich.*

ersprießlich Adj. 1. Hälfte 16. Jh. Kanzleiwort, vom Zw. mhd. *ersprieʒen* sich wachsend heben; frühnhd. = nützen.

erst Adv., ZaW, mhd. *êr(e)st,* ahd. *êrist;* Sup. zu ∕ *ehe.*

erstatten Zw. mhd. *erstaten.* Eigtl. = an die ∕ *Statt* setzen; ergänzend geben; schließlich = (zurück) geben.

erstehen Zw. mhd. *erstân, -stên,* ahd. *irstantan,* got. *usstandan* sich

erheben; dann (mhd.) = durch Stehen (vor Gericht, am Auktionstisch) erwerben.

ersticken Zw. mhd. *ersticken* ersticken machen, ahd. *irsticchan* (mit dem Atem) steckenbleiben; zu ∕ *stecken* (mit altem *-i-*); ∕ *Stickstoff,* ∕ *verstecken.*

ersuchen Zw. mhd. *ersuochen* untersuchen, ahd. *irsuochen* erproben, got. *ussôkjan* untersuchen; frühnhd. Kanzleisprache = förmlich bitten. ∕ *suchen.*

ertappen Zw. frühnhd. vom Subst. *tappe* Pfote. Eigtl. = mit der Hand fassen. Vgl. ∕ *tappen.*

Ertrag m. ∕ *Dienstag.*

erträglich Adj. 2. Hälfte 17. Jh. für älteres *ertragenlich* 16. Jh.; vom Zw. *ertragen* aushalten.

erübrigen Zw. 17. Jh. (Kanzleiwort) für älteres *erübern;* ∕ *über* (angelehnt an ∕ *übrig*).

erwägen Zw. mhd. *erwegen* nach oben bewegen; dann = nachdenkend hin und her bewegen. ∕ *wägen.*

erwähnen Zw. 17. Jh. *erwehnen* für älteres mhd. *gewähenen,* ahd. *giwahan(en)* erinnern; nicht zu *wähnen,* sondern zu ahd. *giwaht* Ruhm; urverw.: lat. *vox* Stimme, gr. *épos* Wort (∕ *Epos*). Eigtl. = aussprechen.

Erwiderung w. 17. Jh. vom Zw. **erwidern,** mhd. *erwideren,* ahd. *irwidarôn* entgegen sein; dann = (Wort oder Tat) zurückgeben; zu ∕ *wider.*

Erz s. mhd. *erze, arze,* ahd. *er-, arizzi, aruz(zi);* vermutl. ein sum. Lehnwort (sum. *urudu* Kupfer). Nicht verw. mit *ehern.*

Erz- Vorsilbe (in *Erzabt, -engel, -gauner* usw.) aus lat. *archi-,* gr. *archi-* der Oberste; zuerst wohl im Subst. ahd. *erzibischof* (lat. *archiepiscopus*); seit 17. Jh. auch in Adj. (wie *erzdumm* usw.). ∕ *Arzt.*

erzählen Zw. mhd. *erzel(le)n* aufzählen; dann = ausdrücken, berichten.

Erzeugnis s. urspr. öst. Verdeutschung von ∕ *Produkt;* Ende 18.

Jh. nach Deutschland, durch Klassiker aufgenommen.

erziehen Zw. mhd. *erziehen*, ahd. *irziohan* herausziehen; unter Einfluß von lat. *educare* (*ducere* führen) = aufziehen, geistig großziehen.

es FW mhd. ahd. *eჳ*, got. *ita;* urverw. lat. *id;* idg. FW.

Esche w. mhd. *esche, asch*, ahd. *ask* (die Formen mit *E*- sind urspr. Mz.). Idg. Baumname (verw.: gr. *oxýê, oxéa* Buche; urverw.: lat. *ornus* aus **osinos* Eschenspeer; vgl.: an. *askr* Speer).

Esel m. mhd. *esel*, ahd. *esil*, got. *asilus*, aus lat. *asinus* (volkslat. *asellus;* vgl.: ↗ *Assel!*); zugrunde liegt ein Wort einer Schwarzmeersprache, das die Römer (über Thraker und Illyrer) entlehnt haben. -*l* für älteres -*n* wie in ↗ *Himmel*, ↗ *Kessel*, ↗ *Kümmel*, ↗ *Zirkel*. Vgl. ↗ *Maulesel*. **Eselsbrücke** w. narrensicheres Hilfsmittel, LÜ 2. Hälfte 18. Jh. von frz. *pont-aux-ânes*, dies nach lat. *pons asinorum* Figur, die logische Beziehungen verdeutlicht (auch dies 18. Jh. als *Eselsbrücke* eingedeutscht). **Eselsohr** s. umgeknickte Buchseite, 1637 (vgl.: engl. *dog's ear*).

Eskorte w. 2. Hälfte 17. Jh. aus frz. *escorte*, dies aus it. *scorta* (*scorgere* Zug begleiten, ordnen, aus lat. **excorrigere* ordnen; ↗ *korrekt*).

Espe w. mhd. *aspe*, ahd. *aspa* (engl. *asp*), urverw.: gr. *aspís* Espenschild; idg. Baumname (**apsâ*). Das anlautende *E*- (für älteres *A*-) stammt wohl vom Adj. mhd. ahd. *espî* aus Espenholz.

Esperanto s. der Hoffende; Deckname für Dr. Zamenhof, den Erfinder dieser Welthilfssprache (1887).

Esprit m. 18. Jh. aus frz. *esprit*, dies aus lat. *spiritus* Geist; ↗ *Spiritus*.

Essay m., s. Kurzabhandlung, 19. Jh. aus engl. von frz. *essayer* erproben (lat. **exagiare* abwägen).

Esse w. mhd. *esse*, ahd. *essa*, urverw.: lat. *ardere* brennen (idg. Wurzel **as*- brennen). ↗ *Asche*.

Urspr. = Schmiedeherd; erst nhd. ostmd. = Schornstein.

essen Zw. (aß, gegessen) mhd. *eჳჳen*, ahd. *eჳჳan*, got. *itan;* verw. lat. *edere* essen, gr. *édein*; idg. Wurzel **ed*- essen. ↗ *Aas*, ↗ *äsen*, ↗ *ätzen*, ↗ *Obst*, ↗ *Zahn;* ferner ↗ *fressen*. ↗ *Eßware* w. 1. Hälfte 17. Jh. nach nl. *eetwaere*.

Essenz w. spätmhd. *essenzje* Wesen, von lat. *essentia* (*esse* sein), dies LÜ von gr. *ûsía* Wesen; im 16. Jh. durch Alchemisten verbreitet (*quinta essentia* die „5. Essenz", der Ätherstoff; dann = feinster Auszug; davon ↗ *Quintessenz;* gleichbedeutend damals *Essenz*).

Essig m. mhd. *eჳჳîh*, got. *akeit*, aus lat. *acetum* Weinessig (volkslat. **atecum;* daher die d. Formen). Vgl.: lat. *acer* scharf, *acidus* sauer. Konsonantentausch *t:c* ähnlich bei ↗ *Kux*. -*i*- für lat. -*e*- wie bei ↗ *Teppich*. – **Essigmutter** w. ↗ *Moder*. – **Ester** m. KW 19. Jh. aus *Essigäther*.

Estrade w. um 1800 aus frz. *estrade*, dies aus volkslat. *strata* (Mz. zu lat. *stratum* Lager; zum Zw. *sternere* hinbreiten). ↗ *Straße!*

Estrich m. mhd. *esterîch*, ahd. *astrîh*, *estirîh*, aus lat. *astricus* für *astracus* Pflaster (zugrunde liegt gr. *óstrakon* Scherbe; ↗ *Auster*).

etablieren Zw. 1. Hälfte 18. Jh. aus frz. *établir* (lat. *stabilire* befestigen, von *stare*). **Etage** w. 17. Jh. aus frz. *étage* Stockwerk (mlat. *staticum* Standort, lat. *stare* stehen).

Etappe w. 1. Hälfte 18. Jh. aus frz. *étape* Rastplatz (afrz. *estaple* Warenlager, von mnd. *stapel*). ↗ *Stapel*.

Etat m. 18. Jh. aus frz. *état* Staat (-shaushalt), von lat. *status* Stand, Rang (↗ *Staat*).

Ethik w. Mitte 17. Jh. über lat. *ethica* (*doctrina*), aus gr. *êthikós* sittlich (*êthos* Sitte), zum idg. Reflexivum **sųe;* ↗ *sich*.

Etikette w. um 1700 aus frz. *étiquette* (dies aus nd. *sticke* Stift, Zwecke), zunächst = die Heftzwecke, dann (18. Jh.) = angehefteter Zettel, das

Etikett, schließlich (am frz. Hof) = Rangliste; daraus im 18. Jh. „vorgeschriebene Hofform".

etlich FW mhd. *ete(s)lîch,* ahd. *eta-, eteslîh;* Zs. aus ahd. *edde* irgend, got. *aippau* vielleicht + FW *welch* (ahd. *hwelîh*); also = irgendeiner.

Etui s. Futteral, 18. Jh. aus frz. *étui;* Herkunft ungewiß (Beziehung zu volkslat. *studiare* sich sehr bemühen?).

etwa Adv. mhd. *etewâr* irgendwo. Zs. aus ahd. *edde* irgend (↗*etlich*) + ↗*wo.*

Etymologie w. 16. Jh. *etymologey,* aus lat. *etymologia* = gr. *etymología* Aufzeigung des Wortursprungs (*étymos* wahrhaftig, *lógos* Wort).

Eugenik w. KW 1883 nach gr. *eugenês* wohl-, edelgeboren (*gígnesthai* entstehen). Dazu der PN *Eugen.*

Eukalyptus m. austral. Myrtengewächs, KW 18. Jh. aus gr. *eu* gut + *kalýptein* verbergen (nach der haubenähnlichen Blütenform; ↗*hehlen,* lat. *celare* verbergen).

Eule w. mhd. *iuwel, iule,* ahd. *ûwila;* den Eulenschrei nachahmender germ. Vogelname (germ. **uwwi-, *uwwalôn,* verkleinernd zu **uwwôn*). ↗*heulen,* ↗*Uhu,* ↗*Ulk.* **Eulenspiegel** m. eigtl. = wisch den Hintern!, zu *Eule* Kehrbesen (nach der eulenkopfähnlichen Form) + weidmännisch *Spiegel* Gesäß (von Wild).

Eunuch m. 18. Jh. aus lat. *eunuchus,* dies aus gr. *eunûchos.* Eigtl. = Halter (= Beschützer) des Bettes (*eunê* Bett + *échein* halten).

euphemistisch Adj. KW 18. Jh. zu gr. *eu-phêmeîn* wohlreden (↗*Bann*).

Euter m., s. mhd. *u(i)ter,* ahd. *ûtar(o), ûtir* (engl. *udder*); verw.: lat. *uber,* gr. *ûtar;* Wurzel **eudh-* schwellen (r. *uděti* schwellen). Eigtl. = das Anschwellende.

evangelisch Adj. spätahd. *evangelisc,* aus lat. *evangelicus* (gr. *euangélion; eu* gut, *angélion* Botschaft); von Luther 1520 als Konfessionsbezeichnung gewählt (ihm war *Evangelium* die ganze Bibel).

eventuell Adj. 2. Hälfte 18. Jh. aus frz. *éventuel* möglich, dies aus mlat. *eventualis,* zum lat. Subst. *eventus* Ausgang, Ereignis: *e-* heraus + *-venire* ↗*kommen.*

evident Adj. 1. Hälfte 18. Jh. aus lat. *evidens* augenscheinlich (*e-* heraus + *-videre* sehen).

ewig Adj. mhd. *êwîc,* ahd. *êwig,* vom Subst. ahd. *êwa, êwi* Ewigkeit, vgl. got. *aiws* Ewigkeit, Zeit; verw.: lat. *aevum* Lebensdauer, gr. *aiôn* Ewigkeit, Zeitalter, *a(i)eí* immer. ↗*Äonen,* ↗*Ehe,* ↗*je.*

exakt Adj. um 1700 aus frz. *exact,* dies aus lat. *exactus;* Part. Pass. vom Zw. *exigere* ausführen, vollenden (*agere* treiben; ↗*Acker*); sehr früh = wägen.

exaltiert Adj. 2. Hälfte 18. Jh. von frz. *exalté* (Part. Pass. zum Zw. *exalter* überhöhen, von lat. *exaltare,* lat. *altus* hoch; ↗*Altar*).

Examen s. 1. Hälfte 16. Jh. aus lat. *examen,* eigtl. = Herausführung (*ex* heraus + *agere* führen; ↗*exakt!*).

Exekution w. Mitte 15. Jh. kanzleisprachlich aus lat. *ex(s)ecutio* Vollzug (*ex* heraus + *sequi* folgen; ↗*sehen*); 17. Jh. = Vollzug des Todesurteils, Hinrichtung. ↗*Zwangsvollstreckung.*

Exemplar s. mhd. *exemplar* Vorbild, aus lat. *exemplar* Muster, *exemplum* Beispiel (*ex* heraus + *emere* nehmen; ↗*prompt*); Ende 15. Jh. = einzelner Buchabzug; 19. Jh. = einzelnes Stück. **exemplarisch** Adj. um 1600.

exerzieren Zw. 2. Hälfte 16. Jh. aus lat. *exercere* üben (seit etwa 1600 in milit. Bedeutung), dies Zs. aus *ex* heraus + *arcere* bewahren (↗*Arche*). Eigtl. = unter besondere Verwahrung nehmen.

Exil s. ahd. *ihsili,* aus lat. *exilium* Verbannung(sort), altlat. **ex-eliom,* zu gr. *exelaúnein* heraustreiben; im 18. Jh. ein 2. Mal entlehnt (vgl. lat. *exul* verbannt).

Existentialismus m. KW 20. Jh. vom Subst. **Existenz** w., dies 2. Hälfte

17. Jh. aus lat. *existentia* (vom Zw. *ex-sistere* heraus-stehen, vorhandensein, das unser Zw. **existieren** im 18. Jh. ergab). Vgl. ↗ *Dasein.*

Exklave w. Landesteil in fremdem Hoheitsgebiet, 20. Jh. nach dem Muster von ↗ *Enklave.*

exklusiv Adj. 1. Hälfte 19. Jh. aus engl. *exclusive,* dies von lat. *ex-cludere* ausschließen. ↗ *Klause.*

Exkrement s. Mitte 16. Jh. aus lat. *excrementum,* vom Zw. *excernere* ausscheiden (*cernere* aus *crinere scheiden; ↗ *kritisch*).

Exkursion w. 18. Jh. aus frz. *excursion,* dies von lat. *excursio* Herauslaufen: *ex* heraus + *currere* laufen; ↗ *Kurs.* Dazu 19. Jh. **Exkurs** m. als philol. Fachwort.

Expansion w. Ausdehnung, als physik. Fachwort 19. Jh. aus frz. *expansion* (von lat. *expandere* spannen; *pandere* aus *padnere [↗ *Paß*] ausbreiten).

Expedition w. 16. Jh. aus lat. *expeditio,* vom Zw. lat. *expedire* losmachen, im 15. Jh. als **expedieren** Zw. entlehnt. ↗ *Spediteur.*

Experiment s. 17. Jh. aus lat. *experimentum,* vom Zw. *experiri* versuchen. **experimentieren** Zw. 18. Jh. aus frz. *expérimenter* (lat. *experimentare*). **Experte** m. 19. Jh. aus frz. *expert* sachkundig (lat. *expertus* erprobt, Part. Pass. vom Zw. *experiri;* verw.: gr. *peîra* Versuch).

Explosion w. um 1800 aus frz. *explosion,* vom lat. Zw. *explodere* für *explaudere* herausknallen. ↗ *applaudieren.*

Export m. um 1800 aus engl. *export,* von lat. *exportare* hinaustragen.

Expressionismus m. KW, 20. Jh. von lat. *expressio* Ausdruck, *exprimere* ausdrücken. ↗ *Ausdruck!*

extemporieren Zw. KW, 19. Jh. nach lat. *ex tempore* nach Zeit.

extra Adv. 18. Jh. aus Zss. herausgelöst wie *Extrageld* u. ä.; im 16. Jh. kanzleisprachl. in der Wendung *extra ordinem* gegen die Ordnung (woraus **extraordinär** Adj. wurde); von lat. *extra* außerhalb (für älteres *extera parte* im Außenteil). ↗ *Strapaze.* **extravagant** Adj. 18. Jh. aus frz. *extravagant* von mlat. *extravagans, -gantis* ausschweifend, lat. *vagari* herumschweifen; ↗ *Vagabund.*

Extrem s. 19. Jh. aus lat. *extremum* das Äußerste (Sup. von lat. *exterus* außen, dies komparativisch zu lat. *ex* heraus); das Adj. **extrem** schon im 17. Jh. entlehnt.

Exzerpt s. 2. Hälfte 18. Jh. aus lat. *excerptum,* vom lat. Zw. *excerpere* herauspflücken; dazu um 1700 Zw. **exzerpieren.**

Exzeß m. 16. Jh. aus lat. *excessus* Überschreitung, vom lat. Zw. *excedere* herausgehen, überschreiten, *cedere* gehen (↗ *Prozeß*).

F

Fabel w. mhd. *fabele* Geschichte, aus afrz. *fable,* von lat. *fabula;* vgl.: lat. *fama* Gerücht, *fari* sprechen. Tiergeschichte: 1738 Hagedorns Fabeln nach Äsop und Lafontaine; ↗ *infam,* ↗ *diffamieren,* ↗ *Infanterie.* **fabelhaft** Adj. um 1700 für ält. *fabul(os)isch.* **fabulieren** Zw. 18. Jh. aus lat. *fabulari* sich unterhalten.

Fabrik w. 17. Jh. aus frz. *fabrique* Herstellung, das von lat. *fabri-ca* Kunstübung, Werkstätte herkommt; lat. *faber* Handwerker, Künstler. 18. Jh. = Haus zur Warenerzeugung. **fabrizieren** Zw. 1. Hälfte 16. Jh. aus lat. *fabricare* herstellen.

Facette w. Schleiffläche, Ende 18. Jh. aus frz. *facette,* vom frz. Subst. *face* Vorderseite (= engl.), von lat. *facies* Antlitz (*facere* machen); ↗ *Fassade.*

Fach s. mhd. *vach,* ahd. *fah* Abteilung; urverw.: lat. *pangere* befestigen, *pagus* Gau; gr. *págē* Schlinge; zur idg. Wurzel **pā̆ǵ-* festmachen (urspr.: durch Pfähle markierter Hausgrundriß); verw.: ∕ *fangen,* ∕ *fügen;* vgl. got. *fagrs* geeignet. ∕ *fair,* ∕ *einfach.*

fächeln Zw. 1. Hälfte 16. Jh. vom Subst. *fechel* Fächer; Nbf. zu *focher* Blasebalg, Windmacher, dies vom Zw. *fochen* blasen, aus lat. *focare* entfachen (*focus* Herd; vgl. frz. *feu* Feuer); ∕ *Fock.* **Fächer** m. Mitte 18. Jh. für älteres *fechel.*

fachsimpeln Zw. Mitte 19. Jh. stud., angeregt vom Zw. *versimpeln,* dies vom Subst. *Simpel,* das 1. Hälfte 17. Jh. aus frz. *simple* einfältig entlehnt war (lat. *simplex* einfach; Stamm: *sem-* eins, *semel* einmal). ∕ *simpel.*

Fackel w. mhd. *vackel,* ahd. *facchela, facc(h)ala,* aus volkslat. *facla* für lat. *facula* (Verkleinerungsform zu *fax* Kienbrand). **fackeln** Zw. spätmhd. *vackelen,* vom Subst. *vackel* (= wie der Schein einer Fackel hin und her spielen).

fade Adj. 1. Hälfte 18. Jh. aus frz. *fade,* das letztlich auf lat. *fatuus* albern (unter Einfluß von *vapidus* schimmlig; Zwischenform: **fatidus*) zurückgeht.

Faden m. mhd. *vadem, -den,* ahd. *fadam, -dum* (engl. *fathom* Klafter). Urverw.: lat. *patere* offenstehen (∕ *Patent*), *pandere* ausbreiten, *passus* Klafter, Schritt, gr. *pétalos* ausgebreitet = lat. *patulus;* idg. Wurzel **pet-* (die Arme) ausbreiten. Eigtl. = beide ausgespannte Arme; dann = soviel Garn, als man mit ausgebreiteten Armen abmessen kann. ∕ *Fuder.* Der *rote Faden,* in das Tauwerk der engl. Marine als Kennzeichen verarbeitet, erstmals von Goethe in den Wahlverwandtschaften II 2 bildlich gebraucht; doch ∕ *Ariadnefaden.*

fadenscheinig Adj. Mitte 17. Jh. für älteres *fadenschein* den Faden durchscheinen lassend.

Fagott s. 1. Hälfte 17. Jh. aus it. *fagotto* eigtl. = Buchenholzbündel (lat. *fagus* ∕ *Buche.* – Das Ansatzrohr des Instruments war urspr. gestreckt und gebündelt.)

fähig Adj. frühnhd. (Luther) *fehig;* davor: mhd. *gevaehig,* zum Zw. *vâhen* ∕ *fangen,* = was fangen, fassen kann, zunächst vom Fassungsvermögen von Gefäßen, dann = berechtigt; schließlich = begabt.

fahl Adj. mhd. *val,* ahd. *falo* (engl. *fallow);* urverw.: lat. *pallidus* fahl, blaß, gr. *poliós* grau, weißlich, *péllos* dunkel; von der idg. Wurzel **pel-, pol-* grau. *-wo-* Stamm wie ∕ *blau,* ∕ *gelb,* ∕ *grau.* Vgl. ∕ *Falbe,* ∕ *Falke.*

fahnden Zw. (mhd. nicht belegt) ahd. *fantôn* besuchen; Intensivum zum Zw. ∕ *finden,* an *vâhen* fangen angelehnt. Idg. Wurzel: **pent-* finden.

Fahne w. mhd. *van(e),* ahd. *fano,* got. *fana* Tuch; urverw. lat. *pannus* Tuch, gr. *pênê* Gewebe. Eigtl. = Tuch; die Bedeutung „Feldzeichen" durch Verkürzung der Zs. ahd. *gundfano* Kampftuch. **Fähnchen** s. leichtes Sommerkleid, 19. Jh. (nach seinem Flattern). **Fähnrich** m. mhd. *van(e)re, venre,* ahd. *faneri,* zum Subst. *fano* Fahne; 1. Hälfte 16. Jh. Anlehnung an die Substantiva auf *-rich* (*Wüterich,* ∕ *Enterich* u. ä.).

Fähre w. mhd. *ver(e),* zum Zw. mhd. *vern,* ahd. *ferian* übersetzen, got. *farjan* zu Schiff fahren; abgeleitet vom Zw. **fahren** (fuhr, gefahren), mhd. *varn,* ahd. got. *faran;* urverw. lat. *peritus* erfahren, *portare* tragen, gr. *poreúesthai* reisen, *póros* Durchgang; idg. Wurzel **per-, *por-.* ∕ *Fjord,* ∕ *Föhrde,* ∕ *Fuhre,* ∕ *führen,* ∕ *Furt,* ∕ *erfahren,* ∕ *verfahren,* ∕ *zerfahren,* ∕ *Gefährte,* ∕ *importieren,* ∕ *Pore,* ∕ *Porto,* ∕ *Prahm;* ferner ∕ *fort* und seine Sippe, ∕ *fertig.* **Fahrer** m. 20. Jh. gekürzt aus *Kraftwagenfahrer;* Eindeutschung von ∕ *Chauffeur.*

Fahrgast m. Mitte 19. Jh. Eindeut-

schung von ⟋ *Passagier.* **fahrig** Adj.
mhd. *veric* fertig, 16. Jh. *ferig* hur-
tig; = unbeständig um 1800 aus
Maa. ins Schriftd. (bei Goethe häu-
fig). **Fahrkarte** w. 2. Hälfte 19. Jh.
Eindeutschung von ⟋ *Billett.* **fahr-
lässig** Adj. 15. Jh. aus der Redens-
art mhd. *varn lân* vernachlässigen.
Fahrrad s. 1889 Eindeutschung von
Veloziped. **Fahrstuhl** m. 2. Hälfte
17. Jh. für die aus den Bergwerken
in die Wohnhäuser verpflanzten
Handaufzüge; 19. Jh. für ⟋ *Lift.*
Fährte w. eigtl. = Mz. von mhd.
vart Fahrt, Weg; urspr. = Wege
(des Wildes). **Fahrzeug** s. 17. Jh.
aus nd. *fahrtüg* Schiff; seit 19. Jh.
= Fuhrwerk.

fair Adj. 19. Jh. aus engl. *fair* (aus
aengl. *faeger* geeignet; vgl. got.
fagrs passend). ⟋ *Fach,* ⟋ *fegen.*

Faksimile s. Drucknachbildung, um
1800 nach engl. Vorbild aus lat. *fac
simile!* mach ähnlich! ⟋ *sammeln.*
Faktotum s. Diener für alles, Mitte
16. Jh. aus lat. *fac totum!* mach
alles! – **faktisch** Adj. kurz vor 1800
zum Subst. **Faktum** s., im 17. Jh.
aus lat. *factum* das Gemachte, *face-
re* machen. **Faktor** m. 16. Jh. =
Geschäftsführer, aus lat. *factor*
Macher; 18. Jh. = Vervielfälti-
gungszahl. ⟋ *Fasson,* ⟋ *Fazit,* ⟋ *Fe-
tisch,* ⟋ *identifizieren,* ⟋ *Manufak-
tur,* ⟋ *qualifizieren,* ⟋ *ratifizieren,*
⟋ *spezifisch.* **Faktur** w. 17. Jh. aus
it. *fattura* Lieferschein, -rechnung;
latinisiert (⟋ *Feature*!). **fakultativ**
Adj. 19. Jh. aus frz. *facultatif,* vom
lat. Subst. *facultas* Befähigung.

Falbe m. gelbliches Pferd, vom Adj.
mhd. *val, valwer.* ⟋ *fahl.* – **Falke** m.
mhd. *falche,* ahd. *falc(h)o;* germ.
Vogelname (daher lat. *falco,* it. *fal-
cone*), wohl zu ⟋ *fahl,* = grauer
Vogel.

Fall m. mhd. *val,* ahd. *fal* vom Zw.
fallen; als Eindeutschung von lat.
casus = Rechtsfall, seit 1617. ⟋ *Ge-
fälle,* ⟋ *Unfall.* **Fallbeil** s. 1808 als
Eindeutschung von frz. *guillotine;*
vorher (17. Jh.) als Bezeichnung
für eine (auch heute) unverstande-

ne orient. Einrichtung. **Falle** w.
mhd. *valle,* ahd. *falla* Fanggerät
mit Falltür. **fallen** Zw. (fiel, ge-
fallen), mhd. *vallen,* ahd. *fallan;*
gemeingerm. Zw.; idg. Wurzel
phol-* fallen. **fällen Zw. mhd. *vel-
len,* ahd. *fellan.* Eigtl. = fallen ma-
chen. **fällig** Adj. mhd. *vellec* (ver)
fallend, ahd. *fellîc* fallen lassend,
zerfallend. ⟋ *überfällig.* – **Fallreep**
s. Außenbordtreppe, Zs. aus *Fall*
Gleitenlassen, Fallen + nd. *Reep*
Tau. Eigtl. = Tau zum Herabglei-
ten an der Schiffswand; Seemanns-
wort. ⟋ *Reeperbahn,* ⟋ *Reif².* **falls**
Konj., eigtl. Gen. zum Subst. *Fall,*
= im Falle (Parallelen ⟋ *flugs*).
Fallstrick m. urspr. jägersprachl.;
übtr. 1. Hälfte 16. Jh. (Luther).

falsch Adj. frühmhd. *vals,* aus afrz.
fals, dies aus lat. *falsus* falsch (frz.
faux); vgl.: lat. Zw. *fallere* täu-
schen; w. Adj. *valske* wandert
ins Mnl. und von da ins Mhd.
(*valsch*). – *falsche Büder* nach 2.
Kor. 11,26. – **fälschen** Zw. mhd.
velschen, ahd. *(gi)felscen, -falscôn,*
aus mlat. *falsicare* für lat. *falsificare*
falsch machen. **Falsett** s. schon um
1300 aus it. *falsetto,* zum Adj. *falso*
falsch. Eigtl. = die falsche, nicht
normale Stimmlage. ⟋ *fehlen.*

falten Zw. mhd. *valt-, valden,* ahd.
faldan, got. *falþan;* zum idg. Zw.-
Stamm **pel-* falten. Vgl. ⟋ *flechten,*
⟋ *Zweifel,* ⟋ *Einfalt,* ⟋ *Falz.*

Falter m. mhd. *vîvalter,* ahd. *vîvalt-
ra;* reduplizierte Bildung zum
Stamm von gr. *pállein* schütteln;
vgl.: lat. *papilio* Schmetterling.
Eigtl. = der heftig die Flügel schüt-
telt. Die Reduplikationssilbe *vi-*
fällt erst 2. Hälfte 18. Jh. ab. Abge-
löst von ⟋ *Schmetterling.* – ⟋ *flat-
tern.*

Falz m. mhd. *valz* Fuge; vom Zw.
falzen, mhd. *valz-, velzen,* ahd.
falzjan, Intensivbildung zum Zw.
⟋ *falten;* = scharf falten. Ähnliche
Bildungen ⟋ *abluchsen.*

Familie w. 16. Jh. aus lat. *familia,*
zum Subst. *famulus* Diener; =
(mitarbeitende) Hausgenossen-

schaft. **familiär** Adj. vor 1600 aus lat. *familiaris* zur Hausgenossenschaft gehörig.

famos Adj. = großartig, stud.; 19. Jh. unter Einfluß von frz. *fameux.* 17. Jh. aus lat. *famosus* berühmt, berüchtigt (*fama* Gerücht, *fari* sprechen; ⁊ *fatal*).

Fan m. Schwärmer, begeisterter Anhänger, 20. Jh. gekürzt aus engl. *fanatic* ⁊ *fanatisch.* **fanatisch** Adj. 2. Hälfte 16. Jh. aus lat. *fanaticus* rasend (eigtl. = von der Gottheit ergriffen; lat. *fanum* Heiligtum; ⁊ *profan*). Vom Adj. das Subst. **Fanatiker** m. seit 18. Jh. unter engl. und frz. Einfluß = relig. oder polit. Schwärmer.

Fanfare w. Mitte 18. Jh. aus frz. *fanfare*, vom Zw. *fanfarer* trompeten; Ausgangspunkt: ar. *farfâr* geschwätzig?

Fang m. mhd. *vanc*, ahd. *fang* (= engl.); vom Zw. **fangen** mhd. *vâhen*, ahd. got. *fâhan;* urverw.: lat. *pangere* befestigen; idg. Wurzel **pank-* befestigen. Das *-ng-* im Infinitiv und Präsens des d. Zw.s wie bei ⁊ *hängen* aus dem Prät. (mhd. *vienc*). ⁊ *fügen,* ⁊ *umfangen,* ⁊ *Fach,* ⁊ *fähig,* ⁊ *Gefängnis.*

Fant m. obd. Mischung (um 1600) zweier Wörter: mnd. *vent* Knecht (aus mnl. *vennoot* Femgenosse; ⁊ *Feme*) und it. *fante* Knabe (lat. *infans* Kind); ⁊ *Infanterie.*

Farbe w. mhd. *varwe*, ahd. *farawa.* = substantiv. w. Form zum Adj. mhd. *var,* ahd. *faro* farbig; idg. Wurzel **perk-, prek-* gesprenkelt. *-rw-* zu *-rb-* wie in ⁊ *gerben.*

Farce w. Anfang 18. Jh. = Füllsel, aus frz. *farce* Fleischfüllung, von lat. *farcire* stopfen; seit 1600 = Posse, aus frz. *farce* Zwischenakt (Posse als Zwischenaktbelustigung). ⁊ *Infarkt.*

Farm w. 19. Jh. aus engl. *farm,* dies aus afrz. *ferme* Besitz (von lat. *firmus* sicher, fest; ⁊ *Firma*).

Farn m. Sporenpflanze, mhd. *farn* neben *farm,* ahd. *farn* neben *faram;* aus einer idg. Wurzel **por-*

no-, die auch „Feder" bedeutet (nach den federartigen Wedeln). Zum Nebeneinander mhd. *farn:* *farm* vgl. mhd. *turn: turm;* ⁊ *Turm.*

Fasan m. mhd. ahd. *fasân* neben mhd. *vase(l)han, -huon* mit volkset. Anlehnung an *-hahn, -huhn;* von lat. *phasianus,* aus gr. *phasianós* = Vogel vom Fluß *Phasis* (heute: Rion) am Schwarzen Meer.

Fasching m. mhd. *vastschang, vaschanc* Ausschank des Fastentranks; erst im 17. Jh. Anlehnung an das Suffix *-ing* (wie bei ⁊ *Hering,* ⁊ *Wirsing*).

Faschismus m. 20. Jh. aus it. *fascismo* (it. *fascio* Rutenbündel mit Beil [als Symbol der Staatsgewalt]; lat. *fascis* Rutenbündel; daher frz. *fascine,* it. *fascina,* die im 17. Jh. unser Wort **Faschine** w. ergeben; ⁊ *Bast!*).

faseln Zw. dumm schwatzen, 2. Hälfte 17. Jh. für älteres *fasen;* mnd. *vase* Unsinn. Herkunft ungeklärt (ahd. *fasôn* suchen?). Iteratives *-el-* (⁊ *läch-el-n* u. a.).

Faser w. spätmhd. *vaser,* zum Subst. mhd. *vase,* ahd. *fasa, -so* Saum (vgl. engl. *feare*); idg. Wurzel **pes-* blasen, wehen (eigtl. = was der Wind wegweht).

Faß s. mhd. *vaჳ,* ahd. *faჳ* (engl. *vat*), verw. ⁊ *fassen* und ⁊ *Fessel.* Eigtl. = Behältnis (*Salzfaß*). ⁊ *Gefäß,* ⁊ *Fetzen.*

Fassade w. 18. Jh. aus frz. *façade,* für älteres *Facciade* 17. Jh. aus it. *facciata* (it. *faccia* Frontseite, Gesicht, über volkslat. *facia* aus lat. *facies;* ⁊ *Facette*).

fassen Zw. mhd. *vaჳჳen,* ahd. *faჳჳôn;* verw. ⁊ *Faß.* Eigtl. = in ein Behältnis tun; dann = in sich fassen, ergreifen. ⁊ *Gefäß,* ⁊ *gefaßt,* ⁊ *verfassen,* ⁊ *Fessel²* .

Fasson w. 2. Hälfte 15. Jh. aus frz. *façon,* dies aus lat. *factio* das Machen (lat. *facere* tun; ⁊ *faktisch*).

fast Adv., ohne Umlaut zum Adj. ⁊ *fest:* mhd. Adv. *vaste* zum Adj. *veste,* ahd. *fasto* zu *festi.* Eigtl. = sehr stark; erst spätmhd. = annähernd (⁊ *schon* zu ⁊ *schön*). **fasten**

Zw. mhd. *vasten,* ahd. *fastên,* got. *fastan.* Eigtl. = fest sein (gegen unerlaubte Speisen); Begriff der arianischen Mission); **Fastnacht** w. mhd. *vast(el)naht* Vorabend der Fastenzeit; früh an mhd. *vaseln* gedeihen angelehnt: vgl. mhd. *vas(e)naht* u. ä.; noch heute rhein. *Fasenacht, Faselabend.*

Faszikel s. ⁊ *Bast!*

faszinieren Zw. 18. Jh. aus lat. *fascinare* verhexen; Herkunft ungeklärt.

fatal Adj. Mitte 17. Jh. *fatal* für älteres *fatalisch,* dies 2. Hälfte 16. Jh. aus lat. *fatalis* schicksalhaft (*fatum* Schicksal, Götterspruch, *fari* sprechen [⁊ *famos,* ⁊ *Bann*]; ⁊ *Professor*). **Fata Morgana** w. durch Goethe aus it. *fata Morgana* Fee Morgana = Luftspiegelungen in der Straße von Messina (it. *fata,* aus lat. *fata* Schicksalsgöttin, *fatum* Schicksal; *Morgâna* ar. Frauenname, von ar. *margân* Koralle). ⁊ *Fee.*

Fatzke m. Geck, berl. mit der Verkleinerungssilbe *-ke* von ⁊ *Faxe* gebildet.

fauchen Zw. mhd. *pfûchen,* eigtl. = den Laut *pfuch!* ausstoßen; SchW.

faul Adj. mhd. ahd. *fûl,* got. *fûls* (engl. *foul;* ⁊ *Foul*); urverw.: lat. *pus* Eiter, gr. *pýon* Eiter; aus einer idg. Wurzel **pu-* stinken, von einer Interjektion **pu-* pfui!. **faulenzen** Zw. Mitte 16. Jh. für älteres mhd. *vûlezen* verfault schmecken; mit dem Suffix *-e(n)zen* vom Adj. *faul* (*-enzen* obs.-schles. = nach etwas riechen; also = faul riechen).

Faun m. Lüstling, 14. Jh. *Faunus* nach lat. *Faunus* pan-ähnlicher Flurgott, nach dessen Schwester *Fauna* Linné seine *Fauna Suecia* benannte (1746). Daher **Fauna** w. Tierwelt einer Gegend.

Faust w. mhd. ahd. *vûst,* ahd. *fûst* (engl. *fist*); Herkunft? (Zur idg. Wurzel **peuk-* boxen [lat. *pugnus* Faust]?). Als PN seit 13. Jh., = dessen Faust zu fürchten ist. – Vgl.: ⁊ *Finger.* – **faustisch** Adj. genial strebend, nach Dr. J. *Faust* (um

1480–1540), den zuerst der engl. Dramatiker Marlowe als Genie interpretierte (1588); verbreitet durch Goethe (1808).

Fauteuil m. 18. Jh. aus frz. *fauteuil,* dies aus mhd. *valtstuol,* ahd. *faltistuol* Falt-, Klappstuhl.

Favorit m. um 1600 aus frz. *favori(te),* dies von lat. *favor* Gunst, *favere* gewogen sein. Durch den Sport (Einwirkung von engl. *favourite*) im 20. Jh. verbreitet. ⁊ *Günstling.*

Faxe w. zuerst in der Mz. *Faksen* 2. Hälfte 18. Jh.; Verkürzung von *fixfax* dumme Streiche; zum Zw. *fickfacken* sich wie ein Narr hin und her bewegen (SchW zum Zw. ⁊ *ficken;* ⁊ *Wirrwarr* u. ä. Bildungen). ⁊ *Fatzke.*

Fayence w. 18. Jh. *Fajanze* aus frz. *faïence,* nach dem Fabrikort *Faënza* (lat. *Faventia*) in der Romagna (1781 *fajanzer* Geschirr).

Fazit s. Mitte 15. Jh. aus lat. *facit* es macht (*facere* machen; ⁊ *Profit,* ⁊ *süffisant,* ⁊ *faktisch*). **Feature** m., s. Hörbild, 20. Jh. aus engl. *feature* Aufmachung, dies über frz. aus lat. *factura* Bearbeitung (⁊ *Faktur*), *facere* machen.

Februar m. 16. Jh. aus lat. *mens februarius* Reinigungsmonat (lat. *februare* reinigen [Reinigungsopfer am Ende des röm. Jahres, das im März begann]). Der d. Name des Monats ist ⁊ *Hornung.*

fechten Zw. (focht, gefochten), mhd. *vehten,* ahd. *fehtan;* vielleicht urverw. (abl.) mit lat. *pugnare* kämpfen, *pugnus* ⁊ *Faust,* gr. *pýx?* Dann eigtl. = mit der Faust kämpfen. – Im 17. Jh. = betteln, nach den Wanderburschen, die gegen Geld ihre Fechtkünste zeigten. ⁊ *Fight,* ⁊ *Fuchtel.*

Feder w. mhd. *veder(e),* ahd. *fedara;* urverw. mit lat. *penna* (aus **petna*) Feder (⁊ *Penne*); *petere* suchen, streben, gr. *ptéryx* Flügel, *péthesthai* fliegen; idg. Wurzel **pet-* fliegen. Die Schreibfeder hat ihre Bezeichnung vom Gänsekiel; die elastische Metallfeder heißt metaphorisch nach der Biegsamkeit der Vogelfeder (17. Jh.). – *Gefieder*, *Symptom*, *Fittich*. **Federfuchser** m. 18. Jh. Im Grundwort steckt das mhd. Zw. *fucken* hin und her fahren (*ficken*). *Pfennigfuchser*.

Fee w. Mitte 18. Jh. aus frz. *fée;* doch schon mhd. *fei(e)*, aus afrz. *feie* (neben *fée, fae*). Das frz. Wort stammt von lat. *Fata* Schicksalsgöttin (*Fata Morgana*) aus älterem *fatua* Prophetin, zum Zw. *fari* sprechen. Vgl. *gefeit*.

Feez m. Unsinn, 19. Jh. aus frz. *fêtes*, Mz. von *fête;* *Fest*.

fegen Zw. mhd. *vegen*, ablautend zum Adj. mhd. *vager*, ahd. *fagar* schön, got. *fagrs* passend (*fair*). Eigtl. = schön machen (idg. Wurzel *pek-*, *pêk-* schön machen). **Fegefeuer** s. mhd. *vegeviur*, LÜ von lat. *purgatorius ignis* (mhd. *vegen* reinigen, schön machen).

Fehde w. *feige*.

fehlen Zw. mhd. *velen, feilen, vælen*, aus afrz. *fa(il)lir* verfehlen, vorbeistoßen (im Turnier), dies aus lat. *fallere* täuschen, Herkunft ungeklärt (*falsch*). **Fehler** m. zunächst = Fehlschuß; Mitte 16. Jh. = Verstoß; für älteres *Fehl* mhd. *væl(e)* (von afrz. *faille* Fehler). **Fehltritt** m. Mitte 16. Jh. LÜ von lat. *fallens vestigium* (= täuschende Spur).

Feier w. mhd. *vîre*, ahd. *fîr(r)a*, aus mlat. *feria* (zur lat. Mz. *feriae* Tage mit Gottesdienst, *fes, fas* göttl. Recht, Gottesdienst [zu *fari* sprechen; *fatal*]); *Ferien*. Ahd. mhd. *-î-* für lat. *-ê-* wie in *Kreide*, *Pein* usw. **Feierabend** m. spätmhd. *vîrabent* Abend vor dem Feiertag; erst frühnhd. = Ruhezeit am *Abend*. **feiern** Zw. mhd. *vîren*, ahd. *fîrôn* einen Festtag begehen, aus lat. *feriare* einen Tag mit Gottesdienst begehen.

feige Adj. mhd. *veige*, ahd. *feigi* dem Tode verfallen; verw.: mhd. *gevêch*, ahd. *gifêh* feindselig (vgl. engl. *foe* Feind) und *Fehde* (eigtl. = Feindseligkeit). – Der Feind, der Rechts-

brecher muß sterben; er ist also *feige*. Erst Luther verbreitet Bedeutung „verzagt". – Weitere Beziehungen undeutlich.

Feige w. mhd. *vîge*, ahd. *fîga*, aus prov. *figa* Feige, dies von lat. *ficus* aus einer nichtidg. Mittelmeersprache. *Ohrfeige*.

feil Adj. mhd. *veil(e)*, ahd. *feili, fali, feli;* urverw.: gr. *pôleîn* verkaufen; *pôlê* Verkauf; idg. Wurzel *pel-* verkaufen. **feilschen** Zw. mhd. *veils(ch)en* (für *feilisen*), vom Komp. *feilis* zum Adj. ahd. *feili;* = verkäuflicher machen.

Feile w. mhd. *vîle*, ahd. *fîla;* urverw.: gr. *pikrós* scharf, *peíkein* schneiden. Gerätname auf germ. *-lo-* (d. *-el* wie in *Sich-el*, *Schauf-el* usw.). Eigtl. = Schneidegerät. – *Die letzte Feile anlegen* 18. Jh. nach lat. Muster (Ovid, Martial).

Feim m. Schaum, mhd. *veim*, ahd. *feim* (vgl.: engl. *foam*); urverw. lat. *pumex* Bimsstein, *spuma* Schaum; idg. Wurzel *(s)poimno-* Schaum. *abgefeimt*, *Bims*.

fein Adj. mhd. *fîn*, aus frz. *fin* echt, vollkommen, dies aus mlat. *finus* = lat. *finitus* beendet (*finire* endigen); *raffiniert*.

Feind m. mhd. *vî(e)nt*, ahd. *fîant*, got. *fijands* (engl. *fiend*). Eigtl. = Part. Präs. zum Zw. ahd. *fîen*, got. *fijan* hassen, = der Hassende (*Freund*, *Heiland*). Urverw.: lat. *pati* erdulden; idg. Wurzel *pe(i)-* schmähen.

feist Adj. mhd. *veiʒ(e)t*, ahd. *feiʒit;* obd. zu nd.-md. *fett*. Eigtl. = Part. Pass. zum Zw. mhd. *veiʒen* fett machen, das vom Adj. mhd. *veiʒ(e)* abgeleitet ist. Ausgangspunkt: idg. Wurzel *pe(i)-* strotzen.

feixen Zw. 19. Jh. vom Subst. *Feix*, Nbf. zu *Fex* Dummkopf, dies Abkürzung von *Narrifex*, Scherzbildung (stud.?) nach den lat. Wörtern auf *-fex* (wie *arti-fex, ponti-fex* usw.).

Feld s. mhd. *velt*, ahd. *feld* (engl. *field*); dazu ablautend der FN *Ful-*

da; urverw.: lat. *palma* flache Hand
(↗ *Palme), palam* flach ausgebrei-
tet, öffentlich, *planus* eben
(↗ *Plan²);* idg. Wurzel **pelə-* aus-
breiten (↗ *Planet).* ↗ *Gefilde. – Das
steht noch im weiten Felde* um 1700.
Eigtl. = es ist noch nicht erntereif.
Feldmarschall m. LÜ Mitte 16. Jh.
von frz. *maréchal de camp.* **Feldwe-
bel** m. 1. Hälfte 16. Jh. *Feldweibel*
(so noch schwz.), zum Zw. mhd.
weiben, ahd. *weibôn,* got. *biwaib-
jan* sich bewegen. *-e-* statt *-ei-* ist
ostmd. ↗ *Weib.*
Felge w. Krummholz im Radkranz,
mhd. *velge,* ahd. *fel(a)ga* (engl. *fel-
ly);* idg. Wurzel **pelk-* drehen,
wenden (daher: mhd. *velgen* um-
graben; *Felge* Brachland nach dem
Umpflügen).
Fell s. mhd. *vel,* ahd. *fel,* got. *fill*
(engl. *fell*); urverw.: lat. *pellis* ab-
gezogene Tierhaut (↗ *Pelle),* gr.
pélma Fußsohle. ↗ *Film.* Idg. Wur-
zel **pel-* bedecken; ↗ *Zwerchfell. –
Er schwimmt seine Felle fortschwimmen,*
wie ein ungeschickter Lohgerber
(19. Jh.). *Das Fell über die Ohren
ziehen,* nämlich dem geschlachte-
ten Haustier (2. Hälfte 17. Jh.).
Fels(en) m. mhd. *vels(e),* ahd. *fe-
lis(a),* norw. *fjell* (↗ *Vielfraß);*
urverw.: gr. *pella* Stein.
Feme w. mhd. mnd. *veime;* Her-
kunft ungeklärt (über **faimio*
verw. mit ↗ *Feind?*); im 18. Jh. mit
westf. *-e-* für *-ei-* wiederbelebt,
durch Ritterdramen Goethes und
Kleists verbreitet.
Fenchel m. mhd. *venechel,* ahd. *fe-
nahhal* aus lat. *feniculum,* nach *fe-
num* Heu (wegen des Geruchs);
Weiteres unklar.
Fenn s. ↗ *feucht.*
Fenster s. mhd. *venster,* ahd. *fenstar,*
aus lat. *fenestra* (urverw.: gr. *phaí-
nein* sichtbar machen [↗ *Phäno-
men*]). Das lat. (urspr. etruskische?)
Wort verdrängt heimische Bezeich-
nungen für die Fensteröffnung; vgl.
got. *augadauro* = ahd. *augatora,*
eigtl. = Augentor; an. *vindauga* =
engl. *window,* eigtl. = Windauge.

Ferge m. Fährmann, mhd. *verje,*
ahd. *ferjo,* zum Zw. ahd. *ferian*
übersetzen; ↗ *Fähre.* Nhd. *-g-* für
älteres *-j-* wie in ↗ *Käfig.* ↗ *Latwer-
ge,* ↗ *Scherge.*
Ferien Mz. 1. Hälfte 16. Jh. = ge-
richtsfreie Tage, aus lat. *feriae* ge-
schäftsfreie Tage. ↗ *Feier,* ↗ *fana-
tisch!*
Ferkel s. mhd. *värhel, -kel* neben
var-, värhelîn, värkelîn, ahd. *farhi-
lî(n)* Verkleinerung von mhd.
varch, ahd. *far(a)h* Schwein; ur-
verw.: lat. *porcus* (↗ *Porzellan),* gr.
pórkos Jungschwein; idg. Wurzel
*perk- aufreißen; eigtl. = der Wüh-
ler. ↗ *Furche.*
Ferment s. 18. Jh. aus lat. *fermen-
tum (fervere* sieden); ↗ *Bärme.*
fern Adj.: mhd. *verre,* ahd. *ver* aus
dem Adv. mhd. *verre,* ahd. *verro,*
got. *fairra;* von daher das Adv.
mhd. *verne, verren(e)* von fern, =
ahd. *verrana(n).* Urverw. lat. *por-
ro* vorwärts, gr. *péran* jenseits.
Fernschreiber m. Eindeutschung
1797 für ↗ *Telegraph.* **Fernsehen** s.
2. Hälfte 19. Jh. **Fernsprecher** m.
1795 = optischer Telegraph; 1875
= ↗ *Telephon.*
Ferse w. mhd. *versen(e),* ahd. *fersa-
na;* urverw.: lat. *perna* aus **persna*
Schinken, gr. *ptérna* Ferse, Keule.
Fersengeld s. zu *Färse* Jungkuh,
mnd. *versengelt* (Kuh als) wendi-
sche Ehescheidungsabgabe; schon
13. Jh. volkset. zu *Ferse:* mhd. *ver-
sengelt geben* fliehen.
fertig Adj. mhd. *vertec,* ahd. *fartîg;*
von *Fahrt* (↗ *fahren).* Eigtl. =
fahrtbereit. ↗ *rechtfertigen.* Zur
Bildung ↗ *bereit.*
fesch Adj. in Wien 1. Hälfte 19. Jh.
aus engl. *fashionable* modisch
(engl. *fashion* Lebensart, Mode;
↗ *Fasson*) gekürzt.
Fessel¹ w. Pferdefuß zwischen Fuß-
und Hufgelenk, mhd. *veʒʒel,* ab-
lautend zu ↗ *Fuß.*
Fessel² w. Bande, mhd. *veʒʒel,* ahd.
feʒʒil (vgl. engl. *fettle*); abgeleitet
vom Zw. ↗ *fassen,* vermischt mit
Fesser mhd. *veʒʒer,* ahd. *veʒʒara*

(urverw.: lat. *pedica* Schlinge, gr. *pédê* Fessel), dazu lat. *impedire* hindern, *oppidum* Fliehburg, Stadt; ∕ *Depesche*. Eigtl. = Zirkusschranke. Verw. mit ∕ *Fuß* (idg. Wurzel *pêd-, *pôd-; ∕ *Expedition*).

fest Adj. mhd. *veste*, ahd. *festi;* dazu Adv. ∕ *fast*. Zur idg. Wurzel *pasto-* fest (engl. *fast*).

Fest s. mhd. *vest*, aus lat. *festum;* daneben mhd. *veste* aus afrz. *feste*, aus der Mz. von lat. *festa*. Lat. *festus*, verw.: *feriae*, = frommer Feier gewidmet. Verw.: ∕ *Feier*, ∕ *Ferien*, ∕ *Feez*. Für älteres mhd. *hôch(ge)zît* ∕ *Hochzeit*, ∕ *fanatisch!* **Festival** s. 20. Jh. aus engl. *festival*, über frz. aus lat. *festivus* festlich. – **Fete** w. Feier, 18. Jh. aus frz. *fête* Fest.

Fetisch m. 2. Hälfte 18. Jh. aus frz. *fétiche;* davor *Fetisso* u. ä. um 1600 aus port. *feitiço*, das auf lat. *factitius* nachgemacht zurückgeht, vom lat. *facere* machen; ∕ *faktisch*.

fett Adj. nd.-md. Form von ∕ *feist;* verw.: lat. *o-pi-mus* fett. Dazu das Subst. **Fett** s. *Sein Fett kriegen* verprügelt werden, 18. Jh.; vgl. *Schmiere kriegen*. **Fettnäpfchen** s. Schale mit Stiefelfett, früher in obs. Bauernhäusern am Ofen; daher: *ins Fettnäpfchen treten* ungeschickt sein, 19. Jh.

Fetzen m. mhd. *vetze*, abgeleitet vom Zw. mhd. *vazzen*, ahd. *fazzôn* kleiden. Also = Kleid. ∕ *Faß*.

feucht Adj. mhd. *viuhte*, ahd. *fûht(i)*, aus idg. Wurzel *pen-* Sumpf, wozu auch got. *fani* Schlamm, ahd. *fenna* Sumpf; nd. *Fenn* Moorland (das *-n-* in ahd. *fûhti* ist vor *h* unter Ersatzdehnung ausgefallen).

feudal Adj. 17. Jh. aus mlat. *feudalis* lehnsrechtlich, zum Subst. mlat. *feudum* Lehnsgut, erweitert aus mlat. *feum* Gut, von got. *faihu* Vieh, daher *fihu* ∕ *Vieh*).

Feudel m. Scheuertuch, nordd. Mitte 18. Jh. *feuel*, vielleicht aus frz. *faille* Mantel.

Feuer s. mhd. *viu(we)r*, ahd. *fiur* für älteres *fuir* (vgl. engl. *fire*); urverw. gr. *pŷr* Feuer. ∕ *Funke*. **Feuereifer** m. 16. Jh. Prägung Luthers. **Feuerprobe** w. urspr. von der Läuterung des Goldes im Feuer; nach Sprüche Salom. 17,3. **Feuertaufe** w. 19. Jh. = erstes Gefecht; 18. Jh. in relig. Sinne (nach Matth. 3, 11). **Feuerwerk** s. spätmhd. *viurwerc* Brennstoff; später = Feuergeschosse; 2. Hälfte 16. Jh. = Kunstfeuerwerk (z. B. auf Rummelpl.).

Feuilleton s. Anfang 19. Jh. aus frz. *feuilleton* Blättchen, Verkleinerung zu frz. *feuille* Blatt, von lat. *folium;* ∕ *Foliant*, ∕ *Portefeuille*.

Fex m. ∕ *feixen*.

Fez m. Spaß, ∕ *Feez*.

Fiaker m. Mietkutscher, Mitte 18. Jh. Wien nach frz. Vorbild (*la maison de Fiacre* [Haus des hl. *Fiakrius*] Pariser Mietkutschenvermietung, Mitte 17. Jh.).

Fiasko s. 1. Hälfte 19. Jh. über frz. aus it. *fiasco* = eine Flasche machen. It. *fiasco* in dieser Bedeutung LÜ von frz. *bouteille* Flasche, in der frz. Pennälersprache = Fehler, Schnitzer (vgl.: ∕ *Flasche* als d. Schelte 19./20. Jh.).

Fibel[1] w. Lesebuch für Anfänger, um 1400 als kindersprachl. Nbf. zu *Bibel* (nach den bibl. Lesestücken in Fibeln).

Fibel[2] w. Spange, 19. Jh. aus lat. *fibula* (*figere* heften).

Fiber w. Faser, vgl. ∕ *Franse*.

Fichte w. mhd. *viehte*, ahd. *fiohta* neben *fiuhta* (germ. Kontinentalwort); ohne *-t-*Suffix verw. gr. *peúkê* Fichte (*peukedonós* stechend); idg. Nadelholzbaumname (= die Stechende).

ficken Zw. mhd. *ficken* reiben, ahd. *mich vikchit* mich juckt es; urspr. = schnell hin und her bewegen; SchW (Klangverbindung *f-kk* neben *f-tl, f-pl, f-ps*). Obszön seit Mitte 16. Jh. ∕ *Faxe*, ∕ *Federfuchser*.

fidel Adj. 2. Hälfte 17. Jh. aus lat. *fidelis* treu; Mitte 18. Jh. stud. = fröhlich.

Fieber s. mhd. *vieber,* ahd. *fiebar* (engl. *fever*), aus lat. *febris* (lat. *fovere* erwärmen). D. -*ie*- für lat. -*ê*- wie in / *Brief,* / *Spiegel.*

Fiedel w. mhd. *videl(e),* ahd. *fidula* (engl. *fiddle*), Herkunft? (Volkslat. *vitula* Streichinstrument; erst hochmittelalterlich!). / *Violine.*

Fight m. 20. Jh. aus engl. *fight;* / *fechten.*

Figur w. mhd. *fig(i)ûre,* aus afrz. *figure* und lat. *figura (fingere* bilden; / *Teig*). – **Fiktion** w. 17. Jh. aus lat. *fictio (fingere* bilden; / *Finte*).

Filiale w. Mitte 19. Jh. aus lat. *filialis (filia* Tochter), aus dem auch im 16. Jh. / *Filial* s. Tochtergemeinde entlehnt wird.

Filigran s. 2. Hälfte 17. Jh. aus it. *filigrana* (von lat. *filum* Faden + *granum* Korn; / *Profil*).

Film m. 1891 aus engl. *film.* Eigtl. = Häutchen (verw.: / *Fell*); zunächst = Zelluloidstreifen für die Photographie; dann (20. Jh.) = Bildstreifen.

Filter m., s. 19. Jh. für *Filtrum,* 2. Hälfte 16. Jh. aus mlat. *filtrum* entlehnt. Dies von germ. **felti-* Filz, eigtl. = Gestampftes (vgl. ahd. *ana-falz* Amboß). / *infiltrieren.*

Filz m. mhd. *vilz,* ahd. *filz,* von germ. **felti-* Gestampftes (vgl. lat. *pellere* stoßen; / *Puls*). **filzen** Zw. mhd. *vilzen,* eigtl. = (wie einen *Filz*) schlagen; dann = grob tadeln; 19. Jh. = durchsuchen (eigtl.: wandernde Handwerksburschen kämmen).

Finale s. 17. Jh. aus it. *finale* Schlußsatz (eines Tonstücks); 20. Jh. = Endkampf (lat. *finis* Grenze, Ende, aus **figsnis* von *figere* durchstechen); eigtl. = das Abgesteckte). / *Finish.* **Finanzen** Mz. 17. Jh. aus frz. *finances* Staatsgelder; davor *Finantien* Mitte 14. Jh. aus lat. *finantia* Beendigung, Zahlung(sbefehl) (mlat. *finare* für lat. *finire* beenden).

finden Zw. (fand, gefunden), mhd. *vinden,* ahd. *findan,* got. *finþan*

(engl. *find*); urverw.: lat. *pons* Brücke, gr. *póntos* Meer (/ *Ponton*); idg. Wurzel **pent-* gehen, Weg (ahd. *funden* eilen, *fendo* Fußgänger). / *Fund,* / *empfinden.* / *fahnden.* **findig** Adj. 16. Jh. für mhd. *vündec* erfinderisch, zum Subst. mhd. *vunt* Erfindung (/ *Fund*). **Findling** m. ausgesetztes Kind, mhd. *vundelinc,* zum Subst. *vunt* / *Fund;* 19. Jh. = errat. Block (zu / *finden* gezogen).

Finger m. mhd. *vinger,* ahd. *fingar,* got. *figgrs* (engl. *finger*). Herkunft unsicher; vielleicht – wie / *Faust*[2] – verw. mit / *fünf*? **Fingerhut** m. ahd. *vingerhuot;* seit Mitte 16. Jh. als Pflanzenname (Blütenform!).

fingieren Zw. um 1600 aus lat. *fingere* erdichten (/ *Teig*).

Finish s. Endkampf, 20. Jh. aus am. *finish* Abschluß (*finish* beenden; über frz. aus lat. *finire* beenden). / *Finale.*

Fink m. mhd. *vinke,* ahd. *finc(h)o* (e. *finch;* dazu – aus dem Nord. – *spink* Buchfink). Wie gr. *spíngos* Buchfink SchW, das den Buchfinkenruf nachahmt. (Vgl.: gr. *spízein* pfeifen.)

finster Adj. mhd. *vinster,* ahd. *finstar,* älter mhd. *dinster,* ahd. *dinstar* dunkel; verw. / *Dämmer (d* vor *n* zu *f* dissimiliert).

Finte w. um 1600 aus it. *finta* (lat. *fincta* Part. Pass. zum Zw. *fingere* erdichten, / *Fiktion*).

Firlefanz m. Narretei, vom Zw. 17. Jh. *firlfantzen* närrisch sein; dies von mhd. *virlefanz* ein Tanz, unter Einfluß von / *Tanz* aus mhd. *virlei* = afrz. *vire-lai* Ringellied.

Firma w. 18. Jh. aus it. *firma* (sichere) Handelsunterschrift (lat. *firmus* sicher; / *Farm*). **Firmament** s. mhd. *firmament,* aus lat. *firmamentum* Himmelsfeste (*firmus* sicher). **firmeln** Zw. spätmhd. *firmeln* für älteres mhd. *firmen,* ahd. *firmôn,* aus lat. *firmare* festmachen (/ *forsch*).

Firnis m. mhd. *ver-, virnis,* aus frz. *vernis,* dies aus lat. *veronix* Lackanstrich aus *Berenike* (jetzt: Bengasi, Hafen in Libyen). *Berenike* altäg. w. PN, = Siegbringerin.

First m. mhd. *virst,* ahd. *first;* idg. Wurzel **por-sti-* Vorstehendes (urverw. lat. *postis* Pfosten). ⟋*Frist,* ⟋*stehen* (die Wurzel am Wortschluß: *-st*). Der Wortbeginn ist mit ⟋*fort* und seiner Sippe verw.

Fisch m. mhd. *visc(h),* ahd. *fisk,* got. *fisks;* urverw. lat. *piscis* Fisch. Idg. Tiername (**pisko-, -ki-*); urspr. wohl = Wassertier (**ap-* Wasser + **-isko-* gehörig zu). **fischen** Zw. mhd. *vischen,* ahd. *fiscôn.* – *Im trüben fischen* (16. Jh.) nach einer Äsopschen Fabel.

Fisimatenten Mz., 16. Jh. *visepatentes* aus *visae patentes* beglaubigte Patente; später spöttisch = Behördenkram (?).

Fiskus m. 16. Jh. aus lat. *fiscus* Flecht-, Geldkorb, Kasse. ⟋*konfiszieren.*

Fistel w. Eitergeschwür, mhd. *vistel,* ahd. *fistul,* aus lat. *fistula* Röhre, röhrenartiges Geschwür; auch = Rohrpfeife. **Fistelstimme** w. 18. Jh. aus lat. *fistula* Rohrpfeife.

fit Adj. tauglich, 20. Jh. aus am.; Ursprung?

Fittich m. mhd. *vittech, -ttich,* ahd. *fettâch;* Kollektiv zum gleichen Stamm, zu dem ⟋*Feder* gehört.

fix Adj. eigtl. = fest (16. Jh. aus lat. *fixus* befestigt, *figere* anheften); dann = gewandt, zu etw. bereit (*fix und fertig*); schließlich = hurtig. – *Fixe Idee* 18. Jh., zuerst nur psychiatrisch. – ⟋*Praefix,* ⟋*Suffix.* **fixieren** Zw. = festsetzen 16. Jh. aus lat. *fixare* festmachen; 18. Jh. = anstarren nach frz. *fixer ses yeux sur quelqu'un;* 19. Jh. = haltbar, lichtbeständig machen (wieder nach lat. *fixare*). Kurzform **fixen** Zw. 19. Jh. = leerverkaufen, 20. Jh. = Drogen spritzen, beides aus engl. *to fix* festmachen. **Fixstern** m. um 1600 LÜ von lat. *fixa stella.*

Fjord m. 19. Jh. aus schwed. dän. norw. *fjord* (daher engl. *firth*); verw.: ⟋*fahren* und ⟋*Furt* (idg.

Wurzel **per-* übersetzen): = schiffbarer Landeinschnitt mit Steilküsten. ⟋*Föhrde.*

flach Adj. mhd. *vlach,* ahd. *flah* (vgl. ablautend engl. *fluke* Flunder); urverw.: lat. *plaga* Netz, gr. *pélagos* Meeresfläche; idg. Wurzel **p(e)lag-* flach; vgl.: ⟋*Palatschinke.*

Flachs m. mhd. *vlahs,* ahd. *flahs;* verw. ⟋*flechten* (idg. Wurzel **plek-;* vgl. lat. *plicare* falten, gr. *plékein* ⟋*flechten*). Zum *-s* ⟋*Hülse.* – ⟋*Flasche,* ⟋*Flechse.*

flackern Zw. mhd. *vlackern* hin und her zucken (von der Flamme), ahd. *flogarôn* umherflattern; urspr. wohl = mit den Flügeln schlagen (idg. Wurzel **plāg-* schlagen); vgl.: lat. *plangere* schlagen, gr. *plêgê* Schlag, *plêgnýnai* schlagen; dazu auch ⟋*fluchen,* ⟋*Fleck.* – *-ern-* Suffix iterativ wie bei ⟋*flattern,* ⟋*glitzern,* ⟋*schlenkern,* ⟋*schlummern,* ⟋*flunkern,* ⟋*schlendern,* ⟋*schleudern,* ⟋*schlingern.*

Fladen m. mhd. *vlade,* ahd. *flado, -da* dünner (Opfer-)Kuchen; urverw.: gr. *platýs* breit (idg. Wurzel **plat-* flach und breit). ⟋*fletschen,* ⟋*Flunder,* ⟋*platt.*

Flagge w. um 1600 aus dem Nd. ins Hd.; aus engl. *flag* (vom Zw. *flag* schlaff hängen, an. *flǫgra* flattern). Mit nd. *-gg-* wie ⟋*baggern,* ⟋*Dogge,* ⟋*flügge,* ⟋*Roggen* usw. – *Die Flagge streichen* LÜ 17. Jh. von engl. *to strike colours.*

in flagranti auf frischer Tat, 19. Jh. aus lat. (*flagrare* brennen; also = beim Brennen [Brandstiften? Urspr. lat. Rechtsformel]). ⟋*Flamme.*

Flakon m., s. 18. Jh. aus frz. *flacon,* aus älterem afrz. *flascon,* dies aus mlat. *flasco,* das aus germ. **flasco* ⟋*Flasche* stammt.

Flamme w. mhd. *vlamme,* über anl. *flamma* aus lat. *flamma* (aus **flagma* zu: *flagrare* brennen); urverw. gr. *phlégma* Brand). ⟋*fulminant.*

Flanell m. 1. Hälfte 18. Jh. aus frz. *flanelle,* aus engl. *flannel* Wollzeug (von kymr. *gwlanen* = wollen); urverw. lat. *lana* (aus *vlana, ablautend: ∕ *Wolle*).

flanieren Zw. 19. Jh. aus frz. *flâner* schlendern (von an. *flana* = umherlaufen; urverw. lat. *planus* eben, gr. *plános*).

Flanke w. um 1600 aus frz. *flanc* Weiche (woher auch engl. *flank),* dies über das Galloroman. aus afrk. (= ahd.) *hlanca* Hüfte; ∕ *Gelenk,* ∕ *lenken.* Germ. *hl-* wird zu frz. *fl-;* ∕ *flau;* ähnlich *hr-* = frz. *fr-;* ∕ *Frack.* **flankieren** Zw. 2. Hälfte 16. Jh. aus frz. *flanquer.*

Flansch m. Rohranschluß, spätmhd. *vlansch* Zipfel; vgl. mhd. *vlans* Maul; verw. ∕ *flennen,* eigtl. = den Mund verziehen. ∕ *Flunsch.*

Flaps m. Laffe, Ende 18. Jh. aus dem Nd., zum Subst. **Flabbe** w. Hängelippe; auch: **Flappe** w. (vgl.: engl. *flabby* schlaff).

Flasche w. mhd. *vlasche,* ahd. *flaska;* gemeingerm. Ableitung zum Stamm von ∕ *flechten;* urspr. also = (mit Stroh) umflochtenes Gefäß (röm. Glasimport!). ∕ *Fiasko; Flasche* = Trottel, eigtl. = leere Flasche; Hohlkopf = seit 1850. – ∕ *Flakon.* **Flaschenzug** m. um 1700, nach der Kolbenform.

flattern Zw. frühnhd. *fladern, flutt-, flottren,* spätmhd. *flatern, vle-, vlodern;* idg. Wurzel **p(e)led-* schweben. ∕ *Falter,* ∕ *Fledermaus.* – *-rn*-Suffix wie bei ∕ *flackern* u. a.

flau Adj. Nd. Küstenwort aus dem Nl.; Herkunft? 18. Jh. vom schwachen Wind; gleichzeitig = lustlos (von Geschäften). Zu afrz. *flau* = weich, aus ahd. *hlao* ∕ *lau?* ∕ **Flaute** w. Mitte 19. Jh. für älteres *Flaue.*

Flaum m. mhd. *phlûme,* ahd. *pflûma,* aus lat. *plu(s)ma* Flaumfeder (beim Export germ. Gänsefedern nach Rom). **Flaus(ch)** m. Wollrock, Mitte 18. Jh. aus Nd. (dort stud.); urverw. lat. *plu(s)ma;* ∕ *Vlies.* Dazu **Flausen** Mz. Ausflüchte, 18. Jh. Eigtl. = herumfliegende Wollfasern.

Flechse w. Muskelfaser, 17. Jh. für älteres *Flachsader;* zum Subst. ∕ *Flachs* (wegen der fadenartigen Faser); dabei wirkt medizinisch lat. *flexus* Beugung ein.

flechten Zw. (flocht, geflochten), mhd. *vlehten,* ahd. *flehtan,* urverw. lat. *plectere* (∕ *Komplex,* ∕ *kompliziert,* ∕ *perplex,* ∕ *reflektieren*); lat. *plicare* falten, gr. *plékein* flechten; idg. Wurzel **plek-* flechten, vgl. **pel-* ∕ *falten.* Vgl.: ∕ *Flachs,* ∕ *Flasche,* ∕ *multiplizieren.* **Flechte** w. mhd. *vlehte* Haarflechte, Hautausschlag; vom Zw. *flechten.*

Fleck(en) m. mhd. *vlec(ke),* ahd. *flecko, flec(cho);* urverw.: lat. *plaga* Gegend, *plangere* schlagen; idg. Wurzel **plek-* schlagen (∕ *flakkern*). Entwicklung von „Schlag" über „Breitgeschlagenes" zu den vielen Bedeutungen, die „Fleck" jetzt hat (Stelle – Flicken – Schmutzfleck – kleiner Ort – Eingeweidestück usw.). ∕ *flicken.*

Fledermaus w. mhd. *vledermûs,* ahd. *fledarmûs,* zum Zw. mhd. *vledern;* ahd. *fledarôn* flattern. ∕ *zerfled(d)ern.* **Flederwisch** m. so seit 15. Jh. für älteres mhd. *vederwisch* Vogelflügel zum Abwischen. Volkset. an mhd. Zw. *vledern* ∕ *flattern* angelehnt, = Vogelfeder zum Abfächeln.

Fleet s. Stadtkanal, nd. Mitte 18. Jh. (engl. *fleet);* verw.: ∕ *fließen* (mnd. *vlêten*).

Flegel m. mhd. *vlegel,* ahd. *flegil* (engl. *flail),* aus lat. *flagellum* ∕ *Dreschflegel* (Verkleinerung von *flagrum* Peitsche); davor = Peitsche; 16. Jh. = Bauer (der drischt). Zur Bedeutung ∕ *Bengel,* ∕ *Knabe,* ∕ *Stift* usw. – **sich flegeln** Zw. sich wie ein Bauer benehmen, 18. Jh. nach mhd. *vlegelen* dreschen.

flehen Zw. mhd. *vlêh-, -gen,* ahd. *flêhan, -hôn;* vgl. got. *gaþlaihan* gut zureden; Herkunft ungeklärt. **flehentlich** Adj. frühnhd. *flehenlich;* mhd. *vlehelîch;* mit eingetretenem *-t-* wie bei ∕ *eigen-t-lich,* ∕ *hoffen-t-lich,* ∕ *freven-t-lich,* ∕ *öffen-t-lich,* ∕ *orden-t-lich* usw.

Fleisch s. mhd. *vleisch,* ahd. *fleisk;* germ. Wort ungeklärter Herkunft. **Fleischer** m. Mitte 14. Jh. als Klammerform aus älterem *Fleisch-hau-er* (urspr. ostmd.).

Fleiß m. mhd. ahd. *vlîʒ* Eifer, Sorgfalt; germ. Wort; Herkunft ungeklärt. ↗ *geflissentlich.*

flennen Zw. frühnhd. *pflennen,* zum Subst. mhd. *vlans* Maul (↗ *Flansch*). Eigtl. = den Mund verziehen (verw. ahd. *flannên* den Mund verziehen). Vgl. ↗ *Flunsch.*

fletschen Zw. mhd. *vletschen* neben älterem *vletzen* die Zähne zeigen, zu ahd. *flaʒ* breit (idg. Wurzel **plet-* flach und breit; ↗ *Fladen*). Nhd. *-tsch-* für älteres *-z-* wie in ↗ *glitschen,* ↗ *Pritsche,* ↗ *quetschen,* ↗ *rutschen,* ↗ *zwitschern.*

fletschern Zw. gründlich kauen, nach den Anweisungen des am. Kaufmannes Horace · *Fletcher,* 1913.

Flett s. Diele, nd. für mhd. *vletze,* ahd. *flezzi, flazzi* Tenne, zum Adj. ahd. *flaʒ* flach, breit. ↗ *Flöz.*

Flexion w. 2. Hälfte 18. Jh. aus lat. *flexio* Biegung (*flectere* biegen). ↗ *beugen.*

flicken Zw. mhd. *vlicken,* zum Subst. mhd. *vleck* ↗ *Fleck;* = einen Fleck aufsetzen.

Flieder m. mnd. *vlêder,* as. **fliodar;* urspr. = Holunder; hd. seit 1574; seit 18. Jh. auch = Syringe; mit dem Baumnamensuffix *-der* (vgl.: got. *triu* Baum, gr. *dóry* Baum) wie ↗ *Rüs-ter,* ↗ *Holun-der,* ↗ *Wacholder* usw. Weitere Beziehungen ungeklärt. ↗ *Teer.*

fliegen Zw. (flog, geflogen), mhd. *vliegen,* ahd. *fliogan* (engl. *fly*); von einer Erweiterung der idg. Wurzel **pleu-* fließen, rinnen. ↗ *fließen,* ↗ *flitzen,* ↗ *Flocke,* ↗ *Flucht[2].* **Fliege** w. mhd. *vlie-, vliu-, vleuge,* ahd. *flie-, flio-, fliuga;* vom Zw. *fliegen.* **Fliegenpilz** m. 17. Jh. für älteres *Fleugenschwamm,* dafür mhd. *muckeswam* (ein Absud des Pilzes mit Milch zur Vernichtung von Fliegen gebraucht).

fliehen Zw. (floh, geflohen), mhd. *vliehen,* ahd. *fliohan,* got. *þliuhan* (engl. *flee*); Herkunft ungeklärt (nicht verw. mit ↗ *fliegen*!). ↗ *Flucht[1],* ↗ *Floh.*

Fliese w. 2. Hälfte 17. Jh. aus nd. (mnd. *vlîse* Steinplatte gegen ahd. *flins,* ↗ *Flinte*). Verw. ↗ *spleißen.*

fließen Zw. (floß, geflossen), mhd. *vlieʒen,* ahd. *flioʒan* (engl. *fleet*); zur idg. Wurzel **pleu-* fließen (↗ *fliegen*); urverw. lat. *pluere* regnen). ↗ *Floß,* ↗ *Flosse,* ↗ *flößen,* ↗ *flott,* ↗ *Flotte,* ↗ *Fluß,* ↗ *Flut,* ↗ *Plauze,* ↗ *Fleet.*

flimmern Zw. 2. Hälfte 17. Jh. lautspielend neben *flammern* (Fortbildung zu *flammen;* vgl. ↗ *flack-er-n* u. ä.). **Flimmer** m. 1. Hälfte 18. Jh. vom Zw. *flimmern.*

flink Adj. 2. Hälfte 17. Jh. aus nd. *flink* glänzend; dann = gewandt; Herkunft ungeklärt. ↗ *flunkern.*

Flinte w. im Dreißigjährigen Krieg verkürzt aus *Flintbüchse* (1630 Steinschloßflinte in Frankreich erfunden: *fusil à silex*); zum Subst. ahd. *flins* Steinsplitter; vgl. ↗ *Fliese.* *-t-* statt *-s-* vermutl. durch Einwirkung von schwed. *flinta,* mnd. *vlinte* Feuerstein. ↗ *spleißen.* – *Die Flinte ins Korn werfen* Mitte 19. Jh. (Modernisierung älterer Entsprechungen; vgl. lat. *hastam abicere*).

flirten Zw. 2. Hälfte des 19. Jh.s vom engl. Zw. *flirt* liebeln; daher auch das Subst. **Flirt** (Ausgangspunkt afrz. *fleureter* mit Blumen schmücken?).

Flitter m. 16. Jh. = Metallstückchen (als Schmuck auf Frauenkleidern); vom Zw. *flittern;* vgl. mhd. *vlittern* kichern, ahd. *flitarazzan* schmeicheln (engl. *flittermouse* Fledermaus); urspr. = sich schmeichelnd um jmdn. bewegen (lautspielend zu ↗ *flattern*?). **Flitterwochen** Mz. 1. Hälfte 16. Jh. zum Zw. *vlittern* = liebkosen; ↗ *flattern.*

flitzen Zw. schles. 19. Jh. = sich wie ein Pfeil bewegen; davor Mitte 16. Jh. = mit Pfeilen schießen; vom Subst. *Fli(t)sche, Flitz(e)* Pfeil, 16.

Jh. über nl. aus frz. *flèche* Pfeil. Das frz. Wort aus dem Afrk. (*fliugika* Pfeil, zu ⚹*fliegen*).

Flocke w. mhd. *vlock(e)*, ahd. *floccho, flocko;* vermutl. von idg. Wurzel, die mit ⚹*fliegen* verw. ist; *-kk-* intensiviert!

Floh m. mhd. *vlô(ch)*, ahd. *flôh* (engl. *flea*); wohl vom Zw. ⚹*fliehen* (urverw., mit umgestelltem *-l-:* lat. *pulex*).

Flor¹ m. dünnes Gewebe, 16. Jh. über nl. *floers* und afrz. *velous* aus lat. *villus* Tierzotte; *vellus* Schurwolle. Unser Wort ⚹*Velours* Samtgewebe hat die gleiche Herkunft. ⚹*Wolle!*

Flor² m. Blumenfülle, 18. Jh. aus älterem *in flore sein, in Florn stehen* u. ä., zu lat. *flos* Blüte (⚹*verblümt*).

Flora w. 17. Jh. als Buchtitel; urspr. Name einer röm. Frühlingsgöttin (lat. *flos* Blüte). Dazu der w. PN *Flora*. **Florett** s. 2. Hälfte 17. Jh. aus frz. *fleuret* Knopf an der Spitze des Stoßdegens (lat. *flos* Blüte, mit der jener Knopf verglichen wurde). **florieren** Zw. 1. Hälfte 17. Jh. nach nl. *floreren*, aus lat. *florere* blühen. **Floskel** w. 2. Hälfte 18. Jh. aus lat. *flosculus* kleine (Rede-)Blüte (*flos* Blüte). ⚹*Blume.*

Floß s. mhd. ahd. *vlôȝ;* vom Zw. ⚹*fließen.* **Flosse** w. mhd. *vloȝȝe*, ahd. *floȝȝa;* vom Zw. ⚹*fließen*, auch = „schwimmen". **flößen** Zw. mhd. *vlæȝen*, ahd. *vlôȝȝan* Bewirkungswort zum Zw. ⚹*fließen.* Eigtl. = fließen (schwimmen) lassen.

Flöte w. mhd. *vloi-, flöute*, aus afrz. *fläute*, vom prov. *fläut* (ungeklärter Herkunft). Das *-ö-* in nhd. *Flöte* nach frz. *fleute.*

flötengehen Zw. Mitte 18. Jh., zuerst nd. aus dem Heb. *pelêtâ* entrinnen (⚹*Pleite*).

flott Adj. urspr. nd. Schifferwort 17. Jh. vom Zw. ⚹*fließen* (nl. *vlot* schwimmend; *das Boot ist flott* es schwimmt wieder). Mitte 18. Jh. stud. auf andere Lebensbereiche übertragen (*flott leben*). **Flotte** w.

Mitte 14. Jh. mnd. *vlote* (schon ags. *flota*, an. *floti*); vom Zw. ⚹*fließen.* **Flottille** w. vereinzelt 1. Hälfte 18. Jh. aus span. *flotilla* kleine Flotte (span. *flota* aus dem Germ.).

Flöz s. abbauwürdige Bergschicht, frühnhd. *fletz*, mhd. *vletze*, ahd. *flezzi* Tenne; vgl. ⚹*Flett* (zu dem es die hd. Entsprechung ist).

Fluch m. mhd. *vluoch*, ahd. *fluoh;* vom Zw. **fluchen,** mhd. *vluochen;* ahd. *fluohhan, -ôn*, got. *flôkan;* urverw.: lat. *plangere* schlagen, gr. *plêgê* Schlag, *plêgnýnai* schlagen (⚹*Plage*). Eigtl. = mit der Hand eine Verwünschungsgeste machen (Schlag auf die Brust). ⚹*flackern*

Flucht¹ w. mhd. *vluht*, ahd. *fluht* (engl. *flight*); vom Zw. ⚹*fliehen* (mit *-ti*-Suffix wie bei ⚹*No-t*, ⚹*Ta-t*, ⚹*Zuch-t*).

Flucht² w. zusammenhängende Reihe von Vögeln, Zimmern, Häusern usw., 17. Jh. aus nd. *flugt;* vom Zw. ⚹*fliegen.* **Flug** m. mhd. *vluc*, ahd. *flug;* vom Zw. ⚹*fliegen* (wie ⚹*Zug* von *ziehen*). **Flugblatt** s. LÜ 2. Hälfte 18. Jh. von frz. *feuille volante;* danach 1808 **Flugschrift** w. – **Flügel** m. mhd. *vlügel;* vom Zw. ⚹*fliegen;* in übtr. Bedeutungen (Gebäude-, Heeres-, Nasenflügel) LÜ von lat. *ala* Flügel (⚹*überflügeln*); = Klavier nach der urspr. nd. Bezeichnung einer Harfenform, Mitte 14. Jh. **flügge** Adv. mnd. *vlügge*, zu mhd. *vlücke*, ahd. *flucki;* vom Zw. ⚹*fliegen.* Eigtl. = flugfähig. Die nd. Form durch Luther verbreitet (nd. *-gg-* wie bei ⚹*baggern*, ⚹*Dogge*, ⚹*Flagge*, ⚹*Roggen*). **flugs** Adv. eigtl. = Gen. vom Subst. *Flug* (mhd. *fluges* schnell). ⚹*diesseit-s*, ⚹*betreff-s*, ⚹*besonder-s*, ⚹*aufwärt-s*, ⚹*bereit-s*, ⚹*fall-s*, ⚹*allenfall-s*, ⚹*spornstreich-s*, ⚹*stet-s*, ⚹*tag-s*, ⚹*teil-s*, ⚹*unterweg-s*, ⚹*unversehen-s*, ⚹*vergeben-s*, ⚹*vollend-s*, ⚹*-wärt-s*, ⚹*läng-s*, ⚹*recht-s*, ⚹*strack-s*.

Fluidum s. geistige Wirkung, 18. Jh. aus lat. *fluidum* das Flüssige (man dachte sich die menschl. Strahlkraft als feine Flüssigkeit; lat. *fluere* fließen).

Flunder w. Mitte 16. Jh. aus engl. *flounder*, von dän. *flyndre* (norw. *flynder*); doch vgl.: mhd. *vluoder* Flunder. Verw.: ⁊ *Fladen*, lat. *planta* Fußsohle, gr. *platýs* breit; idg. Wurzel *plant-* neben *plat-* flach; eigtl. = Flachfisch.

flunkern Zw. nd. (aus nl.), Mitte 18. Jh. = aufschneiden; davor = flimmern; ablautende intensivierende Ableitung zum Zw. frühnhd. *flinken* glänzen, vom Adj. ⁊ *flink*. Zum -ern-Suffix ⁊ *flackern* u. Artgenossen!

Flunsch m. Schmollmund, ablautend zu mhd. *vlans* Maul; vom Zw. ⁊ *flennen;* ⁊ *Flansch.*

Flur w., m. mhd. *vluor* (engl. *floor* Estrich); urverw.: lat. *planus* flach; idg. Wurzel *pla-* flach, ausbreiten. Urspr. = flachgestampfter Boden.

Fluß m. mhd. *vluʒ*, ahd. *fluʒ* Strömung; nur d. Ableitung vom Zw. ⁊ *fließen.*

flüstern Zw. mnd. *flisteren;* SchW 15. Jh., hd. 18. Jh.

Flut w. mhd. *vluot*, ahd. *fluot*, got. *flôdus* (engl. *flood*); urverw.: gr. *plôtós* schwimmend und d. ⁊ *fließen.*

flutschen Zw. zügig gelingen, nd.-ostmd. SchW. Anfang 19. Jh.

Fock w. urspr. nd. = Vormastsegel; hd. schon um 1500, zu ⁊ *Fächer.*

Fohlen s. mhd. *vole* s., ahd. *folo* m., got. *fula* m.; urverw. ablautend gr. *pôlos* Jungpferd, lat. *pullus* Jungtier; idg. Wurzel *po(u)l-* kleines Tier. ⁊ *Füllen,* ⁊ *Folter,* ⁊ *Poularde.*

Föhn m. trockenwarmer Fallwind, mhd. *fœnne*, ahd. *phônno*, aus volkslat. *faonius* für lat. *(ventus) favonius* wärmender (West-)Wind (lat. *fovere* wärmen;) urspr. schwz., seit 16. Jh. hd., durch Schiller (Tell) verbreitet. ⁊ *Fön.*

Föhrde w. nd. Nbf. zu: ⁊ *Fjord.*

Föhre w. mhd. *vorhe*, ahd. *for(a)ha;* urverw.: lat. *quercus* Eiche; idg. Wurzel *perku̯(o)-* Eiche.

Folge w. mhd. *volge*, vom Zw. **folgen**, mhd. *volgen*, ahd. *folgên;* Herkunft ungeklärt. **folgerichtig** Adj. Eindeutschung Ende 18. Jh. von *konsequent.*

Foliant m. Mitte 17. Jh., = Buch in Folioformat. **Folie** w. 16. Jh. = Glanzblättchen, aus lat. *folium* Blatt. **Folio** s. Blattgröße des Papierbogens, 17. Jh. aus it. *foglio* Papierbogen (lat. *in folio* in Blattgröße; lat. *folium*). ⁊ *Treff,* ⁊ *Feuilleton.*

Folter w. um 1400 aus mlat. *poledrus* Fohlen (spätgr. *pôlos* ⁊ *Fohlen*). Ein vierfüßiges Martergestell hieß nach seiner Form „Jungpferd" (wie lat. *eculus* Pferdchen).

Fön m. Heißluftdusche, um 1925, = ⁊ *Föhn.*

Fond m. Grund, um 1700 aus frz. *fond* (= it. *fondo*, beide aus lat. *fundus* Grund). **Fonds** m. Grundvermögen ist dasselbe Wort (frz. *fonds*). Vgl. ⁊ *Fundament.*

Fondue w., s. Käsegericht, 20. Jh. aus schwz. (frz. *fondre* schmelzen, aus lat. *fundere* gießen).

Fontäne w. Springbrunnen, mhd. *fon-, funtâne*, von afrz. *fontaine* Quelle; um 1600 wirken nl. *fonteine* und frz. *fontaine* noch einmal ein (Gartenbaukunst). Zugrunde liegt volkslat. *fontana* von lat. *fons* Quelle. ⁊ *Springbrunnen.*

foppen Zw. zum besten halten, obd. rotw. Wort dunkler Herkunft.

fordern Zw. mhd. *vo(r)dern*, ahd. *fordarôn;* vom Adj. ⁊ *vorder*, also eigtl. = jmdn. nach vorn kommen lassen. ⁊ *vor.*

fördern Zw. mhd. *vürdern*, ahd. *furdiren;* zum Adj. ⁊ *fürder* weiter weg; eigtl. = weiter wegbringen. ⁊ *fort.*

Forelle w. mhd. *forhe(l), forhen*, ahd. *forhana;* urverw. lat. *perca* Barsch = gr. *pérkê;* dazu vgl. gr. *perknós* bunt; idg. Fischname. Eigtl. = die Bunte (nach ihren roten Tupfen).

Forke w. Landarbeitsgabel, mnd. *forke, förke*, schwäb. schwz. *furke* (engl. *fork*), aus lat. *furca* Gabel. **Form** w. mhd. *forme*, aus lat. *forma*, dies ungeklärt. ⁊ *Uniform;* ⁊ *konform,* ⁊ *informieren.* **Format** s. Mitte 16. Jh. aus lat. *formatum,* Part. Pass. zum Zw. *formare* gestalten. ⁊ *Transformator.* **Formel** w. 16. Jh. aus lat. *formula* Förmchen, Vorschrift. **formieren** Zw. mhd. *formieren* gestalten, aus lat. *formare;* im 17. Jh. wirkt frz. *former* aufstellen ein. **Formular** s. 2. Hälfte 15. Jh. aus lat. *formularium* vorgeschriebene Form (zu lat. *formula*). **formulieren** Zw. 19. Jh. aus frz. *formuler* sprachlich formen.

forsch Adj. 19. Jh. aus nd. *fors* stark, dazu das Subst. **Forsche** w. Kraft 16. Jh. aus frz. *force;* zugrunde liegt lat. *fortis* stark, tapfer (verw.: *firmus* fest; ⁊ *Firma*). -*rsch* aus -*rs* wie bei ⁊ *Barsch,* ⁊ *Bursche.* – Vgl. auch ⁊ *Fort.*

forschen Zw. mhd. *vorschen,* ahd. *forskôn,* vom Subst. ahd. *forsca* ⁊ *Frage.* Urverw.: lat. *po(r)scere* fordern (⁊ *Postulat*). ⁊ *fragen* (idg. Wurzel **perk-, pṛk-*).

Forst m. mhd. *fores(t),* *foreis(t),* *foreht,* ahd. *forst* Bannwald; = lat. *forestis,* zu *foris* draußen.

Forsythie w. Zierstrauch, um 1800 nach einem schott. Baumspezialisten W. A. *Forsyth.*

Fort s. Befestigung, Anfang 17. Jh. aus frz. *fort,* lat. *fortis* stark, tapfer (dazu auch **forte** laut, 17. Jh. aus it.). – ⁊ *forsch,* ⁊ *Komfort.*

fort Adv. mhd. *vort, furt* (engl. *forth*); Dentalerweiterung zur idg. Wurzel **pro* vorwärts. ⁊ *für- der,* ⁊ *fördern,* ⁊ *fromm,* ⁊ *früh;* ⁊ *Fürst,* ⁊ *fahren,* ⁊ *First,* ⁊ *Frist,* ⁊ *Frau,* ⁊ *ver-,* ⁊ *vor.* **Fortschritt** m. LÜ Mitte 18. Jh. von frz. *progrès* (zuerst: *Vorschritt*); pol. SchlW 1. Hälfte 19. Jh.

Fotze w. ⁊ *Hundsfott.*

Foul s. unfaires Spiel, 20. Jh. aus engl. *foul* unreines Spiel (= d. ⁊ *faul*).

Foxtrott m. 20. Jh. aus am. *fox-trot* Fuchsgang. ⁊ *Fuchs.*

Foyer s. um 1800 aus frz. *foyer,* dies stammt aus lat. *focarius* zum Herd (lat. *focus* Herd); ⁊ *fächeln.*

Fracht w. 1522 mnd. *vracht* (engl. *fraught, freight*); verw.: ahd. *frêht* Lohn (für die Überfahrt); germ. Grundform **fra-aihti: fra-* = ver- + **-aihti,* got. *aihts* Eigentum (zu ⁊ *eigen*). Ausgangspunkt für *Fracht* ist ein fries. Wort.

Frack m. Mitte 18. Jh. aus engl. *frock,* das über frz. *froc* Kutte aus afrk. **hrock* ⁊ *Rock* stammt. Anlautend *fr-* = germ. *hr-* wie in ⁊ *frappant* (⁊ *Flanke,* ⁊ *flau*); -*a-* nach der engl. Aussprache von -*o-*.

Frage w. mhd. *vrâge,* ahd. *frâga;* vom Zw. **fragen** mhd. *vrâgen,* ahd. *frâg-, frahên;* verw.: got. *fraihnan* fragen, lat. *preces* Bitten, *precari* bitten; idg. Wurzel **prek-, *pṛk-* fragen; ⁊ *forschen.* – **Fragezeichen** s. 1. Hälfte 16. Jh. LÜ von lat. *signum interrogationis.* **fragwürdig** Adj. LÜ von engl. *questionable* (A. W. Schlegel).

Fragment s. 2. Hälfte 16. Jh. aus lat. *fragmentum* Torso (*frangere* brechen; ⁊ *Refrain*). **Fraktion** w. 19. Jh. aus frz. *fraction* Teil, von lat. *fractio* Bruch, *frangere* brechen. **Fraktur** w. 2. Hälfte 16. Jh. verkürzt aus *Frakturbuchstabe,* aus lat. *fractura* Bruch, vom Zw. *frangere.* Seit 17. Jh. = Knochenbruch.

frank Adj. 2. Hälfte 15. Jh. aus frz. *franc* frei, dies vom Stammesnamen der *Franken* (mlat. *francus* fränkisch, frei). Dazu der m. PN *Frank.* **frankieren** Zw. Mitte 17. Jh. aus it. *francare* freimachen.

Franse w. spätmhd. *franze* für älteres **franse;* aus frz. *frenge, fringe,* das über **fringia* aus **frimbia* für lat. *fimbria* Franse stammt (vgl. lat. *fibra* Faser; daher d. ⁊ *Fiber,* seit Mitte 18. Jh.).

Franzbranntwein m. 2. Hälfte 17. Jh., = frz. Branntwein. – **franzen** Zw. 20. Jh. = (Kraftfahrer) den Weg weisen (soldatensprachl., aus dem „typischen" Kraftfahrer = VN *Franz,* Abkürzung von *Franciscus*

= Französlein [Kosename für den hl. *Franz* v. Assisi von seinem it. Vater nach der frz. Mutter]). –

Franzose m. mhd. *Franzois, -zeis, -zôse,* aus afrz. *François,* aus mlat. *Franciensis* (lat. *Francia* Land der *Franken;* daher frz. *France* Frankreich).

frappant Adj. Mitte 18. Jh. aus frz. *frappant,* vom Zw. *frapper* treffen, das vom afrk. Zw. **hrapôn* ↗ *raffen* stammt. Anlautend *fr-* für germ. *hr-* wie in ↗ *Frack.*

Fratze w. bei Luther = Possen, aus it. *frasche* Possen, Mz. zum Subst. *frasca* belaubter Ast als Wirtshauszeichen; Mitte 18. Jh. über *Fratzengesicht* albernes Gesicht zur Bedeutung „verzerrtes Gesicht".

Frau w. mhd. *vrouwe,* ahd. *frouwa;* w. Form zu ahd. *frô* Herr, got. *frauja;* ↗ *Fron.* Verw. das Adv. *fra* vorn. Eigtl. = die Vordere, die Erste (= Herrin). Zur Bedeutungsentwicklung: ↗ *Fürst.* – ↗ *fort* und seine Sippe. **Frauenzimmer** s. spätmhd. 15. Jh. *vrouwenzimmer* Frauengemach, dann = alle Frauen im Gemach; seit 2. Hälfte 16. Jh. auch = die einzelne Frau (von Stand); verbreitet 18. Jh.; abgewertet 19. Jh. ↗ *aufgeräumt.* **Fräulein** s. mhd. *vrouwelîn* kleine Herrin, vornehme junge Dame; 1. Hälfte 19. Jh. = Bürgermädchen.

frech Adj. mhd. *vrech* tapfer, keck, ahd. *freh* ungezähmt, gierig, got. *friks* gierig; aus der idg. Wurzel **preg-* gierig. – Die Bedeutung entwickelte sich von „gierig" über „kampfgierig" zu „keck".

Fregatte w. milit. Dreimaster, 16. Jh. aus it. *fregata* (frz. *frégate*), dunkler Herkunft.

frei Adj. mhd. *vrî,* ahd. *frî,* got. *freis;* verw. got. *frijôn* lieben. Die idg. Wurzel (**prijo*) bedeutete „lieb"; das Wort bezeichnete zunächst den Verwandten; dann den – ebenbürtigen – Stammesgenossen im Ggs. zum versklavten Fremdling. Vgl.: ↗ *Freitag,* ↗ *Freund,* ↗ *Friede,* ↗ *Gefreiter.*

freien Zw. mnd. *vrîen,* zum Subst. as. *frî* Frau, das mit *frei* lieb verwandt ist. Eigtl. = heiraten; dann, seit Luther, = werben. **Freigeist** m. LÜ Mitte 17. Jh. von frz. *esprit libre* (wie **Freidenker** m. LÜ 1715 von engl. *freethinker* [1713 Collins' *Discourse on Freethinking:* für dogmenfreies Christentum]). **Freihandel** m. LÜ Mitte 19. Jh. aus engl. *free-trade* für älteres *freedom of trade.* **Freimaurer** m. 1. Hälfte 18. Jh. aus engl. *freemason* (die Anfang 18. Jh. gegr. engl. Geheimbünde übernahmen die Geheimzeichen der wandernden Steinmetzgesellen [Träger des Renaissancestils!] und deuteten sie um). **Freistatt** w. Mitte 17. Jh. Eindeutschung von ↗ *Asyl.* **Freitod** m. LÜ Anfang 20. Jh. (Mauthner) von lat. *mors voluntaria* für älteres *freier Tod* (Nietzsche). Vgl. ↗ *Selbstmord.* **freilich** Adv. mhd. *vrîlich,* ahd. *frîlîh* frei. – Das mhd. Adv. bedeutete „in freier Weise, vorbehaltlos". – **Freitag** m. mhd. *vrîtac,* ahd. *frîje-, frîatag* (engl. *Friday*); LÜ 4. Jh. von lat. *dies Veneris* (indem die d. Göttin ahd. *Frîa* der röm. *Venus* gleichgesetzt wurde; ihr Name gehört zum Adj. ↗ *frei* Hirn).

fremd Adj. mhd. *vrem(e)de,* ahd. *fra-, fremidi, framadi,* got. *framaþs,* abgeleitet von der Präp. got. *fram* (engl. *from*) weg von (dazu: gr. *prómos* der Erste). **Fremdwort** s. von Jean Paul 1819 gebildet für älteres *fremdes Wort.*

frenetisch Adj. die heutige Bedeutung von der Wendung *frenetischer Beifall,* die Mitte 19. Jh. LÜ von frz. *applaudissements frénétiques* ist. Aber schon 1. Hälfte 16. Jh. *phrenetisch,* aus gr. *phrenitikós* mit entzündetem Hirn (*phrēn* Hirn).

Fresko s. 18. Jh. it. *(pittura) a fresco* Frischgemälde. ↗ *frisch.*

fressen Zw. (fraß, gefressen), mhd. *vreʒʒen,* ahd. *freʒʒan,* got. *fraitan;* zusammengezogen aus *fra-* (= *ver-*) + ↗ *essen* = aufessen. *Ein gefundenes Fressen,* das nicht bezahlt zu werden braucht (seit 2. Hälfte 17. Jh.). **Freßsack** m. 2. Hälfte 18. Jh. Jh. Eigtl. = Futtersack. **Frettchen** s. Wieselart, 2. Hälfte 18. Jh. für älteres *Frett(el)*, das Mitte 16. Jh. aus lat. *furetus* Frettchen (*furo* Iltis, *fur* Dieb, *ferre* wegtragen) stammt (it. *furetto*, engl. *ferret*). ↗ *Furunkel*.

Freude w. mhd. *vröude*, ahd. *fra-, fro-, fre(u)wida;* abgeleitet vom Adj. ↗ *froh* (germ. **frawa*). **Freudenmädchen** s. 2. Hälfte 18. Jh. LÜ von frz. *fille de joie*. – **freuen** Zw. mhd. *vröuwen*, ahd. *frou-, frewen;* vom Adj. ↗ *froh* (germ. **frawa*).

Freund m. mhd. *vriunt*, ahd. *friunt*, got. *frijônds*, eigtl. = Part. Präs. zum Zw. got. *frijôn* lieben (↗ *frei*). Eigtl. = der Liebende (↗ *Feind*, ↗ *Heiland*). Vgl.: lat. *amicus*, vom Zw. *amare*. Urspr. = Ehegatte; dann = Verwandter überhaupt; schließlich = Gesinnungsfreund. ↗ *Friede*.

Frevel m. mhd. *vre-, vrävel, vraval* neben *vor-, verevel*, ahd. *vravalî, -vilî, -barî* Kühnheit; zusammengesetzt aus dem Präfix *fra-* (= ↗ *ver-;* vgl. ↗ *fressen*) und vielleicht einem Subst., das in got. *abrs* stark vorliegt (vgl. ahd. *afalôn* eifrig arbeiten; dazu vielleicht lat. *opus* Werk; d. ↗ *üben*). **freventlich** Adj. mhd. *vrevel-, vrevenlich*, mit eingeschobenem *-t-* wie ↗ *eigen-t-lich*, ↗ *hoffen-t-lich*, ↗ *namen-t-lich*, ↗ *öffen-t-lich*, ↗ *orden-t-lich* usw.

Friede(n) m. mhd. *vride*, ahd. *fridu, -do* (vgl.: got. *gafriþôn* versöhnen); zur gleichen idg. Wurzel **pri-* lieben, zu der auch got. *frijôn* (↗ *Freund*, ↗ *frei*) gehört. Eigtl. = Zustand heiler Rechtsordnung; seit mhd. auch = Waffenstillstand; auch = Zaun (um den geschützten Bezirk; ↗ *einfriedigen*). ↗ *zufrieden*.

Friedhof m. mhd. ahd. *vrîthof* Vorhof (der Kirche), Kirchhof, vom Zw. ahd. *frîten* hegen. Später volkset. an *Friede* angelehnt.

frieren Zw. (fror, gefroren), mhd.

vriesen, ahd. *freo-, friosan* (engl. *freeze*); vgl. got. *frius* Kälte. Urverw. lat. *pruina*, aus älterem **prusvina* Reif. Das *-r-* stammt aus der Mz. Prät. und dem Part. Pass. (grammatischer Wechsel); *-s-* ist in ↗ *Frost* erhalten. Die idg. Wurzel **preus-* bezeichnete sowohl große Kälte (*frieren*) wie große Hitze (vgl. lat. *pru[s]na* glühende Kohle). ↗ *gefrieren*.

Fries m. Schmuckstreifen, Flauschstoff, frühnhd. aus frz. *frise* kraus (daher auch engl. *frieze*), das vom Stammesnamen der *Friesen* stammt (wohl nach deren Haartracht; vgl. afries. *frisle* Locke). ↗ *frisieren*.

frigid(e) Adj. gefühlskalt, 20. Jh. über engl. (*frigid*) aus lat. *frigidus* kalt (*frigus* Kälte, gr. *rîgos* Frost).

Frikadelle w. 2. Hälfte 17. Jh. aus it. *frittadella* (it. *fritto* in der Pfanne gebacken, lat. *frigere* rösten). – **Frikassee** s. 17. Jh. aus frz. *fricassée* (frz. *frire* rösten [aus lat. *frigere*] + *casser* zerbrechen, zerkleinern).

frisch Adj. mhd. *vrisch*, ahd. *frisc* (engl. *fresh*), ungeklärter Herkunft. ↗ *Fresko*. **Frischling** m. Jungschwein, mhd. *vrisch(l)inc*, ahd. *frisking, fris-, frus-, frius-, frins-, frunscing* eben geborenes Ferkel, Lamm; vom Adj. ↗ *frisch*.

frisieren Zw. 1. Hälfte 17. Jh. über nl. *friseeren* aus frz. *friser* kräuseln. Vgl. ↗ *Fries*.

Frist w. mhd. *vrist*, ahd. *frist;* Zs. aus idg. Wurzel **pres-* vor und **sta-* stehen. Eigtl. also = das Bevorstehende. ↗ *First*, ferner ↗ *stehen*, aber auch ↗ *fort* und seine Sippe.

frivol Adj. 2. Hälfte 18. Jh. aus frz. *frivole*, dies aus lat. *frivolus* armselig, zum Zw. lat. *fricare* reiben, *friare* zerbröckeln; ↗ *frottieren*.

froh Adj. mhd. *vrô*, ahd. *frô, frao;* Grundbedeutung = flink; von der idg. Wurzel **preu-* springen. ↗ *Frosch*, ↗ *Freude*. **frohlocken** Zw. mhd. *vrôlocken;* Zs. von *vrô-* + mhd. *lecken* hüpfen (Intensivbildung zum Zw. mhd. *leichen*, got.

laikan springen, wozu ↗ *Leich;* ↗ *laichen*).

fromm Adj. mhd. *vrum* nützlich, tüchtig, brav, vom Subst. ahd. *fruma* Nutzen; urverw.: lat. *primus* der Erste, gr. *prómos* der Vorderste; 15. Jh. d. auch religiös; zur gleichen Wurzel wie ↗ *fort.* ↗ *Furnier.*

Fron w. mhd. *vrôn(e)* Herrschaft, vom Adj. mhd. *vrôn(e)*, ahd. *frôno* eigtl. = Gen. Mz. von ahd. *frô* Herr = (Besitz) der Herren, d. h. = herrschaftlich, öffentlich. Vgl. ↗ *Frau.* **Fronleichnam** 1264 mhd. *vrônlîcham* der göttl. Leib, der Leib des Herrn.

Frondeur m. Opponent, 19. Jh. aus frz. *frondeur*, vom Zw. frz. *fronder* schleudern, angreifen; zugrunde liegt wohl lat. *funda* Schleuder (Herkunft?).

Front w. 17. Jh. aus frz. *front* Stirn, von lat. *frons, frontis* Stirn. Vgl. ↗ *konfrontieren,* ↗ *Affront.*

Frosch m. mhd. *vrosch,* ahd. *frosc* (verw.: engl. *frog*); von einer idg. Wurzel, die die Wurzel **preu-* springen weiterentwickelt (**prusko-;* ↗ *froh*). Also eigtl. = der Hüpfer. – Der *Frosch im Hals* ist wohl LÜ von lat. *ranula* Fröschlein (medizin. Bezeichnung einer Geschwulst unter der Zunge).

Frost m. mhd. ahd. *vrost,* zur Wurzel germ. **freus-;* idg. **preus-* ↗ *frieren: frieren:* Frost (grammatischer Wechsel) gleicht ↗ *verlieren:* ↗ *Verlust;* vgl.: ↗ *Bad* zu *bähen,* ↗ *Brand* zu *brennen.*

Frottee s. Kräuselstoff, 20. Jh. zum Zw. **frottieren,** 2. Hälfte 18. Jh. aus frz. *frotter* reiben, dies von volkslat. **frictare* für lat. *fricare* reiben.

Frucht w. mhd. *vruht,* ahd. *fruht,* aus lat. *fructus* (*frui* genießen). D. *-cht* für lat. *-ct-* wie bei ↗ *dichten,* ↗ *Pacht,* ↗ *trachten.* **Früchtchen** s. Tunichtgut, Mitte 18. Jh. (Lessing) für älteres *Früchtlein.* **frugal** Adj. einfach, 18. Jh. aus frz. *frugal,* dies aus lat. *frugalis,* vom Subst. lat. *frux* Frucht.

früh Adj. Das Adj. ist vom Adv.

abgeleitet: mhd. *vruo* Adv., *vrüe* (*-je*) Adj., ahd. *fruo* Adv., *fruoji* Adj.; zur idg. Wurzel **pro-* vorwärts. ↗ *fort* und seine Sippe. **Frühjahr** s. 2. Hälfte 17. Jh. md. **Frühling** m. 15. Jh. als Ggs. zu *Spätling* Herbst; aber auch = früh im Jahr geborenes Tier (Luther); vor der Zeit geborenes Kind (17. Jh.). **frühreif** Adj. schon ahd. *fruo rîfi.* **Frühstück** s. spätmhd. *vruostücke,* *vrüestüc* morgendl. Brotmahlzeit.

Fuchs m. mhd. *vuhs,* ahd. *fuhs* (engl. *fox*); dazu w. mhd. *vohe,* ahd. *foha* Fohe, Füchsin, got. *fauho* Fuchs; zur idg. Wurzel **puk-* buschig; also eigtl. = der mit dem buschigen Schwanz, der Buschige; seit 16. Jh. = junger Student (Tierschelte). Zur Bildung vgl. ↗ *Dach-s,* ↗ *Luch-s;* ferner: ↗ *Foxtrott.* **Fuchsie** w. nach dem Tübinger Botaniker L. *Fuchs* (1501–1566) (durch Linné).

Fuchtel w. frühnhd. *fu-, fochtel;* zum Zw. ↗ *fechten.* Eigtl. = Degen (der Ausbildungsoffiziere). **fuchteln** Zw. 16. Jh. = mit dem Degen in der Luft herumfahren. – **fuchtig** Adj. 19. Jh. aus *fuchten* zanken (zu ↗ *fechten*) ↗ *Fight.*

Fuder s. mhd. *vuoder,* ahd. *fuodar* (engl. *fodder, fother*), mit Ablaut und *-r*-Suffix zu ↗ *Faden.*

Fuge[1] w. Verbindungsstelle, mhd. *vuoge;* vom Zw. ↗ *fügen,* dazu auch *Fug* (*mit Fug und Recht*).

Fuge[2] w. Tonstück, 2. Hälfte 15. Jh. aus mlat. *fuga* Wechselgesang (lat. *fuga* Flucht: eine Stimme „flieht" vor der anderen).

fügen Zw. mhd. *vüegen,* ahd. *fuogen* (engl. *fay*); urverw.: lat. *pax* Friede; zur idg. Wurzel **pak-* befestigen. ↗ *fangen,* ↗ *gefügig,* ↗ *Unfug,* ↗ *Fach.*

fühlen Zw. mhd. *vüelen,* ahd. *fuolen* (engl. *feel*); ungeklärter Herkunft. ↗ *Gefühl.*

Fuhre w. mhd. *vuore,* ahd. *fuora;* vom Zw. ↗ *fahren.* **führen** Zw. mhd. *vüeren,* ahd. *fuoren;* Bewirkungswort vom Zw. ↗ *fahren.*

Eigtl. = fahren machen. **fuhrwerken** Zw. 18. Jh. stud. Eigtl. = etw. mit dem *Fuhrwerk* (mhd. *vûrwerc* Spedition) herumfahren.

Fülle w. mhd. *vülle*, ahd. *fulli;* vom Adj. ↗ *voll*. **füllen** Zw. mhd. *vüllen*, ahd. *fullen*, got. *fulljan;* Bewirkungswort zum Adj. ↗ *voll*, eigtl. = vollmachen. Vgl. ↗ *viel*. **Füllhorn** s. LÜ 1. Hälfte 18. Jh. von lat. *cornu copiae* Horn (der Göttin) der Erntefülle.

Füllen s. mhd. *fülî(n)*, ahd. *fulî(n)*, zunächst südwd. Verkleinerung zu ↗ *Fohlen*.

fulminant Adj. um 1800 aus frz. *fulminant* blitzend, vom lat. Zw. *fulminare* Blitze schleudern (lat. *fulmen* aus älterem *fulgmen Blitz, *fulgere* flammen, verw.: ↗ *Flamme*).

fummeln Zw. hin und her bewegen, 2. Hälfte 18. Jh. aus dem Nd.; urspr. SchW (Reibegeräusch; vgl. engl. *fumble* betasten).

Fund m. mhd. *vunt;* vom Zw. ↗ *finden*. ↗ *ausfindig*, ↗ *Findling*. **Fundgrube** w. Mitte 15. Jh. bergmännisch = Fundstelle und Grube.

Fundament s. mhd. *fundament*, *-mint*, *-munt;* fulle-, vollemunt, ahd. *funda-*, *-de-*, *-diment*, aus lat. *fundamentum* Grundlage (*fundus* Grund [aus älterem **bhudhnos;* verw.: ↗ *Boden*], *fundare* Grund legen; vgl. ↗ *profund*, ↗ *Fond*).

fünf ZaW mhd. *vünf*, *vunf*, *vinf*, ahd. *fimf*, *finf*, *funf*, got. *fimf* (engl. *five*); idg. ZaW (vgl. gr. *pénte*, lat. *quinque;* idg. Wurzel **penku̯e*). *-ü*- für älteres *-i*- wie in ↗ *gültig*, ↗ *Rüffel*, ↗ *schütter*. ↗ *Finger*.

fungieren Zw. 1. Hälfte 18. Jh. aus lat. *fungi* vollbringen, verrichten. ↗ *Funktion*.

Funke(n) m. mhd. *vunke* neben ablautend *vanke*, ahd. *funcho;* verw. ↗ *Feuer*, das einen auf *-r* ausgehenden Stamm hat, während der von *Funke* auf *-n* ausgeht: idg. Wurzel **pu̯on*, **pu̯on* (vgl. got. *fôn* Feuer). ↗ *Funzel*. **Funk** m. KF 20. Jh. von ↗ *Rundfunk*. **funkeln** Zw. iterativ

(wie ↗ *läch-el-n* u. a.) vom Zw. ↗ *funken*. Eigtl. = oft funken. **funkelnagelneu** Adj. 2. Hälfte 18. Jh. älteres *funkelneu* verstärkend.

funken Zw. mhd. *vunken* Funken stieben lassen; 19. Jh. (amtlich: 1914) = drahtlos telegraphieren. **Funkspruch** m. Eindeutschung 1903 für: *Radiogramm*.

Funktion w. Tätigkeit, 17. Jh. aus lat. *functio* Verrichtung, vom Zw. *fungi;* ↗ *fungieren*. **funktionieren** Zw. 19. Jh. aus frz. *fonctionner* unter Einfluß von *Funktion*.

Funsel, Funzel w. trübe Lampe, 1. Hälfte 17. Jh. *voncksel* Zündstoff: von ↗ *Funke* mit dem Suffix *-sal* abgeleitet.

für Präp. mhd. *vür*, ahd. *furi;* verw. mit ↗ *vor* (vgl. *Tag für* [d. h. vor] *Tag; Schritt für* [d. h. vor] *Schritt; Fürsprache* für Vorsprache, *Fürsorge* für Vorsorge usw.). Vgl. auch ↗ *fort*, *ver*-.

Furche w. mhd. *furch*, ahd. *fur(u)h* (engl. *furrow*); urverw.: lat. *porca* Beet zwischen Ackerfurchen; vgl. lat. *porcus* Schwein; eigtl. = Wühler. Idg. Wurzel **pr̥k-*, *perk-* aufwühlen. Idg. bäuerlicher Begriff. ↗ *Ferkel*.

Furcht w. mhd. *vorhte*, ahd. *for(a)hta* (engl. *fright*); got. *faurhtei;* vom Zw.: **fürchten** mhd. *vürhten*, ahd. *forah-*, *furihtan*, got. *faurhtjan*, Herkunft ungeklärt (wgerm. Wort?). **fürchterlich** Adj. 1. Hälfte 18. Jh. mit eingeschobenem (md.) *-er-* (wie in ↗ *les-er-lich*, ↗ *wein-er-lich* usw.) für älteres mhd. *vorhtlich*, ahd. *forahtlih*. **furchtsam** Adj. mhd. *vorhtsam* (*-o-* bis ins 18. Jh. Zu *-sam* vgl. ↗ *gehorsam*).

Furie w. 1. Hälfte 17. Jh. aus lat. *furia* Rachegöttin, Zorn (*furere* rasen, älter: **dhusare;* gr. *thýein* toben).

Furnier s. 18. Jh. vom Zw. **furnieren** 2. Hälfte 16. Jh. aus frz. *fournir* ausstatten (afrz. *fornir*, *formir*, mit Metathese des *r* von ahd. *frumjan* nützen; vgl. ↗ *fromm*).

Fürst m. mhd. *vürste*, ahd. *furisto*,

eigtl. = substantiv. Superlativ zum Komparativ *furiro* der vordere, frühere, bessere. Positiv: z. B. as. *forma* der erste (vgl. gr. *prómos* vorderster; alle zur idg. Wurzel **pro-* vorwärts). Vgl. die Sippe bei ⁄ *fort,* ⁄ *vor.*

Furt w. mhd. *vurt* (zuerst m., dann w.), ahd. *furt* m. (engl. *ford*). Mit Dentalsuffix vom Stamm von ⁄ *fahren* (idg. Wurzel **per-* hinüberführen). Verw.: lat. *portus* Hafen. Das Wort lautet zu den unter ⁄ *Fjord* genannten nord. Wörtern ab.

Furunkel s. 2. Hälfte 16. Jh. aus lat. *furunculus* kleiner Dieb (*furo* Dieb), scherzhafte Bezeichnung für den schwächenden Nebentrieb am Rebstock; auch (schon in röm. Medizin) = Blutgeschwür (dem Auge am Weinstock ähnlich). ⁄ *Frettchen.*

Fürwort s. Mitte 18. Jh. (Gottsched) LÜ von lat. *pronomen* (für älteres *Vorwort*); doch in anderen Bedeutungen damals schon seit 200 Jahren (Ausflucht – Fürsprache; ⁄ *befürworten*).

Fusel m. 1724 (Duisburg), vermutl. aus lat. *fusile* Flüssigkeit, vom Zw. *fundere* ausgießen (Stamm: **fud-* aus älterem **gheud-;* verw.: ⁄ *gießen).* **Fusion** w. 19. Jh. aus lat. *fusio* Guß, Schmelzung, vom Zw. *fundere.*

Fuß m. mhd. *vuoʒ,* ahd. *fuoʒ,* got. *fôtus* (engl. *foot*); urverw.: lat. *pes* Fuß (⁄ *Pedal*), gr. *pûs* Fuß; idg. Wurzel **pôd-,* **pêd-* (⁄ *Depesche*). ⁄ *Fessel¹,²,* ⁄ *Pionier,* ⁄ *Podest.* **Fußball** m. Ende 19. Jh. LÜ von engl. *football.* **Fußgänger** m. mhd. *vuoʒgenger, -gengel* Soldat der Fußtruppe. **Fuß(s)tapfe** m. spätmhd. *vuoʒtaphe* (⁄ *stapfen,* ⁄ *tappen*).

futsch Adv. 2. Hälfte 18. Jh., SchW, wohl Part. Prät. Pass. von ⁄ *pfuschen.*

Futter¹ s. mhd. *vuoter,* ahd. *fuotar* Nahrung (engl. *fodder*); verw.: got. *fôdjan* nähren (engl. *feed*), got. *fôdeins* Nahrung (engl. *food*), engl. *foster* Unterhalt, ahd. *fatôn* weiden; urverw.: lat. *pabulum* Futter, *pascere* weiden, *pastor* Hirt, *panis* Brot (vgl. ⁄ *panieren*); idg. Wurzel **pa-* weiden, füttern. ⁄ *Pastor.* **füttern**¹ Zw. mhd. *vuotern,* ahd. *fuotiren;* vom Subst. *Futter¹.*

Futter² s. Stoffunterlage, Auskleidung, mhd. *vuoter* Unterfutter, Kapsel, ahd. *fuotar* Futteral, got. *fôdr* Scheide; zur idg. Wurzel **po-* schützen (verw.: gr. *pôma* Deckel). **Futteral** s. um 1400 aus mlat. *fu-, fôtrale* Kapsel, von lat. *fôtrum* Überzug. Dies stammt von *Futter².* **füttern**² Zw. mit Unterfutter versehen, mhd. *vuotern,* vom Subst. *Futter².*

G

Gabe w. mhd. *gâbe,* ahd. *geba,* got. *gifa;* zum Zw. ⁄ *geben.* – **(gang und) gäbe** Adv. mhd. *gæbe* annehmbar; vom Zw. *geben.*

Gabel w. mhd. *gabel(e),* ahd. *gabala;* verw. ⁄ *Gaffel,* vielleicht auch ⁄ *Giebel.* Germ.-kelt. Bezeichnung zunächst für die Astgabel; dann für das Ackergerät; hochmittelalterlich = Vorschneidegabel;

dann = Eßgerät (verbreitet seit 16. Jh.). **Gabelfrühstück** s. LÜ 19. Jh. von frz. *déjeuner à la fourchette.* **Gabelweihe** w. vor 1800, nach der Schwanzform des Vogels.

gackern Zw. 16. Jh. *kackeln* (vgl. engl. *gaggle*); SchW nach dem Gänse-, Hühnerruf (mhd. *gagen* wie eine Gans schreien). *-r-* intensiviert (also = heftig *gack!* schreien).

gacksen Zw. gleichbedeutend, seit ahd. *gagizôn*. ⁄ *Gans*.

Gaffel w. gegabelte Segelstange, nd. Form zu hd. ⁄ *Gabel*; 17. Jh.

gaffen Zw. spätmhd. *gaffen* (ahd. nicht belegt, aber vom Subst. *geffida* Betrachtung erschließbar; vgl. engl. *gape* gähnen). Vielleicht verw. mit ⁄ *gähnen*. ⁄ *jappen*. Urspr. = Mund aufreißen.

Gag m. Filmeinfall, 20. Jh. aus am. *gag*, vom Zw. *gag* verstopfen, kneblen; eigtl. = Lückenbüßer.

Gage w. 1. Hälfte 17. Jh. aus frz. *gage*, das seinerseits aus dem Germ. (*wadja* Handgeld, Pfand; ⁄ *Wette*) stammt. ⁄ *engagieren*; ⁄ *Sold*.

gähnen Zw. mhd. *g(e)inen*, ahd. *ginên, -nôn*; vgl. an. *gin* aufgesperrter Mund. Urverw.: lat. *hiare, hiscere* gähnen, gr. *chaínein, cháskein* gähnen; idg. Wurzel *ĝhêi-, *ĝhi-* klaffen. ⁄ *Gaumen*, ⁄ *Geest*, ⁄ *Geier*, ⁄ *Geifer*, ⁄ *vergeuden*, auch ⁄ *gaffen*.

Gal s. Maßeinheit der Beschleunigung, 20. Jh. nach G. *Galilei* (1564–1642).

Gala w. 2. Hälfte 17. Jh. am Wiener Hof aus span. *gala* Kleiderpracht, dies aus ar. *chil'a* Ehrenkleid als Herrschergabe. – **Galan** m. um 1600 aus span. *galano* wer in Hoftracht einhergeht, artig gegen Damen ist. **galant** Adj. 17. Jh. aus frz. *galant*, dies aus span. *galante* höfisch gekleidet.

Galeere w. Anfang 17. Jh. aus it. *galera*, dies durch mlat. Vermittlung aus mgr. *galía*, das zunächst einen Seefisch, dann ein Ruderschiff bezeichnet (gr. *galeê* Wiesel).

Galerie w. 2. Hälfte 16. Jh. aus it. *galleria* für lat. *galilea* Kirchenvorhalle (weil dort die bettelnden Nichtchristen, die „Galiläer", herumlungerten); 16. Jh. = Gartenweg; 17. Jh. = Gang im Fort zu den Außenwerken; schließlich = Gang mit Wandgemälden, Bildersaal, Erker.

Galgen m. mhd. *galge*, ahd. *galgo*, got. *galga* (engl. *gallows*). Eigtl. = Stange (idg. *ĝhalg[h]-*). Bezeichnung auch für das christl. Kreuz, ehe das lat. Wort ⁄ „*Kreuz*" übernommen wurde. **Galgenfrist** w. 16. Jh. kurzer Aufschub für den hinzurichtenden Verbrecher. **Galgenhumor** m. 19. Jh., nach Abschaffung des Galgens geprägt. **Galgenschwengel** m. mhd. *galgenswengel* = wer den Galgen verdient. ⁄ *Ladenschwengel*. **Galgenstrick** m. spätmhd. *galgenstric* Strick des Henkers; 2. Hälfte 16. Jh. = durchtriebener Schelm.

Gallapfel m. 15. Jh. vom Subst. **Galle**[1] w. Geschwulst abgeleitet (engl. *gall*; Ausgangspunkt: lat. *galla* Gallapfel; zur idg. Wurzel *gel-* ballen. ⁄ *Koks*[1], ⁄ *Kolben*, auch ⁄ *kalt*, ⁄ *Kloß*, ⁄ *klug*, ferner ⁄ *vergällen*).

Galle[2] w. mhd. *galle*, ahd. *galla* (engl. *gall*); urverw.: lat. *fel* Galle; gr. *chólos, cholê* Galle; idg. Körperteilbezeichnung (*ghel-n*; verw.: ⁄ *gelb*, ⁄ *Gold*, ⁄ *glühen*). ⁄ *Cholera*.

Gallert s., **Gallerte** w. spätmhd. *galrat, -hart, -hert*, mhd. *galreide*, aus volkslat. *geladia, gelatria* für älteres *gelata* die Gefrorenen, Geronnenen (lat. *gelare* gefrieren [machen]). Urspr. = Fischgelee nach altröm. Rezept. ⁄ *Gelatine*.

Galopp m. mhd. *wa-, balap*, aus afrz. *galop*, das vom Zw. afrz. *ga-, waloper* gebildet ist (die Formen mit *w-* sind pikardisch). Ursprung: afrk. *wala hlaupit* es springt gut. Die d. Form *Galopp* Mitte 16. Jh. nach it. *galoppo*. Vom it. Zw. *galoppare* (von afrz. *wa-, galoper*) stammt Zw. **galoppieren** Mitte 16. Jh. (aber schon mhd., nach dem Frz., *ka-, galopieren*).

Galosche w. 15. Jh. = lederner Überschuh aus frz. *galoche*, dies von lat. *solea gallica* gallische Sandale. – 1. Hälfte 19. Jh. = Gummischuh(e) (1839 Erfindung der Vulkanisierung des Kautschuks!).

Gamasche w. 1. Hälfte 17. Jh. aus frz. *gamaches* überziehbare Anknöpfstrümpfe. Diese wurden über das Prov. und Span. aus ar. *gadâmasî*, = Leder aus der libyschen Stadt *Ghadames*, entlehnt.

Gambe w. 18. Jh. aus it. *viola da gamba* (*gamba* Bein). Im Ggs. zur ↗*Bratsche* = Beingeige.

Gambit s. Schachspieleröffnung, aus span. *gambito*, dies aus ar. *ǵanbî* seitwärts.

gammeln Zw. herumbummeln, aus dän. *gamle* alt? Dazu: **gammelig** Adj. alt und unbrauchbar, 20. Jh. (verw.: lat. *humilis* niedrig).

Gams w. ↗*Gemse*.

Gang[1] m. mhd. *ganc*, ahd. *gang*, vom Zw. ahd. *gangan* (vgl. die Formen *ging*, *gegangen* und das Adj. *gangbar*). ↗*gehen*. **Gängelband** s. 1. Hälfte 18. Jh. = Laufband für Kinder; vom Zw. **gängeln**, vom Zw. mhd. *gengen* gehen machen (Bewirkungswort zu *gangan* gehen; ↗*läch-el-n*). **Gangway** w. Laufsteg, -treppe, 20. Jh. aus engl. *gangway* (*gang* Gang + *way* Weg). – **Gang**[2] w. Bande (20. Jh. aus Am. wie **Gangster** m. = wer an ein *gang* [ein gemeinsames Handeln der zur Bande Gehörigen] gebunden ist): dasselbe Wort wie *Gang*[1].

Gans w. mhd. ahd. *gans;* urverw. lat. *anser*, gr. *chên* Gans. Idg. Vogelname, altes SchW (↗*gackern*). **Gänsefüßchen** Mz. statt ↗*Anführungsstriche*, um 1800; angeregt vom Druckerwort *Gänseaugen*. **Gänsemarsch** m. 1. Hälfte 19. Jh. für älteres *Gänsegang*. **Ganter** m. = m. Gans, nd. neben hd. *ganser* (mhd. *ganzer*, *gansert* u. ä.; ↗*Put[er]*); davon Mitte 16. Jh. **Gänserich** m. (wie ↗*Enterich* von *Ente*).

ganz Adv., Adj. mhd. ahd. *ganz* unverletzt, -verkürzt; hd. Wort, das nach Norden vorgedrungen ist. Herkunft ungeklärt.

gar Adj. mhd. *gar(e)*, ahd. *garo*, altes Part. zu einem Zw., das „kochen" bedeutete. Idg. Wurzel *$gu̯her$-* heiß; verw.: ↗*gären*, ↗*warm*.

↗*Garaus*, ↗*gerben*, ↗*Schafgarbe*, ↗*sogar*.

Garage w. 20. Jh. aus frz. *garage* (frz. *gare* Bahnhof, *garer* sicher verwahren; zugrunde liegt vermutl. germ. **warôn* bewahren. ↗*wahren*).

Garant m. 18. Jh. aus frz. *garant* Bürge, dies von ahd. *werento* Gewährsmann (engl. *warranter*) über afrk. **werand;* ebenso **Garantie** w. Mitte 17. Jh. aus frz. *garantie*, und **garantieren** Zw. 2. Hälfte 17. Jh. aus frz. *garantir*. ↗*gewähren*.

Garaus m. alter Feierabendruf (= ganz vorbei!), in Nürnberg (Nürnberger Uhr zählt nur Tagesstunden!) und Regensburg um 1500. – *Den Garaus machen* seit 16. Jh.

Garbe w. mhd. *garbe*, ahd. *garba;* d.-nl. Wort; verw.: ↗*graben*, *grabbeln;* zur idg. Wurzel **gh(e)rebh* packen. Eigtl. = das Zusammengegriffene, der Armvoll.

Garde w. 2. Hälfte 15. Jh. aus frz. *garde*, it. *guardia;* das roman. Wort von afrk. **warda* (ahd. *warda* Ausguck; ↗*Warte*). – **Garderobe** w. Mitte 16. Jh. aus frz. *garderobe*, Zs. aus frz. *garde* und *robe* Kleid, dies aus ahd. *rouba* Beutekleid; ↗*Raub*, ↗*Robe*. – Das Wort bezeichnete im D. zunächst die Kleider- oder Silberkammer oder den Schrank hierfür, dann = Dienerzimmer und Abort, etwa gleichzeitig auch = Kleidervorrat einer Person.

Gardine w. 16. Jh. aus nl. *gordijn* Bettvorhang, dies über frz. aus bibellat. *cortina* Bettvorhang (zu volkslat. *curtis* Hof; eigtl. = Vorhang, der den Hof gegen die Wohnräume abschließt). Vortoniges *-a-* für roman. *-o-* wie bei ↗*ausstaffieren*, ↗*Rakete;* auch: ↗*Halunke*, ↗*Lakritze*, ↗*Schlaraffe*, ↗*schmarotzen*. Ferner ↗*Garten*, ↗*Kurtisane*. **Gardinenpredigt** w. Mitte 16. Jh. über Nl. = Strafpredigt der schon zu Bett liegenden Ehefrau an den verspätet heimkehrenden Gatten.

gären Zw. (gor, gegoren), mhd. *jesen, gern,* ahd. *jesan;* daneben die schwachen Zww. mhd. *gerjen,* ahd. *jerien.* Zur idg. Wurzel *ies- kochen, schäumen, wallen (der Gärprozeß wurde von Germanen und Kelten mit dem Kochen von Flüssigkeiten verglichen). ↗ *gar.* Wechsel von *-s-* und *-r-* in der alten Konjugation („Grammatischer Wechsel"), seit frühnhd. ausgeglichen. ↗ *Gischt,* ↗ *Kieselgur.*

Garn s. mhd. ahd. *garn;* urverw.: lat. *hernia* Eingeweidebruch („*Hernie*"), *haruspex* Wahrsager (aus der Eingeweidebeschau), gr. *chordê* (Darm-)Saite. Eigtl. also = aus getrocknetem Darm gedrehte Schnur. Vgl. ↗ *Kordel.*

Garnele w. vor 1600 aus nl. *garneel,* Nbf. *garnaat,* mit Metathese zu ↗ *Granne,* ahd. *grana* (nach den Fühlfäden des Tieres)? ↗ *Granat* Krabbe.

garnieren Zw. um 1700 aus frz. *garnir,* das seinerseits aus germ. *$warnjan$* versehen stammt (↗ *warnen*). **Garnison** w. um 1600 aus frz. *garnison* Schutzausrüstung, Besatzung, vom Zw. *garnir* mit etw. ausstatten, besetzen (*garnison* verkürzt aus *ville de garnison* Standort der Truppe). ↗ *Standort.* **Garnitur** w. 2. Hälfte 17. Jh. aus frz. *garniture* Schmuck(gruppe), vom Zw. *garnir.*

garstig Adj. 15. Jh. vom älteren Adj. mhd. *garst* ranzig (Subst. mhd. *garst,* ahd. *gersti* fauliger Geschmack, Geruch); idg. Wurzel *$ghers$*- Abscheu.

Garten m., eigtl. 2 Wörter: mhd. *garte,* ahd. *garto,* got. *garda* Hürde; daneben mhd. ahd. *gart,* got. *gards* Haus (engl. *yard* Hofraum; das aus dem Afrk. stammend: frz. *jardin*). Urverw.: lat. *hortus* Garten, gr. *chórtos* eingefriedeter Hof; dazu auch lat. *cortina* Vorhang (↗ *Gardine*). Durch Dentalsuffix erweiterte idg. Wurzel *$ĝher$*- einfriedigen (*$ghordo$-s* Zaun, Umzäunung). Vgl.: r. *gorod* Stadt (*Nowgorod*), tschech. *hrad* Schloß (*Hradschin*). Verw.: ↗ *gürten* und seine Sippe. ↗ *Hortensie,* ↗ *Kurtisane.* **Gärtner** m. mhd. *gar-, gertenære,* ahd. *gartari,* jünger *gartinâri.* Umlaut wie bei ↗ *Küster.* **Gärtnerei** w. 2. Hälfte 17. Jh.

Gas s. von dem Brüsseler Naturwissenschaftler J. B. v. Helmont aus gr. *cháos* Kluft, Urmasse, Luft nach der Aussprache des Gr. in seiner Heimat gebildet; d. seit 1. Hälfte 17. Jh.; verbreitet durch Gasbeleuchtung (Ende 18. Jh.). – ↗ *Chaos,* ↗ *Gaumen.*

Gasse w. mhd. *gazze,* ahd. *gazza,* gemeingerm. (engl. *gate,* das aus dem Nord. stammt); sonst unklare Herkunft. **Gassenhauer** m. Schlager, so seit Anfang 16. Jh.; davor = Pflastertreter (*hauen* vulgärsprachl. damals = gehen).

Gast m. mhd. ahd. *gast,* got. *gasts* (engl. *guest*); urverw. lat. *hostis* Fremder, Feind. (Vgl. lat. *hospes* Gastfreund, aus *$hosti$-potis* Fremdenherr.) Germ. urspr. = der um Obdach bittende Fremde, der vor der Haustür nächtigen durfte. ↗ *Hospital.* **gastlich** Adj. mhd. *gast-, gestlich,* frühnhd. abgestorben, 2. Hälfte 18. Jh. (durch die Homer-Übersetzung von Voß) neubelebt. **Gasthaus** s. mhd. ahd. *gasthûs.* **Gasthof** m. besseres Gasthaus, 1. Hälfte 18. Jh. **Gaststätte** w. 20. Jh. Eindeutschung von *Restauration.* ↗ *Restaurant.* **gastieren** Zw. um 1800 = eine Gastrolle geben; davor = bewirten.

Gatte m. mhd. *gate,* aus älterem *gegate* gekürzt (ahd. *gegat* verbunden); ablautend zum Adj. ↗ *gut* passend; urspr. = der Zusammenpassende, Genosse; die Bedeutung „Ehegenosse" erst seit 18. Jh. vorherrschend. ↗ *Gatter.* **Gattung** w. eigtl. = zueinander passende Gruppe, so seit 15. Jh. – **Gatter** s. mhd. *gater,* ahd. *gataro;* verw.: ↗ *Gitter;* mit der Sippe von ↗ *Gatte* verw.? Dann urspr. = Zusammenfügung.

Gau m. mhd. *gou*, *göu*, ahd. *gewi*, got. *gawi*. Zs. aus dem Präfix *ga*- zusammen und germ. **aw-jô* ⁄ *Aue;* also = Land am Wasser? Später = Bauernland; wiederbelebt seit 17. Jh. Aber: **Gaudieb** m. Gauner 17. Jh. aus nd. *gaudêf* zu nd. *gau* schnell; verw.: ⁄ *jäh*.

Gauch m. ⁄ *Kuckuck*.

gaukeln Zw. mhd. *goukeln* für älteres *goug(g)eln*, ahd. *goukolôn*, *gouggolôn*, vom Subst. mhd. *goukel, -gel*, ahd. *coukel, goukal* Zauberei; Herkunft ungeklärt (zu lat. *ioculator* Spaßmacher, *iocus* Scherz = frz. *jeu* Spiel?).

Gaul m. mhd. *gûl* Tiermännchen, Eber; davor = Ungetüm; vielleicht zur idg. Wurzel **g̑heu-* gießen; dann Grundbedeutung = der (seinen Samen) ausgießt. ⁄ *gießen*, ⁄ *Auerochse*.

Gaumen m. mhd. *goume*, ahd. *goumo* (dazu ablautend engl. *gum* Zahnfleisch). Verw.: gr. *chaûnos* klaffend, *cháos* Kluft; zur idg. Wurzel **g̑hêu-* ⁄ *gähnen*.

Gauner m. frühnhd. *Joner* Spieler, Betrüger, von heb. *jôwôn* Jonier (Grieche). Die 1453 aus Konstantinopel vertriebenen Griechen galten als gewiegte Falschspieler. *G-* für älteres *J-* seit Mitte 18. Jh. (ostfr.-obs.).

Gauß s. Maßeinheit der magnet. Flußdichte, 1930 nach dem d. Naturforscher K. F. *Gauß*, 1777 bis 1855.

gautschen Zw. Papier im Gautschbrett pressen; Buchdruckerlehrlinge zu Gesellen machen, 18. Jh. aus engl. *to couch* niederlegen. ⁄ *Couch*.

Gaze w. Flortuch, 17. Jh. über nl. aus frz. *gaze* Schleier, dies über span. aus ar. *kazz* Rohseide.

Gazelle w. 1. Hälfte 16. Jh. aus it. *gazzella*, dies aus ar. *ghazâla* Wildziege.

ge- Vorsilbe, mhd. *ge-*, ahd. *ga-*, *gi-*, got. *ga-;* urspr. Zeitwortpräfix, das Eintritt oder Abschluß einer Handlung bezeichnet (*sich getrauen* sich zu trauen beginnen; *gebären* zu tragen aufhören); bei Substantiven drückt *ge-* eine Vereinigung (ein Kollektiv) aus (*Gebäck* alles Gebackene), oder es bezeichnet das Ergebnis einer Handlung (*Gemälde* Produkt des Malens).

Gebärde w. mhd. *gebœrde*, ahd. *gebârida;* nur d. Ableitung vom Zw. mhd. *gebœren*, ahd. *gibarên* sich benehmen, zum Zw. ahd. *beran* tragen. Bildung auf *-de* wie ⁄ *Behörde*, ⁄ *Gelübde*, ⁄ *Gemälde*. Vgl. ⁄ *ungebärdig*. – **gebaren** Zw. mhd. *gebâ-*, *gebœren*, vom Subst. mhd. ahd. *bâr* Art, zum ahd. Zw. *beran* = gr. *phérein* lat. *ferre;* vgl. *Metapher*, ⁄ *Phos-phor*. **gebären** Zw. (gebar, geboren), mhd. *gebern*, ahd. *giberan*, got. *gabairan*. Eigtl. = zu tragen aufhören. Vom Zw. ahd. *beran*. – ⁄ *Bahre*, ⁄ *entbehren*, ⁄ *Geburt*, ⁄ *offenbar*, ⁄ *sonderbar*, ⁄ *urbar*, ⁄ *vereinbaren*, ⁄ *verlautbaren*.

geben Zw. (gab, gegeben), mhd. *geben*, ahd. *geban*, got. *giban* (engl. *give*); urverw. lat. *habere* (älter: **khabhere*) = frz. *avoir*. Germ. Ableitung zur idg. Wurzel **ghabh-*. – ⁄ *Gift*, ⁄ *Mitgift*, ⁄ *Gabe*, ⁄ *ver-geb-ens* usw.

Gebet s. mhd. *gebet*, ahd. *gibet;* Kollektiv zum Zw. ⁄ *bitten*.

Gebiet s. mhd. *gebiet(e)*; vom Zw. **gebieten;** urspr. = Befehl; dann = Befehlsbereich; schließlich (Mitte 14. Jh.) = Territorium.

Gebirge s. mhd. *gebirge*, ahd. *gibirgi;* d. Kollektiv zum Subst. ⁄ *Berg*.

Gebiß s. mhd. *gebiʒ*, ahd. *ga-*, *gibiʒ*. Eigtl. = alle Zähne, wiederholtes Beißen; dann = Mauleisen am Zaum; schließlich (20. Jh.) auch = Zahnprothese. Vgl. ⁄ *beißen*.

Gebot s. mhd. *gebot*, ahd. *ga-*, *gibot* Befehl, Angebot; Kollektiv vom Zw. ⁄ *bieten*.

Gebrauch m. mhd. *gebrûch* Benutzung; dann = Sitte; wgerm. Kollektiv zum Zw. ⁄ *brauchen*.

Gebresten s. Subst. zum mhd. Zw. *gebresten*, ahd. *gibrestan* Mangel haben; zunächst = Mangel, 16. Jh. auch = Bruch. ↗*bersten.*

Gebrüder Mz. ↗*Geschwister!*

Gebühr w. 14. Jh. *gebur* (doch vgl. ahd. *giburi* Los, Zufall, got. *gabaur* Steuer); vom Zw. **gebühren**, mhd. *gebürn*, ahd. *giburian;* mit *gi*-Präfix vom Simplex ahd. *burjan* erheben; also verw. mit ↗*empor.*

Geburt w. mhd. *geburt*, ahd. *giburt*, got. *gabaurþs*, vom Zw. ↗*gebären.*

Geburtshelfer m. 2. Hälfte 18. Jh. Eindeutschung von frz. *accoucheur.* **Geburtstag** m. ahd. *giburtitag* LÜ zu lat. *dies natalis.*

Gebüsch s. mhd. *gebüsche;* Kollektiv zum Subst. ↗*Busch;* = Gesamtheit der Büsche.

Geck m. 1. Hälfte 14. Jh. mnd. *geck* (engl. *geck* aus mnl. *gec* Hofnarr), langsam (über Karnevalsnarren) ins Hd. vordringend. SchW für die sinnlosen Ausrufe der Narren.

Gedächtnis s. mhd. *gedæhtnisse*, ahd. *kithêhtnissi* Andacht, vom Part. Pass. ahd. *gidâht;* zum Zw. *gedenken* (↗*denken*). Vgl. das Suffix *-nis* bei ↗*Bewandtnis*, ↗*Vermächtnis.* **Gedanke** m. mhd. *gedanc*, ahd. *ga-*, *gidanc(ho);* vom Zw. ↗*denken.*

gedeihen Zw. (gedieh, gediehen), mhd. *gedîhen*, ahd. *gidîhan*, got. *gaþeihan;* von idg. Wurzel **tenko-* gerinnen. Das Wort entstammt der idg. Milchwirtschaft (Käsebereitung). ↗*Tang*, ↗*dehnen* und seine Sippe, ↗*dicht*, ↗*Ton* [1]. – **gediegen** Adj. mhd. *gedigen*, ahd. *gidigan;* urspr. Part. Pass. zum Zw. *gedeihen* (mit grammat. Wechsel *g:h*). ↗*angedeihen!*

gedrungen Adj. 16. Jh. Eigtl. = Part. Pass. zum Zw. ↗*dringen.*

gedunsen Adj. altes Part. Pass.zum Zw. mhd. *dinsen*, ahd. *dinsan* ziehen; verw. mit ↗*dehnen.*

geeignet Adj. um 1800 für älteres *geeigenschaftet;* Eindeutschung von ↗*qualifizieren.*

Geest w. höher gelegenes Heideland, Küstenwort; 12. Jh. mnd. *gêst;* afries. *gâst* unfruchtbar; verw.

↗*gähnen* (idg. Wurzel **ĝhêi-* klaffen); eigtl. = durch Dürre aufgerissener Boden.

Gefahr w. spätmhd. *gevâre* Betrug; früher meist ohne Präfix: mhd. *vâre* Nachstellung, ahd. *fâra* Gefährdung (engl. *fear* Angst). Urverw.: lat. *periculum*, *experimentum* Versuch, gr. *peîra* Versuch, Erfahrung (↗*Pirat*); zur idg. Wurzel **per-* wagen, probieren. ↗*ungefähr*, ↗*unverfroren*, ↗*willfahren.* **gefährden** Zw. 2. Hälfte 18. Jh. für älteres *gefähren*, *gefehren* betrügen (schon mhd. [selten] *gevêrden*). **gefährlich** Adj. mhd. *(ge)værlich* hinterlistig; *vâren* nachstellen, ahd. *fârên.*

Gefährte m. mhd. *geverte*, ahd. *giferto.* Eigtl. = Fahrtgenosse. ↗*fahren.*

Gefälle s. mhd. *gevelle* Fall, Würfelfall, Glück, ahd. *gefelli* Einsturz, vom Subst. ahd. *fal* ↗*Fall*; vgl. ↗*Unfall.* **gefallen** Zw. mhd. *gevallen*, ahd. *ga-*, *gifallan* sich fügen, zufallen; bes. vom Würfelwurf: mhd. *eʒ gevallet mir wol* es ist gut für mich gefallen = ich habe einen guten Wurf gemacht. **Gefallsucht** w. um 1800 als Eindeutschung von frz. *Koketterie* (↗*kokett*). **gefällig** Adj. mhd. *gevellec*, *gevellic*, ahd. *gefellig* angemessen, schicklich; zum Subst. **Gefallen** m., eigtl. Akk. zu mhd. *geval* Fall, Zufall; ahd. *gival* Sturz des getroffenen Kriegers; = Wohlgefallen (seit mhd.).

Gefängnis s. mhd. *gevancnisse* Gefangennahme, -schaft; seit 15. Jh. = Kerker. ↗*fangen.*

Gefäß s. mhd. *gevæʒe* Schmuck, ahd. *giuâʒi* Ladung, zu einem mit ↗*fassen* verw. Zw., das in got. *fêtjan* schmücken = ags. *fætan* vorliegt; seit 13. Jh. = Geschirr; verbreitet durch Luther. **gefaßt** Adj. so seit Mitte 17. Jh.; davor mhd. *gevaʒʒet* gerüstet. Part. Pass. vom Zw. ↗*fassen.*

gefeit Adj. Anfang 19. Jh. Part. Pass. vom Zw. *fei(n)en*, mhd. *veinen*, wie eine ↗*Fee* zaubern; also eigtl. = (wie von einer Fee) verzaubert.

Gefieder s. mhd. *gevidere*, ahd. *gifi-*

diri alle Federn; Kollektiv zum
Subst. ⁊ *Feder.*
Gefilde s. mhd. *gevilde,* ahd. *gifildi.*
Eigtl. = alle Felder; Kollektiv zum
Subst. ⁊ *Feld.*
geflissentlich Adj. Mitte 18. Jh. für
älteres *geflissenlich* (*-t-* wie in ⁊ *ei-
gen-t-lich,* ⁊ *flehen-t-lich,* ⁊ *öffen-t-
lich* usw.). Altes Adv. zum Part.
Pass. *geflissen,* vom Zw. mhd.
vlîȝen, ahd. *flîȝan* sich befleißen.
⁊ *Fleiß.*
Geflügel s. spätmhd. *gevlügel(e),*
mit volkset. Anlehnung an ⁊ *Flügel*
für älteres mhd. *gevügel,* ahd. *gifu-
gili,* Kollektiv zum Subst. ahd. *fo-
gal* ⁊ *Vogel;* eigtl. = alle Vögel.
Seit 19. Jh. = eßbare Vögel.
Gefreiter m. 2. Hälfte 16. Jh. LÜ
von lat. *exemptus* wer ausgenom-
men ist (nämlich vom Schildwach-
stehen); Part. Pass. vom Zw. *freien*
befreien; ⁊ *frei.*
gefrieren Zw. mhd. *gevriesen,* ahd.
ga-, gifriosan (grammat. Wechsel
s:r). Eigtl. = zusammenfrieren.
gefügig Adj. spätmhd. *gefügig* für
älteres mhd. *gevüege* schicklich,
ahd. *gafôgi, gafuogi* geeignet; erst
im 15. Jh. mit *-ig*-Suffix. ⁊ *fügen.*
gegen Präp. mhd. *gegen,* ahd. *gegin,
gagan;* Herkunft umstritten. ⁊ *be-
gegnen.* **Gegenbesuch** m. LÜ 1.
Hälfte 18. Jh. von frz. *contrevisite.*
Gegend w. mhd. *gegent, gegende,*
ahd. *geginôti* (zum Suffix *-ôti* ⁊ *Ein-
öde* und seine Entsprechungen),
LÜ von volkslat. **contrata* gegen-
überliegendes (Gelände). Vgl.: lat.
contra gegen (daher engl. *country*
Land). **Gegengift** s. LÜ 17. Jh. von
mlat. *contravenenum* (das seiner-
seits LÜ von gr. *antídoton* ist). **Ge-
gensatz** m. rechtssprachl. LÜ 15.
Jh. von lat. *oppositio* Entgegnung
im Prozeß; ⁊ *Opposition.* **Gegen-
stand** m. LÜ 1. Hälfte 17. Jh. von
lat. ⁊ *Objekt (obiectum);* ⁊ *Vor-
wurf.* **gegenständlich** Adj. LÜ um
1800 für *objektiv.* **Gegenstück** s. 2.
Hälfte 18. Jh. als Eindeutschung
von frz. ⁊ *Pendant.* **gegenüber**
Adv. Präp. frühnhd. Zs. von *gegen*

+ *über* (der abhängige Dativ steht
zunächst zwischen den beiden
Wörtern: *gegen Frankfurt über*).
Gegenwart w. mhd. *gegenwart,*
ahd. *geginwarti* Anwesenheit; 19.
Jh. = Präsens. Vgl. ⁊ *-wärts.*
Gegner m. nd. LÜ 14. Jh. von
lat. *adversarius* Gerichtsgegner,
auszutauschender Gefangener;
obd. verbreitet 17. Jh.
Gehabe s. Ziererei, 20. Jh. vom Zw.
sich gehaben, mhd. *gehaben,* ahd.
ga-, gihabên sich befinden (*gehab'
dich wohl* schon mhd.); zum Zw.
⁊ *haben.*
Gehalt s. mhd. *gehalt* m. Gefängnis;
seit Mitte 18. Jh. = Besoldung (seit
18. Jh. auch s.); zum Zw. *gehalten*
bewahren, aufheben (⁊ *halten*).
gehässig Adj. mhd. *geheȝȝic,
-haȝȝic* voller Haß, vom Adj. *ge-
haȝ* feindselig. 2. Hälfte 17. Jh. =
hassenswert.
Gehäuse s. spätmhd. *gehiuse* Hütte;
seit 16. Jh. = Behältnis. – Kollektiv
zu ⁊ *Haus.*
Gehege s. mhd. *gehege* Verhau;
Kollektiv zu ⁊ *Hag.* – *Jmdm. ins
Gehege kommen;* übtr. Mitte 16. Jh.
geheim Adj. spätmhd. *geheim* zum
Haus gehörig, vertraut (⁊ *Heim*).
Geheimnis s. durch Luther ver-
breitet.
gehen Zw. (ging, gegangen), mhd.
ahd. *gên, gân.* Urverw.: gr. *kíchē-
mi* erreichen. Zur idg. Wurzel
*ghê(i)- gehen. – Das Zw. ergänzt
seine Formen mit Formen des nicht
verw. Zw.s ahd. *gangan* gehen
(⁊ *Gang*). ⁊ *stehen.*
geheuer Adj. mhd. *gehiure* behag-
lich; vgl. ahd. *unhiuri* unheimlich.
r-Erweiterung zum germ. Adj. **hî-
wa-* zum Haus gehörig, vertraut
(⁊ *Heirat*), wohin auch lat. *civis*
Bürger (eigtl. = Hausgenosse) ge-
hört. Idg. Wurzel **kei-* liegen (vgl.
gr. *keímai* liegen). Bedeutung über
„Lager" zu ⁊ *„Heim"* entwickelt.
⁊ *Ungeheuer.*
Gehör s. mhd. *gehœr(d)e,* vom Zw.
⁊ *hören.* **gehören** Zw. mhd. *gehœ-
ren,* ahd. *gihôrian* anhören, gehor-

chen; erst später = zukommen, als Eigentum haben. **gehorsam** Adj., ahd. (*gi-*)*hôrsam* (-*sam* zu ahd. *samo* derselbe, *sama* ebenso). LÜ zu lat. *oboediens*. ↗*hören*, ↗*Behörde*.

Gehrock m. langschößiger Männerrock, um 1800 verkürzt aus *Ausgehrock*.

Geier m. mhd. ahd. *gîr*, vom Adj. mhd. *gîre* gierig, das aus der idg. Wurzel **ĝh(ê)i-* klaffen, gähnen stammt. Der Vogel hat seinen Namen von seiner Freßsucht. ↗*Gier*. Tarnbezeichnung für den Teufel („*Hol dich der Geier!*") 15. Jh. **Geifer** m. spätmhd. *gaifer;* vom Zw. *geifen* klaffen, Erweiterung der idg. Wurzel **ĝh(e)i-*. ↗*gähnen*, ↗*jiepern*.

Geige w. mhd. *gîge*, spätahd. *gîga*, von einem Zw., das z.B. in an. *geiga* schwanken vorliegt (von der Bewegung des Bogens). Die weitere Herkunft ist ungeklärt (zur idg. Wurzel **ĝh(e)i-* klaffen? Dann zu ↗*gähnen*). ↗*Gig*. – *Die erste Geige spielen*, nämlich im Streichorchester (17. Jh.). ↗*Fiedel*, ↗*Violine*.

geil Adj. mhd. ahd. *geil* üppig, fröhlich; vgl. got. *gailjan* erfreuen; idg. Wurzel **ĝhoilo-s* schäumend.

Geisel m. mhd. *gîsel*, ahd. *gîsal*, auch im Kelt. (air. *gîall* Geisel), von einer idg. Wurzel **gheisbürgen.

Geiser m. heiße Sprudelquelle, 19. Jh. aus isl. *geysir*. Eigtl. = Wüterich (an. *geisa* wüten). ↗*gießen*.

Geiß w. mhd. ahd. *geiʒ*, got. *gaits* (engl. *goat*); urverw. lat. *haedus* Ziegenbock. Idg. Tierbezeichnung unbekannter Bedeutung (Wurzel **ghaido-*). Vor dem Eindringen von ↗*Bock* meinte *Geiß* auch die m. ↗*Ziege*. **Geißblatt** s. Jelängerjelieber, LÜ 19. Jh. aus lat. *caprifolium*, nach der Blattform.

Geißel w. mhd. *geisel*, ahd. *geisila*, mit *-l*-Suffix aus germ. *gaiza-* hergeleitet, woher auch *Ger* m. stammt. Urspr. = Stecken (zum Antreiben des Viehs). Durch ↗*Peitsche* weitgehend verdrängt.

Geist m. mhd. ahd. *geist* (engl. *ghost*); vgl. got. *usgeisnan* erregt werden, *usgaisjan* erregen; wgerm. Wort aus idg. Wurzel **ĝheis-* erregt (sein). Urspr. also = Erregung, Ekstase; durch die christl. Mission vergeistigt (LÜ zu lat. *spiritus*). **geistesabwesend** Adj. 19. Jh. nach dem Subst. *Geistesabwesenheit* w. um 1800 LÜ von frz. *absence d'esprit*. **Geistesgegenwart** w. LÜ durch Herder von frz. *présence d'esprit* (1791). **Geistlicher** m. LÜ 15. Jh. von lat. *spiritualis*. **geistreich** Adj. Mitte 14. Jh. *geist(er)ich*, LÜ von lat. *spiritualis* (H. Seuse); daher bei Luther = voll religiösen Geistes; im 17. Jh. auf den weltl. Dichter bezogen; 18. Jh. = intelligent.

Geiz m. mhd. ahd. *gît;* dazu das Zw. mhd. *gît(e)sen, gîzen*, aus dem das *-z* stammt. Urspr. = Habsucht (↗*Ehrgeiz*); erst 17. Jh. auch = abstoßende Sparsamkeit. Idg. Wurzel **gheidh-* gierig sein. – Seit 1. Hälfte 18. Jh. auch = schmarotzender Nebentrieb an einer Pflanze. ↗*Habgier*. **Geizhals** m. urspr.: = Gierschlund; seit Luther = Schelte eines Habgierigen. Daneben um 1800: *Geizkragen* m.

Gekröse s. kleines Gedärm, mhd. (*ge*)*krœse*, ahd. *chrôse* Krapfengebäck; vom Adj. ↗*kraus*.

Gel s. KF 20. Jh. aus ↗*Gelatine* = Niederschlag aus kolloidaler Lösung.

Gelächter s. mhd. *gelehter*, Kollektiv zum Subst. mhd. *lahter*, ahd. *hlahtar, lahter* das Lachen (engl. *laughter*); vom Zw. ↗*lachen*.

Gelage s. 16. Jh. *gelag* für älteres *gela(i)ch, gelôch* u.ä.; vom Zw. ↗*legen*. Eigtl. = zusammengelegtes Geld (zur gemeinsamen Feier). Vgl. got. *gabaur* was zusammengetragen ist, = Festmahl.

Geländer s. 15. Jh. *gelenter, gelender*, spätmhd. *gelanter;* Kollektiv zu mhd. *lander* Zaunlatte, Lattenzaun (mit lit. *lenta* Brett zu ↗*Linde*??). ↗*Laden*, ↗*Latte*, ↗*Spalier*.

Gelaß s. mhd. *gelæze* Niederlassung(sort), vom Zw. mhd. *gelâzen* sich niederlassen. Zu ∕ lassen. **gelassen** Adj. eigtl. = Part. Pass. zum Zw. mhd. *gelâzen;* zunächst = von mäßiger Gemütsbewegung; dann (bei den Mystikern) = gottergeben; von Pietisten 18. Jh. aufgenommen und durchgesetzt.

Gelatine w. 1. Hälfte 18. Jh. aus nlat. *gelatina* Gallert (zu lat. *gelare* frieren, *gelatus* gefroren). ∕ Gallert, ∕ Gel, ∕ Gelee.

gelb Adj. mhd. *gel*, ahd. *gelo* (engl. *yellow*); idg. Farbbezeichnung (-*wo*-Stamm wie ∕ blau, ∕ fahl, ∕ grau); idg. Wurzel *ghelwo*- (urverw.: lat. *helvus* honigfarben). ∕ Galle, ∕ Gold, ∕ glühen, auch ∕ Glanz. **Gelbschnabel** m. urspr. = unflügger Vogel (nach der Färbung der Schnabelseiten); 2. Hälfte 16. Jh. = unfertiger junger Mensch.

Geld s. mdh. ahd. *gelt* Ersatz, Einkommen (got. *gild* Zins); erst seit 14. Jh. = gemünztes Zahlungsmittel; vom Zw. ∕ gelten. -d für älteres -t wie bei ∕ dulden.

Gelee m., s. 1. Hälfte 18. Jh. aus frz. *gelée* (von lat. *gelatus* gefroren). ∕ Gel, ∕ Gelatine.

Gelegenheit w. mhd. *gelegenheit* Lage, Beschaffenheit; noch 16. Jh. = Gegend; dann = Sachlage. Vom Adj. **gelegen** eigtl. = Part. Pass. zum Zw. ∕ liegen; mhd. *gelegen* benachbart, passend, auch *gilegan* angrenzend. *Die Gelegenheit beim Schopfe ergreifen* 18. Jh. (nach gr. Plastiken, die den Kairos, das göttl. Sinnbild der günstigen Gelegenheit, mit Locken zeigten. Vgl.: engl. *to take opportunity by the forelock;* 16. Jh.). **gelegentlich** Adj. mhd. *gelegenlich* angrenzend, gelegen. Gleitendes -*t*- seit 18. Jh. wie in ∕ eigen-t-lich, ∕ flehen-t-lich, ∕ geflissen-t-lich u. a.

gelehrig Adj. 15. Jh. verstärkend zu älterem ahd. *lêrig;* zum Zw. ∕ lehren.

Geleise s. ∕ Gleis.

Gelenk s. mhd. *gelenke* Hüftgelenk, zum Subst. mhd. *lanke*, ahd. *(h)lanca* Hüfte; urverw.: lat. *clingere* umgürten; idg. Wurzel *klengbiegen. ∕ Flanke, ∕ lenken. **gelenkig** Adj. Mitte 17. Jh. vom Zw. ∕ lenken (mhd. *gelenke*).

Gelichter s. mhd. *gelihter* Geschwister; dann = Sippe, Stand; im 17. Jh. abwertend = Bande. Zum Subst. ahd. *lehtar* Gebärmutter, vom Zw. ahd. *ligan* ∕ liegen; eigtl. = wer im gleichen Mutterschoß lag.

gelingen Zw. (gelang, gelungen), mhd. *gelingen*, ahd. *gilingan* glükken; verw.: ∕ leicht, ∕ Lunge (ahd. *lungar* schnell). Eigtl. = schnell und leicht vor sich gehen.

gellen Zw. mhd. *gellen*, ahd. *gellan* schreien; idg. Wurzel *ghel*-. ∕ Nachtigall.

geloben Zw. mhd. *geloben*, ahd. *gilobôn* applaudieren; zum Zw. ∕ loben. Zunächst = beipflichten; dann = beipflichtend zusagen; schließlich = versprechen. Vgl.: ∕ lieb, ∕ verloben, ∕ Gelübde.

gelt[1] Interj. spätmhd. *gelte*. Eigtl. = Optativ Präs. zum Zw. ∕ gelten = es möge gelten! (Wettangebot).

gelt[2] Adj. = unfruchtbar, mhd. *gelde*, an. *gelda* Zw. entmannen, wohl zur idg. Wurzel *ghel*- schneiden.

gelten Zw. mhd. *gelten*, ahd. *geltan* entschädigen, opfern (engl. *yield;* vgl. got. *fragildan* vergelten); zugrunde liegt ein gemeingerm. Zw. *gelðan* entrichten; weitere Herkunft ungeklärt. ∕ Geld, ∕ Gilde, ∕ gültig, ∕ Entgelt.

Gelübde s. mhd. *gelüb(e)de*, ahd. *gilubida*, vom Zw. ahd. *giloben* ∕ geloben. Bildung auf -*de* wie ∕ Behörde, ∕ Gebärde, ∕ Gemälde.

Gemach s. mhd. *gemach* Ruhe, Behagen, ahd. *gimah* Vorteil, Bequemlichkeit, als Adj. = passend; zum Zw. ∕ machen fügen; hochmhd. = Ort der Ruhe, Zimmer (1. Hälfte 14. Jh. *haimlîcher gemach* Abtritt). ∕ Ungemach. **gemächlich** Adj. mhd. *gemechlich*, ahd. *gimahlîh* zur Bequemlichkeit neigend; langsam. ∕ allmählich.

Gemahl m. mhd. *gemahel(e)*, ahd. *gimahalo*, zum Zw. ahd. *gimahalan* zusammensprechen, verloben, ahd. *mahal* Vertrag; vgl.: got. *maþljan* reden, *maþl* Vertrag, Markt. Idg. Wurzel *mad-* zusammenkommen (engl. *meet* treffen, begegnen, *meeting* Zusammenkunft; daher d. *Meeting* s., 19. Jh.). ∕ *vermählen*.

Gemälde s. mhd. *gemælde*, ahd. *gimâli(di)*; zum Zw. ∕ *malen*; Bildung auf *-de* wie ∕ *Behörde*, ∕ *Gebärde*, ∕ *Gelübde* usw.

gemäß Adj. mhd. *gemæʒe*, ahd. *gemâʒi*; vom Zw. ∕ *messen*.

gemein Adj. mhd. *gemein(e)*, ahd. *gimeini* allen gemeinsam, allgemein, got. *gamains* gemeinsam (engl. *mean* gemein); vom Adj. ahd. *mein* falsch; zu einer Nasalerweiterung der idg. Wurzel *mei-* tauschen (verw.: lat. *mutuus* gegenseitig, *mutare* vertauschen); eigtl. = mehreren wechselweise zukommend; dann = mehreren in gleicher Weise zu eigen. Was vielen in gleicher Art zukommt, ist wertlos; daher = niedrig. ∕ *Immunität*, ∕ *Kommune*, ∕ *Meineid*. **Gemeinde** w. mhd. *gemein(d)e*, ahd. *gimeini(da)*; vgl. got. *gamainþs* Versammlung; LÜ von lat. *communio*. ∕ *Allmende*. **Gemeinheit** w. mhd. *gemeinheit* Gemeinde (-besitz); 15. Jh. = Gemeinsamkeit; 17. Jh. = niedrige Handlungsweise. **Gemeinplatz** m. LÜ 2. Hälfte 18. Jh. von lat. *locus communis* nach dem Muster von engl. *commonplace*. **gemeinsam** Adj. mhd. *gemeinsam*, ahd. *gameinsam*; LÜ von lat. *communis*. Zum Suffix *-sam* ∕ *gehorsam* und Entsprechungen! **Gemeinwohl** s. LÜ 18. Jh. von engl. *common weal* (durch Voß).

Gemme w. geschnittener Edelstein, mhd. *gimme*, ahd. *gimma*, von lat. *gemma* (woher auch über frz. engl. *gem*); noch einmal über it. entlehnt 18. Jh.

Gemse w. mhd. *gam(e)ʒ* und *gemeʒe* neben *gemz*, zu dem ahd. *gamiza* stimmt, von einem (nichtroma-

nischen) Alpenwort *camox* (it. *camozza*). Vielleicht zu voridg. **kam-* Stein (= Steintier?)?

Gemüse s. spätmhd. *gemüese* Brei 16. Jh. (Luther) = Brei aus gekochten Pflanzen; 17. Jh. die kochbaren Pflanzen selbst. – Kollektiv zu ∕ *Mus*.

Gemüt s. mhd. *gemüete;* Kollektiv zum Subst. ∕ *Mut*. Eigtl. also = alle Seelenregungen und -kräfte. **gemütlich** Adj. Pietistenwort, von Goethe verbreitet (aber schon mhd. [selten] *gemüetlich* wohlgemut).

Gen s. Erbanlage, 20. Jh. KF von lat. *genus* Geschlecht (∕ *Genus*).

genau Adj. spätmhd. *genouwe*, *genâwe* neben *nou(we)*, *nâwe* eng, sorgfältig; zum Zw. ahd. *hniuwan* stoßen, schlagen (verw.: gr. *knýein* kratzen); also eigtl. = schlagend, stoßend, kratzend.

Gendarm m. Anfang 19. Jh. aus frz. *gens d'armes* eigtl. = Bewaffnete, Name der revolutionären frz. Polizeitruppe, davor Name von (frz. und preuß.) Kavallerieeinheiten; urspr. Name der frz. kgl. schweren Kavallerie (15. Jh.). ∕ *Armee*.

genehm Adj. mhd. *genæme* (ahd. *nâmi*) vom Zw. ∕ *nehmen* = was nehmbar ist. ∕ *angenehm*, ∕ *vornehm*. **genehmigen** Zw. 18. Jh. vom Adj. *genehm*.

General m. mhd. *general* Ordensoberer, aus lat. *generalis* allgemein, im Kirchenlat. = Ordensoberer; seit Mitte 15. Jh. militärisch nach frz. Vorbild (dabei verkürzt *General* urspr. den Titel *Generaloberst* LÜ Mitte 16. Jh. von frz. *capitaine général*). **Generation** w., 17. Jh. aus lat. *generatio* Zeugung (∕ *Genitiv*); – **Generator** m. Maschine, 20. Jh. aus lat. (= Erzeuger). **generell** Adj. um 1800 aus lat. *generalis* allgemein (mit frz. Endung).

genesen Zw. (genas, genesen), mhd. *genesen*, ahd. *ginesan*, got. *ganisan;* verw. (gramm. Wechsel!). ∕ *nähren;* urverw.: gr. *néomai* zurückkehren, *nóstos* Heimkehr. Also = davonkommen.

genetisch Adj. 20. Jh. KW vom gleichen Stamm wie ⁄ *Genitiv*. – **Genetiv** m. ⁄ *Genitiv*.

Genick s. mhd. *genic(ke);* Kollektiv zum Subst. mhd. *necke,* das zu ⁄ *Nacken* ablautet. Idg. Wurzel **kneg-* aus **ken-* zusammendrücken.

Genie s. um 1700 aus frz. *génie* (lat. *genius* Schutzgeist, Gönner); ⁄ *Genitiv*. **genial** Adj. ⁄ *Genitiv*. – ⁄ *Ingenieur*.

sich genieren Zw. 2. Hälfte 18. Jh. aus frz. *gêner* belästigen, vom Subst. frz. *gêne* Zwang, Folter, afrz. *gehine* erpreßtes Geständnis; dazu Zw. afrz. *jehir* Geständnis erfoltern, dies vom afrk. Zw. **jahjan* sagen lassen, zum Geständnis bringen; Bewirkungswort von ahd. *jehan* sagen (⁄ *Beichte,* ⁄ *Gicht*).

genießen Zw. (genoß, genossen), mhd. *gnieʒen,* ahd. *ginioʒan;* got. *ganiutan* fangen; idg. Wurzel **neud-* ergreifen. ⁄ *Nießbrauch,* ⁄ *nütz([e]n),* ⁄ *Genuß*. – **Genosse** m. mhd. *genôʒ(e),* ahd. *ginôʒ(o);* vom Zw. *genießen*. Eigtl. = wer etwas mit anderen besitzt.

Genitiv m. aus lat. (*casus) genetivus* Fall, der die Herkunft (lat. *gignere* zeugen) bezeichnet. ⁄ *Kind* und seine Sippe. – **genial** Adj. 2. Hälfte 18. Jh. formal von lat. *genialis* erfreulich, inhaltl. vom Subst. ⁄ *Genie* beeinflußt (Ausgangspunkt: lat. *genius* Schutzgeist; eigtl. = Zeugungsgott; lat. *gignere* zeugen). ⁄ *Ingenieur*.

Genosse m. ⁄ *genießen*.

Gentleman m. Anfang 18. Jh. aus engl. *gentleman* (LÜ von frz. *gentilhomme* Edelmann [frz. *gentil* edel]; vgl.: lat. *gens* Sippe).

genug Adj. mhd. *g(e)nuoc,* ahd. *ginuog(i),* got. *ganôhs* (engl. *enough*), zum Zw. ahd. *ginah* es genügt = got. *ganah;* urverw.: lat. *nancisci* erreichen; idg. Wurzel **(e)nek-* erlangen. – ⁄ *vergnügen,* ⁄ *begnügen*. **genügsam** Adj. mhd.

genuhtsam; genuocsam, ahd. *ginuhtsam;* zum Subst. ahd. *ginuht* Genüge, zum Suffix -*sam* ⁄ *gehorsam*. **genugtun** Zw. mhd. *genuoctuon,* LÜ von lat. *satisfacere*.

Genus s. Art, (gramm.) Geschlecht, 19. Jh. von lat. *genus* Geschlecht (⁄ *Genitiv*).

Genuß m. 17. Jh. für älteres *Geniess,* mhd. *genieʒ;* zum Zw. ⁄ *genießen*.

Geograph m. Ende 16. Jh. von gr. *geógráphos* erdbeschreibend (*gê* Erde + *gráphein* schreiben). Dazu **Geographie** w. 1. Hälfte 16. Jh. über lat. *geographia* aus gr. *geográphía* Erdbeschreibung. ⁄ *Erdkunde*. **Geologie** w. 1. Hälfte 18. Jh. aus gr. *geología* Wissenschaft von der Erde. **Geometrie** w. mhd. *geometrîe,* 16. Jh. über lat. aus gr. *geômetría* Erdmessung.

Georgine w. Dahlie, Anfang 19. Jh. nach dem Kolberger Professor J. G. *Georgi* in Petersburg. ⁄ *Dahlie*.

Gepäck s. Mitte 16. Jh. *Gepeck;* Kollektiv von ⁄ *Pack;* soldatisch seit Siebenjährigem Krieg für älteres ⁄ *Bagage* oder ⁄ *Plunder*.

Ger m. ⁄ *Geißel*.

gerade[1] Adj. gleichpaarig, mhd. *gerat,* ahd. *girat,* zum Zw. got. *garaþjan* zählen; Subst. got. *raþjô* Zahl. ⁄ *Rede*.

gerade[2] Adj. ohne Krümmung, mhd. *gerat, gerade,* ahd. *giradi* ganz schnell (vgl. got. *raþs* leicht; ⁄ *rasch*). Bedeutung: über „schnell gewachsen" und „lang gestreckt" zu „der Länge nach verbunden".

Geranie w. 1. Hälfte 18. Jh. aus gr. *geránion* Kranichpflanze (nach der Form der Früchte; gr. *géranos* ⁄ *Kranich*). ⁄ *Storchschnabel*.

Gerät s. mhd. *geræte* Hausrat, ahd. *girâti* Beratung, Fürsorge; Kollektiv zu ⁄ *Rat*. ⁄ *Hausrat*.

geraum Adj. mhd. *gerûm(e),* ahd. *girûmo* Adv. bequem, vom Adj. mhd. *rûm,* ahd. *rûm(i),* got. *rûms* geräumig; zum Subst. ⁄ *Raum*.

Geräusch s. mhd. *geriusche;* Kollektiv zum Zw. ⁄ *rauschen*.

gerben Zw. mhd. *gerwen* (seit 1300 in unserer Bedeutung), ahd. *gara-, gariwen* bereitmachen; zu: ↗*gar.* -*rb*- aus -*rw*- wie in ↗*Farbe.*

gerecht Adj. mhd. *gereht* dem Rechtsempfinden gemäß, ahd. *g(i)reht* gerade, wohl LÜ von lat. *directus* (doch vgl. got. *garaihts* rechtlich gesinnt). ↗*direkt.* **Gericht**[1] s. mhd. *geriht(e)* Ort und Entscheid der Rechtsprechung, ahd. *girihti* Gerichtsversammlung, -entscheid; zum Adj. ↗*recht.* **Gerichtsbarkeit** w. 2. Hälfte 17. Jh. vom Adj. *gerihtbar*, 16. Jh. **Gerichtsvollzieher** m. seit 1877 (Zivilprozeßordnung).

Geriatrie w. Greisenheilkunde, 20. Jh. KW aus gr. *gérōn* Greis + *iatrós* Arzt.

Gericht[2] s. mhd. *gerihte* Hausrat, Speise; Kollektiv zu ↗*richten;* – ↗*anrichten.*

gerieben Adj. durchtrieben, 2. Hälfte 15. Jh. Eigtl. = Part. Pass. vom Zw. ↗*reiben.*

gering Adj. mhd. (*ge*)*ringe* leicht, klein, ahd. (*gi*)*ringi* leicht (*ungiringi* schwer); urverw.: gr. *rímpha* leicht, schnell; idg. Wurzel **rengh-.* ↗*verringern.* **geringfügig** Adj. 17. Jh. für älteres *geringfüg.* **geringschätzig** Adj. 15. Jh.

gerinnen Zw. mhd. *gerinnen*, ahd. *ga-, girinnen.* Eigtl. = zusammenrinnen. ↗*rinnen.*

Gerippe s. Mitte 17. Jh. Kollektiv zum Subst. ↗*Rippe.* Eigtl. = alle Rippen; dann = das ganze Knochengerüst.

gerissen Adj. 19. Jh., vielleicht aus der Jägersprache (eigtl. = wiederholt vom Hund gerissenes und immer wieder entflohenes Wild?). ↗*reißen.* Doch vgl. Bedeutungsverwandte wie ↗*gerieben,* ↗*durchtrieben* u. ä.

gern Adv. mhd. *gerne*, ahd. *gerno*, zum Adj. mhd. ahd. *gern(i),* got. *gaírns;* zu ↗*begehren,* ↗*Begier(de),* ↗*Gier* (idg. **gher-;* urverw. gr. *chaírein* sich freuen, *charâ* Freude).

Geröll s. 18. Jh. zu ↗*rollen.*

Gerste w. mhd. *gerste*, ahd. *gersta;* urverw.: lat. *horrere* starren, *hordeum* Gerste; eigtl. = die Stachlige. **Gerstenkorn** s. Geschwulst am Augenlid, Mitte 16. Jh. LÜ von lat. *hordeolus,* das seinerseits eine LÜ von gr. *krithê* ist. – Davor mhd. *gerstenkorn,* ahd. *gerstun korn* Fruchtkorn der Gerste.

Gerte w. mhd. *gerte,* ahd. *gerta, gart(e)a* (engl. *yard* Elle), *j*-Ableitung von mhd. ahd. *gart* Treibstachel, -stecken, got. *gazds* Stecken; urverw.: lat. *hasta* Lanze, Spieß. ↗*Yard.*

Geruch m. mhd. *geruch,* Zs. mit dem Subst. mhd. *ruch* Duft, Dunst; vom Zw. ↗*riechen.*

Gerücht s. mnd. *geruchte, -rochte* Hilferuf bei Ertappung des Täters; mhd. *gerüefte, geruofte,* ahd. *gehruafti* Hilferuf, Geschrei. ↗*Ruf.* Nd. -*cht*- für hd. -*ft*- wie in ↗*achter,* ↗*Gracht* (↗*anrüchig,* ↗*ruchbar*); ↗*sacht,* ↗*Schachtelhalm,* ↗*Schicht.*

geruhen Zw. mhd. *geruochen* belieben, ahd. *giruochan* sorgen (engl. *reck* sich kümmern), zum Subst. mhd. *ruoche,* ahd. *ruohha* Sorge; vgl. ahd. *rahha* Rechenschaft; urverw. gr. *arōgós* Helfer, *arêgein* helfen. -*h*- für älteres -*ch*- unter volkset. Einfluß von *ruhen.* ↗*ruchlos,* ↗*verrucht.*

Gerümpel s. mhd. *gerumpel* altes, unfest stehendes Hausgerät; umlautend vom Zw. ↗*rumpeln.*

Gerüst s. mhd. *gerüste,* ahd. *gi(h)rusti* Aufbau; Kollektiv zum Zw. ↗*rüsten.*

gesamt Adj. mhd. *gesamnet, gesament,* ahd. *gisamanôt,* eigtl. = Part. Pass. zum Zw. ahd. *samanôn* ↗*sammeln.*

Gesandter m. Anfang 16. Jh. verkürzt aus älterem *gesanter pote.* ↗*senden.* **Gesandtschaft** w. Mitte 17. Jh. nach nl. *ghesandschap.*

Gesäß s. mhd. *gesæȝ(e)* der Hintere, ahd. *gisâȝi* Niederlassung, Sitz; zum Zw. ↗*sitzen.*

Geschäft s. mhd. *gescheft(e)* Verrichtung (aber ahd. *gaskaft,* got. *gaskafts* Geschöpf, Schöpfung); vom Zw. /*schaffen.* **Geschäftsmann** m. um 1800 LÜ von frz. *homme d'affaires.* **Geschäftsträger** m. 2. Hälfte 18. Jh. LÜ von frz. *chargé d'affaires.*

geschehen Zw. (geschah, geschehen), mhd. *geschehen,* ahd. *giscehan,* zum Zw. mhd. *schehen* eilen, ahd. *scehan* umherlaufen; verw. /*schicken*; eigtl. = schnell vor sich gehen. /*Geschichte.*

Gescheid s. Gedärm des Wildes, 18. Jh. jägersprachl.; zum Zw. /*scheiden*; = was ausgeschieden werden muß. **gescheit** Adj. mhd. *geschîde,* vom Zw. mhd. *schîden.* Eigtl. = wer unterscheiden kann.

Geschenk s. spätmhd. *geschenke* Gabe, mhd. *geschinke* Eingeschenktes; zum Zw. /*schenken.*

Geschichte w. mhd. *geschicht* Ding, Art, ahd. *gisciht* Vor-, Zufall; 15. Jh. = Bericht, Historie; nur d. Wort zum Zw. /*geschehen.*

Geschick s. mhd. *geschicke* Ereignis, Form, Anordnung; zum Zw. /*schicken* ordnen. Vgl.: /*Schicksal.* **geschickt** Adj. mhd. *geschicket* geordnet, fertig; Part. Pass. zum Zw. /*schicken.*

Geschirr s. mhd. *geschirre* Werkzeug, Bespannung, ahd. *giscirri* Werkzeug, nur d. Wort zum Zw. ahd. *sceran* schneiden; also eigtl. = Zurechtgeschnittenes. /*scheren.* Dazu /*anschirren. – Ins Geschirr gehen* 19. Jh. von Wagenpferden.

Geschlecht s. mhd. *geslähte* Familie, Eigenschaft, ahd. *gislahti* Eigenschaft, Beschaffenheit; Kollektiv zum Subst. mhd. *slahte,* ahd. *slaht(a)* Geschlecht, Verwandtschaft, vom Zw. ahd. *slahan* arten, nachschlagen; also = was dieselbe Richtung einschlägt; früh vom Begriff von lat. /*genus* beeinflußt. Vgl. mhd. *ungeslaht,* ahd. *ungislaht* was nicht dieselbe Richtung einschlägt; niedrig. – /*nachschlagen,* /*Schlacht,* /*ungeschlacht.* Ge-

schlechtsglied, -teil LÜ 18. Jh. von lat. *membrum genitale, pars genitalis.* **Geschlechtswort** s. Eindeutschung für /*Artikel,* seit Mitte 17. Jh.

Geschmack m. mhd. *gersmac(h),* ahd. *gismah(ho), gismac* Geschmackssinn, Geruch; Mitte 17. Jh. = Gefühl für das Schöne, unter Einfluß von span. *(buen) gusto.* Zu /*schmecken.*

Geschmeide s. mhd. *gesmît, gesmîde* Metallwaffen, -gerät, -schmuck, ahd. *gismîdi* Metall, Kollektiv zum Subst. ahd. *smîda* Metall. /*Schmied.*

geschmeidig Adj. mhd. *gesmîdec* leicht zu *schmieden* (?), gefällig nachgebend. Oder (eher) verw. mit /*schmieren* (idg. Wurzel *smei-*; alte Fachwerktechnik!)?

Geschmeiß s. mhd. *gesmeize* Kot, Unrat, Gezücht; zum Zw. /*schmeißen.*

geschniegelt Adj. eigtl. = Part. Pass. zum Zw. *schniegeln,* vom ostmd. *schniechl* Locke (eigtl. = Schnecke); vgl. mhd. *snegel* /*Schnecke.*

Geschöpf s. frühnhd. *geschepfe* für älteres mhd. *geschephede, -schöpfede,* ahd. *gescepheda* Schöpfung, Geschöpf, zum Zw. mhd. *schepfen* erschaffen (vgl. /*schöpfen*).

Geschoß s. mhd. *geschoz, -schôz,* ahd. *giscoz*; zum Zw. /*schießen,* = was geschossen wird oder = was schnell in die Höhe schießt; dann = Stockwerk (so schon mhd.). – **Geschütz** s. mhd. *geschütz(e), geschuzze*; Kollektiv zum Subst. mhd. *schuz, schutz* Schuß.

Geschwader s. 15. Jh. neben älterem mhd. *swader,* aus it. *squadra* viereckig aufgestellte Truppe (bes. Reiterei), it. Zw. *squadrare,* aus volkslat. *exquadrare* viereckig ordnen (lat. *quadrus* aus *quatrus* viereckig; *quattuor* vier); /*Quader!* 2. Hälfte 18. Jh. = Flottenabteilung. Vgl. /*Schwadron.*

geschwind Adj. mhd. *geswinde* (sehr) schnell; vgl. mhd. *swint, -de* stark = got. *swinþs;* ablautend dazu (Schwundstufe) ↗*gesund.* Zur Bedeutungsentwicklung vgl. ↗*bald.*

Geschwister Mz. mhd. *geswister (-de),* ahd. *giswestar* alle Schwestern; Kollektiv zum Subst. ↗*Schwester* (alte Opposition zu: *Gebrüder*).

Geschworene m., w. mhd. *gesworne* wer sich durch Eid verpflichtet hat; Part. Pass. zum Zw. ↗*schwören.*

Geschwulst w. mhd. *geswulst,* ahd. *giswulst;* Kollektiv zum Zw. ↗*schwellen.* ↗*Schwulst.*

Geschwür s. 16. Jh. für älteres mhd. *geswer,* ahd. *giswer;* zum Zw. ↗*schwären.*

Geselle m. mhd. *geselle* Hausgenosse, Freund, Handwerksgehilfe, ahd. *gisell(i)o* Hausgenosse; d. Kollektiv zu ↗*Saal;* = wer mit mir im selben Saal (= Haus) lebt (vgl. ↗*Kamerad*). **Gesellschaft** w. mhd. *gesel(le)schaft* (Handels-)Genossenschaft, Freundschaft, alle Gäste (ahd. *gisellascaf, giselliscaft* Genossenschaft); 15. Jh. = Sozialgefüge; 18. Jh. unter Einfluß von frz. *société.*

Gesetz s. mhd. *gesetze(de),* ahd. *gisezzida;* zum Zw. ↗*setzen.* **gesetzt** Adj. ruhig, 18. Jh. Part. Pass. zum Zw. ↗*setzen* sitzen lassen, beruhigen.

Gesicht s. mhd. *gesiht(e),* ahd. *gisiht* Anblick, Antlitz; zum Zw. ↗*sehen* (↗*Angesicht*). **Gesichtskreis** m. Eindeutschung von ↗*Horizont* um 1600. **Gesichtspunkt** m. LÜ von lat. *punctum visus* durch Dürer; LÜ von frz. *point de vue* durch Leibniz. ↗*Standpunkt.*

Gesims s. ↗*Sims.*

Gesinde s. mhd. *gesinde,* ahd. *gisindi,* Kollektiv zum Subst. mhd. *gesind,* ahd. *gisind(o),* got. *gasinþ(j)a* Gefolgsmann, zum Subst. ahd. *sind* Weg; also = Weggenosse; verw.: ↗*senden,* ↗*Sinn.* **Gesindel** s. 16. Jh. *gesind(e)lin* Deminutiv zu *Gesinde* (= kleines Gefolge), abwertend seit 17. Jh.

Gesinnung w. seit Mitte 18. Jh. = Einstellung; davor = Wunsch; 19. Jh. auch = polit. Einstellung; vom Zw. *gesinnen* begehren. **gesinnungstüchtig** Adj. SchlW der 1840er Jahre. ↗*sinnen.*

Gesittung w. 2. Hälfte 18. Jh. als Eindeutschung von ↗*Zivilisation.*

Gespann s. 16. Jh. Kollektiv zum Zw. ↗*spannen;* = (Paar) Zugtiere. **Gespenst** s. mhd. *gespenst(e),* -*spanst,* ahd. *gispanst* Lockung, zum Zw. mhd. *spanen,* ahd. *spanan* locken (↗*ausspannen* wegnehmen). ↗*abspenstig,* ↗*spannen,* ↗*widerspenstig.* Nur d. Wort!

Gespinst s. mhd. *gespunst* Gesponnenes; zum Zw. ↗*spinnen.*

Gespräch s. mhd. *gespræche* Sprachvermögen, Rede; ahd. *gisprâchi* Rede, Beredsamkeit; zum Subst. ↗*Sprache.* **gesprächig** Adj. mhd. *gespræchig* für häufigeres *gespræche,* ahd. *gisprâchi.*

Gestade s. mhd. *gestat,* Kollektiv zum Subst. mhd. *stade,* ahd. *stado* Ufer. Vgl.: *Staden* Uferstraße. Verw.: ↗*stehen* und seine Sippe. Obd. Wort gegenüber dem heute häufigeren, urspr. nd. ↗*Ufer.*

Gestalt w. mhd. *gestalt* vom Adj. mhd. *gestalt,* ahd. *gistalt* beschaffen. Eigtl. = Part. Pass. zum Zw. ↗*stellen.* ↗*ungestalt,* ↗*verunstalten.*

geständig Adj. mhd. *gestendec* beständig, zustimmend, dies vom Subst. mnd. *gestant* Bekenntnis; vom Zw. ↗*gestehen.* **Geständnis** s. Mitte 17. Jh. vom Adj. *geständig.*

gestatten Zw. mhd. *gestaten,* ahd. *gistatôn,* zum Subst. ahd. *stata* gute Gelegenheit; also eigtl. = gute Gelegenheit schaffen, gewähren. ↗*Statt,* ↗*stehen,* ↗*zustatten.*

Geste w. um 1500 *gesten machen* Grimassen schneiden, aus lat. *gestus* Auftreten, bes. eines Schauspielers, Redners (*gerere* auftreten, aus **gesere;* ↗*Register*); eingebürgert im 18. Jh. – ↗*gestikulieren,* ↗*Suggestion.*

gestehen Zw. mhd. *gestên, -stân,*

ahd. *gistân* stehenbleiben, (um zu) bekennen; von ⁄ *stehen.* ⁄ *geständig.*

Gestell s. mhd. *gestelle* äußere Gestalt, Mühlengestell, ahd. *gistelli* Zusammenstellung, Standort; Kollektiv zu mhd. ahd. *stal* Stelle (⁄ *Stall*), also nicht direkt von *stellen!* ⋰

gestern Adv. mhd. *gester(n)*, ahd. *gestaron, -ren, gestren* (engl. *yesterday*); urverw.: lat. *hesternus* gestrig, *heri* gestern, gr. *chtés gestern; idg. Zeitbezeichnung (idg. Wurzel **ĝhies-* am andern Tage; formal ein Komparativ, der in *gestern* und lat. *hesternus* noch einmal gesteigert erscheint [Suffix: *-*tra!*]).

gestikulieren Zw. Ende 17. Jh. aus lat. *gesticulari* (lat. *gesticulus* Grimasse, Deminutiv zu *gestus;* ⁄ *Geste*).

Gestirn s. mhd. *gestirn(e), -stirre*, ahd. *gistirni, -stirri;* Kollektiv zum Subst. ⁄ *Stern.* Dazu auch: **gestirnt** Adj. (in Form eines Part.s: ahd. *gistirnôt*) mit Sternen versehen.

Gestöber s. spätmhd. *gestobere, -stubere;* zum Zw. ⁄ *stöbern.*

Gestrüpp s. frühnhd. Kollektiv zum Subst. mhd. *struppe* Buschwerk. ⁄ *struppig.* Verw.: ⁄ *sträuben.*

Gestüt s. frühnhd. Kollektiv zu mhd. *stuot* Zuchtherde. ⁄ *Stute.*

gesund Adj. mhd. *gesunt*, ahd. *gisunt* unversehrt (engl. *sound.* − Wgerm. Wort!). ⁄ *geschwind.* Seit Mitte 19. Jh. = wirtschaftlich ungefährdet; daher *sich gesundmachen (-stoßen).*

Getöse s. mhd. *gedœze* Lärm, Wasserfall. Kollektiv zum Subst. mhd. *dôȝ* Geräusch. Nicht direkt von ⁄ *tosen* abgeleitet.

Getreide s. mhd. *getregede* Traglast, spätahd. *gitregidi* Ertrag; d. Bildung vom Zw. ⁄ *tragen;* seit 14. Jh. md. *getrei(ge)de* = Körnerfrucht. *-ei-* aus *-egi-* (*-agi-*) wie in ⁄ *Eidechse,* ⁄ *verteidigen.*

Getriebe s. spätmhd. *getribe* Triebwerk (an Mühlen), zum Zw. ⁄ *treiben.*

getrost Adj. mhd. *getrôst*, ahd. *gitrôst* voller Vertrauen; zu ⁄ *Trost* (vgl. *wohl-ge-mut*).

Getto s. 17. Jh. aus it. *ghetto* (ältestes it. *Ghetto* 1516 Venedig), dies von heb. *ghet* Absonderung.

Getümmel s. mhd. *getümel* Lärm, *tumel* Lärm, Krach; daher auch Zw. ⁄ *tummeln* in seiner urspr. Bedeutung = „lärmen".

Gevatter m. mhd. *gefatter(e)* Pate, Freund; ahd. *gifatero;* LÜ von lat. *compater* geistlicher Mitvater, Pate.

gewahr werden Zw. mhd. *gewar werden*, ahd. *giwar werdan* aufmerksam werden (engl. *aware*); vom germ. Adj. *wara aufmerksam, zum Zw. ⁄ *wahren.* Idg. Wurzel **u̯er-* achtgeben. ⁄ *Gewahrsam.*

gewähren Zw. mhd. *gewern*, ahd. *giwerên* zugestehen, leisten; das Part. des Simplex ahd. *werento* wandert ins Romanische; vgl. ⁄ *Garantie.* Idg. Wurzel **u̯er(ə)-* Gutes erweisen (vgl.: lat. *se-verus* unfreundlich, streng; gr. *eortê* Liebesmahl für die Götter, *éranos* Picknick). − ⁄ *Gewährsmann,* ⁄ *Währung.* Verw.: ⁄ *wahr.*

Gewahrsam s. (davor w., dann m.) mhd. *gewarsame* Aufsicht, Gefängnis, vom Adj. mhd. *gewarsam* sorgfältig. ⁄ *gewahr werden.* Zu *-sam* vgl. ⁄ *gehor-sam.*

Gewährsmann m. Mitte 17. Jh. für älteres mhd. *werman*, zum Zw. mhd. *wern* leisten. ⁄ *gewähren.*

Gewalt w. mhd. *gewalt*, ahd. *giwalt;* vom Zw. ⁄ *walten.* **gewaltsam** Adj. 15. Jh. rechtssprachl. Zu *-sam* ⁄ *gehorsam.* − ⁄ *überwältigen,* ⁄ *bewältigen.*

Gewand s. mhd. *gewant* Kleidung, Stoff; vgl.: ahd. *badagiwant* Badekleid; zum Zw. ⁄ *wenden* (daher ahd. *giwant* Wendung, Grenze). Eigtl. = was umgewendet, gefaltet (in der Truhe) aufbewahrt wird. **gewandt** Adj. seit Mitte 17. Jh. = (zum Wenden) geschickt (zunächst von Schiffen). Eigtl. = Part. Pass. zum Zw. ⁄ *wenden* (mhd. *gewant* beschaffen, den Verhältnissen angemessen). **Gewann(e)** w. Flur, mhd. *gewande;* vom Zw. ∕ *wenden* (Pflugwende!); vgl. *Gewende!*

gewärtig Adj. mhd. *gewertec* erwartend, dienstbereit, vom Zw. mhd. *gewarten* ausschauen, sich bereit halten, ahd. *giwartên* achthaben. ∕ *warten.*

Gewehr s. mhd. *gewer(e),* ahd. *giwer(î),* vom Subst. ∕ *Wehr* zum Zw. *werian* ∕ *wehren.* Eigtl. = die Verteidigungswaffen; dann = eine Schußwaffe.

Geweih s. spätmhd. *gewîge* für häufigeres *hirʒgewîh, hirʒgewîe;* zu einem verlorenen Subst. ahd. **wî(a)* Zweig: das Geweih wurde (von Jägern) mit einem Geäst verglichen.

Gewende s. ∕ *Gewann!*

Gewerbe s. mhd. *gewerbe* Geschäft, Tätigkeit; vom Zw. ∕ *werben.*

Gewerkschaft w. Mitte 16. Jh. = alle Mitarbeiter eines Bergwerks (= mhd. *gewerke*); seit 1868 = Arbeiterverband. ∕ *Werk.*

Gewicht s. mhd. *gewiht(e)* (engl. *weight*); vom Zw. ∕ *wiegen.* – ∕ *wichtig,* ∕ *Wucht.*

gewieft Adj. 19. Jh. Eigtl. = Part. Pass. zum Zw. mhd. *wîfen* schwingen (dazu ∕ *Wipfel;* vgl.: ∕ *gerieben*).

gewiegt Adj. Mitte 16. Jh. Eigtl. = Part. Pass. vom Zw. ∕ *wiegen* [1] (*in etw. gewiegt sein* damit großgeworden sein; übertragen im 16. Jh.).

gewillt sein Adj. *gewilt sîn,* zum Zw. mhd. *willen* willig machen, ahd. *will(e)ôn* geneigt sein. ∕ *Wille.*

gewinnen Zw. mhd. *gewinnen* siegen, erlangen, ahd. *ga-, giwinnan* etw. erreichen, zum Simplex mhd. *winnen,* ahd. *winnan* kämpfen, sich mühen, erreichen, got. *winnan* leiden (engl. *win* erringen); verw.: ahd. *wini* Freund. – ∕ *Wonne,* ∕ *wohnen;* urverw.: lat. *Venus* (Göttin der) Liebe; idg. Wurzel **u̯en(ə)-* umherstreifen, erstreben. – ∕ *gewöhnen,* ∕ *überwinden,* ∕ *Wahn,* ∕ *Wunsch,* ∕ *Lewin.* **Gewinn** m. mhd. *gewin,* ahd. *ga-, giwin;* vom Zw. ∕ *gewinnen.*

gewiß Adj. mhd. *gewis* sicher, ahd. *giwis;* vgl.: got. *unwiss* ungewiß; vom Zw. ∕ *wissen* (idg. Wurzel **ueid-,* erweitert: **uid-to*). Eigtl. = was gewußt wird. **Gewissen** s. mhd. *gewiʒʒen,* ahd. *giwiʒʒanî;* vom Part. Pass. des Zw.s *wissen* gebildete LÜ von lat. *conscientia* (LÜ von gr. *syneídêsis*), engl. frz. *conscience.* **Gewissensbiß** m. LÜ 17. Jh. von lat. *conscientiae morsus* (nach Hiob 27, 6).

Gewitter s. mhd. *gewiter(e),* ahd. *giwitiri* Unwetter; Kollektiv zum Subst. ∕ *Wetter.*

gewitzigt Adj. mhd. *gewitziget* eigtl. = Part. Pass. vom mhd. Zw. *witzegen* klug machen. ∕ *witzig.*

gewogen Adj. Ende 16. Jh. Eigtl. = Part. Pass. vom Zw. mhd. *gewegen* wiegen, gemäß sein. ∕ *wiegen.*

gewöhnen Zw. mhd. *gewenen,* ahd. *giwennan,* vom Adj. ahd. *giwon* gewohnt (an. *vanr* gewohnt; germ. Wurzel **wana-*); verw.: ∕ *gewinnen.* – Nhd. *-ö-* für älteres *-e-* nach *w-* (∕ *Gewölbe*); Ggs.: ∕ *verwöhnen.* ∕ *Wahn,* ∕ *Wonne.* **Gewohnheit** w. mhd. *gewon(e)heit,* ahd. *giwona-, -woneheit,* vom Adj. mhd. *giwon* gewohnt. **gewohnt** Adj. mhd. *gewon,* ahd. *giwon;* auslautend *-t* in Anlehnung an das Part. Pass. vom Zw. mhd. *gewenen.*

Gewölbe s. mhd. *gewelbe,* ahd. *giwelbi;* vom Zw. ∕ *wölben.* – Nhd. *-ö-* statt älterem *-e-* nach *-w-* wie bei ∕ *gewöhnen.* – Ebenso bei:

Gewöll(e) s. von Greifvögeln ausgewürgtes Unverdauliches, mhd. *gewel(le);* ahd. *giwel* Zusammengerolltes. Kollektiv zum Zw. ahd. *wellan* wälzen, drehen (vgl. got. *walus* rundes Stück).

Gewürz s. 15. Jh. Kollektiv zum Subst. *wurz* Pflanze, mit Anlehnung an ∕ *würzen.*

Gezäh s. Bergmannsgerät, mhd. *gezouwe* Werkzeug, Webstuhl; verw.: ∕ *Tau* [2], ∕ *zaudern.*

Gezeiten Mz. hd. Anfang 17. Jh. aus mnd. *getîde* Flutzeit (mhd. *gezît* Gebetsstunde). ∕ *Zeit.*

Geziefer s. ↗ *Ungeziefer.*

Ghostwriter m. anonymer, in fremdem Auftrag schreibender Verfasser, 20. Jh. aus am. *ghost* ↗ *Geist,* Gespenst + *writer* Schreiber.

Gicht w. mhd. *giht* neben *gegihte,* ahd. *gegiht(e), firgiht, gijiht,* zum Zw. ahd. *jehan* sprechen. Eigtl. = Krankheit, die durch Besprechen angehext ist (geheilt wird?). ↗ *Beichte,* ↗ *sich genieren.*

Giebel m. mhd. *gibel,* ahd. *gibil(i),* got. *gibla;* vgl.: ahd. *gibilla* Schädel, mhd. *gebel,* ahd. *gebal* Kopf; urverw.: gr. *kephalê* Kopf; idg. Wurzel **ghebh-l-,* die vermutl. zur Wurzel **ghəbh-l-* ↗ *Gabel* im Ablaut steht: *Giebel* urspr. = Punkt des Hausgerüstes, an dem die Firstpfette auf der Firstgabel ruht. Verw.: lat. *habere* (fest-)halten?

Gier w. mhd. *gir,* ahd. *girî,* vom Adj. mhd. *gir,* ahd. *ger* begehrend. ↗ *begehren,* ↗ *Begier(de),* ↗ *gern,* ↗ *Geier,* ↗ *Geifer.* **gierig** Adj. mhd. *giric,* ahd. *girîg* neben älterem *ger.*

gießen Zw. (goß, gegossen), mhd. *giezen,* ahd. *gioʒan,* got. *giutan;* verw.: lat. *fundere* gießen; urverw.: gr. *chéein* gießen, *chŷma* Guß; idg. Wurzel **ĝhu(d)-* Dentalerweiterung zu **ĝheu-* gießen (Metallguß!). ↗ *Fusel,* ↗ *Gosse,* ↗ *Guß,* ↗ *Gaul.* **Gießkanne** w. Mitte 17. Jh.; davor = Waschkanne.

Gift s. mhd. ahd. *gift;* zum Zw. ↗ *geben.* Eigtl. = Gabe (↗ *Mitgift*), dann in heutiger Bedeutung; LÜ von lat. *dosis* (= gr.; Euphemismus = [tödliche] Gabe!).

Gig w., s. Beiboot, 1. Hälfte 19. Jh. aus engl. *gig* leichtes Boot. Vielleicht verw. mit ↗ *Geige?*

Gigant m. Riese, mhd. ahd. *gigant,* über lat. aus gr. *gígas* Riese.

Gilde w. 16. Jh. hd. aus mnd. *gilde* Berufsvereinigung; auch: Gelage nach Vetragsschluß (engl. *guild*); zum Zw. ↗ *gelten* entschädigen, opfern. Eigtl. = Opfergemeinschaft.

Gimpel m. spätmhd. *gümpel,* vom Zw. mhd. *gumpen* springen (engl. *jump* springen). Eigtl. = Springer.

Entrundung des *-ü-* zu *-i-* wie bei ↗ *Bims,* ↗ *Kirre,* ↗ *Kissen,* ↗ *Kitt.*

Ginster m. mhd. *ginst(er),* ahd. *geneste(r),* aus afrz. *geneste,* it. *ginestra,* von lat. *genista* Ginster; Herkunft ungeklärt.

Gipfel m. spätmhd. *gipfel, güpfel,* zum Subst. mhd. *gupf(e)* ↗ *Kuppe* (charakterisierendes *-el*-Suffix wie bei ↗ *Wipfel,* ↗ *Schlingel* u. ä.).

Gips m. mhd. spätahd. *gips,* aus lat. *gypsum* = gr. *gýpsos,* aus dem Semitischen entlehnt.

Giraffe w. 2. Hälfte 14. Jh. *geraff,* über it. *giraffa* aus ar. *zurâfa* (aber schon 2. Hälfte 13. Jh. *schraffe,* aus volksar. *dschrâfa*).

Girl s. ↗ *Göre.*

Girlande w. 2. Hälfte 18. Jh. aus frz. *guirlande* (Ausgang: afrz. *gar-, guerlande* Kreis, zu afrz. *garlander* schmücken, kränzen). Weiteres?

Giro s. bargeldlose Überweisung, 1. Hälfte 17. Jh. aus it. *giro* Wechselübertragung; über lat. *gyrus* Kreis aus gr. *gŷros* Kreis, *gyrós* rund (idg. **geu-* biegen; ↗ *Keule*).

girren Zw. mhd. *girren, gurren;* SchW nach dem Lockruf der Tauben. ↗ *klirren.*

Gischt w. für älteres *Gäscht,* mhd. *gest, jest* (engl. *ye[a]st* Hefe), zum Zw. mhd. *jesen,* zu dem auch ↗ *gären* gehört. *-sch-* lautmalend.

Gitarre w. 1. Hälfte 17. Jh. (*Guitarre*) aus span. *guitarra,* von ar. *kittâra,* das über aram. Vermittlung aus gr. *kithára* stammt. Ausgangspunkt: pers. *sihtar* Dreisaiteninstrument? ↗ *Zither.*

Gitter s. mhd. *geter,* ahd. *getiri* (*gitter* seit 2. Hälfte 15. Jh.); Nbf. von ↗ *Gatter.*

Glacé s. 19. Jh. aus frz. *glacé* (Part. Pass. vom Zw. *glacer* glänzend machen, von lat. *glacies* Eis (vgl. ↗ *Eis!*); eigtl. = übereisen. – ↗ *Gletscher.* – **Glacéhandschuhe** Mz. 1827 für ältere *glacierte Handschuhe,* von frz. *gants glacés.* – **Glacis** s. Feldbrustwehr, 18. Jh. aus frz. (afrz. *glacier* gleiten; ↗ *Gletscher*).

Gladiole w. von lat. *gladiolus* Schwertchen (*gladius* Schwert, aus dem Kelt.?), nach der Blattform.

Glanz m. mhd. *glanz;* vgl. Adj. mhd. ahd. *glanz* glänzend; nur d. Wort (die nl. und nord. Entsprechungen sind entlehnt); von einer Erweiterung der idg. Wurzel *ĝhel-* glänzend, zu der auch ↗ *gelb* gehört. ↗ *Glas*, ↗ *glatt*. **glänzen** Zw. mhd. *glenzen*, ahd. *glanzen*, zum Zw. mhd. *glinzen* schimmern (engl. *glint* glänzen). **Glas** s. mhd. ahd. *glas;* dazu ablautend lat. *gl(a)esum;* urspr. = Bernstein, Bedeutungsänderung durch röm. Import; wie ↗ *Glanz* zur idg. Wurzel *ĝhel-* glänzen(d). – Seemännisch = halbe Stunde, 16. Jh. nach nl. Vorbild. Eigtl. = Ablauf der Sanduhr (Mz. *Glasen* [nl.!]). ↗ *glatt*, ↗ *gleißen*, ↗ *gleiten*. – **Glasur** w. 1. Hälfte 16. Jh. vom Subst. *Glas* nach dem Vorbild von *Lasur* (↗ *Azur*).

glatt Adj. mhd. *g(e)lat* schlüpfrig, glänzend, ahd. *g-, clat* glänzend (engl. *glad* froh); urverw.: lat. *glaber* glatt; verw. mit ↗ *Glas* und ↗ *Glanz*. – **Glatze** w. seit Luther; älter mhd. *gla(t)z* Kahlkopf, vom Adj. mhd. *glat* glatt. *-tz-* aus *-tt-* intensiviert.

Glaube(n) m. mhd. *g(e)loube*, ahd. *giloubo;* mit anderer Endung: got. *galaubeins;* vom Zw. **glauben**, mhd. *g(e)louben*, ahd. *gi-, galouban;* zum Adj. ↗ *lieb*. Eigtl. = lieb machen, bestätigen. ↗ *liebkosen*.

Glaubersalz s. Entdeckung des Arztes Johann Rudolf *Glauber*, 1658 (von ihm *Wundersalz* genannt).

gleich Adj. mhd. *gelîch(e)*, ahd. *gilîh;* Zs. aus dem Präfix *ge-* und dem Subst. **lîka* Körper (↗ *Leiche*). – ↗ *Gleisner*, ↗ *sogleich*, ↗ *welch*, ↗ *ähnlich*. **Gleichnis** s. ahd. *gilîhnissa* Bild, Gleichnis, vom Zw. **gleichen** mhd. *gelîchen*, ahd. *galîhhan* gleichstellen, *-machen*. **Gleichgewicht** s. LÜ 2. Hälfte 17. Jh. für lat. *aequilibrium*.

Gleis, Geleise s. mhd. *geleis(e)* für häufigeres *leis(e)* Weg; urverw.: lat. *lira* Furche, *delirare* aus der Furche abbiegen, rasen (↗ *Delirium*); mit ↗ *leisten* von Wurzel idg. **lois-* gehen. ↗ *lehren*.

Gleisner m. mhd. *glîsnêre*, aus älterem *gelîchs(e)nære* Heuchler, vom Zw. ahd. *gilîhhisôn* (sich) gleich machen, sich verstellen; zum Adj. ↗ *gleich*.

gleißen Zw. mhd. *glîzen*, ahd. *glî3(3)an;* wie ↗ *Glanz*, ↗ *Glas* und ↗ *glatt* zur idg. Wurzel **ĝhel-* glänzen. Davon abgeleitet ↗ *glitzern*. Vgl. auch ↗ *gleiten*, ↗ *glimmen*, ↗ *glotzen*, ↗ *glühen*. **gleiten** Zw. mhd. *glîten*, ahd. *glîtan* (engl. *glide*), von einer Erweiterung der idg. Wurzel **ĝhel-* glänzen; also = glänzend, glatt sein. ↗ *Glas* und seine Sippe, ↗ *glimmen*, ↗ *glitschen*, ↗ *glotzen*, ↗ *glühen*.

Gletscher m. 1. Hälfte 16. Jh. *gletzer, gletscher*, über tessin. aus frz. *glacier*, von lat. **glaciarium* Eisfläche, *glacies* Eis; ↗ *Glacé*. D. Wort: *Kees* s., ahd. *ches;* unerklärt.

Glibber m. glatte Masse, nordd. zum Zw. mhd. (*ge*)*liber(e)n* gerinnen. Verw.: ↗ *Lab, Lebermeer* (= Sagenmeer, in dem Schiffe stecken bleiben).

Glied s. mhd. *g(e)lit*, ahd. (*gi*)*lid*, got. *lipus;* verw.: lat. *lituus* Augurenkrummstab, Signalhorn; engl. *limb* Glied, Zweig; zur Wurzel idg. **lei-* biegen; also = alles (*ge-*), was gebogen werden kann. ↗ *Gelenk*, ↗ *ledig*. **Gliedmaßen** Mz. spätmhd. *lidemâ3;* Zs. aus *Glied* und einer Ableitung vom Zw. ↗ *messen* (Arm und Fuß sind alte Maße).

glimmen Zw. mhd. *glimmen;* vgl. mhd. *glîmen* glänzen (engl. *gleam* Glanz); verw. mit ↗ *gleißen* und ↗ *gleiten;* vgl.: gr. *chliarós* warm, *chliaínein* wärmen. **Glimmer** m. 16. Jh. erzgebirgisch. **Glimmstengel** m. 1. Hälfte 19. Jh. (zunächst ernsthaft gemeinte) Eindeutschung von ↗ *Zigarre*.

glimpflich Adj. mhd. *gelimpflich*, ahd. *gilimflîh* angemessen, vom

161

Subst. mhd. *g(e)limpf* Artigkeit, ahd. *gilimpf* Gemäßheit; dazu Zw. mhd. *gelimpfen* gemäß machen, sein, ahd. *gilimpfan* gemäß sein; verw.: mhd. Zw. *lampen* welk herunterhängen (engl. *limp* schlurfen), lat. *limbus* Kleiderbesatz; eigtl. = herabhängend, weich; dann = nachgiebig, einsichtig; schließlich = angemessen. ⌐ *Lump*, ⌐ *Schlampe*, ⌐ *verunglimpfen*.

glitschen Zw. Mitte 15. Jh. *glits(ch)en*; intensiv. zum obd. Zw. ⌐ *gleiten*. Nhd. -*tsch*- für älteres -*z*- wie in ⌐ *fletschen*, ⌐ *Pritsche*, ⌐ *rutschen*, ⌐ *zwitschern*.

glitzern Zw. mhd. *glitze(r)n* glänzen neben mhd. *glitzenen*, ahd. *glizinôn*; vom Zw. ⌐ *gleißen* (engl. *glitter*). -*rn*-Suffix wie bei ⌐ *flattern* u. ä.

Globus m. 15. Jh. von lat. *globus* Kugel (lat. *gleba* Klumpen). Dazu: **Globetrotter** m. Welt(en)bummler, 20. Jh. aus engl. (*to trott* bummeln). ⌐ *trotten*.

Glocke w. mhd. *glocke, glogge*, ahd. *glocka*, aus air. *clocc*; zu uns über England, zuerst südd. (dort benutzt man auch Kuhglocken in der alten Viereckform). Wohl SchW (daher frz. *cloche*; engl. *clock* Uhr stammt aus dem Nl. 14. Jh.). **Glockenspeise** w. Metall zum Glockenguß; mhd. *glocke(n)spîse*. Das Grundwort (auch isoliert: mhd. *spîse* = Glockenspeise) über frz. *despoise* aus lat. *expensa* Aufwand; ⌐ *Speise* [heutige Bedeutung jünger!]).

Glorie w. spätmhd. *glôrje* Heiligenschein, aus lat. *gloria* Ruhm (Herkunft?).

Glossar s. mhd. *glôsâr*, aus lat. *glos(s)arium* Wörterbuch; zum Subst. **Glosse** w. mhd. *glôse*, aus lat. *glossa* erklärungsbedürftiges Wort, erklärende Randnotiz (gr. *glôssa* Zunge, Sprache).

glotzen Zw. mhd. *glotzen* (engl. *gloat* anstarren), von einer Erweiterung der idg. Wurzel **ghel*- glänzen. – ⌐ *gleißen*, ⌐ *gleiten* usw.

Gloxinie w. trop. Pflanze, Ende 18. Jh. nach dem Straßburger Botaniker u. Arzt Benjamin Peter *Gloxin* (2. Hälfte 18. Jh.), der sie zuerst in seinen Werken aufgeführt hatte (benannt durch Konrad Gesner, 1516–1565).

Glück s. mhd. *g(e)lücke* (engl. *luck* aus dem Nl.), ungeklärter Herkunft (doch verweist der Umlaut auf nordd. Herkunft). **Glückskind** s. 16. Jh. Eigtl. = mit einer Glückshaube geborenes Kind. **Glückspilz** m. um 1800 LÜ von engl. *mushroom* Emporkömmling.

Glucke w. mhd. *kluck(e)*, zum Zw. mhd. *kl-, glucken*, SchW nach dem Hühnerruf. Intensivierend: **gluckern** Zw. 16. Jh. (⌐ *flunk-er-n* u. a.).

glühen Zw. mhd. *glü(ej)en*, ahd. *gluoen*; von einer Erweiterung der idg. Wurzel **ghel*- glänzen. ⌐ *gleißen* und seine Sippe. Abgeleitet **Glut** w. mhd. ahd. *gluot*.

Glyzerin s. KW 19. Jh. nach frz. Vorbild aus gr. *glykerós* süß (davor hieß das Glyzerin nach dem Erfinder 1776 *Scheelesches Süß* oder *Ölsüß*). **Glyzinie** w. KW Mitte 19. Jh. nach frz. Vorbild aus gr. *glykýs* süß.

Gnade w. mhd. *g(e)nâde*, ahd. *ga-, ginâda* Gunst, Geneigtheit, von Zw. got. *niþan* helfen; Grundbedeutung wohl = sich neigen. Herkunft ungeklärt (LÜ der ir. Mission von lat. *gratia*?). ⌐ *begnadigen*.

Gnatze w. ⌐ *nagen*.

gnatzig Adj. schlecht gelaunt, vom Subst. spätmhd. *gnaz* Grind, abgeleitet vom Zw. ahd. *gnîtan* reiben.

Gneis m. Gesteinsart, erzgebirgisch, 16. Jh., zu mhd. (*ga*)*neiste* Funke??

Gnitze w. kleine Mücke, mnd. *gnitte*, aus dem Nordd. ins Hd. eingedrungen. Verw.: ⌐ *nagen*.

Gnom m. Berggeist, KW des Paracelsus 1. Hälfte 16. Jh. von gr. *gnômê* Geist.

Gnu s. Antilopenart, Wiedergabe des Kaffernwortes *ngu* durch G. Forster 1777.

Gobelin m. Ende 18. Jh. nach dem

Fabriknamen *les Gobelins,* der von dem Neubeleber der Bildteppiche, dem Pariser Färber Jean *Gobelin* (15. Jh., † 1476). herkommt.

Gockel m. 16. Jh. *Göckel, Gückel, Guckel* u. ä., SchW vom Hahnenruf (frz. *coq,* engl. *cock*). ⟋ *Küken,* ⟋ *Cocktail,* ⟋ *Kokarde.*

Gold s. mhd. *golt,* ahd. *gold;* idg. Bezeichnung: Wurzel *$ĝhlto.$* Eigtl. = gelbes Metall. ⟋ *gelb,* ⟋ *Gulden.*

Golf[1] m. Bucht, Mitte 14. Jh. *chulff,* von frz. *golfe,* it. *golfo* (engl. *gulf*); zugrunde liegt spätgr. *kólphos* für klassisches *kólpos* Meeresbucht. Verw.: ⟋ *wölben.*

Golf[2] s. Rasenspiel, 18. Jh. aus engl. *golf,* dies wohl vom schott. Zw. *gowf* schlagen.

Gondel w. 16. Jh. für älteres *gün-, gondelein,* aus (venez. =) it. *gondola* Schiffchen, Deminutiv zu *gonda* Schiff (vgl. lat. *gandeia* afrikan. Schiff).

Gong m. 2. Hälfte 19. Jh. über engl. aus mal. *gung* Metallbecken.

gönnen Zw. mhd. *gu-, günnen,* ahd. *giunnan;* Zs. aus der Vorsilbe ⟋ *ge-* + dem Zw. ahd. *unnan* erlauben, gönnen; Herkunft ungeklärt. Davon ⟋ *Gunst,* ⟋ *Abgunst.*

Göre w. nd. seit rund 1600 von einem verlorenen Adj. **gôr* klein (vgl.: mhd. *gôrec,* ahd. *gôrag* klein, dürftig), zu dem auch engl. *girl* (d. *Girl s.* Mädchen, 20. Jh.) gehört. Idg. Wurzel **gher-* klein.

Gorilla m. Mitte 19. Jh. nach engl. Vorbild; afrikan. Eingeborenenwort, in gr. überliefertem Reisebericht Mitte 5. Jh. v. Chr. mitgeteilt (dort = Volksstamm).

Gösch w. um 1700 über nl. *geus(je)* aus frz. *gueux* Bettler; zuerst nd. = Bugsprietflagge; hd. seit 19. Jh.

Gosse w. frühnhd. *gossen;* d.-nl., ablautend zum Zw. ⟋ *gießen.* Eigtl. = Ausguß.

Gott m. mhd. ahd. *got,* got. *guþ;* wohl alts Part. zur Zw.-Wurzel **ghu-* anrufen; eigtl. = das angerufene Wesen. Germ. Gottesbezeichnung. – ⟋ *bigott,* ⟋ *potz.* – *Gott*

in Frankreich, nämlich in der Revolutionszeit (1792 ff.), in der Gott „abgesetzt" war, nicht zu tun hatte. – **Götterdämmerung** w. Ende der Götter, Fehlübersetzung von an. *ragna rökkr* (= Götterverfinsterung) durch den Bardendichter J. Denis 1772; populär seit R. Wagners gleichnamiger Oper, 2. Hälfte 19. Jh. – **Götze** m. frühnhd. *götz(e)* Heiligenbild, alte Koseform zu *Gott* (wie *Hinz* zu *Heinrich, Kunz* zu *Konrad, Lutz* zu *Ludwig, Petz* zu *Peter;* ⟋ *Spatz* zu ⟋ *Sperling* usw.), durch Luther abgewertet.

Gouverneur m. Mitte 17. Jh. aus frz. *gouverneur,* dies von lat. *gubernator* Steuermann. ⟋ *Kybernetik.*

Grab s. mhd. *grap,* ahd. *grab,* wie das Subst. **Graben** m. mhd. *grabe,* ahd. *grabo* vom Zw. **graben** (grub, gegraben), mhd. *graben,* ahd. *graban;* idg. SchW **ghrobh-* schaben, kratzen. Dazu: ⟋ *Grube,* ⟋ *grübeln,* ⟋ *gravieren.* **Gracht** w. Kanal; mnd. mnl. *gracht* für mhd. *graft* Graben. Nd. *-cht-* für hd. *-ft-* wie in ⟋ *achter,* ⟋ *Gerücht,* ⟋ *sacht,* ⟋ *Schachtelhalm,* ⟋ *Schicht.*

Grad m. 17. Jh. Stufe, für älteres *gradus* Hochschulgrad, Tonschritt, von lat. *gradus* Schritt (woher schon mhd. *grât* Stufe, ahd. *grâd* Schritt). ⟋ *progressiv,* ⟋ *Kongreß.*

Gradierwerk s. 19. Jh. für älteres *Gradierhaus, Leckwerk* (*gradieren* Zw. 16. Jh. = nach Graden schätzen; um 1700 = Gütegrad steigern).

Graf m. mhd. *grâve,* ahd. *grâvo* neben *grâvio,* aus mlat. *graphio,* von gr. *grapheús* (Hof-)Schreiber. Urspr. = verwaltender und richtender Beamter des Königs (⟋ *Deichgraf*). – ⟋ *Graphik.*

Grafik w. ⟋ *Graphik.*

Gral m. ⟋ *grölen.*

gram Adj. mhd. ahd. *gram;* ablautend zu ⟋ *grimm.* ⟋ *Griesgram.* **Gram** m. um 1400, verkürzt aus mhd. *der grame muot.*

Gramm s. 1868 aus frz. *gramme* KW 1795 nach gr. *grámma* Buchstabe, kleines Gewicht (¹⁄₂₄ Unze). **Grammatik** w. 1. Hälfte 16. Jh. aus lat. *ars grammatica* = gr. *grammatikê (téchnê)* Wissenschaft von den Buchstaben (gr. *grámma; gráphein* schreiben). **Grammophon** s. KW 19. Jh. aus gr. *grámma + phônê* Stimme.

Gran s. Apothekergewicht, 2. Hälfte 15. Jh. aus lat. *granum ⁄ Korn.*

Granat¹ m. Krabbe, ⁄ *Garnele.*

Granate w. 1. Hälfte 17. Jh. aus it. *granata* Granatapfel, mit dem das Geschoß wegen der Körnerfüllung verglichen wurde. Lat. *lapis granatus* = körniger Stein, schon mhd. *granât,* = nhd. **Granat**² m. Halbedelstein). Lat. *granum ⁄ Korn.* – ⁄ *Granit,* ⁄ *Grenadier.*

Grand¹ m. Großspiel im Skat, 19. Jh. aus frz. *grand jeu* großes Spiel.

Grand² m. Grobkies, 18. Jh. aus dem Nd.; ablautend zu ⁄ *Grind.* ⁄ *Grund.* **grandig, grantig** Adj. übellaunig, Mitte 18. Jh. Eigtl. = grobkiesig.

Granit m. mhd. *grânît,* aus lat. *granitum marmor* körnerreiches Gestein (*granum ⁄ Korn*). ⁄ *Kern.*

Granne w. Borste, mhd. *gran(e)* Haarspitze, Gräte, ahd. *grana* Schnurrbart, Gräte; verw.: ⁄ *Grat,* ⁄ *Gräte;* idg. *Wurzel* **gher-* herausstechen.

Graphik, Grafik w. KW 19. Jh. nach gr. *graphikê (téchnê)* Schreib-, Zeichenkunst (gr. *gráphein* schreiben, malen [⁄ *Photo-graphie*]). ⁄ *Griffel,* ⁄ *Graf,* ⁄ *Kerbe.* **Graphit** m. KW 2. Hälfte 18. Jh. (vom Geologen A. G. Werner benannt), zum gr. Zw. *gráphein* schreiben. **Graphologie** w. KW 19. Jh., zu gr. *graphein + lógos* Kunde.

Gras s. mhd. ahd. *gras*(engl. *grass,* als *Grass* 20. Jh. = Marihuana übernommen), urverw.: lat. *gramen* (aus *grasmen) Gras, *semen* Saat; wie ⁄ *grün* von der idg. Wurzel **ghrô-* wachsen. ⁄ *Grum(me)t.*

Grasmücke w. Singvogel, mhd. *gras(e)mucke,* ahd. *gras(e)mucca,* aus älterem **grasasmucca,* vom

Zw. mhd. *smucken* schlüpfen, das das Zw. mhd. *smiegen* intensiviert; eigtl. = Grasschlüpfer. ⁄ *schmiegen.*

grassieren Zw. mhd. *grâzieren,* von lat. *grassari* herumgehen, wandern (Intensiv zu *gradi* gehen; ⁄ *Kongreß,* ⁄ *Grad*).

gräßlich Adj. 14. Jh. *grêzlich* sehr zornig, von dem verlorenen Adj. mhd. *graz* wütend (vielleicht zu got. *grêtan* weinen, schreien). Doch vor der mhd. Form liegt mnd. *greselik,* zu dem engl. *grisly* stimmt. Weitere Herkunft ungeklärt. ⁄ *Gruß,* ⁄ *kraß.*

Grat m. Spitze, mhd. *grât* Bergrükken, Gräte, ahd. *grât* Rückgrat; wie ⁄ *Granne* zur idg. Wurzel **gher-* herausstechen. – **Gräte** w. seit 17. Jh. Eigtl. = Mz. von *Grat.*

gratis Adv. 2. Hälfte 16. Jh. aus lat. *gratis* verkürzt aus *gratiis* = durch die (mit den) Freundlichkeiten, aus Freundlichkeit (lat. *gratia* Freundlichkeit; *gratus* lieb, willkommen; frz. *gré;* ⁄ *gratulieren,* ⁄ *Grazie*).

grätschen Zw. die Beine spreizen, 17. Jh. intensivierend vom Zw. mhd. *grêten* große Schritte machen, spätmhd. *grâten* schreiten (SchW?). Durch Jahn verbreitet.

gratulieren Zw. Mitte 16. Jh. von lat. *gratulari* Glück wünschen, heiter beipflichten (*gratus* angenehm; *tuli* ich habe gebracht); ⁄ *gratis.*

grau Adj. mhd. *grâ,* ahd. *grâo;* urverw. lat. *ravus* gelblich grau. Idg. Wurzel **ghér-* strahlen. *-wo-*Stamm wie ⁄ *blau,* ⁄ *fahl,* ⁄ *gelb.* ⁄ *Greis.* **grauen**¹ Zw. mhd. *grâwen,* ahd. *grâwên* grau sein, werden.

grauen² Zw. mhd. *grûwen;* vgl. ahd. *ingrûên* schaudern; zur idg. Wurzel **ghreu-* zerreiben?; verw.: ⁄ *Graus,* ⁄ *Greuel.* ⁄ *Griebe.* **sich graulen** Zw. Mitte 16. Jh. vom Zw. *grauen*² gebildet (*-l-* von ⁄ *Greue-l* u. ä.? Oder wie bei ⁄ *läch-el-n* u. a.?).

Graupe w. Mitte 16. Jh. vermutl. aus dem Wend. (wend. = sorb. *krupa* Hagelschloße, Getreidegraupe).

15. Jh. schles. *eysgrûpe* Hagelkörn-
chen. **graupeln** Zw. leicht hageln,
2. Hälfte 17. Jh. (bei Luther: *grau-
pen*). Iteratives *-el-* wie bei ⫽ *läch-
el-n* u. ä.

Graus m. mhd. *grûs(e);* vom Zw.
grausen mhd. *griusen, grûsen,* ahd.
grû(wi)sôn; mit *s*-Suffix von der
idg. Wurzel **ghreu-* zerreiben.
⫽ *grauen* [2], ⫽ *Greuel;* auch ⫽ *Grie-
be,* ⫽ *gruseln,* ⫽ *Grütze.* **grausam**
Adj. mhd. *grû(we)sam;* vom Zw.
grauen [2].

gravieren[1] Zw. einprägen, 18. Jh.
aus frz. *graver* einprägen, -graben,
dies aus nl.-nd. *graven* ⫽ *graben.*

gravieren[2] Zw. beschweren, mhd.
gravieren, aus lat. *gravare* be-
schweren (lat. *gravis* schwer).
⫽ *brutal.* **gravitätisch** Adj. 2. Hälfte
16. Jh., zum Subst. *Gravität* w. (lat.
gravitas Schwere).

Grazie w. Mitte 18. Jh. aus lat. *gratia*
Anmut (für älteres *Grace* aus frz.
grâce, das aus lat. *gratia* stammt;
⫽ *gratis,* ⫽ *Agreement*!). – **graziös**
Adj. 1. Hälfte 18. Jh. aus frz. *gra-
cieux.* Aber: **grazil** Adj. 19. Jh. aus
lat. *gracilis* schlank, schlicht (un-
verwandt!).

greifen Zw. (griff, gegriffen), mhd.
grîfen, ahd. *grîfan,* got. *greipan*
(engl. *gripe;* aus dem Afrk. stammt
auch frz. *gripper* ergreifen); Her-
kunft ungeklärt. ⫽ *Griff,* ⫽ *Grips,*
⫽ *Grippe.* – Der Sagenvogel *Greif*
(m.) stammt aus lat. *gryhus,* gr.
gryps und wird nur volkset. zu *grei-
fen* gestellt.

greinen Zw. weinerlich tun, mhd.
grînen, ahd. *grînan* den Mund ver-
ziehen; verw. mhd. *grinnen* knir-
schen (engl. *grin* grinsen), ahd.
grennan heulen. ⫽ *grinsen,* ⫽ *grie-
nen,* ⫽ *grunzen.* Nur germ. Wort-
sippe.

Greis m. mhd. *grîse;* vom Adj. **greis**
mhd. *grîs* grau, mit ⫽ *grau* verw.
(frz. *gris* grau und seine roman.
Entsprechungen stammen aus dem
Afrk. – Hierzu: **Grisette** w. 19. Jh.
aus frz., = [grau gekleidete] Nähe-
rin, Liebchen). ⫽ *Grislybär.*

grell Adj. mhd. *grel* zornig (schrei-
end), vom Zw. mhd. *grellen* laut
(vor Zorn) schreien; verw. ⫽ *Groll.*
Urspr. SchW?

Gremium s. Körperschaft, 19. Jh.
aus lat. *gremium* Schoß (*grex* Her-
de; ⫽ *Aggregat*).

Grenadier m. 2. Hälfte 17. Jh. aus
frz. *grenadier* Handgranatenwerfer
(davor 1. Hälfte 17. Jh. *Grana-
dier[er],* aus it. *granatiere,* von it.
granata ⫽ *Granate*).

Grenze w. mhd. ostmd. *granizze,
greniz(e),* aus poln. (= r.) *granica*
Grenzmark, -streifen (poln. *gran*
Ecke); verbreitet durch Luther.

Greuel m. mhd. *griu(we)l;* vom Zw.
⫽ *grauen* [2] (germ. Wurzel **gru-;*
idg. Beziehungen fraglich).

Griebe w. Fettrückstand beim Aus-
braten, mhd. *griebe, griube,* ahd.
griobo, griubo; wohl von einer Er-
weiterung der idg. Wurzel **ghreu-*
zerreiben (⫽ *grauen* [2], ⫽ *Graus*) –
Griebs(ch) m. Kernhaus, spät-
mhd. *grübiȝ;* idg. Wurzel **ghreub-*
(Erweiterung von **ghreu-*).

grienen Zw. nd. Form zu hd. ⫽ *grei-
nen* (engl. *grin*). ⫽ *grinsen.*

Griesgram m. seit 1800 = Murrkopf;
davor = Verdrießlichkeit; mhd.
grisgram Zähneknirschen vom Zw.
mhd. *grisgram(m)en, grimmen,
grustgramen* mit den Zähnen knir-
schen, ahd. *griscramôn, crist-,
gris-, gruscrimmôn, grusgramôn;*
vgl. daneben ahd. *gristgramo* Zäh-
neknirschen. Zum Bestimmungs-
wort vgl. ags. *gristbitian* mit den
Zähnen knirschen (urverw.: gr.
chríein kratzen, salben); das
Grundwort vom Adj. ahd. *gram*
zornig (vgl. gr. *chrómê* Knirschen).
⫽ *gram;* ⫽ *grimm.*

Grieß m. mhd. *grieȝ* Kiessand, ahd.
grioȝ Sand, Strand (engl. *grit* Grüt-
ze); erst spätmhd. = Grobmehl.
Urverw. lat. *rudus* Geröll. Hierzu
der Stammesname der *Greutinger*
(*Greutingi* eigtl. = Strandbewoh-
ner) und der Stadtname *Graudenz,*
eigtl. = Stadt am Sand (der Heide).
– ⫽ *Grütze,* ⫽ *groß.*

Griff m. mhd. ahd. *grif* (engl. *grip*); vom Zw. / *greifen.*

Griffel m. mhd. *griffel,* ahd. *griffil;* volkset. an das Zw. ahd. *grîfan* greifen angelehnt; aber urspr. vom Subst. ahd. *graf,* aus afrz. *grafe* Schreibzeug (über lat. *graphium* aus gr. *grapheîon;* gr. *gráphein* schreiben). / *Graphik.* Zum Gerätesuffix *-el* / *Drisch-el* und seine Entsprechungen.

Grill m. Bratrost, 20. Jh. aus engl. *grill,* dies über frz. aus lat. *craticulum* Röstchen (lat. *cratis* Flechtwerk; vgl. / *Hürde*). Dazu 20. Jh.: Zw. **grillen** rösten.

Grille w. mhd. *grille,* ahd. *grillo* über lat. aus gr. *grýllos* Grashüpfer; seit 16. Jh. = Laune (nach lat. Vorbild; lat. *grylli* bizarre Tierformen); wohl SchW?

Grimasse w. 2. Hälfte 18. Jh. nach älterer Mz. *Grimacen* Mienenspiel (auf der Bühne), 2. Hälfte 17. Jh. aus frz. *grimace* Zerrgebärde, dies über span. aus einem germ. Wort, das in an. *gríma* Maske vorliegt (dazu PN *Kriem-hild*).

grimm Adj. mhd. *grim(me),* ahd. *grim(mi)* (vgl. engl. *grim*), vom Zw. ahd. *grimman,* mhd. *grimmen* vor Zorn toben; ablautend zu / *gram;* urverw.: gr. *chrómados* Knirschen; *chremízein* wiehern; r. *pogróm* (d. kurz vor 1900: *Pogrom* m., s.) (Juden-)Hetze; zur idg. Wurzel **ghrem-* dröhnen. **Grimm** m. verkürzt aus mhd. *der grimme muot.*

Grimmen s. Bauchweh, spätmhd. *grimme,* vom Zw. mhd. *krimmen,* ahd. *krimman* kneifen, unter volkset. Anlehnung an das Zw. mhd. *grimmen* wüten.

Grind m. mhd. ahd. *grint* Kopf, Schorf; ablautend zu / *Grand²;* vgl. mnd. *grint* Grobkies, -mehl; dazu engl. *grind* zerreiben. Urverw.: lat. *frendere* zermahlen, sich beschweren, gr. *chóndros* Graupe. / *Grund.*

grinsen Zw. um 1700 *grinsen* (ostmd.) für älteres *grinzen,* das bis

ins 18. Jh. gilt; mit intensivierendem *-z-*Suffix vom Zw. mhd. *grinnen* knirschen (engl. *grin;* / *greinen,* / *grienen*).

Grippe w. 1782 Grippeseuche, aus frz. *grippe* Laune (Unberechenbarkeit der Krankheit!); vom Zw. frz. *gripper* greifen, mit / *greifen* verw. – **Grips** m. 19. Jh. aus Nd.; vom Zw. *grîps(ch)en* intensiv / *greifen.*

Grisette w. / *Greis.*

Grislybär m. 19. Jh. von engl. *grizzly bear* (engl. *grizzly* grau; / *Greis*).

Grit m. Mühlensandstein, 20. Jh. aus engl. (/ *Grieß*).

grob Adj. mhd. *g(e)rop,* ahd. *g(e)rob* (engl. *gryff* mürrisch); Zs. aus dem Präfix *ge-* und einem Adj., das in ahd. *(h)riob* rauh vorliegt; vgl. mhd. *ruf* Schorf; zur idg. Wurzel **kreup-* Schorf; also urspr. = rauh (von der Haut). **Grobian** m. gelehrte Scherzbildung 2. Hälfte 15. Jh. (von Seb. Brant?) nach dem Muster von PNN wie *Fabi-an.*

Grog m. 19. Jh. aus engl. *grog.* Eigtl. = Spitzname des Admirals Vernon (*Old Grog,* nach seinem Überrock aus Kamelhaarstoff, engl. *grogram,* von frz. *gros grain*). Vernon hatte nach 1740 mit Wasser verdünnten Rum an die Matrosen ausgeben lassen. **groggy** Adj. erledigt, 20. Jh. aus engl. *groggy* (von *Grog*) betrunken.

grölen Zw. 15. Jh. nd. *grâlen,* vom Subst. *grâl* Bürgerturnier (urspr.: = Heiligtum der Gralsritter [afrz. *graal* Gefäß]; Herkunft ungeklärt); eigtl. = schreien wie beim Volksfest.

Groll m. spätmhd. *grolle* Zorn; ablautend zu / *grell,* oder SchW?

Gros¹ s. Mehrheit, 2. Hälfte 17. Jh. aus frz. *gros,* zunächst → Heereshauptmasse, vom Adj. frz. *gros* dick, das aus mlat. *grossus* dick stammt. **Gros²** s. 12 Dutzend, um 1700 aus frz. *grosse* (verkürzt aus *la grosse douzaine* Großdutzend; frz. Adj. *gros* dick, groß). – **Groschen** m. spätmhd. *g-, crosche,* mhd.

gros(se), verkürzt aus lat. *denarius grossus* Dickpfennig. *-sch-* nach tschech. Aussprache von *grossus* (über die böhmische Kanzlei). – *Bei Groschen sein* Verstand besitzen, 19. Jh. Eigtl. = bei Geld sein, zahlen können (meist negiert).

groß Adj. mhd. ahd. *grô3* (engl. *great*) für älteres *michel* (verw.: lat. *magnus*); verw.: ↗ *Grieß*, ↗ *Grütze;* urspr. = grobkörnig (vgl. dän. *gröd* Grütze = an. *grautr*); später = umfangreich. **Großmacht** w. 2. Hälfte 17. Jh. zusammengerückt aus *große Macht;* aber *großmächtig* (= beleibt) schon 1. Hälfte 15. Jh. **Großmutter, -vater** erst seit 12. Jh. LÜ von frz. *grande-mère, grand-père* für älteres ahd. *ano* ↗ *Ahn).* **Großstadt** w. Anfang 19. Jh. vom älteren Subst. *Großstädter* 1. Hälfte 17. Jh.

grotesk Adj. 2. Hälfte 16. Jh. über frz. *grotesque* aus it. *grottesco* (vom Subst. it. *grotta* Gewölbe); eigtl. = wie ein Grottengemälde (nämlich in den Titusthermen in Rom, deren Ruinen „die Gewölbe" [*grotte*] hießen). – **Grotte** w. 2. Hälfte 15. Jh. aus it. *grotta* = lat. *crupta* aus gr. *kryptê (kamára)* Gewölbe, gedeckter Gang. ↗ *Krypta.*

Grube w. mhd. *gruobe,* ahd. *gruoba,* got. *grôba;* vom Zw. ↗ *graben* (engl. *groove* Rinne, Rille). – *Jmdm. eine Grube graben* nach Sprüchen Salomonis 26, 27. **Grübchen** s. mhd. *grüebelîn,* ahd. *gruobilî.* Eigtl. = kleine Grube. **grübeln** Zw. mhd. *grübelen,* ahd. *grubilôn.* Iterativ zu ↗ *graben,* eigtl. = heftig, immer wieder graben. **Gruft** w. mhd. *g-, kruft,* ahd. *cruft;* vom Zw. ↗ *graben* unter Einfluß von lat. *crupta* ↗ *Grotte* (↗ *Krypta*).

grummeln Zw. dumpf rollen, zuerst mnd.; Iterativ zu mnd. *grummen* dröhnen (wie ↗ *grüb-eln* zu ↗ *graben*).

Grum(me)t s. Zweitmahd, mhd. *gruonmât;* das Bestimmungswort ist *gruon* wachsend, sprießend, zur germ. Wurzel **grô-* wachsen. Eigtl. = Mahd des (wieder) sprie-

ßenden Grases. ↗ *Gras,* ↗ *Mahd.*

grün Adj. mhd. *grüene,* ahd. *gruoni* (engl. *green*); zur germ. Wurzel **grô-.* Daher: *jmdm. grün sein* ihm gewogen sein (seit Luther); *die grüne Seite* links (16. Jh.). **Gründonnerstag** m. zusammengezogen aus mhd. *der grüene donerstac* LÜ von lat. *dies viridium* Tag der Grünen, der Büßer (*grün* ist in der Symbolsprache der Kirche = sündlos. Die kirchlich Bestraften wurden nach der Fastenzeit freigesprochen = in die Gemeinde wiederaufgenommen; sie waren wieder „sündlos").

Grünschnabel m. 19. Jh., Mischung aus *grün* unerfahren (engl. *green*) und ↗ *Gelbschnabel.* **Grünspan** m. mhd. *grüenspân* neben *spân-, spênsgrüen* LÜ von lat. *viride hispanicum* (weil mit Essigsäure verbundenes Kupferoxid aus *Spanien* nach Deutschland kam).

Grund m. mhd. ahd. *grunt* (engl. *ground*); wie ↗ *Grind* zur idg. Wurzel **gher-* scharf reiben, zermahlen. **Grundeis** s. mhd. *gruntîs* Bodeneis; 17. Jh. = entstehende Unruhe. **grundieren** Zw. 18. Jh. vom Subst. *Grund* mit frz. Endung (wie *lack-ieren*). **gründlich** Adj. mhd. *gruntlich,* ahd. Adv. *gruntlîhho.*

grunzen Zw. mhd. *grunzen,* ahd. *grunnizôn* (engl. *grunt*), Intensivbildung zum Zw. frühnhd. *grunnen,* mhd. *grinnen* knirschen, SchW (wie lat. *grunnire* knirschen, gr. *grýzein* grunzen). Zum intensivierenden *-z- ↗ grin-s-en.*

Gruppe w. 1. Hälfte 18. Jh. aus frz. *groupe* Figurengruppe (darin steckt vermutl. über it. Vermittlung afrk. **rêp-* Seil; ↗ *Reeperbahn;* dazu roman. *co-rep-are* am gleichen Seil ziehen, verbinden); erst Mitte 19. Jh. = kleine Gemeinschaft.

gruseln Zw. nd. Form einer Intensivbildung (wie ↗ *läch-el-n* u. a.) zum Zw. mhd. *grûsen.* ↗ *Graus.*

Gruß m. mhd. *gruo3;* vom Zw. **grüßen,** mhd. *grüezen,* ahd. *gruozen* (engl. *greet*), Kausativ zu einem

Zw., das in got. *grêtan* weinen vorliegt (*/gräßlich*). Urspr. rechtssprachl. = (um Hilfe) schreien, rufen.

Grütze w. mhd. *grütze*, ahd. *gruzzi* (engl. *grit*), wie */Grieß* und */groß* von einer Dentalerweiterung der idg. Wurzel **ghreu-* zerreiben, zu der auch */Graus* gehört. – *Grütze im Kopf haben* vielleicht volkset. aus *kritz* Witz, Verstand (vom Zw. *kritzen /kratzen*)?

Guano s. Seevogelmist, 1. Hälfte 17. Jh. aus span. *guano*, aus einer per. Sprache (*huano*).

gucken Zw. seit 15. Jh. aus wgerm. **guggjôn*. Daneben seit 16. Jh. *kucken; k-* von nd. *kieken* (nicht verw.!).

Guerillakrieg m. Kleinkrieg, 19. Jh. aus span. *guerilla* kleiner Krieg (vgl. frz. *guerre* Krieg, aus afrk. *werra* Streit, Verwirrung). Die d. Zs. ist also eine Tautologie. Dazu 20. Jh.: **Guerilla** m. Partisan. */wirr.*

Guillotine w. um 1800 aus frz. *guillotine*, von dem frz. Arzt *Guillotin* 1789 nach älteren Vorbildern konstruiert.

Gulasch s., m. Mitte 19. Jh. über Österreich verkürzt aus mag. *gulyás hús* Rinderhirtenfleisch.

Gulden m. mhd. *guldîn, -den,* verkürzt aus *guldîn pfenninc* Bezeichnung einer Goldmünze (*/Gold*). Ohne Umlaut wie */Huld.*

Gully m., s. Kanalschacht, 19. Jh. aus dem Engl. (eigtl. = Schlund, über afrz. aus lat. *gula* Schlund; verw.: */Kehle;* 17. Jh. = Wasserschacht).

gültig Adj. mhd. *guldig* teuer; vom Subst. *Gülte* mhd. *gülte, gilte* Zins, vom Zw. */gelten. -ü-* für älteres *-i-* wie in */fünf, /Rüffel, /schütter.*

Gummi s. (m.) 2. Hälfte 15. Jh. über mlat. *gummi* und lat. *cummi* aus gr. *kómmi*, aus dem Altäg.

Gunst w. mhd. *gunst;* dafür ahd. *unst* (got. ablautend *ansts* = ahd. *anst*), vom Zw. ahd. *gi-unnan /gönnen* (wie */Wulst* von *wölben*); mit *-st*-Suffix wie */Hor-st, /Dien-st, /Ern-st, /Brun-st, /Kun-st, /Ri-st, /Tre-st-er;* ferner: */Abgunst, /begünstigen, /Vergünstigung.* **Günstling** m. LÜ 17. Jh. von frz. *favori. /Favorit.*

Gur w. */Kieselgur.*

Gurgel w. mhd. *gurgel,* ahd. *gurgula,* aus lat. *gurgulio* Luftröhre (aus der idg. Wurzel **guer-* fressen). */Köder.*

Gurke w. seit Mitte 14. Jh. aus wend. *korka,* poln. *ogórek* eindringend aus mgr. *agúros* Gurke; zugrunde liegt pers. *angârah* Gurke (engl. *gherkin*).

gurren Zw., seit mhd.; SchW nach dem Taubenruf.

gurten Zw. mhd. *gurten, gürten,* ahd. *gurtan* (engl. *gird*); von einer Dentalerweiterung der idg. Wurzel **ĝher-* einfriedigen, zu der auch */Garten* gehört. **Gurt** m. mhd. *gurt,* aus *gürten* rückgebildet. **Gürtel** m. mhd. *gürtel,* ahd. *gurti(la)* (engl. *girdle*). Zum Gerätesuffix *-el* vgl. */Drisch-el* u. ä.

Guß m. mhd. ahd. *guz̧,* vom Zw. */gießen. – Aus einem Guß sein* 1. Hälfte 19. Jh. (Metallgießerei).

gut Adj. mhd. ahd. *guot,* got. *gôds* (engl. *good*); ablautend: */Gatte* (zur idg. Wurzel **ghedh-* zusammenfügen); urspr. = was sich (in eine Gemeinschaft) einfügt.

Gymnasium s. um 1500 = Lateinschule, über lat. *gymnasium* aus gr. *gymnásion* Sportplatz (vom gr. Adj. *gymnós /nackt*); später = Ort für Philosophenversammlungen. – **Gymnastik** w. 18. Jh. aus gr. *gymnastikê (téchnê)* Leibesübungen (die man nackt machte); schon 2. Hälfte 16. Jh. das Adj. **gymnastisch;** */turnen.*

H

Haar s. mhd. ahd. *hâr*, zur idg. Wurzel **ker(s)*- struppig sein? ↗ *Hede*.

Habe w. mhd. *habe*, ahd. *haba;* vom Zw. **haben** mhd. *haben, hân,* ahd. *habên* got. *haban* (engl. *have*); verw.: ↗ *heben* (got. *hafjan;* lat. *capere* nehmen [daher: ↗ *Parti-zip*]; lat. *habere* ist wohl nicht verw.). ↗ *Hafen*[1], ↗ *Haspel*, ↗ *Haupt*, ↗ *Heft*[1], ↗ *behäbig*, ↗ *Behuf*, ↗ *Gehabe*, ↗ *Kabel*, ↗ *Kapazität*, ↗ *Konzept*. **Haben** s. verkürzt aus *er soll haben;* LÜ 2. Hälfte 18. Jh. von lat. *credit*. **Habgier** w. 2. Hälfte 18. Jh. neben **Habsucht** w. Mitte 18. Jh. für älteres ↗ *Geiz*.

Habergeiß w. Bekassine, vor 1500 Zs. aus *haber* von lat. *caper* Bock + *geiß;* Tautologie wie ↗ *Auerochse*, ↗ *Lindwurm*, ↗ *Maulesel* usw. – Der Name nach dem meckernden Balzruf des Vogels. Doch ist diese etwas umständliche Deutung umstritten.

Habicht m. mhd. *habech*, ahd. *hebuch;* mit Vogelnamensuffix; ↗ *Bel-che*, ↗ *Kran-ich*, ↗ *Ler-che;* zur idg. Wurzel **gabh*- fassen; eigtl. = der Greifer? *-t*-Antritt Mitte 15. Jh. ähnlich wie in ↗ *Hüf-t-e*, ↗ *Ax-t*, ↗ *jetz-t*, ↗ *Dickich-t*, ↗ *Kehrich-t*, ↗ *Predig-t*, ↗ *Spülich-t* usw.

sich habilitieren Zw. 2. Hälfte 17. Jh. aus lat. *habilitare* geschickt machen (lat. *habilis* geschickt, zu *habēre* haben).

Habseligkeiten Mz. 2. Hälfte 17. Jh. von einem nicht erhaltenen Subst. **Habsal* abgeleitet; bis 18. Jh. als Ez. wie *Armseligkeit* u. a.

Hachse w. unteres Bein von Schlachttieren, auch vom Menschen, mhd. *hähse*, ahd. *hahsa*. Vielleicht = Zs. mit einer Ableitung von ↗ *hängen* (ahd. **hâh*-) und ↗ *Sehne*, eigtl. also = Hänge-

sehne (vgl. ags. *hôh-sinu* Fersensehne)? Nbf.: *Hechse*.

Hacke[1] w., **Hacken** m., 2. Hälfte 17. Jh. nach vereinzelter spätahd. Mz. *haken* Fersen; *-ck*- intensivierend; urverw. lat. *coxa* Hüfte; idg. Wurzel **kog*- Bug. ↗ *Kissen*.

Hacke[2] w. (Axt) mhd. *hacke;* vom Zw. **hacken** mhd. *hacken*, ahd. *hacchon* (vgl. engl. *hack*); verw. mit intensivierendem *-ck*- mit ↗ *Haken;* eigtl. = die Erde mit einem hakenartigen Gerät aufreißen. ↗ *Hecke*[2]. **Häcksel** s. Anfang 16. Jh. (mnd.) neben nd.-md. **Häkkerling** m., vom Zw. *hacken*. – Die Endung *-sel* bewahrt (wie bei ↗ *Stöp-sel*) das alte (unerklärte) Suffix *-sal*.

Hader m. ostmd. 14. Jh.; verbreitet durch Luther; urverw.: gr. *kótos* Groll, *koteîn* zürnen; idg. Wurzel **kat(u)*- Kampf. Dazu die germ. PNN *Hadu-brant, Hadu-mar, Hedwig* (ahd. *Hadu-wîg*). ↗ *lobhudeln*.

Haderlump m. seit Luther (16. Jh. auch = Lumpensammler); Zs. mit mhd. *hader* Zeugfetzen, ahd. *hadara* Pelzstück, Schafspelz (mit Nasal lat. *cento* Lumpenrock, gr. *kéntrôn* Lumpenkleid, Flickgedicht?). Die Bedeutung „Lumpen" (**Hadern** Mz.) entwickelt sich aus der Grundbedeutung „Fell(stück)". – *Hader-lump* ist also eine Tautologie.

Hafen[1] m. Schiffslandeplatz, mnd. Mitte 13. Jh. *havene* (engl. *haven*); verw. mit ↗ *haben* und ↗ *heben* (idg. Wurzel **kap*- fassen; vgl. lat. *capere*); also eigtl. = Behälter. Obd. seit 2. Hälfte 15. Jh. ↗ *Haff*.

Hafen[2] m. Topf; odb., mhd. *haven*, ahd. *hafan;* zum Zw. ↗ *heben*. Vgl.: ↗ *Topf*.

Hafer m. mnd. *haver(e)* gegenüber

mhd. *haber(e)*, ahd. *habaro;* ein vorgerm. Wort (*Hafer* für die Bronzezeit nachgewiesen!)? Die nd. Form *Hafer* seit 16. Jh. nhd.

Haff s. mnd. *haf* Meer gegenüber mhd. *hap, habe;* verw. ∕ *Hafen;* zum Zw. ∕ *heben* (das Meer nach der Flut!). **Haft**[1] m. Fessel, mhd. ahd. *haft;* zum Zw. ∕ *heben.* ∕ *Heftel.* **Haft**[2] w. Gefangenhaltung, mhd. *haft,* ahd. *hafta;* zum Zw. ∕ *heben* (vgl. lat. *captivus* der Gefangene zum Zw. lat. *capere*). – Das Suffix **-haft** gehört hierzu. ∕ *haschen,* ∕ *Heft*[2]. **haften** Zw. mhd. *haften,* ahd. *haftên;* vom Adj. *haft* gefangen; ∕ *Haft*[2].

Hag m. mhd. ahd. *hac* (Dorn als) Einfriedigung; Eingefriedigtes (engl. *haw* Einfriedigung); verw. lat. *caulae* Schranken, von idg. Wurzel **kagh-* fassen, Einfassung; ∕ *Hagestolz,* ∕ *Hain,* ∕ *Hecke,* ∕ *hegen,* ∕ *Hexe,* ∕ *Kai,* ∕ *Gehege* (aber nicht hierher: ∕ *behagen*). **Hagebuche** w. mhd. *hagenbuoche* (woraus *Hainbuche* wird), ahd. *haganbuohha;* dazu *hanebüchen* mhd. *hagenbüechîn* aus dem Holz der Hainbuche, derb. Eigtl. = Zaunbuche (nach der Form der Blätter; aber die Hagebuche ist ein Birkengewächs). **Hagebutte** w. 15. Jh. *hagebute* (verdeutlichend) für älteres mhd. *butte,* dieses verw. mit ∕ *Butzen* Kernhaus. Eigtl. = Dornkernhaus.

Hagel m. mhd. *hagel, hâle, hêl,* ahd. *hagal,* got. *haal* (engl. *hail*); vermutl. verw. gr. *káchlēx* Kiesel; idg. Wurzel **kaghlos-* rundes Steinchen. Eigtl. wohl = Hagelschloße; dann erst = Hagelwetter.

hager Adj. um 1300 mhd. *hager* aus dem Nd. (engl. *haggard*); von der idg. Wurzel **kak-* mager werden.

Hagestolz m. mhd. *hagestolz, hagestalt,* ahd. *hagustalt* (got. *staldan* besitzen); eigtl. = Besitzer eines eingefriedigten Grundstückes, eines ∕ *Hags,* Kleinhofes (d. h.: Nebenerbe, der meist unverheiratet blieb).

Häher m. Waldvogel, mhd. *heher,* ahd. *hehara;* verw. gr. *kíssa* Häher; idg. SchW (Wurzel **k[r]ikr-* = der „K[r]ik!"-Schreier). – ∕ *Reiher.*

Hahn m. mhd. *hane,* ahd. *hano,* got. *hana;* urverw.: lat. *canere* singen, *carmen* Lied. Eigtl. = der Sänger (der den Tag ansingt). – ∕ *Kantor(ei),* ∕ *Henne,* ∕ *Posaune.* – *Der rote Hahn* Mitte 16. Jh., urspr. Gaunerzinken für Brandstiftung.

Hahnrei m. mhd. *hanerei, hanreyge;* hd. seit 16. Jh.; das Grundwort ist fries. *rûne* Wallach (vgl. ostfries. *hânrûne* Kapaun): Also eigtl. = Kapaun, dann = impotenter (betrogener) Ehemann (dem man „Hörner aufgesetzt" hat: den Kapaunen wurden, um sie aus dem Hühnervolk herauszukennen, die Sporen in den Kamm gesetzt; dort wuchsen sie wie Hörner an).

Hai m. 17. Jh. aus nl. *haai,* das aus isl. *hai* = an. *hár* Hai, Ruderdolle stammt. Germ. Wurzel **hanha* = Spitzenpfahl. Der Raubfisch heißt nach seiner Rückenflosse.

Hain m. mhd. *hagen* Einfriedigung, Eingefriedigtes; ahd. *hagan* Dornbusch (∕ *Hag*); zusammengezogen im 14. Jh. zu *Hain* (wie bei ∕ *Maid* und Entsprechungen); wiederbelebt Mitte 18. Jh. **Hainbuche** ∕ *Hagebuche.*

häkeln Zw. 2. Hälfte 17. Jh. vom Subst. mhd. *hækel* Häkchen; = mit dem Häkchen arbeiten. **Haken** m. mhd. *hâke(n),* ahd. *hâg(g)o, hâko* (engl. *hook*); von der idg. Wurzel **keg-* Pflock. ∕ *Hechel,* ∕ *Hacke*[2], ∕ *Hecht.* – *Die Sache hat einen Haken* vermutl. vom Angelhaken (den der Fisch nicht sieht), schon mhd. ähnlich.

halb Adj. mhd. ahd. *halp,* got. *halbs* (engl. *half*); dazu mhd. *diu halbe* Seite; von der idg. Wurzel **(s)kuelp-* schneiden; also = was entzweigeschnitten ist. ∕ *Halfter,* ∕ *meinethalben,* ∕ *oberhalb.* ∕ *Skalp.* **halbieren** Zw. spätmhd. d.-roman. Mischbildung für älteres *halben* (engl. *halve*); zuerst von den Modekleidern; dann (15. Jh.) beim Rechnen. **Halbinsel** w. Zusammenziehung 2. Hälfte 17. Jh. von *halb insel* 1. Hälfte 16. Jh., dies LÜ von lat. *paeninsula.* **halbpart** Adv. zu gleichen Teilen, rotw.-stud. 17. Jh.; zum Subst. *Part* m. Anteil (mhd. *part* über frz. *part* aus lat. *pars, partis* Teil; ↗ *Partei;* ↗ *apart*). **Halbstarke** m. Ende 19. Jh., zuerst Hamburg. **Halbwelt** w. LÜ Mitte 19. Jh. aus frz. *demi-monde.*

Halde w. mhd. *halde,* ahd. *halda,* vom Adj. mhd. ahd. *halt* geneigt (von der idg. Wurzel **kel-* neigen). ↗ *Helling,* ↗ *hold,* ↗ *halt.*

Hälfte w. über ostmd. 15. Jh. aus mnd. *helfte* für mnd. *halpteil* (die hd. Entsprechung müßte ahd. **halp-ida* heißen). **Halfter**[1] w. (m., s.) leichter Zaum, mhd. *halfter,* ahd. *halftra* (engl. *halter*); wgerm.; wie ↗ *halb* zu einer Labialerweiterung der idg. Wurzel **(s)kel-* schneiden; ↗ *Helm*[2] Handgriff; ↗ *Scholle;* dazu mhd. ahd. *halb* Handhabe. ↗ *Holz.*

Halfter[2] w. Satteltasche für die Pistole, neben *Hol-, Hulfter,* mhd. *hulfter* Köcher, vom Subst. mhd. *hulft,* ahd. *huluft* Hülle; verw.: ↗ *hehlen,* ↗ *Hülle.* Idg. Wurzel **kel-* verstecken. ↗ *Halle.*

Hall m. mhd. *hal;* urverw.: lat. *clamare* rufen, gr. *kaleîn* rufen; idg. Wurzel **kel-* rufen. – ↗ *hell,* ↗ *Halt,* ↗ *einhellig,* ↗ *mißhellig,* ↗ *Schall.*

Halle w. mhd. *halle,* ahd. *halla* (engl. *hall*); verw. lat. *cella* (*celare* verbergen); von der idg. Wurzel **kel-* verbergen. ↗ *hehlen,* ↗ *Halfter*[2], ↗ *helfen.*

Hallig w. hd. Mitte 18. Jh. aus nd., vielleicht vom Subst. ↗ *Holm*[1] kleine Insel, zur idg. Wurzel **kel-* aufragen (urverw.: lat. *collis* Hügel, *celsus* hoch)?

hallo! urspr. tonverstärkter Imperativ zum Zw. ahd. *halôn* ↗ *holen* (Seemannswort; vgl. den Ruf an den Fährmann: „*Hol über!*"); engl. *halloo.*

Halluzination w. 19. Jh. aus lat.

hal(l)ucinatio Träumerei (lat. *hal[l]ucinari* gedankenlos sein, vielleicht von gr. *alýein* außer sich sein; wohl verw.: lat. *ambulare* umherschweifen).

Halm m. mhd. ahd. *halm* (engl. *halm*); verw.: gr. *kálamos* Rohr (= lat. *calamus*), lat. *culmus* aus der idg. Wurzel **kóləmos* Halm; ↗ *Kalmus,* ↗ *Schalmei.*

Halma s. altes Brettspiel, nach gr. *hálma* Sprung (gr. *hállesthai* springen, lat. *salire* springen = frz. *saillir*).

Hals m. mhd. ahd. got. *hals;* verw. lat. *collum* für älteres *collus* Hals; idg. Wurzel **kᵘel-* drehen (gr. *pélein* sich bewegen, lat. *colere* bebauen); eigtl. = Dreher (des Kopfes). – ↗ *Kollier,* ↗ *Kolonie,* ↗ *Dekolleté,* ↗ *Pol,* ↗ *Zyklus.* **halsstarrig** Adj. 16. Jh. für älteres mhd. *halsstarc,* 16. Jh.: *halß sterrig* = wer die Halsstarre hat, hartnäckig ist. ↗ *starr.*

halt Adv. (obd. = eben, wohl) mhd. ahd. *halt* neben der Vollform mhd. *halter,* got. *haldis:* adv. Komparativ zu ahd. *halto* sehr; also = mehr. Zugrunde liegt wie bei ↗ *Halde* und seiner Sippe die idg. Wurzel **kel-* neigen; eigtl. = mehr geneigt.

Halt m. 15. Jh. vom Imperativ des Zw.s **halten,** mhd. *halten,* ahd. *haltan,* got. *haldan* weiden (engl. *hold*); urverw.: lat. *celer* schnell, gr. *kéllein* landen; idg. Wurzel **kel-* treiben, vermutl. mit der gleichlautenden Wurzel **kel-* rufen (↗ *Hall,* ↗ *hell*) identisch (Anruf an das Weidevieh). ↗ *Held,* ↗ *Gehalt.*

Halunke m. 1. Hälfte 16. Jh. *holunck,* aus tschech. *holomek* nackter Bettler (tschech. *holy* nackt; ↗ *kahl*). Seit Mitte 16. Jh. neben *-o-* auch *-a-* wegen Vortonigkeit (wie in ↗ *Lakritze,* ↗ *Schlaraffe;* ↗ *Gardine,* ↗ *Rakete,* ↗ *schmarotzen,* ↗ *ausstaffieren*).

Hame(n) m. Fischhaken, ahd. *hamo* aus gleichbedeutendem lat. *hamus* (gr. *chamós* gekrümmt).

hämisch Adj. mhd. *hem(i)sch* hinterhältig, vom Adj. mhd. *hem* schaden wollend, das vom Subst. ahd. **hamo* Hülle (↗ *Hemd,* ↗ *Leichnam*) stammt; eigtl. = verhüllt, unaufrichtig. ↗ *Heimtücke.*

Hammel m. mhd. *hamel,* ahd. *hamal;* eigtl. = substantiv. Adj.: ahd. *hamal* verstümmelt (vgl.: ahd. *hamalôn* verstümmeln, got. *hamfs* verstümmelt; engl. *hamble* lähmen); zur idg. Wurzel **kap-* schneiden: ↗ *Kapaun,* ↗ *Schöps* (anders: ↗ *Wallach*). **Hammelsprung** m. 2. Hälfte 19. Jh. scherzhafte Bezeichnung einer parlamentar. Abstimmungsart, bei der die Abgeordneten durch eine Ja-, Nein- oder Enthaltungstür den Sitzungssaal wieder betreten.

Hammer m. mhd. *hamer,* ahd. *hamar* (engl. *hammer*); vgl. an. *hamarr* Hammer, Klippe, mhd. *hamel* Klippe; urverw. vermutl: gr. *ákmôn* (Stein-) Amboß. Zugrunde liegt wohl die idg. Wurzel **ak-* scharf; das abgeleitete Subst. **akmon-* bezeichnete urspr. den scharfen Stein, der als Gerät geeignet war. – ↗ *Ähre* und seine Sippe, auch ↗ *Himmel.*

Hämorrhoiden Mz. 18. Jh. aus gr. *haimorroîs* Blutfluß (gr. *haîma* Blut + *réein* fließen).

hampeln Zw. sich hin und her bewegen, urspr. nd., ungeklärter Herkunft. Dazu **Hampelmann** m. eigtl. = Gliederpuppe; dann (Mitte 16. Jh.) = Dummkopf.

Hamster m. mnd. *ham(p)ster,* ahd. *hami-, hamustro* Kornwurm, Feldmaus; seit 13. Jh. = Hamster. Wohl aus r. *chomĕstoru* Hamster. Weiteres unklar.

Hand w. mhd. ahd. *hant,* got. *handus* (engl. *hand*); dazu ablautend got. *hunps* Beute, ahd. *hunda* Plünderung, von einem Zw. got. *-hinpan* fangen; eigtl. = die Fangende, Greifende. ↗ *zehn,* ↗ *behändigen,* ↗ *Hantel.* – *Auf Händen tragen* nach Psalm 91,12. – **handeln** Zw. mhd. *handeln* anfassen, tun;

ahd. *hantalôn* anfassen, bearbeiten (engl. *handle*); um 1500 = Geschäfte machen. Intensivierendes *-el-* wie bei ↗ *läch-el-n* u. a. Davon abgeleitet **Handel** m. spätmhd. –

handfest Adj. mhd. *hantvest* entweder = der mit der Hand festgemacht, gefangen ist, oder = der mit der Hand stark, tüchtig ist. **Handgriff** m. ahd. *hantgrif* Griff mit der Hand; 17. Jh. = Griff für die Hand.

Handhabe w. ahd. *hanthaba* neben älter ahd. *anthaba;* eigtl. = Präfix *ant-* gegen; volkset. an *Hand* angelehnt. Das Grundwort gehört zu ↗ *heben* (ahd. *haba* Griff); also eigtl. = Gegengriff. ↗ *Hantel.*

Handschrift w. LÜ 15. Jh. von lat. (= gr.) *chirographus* (gr. *cheir* Hand + *gráphein* schreiben).

Handstreich m. 16. Jh. = Handschlag, mhd. ahd. *hantslac;* 1. Hälfte 19. Jh. als LÜ von frz. *coup de main* benutzt. ↗ *Staatsstreich.*

Handwerk s. mhd. ahd. *hantwerc* Handarbeit, Gewerbe.

Handikap s. Ausgleichsrennen; Hemmung; 20. Jh. aus engl. *handicap,* Herkunft unsicher (= Hand in der Kappe beim Ziehen der Lose?).

hanebüchen Adj. ↗ *Hagebuche.*

Hanf m. mhd. *han(e)f, hanif,* ahd. *hanaf, -if, -uf* (engl. *hemp*); verw. gr. *kánnabis* = lat. *cannabis* Hanf; skythisches Wort für den anscheinend dorther stammenden Hanf.

Hänfling m. mhd. *henfelinc.* Der Vogel heißt nach seiner wichtigsten Nahrung.

Hangar m. Flugzeughalle, 20. Jh. aus frz. *hangar,* das wohl aus germ. Sippe ↗ *hängen* stammt.

Hängematte w. 1. Hälfte 17. Jh. aus nl. *hangmat,* volkset. umgedeutet aus *hangmak,* das aus frz. *hamac* stammt. Dies über span. aus hait. Indianerwort *hamaca* Schwebebett entlehnt.

hängen Zw. mhd. *hâhen,* ahd. got. *hâhan;* seit dem 14. Jh. *-ng-* aus den Formen des Präteritums (ahd. *hianc*) wie bei ↗ *fangen.* Außergerm. Entsprechungen zu germ. *hanhan* ungewiß (vielleicht zu got. *hâhan* im Zweifel lassen, lat. *cunctari* zögern). ⟋ *henken,* ⟋ *Hachse.*

Hanswurst m. 1. Hälfte 16. Jh. Eigtl. = Narr mit einer Lederwurst oder Schelte eines Beleibten (Zusammenziehung aus *Hans Wurst;* zuerst nd. *Hans Worst,* dann ebso. bei Luther 1530. Hd. zuerst bei Fischart). PN *Hans* verkürzt aus: *Johannes* (14. Jh.)

Hanse w. mnd. *han-, hense,* mhd. *hans(e),* ahd. got. *hansa* Schar; seit Mitte 14. Jh. Bezeichnung des nordd. Städtebundes. Außergerm. Entsprechungen ungewiß. **hänseln** Zw. eigtl. = zeremoniell in eine *hanse* Kaufmannsgilde aufnehmen (so Mitte 13. Jh.); nachträglich volkset. an *Hans* angelehnt. *-l-* wie bei ⟋ *läch-el-n* u. a. ⟋ *uzen.* **Hansestadt** w. 1. Hälfte 14. Jh.

Hantel w. von Jahn 1816 aus dem Nd.; mnd. *hantel* Handhabe (*-el-* Suffix wie bei ⟋ *Gürt-el* u. a.). ⟋ *Hand.*

hantieren Zw. mhd. *hantieren,* über mnl. aus frz. *hanter* mehrfach aufsuchen, hin und her ziehen; dies aus ags. *hámettan* beherbergen (Weiteres undurchsichtig). Volkset. Anlehnung an *Hand.*

hapern Zw. 2. Hälfte 17. Jh. über nd. aus nl. *haperen* stottern; später = stocken. Vielleicht zu: **Happen** m. Mitte 18. Jh. aus nd. Eigtl. = SchW vom Ruf „*happs!*", der das Aufeinanderklappen der Lippen malt (dann *hapern* = stottern).

Happy-End s. guter Abschluß, 20. Jh. aus engl. *happy end* (*happy* glücklich).

Harakiri s. Selbstmord, 19. Jh. aus jap. *harakiri* (jap. *hara* Bauch + *kiru* schneiden).

Harem m. 1. Hälfte 18. Jh. aus türk. *harem* = ar. *haram* verboten.

Harfe w. mhd. *har(p)fe, herpfe,* ahd. *harpha* (engl. *harp*); 5. Jh.: *harpa.* Vielleicht ablautend zu idg. *kerb-* sich krümmen (= mit krummen

Fingern? Oder: auf gekrümmtem Instrument zupfen?) – ⟋ *Harpune,* ⟋ *Kurve,* ⟋ *Ring,* ⟋ *Rücken,* ⟋ *rümpfen,* ⟋ *Runzel,* ⟋ *schräg,* ⟋ *Schrank,* ⟋ *Schrein,* ⟋ *schrumpfen.*

Harke w. mnd. mnl. *harke;* nordd. vom idg. SchW *ker-* kratzen, schaben. ⟋ *Rabe,* ⟋ *Reiher,* ⟋ *schreien.*

Harm m. mhd. (selten) *harm,* ahd. *har(a)m* (engl. *harm*); neubelebt im 17. Jh. (ostmd.). Idg. Wurzel *kormo-s* Schande, Qual.

Harmonika w. eigtl. = w. Form von lat. *harmonicus;* so bezeichnete Benjamin Franklin die 1762 von ihm erfundene Glasharmonika. Im 19. Jh. auf Zieh- und Mundharmonika übertragen. **Harmonie** w. mhd. *armonîe,* aus mlat. *armonia* von gr. *harmonía* (idg.: *ar-;* ⟋ *Arm*). **Harmonium** s. 19. Jh. nach fr. Vorbild zu gr. *harmonía* musik. Zusammenklang.

Harn m. mhd. *harn, -m,* ahd. *har(a)n,* zur idg. Wurzel *(s)ker-* scheiden, zu der auch ⟋ *scheren* gehört; also eigtl. = Ausscheidung. ⟋ *Exkrement,* ⟋ *raffen,* ⟋ *Schierling.*

Harnisch m. mhd. *harnas(ch),* später *harnisch, -nusch,* aus afrz. *harnasc* (bret. *ha[ea]rn* Eisen).

Harpune w. 1. Hälfte 17. Jh. aus nl. *harpoen* Walfischspeer, von frz. *harpon* Harpune (vgl. engl. *harpoon*). Zugrunde liegt das Subst. frz. *harpe* Kralle, das wohl mit ⟋ *Harfe* verw. ist.

harren Zw. mhd. *harren;* wohl ostmd. Herkunft. Weitere Beziehungen ungewiß.

harsch Adj. mnd. *harsch* rauh (engl. *harsh*); von der idg. Wurzel *kars-* scharren.

hart Adj. mhd. *herte* neben *hart* (eigtl. Adv.), ahd. *har-, herti,* got. *hardus* (engl. *hard*) streng; verw.: gr. *kratýs* stark. Idg. Wurzel *kar-* hart. – Hierher PNN wie *Leonhard, Reinhard, Richard, Gerhard* usw. – **hartgesotten** Adj. ⟋ *abgebrüht.*

Harz¹ m. Mittelgebirge, seit 2. Hälfte 11. Jh. mit überhd. *-z* für älteres *Hart*, dies = ahd. *hard* Bergwald (vgl. den Gebirgsnamen *Hardt* in der Rheinpfalz, *Spess-art* aus *Spehtes hart*); vgl. westf. *hâr* Hügel.

Harz² s. Baumausscheidung, mhd. *harz*, ahd. *harz(oh);* d. Bezeichnung ungeklärter Herkunft.

haschen¹ Zw. spätmhd. ostmd. *haschen* aus älterem **ha(f)skôn* festhalten; verw. mit ↗ *Haft²*. Durch Luther verbreitet.

haschen² Zw. 20. Jh. aus **Haschisch** s. 20. Jh. von ar. *hasis* = Kraut.

Hase m. mhd. *hase*, ahd. *haso* (mit gramm. Wechsel: engl. *hare*); verw. ahd. *hasan* grau; vgl. lat. *canus* grau. Eigtl. = der Graue. **Hasenpanier** s. 16. Jh. scherzhaft für den hochgereckten Schwanz des Hasen (die „Blume"). ↗ *Banner*.

Hasel w. mhd. *hasel*, ahd. *hasal(a);* verw. lat. *corulus* Hasel; idg. Baumname unklarer Bedeutung (mit dem germ. *-ila*-Suffix wie ↗ *Distel*, ↗ *Quendel*, ↗ *Weichsel*).

Haspel w. Garnwinde, mhd. *haspel*, ahd. *haspil*, vom Subst. mhd. *haspe* Türangel (urspr. aus einem Strick gebildet?), Garnstrang; ↗ *verhaspeln*. − *-el*-Suffix wie bei ↗ *Gürt-el* u. a.

Haß m. mhd. ahd. *haʒ*, got. *hatis* (engl. *hate*); urverw. gr. *kêdos* Kummer; idg. Wurzel **kâd-* Haß. Vom Zw. **hassen** mhd. *haʒʒen*, ahd. *haʒʒôn, -ên* ist ↗ *hetzen* abgeleitet (wie ↗ *verletzen* von ↗ *laß*). ↗ *gehässig*. **häßlich** Adj. mhd. *heʒʒe, haʒlîh*, ahd. *haʒlîh* eigtl. = hassenswert, hassend, seit 13. Jh. = unschön.

Hast w. 2. Hälfte 16. Jh. über mnd. aus nl. *haast*, dies aus afrz. *haste* (frz. *hâte*) urspr. aus dem Germ.: ahd. *heisti* heftig, got. *haifsts* Streit. ↗ *heftig*.

Hatz w. obd. = *Hetze;* ↗ *hetzen*.

Haube w. mhd. *hûbe* runde Kopfbedeckung, Sturmhelm, ahd. *hûba;* engl. *hive* Bienenkorb; verw. gr. *kŷphos* Buckel. Eigtl. = Wölbung (idg. Wurzel **keubh-* zu **keu-* biegen). ↗ *Haufe(n)*, ↗ *Haupt*, ↗ *hoch*.

Haubitze w. 15. Jh. (Hussitenkriege!) aus tschech. *houfnice* Steinschleuder.

Hauch m. Mitte 17. Jh. vom Zw. **hauchen** spätmhd. ostmd. *hûchen;* SchW, von Luther verbreitet.

Haudegen m. 2. Hälfte 17. Jh. = Hiebwaffe (zu ↗ *Degen¹*); im 18. Jh. zu ↗ *Degen²* gezogen, = Kampfhahn. **hauen** Zw. (hieb, gehauen), mhd. *houwen*, ahd. *houwan, -wôn* (engl. *hew*); urverw. lat. *cudere* schlagen (↗ *Kodex*); idg. Wurzel **kâu-* hauen. ↗ *Heu*, ↗ *Hieb*, ferner ↗ *Gassenhauer*.

Haufe(n) m. mhd. *hûfe* neben *hûf, houf*, ahd. *hûfo* neben *houf* (engl. *heap*); Entsprechungen im Baltoslawischen. Wenn die Grundbedeutung „Wölbung" ist, vielleicht wie ↗ *Haube*, ↗ *hoch* von der idg. Wurzel **keu-* biegen? **häufig** Adj. Mitte 16. Jh. Eigtl. = haufenweise.

Haupt s. mhd. *houb(e)t*, ahd. *houb-, houpit*, got. *haubiþ* (engl. *head*); urverw. lat. *caput* Haupt (↗ *Chef*). Das *-au-* aus einem mit ↗ *Haube* verw. Wort. Die idg. Wurzel (**kaput-*) Ableitung von der Wurzel **kap-* fassen (↗ *haben*, ↗ *heben*)? Dann ist *Haupt* urspr. das Gefäß, die Schale (Hirnschalen als Trinkgefäße). ↗ *behaupten*, ↗ *Kap*, ↗ *Kapital*, ↗ *Kadett*, ↗ *kaputt*, auch ↗ *Kopf*, ferner ↗ *Schädel*, ↗ *Schale¹*, ↗ *Tête-à-tête*. **Häuptling** m. Mitte 18. Jh. = Sippenältester; 19. Jh. (Indianerbücher!) = Stammesführer. **Hauptmann** m. Mitte 19. Jh. LÜ von ↗ *Kapitän;* schon mhd. *houbetman* Anführer, ahd. *houpitman* Erster unter Gleichen. **Hauptwort** s. 2. Hälfte 17. Jh. Verdeutschung von ↗ *Substantiv*.

Haus s. mhd. ahd. *hûs* (got. *gudhûs* Tempel; engl. *house*); wie das gr. Zw. *keúthein* verbergen zur idg. Wurzel **(s)keu-* verhüllen (↗ *Hütte*). Das Haus ist urspr. das Bedeckende, Einhüllende. ↗ *Haut*, ↗ *Hode*, ↗ *Hort*, ↗ *Hose*, ↗ *Scheu-*

er, ↗*Scheune,* ↗*obskur,* ↗*Schote,* ↗*Schuh,* ↗*Behausung,* ↗*Gehäuse.*

hausbacken Adj. 1. Hälfte 17. Jh. = selbstgebacken (nicht so fein wie das Bäckerbrot!); seit Goethe = schwunglos. **Haushalt** m. Mitte 16. Jh. vom Zw. *haushalten* (mhd. *hûs halten).* **hausieren** Zw. 15. Jh. mit roman. Endung vom Subst. *Haus;* urspr. = wohnen; dann = übel wirtschaften; schließlich = von Tür zu Tür Waren feilbieten. **Hausmeister** m. Mitte 16. Jh. = Hausherr; 2. Hälfte 17. Jh. = Hausverwalter; Anfang 20. Jh. = Pedell. **Hausrat** m. mhd. *hûsrât* Gerät für den Haushalt (↗*Rat).*

Hausse w. Kursanstieg, 20. Jh. aus frz. *hausse,* eigtl. = Erhöhung, von lat. *altus* hoch (↗*alt).*

Haut w. mhd. ahd. *hût* (engl. *hide);* urverw. lat. *cutis* Haut, *scutum* Schild, gr. *skýtos* Leder; von einer Dentalerweiterung der idg. Wurzel **(s)keu-* verhüllen; also verw. mit ↗*Haus,* ↗*Hode,* ↗*Hütte,* ↗*Hort,* ↗*Hose,* ↗*Scheuer,* ↗*obskur,* ↗*Scheune,* ↗*Schote,* ↗*Schuh.*

Havarie w. Beschädigung von Schiff (Ladung) während der Seereise, 2. Hälfte 16. Jh. *Haferey,* nd. *haferye,* aus it. *avaria* Seeschaden, ar. *'awâr* beschädigte Ware.

Haxe w. ↗*Hachse.*

Hearing s. Anhörung, 2. Hälfte 20. Jh. aus engl. (*to hear* ↗*hören).*

Hebamme w. mhd. *hebamme* volkset. aus ahd. *hev(i)anna,* Zs. aus *hevi-* vom Zw. ↗*heben* + *ana* ↗*Ahne;* eigtl. = Hebahne. **Hebel** m. 1. Hälfte 15. Jh. (aber ahd. *hevil[o]* ↗*Hefe* eigtl. = Hebemittel). Mit dem Gerätesuffix *-el* wie ↗*Beut-el²,* ↗*Drisch-el,* ↗*Gürt-el,* ↗*Hant-el,* ↗*Hasp-el,* ↗*Heck-el,* ↗*Knüpp-el,* ↗*Meiß-el,* ↗*Quir-l,* ↗*Schauf-el,* ↗*Schleg-el,* ↗*Schlüssel,* ↗*Sie-l,* ↗*Spreng-el,* ↗*Stemp-el,* ↗*Wirb-el,* ↗*Wirt-el.* Vom Zw.: **heben** (hob gehoben), mhd. *heb-, heven,* ahd. *heff-, hevan,* got. *hafjan;* verw. lat. *capere;* idg. **kap-* fassen. ↗*haben,* ↗*Hefe,* ↗*Heft¹,* ↗*Hub.*

↗*Kapazität,* ↗*kapieren,* ↗*Kapsel,* ↗*Urheber,* ↗*Handhabe.* Urverw.:

Hechel w. mhd. *he-, hachel* (engl. *hackle, hatchel),* mit *-el-*Suffix (↗*Heb-el)* vom Zw. mhd. ahd. *hekken, hecchen* stechen; verw.: ↗*Haken,* ↗*Hecht.*

Hechse w. ↗*Hachse.*

Hecht m. mhd. *hech(e)t,* ahd. *ha-, hechit,* zum Zw. mhd. ahd. *hecken, hecchen* stechen; zur Sippe von ↗*Haken,* ↗*Hechel.* Eigtl. = der Stecher (nach seinen Zähnen).

Heck s. Hinterschiff, mnd. *heck* Umzäunung (Platz des Steuermanns, gegen die Brecher durch ein Gatter abgesichert); verw.: ↗*hegen.*

Hecke¹ w. mhd. *hecke, hegge,* ahd. *hegga* Gehege (engl. *hedge);* germ. **hagjô-.* Weiterbildung zu ↗*Hag.*

Hecke² w. Genist, 18. Jh. (engl. *hatch);* vom Zw. mhd. *hecken, hecchen,* das zu idg. **kak-* Geschlechtsglied oder zu ↗*hacken* (das Ei aufpicken?) gehört.

Hede w. hd. 18. Jh. aus mnd. *hêde,* das von mnl. *he(e)rde* abstammt (engl. *hards* Mz.). Verw.: ↗*Haar;* idg. Wurzel **kes-* kämmen, zu deren Erweiterung ↗*schnöde* gehört. ↗*sich verheddern.*

Hederich m. mhd. ahd. *hederîch, -rich,* aus lat. *hederaceus* efeuartig (*hedera* Efeu), dabei ↗*Wegerich* als Muster.

Heer s. mhd. *her(e),* ahd. *heri,* got. *harjis;* eigtl. = substantiv. Adj. idg. **korio-s* was zum Krieg gehört (vgl. gr. *koíranos* Heerführer). – ↗*Herberge,* ↗*Herold,* ↗*Herzog,* ↗*verheeren, Lothar, Hermann* und viele andere alte PNN.

Hefe w. mhd. *heve(l),* ahd. *hev(il)o,* vom Zw. ahd. *hevan* ↗*heben.* Eigtl. = Hebemittel; seit 15. Jh. auch = Bodensatz, Abschaum.

Heft¹ s. Messergriff, mhd. *hefte,* ahd. *hefti;* zur idg. Wurzel **kap-* fassen, zu der auch ↗*haben* und ↗*heben* gehören.

Heft² s. gefaltetes Papier mit Umschlag, 16. Jh. vom Zw. **heften,**

mhd. ahd. *heften,* vom ahd. Adj. *haft* gefangen abgeleitet (vgl.: lat. *captus* gefangen). ⁄ *Haft²,* ⁄ *behaftet,* ⁄ *Behuf.*

Heftel m. (s.) Häkchen, mhd. *haftel(în), heftel(în),* verkleinernd zu mhd. ahd. *haft* Band (⁄ *Haft¹*).

heftig Adj. mhd. *heftec* mit gekürztem Stammvokal neben älterem Adv. *haifdichen,* ahd. *heiftig,* vom Adj. mhd. ahd. *heifte* wild; vgl. got. *haifsts* Streit, ahd. *heisti* heftig. ⁄ *Hast.*

Hege w. mhd. *hege,* ahd. *hegî* Umzäunung; vom Zw. **hegen,** mhd. *hegen* schützen, pflegen, ahd. *heg(g)an* umzäunen; abgeleitet vom Subst. ⁄ *Hag.* – ⁄ *heikel,* ⁄ *Heck.*

Hehl m. (s.) mhd. *hæle* Verheimlichung; vgl. ahd. *hâla* Verbergen; vom Zw. **hehlen,** mhd. *heln,* ahd. *helan;* wie ⁄ *Halfter²* und ⁄ *Halle* zur idg. Wurzel **kel-* verbergen (vgl.: lat. *celare* verbergen; *clam* heimlich, *occulere* bedecken, *color* Farbe, gr. *kalýptein* verstecken [vgl. ⁄ *Eukalyptus*]); ferner: ⁄ *helfen,* ⁄ *Helm¹,* ⁄ *Hölle,* ⁄ *hüllen,* ⁄ *Hülse;* auch ⁄ *Koloratur,* ⁄ *Okkultismus,* ⁄ *Zelle.* Das Zw. *hehlen* wirkte auf ⁄ *stehlen* ein.

hehr Adj. mhd. ahd. *hêr* vornehm, herrlich. Das engl. Adj. *hoar(y)* grau hat die urspr. Bedeutung erhalten: *hehr* = der Alte, Ehrwürdige (germ. **haira-* Greis). Zugrunde liegt ein idg. Farbadj. (**koiro-* dunkel). ⁄ *Herr.*

Heide¹ w. Ödland, mhd. *heide,* got. *haiþi* Acker (vgl. engl. *heath*). Verw.: kymr. *coit* Wald. Idg. Wurzel **koitia-* Wildnis. Dasselbe Wort ist **Heide²** w. Heidekraut, Erika (mhd. *heide,* ahd. *heida*), auch PN. **Heidelbeere** w. mhd. *heitber,* *heidelber,* ahd. *heitperi* (zu *Heide* wie ⁄ *Eichel* zu *Eiche*).

Heide³ m. Götzenanbeter, mhd. *heiden,* ahd. *heidano;* got. *haiþnô* Heidin (engl. *heathen*) von gr. *éthnê* Völker, Heiden, oder LÜ von lat. *paganus* Landbewohner (*pagus* Gau); abgeleitet vom germ. Subst. **haiþa-* Lager (zur idg. Wurzel **kei-* liegen; ⁄ *Heim,* ⁄ *Heirat*). – *Blinder Heide* nach Römer 11, 25.

Heidschnucke w. Heideschaf, 2. Hälfte 17. Jh. aus nd., zum Zw. nd. *snukke(r)n* weinen, blöken, SchW mit Anlaut *sn-* (⁄ *schnauben* usw.).

Heiduck m. 18. Jh. Wien aus mag. *hajduk,* Mz. zu *haidu* Infanterist, Büttel.

heikel Adj. 2. Hälfte 16. Jh. vom Zw. mhd. *hei(g)en* ⁄ *hegen;* urspr. also = auf Hege bedacht, sorgfältig; dann = der Hege bedürftig, schwierig, wählerisch.

Heil s. mhd. ahd. *heil;* engverw. mit dem Adj. **heil,** mhd. ahd. *heil,* got. *hails* gesund (engl. *hale, hail* aus dem An.; älter: *whole*); urspr. = unversehrt, ganz (idg. Wurzel **kailo*). Verw.: PN *Helga.* **Heiland** m. mhd. ahd. *heilant* LÜ von lat. *salvator;* wie ⁄ *Feind,* ⁄ *Freund,* ein Part. Präs. zum Zw. **heilen,** mhd. ahd. *heilen;* got. *gahailjan* gesund machen. **heilig** Adj. mhd. *heilec,* ahd. *heilag, -ig,* got. *hailags* (engl. *holy*); vom Adj. *heil;* urspr. = zugehörig; dann = der Gottheit gehörig, ihr geweiht.

Heim s. mhd. ahd. *heim* Heimat, Haus, got. *haims* Dorf (engl. *home*); kaum zur idg. Wurzel **kei-* liegen (⁄ *Heide²,* ⁄ *Heirat,* ⁄ *Oheim,* ⁄ *einheimisch,* ⁄ *geheim,* ⁄ *geheuer*); eher zu **kei-* Gemeinschaftsbesitz, wozu auch lat. *civis* Bürger gehört (⁄ *zivil*). **heim** Adv. mhd. *heim, -n,* ahd. *heim.* Eigtl. = Akkusativ Ez. von *Heim.* **Heimat** w. mhd. *heimüete, -uot(e), -ôt,* ahd. *heimuoti, -ôti;* mit demselben Suffix wie ⁄ *Arm-ut,* ⁄ *Klein-od,* ⁄ *Zier-at* und ⁄ *Ein-öde* von *Heim* abgeleitet. **Heimchen** s. Grille, seit. 15. Jh. für älteres spätmhd. *heimamuoch* und (umgestellt) mhd. *mûcheime,* ahd. *mûhheimo.* Grundwort ist ein altes Adj., das in got. *mûka-* sanft, freundlich begegnet; das Bestimmungswort ist vom Adj. germ. **haima-z* heimlich, vertraut abgeleitet. Also = freundliches, vertrautes Wesen. **heimleuchten** Zw., urspr. = mit Fackeln nachts nach Hause bringen; seit 16. Jh. = die Meinung sagen. **heimlich** Adj. mhd. *heim(e)lich* vertraut, verborgen, ahd. *heimilîch* zum Heim gehörend. **Heimtücke** w. Hinterhältigkeit, 18. Jh. (vgl. ⁄ *Tücke*) für älteres *heimliche* oder *hemische Dück*. Das Adj. **heimtückisch** schon 2. Hälfte 16. Jh. **Heimweh** s. schwz. Wort, das seit etwa 1600 langsam vordringt (zuerst nur medizinisch, als Krankheitsbezeichnung). Vgl.: Gemütskrankheit! ⁄ *Nostalgie.*

Hein m. PN; *Freund Hein* verhüllend für „Tod" (1774 M. Claudius). KF vom m. PN *Heinrich* (vgl. engl. *Old Henry*). **Heinzelmännchen** s. Mitte 16. Jh. vom PN *Heinz* (zu *Heinrich* wie *Kunz* zu *Konrad*).

Heirat w. mhd. ahd. *hîrât.* Eigtl. = Zurüstung zur Ehe; vgl. ahd. *hîwo* Ehemann, *hîwa* Ehefrau, *hîun* Ehegatten, Dienstboten, *hîwiski* Haushaltung, Familie, *hîwan* heiraten; urverw.: lat. *civis* Bürger (vgl. ⁄ *zivil,* ⁄ *City*!). Idg. Wurzel **kei-* liegen; vgl. die Sippe von ⁄ *Heim.* – mhd. ahd. *rât* Zurüstung, Vorrat; ⁄ *Rat,* ⁄ *Gerät;*, ferner: ⁄ *geheuer.*

heischen Zw. mhd. *(h)eischen,* ahd. *(h)eiscôn* forschen, fragen (engl. *ask*); dazu ahd. *eisca* Forderung. Urverw. gr. *hímeros* Verlangen. Idg. Wurzel **aiś-* verlangen. – h durch Anlehnung an ⁄ *heißen[1].*

heiser Adj. mhd. *heis(er),* ahd. *heis(i)* (engl. *hoarse*) unerklärt (doch ⁄ *heiß*).

heiß Adj. mhd. ahd. *heiȝ* (engl. *hot*); vgl. ahd. *hei* dürr, got. *hais* Fackel. Zur idg. Wurzel **kai-* ⁄ *Hitze.* ⁄ *heizen.* **Heißsporn** m. LÜ (durch A. W. Schlegel) von engl. *hotspur* (1800, Beiname einer Person aus Shakespeares „Heinrich IV.", 1. Teil).

heißen[1] Zw. (hieß, geheißen), mhd. *heiȝen,* ahd. *heiȝ(ȝ)an* antreiben,

nennen, got. *haitan* nennen, rufen; vielleicht wie ⁄ *Heim* zur idg. Wurzel **kei-* Gemeinschaftsbesitz? Dann urspr. = im Gemeinschaftsinteresse beschäftigen?

heißen[2] Zw. ⁄ *hissen.*

-heit Ableitungssilbe mhd. ahd. *-heit;* engl. *-head, -hood;* urspr. selbständ. Subst. mhd. *heit* Beschaffenheit, ahd. *heit* Art, *Geschlecht,* Person, got. *haidus* Art und Weise. Zur idg. Wurzel **kâi-* leuchten, scheinen. Urspr. = Erscheinung. **heiter** Adj. mhd. *heiter,* ahd. *heitar* hell, wolkenlos, aus einer Dentalerweiterung der idg. Wurzel **kâi-* leuchten, scheinen.

heizen Zw. mhd. ahd. *heizen* (engl. *heat*), Bewirkungsverb zum Adj. ⁄ *heiß,* = heiß machen. Zum Verhältnis *heizen: heiß* vgl.: ⁄ *beizen:* ⁄ *beißen,* ⁄ *reizen:* ⁄ *reißen,* ⁄ *schwitzen:* ⁄ *schweißen,* ⁄ *Weizen:* ⁄ *weiß.*

Hektar m. (s.) 1868 aus frz. *hectare* KW aus gr. *hekatón* ⁄ *hundert* + ⁄ *Ar,* = 100 Ar. – ⁄ *hektographieren.*

hektisch Adj. 2. Hälfte 17. Jh. aus dem medizin. Terminus lat. *hecticus* chronisch brustkrank, dies = gr. *hektikós* von bleibendem Zustand (*héxis* Zustand, vom Zw. *échein* haben. – ⁄ *Schule,* ⁄ *Sieg,* ⁄ *Schema*).

hektographieren Zw. KW 2. Hälfte 19. Jh. aus gr. *hekatón* ⁄ *hundert* + *gráphein* schreiben (⁄ *Hektar*). **Hektoliter** s. (m.) 1868 aus frz. *hectolitre* KW aus gr. *hekatón hundert* + ⁄ *Liter*).

Held m. mhd. *helt,* as. *helith;* wie ⁄ *halten* zur idg. Wurzel **kel-* treiben (wie lat. *celer* schnell); urspr. Hirte (oder Erbbauernmann? Vgl.: an. *holdr* Erbbauer).

helfen Zw. (half, geholfen), mhd. *helfen,* ahd. *helf-, helphan,* got. *hilpan* (engl. *help*); vermutl. zu einer Labialerweiterung der Wurzel **kel-* (dazu beitragen zu) verbergen. – ⁄ *hehlen,* ⁄ *Hilfe,* ⁄ *Hölle.* **Helfershelfer** m. 1. Hälfte 15. Jh.

nach dem Muster des älteren *Kindeskind* (schon mhd. = Enkel).

Helium s. Edelgas, KW 19. Jh. nach gr. *hêlios* Sonne (nach einem Element auf der Sonne, dessen Spektrallinien mit denen des Heliums übereinstimmen).

hell Adj. mhd. *hel* tönend, licht, ahd. *hel* tönend; wie das Zw. mhd. *hellen*, ahd. *hellan* ertönen (↗ *hallen*) zur idg. Wurzel **kel-* rufen (dazu: lat. *clamare* rufen, *clarus* berühmt, gr. *kaleîn* rufen; ↗ *Welpe*, ↗ *Schall*). Erst im 17. Jh. auf weißliche Farben übertragen. **helldunkel** Adj. LÜ Mitte 18. Jh. aus frz. *clairobscur*, dies aus it. *chiaro-scuro*. **Hellseher** m. LÜ 1. Hälfte 18. Jh. von frz. *clair-voyant*.

Hellebarde w. ↗ *Barte*.

Heller m. mhd. *hal(l)er phenning*, verkürzt zu mhd. *haller, häller, heller, hallære*. Eigtl. = in Schwäb.-Hall (seit 1208) geprägter Pfennig (mlat. [*denarius*] *Hallensis*).

Helling w. Werftbahn, mnd. *helling* von mnd. (= mhd.) *helden* schräg sein, sich neigen; zum Subst. ↗ *Halde*.

Helm [1] m. mhd. ahd. *helm* (= engl.), got. *hilms*; wie ↗ *hehlen*, ↗ *helfen*, ↗ *Hölle* zur idg. Wurzel **kel-* verbergen; = der Berger. Dazu: PNN wie *Wilhelm, Hjalmar*.

Helm [2] m. Axtstiel, mhd. *halm(e)* neben *halp, help*, ahd. *hal(a)p* (engl. *helve*); urverw. gr. *skalmós* Dolle; wie ↗ *Halfter* [1] zur idg. Wurzel **(s)kel-* schneiden. Verw. ↗ *Holm* [2], ↗ *Holz*, ↗ *Schild*.

Hemd s. mhd. *hem(e)de*, ahd. *hemidi*; wgerm.; verw.: ahd. **hamo* Hülle (↗ *hämisch*, ↗ *Leichnam*); über kelt. stammt aus germ.: mlat. *camisia* Leinenüberwurf (frz. *chemise*). Idg. Wurzel **kem-* bedecken. ↗ *Scham*, ↗ *Schande*, ↗ *Himmel*, ↗ *Hummer*.

Hemisphäre w. Halbkugel, 18. Jh. aus lat. *hemisphaerium*, gr. *hêmisphaírion* Halbkugel. ↗ *Sphäre*, ↗ *Semikolon*. – *hemi*- gr. = lat. *semi*-, ahd. *sami*- halb.

hemmen Zw. mhd. *hemmen*, zu einem Subst., das in isl. *hemill* Schenkelfessel des Weideviehs vorliegt; idg. Wurzel: **kem*- pressen; also = (Vieh) beim Gehen hindern. **Hemmschuh** m. 16. Jh. Eigtl. = schuhförmige Bremse.

Hengst m. mhd. *heng(e)st* Roß, ahd. *hengist* Wallach; urverw. gr. *kêkíein* entspringen. *Hengst* ein substantiv. Superlativ? Dann = bester Springer? Oder vielleicht verw. mit ↗ *hecken*?

Henkel m. 15. Jh. vom Zw. **henken**, mhd. ahd. *henken*, das von ↗ *hängen* abgeleitet ist. **Henkersmahl** s. 16. Jh. = letzte Mahlzeit des Hinzurichtenden; 17. Jh. *Henkersmahlzeit* w.

Henne w. mhd. *henne*, ahd. *henin* (engl. *hen*), ablautend: ↗ *Huhn*.

Henry s. Maßeinheit der el. Induktivität, 20. Jh. nach dem am. Naturforscher J. *Henry*, 1797–1878.

her Adv. mhd. *her(e)*, ahd. *hera* hierher; pronomin. Adv. zur idg. Wurzel **ke-*, **k(e)i*- dieser, zu der auch ↗ *heute*, ↗ *hier*, ↗ *hin* gehören.

Heraldik w. 1. Hälfte 18. Jh. nach älterem *ars heraldica* LÜ von frz. *science héraldique* Heroldskunst. ↗ *Herold*.

herausstreichen Zw. Mitte 16. Jh. = Pferde durch Striegeln putzen; Mitte 17. Jh. = rühmen.

herb Adj. mhd. *har(e)*, *her(e)*; flektiert *har(e)wer, her(e)wer*; md. seit 14. Jh. *herbe*; vielleicht zur idg. Wurzel **(s)ker*- schneiden (vgl. ↗ *scheren*, ↗ *Herbst*). -*rb*- für älteres -*rw*- wie in ↗ *mürbe*, ↗ *Narbe*.

Herberge w. mhd. *herberge*, ahd. *heriberga*; d.-nl. Zs. aus ↗ *Heer* und einer Ableitung von ↗ *bergen*; = Zufluchtsstätte das Heer; dann = Lager, schließlich = Übernachtungsort (engl. *harbour* Hafen; frz. *auberge* = it. *albergo* Gasthaus).

Herbst m. mhd. *herb(e)st*, ahd. *herbist* (engl. *harvest*); urverw.: lat. *carpere* pflücken, gr. *karpós* Frucht, *krôpion* Sichel; von einer Labialerweiterung der idg. Wurzel

*(s)ker- schneiden; vgl.: ↗ *herb,* ↗ *scheren.* Eigtl. = (Zeit des) Kornschnitt(s). ↗ *Exzerpt.* **Herbstzeitlose** w. seit etwa 1700 für das ältere *Zeitlose* mhd. *zîtlôse,* ahd. *zîtilôsa,* womit urspr. der wilde Krokus gemeint war, der als Frühblüher gleichsam zeitunabhängig ist. Erst Mitte 16. Jh. für *colchicum autumnale;* daher später Verdeutlichung durch das Bestimmungswort *Herbst-.*

Herd m. mhd. *hert* Fußboden, Haus, ahd. *herd* Fußboden (für die Feuerstatt). Wgerm. Wort; urverw. lat. *carbo* Kohle, *cremare* brennen. Idg. Wurzel **ker-* brennen. ↗ *Karbid,* ↗ *Krematorium.*

Herde w. mhd. *hert(e),* ahd. *herta,* got. *hairda* (engl. *herd*); nd. *-d-* statt hd. *-t-;* urverw. gr. *kórthys* Haufen; idg. Wurzel **kerdh(o)-* Wildrudel, Herde? ↗ *Hirt.* **Herdenmensch** m. 1869 von Nietzsche geprägt.

Hering m. mhd. *hærinc,* ahd. *hârinc* neben *hering;* Herkunft ungewiß. Endung *-ing* wie bei ↗ *Bück(l)ing.*

Hermaphrodit m. Zwitter, 1. Hälfte 16. Jh. aus gr. *hermaphródïtos* (nach Ovid) Sohn des *Hermes* und (der) *Aphrodite,* der mit einer Najade zu *einer* Person verschmolz.

Hermelin s. (m. = Pelz des Tieres) mhd. *hermelîn* (Tier und Pelz), ahd. *harmilî* kleines Wiesel, zu mhd. *harme,* ahd. *harmo* Wiesel; Herkunft ungeklärt (= arm. Maus; lat. *armenius?*). – Seit etwa 1700 = Pelz des sibir. Wiesels.

hermetisch Adj. 1. Hälfte 16. Jh. vom lat. Adv. *hermetice,* durch Paracelsus gebildet: auf die Art des *Hermes* Trismegistos, eines ägypt. Sagenalchimisten, der gelehrt hatte, eine Glasröhre luftdicht zu verschließen.

Hernie w. ↗ *Garn.*

Herold m. spätmhd. *herolt, -alt, erhalt* aus afrz. *héralt, hiraut,* dies aus afrk. **hariwald* Heerwalter (an. PN *Harald*). Frühnhd. *Ehrnhold* volkset. aus spätmhd. *erhalt.*

Herr m. mhd. *hêrre,* ahd. *hêrro* neben *hêriro.* Eigtl. = Komp. zum Adj. ↗ *hehr;* = der Ältere; wohl LÜ aus lat. *senior* (vgl. ↗ *Jünger*). ↗ *Sir(e);* vgl. PNN wie: *Walt(h)er, Werner.* **herrisch** Adj. mhd. *hêr(i)sch* ebenso wie **herrlich** Adj. (mhd. *hêrlich,* ahd. *hêrlîh*) vom Adj. mhd. ahd. *hêr* hehr; erst später zu *Herr* gezogen. = auf vornehme Art (oder: nach Art der Alten) **Herrschaft** w. (mhd. *hêrschaft,* ahd. *hêrscaf[t]*) urspr. zu *hehr.* **herrschen** Zw. mhd. *hêrs(ch)en, hersen,* ahd. *hêrisôn* neben *hêrrisôn,* vom Komp. von *hehr* (= hehrer sein); daher früh zu *Herr* gezogen.

Herz s. mhd. *herze,* ahd. *herza,* got. *hairtô* (engl. *haert*); dazu ablautend gr. *kardía* und *kêr* Herz, lat. *cor* (Gen. *cordis*) Herz (↗ *Kredit,* ↗ *Rekord,* ↗ *Konkordat*); idg. Organbezeichnung (**k[e]rd-*). – *Ein Herz und eine Seele* nach Apostgesch. 4, 32 – Aber: **Hertz** s. Schwingungseinheit, nach Heinrich *Hertz,* d. Physiker 1857–1894. – **Herzblatt** s. mhd. *herzeblat* Pflanzenname; 1. Hälfte 18. Jh. = Zwerchfell; dann = innerstes Pflanzenblatt; Ende 18. Jh. = Liebstes.

Herzog m. mhd. *herzoge,* ahd. *her(i)zogo, -zoho;* (got.) LÜ von gr. *stratêlátês* Heerführer (jüngerer Ersatz für *stratêgós*); Zs. aus ↗ *Heer* + ↗ *ziehen* (germ. **tugan, *teuhan*) = der mit dem Heere auszieht (vgl.: ↗ *Zög-ling*).

heterogen Adj. 18. Jh. nach älterem pseudolat. *heterogenus* aus gr. *heterogenês* von anderem Geschlecht (*héteros* der andere + *génos* Geschlecht).

hetzen Zw. mhd. *hetzen,* ahd. *hezzen,* vom Zw. germ. **hatan* verfolgen; ↗ *hassen.* Abgeleitet das Subst. **Hetze** w. 16. Jh., urspr. = Hetzjagd, -hunde.

Heu s. mhd. *höu(we), houwe,* ahd. *hewi, houwi,* got. *hawi* (engl. *hay*); vom Zw. ↗ *hauen,* = das Gehaune (Gras)? Oder zur Wurzel **hagwô-, *hahwô-* ↗ *Grum(me)t?*

heucheln Zw. durch Luther aus dem Md., wohin nl. *huichelen* gedrungen war; vermutl. Iterativ zu mhd. *hûchen* sich ducken, kauern (wie ∕ *läch-el-n* zu ∕ *lachen*); dann vielleicht mit ∕ *hocken* verw. (urspr. Bedeutung = sich eifrig ducken)? Oder mit -*ch*-Ableitung (wie ∕ *horchen: hören*) zu got. *hiwi* Schein?

heuer Adv. mhd. *hiure, hi(u)wer*, ahd. *hiuro*, älter *hiuru*, zusammengezogen aus *hiu jâru* in diesem Jahr. Parallelentwicklung bei ∕ *heute*.

heuern Zw. mhd. *hûren, hiuren* Mietpferd, -wagen benutzen (engl. *hire* mieten; Herkunft ungewiß. Hd. seit 16. Jh. abgestorben; im Nd. als Seemannswort erhalten. Davon das Subst. **Heuer** w. Seemannslohn, mnd. *hûre, hûre*.

heulen Zw. mhd. *hiuweln, hiulen* (wie eine Eule) rufen, von mhd. *hiuwel*, ahd. *huwila* ∕ *Eule*; SchW.

Heuschrecke w. mhd. *höuschrecke, -schricke*, ahd. *hewiscrekko, houscrecho* (urspr. m.), zum Zw. ahd. *scricchan* springen; also = Heuspringer. ∕ *schrecken*.

heute Adv. mhd. *hiute*, ahd. *hiuto, -tu*, zusammengezogen aus *hiu tagu* an diesem Tage (vgl. lat. *hodie* aus *hoc die*). ∕ *her*, ∕ *heuer*.

Hexe w. mhd. *he(g)xse, hecse, häxe, hesse*, ahd. *hâzus, hâzis(sa)* neben unverkürztem *hagazussa, hagzissa*. Bestimmungswort der Zs.: ahd. *hag* Zaun (∕ *Hag*); Grundwort vielleicht ein altes Wort für „Geist" (vgl. norw. *tysja* Elfe); also = Zaungeist (vgl. ahd. *zûnrîte* Hexe, eigtl. = Zaunreiterin)? Oder eine d. Entsprechung zu norw.-schwed. *tossa* Kröte? Vgl. engl. *hag* Hexe (Grundwort abgefallen!). **Hexenschuß** m. Mitte 16. Jh. (Aberglauben, die Krankheit *Lumbago* beruhe auf dem Schuß einer Hexe; schon ags. *hægtessan gescot* Hexengeschoß = Lumbago).

Hiatus m. ∕ *gähnen*.

Hieb m. 15. Jh. vom Zw. *hauen* (Prät. *hieb*); engl. *hew*.

hier Adv. mhd. *hie(r)*, ahd. *hia(r)*, *hêr*. ∕ *her*.

Hierarchie w. 1. Hälfte 18. Jh. für älteres *hierarchia*, 2. Hälfte 17. Jh. aus mlat. *hierarchia* (heilige) Rangordnung (von gr. *hi|erarchía*; Zs. von *hi|erós* heilig + *árchein* herrschen). **Hieroglyphe** w. 2. Hälfte 18. Jh. aus frz. *hiéroglyphe;* älter das Adj. *hieroglyphisch*, bes. in der Verbindung *hieroglyphische Figuren* (der altäg. Bilderschrift), aus gr. *hi|eroglýphos* Hieroglyphenschreiber (Zs. von *hi|erós* + *glýphein* eingraben). ∕ *Kloben*.

hiesig Adj. Kanzleiwort 1. Hälfte 17. Jh. aus älterem mhd. *hiewesec* hierseiend; ∕ *Wesen*.

Hilfe w. mhd. *hil-, helfe*, ahd. *hil-, helfa*; vom Zw. ∕ *helfen* (1. Pers. Ez. Präs. Ind. mhd.: *ich hilfe*). **Hilfsquelle** w. 2. Hälfte 18. Jh. als Eindeutschung (durch Wieland) von frz. *ressource*.

Himbeere w. mhd. *hintber*, ahd. *hintberi* Beere der ∕ *Hinde* (Hirschkuh). Vielleicht = Gesträuch, in dem sich die Hinde (mit ihren Jungen) verbirgt? Oder = Beere, die die Hinde gern frißt? – -*mb*-, -*mp*- aus -*nb*-, -*np*- wie in ∕ *Amboß*, ∕ *Imbiß*, ∕ *Wimper*.

Himmel m. mhd. *himel*, ahd. *himil* gegenüber got. *himins* und engl. *heaven* (nd. *Hæwen*); zur idg. Wurzel *kem- bedecken (∕ *Hemd*, ∕ *Scham*, ∕ *Schande*, ∕ *Hummer*). -*mn*- zu -*mm*- wie bei ∕ *Stimme* u. a.; -*l* für älteres -*n* wie in ∕ *Esel*, ∕ *Kessel*, ∕ *Kümmel*, ∕ *Zirkel*. Also = Decke (der Welt? des Hauses?); vgl. ahd. *himilizi*, mhd. *himelze* Zimmerdecke, Baldachin (**Himmelbett** s. Bett mit Decke; 2. Hälfte 15. Jh. *himel op einem bet*). Oder zu ∕ *Hammer* (Himmel als Steingewölbe?)? **Himmelfahrt** w. mhd. *himelvart*, ahd. *himilfart* LÜ von lat. *ascensus*. **Himmels(s)chlüssel** m., s. *Primula veris* mhd. *himelslüzzel*, ahd. *himilsluzzil* nach der Form der (alten) Schlüssel. ∕ *Schlüsselblume*.

hin Adv. mhd. *hin(e)*, ahd. *hina*. ∕ *her*.

Hinde w. Hirschkuh, mhd. *hinde*, ahd. *hinta, hinda* (engl. *hind*); urverw. gr. *kemás* Junghirsch, Antilope; idg. **kem-* ohne Hörner (im Ggs. zum ∕ *Hirsch*). 16. Jh. mit verdeutlichender w. Endung *Hind-in*. – ∕ *Hirschkuh*, ∕ *Himbeere*.

hindern Zw. mhd. *hindern*, ahd. *hinderôn, hintarôn, hintiren;* von der Präp. ∕ *hinter*.

hinfällig Adj. mhd. *hinvellic* sterbend LÜ von lat. *caducus* (*cadere* fallen); 15. Jh. = leer, gehaltlos; 16. Jh. = vergänglich; 17. Jh. = ohne Halt.

Hinkel s. Hühnchen, mhd. *huoniclîn*, ahd. *huonichlî(n)*, Verkleinerung zu *huon* ∕ *Huhn*.

hinken Zw. mhd. *hinken*, ahd. *hinkan;* verw. gr. *skázein* hinken; ∕ *Schenkel*. Idg. **(s)keng-* schräg. – ∕ *schenken*.

hinter Präp. mhd. *hinter, hinder*, ahd. *hintar*, got. *hindar;* alter Komp. zu einem Adj. (**hin[d]-*), davon auch das Adv. *hinten* ahd. *hinden(e)*, ahd. *hintana*, got. *hindana* jenseits (engl. *behind*). ∕ *hindern*. **Hinterbliebene** Mz. 1. Hälfte 18. Jh. Part. Pass. vom Zw. *hinterbleiben* von einem Abgeschiedenen verlassen werden, 17. Jh. **Hintere** m., **Hintern** m. Gesäß, mhd. *hindere;* verw. substantiv. Adj. *hinter*. **hinterrücks** Adv. ahd. *hintar rukke* rückwärts; ∕ *Rücken*. **Hinterwäldler** m. LÜ 1. Hälfte 19. Jh. von am. *backwoodsman* Siedler in W-Nordamerika.

Hiobspost w. 2. Hälfte 18. Jh. (Goethe) nach *Hiob* 1, 14 ff.

Hippe w. Sichel, Sense, mhd. *hep(p)e, hâppe*, ahd. *heppa, hâp(p)a, hâppia, hábba;* urverw. gr. *kopís* Opfermesser; idg. Wurzel **(s)kep-* schneiden. *-i-* statt *-e-* ostmd.; durch Luther verbreitet. ∕ *schaben*.

Hirn s. mhd. *hirn(e)*, ahd. *hirni;* urverw. lat. *cerebrum* Hirn, gr. *kár(-a, -ê)* Kopf, *kraníon* Schädel; idg. Wurzel **ker-* oberster Körperteil. ∕ *Horn*, ∕ *Hornisse*, ∕ *Karotte*, ferner ∕ *Brägen*, ∕ *Gehirn*. **hirnverbrannt** Adj. LÜ 19. Jh. von frz. *cerveau brûlé*.

Hirsch m. mhd. *hir3, hir(t)3*, ahd. *hir(u)3, hir3* (engl. *hart*); urverw. lat. *cervus* Hirsch (∕ *Zervelatwurst*), gr. *kriós* Widder, *keraós* gehörnt (*kéras* Horn); also = Geweihtier. – ∕ *Hinde*, ∕ *Horn*, ∕ *hurtig*, ∕ *Ren*. – *-rsch* für älteres *-rs* wie in ∕ *Arsch*, ∕ *Kirsche* usw. **Hirschfänger** m. 17. Jh. Jägerwaffe, die dem erlegten Hirsch den *Fang* (d. h. den Todesstoß) gibt.

Hirse w. mhd. *hirs(e)*, ahd. *hirsi, hirso* (aus dem D. auch engl. *hirse*); urverw. lat. *crescere* wachsen, *Ceres* Göttin des Wachstums, gr. *kóros* Sättigung; idg. Wurzel **ker-* wachsen.

Hirt m. mhd. *hirt(e), herte*, ahd. *hirti*, got. *hairdeis* (engl. *-herd*); *j*-Ableitung zu ∕ *Herde* (mit hd. *-t-*).

hissen Zw. 1. Hälfte 18. Jh. aus nd. *his(s)en* (daher frz. *hisser*); SchW für den Laut, der beim Segelaufziehen entsteht. Nbf. *heissen* aus nl. *hijsen*.

historisch Adj. 16. Jh. aus lat. *historicus* (lat. *historia* Geschichte aus gr. *historía*, gr. *hístôr* aus **uidtôr* Kundiger). ∕ *Story*, ∕ *wissen*.

Hit m. Schlager, aus am.-engl. *hit* Schlager, Treffer (20. Jh.).

Hitze w. mhd. *hitze*, ahd. *hizz(e)a;* ablautend vom Adj. ∕ *heiß* (engl. *heat*).

Hobby s. 20. Jh. aus engl. *hobby* (aus dem engl. *Hobin* für *Robin*?); VN *Hobin* für *Robin*?); ∕ *Steckenpferd*!

Hobel m. spätmhd. *hobel* aus mnd. *hovel, hoffel, hövel*, vom Zw. (= mhd.) **hobeln** mnd. *höveln*, von mnd. *hövel* Hübel, Hügel. Von einer Labialerweiterung der idg. Wurzel **keu-* biegen, zu der auch die Sippe von ∕ *hoch* gehört.

(H)Oboe w. Mitte 18. Jh. für älteres *Hautbois*, das im 17. Jh. aus frz. *hautbois* entlehnt wurde (frz. *haut* [hoch] klingend + *bois* Holz).

hoch Adj. mhd. *hôch*, ahd. *hôh*, got. *hauhs* (engl. *high*); wie das mit grammat. Wechsel (*h:g*) ablautende ∕ *Hügel* zur idg. Wurzel **keu*-biegen; also eigtl. = (in die Höhe) gebogen. Hierher der Stammesname der *Chauken*, germ. **Chauchôs*, eigtl. = die Hohen. ∕ *Haube*, ∕ *Hobel*, ∕ *Hocke*, ∕ *Höcker*, ∕ *Hof*, ∕ *Höhe*, ∕ *Hüfte*, ∕ *Hügel*, ∕ *humpeln*, ∕ *Humpen*, ∕ *Schock*[2].

Hochschule w. Anfang 19. Jh. als Eindeutschung von ∕ *Universität* (aber schon spätmhd. *hôchschuol* neben *hôhe schuol*). **Hochstapler** m. 1. Hälfte 19. Jh. aus rotw.; Zs. aus *hoch* vornehm + *Stap(p)ler* Bettler (rotw. *stappen* gehen; ∕ *stapfen*). Dazu 2. Hälfte 19. Jh. Zw. **hochstapeln. hochtrabend** Adj. mhd. *hôchtrabend*, zunächst von Pferden, die schwer zu reiten sind. **Hochverrat** m. LÜ um 1700 von frz. *haute trahison*, das von engl. *high treason* stammt. **Hochwürden** m. 19. Jh. vom Adj. mhd. *hochwirdec* von großer Würde; seit Anfang 14. Jh. für geistl. Würdenträger. **Hochzeit** w. mhd. *hôch-(ge)zît* Fest, zusammengezogen aus ahd. *hôha gizît* (Kirchen-)Fest.

Hocke[1] w. Garbenhaufen, 19. Jh. aus Mundarten; zur idg. Wurzel **keu*-biegen vgl. ∕ *hoch*. ∕ *Höker*, ∕ *Hucke*, ∕ *Hüfte*, ∕ *Schock*[2].

hocken Zw. 16. Jh. für älteres *hucken;* vgl. mhd. *hûchen* kauern; verw. ∕ *heucheln*. Davon **Hocke**[2] w. Turnübung 19. Jh.; **Hocker** m. Schemel, 2. Hälfte 19. Jh.

Höcker m. mhd. *hog(g)er*, *hocker* Buckel, Buckliger; wohl verw. mit ∕ *hoch* (ahd. *houc* Hügel).

Hockey s. 20. Jh. aus engl. *hockey* (= Erntefest [ostengl. Mitte 16. Jh.]? Dann zu ∕ *Hocke*[1]? Oder verw. mit afrz. *hoquet* Krummstab; vgl. gr. *kerêtízein* mit einem Hornstock (*kéras* Horn) spielen?

Hode w. neben **Hoden** m. mhd. *hode*, ahd. *hodo;* urverw. lat. *cunnus* weibl. Scham; idg. Wurzel **(s)keu*-verhüllen. ∕ *Haus*, ∕ *Haut*.

Hof m. mhd. ahd. *hof;* vermutl. zur idg. Wurzel **keu*- biegen (weil die bäuerlichen Anwesen auf einer Erhöhung, Wurt, standen?). Urspr. = Anwesen; dann = von Häusern umschlossener Platz; im Mittelalter unter Einfluß von afrz. *court* = herrschaftliches Anwesen, Fürstensitz. Vgl. die Sippe von ∕ *hoch*. – *Den Hof machen* LÜ von frz. *faire la cour*. – ∕ *höfisch*, ∕ *höflich*, ∕ *Gehöft*.

Hoffart w. mhd. *hôchvart*, ahd. *hôhfart* Übermut; Zs. aus Adj. *hôch* vornehm + Subst. *vart* Art sich zu geben. ∕ *Wohlfahrt*.

hoffen Zw. mhd. *hoffen* aus mnd. *hopen* (über md.); verw. mit ∕ *hüpfen*?? (Vgl. bayr. *über etw. verhoffen* überrascht sein; jägersprachlich *der Hirsch verhofft* bleibt witternd stehen; also = vor Erwartung unruhig sein?) Oder zu einer idg. Wurzel **kubâ*- planen? Dann durch die ags. Mission eingeführt? **hoffentlich** Adv. mhd. *hof(fen)lich* mit eingeglittenem *-t-* wie in ∕ *eigen-t-lich*, ∕ *flehen-t-lich*, ∕ *frevent-lich*, ∕ *namen-t-lich*, ∕ *öffen-t-lich*, ∕ *orden-t-lich* usw.

hofieren Zw. mhd. *hovieren* gesellig sein; mit roman. Endung zu ∕ *Hof;* ∕ *stolzieren*. **höfisch** Adj. mhd. *hövesch* LÜ 2. Hälfte 12. Jh. von frz. *courtois*. ∕ *hübsch*. **höflich** Adj. mhd. *hove-*, *hövelich;* vom Subst. ∕ *Hof*.

Höhe w. mhd. *hœhe*, ahd. *hôhi*, got. *hauhei;* vom Adj. ∕ *hoch*.

hohl Adj. mhd. ahd. *hol* (engl. *hollow*); urverw.: lat. *caulis* Stengel, gr. *kaulós* Stengel, Stiel; vgl. engl. *hole* Loch; idg. Wurzel **kaul*- Röhrenknochen, Hohlstengel. Dazu Subst. **Höhle** w. mhd. ∕ ahd. *hol* (engl. *hole*) neben mhd. *hüle*, ahd. *holî*. ∕ *Kohl*.

Hohn m. mhd. *hôn*, ahd. *hôna*, vom Adj. ahd. **hôn*, zu dem auch mhd. *hœne* verachtet, ahd. *hôni* schmachvoll, got. *hauns* niedrig gehören; urverw. gr. *kaunós* schlecht; idg. Wurzel **kau*- herabsetzen. **höhnisch** Adj. mhd. *hœ-nisch;* vom Zw. **höhnen** mhd. *hœ-nen,* ahd. *hônen* entehren.

Höker m. mhd. *hock(en)er, hucker;* vermutl. zu */ Hocke¹, Hucke* Traglast; = wer seine Ware auf dem Rücken trägt. */ Hucke.*

Hokuspokus m. Mitte 17. Jh. *Oxbox,* über nl. aus engl. *hocospocos* 1. Hälfte 17. Jh. Zugrunde liegt eine pseudolat. Zauberformel fahrender Schüler *hax pax max Deus adimax.* – Verbreitet durch das engl. Trickbüchlein *Hocus Pocus Junior* 1634 (d. 1667).

hold Adj. mhd. *holt,* ahd. *hold,* got. *hulþs* gnädig; verw. mit dem Adj. ahd. *halt* geneigt; */ Halde.* (Idg. Wurzel **kel-* neigen.) Vgl. */ Huld, / abhold, / Unhold* und den VN *Holger.*

Holdinggesellschaft w. Dachverband, Teil, 20. Jh. LÜ aus engl. *holding company;* */ halten.*

holen Zw. mhd. *hol(e)n, haln,* ahd. *holôn, holên, halôn* (daraus frz. *haler* heraufziehen, von dem engl. *hale* ziehen stammt). Wgerm. Wort, falls nicht verw. mit gr. *kálôs* Tau (idg. Wurzel **kal-* ziehen). */ überholen.* **holla!** Zuruf, Imperativ zum Zw. ahd. *holôn* holen; */ hallo;* zur Imperativbildung */ hoppla, / hopsasa, / hurra.*

Hölle w. mhd. *helle,* ahd. *hell(i)a,* got. *halja* (engl. *hell*); an. Todesgöttin *Hel.* Zum Zw. */ hehlen* (idg. Wurzel **kel-* verbergen); eigtl. = das Verbergende. Urspr. = Grab. *-ö-* für älteres *-e-* seit 1. Hälfte 17. Jh. wie bei */ ergötzen, / Löffel, / schöpfen, / zwölf* u. a. – */ helfen.* **Höllenstein** m. Mitte 18. Jh. für älteres *höllischer Stein;* 1. Hälfte 18. Jh. LÜ von lat. *lapis infernalis* (weil Silbernitrat stark ätzt).

Holm¹ m. Inselchen, hd. Mitte 17. Jh. aus mnd. as. (= engl.) *holm* (auch in ONN, z. B. *Stock-holm*); urverw.: lat. *collis* Hügel, *culmen* Gipfel, gr. *koloinós, kolonê* Hügel; idg. Wurzel **kel-* ragen. */ Hallig.*

Holm² m. Querholz am Barren;

Axtgriff; Handwerkerwort, verw. mit */ Helm².*

holpern Zw. Mitte 16. Jh. für spätmhd. *hol-, hilpeln;* Herkunft? */ stolpern* (Reimform?).

holterdipolter Interj. 17. Jh., SchW mit Reim zu */ poltern; / bollern.*

Holunder m. mhd. *holunter, hol-(un)der,* ahd. *holuntar, -antar, -andar;* Zs. mit Baumnamensuffix *-der* (wie */ Flie-der, / Rüs-ter, / Wachol-der;* got. *triu* Baum; */ Teer*); das Bestimmungswort stimmt zu schwed. *hylle,* dän. *hyld* Flieder; verw.: vielleicht r. *kalína* Schneeballbusch, Mehlbeere. – Mitte 18. Jh. = Syringe, verkürzt aus: *spanischer Hol(lun)der.*

Holz s. mhd. ahd. holz (engl. *holt*); urverw. gr. *kládos* Zweig, lat. *percellere* niederschlagen, *clades* Niederlage; Dentalerweiterung zur idg. Wurzel **kel-* schlagen, schneiden. */ Halfter¹, / Helm².* Daher die Ländernamen *Holland, Holstein.* **Holzweg** m. mhd. *holzwec* Schneise zur Holzbeförderung; übtr. 2. Hälfte 15. Jh.

Homöopathie w. KW Anfang 19. Jh. (von Dr. S. Hahnemann) aus gr. *hómoios* ähnlich + gr. *páthos* Leiden.

Homunkulus m. künstl. Mensch, 19. Jh. (Goethes „Faust"!) aus lat. *homunculus* Menschlein; lat. *homo* aus **hemo-* = got. *guma,* ahd. *gomo* Mann; */ Bräuti-gam.*

Honig m. mhd. *ho-, hö-, hünic, honec,* ahd. *honig, -na(n)g* (engl. *honey*); urverw. gr. *knêkós* gelblich, Saflor; idg. Wurzel **kənəkó-* goldgelb. *-ö-* vor *-g-* fällt nach *-n-* aus (*/ König, / Pfennig,* auch */ verteidigen*). – */ Zeidler.* **Honigmonat** m. LÜ Mitte 18. Jh. von frz. *lune du miel;* dies LÜ von engl. *honeymoon.*

Honorar s. 2. Hälfte 18. Jh. nach älterem *Honorarium,* aus lat. *honorarium* Ehrengabe (lat. *honor,* älter: *honos* Ehre; Herkunft?). **Honoratioren** Mz. Ende 18. Jh. nach älterem *Honoratiores,* vom

Komp. des lat. Part. Pass. *honoratus* geehrt. **honorieren** Zw. 2. Hälfte 16. Jh. von lat. *honorare* ehren. **honorig** Adj. stud. Ende 18. Jh. von lat. *honor* Ehre.

Hopfen m. mhd. *hopfe,* ahd. *hopfo, hoppo* (engl. *hop*), vielleicht zu schwz. *hupp* buschige Quaste, norw. *hupp* Quaste. Die Pflanze hieße dann nach ihren w. Zapfen. *Hopfen und Malz ist verloren* 17. Jh. (häusliches Bierbrauen).

hoppeln Zw. 17. Jh. vom nd.-md. Zw. *hoppen* ↗*hüpfen.* Verstärkter Imperativ zu *hoppeln* ist die Interj. ↗*holla,* ↗*hallo, hoppla!* Imperativ zu *hoppen* ist die Interj. *hopp!* **hopsen** Zw. um 1800 iterativ vom Zw. nd.-md. *hoppen, hüpfen;* Imperativ dazu: *hops!,* verstärkt: *hopsa!* verlängert: *hopsasa,* alle 2. Hälfte 18. Jh. – Zur Imperativbildung auf *-a* ↗*holla,* ↗*hurra;* auch ↗*Tausendsasa.*

horchen Zw. mhd. *hôrchen, horchen,* ahd. *hôrechen;* mit intensivierendem *-k*-Suffix vom Zw. ↗*hören* wie ↗*schnarchen* zu *schnarren,* mhd. *spiuchen* zu *speien.*

Horde w. Mitte 17. Jh. für älteres *horda,* 1. Hälfte 15. Jh. über poln. (bulg.?) aus türk. *ordu* Heer(eslager, -estroß) (von lat. *urdu* Lager [vom tat. Zw. *urmak* (auf-)schlagen]).

hören Zw. mhd. *hæren,* ahd. *hôren, hôrran,* got. *hausjan* (engl. *hear*); idg. Wurzel **keu*(*s*)- bemerken (dazu mit *-s*-Vorschlag: ↗*schauen*). Vgl. gr. *akoúein* hören; lat. *cavere* in acht nehmen. ↗*aufhören,* ↗*Gehör,* ↗*gehören,* ↗*horchen.* **hörig** Adj. mhd. *hærec* folgsam, leibeigen; 20. Jh. = willenlos ergeben.

Horizont m. 2. Hälfte 15. Jh. über lat. aus gr. *horízôn* Part. Präs. vom Zw. *horízein* begrenzen; also = der Begrenzende; ↗*Gesichtskreis.*

Hormon s. KW 20. Jh. vom gr. Zw. *hormân* bewegen, antreiben; also = Antreib(end)er.

Horn s. mhd. ahd. (engl.) *horn,* got. *haurn;* urverw. lat. *cornu* Horn, gr.

kárnos Hornvieh; dazu auch gr. *kéras* Horn (↗*Rhinozeros*); idg. Wurzel **kor-;* dazu auch: ↗*Hirn,* ↗*Hirsch,* ↗*Hornisse,* ↗*Ren,* ↗*Rind.* – *Sich die Hörner ablaufen* stud. Einweihungsbrauch: der Anfänger mußte die behornte Bacchantenmütze tragen, bis er die Hörner abgestoßen hatte. *Jmdm. Hörner aufsetzen* ↗*Hahnrei.* **Hornisse** w. mhd. *horniʒ, -uʒ, -âʒ,* ahd. *hurnuʒ, -ûʒ, hornaʒ;* urverw. lat. *crabro* aus älterem **crasro;* idg. Wurzel **kers-* Erweiterung von **ker-, *kor-,* wozu ↗*Hirn* und ↗*Horn* gehören. *Hornisse* Mz. zu mhd. *horniʒ* (↗*Borste,* ↗*Hüfte,* ↗*Locke,* ↗*Mähne,* ↗*Woge).* **Hornist** m. in den Befreiungskriegen (schon got. *haúrnja*). **Hornung** m. Februar; mhd.-ahd. *hornunc* der aus der Ecke (Spitze vom *Horn*) = Bastard (da kein voller Monat!).

Horoskop s. um 1800 aus gr. *hóroskópion* (*hôra* Stunde + *skopeîn* sehen). ↗*Jahr,* ↗*Uhr.*

horrido! Jägerruf, aus: „*Ho, Rüd', ho!*“; ↗*Rüde.*

Hörsaal m. 1. Hälfte 18. Jh. Eindeutschung von lat. ↗*auditorium.*

Horst m. mhd. ahd. *hurst* Dickicht (engl. *hurst* Wäldchen); dazu ablautend mnd. *harst* Gebüsch, as. *harst* Flechtwerk; mit *-st*-Suffix (wie ↗*Ang-st,* ↗*Brun-st,* ↗*Ern-st,* ↗*Dien-st,* ↗*Gun-st,* ↗*Kun-st,* ↗*Ri-st,* ↗*Tre-st-er*) von der idg. Wurzel **kert-* zusammendrehen; eigtl. = Verflochtenes. – 1. Hälfte 18. Jh. = Raubvogelnest, aus ostmd. Jägersprache. – Dazu der m. PN *Horst.*

Hort m. mhd. ahd. *hurt,* got. *huzd* (engl. *hoard*); zur idg. Wurzel **(s)keu-* bedecken; eigtl. = Verborgenes. Verw.: ↗*Haus.*

Hortensie w. asiat. Zierstrauch, 1767 vom frz. Entdecker Commerson nach seiner Reisegenossin *Hortense* Lapeaute (oder *Hortense* Baret?) benannt (w. PN *Hortense* zu lat. *hortus* Garten).

Hose w. mhd. *hose,* ahd. *hosa*

Strumpf (15. Jh. Mz. *die Hosen* Bekleidungsstück für Unter- und Oberschenkel; erst 19. Jh. Ez. *die Hose* im gleichen Sinne; engl. *hose*); von einer Erweiterung der idg. Wurzel *(s)keu-* bedecken; ↗ *Haus*, ↗ *Wasserhose*.

Hospital s. mhd. *hospitâl(e)* verkürzt aus ahd. *hospitâlhûs*, aus mlat. *hospitale* Gast-, Krankenhaus (lat. *hospes* ↗ *Gast*). ↗ *Hotel*; ↗ *Spital*. **Hospitant** m. Gasthörer, um 1800 von lat. *hospitari* Gast sein. **Hospiz** s. Ordens-Herberge, um 1800 aus lat. *hospitium* gastliche Aufnahme. **Hostesse, Hosteß** w. Gästebetreuerin, 20. Jh. aus engl. *hostess*. **Hotel** s. 1. Hälfte 18. Jh. = Herrenhaus aus frz. *hôtel*, aus lat. *hospitale*; 2. Hälfte 18. Jh. = gutes Gasthaus.

Hostie w. mhd. *(h)ostie* aus lat. *hostia* Opfer. Herkunft?

Hot m. wilder Jazz, 20. Jh. aus am. *hot* ↗ *heiß*.

Hradschin m. ↗ *Garten*.

Hub m. Ende 17. Jh. vom Zw. ↗ *heben*, = das Heben, das Gehobene.

hübsch Adj. mhd. *hüb(e)sch*, älter *hövesch, hüvesch* fein gesittet; dann = schön; LÜ von afrz. *courtois;* ↗ *höfisch*.

Hucke w. Rücken als Lastträger, schles. 18. Jh.; davor 17. Jh. = Rückenlast; 15. Jh. = Hökerkram. ↗ *Hocke*[1], ↗ *Höker.* **huckepack** Adv. Zs. aus *Hucke + Back* (urspr. Kinderwort?); ↗ *Backbord*.

Hudelei w. Mitte 17. Jh. vom Zw. **hudeln,** spätmhd. *hudeln;* Herkunft ungewiß (verw. mit: ↗ *Hadern*?). ↗ *lobhudeln*.

Huf m. mhd. ahd. *huof* (engl. *hoof*); aind. *śaphá* Klaue, awest. *safa* Pferdehuf. Deutung ungewiß.

Hufe w. mhd. *huobe*, ahd. *huoba* gegenüber mnd. *hove;* urverw. gr. *kêpos* Garten; nd. *-f-* für hd. *-b-* durch Einfluß des nd. Sachsenspiegels; aber hd. *-u-* statt nd. *-o-* bewahrt.

Hüfte w. mhd. ahd. *huf*, got. *hups;* urverw.: lat. *cubitum* Ellbogen, gr.

kýbos Hüfthöhle; idg. Wurzel **keub-* biegen (Erweiterung von **keu-* biegen; ↗ *Hocke*[1], ↗ *hoch*); *-t* im 15. Jh. angetreten wie in ↗ *Ax-t*, ↗ *Habich-t*, ↗ *Saf-t*, ↗ *Sek-t* usw. Eigtl. ist *Hüfte* Mz. zu *huf(t)*. ↗ *Wade* und Parallelen bei ↗ *Hornisse*.

Hügel m. ostmd.; seit 16. Jh. verbreitet; älter mhd. *hübel, bühel,* vom Subst. mhd. ahd. *huoc* Hügel; ablautend zum Adj. ↗ *hoch;* also eigtl. = kleine Erhöhung.

Hugenotte m. 16. Jh. aus frz. *huguenots* Eidgenosse; zunächst Spottname.

Huhn s. mhd. ahd. *huon*, ablautend zu ↗ *Hahn*, ↗ *Henne*, ↗ *Hinkel*. **Hühnerauge** s. 2. Hälfte 16. Jh. LÜ von mlat. *oculus pullinus*.

Huld w. mhd. *hulde*, ahd. *huldi;* vom Adj. ↗ *hold*. Ohne Umlaut wie ↗ *Gulden*. Einsilbig nach Muster des Kontrastwortes ↗ *Schuld*.

huldigen Zw. mhd. *huldigen* (neben *hulden*, ahd. *huldan*) kaum zu ahd. *huldig* versöhnlich, sondern von *Huld;* Bildung wie bei ↗ *pein-ig-en*, ↗ *sätt-ig-en*.

hüllen Zw. mhd. *hüllen*, ahd. *hull-(j)an*, got. *huljan*, vom Zw. ahd. *helan* ↗ *hehlen*. Dazu das Subst. **Hülle** w. mhd. *hülle*, ahd. *hulla* Kopftuch. – *Hülle und Fülle* seit 16. Jh., eigtl. = Bekleidung und Nahrung; 17. Jh. = Überfluß. **Hülse** w. mhd. *hülse*, ahd. *hulsa* (engl. *hull*); vom Zw. ↗ *hehlen. -s-* wie bei ↗ *Flach-s* zu ↗ *flechten*.

human Adj. 17. Jh. aus lat. *humanus* irdisch, menschlich, menschenfreundlich (lat. *humus* Erdboden). **Humanist** m. 1. Hälfte 18. Jh. aus it. *umanista* (zu lat. *humanitas* Bildung); dazu *humanistisch* 2. Hälfte 18. Jh. **Humanismus** m. Weiterbildung von *Humanist* um 1800. **Humanität** w. schon 2. Hälfte 16. Jh. von lat. *humanitas* (SchlW 2. Hälfte 18. Jh.).

Humbug m. Unsinn, 1. Hälfte 19. Jh. aus engl. *humbug*, Slangwort ungewisser Herkunft (*to hum* foppen + *bug* Spuk?).

Hummel w. mhd. *hummel, humbel,* ahd. *humbal* (engl. *humble-bee*), vermutlich zu mhd. *hummen* (engl. *hum*) summen, altes SchW (idg. **kem-* summen).

Hummer m. nd. Wort nord. Herkunft (an. *humarr*), seit 16. Jh. verbreitet. Urverw. gr. *kámmaros* Seekrebs; zur idg. Wurzel **kem-* (mit einer Wölbung) bedecken. Vgl.: ⁄ *Hemd,* ⁄ *Himmel.*

Humor m. 16. Jh. = Lebenssaft, aus lat. *humor* Feuchtigkeit (*umidus* feucht, ⁄ *Ochse*); Endsilbenbetonung 17. Jh. unter Einfluß von frz. *humeur;* 1. Hälfte 18. Jh. = Sinn für Heiterkeit unter Einfluß von engl. *humour.* **Humoreske** w. 19. Jh. nach dem Muster von ⁄ *Burleske.* **humoristisch** Adj. 2. Hälfte 18. Jh. nach frz. *humoristique.*

humpeln Zw. hd. 2. Hälfte 18. Jh. aus nd. *humpeln;* vgl. nd. *hump(e)* Buckel; engl. *hump* Buckel. Analogie zu ⁄ *hoppeln?* **Humpen** m. ostmd. 2. Hälfte 16. Jh. (stud.?), zu nd. *hump* Buckel?; urverw. gr. *kýmbos* Gefäß; idg. Wurzel **kumb-* bauchen (Erweiterung der Wurzel **kemb-* biegen; ⁄ *hoch*). ⁄ *Napf.*

Hund m. mhd. ahd. *hunt,* got. *hunds* (engl. *hound* Jagdhund); verw.: lat. *canis,* gr. *kýōn;* idg. Tierbezeichnung (**ku[o]n-*), nicht weiter erklärbar. ⁄ *Kanaille,* ⁄ *verhunzen,* ⁄ *zynisch.* **Hundsfott** m. 16. Jh. als Schelte, = w. Schamglied (*Fotze*) des Hundes (verw.: lat. *putidus* stinkend, *putere* stinken; *pus* Eiter). **Hundstage** Mz. Mitte 14. Jh. *hundetac* für älteres *huntlîch tage;* LÜ von mlat. *dies caniculares* Tage unterm Hundsstern (lat. *canicula* Hunde des Orion; 24. 7.–23. 8.).

hundert ZaW mhd. *hundert* s.; Zs. aus ZaW ahd. *hunt* 100 und einem Stamm, der in got. *rabjan* zählen vorliegt (= Hundertzähler). Idg. ZaW (vgl.: lat. *centum,* gr. *heka-tón;* Wurzel **km̥tó*); urspr. = Zehnheit (**km̥tó* wohl aus **dkm̥tó;* vgl.: lat. *decem,* gr. *déka* zehn).

⁄ *tausend,* ⁄ *Zentner,* ⁄ *Hektar* usw., ⁄ *Prozent.*

Hüne m. Riese, mhd. *hiune* neben nd. *hûne;* urspr. = Hunne (mlat. *Hun[n]i*) oder = Sachse (nordgerm. *Hûnaland* Sachsen)?

Hunger m. mhd. (= engl.) *hunger,* ahd. *hungar* (got. *hûhrus;* engl., schwed. *hunger*); urverw.: gr. *kén-kei* er hungert, *kánkanos* trocken, *kankaléos* ausgebrannt; idg. Wurzel **kenk-* brennen. **Hungertuch** s. spätmhd. *hungertuoch* Altarhülle, -velum (für die Fastenzeit); *am Hungertuche nagen* 16. Jh. volkset. umgedeutet für älteres *am H. nähen.*

hunzen Zw. ⁄ *verhunzen.*

Hupe w. SchW, erst seit 1898 aus md. Maa. verbreitet.

hüpfen Zw. mhd. *hup-, hüpfen,* spätahd. *humpfen;* urverw.: gr. *kybistáein* tanzen; verw. ⁄ *hoppeln* (engl. *hop,* mnd. *huppen*), ⁄ *hoch* (idg. **keu-* krümmen). – *-pf-* intensiviert wie bei ⁄ *lu-pf-en,* ⁄ *ru-pf-en* u. a.

Hürde w. mhd. *hurt* (Mz. *hürte*) ahd. *hurt* (Mz. *hurdi*); vgl. got. *haurds* Tür (engl. *hurdle* Hürde); urverw.: lat. *cratis* Flechtwerk, gr. *kýrthos, kýrthê* Reuse, Käfig, *kártalos* Korb; idg. Wurzel **kert-* flechten. Dentalerweiterung zu **ker-* drehen. Verw.: ⁄ *kraß,* ⁄ *Grill.*

Hure w. mhd. *huore,* ahd. *huora* (engl. *whore*); vgl. got. *hôrs* Ehebrecher. Vom Subst. ahd. *huor* Ehebruch, Verlangen, Liebe; urverw. lat. *carus* lieb; idg. Wurzel: *-r-* Ableitung von **kâ-* nach etw. verlangen.

hurra! Interj., verstärkter Imperativ zum Zw. mhd. *hurren* sich rasch bewegen (⁄ *holla!,* ⁄ *hoppla!*).

hurtig Adj. mhd. *hurtec* schnell, vom Subst. *hurt(e)* Stoß (aus afrz. *hurt* Anprall [im Turnier], *hurter* stoßen [engl. *hurt* verletzen]). Zugrunde liegt volkslat. *hurtare* ein Widder stoßen, von an. *hrútr* Widder. Verw.: ⁄ *Hirsch*).

Husar m. 16. Jh. *Husse(e)r,* davor 1432 *huzaro(nes,* Mz.), *Huzarij hungari* (= Reiter[regiment] Ende 15. Jh.); aus byz. (9./10. Jh.) *chosarius* Soldat.

Husche w. kurzer Regenfall, 2. Hälfte 15. Jh. von der Interj. *husch,* mhd. *hutsch.* Dazu *hutsch* SchW für plötzliches Hochrucken, später für Fortscheuchen. Dazu auch das Zw. **huschen** 2. Hälfte 17. Jh. (= gleiten).

Husten m. mhd. *huoste,* ahd. *h(w)uosto* zur idg. Wurzel **k^uas-* SchW = husten.

Hut[1] m. mhd. ahd. *huot* (engl. *hood* Kappe); urverw. lat. *cassis* Helm (eigtl. = Bedecker). Verw.: **Hut**[2] w. Aufsicht, mhd. *huote,* ahd. *huota.* Beide zur idg. Wurzel **kadh-* **hüten** Zw. beschirmen, zudecken.

Hutschnur w. (*„Das geht über die H.!"*) Mitte 14. Jh.; urspr. = Maximum für die erlaubte Dicke des Wasserstrahls (in der Leitung); *↗ Schnur.*

Hütte w. mhd. *hütte,* ahd. *hutt(e)a* (daher frz. *hutte,* das engl. *hut* bewirkt); zur idg. Wurzel **(s)keu-* bedecken (*↗ Haus*). Als Bergmannswort (zunächst = [Material- u. Geräteschuppen zur] Metallschmelze) verbreitet; erst Mitte 16. Jh. = armseliges Häuschen. Vgl. *↗ Kajüte.*

hutzelig Adj. schrumplig, Mitte 18. Jh. vom Subst. *Hutzel,* mhd. *hutzel, hützel* Dörrbirne (nd. *hotten* schrumpfen); unerklärt.

Hyäne w. spätmhd. *hientier,* ahd. *ijêna* aus lat. *hyaena* = gr. *hýaina* eigtl. = Schweineartige (gr. *hys* Schwein; *↗ Sau*); nach ihren Hals- und Rückenborsten.

Hyazinthe w. Die Mitte 16. Jh. aus Kleinasien eingeführte *hyacinthus orientalis* („Glöckchenblume") erhält willkürlich den (nach der Endung *-nthos*) voridg. Namen der violetten Schwertlilie (lat. *hyacinthus,* gr. *hyákinthos*).

Hydrant m. KW 19. Jh. nach gr. *hydraínein* bewässern (über ein nlat. Zw. *hydrare;* gr. *hýdôr ↗ Wasser;* vgl. *↗ Otter*[1]). *↗ Sonde.*

Hygiene w. Ende 18. Jh. von gr. *hygieinê (téchnê)* Gesundheitskunst (*hygiês* gesund; danach: *Hygieía* Tochter des Asklepios).

Hymne w. 2. Hälfte 18. Jh. aus frz. *hymne;* aber schon mhd. *ymne, imps,* ahd. *im(mi)no, hyemno* über lat. *hymnus* aus gr. *hýmnos* Festlied (zu gr. *hymên* Bändchen; also eigtl. = Tongefüge?).

Hypnose w. KW 1. Hälfte 19. Jh. von gr. *hypnóein* einschläfern (*hýpnos* Schlaf; urverw.: lat. *sopor* aus **svepor;* idg. Wurzel **su̯ep-* schlafen).

Hypochonder m. Mitte 18. Jh. von frz. *hypochondre* Griesgram. Das Adj. **hypochondrisch** schon Ende 17. Jh. Zugrunde liegt gr. *hypochóndria* die Weichteile unterm Brustknorpel (Sitz der Gemütsbeschwerden). Zs. aus gr. *hypó* unter + *chóndros* Brustknorpel; verw.: *↗ Grund.*

Hypothek w. 2. Hälfte 16. Jh. über lat. *hypotheca* aus gr. *hypothêkê* Untersatz, Unterpfand (vom gr. Zw. *hypotithénai* untersetzen). *↗ Apotheke, ↗ Bibliothek, ↗ Diskothek, ↗ Theke.* **Hypothese** w. 2. Hälfte 18. Jh. für älteres *Hypothesis,* aus gr. *hypóthesis* Unterstellung (*hypotithénai* untersetzen, -stellen).

Hysterie w. um 1800 für älteres *Hysterik* von mlat. *hysterica passio* Nervenkrankheit (von gr. *hysterikós* an der Gebärmutter leidend, *hystéra* Gebärmutter).

I

ich FW mhd. *ich*, ahd. *ih*, got. *ik* (engl. *I*); urverw. lat. *ego*, gr. *egó(n)*; idg. FW (*eĝhom*), das seine obliquen Kasus von andern Stämmen bildet.

ideal Adj. Anfang 19. Jh. für älteres *idealisch* Mitte 18. Jh. aus lat. *idealis* vorbildlich. **Ideal** s. 2. Hälfte 18. Jh. **Idee** w. 2. Hälfte 17. Jh. über frz. *idée* aus gr. *idéa* Erscheinung; als platonischer Kernbegriff (= Urbild) verbreitet. – gr. *ideîn* sehen, wissen; lat. *videre* sehen, d. ⟋ *wissen*. Dazu 19. Jh.: das KW **Ideologie** w. Vgl. ⟋ *weise* und seine Sippe.

identifizieren Zw. KW 19. Jh. aus lat. *idem* derselbe (lat. *id-em* verstärkt das FW *id* es (⟋ *es* ist verw.!) + *facere* machen (⟋ *faktisch*). – Älter das Subst. **Identität** w. 1. Hälfte 18. Jh. von mlat. *identitas* und das Adj. **identisch** 18. Jh. von frz. *identique*.

Idiom s. Mundart, 2. Hälfte 17. Jh. aus frz. *idiome* (gr. *idíoma* Besonderheit, *ídios* eigen). **Idiot** m. 16. Jh. über lat. *idiota* aus gr. *idiôtês* Privatmann (*ídios* eigen); schon Ende 16. Jh. = Einfaltspinsel. **Idiotikon** s. Mundartwörterbuch, 18. Jh. aus gr. *idiôtikón* was dem einfachen Mann eigentümlich ist.

Idol s. Abgott, 18. Jh. über lat. *idolum* aus gr. *eídôlon* Gestalt, Trugbild; verw. ⟋ *Idee*. **Idyll** s., **Idylle** w. Mitte 18. Jh. über lat. *idyllium* Hirtengedicht aus gr. *eidýllion* Bildchen, kleines Hirtengedicht. ⟋ *Idee*.

Igel m. mhd. *igel*, ahd. *igil* neben *îgil;* urverw. gr. *echînos* Igel; idg. Tiername, idg. Wurzel *eĝhi-* Schlange (gr. *échis* Schlange). Urspr. = der zur Schlange gehört, Schlangenfresser; ⟋ *Egel*, ⟋ *Eidechse*.

Ignorant m. 2. Hälfte 16. Jh. vom lat. Part. Präs. *ignorans* unwissend; das Zw. **ignorieren** von lat. *ignorare* nicht wissen; erst 18. Jh. (lat. *noscere* erkennen; ⟋ *nobel*).

Illusion w. 1. Hälfte 18. Jh. über frz. *illusion* aus lat. *illusio* Verspottung (vom Zw. lat. *illudere* verspotten; *ludus* Spiel).

illustrieren Zw. 1. Hälfte 18. Jh. von lat. *illustrare* erleuchten, erläutern (*lustrare* hellmachen). Dazu **Illustrierte** w. 20. Jh.; verw.: *lucere* leuchten, *lumen* Licht, *luna* Mond; ⟋ *erlaucht*.

Iltis m. mhd. *iltis(se)*, *elte(i)s* u. ä., spätahd. *illi(n)tiso*, Zs., deren Grundwort wohl *wiso* ⟋ *Wiesel* ist. Das Bestimmungswort ist ungewiß (zu idg. *el-* gelb?).

Image s. alle mit einer Person (Sache) verbundenen Vorstellungen, 20. Jh. über frz., dann direkt aus am.; von lat. *imago* Bild (*imitari* nachahmen; *aemulari* nacheifern). – **imaginär** Adj. nicht real, 19. Jh. aus frz. *imaginaire*.

Imbiß m. mhd. ahd. *in-*, *imbîz*, vom Zw. mhd. *enbîzen*, ahd. *in-*, *imbîzan* ein Mahl zu sich nehmen. *-mb-*, *-mp-* aus *-nb-*, *-np-* wie in ⟋ *Amboß*, ⟋ *Himbeere*, ⟋ *Wimper*. – ⟋ *beißen*.

imitieren Zw. 1. Hälfte 16. Jh. aus lat. *imitari* nachahmen. ⟋ *Image*.

Imker m. im 19. Jh. vom Nd. her verbreitet; Zs. aus ⟋ *Imme* und vielleicht einer *-ja*-Ableitung von *kar* Gefäß, Schüssel (got. *kas* Gefäß; dazu got. *kasja* Töpfer); eigtl. = Bienenkörber. – ⟋ *Kar*, auch ⟋ *Zeidler*. **Imme** w. Biene, mhd. *imme*, *imbe*, *imp* Bienenstock, -schwarm, ahd. *imbi*, *impi* Bienenschwarm; wgerm. Wort, vermutlich zur idg. Wurzel *embh-* Wolke.

– Luther setzt ↗ *Biene* gegen das ins Nd. zurückweichende *Imme* durch. ↗ *Nebel?*

immatrikulieren Zw. ↗ *Matrikel.*

immer Adv. mhd. *i(e)mer, immer,* ahd. *iomêr;* Zs. aus *je* ahd. *io* (↗ *je*) + mehr ahd. *mêr.*

Immunität w. um 1700 = Abgabenfreiheit, aus lat. *immunitas;* 19. Jh. = Widerstandsfähigkeit gegen Seuchen, Sicherung gegen Strafverfolgung (lat. *munia* Pflichten, *munus* Amt; die Vorsilbe *in-* negiert! – *munia* zur idg. Wurzel **mei-* ↗ *tauschen;* ↗ *gemein*).

Imperativ m. 18. Jh. für älteres lat. *modus imperativus* Befehlsform des Zw.s (lat. *imperare* befehlen, *parare* ver-, zubereiten. ↗ *Parade*).

Imperialismus m. 19. Jh. mit lat. Endung aus frz. *impérialisme* = engl. *imperialisme,* von lat. *imperialis* kaiserlich, staatlich; *imperium* Herrschaft.

impertinent Adj. 1. Hälfte 18. Jh. aus frz. *impertinent* (von lat. *pertinere* gehören zu [*tenere* (angespannt) halten, *tendere* spannen; ↗ *Tendenz*]; eigtl. = ungehörig).

impfen Zw. mhd. *impfen,* ahd. *impfôn,* aus lat. *imputare* einschneiden, *putare* Bäume beschneiden. ↗ *amputieren.*

Imponderabilien Mz. Unwägbares, KW 18. Jh. zu lat. *ponderabilis* wägbar (*pondus* Gewicht, zu *pendere* wägen; ↗ *Pfund;* urspr. Fachwort der Physik; SchlW durch Bismarck 1868.

imponieren Zw. 18. Jh. aus lat. *imponere* auferlegen (*ponere* hinlegen; ↗ *Position,* ↗ *Post*). **imposant** Adj. 2. Hälfte 18. Jh. aus frz. *imposant* eindrucksvoll (vom frz. Zw. *imposer* beeindrucken).

importieren Zw. 17. Jh. aus lat. *importare* hineintragen (*portare* tragen intensiviert das alte Zw. **porvire* = ↗ *fahren*). **Import** m. 2. Hälfte 18. Jh. aus engl. *import.*

imprägnieren Zw. 17. Jh. = schwängern, rechtssprachlich aus lat. *impraegnare* schwängern (*praegnans*

schwanger, aus *prae gnate* vor der Geburt. ↗ *Natur;* 2. Hälfte 18. Jh. = mit Flüssigkeit tränken. ↗ *prägnant.*

Impressionismus m. 2. Hälfte 19. Jh. aus frz. *impressionisme* (eine von Monet gemalte Landschaft hieß „*Impression*"), von lat. *imprimere* eindrücken (*pressus* gedrängt, knapp; vgl.: frz. *près* nahebei). **Imprimatur** s. Mitte 18. Jh. aus lat. *imprimatur* es möge gedruckt werden, Druckerlaubnis.

Improvisation w. 19. Jh. vom Zw. **improvisieren**, dies 2. Hälfte 18. Jh. aus frz. *improviser* (lat. *improvisus* unvorhergesehen, *providêre* vor sich sehen [frz. *pour-voir;* lat. *videre* sehen; ↗ *wissen*).

Impuls m. um 1800 aus lat. *impulsus* Anstoß (vom lat. Zw. *impellere* antreiben; ↗ *Puls*).

in FW, gemeingerm., urverw.: lat. *in,* gr. *en(í);* idg.: **en.*

Indanthren s. lichtechter Farbstoff, KW 20. Jh. aus *Ind*-igo und *Anthr*-az-en (↗ *Anthrazit*).

Index m. Register, 18. Jh. aus lat. *index* (*indicare* anzeigen, *dicere* sagen). ↗ *Indiz.*

indifferent Adj. 2. Hälfte 17. Jh. aus lat. *indifferens* unterschiedslos (*differre* sich unterscheiden, ↗ *ferre* tragen). ↗ *Differenz,* ↗ *gebären* und seine Sippe.

indigniert Adj. zornig, 19. Jh. aus lat. *indignari* für unwürdig erachten (*dignus* aus **decnos* würdig; ↗ *Dekor,* ↗ *dezent*).

Indigo s. 2. Hälfte 17. Jh. aus span. *indigo;* schon mhd. *indich* aus lat. *indicum* das (Blau) aus Indien, nach gr. *indikón* (weil die Griechen die Farbe aus Ostindien kannten).

indiskret Adj. 19. Jh. aus frz. *indiscret* (lat. *indiscretus* unterschiedslos, *discernere* unterscheiden). ↗ *diskret.*

individuell Adj. 18. Jh. aus frz. *individuel,* neben *individual* aus lat. *individualis* (*individuus* unteilbar; Wurzel: **vidh-* trennen; ↗ *Witwe*). Dazu schon 2. Hälfte 17. Jh. das

Subst. **Individuum** s. ↗ *Dividende.*

Indiz s. 19. Jh. aus lat. *indicium* Anzeichen (*indicare* anzeigen; ↗ *Index,* ↗ *Diktat*).

Indossament s. Übertragungsvermerk auf Wechseln, 2. Hälfte 18. Jh. aus frz. *indossement* (nach it. *in dosso* auf dem Rücken, der Rückseite; lat. *dorsum* Rücken).

Industrie w. Mitte 18. Jh. aus frz. *industrie* Gewerbe(fleiß), Ende 18. Jh. = Produktion materieller Güter. Von lat. *industria* steter Fleiß (*instruere* aus **industruere* einrichten; *indu-* in, *struere* schichten; verw.: ↗ *streuen*).

infam Adj. 2. Hälfte 17. Jh. aus lat. *infamis* verrufen (*fama* Ruf; ↗ *Fabel*). **Infanterie** w. 1. Hälfte 17. Jh. aus it. *infanteria* eigtl. = Pagencorps (lat. *infans* Kleinkind, eigtl. = Nichtsprechendes; lat. *fari* sprechen; ↗ *Fabel*); dann (unter dem Einfluß von it. *fante* junger Bursche) = Fußtruppe. **infantil** Adj. 20. Jh. aus lat. *infantilis* kindlich.

Infarkt m. Gewebeverstopfung, 2. Hälfte 19. Jh. vom Part. Pass. des lat. Zw.s *infarcire* hineinstopfen. Mit Metathese: gr. *phrássein* stopfen. – ↗ *Farce*!

Infektion w. 16. Jh. über frz. *infection* aus lat. *infectio* Ansteckung; eigtl. = Färbung (*inficere* hineintun, färben, vergiften; *facere* tun; ↗ *faktisch.* **infizieren** Zw. 16. Jh. aus lat. *inficere.* ↗ *desinfizieren*.

infiltrieren Zw. 19. Jh. aus nlat. *infiltrare* hineinfiltern (↗ *Filter*).

Inflation w. 19. Jh. als medizin. Fachwort aus lat. *inflatio* Schwellung (*inflare* aufblasen); 20. Jh. = Währungsverfall (eigtl. = Aufblähung der Währung); ↗ *soufflieren*.

Influenza w. 2. Hälfte 18. Jh. aus it. *influenza* Seuche, eigtl. = Einfluß (nämlich der Gestirne auf Epidemien, lat. *influere* hineinfließen, beeinflussen; ↗ *Fluidum*!).

informieren Zw. 2. Hälfte 15. Jh. aus lat. *informare* unterrichten (eigtl. = [durch Belehrung] bilden). ↗ *Form.*

Ingenieur m. 2. Hälfte 16. Jh. *ingegnier,* aus it. *ingegnere* Kriegsbaumeister. Dazu tritt seit etwa 1600 frz. *ingénieur.* Zugrunde liegt lat. *ingenium* Scharfsinn, Erfindung (-sgeist); mittelalt. = Kriegsgerät (vom Zw. *gignere* erzeugen = gr. *gígnesthai;* verw.: got. *kuni* Geschlecht; ↗ *König.* – ↗ *genial.*

Ingwer m. mhd. *ing(e)wer, -ber,* spätahd. *gingebero, -bere* (engl. *ginger*), aus afrz. *gingebre,* dies von spätgr. *ziggíberis,* einem urspr. ind. Wort, das eigtl. = „hornförmig" bedeutet (nach seinen Wurzeln).

Initiative w. um 1800 aus frz. *initiative* Vorschlagsrecht (lat. *initium* Anfang, *initiare* den Beginn machen, *inire* hineingehen, anfangen); dann (Goethe) = 1. Schritt, Entschlußkraft. Davor (um 1700): **Initiale** w. Anfangsbuchstabe, nach lat. *initialis* anfänglich.

inkognito Adv. 17. Jh. aus it. *incognito* unerkannt (lat. *cognoscere* kennenlernen; ↗ *Notiz*).

Inkunabel w. ↗ *Wiegendruck.*

Inlett s. Federsack im Bett, 2. Hälfte 16. Jh. aus nd. *Inlet, -lede, -litt,* vom Zw. nd. *inlâten* hineinlassen. ↗ *lassen*.

innig Adj. mhd. *innec, -ic;* Weiterbildung zu mhd. *inne* inwendig (zugrunde liegt die Präp. *in.* Vgl. ↗ *binnen*). Die heutige Bedeutung durch die Mystik! **Innung** w. mhd. *innunge,* vom Zw. ahd. *innôn* in eine Vereinigung aufnehmen (Weiterbildung von *inne*).

Input m., s. Eingabe in den Sender (↗ *Computer*), 20. Jh. aus engl. (Vorzeitwort? Oder aus lat. *imputare* anrechnen?).

Inquisition w. ↗ *Quiz!*

Insekt s. 1. Hälfte 18. Jh. für älteres *Insectum,* aus lat. *insectum* das Eingeschnittene, ↗ *Kerbtier* (*insecare* einschneiden, LÜ durch Plinius von gr. *éntomon,* vom Zw. *entémnein* einschneiden).

Insel w. mhd. *insel(e), insul(e),* aus lat. *insula* eigtl. = die im Salzmeer (*in salo*); ahd. *ísila* aus roman. (afrz. *isle* Insel). / *isolieren*.

inserieren Zw. 1. Hälfte 16. Jh. = (Aktenvermerk) einfügen, aus lat. *inserere* hineinfügen (*serere* aus *serjere* zusammenfügen; gr. *eírein* aneinanderreihen). 18. Jh. = Anzeige aufgeben (/ *Serie*). **Inserat** s. 17. Jh. aus lat. *inserat* er möge einfügen (vgl. / *Anzeige*!).

Insiegel s. mhd. *insigel(e)*, ahd. *insigili*, Kreuzung aus lat. *insigne* Merkmal + *sigillum* / *Siegel*.

inspirieren Zw. 18. Jh. aus lat. *inspirare* einhauchen (*spirare* atmen. – / *Esprit*, / *Spiritus*).

inspizieren Zw. 18. Jh. aus lat. *inspicere* be(auf)sichtigen; davor: **Inspektion** w. 16. Jh., aus lat. *inspectio* Untersuchung. – / *spezial*.

Installation w. 19. Jh. vom Zw. **installieren** 16. Jh. aus mlat. *installare* bestallen (mlat. *stallus* Chorstuhl, vom Subst. ahd. *stal* Stelle; / *Stall*). **Installateur** m. KW 20. Jh. nach frz. Muster.

inständig Adj. 16. Jh. beeinflußt vom lat. Adv. *instanter* nachdrücklich (*instans* drohend; *instare* bedrängen; *stare* / *stehen*); abgeleitet vom Subst. *Instand* Bestand (schon ahd. [selten] *instendîgo*); engl. *instant* drohend, sofortig. **Instanz** w. mhd. *instancie,* aus lat. *instantia* nachhaltiger Eifer, drängendes Bitten (vom Zw. *instare* auf etw. bestehen, drängend bitten). Rechtssprachlich = nachdrückliches Betreiben eines Prozesses; dann = Gericht, an dem der Prozeß geführt wird. – / *stehen*.

Instinkt m. Mitte 18. Jh. aus mlat. *instinctus* (natürlicher) Antrieb (lat. *instinguere* reizen, *stinguere* stechen, löschen; / *Stich*). **instinktiv** Adj. 19. Jh. aus frz. *instinctif*.

Institut s. 2. Hälfte 15. Jh. = Rechtslehrbuch, aus lat. *institutum* Einrichtung (*instituere* einrichten; / *Statut*); 2. Hälfte 16. Jh. = Art und Weise; 18. Jh. = Unternehmen, Anstalt.

Instruktion w. 2. Hälfte 15. Jh. aus lat. *instructio* (*instruere* her-, ein-, unterrichten, *struere* erbauen; / *streunen*, / *Struktur*, / *Obstruktion*). **Instrument** s. 2. Hälfte 14. Jh. = Urkunde, aus lat. *instrumentum* Werkzeug (zum Zw. *instruere* her-, einrichten); 2. Hälfte 16. Jh. = Werkzeug, Tongerät.

inszenieren Zw. KW 20. Jh. zu / *Szene*.

intakt Adj. 19. Jh. aus lat. *intactus* unberührt (vom Zw. *tangere* berühren; / *Takt*, / *Kontakt*, / *Kontingent*, / *Tangente*, auch / *taxieren*). – **Integration** w. 19. Jh. aus lat. *integratio* Wiederherstellung (eines Ganzen, vom Zw. *integrare* wiederherstellen, vom Adj. *integer*, älter: *in-tag-ros*, zu *tangere*, = unbescholten; davon: d. Adj. **integer** 19. Jh.; / *Takt*.

intelligent Adj. 2. Hälfte 18. Jh. vom lat. Part. Präs. *intelligens* innewerdend (vom Zw. *intellegere* einsehen, verstehen; / *Legende* u. seine Sippe). **Intelligenz** w. 2. Hälfte 16. Jh. = Einsicht, aus lat. *intelligentia;* 18. Jh. = Akademikerstand.

Intendant m. 2. Hälfte 17. Jh. aus frz. *intendant* Verwalter (von lat. *intendere* [seine Aufmerksamkeit] anspannen, auf etw. achten; / *Tendenz*). – **intensiv** Adj. 18. Jh. aus frz. *intensif* (von lat. *intensus* angespannt). – **Intention** w. Vorhaben, 2. Hälfte 16. Jh. aus lat. *intentio* (vom Zw. *intendere*).

interessant Adj. 2. Hälfte 18. Jh. aus frz. *intéressant* (Part. Präs. vom Zw. *intéresser,* dies aus lat. *interesse* dazwischensein, von Bedeutung sein. / *anziehend*. **Interesse** s. 15. Jh. vom lat. substant. Infinitiv *interesse;* zunächst = ersatzpflichtiger Schaden, Zinsen; 16. Jh. = Vorteil; 18. Jh. unter Einfluß von frz. *intérêt* = Anteilnahme.

interimistisch Adj. 2. Hälfte 18. Jh. aus lat. *interim* unterdessen (-*im* in Analogie zum alten Akk., die zu Adv. erstarrt sind [wie: *stat-im*]). Davon 20. Jh. das Subst. **Interim** s. Übergangslösung.

Intermezzo s. Mitte 18. Jh. aus it. *intermezzo* (heiteres) Zwischenspiel (von lat. *intermedius* mittendrin; ↗ *Mitte*).

Internat s. KW 19. Jh. zu lat. *internus* inwendig (daher auch das Adj. **intern** 19. Jh.). **Internist** m. 19. Jh. KW von lat. *internus* (in Analogie zu *infernus* unten gebildet).

international Adj. KW 19. Jh. von lat. *inter* zwischen + *natio* Volk; = zwischenvolklich.

Interpellation w. 2. Hälfte 16. Jh. aus lat. *interpellatio* Zwischenrede; ↗ *Puls*.

interpretieren Zw. mhd. *interpretieren*, aus lat. *interpretari* (*interpres* Dolmetsch; unerklärt).

Interpunktion w. 18. Jh. aus lat. *interpunctio* Trennung (von Wörtern) durch ↗ *Punkte* (vom Zw. *interpungere* dazwischenstechen).

Intervall s. 18. Jh. Abstand zwischen 2 Tönen, aus lat. *intervallum* (*inter vallos* zwischen den Schanzpfählen). ↗ *Wall*.

Interview s. 2. Hälfte 19. Jh. aus am. *interview* Unterredung (von frz. *entrevue* Verabredung, Treffen, zum Zw. frz. *entrevoir* sich treffen, einander [kurz] sehen).

intim Adj. 2. Hälfte 18. Jh. aus lat. *intimus* innerster (unter Einfluß des frz. Adj. *intime* innig, nah befreundet).

Intrige w. 2. Hälfte 17. Jh. aus frz. *intrigue* geheimer Anschlag, Liebeshandel (frz. *intriguer* Ränke schmieden, vom lat. Zw. *intricare* verwickeln; *tricae* Mz. Verdruß). **intrigieren** Zw. 2. Hälfte 18. Jh. aus frz. *intriguer*.

Intuition w. 18. Jh. aus lat. *intuitio* Anschauung (vom Zw. lat. *intueri* anschauen).

invalide Adj. 1. Hälfte 18. Jh. aus frz. *invalide* dienstuntauglich (zum lat. Zw. *valere* gesund sein = frz. *valoire*). – Gleichzeitig das Subst. **Invalide** m. – ↗ *Valuta*.

Inventar s. 1. Hälfte 16. Jh. aus lat. *inventarium* Vermögens-, Vorratsverzeichnis (vom Zw. lat. *invenire*

[geschrieben] finden). **Inventur** w. 2. Hälfte 16. Jh. aus mlat. *inventura*. ↗ *Advent*. Zur Sippe von: ↗ *kommen*.

investieren Zw. spätmhd. *investieren* mit den Amtsinsignien bekleiden, von lat. *investire* bekleiden (*vestis* Kleid; gr. *heîma* aus **wesma* Kleid; got. *wasjan* kleiden); 2. Hälfte 19. Jh. = Kapital anlegen. ↗ *Travestie*, ↗ *Weste*.

Inzest m. 19. Jh. aus lat. *in-cestus* Blutschande (*castus* keusch; ↗ *Kaste*); also = Unkeuschheit.

Ion s. elektrisch geladenes Atom (Molekül), engl. KW 19. Jh. Eigtl. = Part. Präs. zum Zw. gr. *iénai* gehen; = Gehendes (weil sich das Atom bei der Elektrolyse zu den Elektroden bewegt). ↗ *Elektron*.

Iran m. ↗ *Arier!*

irden Adj. mhd. ahd. *irdîn*, got. *airpeins*, vom Subst. ahd. *erda* ↗ *Erde*. Dazu (urspr. gleichbedeutend) **irdisch** Adj. mhd. *irdesch*, ahd. *irdisc* eigtl. = aus Erde, dann = zur Erde gehörig.

irgend Adv. mhd. ahd. *iergen* für älteres *io wergin*. Über *io* ↗ *je*; ahd. *wergin* Zs. aus *hwar-* wo und einer die Unbestimmtheit bezeichnenden Partikel **-gin*. Also = je irgendwo. *-d* spät angetreten (wie in ↗ *jeman-d*, ↗ *nieman-d*, ↗ *weilan-d*). Negation: ↗ *nirgend*.

Iris w. Regenbogen(haut), 19. Jh. aus gleichlautendem und -bedeutendem lat.-gr. – Verw.: ↗ *Weide?* Dann = die Gebogene? Oder zu ahd. *wiara* Feingold, lat. *viriae* Armreif; idg. Wurzel: **uei-* flechten? Dann = Flechtband (**viris*)? – Das **Iridium** (Platinmetall) nannte sein engl. Entdecker S. Tennant (1761–1815) nach seinen bunten Salzen.

Ironie w. 18. Jh. zunächst aus lat. *ironia*, dann aus frz. *ironie*, das über lat. aus gr. *eirôneía* Verstellung beim Sprechen, Necken (*eírôn* wer sich beim Sprechen verstellt; Herkunft?) stammt.

irre Adj. mhd. *irre* verirrt, geistig

gestört, ahd. *irri* auch zornig, got. *airzeis* verführt, geistig gestört; urverw. lat. *errare* irren, *error* Irrtum; idg. **ers-* sich rasch, ziellos bewegen; ↗ *rasen.* **Irrlicht** s. 2. Hälfte 17. Jh. aus dem Ostmd. **Irrwisch** m. Irrlicht, 1. Hälfte 16. Jh. md. (-*wisch* brennendes Strohbüschel, Fackel; ↗ *Wisch*).

Irredenta w. 19. Jh. aus lat. *(terra) irredenta* unerlöstes (Land); it. *irredenta* unbefreite Heimat (lat. *red-empta* die Zurückgekaufte, Erlöste).

irrelevant Adj. unerheblich, 1. Hälfte 18. Jh. aus nlat. *irrelevans* (lat. *in-* un- + *relevare* aufheben; *levis* ↗ *leicht*).

irritieren Zw. um 1700 aus lat. *irrita-re* aufreizen (*irritus* aus **in-ratus* nutzlos; ↗ *Rat*); später volkset. an *irren* angelehnt.

isabellfarben Adj. graugelb, überlieferungsgemäß nach dem infolge eines Schwurs von 1601−1604 nicht gewechselten Hemd der *Isabella* von Spanien (1566−1633). So schon 17. Jh.; doch findet sich engl. *isabellacolor* schon 1600, d. h. vor dem legendären Schwur (= Belagerung von Ostende).

Ischias w. (m., s.) 19. Jh. über lat. aus gr. *is|chías nósos* Hüftweh; gr. *is|chíon* Hüfte. ↗ *Eisbein.*

isolieren Zw. 2. Hälfte 18. Jh. aus frz. *isoler,* das von it. *isolare* vereinzeln stammt (dies vom Subst. it. *isola* ↗ *Insel*).

J

ja Adv. mhd. ahd. got. *ja* (engl. *yea*); Herkunft? ↗ *bejahen.*

jachern Zw. wild umherjagen, 19. Jh. aus md.-nordostd. Maa. (Intensivum zum Zw. ↗ *jagen*). **Jacht** w. 1. Hälfte 16. Jh. aus älterem *Jage-, Jachtschiff* gekürzt. Die (veraltete) Schreibung *Yacht* täuscht Entlehnung aus dem Engl. vor. Vielmehr zum Zw. ↗ *jagen;* = Schnellschiff.

Jacke w. 1. Hälfte 15. Jh. aus frz. *jaque* Kriegsrock, das über span. *jaco* aus ar. *šakk* Brünne, mittelalterl. Panzerhemd stammt. **Jackett** s. 19. Jh. aus frz. *jaquette* Jäckchen, Bauernrock, Kinderkleid.

Jade w., m. 19. Jh. über frz. aus span. *piedra de ijada* Stein gegen Steinschmerzen (lat. *ilia* Unterleib).

Jagd w. mhd. *jaget, jagât* Verfolgung; vom Zw. **jagen** mhd. *jagen,* ahd. *jagôn;* Herkunft ungeklärt. ↗ *jachern,* ↗ *Jacht.* **Jägerlatein** s. 19. Jh. = Weidmannssprache; dann = Jägerflunkereien.

Jaguar m. 18. Jh. über port. Vermittlung aus der bras. Tupisprache (*jagwár*).

jäh Adj. nur germ.; mhd. *gæhe, gâch,* ahd. *gâhi;* seit 15. Jh. mit *j*-Anlaut (↗ *jappen*), den Luther verbreitet. Herkunft ungeklärt; idg. Wurzel **ĝhêi-* antreiben?). ↗ *Gaudieb.*

Jahr s. mhd. ahd. *jâr,* got. *jêr* (engl. *year*); urverw.: lat. *hornus* heurig für älteres **ho-jorinus,* gr. *hôra* Stunde, Tages-, Jahreszeit; idg. Wurzel **įero; -s* Erweiterung zur idg. Wurzel **įe-* gehen; urspr. = Gang (der Sonne). ↗ *Januar.* Idg. Zeitbezeichnung wie ↗ *Monat,* ↗ *Nacht.* Vgl.: ↗ *Uhr,* ↗ *Horoskop.*

Jahrhundert s. Mitte 17. Jh. Eindeutschung von lat. *saeculum.* Danach gebildet: **Jahrtausend** s. Mitte 18. Jh. für *Millenium;* **Jahrzehnt** s. 1. Hälfte 18. Jh. für *Dezennium.*

Jalousie w. Anfang 18. Jh. aus frz. *jalousie* eigtl. = Eifersucht (von gr. *zêlos* = lat. *zêlus* Eifer[sucht]), weil die Gitterfenster an oriental. Bauten den Blick von außen nach

innen (aber nicht umgekehrt) ver-
wehrten. 18. Jh. = Fensterladen
aus beweg. Brettchen.

Jammer m. mhd. *(j)âmer*, ahd. *jâ-
mar*, eigtl. = substantiv. Adj. ahd.
jâmar traurig; = das Traurige.
Urspr. wohl ein SchW (Schmer-
zensruf); die Konsonantendeh-
nung (*-mm-*) intensiviert die Em-
phase des Wortes. – **jämmerlich**
Adj. mhd. *jæmer-, jâmerlich*, ahd.
jâmarlîh. Vorbild für ⁄ *weinerlich*.

jammerschade Adj. zusammenge-
zogen aus *Jammer und Schade*,
noch 18. Jh. als m. Subst. **Jammer-
tal** s. mhd. *jâmertal* LÜ von lat.
vallis lacrimarum (Psalm 83, 7).

Januar m. 18. Jh. gelehrte Korrek-
tur für älteres *Jenner*, aus lat. *ja-
nuarius* Monat des zwiegesichtigen
Gottes *Janus*, der vorwärts und zu-
rück sieht, Anfang und Ende be-
deutet (*Januar* als Jahresanfang
seit 153 v. Chr.). Zugrunde liegt
lat. *ianus* Torbogen, Durchgang,
zur idg. Wurzel **i̯e-* gehen. ⁄ *Jahr*.

jappen, japsen Zw. 2. Hälfte 18. Jh.
aus nd. (= mnd.) *jap(p)en* den
Mund aufsperren; ⁄ *gaffen*. Anlau-
tend *j-* für obd. *g-* nd.; ⁄ *jäh*.

Jargon m. 2. Hälfte 18. Jh. aus frz.
jargon Kauderwelsch (gall.-roman.
*gargone Geschwätz; SchW?).

Jasmin m. 2. Hälfte 16. Jh. über frz.,
span. und ar. aus pers. *jâsämîn*.

jäten Zw. mhd. *jeten, geten*, ahd.
jetan, getan; Herkunft ungeklärt.

Jauche w. 1. Hälfte 15. Jh. md. mnd.
jûche Brühe, aus wend. *jucha* Brü-
he, Jauche; urverw. lat. *ius* Brühe
(frz. *jus*; ⁄ *Jus*); idg. Wurzel **i̯eu*-
umrühren.

jauchzen Zw. 1. Hälfte 16. Jh. *jauch-
zen* neben *juchzen*. Eigtl. = den
Jubelruf *„Juch!"* ausstoßen. Ähn-
lich: ⁄ *ächzen*.

jaulen Zw. 2. Hälfte 18. Jh. aus nd.
(engl. *yowl* schreien); SchW.

Jazz m. 20. Jh. aus dem (Neger-)
Am. von New-Orleans; ältere
Form: *jass*, Dehnform zu: *to chase*
jagen (oder kreol. *jazz* eilen, über
engl.?)?

je Adv. mhd. *ie*, ahd. *io, eo*, got. *aiw*
(= Akkusativ Ez. vom Subst. *aiws*
Zeit; ⁄ *ewig*); ⁄ *nie*, ⁄ *immer*, ⁄ *ir-
gend*, ⁄ *nimmer*. **jeder** FW mhd.
ie(*ge*)*weder, ieder*, ahd. *iowedar,
eohwedar, eogiwedar;* Zs. aus ahd.
io- immer (+ *gi-* zusammen) +
-hwedar wer von beiden; also eigtl.
= immer alle beide.

Jeans Mz. enganliegende grobe
Baumwollhose(n), 20. Jh. aus am.;
urspr.: *genes*. Die grobe Baumwol-
le kam urspr. aus *Genua*.

Jeep m. Geländewagen, 20. Jh. aus
am. *jeep*, Abkürzung *(G. P.)* von
general purpose Mehrzweckwagen.

jemals Adv. 1. Hälfte 16. Jh., Zs.
aus *ie* ⁄ *je* + *mâls* (Genitiv); ⁄ *nie-
mals*. **jemand** FW mhd. *ieman, ie-
men*, ahd. *eoman, ioman*, Zs. aus
io immer + *man* ⁄ *Mensch*. Das *-d*
ist spätmhd. (wie in ⁄ *irgend*,
⁄ *niemand*, ⁄ *weiland*) ange-
treten. ⁄ *Mann*. *-a-* für älteres *-e-*
(mhd. *iemen*) wie in ⁄ *Eidam* (die
unbetonte Silbe wird, um erhalten
zu bleiben, beschwert).

jener FW mhd. *(j)ener*, ahd. *(j)enêr,
genêr;* got. *jains* (engl. *yon*); idg.
FW **eno-* jener (im d. Mittelalter
teils mit, teils ohne *j*-Vorschlag);
vgl.: gr. *énioi* einige, *ekeînos* jener.
jenseits Präp. mhd. *jensît* neben *je-
ne sîte* auf jener Seite. Seit 1. Hälfte
16. Jh. mit sekundärem Genitiv-*s*.

Jet m. Düsenflugzeug, 20. Jh. aus
engl. *jet*, eigtl. = Strahl.

Jeton m. Spielmarke, 18. Jh. aus frz.
jeter werfen (lat. *iactare* werfen; *ia-
cere* werfen; ⁄ *Ad-jek-tiv*, ⁄ *Trich-
ter*).

jetzt Adv. frühmhd. *iezuo, ieze*, Zs.
aus *ie* immer + *zuo* zu. *-t* angetre-
ten wie in ⁄ *Ax-t*, ⁄ *Habich-t*,
⁄ *Obs-t* usw.

jiepern Zw. etw. haben wollen, berl.
für nd. *giepern*; ⁄ *Geifer*.

Job m. Geschäft, Anstellung, 20. Jh.
aus am. *job* Stoßarbeit, Geschäft
(zum Zw. *job* stoßen; Herkunft?).
Oder zum engl. *jobb* Teil, seit 16.
Jh. = Arbeitsteil?

Joch s. mhd. *joch*, ahd. *joh*, got. *juk*

(engl. *yoke*); urverw.: lat. *iugum*, gr. *zygón* Joch; vgl. lat. *iungere* verbinden; idg. Wurzel *ĭeug- zusammenspannen. ∕ *Junktim*, ∕ *Joga*; ∕ *unterjochen*.

Jockei m. 2. Hälfte 18. Jh. aus engl. *jockey* Verkleinerung zu schott. m. PN *Jock* = engl. *Jack*.

Jod s. 1. Hälfte 19. Jh. aus frz. *iode* KW; 1811 durch Courtois entdeckt, von Gay-Lussac benannt nach den veilchenblauen Dämpfen, die sich beim Erhitzen entwickeln (gr. *ioeidês* veilchenfarben, *ion* Veilchen; vgl.: lat. *viola* ∕ *Veilchen*. ∕ *Levkoje*).

jodeln Zw. Anfang 19. Jh. aus alpenländischen Maa. Eigtl. = den Ruf „*Jo!*" ausstoßen. Identisch mit ∕ *johlen*.

Joga m., s. asketische Meditation, 20. Jh. aus ind. *yugá-m* ∕ *Joch*.

Joghurt s., m. 20. Jh. aus türk. *yogurt* gegorene Milch.

Johannisbeere w. seit 17. Jh., nach dem Tag der Ernte (24. 6.).

johlen Zw. mhd. *jôlen* (unangenehm) laut singen (gegenüber mnd. *jôlen* jauchzen). Eigtl. = „*Jo!*" rufen; ∕ *jodeln*.

Joint m. Haschischzigarette, 20. Jh. aus am. *joint* Bindeglied (lat. *iunctum* Verbundenes; ∕ *Konjunktur*).

Joker m. ∕ *Jongleur!*

Jolle w. Einmastboot, mnd. 1520 *jolle, gelle, jelle, jölle* (engl. – über nl. – *yawl*); Herkunft ungeklärt.

Jongleur m. 18. Jh. aus frz. *jongleur* (vom lat. *ioculator* Spaßmacher, *iocus* Scherz; dazu: **Joker** m. Ersatzkarte, 20. Jh. über engl., eigtl. = Narr, nach dem auf der Karte befindlichen Bild). – ∕ *Juwel*, ∕ *Jux*.

Joppe w. mhd. *jop(p)e, juppe, tjoppe* u. ä., aus it. *giuppa*, dies aus ar. *dschubba* langärmliger Rock; ∕ *Schaube*.

Jot s. 17. Jh. aus heb. *jod* (schon got. *jôta* aus gr. *iôta*, gleicher Herkunft); kleinster Buchstabe des Alphabets. – *Nicht ein Jota* nicht das Geringste (Matth. 5, 18).

Joule s. Kalorie, 20. Jh., nach dem engl. Physiker J. P. *Joule* (1818–1889).

Journal s. 17. Jh. aus frz. *journal* (gelehrte) Zeitschrift, Tagesnachricht. Dafür 16. Jh. *zornal*, aus it. *giornale* Tagebuch (von mlat. *diurnale* ∕ *Tagebuch*, lat. *diurnus* täglich, *dies* Tag); ∕ *Diäten*; ∕ *Zeitschrift*.

jovial Adj. 2. Hälfte 18. Jh. aus frz. *jovial*; dafür 2. Hälfte 16. Jh. *jovialisch*, aus nlat. *jovialis* vom Planeten *Jupiter* (Gen. *Jovis*); der die Menschen fröhlich macht, abhängig.

Jubiläum s. 2. Hälfte 16. Jh. nach nlat. *jubilaeum*, das zum Adj. lat. *iubilaeus* gehört. Lat. *annus jubilaeus*, LÜ: mhd. *jûbeljâr* hießen die regelmäßig wiederkehrenden Ablaßjahre der kath. Kirche (von heb. *jôbêl* Widder[-horn], mit dem die jüd. Erlaßjahre – jedes 50. Jahr – eingeblasen wurden; vgl. lat. *iubilum* Hirtenruf, Jodeln). Dazu das Zw. **jubeln** 15. Jh.; **jubilieren** mhd. *jubi-, jubelieren* von volkslat. *iubilare*, afrz. *jubiler* jauchzen. Vom Zw. wird das m. Subst. **Jubel**, mhd. *jubil(us)* abgeleitet.

Juchten m. (s.) 2. Hälfte 17. Jh. aus poln. *jucht*, letztlich aus pers. *jucht* Paar (zusammengegerbter Häute). – Daneben mnd. *juften*, aus r. *juft* von tat. *juftj* (gleicher Herkunft).

juchzen Zw. ∕ *jauchzen*.

jucken Zw. mhd. *jucken*, ahd. *jucchan* (engl. *itch*); nur germ.; Herkunft ungeklärt.

Judo s. jap. Sportkampf, 20. Jh. aus jap. *jû* geschmeidig + *dô* Weg der Geistesbildung.

Jugend w. mhd. *ju(n)gent*, ahd. *jugund* (engl. *yough*); von einer Weiterbildung der idg. Wurzel *ĭuun- ∕ *jung*. Mit anderem Suffix: got. *junds* Jugend, lat. *iuventus* Jugend.

Juli m. seit 16. Jh. nach lat. Vorbild = 7. Monat, der nach dem Kalenderreformator *Julius Cäsar* (= aus der Sippe der von *Julus* [lat. VN] abstammenden) *Julier* heißt.

Jumbo m. Düsenflugzeug, 20. Jh. aus am. (eigtl.: am. Elefantenname, dann = Riesending, schließlich = Düsenflugzeug).

Jumper m. 19. Jh. aus engl.; wohl Weiterbildung von frz. *jupe;* ↗*Joppe.*

jung Adj. mhd. *junc,* ahd. *jung,* got. *juggs* (engl. *young*), von einer Weiterbildung der idg. Wurzel **i̯u̯nen-* jung; urverw.: lat. *iuvencus* Jungstier, *iuvenis* Jüngling. ↗*Jugend,* ↗*Junker.* **Jünger** m. mhd. *jünger,* ahd. *jungiro.* Eigtl. = Komp. zu *jung,* LÜ von lat. *iunior* der Jüngere. (Dazu Ggs. lat. *senior,* ahd. *hêriro* ↗*Herr.)* **Jungfernrede** w. LÜ 1. Hälfte 19. Jh. aus engl. *maidenspeech.* **Junggeselle** m. 2. Hälfte 15. Jh. aus *junger geselle.* Eigtl. = junger Mann; dann – nach dem Vorgang von *Jungfrau* (schon ahd. *juncvrouwa* Edelfräulein) – = lediger Mann (nach Offenb. Joh. 14, 4).

Juni m. seit 16. Jh. nach lat. Vorbild Name des 6. Monats (eigtl. = Monat der *Juno;* d.: ↗*Brachmonat).*

Junker m. mhd. *juncherre,* ahd. *junchêrro* junger Herr (von Adel). ↗*jung.*

Junktim s. Verkopplung polit. Maßnahmen, 20. Jh. von lat. Adv. *iunctim* miteinander (vom Zw. *iungere*

verbinden; ↗*Joch*); ↗*konjugieren* usw. Dazu: **Junta** w. Regierungsausschuß, 20. Jh. aus span. *junta* Rat, Kommission.

Jupiterlampe w. Filmbeleuchtung, 20. Jh. nach einer Elektrofirma in Frankfurt (M.), die sich nach dem röm. Himmelsgott *Jup(p)iter,* älter: *Di|ês-piter,* gr. *Zeus patêr* nennt; ↗*jovial.*

Jurist m. mhd. *juriste,* aus mlat. *jurista* (von lat. *ius,* älter: *iovus* Recht). – **Jury** w. 1. Hälfte 19. Jh. über frz. aus engl. *jury* (afrz. *jurée* Schöffengericht, lat. *iurare* schwören). **just** Adv. 16. Jh. aus lat. *iuste* gerecht, geziemend (*ius* Recht).

Jus w. Bratenbrühe ↗*Jauche.*

Justiz w. 2. Hälfte 16. Jh. aus lat. *iustitia* Gerechtigkeit (*ius* Recht). **Justizmord** m. LÜ 1782 (L. v. Schlözer) von frz. *meurtre juridique* (Voltaire: *assasin juridique,* 1777).

Jute w. Bastfaser des ind. Flachses, 1. Hälfte 19. Jh. aus engl. *jute,* dem hind. *jhuta* kraus, aind. *jata* Haarflechte zugrunde liegt.

Juwel m., s. 15. Jh. aus mnl. *juweel,* das aus afrz. *joël* stammt. Dies von volkslat. *jocellum* Edelsteinchen (lat. *iocus Scherz,* mlat. *iocale* Edelstein). **Jux** m. Spaß, 2. Hälfte 18. Jh. stud. aus lat. *iocus* Scherz.

K

Kabarett s. 2. Hälfte 19. Jh. aus frz. *cabaret* Schenke, Überbrettl; Herkunft ungeklärt.

sich kabbeln Zw. mnd. *kabbelen,* vom Subst. as. *kafl* Kiefer. ↗*Kiefer*[1].

Kabel s. mnd. 13. Jh. *cabel* Tau, über mnl. (woher engl. *cable*) aus frz. *câble* = lat. *cap(u)lum* Fangseil (vom Zw. *capere* fangen, fassen; Einwirkung von ar. *ḥabl* Tau?);

seit 19. Jh. = isolierte Stromleitung. ↗*haben;* ferner: ↗*Kapazität.*

Kabeljau m. Mitte 16. Jh. *kabbelouw,* aus mnd. 14. Jh. *kab(b)elo(u)w, kaplaw,* von mlat. *cabellauwus* (woher engl. *cabiliau*); mit Metathese aus einem roman. Wort, das sich von lat. *baculum* Stock herleitet (span. *bakallao*). Also = Stockfisch.

Kabine w. 1. Hälfte 17. Jh. aus engl.

cabin Schiffskammer, das über frz. aus spätlat. *capanna* Winzerhütte stammt. Eigtl. ein illyrisches Wort? Vgl. ↗ *Kajüte.*

Kabinett s. fürstl. Arbeits-, Beraterraum; Museum; 2. Hälfte 16. Jh. aus frz. *cabinet,* von it. *gabinetto* kleiner Käfig (it. *gabbia* Käfig). **Kabinettstück** s. 18. Jh. Eigtl. = Sammlungsexemplar.

Kabriolett s. 2. Hälfte 18. Jh. aus frz. *cabriolet* (*cabriole* Bockssprung, von it. *capriola;* ↗ *Kapriole.* Zugrunde liegt lat. *caper* Ziegenbock). Der leichte Wagen heißt nach seiner sprunghaften Fahrart.

Kachel w. mhd. *kachel(e),* ahd. *chachala* Irdentopf, aus einer unbelegten Weiterbildung von mlat. *cachus* Schale (lat. *caccabus* Tiegel, aus gr. *kákkabos* Pfanne; urspr. sem.).

Kadaver m. 16. Jh. aus lat. *cadaver* gefallener (Tier-)Körper (vom Zw. lat. *cadere* fallen, frz. *choir;* lat. *casus* Fall). ↗ *kaduk.* **Kadavergehorsam** m. SchlW 2. Hälfte 19. Jh., nach der Jesuitenregel. **Kadenz** w. 18. Jh. aus it. *cadenza,* das aus mlat. *cadentia* Fall (lat. *cadere*) stammt. ↗ *Chance,* ↗ *Kaskade.*

Kader m. Stammannschaft, 19. Jh. aus frz. *cadre* Rahmen (von it. *quadro* viereckig, aus lat. *quadrus* viereckig, lat. *quattuor* vier; ↗ *Quader.*)

Kadett m. 1. Hälfte 18. Jh. aus frz. *cadet* Offiziersanwärter (von gaskognisch *capdet* Hauptmann; zugrunde liegt lat. *caput* ↗ *Haupt*). ↗ *Kapital.*

Kadi m. Richter, um 1700 aus ar. *qâdîn* Richter (verbreitet durch oriental. Märchen).

kaduk Adj. niedergeschlagen, 2. Hälfte 17. Jh. aus frz. *caduc* (von lat. *caducus* fallend, *cadere* fallen). ↗ *Kadaver.*

Käfer m. mhd. *kever(e),* ahd. *chevar, cheviro* (engl. *chafer*); verw. mit ↗ *Kiefer¹* (nl. *keveren* nagen); also = Nager.

Kaff s. armes kleines Dorf, 1. Hälfte 19. Jh. über Berlin aus heb. *kâfar* Dorf oder zig. *gâw* Dorf (angelehnt an ↗ *Kaffer¹*).

Kaffee m. 2. Hälfte 17. Jh. über frz. *café* aus türk. *qahvé.* Das zugrundeliegende ar. *qahwa* bedeutete urspr. „Wein", dann, nach dem Alkoholverbot des Korans, „Kaffee". ↗ *Koffein.* **Kaffeebohne** w. volkset. Zs. aus ar. *qahwa* Kaffee + ar. *bunn* Beere.

Kaffer¹ m. Dummkopf, 1. Hälfte 18. Jh. aus heb. *kafrî* Bauer (zu heb. *kâfar* Dorf; ↗ *Kaff*).

Kaffer² m. Bantustämmling, über span. *cafre* Barbar aus ar. *kâfir* Ungläubiger.

Käfig m. mhd. *kevje,* ahd. *chevia,* aus volkslat. *cavia* für lat. *cavea* Höhlung, Käfig (lat. *cavus* hohl, altlat. **covos,* gr. *kóoi* Höhlungen). D. *-f-* für lat. *-v-* wie in ↗ *Brief,* ↗ *Stiefel;* nhd. *-g-* für älteres *-j-* wie in ↗ *Ferge.*

Kaftan m. 2. Hälfte 17. Jh. über frz. und ar. aus pers. *chaftân* Unterpanzer (poln. *kaftan* Langschoßrock der Ostjuden, über türk. aus pers.).

kahl Adj. mhd. *kal,* ahd. *kalo* (engl. *callow* haarlos); urverw.: r. *gólyi* nackt. ↗ *Halunke* (lat. *calvus* kahlköpfig, = frz. *chaud* ist nicht verw.!).

Kahn m. mnd. Mitte 12. Jh. *cane;* durch Luther verbreitet. Urverw.: an. *kani* Henkeltopf, mir. *gann* Gefäß. Urspr. wohl = Gefäß.

Kai m. Ufermauer, -straße, 2. Hälfte 17. Jh. aus nl. *kaai.* Zugrunde liegt (wie bei engl. *quay*) frz. *quai,* das auf ein kelt. Wort zurückgeht (vgl. kymr. *cae* Gehege [urverw.: ↗ *Hag*]; air. *cai* Weg).

Kaiser m. mhd. *keiser,* ahd. *keisar,* got. *kaisar;* über got. (Limes am Schwarzen Meer!) aus gr. *kaîsar* Cäsar (PN; dann: Herrscher). ↗ *Zar.* **Kaiserschnitt** m. LÜ 2. Hälfte 17. Jh. von lat. *sectio caesarea.* Nach alter Volksetymologie soll der Name *Cäsar* von lat. *caedere* (heraus-) schneiden stammen (*cae-*

sus der Heraus-, aus dem Mutterleib Geschnittene).

Kajak m. Sporteinsitzer, Mitte 17. Jh. aus Eskimosprache; = einsitziges Männerboot.

Kajüte w. mnd. 1. Hälfte 15. Jh. *kaiüte*, über nl. verm. aus frz. *cahute* Baracke, Zs. aus frz. *cabane* Hütte (↗ *Kabine*) und frz. *-hutte* (aus d. ↗ *Hütte*).

Kakadu m. 2. Hälfte 18. Jh. aus nl. *kakatoe*. Zugrunde liegt mal. *kakatua*, Zs. aus *kaka-* = Bruder und dem Adj. *-tua* alt; also = alter Bruder.

Kakao m. 2. Hälfte 16. Jh. aus span. *cacao*, das aus azt. *cacauatl* Kakaobaum stammt.

Kakerlak m. Küchenschabe, 1. Hälfte 16. Jh. über nl. aus span. *cacarucha* (aus Südamerika mit dem Ungeziefer importiert) (engl. *kakkerlak*, frz. *cancrelat*).

Kaktee w., **Kaktus** m. 2. Hälfte 18. Jh. nach engl. Muster aus gr. *káktos* = lat. *cactus* Stachelpflanze; Weiteres ungeklärt.

Kalauer m. fader Wortwitz, unter volkset. Anlehnung an den Namen der Stadt *Calau* (Niederlausitz) 2. Hälfte 18. Jh. aus frz. *calembour* Wortspiel (nach der 1473 erschienenen Satire *Der Pfaffe von Kalenberg* des Wiener Theologen Ph. Frankfurter, deren Titelheld ein Pseudonym für den histor. Gundaker von Thernberg ist).

Kalb s. mhd. *kalp*, ahd. *chalp, kalb* (engl. *calf* Lende); von einer idg. Wurzel *gel-* sich ballen; = das Geballte (Runde); urverw.: ↗ *Globus,* lat. *gleba* Erdscholle, ↗ *Klumpen,* ↗ *Kolben.* Dazu: got. *kalbô* Jungkuh (= ahd. *chalba,* mhd. *kalbe*).

Kaldaunen Mz. eßbares Rindereingeweide, mnd. *kal-, koldûne* Ez., daher mhd. *kaltân,* aus mlat. *calduna* das noch warme Geschlinge eben geschlachteter Tiere (lat. *calidus* warm. Vgl. engl. *chawdron*).

Kalender m. 15. Jh. aus mlat. *calendarium* (später *calendarius*) Schuldbuch (von lat. *calendae* Mo-

natserster, lat. *calare* ausrufen, *clamare* rufen; ↗ *Konzil.*

Kalesche w. Einspänner, um 1600 *Kolesse* aus poln. *kolaska* (= Reiter).

Kali s. 19. Jh. verkürzt aus ↗ *Alkali.* ↗ *Zyankali.*

Kaliber s. 1. Hälfte 17. Jh. aus frz. *calibre,* das aus it. *calibro* stammt; dies von mlat. *calibrum* Zuggeschirr, Halseisen. Zugrunde liegt ar. *qalib* Schusterleisten, Modell, über aram. von gr. *kalopódion* Holzfüßchen, Schusterleisten.

Kalif m. mhd. *kalif* (engl. *caliph*) aus ar. *halifa* Stellvertreter (Mohammeds).

Kaliko s. Mitte 17. Jh. über nl. aus frz. *calicot* Kattun aus der Stadt *Calicut* (Ostindien).

Kalk m. mhd. *kalc* Kalk, Tünche, ahd. *k-, chalch, kalk,* bei der Übernahme röm. Bauweisen aus lat. *calx* (gr. *chálix* Kalkstein). ↗ *Chaussee.* **Kalkül** m., s. 19. Jh. aus frz. *calcul* Berechnung (vom Zw. *calculer* ausrechnen); davor (17. Jh.) *Kalkul* aus lat. *calculus.* **kalkulieren** Zw. 2. Hälfte 16. Jh. aus lat. *calculare* berechnen (*calculus* Kalk-, Rechensteinchen, Deminutiv zu: *calx*).

Kalmus m. Aronstabgewächs, 2. Hälfte 15. Jh. aus lat. *calamus* Rohr (= gr. *kálamos* Schilf). – ↗ *ausklamüsern.*

Kalorie w. Wärmeeinheit, KW 20. Jh. von lat. *calor* Wärme (*calere* glühen; frz. *chaleur*). ↗ *nonchalant,* ↗ *Chauffeur* usw.

kalt Adj. mhd. ahd. *kalt,* got. *kalds* (engl. *cold*); Part. zu einem Zw., das z. B. in an. *kala* frieren vorliegt. Verw.: ↗ *kühl,* lat. *gelidus* kalt, *gelare* frieren, *gelu* Frost, gr. *gelandrós* kalt (idg. Wurzel *gel-* gefrieren, gerinnen; vermutl. identisch mit *gel-* ballen; ↗ *Kalb,* ↗ *Kolben*).

Kamarilla w. Hofklüngel, um 1820 aus span *camarilla* Kämmerchen (des Königs); ↗ *Kammer.*

Kamel s. mhd. *kamêl,* von lat. *camelus* (= gr. *kámēlos*), aus heb. (= ar.) *gâmâl* Kamel; ↗ *Trampeltier.*

Kamelie w. Teestrauchart, 18. Jh. nach dem Brünner Jesuitenmissionar Joseph *Kamel* († 1706 in Manila), durch Linné 1735 benannt.

Kamelle w. ∕ *Kamille.*

Kamera w. 19. Jh. Kürzung aus lat. *camera obscura* Vorläufer des Lichtbildgerätes. ∕ *Kamin.* **Kamerad** m. Mitte 16. Jh. aus frz. *came-, camarade*, das aus it. *camerata* (span. *camarada*) Kammer-, Stubengenossenschaft stammt (lat. *camera* Zimmer mit Gewölbe; vgl. ∕ *Geselle*). ∕ *Kammer.*

Kamikaze m. Selbstmordflieger, 1943 (2. Weltkrieg) aus jap. (*kami*-Schintogott + *kaze* Wind, also = göttl. Wind).

Kamille w. mhd. *ca-, gamille,* mlat. *ca(mo)milla*, von gr. *chamaimêlon* (*chamaí* an der Erde + *mêlon* Apfel; nach dem Geruch der Blüte); nd. *Kamelle* w., durch F. Reuter 1859ff. gesamtdeutsch (*olle Kamellen* alte Teegeschichten).

Kamin m. mhd. *kemî(n), kamîn,* ahd. *kemîn, chemî*, aus lat. *caminus* Herd, Ofen, von gr. *káminos* Ofen (lat. *camurus* gewölbt, gr. *kamára Gewölbe*). – ∕ *Kamera*, ∕ *Kammer*, ∕ *Kamarilla.*

Kamm m. mhd. *kam, kamp,* ahd. *kamb, champ;* urverw. gr. *gámphos* Zahn, Pflock; idg. *ǧembh*-beißen. Also = Beißer. ∕ *Kimme.* -*mm* aus -*mb* wie in ∕ *krumm,* ∕ *Lamm,* ∕ *Schlamm.*

Kammer w. mhd. *kamer(e),* ahd. *chamara* (engl. *chamber* von frz. *chambre*), aus lat. *camera* Zimmer mit Gewölbe (∕ *Kamera*); vgl: lat. *camurus* gewölbt, gr. *kamára* Gewölbe; ∕ *Kamarilla.* ∕ *Kamin.*

Kammerjäger m. eigtl. = herrschaftl. Leibjäger; Mitte 17. Jh. (nordd.) = Ungeziefervertilger (für älteres *Rattenfänger*). **Kammerton** m. Normalton für Orchesterinstrumente, 1. Hälfte 17. Jh. im Ggs. zum *Chorton* Orgelton. Aber: **Kammertuch** s. Tuch aus *Kamerijk* = Cambrai; d. seit 16. Jh.

Kampagne w. 1. Hälfte 17. Jh. aus frz. *campagne* Feldzug, freies Feld (lat. *campania* Ebene, von *campus* Feld; frz. *champ*); ∕ *campen.* –

Kampf m. mhd. *kampf,* ahd. *champf,* aus lat. *campus* Ebene, Schlachtfeld; am Rhein von röm. Legionen übernommen. Dazu: **Kämpe** m., as. *kempio,* ahd. *chempfo;* 2. Hälfte 18. Jh. aus nd. erneuert. – **kampieren** Zw. 1. Hälfte 17. Jh. aus frz. *camper* im Feldlager (lat. *campus*) liegen.

Kampfer m. Harz vom Kampferbaum, mhd. *kampfer, gaffer* über afrz. *camphre* (engl. *camphor*) aus mlat. *camphora, cafura* (= gr. *kaphûrá*), das über ar. *kâfûr* aus ind. *karpûrah* stammt.

Kanaille w. 17. Jh. aus frz. *canaille* Gesindel (von it. *canaglia* Hundepack, lat. *canis*, mit Schwundstufe: ∕ *Hund*).

Kanal m. 2. Hälfte 15. Jh. aus it. *canale* Schiffsstraße, Wasserröhre, künstl. Wasserlauf; mhd. *kanel, känel*, ahd. *kanali*, aus lat. *canalis* Wasserrinne (lat. *canna* Röhrchen, gr. *kánna* Rohr[geflecht], ∕ *Kanister*). ∕ *Kanne*, ∕ *Kanon.*

Kandare w. Gebißstange und Kinnkette, 2. Hälfte 18. Jh. für älteres *Kantare*, aus mag. *kantár* Zaum.

Kandelaber m. 2. Hälfte 18. Jh. über frz. *candelabre* aus lat. *candelabrum* Leuchter (*candela* Kerze, *candere* glänzen, gr. *kándaros* Kohle, lat. *in-cendere* anzünden). – **Kandidat** m. 2. Hälfte 16. Jh. aus lat. *candidatus* (in der hellen *toga candida*) Weißgekleideter (Bewerber um ein Amt).

Kandis m. 16. Jh. in Zss. = *Kandi, Kandel*, über it. *zucchero candi aus* ar. *kandi* Sirupsaft.

Kaneel m. Stangenzimt, spätmhd. *kanêl*, aus frz. *can(n)elle*, von mlat. *canella* (Zimt-)Röhrchen (*canna* Röhrchen; gr. *kánna*. ∕ *Kanal*, ∕ *Kanne*).

Känguruh s. seit 1770 (Entdeckung durch Cook) nach der Bezeichnung für „Vierfüßler" aus einer austral. Eingeborenensprache.

Kaninchen s. bei Luther (obs.) *Caninichen* für älteres mhd. *kün(ik)lîn*, aus lat. *cuniculus* (vermutl. bask.). ↗ *Karnickel*.

Kanister m. 19. Jh. aus engl. *canister;* vorher frühnhd. *kensterlein* Wandkorb, wie das engl. Wort aus it. *canestro*, von lat. *canistrum* (gr. *kánistron* Rohrkorb; ↗ *Kanal*). – ↗ *Tornister.* – **Kanne** w. mhd. *kanne*, ahd. *channa*, aus lat. *canna* Röhrchen (für die Tülle); ↗ *Kanon*, ↗ *Knaster*, ↗ *Kaneel*.

Kannibale m. 1. Hälfte 16. Jh. aus span. *Cannibales* Mz. von *Canniba*. So gab man den Indianernamen *Kariben* wieder.

Kanon m. 16. Jh. über lat. *canon* aus gr. *kanôn* Richtscheit, -schnur (wohl von *kánna* Rohr); ↗ *Kanal* und seine Sippe. **Kanone** w. Mitte 16. Jh. aus it. *cannone* Großrohr, Geschütz (von lat. *canna* großes Rohr). Aber: *unter aller Kanone* LÜ von lat. *sub omni canone* unter jeder Richtschnur = wegen Unwertigkeit unmeßbar; ↗ *Kanon*. **Kanonenfutter** s. LÜ Mitte 19. Jh. von engl. *food for powder*, eigtl. = Futter für Pulver (Shakespeare, Heinrich IV[1] IV 2).

Kantate w. geistl. Chorwerk, frühes 18. Jh. aus it. *cantata* Kirchengesang (= mlat.). ↗ *Kantor.* – lat. *cantare* intensiviert *canere* singen. ↗ *Hahn*.

Kante w. hd. 17. Jh. aus mnd. *kante* Ecke, Küste, dies über mnl. aus afrz. *cant* Ecke, das aus lat. *cantus* Radreifen aus Eisen (gall. Herkunft) stammt. 17. Jh. = Klöppelspitze nach nl. Muster. ↗ *Kanton*, ↗ *kentern*. **Kanthaken** m. eiserner Ladehaken, 1. Hälfte 17. Jh., zuerst nd.

Kantine w. 2. Hälfte 18. Jh. aus frz. *cantine*, das aus it. *cantina* Flaschenkeller (gall. Herkunft) stammt. Zunächst = Flaschenhülle, Feldflasche; dann 19. Jh. = Soldatenkneipe; 20. Jh. = Gemeinschaftsspeiseraum.

Kanton m. Gau, 2. Hälfte 16. Jh.

über frz. *canton* Bezirk aus it. *cantone* Landwinkel; ↗ *Kante*. **Kantonist** m. Anfang 19. Jh. = Dienstpflichtiger (nach dem preuß. Rekrutierungsbezirk = Kantonssystem).

Kantorei w. vom Subst. **Kantor** m., 1. Hälfte 15. Jh. = Singemeister (der Kirche), Gesanglehrer, aus lat. *cantor* Sänger (*cantare* singen, vom Zw. *canere* singen). – ↗ *Hahn*, ↗ *Chanson*, ↗ *Diskant*, ↗ *Kantate*.

Kanu s. 1. Hälfte 18. Jh. aus engl. *canoe;* davor *canot* aus frz.; zuerst *canoa*, aus span. *canoa*. Vielleicht ein Lesefehler aus lat. *scapha* Boot (so in einem Brief des Kolumbus)?

Kanüle w. Injektionsnadel, 19. Jh. über frz. aus lat. *canula* Röhrchen (↗ *Kanal*, ↗ *Kanne*).

Kanzel w. mhd. *kanzel*, ahd. *c(h)ancella*, aus lat. *cancellus* Gitter, umgitterter Raum (nach dem Standort des Predigtpultes an den Schranken zwischen Kirchenschiff und -chor); *cancellus* verkleinert *cancer* Gitter, dies wohl aus *carcer* ↗ *Kerker*. **Kanzlei** w. mhd. *kanzelîe*, *kanzlî*, von lat. *cancelli* Schranken (der Gerichte). **Kanzler** m. mhd. *kanzelære*, ahd. *cancellâri*, *kanzelâri*, von lat. *cancellarius* eigtl. = Beamter, der die Behördenerlasse von einem Altan (lat. *cancellus*) herab verliest.

Kap s. 1. Hälfte 17. Jh. aus nd. *kap*, das im 16. Jh. aus nl. *kaap* entlehnt war. Von it. *capo* Kopf (lat. *caput* ↗ *Haupt*); ↗ *Kapital*.

Kapaun m. verschnittener Masthahn, mhd. *kapûn* (engl. *capon*), aus frz. ma. *capon* für *chapon;* zugrunde liegt lat. *capo* (zur idg. Wurzel *kap*- schneiden; ↗ *kappen*, ↗ *kaputt*, ↗ *Hammel*).

Kapazität w. 16. Jh. aus lat. *capacitas* (vom lat. Adj. *capax* fassend, Zw. *capere* fassen; ↗ *haben*, ↗ *kapieren*, ↗ *Kapsel*).

Kapelle w. mhd. *kap(p)elle*, *kappel*, ahd. *chap(p)ella*, aus mlat. *capella* Mäntelchen. Zunächst = Mantel des hl. Martin v. Tours (frk.

Nationalreliquie), dann = sein – wechselnder – Aufbewahrungsort, schließlich = jeder kleine gottesdienstliche Raum (um 800 n. Chr.). 16. Jh. = (Kirchen-)Musikergruppe, aus it. *capella.* ∕ *Kaplan,* ∕ *Kappe,* ∕ *Kapuze.*

Kaper[1] w. eingelegte Gewürzknospe, 2. Hälfte 15. Jh. aus lat. *capparis* (= gr. *kápparis*), von pers. *käbär,* ar. *kabbâr.*

kapern Zw. 2. Hälfte 17. Jh. vom Subst. **Kaper**[2] m., das Mitte 16. Jh. aus nl. *caper(tje)* (Kapitän eines) Beuteschiff(es) stammt. Zugrunde liegt das fries. Zw. *kapia* ∕ *kaufen,* wegnehmen.

kapieren Zw. 1. Hälfte 18. Jh. aus lat. *capere* fassen, begreifen (vgl.: ∕ *heben* und seine Sippe. – ∕ *Kapazität!*).

Kapital s. 1. Hälfte 16. Jh. aus frz. *capital,* von lat. *capitale* das den Kopf Betreffende (lat. *caput* ∕ *Haupt;* die Römer addierten von unten nach oben). ∕ *kaputt.* **Kapitän** m. mhd. *kapitân* Anführer, aus afrz. *capitaine* (mlat. *capitaneus* Häuptling, Soldatenführer); 1. Hälfte 15. Jh. = Hauptmann; um 1500 = Schiffsführer (nach it. *capitano;* lat. *caput* ∕ *Haupt*); ∕ *Hauptmann.* **Kapitel** s. mhd. *capitel* Konvent, aus spätlat. *capitulum* eigtl. = Köpfchen (Deminutiv von *caput* Haupt); um 1500 = Hauptabschnitt einer Schrift. ∕ *rekapitulieren.* **Kapitell** s. Säulenknauf, mhd. *capitel, kaptil,* aus lat. *capitellum* Köpfchen. **Kapitulation** w. 2. Hälfte 16. Jh. aus frz. *capitulation* Rechtsvergleich; 16. Jh. = Übergabe(vertrag).

Kaplan m. mhd. *kaplân* für älteres *kapellân,* aus lat. *capellanus* Geistlicher der (Pfalz-)Kapelle. ∕ *Kapelle.*

Kappe w. mhd. *kappe* Kapuzenmantel, ahd. *kappa* (engl. *cap*), spät (nach Vollzug der 2. Lautverschiebung) aus volkslat. *cappa* Kapuzenmantel. ∕ *Kapuze,* ∕ *Kapelle,* ∕ *Cape,* ∕ *echappieren.*

kappen Zw. verkürzen; nd. Seemannswort (zu span.-port. *capar* kastrieren? ∕ *Kapaun*); hd. 1. Hälfte 17. Jh.

kapriziös Adj. 17. Jh. aus frz. *capricieux* launenhaft (vom Subst. *caprice* Laune; zu lat. *caper* Bock); eigtl. = sprunghaft. **Kapriole** w. Luftsprung, 2. Hälfte 16. Jh. aus it. *capriola* Bockssprung (lat. *caper*); ∕ *Kabriolett.*

Kapsel w. 15. Jh. aus lat. *capsula* kleiner Behälter (dazu lat. *capsa* Behälter, *capere* fassen; ∕ *heben,* ∕ *Kasse,* ∕ *Chassis;* ∕ *Kapazität.*

kaputt Adj. 1. Hälfte 17. Jh. aus frz. *être capot* (beim Kartenspiel) ohne Stich bleiben, *faire capot* alle Stiche machen (vom Zw. frz. *capoter* kentern, lat. *caput* Schiffssteven, eigtl. = ∕ *Haupt?* Oder von frz. *chapoter* kastrieren?? Vgl.: ∕ *Kapaun*).

Kapuze w. 2. Hälfte 15. Jh. aus it. *capuccio,* von mlat. *caputium* Kopfbedeckung am Kleid (*cappa* Kapuzenmantel); ∕ *Kappe.* Daher Anfang 17. Jh. über *capucinus* Kappenträger auch **Kapuziner** m. Mönch eines 1528 gegr. Ordens.

Kar s. Felsnische, mhd. ahd. *kar* Gefäß, got. *kas* (vermutl. kleinasiat. Ursprungs). – ∕ *Imker,* ∕ *Kasten.*

Karabiner m. 2. Hälfte 16. Jh. aus frz. *carabin* mit Schußwaffe versehener Reiter (Herkunft ungeklärt).

Karaffe w. um 1700 aus frz. *caraffe,* über span.-port. aus ar. *garrâf* bauchige Flasche, ar.-span. *garafa* ausschöpfen.

Karamel m. 19. Jh. aus frz. *caramel,* von span. *caramelo* gebrannter Zucker; dies von lat. *calamellus* Röhrchen (∕ *Kalmus*).

karambolieren Zw. (beim Billard) zusammenstoßen; 19. Jh. aus frz. *caramboler* (frz. *carambole* roter Billardball) von span. *carambola* Ball. Herkunft ungeklärt.

Karat s. mhd. *garât,* aus frz. *carat,* über mlat. *cerates* aus ar. *qirât.* Zugrunde liegt gr. *kerátion* Hörn-

chen, hörnchenförmige Johannis-
brotschote (gr. *kéras* Horn). Die
Samen des Johannisbrotbaums
wurden zum Wiegen von Edelstei-
nen und -metall benutzt.

Karawane w. 2. Hälfte 15. Jh. aus it.
caravana, von pers. *kârwân* Han-
dels-, Pilgerzug (aind. *karabha* Ka-
mel). ↗*Caravan*.

Karbid s. KW 2. Hälfte 19. Jh. von
lat. *carbo* Kohle (frz. *charbon;*
↗*Herd*). **Karbol** s. KW 2. Hälfte
19. Jh. von lat. *carbo + oleum* Öl.
Karbonade w. um 1700 über nl.
karbonade aus frz. *carbonnade*
(von it. *carbonata* Röstfleisch; lat.
carbo Kohle). **Karbunkel** m.
↗*Karfunkel*.

Kardinal m. mhd. *kardenâl*, aus
mlat. *cardinalis (clericus)* Haupt-
kirchenpfarrer (lat. *cardo* Türan-
gel, Drehpunkt, Pol; seit 1059 =
Angehöriger des päpstl. Wahlkol-
legiums). – Als Getränkebezeich-
nung zuerst engl. (spöttisch ge-
meint); nach dem Vorbild von
↗*Bischof*? D. vor 1800.

Karfiol m. ↗*Blumenkohl*.

Karfreitag m. mhd. *kar(vrî)tac*, Zs.
mit mhd. *kar*, got. *kara* (engl. *care*)
Leid, Sorge; vgl.: ahd. *karôn* kla-
gen, got. *karôn* sich bekümmern;
urverw.: lat. *garrire* schwatzen, gr.
gêrys Ruf. Idg. SchW *ĝar- jam-
mern. ↗*karg*.

Karfunkel m. mhd. *carbunkel*
(dann, mit Anlehnung an *vunke:*
kar-funkel), aus lat. *carbunculus*
kleine Kohle, Granat, Rubin, Ge-
schwür. ↗*Karbid*.

karg Adj. mhd. *karc* listig, knause-
rig, ahd. *karag* bekümmert, vom
Subst. ahd. *kara* Leid; ↗*Kar-
freitag*.

Karikatur w. 18. Jh. aus it. *carica-
tura* Überladung (vom it. Zw. *cari-
care* beladen, das von lat.-gall. *car-
rus* ↗*Karren* [frz. *char*] her-
kommt). Vgl.: ↗*Karneval*, ↗*Ka-
rosse*, ↗*karjolen*; ferner: ↗*Zerr-
bild*. – **karjolen** Zw. schnell fahren,
2. Hälfte 18. Jh. vom Subst. *Kari-
ol(e)* w. Zweiradkutsche (aus frz.

carriole, aus mlat. *carriola* Frauen-
wagen; vgl. lat.-gall. *carrus* Wa-
gen; ↗*Karre*). **Karneval** m. Mitte
17. Jh. aus it. *carnevale* volkset.
Umdeutung (= „Fleisch lebe-
wohl!"), aber vermutl. aus lat. *car-
rus navalis* Schiffswagen (beim
Frühjahrsumzug zur Eröffnung der
Schiffahrt). ↗*Karosserie*.

Karnickel s. nordd. = Kaninchen
(seit etwa 1700); das *-r-* aus dem
Bemühen, das Hd. genau wieder-
zugeben. Einfluß vom PN *Nickel;*
↗*Pumper-nickel*.

Karo s. Spielkartenfarbe, 18. Jh. aus
frz. *carreau* (von lat. *quadrum*
Viereck); ↗*Karree*, ↗*Quader*.

Karosserie w. 20. Jh. aus frz. *caros-
serie;* vom Subst. frz. *carosse* (it.
carroccia) Prachtwagen (d. Mitte
17. Jh.); zugrunde liegt mlat. *carra-
cutium*, von lat. *carrus* Wagen. –
↗*Karikatur*, ↗*karjolen*, ↗*Karne-
val*, ↗*Karre* usw.

Karotte w. 2. Hälfte 16. Jh. aus nl.
karote, das über frz. *carotte* (engl.
carrot) aus volkslat. *carotta* (für lat.
carota) stammt. Zugrunde liegt gr.
karôtón Mohrrübe (vielleicht zu gr.
kára Kopf; ↗*Hirn*).

Karpfen m. mhd. *karpfe*, ahd. *char-
pho, carfo* u. ä.; vermutl. Alpen-
wort vorgerm. Herkunft, das sich
mit der Nutzung des Fisches als
Fastenspeise über Europa verbrei-
tete (engl. *carp*, it., span., port.,
lat. *carpa*).

Karre w., **Karren** m. mhd. *k-*, *garre*,
ahd. *c-*, *garra*, *c-*, *garro*, aus lat.-
gall. *carrus* Wagen (urverw.: lat.
currus Wagen, *currere* laufen). –
↗*Karikatur*, ↗*karjolen*, ↗*Karne-
val*, ↗*Karosserie*, ↗*Korso*, ↗*Su-
perkargo*, ↗*Charge*. – **Karriere** w.
1. Hälfte 17. Jh. aus frz. *carrière*
(von mlat. [*via*] *carraria* Karren-
weg, lat.-gall. *carrus*); ↗*Laufbahn*.

Karree s. um 1700 aus frz. *carré* von
lat. *quadratum;* ↗*Karo*.

Karst m. vgl. ↗*kehren*[1].

Kartäuser m. mhd. *kart(hi)user*
Mönch des Ordens von *Chartreuse*
(bei Grenoble; mlat. *Cart[h]usia*).

Karte w. spätmhd. *karte,* aus frz. *carte,* von lat. *charta.* Zugrunde liegt ein ägypt. Wort, das über gr. *chártês* Papyrus-, Papierblatt nach Europa kam. ⁄ *Karton,* ⁄ *Kerze,* ⁄ *Charta,* ⁄ *Skat.* **Kartei** w. Ende 19. Jh. als Eindeutschung von *Kartothek* nach dem Muster von ⁄ *Auskunftei.* **Kartell** s. 2. Hälfte 18. Jh. = schriftl. Abmachung, aus frz. *cartel* (von it. *cartello* Papierstückchen, Zettel; it. *carta* Papier, lat. *charta*).

Kartoffel w. so seit 1775; dissimiliert aus *Tartuffel, -tüffel,* so um 1600 aus it. *taratopholi* nach it. *tartufolo* ⁄ *Trüffel* (wegen der Ähnlichkeit; spätlat. *terrae tuber* Erdknolle).

Karton m. 17. Jh. aus frz. *carton,* das aus it. *cartone* großes Papierblatt stammt (it. *carta* Papier, lat. *charta* ⁄ *Karte*).

Karussell s. 15. Jh. aus frz. *caroussel;* zuerst = Ringstechen vom Pferd herab; 2. Hälfte 18. Jh. = Drehgestell als Jahrmarktsbelustigung, aus it. *carosello.* Vielleicht von ar. *kurradsch* Spiel mit Holzpferden (pers. *kurrat*[*k*] Füllen)?

Karzer m. ⁄ *Kerker.*

Kaschemme w. 19. Jh. über rotw. aus zig. *katšíma* Schenke.

kaschieren Zw. verbergen; mit Papier überkleben, 17. Jh. aus frz. *cacher* (zugrunde liegt lat. *coactare* zwingen, vom Zw. *cogere* zwingen, *agere* treiben; ⁄ *Acker*).

Käse m. mhd. *kæse,* ahd. *kâsi, châsi* (engl. *cheese*), aus lat. *caseus* (von der idg. Wurzel **kuat*[*h*]- gären: die Römer brachten neue Herstellungsarten!).

Kasematte w. beschußsicherer Festungsraum; Geschützstand, 2. Hälfte 16. Jh. aus frz. *casematte,* von it. *casamatta* Wallgewölbe. Zugrunde liegt gr. *chásma* Erdspalte, -kluft (Mz. *chásmata*), volksetym. an *casa amata* Lieblingshütte angelehnt.

Kaserne w. 2. Hälfte 17. Jh. aus frz. *caserne,* über prov. *cazerna* aus volkslat. *quaderna* (Raum für eine)

Gruppe von vier Mann (lat. *quaterni* je vier, *quattuor* vier); ⁄ *Quader.*

Kasino s. 18. Jh. aus it. *casino* Gesellschaftshaus (lat. *casa* Hütte; verw.: frz. *chez* eigtl. = im Hause [d. h.: bei]).

Kaskade w. künstl. Wasserfall, 2. Hälfte 17. Jh. aus frz. *cascade,* von it. *cascata* (it. *cascare* fallen; zugrunde liegt eine volkslat. Weiterbildung von lat. *cadere* fallen; ⁄ *Kadenz* usw.).

Kasko m. Schiffsrumpf, 18. Jh. aus span. (span. *cascar* zerbrechen [lat. *quassare, quatere* erschüttern]).

Kasse w. 2. Hälfte 17. Jh. für älteres *cassa,* aus lat. *capsa* Behälter; ⁄ *Kapsel,* ⁄ *Kassette,* ⁄ *kassieren* ².

Kasserolle w. 1. Hälfte 18. Jh. aus frz. *casserole* (afrz. *casse* Stielpfanne, volkslat. *cattia* Schmelztiegel. Herkunft ungeklärt).

Kassette w. 2. Hälfte 18. Jh. aus frz. *cassette,* it. *cassetta* Deminutiv von *cassa;* ⁄ *Kasse.*

Kassiber m. heimlicher Brief ins oder aus dem Gefängnis, 19. Jh. aus rotw. *kasîfe* Ausweise, von heb. *kethîbhâ* Geschriebenes.

kassieren ¹ Zw. amtsentsetzen, vernichten, 2. Hälfte 15. Jh. aus it. *cassare* entlassen (lat. *cassus* leer, *castus* unbefleckt, rein, *carere* entbehren). ⁄ *Kaste,* ⁄ *kasteien.*

kassieren ² Zw. Geld einziehen, 1. Hälfte 17. Jh. vom Subst. ⁄ *Kasse.*

Kastanie w. 15. Jh. aus lat. *castanea,* durch Luther verbreitet; davor mhd. *kesten*(*e*), ahd. *kestin*(*n*)*a,* aus spätlat. *castinea.* Über gr. und arm. aus Vorderasien eingewandert. ⁄ *Roßkastanie.* – *Die Kastanien aus dem Feuer holen* nach frz. *tirer les marrons du feu* aus einer Fabel von Mahieu (16. Jh.). – **Kastagnette** w. Tanzklapper, 2. Hälfte 17. Jh. aus span. *castaña* Kastanie (Ähnlichkeit der Form!).

Kaste w. 2. Hälfte 18. Jh. aus frz. *caste,* von: port. *casta* (reine) Herkunft (der ind. Stände). Zugrunde liegt lat. *castus* rein; ⁄ *kassieren* ¹. – **kasteien** Zw. Luther *casteyen* für mhd. *kestigen,* ahd. *chestigôn,* aus lat. *castigare* züchtigen (zu: *castus* rein).

Kastell s. 2. Hälfte 15. Jh. aus lat. *castellum* kleine Festung (*castrum* Burg), das schon ahd. *kástel* ergeben hatte. **Kastellan** m. mhd. *kastel(l)ân,* über das Pikardische aus mlat. *castellanus* der zur kleinen Festung (*castellum*) gehört.

Kasten m. mhd. *kaste,* ahd. *c(h)asto;* von einem Subst., das in got. *kas* Irdengefäß vorliegt (ahd. mhd. *kar*); / *Kar.* Nicht verw. mit / *Kiste!*

kastrieren Zw. vor 1700 aus lat. *castrare* (altlat. **castrum* Messer).

Kasus m. / *Kadaver!* Im 16. Jh. aus lat. *casus* entlehnt.

Katafalk m. / *Schafott.*

Katalog m. 1. Hälfte 16. Jh. aus lat. *catalogus* (= gr. *katálogos,* vom Zw. *katalógein* aufzählen; also eigtl. = Aufzählung).

Katamaran s. (m.) Auslegerboot; 20. Jh. aus tam. *kattu-* binden + *maram* Baumstamm, Floß; über engl.

Katarrh m. 1. Hälfte 16. Jh. aus lat. *catarrhus,* von gr. *katárrûs* Herabfluß, Zw. gr. *katarreîn* herabfließen. (Man nahm an, der Schleim flösse aus dem Gehirn ab.) / *Kater[1].*

Kataster s. 2. Hälfte 17. Jh. aus it. *catastro* Steuerregister; Herkunft ungeklärt.

Katastrophe w. 1. Hälfte 17. Jh. über frz. *catastrophe* aus gr. *katastrophê* Umwendung (*katá* hernieder, herum + *stréphein* wenden).

Kate w. Kleinbauernhaus, 17. Jh. für älteres mnd. *cote* (engl. *cot* Stall, Hütte); zur durch Dental erweiterten idg. Wurzel **geu-* biegen; eigtl. = Wohnhöhlung, -grube. Nbff.: *Kote, Kotten.* – / *kauern,* / *Keule,* / *Kittchen,* / *Kugel.*

Katechismus m. 16. Jh. aus mlat. *catechismus* (gr. *katêchismós* Unterricht, *katêcheîn* entgegenhallen; / *Echo*).

kategorisch Adj. 1. Hälfte 17. Jh. aus lat. *categoricus* (= gr. *katêgori-*

kós eigtl. = zur Anklage gehörig, vom Zw. *katêgoreîn* dagegenreden, anklagen; *agoreúein* reden). / *Allegorie.*

Kater[1] m. Katzenjammer, obs. stud. Mitte 19. Jh. für / *Katarrh;* volkset. an *Kater[2]* angelehnt.

Kater[2] m. m. Katze, mhd. *kater(e),* ahd. *kataro,* Tiermännchenname auf *-er* (/ *Gant-er*) zur w. Form / *Katze* (mlat. *catta,* das doppelte *-tt-* ist dem einfachen Dental von *ka-t-er* gegenüber jünger).

Katharinchen s. Lebkuchenart, nach dem Katharinentag (25. 11.), dem traditionellen Backtag.

Katheder s. 16. Jh. aus lat. *cathedra,* das aus gr. *kathédra* Arm-, / *Lehrstuhl* stammt (eigtl. = Niedersitz: *katá* hernieder + *hédra* Sitz). – **Kathedrale** w. 1. Hälfte 18. Jh. für älteres *Cathedralkirche* = lat. *ecclesia cathedralis* Kirche beim Lehr-, Bischofssitz.

Katheter m. chirurg. Sonde, 2. Hälfte 17. Jh. aus lat. *catheter* (= gr. *kathetêr,* vom Zw. *kathi|énai* herabsenken, nämlich in die Harnröhre).

Kat(h)ode w. negative Elektrode, KW 2. Hälfte 19. Jh. von gr. *katá* herab + *hodós* Weg (/ *An-ode,* / *Elektr-ode,* / *Peri-ode*); eigtl. = Niederweg, d. h. Austrittsstelle (aus dem Stromkreis).

katholisch Adj. Mitte 16. Jh. aus mlat. *catholicus* (= gr. *katholikós* allgemein, *kathólu* im ganzen, *hólos* ganz).

Kattun m. 2. Hälfte 17. Jh. über nl. *katoen* aus ar. *qu̇n* Baumwolle. Zugrunde liegt vermutl. ein ostafr. Wort. / *tünchen.*

katzbalgen Zw. 1. Hälfte 16. Jh. vom Subst. *Katzbalg* Zank (1. Hälfte 16. Jh.). Oder = sich wie Hunde um das Fell (den / *Balg*) der *Katze* raufen? **Katze** w. mhd. *katze,* ahd. *kazza* (vom Vorahd. stammt mlat. *cattus, catta*), weitverbreiteter vielleicht germ. (Lockruf?) oder von einem durch kelt. Vermittlung verbreiteten ostafr. Wort? Gegenüber ⏴ *Kater* hat *Katze* jüngeres *-tt-*. **Katzenjammer** m. Mitte 18. Jh. Eigtl. = Katzengeschrei. **Katzenmusik** w. 2. Hälfte 17. Jh. = Katzengeschrei; 2. Hälfte 18. Jh. = mißtönendes Ständchen (stud., Gießen).

Kauderwelsch s. 2. Hälfte 16. Jh., als FaN (Beiname?) bereits in Köln Mitte 13. Jh. Unter dem Einfluß von *kaudern* undeutlich reden entstellt aus *Kaurerwelsch* (unverständliche) Mundart von *Kauer*, tir. = Chur im Rheintal; eigtl. = Churromanisch. ⏴ *rotwelsch*, ⏴ *welsch*.

Kaue w. Schachthütte, mhd. *ko(u)we*, aus lat. *cavea* Verschlag (⏴ *Käfig*, ⏴ *Koje*).

kauen Zw. md. 14. Jh. *kûwen* für mhd. *kiuwen*, ahd. *kiuwan;* von der idg. Wurzel **g(i)eu-* kauen (engl. *chew*). Nhd. *-au-* für älteres *-iuw-* wie in ⏴ *brauen*, ⏴ *traun*.

kauern Zw. mnd. *kûren* Ausschau halten (engl. *cower* kauern); urverw.: gr. *gŷros* Kreis, *gyrós* rund; zur idg. Wurzel **geu-* biegen; ⏴ *Kate*, ⏴ *Kugel*.

Kauf m. mhd. ahd. *kouf;* vom Zw. **kaufen** mhd. *koufan*, ahd. *koufôn*, *koufen*, got. *kaupôn;* dazu das Subst. ahd. *koufo* Kaufmann, im 1. Jh. aus lat. *caupo* Händler, Kneipwirt (*cauponari* schachern). **Kaufmann** m. mhd. *koufman* verdeutlichend für ahd. *koufo* Händler.

Kaulbarsch m. Zs. 16. Jh. aus md. *kaul* = mhd. *kûle*, zusammengezogen aus *kugele* Kügelchen + ⏴ *Barsch;* also = kleiner dicker Barsch. ⏴ *Kugel*, ⏴ *Kuhle*. **Kaulquappe** w. 2. Hälfte 18. Jh. Zs. aus md. *kaul* kleine Kugel + *Quappe* Froschlarve (nd. SchW, mit ⏴ *quabbeln* verwandt?).

kaum nur d. Adv. mhd. *kûm(e)* zart, schwächlich, ahd. *kû-*, *chûmo* mühsam, zum Zw. ahd. *kûmen*, *chûmon*, mhd. *kûmen* wehklagen, vom germ. Stamm SchW **kaujan* rufen (urverw. gr. *goáein* jammern). Also = kläglich. ⏴ *Kauz*, ⏴ *Köter*.

Kautel w. Vorbehalt, 2. Hälfte 16. Jh. aus lat. *cautela* Vorsicht (*cautus* vorsichtig, *cavere* sich vorsehen). **Kaution** w. 1. Hälfte 16. Jh. aus lat. *cautio* Vorsicht (zu: *cavere*).

Kautschuk m. (s.) Anfang 19. Jh. für älteres *Kautschu*, *Cauchu* u. ä. 18. Jh. aus frz. *caoutchouc*, mit dem das span. *cauchú* wiedergegeben wurde. Zugrunde liegt ein per. Indianerwort (*cahuchu* Federharz).

Kauz m. Eulenart 15. Jh. *kûz(e)*, wohl = mhd. *kûze* Schreihals; verw.: mhd. *kûmen* wehklagen; ⏴ *kaum*. Also SchW (der Kauz heißt nach seinem klagenden Schrei). ⏴ *Köter*.

Kavalier m. Ende 16. Jh. über frz. *cavalier* aus it. *cavaliere* Ritter, Reiter (lat. *caballus* Pferd [frz. *cheval*]; kleinasiat.). **Kavalkade** w. 17. Jh. aus frz. *cavalcade* Reiteraufzug (= it. *cavalcata;* zu lat. *caballus*).

Kavallerie w. Mitte 16. Jh. aus frz. *cavallerie* (und it. *cavalleria*).

Kaviar m. 1. Hälfte 17. Jh. über frz. *caviar* aus türk. *châvjâr* = pers. *châviyâr* Eiträger, Rogenfisch.

keck Adj. mhd. *kec*, ahd. *chec*, *cheh*, mit obd. *k-* für md. *qu-* (mhd. ahd. *quec*; ⏴ *er-quick-en*, ⏴ *Quekke*, ⏴ *Quecksilber*, ⏴ *quicklebendig*; engl. *quick*); verw. got. *quius* lebendig. Urgerm. Wurzel **kwikwa; -kw-* zu *-kk- (-ck-)* assimiliert (⏴ *Kot*). Urverw.: lat. *vivere* (aus **gvivere*) leben (⏴ *Weiher*), *vita* Leben, gr. *bíos* Leben, *zô(i)on* Tier (⏴ *Zoologie*); idg. Wurzel **gu̯ei-* leben.

Kees s. ⏴ *Gletscher*.

Kegel m. mhd. *kegel* Spielstock, Knüppel, ahd. *kegil* Pfählchen, Verkleinerung zu einem Subst. wie schwäb. *kag* Strunk. Herkunft ungeklärt. *Kegel* in der Redensart *Kind und Kegel* ist identisch (⏴ *Bengel* und Verweise); ⏴ *Kufe*[1].

Kehle w. mhd. *kel*, ahd. *kela;* urverw.: lat. *gula* Speiseröhre (frz. *gueule*); idg. Wurzel **g(u̯)el-* verschlingen. – ⏴ *Kiel*[2].

kehren[1] Zw. fegen, mhd. *ker(je)n*,

ahd. *kerian, keren;* verw.: isl. *kar*
Schmutz, norw. ma. *karra* scharren, d. *Karst* Hacke mit 2 Zinken.
Weiteres unklar. **Kehricht** m.
spätmhd. *kerach.* Auslautend *-t*
jung angetreten wie in ∕ *Dickich-t,*
∕ *Habich-t,* ∕ *Predig-t,* ∕ *Spülich-t*
(doch ∕ *Reisig* ohne *-t*-Antritt).

kehren² Zw. wenden, mhd. *kêren,*
ahd. *kêran, kêren, chêrren;* zur idg.
Wurzel *gei(s)- biegen (∕ keifen*).
Kehrreim m. Ende 18. Jh. als Eindeutschung von frz. *refrain* (durch
G. A. Bürger); ∕ *Refrain.* – **keifen**
Zw. mnd. *kîven* neben mhd. *kîben;*
zur idg. Wurzel *gei(bh)- biegen;
eigtl. = sich (im Zorn) heftig bewegen?

Keil m. mhd. ahd. *kîl;* nur d. Subst.,
zur idg. Wurzel *gei- + -tlo-Suffix (dazu, mit anderem Suffix,
∕ *Keim*) knospen, spalten; also
eigtl. = Spalter; ∕ *Chip.* **Keiler** m.
um 1600 vom Zw. *keilen* eigtl. =
(Baumstämme mit Keilen) spalten.
Der Eber heißt nach seinen Hauern. – **Keim** m. mhd. *kîme,* ahd.
kîmo; mit anderen Suffixen ahd.
kînan keimen, mnd. *kîne* Keim);
mhd. *kîde,* ahd. *kîdi* Sproß; alle zur
idg. Wurzel *gei- knospen, spalten.

kein FW mhd. *kein, chein,* verkürzt
aus *nekein, enkein,* ahd. *nih(h)ein;*
Zs. aus *ni-* nicht + *-uh-* auch (vgl.
lat. *ne-que*) + ZaW *ein;* also: =
auch nicht einer.

Keks m., s. 20. Jh. aus engl. Mz.
cakes Kuchen; abl.: ∕ *Kuchen.*

Kelch m. mhd. *kelch,* ahd. *kelich,*
aus lat. *calix,* Akk. *calicem* (frühe
Weinbauentlehnung).

Kelle w. mhd. *kelle,* ahd. *kella;* Herkunft ungeklärt (urverw. gr. *gláphein* aushöhlen?).

Keller m. mhd. *keller,* ahd. *kellari;*
bei der Erlernung röm. Bauweisen
aus lat. *cellarium* Vorratsraum (*cella* Vorratsraum; ∕ *Zelle,* das später
entlehnt ist [Aussprache von lat. *c*
= *z*!]). Zur Bildung des Wortes
∕ *Speicher.* **Kellner** m. mhd. *kelnære,* ahd. *kelnâri,* (nur d.-nl.) aus
mlat. *cellenarius* der die Vorrats-

kammer beaufsichtigt (neben *cellerarius,* das mhd. *kellære,* nhd. *Keller* ergab).

Kelter w. mhd. *kal-, kelter, kaltur,*
ahd. *kelk(e)terre, calc(a)tura,* aus
lat. *calcatura* (vom Zw. lat. *calcare*
treten, lat. *calx* Ferse, *calcar*
Sporn). Mit dem röm. Weinbau.

kennen Zw. (kannte, gekannt,)
mhd. *kennen,* ahd. *chennan;* got.
kanjan bekanntmachen; Bewirkungswort zu got. *kunnan* (Präs.
kann) wissen; eigtl. = wissen machen. Verw.: ∕ *können,* ∕ *kühn.*

kentern Zw. nd. Seemannswort;
vom Subst. ∕ *Kante;* hd. seit 2.
Hälfte 17. Jh. = umdrehen; Ende
18. Jh. = sich umlegen (Schiff).

Keramik w. 19. Jh. aus frz. *céramique* (gr. *kéramos* Töpfererde). Ursprung?

Kerbe w. mhd. *kerbe;* vom Zw. **kerben** mhd. *kerben,* ahd. **kerfan*
(engl. *carve*); urverw. gr. *gráphein*
schreiben; idg. Wurzel *gerbh- einritzen. ∕ *Krabbe,* ∕ *Graphik.* **Kerbtier** s. Eindeutschung von ∕ *Insekt*
(1791 von Campe; durch J. Paul
verbreitet; später gegen das KW
Kerf (1833) durchgesetzt.

Kerbel m. ahd. *kervola, -vila,* aus
lat. *caerefolium* (c- wie k- gesprochen: frühe Entlehnung!); gr. *chairéphyllon* Willkommpflanze (nach
dem Duft der Blätter).

Kerker m. mhd. *kar-, kerkære, kerker,* ahd. *karkâri,* got. *karkara,* aus
lat. *carcer(em);* im 14. Jh. noch
einmal als *Karzer* entlehnt.

Kerl m. mnd. *kerle, ker(e)l,* md.
kerl; dazu ablautend mhd. *karl,*
ahd. *karal* Gatte, Liebster (engl.
churl); urverw.: gr. *gêrôn* Greis,
gêraléos Alter; idg. Wurzel *geraltern (*Karl*!). – **Kern** m. mhd.
kern(e), ahd. *kerno;* dazu abl.:
∕ *Korn;* urverw. lat. *granum* Korn;
zur idg. Wurzel *ger-. In *Kerl* und
Kern schattet sich durch Suffixwechsel die Bedeutung von *gerab: ein *Kerl* ist ein „gestandener"
Mann; im *Kern* wachsen in und mit
der Frucht neue Früchte!

Kerze w. mhd. *kerze,* ahd. *kerza, charza,* aus lat. *charta ⁄ Karte* (Spiralen aus Birkenrinde, in Öl getränkt, als Lichtträger, [ohne Öl] als Schreibmaterial?).

keß Adj. seit Anfang 19. Jh. aus rotw. *kess,* dem jidd. Namen für den Buchstaben *ch* (als Abkürzung von jidd. *chôchem* gescheit).

Kessel m. mhd. *keʒʒel,* ahd. *keʒʒil,* got. *katil(u)s,* aus lat. *catil(l)us* Näpfchen (*catinus* Wassergefäß der Feuerspritze, wird vor allem Legionären zu ahd. *cheʒʒi(n), cheʒʒe,* mhd. *keʒʒi* Kessel entlehnt). -*l* für älteres -*n* wie in ⁄ *Esel, ⁄ Himmel, ⁄ Kümmel, ⁄ Zirkel.*

Kette[1] w. über mnl. *keten(e)* aus lat. *catena* (*cadena*) Kette.

Kette[2] w. jägersprachl. = (Hühner-) Schar, mhd. *kütte,* ahd. *kutti* Herde, wohl vorgerm. Herkunft.

Ketzer m. mhd. *ketzer,* aus 12. Jh. it. *Gazari* Mz. Katharer (manichäische Sekte, eigtl. = die Reinen, von gr. *kátharos* rein; früh übertragen auf alle anderen Sektierer).

Keuchel s. ⁄ *Küchlein.*

keuchen Zw. frühnhd. *keuchen* vermischt mhd. *kîchen* schwer atmen + mhd. *kûchen* hauchen (engl. *cough* husten), zwei SchWW. ⁄ *Kittchen.*

Keule w. mhd. *kiule,* ahd. *kûli,* zur idg. Wurzel **geu-* biegen (⁄ *Kate, ⁄ kauern, ⁄ Kiepe*); vgl. gr. *gyrós* krumm.

keusch Adj. mhd. *kiusch(e)* schamhaft, ahd. *kûski* geziemend, sittlich gut, über wgerm. **kûskeis* aus lat. *conscius* eingeweiht, (der Glaubenslehre) bewußt.

Khaki s. 20. Jh. über engl. aus pers. *khâkî* staubfarben (*khâk* Staub).

kichern Zw. frühnhd. statt älterem ahd. *kichazzen* neben *kachazzen,* idg. SchW (gr. *kacházein* laut lachen, lat. *cachinnus* lautes Gelächter).

Kicker m. Fußballspieler, 20. Jh. vom Zw. **kicken** Fußball spielen, engl. *kick* stoßen, treten; Herkunft unklar.

kidnappen Zw. Menschen rauben, 20. Jh. aus am. (*kid ⁄ Kitz;* Weiteres unklar).

Kiebitz[1] m. Regenpfeifer, mhd. *gibiʒ, giwiʒ,* ostmd. SchW nach dem Ruf des Vogels.

Kiebitz[2] m. Zuschauer beim Kartenspiel, um 1900 rotw., vom rotw. Zw. *kiebitzen, kiebitschen* durchsuchen.

Kiefer[1] m. Kinnlade, mhd. *kiver, -vel;* idg. Körperteilbezeichnung (**ĝebh-, *ĝeph-* Kiefer, Mund). Verw.: ⁄ *Käfer, ⁄ sich kabbeln.*

Kiefer[2] w. Föhre, seit etwa 1400 md., seit der Zeit Luthers für mhd. *vorhe* durchgesetzt; alte Zs. ahd. *kien-forha* Kienföhre; ⁄ *Kien, ⁄ Föhre.*

Kiel[1] m. Federschaft, Stengel, mhd. *kil* (engl. *quill*); Herkunft?

Kiel[2] m. unterster Längsbalken im Schiff, 2. Hälfte 16. Jh. md. *kel, kil,* wohl aus skand. (an. *kjolr,* daher auch engl. *keel*); vermutl. = ⁄ *Kehle.* **Kielschwein** s. Querbalken als Mastträger, um 1700 aus schwed. *kölsvin,* von dän. *kjölsvill* Kielschwelle, volkset. scherzhaft an *Schwein (svîn)* angelehnt. ⁄ *Schwelle.*

Kieme w. seit 2. Hälfte 16. Jh.; nd.-ostmd. = ⁄ *Kimme;* also = Einschnitt.

Kien m. mhd. *kien,* ahd. *kien, kên, chien, chên;* verw. ahd. *kînan* keimen; eigtl. = spalten (= ags. *cînan*); ⁄ *Keim, ⁄ Kiefer*[2].

Kiepe w. Ende 18. Jh. aus nd. mnd. *kîpe* Rückenkorb (engl. *kipe* Reuse); von idg. **geu-* biegen, vielleicht unter Einwirkung von lat. *cupa* Faß (frz. *cuve*). – ⁄ *Keule.*

Kies m. Gesteinsbröckchen; rotw. 19. Jh. = Geld, mhd. *kis;* zur idg. Wurzel *ĝeis-* Kies. Vorgerm. Herkunft? – **Kiesel** m. mhd. *kisel,* ahd. *kisil* (engl. *chesil, chisel*), Verkleinerung zu ⁄ *Kies.* ⁄ *Hagel.* **Kieselgur** w. Bergmehl, Zs. aus ⁄ *Kiesel* + *Gur,* zu ⁄ *gären.* Eigtl. = aus dem Gestein ausgärende Masse.

kiesen Zw. (kor, gekoren), mhd. *kiesen,* ahd. *kiosan,* got. *kiusan* (engl. *choose*); von der idg. Wurzel **g̑eus-* prüfen, schmecken; lat. *gustare* schmecken, *gustus* Geschmack, gr. *geúesthai* genießen. ↗ *kosten*[2], ↗ *Kür,* ↗ *Walküre.*

killen Zw. töten, 20. Jh. aus engl. *kill* (Herkunft?).

Kilo(gramm) s. 1868 aus frz. *kilogramme* (1795 von gr. *chílioi* 1000).

Kilt m. Schottenrock; 19. Jh. aus engl.; verw.: got. *kilþei* Mutterschoß.

Kimme w. Kerbe, frühnhd.; urspr. = Daubenende vom Faßboden aus. Identisch mit ↗ *Kieme;* vermutl. ablautend zu ↗ *Kamm.*

Kind s. mhd. *kint,* ahd. *kind;* Partizipialbildung zur idg. Wurzel **g̑en-* erzeugen, zu der got. *kuni,* ahd. *chunni,* mhd. *künne* Geschlecht gehören (↗ *König*); dazu z. B.: lat. *genus* Geschlecht, *gignere* erzeugen, *gens* Geschlecht, Sippe, *natus* für älteres **gnatus* Sohn, *natio* Geschlecht (↗ *Nation*), Stamm usw.; gr. *gígnesthai* werden, *génos* Geschlecht usw. – *Kind des Todes* nach 2. Sam. 12, 5. – Idg. Wurzel **g̑en-* erzeugen. Vgl. (vielleicht): ↗ *prägnant,* ↗ *Genitiv* usw., ↗ *König,* ↗ *Natur.* **Kindergarten** m. Bildung von Jean Paul = Kinderheimat; von Fröbel 1840 für die von ihm begründeten Kinderhorte für nicht schulpflichtige Kinder aufgegriffen. – **Kindeskind** s. ↗ *Helfershelfer.*

Kinematograph m. vgl. ↗ *Kino.*

Kinkerlitzchen Mz. 2. Hälfte 18. Jh. ostmd., FrW aus sorb. *kónturlica* Stechmücke (laus. *Konterlitze*)?

Kinn s. mhd. *kinne,* ahd. *kinni* (vgl. got. *kinnus* Wange; engl. *chin* Kinn); idg. Körperteilbezeichnung; vgl.: lat. *gena* Wange, gr. *geneías* Kinn, Bart, *génys* Kinn(lade), *géneion* Kinn(lade, -bart); idg. Wurzel **g̑enṷ-.*

Kino s. Kurzform 1. Hälfte 20. Jh. aus *Kinematograph* KW kurz nach 1900 aus gr. *kínēma* Bewegung + *grá-*

phein schreiben; urspr. = Bewegungsschreiber. Frz. KF: *Cinéma* s.

Kiosk m. 2. Hälfte 18. Jh. über frz. aus türk. *kiöschk* Gartenzelt, -haus.

Kipf m. Langbrot; mhd. *kipf* Wagenrunge (lat. *cippus* Pfahl, frz. *cep*). Verkleinernd bayr. – schwz.: **Kipfel** s. Hörnchen. **Kippe** w. Zigarettenrest, Mitte 20. Jh. aus nd. md. *kippe* Spitze (= frühnhd. *kipfe*); älter = Punkt des Umschlagens (1. Hälfte 18. Jh.); daher 2. Hälfte 18. Jh. = Goldwaage (**Kipper** m. Goldwäger, Münzfälscher); dazu: *auf der Kippe* (= Spitze) *stehen* und *Kipper und Wipper* Zeit der Münzverschlechterung. Nicht dazugehörend das Zw. **kippen**[1], teilen = *Kippe machen,* 20. Jh. aus jidd. *küpe* Haufen (= auf einen Haufen werfen). – Dagegen: **kippen**[2] Zw. umstülpen, -schlagen, 17. Jh. zu: *Kippe;* schon 16. Jh. = Spitze abschlagen. Nichtidg. Herkunft?

Kirche w. mhd. *kirche,* ahd. *kirihha, chirihha,* vorahd. von Trier aus aus gr. *kyriakê* (*oikía*) ↗ *Gotteshaus.* **Kirchspiel** s. mhd. *kirchspel,* ↗ *Beispiel;* nicht zu *Spiel,* sondern zu mhd. *spel* = Pfarrbezirk. **Kirmes** w. mhd. *kirmesse,* aus **kirchmesse,* Klammerform für **kirchwîhmesse* ↗ *Messe* am Tag der Kirchweihe.

kirre Adj. gefügig, mhd. *kürre* zahm, got. *qairrus* sanft. Idg. Wurzel **gṷer-* schwer; ↗ *gravieren*[2]. Lat. *gravis* schwer. – Zur Entrundung des *-ü-* zu *-i-* ↗ *Gimpel,* ↗ *Kissen.*

Kirsche w. mhd. *kirse, kerse, kriese,* ahd. *kirsa;* in westgerm. Zeit (*c-* wie *k-* gesprochen!) aus volkslat. *ceresia* Kirschfrucht (daher über afrz. engl. *cherry*); lat. *cerasus* Kirschbaum, aus gr. *kerásion* Süßkirsche (verm. kleinasiat.). *-rsch-* für *-rs-* wie in ↗ *Arsch,* ↗ *Hirsch* usw.

Kirste w. Brotkruste, nordostd. = ↗ *Kruste.*

Kismet s. unabwendbares Schicksal, 19. Jh. über türk. aus ar. *qismat* (zugedachter) Anteil.

Kissen s. mhd. *küssen, küssin,* ahd. *kussi(n), chussi(n),* aus afrz. *cossin,* das wohl von spätlat. *coxinus, -num* Hüftkissen stammt (lat. *coxa* Hüfte; ⟋ *Hacke[n]*). – Zur Entrundung (18. Jh.) des *-ü-* zu *-i-* ⟋ *Gimpel,* ⟋ *kirre* usw. – Oder zu lat. **culcinum* für *culcitra* Polster?

Kiste w. mhd. *kiste,* ahd. *kista* (engl. *chest*), früh aus lat. *cista,* vom gr. *kístê.* Nicht verw.: ⟋ *Kasten,* wohl aber ⟋ *Zisterne.*

Kitsch m. 2. Hälfte 19. Jh. aus München vordringend; vom ma. Zw. *kitschen* Schlamm zusammenkratzen?; wohl SchW.

Kitt m. mhd. *küt(e),* ahd. *kuti, quitti* Leim; urverw. lat. *bitumen,* älter: **vetumen* (⟋ *Beton*); zur idg. Wurzel **gℓℓetu* Harz. – Entrundung des *-ü-* zu *-i-* (18. Jh.) wie bei ⟋ *Gimpel* u. a.

Kittchen s. 19. Jh. aus dem Rotw. (älter: *Kitte, Kütte*), wohl Wortmischung von ⟋ *Kate* Hütte + mhd. *kîche* Gefängnis (= Ort, an dem man schwer atmet; ⟋ *keuchen*).

Kittel m. mhd. *kit(t)el, kietel* Kattunhemd, -gewand, von ar. *qu?n* Baumwolle? ⟋ *Kattun.*

Kitz s. Reh-, Ziegen-, Gemsenjunges, mhd. *kitze,* ahd. *kizzi, chizzi;* zugrunde liegt eine Verkleinerung von germ. **kidja* Tierjunges (urspr. Lockruf); engl. *kid* Ziege(njunges).

kitzeln Zw. mhd. *kitzeln, kützeln,* ahd. *kizzilôn, kuzzilôn* (engl. *kittle*); vermutl. SchW. Davon: **Kitzel** m. Nervenreiz, um 1500.

Klabautermann m. 16. Jh.; = Schiffskobold; viele umstrittene Deutungen (mit Anlautintensivierung = *Koboldsmann*?).

Kladde w. 2. Hälfte 17. Jh. verkürzt aus *Kladdebuch* Geschäftsbuch für vorläufige Eintragungen; zu mnl. *kladde* Schmutzfleck, ⟋ *klittern.* Mit nd. *-dd-* wie ⟋ *Schnodder.*

Kladderadatsch m. durch Zusammenstoß verursachter Lärm, SchW (⟋ *klatschen*), als Name eines pol. Witzblattes (seit 1848) verbreitet.

kläffen Zw. 18. Jh. Nebenform zum Zw. **klaffen,** mhd. *klaffen, klaphen* klappern, schwatzen (SchW), zum Subst. ahd. *klaph* Anprall, mhd. *kla(p)f* Krach. Die jetzige Bedeutung von *klaffen* entwickelte sich aus „sich geräuschvoll öffnen". – **Kläffer** m. mhd. *kleffære* Verleumder.

Klafter m., w., s., mhd. *klâfter,* ahd. *klâftra,* d. Subst. von einem Zw., das z. B. in afries. *kleppa* (engl. *clip*) umarmen vorliegt; eigtl. = Maß der ausgebreiteten Arme.

Klage w. mhd. *klage,* ahd. *klaga.* SchW, Grundbedeutung: „Jammer, Schrei". Daraus entwickelt sich (schon ahd.) der Rechtsbegriff „Anklage vor Gericht". Vom Subst. abgeleitet das Zw. **klagen** mhd. *klagen,* ahd. *klagôn.* – (Die rechtl. Bdtg. stammt vom Zetermordiogeschrei, das über den Übeltäter angestimmt wurde.)

Klamauk m. Lärm, ⟋ *Radau.*

Klamm w. Bergschlucht, mhd. *klam* Fessel; zum Zw. ⟋ *klemmen.*

klamm Adj. eng, feucht; spätmhd. *klam* eng, gediegen; vom Zw. ⟋ *klemmen.*

Klammer w. mhd. *klam(m)er(e);* verw.: engl. *clamber* klettern. ⟋ *klimmen,* ⟋ *Klüngel.*

klam(m)heimlich Adj. Tautologie 19. Jh. aus lat. *clam* heimlich (*celare* verheimlichen; ⟋ *hehlen*) + ⟋ *heimlich.*

Klampfe w. obd. um 1700 vom Zw. mhd. *klimpfen* zusammendrücken; nd. *Klampe* Haken (idg. **gel-;* ⟋ *Kalb,* ⟋ *Klempner*).

Klan m. ⟋ *Clan.*

Klang m. mhd. ahd. *klanc,* SchW (wie engl. *clang* Getöse, *clank* Geklirr, lat. *clangor* Klang, gr. *klangê*); im Abl. zu ⟋ *klingen.*

klappen Zw. urspr. nd. SchW (hd. ⟋ *klaffen;* engl. *clap* klappen, schlagen). **klappern** Zw. mhd. *klappern;* SchW mit iterativem *-r-* (⟋ *klekkern;*) ⟋ *plappern,* ⟋ *plärren.* – **Klapperschlange** w. LÜ 18. Jh. von engl. *rattlesnake.* – **Klaps** m. klei-

209

ner Schlag, 18. Jh. vom Zw. *klappen* (wie ⁄ *Klops* von *kloppen*); dazu 18. Jh. das Zw. *klapsen.*

klar Adj. mhd. *klâr,* aus mnl. *claer,* über frz. *clair* (engl. *clear*) aus lat. *clarus* berühmt (verw.: lat. *clamare* rufen; ⁄ *deklamieren,* ⁄ *Reklame*). **klarieren** Zw. Schiffsgüter verzollen, 2. Hälfte 18. Jh. zu seemännisch *klar* fertig (*klar Schiff!*). **Klarinette** w. 1. Hälfte 18. Jh. aus frz. *clarinette,* davor aus it. *clarinetto* kleine hohe Solotrompete (Verkleinerung von it. *clarino,* lat. *clarus*).

Klasse w. 2. Hälfte 16. Jh. aus lat. *classis* Aufgebot, (seit Quintilian auch =) Schülerabteilung (frz. *classe*). 18. Jh. = gesellschaftlicher Stand. **Klassenkampf** m. Bildung von Karl Marx 1847. – **Klassiker** m. 2. Hälfte 18. Jh. nach frz. Muster (*auteur classique* Schriftsteller 1. Ranges, nach dem Vorgang von lat. *classicus* Bürger 1. Klasse; danach: lat. *scriptor classicus*). **klassisch** Adj. Mitte 18. Jh. über frz. *classique* aus lat. *classicus* die (ersten) Bürgerklassen angehend; daher = mustergültig.

Klatsch m. klatschender Schlag, SchW erste Hälfte 18. Jh.; Ende 18. Jh. = Geschwätz; dazu Zw. **klatschen** Mitte 17. Jh. SchW. ⁄ *Kladderadatsch,* ⁄ *Klitsche,* ferner: ⁄ *tätscheln,* ⁄ *patschen,* ⁄ *plätschern.*

klauben Zw. aussondern, -lesen, mhd. *klûben,* ahd. *klûbôn,* im Abl. zum Zw. *klieben* spalten. ⁄ *Kloben,* ⁄ *Kluft¹;* ⁄ *Wortklauber.*

Klaue w. mhd. *klâ(we),* ahd. *klâwa* (dazu im Abl.: engl. *claw*); wohl zur idg. Wurzel *gleụâ die Packende (Erweiterung der idg. Wurzel *gel-* zusammendrücken, ballen). ⁄ *Kloß,* ⁄ *Kolben;* ⁄ *Klampfe,* ⁄ *Kalb*). **klauen** Zw. stehlen, sächs. 2. Hälfte 19. Jh.; 16. Jh. = kratzen, wie schon ahd. *klâwên krabbeln.*

Klause w. mhd. *klûse,* ahd. *klûsa,* aus mlat. *clusa* ⁄ *Kloster* (= lat. *clausa,* zum lat. Zw. *clau-*

dere schließen; *clavis* Schlüssel). ⁄ *Schleuse,* ⁄ *exklusiv,* ⁄ *Klosett,* ⁄ *Klavier.* **Klausel** w. spätmhd. *clausel,* aus lat. *clausula* Schluß (-satz), vom Zw. lat. *claudere.* **Klausur** w. 1. Hälfte 18. Jh. aus mlat. *clausura* Einschließung (vom Zw. lat. *claudere*). – **Klavier** s. 1. Hälfte 16. Jh. aus frz. *clavier* Orgeltastatur (2. Hälfte 17. Jh. = Saiteninstrument). Zugrunde liegt: lat. *clavis* Schlüssel (zum lat. Zw. *claudere;* mlat. = Taste). ⁄ *Konklave,* ⁄ *Los,* ⁄ *schließen.*

kleben Zw. mhd. *kleben,* ahd. *klebên* (engl. *cleave*), die Dauer bezeichnende Weiterbildung zu ahd. *klîban* anhangen (mhd. *kleiben,* dazu der Name der Spechtmeise: *Kleiber* m. [Nestbau!]); Labialerweiterung zu idg. *gl(e)i-;* gr. *glía* Leim. – ⁄ *Klee,* ⁄ *Kleid,* ⁄ *Kleie,* ⁄ *klein,* ⁄ *Kleister,* ⁄ *Klette,* ⁄ *Klippe.*

Klecks m. ostmd. 1. Hälfte 18. Jh. für älteres *Kleck,* zum Zw. **klecken** vom Subst. mhd. *klac* Krach, Riß (SchW? Gebildet wie ⁄ *Klops* zu: *kloppen.* Oder zu idg. *gel-* ballen [⁄ *Kalb*]; **klecken** = einen *klac* machen). – Schon mhd. *klecken;* Iterativ dazu: **kleckern** (⁄ *mek-k-er-n* u. a.); vor 1700.

Klee m. mhd. *klê,* ahd. *klêo* (verw. engl. *clover*); verw.: ⁄ *kleben* (nach dem Saft der Blüten).

Kleiber m. ⁄ *kleben.* – **Kleid** s. mhd. *kleit* (engl. *cloth*), vermutl. Partizip zu einem vom m. Subst. **Klei** fette Tonerde (von as. *klei*) herkommenden Zw.; eigtl. = das mit fetter Tonerde Gewalkte. Dann verw. mit ⁄ *kleben;* ⁄ *Klee* (idg. *glei-* kleben, *gel-* zusammendrücken). ⁄ *Kalb,* ⁄ *Klaue,* ⁄ *Kleie,* ⁄ *klein,* ⁄ *Kleister,* ⁄ *Klette.* **Kleie** w. mhd. *klî(g)e,* ahd. *klî(w)a;* zur idg. Wurzel *glei-* ⁄ *kleben* (gr. *glía* Leim).

klein Adj. mhd. *kleine* zierlich; ahd. *kleini* glänzend (engl. *clean* sauber), vermutl. zu idg. *glei-* ⁄ *kleben;* eigtl. = mit Fett bestrichen; verschmiert, verputzt. **Klein-**

od s. mhd. *kleinôt, -œte, -œde;* Zs. aus *klein* + ahd. *-ôdi,* vgl: ⁊ *Armut,* ⁊ *Ein-öde,* ⁊ *Heim-at,* ⁊ *Zier-at.* – **Kleister** m. spätmhd. *klîster(e)* Klebstoff; Suffixbildung zu idg. **glei-.*

Klementine w. Mandarinenart, 20. Jh. nach dem 1. Züchter (alg. *Pater Clément*).

klemmen Zw. mhd. *klemmen;* dazu das ablautende Zw. *klimmen* pressen (Part. ⁊ *beklommen*); zu idg. **glem-* (dazu: lat. *glomus* Knäuel); ⁊ *klimmen,* ⁊ *Klumpen,* ⁊ *Klub.* – **glem-* ist eine Erweiterung der Wurzel **gel-* ballen; ⁊ *Kalb;* ⁊ *Kolben* und seine Sippe.

Klempner m. md.-nd. 18. Jh. für älteres *Klemperer,* zum Zw. *klempern* (hd. *klampfern*) verklammern, Blech hämmern (SchW); mhd. ahd. *klampfer* Spange, nd. *klampe* Haken. ⁊ *Klampfe,* ⁊ *klimpern.*

Klepper m. (geringes) Pferd, 15. Jh. vom Zw. *kleppen* ⁊ *klappern;* SchW.

Klette w. mhd. *klette,* ahd. *kleddo, cletto, cletha* u. ä.; Dentalerweiterung zur idg. Wurzel **glei-* ⁊ *kleben* (verw.: lat. *gluten* Leim; vgl. ⁊ *Kleid*). **klettern** Zw. 15. Jh.; verw. mit *Klette* (eigtl. = sich anklammern; schwz. *klebern* klettern).

klieben Zw. ⁊ *klauben;* ⁊ *Kloben.*

Klient m. 16. Jh. aus lat. *cliens* Höriger, Schutzbefohlener (zum lat. Zw. *clinare* beugen, sich anlehnen; ⁊ *Lehne.* – **Klima** s. 1. Hälfte 16. Jh. aus lat. *clima* (vom gr. Zw. *klínein* sich neigen). – ⁊ *Klinik,* ⁊ *Lehne.* – **Klimakterium** s. KW 19. Jh. zu gr. *klimaktêr* Stufenleiter, *klîmax* Leiter (vom gr. Zw. *klínein*).

Klimbim m. Berlin 19. Jh.; SchW.

klimmen Zw. mhd. *klimben, klimmen,* ahd. *klimban* (engl. *climb*); idg. Wurzel **glem-* zusammendrücken (⁊ *klemmen*); also = sich anklammern. Zur Bedeutung: ⁊ *klettern;* ferner: ⁊ *Klammer,* ⁊ *Klub,* ⁊ *Klumpen.*

klimpern Zw. 2. Hälfte 17. Jh. SchW für älteres *klempern* (⁊ *Klempner*).

Klinge w. Teil, an dem sich die Schneide befindet, mhd. *klinge;* vom Zw. *klingen,* also SchW (nach dem Aufprall des Schwertes auf Helm oder Schild); *die Klingen kreuzen* ⁊ *anbinden!* **klingeln** Zw. mhd. *klingelen,* ahd. *klingilôn;* Verkleinerung zu *klingen.* Dazu **Klingel** w. 1. Hälfte 17. Jh. **klingen** Zw. (klang, geklungen), mhd. *klingen,* ahd. *kl-, chlingan* (engl. *clink*), SchW. ⁊ *Klang.* – **kling, klang, Gloria** (⁊ *Glorie*) Kinderreim wie *Ticktack,* ⁊ *Mischmasch,* ⁊ *Wirrwarr,* ⁊ *Zickzack,* ⁊ *klipp, klapp,* ⁊ *Krimskrams,* ⁊ *lirumlarum* u. a.

Klinik w. um 1800 aus gr. *klinikê (téchnê)* Heilkunst für Bettlägerige (gr. *klínê* Bett, *klínein* anlehnen; ⁊ *Klima*); Mitte 19. Jh. = Anstalt zum medizin. Unterricht, aus frz. *clinique.*

Klinke w. spätmhd. *klinke,* vom md. Zw. *klinken* klingen; SchW (vom Geräusch des fallenden Riegels). ⁊ *Clinch.* **Klinker** m. 18. Jh. aus nl. *klinker(t);* vom Zw. *klinken,* SchW (nach dem hellen Klang des harten Ziegels).

Klipp m. Einhänger, ⁊ *Clip,* ⁊ *Klipper.*

klipp und klar Redensart 19. Jh. aus nd.; zum Zw. *klippen* hell tönen, passen; SchW; **klipp, klapp** Kinderreim wie ⁊ *kling, klang.* – ⁊ *Klippschule.*

Klippe w. spätmhd. *klippe,* aus mnl. *klippe* (engl. *cliff;* verw.: engl. *cleave* spalten), junge Bildung zur idg. Wurzel **glei-* ⁊ *kleben?* Dann = schlüpfriger Fels? **Klippfisch** m. 18. Jh. (auf Klippen gedörrt).

Klipper m. Überseeflugzeug, 20. Jh. aus am. (vom Zw. *clip* schneiden; eigtl. = schnittiges Flugzeug).

Klippschule w. 2. Hälfte 17. Jh. aus nd. *klipschole* (so 1. Hälfte 16. Jh.); Zs. mit nd. ⁊ *klipp* klein, hell, passend; = kleine Schule.

klirren Zw. ostmd. SchW, 2. Hälfte 17. Jh. (↗ *girren*).

Klischee s. 19. Jh. aus frz. *cliché* Abklatsch (vom Zw. frz. *clicher* abklatschen; vermutl. SchW wie das verw. ↗ *klitschen*); urspr. = Abklatsch in Lehm?

Klistier s. spätmhd. *klistêr, kliestier,* aus lat. *clysterium* = gr. *klystêrion* (vom gr. Zw. *klýzein* spülen). ↗ *lauter*.

Klitsche w. 19. Jh.; dazu **klitschig** Adj. lehmig; **Klitsch** m., 18. Jh. Breimasse, heller Schall; alle zum Zw. **klitschen** SchW (↗ *klatschen*).

klittern Zw. zusammenstoppeln, 16. Jh. Dazu ablautend nd. *klater* Schmutz, mnl. *kladde* Schmutzfleck; vermutl. SchW (↗ *Kladde*).

Klivie w. Zierpflanze, 1854 nach Lady *Clive* (Erzieherin der Königin Viktoria) benannt († 1866).

Kloake w. 16. Jh. aus lat. *cloaca* (vom lat. Zw. *cluere* reinigen; ↗ *lauter*).

Kloben m. mhd. *klobe* gespaltener Stock (zum Vogelfang u. ä.), ahd. *klobo,* vom Zw. *klieben* spalten (engl. *cleave*); urverw.: lat. *glubere* schälen, gr. *glýphein* einschneiden (↗ *Hiero-glyphe*); dazu im Abl. ↗ *klauben;* ↗ *Kluft* [1], ↗ *Knoblauch.*

klopfen Zw. mhd. *klopfen,* ahd. *clophôn;* SchW wie *klaffen* (↗ *klappen*); nd.-md. *kloppen* (dazu *Kloppe* Prügel). – **Klöppel** m. Glockenschwengel, ostmd. zum Zw. *kloppen.* Das Gerät zum Spitzenstricken heißt nach seiner Form ebenso (16. Jh.); dazu **klöppeln** Zw., um 1600. – **Klops** m. mürbe geklopftes (gehacktes) Fleisch, Mitte 18. Jh. ostpr. vom nd.-md. Zw. *kloppen* klopfen. Zur Bildung: ↗ *Klecks, Knicks.*

Klo(sett) s. Mitte 19. Jh. gekürzt aus *Watercloset,* aus engl. *watercloset* (engl. *closet* kleines verschließbares Zimmer, aus afrz. [frz. *clos* Gehege]. Zugrunde liegt lat. *clausus* verschlossen [*claudere* verschließen]). ↗ *Kloster,* ↗ *Klause.*

Kloß m. mhd. ahd. *klôჳ* (engl.

cleat Keil, Leiste); zur idg. Wurzel **gleu-* zusammenpacken (↗ *Klaue*), Erweiterung von **gel-* zusammendrücken, ballen; verw.: ↗ *Kalb,* ↗ *Klotz,* ferner: ↗ *Knäuel,* ↗ *Kolben,* ↗ *kalt;* ↗ *Trauerkloß.*

Kloster s. mhd. *klôster,* ahd. *klôstar,* aus volkslat. *clostrum* Klausur (lat. *claustrum* Riegel, vom lat. Zw. *claudere* schließen; it. *chiostro*). ↗ *Klo(sett).* – *-o-* für älteres *-au-* wie in ↗ *Mohr,* ↗ *Lorbeer,* ↗ *kosen,* ↗ *Kohl.* – Etwa gleichzeitig entlehnt wie ↗ *Mönch,* ↗ *Nonne.*

Klotz m. mhd. *kloz* Klumpen (engl. *clot* Erdklumpen); verw.: ↗ *Kloß.*

Klub m. Mitte 18. Jh. aus engl. *club* (an. *klubba* Keule) Stock zum Einladen der Mitglieder (von Männervereinen). Wie ↗ *Klumpen* zur idg. Wurzel **glem-* zusammendrücken, ballen. ↗ *klimmen,* ↗ *klemmen,* ↗ *laden* [2].

Kluft [1] w. Spalte, mhd. ahd. *kluft,* vom Zw. mhd. *klieben,* ahd. *klioban* spalten; dazu im Abl. ↗ *klauben.* – ↗ *Kloben.*

Kluft [2] w. Kleid, über stud. aus rotw. *kluft* Kleid (heb. *qillûph* Schale, aus gr. *kélyphos* Hülle).

klug Adj. mhd. *kluoc* zierlich, gewandt; Mitte 12. Jh. vom Niederrhein her verbreitet. Altes Nordseewort?

Klumpen m. 1. Hälfte 15. Jh. aus nd. *klumpe* (engl. *clump* Klotz, Klumpe); wie ↗ *klemmen,* ↗ *klimmen* zur idg. Wurzel **glem-* zusammendrücken. – ↗ *Klub,* ↗ *Kalb.*

Klüngel m. Clique, Knäuel; mhd. *klüngel(în),* ahd. *klungilîn;* 16. Jh. = Ball aus Fäden; 19. Jh. auch = Anhang. Verkleinerung von ahd. *klunga* Knäuel (engl. *cling* sich anklammern; verw.: ↗ *Klammer*). – Verw.: **Klunker** m. Troddel, Quaste, 1. Hälfte 18. Jh.; mhd. *glunkern* schlenkern, mhd. *glunke* Baumellocke.

Klüver m. Dreieckssegel vorn am Bugspriet, Ende 18. Jh. aus nl. *kluiver* Leitring für das Segel (vom Subst. nl. *kluif* ↗ *Klaue*).

knabbern Zw. Mitte 18. Jh. aus nd.; junge Verstärkung zum Zw. *knaben*, hd. *knappen* nagen; SchW.

Knabe m. mhd. *knabe*, ahd. *knabo* (engl. *knave* Bube); hess. *knabe* Stift, Bolzen, schwed. ma. *knabb* Pflock. Zur Bedeutung vgl.: ⚹ *Bengel*, ⚹ *Flegel*, ⚹ *Knecht*, ⚹ *Stift*. Nbf.: ⚹ *Knappe*. Deminutiv: ⚹ *Knebel*.

knacken Zw. mhd. *knacken* (engl. *knack*), SchW (wie ⚹ *knallen*, ⚹ *knarren*). – **Knäckebrot** s. 20. Jh. aus schwed. *knäckebröd* Krachbrot. – **Knacks** m. Körperschaden, 18. Jh. zu *Knack* Riß, Knall, SchW, 15. Jh. – ⚹ *knockout*.

Knagge w. Kleiderhaken, ⚹ *Knecht* (engl. *knag*).

Knall m. Mitte 16. Jh. vom Zw. mhd. *knellen* erschallen, krachen, SchW. – *Knall und Fall* verkürzt aus *Knall und Fall war eins* (= Treffer und Sturz [im Kampf]; 1. Hälfte 18. Jh.). – ⚹ *Kneller*. – **Knalleffekt** m. 1. Hälfte 19. Jh.; urspr. vom Feuerwerk.

knapp Adj. 2. Hälfte 16. Jh. aus nd.; zusammengezogen aus **ge-hnapp* (verw.: an. *hneppr* eng, *hneppa* klemmen)?

Knappe m. mhd. *knappe*, ahd. *knappo* Nbf. zu ⚹ *Knabe* (wie ⚹ *Rappe* zu ⚹ *Rabe*, ⚹ *Schuppe* zu ⚹ *schaben*).

Knarre w. seit 18. Jh. = Gewehr; davor = Knarrton, Lärmgerät. Vom Zw. **knarren** SchW, 14. Jh.; ⚹ *knurren*.

Knast m. Gefängnis, rotw. 19. Jh. aus jidd. *knas* Geldstrafe. – ⚹ *verknacken*.

Knaster m. um 1700 über nl. aus span. *canastro* Rohrkörbchen (zum Versand besserer Tabake); über it. *canestro* aus gr. *kánastron* Rohrkorb. Verw.: ⚹ *Kanne*.

knattern Zw. 16. Jh. im Abl. zu ⚹ *knittern*. – ⚹ *rattern*. – SchW.

Knäuel m., s. mhd. *kniu(we)l*, *kniulîn*, dissimilierend (*kl-* zu *kn-*vor *-l-*) für älteres mhd. *kliuwel(în)*, ahd. *kliuwilîn* Verkleinerung zu

ahd. *kliuwa*, *-wi* Kugel; eigtl. = Kügelchen. Verw.: gr. *glûtós* Hinterbacke; idg. Wurzel: **gleu-* rund(machen). – ⚹ *Kloß*!

Knauf m. mhd. *knouf* Knopf am Schwertgriff, am Turm; im Abl. zu ⚹ *Knopf*.

knausern Zw. 18. Jh. vom Subst. *Knauser* Geizhals; vom Adj. frühnhd. *knaus* hochmütig, mhd. *knûʒ* keck, verwegen (dazu ablautend: ags. *cnêatian* streiten).

knautschen Zw. 18. Jh. hd. für urspr. nd. *knutschen;* schon mhd. (md.) *zurknutschen, knutzen* zermalmen; verw.: ⚹ *kneten*, ⚹ *Knopf*.

Knebel m. mhd. *knebel* Holzstück zum Strickespannen usw., ahd. *kne-, chenebil* Fesselholz. Deminutiv zu: ⚹ *Knabe*, wie dies zu idg. **genebh-* Pflock (dazu: gr. *gámphos* Pflock).

Knecht m. mhd. ahd. *kneht* Bursche, Held (engl. *knight* Ritter); verw.: nd. ⚹ *Knagge* Kleiderhaken, Pflock (engl. *knag* Pflock, Ast, schwed. *knagg* Knorren). Zur Bedeutung: ⚹ *Bengel*, ⚹ *Flegel*, ⚹ *Knabe*, ⚹ *Stift*.

kneifen Zw. 2. Hälfte 16. Jh. aus nd. *kn(e)ipen*, zu **Kneif** m. 14. Jh., aus mnl. *cnijv* Krummspitzmesser (idg. **gen-* biegen). ⚹ *knipsen*. – **Kneipe** w. 2. Hälfte 18. Jh. für älteres *Kneipschenke;* zu *kneipen* klemmen; eigtl. = enger Raum. Daher: *kneipen* Zw. zechen, stud. 18. Jh. ⚹ *Kniff*, ⚹ *nippen*.

kneippen Zw. Wasserkur machen, vom FaN des geistl. Erfinders Sebastian *Kneipp* (1821–1897) (an sich selbst seit 1848 erprobt).

Kneller m. 18. Jh. billiger Tabak, von mhd. *knellen* = ⚹ *knallen* (vom Paffen beim Pfeiferauchen).

kneten Zw. mhd. *kneten*, ahd. *knetan;* wie ⚹ *knautschen* zur idg. Wurzel **gnet-*.

Knick m. Grenzhecke, 2. Hälfte 16. Jh. vom Zw. *knicken*, weil diese Hecken regelmäßig *geknickt* (gebrochen) werden. **Knickebein** m. Likör mit Ei, 19. Jh. nach der Wir-

kung des Getränks (wohl stud.).
knicken Zw. spätmhd. *knicken*, aus
nd. *knikken* spalten (engl. *knick*);
wohl zur idg. Wurzel **gen-* (*↗knei-fen*), zu **gneig-* erweitert. **Knicker**
m. Geizhals, 1. Hälfte 16. Jh. ge-
kürzt aus *Läuseknicker* (so 16. Jh.);
17. Jh. = Geizhals; später auch =
Klappmesser; zusammenklappba-
rer Sonnenschirm; dazu: **knick(e)-
rig** Adj. geizig, 18. Jh. – **Knicks** m.
2. Hälfte 17. Jh. vom Zw. *knicken*
sich verbeugen (vor 1600); gebildet
wie *↗Klecks*, *↗Klops*.
Knickerbocker Mz. Golfhose, nach
nl. Bildern der 1859 veranstalteten
Prachtausgabe von Irvings „Histo-
ria of New York" (1809), in der ein
Diedrich *Knickerbocker* den Ur-
einwohner spielt; um 1900 in Eng-
land modern; d. 1920–1940.
Knie s. mhd. *knie*, ahd. *kniu, knio,
kneo* (engl. *knee*); verw.: got.
knussjan knien; urverw.: lat. *genu*
Knie (*genuinus* [aufs Knie gesetzt,
daher] rechtmäßig); gr. *góny* Ecke,
Knie (*↗diagonal*); idg. Körperteil-
bezeichnung (Wurzel **genu-* =
Bucht). – *Etw. übers Knie brechen*
(wie Brennholz), 2. Hälfte 17. Jh.
Kniff m. über stud. 18. Jh. aus rotw.
kneifen Spielkarten zinken.
kniff(e)lig Adj. 19. Jh. vom Zw.
kniffeln eine komplizierte Arbeit
verrichten (nd. *knibbeln;* nl. *knib-
belen* streiten, SchW).
knipsen Zw. 2. Hälfte 17. Jh. = zwik-
ken, zausen; 20. Jh. = photogra-
phieren (Schlitzverschluß seit
1883). Vom Subst. **Knips** m.
Schnippchen, zum nd. Zw. *↗kn(e)i-
pen* 17. Jh. SchW. *↗kneifen.*
Knirps m. 1. Hälfte 18. Jh., zuerst
ostmd. – Herkunft (verw.: *↗Knor-
pel*?)?
knirschen Zw. 1. Hälfte 16. Jh. *knir-
sen,* SchW. – *-sch-* wie bei *↗Kirsche*
u. a.
knistern Zw. 2. Hälfte 16. Jh., SchW
wie *↗knuspern.*
knittern Zw. 2. Hälfte 17. Jh. aus nd.
knittern, SchW, im Abl. zu *↗knat-
tern.*

knobeln Zw. würfeln, losen, stud. 1.
Hälfte 19. Jh. vom Subst. spätahd.
knovel, mhd. *kne-, knö-, knübel*
Fingerknöchel (eigtl. = knöcheln,
d. h.: mit beinernen Würfeln spie-
len). *↗Knuff.*
Knoblauch m. mhd. *knobe-, klobe-
louch,* ahd. *chlobi-, chlofa-, chlo-
volouh;* Zs. von ahd. *chlobo
↗Kloben* (engl. *clove* Zehe) +
↗Lauch; eigtl. = Zehenlauch (nach
der Form des Wurzelknopfes). –
Kn- für *Kl-* dissimilierend vor *-l-*
wie *↗Knäuel.*
Knöchel m. mhd. *knö-, knüchel*
(engl. *knuckle*), Verkleinerung
zum Subst. *Knochen.* **Knochen** m.
mhd. seit 14. Jh. *knoche* für älteres
↗Bein. Germ. Wurzel **kneuka-;*
vielleicht zu den mit *kn-* anlauten-
den Wörtern (*↗Knopf*)?
knockout Adv. kampfunfähig, 2.
Hälfte 19. Jh. aus engl. *to knock
out* herausschlagen, niederschla-
gen, besiegen (*↗ausknocken*).
Verw.: *↗knacken.*
Knödel m. mhd. *knödel* Kloß, Ver-
kleinerung zu mhd. *knode* = Kno-
ten; eigtl. = Knötlein. *↗Knoten,
↗Nudel.*
Knolle w. mhd. *knolle* Klumpen
(engl. *knoll* Hügel); germ. **knuz-
la-* Klumpen. *↗knüllen, ↗Knust*
u. a. – **Knopf** m. mhd. ahd. *knopf*
Knauf, Knoten, Knorren (engl.
knop), dazu Zw.: *↗knüpfen* (verw.
↗Knauf). *↗Knospe, ↗Knüppel.*
Von einer der Wurzeln mit (germ.)
*kn- = zusammenpressen, -ballen;
*↗kneten, ↗knüllen, ↗Knorren,
↗verknusen, ↗knautschen* usw.
knorke Adj. großartig, berl. um
1905, bes. 1920 ff.; vielleicht durch
Verhören?
Knorpel m. 15. Jh. verkürzt aus
knorpel-, knarpel-, knorbelbein;
Verkleinerung zu schwäb. *knorp*
Aststumpf; verw.: *↗Knirps* u. a.
Knorren m. mhd. *knorre* neben
knûr(e) Auswuchs, Knoten; verw.
mit *↗Knirps, ↗Knorpel, ↗Knust,
↗Knopf.* Weiterbildung: **Knorz**
m., obd., ahd. *chnorz.* – **Knospe** w.

2. Hälfte 16. Jh. md. für obd. *knopf*, von dem *Knospe* abgeleitet ist (mhd. **knofse;* Umstellung von *-fs-* zu *-sp-* wie bei *∕Wespe* aus *Wefse*). – **Knoten** m. mhd. *knote, -de*, ahd. *knoto, -do* (verw.: engl. *knot* Knoten, *knit* stricken); davon: *∕Knödel*. Altes Wort mit *kn*-An-laut (*∕Knopf, ∕Knust* usw., *∕Knute, ∕Knüttel*). **Knöterich** m. Staudenpflanze, 15. Jh., nach den Stengelknoten.

Know-how s. Fachwissen, -metho-dik, 20. Jh. aus am. (*know-* wissen, zur germ. Wurzel **knô-* [verw.: *∕können*] + *-how* FW, lat. *quo*, idg. **k^{u}o*. – *∕Komment*.

Knuff m. 18. Jh. vom Zw. **knuffen** 18. Jh. aus nd., zu nd. *knüvel* *∕Knöchel* (*∕knobeln*)?

knüllen Zw. mhd. *knüllen;* verw.: *∕Knolle, ∕Knust, ∕Knopf*

Knüller m. 20. Jh. aus jidd. *knellen* schlagen (also = Schlager). Oder zu ma. Zw. *knüllen* schlagen?

knüpfen Zw. mhd. *knüpfen*, ahd. *knupfen*, abgeleitet von Subst. *∕Knopf*. – **Knüppel** m. ostmd. 15. Jh. für mhd. *knüpfel*, mit *-el*-Suffix wie *∕Heb-el* u. a. von *knopf* Knor-ren. *∕Weck¹. – ∕Knütt-el*.

knurren Zw. seit 16. Jh. (urspr. nd.), SchW wie *∕knarren* und *∕knir-schen*. – **Knurrhahn** m. Stachelflos-ser, 18. Jh., nach dem Geräusch der auseinandergeriebenen Kie-mendeckelknochen.

knuspern Zw. um 1800 aus nd., SchW wie *∕knistern*.

Knust m. mnd. *knûst*, schwz. *chnûs* (*-t* später angetret.: *∕Ax-t, ∕jetz-t, ∕Obs-t, ∕Paps-t*), zu *∕Knorren* und den Wörtern mit *kn*-Beginn = „zusammenpressen"; *∕Knopf* u. a.

Knute w. 1. Hälfte 17. Jh. aus r. *knut*, vom an. *knútr ∕Knoten*. **Knüttel** m. mhd. *knüt(t)el*, ahd. *chnutil;* vom Subst. *∕Knüpp-el*. – *∕Knoten*. **knütten** Zw. stricken, mnd. *knutten* (engl. *knit*), vom Subst. nd. *knutte ∕Knoten*.

knutschen Zw. 20. Jh. aus nd., = *∕knautschen*.

Koalition w. um 1800 aus frz. *coali-tion* Bündnis (vom lat. Zw. *coales-cere* zusammenwachsen; *∕alt*)

Kobalt s. 2. Hälfte 16. Jh., identisch mit *∕Kobold*, der nach dem Berg-mannsglauben (da man ihn damals noch für wertlos hielt [Blaufarben-bereitung erst im 17. Jh.!]) den nik-kelähnlichen Grundstoff für das entwendete Silber unterschob. *∕Quarz*. – **Koben** m. vor 1500; vgl.: ahd. *chúbwi* Hütte, mhd. *ko-bel* Stall. **Kobold** m. mhd. *kobolt;* Zs. von *koben-* Gemach (an. *kofi*, ags. *cofa*) + *-hold;* also = der Haushold. **Kobolz** m. Purzel-baum (nordd.), von der endbeton-ten Form von *Kobold* (= Purzel-baum des Kobolds). – *-z* alte Gen.-Endung (= *-s*).

Koch m. mhd. *koch*, ahd. *k-, choch*, früh entlehnt aus volkslat. *cocus* für lat. *coquus* Koch; *∕Küche*. **ko-chen** Zw. mhd. *kochen*, ahd. *coh-hôn, kochôn*, aus volkslat. *cocere* für lat. *coquere* kochen (*∕Apriko-se; ∕Biskuit; ∕kulinarisch*).

Köcher m. mhd. *kochære, kocher*, ahd. *chohhâr(i), kochar* (engl. *qui-ver* über afrz. *cuivre*), vermutl. über mlat.-mgr. aus hunn.-osttürk. **kukur* Gefäß.

Kodak m. KW 1888 vom Erfinder Eastman (ohne etymologische Be-züge, nur nach der allgemeinen Aussprechbarkeit) geprägt.

Kode m. Depeschenschlüssel, 2. Hälfte 19. Jh. aus engl. *code*, frz. *code* (zugrunde liegt: lat. *codex* Verzeichnis, Buch); *∕Kodex*.

Köder m. mhd. *querder*, kö(r)der, ahd. *querdar*. Zur idg. Wurzel **g^{u}er-* verschlingen (verw.: lat. *gurgulio ∕Gurgel*). *∕Kragen*.

Kodex m. 18. Jh. aus lat. *codex, caudex* Verzeichnis, Buch (*∕Ko-de*) (lat. *cudere* schlagen, d. = *∕hauen; codex* eigtl. = geschlage-ner Baum; wachsbezogene Holzta-fel zum Schreiben!).

Koffein s. 19. Jh. zu engl. *coffee* *∕Kaffee* (engl. *caffeine* aus frz. *caféine*). *∕Koka-in*.

Koffer m. 14. Jh. ndrh. *coffer, cuffer,* über mnl. *coffer* aus frz. *coffre* Kiste, von lat. *cophinus* Weidenkorb, aus gr. *kóphinos* Weidenkorb. – Das d. *-er*-Suffix für das lat. *-inum* analog zu den Gebrauchsgegenständen auf *-er* (↗*Bech-er*). – Weitere Bezüge ungeklärt.

Kogge w. Hanseschiff, mnd. *kogge,* ahd. *coccho* (engl. *kog*) breites und rundes Schiff (zu frz. *coche*); verw.: ↗*Kugel.*

Kognak m. 18. Jh. aus frz. *cognac* Branntwein aus der Stadt *Cognac;* ↗*Weinbrand.*

Kohl[1] m. Gemüsepflanze, mhd. *kôl(e), kœl(e),* ahd. *kôl(i), chôla, -lo* (engl. *cole*), aus lat. *caulis,* eigtl. = Stengel, Strunk (verw. ↗*hohl*). ↗*Kohlrabi.* *-o-* für älteres *-au-* wie in ↗*Kloster,* ↗*kosen,* ↗*Lorbeer,* ↗*Mohr.*

Kohl[2] m. Unsinn, stud. Ende 18. Jh. aus heb. *qôl* Rede, Stimme. **kohlen** Zw. Unsinn reden, 19. Jh.

Kohldampf m. Hunger, 1. Hälfte 19. Jh. rotw. Zs. von ↗*Koller* Wut + rotw. *Dampf* Hunger; = wütender Hunger.

Kohle w. mhd. *kol,* ahd. *kol(o)* Holzkohle; Suffixableitung von der idg. Wurzel **geu-* glühen.

Kohlrabi m. 2. Hälfte 17. Jh. aus it. *cauliravi,* umgestellt aus lat. *rava caulis* Rübenkohl; ↗*Kohl*[1].

Koitus m. 19. Jh. aus lat. *coitus* Vereinigung (*coire* zusammenkommen; ↗*Abiturient*).

Koje w. Schlafstelle, Ausstellungsstand, mnd. *koje* für mhd. *kouwe* (↗*Kaue*); lat. *cavea* Verschlag. ↗*Käfig.*

Kokain s. KW 19. Jh. aus per. *coca* Kokastrauch + der für Arzneimittelnamen häufigen Endung *-in* (wie ↗*Koffe-in*). – ↗*Koks*[2].

Kokarde w. Mitte 18. Jh. aus frz. *cocarde* Bandschleife (von *bonnet à la cocarde* Hut mit einer Art Hahnenkamm, *coq* Hahn; ↗*Cocktail,* ↗*Gockel*). – **kokett** Adj. 2. Hälfte 17. Jh. aus frz. *coquet* wie ein Hahn (*coq* Hahn).

kokeln Zw., md. seit 16. Jh., ↗*gaukeln.*

Kokosnuß w. 2. Hälfte 17. Jh. für älteres *Cocos,* aus span. (= engl., frz., port.) *coco* Gespenst, Larve (nach den aus Kokosnüssen geschnitzten Masken).

Kokotte w. 19. Jh. aus frz. *cocotte* Hühnchen; ↗*Kokarde.*

Koks[1] m. Brennstoff aus Steinkohle, 1. Hälfte 19. Jh. aus engl. Mz. *cokes* Kerne, Kernhäuser; zur idg. Wurzel **gel-* ballen (↗*Gallapfel;* verw.: gr. *gelgís* Knoblauchkern). ↗*Kolben.*

Koks[2] m. Kokain, rotw. Abkürzung 20. Jh. für ↗*Kokain.* **koksen** Zw. seit 1920.

Kolben m. mhd. *kolbe,* ahd. *kolbo;* verw.: lat. *globus* Erdkugel; idg. Wurzel **gel-* zusammenballen (↗*Gallapfel,* ↗*Koks*[1], ↗*kalt,* ↗*Kloß*).

Kolchose w. sowjet. Landbetriebsform, Kopfabkürzung 20. Jh. aus r. **koll***ektívnoe* **choz***jájstvo* Kollektivwirtschaft. – ↗*Kollekte.*

Kolibri m. 18. Jh. aus frz. *colibri* (= span., engl., it., port.; nl. *kolibrie*). Aus einer Eingeborenensprache der Insel Cayenne (*colib(a)ri* leuchtende Fläche).

Kolik w. 2. Hälfte 16. Jh. aus lat. *colica,* von gr. *kôlikê nósos* Grimmdarmkrankheit (gr. *kôlon, kólon* Körper-, Satzglied; Grimmdarm; ↗*Semikolon;* verw.: ↗*scheel*).

Kolkrabe m. Mitte 16. Jh. Zs. von dem SchW *kolk* (Rabenschrei) + *-Rabe.*

Kollaps m. 19. Jh. aus lat. *collapsus* Zusammensturz (*collab[ar]i* zusammenstürzen; ↗*labil*).

Kolleg s. 1. Hälfte 17. Jh. aus lat. *collegium* Zusammenkunft, Privatvorlesung (Zs. aus *con-* mit + *-legare* abordnen, bestimmen). – Das gleiche Wort ist *College* s. Hochschul(vorstuf)e, 20. Jh. aus engl. – Vgl. die Sippe bei ↗*legal.* – **Kollege** m. 16. Jh. aus lat. *collega* eigtl. = Mitabgeordneter.

Kollekte w. 1. Hälfte 16. Jh. aus lat. *collecta* Almosensammlung (lat. *colligere* zusammenlesen). **kollektiv** Adj. 2. Hälfte 18. Jh. aus lat. *collectivus* zusammengelesen. – ↗ *Kolchose*.

Koller m. mhd. *kolre*, ahd. *kolero, choloro, choloro*, aus lat. *cholera* Galle(nsucht), von gr. *choléra* (↗ *Cholera*).

kollern[1] Zw. rollen, 1. Hälfte 18. Jh., md., vom Subst. md. *Koller* für älteres *kolle, kulle* = mhd. *kugele* = ↗ *Kugel*. Nbf.: ↗ *kullern*.

kollern[2] Zw. knurren, SchW 17. Jh. (Truthahnruf).

Kollier s. 1. Hälfte 19. Jh. aus frz. *collier*, von lat. *collare, collarium* (lat. *collum* aus **colsom* = ↗ *Hals*).

Kollision w. 2. Hälfte 16. Jh. aus lat. *collisio* Zusammenstoßen (vom Zw. *collidere* zusammenschlagen, -stoßen, *laedere* verletzen).

Kolonie w. 16. Jh. aus lat. *colonia* Ansiedlung (daher der ON *Köln*), vom Zw. *colere* bebauen, *colonus* Bauer. ↗ *Kult*, ferner ↗ *Clown*.

Kolonnade w. Säulengang, 1. Hälfte 18. Jh. aus it. *colonnata*, dann aus frz. *colonnade* (it. *colonna*, frz. *colonne* Säule, von lat. *columna*); ↗ *Kolumne*. **Kolonne** w. 1. Hälfte 18. Jh. aus frz. *colonne*.

Koloratur w. 2. Hälfte 16. Jh. aus it. *coloratura* Tonverzierung, Färbung (vom lat. Zw. *colorare* färben, *color* Farbe; daher frz. *couleur;* ↗ *hehlen*). **Kolorit** s. 2. Hälfte 17. Jh. aus it. *colorito* Farbgebung.

kolossal Adj. um 1800 für älteres *kolossalisch;* vom Subst. **Koloß** m. 2. Hälfte 16. Jh. aus lat. *colossus* = gr. *kolossós* Riesenstatue (auf Rhodos), vermutl. aus einer vorgr. Mittelmeersprache.

Kolportage w. Wanderbuchhandel, 19. Jh. aus frz. *colportage* (vom Zw. *colporter*, aus lat. *comportare* zusammentragen, zu einem alten Zw. **porire* = ↗ *fahren*).

Kolumne w. Druckspalte, 2. Hälfte 16. Jh. aus lat. *columna* Säule; ↗ *Kolonne*, ↗ *Holm*[1].

Koma[1] s. tiefste Bewußtlosigkeit, 20. Jh. aus gr. *kôma* tiefer Schlaf. **Koma**[2] w. Kometennebel; Linsenfehler; 20. Jh. aus gr. *kómê* Haar.

Kombination w. 2. Hälfte 17. Jh. aus nlat. *combinatio* (lat. *combinare* zu zweit vereinigen, *bini* zu zweit, *bis* zweimal [↗ *Biskuit*]).

Komet m. mhd. *komête*, aus lat. *cometa, comete* (von gr. *kométês* Haarstern; *kómê* Haar).

Komfort m. 19. Jh. aus engl. *comfort* Bequemlichkeit (frz. *confort* Stärkung, mlat. *confortare* stärken, lat. *fortis* stark, tapfer; ↗ *Fort*).

komisch Adj. 2. Hälfte 15. Jh. aus lat. *comicus*, von gr. *kômikós* lächerlich (*kômos* mutwilliger Umzug); ↗ *Komödie*.

Komma s. 1. Hälfte 17. Jh. über lat. aus gr. *kómma* Abschnitt (vom Zw. *kóptein* abhauen); ↗ *Beistrich*.

kommandieren Zw. 2. Hälfte 16. Jh. aus frz. *commander*, von volkslat. *commandare* für lat. *commendare* übergeben (*mandare* anvertrauen; *dare* geben [↗ *Datum*]). ↗ *Komtur*.

kommen Zw. (kam, gekommen), mhd. *komen, kumen*, ahd. *queman, coman, kuman, chomen*, got. *qiman* (engl. *come*); zur idg. Wurzel **gⁱ{}em-* gehen, kommen (lat. *venire*, gr. *baínein*). ↗ *bequem*, ↗ *künftig*, ↗ *vollkommen*, ↗ *bekommen*. ↗ *Inventar*.

Komment m. 18. Jh. stud. aus frz. *comment* = das Wie (↗ *Know-how* „gewußt wie").

Kommentar m. 1. Hälfte 16. Jh. aus lat. *commentarius* (*liber*) Erläuterungs-, Notizbuch (vom Zw. lat. *commentari* erläutern, *mens* Verstand; ↗ *mahnen*).

Kommers m. 2. Hälfte 18. Jh. stud. aus frz. *commerce* Handel (lat. *commercium* Handel); identisch: **Kommerz** m. Handel (schon 1. Hälfte 17. Jh. aus frz. *commerce*).

Kommis m. Handlungsgehilfe, frühnhd. aus frz. *commis* Beauftragter (vom Zw. *commettre*, lat. *committere* beauftragen, *commissus* der Beauftragte). **Kommiß** m.

217

Soldatenleben, 16. Jh. aus lat. *commissa* anvertraute Güter (vom Zw. *committere*). **Kommissar** m. Mitte 15. Jh. aus lat. *commissarius* Geschäftsbeauftragter (vom Zw. *committere*). ↗ *Mission*.

Kommode w. Mitte 18. Jh. aus frz. *commode* Schubladentruhe (vom Adj. frz. *commode* bequem, aus lat. *commodus* bequem, *modus* Art und Weise; idg. Wurzel **med-* messen).

Kommune w. mhd. *commûne,* aus lat. *communio* Gemeinschaft. – **Kommunist** m. 1. Hälfte 19. Jh. über frz. nlat. Subst. *communismus,* lat. *communis* allgemein, mehreren gemeinsam (von *munia* Leistungen, *munus* Amt, Abgabe; verw.: ↗ *gemein*). – **kommunizieren** Zw. das Altarsakrament genießen, 16. Jh. aus lat. *communicare* gemeinschaftlich machen (zum Adj. *communis*).

Komödie w. 15. Jh. über lat. aus gr. *kômôdía* = ↗ *Lustspiel* (↗ *komisch,* ↗ *Ode,* ↗ *Tragödie*).

Kompagnon m. ↗ *Kumpan,* ferner: ↗ *Teilhaber*.

kompakt Adj. 1. Hälfte 18. Jh. aus frz. *compact* (von lat. *compactus* gedrungen, Part. Pass. vom Zw. *compingere* zusammenfügen, *pangere* schlagen). – ↗ *Pacht*.

Kompanie w. mhd. *cumpanîe,* aus afrz. *compaignie;* neuentlehnt 14. Jh. aus it. *compagnia* Handelsgesellschaft; 2. Hälfte 16. Jh. dritte Entlehnung aus frz. *compagnie* Truppeneinheit; zugrunde liegt: mlat. *companium* Gesellschaft (Zs. aus lat. *com-* mit + *-panis* Brot; eigtl. = Brotgemeinschaft). ↗ *Kumpan*.

Komparse m. Statist, 18. Jh. aus it. *comparsa* Schauspielergruppe auf der Bühne (it. *comparire* erscheinen, vom lat. Zw. *comparere* – erscheinen, *parere* erscheinen). ↗ *parieren²,* ↗ *transparent*.

Kompaß m. Hälfte 15. Jh. aus it. *compasso* Zirkel, Bussole für die Magnetnadel (it. *compassare* ab-

schreiten, lat. *compassum* Gleichschritt, *passus* Schritt; ↗ *Paß¹*).

kompensieren Zw. ausgleichen, 16. Jh. aus lat. *compensare* gegeneinander abwägen (*pensum* Aufgabe, *pendere* zum Wiegen aufhängen; ↗ *Pensum*).

kompetent Adj. 1. Hälfte 18. Jh. aus lat. *competens* (rechtlich) zuständig (vom Zw. lat. *competere* zusammen erstreben); verw.: *penna* Flügel; ↗ *Penne*).

komplett Adj. 2. Hälfte 17. Jh. aus frz. *complet* (von lat. *completus* angefüllt, zum Zw. *complere* anfüllen, *plenus* voll); ↗ *Kompliment*.

Komplex m. 2. Hälfte 18. Jh. aus lat. *complexus* Verknüpfung (vom Zw. lat. *complecti* umfassen, *plectere* ↗ *flechten*). **Komplice** m. Mittäter, 2. Hälfte 16. Jh. aus frz. *complice* Mitschuldiger (von lat. *complex* Teilnehmer, *plicare* zusammenfalten); ↗ *kompliziert,* ↗ *Pli*.

Kompliment s. 2. Hälfte 16. Jh. aus span. *complimiento* (im 17. Jh. wirkt frz. *compliment* ein). Zugrunde liegt span. *complir* erfüllen (lat. *complere*); eigtl. = Fülle, Übermaß. ↗ *komplett*.

kompliziert Adj. 2. Hälfte 18. Jh. aus frz. *compliqué* (von lat. *complicare* verwickeln; ↗ *Komplice,* ↗ *Pli;* lat. *plectere* ↗ *flechten*).

Komplott s. 2. Hälfte 17. Jh. aus engl. *complot* heimlicher Anschlag (daneben frz. *complot* Vereinbarung, Anschlag; lat. *pila* Ball). Zugrunde liegt das frz. Zw. *comp(e)loter* zusammenkugeln, vom Subst. *pelote* Kugel (dazu: ↗ *Peloton* Schützengruppe).

Komponist m. 1. Hälfte 16. Jh. zum Zw. **komponieren** um 1500 aus lat. *componere* zusammenstellen (↗ *vertonen*). **Komposition** w. nach 1500 aus frz. *composition;* = Mischung (von Wörtern, Metallen u. ä.); Ende 16. Jh. = Tonwerk. – **Kompost** m. ahd. *kumpost,* aus lat. *compostum* Dünger (*compositum* Zusammengesetztes, von *componere*). **Kompott** s. 2. Hälfte 18. Jh.

aus frz. *compot* für älteres *Compost* 16. Jh. aus it. *composta;* schon mhd. *kumpost,* aus it. *composta* Eingemachtes; von lat. *compositum* Zusammengesetztes.

Kompresse w. 2. Hälfte 18. Jh. aus frz. *compresse* Umschlag (von lat. *compressus* Part. Pass. vom Zw. *comprimere* zusammendrängen).

Kompromiß m. 15. Jh. aus lat. *compromissum* Versprechen auf Gegenseitigkeit (*compromittere* sich gegenseitig versprechen). **kompromittieren** Zw. 17. Jh. aus frz. *compromettre* (von lat. *compromittere*).

Komtur m. mhd. *commendur* u. ä. Ritterordensleiter, von mlat. *commendator* Befehlshaber. – ↗ *kommandieren.*

kondensieren Zw. 2. Hälfte 18. Jh. aus lat. *condensare* dicht machen (*densus* dicht).

Kondition w. 16. Jh. = Zahlungsbedingungen, aus lat. *conditio* Beschaffenheit (*condicere* übereinkommen; ↗ *Diktat*).

Konditorei w. 19. Jh. vom Subst. **Konditor** m. 17. Jh. aus lat. *conditor* (vom Zw. lat. *condire* einmachen, einlegen).

kondolieren Zw. 2. Hälfte 17. Jh. von lat. *condolere* mitleiden, Mitleid bezeigen (*dolor* Schmerz, frz. *douleur*).

Konfekt s. spätmhd. *confect,* aus mlat. *confectum* Verfertigtes (vom Zw. lat. *conficere* verfertigen); ↗ *Konfitüre.* **Konfektion** w. 19. Jh. aus frz. *confection,* von lat. *confectio* Anfertigung (zum Zw. *conficere*).

Konferenz w. 2. Hälfte 16. Jh. aus mlat. *conferentia* Unterredung (*conferre* mitteilen, zusammentragen).

Konfession w. 1. Hälfte 16. Jh. aus lat. *confessio* Glaubensbekenntnis (zum Zw. *confiteri* bekennen, *fateri* bekennen).

konfirmieren Zw., mhd. *confirmiren,* seit 1534 in heutiger Bdtg. ([Taufgelöbnis] bestätigen). Von:

lat. *confirmare* verstärken. ↗ *Firma.*

konfiszieren Zw. 1. Hälfte 16. Jh. aus lat. *confiscare* für den *fiscus,* die kaiserliche Schatzkammer, einziehen. ↗ *Fiskus.*

Konfitüre w. Fruchtmarmelade, 2. Hälfte 17. Jh. aus frz. *confiture* (von lat. *confectura* Verfertigung; ↗ *Konfekt*).

Konflikt m. 18. Jh. aus lat. *conflictus* (vom Zw. *confligere* zusammenprallen); intensiviert: *conflictare* heimsuchen.

konform Adj. 16. Jh. aus lat. *conformis* gleichförmig (↗ *Form*).

konfrontieren Zw. gegenüberstellen, 1. Hälfte 17. Jh. aus mlat. *confrontare* (Stirn an Stirn) einander gegenüberstellen (lat. *frons* Stirn; ↗ *Front*).

Konfusion w. 2. Hälfte 15. Jh. aus lat. *confusio* Zusammengießung, Verwirrung (vom Zw. *confundere* zusammengießen, *fundere* gießen; verw.: ↗ *gießen*).

Kongreß m. 2. Hälfte 17. Jh. aus lat. *congressus* Zusammenkunft (vom Zw. *congredi* zusammenkommen, *gradi* gehen); ↗ *Grad.*

König m. mhd. *künic, künec,* ahd. *kuning* (engl. *king*), von mhd. *künne,* ahd. *kunni,* got. *kuni* Geschlecht (verw.: lat. *genus* Geschlecht). – Suffix *ing-*: Zugehörigkeit (*Karol-ing-er* u. ä.). = Wer zu einem (vornehmen) Geschlecht gehört. ↗ *Ingenieur,* ↗ *Kind.* – Ausfall des *-n-* vor *-g-*: ↗ *Honig,* ↗ *Pfennig,* ↗ *verteidigen.*

konjugieren Zw. 2. Hälfte 16. Jh. aus lat. *coniugare* verbinden (*iugum* Joch); ↗ *Junktim.* **Konjunktion** w. 2. Hälfte 17. Jh. aus lat. *coniunctio* Verbindung (vom Zw. *coniungere* verbinden); ↗ *Bindewort.* **Konjunktiv** m. aus lat. (*modus*) *coniunctivus* Art der Satzverbindung (vom Zw. *coniungere*). **Konjunktur** w. 17. Jh. aus nlat. *coniunctura* allgemeine Lage am Himmel, Verbindung der Gestirne; 18. Jh. = Wirtschaftslage (vom Zw. lat. *coniungere*).

konkav Adj. 1. Hälfte 18. Jh. aus lat. *concavus* gewölbt (*cavus ↗hohl*).

Konklave s. Ort u. Gremium der Papstwahl, 2. Hälfte 17. Jh. aus lat. *conclave* Verschluß (*clavis* Schlüssel; *↗Klavier*).

Konkordat s. aus mlat. *concordatum* (vom Zw. *concordare* in Einklang bringen, *cor ↗Herz; ↗Courage*).

konkret Adj. 18. Jh. aus lat. *concretus* verdichtet (*concrescere* zusammenwachsen); verw.: *creare* schaffen; *↗Kreatur*).

Konkubine w. 2. Hälfte 16. Jh. aus lat. *concubina* Beischläferin (vom Zw. *cubare* liegen, schlafen).

Konkurrenz w. 17. Jh. aus mlat. *concurrentia* Mit-, Wettlauf (vom Zw. *concurrere* zusammenlaufen). *↗Wettbewerb*. **Konkurs** m. 17. Jh. aus lat. *concursus* Zusammenlauf (der Gläubiger); *↗Kurs*.

können Zw. (kann, konnte, gekonnt), mhd. *kunnen, künnen*, ahd. *kunnan* wissen, verstehen, got. *kunnan* erkennen (*↗kund*); verw.: engl. *know*. Wie lat. *(g)noscere*, gr. *gignôskein* erkennen, zur idg. Wurzel *ĝen- (er)kennen. – *↗kennen, ↗kühn, ↗Kunst, ↗inkognito*.

Konnexion w. 17. Jh. über frz. *connexion* Verbindung, aus lat. *connexio* Verknüpfung (vom Zw. *connectere* verknüpfen).

konsequent Adj. 18. Jh. aus lat. *consequens* nachfolgend (zum Zw. *consequi* nachfolgen; verw.: *↗sehen*). – *↗sozial, ↗folgerichtig*.

Konserve w. 2. Hälfte 16. Jh. aus mlat. *conserva* eingemachte Frucht (vom lat. Zw. *conservare* erhalten, *servare* behüten; dazu auch: engl. *conservative*, das wir im 19. Jh. als Adj. **konservativ** übernehmen).

Konsistenz w. Dichte, 1. Hälfte 18. Jh. aus it. *consistenza* Bestand (vom lat. Zw. *consistere* fest-, bestehen; *sistere* stellen; verw.: *stare ↗stehen*). – **Konsistorium** s. Landeskirchenbehörde, mhd. *consistorium* vom Papst geleitete Sitzung; 2. Hälfte 16. Jh. = geistliche Behörde; aus lat. *consistorium* Tagungsort (vom Zw. *consistere*).

Konsonant m. 2. Hälfte 15. Jh. aus lat. *consonans* Mitlauter (Part. Präs. vom Zw. *consonare* mittönen). *↗Sonate*.

Konsortium s. 17. Jh. aus lat. *consortium* Vereinigung (vom Adj. *consors* mitteilhaftig, Mitgenosse, woher d. **Konsorte** m. Teilnehmer, 16. Jh.); vom lat. Subst. *sors* Schicksal. *↗Sorte*.

konstatieren Zw. 18. Jh. aus frz. *constater* feststellen (vom lat. Zw. *constare* feststehen, *constat* es steht fest; vom Part. Präs. *constans:* **konstant** Adj. 18. Jh.). – *↗Kost*.

Konstellation w. 16. Jh. aus lat. *constellatio* Gestirnstellung (zum Subst. *stella ↗Stern*).

konsternieren Zw. bestürzt machen, 2. Hälfte 17. Jh. aus lat. *consternare* verwirren (Intensivum zum Zw. *consternere* ausbreiten; verw.: *↗streuen*).

Konstitution w. mhd. *constitucion* geistl. Statut, aus lat. *constitutio* Einrichtung (vom Zw. *constituere* fest-, aufstellen); 2. Hälfte 15. Jh. = Verfassung; 17. Jh. = Körperzustand. *↗Statur*. **konstitutionell** Adj. 2. Hälfte 18. Jh. aus frz. *constitutionel* verfassungsmäßig.

Konstruktion w. 1. Hälfte 16. Jh. aus lat. *constructio* Zusammenfügung (vom Zw. *construere* zusammenschichten, *struere* erbauen; daher: **konstruieren** Zw. 16. Jh. = zusammenschichten; dann = [grammat.] verbinden. – *↗Struktur*).

Konsultation w. 2. Hälfte 16. Jh. aus lat. *consultatio* Beratschlagung, vom Zw. *consultare* beraten; abgeleitet vom Zw. *consulere* überlegen, zu dem das Subst. **Konsul** m. (15. Jh. aus lat. *consul*) gehört.

Konsum m. 19. Jh. aus it. *consumo ↗Verbrauch* (vom lat. Zw. *consumere* verbrauchen, *sumere* nehmen), oder: *Consumo* (aus it.). Davor: *Consumtion* (aus lat. *consumtio* Verbrauch). – **konsumieren** Zw. 17. Jh. aus lat. *consumere*.

Kontakt m. 17. Jh. aus lat. *contactus* Verbindung (Part. Pass. zum Zw. *contingere* = *tangere* berühren. – ↗ *Tangente*, ↗ *Takt*, ↗ *intakt*, ↗ *Kontingent*, ferner: ↗ *taxieren*).

kontern Zw. 20. Jh. aus engl. *counter* den Boxhieb durch Gegenschlag abschwächen (vom Adv. *counter* gegen, über frz. *contre* gegen aus lat. *contra* gegen; ↗ *Kontrast*).

Kontinent m. 2. Hälfte 17. Jh. über frz. *continent* aus lat. (*terra*) *continens* zusammenhängendes Land (vom Zw. *continere* zusammenhängen, -halten, *tenere* halten [↗ *Leutnant*]).

Kontingent s. Anteil, 17. Jh. über frz. *contingent* Anteil aus lat. *contingens* Part. Präs. zum Zw. *contingere* berühren, betreffen (*tangere* berühren; ↗ *Tangente*, ↗ *Takt*, ↗ *intakt*, ↗ *Kontakt*, ferner: ↗ *taxieren*).

Konto s. 2. Hälfte 15. Jh. aus it. *conto* Rechnung (aus lat. *computus* Berechnung, dies vom Zw. *computare* zusammenrechnen, *putare* schneiden; ↗ *amputieren*). **Kontor** s. 1. Hälfte 15. Jh. aus mnl. *contoor* Rechenpult (dann auch = Handelsniederlassung), von frz. *comptoir* Zahltisch, Büro (vom Zw. *compter* zahlen, aus lat. *computare*).

Kontrakt m. 15. Jh. aus lat. *contractus* Vertrag (vom Zw. *contrahere* zusammenziehen; ↗ *abstrakt*, ↗ *Attraktion*, ↗ *trachten*, ↗ *Porträt*, ↗ *subtrahieren*).

Kontrapunkt m. ↗ *kunterbunt*.

Kontrast m. 2. Hälfte 18. Jh. aus it. *contrasto* Farbunterschied (vom it. *contrastare* entgegenstehen, aus lat. *contra* gegen + *stare* stehen; ↗ *kontern*).

Kontrolle w. 2. Hälfte 18. Jh. aus frz. *contrôle* für älteres *contrerol(l)e* Gegenrolle, -rechnung (frz. *rôle* für älteres *rolle* Papierrolle, aus lat. *rotula* Rädchen, Rolle; Deminutiv zu: *rota* ↗ *Rad*).

Kontur w. Umrißlinie, 1. Hälfte 18. Jh. aus frz. Mz. *contours* Umrisse (Ez. erst Mitte 18. Jh.), aus it. *contorni* Umrißlinien (lat. *tornus* Dreheisen, von gr. *tórnos* Zirkel; ↗ *drehen*).

Konvent m. mhd. *convent* aus lat. *conventus* Zusammenkunft (Zw. *convenire* zusammenkommen). – **Konvention** w. 2. Hälfte 17. Jh. aus frz. *convention* Herkommen, von lat. *conventio* Übereinkunft (Zw. *convenire*).

Konversation w. 2. Hälfte 16. Jh. aus frz. *conversation* (lat. *conversatio* Unterhaltung, vom Zw. *conversari* Umgang haben; verw.: *vertere* wenden). **Konversationslexikon** s. seit 1704. – **Konvertit** m. wer seinen Glauben gewechselt hat, 2. Hälfte 18. Jh. aus engl. *convertite* (Zw. *convert* wechseln, von lat. *convertere* umwenden, *vertere* wenden, drehen); dazu im 20. Jh. nach engl. Vorbild: **Konverter** m. Reaktorart. ↗ *bekehren*.

konvex Adj. bauchig, 1. Hälfte 17. Jh. aus lat. *convexus* gewölbt (ai. *vakrás* krumm).

Konvoi m. Geleitzug, 20. Jh. aus engl. *convoy*, von frz. *convoi* Geleit (zum frz. Zw. *convoyer* begleiten, dies vom volkslat. Zw. *conviare einen Weg gemeinsam machen). Frz. *convoi* Geleit schon in der 1. Hälfte des 17. Jh. ins D. entlehnt. ↗ *via*.

Konvolut s. Mitte 16. Jh. aus lat. *convolutum* (Part. Pass. vom Zw. *convolvere* zusammenrollen, *volvere* wälzen; verw.: got. *walwjan*, *waltjan* ↗ *wälzen*).

konvulsivisch Adj. krampfartig, Mitte 18. Jh. aus mlat. *convulsivus* reißend, vom Part. Pass. lat. *convulsus* aus seiner Lage gerissen (Zw. *convellere; vellere* rupfen) abgeleitet.

konzedieren Zw. 17. Jh. aus lat. *concedere* einräumen (*cedere* [weg-, ver-]gehen).

konzentrieren Zw. 2. Hälfte 17. Jh. aus frz. *concentrer* auf einen Punkt zusammendrängen (von mlat. *centrare* auf einen Mittelpunkt vereinen, lat. Subst. *centrum* Mittelpunkt, ⟋ *Zentrum*).

Konzept s. 15. Jh. aus lat. *conceptum* Zusammengesetztes (Zw. *concipere* zusammenfassen, *capere* fassen; ⟋ *haben*). **Konzeption** w. 19. Jh. aus lat. *conceptio* Inbegriff (vom Zw. *concipere*).

Konzern m. 2. Hälfte 19. Jh. aus engl. *concern* (Geschäfts-)Unternehmung (Zw. *concern* angehen, über frz. aus lat. *concernere* berücksichtigen, *cernere* be-, entscheiden. – ⟋ *Kritik*, ⟋ *Kreide*. – **Konzert** s. 1. Hälfte 17. Jh. aus it. *concerto* Stimmwettstreit (Zw. *concertare* wettstreiten [auch = verabreden]; lat. *certamen* Kampf, Streit, *certus* bestimmt, Zw. *cernere* scheiden).

Konzession w. 16. Jh. aus lat. *concessio* Zugeständnis; ⟋ *konzedieren*.

Konzil s. mhd. aus lat. *concilium* Versammlung (von *con-* mit + *calare* rufen); ⟋ *Kalender*.

Kopf m. mhd. *koph, kopf* Becher, (Hirn-)Schale, ahd. *kopf, cuph* Schale, Becher (engl. *cup* Becher, *cop* Spitze), aus lat. *cuppa* Becher; ⟋ *Koppel*. Oder aus einer nichtidg. (vorgerm.) Sprache? Im 16. Jh. setzt sich *Kopf* als Körperteilbezeichnung an die Stelle von ⟋ *Haupt*, dort parallele Bedeutungsentwicklung; vgl.: lat. *testa* Schale wird zu frz. *tête* Kopf. ⟋ *Schädel*, ⟋ *Schale*[1], ferner ⟋ *Kübel*, ⟋ *Kufe*[2], ⟋ *Kupon*, ⟋ *Kuppe*, auch ⟋ *Tête-à-tête*. **Kopfhänger** m. nach Jes. 58, 5; Jer. 48, 39; Sirach 19, 23; seit 18. Jh. – **kopfscheu** Adj. 18. Jh., zunächst von Pferden, die scheuen, wenn sie am Kopf angefaßt werden.

Kopie w. 2. Hälfte 14. Jh. aus mlat. *copia* Vervielfältigung, Abschrift (die den Vorrat steigert); lat. *copia* Menge, Fülle, *ops* Reichtum); ⟋ *Photokopie*. – Hierher: *Copyright* s. 19. Jh. aus engl.; eigtl. = Kopierrecht.

Koppe w. ⟋ *Kuppe*.

Koppel w. mhd. *kop(p)el, kup(p)el* Leitriemen für Jagdhunde; (mit einem Riemen verbundene) Hundeschar, aus afrz. *co(u)ple*, von lat. *copula* Band (beeinflußt durch *cuppula* Schälchen? ⟋ *Kopf!*). – Nordd. *Koppel* auch = umzäunte Weide (von frz. *couple* Ackerstück, das von zwei Ochsen [*couple*] an einem Tag gepflügt werden kann). **koppeln** Zw. mhd. *kop(p)eln, kuppeln* (mit einem Riemen) verbinden, aus afrz. *copler* (von lat. *copulare* fesseln); ⟋ *kuppeln*.

Koralle w. mhd. *coral(le), corelle*, aus afrz. *coral*, von lat. *corall(i)um*. Zugrunde liegt: gr. *korállion, kûrálion*, aus *kûra halós* Salzflutpuppe zusammengezogen.

Koran m. 16. Jh. aus ar. *qur'ân* Lesung (zunächst mit ar. Artikel: *Alkoran*, 16. Jh.).

Korb m. mhd. *korp*, ahd. *chorp, korp* neben *churp*, aus lat. *corbis* Korb (zur idg. Wurzel **ger-* drehen; ⟋ *Krippe*).

Kord m. Wollrips, 20. Jh. aus engl. *cord* Schnur (von frz. *corde* Schnur); lat. *corda*. – **Kordel** w. Schnur, mnd. *kordeel* 15. Jh. über rhein. *kordel* aus frz. *cordelle* Schnürchen, kleines Seil (Verkleinerung zu *corde;* über lat. *chorda* aus gr. *chordê* Darm[saite]). ⟋ *Garn*. – **Kordon** m. Absperrung, 2. Hälfte 18. Jh. aus frz. *cordon* (zu *corde*).

Korinthe w. 2. Hälfte 15. Jh. aus frz. *corinthe*, verkürzt aus *raisin de Corinthe* Weinbeere aus dem gr. Ausfuhrhafen *Korinth*.

Kork m. mnd. *korcke* Korkholz, über nl. *kurk* aus span. *alcorque* Korksohlenpantoffel (zugrunde liegt: lat. *quercus* Eiche). – Der *Kork* wurde zuerst zu Pantoffelsohlen, erst später (2. Hälfte 17. Jh.) zu Stöpseln (19. Jh.: **Korken** m.) verarbeitet.

Korn s. mhd. ahd. *korn*, got. *kaurn* (am. *corn* Mais); Tiefstufe zu ⟋ *Kern;* vor 19. Jh. *Korn* m. =

Kornschnaps verkürzt aus *Kornbranntwein;* ↗ *Gran.*

Körper m. mhd. 13. Jh. *korper,* aus lat. (*corpus*) *corporis* Leib. Das Wort setzt sich (unter kirchl. Einfluß [Abendmahlsformel: *hoc est corpus meum*]?) an die Stelle des älteren mhd. *lîch,* ahd. *lîh* Leib (↗ *Leiche*). ↗ *Korsett;* ↗ *einverleiben,* ↗ *Reff.* **Korps** s. Truppenverband, 17. Jh. aus frz. *corps,* von lat. *corpus;* kurz vor 1800 = stud. Verbindung. – **korpulent** Adj. 1. Hälfte 17. Jh. aus lat. *corpulentus* dick, vom lat. *corpus.*

korrekt Adj. 2. Hälfte 16. Jh. = fehlerfrei (von Drucken), aus lat. *correctus* berichtigt (vom lat. Zw. *corrigere* verbessern; *regere* lenken; d. ↗ *recken*).

Korrespondenz w. 2. Hälfte 16. Jh. = freundschaftlicher Umgang, mlat. *correspondentia* Mitantwort (lat. *respondêre* antworten, = frz. *répondre*); 1. Hälfte 17. Jh. = Briefwechsel.

Korridor m. 2. Hälfte 17. Jh. aus it. *corridore* Laufgang, Flur (zum lat. Zw. *currere* laufen; ↗ *Korso,* ↗ *Kurier,* ↗ *Kurs*).

korrupt Adj. 2. Hälfte 15. Jh. aus lat. *corruptus* Part. Pass. vom Zw. *corrumpere* verderben (*rumpere* brechen).

Korsett s. 1. Hälfte 18. Jh. aus frz. *corset,* Verkleinerung zu frz. *corps* ↗ *Körper;* also = Leibchen.

Korso m. 18. Jh. aus it. *corso* Lauf (von lat. *cursus,* Zw. *currere* laufen); ↗ *Korridor,* ↗ *Kurier;* ↗ *Kurs.*

Koryphäe w. Meister seines Fachs, 2. Hälfte 18. Jh. für älteres *Coryphaeus,* aus gr. *koryphaîos* der Erste (im Chor; *koryphê* Gipfel).

koscher Adj. rein; unbedenklich, 1. Hälfte 18. Jh. über stud. aus rotw.; heb. *kâšêr* (als Speise) tauglich.

kosen Zw. mhd. *kôsen* sprechen, verhandeln, ahd. *kôsôn* (vor Gericht) reden, vom Subst. ahd. *kôsa* Rechtssache, aus dem gleichbedeutenden lat. *causa* (engl. *cause,* z. B. in: *because;* frz. *chose*). Er-neuert im 18. Jh. aus der Zs. ↗ *liebkosen* (Bedeutungswandel!). – *-o-* für älteres *-au-* wie in ↗ *Kloster,* ↗ *Kohl,* ↗ *Lorbeer,* ↗ *Mohr.*

kosmetisch Adj. 18. Jh. aus frz. *cosmétique,* vom gr. *kosmêtikós* den Schmuck betreffend. Zugrunde liegt das gr. Zw. *kosmeîn* ordnen. – **kosmisch** Adj. 1. Hälfte 19. Jh. aus gr. *kosmikós* zur Welt gehörig (*kósmos* Welt, **Kosmos** m. [d. FrW 19. Jh.; verbreitet durch A. v. Humboldt!], vom Zw. *kosmeîn*).

Kost w. mhd. *kost(e)* Wert, Aufwand, ahd. *chosta* Aufwand, aus mlat. *costa, costus* Aufwand (auch: Aufwand an Lebensmitteln), vom lat. Zw. *constare* zu ↗ *stehen* kommen. Dazu seit 15. Jh. die Mz. **Kosten** Ausgaben. ↗ *kostspielig.*

kosten[1] Zw. wert sein, mhd. *kosten* (engl. *cost*), über afrz. *co(u)ster* aus volkslat. *costare* für lat. *constare* (↗ *konstatieren*).

kosten[2] Zw. schmecken, mhd. *kosten,* ahd. *kostôn,* vom Zw. ↗ *kiesen;* verw.: lat. *gustare* schmecken. ↗ *Ragout,* ↗ *erküren.*

kostspielig Adj. 18. Jh. für älteres *kostspildec:* Zs. aus ↗ *Kost* Aufwand + mhd. *spildec* verschwenderisch; Zw.: ahd. *spildan;* eigtl. = Stück abschlagen, -hauen; volkset. an *spielen* angelehnt.

Kostüm s. mnd. *kostûm* Gewohnheit, aus it. *costume;* neuentlehnt 2. Hälfte 18. Jh. aus frz. *costume* (Gewohnheit der) Tracht; zugrunde liegt: lat. *consuetudo* Gewohnheit, (*con*)*suescere* sich gewöhnen.

Kot m. mhd. *quât, kât, quôt, kôt,* ahd. *quât* (verw.: mhd. *quât* böse); zur idg. Wurzel **gṷou-* Kot. Verw.: ↗ *Quatsch.* Md. *-ô-* für älteres *-â-* (↗ *Argwohn,* ↗ *Woge* und Entsprechungen). Ausfall des *-w-* nach Konsonanz (wie in ↗ *keck*) urspr. alem.

Kote w. ↗ *Kate.*

Kotelett s. 1. Hälfte 18. Jh. aus frz. *côtelette,* Verkleinerung von frz. *côte* Rippe, Seite, aus lat. *costa;* ↗ *Küste.*

Köter m. 2. Hälfte 18. Jh. aus nd.; verw.: mnd. *kûten* schwatzen, gr. *goáein* jammern. Zugrunde liegt das germ. SchW *kaujan* rufen. ⁊ *kaum,* ⁊ *Kauz.*

Kotten m. ⁊ *Kate!*

Kotze w. ⁊ *Kutte;* ⁊ *Dufflecoat!*

kotzen Zw. 15. Jh. Zusammenziehung aus älterem *kopp(e)zen,* das das mdh. Zw. *koppen* speien intensiviert. – Bildung wie bei ⁊ *blitzen* u. ä.

Krabbe w. mnd. *krabbe* (engl. *crab*); zur idg. Wurzel *g(e)rebh-* kriechen, mit *gerbh-* ritzen verw. (⁊ *kerben*). Verw.: ⁊ *krabbeln,* ⁊ *Krebs.* – Nd. *-bb-* wie bei ⁊ *Ebbe,* ⁊ *Robbe,* ⁊ *schrubben.* Eigtl. = Krabbeltier. – **krabbeln** Zw. mhd. *krappeln;* wie ⁊ *Krabbe* zur idg. Wurzel *g(e)rebh-.* *-l-*Erweiterung wie bei ⁊ *läch-el-n* u. a.). – Verw.: engl. *crawl;* ⁊ *kraulen²,* ⁊ *kribbeln.*

Krach m. mhd. ahd. *krach,* vom Zw. **krachen,** mhd. *krachen,* ahd. *krahhôn* (engl. *crack*); zur idg. Wurzel *ger-* schreien; idg. SchW. – ⁊ *Krähe,* ⁊ *Kranich.* – **krächzen** Zw. frühnhd. *krachitzen,* vom Zw. mhd. *krachen.* Ähnliche Bildungen bei ⁊ *abluchsen.* – **Kracke** w. altes Pferd. 2. Hälfte 17. Jh. aus nd., vom nl. Zw. *kraken* krachen (vgl.: obd. *Kracher* m. schwacher Greis).

Krad s. Klammerwort 1. Hälfte 20. Jh. von *Kraftrad.* – **Kraft** w. mhd. ahd. *kraft* (engl. *craft*); zur idg. Wurzel *g(e)rep-,* Erweiterung der Wurzel *ger-* drehen, winden (*Kraft* eigtl. = Muskelspiel). ⁊ *Kralle,* ⁊ *krank,* ⁊ *Kranz,* ⁊ *kriechen.* **Kraftwagen** m. amtl. Eindeutschung von ⁊ *Automobil,* 1917.

Kragen m. mhd. *krage* Hals (und seine Bekleidung) (engl. *crag,* aus mnl. *craghe*); zu einer Gutturalerweiterung der idg. Wurzel *gᵘᵉr-* verschlingen, zu der auch gr. *bróngchos* Kehle gehört (⁊ *Bronchien*); urverw.: lat. *vorare* verschlingen, *vorax* gefräßig. ⁊ *Krug²,* ⁊ *Köder.* – **Kragstein** m. Tragstein,

der hervorragt; mhd. *kragstein,* eigtl. = Kragenstein.

Krähe w. mhd. *krâ(e),* *kræje,* ahd. *krâ(ha, -wa, -ja)* (engl. *crow*); vom Zw. **krähen** mhd. *kræ(je)n,* ahd. *krâen* (engl. *crow*); zur idg. Wurzel *ger-* schreien, SchW. ⁊ *Krach,* ⁊ *Kranich,* ⁊ *kreischen,* ⁊ *kreißen.* – **Krähenauge** s. nach ⁊ *Hühnerauge,* 16. Jh.

Krakeel m. 2. Hälfte 16. Jh. *Gregell,* vermutl. aus it. *gargagliata* Lärm von durcheinanderredenden Leuten (durch Landsknechte vermittelt?).

Kralle w. 2. Hälfte 16. Jh. zur idg. Wurzel *ger-* drehen, sich krümmen (⁊ *Kraft*); eigtl. = die Gekrümmte. Dazu das Zw. **krallen** für älteres mhd. *krellen,* spätahd. *(bi)chrellen,* wohl über ahd. *krezlan* und *krellan* (Assimilation!) vom ahd. Zw. *kresan* kriechen (eigtl. = sich krümmen) abgeleitet. – ⁊ *krank,* ⁊ *Kranz,* ⁊ *Krampf,* vielleicht ⁊ *Kresse.*

Kram m. mhd. *krâm* Zelttuch, Ware, Bezahlung neben *krâm(e)* Kleinhandel(sware), ahd. *crâm* Verkaufsbude. Grundbedeutung vermutl. = Wagenplane (des reisigen Kaufmanns, der das Wort in Europa bekanntmachte); weitere Bezüge ungeklärt. ⁊ *Krimskrams.*

Krammetsvogel m. Wacholderdrossel, mhd. *kranewitevogel,* zu ahd. *kranawitu* Kranichholz, Wacholder. – ⁊ *Kran(ich),* ⁊ *Wiedehopf.*

Krampf m. mhd. *krampf,* ahd. *kramph(o)* (engl. *cramp*), vom Adj. ahd. *kramph* krumm (dazu im Abl. mhd. *krimpf* krumm; vgl.: mhd. *krimpfen,* ahd. *krimphan* krümmen); verw.: ⁊ *Krempe,* ⁊ *krumm,* auch ⁊ *Krapfen* (zu einer nasalierten Erweiterung der idg. Wurzel *ger-* drehen. ⁊ *krank* und seine Sippe).

Kran m. 15. Jh. *kran(e), kranch(e);* benannt (Tier- als Gerätenamen: ⁊ *Bock,* ⁊ *Ramme*) nach dem **Kranich** m. (mhd. *kranech,* ahd. *chranih, -uh;* ohne *-ich-*Endung engl.

crane, mhd. *krane;* zur -*ich*-Endung ↗ *Bel-che,* ↗ *Hab-icht,* ↗ *Lerche*); urverw. gr. *géranos,* lat. *grus* Kranich. Alle zur idg. Wurzel **ger-* schreien: der Vogel heißt (wie die ↗ *Krähe*) nach seinem Schrei. – ↗ *Krach,* ↗ *quarren,* ↗ *Geranie,* ↗ *Kronsbeere.*

krank Adj. mhd. *kranc* (schon ahd. Zw. *chrancholôn* kränkeln [eigtl. = straucheln]). Wie ↗ *Kringel* und ↗ *kriechen* zur idg. Wurzel **ger-* drehen, sich krümmen. ↗ *Kraft,* ↗ *Kralle;* auch ↗ *Kranz,* ↗ *kriechen,* ↗ *Krampf,* ↗ *Krippe.* – Das Wort verdrängt spätmhd. das ältere ↗ *siech.* – Dazu: **kränken** Zw. mhd. *krenken* schwach machen.

Kranz m. mhd. *kranz,* spätahd. *cranz;* hd. Dentalerweiterung der idg. Wurzel **ger-* drehen; ↗ *Kraft,* ↗ *Kralle,* ↗ *krank* usw., ↗ *Kringel,* ↗ *Krampf.*

Krapfen m. Schmalzgebäck, mhd. *krapfe,* ahd. *crapho.* Eigtl. = Haken, Kralle (nach der Gebäckform); verw.: ↗ *Krampf* und Sippe.

kraß Adj. hochgradig, unerhört, 1. Hälfte 18. Jh. aus lat. *crassus* dick (vermischt mit dem älteren *grass* wütend; ↗ *gräßlich*?); verw. mit der Sippe von ↗ *Hürde.*

Krater m. 18. Jh. über lat. aus gr. *kratêr* Mischkrug (*keránnymi* mische; verw. mit der Sippe von ↗ *rühren*).

Krätze[1] w. Rückenkorb, mhd. *kretze,* zur idg. Wurzel **gǝr-* drehen.

Krätze[2] w. Hautkrankheit, mhd. *kratz, kretze;* vom Zw. **kratzen** mhd. *kratzen, kretzen,* ahd. *krazzôn;* zur idg. Wurzel **gred-* kratzen. ↗ *kritzeln,* ↗ *Grütze.* **kratzbürstig** Adj. 20. Jh. vom Subst. *Kratzbürste* w. 17. Jh. scharfborstige Drahtbürste, widerborstige Person. **Krätzer** m. saurer Wein, 2. Hälfte 17. Jh. **Kratzfuß** m. ↗ *abkratzen*!

krauchen Zw. 2. Hälfte 16. Jh. md. *krûchen* für mhd. *kriuchen* ↗ *kriechen.*

krauen Zw. leicht kratzen, mhd. *krouwen,* ahd. *krou-, chrouwôn;*

zur idg. Wurzel **greu-* kratzen (↗ *Krume*). **kraulen**[1] Zw. 15. Jh. Weiterbildung zum Zw. *krauen;* verw.: **kraulen**[2] Zw. Hand über Hand schwimmen, 1. Hälfte 20. Jh. aus am. *crawl* kraulen = engl. *crawl* kriechen (↗ *krabbeln*).

kraus Adj. mhd. *krûs;* verw.: mhd. *krol(le), krul, krülle* Locke (↗ *Krülltabak*); davon mit Abl.: ↗ *Gekröse.* Zur idg. Wurzel **ger-* drehen, winden. ↗ *krank.* **kräuseln** Zw. 2. Hälfte 16. Jh. = lockig machen. ↗ *Krüll.*

Kraut s. mhd. *krût,* ahd. *chrût* (idg. **guruto-*?). Herkunft ungeklärt; vielleicht aus einer voridg. Sprache?

Krawall m. 1830 *Graball,* aus bayr. *Grebell* Lärm, SchW. Schon Mitte 16. Jh. *Crawallen* Lärmen, aus dem mlat. SchW *charavallium* Straßenlärm (frz. *charivalli*).

Krawatte w. 2. Hälfte 17. Jh. aus frz. *cravate* kroatische Halsbinde (frz. *le Cravate* Kroate; daher engl. *cravat*).

kraxeln Zw. 19. Jh. Weiterbildung zu öst. 17. Jh. *krâgeln* klettern, seit 18. Jh. durch Touristen verbreitet.

Kreatur w. mhd. *crêatûr,* aus lat. *creatura* Geschöpf, mhd. *crêatiure,* aus frz. *créature* (zugrunde liegt lat. *creare* schaffen. Daher 16. Jh.: **kreieren** Zw. wählen; 19. Jh. = neue Bühnenrolle prägen [frz. *créer un rôle*]; 20. Jh. = Modemodell schaffen). ↗ *konkret.*

Krebs m. mhd. *krebez,* ahd. *krebiz;* wie ↗ *Krabbe* und ↗ *krabbeln* zur idg. Wurzel **g(e)rebh-* kriechen; 14. Jh. = Karzinom, LÜ von lat. *carcinoma,* gr. *karkínôma* (daher auch LÜ **Krebsschaden** m. 2. Hälfte 17. Jh.). – **Krebsauge** s. 15. Jh. schalenbildendes Steinchen im Krebsmagen. ↗ *Hühnerauge.*

krebsen Zw. sich mühen, mhd. *kreb(e)zen* Krebse fangen.

Kredenz w. 15. Jh. aus it. *credenza* (Treu und) Glauben; später = Anrichte (von lat. *credere* glauben, mlat. *credentia* Vertrauen [in vorgekostete Speisen]); dazu das Zw. **kredenzen** spätmhd. – **Kredit**[1] m. 2. Hälfte 15. Jh. aus it. *credito* Leihwürdigkeit (daher frz. *crédit*, das seit Ende 16. Jh. auf d. *Kredit* einwirkt); von lat. *creditum* Darlehen (Zw. *credere* glauben; verw.: *cor, cordis* Herz? Dann = das Herz auf etw. setzen). Dagegen **Kredit**[2] s. Guthaben von lat. Zw.-Form *credit* er glaubt, borgt.

Kreide w. mhd. *krîde,* spätahd. *krîda,* aus volkslat. *creda* = lat. (*terra*) *creta* gesiebte Erde (zum lat. Zw. *cernere* scheiden; ↗ *Konzern*). Nicht verw. mit dem Namen der Insel *Kreta.* – Mhd. ahd. -*î*- für lat. -*ê*- wie in ↗ *Feier,* ↗ *Pein,* ↗ *Seide,* ↗ *Speise.*

kreieren Zw. ↗ *Kreatur.*

Kreis m. mhd. ahd. *kreiʒ* Kreis, Bezirk; verw.: mhd. *krîʒen* Kreislinie ziehen, ahd. *krizzôn* einritzen; ↗ *kritzeln.* Also = eingeritzte Linie.

kreischen Zw. mhd. *krîschen;* wie ↗ *krähen* und ↗ *kreißen* zur idg. Wurzel **ger-* schreien, SchW.

Kreisel m. mhd. *kriusel* Krüglein (vom Subst. *krûs* Krug, Krause); volkset. 17. Jh. an *Kreis* angelehnt.

kreißen Zw. in den Wehen liegen, mhd. *krîʒen* laut schreien; wie ↗ *krähen* und ↗ *kreischen* zur idg. Wurzel **ger-* schreien, SchW.

Krem m. (w.) ↗ *Creme.*

Krematorium s. KW 2. Hälfte 19. Jh. zu lat. *cremare* verbrennen; verw.: lat. *carbo* Kohle (↗ *Karbid,* ↗ *Karbunkel*).

Krempe w. 2. Hälfte 17. Jh. aus nd. *krempe,* wie ↗ *Krampf* mit ↗ *krumm* verw.; vgl.: mhd. *krimpfen,* ahd. *krimphan* krümmen. Zu einer nasalierten Erweiterung der idg. Wurzel **ger-* drehen, winden, ↗ *aufkrempeln.*

Krempel m. frühnhd. *grempel, krämpel* Trödel, vom Zw. mhd. *grempen* hausieren, aus it. *comprare,* älter *comprare* kaufen. Zugrunde liegt: lat. *comparare* verschaffen (*parare* bereiten; ↗ *Parade*).

Kremser m. offener Vielsitzwagen, nach dem Berliner Fuhrunternehmer *Kremser* (eigtl. = der aus *Krems* stammt), der 1825 die behördliche Erlaubnis erhielt, Wagen zur Personenbeförderung in Betrieb zu nehmen.

krepieren Zw. 2. Hälfte 17. Jh. = bersten, aus it. *crepare* (vom lat. SchW *crepare* krachen [frz. *crever*]). Davor schon 1. Hälfte 17. Jh. = verrecken, vom gleichen it. Wort.

Krepp m. leichtes Seidengewebe, 1. Hälfte 18. Jh. aus frz. *crêpe* (engl. *crape*); davor seit 2. Hälfte 16. Jh. *Kresp,* aus nl. *crespe* = afrz. *crespe.* Zugrunde liegt: lat. *crispus* kraus (verw.: ↗ *Rispe*).

Kresse w. Kreuzblütler, mhd. *kresse,* ahd. *kresso, -ssa* (engl. *cress*); verw.: lat. *gramen* ↗ *Gras.*

Kretin m. Trottel, kurz vor 1800 aus frz. *crétin,* das aus lat. *christianus* stammt; also = (bemitleidenswerter) Christ (der nichts als die Taufe hat); ↗ *Christ.*

Kreuz s. mhd. *kriuze,* ahd. *krûzi* (engl. *cross*), aus lat. (*crux*) *crucem* (spät entlehnt [als lat. -*ce*- schon wie -*ts*-, nicht mehr wie -*ke*-, gesprochen wurde]; dafür got.: *galga* ↗ *Galgen;* ↗ *Rücken*). **Kreuzer**[1] m. Münze, mhd. *kriuzer,* weil der Münze urspr. (13. Jh.) ein liegendes Kreuz aufgeprägt war. **Kreuzer**[2] m. Kriegsschiff, 2. Hälfte 17. Jh. aus nl. *cruiser* (im Zickzack) hin und her fahrendes Schiff (vom Zw. *kriusen* hin und her fahren); daher: d. **kreuzen** Zw., 17. Jh. – **Kreuzschnabel** m. Finkenart, Mitte 16. Jh. (nach den gekreuzten Schnabelspitzen). **Kreuzzug** m. 1. Hälfte 18. Jh. für *Kreuzfahrt,* mhd. *kriuzevart.*

kribb(e)lig Adj. 16. Jh. *kryblecht,* zum Zw. **kribbeln** Mitte 15. Jh. verschärfend (-*bb*-!) für älteres mhd. *kribeln* kitzeln; verw.: ↗ *krabbeln.* ↗ *Krimskrams.*

Krickente w. Wildentenart, 16. Jh. SchW nach dem Lockruf des Erpels.

kriechen Zw. (kroch, gekrochen), mhd. *kriechen,* ahd. *kriochan, chriuhhan;* wie ⁄ *krauchen* zur (erweiterten) idg. Wurzel **ger-* winden, wozu auch: ⁄ *Kraft,* ⁄ *Krampf.* Vgl.: ⁄ *Kringel,* ⁄ *Kropf,* ⁄ *Kroppzeug,* ⁄ *Krücke,* ⁄ *Kruppe,* ⁄ *Krüppel.*

Krieg m. mhd. *kriec* Mühe, Streben, Streit, ahd. *chrêg* Hartnäckigkeit; eigtl. = Halssteifheit. Weiteres ungewiß. **kriegen** Zw. mhd. *kriegen* Krieg führen, streiten; = bekommen aus md. *krigen,* das aus *erkrigen* strebend erlangen gekürzt ist.

kriminell Adj. 2. Hälfte 18. Jh. aus frz. *criminel* für älteres *kriminal* 1. Hälfte 18. Jh. aus lat. *criminalis* (vom lat. Subst. *crimen* Verbrechen; nicht[!] zu ⁄ *diskriminieren*).

Krimskrams m. 2. Hälfte 18. Jh., an ⁄ *Kram* angelehnte jüngere Form für älteres *Kribskrabs* 2. Hälfte 16. Jh., mit Ablautverdopplung zu ⁄ *kribbeln.* Vgl. ähnliche Bildungen bei ⁄ *kling, klang!*

Kringel m. spätmhd. mnd. *kringel,* Verkleinerung zu mhd. *krinc* Kreis (also eigtl. = Kreislein); wie das nahverw. ⁄ *Kranz* und seine Sippe zur (erweiterten) idg. Wurzel **ger-* winden, drehen (⁄ *kriechen,* ⁄ *kraus*).

Krippe w. mhd. *krippe* neben *kripfe,* ahd. *kripp(i)a* neben *chripfa* (engl. *cratch* vom frz. *crèche,* das aus dem Germ. kommt); verw.: mhd. *krebe* Korb; zur (erweiterten) idg. Wurzel **ger-* drehen, winden; eigtl. = Geflochtenes (⁄ *krank* und seine Sippe).

Krise w. 18. Jh. aus frz. *crise* für älteres *Crisis* 16. Jh., über lat. *crisis* aus gr. *krísis* Entscheidung (vom Zw. *krínein* [ent]scheiden; verw. ⁄ *scheren,* ⁄ *rein;* ⁄ *Kritik,* ⁄ *Kreide*).

Kristall m., s. mhd. *cristalle,* ahd. *christalla,* aus mlat. *crystalla* Mz. zu mlat. *crystallum,* über lat. *crystallus* aus gr. *krýstallos* Bergkristall, Eis (vom gr. Subst. *krýos* Frost; verw.: ⁄ *roh*). – ⁄ *Kruste.*

Kritik w. 17. Jh. aus frz. *critique,* das aus gr. *kritikê* (*téchnê*) Urteilskunst stammt (vom Zw. *krínein* [ent-] scheiden; ⁄ *Krise,* ⁄ *diskret,* ⁄ *Exkrement,* ⁄ *Konzern,* ⁄ *Kreide*).

kritisch Adj. 2. Hälfte 17. Jh. aus frz. *critique.*

kritteln Zw. nörgeln, volkset. an *Kritik* angelehnt; älter: *gritteln* zanken, 17. Jh. Herkunft ungeklärt.

kritzeln Zw. 1. Hälfte 15. Jh. verkleinernd zum älteren Zw. mhd. *kritzen* Kreislinie ziehen, ahd. *krizzôn* einritzen; ⁄ *Kreis.* Verw.: ⁄ *kratzen.*

Krokette w. Kartoffelklößchen (gebraten), 20. Jh. aus frz. *croquette* (vom Zw. *croquer* krachen, SchW; daher auch: **Krokant** m. 19. Jh. aus frz.).

Krokodil s. Mitte 16. Jh. aus gr. *krokódilos* für älteres **krokódeilos;* davor mhd. *kokodrille,* aus mlat. *cocodrillus;* eigtl. = Steinwurm (gr. *krokálê* Kiesel + *drílos* Wurm). **Krokodilstränen** Mz. nach der Sage, nach der das Krokodil schreie wie ein Kind, um Opfer heranzulocken (16. Jh.).

Krokus m. Safranpflanze; 17. Jh. aus lat. *crocus* Safran, gr. *krókos* (daher schon ahd. *cruogo* Safran). Germ. Entsprechungen; Herkunft?

Krone w. mhd. *krône,* ahd. *corôna* (engl. *crown*), aus lat. *corona* Kranz (aus gr. *korônê* Ring, vom gr. Adj. *korônôs* krumm). **Kronleuchter** m. 1. Hälfte 18. Jh. verdeutlichend für älteres mhd. *krône* (mlat. *corona*) Lichterreif. **Kronzeuge** m. Hauptzeuge, 2. Hälfte 19. Jh. für engl. *king's evidence* (begünstigter) Verbrecher als Zeuge der Staatsanwaltschaft.

Kronsbeere w. Moosbeere, nordd. vor 1700 (nd. *krôn* = ⁄ *Kranich*).

Kropf m. mhd. *kropf,* ahd. *chroph, -pf* (engl. *crop* Kropf, Spitze, Ernte). Wie ⁄ *kriechen* und seine Sippe zu einer Erweiterung der idg. Wurzel **ger-* drehen, winden. ⁄ *Krup-*

pe, ↗*Krüppel*. **Kroppzeug** s. 2. Hälfte 18. Jh. aus nd. *kroptûg*, zum mnd. *krûpen* = ↗*kriechen* (mnd. *krôp* Kleinvieh).

Kröte w. mhd. *krot*, *krot(t)e*, *kröte*, *krete*, ahd. *kreta*, *krota*; nur wgerm.; Herkunft?

Krücke w. mhd. *krücke*, *krucke*, ahd. *krucka* (engl. *crutch*); nah verw. mit: ↗*kriechen* (also = Gekrümmtes, Haken).

Krug[1] m. Art Kanne, mhd. *kruoc*, ahd. *kruog*; nah verw.: ↗*Kruke*. Wohl (wie gr. *krôssós* Kruke) aus einer unbekannten Sprache.

Krug[2] m. Schenke, mnd. *krôch*, *krûch*; vermutl. Abl. zu ↗*Kragen* (eigtl. = Hals, Schlund). Eigtl. = Ort, an dem man etwas in seinen Hals schüttet? Vgl.: lat. *gurges* Schlund, SchW; *gurgulio* Kehle, *gurgustum* Schenke. – **Krüger** m. Schankwirt, seit 1. Hälfte 14. Jh. auch FaN.

Kruke w. Steingutkrug, as. *krûka* (mhd. *krûche*); verw.: ↗*Krug*[1] (wohl LW aus einer unbekannten Sprache). – Mit nd. -*k*- wie ↗*Küken*, ↗*Laken*, ↗*Luke*, ↗*mäkeln*, ↗*Schmöker*, ↗*Spuk*.

Krülltabak (, -**schnitt**) m. mittelfeiner Tabakschnitt, 18. Jh. zum mhd. *krolle*, *krülle* Locke; ↗*kraus*.

Krume w. mhd. *krume* (engl. *crumb*); wie ↗*krauen* zur idg. Wurzel *greu*- kratzen (= herausgekratzter Brocken). – **Krümel** m. 2. Hälfte 15. Jh. *kromel*, Verkleinerung zu *Krume*. ↗*sich verkrümeln*.

krumm Adj. mhd. *krum(p)*, *krumm*, ahd. *crumb*, *chrump(h)* (engl. *crump*); dazu im Abl.: ahd. *kramph* krumm; eng verw. mit ↗*Krampf* und seiner Sippe. Wgerm. Wort. – -*mm* aus älterem -*mb* wie in ↗*Kamm*, ↗*Lamm*, ↗*Schlamm*. **Krummstab** m. 2. Hälfte 17. Jh., zusammengezogen aus mhd. *krumber stap*.

Krupp m. häutige Bräune, 1765 vom Edinburger Arzt F. Home („Traité du *crup*") verbreitetes urspr. schott. Wort.

Kruppe w. Kreuz des Pferdes, 17. Jh. aus frz. *croupe*, afrk. *kruppa;* mit ↗*Kropf* eng verw.; ↗*Croupier*. – **Krüppel** m. mhd. *krüp(p)el*, *krüepel*, aus mnd. *krop(p)el* *krep(p)el*, *kröpel* (engl. *cripple*), eng verw. mit ↗*Kropf;* also = Gekrümmter.

Kruste w. mhd. *kruste*, ahd. *krusta*, aus lat. *crusta* harte Rinde (verw.: lat. *cruor* Blut; eigtl. = Geronnenes); verw.: ↗*Kristall*, ↗*roh*.

Krypta w. Gruftkapelle, aus gr. *kryptê* unterirdischer Gang. – ↗*Grotte*, ↗*Gruft*, ↗*Apokryphen*.

Kübel m. mhd. *kübel*, ahd. *chubili*, aus lat. *cupellus* Gefäßlein; verkleinernd zum Subst. *cupa* ↗*Kufe*[2] (↗*Kopf*).

Küche w. mhd. *küche(n)*, *kuche(n)*, *kuchî(n)*, ahd. *chuhhina* (engl. *kitchen*), aus volkslat. *cocina* für älteres lat. *coquina* (vom Zw. *coquere* ↗*kochen*, ↗*Koch*).

Kuchen m. mhd. *kuoche*, ahd. *kuocho*, *chuohho* (engl. *cake*); germ. Grundform *kôkan*- (neben *kakan*-); schwed. *kôka* Erdklumpen; ↗*Keks* (nicht verw.: ↗*kochen*!).

Küchenschelle w. Anemonenart, 1. Hälfte 16. Jh. volkset. an *Küche* angelehnt (die Pflanze ist giftig!); zu *gucke*, *kucke* halbe Eierschale (frz. *coque*) + *schelle* Glocke; nach der Blütenform. – ↗*Schelle*.

Küchlein s. Hühnchen, seit Luther. Deminutiv zu ↗*Küken*, Nbf.: *Keuchel* (md.).

kucken Zw. ↗*gucken*.

Kuckuck m. SchW 13. Jh., zunächst nd.-md., nach dem Vogelruf (engl. *cuckoo*, lat. *cuculus*, frz. *coucou*, gr. *kókkyx*). – Das ältere d. Wort ist *Gauch*, mhd. *gouch*, ahd. *gauh;* an. *geyja* schreien; ebf. SchW?

Kuddelmuddel m., s. 2. Hälfte 19. Jh. berl. Reimwort, vermutl. von nd. *kudeln* sudeln, *koddeln* Schmutzwäsche waschen; -*dd*- affektverstärkend!

Kufe[1] w. Laufschiene des Schlittens, seit 16. Jh. mit -*f*- (1. Hälfte 16. Jh. öst. *khueffe*), davor mit -*ch*- (ahd.

slitichôho Schlittenkufe); verw.: schwäb. *kag* Strunk, *Kak* Schandpfahl; ↗ *Kegel*. Also = Holzstück.

Küfer m. Kellermeister, mhd. *küefer*, abgeleitet vom Subst. **Kufe**² w. Gefäß (mhd. *kuofe*, ahd. *kuofa*, aus mlat. *copa* für älteres *cup[p]a*). – ↗ *Kopf*, ↗ *Kübel*, ↗ *Kupon*, ↗ *Kuppe*, ↗ *Kuppel*.

Kugel s. mhd. *kugel(e)*; wie ↗ *Kogge* zur idg. Wurzel **geu-* biegen (verw.: ↗ *Kate;* ↗ *Kuhle*).

Kuh w. mhd. ahd. *kuo*, ahd. *chuo* (engl. *cow*); verw.: lat. *bos* Rind, gr. *bûs* Rind. Idg. Tiername (**gᵘou-* Rind), wohl SchW (nach dem Brüllen des Tieres). **Kuhhandel** m. höhnisch = polit. Handel, Ende 19. Jh. **Kuhhaut** w. = (geringes) Pergament. *Das geht auf keine Kuhhaut* (für das Sündenregister des Teufels; 16. Jh.).

kühl Adj. mhd. *küele*, ahd. *kuoli* (engl. *cool*); wie ↗ *kalt* Partizipialbildung (ablautend) zur idg. Wurzel **gel-* gefrieren, gerinnen.

Kuhle w. Grube, mhd. *kûle*, zusammengezogen aus: *kugele* kleine ↗ *Kugel,* ↗ *Kaulbarsch*.

kühn Adj. mhd. *küene*, ahd. *kuoni* (engl. *keen* scharf); nah verw. mit ↗ *können;* urspr. Bedeutung: klug, erfahren („wer etwas kann"). Verw.: PN *Konrad*.

Kujon m. 2. Hälfte 16. Jh. aus frz. *couillon* Feigling, über it. *coglione* Trottel aus frz. slat. *coleone* Eunuch (*coleus* Hode[-nsack]).

Küken s. mnd. *küken* (engl. *chicken*), Verkleinerung zu **k(j)uk-* SchW (= Ruf des Hühnerjungen). – ↗ *Gockel,* ↗ *Küchlein.* – Mit nd. *-k-* wie ↗ *Kruke,* ↗ *Laken,* ↗ *Luke,* ↗ *mäkeln,* ↗ *Schmöker,* ↗ *Spuk*.

kulant Adj. 18. Jh. aus frz. *coulant* flüssig, beweglich (von *couler* durchseihen, lat. *colare* durchseihen, zu *colum* Sieb); ↗ *Kulisse*.

Kuli m. 19. Jh. aus engl. *cooly*, das von hind. *kuli* westind. Volksstamm (der viele Wanderarbeiter stellt) stammt.

kulinarisch EW erlesen gekocht, 18. Jh. aus lat. *culinarius* (*culina* Küche). Verw.: ↗ *Koch,* ↗ *Küche*.

Kulisse w. 2. Hälfte 18. Jh. aus frz. *coulisse* Rinne, Schiebewand (vom Zw. *couler* laufen, durchseihen); ↗ *kulant*.

kullern Zw. Nbf. zu: ↗ *kollern*¹.

Kult m. 2. Hälfte 18. Jh. für älteres *Kultus* 16. Jh. aus lat. *cultus* Pflege, Verehrung (von *colere* pflegen; daher: **kultivieren** Zw. 17. Jh. über frz. *cultiver;* ↗ *Kolonie*). **Kultur** w. 2. Hälfte 17. Jh. aus lat. *cultura* Bebauung, Pflege, Ausbildung.

Kümmel m. mhd. *kümel* neben *kümin*, ahd. *kumil* neben *kumin, chumi* (engl. *cumin*), aus lat. *cuminum.* über gr. *kýminon* aus einer sem. Sprache (ass. *kamûnu*, heb. *kammôn*). *-l* für älteres *-n* wie in ↗ *Esel,* ↗ *Himmel,* ↗ *Kessel,* ↗ *Zirkel*.

Kümmelblättchen s. Glücksspiel mit drei Karten, von heb. *gimel* Name des Buchstabens *g*, der im heb. Alphabet an 3. Stelle steht (daher auch = drei).

Kummer m. mhd. *kumber* Aufschüttung, Hindernis, seelische Belastung; aus mlat. *comboros, combrus* Verhau, Aufschüttung (idg. **bher-* tragen; ↗ *Bahre;* eigtl. = Zusammengetragenes); dazu beeinflußt von frz. *encombre* Schutt, Unfall; *encombrer* sperren, überfüllen (von der gleichen Wurzel).

Kum(me)t s. Zuggeschirr, mhd. *ko-, chomat*, aus poln. *chomato* Kummet, von got. **hama* (ahd. *hamo*) Kappzaum (engl. *hame* Kummet).

Kumpan m. mhd. *kum-, kompân* Kollege, aus frz. *compain* Genosse, lat. *companio* (eigtl. = Brotgenosse, *panis* Brot); verw.: *Kompagnon* m. 1. Hälfte 16. Jh. aus frz. *compagnon.* ↗ *panieren;* ↗ *Kompanie.* **Kumpel** m. Kamerad, 19. Jh. Verkleinerung zu ma. *kumpe* Kumpan.

kund Adj. mhd. *kunt*, ahd. *kund*, got. *kunþs* (engl. *uncouth* unbekannt), altes Part. Pass. von ↗ *kön-*

nen ([dazu im Abl.] lat. *notus* bekannt). **Kunde** m. mhd. *kunde,* ahd. *kundo* Bekannter; 2. Hälfte 16. Jh. = Stammkäufer. Als w. Form: mhd. *künde,* ahd. *hundî.* – **kündigen** Zw. um 1800 für älteres *aufkündigen* (schon mhd. *kündigen* kundtun); von *kundig,* mhd. *kündec, -dic, -dig* bekannt, erfahren. **Kundschaft** w. mhd. *kuntschaft* Nachricht (erst spät = die Stammkäufer); daher: **Kundschafter** m. schon mhd. = Spion.

künftig Adj. mhd. *kün-, kümftic,* ahd. *kun-, kumftig,* vom Subst. mhd. *kunft, kumft,* ahd. *chumft, chunft;* Verbalabstrakt zu ⟋ *kommen* (mit hineingeglittenem *-f-* wie bei ⟋ *Brunft,* ⟋ *Vernunft,* ⟋ *Zukunft,* ⟋ *Zunft).*

Kunst w. mhd. ahd. *kunst,* Verbalabstrakt von ⟋ *können* (mit *-st-*Suffix wie bei ⟋ *Ang-st,* ⟋ *Brun-st,* ⟋ *Dien-st,* ⟋ *Ern-st,* ⟋ *Hor-st,* ⟋ *Gun-st,* ⟋ *Ri-st,* ⟋ *Tre-st-er).* ⟋ *Artillerie!*

kunterbunt Adj. um 1500 *contrabund* vielstimmig; vom Subst. *Kontrapunkt* m. 1. Hälfte 16. Jh. aus mlat. *contrapunctum,* eigtl. = Gegenpunkt, Gegennote; übtr. = Aufbaukunst eines mehrstimmigen Musikwerkes. – *kunterbunt* später 18. Jh. an *bunt* volkset. angelehnt.

Küper m. nd. für: ⟋ *Küfer.*

Kupfer s. mhd. *kupfer,* ahd. *kupfar* (engl. *copper*), aus volkslat. *cuprum* für lat. *(aes) cyprium* Erz von (der Insel) *Zypern* (gr. *kýprion; Kýpros* Zypern).

Kupon m. 19. Jh. aus frz. *coupon* (vom Zw. *couper* abschneiden; daher auch 19. Jh. **kupieren** Zw. stutzen; ⟋ *Coupé*); von spätlat. *cuppare* die Spitze abschlagen; zugrunde liegt: lat. *cuppa* Becher, Schale (dann = Spitze, Gipfel); ⟋ *Kopf.* – **Kuppe** w. 18. Jh. aus nd. (schon mhd. *gupfe, kupfe,* ahd. *chuppha*), aus lat. *cuppa,* ⟋ *Gipfel.* – **Kuppel** w. 2. Hälfte 17. Jh. aus it. *cupola,* über mlat. *cupula* aus lat. *cuppula* Becherlein (Verkleinerung von lat.

cupa Tonne, Gewölbe; ⟋ *Kufe²*).

kuppeln Zw. Nbf. zu: ⟋ *koppeln.*

Kuppler m. Vermittler zur Unzucht, Ehestifter, spätmhd. *kupp(e)ler.* **Kupplung** w. (techn.), 20. Jh.

Kur w. 1. Hälfte 16. Jh. aus lat. *cura* Sorge; ⟋ *Kuratel,* ⟋ *kurieren,* ⟋ *kurios,* ⟋ *Maniküre,* ⟋ *Prokura,* ⟋ *scheuern,* ⟋ *sichern.*

Kür w. Wahl(-übung), mhd. *kür(e),* ahd. *kuri;* vom Zw. ⟋ *kiesen* wählen; ⟋ *küren,* ⟋ *Willkür.*

Kurare s. Pfeil-, Narkosegift, 20. Jh. über span. aus indian. (Supi) *curari* wen es trifft, der fällt.

Kürassier m. 1. Hälfte 17. Jh. aus frz. *cuirassier;* davor seit Mitte 15. Jh. *küresser, -risser;* von *Küraß,* 15. Jh. *kürasz, kürisz* Panzer; dies von frz. *cuirasse.* Zugrunde liegt: frz. *cuir* (von lat. *corium*) Leder.

Kuratel w. Vormundschaft, 18. Jh. aus mlat. *curatela* Pflegschaft, zum Subst. ⟋ *cura* Sorge (⟋ *Kur*); angelehnt an lat. *tutela* Obhut.

Kurbel w. 15. Jh. aus älterem mhd. *kurbe,* ahd. *curba* Brunnenwinde, von lat. *curva* die Gebogene, das Krummholz (*curvus* gekrümmt). ⟋ *Kurve,* ⟋ *Rücken,* ⟋ *ankurbeln!*

Kürbis m. mhd. *kürbeʒ, -biʒ,* ahd. *kurbiʒ,* aus volkslat. *curbitia,* von lat. *cucurbita* Flaschenkürbis (frz. *courge*).

küren Zw. um 1600 vom Subst. ⟋ *Kür* für älteres ⟋ *kiesen.* ⟋ *Walküre.*

Kurier m. 2. Hälfte 16. Jh. aus frz. *courrier* Läufer (mhd. *kur[r]ier* Läufer im Schachspiel, aus afrz. *courrier* Läufer), vom Zw. frz. *courir* laufen, lat. *currere.* ⟋ *Korridor,* ⟋ *Korso,* ⟋ *Kurs;* ⟋ *Exkursion.*

kurieren Zw. 1. Hälfte 16. Jh. zum Subst. ⟋ *Kur* lat. *curare* sorgen, pflegen). – **kurios** Adj. 17. Jh. aus frz. *curieux* neugierig, sonderbar; daneben lat. *curiosus* sorgfältig, wißbegierig, vorwitzig (von *cura* Sorge, Sorgfalt).

Kurs m. 2. Hälfte 17. Jh. = Börsenpreis, aus it. *corso,* frz. *cours*

(Um-)Lauf; davor Mitte 16. Jh. = Reiseroute, aus nl. *koers*, frz. *cours* Ausfahrt zur See; 16. Jh. = Lehrgang, aus lat. *cursus* (auch Ausgang für die it., frz., nl. Formen; vom Zw. lat. *currere* laufen). ↗ *Konkurs*, ↗ *Korridor*, ↗ *Korso*, ↗ *Kurier*, ↗ *kursiv*, ↗ *Diskurs*, ↗ *Exkursion*, ↗ *Parcours*.

Kürschner m. mhd. *kürsenære, kursener, kürsner*, vom Subst. mhd. *kürs(ch)en, kursen*, ahd. *chursinna, crusina* Pelzrock, aus aslaw. *kurzno* Pelz.

kursiv Adj. vom Subst. **Kursive** w. Schrägschrift 17. Jh. gekürzt aus mlat. *cursiva* (*linea*) Laufschrift (zur Sippe von ↗ *Kurs*). – **Kursus** m. ↗ *Kurs*, *Lehrgang*.

Kurtisane w. 2. Hälfte 16. Jh. aus frz. *courtisane* Hofdame; zu frz. *courtisan* Höfling, aus it. *cortigiana, cortigiano*, von it. *corte* = frz. *cour* Hof; zugrunde liegt: lat. *cors* aus *cohors* Hofraum, Einfriedigung (aus *co-hor-ti-s*). – ↗ *Garten*, ↗ *Gardine*.

Kurve w. 18. Jh. aus lat. *curva* (*linea*) gekrümmte Linie (lat. *curvus* krumm; ↗ *Kurbel*, ↗ *Rücken*, ↗ *schräg*).

kurz Adj. mhd. ahd. *kurz*, daneben unverschoben ahd. *kurt, churt;* engl. *kirtle* Kurzkleid), aus lat. *curtus* kurz, verstümmelt, vor und nach der Lautverschiebung entlehnt; dazu gr. *keírein* abschneiden; verw.: ↗ *scheren*. – **kurzerhand** Adv., 18. Jh. LÜ aus lat. *brevi manu* (= ohne Umstände [rechtssprachl.]).

kuschen Zw., 18. Jh. abgeleitet vom Ausruf **kusch**!, im 17. Jh. aus frz. *couche!* Leg dich! (*coucher* sich hinlegen, von lat. *collocare*). ↗ *Lokal*, ↗ *Couch*.

Kuß m. mhd. *kus*, ahd. *kus(s)* (engl. *kiss*, vom Zw. *kiss* beeinflußt), ver-

mutl. idg. SchW (**ku[s]*; gr. *kyneîn* küssen. – Auch ↗ *Busserl* ist ein SchW).

Küste w. 1664 aus mnl. *cost(e)* Land-, Uferstrich, von afrz. *coste* Rippe, Küste (frz. *côte*) (daher engl. *coast*). Zugrunde liegt: volkslat. *costa* Seite, lat. *costa* Rippe. ↗ *Kotelett*.

Küster m. mhd. *kuster, guster, küster*, ahd. *kustor, gustor*, aus mlat. *custor* Hüter (des Kirchenschatzes), von lat. *custos* Wächter. Umlaut wie bei ↗ *Gärtner*. – Verbreitet bes. durch die Reformation.

Kutsche w. 2. Hälfte 16. Jh. aus mag. *kocsi* (*szekér*) Reisewagen (aus dem Ort *Kocs* bei Raab; engl. *coach* über frz. *coche*).

Kutte w. mhd. *kutte*, aus mlat. *cotta* Überrock der Mönche; später wirkt afrz. *cote* (Rock, ebendaher; engl.: *coat*) ein. Zugrunde liegt afrk. *kotta* Wolldecke, -zeug (ahd. *chozza, kozzo*, mhd. *kotze* Kotze. Herkunft ungeklärt).

Kutteln Mz. Eingeweide, mhd. *kutel* tier. Eingeweide. Vermutl. verw.: got. *qiþþus* Bauch, Mutterleib, ahd. *quiti* Gebärmutter, Schamglied; weitere Bezüge ungeklärt.

Kutter m. Einmaster, 2. Hälfte 18. Jh. aus engl. *cutter* (vom Zw. *cut* schneiden, also = [Wellen-]Schneider; ↗ *Cutter*).

Kuvert s. um 1700 aus frz. *couvert* (vom Zw. *couvrir* bedecken, aus lat. *co-operire* ganz einhüllen, *operire* verschließen; vgl. ↗ *Aperitif)*.

Kux m. Bergwerksanteil, 2. Hälfte 15. Jh. aus mlat. *cuccus*, latinisiert aus tschech. *kusek* kleiner Anteil (Verkleinerung von *kus* Anteil). Konsonantentausch *s:k* ähnlich wie bei ↗ *Essig*.

Kybernetik w. 20. Jh. KW nach gr. *kybernêtikê* (*téchnê*) Steuermannskunst (*kybernân* steuern).

L

Lab s. Käseferment, mhd. *lap*, ahd. *lab*, zum Zw. mhd. *liberen* gerinnen. Dazu: ahd. *luppi* ⌐ *Gift*.

labb(e)rig Adj. nd., vom Zw. **labbern** erschlaffen (von Segeln); zugrunde liegt: nl. *labberen* im Winde schwanken; vermutl. verw. mit ⌐ *Lappen*. -bb- Affektverdopplung! – **Laban** m.: *langer Laban*, zum Zw. *labbern* schlapp hängen, volkset. an den *Laban* der Bibel (1. Mos. 29) angelehnt, von dem nicht berichtet wird, daß er besonders groß war (keine sprachl. Beziehung!).

laben Zw. mhd. *laben*, ahd. *labôn*, aus lat. *lavare* waschen (verw. mit ⌐ *Lauge*) -b- für -v- wie in den ONN *Raben:Ravenna*, *Bern:Verona*. – ⌐ *Latrine*, ⌐ *Lawendel*.

labil Adj. 20. Jh. aus spätlat. *labilis* gleitend (vom Zw. *labi* gleiten; dazu das Subst. *labor* [Schwanken unter einer] Last, Arbeit; verw.: ⌐ *Lawine;* ⌐ *Lappen,* ⌐ *Lapsus*).

Labor(atorium) s. Mitte 16. Jh. aus mlat. *laboratorium* Arbeitsraum (*laborare* arbeiten, das in der 1. Hälfte 17. Jh. d. **laborieren** Zw. mühsam arbeiten, leiden ergab).

Labsal s. (w.) mhd. *labesal;* Zs. von mhd. *lab-en* + Endung *-sal* (wie in ⌐ *Drang-sal,* ⌐ *Rinn-sal,* ⌐ *Müh-sal,* ⌐ *Trüb-sal* usw.).

Labskaus s. Eintopfgericht, nd. 19. Jh. aus engl. *lobscouse* (ungeklärte Zusammenziehung).

Labyrinth s. 1. Hälfte 16. Jh. über lat. *labyrinthus* aus gr. *labýrinthos*, mit dem kretischen (voridg.!) Subst. *lábrys* (göttliche) Doppelaxt gebildet; dann = Bezeichnung des Palastes (nach der königl. Axt-Insignie).

Lache w. Tümpel, mhd. *lache*, ahd. *lahha, laccha* (nd.: ⌐ *Lake*); zur

idg. Wurzel *leg- sickern (verw.: ⌐ *leck*, aber nicht lat. *lacus* See; mit ihm verw.: ⌐ *Lagune*).

lächeln Zw. mhd. *lecheln* andeutungsweise lachen, Verkleinerung zum Zw. **lachen** mhd. *lachen*, ahd. *(h)lahhên*, vom starkflektierten Zw. ahd. *hlahhan* (got. *hlahjan*, engl. *laugh*) abgeleitet (wie ⌐ *streicheln* von *streichen;* ⌐ *wimmeln,* ⌐ *winseln,* ⌐ *nörgeln,* ⌐ *nuscheln,* ⌐ *pappeln,* ⌐ *rieseln,* ⌐ *röcheln,* ⌐ *sabbeln,* ⌐ *säuseln,* ⌐ *schwindeln,* ⌐ *sticheln,* ⌐ *strampeln,* ⌐ *straucheln,* ⌐ *sudeln* u. a.). – Zur idg. Wurzel *kleg- klingen, SchW. ⌐ *Gelächter*. **lächerlich** Adj. mhd. *lecherlich* lächelnd für älteres mhd. *lache(n)lích*. – ⌐ *jämmerlich* und parallele Bildungen.

Lachs m. mhd. ahd. *lahs* (engl. *lax*); Herkunft ungeklärt. (Vielleicht aus einer voridg. Sprache?)

Lack m. 14. Jh. aus it. *lacca*, über ar. *lakk* und pers. *lâk* aus dem Ind. (zur idg. Wurzel *reg- erröten).

Lackmus s., m. blauer Farbstoff, 16. Jh. aus nl. *lakmoes*, mnl. *leecmos;* Zs. aus dem Zw. *lêken* abtropfen (⌐ *leck,* ⌐ *Lache*) und dem Subst. *moes* ⌐ *Mus*, Brei (weil die Pflanzen zu Brei gekocht werden, den man dann in Würfel schneidet, die man abtropfen läßt). Volkset. Anlehnung an: ⌐ *Lack*.

Lade w. Truhe, Schrein, mhd. *lade;* vom Zw. *laden*[1] (mit Abl. mhd. *hlost* Last); also = Behältnis zum Beladen. **laden**[1] Zw. (lud, geladen) aufladen, mhd. *laden*, ahd. *(h)ladan*, got. *hlapan* (engl. *lade*); zur idg. Wurzel *klâ- ausbreiten, schichten. Die Bedeutung „eine Schußwaffe mit Munition füllen" führt zu: „ein Geschoß einführen" (15. Jh.). ⌐ *Last*.

232

laden² Zw. einladen (lud, geladen, früher schwach gebeugt), mhd. *laden*, ahd. *ladôn*, got. *lapôn;* vermutl. vom Subst. *↗ Laden* Brett (dann = Geschäft), weil Ein- und Vorladungen früher durch Herumschicken eines Brettes oder Holzstückes geschahen? (*↗ Klub, ↗ Luder*). **Laden** m. mhd. *lade* Brett, Verkaufstisch, -raum; verw.: *↗ Latte.* **Ladenhüter** m. LÜ 17. Jh. von frz. *garde-boutique.* **Ladenschwengel** m. stud. 2. Hälfte 18. Jh. (stud.) nach dem Muster von *↗ Galgenschwengel* Gauner.

lädieren Zw. 17. Jh. aus lat. *laedere* verletzen.

Lady w. 2. Hälfte 17. Jh. aus engl. *lady,* eigtl. = Brotkneterin (ags. *hlǽfdī[g]e* Zs. aus ags. *hlâf* Brot [*↗ Laib*] und *-dîge ↗ Teig*); *↗ Lord.*

Lafette w. 1. Hälfte 17. Jh. *Lavete* für älteres *Affuit* um 1600 aus frz. *l'affût* Geschützgestell (vom Subst. *fût* Schaft, aus lat. *fustis* Knüttel).

Laffe m. 2. Hälfte 15. Jh. zu mhd. *laffe* Hängelippe; eigtl. = Mensch mit Hängelippe, Gaffer. Vgl. das Adj. *laff* schlaff; *↗ Löffel²* Ohr des Hasen; idg. Wurzel *(s)lep-, *(s)lâp-* (lat. *labere* wanken, *labi* gleiten). – Verw.: die Sippe von *↗ Schlaf, ↗ Lefze, ↗ Lippe, ↗ Schlamm.*

Lage w. mhd. *lâge* Lebensumstände, dauerndes Liegen, ahd. *lâga* Nachstellung; vom Zw. *↗ liegen.* **Lager** s. mhd. *leger,* ahd. *legar;* mit Abl. vom Zw. *↗ liegen.*

Lagune w. Mitte 16. Jh. aus it. *laguna,* dem lat. *lacuna* Lache zugrunde liegt. Ausgang: lat. *lacus* See (nicht verw. mit: *↗ Lache*).

lahm Adj. mhd. ahd. *lam* (engl. *lame*); zur idg. Wurzel *lem-* brechen. Im Abl. zu *lahm:* mhd. *lüemen* erschlaffen. Urspr. = gebrechlich. – *↗ belemmern;* vielleicht *↗ Lümmel.*

Laib m. geformtes Brot, mhd. *leip,* ahd. *(h)leib,* got. *hlaifs* (engl. *loaf*); idg. Bezeichnung für das (ungesäuerte) in Pfannen gebackene Brot

(**kloibho-*); dagegen: *↗ Brot* gesäuertes Brot. – *↗ Lady, ↗ Lord, ↗ Lebkuchen.*

laichen Zw. spätmhd. *leichen;* vom Subst. **Laich** m., mhd. *leich,* ahd. *leih* (Liebes-)Spiel, Gesang, got. *laiks* Tanz; *↗ frohlocken, ↗ Wetterleuchten, ↗ Leich.*

Laie m. mhd. *lei(g)e,* ahd. *laigo, laihman* (engl. *lay,* aus afrz. *lay*), aus volkslat. *laigu* = lat. *laicus,* vom gr. *la|ikós* Volk; *↗ Liturgie*).

Lakai m. 1. Hälfte 16. Jh. *lagegen* Fußsoldaten (später = [zu Fuß] begleitender Diener; dann = livrierter Diener), aus frz. *laquai,* das über span. und ngr. aus türk. *ulak* Schnelläufer stammt.

Lake w. Pökelbrühe, mnd. *lake* 14. Jh. = hd. *↗ Lache.*

Laken s. mnd. *laken* Tuch nach Maß, as. *lakan* Tuch, Gewand (verbreitet durch westf. Leinwandhandel); entsprechend hd. = mhd. *lachen,* ahd. *lah(h)an* Tuch (*↗ Schar-lach*); verw.: lat. *languere* schlaff sein, *laxus* locker; gr. *lága-non* platter Kuchen; zur idg. Wurzel **le(n)g-* schlaff sein; *↗ link, ↗ lax.* – Mit nd. -k- wie *↗ Kruke, ↗ Küken, ↗ Luke, ↗ mäkeln, ↗ Schmöker, ↗ Spuk.*

Lakritze w. mhd. *lakeritze,* über lat. *liquiritia* aus gr. *glykýrriza* Süßholz (Zs. aus *glykýs* süß + *ríza* Wurzel). – -a- vortonig für älteres -i-; vgl. *↗ lavieren, ↗ Halunke, ↗ Schlaraffe, ↗ schmarotzen,* auch *↗ Gardine, ↗ Rakete, ↗ Süßholz.*

lallen Zw. mhd. *lallen;* wie lat. *lallare* trällern, gr. *laleîn* schwatzen, *lalagê* murmeln u. ä., altes Kinderwort (SchW) *↗ lamentieren.*

Lama¹ s. höckerloses Kamel, 2. Hälfte 16. Jh. aus span. *llama* (engl. *llama*); zugrunde liegt die gleiche Bezeichnung des Tieres aus einer per. Sprache.

Lama² m. buddhist. Priester, Mönch, 20. Jh. aus tibet. *(b)lama.* – *Dalai-Lama* m. (mongol. *dalai* Gott).

Lamelle w. um 1800 aus frz. *lamelle,*

Verkleinerung von lat. *lamina* Holz-, Metallscheibe (frz. *lame*); dazu: **Lamé** m. Stoff mit Metallfäden. ⁊ *Lametta*, ⁊ *Omelett*.

lamentieren Zw. Mitte 16. Jh. aus lat. *lamentari* klagen, dem das idg. SchW *la- trällern (⁊ *lallen*) zugrunde liegt.

Lametta s., w. 20. Jh. aus it. *lametta*, verkleinernd zu it. *lama* Metallscheibe (von lat. *lam[i]na* Holz-, Metallscheibe; ⁊ *Lamelle*).

Lamm s. mhd. *lamp*, ahd. got. (engl.) *lamb;* Herkunft ungeklärt (voridg.?). – *-mm* aus älterem *-mb* wie in ⁊ *Kamm*, ⁊ *krumm*, ⁊ *Schlamm*.

Lampe¹ Name des Hasen, eigtl. Koseform der m. PNN *Lamprecht, Lambert* (ahd. *Lantberaht* Landglanz).

Lampe² w. mhd. *lampe* (engl. *lamp*), aus frz. *lampe*, von volkslat. *lampada* = lat. *lampas, lampadis.* Zugrunde liegt gr. *lampás* Fackel (Zw. *lámpein* leuchten). ⁊ *Laterne*.

Lampenfieber s. Eindeutschung Mitte 19. Jh. aus frz. *fièvre de rampe* Erregung (des Schauspielers) an der Rampe; volkset. an ⁊ *Lampe* angelehnt. – **Lampion** m. (s.) 18. Jh. aus frz. *lampion*, von it. *lampione* große Lampe (it. *lampa*).

Land s. mhd. ahd. *lant*, got. (= engl.) *land;* zur idg. Wurzel *lendh-* Feld, Heide (dazu: engl. *lawn* Rasen, aus afrz. *lande* Heide; ⁊ *Tennis*); ⁊ *elend*. **Landratte** w. Binnenländer, 1. Hälfte 19. Jh. nach engl. *land-rat*.

Landauer m. Viersitzwagen, 2. Hälfte 18. Jh. nach dem 1. Herstellungsort *Landau*.

lang Adj. mhd. *lanc*, ahd. *lang*, got. *laggs* (engl. *long*); verw.: lat. *longus* lang; idg. Wurzel *(d)longhos-* lang. ⁊ *verlangen*, ⁊ *gelangen*. **längs** Adv. seit Mitte 14. Jh. Eigtl. = Gen. des Adj. *lang* (vgl. Entsprechungen bei: ⁊ *flug-s*). *-t-*Antritt im 17. Jh. (wie bei ⁊ *sonst* u.a.) zum superlativ. wirkenden Adv. **längst**. – **langsam** Adj. mhd. *lancsam* ne-

ben *lancseim* ahd. *langsam* anhaltend neben *lancseimi* zögernd; das Grundwort ist das Adj. mhd. *seine* träge (got. *sainjan* säumen; urverw.: lat. *sinere* zulassen; *-sam* analog zu anderen *-sam-* Adj. (⁊ *gehor-sam*); ⁊ *seit*. **langstielig** Adj. Mitte 19. Jh. zum Subst. ⁊ *Stil* (nicht zu *Stiel*), also = von lang (-weilig)er Schreibweise. **langwierig** Adj. mhd. *lancwiric;* das Grundwort gehört zum Zw. ahd. *weren* ⁊ *währen*.

Lanze w. mhd. *lanze*, aus afrz. *lance*, über lat. *lancea* aus dem Kelt. (urspr. = span. Speer; frz. *lance*); ⁊ *Elan*.

lapidar Adj. 18. Jh. aus lat. *lapidarius* zum Stein gehörig (nach der gedrungenen Form der lat. Inschriften; lat. *lapis* Stein).

Lappalie w. stud. Scherzbildung Mitte 17. Jh., latinisierend den lat. Bildungen auf *-alis* (Mz. *-alia*) nachgebildet, zu: **Lappen** m. mhd. *lappe*, ahd. *lappo, -a* Stoff-, Hautfetzen; urverw.: lat. *labi* gleiten, *labor* (Schwanken unter einer) Last, Arbeit, *labare* wanken; ⁊ *labil* (engl. *lap* Schoß), ⁊ *Lapsus;* verw.: ⁊ *Schlaf*, ⁊ *schlaff*. *-pp-* ist affektbetont. – *Durch die Lappen gehen* jägersprachl. 2. Hälfte 16. Jh. (von der Lappenjagd: das in Kessel getriebene Wild wird durch Lappen zurückgescheucht).

läppern Zw. Mitte 16. Jh. verstärkend zu mnd. *lapen* schlecken (⁊ *Löffel*, ⁊ *verläppern*). *-er-*Erweiterung wie bei ⁊ *meck-er-n* u.a. – **läppisch** Adj. Mitte 15. Jh. vom Spitznamen *Lapp(e)* dummer Bengel, vom Zw. *lapen* (unter volkset. Einwirkung von *Lappen*).

Lapsus m. Verstoß, 1. Hälfte 19. Jh. von lat. *lapsus* Irrtum (von: *labi* gleiten; dazu im Abl. *labare* wanken. ⁊ *labil*, ⁊ *Lappalie*).

Lärche w. Nadelbaum, mhd. *larche, lerche* (engl. *larch*), aus lat. *larix* (urspr. alpenländ. Bezeichnung des Baums, vermutl. gall., vielleicht voridg.).

Largo s. getragenes Musikstück, 17. Jh. aus it. *largo* breit (lat. *largus* reichlich).

Lärm m. 1. Hälfte 16. Jh. aus ostfrz. *à l'erme* für frz. *à l'arme;* identisch mit ⁄ *Alarm* (unter Wegfall des unbetonten Anlauts). – *Lärm schlagen* (*Lärmen* s., 16. Jh.), eigtl. = trommeln.

Larve w. mhd. *larve,* aus lat. *larva* Maske, Gespenst (mit Abl.: lat. *lares* Geister).

lasch Adj. schlaff, 18. Jh. aus mnd. *las(ch), lasich;* verw.: engl. *lazy* faul, got. *lasiws* schwach, vgl.: d. ⁄ *lassen,* auch ⁄ *lässig.* **Lasche** w. mhd. *lasche* Fetzen; zum Adj. *lasch* (eigtl. = was schlaff hängt).

Laser m. Lichtstrahlgerät, 20. Jh. aus am. KW (gekürzt aus **L**ight **A**mplification by **S**timulated **E**mission of **R**adiation).

lasieren Zw. ⁄ *Azur.*

lassen Zw. mhd. *lâʒen,* ahd. *lâʒʒan,* got. *lêtan* (engl. *let*); zur idg. Wurzel *lê(i)d-* schlaff sein; verw.: ⁄ *lasch; gr. lêdeîn* faul sein; ⁄ *Unterlaß,* ⁄ *Gelaß,* ⁄ *Inlett.* – **lässig** Adj. mhd. *leʒʒic,* vom Adj. *laß,* mhd. ahd. *laʒ,* got. *lats* (engl. *late* spät); zur selben idg. Wurzel wie ⁄ *lasch,* ⁄ *lassen;* vgl.: ⁄ *letzt,* ⁄ *verletzen.*

Lasso s. 18. Jh. aus span. *laço* für älteres span. *lazo* Schlinge (mit Reisebeschreibungen aus Amerika); vom lat. *laqueus* Fangstrick (zum Zw. *lacere* bestricken, *lactare* locken; ⁄ *delikat; de-lectare* erfreuen); verw.: ⁄ *Latz.*

Last w. mhd. (= engl.) *last,* ahd. (*h*)*last;* vom Zw. ⁄ *laden*[1]; ⁄ *lästig.* **Laster**[1] m. KF aus: Lastkraftwagen; 1. Hälfte 20. Jh.

Laster[2] s. mhd. *laster,* ahd. *lastar* Kränkung, Tadel, vom Zw. ahd. *lahan* tadeln (kelt.-germ. Wort).

lästig Adj. spätmhd. *lastic, lestic;* vom Subst. ⁄ *Last;* eigtl. = lastend; dann (18. Jh.) = unerfreulich. ⁄ *belästigen.*

lasziv Adj. um 1800 aus lat. *lascivus* üppig. – ⁄ *Lust.*

latent Adj. verborgen, 18. Jh. aus lat. Part. (*latens*) *latentis,* zum Zw. *latere* verborgen sein (gr. *la-n-thánein*).

Laterne w. mhd. *la(n)tern(e)* (engl. *lantern*), aus lat. *la(n)terna,* von gr. *lamptêr* Leuchter (gr. Zw. *lámpein* leuchten; ⁄ *Lampe*). – *etw. mit der Laterne suchen* wie Diogenes auf der Suche nach einem Menschen.

Latrine w. 16. Jh. aus lat. *latrine* für älteres *lavatrina* Badestube (vom Zw. *lavare* waschen, älter: *lovere;* gr. *lûein,* lat. *luere* waschen. ⁄ *laben,* ⁄ *Lauge,* ⁄ *Lavendel*).

latschen Zw. 17. Jh.; vom Subst. *Latsche(n)* Pantoffel (vgl.: *Latsch* schlaffer Mensch); Herkunft ungeklärt (zu *laß*?). – Vgl.: ⁄ *tratschen.*

Latte w. mhd. *latte,* ahd. *latta* (engl. *lath*), mit Dentalverdopplung zum Subst. ⁄ *Laden* Brett (⁄ *Geländer*).

Lattich m. Kopfsalat, mhd. *lat(t)ech(e), latich(e), leteche, latuch,* ahd. *ladduch(a), lattuh, latohha,* aus lat. *lactuca* (zum Subst. *lac* Milch; eigtl. = Milchpflanze) frühe Übernahme röm. Weidebetriebsprodukte!).

Latwerge w. Brei für Heilzwecke, mhd. *latwerge,* aus afrz. *lectuaire;* neben mhd. *electuârje* (engl. *electuary*); aus lat. *electuarium,* unter volkset. Anlehnung an lat. *electus* ausgewählt, erlesen aus gr. *ekleiktón* Arznei (eigtl. = was man ausleckt, vom Zw. *ekleíchein* auslecken, *leíchein* lecken). *-rg-* für älteres *-rj-* wie in ⁄ *Ferge,* ⁄ *Scherge.*

Latz m. mhd. *laz* Band, aus afrz. *laz* Schnürband = it. *laccio,* von lat. *laqueus* (⁄ *Lasso*).

lau Adj. mhd. *lâ,* ahd. *lâo* (vgl. engl. *lew*); urverw.: lat. *calere* heiß sein, *calor* Hitze, *calidus* warm; zur erweiterten idg. Wurzel *kel-* brennen. Verbreitet auch durch Offenbar. 3, 16f. (Lutherbibel). – Im Abl.: ⁄ *Lee.* Vgl.: ⁄ *flau,* ⁄ *Chauffeur.*

Laub s. mhd. *loup,* ahd. *loub,* got. *lauf* (engl. *leaf*); urverw. gr. *lépein* schälen; lat. *liber* (älter: *luber*) Bast; zur idg. Wurzel *leu(p)-* ab-

schneiden; eigtl. = Abgerissenes.
↗ *Lohe*. – **Laube** w. mhd. *loube*
Vorhalle, ahd. *louba* Vorbau.
Eigtl. = Laubhütte. Aus dem
Germ. it. *loggia* ↗ *Loggia* und frz.
loge ↗ *Loge;* ↗ *Lobby*. – *Fertig ist
die Laube* 2. Hälfte 19. Jh. von
der Berliner Schrebergartenbewegung.

Lauch m. mhd. *louch*, ahd. *louh*
(engl. *leek*); vermutl. wie lat. *luctari* ringen, *luxare* verrenken, gr. *lýgos* junger (biegsamer) Zweig, d.
↗ *Locke*, zur idg. Wurzel *l(e)ug*-
biegen, drehen (nach den hinunter-
gebogenen Blättern der Pflanze?).
↗ *Knoblauch,* ↗ *Schnittlauch*.

lauern Zw. spätmhd. *lûren* (engl. *lower* finster dreinschauen; *glower*
schielen; Weiterbildung *lurk* lauern), vom Subst. mhd. *lûr(e)*
Hinterhalt; Herkunft ungeklärt.
↗ *Lurch*.

Lauf m. mhd. ahd. *louf* (engl. *leap*);
vom Zw. **laufen** (lief, gelaufen),
mhd. *loufen*, ahd. *(h)louf(f)an*,
got. *ûs-hlaupan* aufspringen; Herkunft ungeklärt. ↗ *weitläufig*. **Laufbahn** w. eigtl. = Rennbahn zum
Wettlauf (seit Mitte 17. Jh.); 2.
Hälfte 18. Jh. für frz. *carrière;*
↗ *Karriere*. **Lauffeuer** s. 1. Hälfte
17. Jh. Eigtl. = Flamme, die bei
Fernzündung in einem Pulverstrich
läuft. **Laufpaß** m. 2. Hälfte 18. Jh.
für älteres *Laufzettel* 2. Hälfte 17.
Jh.; eigtl. = Entlassungspapier für
Soldaten.

Lauge w. mhd. *louge,* ahd. *louga*
(engl. *lye, lie*); zu einer Erweiterung der idg. Wurzel *loᵘ-* waschen, dazu: lat. *lavare* waschen,
gr. *lûsthai* baden gehören; ↗ *Latrine,* ↗ *laben,* ↗ *Lavendel*.

Laune w. mhd. *lûne* Mond(phase),
Umschlag der Gemütsstimmung
(weil man dem Mond Einfluß auf
die Stimmung des Menschen zuschrieb), aus lat. *luna* Mond
(verw.: ↗ *lucere* leuchten; ↗ *licht*).
Doch liegt frühere Beziehung zu
dem Stamm von nl. *luim* Grille =
fries. *lum* nahe.

Laus w. mhd. ahd. *lûs* (engl. *louse*);
Herkunft ungeklärt.

lauschen Zw. spätmhd. *lûschen* versteckt sein; gleichbedeutend, mit
Abl.: mhd. *loschen,* ahd. *lôskên;*
verw.: engl. *lout* sich neigen, *listen*
zuhören; d. ↗ *losen;* zu (einer Erweiterung) der idg. Wurzel **kleu-*
hören. Oder so germ. **lutan* beugen (von der Haltung des Hörenden?)? **lauschig** Adj. 17. Jh. *lauschicht* = neugierig horchend; 1.
Hälfte 19. Jh. = traulich. – **laut¹**
Adj. mhd. *lût,* ahd. *(h)lût;* wie lat.
inclutus berühmt, gr. *klytós* berühmt, Partizip zur idg. Wurzel
*kleu- (lat. *cluere* hören = gr.
klýein); ↗ *Leumund;* ↗ *verlautbaren*. **laut²** Präp. verkürzt aus: *nâch
lût* nach dem Wortlaut (z. B. einer
Urkunde). Zur Kürzung vgl.
↗ *statt,* ↗ *wegen* u. a. **Laut³** m. mhd.
lût Ton, Schrei. – **läuten** Zw. mhd.
liuten, ahd. *(h)lûttan;* zum Adj.
laut, also eigtl. = laut machen.

Laute w. spätmhd. *lûte,* aus prov.
laiut (afrz. *leut*), über it. von ar.
al'ûd (Musikgerät aus) Holz.

lauter Adj. mhd. *lûter,* ahd. *(h)lûttar,* got. *lûtrs* rein; wie gr. *klýein*
spülen, lat. *cluere* reinigen (↗ *Klistier,* ↗ *Kloake*) zur idg. Wurzel
*kleu- spülen; eigtl. = gewaschen.
Zum -er-Suffix vgl. die Parallelen
bei ↗ *bitter,* ↗ *erläutern*.

Lava w. 2. Hälfte 18. Jh. aus it. *lava;*
Herkunft ungeklärt (zu einer voridg. Sippe = „Stein"?). ↗ *Lawine*.

Lavendel m. mhd. *lavendel(e),* aus
mlat. *lavandula* (it. *lavendola*),
vom Zw. it. *lavare* waschen (=
lat.), da die Pflanze in Italien dem
Badewasser zugesetzt wurde. ↗ *laben,* ↗ *Latrine,* ↗ *Lauge*.

lavieren Zw. gegen den Wind kreuzen, 1. Hälfte 16. Jh. aus nd. *laveren,* im 15. Jh. aus nl. *lo-, laveren*
geholt. Zugrunde liegt mfrz. *loveer*
(frz. *louvoyer*), vom Subst. ↗ *Luv*
Windseite abgeleitet. – Das alte
vortonige *-o-* in *-a-* gewandelt;
ähnlich: ↗ *Lakritze,* ↗ *Halunke,*
↗ *Schlaraffe,* ↗ *schmarotzen,* ↗ *aus-*

staffieren, auch: ↗ *Gardine,* ↗ *Rakete.*

Lawine w. 18. Jh. aus lad. *lavina* (= mlat. *labina* Erdrutsch); vermutl. nicht vom lat. Zw. *labi* gleiten (↗ *labil*), sondern zu einem voridg. Alpenwort = „Stein" (↗ *Lava*).

lax Adj. nachlässig, locker, 2. Hälfte 18. Jh. aus lat. *laxus,* zu ↗ *Laken* und seiner Sippe.

Lazarett s. Mitte 16. Jh. aus frz. *lazaret,* vom it. *lazzaretto.* Dies ist ein Mischwort aus *Lazar-us* (nach dem ein Aussätzigenspital in Venedig hieß) und (S. Maria di) *Nazareth* (der Kirche, von der aus das zweite Aussätzigenhaus in Venedig betreut wurde). – *arm wie Lazarus* nach Luk. 16, 20.

leben Zw. mhd. *leben,* ahd. *lebên,* got. *liban* (engl. *live*); nah verw.: ↗ *bleiben;* lat. *cae-leb-s* aus **caivilib-* = ehelos); ↗ *Leib.* Zur idg. Wurzel *(*s*)*lei-* kleben(bleiben). Eigtl. = beharren. Dazu der substantiv. Inf. **Leben** s. mhd. *leben,* ahd. *lebên.* – **Lebemann** m. LÜ 2. Hälfte 18. Jh. von frz. *bonvivant.*

lebendig Adj. mhd. *lebendec, lem(p)tic,* ahd. *lebentig;* vom Part. Präs. des Zw. *leben* (ahd. *lebenti;* geistl. Ersatzwort für ↗ *quick*). – **Lebenskünstler** m. 19. Jh. vom Subst. *Lebenskunst* w., 1798 SchlW von F. Schlegel. **Lebenslauf** m. LÜ Mitte 17. Jh. von lat. *curriculum vitae.* – **Leber** w. mhd. *leber(e),* ahd. *leb(a)ra* (engl. *liver*); mit ↗ *leben* verw. (idg. Wurzel *[*s*]*lei-* kleben)?; dann entweder = Sitz des Lebens oder = die Klebrige (gr. *liparós* fett). ↗ *bleiben,* ↗ *Leib.* **Leberfleck** m. LÜ 17. Jh. von lat. *macula hepatica,* nach der Farbe. Aber: **Lebermeer** s. ↗ *Glibber,* ↗ *Lab.*

Lebkuchen m. mhd. *lebekuoche,* vermutl. zu ↗ *Laib,* dann = brotartiger Kuchen?

lechzen Zw. mhd. *lech(e)zen* Intensiv zu mhd. *lechen* austrocknen. –

leck Adj. um 1600 aus nd. *leck,* Seemannswort; idg. **leg-* sickern

(↗ *Lache*); dazu das Zw. **lecken**[1] (= mhd.; = benetzen) leck sein.

lecken[2] Zw. mit der Zunge über etw. streifen, mhd. *lecken,* ahd. *leckôn* (engl. *lick;* nah verw.: got. *bi-laigôn* belecken); urverw.: lat. *lingere* lecken, gr. *leíchein* (be-)lecken, = *lichneúein* belecken, naschen, d. ↗ *schlecken;* zur idg. Wurzel **leigh-* lecken. – **lecker** Adj. mhd. *lecker;* zum Zw. *lecken*[2]. Eigtl. = zum Lecken verlockend.

Leder s. mhd. *leder,* ahd. *ledar* (engl. *leather*), nah verw.: air. *lethar* Leder; Herkunft ungeklärt. **ledern** Adj. mhd. *liderîn,* ahd. *lidirîn;* nhd. *ledern* zeigt md. -*e*- für älteres -*i*-. Eigtl. = aus Leder; seit 2. Hälfte 17. Jh. = langweilig, zuerst stud. **Lederstrumpf** m. Übername des Trappers Daniel Boone (1734–1820), von J. F. Cooper verherrlicht (1823–1841).

ledig Adj. mhd. *ledic, -dec,* vermutl. vom germ. Subst. **liðu-* ↗ *Glied,* Gelenk. Dann urspr. = gelenkig, beweglich.

Lee w. vom Wind abgekehrte Seite, 1. Hälfte 17. Jh. aus nd. *lê* Ort mit Windstille, altes Seemannswort, dem an. *hlé* Schutz zugrunde liegt (daher: engl. *lee*). Im Abl.: ↗ *lau.*

leer Adj. mhd. *lære,* ahd. *lâri;* zum Zw. ↗ *lesen;* eigtl. = was man (nach der Ernte) noch absammeln kann.

Lefze w. Tierlippe, mhd. *lefs(e),* später auch *lefz(e), lebs(e);* wie ↗ *Lippe* (*Lefze* seit Luther auf den tier. Bereich verdrängt) zu idg. **leb-* herabhängen, hierzu auch: ↗ *Laffe,* ↗ *Lappen,* ↗ *Schlaf,* ↗ *Schlamm.* Also = die Herabhängende.

legal Adj. 17. Jh. aus lat. *legalis* gesetzmäßig (zum Subst. *lex* Gesetz). Verw.: ↗ *Legende,* ↗ *legitim,* ↗ *-lei,* ↗ *Lektion,* ↗ *Lexikon;* auch ↗ *lesen,* ↗ *loyal,* ↗ *Theologie,* ferner: ↗ *Privileg.* – **Legasthenie** w. Leseschwäche, KW 20. Jh. aus lat. *legere* lesen + *Asthenie* Schwäche (gr. *sthénos* stark; *a*- nicht).

legen Zw. mhd. ahd. *legen,* got. *lag-*

jan (engl. *lay*), Kausativ zu ∕ *liegen*, = liegen machen; ∕ *Gelage.* – Die Haushuhnart **Leghorn** s. stammt aus *Livorno* und gehört nicht hierher!

Legende w. mhd. *legende*, aus lat. *legenda* zu lesende (Partie aus der Heiligenvita, während des klösterlichen Mittagessens). Seit der Reformation = unglaubwürdige Geschichte. Zu lat. *legere* gehören auch ∕ *Intelligenz,* ∕ *legal,* ∕ *legitim* (über *lex* Gesetz), ∕ *-lei.* ∕ *Lektion,* ∕ *Negligé.*

leger Adj. ungezwungen, 2. Hälfte 18. Jh. aus frz. *léger*, dem lat. *levis* leicht(fertig) zugrunde liegt (dazu: *levare* erheben. – ∕ *leicht,* ∕ *Eleve,* ∕ *Levante*).

Legierung w. 18. Jh. zum Zw. **legieren** 17. Jh. aus it. *legare*, von lat. *ligare* verbinden (frz. *lier*).

legitim Adj. 18. Jh. aus lat. *legitimus* (vom Subst. *lex* Gesetz; ∕ *legal,* ∕ *Legende,* ∕ *-lei,* ∕ *Lektion,* ∕ *loyal*).

Lehen s. mhd. *lêhen*, ahd. *lêhan*, zum Zw. ∕ *leihen;* = Geliehenes.

Lehm m. md.-nd. seit 18. Jh. für älteres obd. *Leim(en)*, mhd. *leime*, ahd. *leimo;* urverw.: lat. *limus* Schlamm, *linere, -nire* streichen, gr. *alínein* streichen; idg. **leischleimig.* – ∕ *Leim,* ∕ *polieren,* ∕ *Schlei(e),* ∕ *schlecht,* ∕ *schleichen,* ∕ *schleifen,* ∕ *Schleim,* ∕ *Schlitten.*

Lehne w. mhd. *lene, line*, ahd. *(h)lina;* vom Zw. **lehnen**[1], in dem zwei Zww. verschmolzen sind: mhd. *leinen*, ahd. *(h)leinen* lehnen und mhd. *lenen, linen,* ahd. *(h)linên* sich stützen; urverw.: lat. *(in)clinare* neigen, *clivus* Hügel, *triclinium* Lager für drei, gr. *klínein* lehnen, *klítos, klitós* Hügel, *klîmax* Leiter; idg. Wurzel **kl(e)i-* neigen. – ∕ *Leiter,* ∕ *Lid,* ∕ *Klima,* ∕ *Klient.*

Lehnwort s. 2. Hälfte 19. Jh. vom Zw. **lehnen**[2], mhd. *lêhenen,* ahd. *lêhanôn* (engl. *lend* verleihen); Fortbildung zum Subst. ∕ *Lehen* s.; ∕ *leihen.*

Lehre w. mhd. *lêre,* ahd. *lêra* (engl. *lore*). Eigtl. = richtiger Weg; dann = Anleitung; schließlich = Meßwerkzeug; vom Zw. **lehren** mhd. ahd. *lêren,* got. *laisjan;* verw.: got. *lais* ich weiß, *leis* kundig; eigtl. = erfahren (∕ *Gleis*); dann (mhd.) = gelehrt. Verw.: ∕ *lernen,* ∕ *List,* ∕ *leisten,* ∕ *gelehrig.* **Lehrer** m. mhd. *lêrære, lêrer,* ahd. *lêrâri,* got. *laisareis.* **Lehrgang** m. Eindeutschung um 1800 für lat. *cursus.* **Lehrstuhl** m. Eindeutschung 2. Hälfte 17. Jh. für lat. *cathedra.*

-lei Suffix (in *aller-lei, mancher-lei* usw.) mhd. *lei(e)*, aus frz. *ley* Art (mhd. *aller leie* von allen Arten). Zugrunde liegt: lat. *legem* (Akk. von *lex* Gesetz). – ∕ *legal,* ∕ *Legende,* ∕ *legitim,* ∕ *Lektion.*

Leib m. mhd. *lîp,* ahd. *lîb* Leben (engl. *life*), eng verw. mit ∕ *bleiben* und ∕ *leben;* eigtl. = das Beharren (gr. *liparcín* beharren). – **leibeigen** Adj. spätmhd. *lîpeigen* für älteres mhd. *mit dem lîbe eigen* mit seinem Leben jmdm. gehörig. **Leibchen** s. Mitte 17. Jh. = ärmelloses Wams; aber mhd. *lîbel(în)* Körperchen. ∕ *Epaulette.* – **leibhaft(ig)** Adj. mhd. *lîphaft(ic)* Leben habend, persönlich (vgl.: ∕ *-haft*). – **Leibrente** w. 2. Hälfte 14. Jh. = Rente fürs ganze Leben.

Leich m. Lied aus ungleichen Strophen, mhd. *leich,* vom Zw. mhd. *leichen,* got. *laikan* tanzen (*laiks* Tanz). *Leich* erneuert im 19. Jh. – ∕ *frohlocken,* ∕ *Wetterleuchten,* ∕ *laichen.*

Leiche w. mhd. *lîch,* ahd. *lîh,* got. *leik* Körper, Leiche (engl. *lichgate* Kirchhofstor), zum germ. Subst. **lîka-* ∕ *Körper,* Gestalt, auch in: ∕ *g-leich,* ∕ *so-lch,* ∕ *we-lch.* Herkunft ungeklärt; ∕ *-lich.* **Leichnam** m. mhd. *lîcham(e)*, ahd. *lîhhamo,* *lîchamo,* Zs. aus *lîch-* Leiche + *-hamo;* wie ∕ *Hemd* und ∕ *Scham* (∕ *Bockshorn*) zur idg. Wurzel **kem-* verhüllen. Also = Körperhülle.

leicht Adj. mhd. *lîht(e)*, ahd. *lîht(i)*,

got. *leihts* (engl. *light*); verw.: lat. *levis* leicht. ∕ *ge-lingen*, ∕ *Lunge.* Zur idg. Wurzel **le(n)-*, *gᵘh-* leicht (beweglich), wenig wiegend. ∕ *leger*, ∕ *Levante*, ∕ *lichten²*, ∕ *Lunge.*

Leid s. mhd. *leit*, ahd. *leid* Schmerz (-endes), Schande; vom Adj. **leid,** mhd. *leit*, ahd. *leid* (engl. *loath* abgeneigt); verw.: gr. *aleítês* Sünder, *aliteín* sündigen; idg. Wurzel **leit*-verabscheuen. Der Komp. zum Adj. *leid* ist die Interj. **leider**, mhd. *leider*, ahd. *leidôr*, *-dir*. – ∕ *wehleidig.*

leiden Zw. (litt, gelitten), mhd. *lîden*, ahd. *lîdan*; nicht mit *Leid*, sondern verw. mit got. *ga-leiþan* gehen, gr. *loítê* Grab; idg. Wurzel **leit(h)*- (weg)gehen. Die Bedeutung entwickelt sich von „gehen" über „ergehen" und „erfahren" zu „durchmachen" (vgl.: ∕ *erfahren*). – ∕ *leiten*. – **Leidenschaft** w. 1. Hälfte 17. Jh. Ersatzwort für frz. *passion*. – **leidlich** Adj. mhd. *lídelich* erträglich, von *líden* ertragen.

Leier m. mhd. *líre*, ahd. *líra* über lat. aus gr. *lýra* Saiteninstrument (mit Kurbelrad); ∕ *lyrisch*. – *Die alte Leier* die gleiche Melodie, seit Mitte 16. Jh. – **leiern** Zw. mhd. *líren* Leier spielen, eintönig sprechen, zögern.

leihen Zw. (lieh, geliehen), mhd. *líhen*, ahd. *líhan* got. *leihvan* (engl. *lend, loan*); urverw.: lat. *relinquere* zurücklassen (Stamm: **l[e]ikv*-); *re-liquus* übrig, gr. *leípein* lassen; idg. **l(e)ikᵘ*- lassen. Urspr. = (über)lassen. ∕ *Anleihe*, ∕ *elf*, ∕ *Ellipse*, ∕ *lehnen²*.

Leim m. mhd. ahd. *lîm* (engl. *lime* Kalk), wie ∕ *Lehm* zur idg. Wurzel **lei*- (be)schmieren. Vgl.: ∕ *Schlei(e)*, ∕ *schlecht*, ∕ *schleichen*, ∕ *schleifen*, ∕ *Schleim*, ∕ *Schlitten*. – *Auf den Leim gehen* von der Vogelstellerei; übtr. seit 2. Hälfte 15. Jh.

Lein m. Flachs, mhd. ahd. *lîn*, got. *lein* (engl. *line*); verw.: lat. *linum* Flachs (= gr. *línon*), wohl sehr früh aus einer nichtidg. Sprache entlehnt (Webereizeugnisse aus der Bronzezeit!). ∕ *Lineal*, ∕ *Linoleum*. **Leine** w. mhd. *líne*, ahd. *lína*; verw.: lat. *linea* Leinenschnur (∕ *Linie*), gr. *línon* (Strick aus Flachs); abgeleitet vom Subst. germ. **lína* Lein; eigtl. = Seil aus Flachsfasern. **Leinen** s. 15. Jh. vom Adj. **leinen**, mhd. *lînîn*, *lînen* aus Lein. ∕ *Linnen*. **Leinwand** w. mhd. *lînwât* Leinengewebe (das Grundwort zur idg. Wurzel **wê*- weben); nhd. volkset. an *Ge-wand* angelehnt. ∕ *Beiderwand.*

leise Adj. mhd. *líse*, ahd. Adv. *líso*. Herkunft ungeklärt.

Leiste w. mhd. *líste*, ahd. *lísta* (engl. *list* Schranke); aus dem Germ. frz. *liste*, it. *lista* ∕ *Liste*); zunächst = Saum, Rand; dann (1. Hälfte 16. Jh.) = Übergang vom Rumpf zum Oberschenkel. Weiteres unsicher.

Leisten m. mhd. ahd. *leist* (engl. *last*), got. *laists* Spur (*laistjan* folgen), urspr. = Fußspur, ahd. = Fußabdruck zur Herstellung eines Schuhspanners. **leisten** Zw. mhd. ahd. *leisten*, got. *laistjan* folgen (engl. *last* dauern), von *Leisten*; idg. **lis*- gehen, got. *lais* ich habe erfahren, ich weiß (∕ *lehren*, ∕ *lernen*, ∕ *List*).

leiten Zw. mhd. ahd. *leiten* (engl. *lead*). Bewirkungswort zu ∕ *leiden*, also = gehen machen. **Leitartikel** m. um 1850 für älteres *leitender Artikel* 1. Hälfte 19. Jh. LÜ aus engl. *leading article*. **Leiter¹** m. schon ahd. *leitâri* Führer. **Leitfaden** m. Mitte 18. Jh., im Hinblick auf den Faden der ∕ *Ariadne*.

Leiter² w. mhd. *leiter(e)*, ahd. *leitara* (engl. *ladder*); wie gr. *klîmax* Leiter zur idg. Wurzel **kl(e)i*- neigen (∕ *lehnen¹* und seine Sippe); eigtl. = die Angelehnte; ∕ *Lid.*

Lektion w. mhd. *lection* neben *lectie*, *lecze*, *letz(g)e*, ahd. *lecz(i)a*, *lectja*, got. *laiktjô*, aus lat. *lectio* Vorlesen (eines Bibelabschnittes), vom Zw. *legere* lesen; ∕ *Legende* und seine Verwandten. **Lektüre** w. 1. Hälfte 18. Jh. aus frz. *lecture* (davor 16.

Jh. *lectur,* aus mlat. *lectura*); zugrunde liegt: lat. *legere.*

Lende w. mhd. *lende* für älteres mhd. *lente,* ahd. *lenti* Niere; dazu im Abl.: lat. *lumbus* Lende, ahd. *lunda* Talg. Idg. Körperteilbezeichnung unklaren Inhalts.

lenken Zw. mhd. *lenken* biegen, vom Subst. mhd. *lanke,* ahd. *(h)lanca* Hüfte (∕ *Flanke,* ∕ *Gelenk*); verw.: lat. *clingere* gürten. Eigtl. = biegen; dann = eine andere (bestimmte) Richtung geben.

Lenz m. mhd. *lenze,* ahd. *lenzo;* alte Zs. mit ∕ *lang.* Grundwort: das germ. Wort für „Tag" (*tîna-;* got. *sin-teins* täglich). Der Lenz heißt so, weil er längere Tage bringt. – Zu dem Ausfall des *-g-* vor *-z* ∕ *Blitz.*

lenzen[1] Zw. Wasser aus dem Schiff pumpen, 19. Jh. aus dem Nd., von nl. *lens* Adj. = leer. Daher auch **lenzen**[2] Zw. ohne Besegelung vor dem Wind laufen.

Leopard m. mhd. *lêbart(e), liebart(e), lêparte,* ahd. *lêbarto,* aus lat. *leopardus,* Zs. aus *leo-* Löwe + *-pardus* Parder (von der Wurzel **perd-* gefleckt), = Löwengefleckter.

Lepra w. 2. Hälfte 18. Jh. aus gr. *lépra* Aussatz (vom Adj. *leprós* schuppig, Zw. *lépein* schälen).

Lerche w. mhd. *lêr(e)che, lêwer(i)ch,* ahd. *lêrihha* (engl. *lark*); Suffixbildung zu einem Stamm vom SchW **lai-* (vgl.: gr. *laíein* tönen). Zum Suffix: ∕ *Bel-che,* ∕ *Hab-icht,* ∕ *Kran-ich.*

lernen Zw. mhd. *ler-, lirnen,* ahd. *lernên, -nôn, lirnên* (engl. *learn*); verw.: ∕ *lehren,* ∕ *leisten;* also = wissend werden. ∕ *List.*

lesbisch Adj. w. homosexuell, nach der gr. Insel *Lesbos,* dem Wohnsitz der für *lesbisch* gehaltenen altgr. Dichterin Sappho.

lesen Zw. (las, gelesen), mhd. *lesen* ahd. *lesan,* got. *lisan* sammeln (engl. *lease* Ähren sammeln); eigtl. = sammeln (daher **Lese** w. 1. Hälfte 18. Jh. = Weinernte); verw.:

∕ *leer* (urspr. bezeichnete *lesen* das Aufsammeln der mit Runen beritzten Buchenstäbchen, aus denen man weissagte; ähnlich bei gr. *légein,* lat. *legere* sammeln, lesen [∕ *legal*]). – **leserlich** Adj. 17. Jh., zunächst md. – ∕ *weinerlich* und Formentsprechungen.

Letter w. Buchstabe, mhd. *litter,* aus lat. *littera;* dafür 17. Jh. *Letter,* aus frz. *lettre* (engl. *letter*); vermutl. zu lat. *linere* beschmieren; also = Geschmiertes; ∕ *literarisch.*

Lettner m. mhd. *lettener,* aus lat. *lectionarium* kirchl. Lesepult.

letzt Adj. 15. Jh. aus mnd. *letst;* dafür mhd. *leʒʒist, lest,* ahd. *laʒʒôst, leʒʒist* (engl. *last*); Sup. zum Adj. *laß* (∕ *lässig*); eigtl. = am lässigsten. – **letztwillig** Adj., 19. Jh. LÜ aus lat. *vi ultimae voluntatis* mit der Macht des Letzten Willens.

Leuchte w. mhd. *liuhte,* ahd. *liuhta* Glut-, Leuchtpfanne, vom Adj. ∕ *licht,* dazu: das Zw. **leuchten,** mhd. ahd. *liuhten,* got. *liuhtjan* (engl. *light*).

leugnen Zw. mhd. *lougenen, löugenen,* ahd. *loug(a)nen,* got. *laugnjan,* vom Subst. ahd. *lougna* Verneinung, im Abl. zum Zw. ∕ *lügen;* ∕ *locken.*

Leumund m. mhd. ahd. *liumunt,* vom Subst. got. *hliuma* Gehör, wie ∕ *laut* zu idg. **kleu-* hören. Nicht zu: ∕ *Mund*[1], sondern Suffixbildung (vgl. das lat. Suffix *-mentum*). ∕ *verleumden.*

Leute Mz. mhd. *liute,* ahd. *liuti* (dazu Ez.: *liut* Volk), vom Zw. ahd. *liotan,* got. *liudan* wachsen (zur idg. Wurzel **leudh-* wachsen, dazu: ∕ *lodern*). ∕ *liberal.*

Leutnant m. 1. Hälfte 16. Jh. aus frz. *lieutenant* Stellvertreter (LÜ von mlat. *locum tenens,* frz. *lieu* Ort; ∕ *Kontinent);* ∕ *Lokal;* vgl.: ∕ *Statthalter.*

Levante w. 15. Jh. aus it. *levante* Morgenland, eigtl. = Land der aufgehenden Sonne (it.-lat. *levare* erheben). – ∕ *leger,* ∕ *leicht.*

Levkoje w. Kreuzblütler, Mitte 17.

Jh. aus it. *leucoio*, dem über lat.-gr.: *leukó|i|on* Weißveilchen (nach Blattfarbe und Duft; Zs. aus *leukós* weiß + *íon* Veilchen) zugrunde liegt. Die neugr. Aussprache (-*v*-für -*u*-) setzt sich im 18. Jh. durch. ↗ *Jod,* ↗ *Veilchen.*

Lexikon s. 17. Jh. aus gr. *lexikón (biblíon)* Wörterbuch, vom Adj. gr. *lexikós* zum Wort gehörend (abgeleitet vom Subst. *léxis* Wort, Rede, vom Zw. *légein* reden; ↗ *legal* und seine Verwandten. – ↗ *Logik,* ↗ *Prolog,* ↗ *Theologie).*

Liane w. Schling-, Kletterpflanze, 19. Jh. aus frz. *liane,* älter: *liarne;* Kreuzung von frz. *viorne* (lat. *viburnum*) Schneeballstrauch + *lier* (lat. *ligare*) binden. – Aber: der VN *Liane* ist aus *Juliana* gekürzt.

Libelle w. 18. Jh. aus lat. *libella* kleine Wasserwaage (lat. *libra* Wasserwaage); gelehrte Namensgebung. ↗ *Liter,* ↗ *Niveau.*

liberal Adj. 18. Jh. aus frz. *libéral* freiheitlich (gesonnen) (schon 16. Jh. d. *liberal,* aus lat. *liberalis* freigebig). Vom lat. Adj. *liber* frei (-mütig), wie ↗ *Leute* zur idg. Wurzel **leudh-* wachsen (eigtl. = zum [freien] Volk gehörend). ↗ *liefern.*

Libero m. Abwehr- ohne Gegenspieler, 20. Jh. aus it. *libero* frei.

Libido w. ↗ *lieb.*

Libretto s. Operntextbuch, 19. Jh. aus it., eigtl. = Büchlein (it. *libro;* lat. *liber* Bast [zum Schreiben], Buch).

-lich Suffix (in *kind-lich* usw.) mhd. *-lîch,* ahd. *lîch, got. leiks;* eigtl. = Subst. germ. **lîka-* Körper (also *kindlich* eigtl. = von kindlichem Körper). ↗ *Leiche*

licht Adj. mhd. *lieht,* ahd. *lioht* (engl. *light;* got. *liuht-jan* ↗ *leuchten*), wie das Subst. **Licht** s. mhd. *lieht,* ahd. *lioht,* got. *liuhaþ* (engl. *light*) zur idg. Wurzel **leuk-* leuchten, ↗ *erlaucht,* lat. *lux* Licht, *lucere* leuchten (gr. *leukós* hell, weiß, *lýchnos* Leuchte). ↗ *Laune,* ↗ *Leuchte,* ↗ *Lohe,* ↗ *Luchs,* ↗ *Lüster.* Dazu das Zw. **lichten¹** undicht

machen, seit Mitte 17. Jh. – ↗ *lichterloh.* **Lichtbild** s. 18. Jh. = Strahlengestalt; Mitte 19. Jh. = Photographie. **Lichtblick** m. mhd. *liehtblic* Blitz; 2. Hälfte 18. Jh. = Sonnenstrahl. **Lichtdruck** m. Verfahren zur Bildervervielfältigung, seit 1866.

lichten² Zw. heben, 1. Hälfte 17. Jh. aus nd. *lîchten* = Schiffe entfrachten; vom Adj. nd. *lîcht* ↗ *leicht* (also = leicht machen).

lichterloh Adj. 18. Jh. aus älterem *lichter* ↗ *Lohe¹* (Gen.; = von heller Flamme), 2. Hälfte 16. Jh. – ↗ *licht.* – **Lichtmeß** w. mhd. *liehtmesse* nach Lukas 2,32: „Licht zur Erleuchtung der Heiden"; Name der am 2. 2. in der kath. Kirche vollzogenen Lichterweihe und -prozession. **Lichtung** w. 18. Jh. LÜ aus frz. *clairière.*

Lid s. mhd. *lit,* ahd. *(h)lit* Deckel (engl. *lid* Deckel), zum Zw. as. *hlîdan* bedecken, schließen; mit ↗ *lehnen* und ↗ *Leiter* zur idg. Wurzel **kl(e)i-* neigen (eigtl. = das Angelehnte).

lieb Adj. mhd. *liep,* ahd. *liob,* got. *liufs* (engl. *lief); verw.: lat. *libere* gefällig sein, *libido* Begierde; idg. Wurzel **leubh-* gern haben. Zu *lieb* im Abl.: ↗ *er-lauben,* ↗ *g-lauben,* ↗ *Lob;* vgl.: ↗ *belieben.* **Liebe** w. mhd. *liebe,* ahd. *liubi* (engl. *love*) für älteres ahd. *luba* (zum Zw. ahd. *lubôn* lieben; verw.: lat. *lubens* gern). **Liebelei** w. 19. Jh. von **liebeln** Zw. flüchtig lieben (davor Mitte 16. Jh. = Liebe erweisen). **liebkosen** Zw. mhd. *liep-, liebekôsen* zusammengezogen aus *ze liebe kôsôn* zu Liebe sprechen. ↗ *kosen.* – Aber: **Liebstöckel** m., s. ist im 16. Jh. volkset. aus *Ligusticum (levisticum)* = ligurische Pflanze entstanden.

Lied s. mhd. *liet,* ahd. *liot* Strophe (got. *liuþôn* singen); verw.: lat. *laus* Lob; eigtl. = Preislied. **Liedertafel** w. 1808 von Zelter im Gedenken an die *Tafel*runde des Sagenkönigs Artus. (Davor 2. Hälfte 18.

Jh. = Gesangnummernbrett in der Kirche.)

liederlich Adj. spätmhd. *liederlich;* mit Abl.: ⁄ *lotterig.* Zur idg. Wurzel **leu-* schlaff (hängend). – ⁄ *schleudern.*

liefern Zw. spätmhd. *li(e)vern,* aus mnd. *leveren,* von frz. *livrer* ausstatten. Zu: lat. *liberare* befreien; später = freilassen, ausliefern (vom Adj. *liber* frei; ⁄ *liberal*); ⁄ *Livree.* – D. *-f-* für roman. *-v-* wie in ⁄ *Brief,* ⁄ *Käfig,* ⁄ *Stiefel.*

liegen Zw. (lag, gelegen), mhd. ahd. *ligen,* got. *ligan* (engl. *lie*); verw.: lat. *lectus* Bett, gr. *léchos* Lager, *lóchos* Versteck, *lechô* Wöchnerin; zur idg. Wurzel **legh-* liegen. Dazu: ⁄ *Lage(r),* ⁄ *legen;* vgl.: ⁄ *löschen,* ⁄ *Log,* ⁄ *Gelegenheit,* ⁄ *Gelichter.*

Lift m. 2. Hälfte 19. Jh. aus engl. *lift* (Mitte 19. Jh. vom Zw. *lift* ⁄ *lüften;* ⁄ *Luft*). Dazu 20. Jh.: **liften** Zw. heben, straffen (engl. *to lift*); **Lifting** s. Hautoperation zur Straffung (am. *lifting*).

Liga w. 15. Jh. aus span. *liga* Bund (*ligar* binden, von lat. *ligare*).

Likör m. 1. Hälfte 18. Jh. aus frz. *liqueur* feiner Schnaps; dafür vorher (seit 1. Hälfte 16. Jh.) *Liquor,* aus lat. *liquor* Flüssigkeit (vom Zw. *liquere* flüssig sein); ⁄ *Liquidation.*

lila Adj. 1. Hälfte 19. Jh. verkürzt für älteres *lil(l)afarben* 18. Jh. aus frz. *lilas* Flieder, über span. von ar. *lîlak* Flieder. Zugrunde liegt das aind. Adj. *nîlas* schwarz.

Lilie w. mhd. *lilje,* ahd. *lilja,* aus lat. *lilia* Mz. zur Ez. *lilium,* über gr. *leírion* aus kopt. *hlêli.* Zugrunde liegt altäg. *hrr-t.*

Limerick m. komisch-ironische Strophe, 20. Jh. aus engl.; eigtl.: ir. ON, Schauplatz vieler örtl. Necklieder im 19. Jh.

Limonade w. 2. Hälfte 17. Jh. aus frz. *limonade* (vom Subst. *limon* Zitrone); gleichzeitig *Limonada,* aus it. *limonata* (vom Subst. *limone* Zitrone). Zugrunde liegt: pers. *lîmûn* Zitrone, über türk.

Limousine w. 19. Jh. aus frz. *limousine;* eigtl. = Fuhrmannsmantel aus der Landschaft *Limousin.*

lind Adj. mhd. *linde,* ahd. *lindi* weich (engl. *lithe* biegsam); verw.: lat. *lentus* biegsam; idg. **lento-s* biegsam. **Linde** w. mhd. *linde,* ahd. *linta* (engl. *lind[en]*); verw.: lat. *lentus;* urspr. = biegsamer Baum (⁄ *Geländer*). – **Lindwurm** m. mhd. *lintwurm,* ahd. *lindwurm,* Zs. mit ahd. *lint, lind* Schlange; eigtl. = Biegsame, Geschmeidige (nicht = Wurm an der Linde, sondern = geschmeidiger Wurm). *-wurm* später verdeutlichend hinzugesetzt (Tautologie).

Lineal s. 2. Hälfte 15. Jh. aus lat. *lineale* etw. mit Linien Versehenes (zum Adj. *linealis;* vom Subst. *linea* Linie, Strich. Eigtl. = Leinenschnur: lat. *linum* ⁄ *Lein*). – **Linie** w. mhd. *linie,* ahd. *linia, linna,* aus lat. *linea* Leinenschnur (lat. *linum*); ⁄ *Leine.*

link Adj. mhd. *linc, lenc* (dazu das ahd. Subst. *lenka* linke Hand); vielleicht wie ⁄ *Laken* zur idg. Wurzel **le(n)gh-* schlaff sein (= die Schlaffe). – **links** Adv., ⁄ vor 1500 erstarrter Gen. (wie: ⁄ *flug-s,* ⁄ *recht-s* und Entsprechungen).

Linnen s. Mitte 18. Jh. aus nd. *linen,* nd. Form von ⁄ *Leinen* (as. *lînîn* aus Leinen).

Linoleum s. 2. Hälfte 19. Jh. aus engl. *linoleum* KW 1860 aus lat. *linum oleum* Leinöl (wichtiger Bestandteil des künstl. Fußbodenbelags); ⁄ *Lein.*

Linse w. mhd. *linse,* ahd. *linsi;* wie lat. *lens* Linse aus einer unbekannten (nichtidg.) Sprache. – Seit 18. Jh. = geschliffenes opt. Glas, Teil des Auges.

Lippe w. mnd. *lippe* (engl. *lip,* frz. *lippe* aus mnd); wie ⁄ *Lefze* zur idg. Wurzel **leb-* herabhängen (⁄ *Laffe,* ⁄ *Schlaf,* ⁄ *Lappen,* ⁄ *Schlamm*).

Liquidation w. 1. Hälfte 18. Jh. von mlat. *liquidatio* Richtigmachung; vom Zw. **liquidieren** 1. Hälfte 17.

Jh. aus mlat. *liquidare* klarmachen, bezahlen (lat. *liquidus* flüssig; ↗ *Likör*).

lirum, larum Interj. = ↗ *Papperlapapp;* vor 1600 *Lyrum Lerum* Verspottung der Bauernleier. – *i:a* Lautspielerei wie: ↗ *kling, klang* u. ä.

lispeln Zw. mhd. *lüspeln, lispeln,* verkleinernd zum älteren Zw. mhd. ahd. *lispen* mit der Zunge anstoßen, flüstern, SchW (engl. *lisp*).

List w. mhd. ahd. *list,* got. *lists;* zur idg. Wurzel **lis-* gehen, dazu: ↗ *leisten,* got. *lais* ich habe erfahren, ich weiß (↗ *lernen,* ↗ *lehren*). Urspr. = Erfahrung, Wissen; später = Täuschung.

Liste w. 18. Jh. *Liste* für älteres *Lista* 16. Jh. aus it. *lista* Bandstreifen, Liste, das von mhd. *lîste* ↗ *Leiste* herkommt.

Litanei w. mhd. *litanîe* aus kirchenlat. *litania* Bittgesang (gr. *litaneía* Gebet, *líssesthai* flehen).

Liter s. (m.) 1868 aus frz. *litre* für älteres *litron,* über mlat. *litra* aus gr. *lítra* Zwölfunzengewicht. Zugrunde liegt wohl ein sizilian. Wort; dazu: lat. *libra* Wasserwaage (↗ *Libelle*). ↗ *Hektoliter.*

literarisch Adj. Mitte 18. Jh. aus lat. *litterarius* die Schrift angehend, zum Lesen (Schreiben) gehörend, vom Subst. *littera* Buchstabe (↗ *Letter*), *litteratura* Alphabet, Sprachlehre, im 16. Jh. als **Literatur** w. entlehnt.

Litfaßsäule w. nach dem Berliner Buchdrucker Ernst *Litfaß,* der am 1. 7. 1855 (gemeinsam mit Zirkusdirektor Renz) die ersten Anschlagsäulen aufstellte. – Der FaN *Litfaß* bedeutet „Obstweinhändler" (mhd. *lit* Obstwein).

Liturgie w. 1. Hälfte 18. Jh. über kirchenlat. aus gr. *leitûrgía* Staatsamt (Zs. aus *lê|itos* öffentlich [von *láos* Volk; ↗ *Laie*] + *érgon* Werk).

Litze w. mhd. *litze,* über roman. aus lat. *licium* (Quer-)Faden (zu *obliquus* schräg).

live Adv. direkt übertragen, 20. Jh. aus engl. (= lebendig; ↗ *Leben*).

Livree w. 1. Hälfte 17. Jh. aus frz. *livrée* (eigtl. = Geliefertes, zu frz. *livrer;* ↗ *liefern*); davor seit 16. Jh. *Liberey,* aus span. *librea* Kleidung, vom Dienstherrn geliefert.

Lizenz w. 2. Hälfte 15. Jh. aus lat. *licentia* Erlaubnis (vom Zw. *licere* erlaubt sein, *liceri* feil stehen).

Lloyd m. Mitte 19. Jh. aus engl. FaN *Lloyd* Inhaber eines Londoner Kaffeehauses für Großkaufleute, Makler und Kapitäne; Ende 17. Jh. Herausgeber von Handelsblättern; 18. Jh. engl. Handelsgesellschaft (eigtl. = der Graue: zum kymr. Adj. *llwyd* grau).

Lob s. mhd. *lop,* ahd. *lob;* wie ↗ *erlaub-en,* ↗ *g-laub-en,* ↗ *lieb* usw. zu idg. **leubh-* gern haben. Dazu das Zw. **loben** mhd. *loben,* ahd. *lobên, lobôn;* ↗ *verloben,* ↗ *geloben.* **lobhudeln** Zw. eigtl. = mit Lob hänseln, Zs. 2. Hälfte 18. Jh. aus *Lob* + Zw. *hudeln* (vom Subst. *Hudel* Lumpen [↗ *Hudelei*], im Abl. zu ↗ *Hader*).

Lobelie w. Glockenblumenart, seit 1703 nach dem frz. Botaniker M. de *L'Obel* (1538–1616).

Loch s. mhd. *loch,* ahd. *loh;* got. *us-luks* Öffnung (engl. *lock* Verschluß); dazu ahd. *lûhhan* schließen (got. *ga-lûkan*); wie ↗ *Lücke* und ↗ *Luke* zu idg. **l(e)ug-* ziehen, biegen, krümmen; ↗ *locker,* ↗ *Luxus.* – **Locke** w. mhd. ahd. *loc* (engl. *lock*); germ. Wort zu idg. **l(e)ug-;* also = Gebogenes (oder = Gepflücktes?). Urspr. Mz.-Form wie ↗ *Borste,* ↗ *Hornisse,* ↗ *Mähne,* ↗ *Woge.* – ↗ *Lauch.*

locken Zw. mhd. *locken,* ahd. *lokkôn, lucchen;* vermutl. zur Wurzel **leugh-* ↗ *lügen.* Oder zu ↗ *Locke* (= abgeschnittenes Laub zum Anlocken des Weideviehs?). – **Lockspitzel** m. LÜ 19. Jh. von frz. *agent provocateur.* **Lockvogel** m. 1. Hälfte 16. Jh. Eigtl. = Köder bei der Vogeljagd. Aber: **löcken** Zw. ↗ *frohlocken.*

locker Adj. 2. Hälfte 15. Jh., abge-
leitet vom älteren Adj. mhd. *luck,*
lücke locker; zu ⁄ *Loch,* ⁄ *Lücke?*
Loden m. grobes Wolltuch, mhd.
lode, ahd. *lodo.* Idg. Wurzel
**leu(t)*- schlaff sein; vgl.: ⁄ *schlot-*
tern, ⁄ *lott(e)rig.*
lodern Zw. nd.-ostmd. 15. Jh. vom
Subst. *Lode* w. Schößling (mnd.
lode; ahd. *sumerlota* Sommer-
schößling); wie ⁄ *Leute* zum Zw.
ahd. *liotan,* got. *liudan* wachsen
(idg. Wurzel **leudh-* wachsen).
Löffel[1] m. mhd. *leffel,* ahd. *leffil,*
lepfil; verw.: ahd. *laffan* lecken,
lat. *lambere* lecken; eigtl. = Gerät
zum Lecken (⁄ *läppern*); obd. *ö* für
e wie bei ⁄ *schöpfen* u. a. – Zur idg.
Wurzel **lab(h)-,* **lap(h)-,* SchW =
schmatzen, schlecken.
Löffel[2] m. Hasenohr, schon mhd.;
zu ⁄ *Laffe.*
Log s. Meßgerät für Fahrgeschwin-
digkeiten, 18. Jh. aus engl. *log* 2.
Hälfte 16. Jh.; vgl.: an. *lág* gefällter
Baum; verw.: ⁄ *liegen* (eigtl. =
Klotz [an der Knotenschnur, die
man über eine Handrolle abrollen
läßt]).
Loge w. 1. Hälfte 18. Jh. aus frz. *loge*
Zuschauerkabinett (im Opern-
haus); zugrunde liegt: d. ⁄ *Laube.*
Aber = Versammlung(sort) der
Freimaurer 1737 vom engl. *lodge*
(gleicher Herkunft). – **Loggia** w. 1.
Hälfte 17. Jh. aus it. *loggia* (glei-
cher Herkunft). – **logieren** Zw.
mhd. *loschieren* aus frz. *loger* (afrz.
loge Hütte aus d. ⁄ *Laube*).
Logik w. mhd. *lôic(a), lôike,* aus lat.
logica, vom gr. *logikê* (*téchnê*), gr.
logikós das Denken angehend; im
Abl. zu ⁄ *Lexikon* und Ver-
wandten.
Lohe[1] w. Flamme, mhd. *lô(he)*; mit
grammat. Wechsel: mhd. *louc,*
ahd. *loug;* wie ⁄ *Leuchte* und ⁄ *licht*
zur idg. Wurzel **leuk-* leuchten.
Dazu: das Zw. **lohen** brennen,
mhd. *lohen,* ahd. *lohên.* ⁄ *lich-*
terloh.
Lohe[2] w. Gerbrinde, mhd. ahd. *lô;*
mit d. ⁄ *los,* gr. *lýein* lösen, lat.

luere einlösen, zahlen (dazu: Zw.
solvere lösen), zur idg. Wurzel
**leu-* lösen. Verw.: ⁄ *Laub.*
Lohn m. mhd. ahd. *lôn,* got. *laun;*
verw.: lat. *lucrum* (aus *lu-tlo-m)
Gewinn, gr. *apolýein* genießen,
leía Beute; zur idg. Wurzel **lau-*
erbeuten.
Lokal s. 2. Hälfte 18. Jh. aus frz.
local Örtlichkeit; von lat. *locale*
was zum Ort gehört, *locus* Ort =
frz. *lieu;* lat. *locare* hinstellen. –
Lok(omotive) w. aus engl. *locomo-*
tive (Anfang 19. Jh.) KW aus lat.
locus + *movere* bewegen. Vgl.:
⁄ *Meute;* ferner: ⁄ *Tender,* ⁄ *Wag-*
gon. – **Lokus** m. Abort, schspr. 17.
Jh. aus lat. *locus* (vgl. d.: *Örtchen*
19. Jh. = Abtritt).
Lolch m. mhd. 12. Jh. *lolli, lûlch,*
aus lat. *lolium* Schwindelhafer.
Lombard m. Leihhaus, Geldverleih,
2. Hälfte 17. Jh. aus frz. (*maison*
de) Lombard Leihhaus nach lom-
bardischer Art (it. *lombardo* Ein-
wohner Ober- und Mittelitaliens;
eigtl. = *Langobarde.*
Look m. Modestil, 20. Jh. aus engl.
look Aussehen (⁄ *lugen*).
Lorbeer m. mhd. *lôrber,* ahd. *lôrberi*
Frucht des Lorbeerbaums (ahd.
lôrbaum), aus lat. *laurus* Lorbeer
(-baum); vgl.: ⁄ *Oleander.* -*ô*- für
älteres -*au*- wie in ⁄ *Kloster,*
⁄ *Kohl,* ⁄ *kosen,* ⁄ *Mohr.*
Lord m. um 1700 aus engl. *lord*
(ags. *hlâford* Brotwart; vgl.:
⁄ *Laib,* ⁄ *Lady*).
Lore w. offener Güterwagen, Ende
19. Jh. aus engl. *lorry* offener La-
ster (Herkunft?); anfangs d.: *Law-*
ry geschrieben (engl. Nbf.: *lowry*).
Los s. mhd. *lôȝ,* ahd. *(h)lôȝ,* got.
hlauts (engl. *lot*), vom Zw. *lieȝen*
erlosen, wahrsagen (ahd. *hlioȝȝan,*
liozan; urverw.: lat. *clavis* Schlüs-
sel *claudere* schließen, gr. *klâ\is).*
Eigtl. = Festhaken (des aus dem
Bündel gelösten Losstäbchens).
⁄ *losen,* ⁄ *Losung,* ⁄ *Lotterie,*
⁄ *Lotto,* ⁄ *Klavier.*
los(e) Adj. mhd. *lôs* (engl. *loose* aus
an. *lauss*); wie lat. *luere* lösen, *sol-*

vere lösen, gr. *lýein* lösen (vgl.: ↗ *Lohe²*, ferner: ↗ *Analyse*, ↗ *Paralyse*); zur idg. Wurzel **leu-* lösen. ↗ *Löß*, ↗ *Losung*, ↗ *verlieren*.

löschen¹ Zw. ausladen, 18. Jh. aus nd. *lossen* los, ledig machen (*-sch*- nach ↗ *löschen²*).

löschen² Zw. mhd. *leschen*, ahd. *leskan* zu brennen aufhören; neben mhd. *leschen*, ahd. *lesken* auslöschen (beide Zww. im Nhd. zusammengefallen). Verw.: ↗ *liegen; also* = sich legen (das transitive Zw. ist vom intransitiven abgeleitet). – Obd. *-ö-* für *-e-* wie in ↗ *schöpfen* u. a. – Oder wie ↗ *lasch* zum Zw. *lassen* = müde machen?

losen¹ Zw. hören, mhd. *lôsen*, ahd. *(h)lôsen;* verw. mit: ↗ *lauschen*.

losen² Zw. durch Los entscheiden, mhd. *lôzen*, seit 15. Jh. geläufig, vom Subst. ↗ *Los*.

lösen Zw. mhd. *lœsen*, ahd. *lôsen* (got. *lausjan*); vom Adj. ↗ *los*. ↗ *Lösung*. – **Löß** m. Steppen-, Kalkstaubablagerung, KW 1823 (von K. C. v. Leonhard) vom Adj. *lösch* locker (alem.); verw. mit ↗ *los(e)*. – **Losung¹** w. Wildkot; Mitte 18. Jh. vom Zw. *losen, sich lösen* koten (also zu ↗ *los*).

Losung² w. Parole, 15. Jh. vom Subst. ↗ *Los* (Erkennungstäfelchen mit) Stichwort.

Lösung w. flüssiges Stoffgemisch, 19. Jh. für älteres *Auflösung* 18. Jh. LÜ von frz. *solution;* vom Zw. ↗ *lösen*.

Lot s. mhd. *lôt* (engl. *lead*); ungeklärt, wahrscheinl. kelt. (od. voridg.?) Herkunft (mir. *lûaide* Blei; urverw. oder Ausgangspunkt des germ. Wortes?).

Lotse m. um 1400 *loetsman* in Hanseakten; Mitte 17. Jh. aus nd.-nl. *loots* Verkürzung von nl. *loodsman* (= mnd. *lootsman*), aus dem mengl. *lodesman* Steuermann (engl. *loadsman*) (zugrunde liegt: engl. *load* Gang, Weg; also = Wegmann). **lotsen** Zw. Fahrweg zeigen, seit 18. Jh.

Lotterie w. 1. Hälfte 16. Jh. aus nl.

loterije Glücksspiel, das von nl. *lot* ↗ *Los* stammt. ↗ *Niete*.

lott(e)rig Adj. 16. Jh. vom Adj. mhd. *loter* locker, ahd. *lotar* eitel; wie ↗ *liederlich*, ↗ *Loden* zur idg. Wurzel **leu-* schlaff(hängend); ↗ *schleudern*, ↗ *verlottern*.

Lotto s. 1. Hälfte 18. Jh. aus it. *lotto*, von frz. *lot* Los. Dies aus dem Germ. (↗ *Los*)

Löwe m. mhd. *lou-, löu-, lê-, lewe, leu*, ahd. *louwo, lêwo, lewo*, aus volkslat. *lewo* (wie frz.-engl. *lion*), von gr. *léôn* (vermutl. sem. Herkunft). – **Löwenanteil** m. 19. Jh. nach einer Äsopschen Fabel, nach der der Löwe bei der Beuteteilung Fuchs und Esel übervorteilt. **Löwenmaul** s. Zierpflanze, 1. Hälfte 16. Jh., nach der Blütenform. **Löwenzahn** m. Ringelblume, 1. Hälfte 16. Jh., nach der Blattform.

loyal Adj. 1. Hälfte 18. Jh. aus frz. *loyal* (von lat. *legalis*); ↗ *legal*.

Luchs m. mhd. ahd. *luhs;* verw.: gr. *lynx* Luchs (engl. *lynx*); idg. Tierbezeichnung zur Wurzel **leuk-* leuchten, dazu lat. *lucere* leuchten, *lux* Licht, gr. *leukós* hell, weiß usw.; ↗ *licht*. Zur Bildung: ↗ *Dach-s*, ↗ *Fuch-s*. – Das Tier heißt nach seinen funkelnden Augen (seinem hellen Pelz?).

Lücke w. mhd. *lucke, lücke*, ahd. *lucka, luc(c)ha;* abgeleitet von ↗ *Loch*. **Lückenbüßer** m. Notbehelf; Wortprägung Luthers nach der Redensart *die Lücke büßen* die Lücke ergänzen (↗ *büßen* bessern).

Luder s. mhd. *luoder;* abgeleitet von ↗ *laden²;* urspr. jägersprachl. = Lockspeise. ↗ *Schindluder*, ↗ *verludern*.

Luft w. mhd. ahd. *luft*, got. *luftus;* Herkunft ungeklärt ↗ *Lift*. **lüften** Zw. mhd. *lüften* hochheben; 17. Jh. = frische Luft einlassen. **Luftikus** m. stud. Scherzbildung Mitte 19. Jh. zum Adj. *luftig* flatterhaft, leichtsinnig (schon ahd. = zur Luft gehörend). **Luftschloß** s. 2. Hälfte 17. Jh. nach der Redensart *ein schloß in den lufft ba-*

wen (= engl. *build castles in the air,*
16. Jh.).

Lug m. mhd. *luc,* ahd. *lug;* wie **Lüge**
w. mhd. *lügen(e), lugen(e),* ahd.
lugina vom Zw. **lügen** (log, gelo-
gen), mhd. *liegen,* ahd. *liogan,* got.
liugan (engl. *lie*); zu idg. **leugh-*
lügen; ∕ *leugnen,* ∕ *locken;* auch
∕ *trügen.*

lugen Zw. mhd. *luogen,* ahd. *luogên*
(dazu intensivierend: engl. *look*);
im 17. Jh. verklingend, in den Rit-
tergeschichten des 18. Jh.s erneu-
ert. Herkunft ungeklärt.

Luke w. 2. Hälfte 16. Jh. zum Zw.
ahd. *lûhhan* schließen (got. *lûkan*);
verw.: ∕ *Loch* und ∕ *Lücke* (idg.
Wurzel **lug-* ziehen, biegen,
krümmen). Also = Verschluß. Mit
nd. *-k-* wie ∕ *Kruke,* ∕ *Küken,*
∕ *Laken,* ∕ *mäkeln,* ∕ *Schmöker,*
∕ *Spuk.* Vgl.: ∕ *Glück.*

lukullisch Adj. üppig, 19. Jh. nach
dem reichen röm. Feldherrn L. L.
Lucullus (117–57).

Lümmel m. 16. Jh. obd. = Schmei-
chelei, aus rotw.-zig. *limelo* schlei-
mig? Oder zum Adj. *lumm* weich,
locker? Dann ∕ *lahm!*

Lump m. Ez. 17. Jh. vom Subst.
Lumpen m. spätmhd. *lumpe* Fet-
zen, im Abl. zum Zw. *lampen*
schlaff hängen (engl. *limp* schlur-
fen); idg. **lemb-* herabhängen
(∕ *glimpflich*).

Lunch m. Gabelfrühstück, 19. Jh.
aus engl. *lunch,* eigtl. = Brotbrok-
ken (engl. ma. Nbf.: *lunk* Knödel).
Herkunft?

Lunge w. mhd. *lunge,* ahd. *lungun*
(engl. *lungs* Mz.); wie ∕ *leicht* zur
idg. Wurzel **le(n)gu̯h-* leicht. Die
Lunge ist der „leichte" Körperteil.
∕ *gelingen.* **lungern** Zw. 18. Jh.
vom Adj. mhd. *lunger,* ahd. *lungar*
schnell; mit lat. *levis* leicht zu idg.
*le(n)gu̯h-; eigtl. = schnell nach
etw. greifen, gierig sein; dann =
lauern, herumstehen.

Lunte w. (engl. *lunt,* aus mnd. *lunte*)
1. Hälfte 16. Jh. = Fetzen; 2. Hälf-
te 16. Jh. = Lampendocht (daher:
Lunte riechen); 18. Jh. jägerspr. =

Fuchsschwanz (wegen seiner roten
Farbe); schließlich = Zündschnur;
Herkunft ungeklärt.

Lupe w. um 1800 aus frz. *loupe* run-
de subkutane Geschwulst („Wolf",
schon mhd. = Hautentzündung),
von lat. *lupa* Wölfin (zwischen
„Geschwür" und „Vergrößerungs-
glas" vermittelt die kreisrunde
Form den Bedeutungszusammen-
hang). – ∕ *Wolf.*

lupfen, lüpfen Zw. mhd. *lupfen*
hochheben (mit ∕ *Luft* verw.?
Vgl.: ∕ *lüften* hochheben). *-pf-*In-
tensivierung wie bei ∕ *hüpfen,*
∕ *rupfen?*

Lurch m. Amphibie, 2. Hälfte 17.
Jh. aus nd. *lork,* von nd. *lûren*
∕ *lauern* abgeleitet. Also = Laurer.
-ch-Suffix wie bei ∕ *Molch.*

Lust w. mhd. ahd. *lust* (= engl.),
got. *lustus;* urverw.: lat. *lascivus*
üppig (∕ *lasziv*); zur idg. Wurzel
*l(a)s- begehren. **lüstern** Adj. 16.
Jh. vom Zw. *lüstern* Lust haben;
eigtl. = Part. Präs. (*lüsternd*), des-
sen schwere Konsonanz im Auslaut
(*-rnd*) geschwächt wurde.

Lüster m. Leuchter, 2. Hälfte 18. Jh.
aus frz. *lustre* (vom lat. Zw. *lustare*
erhellen; ∕ *licht*).

Lustspiel s. 1. Hälfte 16. Jh. als Ver-
deutschung von ∕ *Komödie* (ver-
breitet seit 18. Jh.); ∕ *Trauerspiel.*

lutschen Zw. 2. Hälfte 18. Jh.;
SchW.

Luv w. Windseite des Schiffs, Mitte
17. Jh. aus nd. *lof* (nl. *loef,* engl.
loof, luff), von an. *lófi* Hilfsruder
(an. *lófi* = got. *lôfa* flache Hand).
Verw.: ∕ *lavieren.*

Luxus m. 1. Hälfte 16. Jh. aus lat.
luxus Aufwand (lat. Adj. *luxus* ver-
renkt); zur idg. Wurzel **l(e)ug-*
biegen, krümmen. ∕ *Loch.* **luxu-
riös** Adj. um 1700 mit Anlehnung
an frz. *luxurieux* unzüchtig, aus
lat. *luxuriosus* verschwenderisch,
üppig.

Luzerne w. Futterstaude, 2. Hälfte
18. Jh. aus frz. *luzerne* (die Pflanze
stammt aus Frankreich), von lat.
lucere leuchten (die Bohnen heißen

nach ihrem hellgelben Glanz).
↗ *licht.* – **Luzifer** m. vom lat. Adj.
lucifer lichtbringend, also = Lichtbringer (so hieß zuerst der vom
Himmel gestürzte Morgenstern –
nach Jesaja 14, 12 –, dann der von
Gott abgefallene Engel).

Lymphe w. um 1700 aus lat. *lympha* Quellwasser (*limpa* Wasser +
↗ *Nymphe*).

lynchen Zw. Mitte 19. Jh. aus am.
lynch (nach dem ir. Richter Ch.

Lynch aus Galway 1493 oder seinem Namensvetter aus Virginia,
der 1780 zum eigenmächtigen
Rechtsvollzug griff; *Lynch's law*
1817).

lyrisch Adj. 2. Hälfte 18. Jh., zuerst
in der Verbindung *lyrische Poesie,*
nach frz. (*poésie*) *lyrique.* Zugrunde liegt das lat. Adj. *lyricus,* das
über gr. *lyrikós* (von der *Lyra* begleitet) vom gr. Subst. *lýra* ↗ *Leier*
herkommt.

M

Maar s. kraterartiges Wasserloch,
aus volkslat. *mara* See (lat. *mare*
↗ *Meer;* ↗ *Marine,* ↗ *Marsch²*).

Maat m. 1. Hälfte 18. Jh. aus nd.
(seit 1580); mhd. *gemaȝȝe,* ahd.
gimaȝȝo Tischgenosse. Zugrunde
liegt: germ. **mati-* Speise (got.
mats). Verw.: ↗ *Messer,* ↗ *Mast²,*
↗ *Matrose,* ↗ *Mettwurst.*

Maatjeshering m. ↗ *Matjeshering.*

Machandelbaum m. Wacholder, 16.
Jh. von nd. *machandel* = hd. ↗ *Wacholder.* Herkunft? – *-der* für *-del*
(wie bei ↗ *Flie-der,* ↗ *Holund-er*) ist
Baumnamensuffix; die Zufügung
von *-baum* ist also tautologisch. –
Anlautend *M-* für hd. *W-* ist nd.

machen Zw. mhd. *machen,* ahd.
mahhôn (engl. *make*); urverw.: gr.
mássein kneten, pressen, *mâza*
Teig, lat. *macerare* ein-, erweichen; zur idg. Wurzel **mag-* kneten. Die Bedeutung des Wortes
hat sich von „kneten", „(Lehm)
kneten" über „bauen" zu „herstellen, tun" entwickelt (Lehmbau!).
↗ *Masse,* ↗ *makeln,* ↗ *mäkeln,*
↗ *Steinmetz,* ↗ *Vermächtnis,* ↗ *Gemach,* ↗ *metzeln.* **Machenschaft** w.
Mitte 18. Jh. schwz. = Kontrakt;
Ende 19. Jh. = Intrige, unter
dem Einfluß von **Machination** w.
1. Hälfte 17. Jh. aus lat. *machina

tio* Maschinenwerk, List (↗ *Maschine*).

Macht w. mhd. ahd. *maht,* got.
mahts (engl. *might*); Verbalabstraktum zum Zw. ↗ *mögen* (got.
magan).

Macke w. 20. Jh. (als Schelte) aus
jidd., = Webfehler.

Madam(e) w. 16. Jh. aus frz. *madame* (eigtl. = meine Frau, Herrin).

Mädchen s. Mitte 17. Jh., vereinfacht aus *Mägdchen,* Verkleinerung zu ↗ *Magd.* – ↗ *Matjeshering.*

Made w. mhd. *made,* ahd. *mado,*
got. *maþa* (engl. *mawk* aus an.
maþkr); Herkunft vielleicht verw.
mit ↗ *Motte?*

Madonna w. 16. Jh. aus it. *madonna*
= Dame, gnädige Frau; dann =
Geliebte; 18. Jh. = Gottesmutter.

Magazin s. 18. Jh. = Laden, aus frz.
magasin; 1. Hälfte 16. Jh. = Depot, über it. *maggazino* aus ar.
máchzan Scheune.

Magd w. mhd. *maget,* ahd. *magad,*
got. *magaþ;* verw.: got. *magus*
Knabe; zur idg. Wurzel **magho-s*
jung. ↗ *Mädchen,* ↗ *Maid.*

Magen m. mhd. *mage,* ahd. *mago*
(engl. *maw* Kropf, Magen); verw.:
kymr. *megin* Blasebalg, it. *magone*
Kropf; zur idg. Wurzel **mak-* Beutel (↗ *Mohn*?).

mager Adj. mhd. *mager*, ahd. *magar*; verw.: lat. *macer* dünn, schlank; gr. *makrós* schlank, groß, *makednós* schlank, lang; zur idg. Wurzel **mak-* dünn, lang.

Maggi s. Suppenwürze, 2. Hälfte 19. Jh. nach dem it.-schwz. Erfinder Julius *Maggi* (1846–1912).

magisch Adj. Mitte 16. Jh. aus lat. *magicus* = gr. *magikós* wie *Magier* (lat. *magi* Mz. von Ez. *magus* = gr. *mágos* Priester, Zauberer; zugrunde liegt idg. **magh-* ↗ *mögen;* eigtl. = Könner).

Magistrat m. 2. Hälfte 15. Jh. aus lat. *magistratus* Behörde, leitender Beamter, von lat. *magister* (älter: **mag-isteros* der größere [↗ *Maxime*]) Lehrer, Leiter (↗ *Meister*, ↗ *Mätresse*).

Magnet m. mhd. *magnêt* für älteres mhd. *magnes*, aus lat. *magnes* = gr. (*líthos*) *Magnêtês* Stein aus (der thessal. Landschaft) *Magnesia*.

Magnolie w. Tulpenbaum, 1735 (Linné) nach dem frz. Botaniker Pierre *Magnol* (1638–1715).

Mahagoni s. 2. Hälfte 18. Jh. (von Linné festgelegte Schreibung), aus engl. *mohogeny*. Zugrunde liegt ein Name aus einer Indianersprache aus Honduras.

Mahd w. mhd. *mât*, ahd. *mâd;* vom Zw. **mähen**, mhd. *mæjen*, ahd. *mâen* (engl. *mow*); zur idg. Wurzel **ma-,* **me-* mähen, dazu: gr. *amêtos* Ernte, *amêtós* abgeerntetes Feld, *amân* mähen. ↗ *Matte* ², ↗ *Grum(me)t*.

Mahl s. mhd. *mâl* (Zeitpunkt des) Essen(s), got. *mêl* Stunde (engl. *meal* Mahlzeit); zur idg. Wurzel **me-* abmessen. ↗ *Maß*, ↗ *messen*, ↗ *Mal*, ↗ *Mode*.

mahlen Zw. mhd. *maln*, ahd. got. *malan;* wie ↗ *Malter*, ↗ *Mehl*, ↗ *Milbe* und ↗ *Mühle* zur idg. Wurzel **mel-* zerreiben, dazu: lat. *molere*, gr. *mýllein*. Vgl.: ↗ *malmen*, ↗ *Malz*, ↗ *mild*, ↗ *Moll*, ↗ *mollig*, ↗ *Müll*, (*Mull* ²), ↗ *mulmig*, ↗ *schmelzen*.

Mähne w. eigtl. Mz. mhd. *mene* zur Ez. mhd. *man(e)*, ahd. *mana* (engl. *mane*); ahd. *menni* Halsschmuck, lat. *monile* Halsband, gr. (dorisch) *mónnos*, *mán(n)os* Halsband. Zur idg. Wurzel **mono-* Hals, Nacken. Parallele: Mehrzahlbildung wie bei ↗ *Borste*, ↗ *Hornisse*, ↗ *Locke*, ↗ *Woge*. Verw.: lat. *mons* Berg??

mahnen Zw. mhd. *manen*, ahd. *manên*, *manôn*, *monôn* auffordern, gedenken machen; verw.: got. *munan* sich erinnern; urverw.: lat. *monere* mahnen, *meminisse* sich erinnern, gr. *mémona*. – ↗ *Minne*, ↗ *Manie*, ↗ *Mann*, ↗ *Mentor*, ↗ *monströs*, ↗ *munter*, ↗ *Kommentar*.

Mahr m. Nachtgeist, mhd. *mar*, ahd. *mara* (engl. *nightmare* Alptraum); vielleicht verw. mit mhd. *mar*, ahd. *maro* (idg. Wurzel **mor-*), ↗ *mürbe?*

Mähre w. schlechtes Pferd, mhd. *märhe*, ahd. *mar(i)ha* Stute (engl. *mare* Stute), zu: ahd. *mar(a)* Pferd (↗ *Mar-schall*, *-stall*); seit 17. Jh. abwertend (weil Stuten schneller ermüden und altern als Hengste). Von (unbekanntem) Reitervolk entlehnt?

Mai m. mhd. *meie*, ahd. *meio*, im 7. Jh. aus lat. (*Jupiter*) *Maius* röm. Gott des Wachstums (älter: die Göttin *Maja;* lat. *maior* größer); ↗ *Majestät*.

Maid w. mhd. *meit* zusammengezogen aus ahd. *maget* Mädchen; ↗ *Magd*. Das *-ai-* wie bei ↗ *Eidechse*, ↗ *Getreide*, ↗ *Hain*, ↗ *verteidigen*.

Mais m. 1. Hälfte 16. Jh. (über frz. *mais?*) aus span. *maiz* (daher engl. *maize*), aus einer mex. Eingeborenensprache

Maische w. Quetschfrüchte mit Wasser, mhd. *meisch* (engl. *mash*); wie ↗ *Mist* zur idg. Wurzel **meigh-* harnen; eigtl. = feuchte Masse.

Majestät w. mhd. *majestât* Hoheit, aus lat. *maiestas(-tatis)* Größe (engl. *majesty*, aus frz. *majesté*), vom Komp. lat. *maior* größer; ↗ *Mai*. – **Major** m. 2. Hälfte 17. Jh.

aus span. *mayor* Stabsoffizier (von lat. *maior*); ↗ *majorenn.*

Majolika w. vor 1800 aus it. *majolica* (im 15. Jh. wurde die Tonglasur aus *Mallorca* eingeführt).

Majoran m. Gewürzpflanze, frühnhd. *maseran,* mhd. *maiorân* neben *mei(e)rôn, meigramme,* aus mlat. *maiorana* neben *maioracus.* Zugrunde liegt der (unerklärte) gr. Name der Pflanze *amárakon, amárakos.*

majorenn Adj. großjährig, um 1700 aus lat. *maiorennis* (zu lat. *maior* größer; ↗ *Major,* ↗ *Mai*). **Majorität** w. 18. Jh. aus frz. *majorité* (Parlaments-)Mehrheit.

makaber Adj. voller Grauen, aus frz. (1376 *danse macabré* Totentanz); Herkunft unklar. In moderner Bedeutung 20. Jh. aus engl. (dort so seit 1889).

Makadam m. Straßenbelag aus Steinschlag, 1. Hälfte 19. Jh. nach dem schott. Erfinder *Mac Adam* (1756–1836).

Makel m. mhd. *makel,* aus lat. *macula* Fleck; mit gr. *smáein* beschmieren zur idg. Wurzel *sme-* beschmieren; ↗ *Makulatur.*

makeln Zw. Geschäfte machen, 2. Hälfte 17. Jh. aus nd.-nl. *makeln,* Iterativ zum nd. *maken* ↗ *machen.* Identisch mit **mäkeln** nd. Mitte 18. Jh. Geschäfte machen, dann = (das Essen) kleinlich tadeln. – Mit nd. -k- wie ↗ *Kruke,* ↗ *Küken,* ↗ *Laken,* ↗ *Luke,* ↗ *Schmöker,* ↗ *Spuk.*

Make-up s. 20. Jh. aus engl. *make-up,* eigtl. = Aufmachung (*to make* ↗ *machen; up* ↗ *auf*).

Makkaroni Mz. 18. Jh. aus it. Mz. *maccaroni* (Ez. *maccarone* Graupenspeise; gr. *makaría* Graupenspeise, eigtl. = Glückseligkeit). – Dazu **makkaronisch** Adj. in sprachl. Mischmasch abgefaßt wie das *Carmen macaronicum* des Paduaners Odasi (15. Jh.). – **Makrone** w. 17. Jh. aus frz. *macaron* (dem it. *maccarone* zugrunde liegt).

Makulatur w. 1. Hälfte 16. Jh. aus

mlat. *maculatura* (vom Zw. lat. *maculare* beflecken; ↗ *Makel*).

Mal s. Flecken; Zeitpunkt; urspr. 2 Subst.: mhd. *mâl* (Zeitpunkt des) Essen(s) (↗ *Mahl*) und mhd. ahd. *meil* (engl. *moal*) Fleck, got. *mail* Runzel (dazu das Zw. mhd. ahd. *meilen* verletzen); urverw.: gr. *miaínein* beflecken, *míasma* Fleck; idg. Wurzel *mei-* beflecken. ↗ *einmal,* ↗ *malen.* **-mal** in *manch-mal* usw. Eigtl. = Dativ Mz. zu mhd. ahd. *mâl* Zeitpunkt (mhd. *ze manechen mâlen* usw.).

Malaria w. 19. Jh. aus it. (*febbre di*) *malaria* (Fieber der) schlechte(n) Luft (↗ *Mal-heur,* ↗ *Aer-onaut* usw.); dann = Wechselfieber.

malen Zw. mhd. *mâlen,* ahd. *mâlôn, mâlên.* Eigtl. = mit einem ↗ *Mal* versehen (Bild auf die Lehmwand zeichnen?). Vgl.: got. *mêljan* schreiben); ↗ *Gemälde.*

Malheur s. 18. Jh. aus frz. *malheur* (Zs. von frz. *mal,* lat. *malus* schlecht [↗ *malträtieren*] + frz. -*heur* [glücklicher] Zufall [lat. *augurium;* ↗ *Augur*]).

malmen Zw. 16. Jh., alte Ableitung vom Subst. got. *malma* Staub, Sand (engl. *malm* weicher Lehm); wie ↗ *mahlen* zur idg. Wurzel *mel-* zerreiben. ↗ *mulmig.* **Malter** s., m. Getreidemaß, mhd. *malter,* ahd. *maltar* mit Suffix zu idg. *mel-.*

malträtieren Zw. 2. Hälfte 18. Jh. aus frz. *maltraiter* schlecht behandeln (zugrunde liegt: *tractare* behandeln [Frequentativ zu *trahere* ziehen; ↗ *tragen*]; ↗ *Traktat*). ↗ *Mal-aria,* ↗ *Mal-heur,* ↗ *marode.*

Malve w. Zierpflanze, Mitte 16. Jh. aus lat. *malva* (woher frz. *mauve,* engl. *mallow*), das über gr. *maláchê* aus einer (nichtidg.) Mittelmeersprache stammt.

Malz s. mhd. ahd. *malz* (engl. *malt*); wie das Adj. mhd. ahd. *malz* kraftlos zur idg. Wurzel *meld-* ↗ *schmelzen* (verw.: gr. *méldein* schmelzen machen; lat. *mollis* weich, ↗ *mollig*), *mel-* zerreiben. – ↗ *mahlen,* ↗ *Milz.*

Mama w. 2. Hälfte 17. Jh. aus frz. *maman*, sehr verbreitetes kindliches Lallwort (*mam-* Mutterbrust); lat. *mamma* Mutterbrust. ↗ *Memme*. ↗ *Papa*.

Mammon m. 16. Jh. (Luther), über gr. *mamônâ(s)* (Gen.) und heb. *matmôn* aus aram. *mâm(m)ôn(â)* Schatz (got. *mammôna* aus gr.). (Matth. 6, 24).

Mammut s. 1. Hälfte 18. Jh. aus frz. *mammouth*, das (unrichtig) r. *mam(m)ont* wiedergibt (nach einer jakut. Bezeichnung).

man FW mhd. ahd. *man*. Identisch mit dem Subst. ↗ *Mann*, = irgendein Mann (frz. *on* aus *homme*, lat. *homo* Mensch, Mann).

Manager m. 20. Jh. aus am. *manager* (vom Zw. *manage* handhaben, von it. *maneggiare*; ↗ *Manege*). Keim: lat. *manus* Hand. Oder: afrk. *manager* aus lat. *mansionaticus* zum Haus gehörend (*mansio* Aufenthalt, vom Zw. *manere* bleiben; frz. *maison* Haus)? ↗ *Menage*.

manch FW mhd. *man(e)c*, ahd. *manag*, got. *manags* viel (engl. *many*); zur idg. Wurzel **mon(e)gh-, mṇgh-* viel; ↗ *Menge*.

Mandarine w. Mitte 19. Jh. aus engl. *mandarin (orange)*, frz. *mandarine*. Zugrunde liegt vermutl.: hind. *mantri* Minister, Würdenträger, eine ind. Bezeichnung, von Portugiesen auf die chin. Staatsbeamten übertragen (port. *mandarin*, volkset. an port. *mandar* befehlen [↗ *Mandat*] angelehnt, wird 1. Hälfte 17. Jh. zu d. **Mandarin** m.) – Die *Mandarine* ist sozusagen der Minister unter den Orangen und gelb wie dessen Gewand.

Mandat s. 14. Jh. aus lat. *mandatum* Befehl, Auftrag (vom Zw. *mandare* befehlen, aus lat. *manus* Hand und *dare* geben [↗ *Datum*] zusammengesetzt. – ↗ *Mandarine*, auch: ↗ *Mandel²*, ↗ *Manager*, ↗ *Manege*, ↗ *Manier*, ↗ *Manöver*, ↗ *Manschette*, ↗ *Manufaktur*, ↗ *Mund²*).

Mandel¹ w. Steinfrucht, mhd. *mandel*, ahd. *mandala*, aus volkslat. *amandula* für gr. *amygdálê*, aus einer unbekannten orient. Sprache; seit 16. Jh. auch = Halsdrüse. ↗ *Manipulation*. Aber: **Mandala** w. Meditationszeichen, 20. Jh. aus skr. *mandala* Kreis.

Mandel² w. 15 Stück (Garben), 15. Jh. aus mlat. *mandala*, Weiterentwicklung von lat. *manus* Hand, = Handvoll; ↗ *Mandat*, ↗ *Manege*, ↗ *Manipulation*.

Mandoline w. 18. Jh. aus frz. *mandoline*, aus it. *mandolino* (= kleines Zupfgerät [it. mandola]). Zugrunde liegt: it. *pandora* Zupfinstrument, aus lat. *pandura* (daher d. *Bandurichen* 1. Hälfte 17. Jh.), wohl von ar. *tanbûr* Zither.

Manege w. 2. Hälfte 18. Jh. über frz. *manège* aus it. *maneggio* Handhabung, Reitbahn (vom Zw. *maneggiare* handhaben, reiten, lat. *manus* Hand); ↗ *Manager*, ↗ *Mandat*, ↗ *Manier*, ↗ *Mandel²*, ↗ *Manöver*, ↗ *Manschette*.

Mangel¹ w. Wäscherolle, mhd. *mange* Schleudermaschine, aus lat. *manga(na)* Steinschleuder, von gr. *mánganon* Wurfmaschine. Das Kriegsgerät gab 2. Hälfte 15. Jh. den Namen für eine Glättmaschine mit Steinkästen für Webereien; Übertragung auf die Wäscherolle, 16. Jh. (engl. *mangle*, 1774).

Mangel² m. mhd. *mang(el)*; vom Zw. **mangeln**, mhd. *mang(e)len*, ahd. *mangalôn*; Herkunft ungeklärt. ↗ *bemängeln*.

Mangold m. Rübengewächs, mhd. *man(e)golt*; Herkunft??

Manie w. 18. Jh. aus gr. *manía* Raserei (zum Zw. *maínesthai* rasen, zur idg. Wurzel **men-* denken. – ↗ *mahnen*, ↗ *Automat*, ↗ *Mann*).

maniert Adj. 18. Jh. aus frz. *maniéré*.

Manier w. mhd. *maniere*, aus afrz. *manière* Betragen (vom Adj. mlat. *manuarius* handlich, lat. *manus* Hand); ↗ *Mandat* usw. **Maniküre** w. 20. Jh. aus frz. *manicure* (Zs.: lat. *manus* Hand [↗ *Mandat* usw.] + lat. *cura* Sorge [↗ *Kur* usw.]).

Manipulation w. 18. Jh. magnet. Heilversuch durch Bestreichen mit der Hand, aus frz. *manipulation* (*manipuler* handhaben); *↗ Mandel²*.

Manko s. Ausfall, 1. Hälfte 18. Jh. aus it. *manco* Fehlbetrag (it. *a manco* im Defizit ergibt d. *Amanco* 18. Jh.); von lat. *mancus* unvollständig, *mancare* verstümmeln. Verw.: *↗ Mangel²*?

Mann m. mhd. ahd. *man*, got. *manna* (engl. *man*). Eigtl. = *↗ Mensch* (*↗ je-man-d, ↗ man*); wohl zur idg. Wurzel **men-* denken (= denkendes Wesen?); *↗ mahnen, ↗ Manie, Manfred, ↗ Mentor*. **Mannequin** s. (m.) 18. Jh. aus frz. *mannequin* (von nl. *mannekîn* Männchen) zuerst = Modellpuppe; dann (20. Jh.) = Vorführdame. **Mannweib** s. LÜ Mitte 17. Jh. von gr. *andrógynos* Zwitter; dann Jean Paul 1802 = Amazone.

Manöver s. 2. Hälfte 18. Jh. aus frz. *manœuvre* (Zs.: lat. *manus* Hand + *opera* Werk, Arbeit; also = Handarbeit; *↗ Mandat* usw.).

Mansarde w. 1. Hälfte 18. Jh. aus frz. (*toit à la*) *mansarde* gebrochenes Dach, nach dem (vermeintl.) frz. Erfinder François *Mansard* (1598–1666); 2. Hälfte 18. Jh. = Dachkammer.

manschen Zw. *↗ man(t)schen*.

Manschette w. 2. Hälfte 17. Jh. aus frz. Mz. *manchettes* Ärmelüberschläge (Verkleinerung von frz. *manche* Ärmel, aus lat. *manica* Ärmel; von lat. *manus* Hand; *↗ Mandat* usw.); 1. Hälfte 19. Jh. = gestärktes Ärmelende. – *Manschetten haben* stud. 18. Jh., weil die Handkrausen die Benutzung des Degens hinderten, den Träger also verunsicherten.

Mantel m. mhd. *mantel, mandel*; ahd. *mantal, mandal* (engl. *mantle*), aus lat. *mantellum* Mäntelchen (Verkleinerung von lat. *mantum* Kurzmantel, vermutl. aus einer kelt. Sprache). – *Mantel der Liebe* nach Friedrich v. Logaus „Sinnge-

dichten" (1604–1655); vgl.: Sprüche Sal. 10, 12; 1. Petr. 4, 8.

man(t)schen Zw. 1. Hälfte 19. Jh., durch Nasal verstärktes SchW zu *↗ Matsch. – ↗ plan(t)schen*.

Manufaktur w. Mitte 17. Jh. aus frz. = engl. *manufacture* (Werkhaus für) Handarbeit (Zs.: lat. *manus* Hand [*↗ Mandat*] + *factura* Zubereitung, vom Zw. lat. *facere* machen [*↗ faktisch*]). – **Manuskript** s. 1. Hälfte 18. Jh. aus lat. *manuscriptum* Handschrift (Zs.: lat. *manus* Hand + *scriptum* Schriftsatz, vom Zw. *scribere ↗ schreiben*).

Mappe w. 2. Hälfte 16. Jh. verkürzt aus mlat. *mappa mundi* Landkartentasche (= frz. *mappe-monde,* it. *mappamondo* Weltkarte); 18. Jh. = Schriftentasche. Lat. *mappa* aus dem Phönizischen.

Marabu m. Storchvogel, 19. Jh. aus frz. *marabout* afrik. Storch, Einsiedler, über port. aus ar. *murâbit* islam. Einsiedler.

Märchen s. 18. Jh. = Wundergeschichte (Mitte 15. Jh. = kleine Ballade), verkleinernd zum Subst. mhd. *mære*, ahd. *mâri* Kunde (got. *mêrs* berühmt, ferner die PNN auf *-mar* wie *Othmar,* gall. *Sego-marus* usw.); *↗ mehr, ↗ meist*.

Marder m. mhd. *ma(r)der*, ahd. *mardar* neben endungslosem mhd. *mart*, mard. Verw. mit lat. *maritus* Gatte; dann = Braut: Tabuname, mit dem das Raubtier versöhnt werden sollte? Oder: zu *↗ Mord* (wegen seiner Raublust)?

Margarine w. 19. Jh. aus frz. *margarine* Kunstbutter, KW aus *acide margarique* Fettsäure (zur Margarineherstellung); von gr. *márgaron* Perle (aus einer orient. Sprache). – **Margerite** w. Wucherblume, Mitte 16. Jh. aus frz. *marguerite* = Perlenblume (über lat. *margarita* Perle aus gr. *margarîtês* Perle, Weiterbildung von gr. *márgaron*).

Marihuana s. Hanfdroge, 20. Jh. aus am.; über span. vermutl. aus mex. Eingeborenensprache. Oder aus w. PNN *Maria + Juana*??

Marille w. ⁄ *Amarelle;* ⁄ *Aprikose.*

Marine w. Ende 17. Jh. aus frz. *marine* (daher engl. *marine*), vom lat. Adj. *marinus* zum Meer gehörig (Subst. *mare* ⁄ *Meer.* – ⁄ *Maar,* ⁄ *Marsch²*). **marinieren** Zw. 17. Jh. aus frz. *mariner* (it. *marinare,* zu lat. *mare* Meer).

Marinismus m. Schwulststil, 17. Jh. nach dem it. Dichter Giambattista *Marino* (1569–1625; Mammutepos „Adone" 1623).

Marionette w. um 1700 aus frz. *marionette* Drahtpuppe zum Theaterspiel, von it. *marionetta* Puppenkopf am Narrenzepter (*Mariechen*). Vom w. PN *Marion,* verkleinernd zu *Maria* (⁄ *Marotte*).

Mark¹ w. Münzgewicht, Münze; mhd. *marc(h),* *marke* (Zeichen auf einem) Metallbarren, Münzgewicht, d. Ableitung zu ⁄ *merken;* ⁄ *Marke.*

Mark² w. Grenzland, mhd. *marke,* ahd. *mar(h)a,* got. *marka* (engl. *mark*); verw.: lat. *margo* Grenze; zur idg. Wurzel **mer(e)g̑-* Grenze, Rand. ⁄ *Markise.*

Mark³ s. Innengewebe, mhd. *marc,* ahd. *mar(a)g* (engl. *marrow*); idg. Körperteilbezeichnung, zur Wurzel **mozgo-* Gehirn.

markant Adj. 1. Hälfte 19. Jh. aus frz. *marquant,* Part. Präs. zu *marquer;* ⁄ *markieren.*

Marke w. mhd. *marc* (engl. *mark*), wie *Mark¹* zum Zw. ⁄ *merken.* Zweisilbig seit 18. Jh. nach frz. *marque* Warenzeichen, aus germ. **marka-* Zeichen. ⁄ *markieren.*

Marketender m. Mitte 16. Jh. *mercatenter,* aus it. *mercatante* Händler (vom it. Zw. *mercatare* handeln, zum lat. Subst. *mercatus* Markt, mit volkset. Anlehnung an ⁄ *Markt;* lat. *merx* Ware). ⁄ *Mars.*

markieren Zw. um 1700 aus frz. *marquer* bezeichnen (das Subst. frz. *marque* Zeichen von germ. **marka* ⁄ *Marke*).

Markise w. Sonnendach, 2. Hälfte 18. Jh. aus frz. *marquise* eigtl. = Markgräfin (w. Form zu *marquis*

Markgraf, zu *Mark²*); dann ironisch = Bespannung des Offizierzelts. Zugrunde liegt ahd. *mar(h)a* ⁄ *Mark².*

Markt m. mhd. *market,* ahd. *markât* (engl. *market*), aus volkslat. *marcatus,* das von lat. *mercatus* Markt herkommt (lat. Zw. *mercari* handeln, Subst. *merx* Ware). **Marktschreier** m. Mitte 17. Jh. Eigtl. = Ausrufer auf dem Jahrmarkt. ⁄ *Marketender.*

Marmel m. ⁄ *Marmor.*

Marmelade w. 2. Hälfte 16. Jh. aus span. *mermelada* Quittenmus (wohl über frz. *marmelade*); dies eine Fortbildung von gr. *melímêlon* Honigapfel, Quitte (*méli* Honig + *mêlon* Apfel); ⁄ *Melasse,* ⁄ *Melone.*

Marmor m. 16. Jh. aus lat. *marmor;* dafür (gleiche Herkunft) dissimilierend mhd. *marmel,* ahd. *marmul* (neben *murmel;* engl. *marble*). Dem lat. Wort liegt gr. *mármaros* Felsblock zugrunde, wie ⁄ *mürbe* zur idg. Wurzel **mer-* zermalmen, kämpfen, woher auch gr. *maraínein* aufreiben, *mársnesthai* kämpfen. Auf die Bedeutung des Wortes hat (ohne etymol. Zusammenhang) gr. *marmáreos* leuchtend, schimmernd eingewirkt („zermalmender [Felsblock]" wird zu „leuchtender [Stein]"). – ⁄ *Murmel.*

marode Adj. 1. Hälfte 17. Jh. aus frz. *marode* Plünderung durch vagabundierende Soldaten (vom frz. Subst. *maraud* für älteres *marault* streunender Bettler, zu lat. *mala hora* zu böser Stunde gezogen; lat. *malus* schlecht; ⁄ *malträtieren*).

Marone w. Edelkastanie, um 1600 aus it. *marrone,* frz. *marron;* zugrunde liegt ein spätgr. ungedeutetes Wort (*máraon*).

Marotte w. 2. Hälfte 18. Jh. aus frz. *marotte* Puppenkopf am Narrenzepter; wie ⁄ *Marionette* von *Marion* Verkleinerung zum w. PN *Maria* (= „Mariechen").

Mars m. Mastkorb, vor 1800 aus nd.

marse, merse, über nl. aus lat. *merx* Warenkorb; nach ihm heißt der Planet. ↗ *Marketender.* – Nicht zum Namen des röm. Kriegsgottes *Mars* (älter: **Mavors*)!

Marsch[1] m. 1. Hälfte 17. Jh. aus frz. *marche,* Gang, Tritt, Reise; vom frz. Zw. *marcher* mit dem Fuß pressen, gehen (zugrunde liegt vermutl.: volkslat. **marcare* den Takt mit dem Hammer schlagen, lat. *marcus* Hammer. Oder zu afrk. **markon* Zeichen setzen [↗ *Marke*]?). – ↗ *marschieren.*

Marsch[2] w. Schwemmland, mnd. *marsch, mersch,* as. *mersk* (engl. *marsh*); hd. seit Mitte 17. Jh. Zugrunde liegt eine Ableitung zur idg. Wurzel **mari* ↗ *Meer.* ↗ *Maar,* ↗ *Marine,* ↗ *Morast.*

Marschall m. mhd. *marschalc,* ahd. *marahscalc.* Zs. aus ↗ *Mähre* Pferd und ↗ *Schalk* Knecht, also = Pferdeknecht. ↗ *Marstall.*

marschieren Zw. um 1600 aus frz. *marcher;* ↗ *Marsch*[1].

Marseillaise w. eigtl. = Lied aus *Marseille* (von Marseiller Revolutionären 1792 in Paris gesungen).

Marstall m. mhd. *mar(ch)stal,* Zs. aus ahd. *mar(i)ha* ↗ *Mähre* + ahd. *stal* ↗ *Stall,* also = Pferdestall. ↗ *Marschall.*

Marter w. mhd. *marter(e)* neben *martel,* ahd. *martira, martara* neben *martela;* über lat. *martyrium* aus gr. *martýrion* Blutzeugnis; urspr. = Erinnerung (verw.: lat. *memor* eingedenk. – Die Bedeutung „Qual" erst christlich!).

März m. mhd. *merze,* ahd. *marzeo, merzo,* aus lat. (*mensis*) *Martius* dem Kriegsgott *Mars* geweihter Monat (am Jahresbeginn); ↗ *ausmerzen.*

Marzipan s. 1. Hälfte 16. Jh. *marczapane* (engl. *marchpane*), aus it. *marzapane,* von ar. *mautabân* sitzender Christus (auf einer byzantin. Münze von 1193); dann = Schachtel (als Hohlmaß, 13. Jh.); schließlich (um 1500) = in Schachtel verpacktes Zuckerkonfekt.

Masche[1] w. Fadenschlinge, mhd. *masche,* ahd. *masca* (engl. *mesh*); zur idg. Wurzel **mezg-* stricken (also = Knoten). – *Durch die Maschen gehen* jägersprachl. = aus dem Netz (= Umhegung des Jagdgebiets) entkommen.

Masche[2] w. Kunstgriff, Lösung, 20. Jh. aus jidd. *mezio* Gewinn (20. Jh. „*das ist die Masche!*"). – Oder = *Masche*[1]?

Maschine w. Mitte 17. Jh. aus frz. *machine* Triebwerk, über lat. *machina* aus gr. *mêchanê* Hilfswerkzeug (von gr. *mêchos* Hilfsmittel). – ↗ *mechanisch,* ↗ *Machenschaft.*

Maser[1] w. Kräuselfaserung im Holz, mhd. *maser* Holzknorz, ahd. *masar;* Herkunft ungeklärt. – Dazu die Mz. **Masern** 2. Hälfte 16. Jh. Kinderkrankheit; urspr. ahd. (beeinflußt von mnd. *mas[s]el[e]* Hautausschlag, mhd. *masel* = ahd. *masal* Blutgeschwür; mnd., mnl. *mâse* Fleck, ahd. *mâsa* Wunde). – Aber: **Maser**[2] m. Kurzwellenverstärkung durch Strahlen, 20. Jh. amer. KW aus: **m**ikrowave **a**mplification by **s**timulated **e**mission of **r**adiation.

Maske w. 17. Jh. aus frz. *masque,* über it. *maschera* (engl. *mask[er]* aus ar. *mas-chara* Mummenschanz, Scherz(macher). Zwischen frz. und it. vermittelte die – alte – mlat. Kürzung *masca.*

Maskottchen s. 20. Jh. frz. *mascotte* aus prov. *mascoto* Hexerei (prov. *masco* Hexe; lang. *masca* Hexe). Herkunft ungeklärt.

Masochismus m. 1886 von Dr. v. Krafft-Ebeling nach dem Schriftsteller L. Ritter von Sacher-*Masoch* benannt.

Maß s. spätmhd. *mâʒ* verschmilzt mhd. *mâʒe* (angemessene) Art und Weise; seit 14. Jh. = zugemeßne Menge, mhd. *meʒ* Meßgerät. Mit ↗ *messen* zur idg. Wurzel **me(d)-* messen. ↗ *mäßig,* ↗ *Mahl,* ↗ *Mode.*

Massage w. 2. Hälfte 19. Jh. aus frz. *massage* (vom Zw. *masser* massieren, wohl aus ar. *mass* betasten).

Masse w. mhd. *masse* Klumpen, spätahd. *massa*, aus lat. *massa* Klumpen, von gr. *máza* Teig (gr. *mássein* kneten, ⁄ *mengen*); ⁄ *machen*. – **massieren**¹ Zw. in Massen aufstellen, 20. Jh. aus frz. *masser* anhäufen. Nicht verw.: **massieren**² Zw. Massage ausüben, von einem anderen frz. Zw. *masser;* ⁄ *Massage*.

massiv Adj. Mitte 17. Jh. aus frz. *massif* (im 16. Jh. vom Subst. *masse* ⁄ *Masse* abgeleitet).

mäßig Adj. mhd. *mǣzec*, ahd. *mâzig;* vom Subst. ⁄ *Maß*.

Maßliebchen s. Wiesenblume, 15. Jh. aus mnl. *matelieve* = Eßlust (⁄ *Maat* usw.): die Blume galt als appetitanregend(?). – Volkset. zu ⁄ *Maß* und ⁄ *Liebe* gezogen.

Mast¹ m. Rundholz für Takelung; Leitungsträger, mhd. ahd. (= engl.) *mast;* Nordseeküstenwort zur idg. Wurzel **mazdo-s* Stange, dazu: lat. *malus* Mast.

Mast² w. Mästung, mhd. ahd. (= engl.) *mast;* verw.: lat. *madere* triefen; idg. **mazdo, -da* fett (zunächst von der Eichelmast der Schweine [air. *mât* Ferkel]); mit germ. **mati-* Speise (mhd. *maʒ*) verw.: ⁄ *Maat*, ⁄ *Messer*, ⁄ *Mettwurst*, ⁄ *Mus*. – **Mastdarm** m. mhd. ahd. *arsdarm*, dann verhüllend frühnhd. *masdarm* Speisedarm, an *Mast*² angelehnt.

Matador m. Hauptkerl, 1. Hälfte 18. Jh. aus span. *matador* Hauptstierkämpfer (span. *matar* töten, von lat. *mactare* opfern, schlachten).

Match m. (s.) 1903 aus engl. *match* Wettkampf (von as. *gimako* tauglich = ahd. *gimah;* ⁄ *Gemach*).

Material s. Mz. *Materialien* 2. Hälfte 15. Jh. (Ez. 18. Jh.), aus mlat. *materiale* s. Form, zum Adj. *materialis* zum Stoff gehörend; Rohstoff. **Materialist** m. 2. Hälfte 16. Jh. = Gewürzhändler; 2. Hälfte 18. Jh. = Anhänger des **Materialismus** m. 18. Jh. aus frz. *matérialisme*.

Mathematik w. 1. Hälfte 16. Jh. für älteres *mathematica* Mitte 15. Jh.

aus gr. *mathêmatikê* (*téchnê*) Kunst der Wissenschaft (zum gr. Subst. *máthêma* Wissenschaft; dazu: Mz. *mathêmata* Meßkunde, vom gr. Zw. *manthánein* lernen).

Matinee w. Morgenveranstaltung, -kleid, 19. Jh. aus frz. *matinée* (vom frz. Subst. *matin* Morgen, von lat. *matutinum* Frühzeit; vgl.: lat. *maturus* reif, *mane* früh).

Matjeshering m. 18. Jh. aus nl. *maatjesharing*, mnl. *meeckenshêring* Jungfernhering (wegen seiner Jugend; engl. *matie* aus dän., 19. Jh.). ⁄ *Mädchen*.

Matratze w. 2. Hälfte 15. Jh. aus it. *materazzo*, von ar. *maṭraḥ* Kissen. Dagegen war mhd. *mat(e)raʒ* (wie engl. *mattress*) aus afrz. *materas* entlehnt, aus gleicher Quelle.

Mätresse w. 1. Hälfte 17. Jh. aus frz. *maîtresse* (w. Form zum frz. Subst. *maître* Herr, von lat. *magister* Lehrer; ⁄ *Meister*, ⁄ *Magistrat*).

Matrikel w. 16. Jh. *matricul*, aus lat. *matricula* Liste; Verkleinerung zu lat. *matrix* Gebärmutter, Stammrolle; dazu: gr. *Mêtrôon* Tempel der Erdmutter (lat. *Magna Mater* Große ⁄ *Mutter*), in dem sich das Staatsarchiv befand; dazu: *immatrikulieren* um 1700 aus lat. *immatriculare* in die Matrikel einschreiben. – **Matrize** w. 17. Jh. aus frz. *matrice*, dies aus lat. *matrix*, von lat. *mater* ⁄ *Mutter*. – **Matrone** w. 14. Jh. aus lat. *matrona* Ehefrau (lat. *mater*). ⁄ *Patron*.

Matrose m. 1. Hälfte 17. Jh. aus nl. *matroos*, das über frz. *matelots* Mz. zum frz. Subst. *matelot* Seemann gehört. Schon mhd. *mâʒgenôʒe* Mitglied einer Tischmannschaft (germ. seemänn. Schiffsbesatzungsgruppe); über mnl. *mattenoot* ins frz. *matelot*. – Das Wort ist in die Runde gewandert (hd.-nl.-frz.-nl.-nd.-hd.). Zu ⁄ *Maat* und Verwandten.

ma(n)tschen Zw. ⁄ *manschen*. Daher das Subst. **Matsch** m. 18. Jh.

matt Adj. mhd. *mat*, im 13. Jh. aus der urspr. Formel *schach unde mat*, über frz. *échec et mat* aus dem span. *jaque y mate* der König – und tot! Zugrunde liegt ar. *esch-schâh mât* der König (im Schachspiel) ist tot! – ↗ *schachmatt*.

Matte[1] w. Bodenbelag, mhd. *matte*, ahd. *matta*, über lat. *matta* aus heb. *mitthâh* Decke.

Matte[2] w. (Hoch-)Alpenwiese, mhd. *mat(t)e;* ahd. *mato-screcch* Wiesenhüpfer (engl. *meadow*); zum Zw. ↗ *mähen* (idg. *me-*); eigtl. = mähbare Wiese (zum Unterschied zur Weidewiese).

matur Adj. ↗ *Matinee.*

Matze w. jüd. Passahbrot, 15. Jh. über jidd. *matzo* aus heb. *maṣṣâ* ungesäuertes Brot.

mau Adj. kläglich, nordd. 19. Jh., wohl vom Zw. **mauen** = ↗ *miauen,* SchW (14. Jh. *mawen,* mnd. *ma(u)wen*).

Mauer w. mhd. *mûre,* ahd. *mûra,* aus lat. *murus* (w. nach dem Muster von ↗ *Wand,* dem heimischen Wort für die geflochtene Wand, neben das sich das fremde Wort für die gemauerte Wand setzt).

mauern Zw. zurückhaltend (Karten) spielen, 19. Jh. über rotw. *maure* Furcht, aus heb. *môrā* Furcht.

Maul s. mhd. *mûl(e),* ahd. *mûla* (got. *faur-mûl-jan* das Maul verbinden; vermutl.: Weiterbildung zu einem alten SchW *mû-* für einen dumpfen Laut. Verw.: gr. *mýllon* Lippe, *mýein* sich schließen, lat. *mugire* brüllen. ↗ *Motto,* ↗ *Mystik.*

Maulaffe m. urspr. = Kienspanhalter in Gestalt eines Kopfes mit offenem Mund (14. Jh.).

Maulbeere w. mhd. *mûlber* (wie engl. *mulberry*) neben älterem *môrber,* ahd. *mûrberi, môr,* aus lat. *morum* Brombeere (von gr. *móron*). Das 1. *-r-* wird mhd. dissimiliert zu *-l-* (↗ *Pflaume,* ↗ *Schilf*).

Maulesel m. mhd. *mûl(e)* neben *mûlesel, -tier,* ahd. *mûl,* aus lat. *mulus* Maultier (etwa gleichzeitig mit ↗ *Esel* entlehnt). – Kleinas. Herkunft.

Maulschelle w. ↗ *Schelle.*

Maulwurf m. mhd. *mûwerf* neben *mûlwurf, -werf, molt-, multworf* u. ä., ahd. *mû(l)werf, mul(t)werf* u. ä.; Zs. aus einem nicht erhaltenen Subst., das in ags. *mûga, mû-wa, mûha* Haufen (engl. *mow*) vorliegt, + einer Ableitung vom Zw. ↗ *werfen;* eigtl. = Haufen(auf)werfer. Volkset. Anlehnung an ahd. *molta* Staub oder *mûla* Maul, weil das Bestimmungswort verklungen war.

Maus w. mhd. ahd. *mûs* (engl. *mouse*); verw.: lat. *mus* Maus, gr. *mŷs.* Der idg. Tiername (**mus-*) ist einer Wurzel **meu̯-* verw., dazu: lat. *movere* bewegen: das Nagetier heißt nach seiner Beweglichkeit. – Identisch mit *Maus* Muskel am Handballen, am Fuß: mhd. ahd. *mûs,* gr. *mŷs;* lat. *mus-culus* ↗ *Muskel.* ↗ *mausen,* ↗ *Muschel.*

mauscheln Zw. jiddisch reden, 1. Hälfte 17. Jh. vom Subst. *Mauschel* Handelsjude 17. Jh. aus dem jüd. PN *Moses* (jidd. *Mausche*).

mausen Zw. stehlen, mhd. *mûsen* Mäuse fangen, (wie eine Katze) herumschleichen; ↗ *Maus.*

mausern Zw. Federn usw. wechseln, mhd. *mûʒen* wechseln, ahd. *mûʒ(ʒ)ôn,* aus lat. *mutare* tauschen. Vom Subst. **Mauser** w. mhd. *mûʒe* (= lat. *muta* Federwechsel). *-r-* intensivierend wie bei ↗ *meck-er-n* u. a. – **mausig** Adj. mhd. *mûʒec* mausernd (vom Jagdfalken); *sich mausig machen* angeben, seit Mitte 16. Jh.

mausetot Adj. 17. Jh. aus nd. *mors-, murstot* ganz tot (nd. *mors* ganz); im Hd. volkset. Anlehnung an *Maus.* ↗ *Mord,* ↗ *morsch,* ↗ *mürbe.*

Mausoleum s. 2. Hälfte 16. Jh. aus lat. *mausoleum,* von gr. *Mausóleion* = Name des Grabmals von König *Mausolos* von Karien († 353 v. Chr.), eins der sieben Weltwunder.

Maxime w. 17. Jh. über frz. *maxime,* verkürzt aus *maxima regula* oberster Grundsatz.

Maxwell s. Maßeinheit des magn. Flusses, 1930 nach dem schott. Physiker J. C. *Maxwell* (1831 bis 1879).

Mayonnaise w. 19. Jh. aus frz. *mayonnaise* Tunke aus *Mahón* (Hauptstadt von Menorca, 1756 von Richelieu erobert).

Mäzen m. 1. Hälfte 18. Jh. nach dem römischen Adligen *Mäcenas*, dem Förderer des Vergil und Horaz (71−8 v. Chr.).

mechanisch Adj. Mitte 16. Jh. aus lat. *mechanicus*, das von gr. *mēchanikós* erfinderisch herstammt (gr. *mēchos* Hilfswerkzeug. − ∕ *Maschine*).

meckern Zw. 17. Jh. für älteres frühnhd. *mecken;* mhd. *mekkatzen* meckern. Von mhd. *mecke* m. Ziegenbock, SchW (gr. *mēkâsthai* meckern, *mēkás* Ziege) mit intensivierendem -r- wie bei ∕ *lod-er-n*, ∕ *schlenk-er-n*, ∕ *schleud-er-n*, ∕ *plapp-er-n*, ∕ *plust-er-n*, ∕ *po-k-er-n*, ∕ *rack-er-n*, ∕ *räusp-er-n*, ∕ *stänk-er-n*, ∕ *steig-er-n*, ∕ *stö-b-er-n*, ∕ *stoch-er-n*, ∕ *stolp-er-n*, ∕ *stott-er-n*, ∕ *träll-er-n* u. a.

Medaille w. Mitte 16. Jh. aus frz. *médaille*, über it. *medaglia* aus mlat. *metallia* Metallmünze; ∕ *Metall*. **Medaillon** s. 1. Hälfte 18. Jh. aus frz. *médaillon*, aus it. *medaglione* große Schaumünze.

Medium s. Vermittler zwischen Geister- und Menschenwelt, 17. Jh. aus lat. *medium* Mittleres (lat. *medius* der Mittlere; ∕ *Mitte*).

Medizin w. 13. Jh. aus lat. *(ars) medicina* Heilkunst, vom Subst. *medicus* Arzt (zu *mederi* heilen; idg. Wurzel **me[d]*- berechnen, ermessen; ∕ *messen*).

Meer s. mhd. *mer*, ahd. *meri, mari* (got. *mar-saiws* See; engl. *mere*); verw.: lat. *mare*; ∕ *Maar*, ∕ *Marine*, ∕ *Marsch²*; urspr. = „stehendes Wasser"; ∕ *Moor;* nur westidg. (voridg. Herkunft?). ∕ *See*. **Meerkatze** w. mhd. *mer(e)katze*, ahd. *merikazza* katzenähnlicher, über das Meer importierter Affe. **Meer-**

schaum m. LÜ 15. Jh. für lat. *spuma maris* Name einer Korallenart; 18. Jh. benutzt für das damals aus Kleinasien zum Schnitzen von Pfeifenköpfen importierte Steinmark.

Meerschweinchen s. 17. Jh. (da über das Meer importiert); zuerst: frühnhd. *merschwein* Stachelschwein, mhd. *merswîn* Delphin.

Meerrettich m. mhd. *merretich*, ahd. *mêr-, mêri-, mêreratih*, volkset. an *Meer* angelehnt, urspr. zu ∕ *mehr;* eigtl. = größerer Rettich.

Meeting s. ∕ *Gemahl*.

Megäre w. 2. Hälfte 18. Jh. aus gr. *Mégaira* Erinnyenname (= die Feindliche).

Mehl s. mhd. *mel*, ahd. *melo* (engl. *meal*); mit ∕ *mahlen* und seiner Sippe zur idg. Wurzel **mel-* zerreiben. **Mehltau** m. ∕ *Meltau*.

mehr Adj. (Adv.) mdh. ahd. *mêr*, got. *maiza* (engl. *more*). Alter Komp. zum germ. Adj. **mêra-* berühmt (got. *mêrs*; ∕ *Märchen*, ∕ *meist*); eigtl. = hervorragender. ∕ *Meerrettich*. **Mehrzahl** w. LÜ Mitte 17. Jh. von ∕ *Plural*.

meiden Zw. (mied, gemieden), mhd. *mîden*, ahd. *mîdan*; mit ∕ *missen* zur idg. Wurzel **meit(h)*- tauschen; ∕ *Meineid*.

Meile w. mhd. *mîle*, ahd. *mîl(l)a*, aus lat. *milia (passuum)* 1000 Doppelschritte (= 1,48 km). Zugrunde liegt lat. ZaW *mille* 1000; früh entlehnt beim röm. Militärstraßenbau. − **Meiler** m. mhd. *mîler*, aus lat. *miliarium* 1000 Stück (Holz).

Meineid m. mhd. *meineit*, ahd. *meineid*, Zs. mit dem Adj. mhd. ahd. *mein* falsch, got. *maidjan* tauschen; lat. *mutare* verändern, *mutuus* wechselseitig; idg. Wurzel **mei-* tauschen; ∕ *meiden;* ∕ *gemein*.

meinen Zw. mhd. ahd. *meinen*, ahd. daneben *mein(j)an, meinôn* (engl. *mean*); Herkunft ungeklärt. ∕ *vermeintlich*.

meinethalben Adv. mhd. *von mînen halben* von meiner Seite (mhd. *halbe* Seite; ∕ *halb*); später zusam-

mengerückt; das 2. -n- fiel, nachdem sich hinter ihm der Gleitlaut -t- eingestellt hatte (wie in ↗öffen-t-lich usw.), nach dem 1. -n- aus.
Meise w. mhd. *meise,* ahd. *meisa* (engl. *tit-mouse*), zu dem im D. verlorenen Adj. germ. **maisa-* klein (norw. *meis* schwächlich, Schwächling); eigtl. = kleiner Vogel)?

Meißel m. mhd. *meizel,* ahd. *meizil* Stoßeisen, vom Zw. mhd. *meizen,* ahd. *meizan,* got. *maitan* abschneiden (mit dem Gerätesuffix *-el* wie ↗*Drisch-el,* ↗*Heb-el,* ↗*Quir-l,* ↗*Schauf-el,* ↗*Schleg-el,* ↗*Schlüss-el,* ↗*Flüg-el,* ↗*Sie-l,* ↗*Spieg-el,* ↗*Stemp-el*). – ↗*Ameise.*

meist Adj. (Adv.) mhd. u. ahd. *meist,* got. *maists,* Sup. zu dem unter ↗*mehr* besprochenen germ. Adj. **mēra-* berühmt; ↗*Märchen.*

Meister m. mhd. *meister,* ahd. *meistar,* aus lat. *magister.* *-g-* zwischenvokalisch ausgefallen (it. *maëstro,* frz. *maître,* engl. *master, mister*). ↗*Magistrat.* Zugrunde liegt: lat. Adj. *magnus* groß (alter Komp.: **mag-isteros;* vgl.: ↗*Minister*). ↗*Mätresse.*

melancholisch Adj. 14. Jh. über lat. *melancholicus* aus gr. *melankcholikós* schwarzgallig (Zs. aus *mélas* schwarz + *cholê* Galle [vgl.: ↗*Cholera* usw.]). – ↗*Trübsinn.*

Melasse w. Restsirup, 2. Hälfte 18. Jh. aus frz. *mélasse,* von span. *melaza* (zugrunde liegt volkslat. **melacea,* zu: lat. *mel* Honig; ↗*Marmelade,* ↗*Melisse*).

Melde w. Wildspinat, mhd. *melde,* ahd. *mal-, mel-, mol-, multa, melda;* mit ↗*mahlen* und ↗*Mehl* zur idg. Wurzel **mel-* zerreiben. Das Unkraut heißt nach seinen grau (-bestäubt)en Blättern.

melden Zw. mhd. *melden,* ahd. *meldôn* verraten; Herkunft ungeklärt.

Melisse w. Bienenkraut, 16. Jh. aus lat. *melissa* (von gr. *melissóphyllon* Bienenkraut; *mélitta* Biene). Oder umgeformt aus ↗*Melasse.*

melken Zw. (molk, gemolken),

mhd. *melken, melchen,* ahd. *melchan* (engl. *milk*); wie lat. *mulgere* melken, gr. *amélgein* melken zur idg. Wurzel **melg-* abwischen, melken. – ↗*Molke,* ↗*Mulde.*

Melodie w. Mitte 16. Jh. aus spätlat. *melodia;* davor *melodei,* mhd. *melodîe,* aus afrz. *melodie,* ebf. vom Lat. Zugrunde liegt gr. *melôdía* Lied (Zs. aus gr. *mélos* Lied + *ôdê* Gesang).

Melone w. mhd. *melô-, melûne, mylaun,* aus frz. *melon;* später (15. Jh.) wirkt it. *mellone* ein. Zugrunde liegt über lat. *melo* Apfelmelone gr. *mêlon* Apfel (↗*Marmelade*). – Seit dem späten 19. Jh. auch als Bezeichnung einer Hutform.

Meltau m. Blattlaushonig, mhd. *miltou,* ahd. *militou* (engl. *mildew*), trotz der frühen Formen vermutl. = Mehltau m. Pilzbefall, zu ↗*Mehl* und ↗*Tau,* = mehlartiger Befall. Oder zu idg. **melit* Honig?

Memme w. 1. Hälfte 16. Jh., identisch mit mhd. *memme, mamme* Mutterbrust, SchW. – ↗*Mama.*

Menagerie w. 1. Hälfte 18. Jh. aus frz. *ménagerie* Viehhof, vom frz. Subst. *ménage* Haushalt (daher d. **Menage** w., 18. Jh.); zugrunde liegt mlat. *mansionaticum* Bleibe (lat. *mansio* Bleiben, *manere* bleiben; ↗*Manager*). – ↗*Mesner.*

Menetekel s. bedrohliches Vorzeichen, eigtl.: Geisterschrift, die dem bab. König Belsazar erschien (aram. *mênê mênê tegel ûfarsin,* nach Dan. 5, 25 = gezählt, gewogen, zu leicht befunden).

Menge w. mhd. *menige, manige, meine* u. ä., ahd. *menigî, manigî,* got. *managei* adj. Abstraktum zu ↗*manch.*

mengen Zw. mhd. *mengen,* ahd. *mengan* (dazu engl. *mingle*); mit der nd. Präp. *mang* zwischen zur idg. Wurzel **mank-* mischen (gr. *mássein* kneten). ↗*Masse.*

Mennig(e) w., m. ↗*Miniatur.*

Mensa w. Studentenspeisehaus, 20. Jh. aus lat. *mensa* Tisch. Verw.: ↗*messen?*

Mensch m. mhd. *mensch(e)*, ahd. *menn-, mannisco;* Subst. zum Adj. ahd. *mennisc* menschlich (got. *mannisks*); eigtl. = der Männliche. Wie ↗ *Mann* zur idg. Wurzel **men-* denken. **Menschenfresser** m. LÜ 1. Hälfte 17. Jh. aus gr. *anthrôpóphagos*. **Menschenfreund** m. LÜ 1. Hälfte 17. Jh. aus gr. *philánthrôpos*. Aber: **Menschewismus** m. gemäßigter Sozialismus, 20. Jh. aus r. *menševik* Minderheitler.

Menstruation w. 19. Jh. aus nlat. *menstruatio*, zum lat. Zw. *menstruare* die Regel haben. Zugrunde liegt lat. *mensis* Monat (↗ *Mond*).

Mentor m. Ratgeber, Mitte 18. Jh. aus gr. PN *Mentor* (zur idg. Wurzel **men-* denken, also = Denker); bei Homer Erzieher des Odysseussohnes Telemach, bekannter als Erzieher des Titelhelden in Fénélons Roman „Aventures de Télémaque" (1699). – ↗ *mahnen*, ↗ *Mensch*.

Menü s. Mitte 19. Jh. aus frz. *menu* Tischkarte (vom frz. Adj. *menu* klein, das von lat. *minutus* vermindert, klein herkommt; *minuere* vermindern; ↗ *Minute*). **Menuett** s. 1. Hälfte 18. Jh. aus frz. *menuet* Kleinschrittanz (zu frz. *menu*).

Mercedes w. PN, span. = Gnadenreiche; lat. *merces* Gnade, Lohn; nach dem lat. Namen eines Marienfestes *Maria de mercede redemptionis captivorum* Maria von der Gnade der Gefangenenbefreiung (24. 9.). – Der Kraftwagen heißt nach der Tochter eines öst. Kaufmannes.

Mergel m. mhd. *mergel*, ahd. *mergil*, aus mlat. *margila* (über afrz. engl. *marl*). Die Grundform lat. *marga* Mergel aus dem Kelt. – ↗ *ausmergeln*.

Meridian m. Längenkreis, 2. Hälfte 17. Jh. aus lat. (*circulus*) *meridianus* Mittagskreis (Adj. *meridianus* mittäglich, vom Subst. *meridies* Mittag, Zs. aus *medius* mittlerer + *dies* Tag). *-r-* aus *-d-* dissimiliert.

merken Zw. mhd. ahd. *merken* neben ahd. *marchôn, markôn* (engl. *mark*); von ↗ *Marke*. – ↗ *Augenmerk*. – **Merkwort** s. Stichwort für Schauspieler, um 1800 (Tieck).

Merle w. ↗ *Amsel*.

meschugge Adj. 19. Jh. über rotw. aus jidd. *meschuggo* verrückt, heb. *meschugga* schwankend (vom heb. Zw. *schâgag* schwanken).

Meskalin s. Rauschgift, 20. Jh. aus span. *mescal, mezcal,* von mittelam.-indian. (Nahuatl) *mexcalli* Kakteengift.

Mesner m. Kirchendiener, mhd. *mesnære*, ahd. *mesinâri*, über mlat. **masinarius* aus lat. *mansionarius* Haushüter (*mansio* Wohnung, Bleibe; ↗ *Manager*, ↗ *Menagerie*). Nicht zu:

Messe[1] w. Speiseraum, Mitte 19. Jh. aus engl. *mess*, über frz. aus lat. *missum* das (aus der Küche) Geschickte. **Messe**[2] w. kath. Gottesdienst, mhd. *misse, messe,* ahd. *missa, messa* (engl. *mass*), aus lat. *missa*, Abkürzung der Formel *ite, missa est (concio)!* Geht, die Gemeinde ist entlassen!, mit der die Nichtabendmahlsberechtigten vor der Kommunion in der alten Kirche entlassen wurden. Dasselbe Wort ist **Messe**[3] w. Jahrmarkt (mhd. *messe*), der an dem Festtage des Kirchpatrons abgehalten wurde (↗ *Kirmes*); seit 14. Jh. (Frankfurt a. M.) = große Verkaufsveranstaltung. – *-e-* für älteres *-i-* wie in ↗ *Becher*, ↗ *Pech* usw.

messen Zw. (maß, gemessen), mhd. *meʒʒen*, ahd. *meʒʒan*, got. *mitan* (engl. *mete*); wie ↗ *Maß* und ↗ *mäßig* zur idg. Wurzel **me(d)-* messen, dazu: lat. *meditari* überlegen, gr. *métron* Maß und – mit Abl. – lat. *modus* Maß, *modestus* bescheiden, *modius* Scheffel ↗ *Meter*, ↗ *Mode*, ↗ *Monat*, ↗ *Mond*, ↗ *Muße*, ↗ *müssen*, ↗ *gemäß*, ↗ *Gliedmaßen*, ↗ *Medizin;* vielleicht: ↗ *Mensa*.

Messer s. mhd. *meʒʒer(es)*, ahd. *meʒʒira(h)s* für älteres *meʒʒisahs*, Zs. aus germ. **mati-* Speise (got.

mats; ↗ *Maat,* ↗ *Mast*[2], ↗ *Mett-wurst,* ↗ *Mus*) und mhd. ahd. *sahs* Schwert (verw.: lat. *saxum* Fels; also eigtl. = Steinschwert? Oder zur idg. Wurzel **sek-* schneiden? – VN *Sachsen* eigtl. = Schwertman-nen). – „Messer" urspr. = „Speise-schwert". – ↗ *Säge.*

Messing s. mhd. *mess-, missinc, mö-schinc,* über slaw. (poln. *mosiadz*) aus gr. (= byz.) *Mossýnoikos chal-kós* Erz der *Mossynoiken* (kleinas. Volk, das Kupfer und Zinkerz früh zusammenschmolz)??

Mestize m. Indianermischling, Ende 16. Jh. aus span. *mestizo,* aus mlat. **mixticius* = lat. *mixtus* Mischling (*miscere* mischen); ↗ *mischen.*

Met m. mhd. *met(e),* ahd. *mito, me-tu* (engl. *mead*); idg. Bezeichnung des Honigweins (gr. *méthy* Wein, aind. *mádhu* süß).

Metall s. mhd. *metalle, metele,* aus lat. *metallum,* von gr. *métallon.* Weiteres ungeklärt. ↗ *Medaille.*

metaphysisch Adj. 2. Hälfte 18. Jh. zum Subst. **Metaphysik** w. Lehre vom Übersinnlichen, 15. Jh. aus mlat. *metaphysica* nach gr. *meta-physiká* (Titel der Aristotelischen Abhandlungen über die Natur [*physikós* natürlich; ↗ *Physik*]).

Metastase w. Tochtergeschwulst, 20. Jh. aus gr. *metástasis* Wande-rung (*metá* zwischen; *histánai* stellen).

Meteor m., s. vor 1700 aus gr. *metéô-ron* das in der Luft Befindliche (*met-* inzwischen, *aiôra* Schwebe).

Meter m., s. 19. Jh. aus frz. *mêtre,* von gr. *métron* Maß; d. 1868 einge-führt. Vgl. *Tacho-meter,* ↗ *Ther-mo-meter.* – ↗ *messen.*

Methode w. vor 1700 aus lat. *metho-dus,* von gr. *metá* in, nach + *hodós* Weg.

Metro w. Untergrundbahn, 20. Jh. aus frz. (*chemin de fer*) *métropoli-tain* = hauptstädt. Eisenbahn. **Me-tropole** w. 19. Jh. über lat. aus gr. *mêtrópolis* Mutter-, Hauptstadt (↗ *Mutter*).

Mettwurst w. 2. Hälfte 16. Jh. aus

mnd. *metworst.* Bestimmungswort: **matja* aus **mati* Speise (↗ *Messer*); mnd. *mett* gehacktes Schweine-fleisch.

Metze w. Dirne, 1. Hälfte 15. Jh. aus der KF für den w. PN *Mechthild* (= *Mathilde* = Kampfstarke).

metzeln Zw. aus lat. *macellare* schlachten (vom Subst. *macellum* Fleischbank, -markt, über gr. aus heb. *makhela* Hürde? Oder volks-lat. *matio* Architekt (von germ. **makjo-;* ↗ *machen*)? Nicht zu:

Metzger m. mhd. *metzjer, metzjære* aus lat. *matiarius* Wurstmacher (vom Subst. *matia* Darm, aus gr. *mattýê* [gekneteter] Leckerbissen, Fleischwürfel).

Meuchelmörder m. 1. Hälfte 16. Jh. verdeutlichend für älteres *Meuch-ler,* mhd. *miuchelære,* ahd. *muhhi-lâri,* vom Adj. mhd. *miuchel* heim-lich; verw.: lat. *muger* Falschwürf-ler; ↗ *mogeln,* ↗ *schmuggeln*).

Meute w. Mitte 18. Jh. aus frz. *meute* Jagdhundkoppel (auch [Unruhe der hechelnden Hunde!] = Aufruhr; 18. Jh. mit intensivierendem *-r-* [↗ *flack-er-n* u. a.] das d. Zw. **meu-tern**). Zugrunde liegt mlat. **movita* Bewegung (vom Zw. *movêre* bewe-gen; ↗ *Auto-mob-il,* ↗ *Loko-mot-i-ve,* ↗ *Mob,* ↗ *Moment,* ↗ *Motiv*).

miau(en) Zw. ↗ *Möwe.*

Mieder s. mhd. *müeder* Leibchen, Bauch, ahd. *muodar* Bauch; ver-mutl. nah verw. mit ↗ *Mutter* (urspr. = Unterleib, Gebärmut-ter?); lat. *matrix* Gebärmutter.

Mief m. dumpfe Luft, wohl zu ↗ *Muff*[2].

Miene w. Mitte 17. Jh. aus frz. *mine* Gebärde, Haltung, Gesichtszüge (Herkunft? – Orthograph. Tren-nung von dem nicht verw. *Mine* durch *-ie-* seit 1. Hälfte 18. Jh.).

mies Adj. 19. Jh. über rotw. aus jidd. *mis(nick)[er]* widerlich.

Miesmuschel w. 2. Hälfte 18. Jh. Zs. mit *mies,* mhd. *mies,* ahd. *mios* (engl. *moss*) Moos, eigtl. = Moos-muschel (haftet wie ↗ *Moos* an Steinen und Holz).

Miete¹ w. frostsichere Fruchtgrube, 18. Jh. aus mnd. *mite*, von lat. *meta* (Heu-)Kegel.

Miete² w. Lohn, Leistung für Nutzung o. ä., mhd. *miete*, ahd. *mie-*, *miata*, *meta* (engl. *meed*); verw.: got. *mizdô*, gr. *misthós* Lohn (idg. *mizdhos-* Lohn).

Mieze w. Katze, 19. Jh., eigtl. = Mariechen (vgl.: *Hinz* Kater, zu: *Heinrich*).

Migräne w. um 1700 aus frz. *migraine* einseitiges Kopfweh, über mlat. aus gr. *hêmikranía* halbseitiger Kopfschmerz (*hêmi-* halb + *kránion* Hirnschale).

Milbe w. mhd. *milwe, -be,* ahd. *mil(i)wa;* wie ∕ *mahlen* zu idg. **mel-* zerreiben; eigtl. = das zerreibende (Tier).

Milch w. mhd. *milch,* ahd. *miluh,* got. *miluks* (engl. *milk*); Herkunft ungewiß, vielleicht zu ∕ *melken.*

Milchstraße w. Mitte 17. Jh. LÜ von lat. *via lactea.*

mild Adj. mhd. *milde, -te,* ahd. *milti,* got. *mildeis* freundlich (got. *unmilds* lieblos; engl. *mild*), alte Dentalerweiterung zur idg. Wurzel **mel-* zerreiben, ∕ *mahlen,* ferner gr. *málthôn* Weichling, *maltakós* weich, sanft, *málthê* Wachs, lat. *mollis* [aus **mldui̯s*]).

Milieu s. 19. Jh. aus frz. *milieu* (*mi-* [lat. *medius*] mitten + *-lieu* [lat. *locus*] Ort).

Militär s. vor 1800 aus frz. *militaire* m., von lat. *militaris* soldatisch, *miles* Soldat; eigtl. = der zum Haufen Gehörige (gr. *o-mílos* Haufe, Schar).

Millionär m. Mitte 18. Jh. aus frz. *millionaire* (it. *milione* Großtausend, von lat. *mille* tausend; daher d. **Million** w. 2. Hälfte 15. Jh. = sehr große Menge (Zahl); erst 17. Jh. = 1000 mal 1000; ∕ *Billion,* ∕ *Trillion).*

Milz w. mhd. *milz(e),* ahd. *milzi* (engl. *milt*); wie ∕ *Malz* zur idg. Wurzel **meld-* schmelzen (eigtl. = die Schmelzende, weil man der Milz die Funktion zuschrieb, die

Speisen aufzulösen). Oder über **melthia* mit ∕ *Milch* verw., = das Organ mit den milchigen Punkten?

Mimik w. 18. Jh. aus lat. *(ars)* mimica Nachahmungskunst (von gr. *mimikós* nachahmend, *mimeîsthai* nachahmen). **Mimikry** w. 20. Jh. aus engl. *mimikry* (von lat. *mimicus* nachahmend). **Mimose** w. Mitte 15. Jh. nach engl. Muster aus lat. *mimosa* die Nachahmende (lat. *mimus* Schauspieler; d. 18. Jh. als *Mime* m.); nach Mimosenarten, die sich bei Berührung zusammenziehen.

minder Komp. mhd. *minner, minre,* ahd. *minniro,* got. *minniza* (dazu der Sup. nhd. *mindest,* mhd. *minnest,* ahd. *minnist,* got. *minnists*); verw.: lat. *minuere* vermindern, *minor* der geringere, gr. *minýein* mindern, dazu: gr. *meíôn* geringer; zur idg. Wurzel **minus* weniger; ∕ *Minister,* ∕ *minimal,* ∕ *Minorität,* ∕ *Minute.* – Der Gleitlaut *-d-,* erst ndh., wie bei ∕ *Quendel.* **minderjährig** Adj. LÜ um 1500 von lat. *minorennis.* **mindestens** Adv. 16. Jh. *zum minsten,* mit adv. Gen.-*s* (∕ *wenigstens;* weitere Beispiele bei ∕ *flugs*).

Mine w. 2. Hälfte 16. Jh. aus frz. *mine;* zuerst = Sprenggrube, dann (17. Jh.) = Erzgang; dann auch = Schreibmine. Zugrunde liegt vermutl. ein kelt. Stamm **mein(n)-* Rohmetall. **Mineral** s. 2. Hälfte 16. Jh. aus it. *minerale* von frz. *minéral* Erz.

Miniatur w. um 1600 aus it. *miniatura* Kunst, mit Zinnoberrot (lat. *minium* Mennige, ein iber. Wort) zu zeichnen, malen, färben; zuerst volkset. Anlehnung an lat. *minor* kleiner.

minimal Adj. 19. Jh. aus lat. *minimus* ganz klein; ∕ *minder.* – **Minister** m. 1. Hälfte 18. Jh. aus lat. *minister* Diener (zum Komp. *minor* geringer; ∕ *minder;* zur Bildung: ∕ *Magister,* ∕ *Meister*).

Minne w. mhd. *minne,* ahd. *minna;* wie ∕ *mahlen* zur idg. Wurzel *men-* gedenken; eigtl. = Erinnerung, Gedenken. ↗ *munter.*

Minorität w. 2. Hälfte 18. Jh. über frz. *minorité* aus mlat. *minoritas* Minderheit (von lat. *minor* geringer; ↗ *minder*). **Minute** w. 2. Hälfte 15. Jh. aus lat. *minuta* (vom Zw. *minuere* verringern), abgekürzt aus *pars minuta prima* 60. (kleinster) Teil erster Ordnung einer best. Größe (Stunde, Grad, Gewicht).

Minze w. ↗ *Pfefferminz.*

Mirabelle w. um 1800 aus frz. *mirabelle* gelbe Pflaume; Herkunft ungewiß.

mischen Zw. mhd. *mi-, müschen*, ahd. *miskan* (engl. *mix*), aus lat. *miscere* mischen; ↗ *Mestize* (urverw.: gr. *mignýnai* mischen), ↗ *Miszelle,* ↗ *mixen.* – **Mischmasch** m. 16. Jh. *Mischmesche;* vgl.: ↗ *kling, klang, Gloria;* ↗ *Wirrwarr.*

miserabel Adj. 1. Hälfte 17. Jh. aus frz. *misérable* (von lat. *miserabilis; miser* armselig, *miserari* beklagen).

Mispel w. mhd. *mi-, mes-, nespel*, ahd. *mes-, nespila,* aus lat. *mespilum.* Zugrunde liegt der unerklärte gr. Name *méspilon* Mispel.

miß- mhd. *mis(se)-,* ahd. got. *missa-* (engl. *mis-*); got. *missô* wechselseitig; verw.: lat. *mutare* vertauschen, *mutuus* gegenseitig; ↗ *meiden.* – **missen** Zw. mhd. ahd. *missen* (engl. *miss*), zum germ. Stamm **missa-* wechselseitig. **mißhellig** Adj. vom Zw. mhd. *missehellen,* ahd. *missahellan* nicht übereinstimmen (↗ *Hall*); vgl.: mhd. *missehel,* ahd. *missahell* uneins. Gegenwort zu ↗ *einhellig.*

Mission w. 2. Hälfte 16. Jh. aus lat. *missio* Sendung (vom lat. Zw. *mittere* senden; ↗ *Transmission*); 18. Jh. = Verbreitung des Christentums. – ↗ *Kompromiß.*

mißliebig Adj. Mitte 19. Jh. für älteres *missbeliebig* Eindeutschung 2. Hälfte 18. Jh. von *antipathisch.* ↗ *Antipathie.* **mißlingen** Zw. ↗ *gelingen.* – **mißmutig** Adj. 1. Hälfte 17. Jh. für älteres *missmütig* 1. Hälfte 16. Jh.; Erweiterung des

mhd. Adj. *missmüete* mißgestimmt (ahd. *missimuoti* kleinmütig vom Subst. *missimuot[i]* Kleinmut). Vom nhd. Adj. wird um 1800 das Subst. **Mißmut** m. neu gewonnen. ↗ *Mut.* – **mißraten** Zw. mhd. *misserâten* einen schlechten Rat geben; dann = fehlschlagen.

Mist m. mhd. ahd. *mist,* got. *maíhstus* Dünger (engl. *mixen* Dunghaufen); wie ↗ *Maische* zur idg. Wurzel **meigh-* harnen (lat. *mingere* harnen). – **Mistel** w. immergrüner Halbschmarotzer, mhd. *mistel,* ahd. *mistil* (engl. *mistle*), Ableitung von *Mist* (Same verbreitet sich durch Vogelmist). – Zum Suffix *-ila* vgl. Parallelen bei ↗ *Dist-el.*

Miszelle w. Ende 18. Jh. für älteres *Miszellaneen* Mz. 2. Hälfte 18. Jh. aus lat. *miscellanea* Mischgericht (vom Adj. *miscellaneus* gemischt, Zw. *miscere* ↗ *mischen*).

mit Präp. mhd. *mit(e),* ahd. *mit(i),* got. *miþ;* idg. Präp. (urverw.: gr. *metá* mit; vermutl. auch mit ↗ *Mitte*). **Mitesser** m. LÜ 2. Hälfte 17. Jh. von lat. *comedo* (man hielt die Talgpfropfen für kleine Würmer). ↗ *Parasit.* – **Mitgift** w. spätmhd. *mitegift,* wie ↗ *Gift* Ableitung vom Zw. ↗ *geben.* **Mitleid** s. 17. Jh. verkürzt aus älterem *mitleiden,* substantiv. Inf. mhd. *mitelîden* für älteres mhd. *mitelîdunge* LÜ aus lat. *compassio* (LÜ von gr. *sympátheia*); ↗ *bemitleiden.*

Mittag m. mhd. *mittetac,* ahd. *mittitac* Zusammenrückung aus ahd. *mitti tac* mittlerer Tag. – **mitte** Adj. mhd. *mitte,* ahd. *mitti;* got. *midjis* mittlerer (engl. *mid*); verw.: lat. *medius,* gr. *mésos* (idg. Wurzel **medhios-* in der Mitte. Dazu abstrahierend das Subst. **Mitte** w. mhd. *mitte,* ahd. *mitta.* ↗ *Medium,* ↗ *mit.* – **mittel** Adj. mhd. *mittel,* ahd. *mittil* (engl. *middle*); vom Adj. *mitte.* Dazu die Substantivierung **Mittel** s. mhd. *mittel.* **Mittelalter** s. LÜ 2. Hälfte 18. Jh. von lat. *medium aevum* (17. Jh. = mittleres Lebensalter). **Mittelpunkt** m. mhd.

der mittel punct, LÜ von lat. *centrum,* durch Mystiker verbreitet. –
mitten Adv. eigtl. = Dativ zum Subst. *Mitte;* mhd. *in mitten.* ↗ *Intermezzo.* – **Mitternacht** w. erstarrter Dativ Ez.; mhd. *ze mitter naht* in der Mitte der Nacht. – **Mittwoch** m. mhd. *mitte woche,* ahd. *mittawehha,* neutralisierende LÜ von mlat. *media hebdomas,* kirchl. Ersatz für das ältere *Wodanstag* (engl. *Wednesday,* dies LÜ von lat. *Mercurii dies*).

Mitwelt w. 2. Hälfte 18. Jh. nach dem Muster von ↗ *Nachwelt.*

mixen Zw. 20. Jh. aus engl. *mix* (von lat. *miscere* ↗ *mischen*). ↗ *Mestize!* – **Mixtur** w. mhd. *mixtûre,* aus lat. *mixtura* Mischung.

Mob m. Gesindel, Mitte 18. Jh. aus engl. *mob,* verkürzt aus *mobile,* von lat. *mobile* bewegtes (Volksgemenge). ↗ *Meute.* – **Möbel** s. 1. Hälfte 17. Jh. *Meubles* Hausrat, aus frz. *meubles* Mz. zu *meuble* Hausrat; vom lat. Adj. *mobile* (daher um 1800 das Adj. **mobil**).

Modder m. Schmutz, nd. = ↗ *Moder.*

Mode w. 1. Hälfte 17. Jh. in der Formel *à la mode* zeitgemäß (gekleidet), aus frz. *mode* modische Tracht (zugrunde liegt: lat. *modus* Maß. Mit ↗ *Mahl,* ↗ *Maß* zur idg. Wurzel *me(d)-* messen; ↗ *modern*). – Im 20. Jh. verwischen sich die Unterschiede zwischen *Modell* und *Model* (auch = Vorführdame, = Kleid). – **Modell** s. 16. Jh. aus it. *modello,* von lat. *modulus* (kleines) Maß. **modeln** Zw. mhd. *modelen;* vom Subst. **Model** w. Form, mhd. *model,* ahd. *modul,* aus lat. *modulus.*

Moder m. spätmhd. *moder,* aus mnd. *mod(d)er,* wie ↗ *Moos* und ↗ *Schmutz* zur idg. Wurzel *(s)meu-* naß. Dasselbe Wort, volkset. umgedeutet, ist hd. *Mutter* in *Essigmutter.* ↗ *Schmaus,* ↗ *schmiegen.*

modern Adj. 1. Hälfte 18. Jh. aus frz. *moderne* neu(zeitlich). Zu-

grunde liegt lat. *modernus,* vom lat. Adv. *modo* gerade erst (eigtl. = erstarrter Ablativ zum Subst. *modus* Maß, Regel [daher früh das FrW: **Modus** m. (Rede-)Weise]; ↗ *Mode*).

mogeln Zw. 2. Hälfte 18. Jh. (zuerst stud.), von poln. *mylny* irrig, *mylič* täuschen, über rotw. *mollen* betrügen. Oder verw. mit: ↗ *schmuggeln?*

mögen Zw. (mag, mochte, gemocht), mhd. *mugen, mügen,* ahd. *mugan, magan,* got. *magan* (engl. *may*), wie lat. *magus* = gr. *mágos* Zauberer, gr. *mêchos, mêchanê* Hilfsmittel zur idg. Wurzel **magh-* können. ↗ *Macht,* ↗ *Vermögen,* ↗ *magisch.*

Mohn m. mhd. *mâ(he)n, mâge(n),* ahd. *mâgo;* urverw. gr. *mêkón* Mohn (idg. Wurzel **mak-* Beutel [nach der Samenkapsel]??). – Hd. *-o-* vor *-n* wie in ↗ *Argwohn,* ↗ *Monat,* ↗ *Mond,* ↗ *ohne,* ↗ *Ton[1].* Die Zusammenziehung *Mohn* aus mhd. *mâhen, mâgen* ähnlich wie bei ↗ *Ton[1].*

Mohr m. Neger, mhd. ahd. *môr,* aus lat. *maurus* Mauretaner, Nordafrikaner. – *-ô-* für älteres *-au-* wie in ↗ *Kloster,* ↗ *Lorbeer* usw.

Möhre w. mhd. *mor(he),* mörhe, ahd. *mor(a)ha* (engl. *more* Wurzel); urverw.: gr. *brákana* Wildgemüse; Herkunft ungeklärt. – ↗ *Morchel.*

mokant Adj. 18. Jh. aus frz. *moquant,* vom frz. Zw. *(se) moquer* (Herkunft ungeklärt). Von ihm das d. Zw. **sich mokieren** 2. Hälfte 17. Jh.

Mokka m. 2. Hälfte 18. Jh. aus engl. *mocha.* Zugrunde liegt der Name des jemenit. Ausfuhrhafens *Mocha (Al-Muhâ)* am Roten Meer.

Molch m. Hälfte 15. Jh. molch für mhd. *mol(le),* ahd. *mol(t),* molm; Herkunft ungeklärt. – Zum *-ch-* Suffix ↗ *Lur-ch.*

Mole w. 1. Hälfte 18. Jh. für älteres *mola* 2. Hälfte 16. Jh. aus it. *molo* Hafendamm, von lat. *moles* schwere Masse, Damm (lat. Adj. *molestus* beschwerlich, Zw. *moliri* sich *∕ mühen*). – **Molekül** s. 1. Hälfte 19. Jh. aus frz. *molécule* (von lat. *moles*).

Molke w. mhd. *molken, mulken;* altes Partizipialsubst. zum Zw. *∕ melken* (eigtl. = Gemolkenes).

Moll s. Tonart mit kleiner Terz, 16. Jh. aus lat. *b molle* weiches b (mhd. *bê molle*), von lat. *mollis* weich; verw.: *∕ mahlen, ∕ mollig..*

Molle w. Glas Bier, berl.-nd. für hd. *∕ Mulde* Backtrog.

mollig Adj. Mitte 19. Jh. aus stud.; vgl.: mhd. *molwic* weich, ahd. *molawên* weich werden; urverw.: lat. *mollis* weich (*∕ Malz*); verw.: *∕ mahlen.* – **Molton** m. langhaariges Wollgewebe, 2. Hälfte 18. Jh. aus frz. *molleton* (vom frz. Adj. *mollet* weich, lat. *mollis*). – **Molluske** w. Weichtier, nach 1800 aus frz. *mollusque,* it. *mollusco,* zu: lat. *mollis.* – *∕ Moll.*

Moment m. (s.) 17. Jh. aus frz. *le moment* (lat. *momentum* Bewegung, vom Zw. *movere* bewegen; *∕ Meute*); schon mhd.: *momente.* Bewegung zum Ausschlag, Augenblick (aus lat.).

Monarchie w. mhd. *monarchey,* über lat. aus gr. *monarchía* Einherrschaft (Zs. aus gr. Adj. *mónos* allein [*∕ Mönch*] + *árchein* Erster sein). Vgl.: *∕ Alleinherrschaft.*

Monat m. mhd. *mânôt,* ahd. *mânôd,* got. *mênôþs* (engl. *month*), wie *∕ Mond* zur idg. Wurzel **me-* *∕ messen* (idg. Zeitmaß wie *∕ Jahr, ∕ Nacht*). *-o-* vor *-n-* wie bei *∕ Mohn, ∕ ohne* usw.; *-a-* aus *-o-* abgeschwächt wie bei *∕ Heim-at* u. a.

Mönch m. mhd. *mün(i)ch, münech, mun(i)ch,* ahd. *munih* (engl. *monk*), aus mlat. **monicus* für lat. *monachus* (von gr. *monachós* Einsiedler; zum Bestimmungswort *∕ Mon-archie, ∕ mono-gam* usw., ferner: *∕ Münster*). Gleichzeitig entlehnt: *∕ Kloster, ∕ Nonne.*

Mond m. mhd. *mân(e),* ahd. *mâno,* got. *mêna* (engl. *moon*), wie *∕ Monat* zur idg. Wurzel **me-* wandern, abmessen (Mond als Wanderer? als Zeitmesser?). – *-o-* vor *-n-* für *-a-* wie bei *∕ Argwohn, ∕ Mohn, ∕ ohne, ∕ Ton[1]* usw. Zum *-en-*Suffix, mit dem das Subst. von der idg. Wurzel abgeleitet wurde, vgl.: *∕ Sonne;* der auslautende Dental durch Anlehnung an *∕ Monat.* – *∕ Menstruation, ∕ Montag.*

mondän Adj. 20. Jh. aus frz. *mondain* (von lat. *mundanus* weltlich, lat. *mundus* Welt).

Moneten Mz. 18. Jh. stud. aus lat. *monetae* Mz. von *moneta ∕ Münze.*

Monitor m. Repetitor; seit 1861 = kleines Kriegsschiff; 20. Jh. = Fernsehprüfgerät, Strahlenwarnanlage; aus lat. *monitor* Mahner (*monêre* erinnern; *∕ mahnen*).

monogam Adj. in Einehe lebend, 19. Jh. vom Subst. **Monogamie** w. 2. Hälfte 18. Jh. aus gr. *monogamía* Einehe (Zs. aus gr. *mónos* allein [*∕ Mönch* usw.] + *gameîn* heiraten). **Monogramm** s. 17. Jh. KW aus gr. *mónos* + *grámma* Buchstabe. **Monokel** s. 19. Jh. aus frz. *monocle* (spätlat. *monoculus* einäugig; KW aus gr. *mónos* + lat. *oculus* Auge). **Monopol** s. 1. Hälfte 16. Jh. über lat. *monopolium* aus gr. *monopôlion* Alleinverkauf (aus *mónos* + *pôleîn* verkaufen). **monoton** Adj. 18. Jh. über frz. *monoton* aus gr. *monótonos* (aus gr. *mónos* + *teínein* spannen; *∕ Bari-ton, ∕ Ton[2]*).

Monstranz w. 1. Hälfte 15. Jh. *monstrancie* u. ä., aus lat. *monstrantia* die zeigenden (Dinge), *monstrare* zeigen; *∕ Muster.* **monströs** Adj. 17. Jh. aus frz. *monstrueux* (lat. *monstrosus; monstrum* Ungeheuer [daher FrW **Monstrum** s. 16. Jh.], davon: *monstrare* zeigen; *∕ mahnen*).

Montag m. mhd. *mântac,* ahd. *mânatag* (engl. *Monday*); LÜ von lat. *lunae dies* (frz. *lundi*). – *∕ Mond.*

Montbretie w. Schwertlilienart, 19. Jh., nach dem frz. Botaniker C. de *Montbret* (1780–1801).

Monteur m. 19. Jh. aus frz. *monteur* (vom Zw. *monter* anbringen, aufrüsten, das mhd. *muntieren* ausrüsten, nhd. **montieren** wurde; zugrunde liegt: volkslat. **montare* auf [den Berg] steigen, *mons* Berg). – **Montur** w. 2. Hälfte 17. Jh. aus frz. *monture* Reitpferd, Ausrüstung.

Moor s. 17. Jh. aus nd. (= as.) *môr* (engl. *moor*); dazu: mhd. ahd. *muor* Sumpf; im Abl. (Dehnstufe) zu ↗ *Meer*.

Moos[1] s. blütenlose Pflanzengattung, mhd. ahd. *mos* Moos, Moor (engl. *moss*); verw.: lat. *muscus* Moos; im Abl.: ↗ *Mies(-muschel)*. Wie ↗ *Moder* zu idg. **(s)meu*naß; ↗ *Schmaus*, ↗ *schmiegen*, ↗ *Schmutz*.

Moos[2] s. Geld, Mitte 18. Jh. rotw.; über stud. hd. Dafür älter *mess* 15. Jh. Aus heb. *mā'ôth* Kleingeld.

Moped s. KW 20. Jh. aus *Mo*-tor-rad + *-Ped*-al.

Mops m. um 1700 aus nd. *mops*, zu nl. *mopp(er)en* mürrisch dreinsehen; vgl.: engl. *mop* fratzen (die Hunderasse aus den Niederlanden heißt nach ihrem verdrießl. Gesicht); ↗ *muffig*[2].

Moral w. 2. Hälfte 17. Jh. aus frz. *morale*, das die lat. Formel *philosophia moralis* verkürzt (lat. *moralis* die Sitte angehend, *mos* Sitte; verw.: ↗ *Mut*).

Moräne w. Ende 18. Jh. aus frz. *moraine*, Alpenwort aus der Gegend von Chamonix (verw.: ↗ *Mur[e]*).

Morast m. 2. Hälfte 16. Jh. *moras*, aus mnl. *maras(ch)*, aus nordfrz. *marasc* = frz. *marais* Sumpf, aus dem Frk. **marisk* entlehnt; ↗ *Meer*, ↗ *Marsch*[2]. – *-o-* für älteres *-a-* vielleicht unter Einfluß von *Moor*? *-t* angetreten wie bei: ↗ *Damas-t*.

Morchel w. Schlauchpilz, mhd. *morchel*, ahd. *morhala* = ↗ *Möhre* (nach der Form).

Mord m. mhd. *mort*, ahd. *mord;* got. *maurþr;* wie: lat. *mors* Tod, mor-

tuus tot zur idg. Wurzel **mer*aufgerieben werden, sterben; ↗ *morsch*, ↗ *mürbe*, ↗ *mause-tot*, ferner: ↗ *Marder*.

morganatisch Adj. unebenbürtig, 18. Jh. verkürzt aus mlat. *matrimonium ad morganaticam* Ehe, die nur auf der Morgengabe beruht (*morganaticus* KW, latinisierend zu ahd. *morgan* Morgen[-gabe]).

Morgen m. mhd. *morgen*, ahd. *morgan*, got. *maúrgins* (engl. *morning*), germ. Bildung aus einer Erweiterung der idg. Wurzel **mer*flimmern; eigtl. = Dämmerung; = Ackermaß seit ahd. (= Morgenarbeit des Pflügers). Dazu: **morgen** Adv. mhd. *morgene*, ahd. *morgane* erstarrter Dativ (= am Morgen).

Morgenrot s. mhd. *morgenrôt, -ræte*, ahd. *morganrôt*, Zs. (nicht mit *-rot*, sondern wie das ältere Parallelwort mhd. *tagerôt, -rât*) zu *-rât;* eigtl. = Morgenfülle; ↗ *Rat*, ↗ *Hei-rat*, ↗ *Abendrot*.

Morphium s. 1811 durch den Entdecker, den Apotheker Sertürner (Begründer der Alkaloidchemie) nach dem gr.-röm. Schlafgott *Morpheus* benannt.

morsch Adj. 2. Hälfte 15. Jh. *mursch* mit nd. *-rsch* für hd. *-rs;* mhd. *mürsen* zerstoßen. Wie ↗ *Schmerz*, ↗ *Mord* und ↗ *mürbe* zu idg. **mer-* zerreiben.

morsen Zw. 19. Jh. nach dem Verbreiter der Telegraphie, dem Amerikaner S. *Morse* (1791–1872).

Mörser m. mhd. *morsære, morsel*, ahd. *morsâri* gegenüber *mortâri*, von lat. *mortarium* Stampfgefäß. Die Formen mit *-s-* statt *-t-* unter Einfluß von *mürs-en* zerstoßen (↗ *morsch*)? – **Mörtel** m. mhd. *mortel, morter* (engl. *mortar*), aus lat. *mortarium* (zu ↗ *mürbe*?).

Mosaik s. 1. Hälfte 18. Jh. aus frz. *mosaïque* für älteres *Mosaiko* 17. Jh. aus it. *mo-, musaïco* Buntsteinbild (zugrunde liegt über lat. *musivum* gr. *mûseîon* den *Musen* gehörend; ↗ *Museum*).

Moschee w. Mitte 16. Jh. aus frz.

mosquée, für älteres *moschea,* 2. Hälfte 15. Jh. aus it. *moschea.* Von: ar. *masdschid* Bethaus.

Moschus m. ∕ *Muskat.*

Most m. mhd. ahd. *most* (engl. *must*) mit andern Weinbauwörtern entlehnt aus lat. *(vinum) mustum* Jungwein (Adj. *mustus* jung, frisch). – **Mostrich** m. 1. Hälfte 18. Jh. für älteres *Mostert,* mhd. *mostert,* aus frz. *mostarde* mit ∕ *Most* angemachte Senfkörner (lat. *mustum* Most). ∕ *Senf.*

Motette w. 1556 aus it. *mot(t)etto* Kirchengesang (von mlat. *motetum;* frz. *mot* Wort; mlat. *muttum* = it. *motto*).

Motiv s. 2. Hälfte 16. Jh. über frz. *motif* aus lat. *motivum* Antrieb (vom Adj. *motivus* bewegend, anreizend; ∕ *Meute* usw.). – **Motor** m. 19. Jh. aus lat. *motor* Beweger (vom Zw. *movere* bewegen).

Motte w. spätmhd. *motte;* vielleicht verw. mit ∕ *Made; -tt-* wohl affektbedingt. Weiteres ungeklärt.

Motto s. 1. Hälfte 18. Jh. aus it. *motto* Sinnspruch. Zugrunde liegt lat. *mut(t)ire* flüstern (lat. *mutus* stumm); wie ∕ *Maul* zum idg. SchW *mu-* dumpf tönen. ∕ *Mücke.*

Möwe w. Mitte 15. Jh. *mewe,* aus mnd. *mewe;* vielleicht zum SchW mhd. *mauwen* maunzen (engl. *mew*); verw.: ∕ *miau(en).* Dann hieße die *Möwe* nach ihrem maunzenden Schrei.

Mucke w. Laune, Mitte 16. Jh. obd. für: **Mücke** w. mhd. *mucke, mükke,* ahd. *mucca* (engl. *midge*), vom idg. SchW *mu-* summen (∕ *Maul,* ∕ *Motto*). – **mucken** Zw. mnd. *mucken;* vgl.: mhd. *mugen* brüllen; zum idg. SchW *mu-* dumpf tönen. Dazu **Mucker** m. 1. Hälfte 18. Jh. zunächst Schelte für Pietisten. Intensivbildung zu *mucken* ist **mucksen** aufbegehren, mhd. *muchzen.* ∕ *ächzen.*

müde Adj. mhd. *müede, muode,* ahd. *muodi;* Part. zum Zw. ∕ *mühen;* eigtl. = sich gemüht habend.

Muff¹ m. Mitte 17. Jh. *Muffen* Mz. aus nl. *mof,* gekürzt aus *moffel,* von frz. *moufle.* Zugrunde liegt mlat. *muff(u)la* Pelzärmel (vielleicht von frk. **molfell* Weichfell?). **Muffe** w. Rohrverbindung, 2. Hälfte 18. Jh. von *Muff*¹ (wegen der Ähnlichkeit).

muffig¹ Adj. dumpf, 2. Hälfte 17. Jh. *müffig;* vom Subst. **Muff**² m. Schimmel, Zw. mhd. *müffeln* modrig riechen. Zu idg. **mu-* stinken?

muffig² Adj. mürrisch, 2. Hälfte 18. Jh. vom Subst. **Muff**³ m. Schiefmaul, = *Muff*². ∕ *Mops.* Dazu: **Muffel** m. Murrkopf.

Mühe w. mhd. *müeje,* ahd. *muoî;* vom Zw. **mühen,** mhd. *müe(j)en,* ahd. *muoen* (got. *af-mauips* ermüdet); ∕ *müde.* Mit lat. *moles* Last (∕ *Mole*), gr. *môlos* Anstrengung zur idg. Wurzel **mo-* sich abarbeiten; ∕ *Mut.*

muhen Zw. ∕ *Maul.*

Mühle w. mhd. *mül(e),* ahd. *muli(n)* (engl. *mill*), aus lat. *molinae* Mz. zu lat. *molina* (mit ∕ *mahlen* zur idg. Wurzel **mel-* zerreiben) (röm.) Mehrstein-(-wasser-)mühle. ∕ *Müller.* Heimisches Wort: ahd. *quirn(a)* Handmühle; got. *qairnus* Mühlstein. Verw.: lat. *gravis* schwer; ∕ *gravieren*².

Muhme w. mhd. *muome,* ahd. *muoma;* Koseform (kindl. Lallwort) für ∕ *Mutter,* eigtl. = die Schwester der Mutter. Verdrängt von: ∕ *Tante.* Vgl. ähnliche Bildungen bei: ∕ *Bube.*

Mühsal w. mhd. *müesal* (vom Adj. mhd. *müesalic* mühselig?); Zs. von ∕ *müh-en* + Endung *-sal* (∕ *Drang-sal,* ∕ *Lab-sal,* ∕ *Rinn-sal*). Davon das Adj. **mühselig,** seit mhd.; volkset. zu *selig* gestellt.

Mulatte m. 2. Hälfte 16. Jh. über span. *mulato* Maultier, aus ar. *muwallad* Mischling.

Mulde w. mhd. *mulde, muolt(e), multer,* ahd. *muolt(e)ra, mulhtra,* aus lat. *mulctra* Melkeimer (lat. *mulgere* ∕ *melken*). ∕ *Molle.*

Mull¹ m. durchsichtiges Baumwoll-

gewebe, 2. Hälfte 18. Jh. aus engl.
mull, aus *mulmull* verkürzt. Zu-
grunde liegt: ind. *malmal* Mus-
selin.

Müll m. neben **Mull**[2] m. 2. Hälfte
18. Jh. aus mnd. *müll* (vgl.: ahd.
gamulli, mhd. *gemülle*), zum Zw.
mhd. *müllen,* ahd. *mullen;* mit
↗*mahlen* verw.

Müller m. mhd. *mülner, mülnære,*
ahd. *mulinâri,* aus mlat. *molinarius*
(↗*Mühle*). Altes *-ln-* zu *-ll-* assimi-
liert (wie bei ↗*Elle,* ↗*Scholle*[1],
↗*Zwilling*).

mulmig Adj. 2. Hälfte 18. Jh. für
älteres *mulmicht* 2. Hälfte 17. Jh.
vom Subst. **Mulm** Staub (17. Jh.);
= staubig; mit ↗*malmen,* ↗*mahlen*
usw. zu idg. **mel-* zerreiben.

multiplizieren Zw. 1. Hälfte 16. Jh.
aus lat. *multiplicare* vervielfältigen
(lat. *multus* viel, *plicare* falten;
↗*flechten*).

Mumie w. 1. Hälfte 16. Jh. *mumia,
mummea,* aus it. *mumia* (engl.
mummy), aus ar. *mûmiyâ* (von ar.
[pers.] *mûm* Wachs, dem Präpara-
tionsstoff).

Mumm m. Schneid, 2. Hälfte 19. Jh.
aus stud. über berl., verkürzt aus
lat. *ani-mum* den Mut (*Mumm ha-
ben*); ↗*animalisch.*

Mumpitz m. 2. Hälfte 19. Jh. aus
berl. Börsenjargon; vgl. hess.
mombotz Gespenst, Scheuche, Zs.
aus *Mumme* w. Larve [**Mumm-erei**
1. Hälfte 16. Jh. über nl. aus
frz. *momerie* Maskentreiben; vgl.:
afrz. *momon* Maske, vom span.
Kinderwort *momo* Fratze] + *-But-
zen,* mhd. *butze* Gespenst, Larve. –
Mummenschanz m. 16. Jh. Zs. aus
span. *momo* + mhd. *schanze* guter
Würfelwurf; ↗*Chance.* – ↗*ver-
mumm-en;* ↗*Butzen.*

Mumps m. (w.) Ohrspeicheldrüsen-
entzündung, 1. Hälfte 19. Jh. über
berl. aus engl. *mumps,* vom engl.
Zw. (SchW) *mump* brummen.

Mund[1] m. mhd. *munt,* ahd. *mund,*
got. *munþs* (engl. *mouth*); verw.:
lat. *montum* Kinn, zu *e-min-êre*
herausragen (*mons* Berg).

Mündel m., s. (s. seit 18. Jh.) mhd.
mündel neben mhd. *mundelinc,*
ahd. *mundling;* zum Subst. **Mund**[2]
w. mhd. ahd. *munt* Schutz, Hand,
verw.: lat. *manus* Hand (↗*Man-
dat*). Dazu das Adj. **mündig,** mhd.
mündec volljährig. ↗*Vormund.*

mundtot Adj. 17. Jh. zum Subst.
Mund[2]. Eigtl. = unfähig zu
Rechtshandlungen; dann volkset.
zu *Mund*[1] = zum Schweigen ge-
bracht.

münden Zw. ahd. *munden,* zu
↗*Mund*[1].

Munition w. 1. Hälfte 16. Jh. aus frz.
munition Kriegsbedarf (daher
engl. *munition* Kriegsbedarf); von
lat. *munitio* Wehrbau (vom Zw.
munire bewehren, aufmauern;
moenia Mauern).

munkeln Zw. 2. Hälfte 16. Jh. aus
nl. *monkelen* raunen, SchW.

Münster s. mhd. *münster, munster;*
ahd. *mun(i)stiri* (engl. *minster*), aus
volkslat. *monisterium* für lat. *mona-
sterium* (zugrunde liegt: gr. *mona-
stêrion* Einsiedelei, von *mónos* al-
lein; ↗*Mönch,* ↗*monogam* usw.).

munter Adj. mhd. *munter, -der,*
ahd. *muntar;* got. Zw. *mundôn* auf
etw. sehen (ahd. *muntrî* Ziel; got.
mundrei). Zu einer Dentalerweite-
rung der idg. Wurzel **men-* den-
ken; ↗*mahnen,* ↗*Minne.* Zum *-er-*
Suffix vgl. Parallelen bei ↗*bitter.*

Münze w. mhd. *münze,* ahd. *muniz-
za* (engl. *mint*), aus lat. *moneta*
Münze, Münzstätte (die röm.
Münze befand sich neben dem
Tempel der *Juno Moneta,* der
„Mahnerin" auf dem Kapitolin.
Hügel [sie hatte vor Erdbeben ge-
warnt] (lat. *monere* warnen).
↗*Moneten.*

Mur(e) w. Schuttstrom im Wild-
bach, Alpenwort. ↗*Moräne.*

Muräne w. Raubfisch, mhd. *mu-
r(a)ena,* gr. *mýros* Meeraalart.

mürbe Adj. mhd. *mür(w)e,* ahd.
mur(u)wi. Wie ↗*morsch* und
↗*Mord* (↗*Mörtel*?) zur idg. Wurzel
*mer- zerreiben; vgl.: ↗*Mahr,*
↗*Marmor.* – *-rb-* für älteres *-rw-*

wie in ↗ *herbe,* ↗ *Narbe* usw. –
Murks m. schlechte Arbeit 20. Jh.
vom Zw. **murksen** 19. Jh., ↗ *abmurksen.* Vgl.: frühnhd. *murk*
Krümel; verw.: ↗ *mürbe.*

Murmel w. nordd. aus ahd. *murmul,*
das neben *marmul* steht. Zu:
↗ *Marmor.*

murmeln Zw. mhd. *murmeln,* ahd.
murmurôn, -lôn; verw.: lat. *murmurare* (über frz.; engl. *murmur*);
idg. (reduplizierendes) SchW (-*r-r-*
zu -*r-l-* dissimiliert); ↗ *murren.*

Murmeltier s. mhd. *murmeltier* neben älterem *mürmendîn,* ahd. *murmunti(n)* neben *murmunto,* aus lat.
mur(em) mont(is) Bergmaus; -*l-*
volkset. Anlehnung an *murmeln.*

murren Zw. mhd. *murren,* SchW
wie ↗ *murmeln* (ohne Reduplikation).

Mus s. mhd. ahd. *muos;* im Abl. zu
der germ. Wurzel **mati-* Speise
(idg. **mad-* naß). ↗ *Mast²,* ↗ *Messer,* ↗ *Mettwurst* usw., ↗ *Gemüse,*
↗ *Lackmus.*

Muschel w. mhd. *muschel,* ahd.
muscula, aus spätlat. **muscula* für
lat. *musculus* Mäuschen, Miesmuschel (nach der grauen Farbe);
↗ *Muskel,* ↗ *Maus.*

Museum s. 2. Hälfte 16. Jh. = Studierzimmer, aus lat. *museum* Musensitz, Studio (von gr. *mûseîon,*
Adj. *mûseîos* den Musen gewidmet; ↗ *Mosaik*). **Musik** w. 17. Jh.
(wie engl. *music*) aus frz. *musique;*
davor *Músík,* mhd. *mûsic, mûseke,*
ahd. *mûsica,* aus lat. *musica* ↗ *Tonkunst* (von gr. *mûsikê* [*téchnê*] Musenkunst). **Musical** s. 20. Jh. aus
am. *musical,* Abkürzung von *musical play* Musikspiel.

Muskat m. mhd. *musc(h)ât,* über
afrz. *muscate* aus mlat. *muscatum*
Moschusduft (spätlat. *muscus* Moschus über gr. *mós|chos* aus aind.
muškáh Hodensack, dem der Moschusbeutel ähnlich sieht).

Muskel m. 1. Hälfte 18. Jh. aus lat.
musculus Mäuschen (↗ *Muschel,*
↗ *Maus,* ferner: gr. *mỹs* Maus,
Muskel). Der Vergleich Maus:

Muskel stammt vom Muskelspiel.

Muskete w. 2. Hälfte 16. Jh. aus frz.
mousquet, über span. *mosquete* Feuergewehr von mlat. *muschet(t)a*
Wurfgeschoß, *musc(h)etus* Sperber (lat. *musca* Fliege; nach der
gesprenkelten Brust des Sperbers).
Zur Namengebung vgl.: ↗ *Terzerol.*

Muße w. mhd. *muoʒe,* ahd. *muoʒa;*
mit dem Zw. ↗ *müssen* zur Sippe
von ↗ *messen* (eigtl.: = zugemessene Zeit, Gelegenheit).

Musselin m. 1. Hälfte 18. Jh. aus frz.
mousseline, über it. *mussolina* von
dem Stadtnamen *Mosul* (am Tigris,
Heimatort des Baumwollgewebes).

müssen Zw. mhd. *müeʒen,* ahd.
muoʒan; vgl.: got. *ga-môtan* Platz
haben (engl. *must* ich muß); wie die
Sippe von ↗ *messen* zur idg. Wurzel
*me(d)- messen; eigtl. = (als umflochtenes = zugemessenes Land)
besitzen. **müßig** Adj. mhd. *müeʒec,* ahd. *muoʒig* wer ↗ *Muße* hat.

Muster s. 15. Jh. *mu(n)stre, muster,*
aus it. = volkslat. *mostra* Probe
(-stück); vom lat. Zw. *monstrare*
zeigen; ↗ *Monstranz.* Davon 2.
Hälfte 15. Jh. das Zw. **mustern**
(Soldaten) prüfend besichtigen.
↗ *abmustern.*

Mut m. mhd. ahd. *muot,* got. *môþs*
(engl. *mood*); urverw.: gr. *môsthai*
streben; zur idg. Wurzel **mo-* kräftig streben. – ↗ *Mühe,* ↗ *vermuten,*
↗ *Wehmut,* ↗ *wohlgemut,* ↗ *Zumutung,* ↗ *Demut,* ↗ *Gemüt,* ↗ *Gram,*
↗ *Grimm,* ↗ *Mißmut,* ↗ *Moral.* –
muten Zw. (nach Erz) schürfen;
Schürferlaubnis einholen, mhd.
muoten, ahd. *muotôn,* vom Subst.
ahd. *muot* Entschluß, Absicht.
↗ *Wismut.* **mutmaßen** Zw. 14. Jh.
vom Subst. mhd. *muotmâʒe* Abschätzung.

Mutter w. mhd. ahd. *muoter* (engl.
mother); verw.: lat. *mater,* gr. *mêtêr;* idg. Verwandtschaftsbezeichnung, aus der Lallsilbe **ma-*?
↗ *Muhme,* ↗ *Matrikel* usw., ferner:
↗ *Vater;* dagegen: ↗ *Moder* (*Essig-*

mutter). – **Muttersprache** w. 1. Hälfte 16. Jh. aus nd. *modersprake* LÜ 1. Hälfte 15. Jh. aus mlat. *materna lingua*.

Mütze w. mhd. *mütze, mutze* neben *al-, armuz,* aus mlat. *almucia* (Pelz-)Umhang der Geistlichen. Zugrunde liegt vermutl.: ar. *al-mustakah* weiter Rock, langärmeliger Pelz (von pers. *muštä* Pelzmantel).

Myriade w. 1. Hälfte 18. Jh. aus gr. *myriás* Vielzahl, Menge von 10000 Stück (vom Adj. *myríos* unendlich viel).

Myrrhe w. mhd. *mirre,* ahd. *myrra, mirra,* über lat. aus gr. *mýrra.* Zu-

grunde liegt sem. (ar.) *murr* bitter. – **Myrte** w. mhd. *mirtelboum,* spätahd. *mirtilboum(ahi), mirtilahi* (engl. *myrtle*), über lat. aus gr. *mýrtos,* dem sem. (ar.) *murr* zugrunde liegt.

Mystik w. 2. Hälfte 16. Jh. *theologia mystica* im Ggs. zur *theologia scholastica;* lat. *mysticus* aus gr. *mystikós* geheim (vom gr. Zw. *mýein* sich schließen; ↗ *Maul*).

Mythologie w. 2. Hälfte 18. Jh. aus gr. *mythología* Kunde alter Geschichten (Zs. von gr. *mýthos* Erzählung [aus alter Zeit] + *lógos* Lehre, Kunde).

N

Nabe w. Mittelteil des Rades, mhd. *nabe,* ahd. *naba* (engl. *nave*); zur idg. Wurzel **nebh-* Nabe(l). Der Vergleich der Rad- mit der Bauchmitte geht auf idg. Zeit zurück.

Nabel m. mhd. *nabel,* ahd. *nabalo* (engl. *navel*); urverw.: lat. *umbilicus* Nabel, gr. *omphalós* Nabel; zu einer Weiterbildung der unter *Nabe* genannten idg. Wurzel.

nach Präp. mnd. *nâch,* ahd. *nâh;* zum Adj. ↗ *nah;* also = in der Nähe von. – **nachahmen** Zw. 1. Hälfte 16. Jh. *nachomen* nachmessen, zum Subst. mhd. *âme, ôme* Maß. Daher noch 1. Hälfte 17. Jh. *Nachöhmung* für *Nachahmung.* Zugrunde liegt über mlat. *ama* Weinmaß gr. *ámê* Wassereimer. ↗ *Ohm.* – **Nachbar** m. mhd. *nâchgebûr,* ahd. *nâhgibûr(o)* (engl. *neighbour*); = wer nahe wohnt. – ↗ *Bauer*[2].

Nachen m. mhd. *nache,* ahd. *nahho;* vielleicht verw. mit aind. *nága-h* Baum; dann eigtl. = ↗ *Einbaum.* Vgl.: ↗ *Boot,* ↗ *Schiff.*

nachhaltig Adj. 2. Hälfte 18. Jh. zum Subst. *Nachhalt* Rückhalt, vom Zw. **nachhalten** länger wirken. – **Nachricht** w. um 1600 für

älteres *Nachrichtung* Anweisung, 17. Jh. = Mitteilung. – **Nachruf** m. Mitte 17. Jh. = Echo, Widerhall; Mitte 19. Jh. = Nekrolog. – **nachschlagen** Zw. mhd. *slân nâch,* ahd. *slahen nâch* arten (↗ *Geschlecht*); 2. Hälfte 17. Jh. = in einem Buch aufsuchen. – **Nachschrift** w. 1. Hälfte 16. Jh. = Replik; 2. Hälfte 17. Jh. LÜ von lat. *postscriptum;* 18. Jh. = Niederschrift eines Vortrags. – **nachsichtig** Adj. 2. Hälfte 18. Jh. zum Subst. **Nachsicht** w. 2. Hälfte 17. Jh. = Zahlungsaufschub; 1. Hälfte 18. Jh. = Geduld. – **nachstellen** Zw. mhd. *stellen nâch* (dem Wild) Fallen, Netze, Schlingen stellen; 15. Jh. = (Menschen) auflauern.

Nacht w. mhd. ahd. *naht,* got. *nahts* (engl. *night*); lat. *nox* (Akk. *noctem*), gr. *nyx* (Genitiv *nykt-ós*). – ↗ *nüchtern.* Idg. Zeitbezeichnung (**nokt-*) wie ↗ *Jahr,* ↗ *Monat.* – **Nachtigall** w. mhd. *nahtegal(e)* ahd. *nahtagala* (engl. *nightingale*); Zs. mit dem Zw. ahd. *galan* singen (↗ *gellen*); also = Nachtsängerin. – **Nachtschatten** m. mhd. *nahtscha-te,* ahd. *nahtscato* (nach seinen schwarzen Beeren); ahd. auch = nächtl. Dunkel, nächtl. streifendes (fliegendes) Tier.

Nachteil m. 14. Jh. (ostmd.), vermutl. nach *Vorteil* gebildet.

nachträglich Adj. um 1800 zum Subst. **Nachtrag** m. 1. Hälfte 18. Jh. Ergänzung.

Nachweis m. Mitte 19. Jh. vom Zw. **nachweisen** 2. Hälfte 17. Jh. = aufzeigen (mhd. *wîsen nâch* den Weg zeigen).

Nachwelt w. Mitte 17. Jh. zusammengezogen aus *nachgeborene Welt* 1. Hälfte 17. Jh. ⁄ *Mitwelt*.

Nacken m. mhd. *nac(ke)*, ahd. *(h)nac(h)* (engl. *neck*); air. *cnocc* Hügel. ⁄ *Genick*. Idg. **ken* zusammendrücken; eigtl. = Ballen (auf dem Rücken).

nackt Adj. mhd. *nacke(n)t*, ahd. *nachot, naccot, nahhut*, got. *naqaþs* (engl. *naked*). Urverw.: lat. *nudus* für älteres **nogvedos* (das verw. gr. *gymnós* nackt zeigt Tabuentstellungen); zur idg. Wurzel: **nogᵘtos-* nackt (die eine Kleidung in idg. Zeit voraussetzt).

Nadel w. mhd. *nadel(e)*, ahd. *nad (a)la*, got. *nêpla* (engl. *needle*); zur idg. Wurzel **nê-* ⁄ *nähen*.

Nagel m. mhd. *nagel*, ahd. *nagal* (got. *ga-nagl-jan* festnageln) (engl. *nail*); urverw.: lat. *unguis* Fingernagel, Zehe; gr. *ónyx* Kralle, Nagel (⁄ *Onyx*); idg. Körperteilbezeichnung (**nogho-*), erst später (germ.) auf den Holz-(Metall-)Stift übertragen. ⁄ *Nelke*.

nagen Zw. mhd. *nagen*, ahd. *(g)nagan, knagan* (engl. *gnaw*); dazu intensivierend: ⁄ *necken*. Verw.: ⁄ *Gnatze* Stechfliege, ⁄ *Gnitze* Mücke, alle zur idg. Wurzel **gh(e)nə-* nagen, beißen.

nah(e) Adj. mhd. *nâch*, ahd. *nâh*, got. Adv. *nêʰᵛ(a)* (engl. *nigh*); verw.: ⁄ *nach*. Außergerm. Beziehungen ungewiß.

nähen Zw. mhd. *næjen*, ahd. *nâjan;* wie ⁄ *Nadel* zu idg. **nê-* nähen; dazu: lat. *nere* spinnen, gr. *nêein* spinnen, *nêma* Faden. ⁄ *Naht,*

⁄ *Natter,* ⁄ *Nessel,* ⁄ *Nestel,* ⁄ *Netz.* **-nahme** ⁄ *nehmen.*

nähren Zw. mhd. *ner(ige)n*, ahd. *neren, nerian*, got. *nasjan* retten; Kausativ zu ⁄ *genesen*, eigtl. = gesund machen. **nahrhaft** Adj. 2. Hälfte 17. Jh. für älteres *nahrhaftig* 1. Hälfte 15. Jh. = auf Nahrung, Erwerb ausgehend, zum Subst. mhd. *nar* Nahrung, Erwerb, ahd. *nara* Rettung, dazu das Subst. **Nahrung** w. mhd. *narunge, nerunge*.

Naht w. mhd. ahd. *nât;* vom Zw. ⁄ *nähen*. Zur Bildung des Wortes: ⁄ *Draht,* ⁄ *Saat,* ⁄ *Tat,* ⁄ *Unflat*.

naiv Adj. 1. Hälfte 18. Jh. aus frz. *naïf*, das von lat. *nativus* ursprünglich, angeboren herkommt.

Name m. mhd. *name*, ahd. *namo*, got. *namô* (engl. *name*); verw. lat. *nomen*, mit *o*-Vorschlag: gr. *ónoma;* alle zur idg. Wurzel **(o)nomen-* Name (es gab idg. Personennamen!); ⁄ *nennen,* ⁄ *nominell.* **namentlich** Adj. Adv. mhd. *name(n)lich*. *-t-* gleitet seit dem 15. Jh. ein wie bei ⁄ *eigen-t-lich* usw. Urspr. = beim Namen genannt, dann = besonders; – Gleicher Herkunft: Adv. **nämlich** mhd. *nam(e)lîche.*

Nansenpaß m. Staatenlosenausweis, 1922 von Fridtjof *Nansen* angeregt.

Napalm s. geliertes Benzin, 20. Jh. aus am. (KW: *Na*trium*palm*itat).

Napf m. mhd. ahd. *napf, naph;* Herkunft ungeklärt (verw. ⁄ *Humpen*? Oder vielleicht zu idg. **hen-* [⁄ *Nacken*]?).

Naphtha s. Erdöl, 2. Hälfte 16. Jh. aus gr. *náphta*, ass. *napṭu* Erdöl.

Nappaleder s. ein Glacéleder, nach der kal. Stadt *Napa;* 19. Jh. aus am.

Narbe w. mhd. *narwe, -wa* (engl. *narrow* eng); verw.: ahd. *narwo* Klammer; eigtl. = Verengung (der Wunde). *-rb-* für *-rw-* wie in ⁄ *herbe,* ⁄ *mürbe* usw. – ⁄ *Nehrung*.

Narkose w. um 1700 aus gr. *nárkôsis* Betäubung (vom Zw. *narkóein* starr machen, *nárkê* Erstarrung, Krampf, *narkân* erstarren). ⁄ *Narzisse*.

Narr m. mhd. *narre*, ahd. *narro*, für

älteres *narrio aus spätlat. nario Spötter (eigtl. = Nasenrümpfer?). – ∕ Nase. **Narretei** w. um 1600 gekürzt aus älterem Narrenteiding 1. Hälfte 16. Jh., Zs. mit mhd. tage-, teiding Verhandlung (vor Gericht).

Narzisse w. Amaryllisgewächs, Mitte 16. Jh. über lat. narcissus aus gr. nárkissos, volkset. angelehnt an gr. Zw. narkân erstarren (wegen des betäubenden Duftes; ∕ Narkose), von pers. nargis Narzisse.

naschen Zw. mhd. naschen, ahd. nascôn, SchW.

Nase w. mhd. nase, ahd. nasa (engl. nose); urverw: lat. nasus; verw.: ∕ Nüster. Idg. Körperteilbezeichnung. – ∕ nieseln, ∕ nuscheln, ∕ Narr. **Nasenstüber** m. Mitte 17. Jh. nasenstieber, Zs. mit dem Zw. ∕ stieben schnellen. **naseweis** Adj. mhd. nasewîs (von Spürhunden); ∕ weise. 16. Jh. als Subst. **Naseweis** m. Vorwitziger. **Nashorn** s. 1. Hälfte 16. Jh. LÜ von gr.-lat. rhinoceros, -rus (gr. rîs Nase + kéras Horn); ∕ Rhinozeros.

naß Adj. mhd. ahd. naʒ (got. ga-natjan benetzen; ∕ netzen). Herkunft ungeklärt (voridg.?).

nassauern Zw. schmarotzen, über stud. aus rotw. nassenen schenken (jidd. noss[n]en schenken). Weder zu ∕ naß noch zu Nassau!

Nation w. 2. Hälfte 14. Jh. aus lat. natio (Gen. nation-is), vom Part. natus geboren (Zw. nasci entstehen, geboren werden; ∕ Kind, ∕ Natur). **Nationalhymne** w. 19. Jh. aus frz. hymne national. **Nationalismus** m. 19. Jh. SchlW aus frz. nationalisme; davor seit Mitte 18. Jh. = nationale Einstellung.

Natron s. 1. Hälfte 16. Jh. über frz. (span., engl.) natron und ar. naṭrûn aus altäg. ntr Laugensalz. – **Natrium** s. Alkalimetall, 17. Jh. aus lat. nitrum (gr. nítron) Laugensalz. ∕ Salpeter.

Natter w. mhd. nâter(e), ahd. nâtara (im Abl.: got. nadrs); urverw.: lat. natrix Wasserschlange. Zur idg. Wurzel *(s)ne- sich winden, dre-

hen. – ∕ nähen, ∕ Otter[2], Schnur.

Natur w. mhd. natûr(e), ahd. natûra, aus lat. natura (vom Part. natus geboren, nasci entstehen. ∕ imprägnieren, ∕ Nation, ∕ Kind); aber mhd. natiure aus frz. nature. **Naturalist** m. 1. Hälfte 17. Jh. aus frz. naturaliste = Naturkundiger; 2. Hälfte 18. Jh. = Autodidakt; dann = Vernunftgläubiger; 2. Hälfte 19. Jh. = Anhänger des **Naturalismus** m. – **Naturell** s. vor 1700 aus frz. naturel (von lat. naturalis natürlich). **Naturgeschichte** w. LÜ 2. Hälfte 18. Jh. aus lat. naturalis historia Naturwissenschaft. **naturwüchsig** Adj. SchlW um 1850 (von H. Leo 1833 geprägt).

nautisch Adj. 2. Hälfte 18. Jh. nach dem gr. nautikós zur Schiffahrt gehörend (gr. naûs Schiff, = lat. navis). – **navigieren** Zw. 20. Jh. aus lat. navigare zur See fahren, davon: navigatio Schiffahrt, im 16. Jh. als **Navigation** w. übernommen.

Nebel m. mhd. nebel, ahd. nebul; verw. lat. nebula Dunst, gr. nephélê Wolke; zur idg. Wurzel *nebhfeucht; vielleicht verw.: ∕ Imme; ∕ nib(b)eln, ∕ Nimbus. In der urspr. Bedeutung („der Feuchte") ersetzt durch ∕ Wolke. Aber: **Nebelwerfer** m. Raketenabschußlafette, vor 1930 nach dem d. Konstrukteur R. Nebel.

neben Präp., Adv. mhd. (e)neben, ahd. (i)neben, Zs. der Präp. in mit dem Adj. ahd. eban ∕ eben (in ebani in gleicher Weise, zusammen). **nebenbei** Adv. mhd. enebene bî neben nebent bî. **Nebenbuhler** m. Mitte 17. Jh. als Eindeutschung von ∕ Rival(e). **nebst** Präp. frühnhd. nebens aus mnd. nevens, neffens; Gen. zu neben (-t-Antritt nach -s- wie in ∕ sons-t u. a.).

Necessaire s. aus frz. nécessaire Kulturbeutel; eigtl. = Notwendiges.

Neck m. ∕ Nixe.

necken Zw. 1. Hälfte 18. Jh. aus md. necken reizen (Intensivbildung zu ∕ nagen).

Neffe m. mhd. neve, ahd. nevo; urverw.: lat. *nepos;* gr. *anepsiós* Verwandter; zur idg. Wurzel **nepot-* Nachkomme (Zs. aus **ne-* nicht + **potis* Herr; also = Nicht-Herr, Unmündiger, Schutzloser); ↗ *Nichte.*

Negativ s. 2. Hälfte 17. Jh. aus lat. *negativus* verneinend (daher: 18. Jh. das Adj. **negativ,** vom lat. Zw. *negare* verneinen).

Neger m. 1. Hälfte 17. Jh. aus frz. *nègre,* über span. *negro* aus lat. *niger* schwarz (daher frz. *noir* schwarz). Abschätzig: **Nigger** m. 20. Jh. aus am.

Negligé s. Mitte 18. Jh. aus frz. *(habillement) négligé* vernachlässigte Kleidung, vom lat. Zw. *negligere* vernachlässigen (eigtl. = verneintes Zw. *legere,* also = nicht auswählen; ↗ *Legende).*

nehmen Zw. (nahm, genommen), mhd. *nemen,* ahd. *neman,* got. *niman;* urverw.: lat. *emere* nehmen, kaufen, *numerus* Zahl; gr. *némein* zuteilen, weiden, *nómos* Weide (↗ *Nomade);* zur idg. Wurzel **nem-* (als Weideland) zuteilen. Dazu: mhd. *nâme,* ahd. *nâma,* nhd. *-nahme* in Wörtern wie: *Abnahme, Ein-nahme, Zu-nahme;* ferner: ↗ *numerieren,* ↗ *Nummer,* ↗ *Nemesis,* ↗ *angenehm,* ↗ *genehm.*

Nehrung w. mhd. *nerge,* zum Adj. as. *naru* eng, germ. **narwa-* (engl. *narrow);* dazu: ↗ *Narbe.* Eigtl. = die Enge.

Neid m. mhd. *nît,* ahd. *nîd(h), nith;* got. *neiþ;* Herkunft unklar (idg. **nei-* glänzen = lat. *nitere?).* Vgl.: ↗ *Niednagel.* – **Neidhammel** m. 16. Jh. aus md. Maa.

neigen Zw. mhd. *neigen,* ahd. *hneigan, neigen;* Kausativ zum starken Zw. mhd. *nîgen* geneigt sein, ahd. *(h)nîgan;* dazu: **Neige** w. mhd. *neige* Senkung; 15. Jh. = Flüssigkeitsrest. Verw.: lat. *niti* sich stützen (↗ *renitent), conivêre* blinzeln. Iterativ: ↗ *nicken.*

nein Adv. mhd. *nein;* alte Zs. der Negation **ne-* (idg. **ne-, ṇ-;* vgl.: *un-)* mit dem unbest. Artikel;

eigtl. = nicht eines (lat. Parallele: *non* aus älterem *noenum* = **ne oinom* nicht eines). – ↗ *nicht,* ↗ *niemals,* ↗ *nimmer,* ↗ *nirgend,* ↗ *noch [2],* ↗ *nur,* ↗ *un-,* ↗ *neutral.*

Nektar m. um 1600 über lat. aus gr. *néktar* Göttertrank; 20. Jh. = Zuckerlösung der Blütendrüsen. Verw.: gr. *nekrós* Leiche, aind. *tṛhinüberretten;* eigtl. = was den Tod überwindet.

Nelke w. mnd. *negelke* (zusammengezogen: *neilke),* dazu: lat. mhd. *negel(l)în,* ahd. *negelli* Nägelchen; Verkleinerung zu ↗ *Nagel* (wegen der Ähnlichkeit der Gewürznelke mit handgeschmiedeten kleinen Nägeln); 15. Jh.: Übertragung auf die Gartennelke, wegen ihres der Gewürznelke ähnlichen Duftes.

Nemesis w. urspr.: gr. Göttin (Mutter der Helena), die die Weltordnung im Gleichgewicht hielt. Eigtl. = Zuteilerin (↗ *nehmen).*

nennen Zw. (nannte, genannt), mhd. *nennen,* ahd. *nemnen,* got. *namnjan;* unter Assimilierung von *-mn-* zu *-nn-* zu ↗ *Name.* – **Nenner** m. LÜ 2. Hälfte 15. Jh. von lat. *denominator* (weil die untenstehende Zahl den Bruch benennt).

Nepp m. 20. Jh. vom Zw. **neppen,** das über rotw. aus heb. *na'ap(h)* ehebrechen (nach 1806) von Posener Juden nach Berlin getragen wurde (eigtl. = mit unechten Dingen betrügen). ↗ *noppen.*

Nerv m. 16. Jh. aus lat. *nervus* Sehne (zu gr. *neûron* Sehne; ↗ *Neur-algie,* ↗ *Neur-ose).* **nervös** Adj. 18. Jh. aus frz. *nerveux* für älteres *nervos,* das Mitte 17. Jh. aus lat. *nervosus* kam. – **Nervus rerum** w. Herzstück aller Dinge, 19. Jh. nach dem röm. Redner Cicero, (= 106–43 v. Chr.), der die Steuern *nervos rei publicae* (= Muskulatur des Staates) nannte.

Nerz m. spätmhd. *nerz, nörz, nürz,* *norz* kleinr. *noryća* Taucher, sorb. *norc* Nerz (Pelzhandel im 15. Jh.!).

Nessel w. mhd. *neʒʒel,* ahd. *neʒʒila,* engl. *nettle;* vom Subst. ahd. *naʒʒa* Nessel (Deminutiv dazu!). Urverw.: ↗ *nähen.* Mit ↗ *Nestel* und ↗ *Netz* zur idg. Wurzel **ne(d)*-nähen (nach den Fasern der Pflanze?).

Nest s. mhd. ahd. (engl.) *nest;* urverw.: lat. *nidus* (für älteres **nizdos*) Nest; Zs. aus idg. **ni-* ↗ *nieder* und idg. **sed-* ↗ *sitzen;* eigtl. = Ort, wo sich (der Vogel) niederläßt. ↗ *Nische,* ↗ *nisten,* ↗ *Sessel.*

Nestel w. (m.) mhd. *nestel,* ahd. *nestila, -lo;* vom idg. Zw.-Stamm **ne(d)-* ↗ *nähen,* zu dem auch lat. *nodus* Knoten gehört. Vgl.: ↗ *Netz,* ↗ *Nessel.*

Nestor m. urspr. König von Pylos (an der SW-Küste Griechenlands), der als Greis am Kampf gegen Troja teilnahm.

nett Adj. 2. Hälfte 15. Jh. aus mnl. *net,* von frz. *net(te)* rein. Zugrunde liegt lat. *nitidus* glänzend (vom Zw. *nitere* glänzen). – **netto** Adv. 2. Hälfte 14. Jh. aus it. *netto,* von lat. *nitidus* (eigtl. = rein, dann = ohne Verpackung). ↗ *Neid.*

Netz s. mhd. *netze,* ahd. *nezzi,* got. *nati* (engl. *net*), wie lat. *nodus* Knoten, lat. *nassa* Fischreuse (aus **nedsâ*), d. ↗ *Nessel,* ↗ *Nestel* zur idg. Wurzel **ne(d)-* ↗ *nähen.* ↗ *Binse.*

netzen Zw. mhd. *netzen,* ahd. *nezzen,* got. *natjan;* vom Adj. ↗ *naß.*

neu Adj. mhd. *niuwe,* ahd. *niuwi,* got. *niujis* (engl. *new*); urverw.: lat. *novus,* gr. *néos* neu; idg. Wurzel **neu̯(i)os-* neu. – ↗ *nun,* ↗ *renovieren.* **neuerdings** Adv. für älteres *neuer dinge* (Gen. Mz.); vgl.: ↗ *allerdings,* ↗ *schlechterdings.* **Neugierde** w. 17. Jh. vom Adj. **neugierig,** 16. Jh. *niu(we)gerne* erpicht auf Neues. – **neun** ZaW mhd. ahd. got. *niun* (engl. *nine*); vermutl. Ableitung von *neu,* also = neue (die dritte Viererreihe beginnende) Zahl (idg. Viererzählung; ↗ *acht*). **Neunauge** s. mhd. *niunouge,* ahd. *niunouga* (irrige Zusammenzählung der Kiementaschen mit Auge und Nasloch [auf einer Seite] des Fisches).

Neuralgie w. KW 19. Jh. aus gr. *neûron* Sehne (↗ *Nerv*) + *álgos* Schmerz. **Neurose** w. KW 19. Jh. vom gr. Subst. *neûron* (nach Muster anderer Krankheitsnamen wie: *Leuk-ose, Phim-ose* usw.).

neutral Adj. 15. Jh. aus lat. *neutralis* zu keiner Partei gehörend (lat. *neuter* sein von beiden, Zs. aus *ne-* nicht + *uter* einer von beiden; ↗ *nein*). **Neutrum** s. 2. Hälfte 18. Jh. aus lat. *ne-utrum* (*genus*) weder das eine noch das andere (Geschlecht).

nib(b)eln Zw. fein regnen, mhd. *nibelen,* ahd. *nibuljan;* vom Subst. ↗ *Nebel.* Das iterative *-bb-* deutet die Dauer an.

nicht Adv. mhd. *niht,* ahd. *neowiht, niwiht;* zusammengezogen aus ahd. *ni eo wiht* nie etwas (got. *ni waihts* nichts); ↗ *Wicht.* Seit 12. Jh. mit wachsender Häufigkeit als Verneinung gebraucht, bis *ne-, ni-, en-* im 15. Jh. ausstirbt. ↗ *nein,* ↗ *niemals,* ↗ *niemand,* ↗ *nimmer,* ↗ *nirgend,* ↗ *noch* [2], ↗ *nur,* ↗ *un-,* ↗ *vernichten.* – **nichtig** Adj. um 1500 von *nicht.* – **Nichtarier** m. ↗ *Arier.* – **nichts** ZaW mhd. *nihtes,* eigtl. = Gen., der *nicht* verstärken soll (mhd. *nihtesniht*). **Nichtsnutz** m. 2. Hälfte 15. Jh. – **nichtswürdig** Adj. 17. Jh. = ohne Wert; 18. Jh. = ehrlos.

Nichte w. 17. Jh. aus nd. *nichte(ke)* für hd. mhd. *niftel* Nichte, ahd. *niftila,* Verkleinerung zu mhd. *nift* Enkel, ahd. *nift* Enkelin; verw.: lat. *neptis* Enkelin; ↗ *Neffe;* eigtl. = kleine Enkelin. – Nd. *-cht* für hd. *-ft* wie bei ↗ *achter,* ↗ *After* u. a.

Nickel s. (m.) 2. Hälfte 18. Jh. aus schwed. *nickel,* für (seit 1754) älteres *kopparnickel* Kupfernickel (Rotnickelkies). *Nickel* ist scheltende KF zum PN *Nikolaus* für das die nach Silber schürfenden Bergleute enttäuschende Mineral.

nicken Zw. mhd. *nicken,* iterativisch zum Zw. ↗ *neigen.* Zur Bildung: ↗ *bücken,* ↗ *placken.* – **Nickerchen** s. 19. Jh. zu mhd. *(s)nicken* leicht schlafen.

nie Adv. mhd. *nie*, ahd. *neo, nio*, Zs. aus der Negation *ni-* (↗*nein*, ↗*nicht*, ↗*un-*) + *-io* ↗*je* (got. *ni aiw* nie).

nieder Adv. mhd. *nider*, ahd. *nidar* (engl. Adj. *nether*); steigernd zur idg. Wurzel **ni-* nieder (↗*Nest*). **Niedertracht** w. um 1800 aus dem Adj. **niederträchtig** 2. Hälfte 15. Jh. herablassend (zum mhd. Zw. *sich tragen* sich geben, sich aufführen); Mitte 18. Jh. = gemein. ↗*tragen*. – **niedrig** Adj. 1. Hälfte 16. Jh. vom Adj. *nieder*, mhd. *nider(e)*, ahd. *nidaro, -ri*.

niedlich Adj. 1. Hälfte 16. Jh. = appetitlich, aus nd. (mhd. Adv. *nietlîche* verlangend), vom Subst. as. *niud* Verlangen, ahd. *niot* Begierde; idg. Wurzel **neudh-* begehren.

Niednagel m. eingerissener Nagelrand, 2. Hälfte 16. Jh. aus nl. *nijdnagel* Neidnagel (weil der böse Blick des Neiders den Nagel splittern macht); hd. 17. Jh. unter Beibehaltung der nd. Form; volkset. Anlehnung an das Zw. *nieten* schmerzen. ↗*Neid*.

niemals Adv. 16. Jh. Negation zu ↗*jemals*, aus *ni ie mals* (Gen.). – **niemand** FW mhd. *nieman, niemen*, ahd. *nioman*, aus *ni io man*; ↗*jemand*. Antritt des *-d* wie in ↗*jemand*, ↗*irgend*, ↗*weiland*.

Niere w. mhd. *nier(e)*, ahd. *niero*, verw.: gr. *nephrós* Niere. Die idg. Wurzel **neguhro-s* bezeichnete so die Hode wie die Niere (infolge ihrer ähnlichen Form).

nieseln Zw. leicht regnen, 16. Jh. *nüseln, nislen*, von ↗*Nase*; eigtl. = durch die Nase sprechen, aus der Nase tropfen.

niesen Zw. mhd. *niesen*, ahd. *niosan* (engl. *sneeze*), altes SchW mit wechselndem Anlaut.

Nießbrauch m. LÜ 17. Jh. von lat. *usufructus* mit Umstellung der Zs.-Glieder. Das Zw. *nießen* ist Simplex zu ↗*genießen*.

Niete[1] w. gewinnloses Los, 1. Hälfte 18. Jh. aus nl. *niet* nichts; vgl.: die auch aus dem Nl. stammende ↗*Lotterie*.

Niete[2] w. runder Metallbolzen mit Knopf, mhd. *niet(e)*, vom Zw. ahd. *hniotan* festmachen. – *niet- und nagelfest* mit Bolzen und Nägeln befestigt, 1. Hälfte 18. Jh. – **Nietenhose** w. gegen 1950.

Nigger m. ↗*Neger*.

Nihilismus m. KW vor 1800 aus lat. *nihil* nichts; **Nihilist** m. um 1800; Mitte 19. Jh. = r. Sozialrevolutionär.

Nikotin s. 1825 aus frz. *nicotine*, Bezeichnung des Alkaloids nach dem frz. Namen der Tabakspflanze *nicotiane* (der frz. Gesandte *Nicot* soll den 1. Tabak 1560 an Katharina v. Medici gesandt haben).

Nimbus m. 2. Hälfte 18. Jh. aus lat. *nimbus* Nebelhülle (in der die Götter auf die Erde kommen); verw.: lat. *nebula* ↗*Nebel*.

nimmer Adv. mhd. *nim(m)er*, *niemer* nie neben *niemêr*, *nimmêr* nicht mehr; beides aus ahd. *ni io mêr* nie mehr. ↗*nein*, ↗*nicht*, ↗*je*.

Nimrod m. heb. = großer Jäger, aus chald. = Empörer (1. Mos. 10,9).

nippen Zw. 2. Hälfte 17. Jh. aus nd. (md.), verstärkend (*-pp-*!) zum mnd. Zw. *nîpen* ↗*kneifen* (nämlich die Lippen [am Becherrand] zusammenkneifen). **Nippsache** w. 2. Hälfte 17. Jh. aus frz. *nippes* weibliche Putzsachen (von frz. *guenipe* Fetzen, vermutl. von mnd. *nîpen* kneifen).

nirgend Adv. mhd. *niergen(t)*, *nirgen*, Zs. aus ahd. *ni iowergin*, Negation zu ↗*irgend*. – ↗*nein*, ↗*nicht*.

Nische w. 2. Hälfte 17. Jh. aus frz. *niche* Nest (vom Zw. *nicher* nisten, von lat. *nidicare*, zu: *nidus* ↗*Nest*).

Nissenhütte w. nach dem engl. Erfinder der Bauform P. N. *Nissen* (1871–1930; engl. *nissenhuts*), bei uns verbreitet nach 2. Weltkrieg.

nisten Zw. mhd. ahd. *nisten*, vom Subst. ↗*Nest*.

Niveau s. 2. Hälfte 18. Jh. aus frz. *niveau* Wasserwaage (über afrz. *nivel* für älteres **livel* aus lat. *libella*

kleine Waage, lat. *libra* Waage).
↗ *Libelle.*

Nixe w. mhd. *nixe*, ahd. *nicchessa;*
w. Gegenstück zum *Nix*, mhd. *nik-
kes*, ahd. *nihhus;* verw.: gr. *nízein*
waschen; zur idg. Wurzel **nigᵘ-*
waschen; eigtl. = plätschernder
Wassergeist. – Die norw.-dän.
Form *nøk* im 19. Jh. als *Neck, Nöck*
übernommen.

nobel Adj. 2. Hälfte 17. Jh. aus frz.
noble, von lat. *nobilis* bekannt,
vornehm (zugrunde liegt das
Zw. *noscere* erkennen; ↗ *Notiz).*
↗ *Ignorant.* – Aber: **Nobelpreis** m.
(Ton auf dem 1. *e!*) nach dem
schwed. Dynamiterfinder A. *No-
bel* (seit 1901), nach dem auch der
künstl. radioaktive Grundstoff **No-
belium** s. heißt (20. Jh.).

noch[1] Adv. mhd. *noch*, ahd. *noh*,
got. *nauh;* Zs. aus ↗ *nu(n)-* + *-h*
(= lat. *-que*); eigtl. = jetzt auch.

noch[2] Konj. mhd. *noch*, ahd. *noh;*
Zs. aus *ni-* nicht + *-ouh* auch; also
= auch nicht.

Nöck m. ↗ *Nixe.*

Nomade m. 18. Jh. aus frz. *nomade*,
schon 2. Hälfte 16. Jh. *nomader*,
aus lat. *nomades* Wanderhirtenvöl-
ker (von gr. *nomós* mit der Herde
umherziehend, zum gr. Zw. *né-
mein* weiden); ↗ *nehmen);* ↗ *öko-
nom-isch.*

nominell Adj. 18. Jh. *nominal*, aus
frz. *nominal*, von lat. *nominalis* na-
mentlich. *-ell* für älteres *-al* 19. Jh.
nach Mustern wie *ritu-ell, spezi-ell.*
↗ *Name,* ↗ *re-nomm-ieren).*

nonchalant Adj. 17. Jh. aus frz. *non-
chalant*, eigtl. = nicht interessie-
rend, nicht erwärmend (frz. Zw.
chaloir sich erwärmen, vom lat.
Zw. *calere* warm werden; ↗ *Kalo-
rie,* ↗ *Chauffeur* usw.).

Nonne w. mhd. *nunne*, ahd. *nunna*,
aus kirchenlat. *nonna* würdige
Mutter, Großmutter; urspr. kindl.
Lallwort (gr. *nónna* würdige Mut-
ter, *nónnos* würdiger Herr; *nánna*
Großmutter). Etwa gleichzeitig
entlehnt wie ↗ *Kloster,* ↗ *Mönch.*
-o- für älteres *-u-* vor *-n* zuerst

nordd. (↗ *Sohn,* ↗ *Sonne,* ↗ *Wonne).*

Nonsens m. 2. Hälfte 18. Jh. aus
engl. *nonsense* (frz. *nonsens*), von
lat. *non sensus* Nicht-Sinn. ↗ *Sen-*
sation.

noppen Zw. = Knoten aus Wolle
ziehen; Nbf. zu ↗ *neppen.*

Norden m. mhd. *norden*, ahd. *nor-
dana*, eigtl. Adv. = vom Norden
her, vom Subst. **Nord** m. mhd.
nort, ahd. *nord* (engl. *north);*
verw.: gr. *nérteros* unten, unterer;
zur idg. Wurzel **ner-* unten +
Richtungsadv. **-t(r)o-*, eigtl. =
nach unten hin (von der scheinba-
ren Sonnenbahn); ↗ *Normanne.*
Ggs.: ↗ *Süden?* **Nordsee** w. 2. Hälf-
te 17. Jh. aus mnd. mnl. *nordersee*
(vom nl. Standpunkt, im Gegen-
satz zur *Zuidersee).*

nörgeln Zw. 18. Jh. aus obs. Ma.,
SchW wie ↗ *schnarchen,* ↗ *schnar-
ren,* ↗ *schnurren.* *-el-*Verkleine-
rung wie bei ↗ *läch-el-n* u. a.

normal Adj. 1. Hälfte 18. Jh. aus lat.
normalis nach dem Winkelmaß;
Norm w. aus lat. *norma* Winkel-
maß, Regel (mhd. *norm[e]);* zu-
grunde liegt gr. *gnômôn*, Akk.
gnômona Maßstab, Kenner, zum
Zw. *gi-gnô-skein* erkennen; ↗ *Dia-
gnose.*

Normanne m. mhd. *Nor(t)man*, ahd.
Nordman Nordbewohner. ↗ *Nord.*

Norne w. Schicksalsgöttin, 2. Hälfte
18. Jh. aus an. *norn* Schicksalsgöt-
tin, vermutl. zu ma. schwed. *norna*
zuraunen, mhd. *narren, nerren*
knurren. SchW.

Nostalgie SchlW. 2. Hälfte 20. Jh.
aus gr. *nostalgía* = Heimweh. –
↗ *genesen.*

Not w. mhd. ahd. *nôt*, got. *naups*
(engl. *need);* zur idg. Wurzel
*nāᵘ-, *nû- sich überanstrengen (r.
núdit nötigen) (mit *-ti-*Suffix wie
bei ↗ *Flucht,* ↗ *Tat,* ↗ *Zucht).* **Not-
durft** w. mhd. *nôtdurft* Mangel,
ahd. *nôtduruft* (got. Adj. *nau-
dipaurfts* notwendig. – ↗ *dürfen,*
↗ *bedürftig).*

Notar m. mhd. *notari(e), noder*,
ahd. *notâri*, aus lat. *notârius* kai-

serl. Schreiber, (zum Subst. *nota* Schriftstück, Zeichen). **Note** w. mhd. *note* Musikzeichen, aus afrz. *note*, ahd. *nota* Zeichen, aus lat. *nota* Zeichen. Liegt *nôscere* anerkennen (trotz seines *ô*) zugrunde?

notieren Zw. spätmhd. *notîren*, aus lat. *notare* (in Notenschrift) aufzeichnen. **Notiz** w. 2. Hälfte 17. Jh. aus lat. *notitia* (vom Adj. *notus* bekannt, *nôscere* erkennen). ↗*inkognito*, ↗*nobel*. **notorisch** Adj. 1. Hälfte 17. Jh. aus lat. *notorius* kundtuend (über *notus* bekannt vom Zw. *nôscere* kennenlernen).

notwendig Adj. 1. Hälfte 16. Jh.; eigtl. = die Not wendend, daher = unumgänglich; ↗*wenden*, ↗*wendig*, ↗*auswendig*.

Nougat s. (m.) 19. Jh. aus frz. *nougat*, über prov. aus volkslat. *nucatum* Nußkonfekt, -kuchen (lat. *nux* ↗*Nuß*; ↗*nuklear*).

Novelle w. 1. Hälfte 17. Jh. = Neuigkeit, aus it. *novella* neue Erzählung; 1. Hälfte 18. Jh. = Nachtragsgesetz, lat. *novella (lex)* später herausgegebener Rechtsteil; 2. Hälfte 18. Jh. aus frz. *nouvelle* (it. *novella*) Kurzroman. – **November** m. mhd. *november*, got. *naúbaímbaír* 9. Monat des röm. Kalenders (lat. *novem* ↗*neun*).

Novize m., w. mhd. *novize* aus lat. *novicius* Neuling (*novus* ↗neu).

Nuance w. Mitte 18. Jh. aus frz. *nuance* (vom Zw. *nuer* bewölken; zugrunde liegt: lat. *nubes* Wolke, frz. *nue*).

nüchtern Adj. mhd. *nüehter(n)*, ahd. *nuohturn, nuohtarnîn;* vermutl. unter Einfluß von ahd. *uohto, -ta* Morgendämmerung aus lat. *nocturnum* 1. noch im nächtlichen Dunkel (und daher ohne Frühstück) vollzogener Gottesdienst im Kloster. ↗*Nacht*.

Nudel w. in Zs. 2. Hälfte 16. Jh.; ungeklärt (ident. mit ↗*Knödel*?).

nuklear Adj. Atom..., KW 20. Jh. zu lat. *nucleus* Kern (von lat. *nux;* ↗*Nuß*, ↗*Nougat*).

Null w. Mitte 16. Jh. für älteres *Nul-la* 1. Hälfte 16. Jh. aus it. *nulla* keines, nichts (lat. *nullus* keiner), LÜ von ar. *çifr, şifr* leer, nichts (↗*Ziffer*). – Dazu: **Nulpe** w., spätes 19. Jh. = unbedeut. Mensch.

numerieren Zw. 2. Hälfte 16. Jh. aus lat. *numerare* zählen (zum Subst. *numerus* Zahl, zur idg. Wurzel **nem-* zuteilen; ↗*nehmen*). – **Nummer** w. 16. Jh. aus it. *numero* (früher abgekürzt: *No.*); zugrunde liegt: lat. *numerus* Zahl.

nun Adv. mhd. ahd. got. *nu* (seit 13. Jh. mit auslautendem *-n*) (engl. *now*); urverw.: lat. *nunc* jetzt, gr. *ny* jetzt; zu idg. **nu-* jetzt (im Abl. zu ↗*neu*). ↗*noch*[1]. – *Im Nu* ganz schnell (auch: *in einem Nu*), vom substantiv. Adv. *Nu*, mhd. *nû*.

nur Adv. mhd. *ni-, newære, ni-, newer, niur, neur, nuor, nuer,* ahd. *niwâri;* Zs. aus der Negation *ni-* (↗*nein*, ↗*nicht*, ↗*un-*) + *-wære* = Konjunktiv der Vergangenheit zu *sîn* (↗*sein*, ↗*Wesen*); eigtl. = es wäre nicht (es sei denn, daß).

nuscheln Zw. undeutlich reden, 16. Jh. neben *nus(s)eln*, SchW zu ↗*Nase; -el-* wie in ↗*nörgeln* u. a.

Nuß w. mhd. *nuʒ*, ahd. *(h)nuʒ* (engl. *nut*); urverw.: lat. *nux* Nuß (↗*Nougat*, *nuklear*); zur idg. Wurzel **kneu-* kleine Kugel.

Nüster w. 1. Hälfte aus nd., im Abl. zu ↗*Nase*.

Nute w. Fuge, mhd. ahd. *nuote*, vom Zw. mhd. *nüejen*, ahd. *nuoen* glätten (dazu: ahd. *nuoa* Fuge); urverw.: gr. *knân, knên* kratzen, *knêstêr* Schabemesser; zur idg. Wurzel **kén-* kratzen. Zu *Nute* = Fuge gehört **Nutte** w. (Hure; Pars-prototo-Name; urspr. berl.).

nütz(e) Adj. mhd. *nütze*, ahd. *nuzzi* (got. *un-nuts* nutzlos), verstärkend vom Zw. ↗*(ge)nießen*. Vgl. ähnlich: ↗*abluchsen*. **Nutzen** m. 17. Jh. für älteres *Nutz*, mhd. ahd. *nuz* (*zu Nutz und Frommen; Eigennutz, Nutz-nießer*).

Nymphe w. 16. Jh. aus lat. *nympha* = gr. *nýmphê* Mädchen, Braut; 18. Jh. = geflügelte Ameise.

O

Oase w. 1. Hälfte 19. Jh. aus nl. *oase;* davor *Oasis* 1. Hälfte 18. Jh. (= engl., frz.) über lat. aus gr. *óasis* von kopt. *ouahe* (Zs. aus *wahe* wohnen + *sa* trinken).

ob[1] Konj. mhd. *ob(e), op;* ahd. *u-, obe, ubi, ibu;* got. *iba(i)*; Herkunft ungeklärt. ↗*oft.*

ob[2] Präp. mhd. *ob(e)*, ahd. *oba;* verw.: gr. *hypó* unter, lat. *sub* unter. Dazu Komp.: ↗*ober.* ↗*auf,* ↗*oben,* ↗*offen,* ↗*über.* – **Obdach** s. mhd. *obedach* Unterkunft, ahd. *obdach* Überdach.

Obelisk m. 16. Jh. aus lat. *obeliscus* = gr. *obelískos* ägypt. Spitzsäule (eigtl. = kleiner Bratspieß [gr. *obelós*]).

oben Adv. mhd. *obene*, ahd. *obana*, Weiterbildung von ↗*ob*[2] (= von oben her). **obendrein** Adv. LÜ Mitte 18. Jh. von lat. *insuper.* **ober** Komp. zu ↗*ob*[2] (mhd. *obere*, ahd. *obaro*); ↗*über,* ↗*erobern.* **Oberfläche** w. LÜ Mitte 17. Jh. von lat. *superficies;* dazu **oberflächlich** Adj. Ende 18. Jh. **oberhalb** Adv. (Präp.) mhd. *ober(t)halp, oberhalb(en)*, ahd. *zuo oberhalbe* auf der oberen Seite (↗*halb*), oben. ↗*meinethalben.* **Oberkellner** m. 19. Jh. (aber: mhd. *oberkellner* Oberkellermeister).

Oberwasser s. mhd. *oberwaʒʒer* Wasser einer flußaufwärts gelegenen (d.h. im Vorteil befindl.) Mühle.

Objekt s. 14. Jh. aus lat. *obiectum* Gegen-, Vorwurf (vom Zw. *obicere* entgegen-, vorwerfen); seit 2. Hälfte 17. Jh. als grammat. Bezeichnung (= Zielwort); ↗*Gegenstand.* **objektiv** Adj. Mitte 18. Jh. aus frz. *objectif* (nlat. *obiectivus*).

Oblate w. mhd. ahd. *oblâte*, aus mlat. *oblata* (*hostia*) dargebrachte

Hostie (vom Zw. *offerre* darbringen; engl. *offer* = ↗*Opfer;* ↗*Offerte*).

obliegen Zw. LÜ 1. Hälfte 16. Jh. von lat. *incumbere* (mhd. *ob ligen*, ahd. *oba ligan* obenauf liegen, obsiegen).

Obligation w. um 1500 aus lat. *obligatio* Verbindlichkeit (vom Zw. *obligare* verbinden; *ligare* binden). – Dazu das Adj. **obligat**, 16. Jh. aus lat. *obligatus.* – **oblique** Adj. ↗*Litze.*

Oboe w. ↗(*H*)*Oboe.*

obskur Adj. um 1700 aus lat. *obscurus* dunkel, bedeckt (zur idg. Wurzel **[s]keu-* bedecken); ↗*Haus,* ↗*Scheuer.*

Obst s. mhd. *ob(e)ʒ*, ahd. *obaʒ;* alte Zs. aus der Präp. ↗*auf,* ↗*ob* + ahd. *âʒ* Nahrung (↗*essen*); eigtl. = Drauf-, Beikost. Antritt des *-t* 16. Jh. wie bei ↗*Ax-t,* ↗*jetz-t,* ↗*Knus-t,* ↗*Paps-t,* ↗*Saf-t,* ↗*Sek-t.*

obstinat Adj. um 1700 aus lat. *obstinatus* hartnäckig (vom Zw. *obstinare* stur auf etw. bestehen; *stare* ↗*stehen*).

Obstruktion w. 1897 aus engl. *obstruction* Widerstand (der Iren) gegen die Parlamentsarbeit (so seit 1879); um 1700 = Verstopfung, aus lat. *obstructio* (vom lat. Zw. *obstruere* verstopfen, dagegenbauen; ↗*Instruktion*).

obszön Adj. 1727 aus lat. *obsc(o)enus* unzüchtig (aus *ob scaenúm* außerhalb der Bühne = was nicht gezeigt werden darf).

Ochse m. mhd. *ohse*, ahd. *ohso*, got. *auhsus, auhsa* (engl. *ox*); zu idg. **uksen-* Tiermännchen; von **ugu̯-* feucht (gr. *hygrós* feucht, lat. *uvidus* naß, lat. *humor* Feuchtigkeit; ↗*Humor*); eigtl. = Zuchtstier (nach seinem Samen). Vgl. die

Tautologie ↗*Auerochse.* **ochsen** Zw. fleißig lernen, 19. Jh. stud. (↗*büffeln*). **Ochsenziemer** m. Bullenglied als Klopfpeitsche, 17. Jh. *ochsenzämer, -zain, -zen* (das Grundwort ist nicht *Ziemer*, sondern ↗*Sehne* Muskelbindegewebe, m. Glied; ↗*piesacken*). **Öchsle** s. ↗*Oechsle.*

Ocker m., s. mhd. *ocker, og(g)er* aus gr. lat. *ochra* Berggelb (gr. *ôchrós* blaß[gelb]).

Ode w. 1. Hälfte 17. Jh. aus gr. *ôdê* aus *aoidê* Gesang (vom gr. Zw. *aeídein* singen). – ↗*Komödie,* ↗*Parodie,* ↗*Tragödie.*

öde Adj. mhd. *œde,* ahd. *ôdi,* got. *auþ(ei)s;* verw. gr. *aútôs* vergeblich, *aúsios* leer, vergeblich. Dentalableitung zur idg. Wurzel **au-* weg von (lat. *au-ferre* wegtragen); eigtl. = das abseits (verlassen) liegt. Dazu das Subst. **Öde** w. mhd. *œde,* ahd. *ôdî;* got. *auþida* Wüste (↗*Einöde* gehört nicht dazu!).

Odem m. Luther für ↗*Atem. O-* für *A-* ist md.; ↗*Argwohn,* ↗*ohne.*

Ödem s. 20. Jh., ↗*Eiter.*

oder Konj. mhd. *od(e),* ahd. *odo;* unter dem Einfluß des parallelen ↗*aber* mit *-r:* mhd. *oder,* ahd. *odar* (engl. *or*). *o-* ist sekundär (aus *e-* entstanden): ahd. *eddo,* got. *aiþþau* (aus **iþ-þau*).

Oechsle s. Maßzahl für Mostzucker, nach dem Konstrukteur der Mostwaage F. *Oechsle,* 1774–1852.

Ofen m. mhd. *oven,* ahd. *ovan* (engl. *oven*), got. *auhns;* urverw.: gr. *ipnós* Ofen, lat. *auxilla* kleiner Topf; idg. Wurzel **auku̯(h)-* Topf (für die Herd-, Ofenglut).

offen Adj. mhd. *offen,* ahd. *offan* (engl. *open*); mit ↗*ob²* zur Sippe von ↗*auf* (altes Part. Pass., = aufgemacht); ↗*öffentlich.* **offenbar** Adj. mhd. *offenbære,* ahd. *offenbâr(i)* sich offen tragend; das Grundwort vom Zw. *beran* tragen (↗*Bahre,* ↗*gebären* usw.). – Betonung auf der letzten Silbe durch Einfluß von *offenbaren, Offenbarung* (beide schon mhd.).

offensiv Adj. 1. Hälfte 17. Jh. aus frz. *offensif* (von nlat. *offensivus* angreifend; Part. Pass. *offensus, offendere* anstoßen, angreifen).

öffentlich Adj. mhd. *offenlîch,* ahd. *offanlîh;* Zs. aus ↗*offen* + ↗*-lich;* seit 1300 (md.) mit gleitendem *-t-* (↗*allen-t-halben,* ↗*angelegen-t-lich,* ↗*eigen-t-lich,* ↗*flehen-t-lich,* *namen-t-lich, hoffen-t-lich*).

Offerte w. 17. Jh. aus frz. *offerte,* it. *offerta,* aus mlat. *offertus* für lat. *oblatus,* Part. Pass. zum Zw. *offerre* (aus **ob-ferre*) entgegentragen. – ↗*Oblate.*

offiziell Adj. Ende 18. Jh. aus frz. *officiel* (von lat. *officialis* dienstlich, Subst. *officium,* älter **opifaciom* Dienstleistung, Pflicht). – **Offizier** m. 2. Hälfte 16. Jh. aus frz. *officier* (von mlat. *officiarius* Dienstleister, Beamter, lat. *officium* Pflicht). – **Offizin** w. 1703 aus lat. *officina* Werkstätte. – **offiziös** Adj. 1694 aus frz. *officieux, officieuse* halbamtlich, aus lat. *officiosus* pflichtmäßig.

oft Adv. mhd. *oft(e),* ahd. *ofto,* got. *ufta* (engl. *oft*); vermutl. zu: ↗*ob¹,* dann = übermäßig.

Oh(ei)m m. mhd. *ôhe(i)m, -hein, œheim* (engl. *eam*); alte Zs. aus idg. **avo-s* Mutters Vater (lat. *avus* Großvater, got. *awô* Großmutter) + **haimaz* vertraut (↗*Heim*); eigtl. = Großvaters Vertrauter (= Mutterbruder; matriarchal. Verhältnisse!). Oder = lieber (vertrauter) Großvater? – ↗*Onkel.*

Ohm¹ s. Hohlmaß, mhd. *âme, ôme* (engl. *awm,* älter nl.), aus lat. *(h)ama* Feuereimer (im kirchl. Gebrauch = Weinmaß), aus gr. *ámê* Wassereimer. *O-* aus älterem *A-* (in ↗*nach-ahmen* erhalten) wie in: ↗*Argwohn,* ↗*Mond,* ↗*ohne,* ↗*Ton* usw.

Ohm² s. Maßeinheit für den elektr. Widerstand, 1881 nach dem d. Physiker Georg Simon *Ohm* (1787–1854).

ohne Präp. spätmhd. *ône,* mhd. *âne,* ahd. *âno* (dazu mit Abl.: got.

inu[*h*]); urverw.: gr. *áneu* ohne. *o-*
für *a-* vor Nasal wie in: ∕ *Argwohn*,
∕ *Monat*, ∕ *Mond*, ∕ *Ohm* [1], ∕ *Ton* [1]
usw. **Ohnmacht** w. 14. Jh. *ônmaht*,
mhd. *âmaht*, Zs. mit der wgerm. −
Negation ahd. *â-* weg, un-; später
an ∕ *ohne* angelehnt.

Ohr s. mhd. *ôre*, ahd. *ôra* (mit
gramm. Wechsel [*s* für *r*] got. *ausô*)
(engl. *ear*); lat. *auris* für älteres
*ausis, gr. *ûs* Ohr; idg. Körperteil-
bezeichnung (**ôus-*), ungeklärt.
∕ *Aurikel*. **Öhr** s. Fadenloch, mhd.
œr(*e*), ahd. *ôri*, Ableitung von
Ohr. **Ohrfeige** w. 2. Hälfte 15. Jh.
(auch mnd. *ôrfîge*); ähnlich: *Dach-*
tel Backpfeife (von ∕ *Dattel*);
∕ *Backpfeife*, ∕ (*Maul-*)*Schelle*!

Okarina w. Tonflöte, 20. Jh. aus
it. *ocarina*, von it. *oca* Gans, =
Gänse(schnabel)flöte (Form!).

okay Interj. 20. Jh. aus am., trotz
vieler Vorschläge ungedeutet.

Okkultismus m. KW 2. Hälfte 19.
Jh. zu lat. *occultus* geheim (vom
Zw. *occulere* [aus *ob-celere] ver-
bergen; idg. Wurzel: **kel-* verber-
gen; ∕ *hehlen*).

ökonomisch Adj. 2. Hälfte 17. Jh.
über lat. aus gr. *oikonomikós* wirt-
schaftlich (zum Subst. *oikonomía*
Haushaltung; Zs. aus *oîkos* Haus
[∕ *Ökumene*] + *némein* zuteilen
[∕ *Nomade*]).

Oktave w. mhd. *octâv*, aus lat. *octa-*
va die Achte (ZaW *octo* ∕ *acht*). −
Oktober m. mhd. *octo-*, *octember*,
aus lat. *october* (*mensis*) achter
Monat (da die röm. Jahreszählung
mit dem März begann).

oktroyieren Zw. ∕ *aufoktroyieren*.

okulieren Zw. (Pflanzen) veredeln,
2. Hälfte 17. Jh. aus nlat. *oculare*
für lat. *inoculare* (vom Subst. *ocu-*
lus ∕ *Auge*).

Ökumene w. bewohnte Erde 2.
Hälfte 19. Jh. über lat. aus gr. *oikû-*
ménê (*gê*) bewohnte Erde (vom
Zw. *oikeîn* bewohnen, *oîkos* Haus;
∕ *ökonomisch*).

Okzident m. mhd. *occident*(*e*), aus
lat. *occidens* (Gen.: *occident-is*)
untergehend. − ∕ *Abendland*.

Öl s. mhd. *öle*, ahd. *oli*, *ole*, aus
volkslat. *olium* für lat. *oleum* (von
gr. *élaion*, vermutl. aus einer Mit-
telmeersprache). − ∕ *Olive*, ∕ *Pe-*
troleum.

Oldtimer m. KW 20. Jh. aus engl.
(doch heißt ein alter Kraftwagen in
England *veteran car*).

Oleander m. Zierstrauch, 1. Hälfte
16. Jh. aus it. *oleandro*. Zugrunde
liegt gr. *rododéndron* Rosenbaum
(*ródos* Rose + *déndron* Baum;
∕ *Rose*), zweimal volkset. umge-
münzt: einmal nach lat. *laurus*
∕ *Lorbeer* (wegen der Blätterform;
Ergebnis: mlat. *lorandum*), dann
nach dem Vorbild von lat. *olea* Oli-
venbaum.

Ölgötze m. urspr. = Ölbergfigur auf
der Prozession, so von Luther 1520
spöttisch genannt. − **Ölsüß** s. ∕ *Gly-*
zerin.

Olive w. mhd. *olîve*, aus lat. *oliva*
Ölbaum (von gr. *elaía*; ∕ *Öl*).

Omelett s., **Omelette** w. 1. Hälfte
18. Jh. aus frz. *omelette* Eierku-
chen; aus lat. *lamella* Metallplätt-
chen (∕ *Lametta*).

Omnibus m. 1829 aus frz. *omnibus*
Lohnwagen (zwischen Nantes und
Richebourg, seit 1825); vielleicht
Wortspiel eines Kaufmanns *Om-*
nès, vor dessen Laden die Lohnwa-
gen abgingen: sein Ladenschild:
Omnes omnibus (= Omnes für al-
les, oder auch = Alle für alle).

Onkel m. 18. Jh. aus frz. *oncle* (lat.
avunculus Mutters Bruder, eigtl.
= kleiner Großvater; ∕ *Oh*[*ei*]*m*).
∕ *Enkel* [2].

Onyx m. Halbedelstein, mhd. *onix*,
onichel, -*chus*, über lat. *onyx* aus
gr. *ónyx* (Finger-)Nagel (nach der
Farbe; ∕ *Nagel*).

Opal m. Halbedelstein, Mitte 17. Jh.
aus lat. *opalus*, über gr. *opállios*
aus aind. *upala* (Edel-)Stein.

Oper w. 17. Jh. über frz. *opéra* aus
it. *opera* (Musik-)Werk (lat. *opera*
Werke, Arbeit). **Operette** w. 2.
Hälfte 17. Jh. aus it. *operetta* (Mu-
sik-)Werklein. − **operieren** Zw. 2.
Hälfte 16. Jh. aus lat. *operari* (=

frz. *opérer*) arbeiten (von *opera*, Mz. von: *opus* Arbeit). – **Opfer** s. mhd. *opfer*, ahd. *opfar;* zum Zw. **opfern**, mhd. *opfern*, ahd. *opfarôn*, aus lat. *operari* (kirchlich = Almosen geben; aber: engl. *offer* aus lat. *offerre* darbringen); ⁄ *üben*.

Opium s. Betäubungsdroge, 15. Jh. aus lat. *opium* Mohnsaft, von gr. *ópion* (*opós* Pflanzensaft).

opportun Adj. 17. Jh. aus frz. *opportune* günstig gelegen (lat. *opportunus*, eigtl. = beim Hafen?); pol. SchlW 1846.

Opposition w. 2. Hälfte 16. Jh. aus lat. *oppositio* ⁄ *Gegensatz* (vom Zw. *opponere* entgegensetzen); seit 18. Jh. frz. Einfluß = regierungsfeindliche Partei.

optieren Zw. 2. Hälfte 19. Jh. über frz. *opter* wählen aus lat. *optare* wünschen.

Optik w. 1. Hälfte 18. Jh. für älteres *optica* 17. Jh. aus lat. *optica* (*ars*) = gr. *optikê* (*téchnê*) Kunst, die das Sehen betrifft. Zur idg. Wurzel **oqᵘ̯-* sehen. ⁄ *Auge*, ⁄ *Pan-opt-ikum*.

optimistisch Adj. 20. Jh. zum Subst. **Optimist** m. 19. Jh., dies vom Subst. **Optimismus** m. 18. Jh. (Leibnizens) Lehre von der Welt als der bestmöglichen; Mitte 19. Jh. = zukunftsvertrauende Weltauffassung (lat. *optimum* das Beste; daher 20. Jh.: **Optimum** s. Höchstmaß).

Orakel s. 2. Hälfte 16. Jh. aus lat. *oraculum* (Ort der) Weissagung, eigtl. = Sprechstätte (vom Zw. *orare* reden; ⁄ *Oratorium*).

Orange w. 1. Hälfte 18. Jh., unter dem Einfluß von frz. *orange* gekürzt aus *Oranien-*, *Orangenapfel* Mitte 17. Jh. von nl. *oranjeappel*, LÜ von frz. *pomme d'orange*. Dies unter volkset. Einfluß von frz. *or* Gold(farbe) aus frz. *arange* (daher spätmhd. *arans*), über span. *naranja* und ar. *nârandsch* aus pers. *nâräng*, *nâring* bittere Apfelsine. ⁄ *Pomeranze*, ⁄ *Apfelsine*.

Orang-Utan m. Mitte 17. Jh. aus mal. *ôrang-(h)ûtan* Waldmensch; urspr.: Bezeichnung für Eingeborenenstämme (spöttisch oder mißverstehend übertragen?).

Oratorium s. 17. Jh. aus lat. *oratorium* Bethaus (vom Zw. *orare* reden; ⁄ *Orakel*).

Orchester s. um 1700 aus it. *orchestra* (frz. *orchestre*) Platz für die Musiker vor der Bühne (Mitte 18. Jh. = Musikkapelle). Zugrunde liegt über lat. *orchestra* Senatorenplatz vorn im Theater, gr. *orchêstra* Tanzraum für den Chor (vom Zw. *orcheîsthai* tanzen).

Orchidee w. 19. Jh. aus frz. *orchidée* KW zu gr. *orchís* Hode (nach der Form der Wurzelknollen).

Orden m. mhd. *orden* Regel, Reihenfolge, Stand (ahd. *ordena* Reihen[folge]), aus lat. *ordo* (Genitiv: *ordinis*) Reihe, Stand (urspr. = Gewebe, (*ex*)*ordiri* anzetteln, gr. *ordeîn* Gewebe anlegen). **ordentlich** Adj. mhd. *orde(n)lich* (ahd. Adv. *ordenlîhho* ordnungsgemäß); seit 14. Jh. gleitet -*t*- ein wie bei: ⁄ *eigen-t-lich* usw. – **Order** w. Auftrag, 17. Jh. aus frz. *ordre* (lat. *ordo* Ordnung, Verordnung). – **ordinär** Adj. 18. Jh. aus frz. *ordinaire*, für älteres *ordinari* 16. Jh. aus lat. *ordinarius* nach der Reihe (daher das Subst. **Ordinarius** m. 19. Jh., gekürzt aus *Professor ordinarius* ordentlicher [mit Lehrstuhl versehener] Hochschullehrer]. – **ordnen** Zw. mhd. *ordenen*, ahd. *ordinôn*, von lat. *ordinare* in die rechte Reihe bringen (vom Subst. lat. *ordo* Reihe, Gewebe), dazu Zw. ordinieren, mhd. *ordinieren*; ⁄ *Ornament*. – **Ordonnanz** w. Befehlsübermittler, Mitte 16. Jh. aus frz. *ordonnance* Befehl (vom Zw. *ordonner* anordnen, vom lat. Zw. *ordinare*).

Organ s. 2. Hälfte 18. Jh. für älteres *Organum, -non*, über lat. *organum* aus gr. *órganon* (Sinnes-)Werkzeug (mit Abl. zu *érgon* Werk; ⁄ *En-erg-ie*, ⁄ *Org-ie*). **organisieren** Zw. 2. Hälfte 18. Jh. aus frz.

organiser mit Organen versehen, zu etw. Lebensfähigem zusammensetzen. **Organist** m. mhd. *organiste*, aus mlat. *organista* (lat. *organum* Werkzeug, Orgel). **Orgel** w. mhd. *orgel, orgene, organa,* ahd. *orgela, organa,* im 8. Jh. aus mlat. *organa* Mz. zu *organum,* eigtl. = die Musikwerkzeuge (*-l* für *-n* nach dem Muster der Gerätenamen auf *-el* wie / *Beut-el* u. a.). – **Orgie** w. 17. Jh. über lat. *orgia* Mz., von gr. *órgia* (Bacchus-)Mysterien (dazu Abl.: *érgon* Werk; / *Organ*).

Orgasmus m. aus gr. *orgân* verlangen, mit lat. Endung; KW 19. Jh.

Orient m. mhd. *orient, -jent,* aus lat. *in oriente* im Land des Sonnenaufgangs (*oriens* [*sol*] aufgehend[e Sonne]). **orientieren** Zw. 2. Hälfte 18. Jh. aus frz. *orienter* (it. *orientare*) die Himmelsrichtung (nach dem Sonnenaufgang) bestimmen. – **Original** s. 2. Hälfte 15. Jh. verkürzt aus lat. *originale exemplar* urspr.: Muster, Urschrift (vom Zw. *oriri* entstehen, aufgehen, *origo* Ursprung), / *Urbild.* **originell** Adj. 1. Hälfte 18. Jh. aus frz. *originel.*

Orkan m. 2. Hälfte 17. Jh. über nl. *orkaan* aus engl. *hurricane,* dies über span. *huracán* letztlich aus hait. Eingeborenenwort für das Sternbild des Großen Wagens, dann die (in seinem Zeichen stattfindenden) Herbststürme. Eigtl. Name eines Sturmgottes?

Ornament s. 14. Jh. aus lat. *ornamentum* Ausschmückung (vom Zw. *ornare* für **ord(i)-nare* schmücken; / *ordnen*). **Ornat** m. 14. Jh. aus lat. *ornatus* Amtsschmuck, -tracht (von *ornare*).

Ort m. mhd. ahd. *ort* Spitze, Ecke, Winkel, Platz, von germ. Wurzel **uzda* Spitze; weitere Verwandte ungewiß. – **Örtchen** s. / *Lokus.*

orthodox Adj. 16. Jh. über lat. *orthodoxus* aus gr. *orthódoxos* (Zs. aus *orthós* gerade, aufrecht + *dóxa* Ansicht, Lehre [/ *dezent*]); / *paradox.*

Öse w. spätmhd. *ôse, œse;* urverw.

lat. *ansa* Henkel, gr. *hênía* Zügel; eigtl. = Schlinge (zum Ledernähen)? Oder im gramm. Wechsel (*s:r*) zu / *Ohr,* = ohrartiges Loch?

Osram s. Warenzeichen (Metallegierung, KW 1906 aus *Os*-mium + Wolf-*ram*.

Osten m. mhd. *ôsten,* ahd. *ôstan;* urverw.: lat. *aurora* Morgenröte, gr. *aúrion* morgen, *êôs* Morgenröte; zur idg. Wurzel **a⁴es-,* ausleuchten; eigtl. = Gegend, in der es hell wird (/ *Süden,* / *Westen*). Die gekürzte Form **Ost** m. seit 15. Jh. (engl. *east,* daher: frz. *est*). **Ostern** s. mhd. Ez. *ôster, ôstir* neben Mz. *ôster(e)n,* ahd. *ôstarun;* vermutl. LÜ von lat. *albae* (*paschales*) Morgenliturgien an den 3 (4) Auferstehungstagen. – Eine germ. Frühlingsgöttin *Eostre* (ags.) ist nicht nachweisbar. **Österreich** mhd. *ôsterrîche,* ahd. *ôstarrîchi* Ostfranken; Zs. aus: ahd. *ôstar* Osten + *rîchi* Reich.

Otter[1] m. Wassermarder, mhd. *ot(t)er,* ahd. *ottar* (engl. *otter*); urverw.: gr. *hýdros, hýdra* Wasserschlange (d. *Hydra* Schlangenungeheuer); mit gr. *hýdôr* / *Wasser* zur idg. Wurzel **udr-* Wasser (**u̯ed-* benetzen); eigtl. = Wassertier. / *Hydrant.*

Otter[2] w. Schlange, 1. Hälfte 16. Jh. aus älterem *noter, notir* ostmd. für hd. / *Natter.*

Outsider m. Ende 19. Jh. aus engl. *outsider* nicht an Wettbewerbsabkommen beteiligtes Unternehmen; Rennpferd ohne Siegchance. D. 20. Jh.; / *Außenseiter.*

Ouvertüre w. um 1700 aus frz. *ouverture* Eröffnung (einer Oper); zugrunde liegt lat. *apertura* Öffnung (vom Zw. *aperire* öffnen; / *Aperitif*).

oval Adj. 1. Hälfte 17. Jh. aus lat. *ovalis* eiförmig (vom Subst. *ovum* / *Ei*).

Oxid s. 2. Hälfte 18. Jh. aus frz. *oxyde, oxide,* gr. *oxýs* scharf (/ *Ecke*).

Ozean m. 17. Jh. *ocean* für *oceanus*

16. Jh. aus mlat. *oceanus* (schon mhd. *occêne*); von gr. *ōkeanós* Weltmeer, auf dem die Erdscheibe schwimmt (in der Sage Name eines Titanen, den Zeus verschonte).

Ozon m. (s.) verdichteter Sauerstoff, KW 1839 von dem durch den Geruch geleiteten Entdecker C. F. Schönbein aus gr. *ózon* Duftendes (vom Zw. *ózein* duften, riechen).

P

Paar s. mhd. ahd. *pâr, par* (engl. *pair* aus frz. *paire*), aus lat. *par* gleich, ähnlich (aber: *zu Paaren treiben* volkset. von mhd. *bêr*[*e*] sackartiges Fischnetz [eigtl. = *zum barn, bêrn bringen*], aus lat. *pera* Beutel). – ↗ *Pair*, ↗ *paritätisch*.

Pacht w. westmd. Form, seit 18. Jh. für älteres mhd. *pfacht(e)*, aus lat. *pacta* Mz., Ez.: *pactum* Vertrag (vom Zw. *pangere* festmachen; ↗ *Pakt*, ↗ *kompakt*). D. -*cht*- für lat. -*ct*- wie bei ↗ *dichten*, ↗ *Frucht*, ↗ *trachten*.

Pack[1](**en**) m. 16. Jh. über mnd. aus nl. *pac* (Woll-)Bündel (daher engl. *pack*, frz. *paquet*; ↗ *Paket*); Herkunft ungeklärt. – **Pack**[2] s. Gesindel entwickelt sich parallel mit ↗ *Bagage* (soldatensprachl. Schelte). ↗ *Gepäck*. **packen** Zw. Mitte 16. Jh. aus mnl. *pakken* bündeln; gleichzeitig *sich packen* eigtl. = das Bündel schnüren (um fortzugehen).

Pachulke m. Knecht, 19. Jh. aus poln. *pacholek* Bursche; 20. Jh. = Schelte.

Pädagoge m. 2. Hälfte 15. Jh. über lat. *paedagogus* aus gr. *paidagōgós* (Zs. von gr. *pais* Kind, Knabe [↗ *Page*] + *ágein* führen [↗ *Achse*, ↗ *Acker*]). ↗ *Pedant*.

Padde w. Kröte: ↗ *Pfad*, ↗ *Schildpatt*.

paddeln Zw. 19. Jh. aus engl. *paddle* ein Boot mit dem **Paddel** s. (engl. *paddle*) bewegen; Eingeborenenwort ungeklärter Herkunft (SchW?). Nicht verw.: nd. *Padde* Kröte, *pedden* trampeln; ↗ *Pfad*.

paff sein Zw. sprachlos sein, 19. Jh. vom SchW *paff* (Büchsenschuß, seit 17. Jh.). Dazu **paffen** Zw. hastig rauchen, stud. 2. Hälfte 18. Jh. (spätmhd. *baffen* bellen).

Page m. um 1600 aus frz. *page*, über span. *page* aus it. *paggio* (zugrunde liegt gr. *paidíon* kleiner Knabe, junger Diener; ↗ *Pädagoge*).

Pair m. Kronvasall, um 1700 aus frz. (engl.) *pair* Ebenbürtiger. Zugrunde liegt: lat. *par* gleich(berechtigt); ↗ *Paar*.

Paket s. Mitte 16. Jh. aus frz. *paquet*; ↗ *Pack*[1].

Pakt m. 1. Hälfte 15. Jh. aus lat. *pactum* Vertrag (↗ *Pacht*).

Paladin m. Fürstenberater, 18. Jh. aus it. *paladino* (von lat. *palatinus* wer im *Palast* [lat. *palatium*] wohnt); ↗ *Pfalz*. – **Palais** s. 2. Hälfte 17. Jh. aus frz. *palais*, lat. *palatium* kaiserl. Prachtbau (urspr.: *mons palatinus* von Romulus bebauter Hügel Roms). **Palast** m. mhd. *palas(t), balas(t)* Burghalle, -saal (daher auch [mhd.] *Palas* m. Burgsaal); -*t* wie bei ↗ *Ax-t* usw. angetreten.

Palatschinke w. öst. = Eierkuchen, 19. Jh. aus mag. *palacsinta*, von rumän. *placinta* Mehlspeise. Zugrunde liegt aber lat. *placenta* Kuchen aus gr. *plakûs* Fladen (vom Subst. *plax* Platte; urverw.: ↗ *flach*).

Palaver s. 1. Hälfte 19. Jh. aus engl. *palaver* Geschwätz, aus einer nordafrik. Eingeborenensprache, in die es aus port. *palavra* Unterhaltung kam (von mlat. *parabola* Erzählung, Bericht [gr. *parabolê* Gleichnis, gr. Zw. *parabállein* nebenherwerfen, vergleichen; ⟋ *Parabel,* ⟋ *Parole*]).

Paletot m. vor Mitte 19. Jh. aus frz. *paletot* Herrenmantel (gleichzeitig engl. *paletot*); 15. Jh. frz. *palletot* Bauernflausch, 14. Jh. aus mengl. *paltoc* Mantel. Zugrunde liegt: lat. *pallium* Überwurf (*palla* Staatsmantel).

Palette w. 1. Hälfte 18. Jh. aus frz. *palette* Eisenkäppchen unter dem Helm; davor: *Politte*, aus it. *paletta* kleine (Feuer-)Schaufel (von lat. *pala* Schaufel).

Palisade w. vor 1600 aus frz. *palissade* Pfahlzaun, von prov. *palissa(da)*. Zugrunde liegt: lat. *palus* ⟋ *Pfahl.*

Palme w. mhd. *palm(e)*, *balm(e)*, ahd. *palma*, aus lat. *palma* flache Hand (die Früchte [Blätter?] mit Fingern verglichen; ⟋ *Dattel*); urverw.: ⟋ *Feld.*

Pampelmuse w. 18. Jh. aus frz. *pamplemousse* (nl. *pompelmoes*, afrikaans *pompelmoosje*, dem tam. *bambolmas* zugrunde liegt).

pampig Adj. frech, 20. Jh. aus nd., vom nd. SchW **Pampe** w. Brei, obd. **Pampf** m. Brei. Dazu das Zw. **pampfen** sich vollstopfen.

Panier s. (w.) mhd. *pani(e)r;* ⟋ *Banner.* Anlautend *P-* (für *B-*) wie bei: ⟋ *Pilz*, ⟋ *Pokal*, ⟋ *Posaune.*

panieren Zw. mit geriebenem Brot einkrusten, 1. Hälfte 18. Jh. aus frz. *paner* (vom Subst. *pain* Brot, aus lat. *panis*). ⟋ *Futter*[1]; vgl.: ⟋ *Kumpan.*

Panik w. 1. Hälfte 19. Jh. aus engl. *panic* (von frz. *panique*, substantiv. Adj. von lat. *panicus* dem Waldgott *Pan* zu eigen. – Der Name *Pan* ungeklärt. Wer ihn = Allgott deutet, erliegt einer Volksetymologie [gr. *pân* All]). **panisch** Adj. aus der Redensart *panischer Schrecken*, 2. Hälfte 16. Jh. lat. *terror panicus* (= gr. *deîma Panikón*); eigtl. = vom Waldgott *Pan* erregter Schreck.

Panne w. um 1900 aus frz. *panne* Betriebsstörung am Kraftwagen;

urspr.: seemännisch *être en panne* in der Flaute sitzen. Frz. *panne* Segel, aus lat. *pannus* Tuch (vermutl. über die Bühnensprache, dort: *Panne* (= frz. *panne*) = Versagen [Steckenbleiben usw.]).

Panoptikum s. KW 19. Jh. aus gr. *pân* alles + *optikón* was man sehen kann, eigtl. = Allesschau. ⟋ *Optik.* – **Panorama** s. KW um 1800 nach engl. Muster (1789 von R. Barker) aus gr. *pân* + *horân* sehen gebildet (= Allesschau).

Panse(n) m. ⟋ *Panzen.*

Panther m. mhd. *panter*, ahd. *pantêr(a)*, über lat. *panther(a)* aus gr. *panthêr* (daher, über frz. Vermittlung, engl. *panther*). Zugrunde liegt wohl aind. *puṇḍarîkas* Tiger (zum Adj. aind. *pâṇḍaras* hellgelb).

Pantine w. Hausschuh, 2. Hälfte 14. Jh. mnd. *patine*, aus mnl. *patijn*, aus frz. *patin* dick(holz-)besohlter Schuh, Schlittschuh (von frz. *patte* Pfote). Volkset. Anlehnung an ⟋ *Pa-n-toffel* läßt ein 19. Jh. ein -*n*- eindringen. – **Pantoffel** m. 2. Hälfte 15. Jh. aus frz. *pantoufle*, it. *pantofola;* Herkunft? – **Pantoffelheld** m. 19. Jh. = Mann, der *unterm Pantoffel* steht (Schuh, Fuß sind alte Machtsymbole; der Pantoffel urspr. w. Fußbekleidung).

Pantomime w. 2. Hälfte 17. Jh. über frz. *pantomime* (und lat.) aus gr. *pantómimos* wer alles (*pân*) nachahmen (*mimeîsthai*) kann.

pan(t)schen Zw. 15. Jh., vermutl. aus einer Kreuzung von ⟋ *patschen* und ⟋ *man(t)schen*. Vgl.: ⟋ *plan(t)schen.*

Panzen m. Tiermagen, mhd. *panze* Wanst, aus afrz. *pance* (frz. *panse*), das auf lat. *pantex* Wanst zurückgeht. – **Panzer** m. mhd. *panzi(e)r*, *bancier*, aus afrz. *pancier* Rüstung (von lat. *pantex*).

Päonie w. Pfingstrose, mhd. *pionie*, ahd. *bêonia*, über lat. aus gr. *paiônía* Blume des Götterarztes *Paiôn* (gr. Heilpflanze); oder = aus der Landschaft *Päonien* (= Serbien)?

Papa m. 2. Hälfte 17. Jh. aus frz. *papa* (verdoppelte Lallsilbe) zu lat. *pa-ter;* ↗ *Vater;* ↗ *Mama,* ↗ *Popo.*

Papagei m. 15. Jh. *papegey* u. ä., aus afrz. *papegai* (daher: engl. *popin-jay*); davor: mhd. *papegân* unmittelbar aus ar. *babaghâ,* SchW (aus westafr. *pampakei?*).

Paperback m., s. in Klebebindung hergestelltes Buch im Kartonumschlag, 1945 aus engl. *paperback* (= Papierrücken). **Papier** s. spätmhd. *pap(p)îr, papier* u. ä., (wie frz. *papier,* engl. *paper*) über mlat. *papirus* aus gr. *pápyros* Zypergras (dessen zusammengeklebte Häute Schreibblätter ergaben). Zugrunde liegt vermutl. ein – nicht nachweisbares – äg. Wort. **Papiergeld** s. 1. Hälfte 18. Jh. LÜ von frz. *papiermonnaie* (LÜ von engl. *paper-money*). **Papiermaché** s. 2. Hälfte 18. Jh. aus frz. *papier maché* angeteigtes (eigtl. = gekautes) Papier (vom Zw. *mâcher* kauen, lat. *masticare*).

Papp m. Brei, mhd. *pap* (= engl.); lat. *pap(p)a* Brei, kindl. Lallwort. ↗ *päppeln,* ↗ *papperlapapp.* Dazu: **papp** SchW 18. Jh. (*nicht mehr papp sagen können* satt sein). – **Pappe** w. 1. Hälfte 17. Jh. = mit Kleister (*Papp*) zusammengeklebte Papierlagen.

Pappel w. mhd. *papel, popel,* ahd. *papil-, pop(e)lboum* Schwarzpappel, aus lat. *populus* (mlat. *papulus*).

päppeln Zw. füttern, mhd. *pepelen* eigtl. = mit ↗ *Papp* (Brei) versorgen. *-l-*Infix wie bei ↗ *lächeln* u. a.

Pappenstiel m. 1. Hälfte 16. Jh. *Pappelstiel,* nicht zu *Pappel* populus, sondern zu mhd. *papel(e)* Malve (ungeklärter Herkunft). Ein Malvenstiel ist wertlos. Oder: zu mlat. *pappus* Löwenzahnstiel; vgl.: nd. *pâpenblôme* Pfaffenblume, Löwenzahn?

Papperlapapp s. Mitte 19. Jh. vom SchW *paperlapapp* 1. Hälfte 18. Jh. (Erweiterung von ↗ *papp*).

Paprika m. 19. Jh. über mag. aus serb. *pàprìka* (von lat. *piper* ↗ *Pfeffer*).

Papst m. mhd. ahd. *bâbes* (mhd. auch *bâbest*), über afrz. *pape(s)* aus lat. *papa* Vater (als Anrede geistl. Würdenträger). *-t* tritt an wie bei ↗ *Ax-t,* ↗ *jetz-t,* ↗ *Obs-t* usw. ↗ *Pfaffe.*

Parabel w. Gleichnis, mhd. *parabelle,* ahd. *parabola,* aus mlat. *parabela, -bola,* von gr. *parabolê* (vom gr. Zw. *para-bállein* nebeneinanderwerfen, vergleichen). – ↗ *Palaver,* ↗ *Parole.* – Im 16. Jh. auch in mathemat. Bedeutung (wie schon gr.).

Parade w. 1. Hälfte 17. Jh. aus frz. *parade* (das auch engl. *parade* liefert). Zugrunde liegt span. *parada* Stillstand (des Pferdes) vom Zw. *parar* schmücken (lat. *parare* bereiten). ↗ *Imperativ,* ↗ *Krempel,* ↗ *parieren[1],* ↗ *reparieren,* ↗ *Separée.*

Paradies s. mhd. *par(a)dîs(e),* ahd. *paradîs(i),* aus mlat. *paradisum* (daher frz. *paradis,* engl. *paradise*); zugrunde liegt: gr. *parádeisos* Park, Garten, wohl mit pers. Vermittlung aus awest. *pairidaêza* Gehege, Garten (daher heb. *pardês* Garten, Park). In *-dies* steckt die idg. Wurzel *dhig-* bilden (gr. *teîchos* Mauer, got. *digan* = lat. *fingere* bilden; ↗ *Teig*). – Seit mhd. auch = Kirchenvorraum (wegen der dort zur Schau gestellten alttestam. Personen).

paradox Adj. 2. Hälfte 17. Jh. aus gr. *parádoxos* (Zs. aus gr. *pará* daneben, dagegen + *dóxa* Meinung, Lehre [↗ *dezent,* ↗ *ortho-dox*]).

Paragraph m. mhd. *paragraf,* über lat. *paragraphus* aus gr. *parágraphos* eigtl. = danebengeschriebener Buchstabe (Zs. aus gr. *pará* daneben + *gráphein* schreiben), Trennzeichen (urspr. zur Unterscheidung der Chor- von den Schauspielparts im gr. Drama). ↗ *Rubrik.*

parallel Adj. 16. Jh. über lat. aus gr. *parállêlos* (Zs. aus *pará* daneben +

allêlôn einander [*állos* ein anderer]); dazu: Subst. **Parallele** w. 1. Hälfte 18. Jh., angeregt von frz. *parallèle*.

Paralyse w. Lähmung, Gehirnerweichung, um 1700 aus gr. *parálysis* (Zs. aus *pará* daneben, dagegen + *lýein* lösen; ∕ *Analyse;* ∕ *los*).

Parasit m. 15. Jh. über lat. *parasitus* Schmarotzer (als Lustspielfigur) aus gr. *parásitos* (Zs. aus *pará* daneben, dagegen + *sîtos* Speise). – ∕ *Mitesser.*

Parcours m. Umritt für Springreiter, 20. Jh. aus frz. *parcours* Umlauf (von lat. *percurrere* durchlaufen; ∕ *Kurs*).

Pardon m. 2. Hälfte 16. Jh. aus frz. *pardon* (vom frz. Zw. *pardonner* verzeihen, lat. *perdonare* vergeben, ganz schenken, lat. *donare* schenken, *dare* geben; ∕ *Datum*).

Parenthese w. Einfügung, 1. Hälfte 16. Jh. über lat. aus gr. *parénthesis* (Zs. aus gr. *pará* neben + *en* in + *tithénai* setzen; eigtl. = Dazwischenstellen).

Parfüm s. 1. Hälfte 18. Jh. aus frz. *parfum*, vom Zw. *parfumer* d. **parfümieren** (um 1600). Zugrunde liegt it. *perfumare* sehr (lat. *per-*) dampfen (lat. *fumare; fumus* Dampf).

parieren[1] Zw. abwehren, 15. Jh. aus it. *parare* (von lat. *parare* bereiten; ∕ *Parade*); 16. Jh. = (Pferd) anhalten; über frz. *parer* aus span. *parar* anhalten (vom gleichen lat. Zw.).

parieren[2] Zw. gehorchen, 1. Hälfte 16. Jh. aus lat. *parere* gehorchen (∕ *Komparse,* ∕ *transparent*).

paritätisch Adj. zu gleichen Teilen, 2. Hälfte 18. Jh. zum Subst. **Parität** w. 17. Jh. aus lat. *paritas* Gleichheit, *par* gleich; ∕ *Paar.*

Park m. 2. Hälfte 15. Jh. aus frz. *parc* (engl. *park*, daher: d. *Park* im 18. Jh. [Gartenbau!] erneuert). Zugrunde liegt mlat. *parricus* Gehege (das auf ein [vermutl. vorkelt.] kymr. Wort **parr* Gehege zurückgeht); ∕ *Pferch,* 18. Jh. = (militär.) Depot. – **parken** Zw. 20.

Jh. aus engl. *park.* – **Parkett** s. 2. Hälfte 18. Jh. aus frz. *parquet* getäfelter Hartholzfußboden, Vorzugssitze (im Theater); abgeleitet von *parc* abgetrennter Raum.

Parlament s. 13. Jh. mhd. *parlemunt, parlament* Versammlung, aus mlat. *parlamentum* (it. *parlare* sprechen; ∕ *Parole*); 17. Jh. = Volksvertretung, aus engl. *parliament* (gleicher Herkunft). – ∕ *Polier.*

Parochie w. ∕ *Pfarre.*

Parodie w. 2. Hälfte 17. Jh. aus frz. *parodie* (von gr. *parôdía* Nebengesang, Zs. aus *pará* neben + *ôdê* Gesang; ∕ *Ode*).

Parole w. mhd. *parol(l)e* Spruch, aus frz. *parole;* 1. Hälfte 17. Jh. *parolla* Losung, aus it. *parola* (mlat. *parabola* Gleichnis; ∕ *Parabel*), von dem auch it. *parlare* reden = frz. *parler* ausgeht; ∕ *Parlament.*

Paroli bieten im Kartenspiel mitgehen, 18. Jh. aus frz. (= it.) *paroli* Verdopplung des Spielstocks (lat. *par* gleich).

Partei w. mhd. *partîe*, aus afrz. *parti*, wie engl. *party*, it. *partita* aus mlat. *partita* Abteilung (lat. Zw. *partiri* teilen, von *pars, partis* Teil. – ∕ *apart,* ∕ *halbpart,* ∕ *Partie,* ∕ *Portion*).

Parterre s. 1. Hälfte 17. Jh. aus frz. *parterre* Blumenbeet (von *par terre* ebenerdig); 1. Hälfte 18. Jh. = ebenerdiger Zuschauerraum (wie frz. *parterre*); 2. Hälfte 18. Jh. = Erdgeschoß (ohne frz. Vorbild).

Partie w. 17. Jh. aus frz. *partie;* ∕ *Partei.* – **Partikel** w. 2. Hälfte 15. Jh. aus lat. *particula* Teilchen (*pars, partis* Teil); ∕ *Parzelle.* – **Partisan** m. Mitte 17. Jh. aus frz. *partisan* (von it. *partigiano; parte* Teil, lat. *pars, partis*), also = Parteigänger (spätes 19. Jh. = Widerstandskämpfer). – **Partitur** w. 1. Hälfte 17. Jh. aus it. *partitura* (über mlat. vom lat. Zw. *partiri* teilen). – **Partizip(ium)** s. 15. Jh. aus lat. *participium* (*particeps* teilnehmend; Zs. aus lat. *pars, partis* Teil + *capere* nehmen [∕ *haben*]). – **Partner** m.

1. Hälfte 19. Jh. aus engl. *partner.* Zugrunde liegt mlat. *partionarius* Teilhaber. – **Party** w. 20. Jh. aus am. *party* Gesellschaft (von frz. *partie* Teil). – **Parzelle** w. 2. Hälfte 18. Jh. aus frz. *parcelle* (von volkslat. *particella* für lat. *particula*).

Parvenü m. Emporkömmling, 18. Jh. aus frz. *parvenu* (lat. *pervenire* hinkommen).

Pasch m. 1. Hälfte 17. Jh. aus frz. *passe-dix* eigtl. = überschreite die Zehn (d. h. würfle mit 3 Würfeln mehr als zehn Augen [bei gleicher Augenzahl auf 2 Würfeln]).

paschen Zw. schmuggeln, obd. 2. Hälfte 18. Jh. aus rotw.; zugrunde liegt: zig. *pâš* Teil (nämlich des Diebs- oder Schmuggelgutes, der auf den Hehler entfällt).

Paß[1] m. Maß (vgl.: *zupaß kommen*), mhd. *pas,* aus frz. *pas* (lat. *passus* Schritt). ⁄ *unpäßlich.* **Paß**[2] m. Bergübergang, um 1500 aus frz. *pas* enger Durchgang (lat. *passus*). **Paß**[3] m. Schrittart, 2. Hälfte 16. Jh. aus frz. *pas* Schritt (lat. *passus;* schon mhd.: *pas* Schritt, Weg). **Paß**[4] m. Ausweis, 1. Hälfte 17. Jh. für älteres *paßport, paßbrif* 15. Jh. nach frz. *passeport* (eigtl. = Geleitbrief; Zs. aus *passer* überschreiten + *port* Übergang; = überschreite den Übergang!). – **passabel** Adj. um 1600 aus frz. *passable* (vom Zw. *passer* an-, vorübergehen). – **Passage** w. mhd. *passâsche,* aus frz. *passage* (erneuert 16. Jh. aus gleicher Quelle), vom Zw. *passer* gehen. **Passagier** m. 2. Hälfte 16. Jh. aus it. *passeggiere* (vom Zw. *passare* gehen, reisen). **Passant** m. 1. Hälfte 18. Jh. aus frz. *passant* der Reisende (Part. zum Zw. *passer* gehen, reisen). ⁄ *Fahrgast.* **Passat** m. trop. Ostwind, Mitte 17. Jh. aus nl. *passaat(wind),* aus span. *pasado,* vermutl. aus **viento de pasada* gekürzt, = Überfahrtswind; zum span. Zw. *pasar* vorübergehen, überfahren. – **passen** Zw. ndrh. 13. Jh. *gepassen* erreichen, über nl. aus frz. *passer* vorübergehen; daraus

sowohl = angemessen sein (*mir paßt etw.*) wie = abwarten, bis etw. geschehen ist, nicht spielen (*ich passe*). ⁄ *aufpassen,* ⁄ *patzen.* – **passieren** Zw. 16. Jh. = durchreisen, -ziehen, -fahren, aus frz. *passer;* 17. Jh. = sich ereignen, aus frz. *se passer.*

passiv Adj. 1. Hälfte 18. Jh. über frz. *passif* aus lat. *passivus* empfindsam (vom Zw. *pati, passus sum* leiden); dazu **Passiv** s. Leideform, 2. Hälfte 18. Jh. für älteres *Passivum.* **Passiva** Mz. Schulden, um 1700 mit ⁄ *Aktiva* aus lat. Adj. Mz. *passiva* die untätigen Dinge.

Pasta, Paste w. 2. Hälfte 15. Jh. über it. (= lat.) *pasta* Teig aus gr. *pástê* Brei (vom Zw. *pássein* streuen). – **Pastell** s. 2. Hälfte 17. Jh. aus it. *pastello* aus Farbbrei (*pasta*) getrockneter Malstift. – **Pastete** w. mhd. *pa-, bastêde, bastêt,* aus spätlat. **pastata* die angeteigte (Speise) (engl. *pasty*). – **Pastille** w. 19. Jh. aus lat. *pastillus* Teigkügelchen.

Pastinak m., **Pastinake** w. Doldenpflanze; mhd. *pastenej,* ahd. *pestinaga* u. ä., aus lat. *pastinaca* Möhre (durch Verordnung Karls d. Gr. eingeführt).

Pastor m. mhd. *pastor,* aus lat. *pastor* Hirt (vom Zw. *pasci* weiden. – ⁄ *Futter*[1]).

Pate m. mhd. *pate,* aus lat. *pater* (*spiritualis*) (geistlicher) Vater.

Patent s. 2. Hälfte 16. Jh. aus mlat. (*littera*) *patens* offener (Schutz-) Brief (des Landesherren), Ernennung, Bestätigung der Warengüte (vom Zw. *patere* offenstehen. ⁄ *Faden,* ⁄ *Pfanne*). **patent** Adj. 1. Hälfte 19. Jh., zunächst stud. Verkürzung von Zss. wie *Patentstrümpfe, -knöpfe.*

Paternoster m. Umlaufaufzug, 1. Hälfte 18. Jh.; nach dem Rosenkranz, der seit 1. Hälfte 16. Jh. nach dem lat. Anfang des Vaterunsers *Paternoster* heißt.

pathetisch Adj. 17. Jh. über lat. aus gr. *pathêtikos* affektvoll (*patheín, pás|chein* leiden). **pathologisch**

285

Adj. um 1800 zum Subst. **Patholo-gie** w. KW 2. Hälfte 17. Jh. aus gr. *páthos* Leid + *lógos* Lehre. **Pathos** s. 2. Hälfte 17. Jh. aus gr. *páthos* Leid(enschaft). – ↗ *Sympathie*.

Patience w. 2. Hälfte 18. Jh. aus frz. *patience* Geduld(spiel). Zugrunde liegt: lat. *patientia* Geduld (vom Zw. *pati* erleiden). – **Patient** m. 1. Hälfte 16. Jh. aus lat. *patiens, patientis* leidend (Part. zum Zw. *pati*).

Patina w. Edelrost, 18. Jh. aus it. *patina* Lackbezug (Herkunft ungeklärt).

Patriot m. 2. Hälfte 16. Jh. aus frz. *patriote,* von mlat. *patriota.* Zugrunde liegt: gr. *patriôtês* Landsmann, vom gr. Adj. *pátrios* den Vätern (Vorfahren) gehörend. **Patrizier** m. 15. Jh. aus lat. *patricius* = zum Stand der *patres* (Väter) gehörender Bürger. – **Patron** m. mhd. *patrôn(e)* Schutzherr, aus lat. *patronus* Schutzherr, Verteidiger (am Gericht); 15. Jh. = Kapitän, aus it. *padrone;* = (übler) Kerl; vorher = lustiger Bursche, von mlat. *patronus hospicii* Kneipwirt (*pater* ↗ *Vater*). **Patrone** w. 1. Hälfte 17. Jh. aus frz. *patron* Geschoßhülse, von mlat. *patronus* (Vater-,) Musterform.

Patrouille w. 1. Hälfte 17. Jh. aus frz. *patrouille,* vom Zw. *pat(r)ouiller* im Schlamm stapfen (zugrunde liegt: frz. *patte* Pfote).

Patsche w. Verlegenheit, Ende 17. Jh. Eigtl. = Straßenkot, klatschendes Geräusch (z. B. des Fußes im Schlamm); SchW (doch: ↗ *patzen*); dazu das Zw. **patschen** klatschendes Geräusch verursachen, 15. Jh. – ↗ *pan(t)schen,* ↗ *plan(t)schen,* ↗ *klatschen,* ↗ *tätscheln,* ↗ *plätschern.*

patt Adj. bei jedem Zug vom Schach bedroht, 19. Jh. aus frz. *pat* (span. *pato* verhindert; *ester patas* in Verlegenheit sein; it. *patto* Vertrag; aus: lat. *pactum* Vertrag; ↗ *Pakt*).

patzen Zw. schlechte Arbeit leisten, 19. Jh. vom Subst. *Patzen* m. Dreckfleck. ↗ *patschen.* Oder in-

tensivierend zu *ver-pass-en* verfehlen?

patzig Adj. 2. Hälfte 16. Jh. *batzig,* vom Subst. ↗ *Batzen.*

Pauke w. mhd. *bûke, pûke* (mit Abl. *bouke*), SchW. **Pauker** m. Lehrer, 19. Jh. gekürzt aus *Arschpauker* (vgl.: *Steißtrommler*). Vom Zw. **pauken** (Wissen) eintrichtern; eigtl. = einprügeln.

Pauschale w. (s.) latinis. öst. Ableitung 19. Jh. vom Subst. ↗ *Bausch* (*in Bausch und Bogen*).

Pause[1] w. Unterbrechung, mhd. *pûse,* aus lat. *pausa* (daher über afrz.: engl. *pause*), von gr. *paûsis* Aufhören (*paúein* aufhören). ↗ *Pose*[1].

Pause[2] w. Durchzeichnung, 18. Jh. *Bause;* vom Zw. **pausen** 18. Jh. aus frz. *poncer* mit dem ↗ *Bimsstein* (frz. *ponce;* engl. *pounce;* von: lat. *pomex, pumex*) abreiben, durchpausen. – Das *-au-* vermutl. durch Einwirkung von frz. *ébaucher* aus dem Rohen arbeiten.

Pavian m. 2. Hälfte 15. Jh. aus nl. *baviaan* für mnl. *baubijn,* aus frz. *babouin* (daher engl. *baboon*). Zugrunde liegt: frz.-prov. *baboue* Maul.

Pavillon m. 1. Hälfte 17. Jh. aus frz. *pavillon;* mhd. *pave-, pavilûn(e),* aus afrz. *pav(e)illon* Zelt. Zugrunde liegt: lat. *papilio* Schmetterling, schmetterlingförmiges Zelt.

Pazifist m. um 1900 aus frz. *pacifiste* KW zu lat. *pax* Friede. Daher: **Pazifismus** m. um 1900 aus frz. *pacifisme.*

Pech s. mhd. *bech, pech,* ahd. *beh, peh,* sehr früh (7. Jh.) aus lat. *pix, picis. -e-* für älteres *-i-* wie in ↗ *Becher,* ↗ *Messe* usw.; ↗ *erpicht.*

Pechvogel m. eigtl. = der an der Pech-, Leimrute hängenbleibende Vogel; übtr. zuerst stud. 19. Jh. – Daher: *Pech haben* Unglück haben.

Pedal s. 2. Hälfte 16. Jh. = Fußtaste der Orgel, aus lat. *pedale,* zum Adj. *pedalis* zum Fuß gehörend (lat. *pes* ↗ *Fuß;* ↗ *Pionier*); stud. 1. Hälfte 18. Jh. = Fuß.

Pedant m. 1. Hälfte 17. Jh. aus it. *pedante* Hofmeister (als Komödiencharge), aus mlat. **paedagogans* für lat. *paedagogus* (daher: frz. *pédant* Lehrer, = engl. *pedant*). ⟋ *Pädagoge.*

Pedell m. 15. Jh. aus mlat. *bedellus, bidellus,* aus ahd. *bitil* Gerichtsdiener. Zugrunde liegt eine Ableitung vom Zw. ⟋ *bitten.* ⟋ *Büttel.*

Pegel m. Wasserstandsmesser, 2. Hälfte 18. Jh. aus nd. mnd. *pegel* (engl. *pail* Eimer), von afrz. *paielle* Holzmaß, mlat. *pagella* Maßstab (lat. *pagella* Spalte, Verkleinerung von *pagina* Seite [⟋ *Pfahl*])? Oder zu lat. *baculum* Stab (zum Messen?)? ⟋ *picheln.* – **peilen** Zw. Mitte 17. Jh. nd. aus nl. *peghelen* mit dem Pegel messen?

Pein w. mhd. *pîn(e),* ahd. *pîna, bîna* (engl. *pine*), aus mlat. *pena* für lat. *poena* (Höllen-)Strafe (von gr. *poinê* Strafe, Rache). Mhd. ahd. *-î-* für lat. *-ê-* wie in ⟋ *Feier,* ⟋ *Kreide,* ⟋ *Seide,* ⟋ *Speise* usw. – ⟋ *verpönt.* – **peinigen** Zw. mhd. *pînigen, -(e)gen* für mhd. *pînen,* ahd. *pînôn.* Eine Zwischenform auf *-ig* (**pînig*) hat es nie gegeben (⟋ *huldigen,* ⟋ *sättigen*).

Peitsche w. 1. Hälfte 14. Jh. *pîtsche, pîcze* aus sorb. (= tschech.) *bič* Geißel (von einem slaw. Zw.; vgl.: r. *bit* schlagen; verw.: ⟋ *Beil*). Deutsch *P-* für slaw. *B-* wie in ⟋ *Popanz.* ⟋ *Geißel.*

pekuniär Adj. 2. Hälfte 18. Jh. aus frz. *pécuniaire* (von lat. *pecunia* Geld, Vermögen); ⟋ *Vieh.*

Pelikan m. 14. Jh. aus lat. *pelicanus* (gr. *pelekân*), als Metapher für Christus verbreitet.

Pelle w. mnd. *pelle,* aus mnl. *pelle,* von lat. *pellis* ⟋ *Fell,* Haut. – **Peloton** s. ⟋ *Komplott;* im 17. Jh. aus frz. entlehnt. – **Pelz** m. mhd. *bel(li)z,* ahd. *pelliz* (vgl. engl. *pilch* Pelzwams), aus mlat. *pellicis* (*vestis*) (Kleid aus) Pelz. Zugrunde liegt: lat. *pellis.*

Pendant s. um 1700 aus frz. *pendant* Part. Präs. zum Zw. *pendre* hangen, hängen. ⟋ *Pension,* ⟋ *Gegenstück.* – **Pendel** s., m. 1. Hälfte 18. Jh. aus lat. *pendulum* Perpendikel (engl. *pendulum*), vom Zw. *pendere* (daher: frz. *pendre*); dazu: **Pendler** m., nach dem 2. Weltkrieg. ⟋ *Pfund,* ⟋ *dispersieren!*

Penicillin s. Schimmelpilzantibiotikum, KW 20. Jh. über am. von lat. *penicillum* ⟋ *Pinsel* (*penicillium notatum* Pinselschimmel). **Penis** m. ⟋ *Pinsel*[1].

Penne w. Schule, 20. Jh. verkürzt aus **Pennal** s. 19. Jh. = höhere Schule; davor 2. Hälfte 15. Jh. = Federbüchse (zu lat. *penna* ⟋ *Feder*). ⟋ *kompetent.*

pennen Zw. 19. Jh. aus jidd. *pannai* müßig, heb. *penai* Ruhezeit.

Pension w. 15. Jh. aus frz. *pension* (Ruhe-)Gehalt, von lat. *pensio, pensionis* Auszahlung. Diesem liegt das lat. Zw. *pendere* (zum Wägen) hängen, abwägen zugrunde (⟋ *Stipendium*). **Pensum** s. 2. Hälfte 17. Jh. aus lat. *pensum* (Part. Pass. zum Zw. *pendere,* also = das [als Tagesarbeit] Abgewogene; ⟋ *spenden,* ⟋ *kompensieren*).

Pep m. Energie, 20. Jh. aus am. *pep,* Abkürzung von *pepper* = ⟋ *Pfeffer* (gegen 1930 entlehnt).

Perfektion w. 16. Jh. über frz. aus lat. *perfectio* (vom Part. *perfectus* vollkommen, Zw. *perficere* vollenden. Daher: **Perfekt** s. 17. Jh. Form der vollendeten Vergangenheit).

Pergament s. mhd. *pergament, per(i)mint(e), permît,* aus mlat. *pergamentum* für *pergamina,* das schon ahd. *pergamîn* ergeben hatte. Die Form verkürzt *charta pergamena* Schreibstoff aus *Pergamon* (Stadt in Kleinasien, in der man zuerst Tierhäute beschreibbar gemacht haben soll).

Periode w. 1. Hälfte 16. Jh. aus lat. *periodus* Gliedersatz, dem gr. *períodos* Umlauf zugrunde liegt (Zs. aus: *perí* herum + *hodós* Weg [⟋ *An-ode,* ⟋ *Elektr-ode,* ⟋ *Kathode*]).

Perle w. mhd. *p-, berle,* ahd. *per(a)-*

la, berla, aus volkslat. *perla* (woher über frz. *perle* auch engl. *pearl*), einer Verkleinerung (aus **per-nula*) zum Subst. *perna* muschelförmige Keule, Muschel? Oder Vermischung aus lat. *perna* + *sphaerula* Kügelchen (↗ *Sphäre*)? –

Perlmutt s., **Perlmutter** w., s. spätmhd. *berlînmuoter,* LÜ vom lat. *mater perlarum* (engl. *mother-of-pearl*), weil die Muschel die in ihr ruhende Perle gebären zu wollen scheint.

perplex Adj. 1. Hälfte 17. Jh. über frz. *perplexe* aus lat. *perplexus* verworren (vom Zw. *per-plectere* verwickeln; ↗ *flechten,* ↗ *Komplex,* ↗ *kompliziert*).

Persenning w. ↗ *Presenning.*

Persiflage w. Spott, 2. Hälfte 18. Jh. aus frz. *persiflage* (vom frz. Zw. *persifler* auspfeifen; zugrunde liegt: lat. *sibilare* pfeifen).

Person w. mhd. *persône,* aus lat. *persona* Bühnenrolle, Maske (daher über afrz.: engl. *per-, parson*); Ursprung vermutl. etrusk. – **Personal** s. um 1800 aus lat. *personale* das Persönliche, Dienerhafte (zum Adj. *personalis* persönlich, dienerhaft); dazu Mz. *personalia,* woraus 2. Hälfte 17. Jh. **Personalien** Mz. – **Persönlichkeit** w. 15. Jh. ist ein Mystikerwort!

Perücke w. 1. Hälfte 17. Jh. aus frz. *perruque* (woher engl. *peruke*); daneben *Parücke, Parucke,* aus it. *parrucca.* Zugrunde liegt: lat. *parruca,* wohl aus prov. *perucat* hübsch (wie ein Sittich) frisiert (prov. *perruca* Peterchen, Sittich: Koseform [PN als Vogelname!]).

pervers Adj. 2. Hälfte 18. Jh. über frz. *pervers* aus lat. *perversus* umgekehrt (vom Zw. *per-vertere* umkehren). – ↗ *vertikal,* ↗ *werden.*

Pessimist m. 1. Hälfte 19. Jh. vom Subst. **Pessimismus** m. 2. Hälfte 18. Jh. (wie engl. *pessimism*) KW, vom lat. Sup. *pessimus* der Schlechteste.

Pest w. 1. Hälfte 16. Jh. aus lat. *pestis* Seuche; Herkunft?

Petersilie w. mhd. *pêtersil(je),* ahd. *pêtersilia,* aus mlat. *petrosilium* für lat. *petrosilenum,* gr. *petrosélinon* Steineppich (Zs. aus *pétros* Stein + *sélinon* Eppich). ↗ *Sellerie.* – **Peterwagen** m. 20. Jh. nach der Aufschrift *P* = Polizei (im Buchstabenalphabet wird *P* mit *Peter* buchstabiert). – **Petroleum** s. KW 2. Hälfte 15. Jh. aus gr. *pétros* + lat. *oleum* ↗ *Öl;* also = Steinöl. ↗ *Erdöl.*

Petticoat m. 20. Jh. aus engl. *petticoat* kleiner Rock (vgl.: frz. *petit* klein; ↗ *Kutte*).

Petting s. Reizspiel; 20. Jh. aus am. (*pet* liebkosen).

Petunie w. Nachtschattengewächs, 1803 von indian. *petum* Tabak (nach der Ähnlichkeit der Blätter).

petzen Zw. angeben, 18. Jh. stud. (Halle) aus rotw.; zugrunde liegt: heb. *pâzâh* den Mund öffnen.

Pfad m. mhd. *pfat,* ahd. *pfad* (engl. *pad, path*), wohl aus einer nicht näher bestimmbaren voridg. Sprache. Dazu mhd. *pfade,* ahd. *pfadôn* treten (= nd. *pedden;* dazu nd. *Padde* Kröte? ↗ *Schildpatt*).

Pfaffe m. mhd. *pfaffe,* ahd. *pfaffo* (got. *papa* Geistlicher), aus gr. *pa-pâs* niederer Geistlicher; daher: r. *pop* Pope; Ggs. *pápas* ↗ *Papst.* Wort der arian. Mission (↗ *Pfingsten,* ↗ *Samstag,* ↗ *taufen,* ↗ *Teufel*).

Pfahl m. mhd. ahd. *pfâl* (engl. *pale, pole*), im 3. Jh. (Limes) aus lat. *palus* Pfahl; verw.: lat. *pangere, pacisci* befestigen, festmachen, *pax* Frieden, *pagina* Blatt (aus Papyrusstreifen geklebt); zu idg. **pag̑-,* **pak̑-* befestigen. ↗ *Palisade.*

Pfalz w. Königsschloß, mhd. *pfalz(e), pfallaz, phal(e)nze, pfallenz(e),* ahd. *phalanza, -linza, phalnze,* aus volkslat. *palantia* Mz. für lat. *palatia,* Mz. zu *palatium,* eigtl. = Haus des Augustus auf dem *Palatin.* ↗ *Paladin,* ↗ *Palais,* ↗ *Palast.*

Pfand s. mhd. ahd. *pfant* (aber engl. *pawn,* aus frz. *pan*); wgerm. Wort unbekannter Herkunft.

Pfanne w. mhd. *phanne, pfan(n)e,* ahd. *p(h)anna, pfanna, vanna* (engl. *pan*), aus volkslat. *panna* Schüssel, über **patna* aus lat. *patina* (von gr. *patánê* Schüssel; urverw.: lat. Zw. *patere* offenstehen; ⟋ *Patent*)? Oder voridg. Herkunft?

Pfarre w. mhd. *pfarre,* ahd. *pfarra,* aus lat. *parrochia* (d. *Parochie* um 1700), das von gr. *paroikía* herkommt (Zs. aus *pará* bei + *oikeîn* wohnen, also = Beiwohnung). Dazu die d. Ableitung **Pfarrer** m. mhd. *pfarræ̂re,* ahd. *pfarrâri.*

Pfau m. mhd. *pfâ(we),* ahd. *pfâwo* (engl. *pea*), aus dem lat. SchW *pavo* Pfau (nach seinem Schrei).

pfauchen Zw. ⟋ *fauchen.*

Pfeffer m. mhd. *pfeffer,* ahd. *pfeffar* (engl. *peper*), sehr früh aus lat. *piper,* das über gr. *péperi* und pers. auf aind. *pippalí* (Pfeffer-)Beere zurückgeht. **Pfefferminze** w., **Pfefferminz** s. Heil- und Gewürzpflanze, 18. Jh. aus mnl. *pepermunt.* Grundwort ist mhd. *minz(e),* ahd. *minza, munza,* aus lat. *menta* (= gr. *mintha*) Minze, vermutl. aus einer nichtidg. Sprache Kleinasiens (Südosteuropas?). ⟋ *Pep.*

Pfeife w. mhd. *pfîfe,* ahd. *p(f)îfa* (engl. *pipe*), sehr früh aus volkslat. *pipa* Röhre, Schalmei (vom Zw. *pipare* SchW piepen, woher unser Zw. **pfeifen** mhd. *pfîfen* [engl. *pipe*]; eigtl. = wie ein kleiner Vogel piepen). ⟋ *Pfiff,* ⟋ *piepen,* ⟋ *Pipette.*

Pfeil m. mhd. ahd. *pfîl* (engl. *pile* Lanze, Pfahl), aus mlat. *pilus* für lat. *pilum* Wurfspieß, -pfeil.

Pfeiler m. mhd. *pfîlære,* ahd. *pfîlâri,* aus mlat. *pilare,* Weiterbildung zu lat. *pila* Pfeiler (Hausbauentlehnung wie ⟋ *Kalk,* ⟋ *Mauer,* ⟋ *Fenster,* ⟋ *Pfosten* usw.).

Pfennig m. mhd. *pfenni(n)c,* ahd. *pfen-, pfanting, pfenning* (engl. *penny*), aus lat. *pannus* Stoffetzen, Lappen (Stoff als Zahlungsmittel?)? Nach dem Muster von ⟋ *Schilling.* Zum Ausfall des *-n-* vor *-g-* vgl.: ⟋ *Honig,* ⟋ *König,* ⟋ *vertei-*

digen. **Pfennigfuchser** m. 1. Hälfte 18. Jh. Im Grundwort steckt das Zw. *fuchsen* betrügen (*fucken* hin- u. herfahren; ⟋ *Feder-fuchser*).

Pferch m. mhd. *pferrich,* ahd. *pfarr-, pferrih* (engl. *parrock*), aus mlat. *parricus* (⟋ *Park*). Zugrunde liegt ein iber. Wort, das in span. *parra* Weinlaube, -spalier greifbar wird.

Pferd s. mhd. *phärt, pharit, phärvrit,* ahd. *pfär(fr)it, pfarifrit,* aus mlat. *paraveredus* (KF: **paredrus*) Postpferd (auf einer Nebenlinie); Zs. aus gr. *pará* bei + *veredus* Hauptpostpferd (aus kelt. *ve-* bei + *reda* Reisekutsche; engl. *palfrey* aus einem späteren mlat. *palafredus*).

Pfette w. waagerechter Dachstuhlbalken, spätmhd. *pfette,* aus mlat. *patena* Firstbaum, lat. *patena* Krippe. Zugrunde liegt: gr. *páthnê;* mit ⟋ *binden* urverw.

Pfiff m. 1. Hälfte 18. Jh. vom Zw. ⟋ *pfeifen;* 2. Hälfte 18. Jh. = List (Lockpfiff des Vogelstellers). Daher das Adj. **pfiffig** 2. Hälfte 18. Jh., aus dem stud. 18. Jh. **Pfiffikus** m. gebildet wird.

Pfifferling m. mhd. *pfeffer-, pfifferlinc* für älteres ahd. *phifera,* wegen des *Pfeffer*geschmackes der Speisepilzes (doch meinte *Pfifferling* vielleicht urspr. den Pfeffermilchling?). Übtr. (*keinen Pfifferling wert* u. ä.) seit 16. Jh.

Pfingsten Mz. mhd. *pfing(e)sten* eigtl. = Dativ der Mz., ahd. *fona fimfchustin,* aus gr. *pentêkostê* (*hêméra*) 50. Tag (nach Ostern) (engl. *Pentecost,* frz. *Pentecôte,* aus kirchenlat. *pentecoste*). Wie ⟋ *Pfaffe* u. a. Wort der arian. Mission.

Pfirsich m. mhd. *pfersich,* aus volkslat. *persica* persische Frucht.

Pflanze w. mhd. *pflanze,* ahd. *pflanza* (engl. *plant*), aus lat. *planta* Setzling, *plantare* (die Erde um den Setzling) festtreten (⟋ *Plantage*). Zugrunde liegt: lat. *planta* Fußsohle (⟋ *Plan[1]*).

Pflaster s. mhd. *pflaster,* ahd. *p(f)lastar,* Estrich aus lat. *emplastrum*

Schmiersalbe (seit mlat. auch = Bindemittel für Bauten; seit 14. Jh. = Straßenbelag). Zugrunde liegt: gr. *émplastron* Schmiersalbe (zum Zw. *emplássein* hineinschmieren). **Pflastertreter** m. LÜ 2. Hälfte 16. Jh. von frz. *batteur de pavé.*

Pflaume w. mhd. *pfrûme* neben *pflûme,* ahd. *pfrûma* Pflaume neben *pflûmo* Pflaumenbaum, aus lat. *prunum* (frz. *prune*), über gr. *prûmnon* vermutl. aus einer kleinasiat. Sprache. D. *-l-* für lat. *-r-* wie in ↗ *Schilf.* – ↗ *priemen,* ↗ *Maulbeere.*

Pflege w. mhd. *pflege,* ahd. *pflega;* vom Zw. **pflegen** (pflegte, gepflegt, neben selteneren pflog, gepflogen), mhd. *pflegen,* ahd. *pflegan* einstehen, sorgen für, gewohnt sein; Herkunft ungeklärt (verw.: engl. *play* Spiel; vielleicht mit *Pflege* zu ↗ *Pflug* [dann urspr. = Flechtwerk, umhegter Platz?]). – **Pflicht** w. mhd. ahd. *pfliht;* vom Zw. *pflegen.* ↗ *beipflichten.*

Pflock m. spätmhd. *pfloc* (engl. *plug* Stöpsel); Herkunft ungeklärt.

pflücken Zw. mhd. *pflücken* (engl. *pluck*), aus volkslat. **piluccare* enthaaren, abbeeren (von lat. *pilare* enthaaren, *pilus* Haar; Weinbauentlehnung). ↗ *Plüsch.*

Pflug m. mhd. *pfluoc,* ahd. *phluog, -ch, plôh* u. ä.; vermutl. aus lat., aber ungeklärter Herkunft; doch ↗ *Pflege* (das Wort bezeichnet zum Unterschied vom alten Haken- den Räderpflug). **Pflugschar** w. mhd. *pfluocschar.* Das Grundwort gehört zum Zw. ↗ *scheren.*

Pforte w. mhd. *p(f)orte,* ahd. *p(f)orta,* aus lat. *porta* Tor (entlehnt nach der Verschiebung des *p-,* aber vor der Verschiebung des *-t-* im 8. Jh.).

Pfosten m. mhd. *pfost(e),* ahd. *pfosto* (engl. *post*), aus lat. *postis* für älteres **porstis* (zum Zw. *stare* stehen) Türpfosten, -ständer. ↗ *Poster!* – Mit dem röm. Steinbau entlehnt; ↗ *Pfeiler* u. a.

Pfote w. 1. Hälfte 16. Jh. aus mnd. ndrh. *pôte;* zugrunde liegt anscheinend: vorkelt. **pauta* Pfote.

Pfriem m. Stechgerät, mhd. *pfriem(e)* (verw.: engl. *preen* eiserner Tuchkratzer); Herkunft ungeklärt (vorgerm.?).

Pfropf(en) m. um 1700 aus nd. *propp(en),* vermutl. Kreuzung aus dem nd. SchW *prampen* vollstopfen und nd. *stoppen* ↗ *stopfen.* Oder verw. mit ↗ *Puppe* (nd. *pop*), mit intensivierendem *-r-?* Dazu das (hd.) Zw. **pfropfen**[1] vollstopfen, 2. Hälfte 16. Jh.

pfropfen[2] Zw. veredeln, mhd. *pfropfen,* aus lat. *propagare* erweitern (↗ *Propaganda*).

Pfuhl m. mhd. ahd. *pfuol* (engl. *pool*); Herkunft (verw. lit. *balà* Sumpf)? Zu: ↗ *Pudel?*

Pfühl s. (m.) mhd. *pfülwe,* ahd. *pfulwo, pfuliwi* (engl. *pillow*), aus lat. *pulvinus* Sitzpolster, Kopfkissen (mit *pulvis* [feinem Sand] gefüllt; ↗ *Pulver*).

pfui Interj. mhd. *pfui* neben *phi, fi(a),* SchW (wie engl. *fie*), das den Laut des Ausspeiens nachahmt.

Pfund s. mhd. ahd. *pfunt,* got. *pund* (engl. *pound*), früh mit röm. Händlern aus lat. *pondo* Pfund (wie lat. *pondus* Gewicht vom Zw. *pendere* wägen; ↗ *Imponderabilien,* ↗ *Pendel*). **pfundig** Adj. mächtig, MoW 20. Jh. nach Zss. wie *Pfundssache* u. ä.

(p)fuschen Zw. 2. Hälfte 17. Jh. von der Interj. *(p)fu(t)sch* Geräusch abbrennenden Pulvers; SchW. Daher = etw. Zweckloses tun, obenhin arbeiten. **(P)Fuscher** m. liederlicher Arbeiter, schon 2. Hälfte 16. Jh.

Pfütze w. mhd. *pfütze, pfutze,* ahd. *p(f)uzzi, p(f)uzza, puzze, fuzze* usw. (engl. *pit*), aus lat. *puteus* Brunnen (vom Zw. *putare* schneiden). ↗ *amputieren.* Vielleicht knüpfte das LW an ein germ. Wort (**pauta-*) an?

Phallus m. ↗ *Ball*[1], ↗ *Bulle.*

Phänomen s. 2. Hälfte 18. Jh. aus frz. *phénomène;* davor *Phänome-*

non 17. Jh. aus gr. *phainómenon* Himmelserscheinung (vom Zw. *phaínesthai* erscheinen; ↗ *Emphase*); ↗ *Fenster*. – **Phantasie** w. mhd. *fantasie*, aus lat. *phantasia*, von gr. *phantasía* (zugrunde liegt das gr. Zw. *phaínein* scheinen, sichtbar machen). – **Phantom** s. 2. Hälfte 18. Jh. aus frz. *fantôme*, das auf gr. *phántasma* Traumbild zurückgeht (vom Zw. *phaínein*); ↗ *Trugbild*.

Phase w. 18. Jh. aus frz. *phase* Lichtgestalt der Planetenmonde; davor = Wolkensäule, aus gr. *phásis* Erscheinung (vom Zw. gr. *phaínein*).

Philatelist m. KW 19. Jh. aus gr. *phileín* lieben + *atelés* steuerfrei (also ganz unpassende Zs.).

Philippika w. Strafrede, 19. Jh. aus gr. *phillipiká* Titel der Reden des Demosthenes (384 – 322 v. Chr.) gegen *Philipp II.* von Makedonien. Im heutigen Sinn zuerst (lat.) beim hl. Hieronymus (4. Jh.).

Philister m. der Name des gottfeindlichen Volkes (heb. *pelištîm*), durch Luther verbreitet; daher 16., 17. Jh. = Gottesgegner. Stud. (Jena) 2. Hälfte 17. Jh. = Stadtsoldat (= Feind der Studenten); dann = Nichtstudent.

Philologe m. 2. Hälfte 16. Jh. über lat. *philologus* Wissenschaftsfreund aus gr. *philólogos* (Zs. aus dem Adj. *phílos* lieb + *lógos* Kunde, Rede). **Philosoph** m. 2. Hälfte 15. Jh. über lat. *philosophus* Weisheitsfreund aus gr. *philósophos* (Zs. aus dem Adj. *phílos* lieb + *sophía* Weisheit).

Phiole w. Kugelflasche, mhd. *viole*, ahd. *fiala*, über mlat. *aus gr. phiálê* Trinkschale.

Phlegma s. 2. Hälfte 16. Jh. aus gr. *phlégma* Entzündung (vom Zw. *phlégein* brennen); dazu das Adj. **phlegmatisch** 2. Hälfte 16. Jh. ↗ *blecken*. **Phlox** m. am. Zierpflanze, 19. Jh. aus gr. *phlox* Flamme (vom Zw. *phlégein*).

Phosphor m. KW 1669 aus gr. *phôsphoros* lichttragend (*phérein* tragen; ↗ *gebaren*). **Photographie** w. 1. Hälfte 19. Jh. aus engl. *photography* KW, aus gr. *phôs, phôtós* Licht + *gráphein* schreiben. ↗ *Graphik;* **Photo** s. 2. Hälfte 19. Jh. **Photokopie** w. Zs. 20. Jh. aus der Abkürzung *Photo* + ↗ *Kopie*.

Phrase w. 2. Hälfte 16. Jh. über spätlat. *phrasis* Redeweise, aus gr. *phrásis* Ausdruck(sweise); 18. Jh. = Geschwätz, aus frz. *phrase*. Zugrunde liegt gr. *phrázein* reden, aussprechen.

Physik w. mhd. *fisikê*, aus gr. *physikê* (*téchnê*) Naturkunst (vom gr. Subst. *phýsis* Natur, vom gr. Zw. *phýein* entstehen. ↗ *bauen*).

piano Adv. 1. Hälfte 18. Jh. aus it. *piano* leise, von lat. *planus* eben. **Piano** s. Abkürzung 19. Jh. zu älterem *Pianoforte* (oder *Fortepiano*) 18. Jh. Hammerklavier (das laut – *forte* – und leise – *piano* – angeschlagen werden kann).

picheln Zw. zechen, 2. Hälfte 18. Jh. obs. für nd. *pegeln*, vom Subst. ↗ *Pegel* Wasserstandsmarke, dann auch = Maßstab am Trinkgefäß.

Pickel[1] m. Hautpustel, 1. Hälfte 17. Jh. aus nd.; Verkleinerung zu ↗ *Pocke*.

Pickel[2] m. Spitzhacke, mhd. *bickel;* vom Zw. ↗ *picken*.

Pickelhaube w. (preuß.) Helm, mhd. *beckel-, peckel-, beggelhûbe* Schutzhaube unterm Helm. Das Bestimmungswort ist ↗ *Becken*, später volkset. an *Pickel*[2] angelehnt.

picken Zw. mhd. *bicken*, ahd. *bickan*, vermutl. Kreuzung eines aus einem SchW entstandenen Zw.s *picken* (wie ein Vogel) *pick* machen und einem Zw. *bicken* stechen, von roman. **beccus* Schnabel(spitze). – Die Verbindung mit it. *picare* = span. (= port.) *picar* picken ist undurchsichtig.

Picknick s. Mitte 18. Jh. aus dem frz. Reimwort *piquenique* (engl. *picnic*); unerklärt.

pi(e)ken Zw. stechen, nd. aus frz. *piquer* stechen. – ↗ *pikant*, *prikkeln*.

pi(e)kfein Adj. Mitte 19. Jh. aus nd.; zugrunde liegt nd. *pük* erlesen, prima (als hansische Gütebezeichnung), zum nd. Zw. *puken* pflücken (voridg.?).

piepen Zw. SchW Mitte 16. Jh. (wie engl. *peep*, lat. *pipare*, gr. *pipízein*), Nachahmung des leisen Vogellautes; ∕ *Pfeife*. – *Das ist zum Piepen* zum Lachen; *das ist mir pi(e)pe* ich pfeife darauf. – Dazu die iterative Weiterbildung: **piepsen** Zw. 17. Jh.; ∕ *druck-s-en* u. a.

Pier m., w. Landungsmauer, 2. Hälfte 19. Jh. aus engl. *pier*, von lat. *pera* Hafendamm; oder über frz. aus lat. *petra* Stein (∕ *Peter*)?

piesacken Zw. Mitte 18. Jh. aus nd. Eigtl. = mit dem Ochsenziemer prügeln (nd. *ossenpesek* Ochsenziemer, mnd. *pese* Sehne; ∕ *Ochsenziemer*).

Pietät w. 2. Hälfte 16. Jh. aus lat. *pietas* (Gen.: *pietatis*) Frömmigkeit (vom Adj. *pius* fromm). **Pietist** m. eigtl. = Besucher von Speners *collegia pietatis* Frömmigkeitszirkel (seit etwa 1674, zunächst spött. Bezeichnung durch die Gegner, die auch das Subst. **Pietismus** m. [etwa gleichzeitig] prägen).

Pik[1] s. Spielkartenfarbe; ∕ „*Schippen*", 1. Hälfte 18. Jh. aus frz. *pique* ∕ *Pike* (nach der Form der „Schippen"). **Pik**[2] m. Groll, 17. Jh. über nl. aus frz. *pique* ∕ *Pike*. – **pikant** Adj. 17. Jh. aus frz. *piquant* (Part. zum frz. Zw. *piquer* stechen), also = stechend. Dazu schon 17. Jh.: **Pikanterie** w. – **Pike** w. Lanze, um 1500 aus frz. *pique* (vom Zw. *piquer*). *Von der Pike auf dienen* 2. Hälfte 17. Jh. – **Pikee** s. Baumwollgewebe, um 1800 aus frz. *piqué* gesteppt (*piquer*). – **pikiert** Adj. leicht beleidigt, 2. Hälfte 17. Jh. vom Zw. *pikieren* reizen, 16. Jh. aus frz. *piquer*.

Pikkolo[1] m. (s.) um 1800 Abkürzung aus *Pikkoloflöte*, it. *flauto piccolo* kleine Flöte. **Pikkolo**[2] m. Jungkellner, 19. Jh. aus it. *piccolo* klein.

Pilger m. mhd. *pilgerîn, bilg(e)rîn, pilgerîm*; ahd. *piligrîn, piligrîm*, aus volkslat. *pelegrinus* der Fremde, Romwallfahrer, lat. *peregrinus* ausländisch (*peregre* in der Fremde, aus *per agri* jenseits des röm. *ager* [Hoheitsgebietes; ∕ *Acker*]). Dissimilierender Einfluß des – unverwandten – ahd. PN *Piligrîm* (= Schwerthelm) auf die ahd. Form; später Mißverstehen des mhd. ausklingenden *-în* als Verkleinerungssilbe und daher deren Abfall (*Pilger* seit 15. Jh.).

Pille w. mhd. *pillule*, aus lat. *pilula* Bällchen (von lat. *pila* Ball, Haarkugel, *pilus* Haar); = Abkürzung für: *Antibabypille* 20. Jh. – *Bittere Pille* 17. Jh. (medizinisch).

Pilot m. Mitte 16. Jh. über nl. *piloot* und frz. *pilote* aus it. *piloto*, für älteres *pedota*. Zugrunde liegt mgr. *pêdôtês* Steuermann (von gr. *pêdón* Steuerruder).

Pilz m. mhd. *büleʒ*, ahd. *buliʒ*, aus lat. *boletus* Champignon (von gr. *bôlítês* Speisepilz). Anlautend *P-* (für *B-*) wie bei ∕ *Panier*, ∕ *Pokal*, ∕ *Posaune*.

Pimpf m. Jungmitglied, SchW, 19. Jh. stud. = kleiner Bauchwind (= *Pumps*).

Pinasse w. Beiboot von Kriegsschiffen, um 1600 über nl. *pinnasse* aus frz. *pinasse* (zu: lat. *pinus* Fichte; eigtl. = fichtenhölzernes Boot; ∕ *Pinie*).

Pingpong s. um 1900 aus engl. *pingpong* SchW (nach dem Klacken der aufschlagenden Zelluloidbällchen).

Pinguin m. Südseevogel, 18. Jh. aus frz. *pinguin*; KW zu lat. *pinguis* fett.

Pinie w. 1. Hälfte 18. Jh. aus lat. *pinea* Fichtenkern (lat. *pinus* Fichte; ∕ *Pinasse*).

pinkeln Zw. 1. Hälfte 16. Jh., zunächst nordd., vielleicht von ostfr. *pink* Fingerchen, m. Geschlechtsglied (wie ∕ *läch-el-n*, ∕ *plänk-el-n* u. a. ∕ *Pinsel*[1]). Oder SchW?

Pinscher m. Anfang 19. Jh. wohl aus

engl. *pinch* kneifen (wegen der gestutzten Ohren u. des gestutzten Schwanzes; ⤳ *Pinzette*). Oder = *Pinzgauer* (Hunderasse)?

Pinsel[1] m. mhd. *pinsel, bensel,* unter Anlehnung an afrz. *pincel* aus lat. *penicillus, -llum* Pinsel (lat. *peniculus* kleines m. Geschlechtsglied, Schwänzchen; Verkleinerung von: *penis* [d. FrW. ⤳ *Penis* m., 19. Jh.]. ⤳ *pinkeln*).

Pinsel[2] m. Dummkopf, Mitte 17. Jh. *Pinnsoul,* Zs. aus: nd. *pinne* Holznagel + nd. *sûl* Ahle; eigtl. Schelte für (geizige) Schuster. – ⤳ *Einfaltspinsel.*

Pin-up-girl s. 20. Jh. aus am. *pin-up* anheften (nämlich Mädchenbilder aus Illustrierten an die Wand) + ⤳ *girl* Mädchen.

Pinzette w. 1. Hälfte 18. Jh. aus frz. *pincette* kleine Zange (frz. *pince* Zange, *pincer* kneifen [aus: kelt.-röm. **pinctiare,* älter: **punctiare*]; ⤳ *Pinscher*).

Pionier m. 1. Hälfte 17. Jh. aus frz. *pionnier,* von frz. *pion,* afrz. *peon* Marschierer. Zugrunde liegt: volkslat. *pedo* Breitfüßer, Fußgänger (*pes, pedis* ⤳ *Fuß;* ⤳ *Pedal*).

Pipette w. Stechheber, 19. Jh. aus frz. *pipette* Röhrchen (Verkleinerung von frz. *pipe* [Zapf-]Röhre; ⤳ *Pfeife*).

Pirat m. mhd. *perate, beratte,* aus it. *pirata* (daher engl. frz. *pirate*), über lat. *pirata* aus gr. *peiratês* Seeräuber. Zugrunde liegt: gr. *peirân* versuchen, abenteuern, überfallen. Verw.: ⤳ *Gefahr.*

Pirol m. mhd. *bruoder piro* SchW (nach seinem Ruf).

Pirsch w. ⤳ *Birsch.*

pissen Zw. 14. Jh. über nl. *pissen* aus afrz. *pissier* (daher: engl. *piss*), SchW.

Piste w. abgesteckte Strecke, 19. Jh. aus frz. *piste* (von: it. *pista, pesta* Spur, Trampelpfad; *pestare* stampfen; lat. *pistare* backen, von *pinsere* zerstoßen).

Pistole w. 1. Hälfte 15. Jh. aus tschech. *pištal* Handfeuerwaffe (Hussitenkriege!); eigtl. = Pfeife (vom SchW *pisk* Pfiff).

Placken m. ⤳ *Plakat.*

placken Zw. 15. Jh. verstärkend zum Zw. ⤳ *plagen* (zur Bildung vgl.: ⤳ *bücken,* ⤳ *nicken*).

pladdern Zw. ⤳ *plaudern.*

plädieren Zw. 2. Hälfte 15. Jh. ndrh. *pledeeren,* aus frz. *plaider* (vom frz. Subst. *plaid* Prozeß, dem lat. *placitum* Meinung[säußerung] zugrunde liegt; vgl.: lat. *placere* gefallen, für etw. stimmen).

Plage w. mhd. *p(f)lâge* Himmelsstrafe, ahd. *plâga,* aus lat. *plaga* Schlag (zum Zw. *plangere* schlagen, verw.: ⤳ *fluchen*). **plagen** Zw. mhd. *plagen* (engl. *plague*), aus lat. *plagare* schlagen. ⤳ *placken.*

Plagiat s. 2. Hälfte 18. Jh. aus frz. *plagiat;* daneben *Plagium,* aus lat. *plagium* Menschenraub.

Plaid s. 18. Jh. aus engl. *plaid;* Herkunft (kelt.?)?

Plakat s. 2. Hälfte 16. Jh. aus nl. *plakkaat* Behördenanschlag, von prov. **placat.* Weiterbildung zu prov. *placa* Platte = frz. *plaque,* aus dem unerklärten d. *Placken* Flecken (mhd. *placke* Fleck, Stelle).

Plan[1] m. Entwurf, 1. Hälfte 18. Jh. aus frz. *plan* Grundriß (von lat. *planta* Fußsohle, -fläche; ⤳ *Pflanze*).

Plan[2] m. Ebene; vgl.: *auf den Plan treten* auftreten, mhd. *plân(e),* aus mlat. *planum* das Ebene (vom Adj. *planus* eben; ⤳ *Feld*); ⤳ *planieren.*

Plane w. Wagenbespannung, 1. Hälfte 19. Jh. aus ostmd. *plane* für älteres mhd. *blahe,* ahd. *blaha* grobes Linnen; verw.: schwed. *blår* Werg, Hede, dän. *ble* Laken; urverw. lat. *floccus* Wollflocke. Dazu: **Planwagen** m. 19. Jh.

Planet m. mhd. *planête,* über lat. *planeta* aus gr. *planêtês* (*planâsthai* umherschweifen, eigtl. = Umherschweifer; idg. Wurzel **pelə-* ausbreiten; ⤳ *Feld*).

planieren Zw. 2. Hälfte 16. Jh. über nl. *planeern* aus frz. *planer* eineb-

nen (daher mhd. ahd. *plânen*).
Zugrunde liegt lat. *planus* eben;
∕ *Plan*².

Planke w. mhd. *bl-, planke* (engl.
plank), aus mlat. *planca* für älteres
palanca, von gr. *phálanx* Walze,
∕ *Balken*, ∕ *Bohle*.

plänkeln Zw. mhd. *blenkeln* wieder-
holt erklingen lassen (daher 2.
Hälfte 18. Jh. = auf Kleinigkeiten
schießen), SchW? Oder Ableitung
von ∕ *blank* (= aufblinken lassen,
wie *läch-el-n*, ∕ *pink-el-n* u. a.?)?

plan(t)schen Zw. 2. Hälfte 18.
Jh. SchW zur Interj. *plan(t)sch!*
(Schlag in eine Flüssigkeit); ∕ *pat-
schen*, ∕ *pan(t)schen*, ∕ *man(t)-
schen*, ∕ *platzen*.

Plantage w. 2. Hälfte 17. Jh. aus frz.
plantage (vom Zw. *planter* pflan-
zen, von lat. *plantare*, ∕ *Pflanze*).

plappern Zw. 1. Hälfte 16. Jh.,
wie ∕ *klappern* SchW, zur Interj.
blab (Nachahmung sinnlosen Ge-
schwätzes; vgl. modern: *blabla
machen*); dazu: ahd. *blabbizôn*
schwatzen. *-r-* intensiviert, wie bei
∕ *meck-er-n* u. a.

plärren Zw. mhd. *bler(r)en* (vgl.
engl. *blare* brüllen), SchW (urspr.
auf Tiergeschrei, -blöken bezo-
gen). – ∕ *brüllen*.

Plasma s. Zellsubstanz, 19. Jh. aus
gr. *plásma* Gebilde (*plássein* for-
men); daher über frz. auch: **Plastik**
w., 18. Jh.; s. 20. Jh. aus engl.
plastic weich, Kunststoff.

Platane w. Ahornart, 18. Jh. aus lat.
platanus, gr. *plátanos* (*platýs* breit,
nach der Blattform).

Platin s. Mitte 18. Jh. aus span. *plati-
na* klein(körnig)es Silber (KW
1736 [Peru] aus *plata* Silber; eigtl.
= Metallplatte; ∕ *Platte*).

Platsch m. Schlag, SchW, 16. Jh.
plätschern Zw. 2. Hälfte 17. Jh.
Iterativ zu spätmhd. *blatschen* klat-
schend schlagen.

platt Adj. 1. Hälfte 17. Jh. aus nd.
plat (jedoch einmal mhd. *blat*); zu-
grunde liegt: frz. *plat* flach, über
volkslat. *plattus* aus gr. *platýs* breit.
∕ *Fladen*. **Platte** w. mhd. *bl-, plat*

(*-te*) Brustrüstung, aus afrz. *plate;*
davor: ahd. *bl-, platta* Marmorplat-
te, Tonsur, aus mlat. *platta* Metall-
platte, Tonsur. Zugrunde liegt: gr.
pláta breite Fläche (vom Adj. *pla-
týs* breit); ∕ *Platin*, ∕ *schuhplatteln*.
– **plätten** Zw. mnd. *pletten* (Wä-
sche) glatt machen. – **Plattform** w.
1. Hälfte 17. Jh. aus frz. *plate-for-
me* Geschützdamm; 2. Hälfte 18.
Jh. Einfluß von engl. *platform* =
Rednerbühne. – **Platz** m. spätmhd.
pla(t)z, blaz, über afrz. *place* aus
mlat. *placea* Hof = lat. *platea*, das
von gr. *plateîa* (*hodós*) Breitweg
stammt. **Plätzchen** s. 19. Jh. Ver-
kleinerung zu älterem *placz, blacz*
15. Jh. Flachkuchen. Vom Adj.
∕ *platt*.

platzen Zw. mhd. *bl-, platzen*, SchW
wie ∕ *plan(t)schen*. **Platzregen** m.
plötzlich aufplatschender Regen,
2. Hälfte 18. Jh.

plaudern Zw. spätmhd. *plûdern* ne-
ben mhd. *bla-, blodern* schwatzen
SchW (16. Jh. *pladdern* im [mit]
Wasser plätschern); dazu: das
urspr. bayr. Zw. **plauschen** (Mitte
19. Jh.); dazu: **Plausch** m. 20. Jh.

plausibel Adj. 2. Hälfte 17. Jh. aus
frz. *plausible*, von *plausibilis* Bei-
fall verdienend (*plaudere* [Beifall]
klatschen; ∕ *applaudieren*).

Plauze w. ostd. = Lunge, 16. Jh. aus
poln. *pluca* Lunge (zur idg. Wurzel
*pleu- schwimmen; ∕ *fließen*).

Playboy m. junger Lebemann, 20.
Jh. aus am. *playboy* (*to play* spie-
len). ∕ *Pflege*.

Pleite w. Mitte 19. Jh. aus rotw.;
zugrunde liegt: heb. *pelêṭâ* Flucht
(nämlich vor den Gläubigern).
∕ *flötengehen*. **Pleitegeier** m. rotw.
entstellt aus jidd. *Flötengeher;*
∕ *flötengehen*.

Plempe w. ∕ *verplempern*.

Plenterbetrieb m. Forstbetriebsart,
19. Jh. vom Zw. *blendern, plentern*
2. Hälfte 18. Jh. Wald lichten, die
Blender (die das Licht benehmen-
den Bäume) aushauen. *B-* für älte-
res *P-* ist hyperhochdeutsch.

Pleuelstange w. Mitte 19. Jh. zum

Subst. ↗ *Bleuel,* mit hyperhochdeutschem *B-* statt *P-.*

Pli m. Gewandtheit, Schliff, um 1800 aus frz. *pli* Falte (vom frz. Zw. *plier* falten, von lat. *plicare* falten. ↗ *Komplice,* ↗ *kompliziert).* – **Plissee** s. 19. Jh. aus frz. *plissé* gefaltet (Part. zum frz. Zw. *plisser* falten, Erweiterung von frz. *plier).*

Plombe w. 2. Hälfte 18. Jh. aus frz. *plomb* Metallverschluß, um 1800 = Zahnfüllung (frz. *plombage);* vom Zw. **plombieren** 2. Hälfte 18. Jh. aus frz. *plomber.* Zugrunde liegt: lat. *plumbum* Blei (frz. *plombe;* Ursprung?).

Plötze w. Weißfischart, 15. Jh. aus kasch. poln. sorb. *plocica* Rotauge.

plötzlich Adv. 1. Hälfte 14. Jh. vom ausgestorbenen nd. SchW *Plotz* m. (etwa = Bums); eigtl. = mit einem Schlag.

plump Adj. 15. Jh. aus dem nd. SchW *plump* grob, das im SchW **plumps** fortlebt. Zu ihm das Zw. **plumpsen** 2. Hälfte 18. Jh.

Plunder m. spätmhd. *blunder, plunder* Wäsche, Kleider, Hausgerät; verw.: nd. *Plünnen* Mz. alte Kleider, mnd. *plunne, plunde* Kram. Herkunft ungeklärt. ↗ *Bagage,* ↗ *Gepäck.* **plündern** Zw. 14. Jh. Eigtl. = Hausgerät (usw.) an sich nehmen (um es wegzuführen).

Plural m. 1. Hälfte 17. Jh. aus lat. (*numerus) pluralis* Mehr-Zahl (lat. *plus* mehr; daher das Subst. *Plus* s. Mehrbetrag 16. Jh.); ↗ *Mehrzahl.*

Plüsch m. 2. Hälfte 17. Jh. aus frz. *peluche,* von afrz. *peluchier* (Haare) zupfen. Zugrunde liegt: volkslat. **piluccare* enthaaren (lat. *pilare* enthaaren, *pilus* Haar; ↗ *pflücken).*

plustern Zw. um 1600 aus nd. *plustern,* Fortbildung zu: nd. *plusen* zupfen (SchW; zur Bildung vgl. ↗ *plapp-er-n* u. a.).

Pöbel m. mhd. *bovel, povel* (engl. *people),* aus ostfrz. *poble* für frz. *peuple,* von lat. *populus* Volk (verw.: ↗ *viel);* ↗ *Pop.*

pochen Zw. mhd. *puchen, buchen,*

bochen, vom (voridg.?) SchW *poch* (klopfendes Geräusch).

Pocke w. 1. Hälfte 16. Jh. aus mnd. *pocke* (engl. *pock* Blatter); zur idg. Wurzel **b(h)u-* schwellen, aufblasen. ↗ *Bauch.*

Podest s., m. KW 19. Jh. nach dem Muster von *Podium* von gr. *pûs, podós* ↗ *Fuß.* **Podium** s. 1. Hälfte 19. Jh. aus lat. *podium,* dem gr. *pódion* zugrunde liegt (zu gr. *pûs).*

Podex m. ↗ *Popo.*

poetisch Adj. 2. Hälfte 15. Jh. über frz. *poétique* aus lat. *poeticus,* dem gr. *poiêtikós* zugrunde liegt (vom gr. Zw. *poieîn* machen, schaffen).

Pogrom m. ↗ *grimm.*

Pointe w. 2. Hälfte 18. Jh. aus frz. *pointe,* von lat. *puncta* Stich (eigtl. = die Gestochene, Part. Pass. zu *pungere* stechen; ↗ *Punkt).*

Pokal m. 16. Jh. aus it. *boccale,* über spätlat. aus gr. *baukalis* Halskrug. Anlautend *P-* (für *B-)* wie bei ↗ *Panier,* ↗ *Pilz,* ↗ *Posaune.*

Pökelfleisch s. Zs. 2. Hälfte 17. Jh. mit *Pökel* m. Salzlake 2. Hälfte 17. Jh. aus mnd. *pekel* (engl. *pickle);* verw.: ↗ *picken?* Wohl vorgerm./idg.

pokern Zw. riskant handeln, 20. Jh. vom Subst. **Poker** s., m. (aus am. *poker* Glücksspiel; vielleicht von nd. *poken* = hd. ↗ *pochen* [mit *-r-*Intensivierung wie ↗ *meck-er-n* u. a.]?).

Pol m. 1. Hälfte 18. Jh. für älteres *polus,* aus lat. *polus,* von gr. *pólos* Achse, Wirbel. Zugrunde liegt: *pélein* sich bewegen; Verwandtschaft mit ↗ *Hals.*

polemisch Adj. 1. Hälfte 18. Jh. aus frz. *polémique* (von gr. *polemikós* kriegerisch, *pólemos* Krieg).

Polier m. Bauführer, unter volkset. Anlehnung an *polieren* 14. Jh. aus frz. *parlier* Wortführer (*parler* sprechen; ↗ *Parlament).*

polieren Zw. mhd. *polieren,* (über frz.?) aus lat. *polire* glätten (dazu lat. *linire* beschmutzen; ↗ *Lehm).*

Poliklinik w. Behandlungsstätte für Nichtbettlägerige, KW 1. Hälfte

19. Jh. aus gr. *pólis* Stadt + ⟋ *Klinik*. **politisch** Adj. Mitte 16. Jh. aus gr. *politikós* (Subst. *pólis* Stadt, Staat). Dazu im 17. Jh. nach frz. *politique* das Subst. **Politik** w. – **Polizei** w. 15. Jh. aus mlat. *policia* städt. Ordnungsmacht, von lat. *politia* Staatsverwaltung. Zugrunde liegt: gr. *politeía* Staatsgewalt (von *pólis*).

Polka w., m. 1835 aus tschech. *polka* Polentanz; ⟋ *Polonäse*.

Pollen m. (s.) Blütenstaub, 14. Jh. *bolle* Feinmehl, aus lat. *pollen* Staubmehl (*palea* Spreu; gr. *pálê* Mehlstaub; ⟋ *Pulver*).

Polo s. Ballspiel zu Pferd, Rad, Boot, 19. Jh. aus engl. *polo*, das in einer tibetan. Sprache am oberen Indus (Balti) dem Wort *polo* Ball entstammt.

Polonäse w. 1. Hälfte 18. Jh. aus frz. (*danse*) *polonaise* Polnischer (Tanz); ⟋ *Polka*.

Polster s. mhd. *bolster, polster*, ahd. *bolstar(i), polstar;* mit ⟋ *Ball¹* und ⟋ *Balg* zu idg. **bhel-* schwellen.

poltern Zw. spätmhd. *boldern, buldern* (seit Luther: *poltern*); mit ⟋ *bellen* zur idg. Wurzel **bhel-* lärmen. ⟋ *bullern*.

Polygamie w. ⟋ *Vielweiberei*.

Pomade w. um 1600 aus it. *pommata* (Apisapfel-)Salbe, vom Subst. *pomo* Apfel (lat. *pomum;* ⟋ *Pomeranze*).

pomade Adj. bequem, lässig, 16. Jh. aus poln. *po malu* allmählich.

Pomeranze w. 1. Hälfte 16. Jh. aus mlat. *pomarancia*, Zs. aus it. *pomo* Apfel (⟋ *Pomade*) + it. *arancia*, pers. *naräng* bittere Apfelsine (⟋ *Orange*).

Pomp m. 17. Jh. aus frz. *pompe;* schon mhd. *pomp(e)*; beide aus lat. *pompa*, das auf gr. *pómpê* Festaufzug zurückgeht (zum Zw. *pémpein* senden). **pompös** Adj. 18. Jh. aus frz. *pompeux* für älteres *pompos*, aus lat. *pomposus* feierlich.

Ponton m. Brückenkahn, 17. Jh. aus frz. *ponton* (von lat. *pons* [Gen.: *pont-is*] Brücke; ⟋ *finden*).

Pony s. 19. Jh. aus engl. *pony*, älter: *powny*. – Herkunft?

Pop m. moderner Stil, 20. Jh. aus am. *pop* (gekürzt aus: *popular;* ⟋ *populär*).

Popanz m. Mitte 16. Jh. aus tschech. *bubák* Gespenst. Deutsch *P-* für slaw. *B-* wie in ⟋ *Peitsche*.

Pope m. ⟋ *Pfaffe*.

Popo m. 2. Hälfte 18. Jh. Lallform (⟋ *Papa*) zu *Podex* (ablautend zu *pedere* furzen; = Furzer), 2. Hälfte 17. Jh. aus dem Lat.

populär Adj. 18. Jh. aus frz. *populaire* (von lat. *popularis* volkstümlich, *populus* Volk; gr. *polýs* viel). ⟋ *Pop*.

Pore w. 16. Jh. über lat. *porus* aus gr. *póros* Durchgang; ⟋ *fahren*.

Porree m. Lauch, aus afrz. *porrée*, über volkslat. **porrata* aus lat. *porrum* Lauch. Mhd. *p(h)orre, p(f)orr*, ahd. *phorro, forro*, aus lat. *porrum*.

Portal s. spätmhd. *portâl*, aus mlat. *portale* Vorhalle, Weiterbildung zu: lat. *porta* = ⟋ *Pforte*. ⟋ *Portier*.

Portefeuille s. 2. Hälfte 18. Jh. aus frz. *portefeuille*. Zs. aus: Imperativ *porte* trage! + *feuille* ⟋ *Blatt* (trage das Blatt!). **Portemonnaie** s. 19. Jh. aus frz. *portemonnaie*, Zs. aus: *porte* trage! + *monnaie* Geld (trage das Geld!). – ⟋ *Münze*.

Portier m. 1. Hälfte 18. Jh. aus frz. *portier* Pförtner, von lat. *portarius* Türhüter (vom Subst. *porta* ⟋ *Pforte*). **Portiere** w. 19. Jh. aus frz. *portière* (von frz. *la porte* Tür, eigtl. = Türvorhang; zugrunde liegt: lat. *porta*). ⟋ *Portal*.

Portion w. Mitte 16. Jh. aus frz. *portion* (von lat. *portio* Anteil, das mit lat. *pars* Teil zusammenhängt; ⟋ *Partei*).

Porto s. 17. Jh. aus it. *porto* Transport(kosten); von: lat. *portare* tragen; ⟋ *fahren*, ⟋ *transportieren*.

Porträt s. 2. Hälfte 17. Jh. aus frz. *portrait*, vom Zw. *portraire* hervorbringen, entwerfen. Zugrunde liegt: lat. Zw. *protrahere* hervorziehen, -bringen, malen. – ⟋ *abstrakt*,

↗ Attraktion, ↗ Kontrakt, ↗ trachten, ↗ subtrahieren.

Portwein m. 1. Hälfte 18. Jh. aus engl. *port-wine* Wein aus *Porto* (port. Ausfuhrhafen).

Porzellan s. 2. Hälfte 15. Jh. aus it. *porcellana* Porzellanmuschel (wegen ihrer Farbe und ihrem Glanz mit dem chin. Porzellan in Beziehung gesetzt). Zugrunde liegt: lat. *porcellus* Schweinchen, w. Scham (nach ihrer Form). – ↗ *Ferkel.*

Posaune w. mhd. *bu-, pusûne, -sîne,* aus afrz. *buisine,* dem lat. *bucina* zugrunde liegt (Zs. aus: *bos* Rind + *canere* singen, tönen [↗ *Hahn*]; also = Tongerät aus Rinderhorn). Anlautend *P-* (für *B-*) wie bei *↗ Panier, ↗ Pilz, ↗ Pokal*). **Posaunenengel** m. eigtl. = barocker Orgelschmuck (nach Matth. 24, 31); übtr. Mitte 19. Jh.

Pose[1] w. Haltung, 2. Hälfte 19. Jh. aus frz. *pose* (vom Zw. *poser* hinstellen, ausruhen). Zugrunde liegt: spätlat. *pausare* innehalten (*pausa* Unterbrechung; *↗ Pause*[1]); in der Bedeutung hat das nicht verw. Zw. *ponere* stellen eingewirkt.

Pose[2] w. Federkiel, 2. Hälfte 18. Jh. aus nd.; zur idg. Wurzel **pusschwellen.*

Position w. 16. Jh. über frz. *position* aus *positio* Stellung, Lage (vom lat. Zw. *ponere* setzen, stellen); *exponieren; komponieren, ↗ imponieren. – ↗ Post, ↗ Propst.* **positiv** Adj. um 1700 aus frz. *positif* (von lat. *positivus* gesetzt, vom Zw. *ponere*). **Positur** w. 2. Hälfte 16. Jh. aus lat. *positura* Stellung (vom Zw. *ponere*).

Posse w. spätmhd. *possen,* von frz. *bosse* Beule, (*ouvrage à*) *bosse* plastisches Bild. Daher zunächst im D. = plastische Figur; dann = komische Figur (z. B. an Brunnen); erst 16. Jh. = Unfug. Das frz. Wort geht auf afrk. **bôtan* schlagen, stoßen, sprießen (ahd. *bôzan; ↗ Amboß*) zurück. Daher *Possen reißen* (seit Mitte 16. Jh.) eigtl. = komische Bilder entwerfen (↗ *Reiß-*

brett). – **possierlich** Adj. 2. Hälfte 16. Jh. vom Zw. *possieren* scherzen (vom Subst. *Posse*).

Post w. um 1500 aus it. *posta* Station (zum Pferdewechsel), von lat. *posita* (*mansio*) festgesetzter Aufenthalt (lat. *ponere* setzen, stellen; *ex-, ↗ im-, komponieren, ↗ Position, ↗ Propst*). **Posten**[1] m. Standort, Wache, Stellung, 1. Hälfte 18. Jh. aus it. *posto* Standort (lat. *positus* [*locus*]). **Posten**[2] m. Rechnungsbetrag, 15. Jh. aus it. *posta* Spieleinsatz (von lat. *posita* gesetzte Summe).

Poster s., m. aus engl. *poster* Plakat (*post ↗ Pfosten*), 20. Jh.

Postulat s. 1. Hälfte 16. Jh. aus lat. *postulatum* Forderung (eigtl. = Part. Pass von *postulare* fordern, vom Zw. *poscere; ↗ fordern*).

postwendend Adv. *↗ umgehend.*

Potenz w. Produkt gleicher Faktoren, um 1700 aus frz. *potence* Höhenmaß (von lat. *potentia* Macht, das schon 1. Hälfte 16. Jh. *Potenz* Kraft, Mächtigkeit ergibt). **potent** Adj. zeugungsfähig; Rückbildung 20. Jh. aus *impotent* (18. Jh.); doch = mächtig vor 1800.

Potpourri s. 1. Hälfte 18. Jh. aus frz. *potpourri* Eintopf (Zs. aus *pot* Topf + *pourri* verfault, zerkleinert; LÜ von span. *olla podrida* verfaulter Topf). **Pott** m. mnd. *pot, put,* aus frz. *pot* (daher engl. *pot*), von volkslat. *pot(t)us* Topf (vorkelt.?). Das gleiche Wort ist **Pot** m. Marihuana; alle Pokereinsätze (20. Jh. aus am. *pot* Topf). – **Pottasche** w. 1. Hälfte 18. Jh. aus nl. *potasch* (daher engl. *potas[h]*) (weil Laugensalz in Töpfen hergestellt wurde). **Pottwal** m. 2. Hälfte 18. Jh. aus nl. *potswal* (wegen seines dicken Kopfes).

potz! Interj. 15. Jh., entstellt aus *↗ Gotts* (ergänze: Jammer); **potzblitz** Interj.; **potztausend** Interj. 16. Jh.

Poularde w. 1. Hälfte 18. Jh. aus frz. *poularde* Masthuhn (*poule* Huhn, lat. *pullus* Jungtier); *↗ Fohlen.*

power Adj. 2. Hälfte 18. Jh. aus frz. *pauvre* (von lat. *pauper* arm). Engl. *poverty* Armut.

Pracht w. mhd. *braht, praht* Lärm, ahd. *praht* Lärm; verw.: lat. *fragor* Getöse, *suf-frag-ium* Beifall; zur idg. Wurzel: **brag-* krachen, abl. zu: **breg; / brechen*.

Prädikat s. 17. Jh. von lat. *praedicatum* (Part. Pass. zum Zw. *praedicare* verkündigen, bekanntmachen; / *predigen*).

Präfix s. 17. Jh. aus frz. *préfixe*, von lat. *praefixus* vorn angeheftet (Part. zum Zw. *figere* anheften; / *fix*).

prägen Zw. mhd. *bræchen, præchen* einpressen, ahd. *bráhhen, práhhen* gravieren; wohl Bewirkungswort zum Zw. / *brechen* (eigtl. = brechen machen).

prägnant Adj. um 1700 aus frz. *prégnant*, das auf lat. *praegnans* schwanger zurückgeht. Falls dies zur Sippe von lat. (g)*natus* geboren, (g)*nasci* geboren werden gehört, ist die urspr. Bedeutung: vor der Geburt. – / *Kind*, / *imprägnieren*.

prahlen Zw. 1. Hälfte 16. Jh. (Luther) vom Subst. *prâl* Lärm, SchW (schwz. *brallen* schreien). / *brüllen*. **Prahlhans** m. (Mitte 17. Jh.) / *Schmalhans*.

Prahm m. Lastkahn, 1. Hälfte 14. Jh. aus tschech. *prâm* Fahrzeug, zur idg. Wurzel **per-, *por-* (/ *fahren*).

praktisch Adj. Mitte 18. Jh. aus lat. *practicus* zweckmäßig (von gr. *praktikós* tätig; / *Praxis*).

Prälat m. mhd. *prêlat(e)*, aus mlat. *praelatus* Vorgesetzter (vom Zw. *praeferre* vorziehen).

Präliminarien Mz. KW 1. Hälfte 18. Jh. aus lat. *prae* vor + *limen* Schwelle; eigtl. = Vorschwelliges.

Praline w. 19. Jh. aus frz. *praline*. Die gefüllten Schokoladenplätzchen soll der Koch des frz. Marschalls *Plessis-Praslin* (1598–1675) erfunden haben.

Prall m. 1. Hälfte 17. Jh. aus nd.

pral(l). / *prahlen*. **prall** Adj. Mitte 18. Jh. aus nd. *pral* stramm (mnd. *pral* herrlich), wohl mit dem Zw. **prallen** zu mhd. *prellen* (*pralte*) aufschlagen; Weiteres undurchsichtig. / *prellen*.

Prämie w. 16. Jh. aus lat. *praemia* Mz. zu lat. *praemium* Belohnung (aus **prae-emium* Vorweggenommenes, Beute, Belohnung; vom Zw. *emere* nehmen).

prangen Zw. mhd. *prangen, brangen;* mhd. *branc, pranc* Angeberei; verw.: / *Prunk* und: **Pranger** m. Schandpfahl, 2. Hälfte 14. Jh. aus mnd. *prenger* Drücker, Kneifer (nach dem Halseisen); mnd. *prangen* drücken, mhd. *pfrengen* pressen, got. *ana-praggan* bedrängen.

Pranke w. mhd. *pranke*, aus roman.-spätlat. *branca* Pfote (vorkelt. Jägerwort?).

präparieren Zw. 16. Jh. aus frz. *préparer*, von lat. *prae-parare* vor-bereiten.

Präposition w. 15. Jh. aus lat. *praepositio* Voransetzung (LÜ von gr. *próthesis* (*títhêmi* ich stelle; / *These*). / *Prothese*.

Prärie w. 1. Hälfte 19. Jh. aus frz. *prairie*, kollektivierende Weiterbildung zu *pré* Wiese (von lat. *pratum* Wiese).

Präsens s. aus lat. (*tempus*) *praesens* Gegenwartszeit (/ *repräsentieren*). **Präsent** s. mhd. *présent, -sant, -sent, -sant,* aus frz. *présent* (*présenter* darbieten, von mlat. *praesentare* darbieten, lat. *praesentare* vergenwärtigen). **Präsentierteller** m. eigtl. = Vorlegeschüssel. **Präsenz** w. 17. Jh. aus frz. *présence* (lat. *praesentia* Gegenwart).

Präsident m. 1. Hälfte 16. Jh. aus frz. *président* (von lat. *praesidens* Vorsitzender, vom Zw. *sedere* / *sitzen*).

prasseln Zw. mhd. *brasteln* krachen; mhd. *brasten*, ahd. *brastôn* dröhnen; Fortbildung zu / *bersten*.

prassen Zw. um 1500 aus mnd. (mnl.) *brassen*, von *bras* Lärm (eigtl. = [beim Mahle] lärmen).

prätentiös Adj. anmaßend, 1. Hälfte 19. Jh. aus frz. *prétentieux* (vom Zw. *prétendre* Ansprüche erheben, lat. *praetendere* nach vorn strecken).

Pratze w. um 1600 aus it. *braccio* Arm (von lat. *brachium* Arm; ↗ *Brezel*).

Praxis w. 1. Hälfte 17. Jh. aus gr. *prâxis* Tat, Verrichtung (vom Zw. *prássein* tun; ↗ *praktisch*).

präzis(e) Adj. 17. Jh. aus frz. *précis* (von lat. *praecisus* zusammengefaßt, Zw. *praecidere* vorn abschneiden, *caedere* hauen; ↗ *Zäsur*).

predigen Zw. mhd. *pre-, bredi(g)en, bregen,* ahd. *predi(g)ôn, bredi(g)ôn,* aus mlat. *predicare* bekanntmachen (lat. *prae* vor + *dicare* kundtun); ↗ *Prädikat. – Prediger in der Wüste* LÜ nach Vulgata, Jes. 40, 3. – **Predigt** w. mhd. *pre-, bredige,* ahd. *pre-, brediga,* aus mlat. *praedica.* Auslautendes *-t* spät angetreten wie in ↗ *Habich-t,* ↗ *Dikkich-t,* ↗ *Kehrich-t,* ↗ *Spülich-t* (doch ↗ *Reisig* ohne *-t*-Antritt).

Preis m. mhd. *prîs* Gotteslob, aus afrz. *prîs* Ruhm, Herrlichkeit (engl. *price*); zugrunde liegt: lat. *pretium* Wert, Preis (von idg. Präp. **preti-* entgegen). Die Bedeutung „Wert einer Sache" erst 1. Hälfte 15. Jh. ↗ *preisen.*

Preiselbeere w. 2. Hälfte 16. Jh. *preysels-, preusselbeer,* aus sorb. *brus-, pruslica* (zu kirchenslaw. [o]*brusiti* abstreifen; also = abstreifbare Beere).

preisen Zw. (pries, gepriesen), mhd. *prîsen* Gott rühmen, aus afrz. *prisier* schätzen, rühmen (aus mlat. *pretiare* schätzen [lat. *pretium* ↗ *Preis*]).

preisgeben Zw. LÜ 16. Jh. aus frz. *donner en prise* als Beute (↗ *Prise*) geben.

prellen Zw. frühnhd. *prellen* (den Fuchs zur Erheiterung der Jäger) vom gespannten Tuch hochschnellen; zum Adj. ↗ *prall.* Dann stud. (18. Jh.) = betrügen.

Premier m. um 1700 Abkürzung für

Premierminister (frz. *premier* der erste, lat. *primus.* ↗ *Primadonna* usw.). **Premiere** w. 19. Jh. aus frz. *première* (*représentation*) Erstdarbietung. ↗ *Uraufführung.*

Presbyter m. ↗ *Priester.*

preschen Zw. aus mnd. *bersen* jagen; mit Umstellung des *-r-* (wie bei ↗ *Bernstein,* ↗ *bersten,* ↗ *Born*); = ↗ *birschen.*

Presenning, Persenning w. geteertes Segeltuch, 1. Hälfte 18. Jh. aus nl. *presenning,* aus frz. *préceinte* Umhüllung (afrz. *porceinare* ganz einschließen, lat. *praecingere* umgürten).

Presse w. mhd. *presse* Kelter, ahd. *pressa, fressa* Kelter, aus mlat. *pressa* Druck (vom lat. Zw. *premere* drücken), mhd. *presse* Gedränge, aus afrz. *presse* (vom lat. Zw. *pressare* drücken); um 1500 nach frz. Vorbild = Buchdruckerpresse; um 1800 = alle Druckerzeugnisse; um 1850 = Zeitungswesen; um 1870 = Vorbereitungsanstalt. ↗ *deprimieren,* ↗ *Printe.* **pressieren** Zw. um 1700 aus frz. *presser* (lat. *pressare* drücken; daher auch **pressen** Zw. mhd. *pressen,* ahd. *pressôn*).

Prestige s. 19. Jh. aus frz. *prestige* Blendwerk (von mlat. *praestigium* Gaukelei; = lat. *praestigiae* Mz.; *praestringere* vorn zuschnüren, blenden).

prickeln Zw. 18. Jh. aus nd.; verw.: mnd. *prick* Stachel (mediz. Fachsprache); engl. *prick* stechen. Verw.: ↗ *pieken;* mit verstärkendem *-r-*Zusatz.

priemen Zw. 2. Hälfte 19. Jh. über nd. aus nl. *pruimen,* zum nl. Subst. *pruim* = ↗ *Pflaume* (nach Form und Farbe des Kautabaks, mit einer Backpflaume verglichen).

Priester m. mhd. *priester,* ahd. *prêstar,* aus afrz. *prestre* (frz. *prêtre*), von lat. *presbyter.* Zugrunde liegt gr. *presbýteros* der Ältere (Steigerung von *présbys* alt, ehrwürdig) (*Presbyter* Anrede des Gemeindeältesten seit 1. Hälfte 18. Jh.).

Primadonna w. 2. Hälfte 18. Jh. aus

it. *prima donna* Erste Dame (an der Oper), lat. *prima domina*. **Primat** m. (s.) 16. Jh. aus lat. *primatus* erster Rang, erste Stelle. **Primel** w. 18. Jh. aus nlat. *primula veris* erste kleine Frühlingsblume (lat. *primulus* Verkleinerung von *primus* erster). **primitiv** Adj. 1. Hälfte 18. Jh. aus frz. *primitif* (von lat. *primitivus* erstartig).

Printe w. Aachener Pfefferkuchen, 19. Jh. aus nl. *prent*, vom nl. Zw. *prenten* drucken (weil der Teig in ein Model gedrückt wurde). Zugrunde liegt über afrz. *preindre* (engl. *print*) lat. *premere* drücken (↗ *Presse*).

Prinz m. mhd. *prinz(e)*, aus afrz. *prince*, von lat. *princeps* (Zs. von *primus* erster + *capere* nehmen; = wer zuerst [die Beute] nimmt?).

Prinzip s. 1. Hälfte 18. Jh. aus lat. *principium* Ursprung (von lat. *princeps* erststellig, -rangig). **prinzipiell** Adj. 1. Hälfte 19. Jh. in französisierender Art nach lat. *principialis* ursprünglich.

Priorität w. 2. Hälfte 17. Jh. aus frz. *priorité* (von lat. *prioritas; prior* vorder, ranghöher, mlat. = Abt; schon mhd. *prîor*).

Prise w. Mitte 16. Jh. aus frz. *prise* gekapertes Schiff (vom Zw. *prendre* nehmen, lat. *prehendere* ergreifen); 1. Hälfte 18. Jh., = Griff mit den Fingerspitzen (z. B. Schnupftabak), nach frz. Muster. ↗ *preisgeben*.

Prisma s. 1. Hälfte 16. Jh. über lat. aus gr. *prísma* (vom Zw. *príein* sägen).

Pritsche w. mhd. *britze* (nur in Zss.), ahd. *britissa* Bretterverschlag, Ableitung von ↗ *Brett*. Nhd. -*tsch*- für älteres -*z*- wie in ↗ *fletschen*, ↗ *glitschen*, ↗ *rutschen*, ↗ *zwitschern*.

privat Adj. Mitte 16. Jh. aus lat. *privatus* abgesondert, für sich (vom Zw. *privare* rauben, sondern, *privus* einzeln). **Privileg** s. mhd. *privilêgjum, -lêgje, lei(ge)*, aus lat. *privilegium* Vorrecht (Zs. aus *privus* einzeln + *lex* Gesetz; ↗ *legal*).

Probe w. spätmhd. *prôbe*, aus mlat. *proba* Prüfung (lat. *probare* prüfen, billigen; daher nhd., mhd. **probieren** Zw.). – ↗ *prüfen*.

Problem s. 16. Jh. aus gr. *próblêma* Vorwurf, Streitfrage (Zs. aus *pró* vor + *bállein* werfen; ↗ *Teufel*). – *Problematische Naturen* nach Goethe, Sprüche in Prosa, und einem Roman von Spielhagen (1860).

Produkt s. 2. Hälfte 16. Jh. aus lat. *productum* Hervorgebrachtes (Part. Pass. vom Zw. *producere* vor[wärts]führen, daher 17. Jh. **produzieren** Zw.; ↗ *Dusche*). – ↗ *Erzeugnis*.

profan Adj. 1. Hälfte 17. Jh. aus lat. *profanus* (Zs. aus *pro* vor + *fanum* Heiligtum [↗ *fanatisch*]; eigtl. = was vor dem Heiligtum geschieht).

Professor m. 2. Hälfte 16. Jh. aus lat. *professor* öffentl. Lehrer; eigtl. = Bekenner (der wissenschaftl. Wahrheit), vom Zw. *profiteri* bekennen (*fari* sprechen; ↗ *fatal*).

Profil s. 1. Hälfte 17. Jh. aus it. *profil* (schon davor aus frz. *profilo* Seitenansicht, das auch dem frz. Wort zugrunde liegt, Weiterbildung aus it. *filo* Strich [lat. *filum* Faden; ↗ *Filigran*]).

Profit m. Mitte 16. Jh. aus mnd. *profijt*, über mnl. aus frz. *profit*; zugrunde liegt lat. *profectus* Erfolg (vom Zw. *proficere* nützen, *facere* machen; ↗ *Fazit*).

profund Adj. 18. Jh. aus frz. *profond*, aus lat. *profundus* abgrundtief (lat. *fundus* Boden; ↗ *Fundament*).

Prognose w. um 1800 aus gr. *prógnôsis* Vorherwissen (Zs. aus *pró* vor + *gnôsis* Kenntnis, *gignôskein* erkennen).

Programm s. um 1700 über lat. aus gr. *prógramma* Veröffentlichung (Zs. aus *pró* vor + *grámma* Buchstabe, *gráphein* schreiben).

progressiv Adj. 18. Jh. aus frz. *progressif* (lat. *progredi* voranschreiten). ↗ *Grad*.

Projekt s. 17. Jh. unter frz. Einwirkung aus lat. *proiectum* das vorwärts Geworfene (vom Zw. *proicere* nach vorn werfen). ⟋ *entwerfen*.

Prokura w. 2. Hälfte 16. Jh. aus it. *procura* Vorsorge, Vollmacht (lat. *procurare* vorhersorgen; ⟋ *Kur*).

Proletarier m. 1. Hälfte 19. Jh. (Saint-Simonisten!), aus frz. *prolétaire* (lat. *proletarius* wer dem Staat nur Kinder – nicht Vermögen – zur Verfügung stellt; *proles* Nachkommenschaft; von *alere* ernähren; ⟋ *Alimente*).

Prolog m. mhd. *prologus*, aus lat. *prologus* = gr. *prólogos* Vorrede (auf dem Theater); Zs. aus *pró* vor + *lógos* Rede, *légein* sagen, reden. – ⟋ *Lexikon*.

Promenade w. 1. Hälfte 17. Jh. aus frz. *promenade* (vom Zw. *promener* spazierenführen, *mener* führen; lat. *minare* treiben). **prominent** Adj. 20. Jh. aus lat. *prominens* hervorragend (Part. Präs. vom Zw. *prominere* hervorragen, mit *minare* verw.).

prompt Adj. 1. Hälfte 17. Jh. aus frz. *prompt* schnell, von lat. *promptus* bereit, eigtl. = hervorgeholt (vom Zw. *pro-emere* hervorholen; ⟋ *Exemplar*).

Propaganda w. 19. Jh. Abschleifung des Titels der kath. *Congregatio de propaganda fide* (gegr. 1622), vom lat. Zw. *propagare* ausbreiten; ⟋ *pfropfen²*.

Propeller m. 2. Hälfte 19. Jh. aus engl. *propeller* (vom Zw. *propel* antreiben, lat. Zw. *propellere* vorwärts stoßen, ⟋ *Puls*).

prophezeien Zw. mhd. *prophêtîen*, -*cîen*, vom Subst. mhd. *prophêtîe*, -*cîe*, von lat. *prophetia* Weissagung. Zugrunde liegt lat. *propheta*. **Prophet** m. (mhd. *prophêt*[e], aus gr. *prophêtês* Verkünder [gr. *phánai* sagen; ⟋ *Bann*]).

Propst m. mhd. *brôbest*, ahd. *prôbôst*, aus afrz. *provost* Vorgesetzter (zugrunde liegt lat. *propositus* für *praepositus* Vorgesetzter, *ponere* setzen, stellen; ⟋ *Position*, ⟋ *Post*). *pro-* für älteres *prae-* wie bei ⟋ *Proviant*.

Prosa w. mhd. *prôse*, ahd. *prôsa*, aus lat. *prosa* (*oratio*) die geradeaus gehende (einfache) Rede, von *prorsus* geradeaus (älter: **provorsus* nach vorn gewandt, *vertere* wenden; ⟋ *werden*).

pros(i)t! Mitte 16. Jh. (stud.) aus lat. *prosit* es möge helfen! (vom lat. Zw. *prod-esse* nützen).

Prospekt m. 1. Hälfte 17. Jh. aus lat. *prospectus* Fernsicht (vom Zw. *prospicere* nach vorn sehen; ⟋ *Spektakel*).

Prostitution w. um 1700 aus frz. *prostitution* (vom lat. Zw. *prostituere* vorn hinstellen). ⟋ *Statue*.

Protektion w. 2. Hälfte 16. Jh. aus frz. *protection* (von lat. *protectio* Beschützung, *protegere* bedekken); ⟋ *Decke*; ebso. über frz. *protéger* Zw. **protegieren**, 16. Jh.

Protest m. 16. Jh. aus it. *protesto* Wechselverweigerung (vom it. Zw. *protestare* Einspruch erheben, lat. *protestari* dagegen erklären, *testari* bezeugen; aber: **protestieren** Zw. 15. Jh. aus frz. *protester*; ⟋ *Testament*, ⟋ *Attest*).

Prothese w. KW 19. Jh. nach gr. *próthesis* Vorsatz. ⟋ *Präposition*.

Protokoll s. 2. Hälfte 15. Jh. aus lat. *protocollum*, dem gr. *prôtókollon* vorangeht (Zs. aus *prôtos* erster + *kólla* Leim; also = vorgeklebtes Blatt, nämlich vor die Papyrusrolle mit Angaben über die Zeit und Umstände seiner Entstehung).

Protz m. Mitte 19. Jh. aus bayr. *protz*, *brotz* Kröte (vermutl. vom Zw. *protzen* 2. Hälfte 17. Jh. trotzen; *protz* Adj. 1. Hälfte 16. Jh. aufgebläht, stolz. – Herkunft?).

Protze w. 19. Jh. Abkürzung aus Zss. wie *Protzkarren*, -*wagen*, -*räder*, von bayr. *p-*, *brotz*(*en*) Wagen 2. Hälfte 15. Jh. aus it. *birozzo* Zweiradkarren (lat. *bi-rotus* zweirädrig, *rota* Rad). – ⟋ *Bis-kuit*.

Proviant m. Mitte 15. Jh. aus it. *provianda* Mundvorrat (davor ndrh. *provande*, über mnl. aus afrz. *provende*); zugrunde liegt: volkslat. *probenda* für lat. *praebenda* was gewährt werden muß (lat. *praebere* gewähren, darreichen). *pro-* für älteres *prae-* wie bei ∕*Propst*.

Provinz w. 1. Hälfte 14. Jh. ndrh. *provincie* Erzbistum, aus lat. *provincia* außerit., von Rom verwaltetes Gebiet. Herkunft?

Provision w. 15. Jh. aus frz. *provision* = it. *provisione* Vorsorge (daher zunächst auch = Proviant, Unterhalt). Zugrunde liegt lat. *provisio* Vorausschau (vom Zw. *providere* vorhersehen). **Provisor** m. 14. Jh. aus lat. *provisor* Verwalter (vom Zw. *providere*). **provisorisch** Adj. Mitte 18. Jh. vom Subst. *Provisor* Vertreter.

provozieren Zw. 2. Hälfte 16. Jh. vom lat. Zw. *pro-vocare* hervorrufen; ∕*Advokat*, ∕*Vogt* usw.

Prozent s. 1. Hälfte 16. Jh. für älteres *per cento* 15. Jh. aus it. *per cento* fürs Hundert (lat. *centum* 100); ∕*hundert*.

Prozeß m. mhd. *prôcess* Gerichtsentscheid, aus lat. *processus* Verlauf (vom Zw. *procedere* voranschreiten; ∕*sukzessiv*). **Prozession** w. spätmhd. *prôcessje*, aus lat. *processio* Aufzug (von *procedere*).

prüde Adj. 2. Hälfte 18. Jh. aus frz. *prude*, von afrz. *prod* tapfer (frz. *preux*). Herkunft ungeklärt.

prüfen Zw. mhd. *brüeven, prüeven;* spätahd. entlehnt aus afrz. *prover* erproben, von lat. *probare* billigen (Adj. *probus* gut, rechtschaffen). ∕*Probe*. – D. *-f-* für roman. *-v-* wie in ∕*Brief*, ∕*Käfig*, ∕*liefern*, ∕*Stiefel*.

Prügel m. spätmhd. *brügel* Knüppel; vgl.: mhd. *brüge* Gerüst; verw.: ∕*Brücke*. – Als Mz. (= Schläge) seit 1700.

Prunk m. 2. Hälfte 17. Jh. aus mnd. *prunk* Aufputz; vom Zw. ∕*prangen*. SchW?

prusten Zw. 2. Hälfte 16. Jh. aus mnd. *prusten* niesen; SchW.

Psalm m. mhd. *psalm(e)*, ahd. *psalm(o)*, über kirchenlat. aus gr. *psalmós* zum Saitenspiel gesunge-

nes Lied (vom Zw. *psállein* zupfen, betasten).

Pseudonym s. 2. Hälfte 18. Jh. aus dem Adj. **pseudonym** 1. Hälfte 18. Jh. aus gr. *pseudônymos* (Zs. aus *pseúdein* täuschen + *ónoma* Name).

Psychologie w. 2. Hälfte 18. Jh. aus frz. *psychologie*, von gr. *psychología* Seelenkunde (Zs. aus *psychê* Seele + *lógos* Rede); zuerst von Melanchthon gebraucht?

Publikum s. 1. Hälfte 18. Jh. aus mlat. *publicum vulgus* gewöhnliches Volk (spätere Einwirkung von frz. *public* Öffentlichkeit).

Pudding m. Ende 17. Jh. aus engl. *pudding* Mehlspeise, älter = Wurst, von frz. *boudin* Blutwurst. Vermutl. von lat. *botulus* Wurst.

Pudel m. 1. Hälfte 18. Jh. gekürzt aus *Pudelhund* Jagdhund für Wasservögel (vom nd. SchW *pudeln* plätschern, nd. *pudel* Pfütze; ∕*Pfuhl*). Mitte 18. Jh. = Ratze (beim Kegelschieben).

Puder m. 1. Hälfte 17. Jh. aus frz. *poudre*, von volkslat. *pulvere* Staub (lat. *pulvis*); ∕*Pulver*.

puffen Zw. mhd. *buffen*, von der Interj. **puff!** SchW (Stoß oder Schlag); daher auch das Subst. **Puff** m. 13. Jh. = Spielbezeichnung; 18. Jh. = Bordell (Tarnname); ∕*verpuffen*. **Puffer** m. Stoßdämpfer am Eisenbahnwagen, 1. Hälfte 19. Jh. aus engl. *buffer* (vom Zw. *puff* blasen, schnauben); davor (2. Hälfte 18. Jh.) = Pfannkuchenart (die beim Backen pufft); 17. Jh. = Terzerol. – **Pufferstaat** m. um 1860 aus engl. *buffer state*.

Pulk m. Gruppe, Mitte 18. Jh. aus poln. *pulk* (Reiter-)Regiment; ∕*Volk*.

Pulle w. 1. Hälfte 18. Jh. aus nd., von lat. *ampulla* Fläschchen (∕*Ampulle*, ∕*Ampel*).

pullen Zw. rudern, 20. Jh. aus engl. *pull* ziehen, zerren. **Pulli** m. Abkürzung 20. Jh. von: **Pullover** m. 1. Hälfte 20. Jh. aus engl. *pullover*, eigtl. = zieh über!

Puls m. mhd. *puls,* aus mlat. *pulsus* Aderschlag (lat. *pulsare* klopfen; zugrunde liegt: lat. *pellere* treiben, stoßen. – ∕ *Impuls,* ∕ *Filz,* ∕ *Propeller*).

Pult s. mhd. *pulpit,* aus lat. *pulpitum* Brettergerüst, Bühne (daher auch: engl. *pulpit* Kanzel).

Pulver s. mhd. *pulver,* aus mlat. *pulver(e)* (lat. *pulvis* Staub). ∕ *Puder,* ∕ *Pollen.*

Pumpe w. 16. Jh. aus mnd. *pompe, pumpe,* von mnl. *pompe* (engl. *pump*). Durch Vermittlung von frz. *pompe* liegt span.-port. *bomba* Schiffspumpe zugrunde, SchW der Mittelmeermatrosen. **pumpen** Zw. borgen, Mitte 18. Jh. aus rotw. *pompen* borgen, von nd. *pompen, pumpen* Wasser schöpfen.

Pumpernickel m. Mitte 17. Jh. Zs. aus nd. *pumpern* furzen + *Nickel* Nikolaus; also = Stinknikolaus (wohl wegen seiner Schwerverdaulichkeit). ∕ *Karnickel.*

Pumps m. Schlupfschuh, 20. Jh. aus engl. *pumps.* Herkunft?

Punkt m. mhd. *pun(c)t, punkt,* aus lat. *punctum* Stich (vom Zw. *pungere* stechen; ∕ *bunt,* ∕ *punzen,* ∕ *Pointe,* ∕ *Spund*).

Punsch m. um 1700 aus engl. *punch.* Zugrunde liegt hind. *pantsch* fünf (nach den 5 Bestandteilen des Punsches [Rum, Zitronensaft, Tee, Wasser, Zucker]).

punzen Zw. ziselieren, 19. Jh. vom Subst. **Punze(n),** *Bunze(n),* spätmhd. *punze* Stahlstempel für Metallarbeit. Von it. *punzone* Stempel (lat. *punctio* Stechen, Zw. *pungere* stechen; ∕ *Punkt*).

Pupille w. 2. Hälfte 18. Jh. aus lat. *pupilla* kleines Mädchen, Püppchen (nach dem Figürchen im Spiegelbild des Auges); *pup(p)a* Mädchen. – **Puppe** w. spätmhd. *puppe, boppe,* aus volkslat. *puppa* (lat. *pupa*) Mädchen (engl. *puppet*); 1. Hälfte 18. Jh. = Insektenlarve, aus afrz. *poupe* (gleicher Herkunft). Urspr. (überall heimisches) Kinderwort. – *Bis in die Puppen* berl.

2. Hälfte 18. Jh. = bis in den (mit Statuen geschmückten) Tiergarten („Siegesallee"). – Vgl. ∕ *Pfropf(en).*

pur Adj. 14. Jh. aus lat. *purus* rein. – ∕ *Computer,* ∕ *disputieren.* – **Püree** s. 1. Hälfte 18. Jh. aus frz. *purée* eigtl. = das Gesiebte, Durchgelassene (von *purer* reinigen, sieben, lat. *purus* [*putus*]). ∕ *putzen*(?)

Purpur m. mhd. *purpur, -per,* ahd. *purpura,* got. *paúrp(a)úra* (engl. *purple*), aus lat. *purpura;* von gr. *porphýra* (Saft der) Purpurschnecke aus oriental. (vorgr.) Wort.

purzeln Zw. 16. Jh. von mhd. *burzen* über Kopf stürzen; daher zu ∕ *Bürzel.* **Purzelbaum** m. 2. Hälfte 16. Jh. Zs. aus *purzeln* + ∕ *Baum,* = hinfallen und sich aufbäumen.

Pustel w. 1. Hälfte 19. Jh. aus lat. *pustula* Bläschen.

pusten Zw. 2. Hälfte 18. Jh. aus nd.; verw.: mhd. *pfûsen* niesen (engl. *pose* Schnupfen. SchW oder zu idg. **bhu-* aufblähen; ∕ *Bö*).

Pute w. 2. Hälfte 16. Jh. zum nd. Zw. *puteren* schnell reden (SchW?). Dazu die m. Form **Puter** 2. Hälfte 16. Jh.; ∕ *Gant-er*). ∕ *Truthahn.*

Putsch m. 1839 (Züricher Aufstand), aus schwz. *Putsch* Stoß (SchW), 1. Hälfte 15. Jh.

Putte w. Engel-, Kinderfigürchen, 2. Hälfte 17. Jh. aus it. *putto* Knäblein (lat. *putus* Knabe; *puer*).

putzen Zw. 15. Jh. *butzen, putzen,* vom Subst. *butz* Nasenpopel, Lichtschnuppe (eigtl. = die Nase [das Licht] säubern). Einwirkung von lat. *putare* säubern (∕ *pur*)? – **Putzfrau** w. ∕ *Raumpflegerin.*

putzig Adj. 2. Hälfte 18. Jh. aus nd., vom Subst. mhd. *butze* Kobold (∕ *Butze*). Also = koboldhaft.

Pyjama m. 20. Jh. aus engl. *pyjama* Schlafanzug. Zugrunde liegt hind. *pâêjâma* lose Hüfthose.

Pyramide w. um 1500 über lat. *pyramis* (Gen.: *pyramidis*) aus gr. *pyramís.* Zugrunde liegt altäg. **pimar* (Metathese *m:r*!).

Q

quabbeln Zw. 2. Hälfte 18. Jh. *quappeln*, aus nd. (*quabbel* Viehwampe; mnd. *quabbel* Schlamm); SchW.

Quacksalber m. 2. Hälfte 16. Jh. aus mnl. *kwakzalver*, Zs. aus nl. *kwakken* schwatzen (↗ *quaken*) + *zalf* ↗ *Salbe;* eigtl. = Schwatzart (engl. *quacksalver*).

Quader m. mhd. *quâder(stein)*, aus lat. *quadrus lapis* (neben *quadrum*), zu *quattuor* vier, also = Vierseitstein. ↗ *Kader,* ↗ *Karo,* ↗ *Kaserne,* ↗ *Geschwader.* – **Quadrat** s. 15. Jh. aus lat. *quadratum* Viereck (zum Zw. *quadrare* vierseitig machen). ↗ *Schwadron.* – **Quadrille** w. 1. Hälfte 18. Jh. über frz. *quadrille* aus span. *cuadrilla* vierköpfige Reitergruppe (span. *cuadro* viereckig, von lat. *quadrus*).

quaken Zw. SchW 1. Hälfte 15. Jh. (engl. *quack;* nicht verw.: lat. *coaxare* wie ein Frosch quaken); ↗ *quieken.*

Quäker m. Mitglied der „Gesellschaft der Freunde“, 2. Hälfte 17. Jh. aus engl. *quaker*, eigtl. = Zitterer (eigtl. Spottname, weil sie nach der Weisung ihres Gründers bei Gottes Wort zittern sollten).

Qual w. mhd. *quâl(e)*, *kâl(e)*, *kôl(e)*, ahd. *quâla* neben (abl.) *quala*, vom Zw. mhd. *queln* starken Schmerz empfinden, ahd. *quelan;* zur idg. Wurzel *ǥṷ̌el-* stechen. **quälen** Zw. mhd. *queln*, ahd. *quellan* (engl. *quell*), nicht vom Subst. *Qual*, sondern Bewirkungswort zum Zw. ahd. *quelan* starken Schmerz empfinden (also = starken Schmerz empfinden lassen).

qualifizieren Zw. 2. Hälfte 16. Jh. aus mlat. *qualificare* (Zs. aus: lat. *qualis* wie beschaffen + *facere* machen [↗ *faktisch*]). ↗ *geeignet.* **Qualität** w. 16. Jh. über nl. *qualiteyt* aus lat. *qualitas* Beschaffenheit (von *qualis*).

Qualle w. 2. Hälfte 16. Jh. aus nd. *qualle;* vom Zw. ↗ *quellen* aufschwellen. – **Qualm** m. 16. Jh. aus nd. *qualm* Dampf; vom Zw. ↗ *quellen.*

Quantität w. um 1550 aus lat. *quantitas* Größe (*quantus* wie groß). **Quantum** s. 18. Jh. aus lat. *quantum.*

Quappe w. ↗ *Kaulquappe.*

Quarantäne w. 17. Jh. aus frz. *quarantaine* (frz. *quarante* 40, aus lat. *quadraginta*, älter: *quatra-ginta).

Quark m. spätmhd. *quark, twarc, zwarc*, aus sorb. *twarog* Molke. *Qu-* für älteres *tw-* wie bei: ↗ *quer*, ↗ *Quirl*, ↗ *quengeln.*

quarren Zw. dauernd weinen, mnd. *quarren* brummen, vom ahd. Zw. *queran* seufzen; zur idg. Wurzel **ger-* schreien. – ↗ *Kran(ich).*

Quartal s. 1. Hälfte 16. Jh. aus mlat. *quartale anni* Jahresviertel. **Quartett** s. 18. Jh. aus it. *quartetto* Tonstück für 4 Instrumente (Singstimmen). **Quartier** s. mhd. *quartier* aus afrz. *quartier* Viertel (lat. *quartarius* Viertelmaß, *quartus* der vierte).

Quarz m., s. mhd. *quarz* (daher engl. *quartz*), aus westslaw. *kwardy* Hartmetall, oder Koseform [ähnlich: ↗ *Heinz*, ↗ *Spatz*] zu md. *querch* ↗ *Zwerg?* ↗ *Kobalt.*

quasseln Zw. Mitte 19. Jh. aus berl., zu nd. *quasen* schwatzen, vom nd. Adj. *dwas* dumm abgeleitet. *-el*- wie bei *läch-el-n* u. a. Verw.: ↗ *dösen*, ↗ *Dunst*, ↗ *Dusel*, ↗ *quatschen.*

Quaste w. mhd. *quast(e)*, *kost(e)* neben *queste*, ahd. *questa* Laubschürze; mnd. *quispel* Quast; verw.: gr.

304

bós|trychos Geringel, lat. *vespices* Mz. Gesträuch; zur idg. Wurzel *$g^{\underline{u}}$es-* Zweigwerk.

Quästor m. ⁊ *Errungenschaft.*,

quatschen[1] Zw. 16. Jh. aus nd. *quatsken* dummes Zeug reden; vom mnd. mhd. Adj. *quât* böse, schlecht. – Zur -*tsch*-Verstärkung vgl. Parallelen bei ⁊ *quietschen.* – ⁊ *Kot.* – Daher berl. 19. Jh. das Subst. **Quatsch** m.

quatschen[2] Zw. im Wasser patschen, 16. Jh., SchW.

Quecke w. Wurzelunkraut, 1. Hälfte 15. Jh. vom Adj. *queck* lebendig; ⁊ *keck* (das Unkraut heißt nach seiner unerschöpflichen Lebenskraft). **Quecksilber** s. mhd. *quec-, kec-, kochsilber*, ahd. *quecsilabar* LÜ von mlat. *argentum vivum.* – ⁊ *er-, verquicken,* ⁊ *quicklebendig.*

Quelle w. ahd. *quella* (mhd. unbelegt, durch Luther wiederbelebt), vom Zw. **quellen** (quoll, gequollen), mhd. *quellen*, ahd. *quellan*; davon: ⁊ *Qualle,* ⁊ *Qualm.* Zur idg. Wurzel *$g^{\underline{u}}$el-* träufeln.

Quendel m. Feldthymian, mhd. *quen(d)el*, ahd. *quenel(a)*, *quenil* neben *kun(e)le*, *chunil*, *chonela* u. ä., aus lat. *cunila*, *cunela*, *conela* (gr. *konílē*) Majoranart. Der Gleitlaut -*d*- zwischen -*n*- und -*l*- wie bei ⁊ *Spindel;* zum Suffix -*ila* vgl.: ⁊ *Dist-el,* ⁊ *Has-el,* ⁊ *Weichs-el.*

quengeln Zw. 2. Hälfte 18. Jh. aus ostmd.; verstärkend zum mhd. Zw. *twengen* ⁊ *zwängen*, drücken. *qu*- für älteres *tw*- wie bei ⁊ *Quark,* ⁊ *quer,* ⁊ *Quirl;* zum -*el*-Infix vgl.: ⁊ *läch-el-n* u. a.

quer Adj. mhd. *twerh* (⁊ *Zwerchfell*); urverw.: lat. *torquere* drehen, winden (idg.: *$^*t\underline{u}erk$-*). – *qu*- md. für älteres *tw*- wie bei ⁊ *Quark,* ⁊ *quengeln,* ⁊ *Quirl.* **Quertreiber** m. Mitte 18. Jh. aus nd. *dwarsdriver* schlechter Steuermann (aus nl. *dwarsdrijver*); urspr.: Seemannswort.

Quetsche w. ⁊ *Zwetsche.*

quetschen Zw. mhd. *quetzen, quetschen;* vielleicht mit -*tsch*-Verstär-

kung (⁊ *quatschen*) aus lat. *quatere* schütteln, schlagen? Oder: nhd. -*tsch*- für älteres -*z*- wie bei ⁊ *glitschen,* ⁊ *fletschen,* ⁊ *Pritsche,* ⁊ *rutschen,* ⁊ *zwitschern?*

Queue w. um 1800 aus frz. *queue* (= Heeresnachtrab; dann: = Billardstock [nur so d.]). Auch m., s. Von lat. *cauda, coda* Schwanz.

quicklebendig Adj. 19. Jh. Zs. mit *queck* = ⁊ *keck.* ⁊ *erquicken,* ⁊ *Quecke,* ⁊ *verquicken.*

quieken Zw. 1. Hälfte 16. Jh. SchW wie ⁊ *quaken.* **quietschen** Zw. 2. Hälfte 16. Jh. aus älterem *quikezen* (wie ⁊ *blitzen* aus *blikkezen*); nhd. -*tsch*- für älteres -*tz*- wie in ⁊ *fletschen,* ⁊ *glitschen,* ⁊ *Pritsche,* ⁊ *rutschen,* ⁊ *quatschen,* vielleicht ⁊ *quetschen.*

Quintessenz w. 1. Hälfte 17. Jh. aus lat. *quinta essentia* die fünfte Seiende (Stoffart, das 5. Element). LÜ von gr. *pémptē úsía;* Alchimistenwort für feinste Absude. ⁊ *Essenz.*

Quintett s. 18. Jh. aus it. *quintetto* fünfstimmiges Tonstück (it. *quinto*, von lat. *quintus* der fünfte).

Quirl m. mhd. *twir(e)l*, ahd. *dw-, twiril*, mit dem Gerätesuffix -*el* (wie: ⁊ *Drisch-el,* ⁊ *Heb-el,* ⁊ *Meiß-el,* ⁊ *Schauf-el,* ⁊ *Schleg-el,* ⁊ *Flüg-el,* ⁊ *Schlüss-el,* ⁊ *Sie-l,* ⁊ *Stemp-el*), vom Zw. mhd. *twern*, ahd. *dweran* rühren, buttern. Verw.: lat. *trua* Rührlöffel, gr. *torýnē.* Zur idg. Wurzel *$^*t\underline{u}er$-* drehen. – *qu*- für älteres *tw*- wie bei ⁊ *Quark,* ⁊ *quer,* ⁊ *quengeln.* ⁊ *Turbine.*

quitt Adj. mhd. *quît*, aus afrz. *quite* frei, ledig (von lat. *quietus* ruhig, engl. *quit;* verw.: ⁊ *Weile*). – **quittieren** Zw. 15. Jh. aus frz. *quitter* ruhig machen, erledigen (eine Schuld, Verantwortung).

Quitte w. mhd. *quiten(e)*, *ch-, küt-ten, chutten, kitten*, ahd. *qitina*, altes Klosterwort aus lat. (*malum*) *cydonium* kydonischer Apfel, Apfel aus der kretischen Stadt *Kydonia.* Zugrunde liegt die vorgr. Bezeichnung (wofür?) *kydomalon*, die zunächst mit *Kydonia* nichts zu tun hat (also frühe Volksetymologie!).

Quiz s. Denksportaufgabe, 2. Hälfte 20. Jh. aus am. *quiz* Ulk. Vielleicht aus *in-quis-itive* gekürzt (lat. *inqui-*

sitio Untersuchung; daher: 16. Jh. *Inquisition* w.)?

Quote w. 1. Hälfte 17. Jh. aus it. *quota* (von mlat. *quota pars* der wievielte Teil?, lat. *quotus* der wievielte? *quot* wieviel?).

R

Rabatt m. Mitte 17. Jh. aus it. *rabatto* Preisnachlaß, vom Zw. *rabattere* (d. *re-, rabattirn*, 1. Hälfte 17. Jh.); zugrunde liegt: lat. *re-ab-battuere* wieder abschlagen. Dazu auch: **Rabatte** w. 18. Jh., aus nl. (= frz.) *rabat* Kragenaufschlag; dann = Randbeet. ↗ *Bataillon.*

Rabauke m. Rüpel, 2. Hälfte 17. Jh. aus nl. *rabauw* Betrüger, Schelm, zweitrangiger Apfel. Zugrunde liegt: frz. *ribaud* Bube (*riber* ausschweifen, von: mhd. *rîben* brünstig sein).

Rabbiner m. 16. Jh. aus mlat. *rabbinus,* von heb. *rabbuni = rabbi* mein Herr, mein Lehrer (heb. *rabh* vornehm, groß).

Rabe m. mhd. *raben,* ahd. *hraban* (engl. *raven*); wie lat. *crocire* krächzen, lat. *corvus* Rabe, gr. *krázein* krächzen, *kórax* Rabe zur idg. Wurzel **k(e)r-* krächzen (SchW. – ↗ *Harke,* ↗ *Rachen*). Der Rabe heißt – wie der ↗ *Reiher* – nach seinem Schrei. – ↗ *schrill,* ↗ *Rappe,* ↗ *Wolfram.* **Rabenmutter** w. 2. Hälfte 17. Jh., wie **Rabenvater** m. 15. Jh. aus der – irrigen – Meinung, der Rabe werfe seine Jungen, noch ehe sie flügge sind, aus dem Nest.

rabiat Adj. 2. Hälfte 17. Jh. aus lat. *rabiatus* (Part. Pass. zum Zw. *rabiare* wütend sein, *rabies* Wut, *rabere* toben).

Rabitzwand w. 1878 patentiert, nach dem Berliner Erfinder Karl *Rabitz.*

Rache w. mhd. *râche,* ahd. *râhha,* got. *wrêkei;* vom Zw. **rächen,** mhd. *rechen,* ahd. *rehhan,* got. *wrikan*

verfolgen (engl. *wreak* rächen); verw.: lat. *urgere* drängen, treiben; zur idg. Wurzel **u̯(e)reg-* stoßen, vertreiben. – ↗ *sich rekeln,* ↗ *Rekke,* ↗ *Wrack.*

Rachen m. mhd. *rache,* ahd. *(h)rahha;* verw. gr. *krázein* krächzen; idg. (SchW) **k(e)r-* krächzen. – ↗ *Harke,* ↗ *Rabe,* ↗ *Reiher.*

Rachitis w. Englische Krankheit, 19. Jh. aus gr. *rachîtis (nósos)* Rückenkrankheit (*ráchis* Rücken).

Racker m. 15. Jh. = Abdecker; 1. Hälfte 16. Jh. = Scharfrichter; vom nd. Zw. *raken* zusammenfegen; dazu: **rackern** Zw. Ende 18. Jh. aus obd. Maa., verstärkt (↗ *pok-er-n* u. a.). – ↗ *sich abrackern.*

Rad s. mhd. *rat,* ahd. *rad;* verw.: lat. *rota* Rad (↗ *Rolle,* ↗ *rund*); von der idg. Wurzel **ret(h)-* rollen; ↗ *rasch,* ↗ *radebrechen. – Das 5. Rad* seit mhd. (bei Herbort v. Fritzlar, Freidank). – ↗ *Kontrolle.*

Radar m. (s.) Funkmesser, 20. Jh., aus am. *radar* Abkürzung aus den Anfangsbuchstaben von *Ra*dio *de*tecting *a*nd *r*anging.

Radau m. 2. Hälfte 19. Jh. aus berl.; SchW (ähnlich: *Klamauk* m. Lärm, ebf. berl.).

radebrechen Zw. mhd. *radebrechen* rädern (*rade* ist Dat. Instrumentalis); übtr. = in einer Sprache stümpern 2. Hälfte 16. Jh. (eigtl. = die Sprache massakrieren). ↗ *Rad.* **radeln** Zw. 2. Hälfte 19. Jh. aus bayr. (eigtl. = [mit dem kleinen Rad] kreiseln). **Rädelsführer** m. 1. Hälfte 16. Jh. Landsknechtswort (*räd-*

lein Landsknechte in ringförmiger Formation).

radieren Zw. 15. Jh. aus lat. *radere* schaben (↗*rasieren;* ↗*Raster*).

Radieschen s. 2. Hälfte 17. Jh. Verkleinerung von älterem *Radies* 17. Jh. aus nl. *radijs* (= frz. *radis*); zugrunde liegt lat. *radix* ↗*Wurzel.* ↗*Rapunzel,* ↗*Rettich.* **radikal** Adj. 1. Hälfte 18. Jh. aus frz. *radical* (lat. *radicalis* gründlich, von *radix).* ↗*ratzekahl.*

Radio s. 20. Jh. Verkürzung von am. *radiotelegraphy* (von lat. *radius* Strahl, eigtl. = Speiche; frz. *rais*); ↗*Rundfunk.* **radioaktiv** Adj. durch Strahlen wirkend, KW 20. Jh. aus lat. *radius* + ↗*aktiv.* **Radium** s. radioaktiver Grundstoff, KW 1898 von lat. *radius;* daher auch: **Radius** m. Halbmesser; ↗*Würze.*

raffen Zw. mhd. *raffen* (über afrz. *raffer,* engl. *raff*) urverw.: engl. *rap* reißen; idg. *(s)ker* schneiden (Wort der alten Waldwirtschaft; ↗*scheren,* ↗*Harn*); verw.: ↗*raspeln.* ↗*sich aufrappeln,* ↗*frappant;* ↗*reffen.*

raffiniert Adj. Part. Pass. zum Zw. *raffinieren* läutern 2. Hälfte 16. Jh. aus frz. *raffiner (fin* ↗*fein;* eigtl. = wieder anfeinern; lat. *re-* wieder + lat. *-ad-* heran + frz. *-fin-* fein).

ragen Zw. mhd. *ragen;* urverw.: gr. *króssai* Zinnen; zur idg. Wurzel **krok-* (vorstehender) Pflock.

Raglan m. Wettermantel, 19. Jh. aus engl. *raglan,* nach dem engl. Krimkriegkommandeur Lord *Raglan* (1788–1855).

Ragout s. 1. Hälfte 18. Jh. aus frz. *ragout* (vom Zw. *ragoûter* den Appetit anreizen, *goût* Geschmack; zugrunde liegt: lat. *gustus* Geschmack; ↗*kosten*).

Rahe w. Rundholz quer zum Mast, 1. Hälfte 18. Jh. aus nd. *ra,* = mhd. *rahe* Stange; verw.: ↗*regen,* ↗*Reck,* vielleicht ↗*Ruck.*

Rahm m. mhd. *roum;* Herkunft? (Verw. mit pers. *rôgan* zerlassene Butter? Oder zur Wortgruppe ↗*Strom*?).

Rahmen m. mhd. *ram(e)* Stütze, Spanngestell, ahd. *rama* Stütze, Säule; vermutl. wie got. *rimis* Ruhe zur idg. Wurzel **rem(ə)-* (sich) stützen, ruhen.

Rain m. mhd. ahd. *rein* (daher: frz. *rain* Waldrand, Grenze); verw.: air. *roen* (aufgeschütteter) Weg; Weiteres ungewiß. Zur idg. Wurzel **rei-* ritzen, reißen? ↗*reif.*

Rakete w. Mitte 16. Jh. aus it. *rocchetta* (mlat. *rocheta*) kleiner Spinnrocken (über lang. aus d. ↗*Rocken*); nach der Form. – D. vortonig *-a-* für roman. *-o-* wie bei ↗*Gardine;* auch: ↗*Halunke,* ↗*lavieren,* ↗*Lakritze,* ↗*schmarotzen,* ↗*ausstaffieren.*

Ramme w. mhd. *ramme* (engl. *ram*), von mhd. *ram(me),* ahd. *ram(mo)* (engl. *ram*) Widder: Tier- als Gerätename (↗*Bock,* ↗*Kran*). Verw. vermutl.: an. *ram(m)r* heftig, scharf (nach dem Geruch?). – **rammeln** Zw. mhd. *rammeln,* ahd. *rammalôn* sich begatten (-*el*-Suffix wie bei *läch-el-n* u. a., intensivierend-iterativ).

Rampe w. 2. Hälfte 18. Jh. aus frz. *rampe* Auffahrt (vom Zw. *ramper* klettern, aus dem Frk. **rampôn* sich verkrampfen; verw.: ↗*Rumpf,* ↗*rümpfen*). – **ramponieren** Zw. 2. Hälfte 18. Jh. (zuerst seemännisch) aus frz. *ramponner* (von it. *rampognare,* it. *rampone* Haken, aus dem Frk.; eigtl. = mit Haken beschädigen).

Ramsch[1] m. Ausschußware. Mischwort aus: 1) mnd. *ramp* bunter Haufen; Mitte 17. Jh. *in rampe* in Bausch und Bogen. 2) frz. *ramas* Haufen (übernommen 1. Hälfte 18. Jh., vom frz. Zw. *ramasser* raffen, zusammentragen). 3) Zw. **ramschen** betrügen, Mitte 19. Jh. aus heb. *rammâ'ûth* Betrug. – **Ramsch**[2] m. eingeschobene Skatrunde, 18. Jh. aus frz. ma. *ramser* (zusammengezogen aus *ramasser*).

Rand m. mhd. ahd. *rant;* wie ↗*Rahmen* zur idg. Wurzel **rem(ə)-* (sich) stützen, ruhen. Also = (erhöhte) Einfassung. *-md-* zu *-nd-* wie in ⁄ *Schande.*

randalieren Zw. 1. Hälfte 19. Jh. vom Subst. *Randal* Lärm; Mischwort 1. Hälfte 18. Jh. aus 1) obd. *rant* Auflauf 1. Hälfte 18. Jh.; 2. Hälfte 18. Jh. = Ulk, Possen (vom Zw. ⁄ *rinnen*) und 2) ⁄ *Skandal.*

Rang m. 1. Hälfte 17. Jh. aus frz. *rang* Ordnung (Soldatenwort aus 30jähr. Krieg. ⁄ *arrangieren,* ⁄ *ausrangieren,* ⁄ *rangieren*). – Zugrunde liegt: anfrk. **hring* Kreis; ⁄ *Ring.* – *Den Rang ablaufen* ⁄ *Rank.*

Range w. Schlingel, seit 1500; davor *range* Muttersau, vom Zw. mhd. *rangen* sich nach allen Seiten drehen, umwenden; dazu abl. ahd. *ringan* im Kreis bewegen, ⁄ *ringen,* ⁄ *Rank.*

rangieren Zw. um 1700 aus frz. *ranger* ordnen; ⁄ *Rang.*

Rank m. meist Mz. *Ränke,* mhd. *ranc* schnelle Drehbewegung; verw.: ⁄ *Range,* ⁄ *ranzen,* ⁄ *renken,* ⁄ *ringen.* – *Den Rang* (!) *ablaufen* eigtl. = den (krummen) Weg abschneiden, also = überholen.

rank Adj. Mitte 17. Jh. aus mnd. (= engl.) *rank* schlank; zur nasalierten idg. Wurzel **reĝ-* ⁄ *recken,* gerade. – ⁄ *rechnen,* ⁄ *recht.*

Ranke w. mhd. *ranke,* ahd. *hranca;* Weinbauterminus. Herkunft?

Ranzen m. Mitte 17. Jh. aus rotw. *rantz* Sack; Weiteres ungeklärt. – Älter ist die urspr. nd. Form **Ränzel** s. (mnd. *renzel, rensel;* nd. *rentser* Reisesack), die kein Deminutiv zu *Ranzen* ist, aber als solches aufgefaßt wurde (vielmehr *-el* wie bei ⁄ *Heb-el* u. a.).

ranzen Zw. sich paaren, jägersprachl. 17. Jh. aus *ran(t)zen* ungestüm springen, vom Subst. mhd. *ranc* schnelle Drehbewegung. ⁄ *Rank.*

ranzig Adj. 1. Hälfte 18. Jh. aus nl. *ransig* (frz. *rance*). Zugrunde liegt: lat. *rancidus* faulig riechend (Zw. *rancere* stinken).

rapide Adj. um 1800 über frz. *rapide* aus lat. *rapidus* (vom Zw. *rapere* reißen).

Rapier s. 1. Hälfte 16. Jh. aus frz. *rapière;* verw.: *Raspe* w. Feile, d. seit 16. Jh., aus afrz. *raspe* (frz. *râpe*); ⁄ *Raspel.*

Rappe m. mhd. *rappe* Intensivbildung zu ⁄ *Rabe* (wie ⁄ *Knappe* zu ⁄ *Knabe,* ⁄ *Schuppe* zu ⁄ *schaben*).

Rappen m. Münze, 14. Jh. nach dem als *Rabe* verhöhnten Adler des Münzbildes. ⁄ *berappen.*

Rapport m. ⁄ *apportieren!*

Raps m. 2. Hälfte 18. Jh. aus nd. *rap-sâd* (engl. *rape-seed*) Rübensaat; Zs. mit nd. *rapp* (engl. *rape*) Rübe, aus lat. *rapa* ⁄ *Rübe.*

Rapunzel w. 1. Hälfte 16. Jh. aus mlat. *rapuncium* (Zs. aus *radice puntium* in der Wurzel mit Baldrian [getränkt], von lat. *radix* Wurzel + lat. *phu* (gr. *phû*) Baldrianart.

rar Adj. Mitte 17. Jh. über mnd. *rar* über frz. *rare* aus lat. *rarus* dünn (gesät), selten; verw.: gr. *érêmos* einsam (⁄ *Eremit*).

rasant Adj. 19. Jh. aus frz. *rasant* schleifend, den Erdboden streifend (vom Zw. *raser* schleifen, abstreifen; ⁄ *rasieren*). Durch volkset. Anlehnung an *rasen* zur Bedeutung „sehr schnell".

rasch Adj. mhd. *rasch,* ahd. *rasc* (engl. *rash*); verw.: got. *raþs* leicht (⁄ *gerade*²), engl. *rath* schnell; wie ⁄ *Rad* zur idg. Wurzel **ret(h)-* rollen. ⁄ *überraschen.*

rascheln Zw. um 1650 iterativ vom schles. Zw. *raschen* Geräusch machen, SchW. – *-el-*Suffix wie in ⁄ *läch-el-n* u. a.

rasen Zw. mnd. *râsen* (= mhd., selten); wie gr. *erôeîn* strömen, *erôê* Wurf zur idg. Wurzel **(e)res-* laufen; ⁄ *irre,* ⁄ *rinnen,* ⁄ *Rosenmontag.*

Rasen m. mhd. (ostmd.) *rase,* Herkunft ungeklärt (verw.: ⁄ *Wiese*? Vgl.: germ. **wraso*).

rasieren Zw. 1. Hälfte 17. Jh. über nl. *raseren* aus frz. *raser* schleifen, abstreifen, zerstören, scheren (engl. *raze* zerstören). Zugrunde liegt über mlat. *rasare*: lat. *radere* schaben (↗*radieren*).

Raspel w. 2. Hälfte 16. Jh. vom Zw. **raspeln** 1. Hälfte 16. Jh. iterativ zum älteren Zw. ahd. *raspôn* rupfen; verw.: ↗*raffen* (Waldwirtschaft!). ↗*Rapier*. – ↗*läch-el-n* u. a.

Rasse w. 17. Jh. aus frz. *race* (d. zuerst bei Kant), von it. *razza* Geschlecht. Zugrunde liegt vielleicht (über span. *raza*): ar. *ra's* Ursprung, Kopf.

Rassel w. um 1550 vom Zw. **rasseln**, mhd. *raʒʒeln*, iterativ (-el-Infix!) zum Zw. mhd. *raʒʒen* toben, SchW (engl. *rattle* klappern, röcheln). ↗*rattern*.

Rast w. mhd. *rast(e)*, ahd. *rasta*, got. *rasta* Wegstrecke (engl. *rest* Unterkunft, Ruhe); zur idg. Wurzel *(e)rê- ruhen (↗*Ruhe*).

Raster s. (m.) Liniennetz auf Glasplatte, 19. Jh. von mlat. *rastrum* Harke (lat. *rastrum* aus *radtrom* Hacke; ↗*radieren*).

Rat m. mhd. ahd. *rât* (Vor-)Rat; vom Zw. **raten** (riet, geraten), mhd. *râten*, ahd. *râtan* (engl. *read* lesen; eigtl. = Runen deuten); wie lat. *reri* glauben, berechnen zur idg. Wurzel *rê- (↗*Rede*), *ar- (↗*Arm*). ↗*Unrat*, ↗*Hausrat*, ↗*Verrat*, ↗*Vorrat*, ↗*Gerät*, ↗*Morgenrot*, ↗*Abendrot*. **Rate** w. 16. Jh. aus it. *rata*, von mlat. *rata* Anteil (lat. *rata pars* berechneter Teil). Zugrunde liegt: lat. Part. Pass. *ratus* berechnet (vom Zw. *reri*). **ratifizieren** Zw. um 1500 aus mlat. *ratificare* genehmigen (von lat. *ratus* + *facere* machen; ↗*faktisch*). – **Ration** w. um 1700 aus frz. *ration* (von lat. *ratio* Rechnung, berechneter Anteil, dazu: *ratus*). – **ratschlagen** Zw. mhd. *râtslagen*, ahd. *râtslagôn* eigtl. = einen Kreis für die Beratung ziehen. – **Rätsel** s. mhd. *râtsel*, *rætsel* (vom Zw. mit dem hier wohl verkleinernden Suffix ahd. *-ila;* mit anderm Suffix: engl. *riddle*).

Ratte w. mhd. *rat(te)*, ahd. *ratta*,

rato (engl. *rat*); Name voridg.?

rattern Zw. 2. Hälfte 17. Jh. aus nd. *ratern, rätern;* verw. mit: ↗*rasseln*, SchW (beeinflußt von ↗*knattern*?).

ratzekahl Adj. um 1800 mit volkset. Anlehnung an ↗*Ratte* (obd. *Ratz[e]*) aus ↗*radikal* umgedeutet.

Raub m. mhd. *roup* Ernte, Beute, Plünderung, ahd. *roub;* eigtl. = Entrissenes; wie lat. *rumpere* brechen, *rupes* Klippe zur idg. Wurzel *reu(p)- auf-, ausreißen, ↗*Robe*, ↗*Garderobe*, ↗*raufen*, ↗*rauh*, ↗*räuspern*. **Raubbau** m. 18. Jh. bergm. = auf schnelle Ausbeute betriebenes Bergwerk.

Rauch m. mhd. *rouch*, ahd. *rouh* (engl. *reek*), mit Abl. vom Zw. ↗*riechen*. **räuchern** Zw. 15. Jh. (zur Bildung [mit -r-Intensivierung]: ↗*bohn-er-n*, ↗*pok-er-n* u. a.).

Rauchwerk s. Pelzwerk, mhd. *rûchwerc* Kürschnerei, vom mhd. Adj. *rûch* behaart; ↗*rauh*.

Räude w. mhd. *r(i)ude*, ahd. *(h)rûda, riudi;* zur idg. Wurzel *ker- ↗*schrumpfen*?

raufen Zw. mhd. *roufen*, ahd. *rouf(f)en*, got. *raupjan* ausrupfen (engl. *rip* reißen); wie ↗*Raub* und ↗*rauh* zur idg. Wurzel *reub- reißen. – Davon: ↗*rupfen;* ↗*Riemen*. – **Raufbold** m. 1. Hälfte 18. Jh. Zs. mit mhd. *-bolt*, ahd. *bald* kühn, schnell (↗*bald*, ↗*Tugendbold*).

rauh Adj. mhd. *rûch*, ahd. *rûh* (engl. *rough*); zur idg. Wurzel *reuk-, Erweiterung von *reu- auf-, ausreißen (↗*Raub*, ↗*raufen*, ↗*räuspern*, ↗*Rochen*). **Rauhbein** s. stud. 2. Hälfte 19. Jh. vom Adj. *rauhbeinig* mit behaarten Beinen (groben Hosen), um 1800.

Raum m. mhd. ahd. got. *rûm* (engl. *room*), vom Adj. mhd. *rûm*, ahd. *rûmi*, got. *rûms* geräumig; wie lat. *rus* Land zur idg. Wurzel *reu- weit; ↗*geraum*. – **Raumpflegerin** w. Mitte 20. Jh. für älteres *Putzfrau*.

raunen Zw. mhd. *rûnen*, ahd. *rûnên* (engl. *roun*), abgeleitet vom germ.

Subst. *rûnô- Geheimnis (↗ Rune, ↗ Alraun); SchW.

Raupe w. spätmhd. *rûp(p)e;* dazu urspr. abl. ↗ *Robbe.* Herkunft unsicher. – *Raupen im Kopf haben* 17. Jh., zuerst stud. – **Raupenschlepper** m. 20. Jh. nach engl. *caterpillar tractor.*

Rausch m. 16. Jh. vom Zw. **rauschen,** mhd. *r(i)uschen* (engl. *rush*) SchW. – ↗ *Geräusch.*

Rauschgelb s. Arsenblende, Mitte 16. Jh. bergm. Zs. mit it. *rosso* rot (mlat. *rossus* = lat. *russus* aus *rudhtos;* vgl.: *ruber* rot; ↗ *Rubin*).

räuspern Zw. spätmhd. *r(i)uspern,* verstärkend zu mhd. *riuspen* räuspern; verw.: it. *ruspare* scharren (= lat. *ruspari* durchwühlen, erforschen); zur idg. Wurzel *reu-* auf-, ausreißen (↗ *Raub,* ↗ *raufen,* ↗ *rauh* und die *-er-*Verstärkungen bei ↗ *meck-er-n*).

Raute[1] w. Pflanze, mhd. *rûte,* ahd. *rûta,* aus lat. *ruta* Raute (= gr. *rytē*).

Raute[2] w. Rhombus, mhd. *rûte,* Herkunft ungeklärt (kaum identisch mit *Raute*[1]).

Razzia w. vor 1850 aus frz. *razzia,* von ar. *ghâzija* Kriegszug.

reagieren Zw. KW 18. Jh., Zs. aus lat. *re-* wieder, gegen- + lat. Zw. *ágere* tun, treiben (↗ *Acker;* ↗ *Redakteur*). – **Reaktion** w. 19. Jh. aus frz. *réaction* Festhalten am Überlebten (davor in chem. Bedeutung = Stoffbildung durch Einwirkung von Stoffen aufeinander; gebildet wohl nach dem Muster von *Aktion*).

real Adj. 2. Hälfte 17. Jh. aus lat. *realis* sachlich (vom lat. Subst. *res* Sache); ↗ *reell.*

Rebe w. mhd. *rebe,* ahd. *reba, rebo;* urverw.: lat. *repere* kriechen; zur idg. Wurzel *rep-* kriechen (↗ *Reptil*).

Rebell m. Mitte 16. Jh. aus frz. *rebelle* aufrührerisch, Aufrührer (von lat. *rebellis* widerspenstig, kriegserneuernd; zum Subst. *bellum* aus *duellum* Krieg; ↗ *Duell*).

Rebhuhn s. mhd. *rephuon,* ahd. *reb(a)huon;* Zs. mit einem Adj., zu dem ahd. *erpf* dunkel (braun) gehört (↗ *Erpel*); vgl.: r. *rjab* bunt. Also = Bunthuhn (nach seiner Farbe); volkset. Anlehnung an *Rebe* (ähnlich: mnd. *raphone* an nd. *rap* schnell).

Rechen m. mhd. *reche,* ahd. *rehho* (engl. *rake*), vom Zw. **rechen,** mhd. *rechen,* ahd. *rehhan,* got. *rikan* aufhäufen, sammeln; verw.: lat. *rogus* Scheiterhaufen, gr. *rogós* Scheune; zur idg. Wurzel *reg-,* *rog-* zusammenscharren.

rechnen Zw. mhd. *rechenen,* ahd. *rehhanôn,* vom Adj. mnd. *reken* genau, ordentlich; eigtl. = in Ordnung bringen. Zur idg. Wurzel *reg-* aufrichten (↗ *rank*). – **recht** Adj. mhd. ahd. *reht,* got. *raihts* (engl. *right*); wie lat. *rectus* gerade, gr. *orektós* aufrecht zu einem Zw. „lenken" (lat. *regere*); idg. Wurzel *reg-;* eigtl. = in gerader Richtung; dann = geziemend, richtig. Dazu erstarrter Gen.: **rechts** Adv. (erst spätmhd., gebildet wie ↗ *flug-s* und seine Entsprechungen), eigtl. = auf der richtigen Seite, an der richtigen (der rechten) Hand. Substantiviert: **Recht** s. mhd. ahd. *reht* (engl. *right*). ↗ *Reich,* ↗ *richten,* ↗ *zurecht,* ↗ *Bericht,* ↗ *Gericht,* ↗ *regieren.* **rechtfertigen** Zw. mhd. *rehtvertigen,* vom Adj. mhd. *rehtvertic* gerecht, ordentlich; eigtl. = ordentlich machen. ↗ *fertig.*

Rechtsanwalt m. ↗ *Anwalt.* **rechtschaffen** Adj. 16. Jh. *recht(ge)-schaffen,* Part., als Gegenwort zu mhd. *wânschaffen* mißgestaltet.

Rechtschreibung w. LÜ 2. Hälfte 16. Jh. für *Orthographie.* **Rechtsprechung** w. LÜ von lat. *iurisdictio.*

Reck s. Turngestell, 1816 (F. L. Jahn) aus nd.: mnd. *reck, rick,* mhd. *ric* Stange, an die man etw. hängen kann. Dazu im Abl. nd., engl. *rack* Gestell, mhd. *rahe* Stange; ↗ *Rahe.*

Recke m. mhd. *recke* Held, ahd.

recko, wreckeo Vertriebener (engl. *wretch* Schurke), von germ. **wrakjan* vertreiben (verw.: ⟋ *rächen*).

recken Zw. mhd. *recken* dehnen, ahd. *recchen;* verw.: lat. *regere* gerade richten, gr. *orégein* recken; mit ⟋ *rank,* ⟋ *rechnen,* ⟋ *recht* zur idg. Wurzel **reĝ-* aufrichten. – ⟋ *Regel,* ⟋ *Reich,* ⟋ *verrecken,* ⟋ *korrekt;* ⟋ *dressieren,* ⟋ *adressieren.*

Redakteur m. 2. Hälfte 18. Jh. aus frz. *rédacteur* (vom lat. Zw. *redigere* zusammenbringen, Grundwort: lat. *agere* treiben; ⟋ *Acker,* ⟋ *reagieren*).

Rede w. mhd. *rede,* ahd. *radia,* got. *raþjô* Rechnung, Zahl, aus lat. *ratio* Rechenschaft (lat. *ratus* berechnet, *reri* berechnen, glauben; ⟋ *raten*). Zur idg. Wurzel **rē-;* ⟋ *gerade¹.* Ausgangspunkt ist die idg. Zw.-Wurzel **ar-* fügen, zupassen; ⟋ *Arm,* ⟋ *Art;* ⟋ *Reim.* **Redensart** w. LÜ um 1600 aus frz. *façon de parler.* **redlich** Adj. mhd. *redelich,* ahd. *redilîh;* vom Subst. *Rede* Rechenschaft (so seit mhd.); eigtl. = worüber man Rechenschaft ablegen kann. **redselig** Adj. 15. Jh. nach Mustern wie ⟋ *mühselig,* ⟋ *saumselig.*

Reede w. 1. Hälfte 17. Jh. aus mnd. *reede, reide* (engl. *road*); verw.: ⟋ *bereit.* Also = Platz, an dem die Schiffe für die Fahrt vorbereitet werden. **Reeder** m. 2. Hälfte 16. Jh. mnd. *rêder,* vom Zw. *rêden* bereitmachen.

reell Adj. um 1700 aus frz. *réel* tatsächlich, wirklich (lat. *realis;* ⟋ *real*).

Reeperbahn w. Seilerbahn, mnd. *rêperbane,* von mnd. *rêper* Seiler (mnd. *rêp* Tau, hd. ⟋ *Reif²*); ⟋ *Fallreep.* – ⟋ *Gruppe.*

Referat s. 19. Jh. aus lat. *referat* er möge berichten (Aktenvermerk des Bürovorstandes als Zuweisung an den Berichterstatter). **referieren** Zw. 2. Hälfte 16. Jh. aus frz. *référer* berichten (von lat. *referre* zurücktragen, mitteilen; ⟋ *relativ*).

Reff s. Altweiberschelte, 2. Hälfte 17. Jh. von ahd. *href* Unterleib, w. Geschlechtsteil; urverw.: lat. *corpus* Leib (⟋ *Körper*).

reffen Zw. Segel verkürzen, um 1700 aus nd. *reffen,* vom Subst. *ref* (engl. *reef*) Vorrichtung zur Segelverkürzung. Verw. verm.: ⟋ *raffen.*

reflektieren Zw. 2. Hälfte 17. Jh. aus lat. *reflectere* zurückbiegen (⟋ *flechten*). **Reflex** m. um 1800 aus frz. *réflexe* Widerschein.

Reform w. 18. Jh. aus frz. *réforme* Umgestaltung. **Reformation** w. 15. Jh. aus lat. *reformatio* (von *reformare* umgestalten). ⟋ *Form.*

Refrain m. 2. Hälfte 18. Jh. aus frz. *refrain* Kehrreim (vom Zw. *refraindre* wiederholen, vom lat. Zw. *refrangere* mehrfach brechen. ⟋ *Fragment*). ⟋ *Kehrreim.*

Regal s. 2. Hälfte 17. Jh. aus it. *riga* = Reihe, von ahd. *riga* ⟋ *Reihe.* -l nach *Linea-l*? – ⟋ *Regatta.*

Regal(e) s. Hoheitsrecht, 2. Hälfte 15. Jh. Mz. *regalien,* von mlat. *regalia* Königsrechte (lat. *regalis* königlich).

Regatta w. 1. Hälfte 18. Jh. (mit Bezug auf venez. Gondelwettfahrten) aus venez. *re-, rigatta* Gondelwettfahrt (von it. *riga* = ⟋ *Reihe,* weil sich die Gondeln in einer Reihe aufstellten; ⟋ *Regal*? Oder von venez. *regatar* wetteifern?

rege Adj. 1. Hälfte 16. Jh. vom Zw. ⟋ *regen* (älter das w. Subst. *rege* starke Bewegung, 14. Jh.).

Regel w. mhd. *regel(e),* ahd. *regula,* aus mlat. *regula* (Ordens-)Regel (lat. *regula* Richtholz, -schnur, vom Zw. *regere* gerade richten; ⟋ *recken,* ⟋ *regieren,* ⟋ *regulieren,* ⟋ *Riegel,* ⟋ *Rektor*).

regen Zw. mhd. *regen* aufrichten, bewegen ist die schwache Bildung zum starken Zw. mhd. *regen* aufragen; verw.: ⟋ *Rahe,* ⟋ *Reck;* davon abgeleitet: ⟋ *rege.* ⟋ *Ruck.*

Regen m. mhd. *regen,* ahd. *regan,* got. *rign* (engl. *rain*); vielleicht urverw.: lat. *rigare* bewässern. **Regenbogen** m. mhd. *regenboge,* ahd.

reginbogo (wgerm. Zs.). **Regenschirm** m. LÜ 1. Hälfte 18. Jh. von frz. *parapluie*. **Regenwurm** m. mhd. *regenwurm*, ahd. *reganwurm* (weil er nach dem Regen aus der Erde kriecht).

Regie w. 2. Hälfte 18. Jh. aus frz. *régie* Verwaltung. – **regieren** Zw. mhd. *regieren*, aus afrz. *reger* lenken, von lat. *regere* geraderichten, herrschen. ↗ *recken*, ↗ *Regel*, ↗ *recht*. – **Regime** s. 2. Hälfte 18. Jh. aus frz. *régime* Regierung (von lat. *regimen* Leitung, zu: *regere*). **Regiment** s. spätmhd. *regi-, regement*, aus spätlat. *regimentum* Staatsleitung (Mitte 16. Jh. = Truppeneinheit). – **Region** w. 15. Jh. aus lat. *regio* Gegend, Bereich (vom lat. Zw. *regere* lenken, herrschen). – **Regisseur** m. um 1800 aus frz. *régisseur* (*régir* lenken; ↗ *Regie*).

Register s. spätmhd. *register*, aus mlat. *registrum* Verzeichnis (vom Part. Pass. zum lat. Zw. *regerere* eintragen, *gerere* tragen. – ↗ *Geste*).

regulieren Zw. mhd. *regulieren*, von spätlat. *regulare* regeln, einrichten (↗ *Regel*).

Reh s. mhd. *rê(ch)*, ahd. *rêh(o)* (engl. *roe*); verw.: lett. *raibs* flekkig, air. *ríabhach* gefleckt; eigtl. = das gefleckte Tier. ↗ *Ricke*.

reiben Zw. (rieb, gerieben), mhd. *ríben*, ahd. *ríban*, zur idg. Wurzel *ureip*- drehen. Davon die Partizipialbildung: ↗ *gerieben* schlau, 15. Jh.

Reich s. mhd. *rích(e)*, ahd. *ríhhi*, got. *reiki*, aus dem Kelt. (air. *ríge* Königsherrschaft); idg. Wurzel *rêĝ*- auf-, gerade richten (↗ *recht*). Dazu das Subst. got. *reiks* Herrscher (air. *ri* König; verw.: lat. *rex* König), von dem das Adj. **reich** mhd. *rích(e)*, ahd. *ríhhi* (got. *reiks*) abgeleitet ist (urspr. = fürstlich; dann = begütert); vgl. den PN *Richard* (aber: ↗ *Bereich* zu ↗ *reichen*).

reichen Zw. mhd. ahd. *reichen*

(engl. *reach*); zur idg. Wurzel *reiĝ*- recken; dazu: ↗ *Bereich*.

reichhaltig Adj. 1. Hälfte 18. Jh. für älteres *reichhalt* 2. Hälfte 17. Jh. bergm. = mit guter Ausbeute, mit gutem Silbergehalt.

Reif[1] m. gefrorener Tau, mhd. *rífe*, ahd. *rífo, hríffo;* verw.: mhd. *rîm* Reif (engl. *rime*), zum ahd. Zw. *hrînan* streifen (idg. Wurzel *krei*- streifen, berühren); eigtl. = was man abstreifen kann.

Reif[2] m. Ring, mhd. ahd. *reif* (engl. *rope*), mnd. *rep* Seil (↗ *Reeperbahn*, ↗ *Fallreep*); idg. Wurzel: *roibo*-, Weiterbildung zu *rei*- ritzen. ↗ *Stegreif*. – **reif** Adj. mhd. *rífe*, ahd. *rífi* (engl. *ripe*), vom Zw. ags. *rípan* ernten (engl. *reap*); also = was geerntet werden kann. Wie vermutl. auch ↗ *Rain* zur idg. Wurzel *rei*- reißen, ritzen. ↗ *Reihe*. – **Reifen** m. Nbf. (18. Jh.) zu ↗ *Reif*[2].

Reigen m. mhd. *rei(g)e*, aus afrz. *raie* Tanz (eng. *ray*). Die (mhd.) Form mit *-g-* (gramm. Wechsel!) seit Jahn für gymnast. Turnspiele.

Reihe w. mhd. *ríhe*, ahd. *ríga* Linie (↗ *Regal*); wie das Zw. mhd. *ríhen*, ahd. *ríhan* auf einen Faden ziehen zur idg. Wurzel *rei*- ritzen, reißen; ↗ *reif* (vielleicht ↗ *Rain*), ↗ *Riege*.

Reiher m. mhd. *reiger*, ahd. *reigaro;* späteres nd.-md. *reijer, reier;* daher nhd. *Reiher;* wohl zur idg. Wurzel *k(e)r*- krächzen, SchW. Der Reiher heißt wie der ↗ *Rabe* nach seinem Krächzen (↗ *Häher*). – ↗ *Harke*, ↗ *Rachen*.

Reim m. mhd. *rîm*, aus afrz. *rime*, von anfrk. (= ahd.) *rîm* Reihe(nfolge); urverw.: lat. *ritus* herkömmliche Religionsübung, *rite* passend; gr. *arithmós* Zahl; zur idg. Wurzel *ar*- fügen, zupassen; ↗ *Arm*, ↗ *Art*, ↗ *Rede*, ↗ *Ritus*.

rein Adj. mhd. *rein*, ahd. *(h)reini;* urverw.: lat. *cribum* Sieb, gr. *krínein* scheiden, urteilen (↗ *Krise*, ↗ *Kritik*); zur idg. Wurzel *kr(e)i*- sichten, sieben, die mit *(s)ker*- ↗ *scheren* zusammenhängt; urspr. = fein gemahlen. ↗ *Reis*[2].

Reis[1] m. Kornfrucht, mhd. *rîs,* aus mlat. *risus, risum* (daher über afrz. *ris:* engl. *rice*), von lat. *oriza,* über gr. *óryza, óryzon* aus einer asiat. Sprache (aind. *vrîhí* Reis).

Reis[2] s. Zweig, mhd. *rîs,* ahd. *(h)rîs;* verw.: got. *afhrisjan* abschütteln; eigtl. = was man schütteln, biegen kann (abgeleitet: ↗ *Reisig*). Urverw.: lat. *crinis* aus **krisni*- Haar; zur idg. Wurzel **skreis*-, von **(s)ker*- schneiden. – ↗ *scheren.* ↗ *rein.*

Reise w. mhd. *reise* Aufbruch, ahd. *reisa* Fahrt, Aufbruch, vom Zw. mhd. *rîsen,* ahd. *rîsan* sich erheben (got. *ur-reisan* sich erheben, engl. *rise*), von dem das schwache Zw. **reisen** mhd. *reisen,* ahd. *reisôn* abgeleitet ist. Verw.: ↗ *rieseln,* vielleicht ↗ *rinnen.*

Reisig s. mhd. *rîsech,* ahd. *rîsahi,* abgeleitet von ↗ *Reis*[2] (Kollektivierung). Ohne *-t*-Antritt (wie ↗ *Essig;* aber: ↗ *Dickicht-t* und Entsprechungen).

reißen Zw. (riß, gerissen), mhd. *rîzen,* ahd. *rîzan* (engl. *write* hat das anlautende *w*- erhalten; vgl.: got. *writs* Strich). Zur idg. Wurzel **ṷrei*- ritzen. – Die Technik der Runenschrift ermöglichte die Bedeutungsentwicklung von „ritzen" zu „schreiben" (an. *ríta* ritzen, schreiben; engl. *write*); Holz- und Kupferstich bedingten die weitere Entwicklung zu „zeichnen" (**Reißbrett** s. 1. Hälfte 17. Jh., **Reißzeug** s. 2. Hälfte 17. Jh.). – ↗ *gerissen,* ↗ *reizen,* ↗ *Riß,* ↗ *Ritze;* ↗ *schreiben.*

reiten Zw. (ritt, geritten), mhd. *rîten,* ahd. *rîtan* (engl. *ride*); verw.: ahd. *reita, reiti* Wagen, engl. *road* Straße, air. *riadaim* ich fahre. Urspr. = sich fortbewegen (die Nutzung des Pferdes zum Reiten ist verhältnismäßig jung; ↗ *Sattel*). – Zur gleichen Wurzelgruppe wie ↗ *Reise,* ↗ *rinnen* usw.? ↗ *Ritt.*

reizen Zw. mhd. *reizen* neben *reizen,* ahd. *reizzen* neben *reizen,* Kausativ zu ↗ *reißen,* eigtl. = rei-

ßen lassen; machen, daß jmd. reißt (an. *reita* aufregen). ↗ *ritzen.* – Dazu das Subst. **Reiz** m. 1. Hälfte 18. Jh. Zum Verhältnis *reizen:reißen* vgl.: ↗ *beizen,* ↗ *heizen,* ↗ *Weizen,* ↗ *schwitzen.*

Reizker m. 2. Hälfte 16. Jh. *reis(s)-ken* Mz., aus tschech. *ryzec* eigtl. = Rötlicher (urverw. d. ↗ *rot*). Der Pilz heißt nach seinem roten Saft.

rekapitulieren Zw. um 1700 aus lat. *recapitulare* die Hauptsache (lat. *capitulum;* ↗ *Kapitel*) wiederholen (LÜ von gr. *anakephalaióein*).

sich rekeln Zw. 1. Hälfte 17. Jh. aus nd. Subst. mnd. *rekel* großer Dorfköter, Bauernlümmel (an. *rakki* [Jagd-]Hund); verw.: ↗ *rächen.*

Reklame w. 1. Hälfte 19. Jh. aus frz. *réclame* bezahlte Buchbesprechung (seit 1. Hälfte 18. Jh. d. *reclame* Zurückforderung; zugrunde liegt: frz. *réclamer* widersprechen, zurückrufen [lat. *clamare* rufen; ↗ *klar,* ↗ *deklamieren*]). Einfluß von engl. *reclaim* zurückfordern. – **reklamieren** Zw. 2. Hälfte 16. Jh. = Einspruch erheben, aus lat. *reclamare* dagegenrufen, einwenden.

Rekord m. 2. Hälfte 19. Jh. aus engl. *record* Leistungsbescheinigung im Sport (bes. im Trabrennen), vom engl. Zw. *record* beurkunden (zugrunde liegt: lat. *recordari* sich erinnern, eigtl. = ins Herz zurückrufen; *cor* ↗ *Herz*).

Rekrut m. 1. Hälfte 17. Jh. aus älterem frz. *recreute* Nachwuchs (frz. *recrue,* vom Zw. *recroître* nachwachsen, lat. *recrescere* wieder wachsen.

Rektor m. 1. Hälfte 16. Jh. aus mlat. *rector scholae* 13. Jh. (geistl.) Schulvorstand; 14. Jh. *rector magistrorum et scholarum* Hochschulleiter (zum Zw. *regere* gerade richten; ↗ *Regel* usw.).

Relais s. um 1700 aus frz. *relais* Postpferdestation (*relayer* neue Pferde vorspannen; afrz. *relaier* zurücklassen); 20. Jh. = Schalteinrichtung.

relativ Adj. 2. Hälfte 18. Jh. über frz. *relatif* aus spätlat. *relativus* (vom Part. Pass. *relatus* zu *referre* zurücktragen, berichten, beziehen; ↗ *referieren*).

Relief s. 1. Hälfte 18. Jh. aus frz. *relief* (vom Zw. *relever,* von lat. *relevare* wieder leicht machen [*levis* leicht]).

Religion w. 1. Hälfte 16. Jh. aus lat. *religio* Gewissenhaftigkeit (vom Zw. *re-ligare* an-, zurückbinden).

Reling w. 1. Hälfte 18. Jh. aus nd. *regeling* (engl. *railing*), zu mnd. *regel* ↗ *Riegel,* Latte; also = Lattenwerk.

Reliquie w. mhd. *reliquiê* Mz., aus lat. *reliquiae* Überreste (vom Zw. *relinquere* zurücklassen).

remis Adv. unentschieden, 19. Jh. aus frz. *remis* zurückgestellt (vom Zw. *remettre* zurückstellen, lat. *remittere* zurückschicken). **Remise** w. 2. Hälfte 18. Jh. aus frz. *remise* Ruheplatz (vom Zw. *remettre* zurück-, wieder hinstellen).

rempeln Zw. 1. Hälfte 19. Jh. über stud. aus obs., vom obs. Subst. *Rämpel* Klotz, Flegel (↗ *anrempeln*).

Ren s. 2. Hälfte 16. Jh. aus dän. (schwed., norw.) *ren;* verw.: gr. *kriós* Widder; ↗ *Hirsch,* ↗ *Horn,* ↗ *Rind.* – Eigtl. = Horntier. ↗ *Rentier.*

Renaissance w. 18. Jh. aus frz. *renaissance* (*renaître* wiedergeboren werden, von lat. *renasci*).

Rendezvous s. 17. Jh. aus frz. *rendezvous* Zusammenziehung von Soldaten (im Kriege); 18. Jh. = ↗ *Stelldichein* (wörtlich = begebt euch hin!, vom frz. Zw. *se rendre* sich hinbegeben. ↗ *Treffpunkt*).

Reneklode w. Pflaumenart, 19. Jh. aus frz. *reineclaude,* nach der Königin Claudia (*reine Claude*) von Frankreich (1499−1524).

renitent Adj. 2. Hälfte 18. Jh. aus frz. *rénitent* (von lat. *renitens* sich entgegenstemmend; *reniti* sich entgegenstemmen, *niti* sich stemmen). – ↗ *neigen.*

renken Zw. mhd. *renken,* ahd. *renkan* drehen und zerren (engl. *wrench*); verw.: ↗ *Rank,* ↗ *ringen;* it. *rancare* hinken, *ranco* lahm; idg. Wurzel **ǔreng-* drehen. ↗ *wringen.*

rennen Zw. (rannte, gerannt), mhd. ahd. *rennen* laufen lassen, jagen, got. *ur-rannjan* aufgehen lassen; Bewirkungswort zu ↗ *rinnen.*

renommieren Zw. 2. Hälfte 18. Jh. aus frz. *renommer* (immer) wieder benennen (frz. *nommer* benennen, von lat. *nominare*); ↗ *nominell.*

renovieren Zw. 2. Hälfte 16. Jh. aus lat. *re-novare* wieder neu machen; ↗ *neu.*

Rente w. mhd. *rente,* aus frz. *rente* Gewinn (vom frz. Zw. *rendre* zurückgeben, lat. *reddere,* Grundwort: lat. *dare,* ↗ *Datum*). **Rentier**[1] m. 19. Jh. aus frz. *rentier,* für älteres **Rentner** m. 16. Jh.

Rentier[2] s. Hirschgattung, 2. Hälfte 17. Jh. aus dän. *rensdyr* (nl. *rendier,* engl. *reindeer*); volkset. an ↗ *rennen* angelehnt; ↗ *Ren.*

reparieren Zw. 2. Hälfte 16. Jh. aus lat. *re-parare* wieder zubereiten (↗ *Parade*).

Repertoire s. um 1800 aus frz. *répertoire* (von lat. *repertorium* Verzeichnis, *reperire* wiederfinden).

Reporter m. 19. Jh. aus engl. *reporter* (vom Zw. *report* berichten, aus *reporter* zusammentragen [lat. *reportare*]).

repräsentieren Zw. 2. Hälfte 16. Jh. aus frz. *représenter,* von lat. *repraesentare* wieder gegenwärtig machen, *praesens* gegenwärtig; ↗ *Präsens.*

Reptil s. 1. Hälfte 19. Jh. aus lat. *reptile* das Kriechende, *reptilis* kriechend, *repere* kriechen.

Republik w. 2. Hälfte 17. Jh. aus frz. *république* Staat (von lat. *res publica* Staat, eigtl. = öffentliche Angelegenheit); 2. Hälfte 18. Jh. = Freistaat.

Requiem s. Totenmesse, 18. Jh. abgekürzt nach dem lat. Anfang der Totenmesse *requiem aeternam dona eis!* gib ihnen die ewige Ruhe!

Reseda s. 1. Hälfte 18. Jh. *Resedenkraut* nach lat. *reseda,* abgekürzt aus der Zauberformel: *reseda morbus!* stille die Krankheiten wieder! (weil die Römer [nach Plinius] Reseda als heilkräftig ansahen; *sedare* zur Ruhe bringen).

Reserve w. 17. Jh. aus frz. *réserve* Rück-, Vorbehalt (vom lat. Zw. *reservare* zurückbehalten, woher das Zw. **reservieren** 2. Hälfte 16. Jh.).

Residenz w. 1. Hälfte 16. Jh. aus mlat. *residentia* Wohnsitz (schon 2. Hälfte 14. Jh. *residencien thuon* residieren). Zugrunde liegt das lat. Zw. *residere* sitzen, woher auch das Zw. **residieren** 1. Hälfte 16. Jh.

resignieren Zw. 2. Hälfte 15. Jh. aus lat. *resignare* das Zeichen (Siegel) tilgen, ungültig machen (lat. *signare* bezeichnen, siegeln; ↗ *Signal*).

resolut Adj. 2. Hälfte 17. Jh. über frz. *résolu* aus lat. *resolutus* losgebunden, zügellos (von *resolvere* losbinden, auflösen). ↗ *absolut.*

Resolution w. Mitte 16. Jh. aus frz. *résolution,* auf dessen Bedeutung das Zw. *résoudre* beschließen eingewirkt hat (formal von lat. *resolutio* Auflösung, Erklärung. Auch frz. *résoudre* stammt von *resolvere*).

Resonanz w. um 1700 aus frz. *résonance* (mlat. *resonantia,* vom lat. Zw. *resonare* zurücktönen).

Respekt m. 2. Hälfte 16. Jh. aus frz. *respect* Achtung (von lat. *respectus* Rücksicht, Zw. *respicere* zurücksehen, Rücksicht nehmen. – ↗ *Spektakel*). ↗ *Rücksicht.*

Ressort s. 2. Hälfte 17. Jh. aus frz. *ressort* Geschäftsbereich (von *ressortir* [einem Gerichtsbereich] angehören, *sortir* hinausgehen).

Rest m. um 1400 aus frz. *reste* Rückstand (vom lat. Zw. *restare* zurückstehen).

Restaurant s. 2. Hälfte 19. Jh. aus frz. *restaurant* (vom Zw. *restaurer* wiederherstellen, stärken; lat. *restaurare,* im 16. Jh. als **restaurieren** Zw. übernommen). – ↗ *Gaststätte.*

Resultat s. 17. Jh. aus frz. *résultat* (von mlat. *resultatum* Entstandenes, mlat. *resultare* entspringen, entstehen, lat. *resultare* zurückspringen; ↗ *Salto*). ↗ *Ergebnis.*

Resümee s. Zusammenfassung, 19. Jh. aus frz. *résumé* (vom Zw. *résumer* zusammenfassen, lat. *resumere* wieder an sich nehmen).

Retorte w. 16. Jh. aus frz. *retorte* (lat. *retorta* die Verdrehte, Krumme, vom Zw. *retorquere* zurück-, verdrehen; ↗ *Tort*).

retten Zw. mhd. *retten,* ahd. *(h)retten* (engl. *rid*); vielleicht urspr. = lockern, lösen (idg. Wurzel: *krath-*). Wgerm. Wort.

Rettich m. mhd. *rætich,* ahd. *râtîh, retih,* aus lat. *radix* Wurzel. – ↗ *Radieschen.*

retuschieren Zw. um 1800 aus frz. *retoucher* wieder berühren. ↗ *Tusch*[2].

Reue w. mhd. *riuwe,* ahd. *(h)riuwa* (engl. *rue*); zur idg. Wurzel **kreu-* stoßen, brechen? Daneben das starke Zw. mhd. *riuwen,* ahd. *(h)riuwan* betrüben (das schwache Zw. **reuen,** mhd. *riuwen,* ahd. *[h]riuwôn*); urspr. = Schmerz empfinden (engl. *rue* beklagen).

Reuse w. mhd. Fischkorb, mhd. *riuse,* ahd. *riusa* eigtl. = Rohrgeflochtenes (zu got. *raus* ↗ *Rohr*).

reuten Zw. = ↗ *roden.*

revanchieren Zw. 1. Hälfte 17. Jh. aus frz. *revancher* (vom Zw. *venger* rächen, lat. *vindicare* rächen).

Revers s. 2. Hälfte 15. Jh. = Verpflichtungsschein, aus mlat. *reversum* Antwort (vom lat. Zw. *revertere* umkehren; ↗ *werden*); um 1700 = Kehrseite (einer Münze) aus frz. *revers;* daher 19. Jh. = Rockaufschlag.

Revier s. mhd. *rivier(e), rivêr* Bach, aus frz. *rivière* Bach(ufer), volkslat. *riparia* was am Ufer ist; später – über mnl. *riviere* – = Bezirk, Gegend (bes. Jagdbezirk); dann = Kasernenbezirk (daher *revierkrank* krank mit Ausgehverbot; von hier aus *Revier* 19. Jh. = Krankenstube in der Kaserne).

Revision w. um 1600 aus mlat. *revisio* Prüfung (eines Urteils), lat. *revidere* wieder besehen (woher das d. Zw. **revidieren** 1. Hälfte 16. Jh.); vgl. ∕ *Vision*.

Revolution w. 2. Hälfte 16. Jh. aus nlat. *revolutio* Umlauf (der Gestirne), von lat. *revolvere* zurück-, umwälzen; um 1700 = politischer Umsturz. **Revolver** m. 1. Hälfte 19. Jh. aus am. *revolver* Drehpistole (1828 von ∕ *Colt* erfunden); von engl. am. *revolve* sich drehen (lat. *revolvere*).

Rezension w. 2. Hälfte 18. Jh. aus lat. *recensio* Musterung (vom Zw. *recensere* wiederholt mustern, prüfen, daher d. **rezensieren** 2. Hälfte 17. Jh.); ∕ *Zensur*.

Rezept s. 15. Jh. aus lat. *receptum* (an)genommen (vom Zw. *recipere* an-, zurücknehmen; urspr.: Notiz des Apothekers auf dem ärztl. Verordnungszettel, daß er diesen erledigt hat (der Arzt schrieb über seine Verordnung *recipe!* nimm!; der Apotheker antwortete mit *receptum* angenommen!).

Rezession w. Konjunkturflaute, 20. Jh. aus lat. *recessio* (*recessus* Zurückweichen, *recedere* zurückweichen).

rezitieren Zw. 1. Hälfte 16. Jh. aus lat. *recitare* wieder hören lassen; eigtl. = wieder in Bewegung setzen (*citare* bewegen; ∕ *Zitat*).

Rhabarber m. Mitte 16. Jh. über it. *rabarbaro* aus mlat. *rha barbarum* (= gr. *râ bárbaron*) ausländ. Wurzel. Das Subst. gr. *râ*, an den Namen der Wolga *Râ* volkset. angelehnt, enthält urspr. gr. *rêon*, lat. *rheum* Wurzel, das auf pers. *rewend* (Rhabarber-)Wurzel zurückgeht. ∕ *Barbar*.

rhetorisch Adj. Mitte 17. Jh. über lat. aus gr. *rhêtorikós* die Redekunst angehend (gr. *rhêtôr* Redner, vom gr. Zw. *eírein* sprechen); ∕ *Wort*.

Rheuma s. 19. Jh. gekürzt aus **Rheumatismus** m. 16. Jh. aus gr. (*réein* fließen). ∕ *Schlaganfall* – ∕ *Strom*.

Rhinozeros s. mhd. *rinoceros,* über lat. *rhinoceros* aus gr. *rinókerôs* (Zs. aus gr. *rís* Nase + *kéras* Horn; ∕ *Nashorn*, ∕ *Horn*).

Rhododendron m. ∕ *Oleander.*

Rhythmus m. ahd. *ritmus*, aus lat. *rhythmus*, von gr. *rythmós* Takt, Tonfall. Zugrunde liegt das gr. Zw. *rýesthai* ziehen.

richten Zw. mhd. ahd. *rihten;* vgl.: got. *ga-raihtjan* recht machen (engl. *right*), vom Adj. ∕ *recht.*

Richtschnur w. 15. Jh. = gespannte Hilfsschnur für Bauarbeiter; seit 1. Hälfte 16. Jh. = Grundsatz.

Richtstatt w. 15. Jh. = Ort der Rechtsprechung; 16. Jh. (Carolina 1532) = Hinrichtungsort.

Ricke w. Rehgeiß, Mitte 18. Jh. nach dem Muster von ∕ *Zicke* abgeleitet von ∕ *Reh?*

riechen Zw. (roch, gerochen), mhd. *riechen*, ahd. *riohhan* dampfen, duften (engl. *reek*); Herkunft ungewiß. Davon abgeleitet: ∕ *Geruch*, ∕ *Rauch*.

Ried s. Rohr, mhd. *riet*, ahd. (*h*)*riot* (engl. *reed*); verw.: ∕ *rütte*(*l*)*n*; eigtl. = das Schwankende (idg. Wurzel **kreut-* schütteln).

Riege w. 1816 (Jahn) aus nd. *rige* ∕ *Reihe* (= frühnhd. *ri*[*e*]*ge*, mhd. *rîge*, ahd. *rîga*).

Riegel m. mhd. *rigel* Querholz, ahd. *rigil* Türverschluß; Herkunft ungeklärt (vermischt mit lat. *regula* Richtholz? ∕ *Regel*). – ∕ *Reling.*

Riemen[1] m. Lederstreifen, mhd. *rieme*(*n*), ahd. *riomo, riemo, riumo* (engl. *ream*); zu idg. **reu-* reißen. ∕ *rupfen* (∕ *raufen*, ∕ *roden*).

Riemen[2] m. Ruder, mhd. *rieme*, ahd. *riemo*, aus lat. *remus* Ruder; ∕ *Ruder*. – D. *-ie-* für lat. *-e-* wie in: ∕ *Brief*, ∕ *Spiegel*.

Ries s. Papiermaß, mhd. *ris, rist, riz*, aus it. *risma*, über span. aus ar. *rizma* Ballen, Papierstoß.

Riese m. mhd. *rise*, ahd. *riso, risi;* vermutl. urverw.: gr. *ríon* Gipfel, Vorgebirge; also = Bergunhold? Oder = groß wie ein Berg? – *Adam Riese* Verfasser eines verbreiteten Rechenbuches (1492–1559).

rieseln Zw. mhd. *riselen* leicht regnen, vom Subst. mhd. *risel* Regentropfen, Tau; wie ⟋ *Reise* zur idg. Wurzel *ris-* fallen, steigen; ⟋ *rinnen.* – *-el-* iterativ wie bei ⟋ *läch-el-n* u. a.

Riesling m. Traubenart, 2. Hälfte 15. Jh.; Herkunft ungeklärt.

Riff s. Klippenkette, 1. Hälfte 17. Jh. aus mnd. *ref, rif,* aus an. *rif* Riff, ⟋ *Rippe.*

rigoros Adj. um 1700 aus frz. *rigoureux,* lat. *rigorosus* (von lat. *rigor* Härte, *rigere* starren; = ...

Rille w. 1. Hälfte 18. Jh. aus nd. *rille* Furche, Verkleinerung zu as. *rith* Bach; eigtl. = Bächlein.

Rind s. mhd. *rint,* ahd. *(h)rind* (mit Abl.: engl. *rother);* zur idg. Wurzel *ker-* ⟋ *Horn;* eigtl. = Hornvieh. – ⟋ *Hirsch,* ⟋ *Ren.*

Rinde w. mhd. *rinde, rinte,* ahd. *rinda, rinta* (engl. *rind);* verw.: engl. *to rend* reißen (idg. Wurzel *rendh-* reißen); eigtl. = was man abreißt (um Lohe zu gewinnen).

Ring m. mhd. *rinc,* ahd. *(h)ring* (daher: frz. *rang;* ⟋ *Rang,* ⟋ *arrangieren);* eigtl. = Kreis (r. *krug* Kreis, Scheibe); verw.: ⟋ *Rücken,* ⟋ *Harfe,* ⟋ *Runge,* ⟋ *schräg,* ⟋ *Kurve,* ⟋ *Schrank,* ⟋ *Schrein,* ⟋ *schrumpfen.* – **Ringel** m. mhd. *ringel* Ringlein, Verkleinerung zu *Ring.* Identisch: mhd. *ringel(e),* ahd. *ringila* Ringelblume (weil sie vermeintl. mit ihren Blättern dem Sonnenlauf folgt; oder: nach der Form der Samen). **Ringelnatter** w. vor 1800, nach ihren Bewegungen. – **ringen** Zw. (rang, gerungen), mhd. *ringen,* ahd. *(h)ringan* umkreisen, kämpfen. ⟋ *wringen.*

Rinne w. mhd. *rinne,* ahd. *rinna,* got. *rinnô* (engl. *rindle);* vom Zw. **rinnen** (rann, geronnen), mhd. *rinnen,* ahd. got. *rinnan;* zur idg. Wurzel *er(ǝ)-* bewegen, die mit den Wurzeln von ⟋ *rasen* und ⟋ *Reise* zusammenhängt. ⟋ *rieseln,* ⟋ *reiten;* ferner: ⟋ *randalieren,* ⟋ *Rivale,* ⟋ *Rohr,* ⟋ *blutrünstig,* ⟋ *gerinnen.* – **Rinnsal** s. 15. Jh. von *rinnen* mit dem Suffix *-sal* (⟋ *Drang-sal,* ⟋ *Lab-sal,* ⟋ *Müh-sal,* ⟋ *Trüb-sal).*

Rippe w. mhd. *rippe(n), rib(b)e, riebe,* ahd. *rippa, ribba, rip(p)i, ribbi* (engl. *rib);* zur idg. Wurzel *rebh-* bedecken, überdachen (dazu: gr. *eréptein* überdachen, *órophos* Dach, ahd. *hirni-reba* Hirndach, Schädel); eigtl. = Decke (über der Brust). – ⟋ *Riff,* ⟋ *Gerippe.* **Rippe(n)speer** m. (s.) mnd. *ribbesper* Zs. aus mnd. *ribbe* Rippe(n) + mnd. *sper* Spieß, ⟋ *Speer* (eigtl. = Rippen am Spieß). – **Rips** m. geripptes Gewebe, 1. Hälfte 19. Jh. aus engl. Mz. *ribs* Rippen.

Risiko s. um 1500 aus it. *risc(hi)o* Wagnis, vom it. Zw. *rischiare, risicare.* Zugrunde liegt gr. *ríza* Wurzel, Klippe, über volkslat. *risicare* Klippen umschiffen. – **riskant** Adj. um 1800 aus frz. *risquant* (vom frz. Zw. *risquer* wagen, vom frz. Subst. *risque* Wagnis abgeleitet; alle von it. *risc(hi)o).*

Rispe w. ährenartiger Blütenstand, mhd. *rispe* Gesträuch; ahd. *hrispahi* Gesträuch; verw.: lat. *crispus* kraus; ⟋ *Krepp.*

Riß m. mhd. *riʒ,* vom Zw. ⟋ *reißen.* ⟋ *Umriß.*

Rist m. Fußrücken, Handgelenk, mhd. *rist* (engl. *wrist),* von der mit dem Suffix *-st* (⟋ *Ang-st,* ⟋ *Brun-st* u. a.) erweiterten idg. Wurzel *urik-* drehen; eigtl. = was sich dreht.

Ritt m. 2. Hälfte 15. Jh. vom Zw. ⟋ *reiten.* **Ritter** m. mhd. *ritter,* aus mnl. *riddere* LÜ von afrz. *chevalier* Ritter. – *Ritter vom Geist,* Roman von K. Gutzkow (1850) nach einem Gedicht in Heines „Harzreise" (1824). – **Rittergut** s. 1. Hälfte 17. Jh. (weil der Besitzer urspr. seinem Lehnsherrn im Krieg mit Pferden dienen mußte). **Rittmeister** m. 1. Hälfte 15. Jh. zum Subst. *ritt* berittener Trupp.

Ritus m. 17. Jh. aus lat. *ritus* Satzung, Sitte; verw.: ⟋ *Reim.*

Ritze w. spätmhd. *ritze, riʒʒe, risse* für mhd. *riz,* vom Zw. **ritzen** mhd.

ritzen, ahd. *rizzôn,* intensivierend zum Zw. ∕ *reißen.*

Rivale m. um 1700 aus frz. *rival* = lat. *rivalis* ∕ *Nebenbuhler* (zu lat. *rivus* Bach [verw. mit d. ∕ *rinnen*]); also = Bachnachbar (Rivale bei Nutzung des Wassers!).

Roastbeef s. 18. Jh. aus engl. *roast beef* geröstetes Rind. ∕ *Rost¹*.

Robbe w. 1. Hälfte 17. Jh. aus nd. *rub(be),* im Abl. zu ∕ *Raupe;* wohl mit intensivierendem *-bb-* (wie ∕ *Ebbe,* ∕ *Krabbe* u. a.) zu germ. **rubban-;* verw.: ∕ *rauben.*

Robe w. 1. Hälfte 18. Jh. aus frz. *robe,* von afrk. **rauba* Beute (∕ *Raub*); eigtl. = Beuterock. ∕ *Garderobe.*

Roboter m. 1. Hälfte 20. Jh. vom älteren Subst. *Robot* Frondienst, tschech. *robota* Zwangsarbeit (verw.: ∕ *Arbeit*).

robust Adj. 2. Hälfte 18. Jh. aus lat. *robustus* hart (wie das Holz der Steineiche, lat. *robur* Steineiche; ∕ *rot*).

röcheln Zw. mhd. *rü(c)heln* rasselnd atmen, wiehern, brüllen; abgeleitet von mhd. *rohen, ruhen, ruwen* brüllen, ahd. *rohôn, ruhen* brüllen, grunzen; idg. SchW (*[*s*]*kreuk-*) wie ∕ *röhren;* *-el*-Intensivierung wie bei: ∕ *schütt-el-n* u. a.

Rochen m. Knorpelfisch, 2. Hälfte 15. Jh. aus mnd. *roche, ruche* (engl. *roach*), vom Adj. ∕ *rauh* (nach seiner Haut) oder: voridg.? (nur nd.-nl.).

Rock m. mhd. *roc,* ahd. *roc(h);* zur Wurzel **ruk-* spinnen; aus afrk. **hroc* ∕ *Frack.* Vielleicht dazu:

Rocken m. mhd. *rocke,* ahd. *rokko, ro(c)cho* (engl. *rock*); zur Wurzel **ruk-* (∕ *Rakete*). – **Rocker** m. 20. Jh. aus am. *rocker* Schaukelstuhl; Halbstarker (*to rock* schaukeln, d.: ∕ *Rocken*).

rodeln Zw. 1. Hälfte 19. Jh. aus bayr. *rodeln;* zu bayr. *rodeln* ∕ *rütteln?*

roden Zw. mnd. *roden* (mhd. *roten*); dazu im Abl.: mhd. *reuten,* ahd. *riuten;* zur idg. Wurzel **reudh-* ro-

den, Erweiterung von **reu-* reißen. ∕ *Riemen¹,* ∕ *ausrotten.*

Rogen m. mhd. *roge(n),* ahd. *(h)rogan, rogin, rogo* (engl. *roe, roan*); verw. r. *krjak* Froschlaich; vielleicht vordig.?

Roggen m. mhd. *rocke,* ahd. *rocko* (engl. *rye*); zum Unterschied von ∕ *Rocken* mit nd. *-gg-* (∕ *baggern,* ∕ *Dogge,* ∕ *Flagge,* ∕ *flügge*); verw.: r. *rož'* Roggen. Wohl über balt.-slaw. aus der sarmatischen Steppe.

roh Adj. mhd. *rô, râ, rou,* später auch *rôch, rouch,* ahd. *râo, rô, rou* (engl. *raw*); verw.: lat. *cruor* (geronnenes) Blut, *crudus* roh, rauh, *cruentus* blutig, *crudelis* roh, grausam; gr. *kréas* Fleisch; idg. **kreu-* gerinnen (∕ *Kristall,* ∕ *Kruste*). Also = blutig.

Rohr s. mhd. ahd. *rôr,* got. (mit gramm. Wechsel) *raus* Schilfrohr, Stab; zur idg. Wurzel **reus-* sich heftig bewegen (Erweiterung zur Wurzel **er(ə)-* bewegen; ∕ *rinnen*); eigtl. = was sich (im Winde) bewegt. Abgeleitet: ∕ *Reuse,* ∕ *Röhre.* **Rohrdommel** w. mhd. *rôrtumel, -trumel,* ahd. *rôrodumbil, horotum(b)il;* das Grundwort *-dum(il)* gibt ihren Paarungsruf wieder (SchW). **Röhre** w. mhd. *rœre,* ahd. *rôr(e)a;* abgeleitet von ∕ *Rohr.* – **Röhricht** s. m. mhd. *rôrach, -ech, -ich;* 15. Jh. *-t*-Antritt (∕ *Dickicht* u. a.).

röhren Zw. brüllen, mhd. *rêren,* ahd. *rêrên* (engl. *roar*); SchW wie ∕ *röcheln.*

Rokoko s. 1. Hälfte 19. Jh. aus frz. *rococo,* komische Verdrehung von frz. *rocaille* Muschelwerk (architekt. Schmuck); frz. *roc* Felsen.

Rolle w. mhd. *rolle, rulle,* aus afrz. *rol(l)e* (frz. *rôle,* aus afrz. auch engl. *roll*), von mlat. *rotulus, rotula* Rädchen (lat. *rota* ∕ *Rad*). **rollen** Zw. mhd. *rol(l)en,* häufiger mnd. *rollen, rullen,* aus afrz. *rôler, rooler* (frz. *rouler;* ∕ *Roulade* usw.), von mlat. **rotolare* umdrehen (mlat. *rotulus, rotula* Rädchen).

Roman m. 1. Hälfte 17. Jh. aus frz. *roman* Prosaerzählung in der (roman.) Volkssprache. **romantisch** Adj. um 1650 aus frz. *romantique* romanhaft; vor 1700 (verbreitet seit 1734 [Bernischer Spectateur]) aus engl. *romantic* phantastisch, stimmungsvoll; dafür früher: *romanisch* Adj. 17. Jh. aus mlat. *romanice* (19. Jh. = zu den Lateinabkömmlingen gehörend, im frühmittelalterl. Stil). **Romanze** w. Mitte 18. Jh. aus frz. (= span.) *romance* balladenartiges Gedicht, (span.) Liebeslied; 20. Jh. = Liebesidyll.

Römer m. Rheinweinglas, um 1500 aus nl. *roemer,* vom nl. Zw. *roemen* rühmen; also = Glas zum Toasten. ↗ *Ruhm.*

Rondo s. Instrumentalstück, 18. Jh. aus it. *rondo,* eigtl. = Ringelgedicht; ↗ *rund.*

Röntgenstrahlen Mz. 1896 auf der 1. Demonstration der (von ihrem Erfinder so genannten) *X-Strahlen* zu Ehren des Erfinders W. C. *Röntgen* benannt; dazu Zw.: **röntgen** 20. Jh. (1. Nobelpreis für Physik: 1901).

rosa Adj. vor 1800 aus lat. *rosa* Rose für älteres *rosenrot, -farb(ig, -en), rosig* u. ä. **Rose** w. mhd. *rôse,* ahd. *rôsa,* um 800 aus lat. *rosa* (über afrz.: engl. *rose*); gr. *ródon* Rose (↗ *Rhododendron* unter: ↗ *Oleander*); zugrunde liegt: apers. **vurdô* Rose (eigtl. = Dornbusch).

Rosenmontag m. ndrh. *rasenmontag* rasender Montag; vom Zw. ↗ *rasen* (köln. *rose*), 18. Jh.; = tollen.

Rosine w. mhd. *rosin,* mnd. *rosin(e),* aus mnl. *rosine,* von frz. *raisin* Weintraube. Zugrunde liegt: lat. *racemus* (über volkslat. **racimus*) Weintraube.

Rosmarin m. 2. Hälfte 15. Jh. aus lat. *ros marinus* Meertau (daher, unter volkset. Anlehnung an *Rose:* engl. *rosemary*).

Roß s. mhd. *ors, ros,* ahd. *(h)ros* (engl. *horse*); vielleicht = das Springende, alte Partizipialbildung

zur idg. Wurzel **(s)ker-* springen? Östl. Steppenwort? – **Rösselsprung** m. Silbenrätsel in Schachbrettform, 19. Jh., zu *Rössel* s. Springer (im Schachspiel), obd. – **Roßkastanie** w. (1588 über Konstantinopel nach Wien gebracht) LÜ von türk. *at kestânesi* Pferdekastanie (nach den Früchten, die man [zerstampft] Pferden gegen Husten eingab).

Rost [1] m. Gitterwerk, mhd. ahd. *rôst* Scheiterhaufen, Glut; SchW (Knistern des Feuers)? Davon das Zw. **rösten** mhd. *ræsten,* ahd. *rôsten* (über afrk. zu afrz. *rostir,* frz. *rôtir* = engl. *roast;* ↗ *Roastbeef*).

Rost [2] m. Zersetzungsschicht auf Eisen, mhd. ahd. *rost* (engl. *r[o]ust*); zur idg. Wurzel **rudh-* rot; eigtl. = das Rötliche. – **rot** Adj. mhd. ahd. *rôt,* got. *raups* (engl. *red*); alte idg. Farbbezeichnung. Verw.: lat. *rufus* rot, *ruber, rubidus* rot, *rubere* rot sein, *rutilus* rötlich, gr. *erythrós* rot; idg. **reudh-* rot. Dazu wohl auch: lat. *robur* Kernholz (nach der dunkelroten Farbe; ↗ *robust*). ↗ *Rubin,* ↗ *Rubrik,* ↗ *Rüde.* – Dazu das Zw. **rosten** schon ahd. *rostên.* – **Rötel** m. verkürzt aus mhd. *rætelstein,* ahd. *rôtilstein.* **Röteln** Mz. 1. Hälfte 16. Jh. (nach dem masernartigen Ausschlag). – **Rotkehlchen** s. 1. Hälfte 16. Jh. für älteres mhd. *rætel,* ahd. *rôtil(o).* Das Grundwort zur Verdeutlichung hinzugefügt, wie: engl. *robin redbreast,* frz. *rouge-gorge.* – **Rotspon** m. (frz.) Rotwein, 1. Hälfte 19. Jh. aus meckl. (F. Reuter); das Grundwort ist mnd. mhd. *span* Holzgefäß; also = Wein vom Faß (↗ *Span*).

Rotte w. mhd. *rot, rot(t)e,* aus afrz. *rote* Schar, Gruppe, von mlat. *rupta, rutta* Bruchteil (lat. *rumpere* brechen; ↗ *Route*); daher auch: engl. *rout* Rotte; Empfangsparty; in dieser Bedeutung 20. Jh. entlehnt: d. *Rout* m.

rotwelsch Adj. um 1300 Zs. aus rotw. *rot* Bettler, untreu + ↗ *welsch* unverständliche (roman.) Sprache; ↗ *Kauderwelsch.*

Rotz m. mhd. *ro(t)z*, ahd. *(h)roz;* zum Zw. mhd. *rûzen* schnarchen, ahd. *rûzan, ruzôn* rasseln SchW. – **Rotznase** w. Frechdachs, 16. Jh.

Roué m. Lebemann, um 1800 aus frz. *roué* eigtl. = Part. Pass. zum Zw. frz. *rouer* rädern; also = Geräderter (etwa = Galgenvogel).

Roulade w. um 1800 aus frz. *roulade* (vom frz. Zw. *rouler* ↗ *rollen*). – **Rouleau** s. 2. Hälfte 18. Jh. aus frz. *rouleau* Rolle (vom Zw. frz. *rouler*). – **Roulett** s. 1. Hälfte 19. Jh. aus frz. *roulette* Rädchen von frz. *rouelle* Rädchen, lat. *rotella*, von lat. *rota* Rad.

Rout m. ↗ *Rotte*. – **Route** w. um 1700 aus frz. *route* Weg. Zugrunde liegt lat. *rupta (via)* Straßendurchbruch (vom Zw. *rumpere* brechen; ↗ *Rotte*). **Routine** w. 18. Jh. aus frz. *routine* Wegerfahrung.

Rowdy m. Mitte 19. Jh. aus am. *rowdy* (eigtl. = Hinterwäldler, dann = New Yorker Straßenpöbel); Herkunft ungewiß.

rubbeln Zw. 19. Jh. intensivierend (wie ↗ *läch-el-n* u. a.) zu nd. *rubben* reiben, raufen; verw.: ↗ *rupfen*.

Rübe w. mhd. *ruobe, rüebe*, ahd. *ruoba, ruoppa;* verw.: lat. *rapa, rapum* Rübe, gr. *ráphys, rápys* Rübe (↗ *Raps*); aus einer voridg. Mittelmeersprache?

Rubin m. mhd. *rubîn*, über afrz. *rubin* aus mlat. *rubinus* (von lat. *rubeus* ↗ *rot;* ↗ *Rauschgelb*). – **Rubrik** w. mhd. *rubrik(e)* rote Tinte (für die Überschrift eines Abschnitts; vgl. ↗ *Paragraph*), aus lat. *rubrica* rote Farbe, Rötel (vom Adj. *ruber* ↗ *rot*).

ruchbar Adj. 1. Hälfte 16. Jh. (Luther über sächs. Kanzlei), aus mnd. *ruchtbar*, zu mnd. *rucht* Leumund (nd. *-cht-* für hd. *-ft-* wie bei: ↗ *achter*, ↗ *Gerücht*, ↗ *Gracht*, ↗ *sacht*, ↗ *Schachtelhalm*); ↗ *anrüchig*. Zum Zw. ↗ *rufen*.

ruchlos Adj. mhd. *ruochelos* sorglos, zum Subst. mhd. *ruoche*, ahd. *ruohha* Sorge; ↗ *geruhen*, ↗ *verrucht*.

Ruck m. mhd. *ruc*, ahd. *rucch;* vielleicht verw. mit ↗ *Rahe*, ↗ *Reck*, ↗ *regen*? – **rücken** Zw. mhd. *rükken*, ahd. *rucken, rucchan* (engl. *rock* schaukeln); ↗ *berücken*.

Rücken m. mhd. *rück(e)*, *ruck(e)*, ahd. *rucki*, *hrukki* (engl. *ridge*); verw.: lat. *crux* ↗ *Kreuz*, Krummholz (frz. *croix*), lat. *curvus* krumm; urspr. = Hausständerbalken? Zu einer Erweiterung der idg. Wurzel *(s)ker-* sich drehen, krümmen. ↗ *Harfe*, ↗ *Ring*, ↗ *schräg*, ↗ *Schrank*, ↗ *Schrein*, ↗ *schrumpfen;* eigtl. = der Gekrümmte. ↗ *rücklings* usw., ↗ *zurück*.

Rückfall m. LÜ 2. Hälfte 17. Jh. von frz. *récidive* (lat. *recidivus* zurückfallend, vom Zw. *recidere* zurückfallen).

rücklings Adv. mhd. *rückelinges, -lingen*, ahd. *(h)ruckilingun;* das Grundwort gehört (wie bei *blindlings*) mit mnd. *lenge* langes Seil, an. *lengja* Streifen zur idg. Wurzel *lenk-* biegen (eigtl. = zum Rücken hingebogen). Das Bestimmungswort ist: ↗ *Rücken*. **Rucksack** m. 2. Hälfte 19. Jh. aus den Alpen (daher obd. Umlautlosigkeit).

Rücksicht w. LÜ 1759 (Lessing) aus lat. *re-spectus;* ↗ *berücksichtigen*, ↗ *Respekt*. – **rücksichtslos** Adj. LÜ (Goethe) von engl. *regardless*.

Rüde m. mhd. *rü(e)de* neben *rude*, ahd. *rudio* neben *rudo*, zu lat. *rutilis* ↗ *rot;* eigtl. = rotbrauner Hetzhund? – Dazu: der Jagdruf ↗ *horrido*.

rüde Adj. roh, 17. Jh. aus frz. *rude* (von lat. *rudis* roh).

Rudel s. 2. Hälfte 17. Jh.; Jägerwort; vielleicht mit ↗ *rodeln* zu ↗ *rütteln* (= durcheinander bewegte Schar)?

Ruder s. mhd. *ruoder*, ahd. *ruodar* (engl. *rudder*); urverw. lat. *remus* (↗ *Riemen*[2]), gr. *eréssein, eréttein* rudern, *erétês* Ruderer, *eretmón* Ruder; mhd. *rüejen;* zur idg. Wurzel *erê-*, *er(e)-* rudern.

Ruf m. mhd. *ruof*, ahd. *(h)ruof*, got. *hrôps* Schrei; vom Zw. **rufen** (rief, gerufen), mhd. *ruofen, rüefen,* ahd. (h)*ruof(f)an,* got. *hrôpjan;* wie ∕ *Ruhm* zur idg. Wurzel **kar(â)-* laut rühmen, preisen; SchW. ∕ *Gerücht,* ∕ *ruchbar,* ∕ *anrüchig,* ∕ *berüchtigt.*

Rüffel m. 19. Jh. vom Zw. **rüffeln** 1. Hälfte 18. Jh., vom nd. Subst. *Ruffel* Rauhhobel, ∕ *Hechel. -ü-* steht für älteres *-i-* wie in ∕ *fünf,* ∕ *gültig,* ∕ *schütter.* Zur idg. Wurzel **(s)ker-* schneiden?

Rugby s. 20. Jh. aus engl. *rugby,* eigtl. = Name der engl. Stadt, in der dies Spiel 1823 zuerst gespielt worden ist.

Rüge w. mhd. *rüege, ruoge* Anklage, Tadel, got. *wrôhs* Klage, Anklage; Herkunft ungewiß.

Ruhe w. mhd. *ruo(we),* ahd. *ruowa, rôa;* urverw.: gr. *erôê* Rast, Ruhe; wie ∕ *Rast* zur idg. Wurzel **(e)rê-* ruhen.

Ruhm m. mhd. *ruom,* ahd. (h)*ruom;* wie gr. *kêryx* Herold zur idg. Wurzel **kar(â)-* laut rufen, preisen; ∕ *Ruf,* ∕ *Römer,* SchW. **ruhmredig** Adj. mhd. *ruomreitac* prahlend. Eigtl. = sich Ruhm bereitend; 16. Jh. = *rhumrettig, rumretig.*

Ruhr w. mhd. *ruor(e),* ahd. (h)*ruora;* vom Zw. **rühren** mhd. *rüeren,* ahd. (h)*ruoren;* urverw.: gr. *keránnymi* mische, *krâsis* Mischung, *kratêr* Mischkrug (∕ *Krater*); zur idg. Wurzel **ker(ə)-* mischen. ∕ *Aufruhr.*

Ruin m., **Ruine** w. um 1650 über frz. *ruine* aus lat. *ruina* Zusammenbruch (*ruere* [zusammen]stürzen).

rülpsen Zw. um 1650; SchW (idg. Ursprungs? [**reu-*]). Davon **Rülps** m. Flegel, mhd. *rülz.*

Rum m. 2. Hälfte 17. Jh. über nl. *rum* aus engl. *rum,* von engl. Kolonisten auf den Barbados-Inseln verkürzt aus engl. *rumbullion* Revolte (wegen der stimulierenden Wirkung des Zuckerbranntweins).

Rummel m. 1. Hälfte 18. Jh. vom Zw. mhd. *rummeln* lärmen; SchW. – **rumpeln** Zw. mhd. *rumpeln* lärmen (engl. *rumble*), SchW. ∕ *über-*

rumpeln, ∕ *Gerümpel.* – **Rumpelstilzchen** s. Märchengestalt, 2. Hälfte 18. Jh. Zs. aus *rumpeln* + *stülz* Hinkender; eigtl. = kleiner hinkender Poltergeist.

Rumpf m. mhd. *rumpf* (engl. *rump* Steiß, Rücken [über nord.]); zur idg. Wurzel **kremb-* drehen, krümmen; verw.: ∕ *Rampe.* ∕ *Rumpsteak.* – **rümpfen** Zw. mhd. *rümpfen* (dazu im Abl.: mhd. *rimpfen,* ahd. [h]*rimpfan;* engl. *rimple* Runzel); urverw.: gr. *krámbê* Kohl; nasalierte Erweiterung der idg. Wurzel **ker(e)b-* sich krümmen (∕ *Harfe).* – **Rumpsteak** s. 19. Jh. aus engl. *rumpsteak* Rinderrippenstück (zu: ∕ *Rumpf).*

rund Adj. Ende 13. Jh. erschlossen aus dem mhd. literar. MoW *tavelrunde;* davor liegt: afrz. *roont, r(e)ont* Ausgangspunkt: lat. *rotundus* rund. ∕ *Rad,* ∕ *Rolle.* **Rundfunk** m. 1924 Verdeutschung für ∕ *Radio.*

Rune w. mhd. *rûne,* ahd. got. *rûna* Geheimnis; verw. mit ∕ *raunen;* vermutl. von einer germ. Wurzel (**rûno-*), die nicht nur „Geheimnis", sondern auch „Geflüster" bedeutete; SchW (lat. *rumor* Lärm). Auch in: *Gud-run* u. ä. w. PNN.

Runge w. Stange am Leiterwagen, mhd. *runge,* ahd. *runga,* got. *hrugga* Stab (engl. *rung*); verw. mit ∕ *Ring,* eigtl. = Rundholz.

Runkelrübe w. 2. Hälfte 18. Jh. (daher engl. *runcle*); vom Subst. *Runke* ∕ *Runzel,* nach der Form der Samen. **Runks** m. Flegel, 16. Jh. latinisiert *runcus* Flegel, 15. Jh. *runcus* Brotknust, vermutl. zu *Runke* Runzel, Runkelrübe; lat. *truncus* Baumstamm (nach der knorrigen Form der Rübe). – **Runzel** w. mhd. *runzel,* ahd. *runzala;* Verkleinerung zu mhd. *runze,* ahd. *runza;* verw.: mhd. *runke;* wie ∕ *Rücken* und ∕ *Harfe* vermutl. zur idg. Wurzel **(s)ker-* sich drehen; ∕ *schräg.*

Rüpel m. 16. Jh. KF zum m. PN *Ruprecht* (= glänzender Ruhm).

rupfen Zw. mhd. *rupfen, ropfen,* ahd. *ropfôn* (engl. *rip*); durch -*pf*-intensivierend zu ∕ *raufen* (∕ *hüpfen,* ∕ *lupfen*); ∕ *rubbeln.* **Rupfen** m. grober Jute-, Wergstoff, mhd. *rupfîn tuoch* eigtl. = ausgeraufter Hanf-, Flachsabfall. **ruppig** Adj. 2. Hälfte 18. Jh. aus nd. *ruppig,* vom nd. Zw. *ruppen* ∕ *rupfen.*

Rüsche w. 19. Jh. aus frz. *ruche* Bienenkorb (wegen der dichten Fältelung); zugrunde liegt: gall. *rûsca* Rinde (Material für Bienenkörbe).

Ruß m. mhd. *ruoʒ, ruost,* ahd. *ruoʒ, rouʒ;* verw.: mhd. *horwen, horwegen, horgen* beschmutzen; *hor* Kot; idg. Wurzel **ker-* schmutziggrau.

Rüssel m. mhd. *rüeʒel,* abgeleitet vom ahd. Zw. *ruoʒʒen* wühlen (engl. *root;* verw.: lat. *rodere* nagen, lat. *rostrum* Schnauze); zur idg. Wurzel **u̯erd-, u̯ôrd-* wühlen.

rüsten Zw. mhd. *rusten, rüsten,* ahd. *(h)rusten;* vom Subst. ahd. *(h)rust* Ausrüstung, Waffen (vgl.: an. *hrjôða* entleeren, säubern); gr. *kórys* Helm. Urspr. = bedecken. – **rüstig** Adj. mhd. *rüstec* bereit, ahd. *hrustig* geschmückt. ∕ *Gerüst.*

Rüster w. Mitte 16. Jh. für älteres mhd. *rust, rußpaum,* ahd. *ruʒbaum;* Zs. von mhd. *rust-* Ulme (Herkunft ungewiß) + -*ter-:* got. *triu* Baum, engl. *tree* (∕ *Flie-der,* ∕ *Wachol-der,* ∕ *Holun-der;* ∕ *Teer,* ∕ *Ulme*).

Rute w. mhd. *ruote,* ahd. *ruota* (engl. *rood*); Zu lat. *ratis* Floß? ∕ *Wünschelrute.*

rutschen Zw. mhd. *rutschen, rüts(ch)en, rützen;* vermutl. SchW. Nhd. -*tsch*- für älteres -*z*- wie in ∕ *fletschen* u. a.

rütteln Zw. mhd. *rüteln,* durch -*el*-Suffix (∕ *läch-el-n* u. a.) intensivierend vom mhd. Zw. *rütten;* verw.: ∕ *roden (reuten);* ∕ *Ried,* ∕ *zerrütten;* vielleicht: ∕ *rodeln.*

S

Saal m. mhd. ahd. *sal* (davon abgeleitet got. *saljan* Herberge finden; mhd. *selde,* ahd. *selida, salida,* got. *saliþwôs* Mz. Herberge); germ. Wort, urspr.: Einraumhaus (∕ *schlimm*) ∕ *Geselle,* ∕ *Salon.*

Saat w. mhd. ahd. *sât,* vom Zw. ∕ *säen.* Gebildet wie: ∕ *Naht,* ∕ *Tat,* ∕ *Unflat.* Verw.: ∕ *Samen.*

Sabbat m. ∕ *Samstag.*

sabbeln, sabbern Zw. um die Mitte 18. Jh. aus ostmd. Maa.; verw.: ∕ *Saft.* -*el*- wie bei ∕ *läch-el-n* u. a.; -*bb*- wie bei ∕ *Ebbe* u. a.

Säbel m. 1. Hälfte 15. Jh. über poln. *szabla* aus kirgisisch *sapy* Säbel.

sabotieren Zw. 20. Jh. aus frz. *saboter* (vom Subst. *sabot* Holz, Hemmschuh; eigtl. = mit Holzschuhen treten, trampeln).

Saccharin s. ∕ *Zucker.*

Sache w. mhd. *sache,* ahd. *sahha* Prozeß (got. *sakjô*), vom Zw. ahd. *sahhan* prozessieren, got. *sakan;* verw. mit: ∕ *suchen;* eigtl. = eine Spur witternd verfolgen (Jagdterminus!). – ∕ *Ursache,* ∕ *Widersacher.*

Sachse m. d. Stamm, vgl.: ∕ *Messer.*

sacht Adj. 16. Jh. aus nd.; hd. Entsprechung ∕ *sanft.* Nd. -*cht*- für hd. -*ft*- wie in ∕ *achter,* ∕ *Gerücht,* ∕ *Gracht,* ∕ *ruchbar,* ∕ *Schachtelhalm,* ∕ *Schicht.*

Sack m. mhd. ahd. *sac,* got. *sakkus* (engl. *sack*), über lat. *saccus,* gr. *sákkos;* heb. *saḳ* aus ass. *šaḳḳu* Büßerhemd, Sack. ∕ *Sakko.* **Sackgasse** w. 1. Hälfte 18. Jh. verdeutlichend für älteres *Sack* 17. Jh.

Sadismus m. 19. Jh. nach frz. Vorbild nach dem Marquis de *Sade* (1740–1818), dessen Romane von sexuellen Anomalien berichten.

säen Zw. mhd. *sæ(je)n*, ahd. *sâ(j)en*, *sâwen*, got. *saian;* urverw.: lat. *serere* (*sevi*, *satum*) säen; idg. *se(i̯)*- schleudern, wegwerfen, aussäen. Davon: ⁄ *Saat;* ⁄ *Samen,* ⁄ *Saison,* ⁄ *seichen*.

Safe m., s. Stahlfach, 2. Hälfte 19. Jh. aus engl. *safe* (eigtl. = Adj. *safe* sicher; von lat. *salvus* gesund).

Saffian m. 1. Hälfte 18. Jh. über poln. s(z)*afian* und türk. *sahtjan* aus pers. *sachtiyân* Ziegenleder.

Safran m. mhd. *saffrân*, *sapharân*, über afrz. *safran* (daher: engl. *saffron*) aus ar. *za'farân* krokusgelb.

Saft m. mhd. *saf(t)*, ahd. *saf* (engl. *sap*); urverw. lat. *sapire* schmekken, *sapor* Geschmack; zur idg. Wurzel *sap*- schmecken; verw.: mit ⁄ *sabbeln*, *sabbern*. -t angetreten wie bei ⁄ *Ax-t*, ⁄ *jetz-t*, ⁄ *Knus-t*, ⁄ *Obs-t*, ⁄ *Palas-t*, ⁄ *Paps-t*, ⁄ *Sek-t*, ⁄ *Habich-t*, ⁄ *Hüft-e*, ⁄ *selbs-t*, ⁄ *sons-t*, ⁄ *Spech-t*, ⁄ *Werf-t*.

Sage w. mhd. *sage*, ahd. *saga;* vom Zw. ⁄ *sagen*.

Säge w. mhd. *sege* (dazu im Abl. *sage*), ahd. *sega* (mit Abl. *saga*); urverw.: lat. *secare* schneiden, *securis* Beil, *secula* Sichelchen (⁄ *Sichel*); zur idg. Wurzel *sek*- schneiden (Zs. ⁄ *Mes-ser;* ⁄ *Segel*, ⁄ *Segen;* ⁄ *sezieren*, ⁄ *Signal*).

sagen Zw. mhd. *sagen*, ahd. *sagên* (engl. *say*); urverw.: lat. *inseque* berichte!, gr. *énnepe* benenne!; verw.: ⁄ *sehen*. Also = sehen lassen. Idg. Wurzel *sek*ᵘ- zeigen, sehen (lassen), sagen.

Sago s. 2. Hälfte 18. Jh. über engl. aus mal. *sâgû* Palmenmark.

Sahne w. spätmhd. *sane*, aus mnl. *sâne*, über afrz. *sain* Fett aus lat. *sagina* Fett.

Saison w. um 1700 aus frz. *saison;* lat. *satio* Saatzeit (⁄ *säen*).

Saite w. mhd. *seite*, ahd. *seita* (ahd. *seito* Strick, Fessel); wie ⁄ *Sehne* und ⁄ *Seil* zu idg. *sei*- binden.

Sakko m., s. 2. Hälfte 19. Jh. italienisierend zu ⁄ *Sack* gebildet (am. *sack* Männerrock).

Sakrament s. mhd. *sacrament*, *sagkermente*, aus lat. *sacramentum* Weihe, Eid (mlat. = Hostie, Mysterie), vom lat. Zw. *sacrare* weihen (*sacer* heilig; daher auch: lat. *sanctus* heilig); danach: **sakral** Adj. 2. Hälfte 19. Jh. – ⁄ *sanktionieren*. – **Sakristei** w. mhd. *sacristî(e)*, von lat. *sacer* über mlat. *sacristia* Küsteramt.

Salamander m. mhd. *sal(a)mander*, über lat. aus gr. *salamándra*, Herkunft nicht idg.

Salami w. 1. Hälfte 19. Jh. aus it. *salame* Pökelfleisch, Schlackwurst (zu lat. *sal* Salz; ⁄ *Saline*, ⁄ *Salz*, ⁄ *Soße*). – **Salär** s. Gehalt, 18. Jh. aus frz. *salaire;* davor *Salarium*, aus lat. *salarium* Besoldung, Salzration (des Soldaten), zu *sal.* – **Salat** m. spätmhd. *salât*, aus it. (*in*)*salata* Eingesalzenes; ⁄ *Spin-at*.

Salbader m. 1. Hälfte 17. Jh. = Anekdote, später = oft erzählte Spaß; 2. Hälfte 17. Jh. = Schwätzer; Herkunft ungeklärt.

Salbe w. mhd. *salbe*, ahd. *salba* (engl. *salve*); urverw. gr. *élpos* Fett, Öl, *ólpis*, *ólpê* Ölflasche; idg. Wurzel *selp*-, *solp*- Fett. Dazu das Zw. **salben** (mhd. *salben*, ahd. got. *salbôn*). ⁄ *Quacksalber*.

Salbei w. (m.) mhd. *salbei(e)*, -*veie*, ahd. *salbeia*, -*veia* aus mlat. *salvegia* für lat. *salvia* (vom Adj. *salvus* gesund; vgl.: *sich* ⁄ *salvieren*, ⁄ *Salut*, ⁄ *Sold*).

Saldo m. 16. Jh. aus it. *saldo* (vom Zw. *saldare* vervollständigen, ausgleichen, lat. *solidare* dicht machen, *solidus* dicht, fest; ⁄ *solide*, ⁄ *Sold*).

Saline w. 2. Hälfte 18. Jh. aus lat. *salinae* Mz. Zubehöre zum Salz (vom Adj. *salinus* zum Salz gehörend, *sal* Salz; ⁄ *Salami*, ⁄ *Soße*).

Salizin s. Bitterstoff der Weidenrinde, KW 19. Jh. zu lat. *salix* Weide. Dazu 1838 als KW **Salizylsäure** w.; ⁄ *Salweide*.

Salm m. Lachs, mhd. *salme*, ahd. *salmo*, aus lat. *salmo* Lachs; kelt. Herkunft, nur wgerm.

Salmiak m. spätmhd. *salmiak, salar-maniak*, aus mlat. *sal armoniacum* (= lat. *armeniacum*) armenisches ↗ *Salz;* volkset. angelehnt an *sal ammoniacum* ↗ *Ammoniak.*

Salon m. 2. Hälfte 18. Jh. aus frz. *salon;* it. *salone* großer ↗ *Saal.*

salopp Adj. um 1800 aus frz. *salope* schlampig. Zugrunde liegt aber frz. *sale* schmutzig: mhd. *sal* trüb (↗ *Salz*).

Salpeter m. mhd. *salniter, salliter* neben *salbeter, salpeter*, aus lat. *sal nitrum* Natronsalz (über gr. aus ägypt. *ntr* ↗ *Natron*); volksetym. angelehnt an lat.(-gr.) *petra* Fels.

Salto m. 19. Jh. aus it. *salto* Sprung (von lat. *saltus* Sprung, *salire* springen; ↗ *Re-sultat*).

Salut m. 19. Jh. aus frz. *salut* (lat. *salus* Heil; verw.: *salvus* gesund; ↗ *Salbei*, ↗ *Sold*). **sich salvieren** Zw. um 1600 aus lat. *salvare* retten (↗ *Salbei*). **Salve** w. 16. Jh. über frz. *salve* Begrüßungsschießen aus mehreren Rohren (17. Jh. auch = Schuß aus mehreren Rohren); aus lat. *salve* sei gegrüßt! (*salvere* gesund sein, *salvus* gesund).

Salweide w. Weidenart, mhd. *sale-wide*, ahd. *salewida* neben mhd. *salhe*, ahd. *salaha*, zu ahd. *salo* dunkelfarben (nach der Blattfarbe; vgl.: lat. *salix* Weide [↗ *Salizin*], *saliva* Speichel). – **Salz** s. mhd. ahd. *salz*, got. (= engl.) *salt;* urverw.: lat. *sal*, gr. *hals;* zur idg. Wurzel **sal(d)-* schmutziggrau, = das schmutziggraue (ungereinigte) Salz; vgl.: ahd. *salo*, mhd. *sal* trübe (engl. *sallow* blaß); ↗ *salopp*, ↗ *Salami* usw., ↗ *Sole*, ↗ *Sulz* usw.

-sam ↗ *sammeln.*

Same(n) m. mhd. *sâme*, ahd. *sâmo;* verw. lat. *semen* Samen (↗ *Seminar*); wie ↗ *säen* zur idg. Wurzel **sê(i)-* schleudern, aussäen.

sämig Adj., nd. = ↗ *seimig.*

sammeln Zw. mhd. *samelen*, dissimiliert aus mhd. *samenen*, ahd. *samanôn*, vom Adv. mhd. *samen*, ahd. *saman*, got. *samana* ↗ *zusammen;* vom FW ahd. *samo*, got. *sa-*

ma derselbe (zu diesem das Suffix *-sam*, eigtl. = ein Subst. mit der Bedeutung „von derselben Beschaffenheit": *gehor-sam* beschaffen zuzuhören). Wie ↗ *samt* (↗ *ge-samt*) und ↗ *sanft* zur idg. Wurzel **sem-* eins, dazu: lat. *semper* in einem fort, immer, *similis* von ein und derselben Art, ähnlich; gr. *homós* ähnlich. – ↗ *simpel*, ↗ *simulieren*, ↗ *assimilieren*, ↗ *Ensemble*, ↗ *Faksimile*, ↗ *Sintflut*. **Sammelsurium** s. Mitte 18. Jh. aus nd. *sammelsûr* saures Gericht aus Speiseresten, mit scherzhafter (stud.) lat. Endung. Mitte 17. Jh. (ind.) = Sprachdurcheinander.

Samstag m. mhd. *sam(e)ʒtac*, ahd. *sambaʒtac*, aus vulgärgr. *sámbaton* für gr. *sábbaton* (von heb. *šabbâth* Feiertag); Wort der arian. Mission.

Samt m. mhd. *samît*, aus afrz. *samit*, das aus mlat. *xamitum* stammt. Zugrunde liegt gr. *hexámitos* Sechsfadengewebe (Zs. aus gr. *hex* sechs + *mítos* Faden: byzantin. Webart).

samt Adv. mhd. *sam(en)t*, ahd. *samant;* verw.: ↗ *sammeln.*

Sanatorium s. KW 19. Jh. von lat. *sanare* heilen. ↗ *sanieren.*

Sand m. mhd. ahd. *sant* (engl. *sand*); verw. gr. *(ps)ámathos* Sand. Grundform: **samda-;* voridg.?

Sandale w. 2. Hälfte 18. Jh. aus frz. *sandale;* davor *sandaly*, aus lat. *sandalia* Mz., zum lat. Subst. *sandalium*, das aus gr. *sandál(i)on* Schuchen des lydischen Gottes *Sandas* stammt. Zugrunde liegt ein Wort einer kleinasiat. (der iran.?) Sprache.

Sandwich s. belegte Weißbrotschnitte, 2. Hälfte 19. Jh. aus engl. *sandwich*, nach dem Earl of *Sandwich* John Montagu (1718–1792), der die belegten (entrindeten) Butterbrote erfand, um das Kartenspiel nicht durch das Abendessen unterbrechen zu müssen.

sanft Adj. mhd. *senfte* (Adv. *sanfte*), ahd. *semfti* (Adv. *samfto*); verw.: got. *samjan* gefallen (wollen); eigtl. = gefällig. Wie ↗ *sammeln* und *samt* zur idg. Wurzel **sem*-eins. **Sänfte** w. Eigtl. = Sanftheit (mhd. *senfte*, ahd. *samfti, semfti*). 16. Jh. = Tragstuhl.

Sang m. mhd. *sanc*, ahd. *sang*, got. *saggws* (engl. *song*); vom Zw. *singen. – Ohne Sang und Klang* eigtl. = (Begräbnis) ohne Choral und Glockengeläut.

sanieren Zw. 19. Jh. aus lat. *sanare* gesund machen (lat. *sanus* gesund; *Sanatorium*).

sanktionieren Zw. gutheißen, 2. Hälfte 18. Jh. aus frz. *sanctionner* (das Subst. *sanction* hatte 1. Hälfte 18. Jh. d. **Sanktion** w. ergeben. Zugrunde liegt lat. *sanctio* Billigung, Klausel, vom Zw. *sancire* heiligen, als unabdingbar festsetzen, *sanctus* heilig; *Sakrament*).

Saphir m. Edelstein, mhd. *saphîr(e)*, aus spätlat. *sap(p)hirus* für lat. *sappirus*, über gr. aus einer semit. Sprache (heb. *sappîr*).

Sardelle w. 2. Hälfte 16. Jh. aus it. *sardella* kleine Sardine. **Sardine** w. 2. Hälfte 15. Jh. aus frz. *sardine*, aus it. (= lat.) *sardina* (von lat. *sarda* Hering; weitere Beziehungen ungeklärt; aber nicht zu *Sardinien*).

Sarg m. mhd. *sarc(h)*, ahd. *sarc(h)*, *saruh*, Abkürzung („Kopfwort") aus lat. *sarcophagus*, gr. *sarkophágos* (eigtl. = Fleischfresser, weil in Kalksteinsärgen aus Assos [heute: *Bekrám-Kalesi*, Kleinasien] das Leichenfleisch nur langsam zersetzt wurde). – **sarkastisch** Adj. 1. Hälfte 18. Jh. aus gr. *sarkastikós* hohnlachend (vom gr. Zw. *sarkázein* zerfleischen, *sarx* Fleisch).

Satan m. mhd. *satân, satanâs*, ahd. *satanâs*, got. *satana(s)* (engl. *Satan*); über lat. *satanas* und gr. *satanâs* aus heb. *śấțân* Gegner, vom Zw. *śâțân* verfolgen.

Satellit m. 17. Jh. über frz. *satellite* aus lat. *satelles* Leibwächter (Mz. *satellites* Gefolge); urspr. etrusk. Herkunft.

Satin m. mhd. *satîn*, aus frz. *satin*, über span. aus ar. *aṭlas zaitûni* (At-las-)Gewebe aus dem (chin.) Hafen *Zaitun* (= Tseutung).

Satire w. 1. Hälfte 16. Jh. aus lat. *satira, satura* (Opfer-)Schüssel mit gemischten Früchten (vom Adj. *satur* voll, satt, dessen lat. Zw. *saturare* befriedigen in der 2. Hälfte 18. Jh. unser d. Adj. **saturiert** befriedigt angeregt hat [lat. Adv. *satis* genug]). – **satt** Adj. mhd. ahd. *sat*, got. *saþs* (engl. *sad* traurig); urverw.: lat. *satur* satt, *satis* genug; zur idg. Wurzel **sa-*, **sə-* sättigen. Eigtl. = gesättigt.

Satte w. flache Milchschale, 18. Jh. aus nd. *satte*, vom nd. Zw. *setten* *setzen* (= Schale, in der die Milch sich setzt).

Sattel m. mhd. *satel*, ahd. *satal, satul* (engl. *saddle*); verw.: r. *sedlo* Sattel. Wohl aus einer (süd)osteuropäischen Sprache, von der idg. Wurzel **sed-* *sitzen* (osteurop. Reiterfahrungen in Deutschland! *reiten*). – *Nest*, *Sessel*.

sättigen Zw. mhd. *set(t)igen* für älteres mhd. *set(t)en*. Eine Zwischenform auf *-ig* (**sättig*) gab es nie (*be-herzig-en*, *huldigen*, *peinigen*). **sattsam** Adj. 16. Jh. üppig; 17. Jh. = reichlich; eigtl. = sattmachend (zu *-sam* *sammeln!*).

saturiert Adj. *Satire*.

Satz m. mhd. *saz*; vom Zw. *sitzen*.

Sau w. mhd. ahd. *sû* (engl. *sow*); urverw.: lat. *sus*, gr. *(s)ŷs* Schwein; idg. Tierbezeichnung (**su-s* Schwein, vielleicht SchW = *su*-Macherin?). – Aber: *unter aller Sau* von jidd. *seo* Maßstab. – *Schwein*; *Hyäne*.

sauber Adj. mhd. *sûber, sûfer, sûver*, ahd. *sûbar, sûbiri* hübsch, aus lat. *sobrius* nüchtern (volkslat. *suber* nüchtern, besonnen); westgerm. Zs. aus **so(d)-* ohne + *-ebrius* trunken.

sauer Adj. mhd. ahd. *sûr* (engl. *sour*); verw.: lit. *súris* Käse; ahd. *sûrouge* Triefauge. Die Grundbedeutung muß also „gerinnend" gewesen sein. *-er*-Suffix wie bei *bitt-er* und Parallelen. – *sauer sehen* mißmutig sein, nach 1. Sam. 3, 13. *saure Arbeit* nach Pred. Sal. 10, 15. *sich's sauer werden lassen* nach Jes. Sirach 11, 11 (Lutherbibel!). – **Sauerampfer** m. ∕ *Ampfer.* **Sauerstoff** m. LÜ 1791 aus frz. *oxygène* Säuremacher (Oxygen 1774 von Cavendish aus Luft dargestellt).

saufen Zw. (soff, gesoffen), mhd. *sûfen,* ahd. *sûfan* (engl. *sup* schlürfen); wie ∕ *Suppe* und ∕ *saugen* zur idg. Wurzel **seu(ə)-* schlürfen (SchW). ∕ *seufzen,* ∕ *sudeln,* ∕ *Suff.* – **saugen** Zw. (sog, gesogen), mhd. *sûgen,* ahd. *sûgan* (engl. *suck*); verw.: lat. *sugere* saugen, *sucu* Saft; zur idg. Wurzel **seu(ə)-* schlürfen. – ∕ *Suppe,* auch: ∕ *siech,* ∕ *Sog,* ∕ *suckeln,* ∕ *sudeln.* **säugen** Zw. mhd. *sougen,* *söugen,* ahd. *sougen,* eigtl. = saugen machen (Bewirkungswort zu *saugen*).

Säule w. eigtl. = Mz. zu mhd. *sûl* (Mz. *siule*), ahd. *sûl;* dazu im Abl. got. *sauls* Säule; zu: ∕ *Schwelle?*

Saum m. Besatz, mhd. ahd. *soum* (engl. *seam*), vom Zw. mhd. ahd. *siuwen* nähen, got. *siujan* annähen (engl. *sew* nähen); urverw.: lat. *suere* nähen, *sutor* Schuster, gr. *hymén* Häutchen. Idg. Wurzel: **siu-* nähen.

säumen Zw. zögern, mhd. *sûmen* verzögern; vgl. ahd. *ar-, virsûmen* unterlassen; zu einer idg. Wurzel **su-* nachlassen? – **saumselig** Adj. mhd. *sûmeselic,* von einem verklungenen Subst. mhd. *sûmesal, sûmesele* Zögerung, Nachlässigkeit. – ∕ *selig,* ∕ *mühselig.*

Saumtier s. Lasttier, 16. Jh. von mhd. ahd. *soum* Last, über mlat. aus lat.-gr. *sagma* Packsattel (gr. *sáttein* bepacken).

Sauna w. 20. Jh. aus finn. *sauna* Dampfbad.

Sauregurkenzeit w. polit., geschäftl. stille Hochsommerzeit, urspr. (Ende 18. Jh.): Scherzwort der berl. Kaufleute für die stille Saison; Mitte 19. Jh. von der Presse aufgegriffen.

säuseln Zw. um 1600 verkleinernd zum Zw. **sausen** mhd. *sûsen,* ahd. *sûsôn,* SchW (∕ *läch-el-n* u. a.).

Saxophon s. KW 19. Jh., Zs. aus dem Namen des belg. Erfinders Adolphe *Sax* (1840) + gr. *phonê* Ton, Stimme (vom Zw. *phánai* sprechen; verw.: ∕ *Bann*).

Schabe w. Insekt, mhd. *schabe;* zum Zw. **schaben** mhd. *schaben,* ahd. got. *skaban* (engl. *shave*); verw.: gr. *skáptein* graben; ∕ *schaffen;* zur idg. Wurzel **skabh-* schaben. ∕ *Schachtelhalm,* ∕ *Schaff,* ∕ *Schaft,* ∕ *Schuppe.* – **schäbig** Adj. mhd. *schebic* (engl. *shabby;* dazu: *scabby* räudig). Eigtl. = räudig; vom Subst. *Schabe* Krätze.

Schabernack m. mnd. *schavernak* Spott; seit 1200 als PN von Weinbergbesitzern; mnl. *schavernac* Wein aus Chiavenna (?).

Schablone w. 1477 *schamplioen* (Kleve), nd. *schampelûn,* über mnl. aus frz. *échantillon* Muster, volkset. an *schaben* angelehnt.

Schach s. mhd. *schâch,* aus mnl. *scaec,* von afrz. *eschac.* Zugrunde liegt pers. *šâh* König. Dasselbe Wort ist *Schah* (pers.) König. ∕ *Scheich.* – ∕ *scheckig,* ∕ *Tafel.*

schachern Zw. 1. Hälfte 17. Jh. von rotw. *socher* Hausierer (heb. *sâḥar* [als Händler] herumziehen), dabei Anlehnung an das abgeklungene Wort **Schächer** m. (mhd. *schâchæ-re,* ahd. *scâhhâri;* vgl.: mnd. *schâken* rauben), dessen Herkunft ungeklärt ist.

schachmatt Adj. mhd. *schâchmat,* Zs. aus ∕ *Schach* und ar. *mât* tot; = der König ist tot!, nach frz. *échec et mat.* ∕ *matt.*

Schacht m. 13. Jh. aus mnd., = mit hd. ∕ *Schaft* (nd. *-cht-* = hd. *-ft-:* ∕ *achter*); urspr. = Meßstange zum Ausmessen des Grubenganges (im Harz).

Schachtel w. 1. Hälfte 15. Jh. *scat(t)el, sgatelle,* aus it. *scatola* Schachtel (mlat. *scatula* Schrein; ∕ *Schatulle*); zugrunde liegt: germ. ∕ *Schatz* (got. *skatts* Münze; Geld).

-*cht*- für älteres -*t*- ist bayr. Entwicklung (2. Hälfte 15. Jh.; ↗*Spachtel*). – Schon 15. Jh. verhüllend = weibl. Scham; daher: *alte Schachtel* (Mitte 16. Jh.).

Schachtelhalm m. 1. Hälfte 18. Jh. aus nd. für hd. mhd. *schaftel, schafthöuwe* (nd. -*cht*- für hd. -*ft*- wie in ↗*achter* und Entsprechungen); zum Zw. ↗*schaben*, weil die (nd.) Bauern damit die Töpfe scheuerten.

schächten Zw. nach jüd. Brauch schlachten, 1. Hälfte 17. Jh. aus heb. *šâchát* schlachten.

Schädel m. mhd. *schedel*. Wie ↗*Haupt*, ↗*Kopf* und ↗*Schale¹* urspr. Hohlmaß und Schale? Zu einer Erweiterung der idg. Wurzel **skei-* schneiden; urspr. = abgeschnittenes Hautstück. Grundbedeutung: Deckel? ↗*Tête-à-tête*.

Schaden m. mhd. *schade*, ahd. *scado* (engl. *scathe* über an.); vgl.: got. *skaþis*, verw.: gr. *askêthês* unverletzt; zur idg. Wurzel **sketh-*, **skôth-* schädigen. ↗*unbeschadet*.

Schaf s. mhd. *schâf*, ahd. *scâf* (engl. *sheep*), nur wgerm.; voridg. Herkunft? (Zum alten idg. Namen des Tieres vgl.: lat. *ovis*). – *Sein Schäfchen ins Trockne bringen* (nicht zu nd. *schepken* Schiffchen, sondern): die Herde von der nassen Weide in den trocknen Stall retten. – ↗*Schafgarbe*. **Schäferstunde** w. LÜ 1. Hälfte 18. Jh. aus frz. *heure du berger* (Deminutiv erst später!).

Schaff s. Bottich, mhd. *schaf*, ahd. *skaf, skaph;* wie ↗*Scheffel* und ↗*schöpfen* zur idg. Wurzel **skab-* schaben, schnitzen (Nebenform **skap-;* ↗*schaben*). **schaffen** Zw. (schuf, geschaffen), mhd. *schaffen* (ahd. *scaffan, scaffôn* bewirken); urverw.: lat. *scabere* schaben, *scaber* rauh; zur idg. Wurzel **skab-* schaben, schnitzen (Handhabung des Schabers als Urprozeß der menschl. Arbeit). – ↗*Geschäft*, ↗*beschäftigen*, ↗-*schaft*, ↗*Schöffe*, ↗*schöpfen*, ↗*Beschaffenheit*.

Schaffner m. mhd. *schaffenære*

Verwalter; 19. Jh. (zuerst nordd.) = Eisenbahnkontrolleur.

Schafgarbe w. 15. Jh. *schaffgarbe* für älteres mhd. *garwe*, ahd. *gar(a)wa* (engl. *yarrow*), vielleicht zu: ↗*gar;* dann = die (zur Heilung?) Bereitgestellte (?). Später durch *schaf-,* da bevorzugtes Schaffutter, verdeutlicht. ↗*Schaf*.

Schafott s. 2. Hälfte 16. Jh. aus mnl. *scafot, -faut,* aus afrz. *chafaut, -faud (frz. échafaud).* Zugrunde liegt: mlat. **(ex)catafalicum* Gerüst, von volkslat. **catafalcium* Gerüst (von diesem stammt d. *Katafalk* 18. Jh.).

Schaft m. mhd. *schaft*, ahd. *scaft* Speer (engl. *shaft*); urverw. gr. *skêptron* ↗*Zepter*, Stab; lat. *scapus* Schaft; zum Zw. ↗*schaben*. ↗*Schacht*. Also = geschabter Stamm. **-schaft** Ableitungssilbe, vom Subst. mhd. *schaft*, ahd. *scaf* Beschaffenheit, wie ↗*schaffen* zur idg. Wurzel **skab-* schaben, schnitzen. Auslautend -*t* 9. Jh. wie bei ↗*Dick-ich-t* u. a.

Schah m. ↗*Schach*.

Schakal m. „Goldwolf" (*canis aureus*) Mitte 17. Jh. aus pers. *šagâl* (türk. *čakal*), das auf aind. *śṛgâlá* zurückgeht.

schäkern Zw. 1. Hälfte 18. Jh. aus jidd.; heb. *šâqar* Busen.

schal Adj. spätmhd. *schal* fade, aus nd. *schal* trocken, dürr (engl. *shallow* seicht); verw.: gr. *skéllein* austrocknen, *skeletós* ausgetrocknet (↗*Skelett*); zur idg. Wurzel **(s)kel-* ausdörren. Verw.: ↗*behelligen*.

Schal m. um 1800 aus engl. *shawl,* von pers. *šâl* Umschlagtuch. Die Bezeichnung geht vielleicht auf die ind. Stadt *Schaliat* zurück, in der die Engländer die *shawls* kennenlernten.

Schale¹ w. Trinkgefäß, mhd. *schâle,* ahd. *skâla;* zur idg. Wurzel **skel-* schneiden; urspr. = die abgeschnittene Hirnschale? (↗*Haupt*, ↗*Kopf*, ↗*Schädel*). – ↗*Schild*, ↗*Schlitz*, ↗*Scholle¹*, ↗*Schulter*, ↗*Skalp*, ↗*Tête-à-tête*. **Schale²** w.

327

Hülse, mhd. *schal,* ahd. *scala* (got. *skalja* Ziegel, engl. *shale, shell*); ebf. zur idg. Wurzel **skel-. ⁄ schalten, ⁄ Schellack, ⁄ Schellfisch.*

Schale³ w. = Kleid, ⁄ *Kluft.*

Schalk m. mhd. *schalk,* ahd. *scalc,* got. *skalks* Knecht; Herkunft ungeklärt (⁄ *Marschall*). Vielleicht verw. mit ⁄ *beschälen* (dann = Springer, Läufer?).

Schall m. mhd. *schal,* ahd. *scal;* zur idg. Wurzel **skel-* rufen, hallen, Nbf. zur Wurzel **kel-* in ⁄ *Hall,* ⁄ *hell.* ⁄ *Schelle,* ⁄ *schelten,* ⁄ *verschollen,* ⁄ *zerschellen.*

Schalmei w. mhd. *schal(e)mî(e),* aus afrz. *chalemie,* von gr. *kalamaía* Rohrpfeife. Zugrunde liegt: gr. *kálamos* Rohr, als ständisches Musikgerät von Kreuzrittern eingeführt. – ⁄ *Halm.*

schalten Zw. mhd. *schalten* schieben, ahd. *scaltan* stoßen, vom alten Subst. mhd. *schalte,* ahd. *scalta* Stange (zum Fortstoßen des Bootes); zur idg. Wurzel **(s)kel-* schneiden (⁄ *Schale¹*), eigtl. = abgeschnittene Stange. **Schalter** m. mhd. *schalter, schelter* Riegel (was man aufstößt, fortschiebt). **Schaltjahr** s. mhd. *schaltjâr,* ahd. *scaltjâr* Jahr, in das ein Tag eingeschoben wird.

Scham w. mhd. *scham* Schamgefühl, Schamteile, Schande; ahd. *scama* (engl. *shame;* got. *sik skaman* sich schämen); ohne überzeugende Erklärung (kaum wie ⁄ *Hemd,* ⁄ *Leich-nam* und ⁄ *Schande* zur idg. Wurzel **kam-, *kem-* verhüllen). – **Schande** w. mhd. *schande,* ahd. *scanta;* vom Stamm von ⁄ *Scham.* –-*nd-* für älteres -*md-* wie in ⁄ *Rand.*

Schanker m. Geschlechtskrankheit, 1. Hälfte 18. Jh. aus frz. *chancre* Krebsgeschwür (von lat. *cancer* Krebs).

Schanze¹ w. Glücksfall, -los, ⁄ *Chance.* ⁄ *zuschanzen.*

Schanze² w. Befestigung, spätmhd. *schanze* Reisigbündel, Faschine. – Über it. *scanso* Abwehr von lat.

campsare umzäunen (röm. Faschinenbau!). – 16. – 18. Jh. = Hinterkastell von Kriegsschiffen; 19. Jh. = Sprungschanze.

Schar w. mhd. *schar(e),* ahd. *skara* Menge; zum Zw. ⁄ *scheren* (eigtl. = Abschnitt). Verw.: ⁄ *Pflugschar, bescheren.* – ⁄ *Scharte,* ferner: ⁄ *Scharwerk,* ⁄ *Scherge.* – **Schäre** w. mhd. *scherre,* ahd. *scerra;* heutige Form 17. Jh. aus schwed. *skär;* mit Abl.: mhd. *schor(r)e,* ahd. *scorra* Felsvorsprung (engl. *shore* Küste; zum Zw. ⁄ *scheren;* eigtl. = Abgeschnittenes. – ⁄ *Schornstein.*

scharf Adj. mhd. *scharpf,* ahd. *skar(p)f* (engl. *sharp*); Erweiterung der idg. Wurzel **(s)ker-* schneiden. Urspr. = eingetrocknet, dürr. – ⁄ *Schorf,* ⁄ *Schrippe,* ⁄ *schröpfen,* ⁄ *schrubben,* ⁄ *schürfen.*

Scharlach m. mhd. *scharlât, scharlach* hochroter Stoff, aus mlat. *scarlatum,* von pers. *säqirlât* rotgefärbtes Kleid (ar. *siḳlârt,* letztlich aus lat. *cyclas,* gr. *kyklás* Frauenkleid für den ganzen Leib). – Die Krankheit *Scharlach* (wegen ihrer hochroten Hautfärbung) LÜ 14. Jh. nach mlat. *(febris) scarlatina,* daher zuerst: *Scharlachfieber.* – Die zweite Hälfte des Wortes (in Gent, der Produktionsstätte des Stoffs) von ⁄ *Laken* beeinflußt.

Scharlatan m. 1. Hälfte 17. Jh. aus frz. (engl.) *charlatan* Marktschreier (von it. *ciarlatano,* in volkset. Anlehnung an it. *ciarlare* schwatzen, aus it. *cer[r]etano* Wanderschüler, Kurpfuscher; vielleicht vom Namen der Hausiererstadt *Cerreto*).

scharmant Adj. ⁄ *charmant.*

Scharmützel s. mhd. *scharmutzel, -mützel,* aus it. *scaramuza* Gefecht (vom it. Zw. *schermire* fechten, von d. ⁄ *schirmen*).

Scharnier s. 18. Jh. aus frz. *charnière* (lat. *cardo* Türangel).

Schärpe w. 1. Hälfte 17. Jh. aus frz. *écharpe* Armbinde (schon mhd.

schirpe Pilgertasche, über afrz. aus mlat. *scirpa*, älter *scrippa* Pilgertasche; weitere Bezüge unklar: afrk. *escherpe* durch Metathese hierher?).

scharren Zw. mhd. *scharren*, intensivierend zum mhd. Zw. *scherren*, ahd. *schurren;* urverw.: lat. *carduus* Distel, *carrere* Wolle krämpeln; wohl SchW. – ↗ *verharschen*.

Scharte w. mhd. *schart(e)* (engl. *shard*), vom Adj. mhd. *schart*, ahd. *scart* verstümmelt. Zum Zw. ↗ *scheren*. ↗ *Schar*.

Scharteke w. 16. Jh. *scarteke*, aus mnd. *scarteke* Dokument, Buch; Weiterbildung von mnd. *scarte* Urkunde (= kleine Urkunde)? Oder: von Schülern nach mnd. *porteke*, mlat. *partheca* Scheibe Brot gebildet? – Nur d., erst ab 1500.

scharwenzeln Zw. 2. Hälfte 17. Jh. vom Subst. *Scharwenzel* Herzbube (= Trumpfkarte); zugrunde liegt: tschech. *červenec* Herzbube. Volkset. angelehnt an den (im 16. Jh. typisch tschech.) m. PN *Wenzel*.

scharwerken Zw. hart arbeiten, 16. Jh. vom Subst. *Scharwerk* s. Frondienst (in Gruppen; 14. Jh. *scharwerc*. ↗ *Schar*.

Schatten m. mhd. *scha-*, *schetewe*, ahd. *scato*, got. *skadus* (engl. *shade*, *shadow*); urverw.: gr. *skótos* Dunkel; idg. Wurzel *skot-* Dunkel, Nebel. – ↗ *beschatten*.

Schatulle w. seit Mitte 17. Jh. aus mlat. *scatulla* Schrein; ↗ *Schachtel*. – **Schatz** m. mhd. *scha(t)z*, ahd. *scaz* Münze, Besitz, got. *skatts* Münze, Geld; vermutl. urspr. = ↗ *Vieh;* aber Herkunft undursichtig: ↗ *Schachtel*.

Schaube w. Überkleid mit Pelzkragen, spätmhd. *schûbe*, *schûwe*, *schapen*, aus it. *giubba* Wams (↗ *Joppe*); zugrunde liegt ar. *dschubba* langärmeliger Rock.

schaudern Zw. 1. Hälfte 16. Jh. aus mnd. *schuddern*, *schoderen* (engl. *shudder*); ↗ *schütten;* wohl voridg.

schauen Zw. mhd. *schouwen*, ahd.

scouwôn (engl. *show*, ↗ *Show*); wie ↗ *schön*, ↗ *hören* zur idg. Wurzel *(s)keu-*, *(s)kêu-* aufpassen; gr. *thyo-skóos* Opferprüfer.

Schauer m. kurzer heftiger Regenguß, mhd. *schûr*, ahd. *scûr*, got. *skûra* (engl. *shower*); urverw.: lat. *caurus* Nordwestwind. Idg. Windbezeichnung.

Schauerleute Mz. 1. Hälfte 19. Jh. aus nd. Mz. zu *schouwerman*, vom nl. Zw. *sjouwen* Lasten watend von Bord tragen (Ableitung von: ↗ *See*), hart arbeiten.

Schaufel w. mhd. *schûvel*, ahd. *scûvala*, *scûfla* (engl. *shovel*); zum Zw. ↗ *schieben*; eigtl. = Gerät, auf das etw. geschoben wird (mit Gerätesuffix -*el* wie ↗ *Drisch-el*, ↗ *Heb-el*, ↗ *Meiß-el*, ↗ *Quir-l*, ↗ *Schleg-el*, ↗ *Flüg-el*, ↗ *Schlüss-el*, ↗ *Sie-l*, ↗ *Spreng-el*, ↗ *Stemp-el*).

Schaukel w. seit Mitte 17. Jh. für älteres *schuckel* (mhd. *schoc[ke]*; vgl. das Zw. mhd. *schocken* schwingen, mnl. *schokken* anstoßen; daher frz. *choc* Stoß); Herkunft undurchsichtig. Nhd. -*au*- für älteres -*u*- unregelmäßig. – ↗ *Schock* [1]. – **Schaukelpferd** s. 2. Hälfte 18. Jh.

Schaum m. mhd. *schûm*, *schoum*, ahd. *scûm* (engl. *scum* über mnl.); zur idg. Wurzel *skeu-* bedecken. ↗ *Scheune*, ↗ *Scheuer*, ↗ *Haut*. – **schäumen** Zw. mhd. *schûmen*, ahd. *scûman;* Umlaut seit 14. Jh. – **Schaumgold** s. 18. Jh. **Schaumwein** m. 18. Jh.

schaurig Adj. 1700 = in ↗ Schauern.

Scheck m. 1. Hälfte 19. Jh. aus engl. *cheque*. Zugrunde liegt pers. *čâk* Vertrag (aus ar. *şakk* Vertrag).

scheckig Adj. mhd. *scheckeht*, vom mhd. Adj. *schecke* gescheckt, von afrz. *eschiec* ↗ *Schach* (engl. *checky* kariert). Also = bunt wie ein Schachbrett.

scheel Adj. mhd. *schelh*, ahd. *scelah;* urverw.: gr. *skalênós*, *skoliós* krumm, *skelís* Tierhüfte, lat. *scelus* Verbrechen. ↗ *schielen*, ↗ *schillern*. Zur idg. Wurzel *(s)kel-* krumm, biegen, ↗ *Kolik*.

329

Scheffel m. mhd. *scheffel,* ahd. *scef-fil,* Verkleinerung zu: mhd. *schaf,* ahd. *scaf* Bottich, Gefäß. ∕ *Schaff.* – **scheffeln** Zw. um 1600 = Scheffel füllen.

Scheibe w. mhd. *schîbe,* ahd. *scîba* (engl. *shive*); urverw.: lat. *scipio* Stab; gr. *skípôn* abgebrochener Ast; idg. **skeip-,* Erweiterung der idg. Wurzel **skei-* trennen (∕ *schei-den,* ∕ *Schiefer,* ∕ *Schiene,* ∕ *Schei-ße,* ∕ *Schicht,* ∕ *schier*[1], ∕ *Schiff,* ∕ *Schütter*).

Scheich m . ∕ *Schach.*

scheiden Zw. (schied, geschieden), mhd. *scheiden,* ahd. *sceidan,* got. *skaidan* (engl. *shed*); zu einer Erweiterung der idg. Wurzel **skei-* trennen; ∕ *Scheibe,* ∕ *Schei-tel,* ∕ *Schiene;* ferner: ∕ *be-schei-den,* ∕ *ent-scheiden,* ∕ *ent-schieden,* ∕ *ver-schieden,* ∕ *Scheit,* ∕ *Ge-scheid,* ∕ *Scheiße,* ∕ *Schiedsrich-ter,* ∕ *schier*[1], ∕ *Schiff,* ∕ *schütter,* ∕ *zerschellen,* ∕ *gescheit.* **Scheide-münze** w. 2. Hälfte 17. Jh. für älte-res *schiedmüntz* 17. Jh. Wechsel-geld.

scheinen Zw. (schien, geschienen), mhd. *schînen,* ahd. *skînan,* got. *skeinan* (engl. *shine*); urverw.: gr. *skiá* Schatten, *skênê* Zelt; wie ∕ *Schemen,* ∕ *schier*[2], ∕ *Schimmel,* ∕ *schimmern* zur idg. Wurzel **skai-* matt glänzen. **Scheinwerfer** m. Verdeutschung 1791 für frz. *réver-bère.*

Scheiße w. mhd. *schîze* Durchfall (dafür ahd. *scîzata*); vom Zw. **scheißen** (schiß, geschissen), mhd. *schîzen,* ahd. *scîzan* (engl. *shite*); zu einer Erweiterung der idg. Wur-zel **skei-* schneiden, lostrennen. – ∕ *scheiden,* ∕ *Verschiß.* – **Scheit** s. mhd. *schît,* ahd. *skît* (engl. *shide*); zum Zw. ∕ *scheiden;* eigtl. = Holz-stück. – ∕ *scheitern,* ∕ *Ski.* – **Schei-tel** m. mhd. *scheitel(e),* ahd. *sceitila* Kopfwirbel; zum Zw. ∕ *scheiden* (idg. Wurzel **skei-*); eigtl. = Stel-le, an der sich die Haare trennen. – **scheitern** Zw. 1. Hälfte 16. Jh. von *Scheiter* Mz. von ∕ *Scheit;* eigtl. =

in Trümmer gehen (von Holz-schiffen).

Schellack m. 1. Hälfte 18. Jh. aus nl. *schellak* schuppenförmiger Lack (zu: *schell* Schuppe, Hülse. ∕ *Scha-le*[2]); ∕ *Schellfisch.*

Schelle w. mhd. *schelle,* ahd. *scella* Glöckchen; vom alten starken Zw. *schellen,* mhd. *schellen,* ahd. *scel-lan* tönen; ∕ *Schall* (das schwache Zw. *schellen* stammt im 17. Jh. vom Subst. *Schelle*). Schelle = ∕ *Ohrfei-ge* gekürzt 18. Jh. aus *Maulschelle* (Mitte 16. Jh., = was um den Mund schallt). – ∕ *schelten,* ∕ *zerschellen,* ∕ *Küchenschelle.*

Schellfisch m. Mitte 16. Jh. aus mnd. *schellevisch* sich (muschelartig im Fleisch) schälender Fisch, zum Zw. *schellen* schälen, sich blättern. – ∕ *Schale*[2].

Schelm m. mhd. *schelm(e)* durch-triebener Bursche, Betrüger, ahd. *skelmo* des Todes Schuldiger; mhd. *schalme* Pest, Seuche, ahd. *scalmo* Tod, Seuche; vielleicht zur idg. Wurzel **(s)kel-* schneiden (eigtl. = wer vom Leben gewaltsam abge-schnitten wird?).

schelten Zw. (schalt, gescholten), mhd. *schelten,* ahd. *skeltan;* verw. mit mhd. ∕ *schellen* tönen; zu ei-ner Erweiterung der idg. Wurzel **(s)kel-* tönen. ∕ *Schall,* ferner: ∕ *unbescholten.*

Schema s. um 1700 aus gr. *s\|chêma* Haltung, Form, Entwurf (vom gr. Zw. *échein* halten; ∕ *hektisch*); verw.: ∕ *Schule,* ∕ *Sieg.*

Schemel m. mhd. *schemel,* ahd. *sca-mil,* aus lat. *scamillus* Bänkchen (*scamnum* Bank).

Schemen m. mhd. *scheme,* *schim(e)*; dazu im Abl.: ahd. *scimo* Glanz; mit einer -*m*-Erweiterung zur idg. Wurzel **skai-* matt glänzen; ∕ *scheinen.*

Schenke w. 15. Jh. = Gastwirt-schaft, ostmd. (aber mhd. *schenke* = Gabe); zu ∕ *schenken.* **Schenkel** m. mhd. *schenkel;* wie ∕ *hinken* zur idg. Wurzel **(s)keng-* schräg; dazu im Abl.: ∕ *Schinken.* **schenken**

Zw. mhd. *schenken,* ahd. *skenken* (engl. *skink* zapfen); verw.: an. *skakkr* schief; eigtl. = schief halten (das Gefäß beim Einschenken); zur idg. Wurzel **(s)keng* schräg (↗*hinken,* ↗*Schenkel*). ↗*Geschenk.*

Scherbe w. mhd. *scherbe, schirbe,* ahd. *scirbi;* zu einer Erweiterung der idg. Wurzel **sker-* schneiden (mhd. *scherben, scharben* zerschneiden, ahd. *scarbôn*). Also = die Schneidende. ↗*Schere,* ↗*Scherflein,* ↗*schürfen.*

Schere w. mhd. *schære* (engl. *shear*), Mz. zu ahd. *skâr* (im Abl.: ahd. *scaro* Schar; ↗*Pflugschar*); zum Zw. **scheren**[1] (schor, geschoren), mhd. *schern,* ahd. *skeran* (engl. *shear*); idg. Wurzel **(s)ker-* schneiden. Dazu: ↗*Schäre,* ↗*Scharte,* ↗*Schar.* Verw.: ↗*Harn,* ↗*raffen,* ↗*kurz,* ↗*herb,* ↗*Herbst,* ↗*rein,* ↗*Reis*[2], ↗*Schirm,* ↗*Schornstein,* ↗*Schramme,* ↗*schreiben,* ↗*schroff,* ↗*Schurz,* ↗*Sekret,* ↗*Geschirr;* mit Abl.: ↗*Schur.*

sich scheren[2] Zw. sich packen, spätmhd. *scheren* weglaufen, ahd. *scerôn* ausgelassen sein; verw.: got. *skairein* tanzen. Zur idg. Wurzel **(s)ker-* springen; ↗*Scherz.* Dazu: ↗*ausscheren* (nd. *scheren* mit Schlittschuhen Bogen laufen; sich absondern). Verw.: gr. *skaírein* hüpfen, lat. *scurra* Scherzbold (↗*skurril*). ↗*schrecken.*

Scherflein s. 1. Hälfte 16. Jh. Verkleinerung zu *scherf* 2. Hälfte 15. Jh. (Erfurter) Scheidemünze (daher Luther bei Markus 12, 42); dazu mhd. *scher(p)f,* ahd. *scerf* Münze, zum ahd. Zw. *scarbôn, screvôn* einritzen (verw.: ↗*Scherbe*); vermutl. urspr. = Münze mit Zackenrand (lat. *nummus serratus*).

Scherge m. mhd. *scherje, scherge,* ahd. *scar(i)o, scerjo* Scharführer, zu ↗*Schar. -rg-* für älteres *-rj-* wie in: ↗*Ferge,* ↗*Latwerge.*

Scherz m. mhd. *scherz* Spiel, Vergnügen; zu einer Erweiterung der idg. Wurzel **(s)ker-* springen.

↗*sich scheren.* Das Wort ersetzt seit 13. Jh. ↗*Schimpf,* dessen ungute Bedeutungen (Hohn, Schande) allmählich überwogen. – **Scherzo** s. 18. Jh. aus it. *scherzo* (vom Zw. *scherzare* scherzen, aus lang. **skerzôn* scherzen).

scheu Adj. mhd. *schiech* (engl. *shy*). Dazu das Subst. **Scheu** w., mhd. *schiuhe* Abscheu, und das Zw. **scheu(ch)en** mhd. *schiuhen,* ahd. *sciuhen.* **Scheuche** w. (z. B. in: ↗*Vogelscheuche*) stammt auch von mhd. *schiuhe* Abscheu. Idg. Wurzel: **skeu-k, *skeubh-* (wie: ↗*schieben*). – ↗*Scheusal,* ↗*schüchtern.*

Scheuer w. mhd. *schiur(e), schiuwer,* ahd. *sc(i)ura* (Lex Salica: *scur[i]a*); zur idg. Wurzel **(s)keu-* bedecken; ↗*Haus,* ↗*Haut,* ↗*Hode,* ↗*Hütte,* ↗*Hort,* ↗*Hose,* ↗*Schaum,* ↗*Schote,* ↗*Scheune,* ↗*Schuh;* dazu: lat. *obscurus* dunkel (↗*obskur*).

scheuern Zw. 1. Hälfte 16. Jh. *schewren,* aus mnd. *schüren.* – wohl über nl. aus afrz. *escurer* sorgen (lat. **ex-curare* [↗*Kur*]).

Scheune w. mhd. *schiun(e),* ahd. *scugin(a)* Schuppen; wie ↗*Scheuer* zur idg. Wurzel **(s)keu-* bedecken.

Scheusal s. spätmhd. *schûsel, schiusel* Popanz, Vogelscheuche; vom Zw. ↗*scheu(ch)en,* mit dem Suffix *-sal* wie: ↗*Trüb-sal* u. a. – **scheußlich** Adj. mhd. *schiuzlich,* vom Zw. mhd. *schiuzen* Grauen empfinden; zum Zw. ↗*scheu(ch)en.*

Schicht w. spätmhd. *schicht(e)* Abbauzeit, Arbeitsfrist; mit nd. *-cht-* für hd. *-ft-* wie in ↗*achter* und Entsprechungen (engl. *shift*); wie ↗*Scheibe* und seine Sippe zur idg. Wurzel **skei-* trennen. ↗*umschichtig.*

schick Adj. Mitte 19. Jh. aus frz. *chic,* von d. **Schick** m. was sich ziemt (seit 14. Jh.; nd.), dies zum d. Zw. **schicken** mhd. *schicken* bereiten, (ab-)ordnen, aus nd. *schikken;* mit intensivierendem *-kk-* zu: ahd. *skehan* umherlaufen (↗*ge-*

schehen). – ⁄*Schikane,* ⁄*Ge-schick.* **schicklich** Adj. spätmhd. *schicklich* geordnet. **Schicksal** s. 18. Jh. für älteres *Schicksel* 1. Hälfte 17. Jh. aus nl. für d. ⁄*Geschick* (eigtl. = was Gott schickt). – Suffix *-sal* wie bei ⁄*Trüb-sal* u. a.

schieben¹ Zw. (schob, geschoben), mhd. *schieben,* ahd. *scioban* (got. *af-skiuban* wegschieben, engl. *shove*); wie ⁄*scheu* zur idg. Wurzel **skeub(h)-* werfen, hinschieβen; abgeleitet: ⁄*Schaufel,* ⁄*Schippe,* ⁄*Schub,* ⁄*Schuft;* ⁄*schießen,* ⁄*Vorschub leisten.*

schieben² Zw. (schob, geschoben), in Redensarten wie *Wache* (*Kohldampf*) *schieben,* volkset. aus rotw. *scheften* machen, gehen (Mischung von d. *schaffen* und jidd. *jaschwenen* setzen, heb. *jaschab* bleiben). Dazu: **Schieber** m. Betrüger; 2. Hälfte 19. Jh.

Schiedsrichter m. frühnhd. *schiderichter* für mhd. *schideman,* mhd. *schi(e)t* Gerichtsentscheidung (davon: das Adj. *schiedlich* in der RA *schiedlich und friedlich,* 2. Hälfte 17. Jh.). ⁄*scheiden.*

schief Adj. mhd. *schief* (engl. *skew*); urverw.: lat. *scaevus* link, gr. *skaiós* link, gr. *skimbós* lahm; zur idg. Wurzel **sqêi-, *skəi-* lahm, schief.

Schiefer m. mhd. *schiver(e), schever(e)* Splitter, ahd. *skivaro* Bruchstück (von Stein oder Holz) (engl. *shiver* Splitter); Mitte 16. Jh. = Plattenstein (für älteres *schiferstein*); wie ⁄*Scheibe* u. a. zur idg. Wurzel **skei-* trennen.

schielen Zw. mhd. *schilhen,* ahd. *scilihen, schilchen;* abgeleitet von: ⁄*scheel.* – ⁄*schillern.*

Schiene w. mhd. *schine* Schienbein, Holz-, Metalleiste, ahd. *scina* Schienbein, Nadel; urverw.: lat. *scindere* spalten, gr. *s\chízein* spalten; wie ⁄*Scheibe,* ⁄*scheiden,* ⁄*schier* usw. zur idg. Wurzel **skei-* trennen. Dazu verdeutlichend **Schienbein** s. mhd. *schinebein* (engl. *shinbone*), eigtl. =

schmaler Knochen. – **schier¹** Adv. fast, mhd. *schiere* schnell, fast, ahd. *skêro, skioro* schnell, sofort (Adj. mhd. *schier* schnell, ahd. *skêri* scharf[sinnig]; vgl.: lat. *scire* wissen); wie ⁄*Scheibe,* ⁄*scheiden,* ⁄*Schiene,* ⁄*Schiff* usw. zur idg. Wurzel **skei-* trennen, spalten.

schier² Adj. rein, in Verbindungen wie *schieres Fleisch,* mhd. mnd. *schîr,* got. *skeirs* deutlich (engl. *sheer* lauter); wie ⁄*scheinen* zur idg. Wurzel **skai-* matt glänzen; eigtl. = schimmernd; später = unvermischt. – Die nhd. Form *schier* stammt aus dem Nd.

Schierling m. mhd. *scherlinc, schirlinc,* ahd. *scer(i)ling* für älteres *scerning;* abgeleitet von der (nicht überlieferten) hd. Entsprechung zu mnd. *scharn* Mist (verw.: ⁄*Harn*); eigtl. = Mistblume (wegen ihres Standorts an Düngerhaufen usw.). – Zum Suffix *-l-ing* ⁄*Hänf-l-ing.*

schießen Zw. (schoß, geschossen), mhd. *schiezen,* ahd. *scioʒan,* krimgot. *schieten* den Pfeil abschießen (engl. *shoot*); zur idg. Wurzel **(s)keu-* treiben, Erweiterung: **skeub(h)-* (⁄*schieben¹*). – ⁄*Schoß,* ⁄*Schuß,* ⁄*Schute,* ⁄*Schütze,* ⁄*Geschoß.* **Schießhund** m. urspr. wohl = Jagdhund zur Verfolgung des angeschossenen Wildes, 2. Hälfte 18. Jh.; übtr. zuerst stud. (= Pedell; Polizist).

Schiff s. mhd. *schif, schef,* ahd. *skif, skef,* got. *skip* (engl. *ship*); zur idg. Wurzel **skeib-,* Erweiterung der Wurzel **skei-* trennen, schneiden (⁄*Scheibe,* ⁄*scheiden,* ⁄*Schiene,* ⁄*schier¹* usw.); eigtl. = abgehauener, ausgeschnittener Stamm, Einbaum. Zur Bedeutung: ⁄*Boot,* ⁄*Einbaum,* ⁄*Nachen;* ⁄*Equipage.* – Das *Schiff* der Kirche (seit 1500): Vergleich des Kirchendachs mit einem (umgedrehten) Schiffskiel? – **schiffen** Zw. harnen, 2. Hälfte 18. Jh. vom Subst. *Schiff* in seiner alten Bedeutung „Gefäß" (seit ahd.; stud. 2. Hälfte 18. Jh. = Nachtgeschirr).

Schikane w. 2. Hälfte 17. Jh. aus frz. *chicane* Spitzfindigkeit, vom frz. Zw. *chicaner* das Recht verdrehen, vielleicht aus mnd. *schikken* ordnen, bereiten (↗ *schicken*).

Schild m. mhd. *schilt*, ahd. *scilt*, got. *skildus* (engl. *shield*): (s. zuerst mnd. 15. Jh.; hd. um 1750 m. und s.). Wie ↗ *Schale* zur idg. Wurzel *skel-* schneiden; urspr. = abgeschnittenes Stück Holz, Brett. – ↗ *Schlitz*, ferner: ↗ *Schilling*, ↗ *Schulter*; ↗ *Skalp*, ↗ *sollen*, ↗ *verschleißen*. **schildern** Zw. mnd. *schilderen*, mnl. *scildern* eigtl. = den Schild (= das Wappen) bemalen; dann = anstreichen, malen; schließlich (18. Jh.) = beschreiben, darstellen; mhd. *schiltære* Wappenmaler. **Schildpatt** s. Horntafel der Schildkröte, 2. Hälfte 18. Jh. aus nd. nl. *schildpad* Schildkröte(nschale). Zs. mit nd. *padde*, nl. *pad* Kröte; dazu das nd. Zw. *pedden* gehen, trampeln, mit ↗ *Pfad* verw. (= mhd. *pfaden*).

Schilf s. mhd. *schilf*, ahd. *sciluf*, aus lat. *scirpus* Binse. D. *-l-* für lat. *-r-* wie in ↗ *Pflaume*; ↗ *Maulbeere*.

schillern Zw. 2. Hälfte 15. Jh. intensivierend (Infix *-er-*!) zum Zw. ↗ *schielen*.

Schilling m. mhd. *schillinc*, ahd. *skilling*, got. *skilliggs* (engl. *shilling*), aus älterem *skild-ling* Schildart (Bezeichnung für die röm. Münze *solidus*, die man in Germanien auch als Schmuck trug; vgl.: it. *scudo*, frz. *écu* Taler, Schild). ↗ *Pfennig*; ↗ *Schild*.

Schimmel m. Pilzüberzug, mhd. *schimel*; dazu ahd. *scimbalag* schimmlig, *scimbalôn* schimmeln; wie ↗ *scheinen*, ↗ *Schemen* u. a. zur idg. Wurzel *skai-* matt glänzen. Die mhd. Form ist von mhd. *schîme* Glanz (↗ *schimmern*) beeinflußt. Die Bedeutung „weißes Pferd" entsteht spätmhd. aus adjektiv. Verbindungen wie *schemeliges perd* Pferd wie mit Schimmel überzogen. **schimmern** Zw. mnd. *schemeren* (engl. *shimmer*), intensivierend (Infix *-er-*: ↗ *meck-er-n* u. a.) zu md. *schemen* glänzen (ahd. *scîmo*, mhd. *schîme* Glanz, got. *skeima* Leuchte); zur idg. Wurzel *skai-*. Vom Zw. das Subst. **Schimmer** m. 1. Hälfte 18. Jh. Dazu im Abl.: ↗ *schummern*.

Schimpanse m. 1. Hälfte 19. Jh. aus einer afrikan. Eingeborenensprache (aus Guinea).

Schimpf m. mhd. *schimph*, ahd. *scimph* Scherz, Spiel. Dazu: **schimpfen** Zw. mhd. *schimpfen*, ahd. *scimpfen* scherzen, spielen. – Verw.: ahd. *scof* Spott; aengl. *scop* Dichter (von Spottliedern?); germ. *skumpa*. Weiteres unsicher (mhd. *schimphwort* Scherzwort, nhd. **Schimpfwort** s. 2. Hälfte 17. Jh. Schmähwort).

Schindel w. mhd. *schindel*, ahd. *scintula* (engl. *shingle*), aus lat. *scindula* für älteres *scandula* Schindel.

schinden Zw. (schund, geschunden), mhd. *schinden*, ahd. *scinten* abschälen, mißhandeln; vom mhd. Subst. *schint* w. Fruchtschale (eigtl. = abschälen); verw.: nd. ↗ *Schinn* m. Schuppen, engl. *skin* Haut (aus an. *skinn* Haut, Fell). ↗ *Schund*. **Schindluder** s. 2. Hälfte 17. Jh. md. = gefallenes Vieh, das abgehäutet wird (↗ *Luder*); als Schelte stud. 2. Hälfte 18. Jh. (*Schindluder* [= Schlachtvieh] *treiben* roh verspotten).

Schinken m. mhd. *schinke*, ahd. *scinko*, *scinka* Schenkel; im Abl. zu ↗ *Schenkel* und mit diesem und dem Zw. ↗ *schenken* zur idg. Wurzel *(s)keng-* schräg. Also = krummer Körperteil.

Schinn m. urspr. mnd., = Kopfschuppe; ↗ *schinden* (↗ *Schund*).

Schippe w. seit 15. Jh. aus nd. *schüppe*, *schippe*, zum Zw. mhd. *schupfen* schnell schieben, intensivierend (*-pp-*; vgl.: ↗ *schicken*) vom Zw. ↗ *schieben* abgeleitet. Seit 17. Jh. (mnd. *schüppen* Mz.) als Bezeichnung der Spielkartenfarbe ↗ *Pik*.

Schirm m. mhd. *schirm, scherm,* ahd. *skirm, skerm* Schild, Schutzwehr; urverw.: lat. *scortum, corium* Leder; wie ⁊ *scheren* zur idg. Wurzel *(s)ker-* schneiden, abtrennen. Eigtl. = Fell, mit dem der Schild bezogen ist. Dazu: Zw. **schirmen** mhd. *schirmen, schermen,* ahd. *skirmen* schützen, verteidigen.

Schirokko m. 1. Hälfte 19. Jh. über it. *scirocco* aus ar. *šarqî* Ostwind.

Schlacht w. mhd. *slaht(e),* ahd. *slahta* Tötung; zum Zw. ⁊ *schlagen.* ⁊ *Geschlecht.* Seit 16. Jh. = Kampf zwischen 2 Heeren. **schlachten** Zw. mhd. *slahten,* ahd. *slahtôn* töten. –

Schlacke w. 16. Jh. aus mnd. *slagge* (beim Schmiedeschlag anfallender) Metallabfall; ⁊ *Schlag.*

Schlackerwetter s. Schneeregen, 2. Hälfte 18. Jh. Zs. mit nd. *slakk* dicke weiche Masse, mhd. *slach* schlaff, welk, = ahd. *slach* (engl. *slack* schlaff); verw.: gr. *lagarós* schmächtig. ⁊ *Schlaks.* **Schlackwurst** w. 1. Hälfte 18. Jh. Zs. mit nd. *schlacke* Mastdarm (zu mnd. *slak* schlaff).

Schlaf m. mhd. ahd. *slâf,* got. *slêps* (engl. *sleep*); vom Zw. **schlafen** (schlief, geschlafen), mhd. *slâfen,* ahd. *slâf(f)an,* got. *slêpan* (engl. *sleep*); zur idg. Wurzel *(s)leb-,* *(s)lab-* schlaff hängend, zu der auch ⁊ *Laffe,* ⁊ *Lappen,* ⁊ *Lefze,* ⁊ *Lippe,* ⁊ *Schlamm* gehören. – *Schlaf des Gerechten* vielleicht nach Sprüche Sal. 24, 15. – **Schläfe** w. 18. Jh. Mz. zu *Schlaf* (mhd. *slâf,* ahd. *slâph* Schläfe) (weil man beim Schlaf darauf liegt). Die Mz. zeigt auch lat. *tempora* Schläfe. – **schlaff** Adj. mhd. ahd. *slaf;* zur idg. Wurzel *slêp-* schlaff hängend. Dazu: die nd. Form *schlapp,* die 2. Hälfte 16. Jh. ins Hd. eindringt. – Die Verdopplung (*-pp-, -ff-*) intensiviert; ⁊ *Lappen* u. a. – Zur Beziehung *Schlaf:schlaff* ⁊ *schlummern.*

Schlafittchen s. 18. Jh. aus nd.-md. Maa., eigtl. = *Schlagfittich* (Gänseflügel); dann übtr. = Rockschoß.

Schlag m. mhd. *slac,* ahd. *slag* (engl. *slay*); vom Zw. **schlagen** (schlug, geschlagen), mhd. *slahen, slân,* ahd. got. *slahan* (engl. *slay*); zur idg. Wurzel *slak-* schlagen; ⁊ *Schlacke,* ⁊ *Schlegel.* **Schlaganfall** m. 19. Jh. für älteres *Schlagfluß,* das 2. Hälfte 17. Jh. (Einfluß von gr. *rheûma* ⁊ *Rheuma*) *Schlag* mhd. *slac* (LÜ von lat. = gr. *apoplexia*) verdeutlicht. **Schlager** m. 1869 in der Wiener Musikkritik (metaphorisch nach dem Blitzschlag). **Schlaglicht** s. Lichteinfall in eine Landschaft, auf ein Bild, 1. Hälfte 18. Jh. **Schlagseite** w. eigtl. seemännisch, = Seite, auf die sich ein Schiff neigt; 2. Hälfte 17. Jh. **Schlagwort** s. urspr. (2. Hälfte 18. Jh.) = ⁊ *Stichwort* des Schauspielers; dann (um 1800, Jean Paul) = wie ein Schlag treffendes, kurzes Wort; kurz davor = schmerzlich treffendes Wort. – Von ⁊ *Schlager* beeinflußt: **Schlagzeile** w. 20. Jh. = fettgedruckte Zeitungsüberschrift.

Schlaks m. langer dünner Tolpatsch, 2. Hälfte 18. Jh. aus md.; zu nd. *slack* schlaff; ⁊ *Schlackerwetter.*

Schlamassel m. (s. aus jidd.) Zs. 2. Hälfte 18. Jh. aus hd. *schlimm* + heb. *masol* Stern, Geschick (jidd. *schli-, schlamasel* Mißgeschick).

Schlamm m. mnd. *slam* unbrauchbare Mahlfrucht, md. 14. Jh. *slam* feuchter Bodensatz; seit Luther hd. (*-mm* wie in: ⁊ *Kamm,* ⁊ *krumm,* ⁊ *Lamm,* aus älteren *-mb;* vgl.: ⁊ *Schlampe*). Nasalerweiterung der idg. Wurzel *(s)lab-* schlaff hängend; ⁊ *Laffe,* ⁊ *Lappen,* ⁊ *Lefze,* ⁊ *Lippe,* ⁊ *schlaff.*

Schlampe w. 2. Hälfte 17. Jh. vom Zw. mhd. *slampen* schlaff hängen, nachschleifen; später = schlürfen; SchW. Dazu als Streckform **schlampampen** Zw. schlemmen (nach *Frau Schlampampe,* der Heldin zweier Satiren von Chr. Reuter, 1695 f.; urspr.: nd. Streckform zu *slempen* prassen). ⁊ *glimpflich,* ⁊ *schlemmen.*

Schlange w. mhd. *slange,* ahd. *slan-*

go; im Abl. zum Zw. ↗*schlingen¹* sich winden. – **schlank** Adj. mhd. (nur md.) *slanc;* verw.: mnd. *slinken* schrumpfen; wie ↗*schlingen¹* zur idg. Wurzel **sleng-* winden. – ↗*schlenkern.*

schlapp Adj. ↗*schlaff.*

Schlappe w. Mißerfolg, 1. Hälfte 16. Jh. schwz., aus mnd. *slapp* (engl. *slap*) Klaps; SchW.

Schlaraffenland s. vor 1500 *Schluraffen landt;* Zs. von mhd. *slûr-* Faulenzer (verw.: ↗*schlummern*) ↗ + *-affe;* eigtl. = Land der faulen Affen. *-a-* vortonig für älteres *-û-* ähnlich wie in: ↗*Halunke,* ↗*Lakritze,* ↗*lavieren.* – ↗*schleudern.*

schlau Adj. 1. Hälfte 16. Jh. aus nd. *slû;* Erweiterung der idg. Wurzel **sleu-* ↗*schlüpfen* (**sleuk-*); eigtl. = schleichend, heimlich. – **Schlauch** m. mhd. *slûch* Schlangenhaut, Röhre; zur idg. Wurzel **sleu-* ↗*schlüpfen* (**sleuǧ-*); eigtl. = wohinein (woheraus) man schlüpft. ↗*schluchzen,* ↗*schliefen.*

Schlaufe w. Schlinge, mhd. *sloufe* Hülle, *slouf* Schleife, ahd. *slouf* Schleife, als Ez. jetzt vorwiegend ma. (bes. alem.); zum Zw. ↗*schliefen* (mhd. *sloufen* schlüpfen machen, ahd. *slaupjan* abstreifen, gleiten lassen). – ↗*Schleife.*

schlecht Adj. mhd. ahd. *sleht,* got. *slaihts* (engl. *slight*); eigtl. = glatt gemacht, eben (dann = einfach; schließlich = geringwertig, 15. Jh.). Verw.: ↗*schleichen;* mit diesem zur idg. Wurzel **sl(e)ig-* schlüpfrig. Nbf.: ↗*schlicht.*

schlechterdings Adv. 1. Hälfte 17. Jh. *schlechter Dinge;* mit adverb. *-s* wie ↗*allerding-s,* ↗*neuerding-s.*

schlecken Zw. mhd. *slecken;* durch das Affix *s-* erweiterte Form von ↗*lecken.*

Schlegel m. mhd. *slegel,* ahd. *slegil;* Gerätebezeichnung auf *-el* zum Zw. ↗*schlagen* (↗*Drisch-el,* ↗*Heb-el,* ↗*Meiß-el,* ↗*Quir-l,* ↗*Schauf-el,* ↗*Flüg-el,* ↗*Schlüss-el,* ↗*Sie-l,* ↗*Stemp-el,* ↗*Spreng-el,* aber ↗*Spiegel,* ↗*Bengel*).

Schlehe w. mhd. *slêhe,* ahd. *slêha,* *slêwa* (engl. *sloe*); urverw.: lat. *lividus* bläulich, neidisch, *livor* bläuliche Farbe, Neid, *livere* bläulich sein, neidisch sein; vgl.: *Slibowitz* serb. Pflaumenschnaps (nach aslaw. *slíva* Pflaume, eigtl. = die Bläuliche); zur idg. Wurzel **(s)li-* bläulich. Germ. Obstname nach der Farbe der Frucht.

Schlei m., **Schleie** w. Karpfenart, mhd. *slî(g)e,* *slîhe,* ahd. *slîo;* wie ↗*Lehm* und ↗*Leim* zur idg. Wurzel **(s)lei-* schleimig (nach seinen Schuppen). – ↗*schlecht,* ↗*schleichen,* ↗*schleifen,* ↗*Schleim,* ↗*Schlitten.* – **schleichen** Zw. (schlich, geschlichen), mhd. *slîchen,* ahd. *slîhhan;* wie ↗*schlecht* zur idg. Wurzel **sl(e)ig-,* Erweiterung der idg. Wurzel **slei-* schleimig; verw. mit: ↗*Lehm,* ↗*Leim,* ↗*Schlei.* Urspr. = gleiten, schlüpfen. – ↗*Schlich,* ↗*Schlick.*

Schleier m. mhd. *sleier;* germ. Wort, Herkunft umstritten. Vielleicht verw.: mnl. *slooien* schleppen?

Schleife w. 16. Jh. *Schleiffe* neben *Schleuffe,* mhd. *sloufe* Schlinge, vom Zw. mhd. ahd. *sloufen* schlüpfen lassen (zu ↗*schliefen*); ↗*Schlaufe.* – Entrundung des *-eu-* zu *-ei-* wie bei ↗*ereignen.*

schleifen¹ Zw. (schliff, geschliffen), mhd. *slîfen,* ahd. *slîfan;* urverw.: gr. *olibrós* schlüpfrig; lat. *libare* abstreichen; zur idg. Wurzel **(s)leib-* schleimig, Erweiterung der idg. Wurzel **(s)lei-* schleimig; verw. mit: ↗*Lehm,* ↗*Leim,* ↗*Schlei(e)*; auch mit: ↗*schlecht,* ↗*schleichen,* ↗*schlüpfrig;* eigtl. = schlüpfrig machen. – Davon abgeleitet das schwache (bewirkende) Zw. **schleifen²,** mhd. ahd. *sleifen,* eigtl. = gleiten lassen; dann = über den Boden ziehen. ↗*Schleppe,* ↗*Schliff,* ↗*Slipper.* – **Schleim** m. mhd. *slîm* (engl. *slime*); ahd. Zw. *slîmen* glätten; wie ↗*Schlei(e)* zu idg. **(s)lei-* schleimig; gr. *leímax* Schnecke, lat. *limax* Wegschnecke. – ↗*Lehm,* ↗*Leim,* ↗*Schlitten.*

schleißen Zw. ↗ *verschleißen.*

schlemmen Zw. spätmhd. *slemmen,* wohl zum mhd. Zw. *slampen* schlürfen (↗ *Schlampe*); lautlich hat ↗ *Schlamm* eingewirkt.

schlendern Zw. Mitte 17. Jh. aus nd. *slendern* (mhd. *lendern* langsam gehen); wie ↗ *schlingen²* zur idg. Wurzel **(s)lend(h)*- gleiten. Zum -*rn*-Suffix vgl. ↗ *schlenk-ern* u. a. – Ohne -*er*-Suffix: **schlenzen** Zw., md., seit 14. Jh. – **Schlendrian** m. 17. Jh. md. Zs. von *schlendern*- und spätmhd. -*jân* Reihe (zur idg. Wurzel **ei*- gehen; ↗ *eilen*).

schlenkern Zw. spätmhd. *slenkern,* vom Subst. mhd. *slenker, slenge(r)* Schleuder, ahd. *slengira;* wie: ↗ *schlingen¹* und ↗ *schlank* zur idg. Wurzel **slenk-* (**sleng-*) sich winden. -*rn*-Infix wie bei ↗ *flack-er-n* u. a.

schlenzen Zw. ↗ *schlendern.*

Schleppe w. 2. Hälfte 17. Jh. aus nd. *slepe* (= hd. *schleife*); vom Zw.

schleppen 13. Jh. md. *slepen,* aus: mnd. *slêpen* ↗ *schleifen²*; eigtl. = (am Boden) ziehen; dann = schwer tragen.

schleudern Zw. 16. Jh. *schleudern* neben *schlaudern,* mhd. *slûdern* schlenkern (*slûder* Schleuder, *slûr* Faulenzer; ↗ *Schlaraffenland*); wie ↗ *liederlich,* ↗ *lotterig,* ↗ *schlottern* und ↗ *schlummern* zur idg. Wurzel **(s)leu*- schlaff. Seit 2. Hälfte 17. Jh. = unterm Preis verkaufen. – **Schleuderware** w. 2. Hälfte 19. Jh. – ↗ *schludern.*

schleunig Adj. mhd. *sliunec* für älteres ahd. *sliumi* (älter Adv. *sniumo* schnell; got. *sniwan* eilen, *sniumundô* eilends); zu idg. **sneu*- drehen (von der Spindel? der Mühle?). -*l*- für -*n*-: dissimiliert!

Schleuse w. 1. Hälfte 16. Jh. über nd. *slüse* aus mnl. *slu(i)se,* aus frz. *écluse* (daher: engl. *sluice*); durch nl. Kolonisten nd., volkset. Einfluß von nhd. ↗ *schließen.* Zugrunde liegt mlat. *sclusa* = lat. *exclusa* Schleuse (vom Zw. *excludere* ausschließen). – ↗ *Klause.*

Schlich m. Kniff, mhd. *slich* Leisetreterei; zum Zw. ↗ *schleichen.*

schlicht Adj. 2. Hälfte 17. Jh. vom Zw. **schlichten,** mhd. *slihten* einfach, eben machen (verdrängt die abgewertete Nbf. ↗ *schlecht*).

Schlick m. 1. Hälfte 17. Jh. aus mnd. *slîk, slick* Schlamm (mhd. ahd. *slich, slîch* Schlamm), zum Zw. ↗ *schleichen.*

schliefen Zw. (schloff, geschloffen), mhd. *sliefen,* ahd. *sliofan,* got. *sliupan;* wie lat. *lubricus* schlüpfrig zur idg. Wurzel **(s)leub*- gleiten. Davon abgeleitet: ↗ *schlüpfen* und *schlaufen* (mhd. ahd. *sloufen;* ↗ *Schlaufe*). – ↗ *Schlucht,* ↗ *schlau,* ↗ *Schlauch,* ↗ *Unterschleif.*

schließen Zw. (schloß, geschlossen), mhd. *slieʒen,* ahd. *slioʒan;* urverw.: lat. *claudere* schließen, *clavis* Schlüssel, *clavus* Nagel (↗ *Klavier*); gr. *kleein* schließen; eigtl. = einen Pflock (idg. Wurzel **skleu*-) vorlegen. Dazu im Abl.: ↗ *Schloß,* ↗ *Schluß,* ↗ *Schlüssel.*

Schliff m. mhd. *slif* Geschliffensein, Abgenutztheit; vom Zw. ↗ *schleifen.*

schlimm Adj. mhd. *slim(p)* schief (ahd. *slimbi* Schräge); vom Hausbau (Behauung der Dachbalken)? Dann zu einer idg. Wurzel **sle*-, abgeleitet von **sel*- (↗ *Saal*). – Erst frühnhd. = übel, schlecht.

Schlinge w. 17. Jh. vom Zw. ↗ *schlingen¹*. – **Schlingel** m. 2. Hälfte 16. Jh. vom Zw. ↗ *schlingen¹* schlendern (↗ *schlenkern*); eigtl. = Herumschlenderer, Müßiggänger. -*el*-Suffix wie bei ↗ *Gipf-el* u. a. – **schlingen¹** Zw. (schlang, geschlungen), mhd. *slingen,* ahd. *slingan* winden, flechten (engl. *sling* schleudern); wie ↗ *Schlange,* ↗ *schlank,* ↗ *schlenkern* zur idg. Wurzel **sleng*- (**slenk*-) sich winden. ↗ *schlingern.*

schlingen² Zw. (schlang, geschlungen), gierig schlucken, mhd. *slinden,* ahd. *slintan* (got. *fraslindan* verschlingen); wie ↗ *schlendern* zur idg. Wurzel **(s)lend(h)*- gleiten.

-*ng*- für älteres -*nd*- ist md. (durch Luther hd.). – Dazu im Abl.: ↗*Schlund* (mhd. *slunt* Hals, Abgrund; ahd. *slunt* Schluck).

schlingern Zw. 1. Hälfte 17. Jh. aus mnd. *slingeren* schlenkern; Iterativ zu ↗*schlingen*[1]. -*er*-Suffix wie bei ↗*flack-er-n* u. a.

Schlips m. 1. Hälfte 19. Jh. aus nd. *slips*, zu nd. *slip(p)e* Tuchzipfel, mnd. *slippe* Zipfel.

Schlitten m. mhd. *slit(t)e*, ahd. *slito, slita* (engl. *sled, sleigh*), mit Abl. vom Zw. mhd. *slîten* gleiten (engl. *slide; slide* Eisbahn); urverw.: gr. *olisthánein* ausgleiten; zur idg. Wurzel **(s)l(e)idh*- gleiten, schlüpfrig; Weiterbildung der Wurzel **(s)lei*- schleimig, zu der ↗*Lehm*, ↗*Leim*, ↗*Schlei(e)*, ↗*Schleim* usw. gehören. **schlittern** Zw. 1. Hälfte 18. Jh. aus nd. *sliddern* (engl. *slidder*) Iterativ zu mhd. *slîten* gleiten (↗*flatte-r-n* u.a.). – **Schlittschuh** m. 2. Hälfte 17. Jh. volkset. an *Schlitten* angelehnt, statt älterem *Schrittschuh* 17. Jh. zum Zw. ↗*schreiten* übers Eis gleiten.

Schlitz m. mhd. *sliz, sliz, sliʒ* Bruch; vom Zw. *schleißen*, mhd. *slîʒen*, ahd. *slîʒ(ʒ)an* (engl. *slit*); zur idg. Wurzel **skleid*-, Erweiterung der idg. Wurzel **(s)kel*- schneiden (↗*Schild*, ↗*Schale*, ↗*Scholle*[1], ↗*Skalp*). **schlitzen** Zw. mhd. *sli(t)zen* (engl. *slit*), intensivierend (↗*Blitz*) vom Zw. *schleißen*.

schlohweiß Adj. 2. Hälfte 18. Jh. aus nd. *slôtewit* weiß wie Hagel; ↗*Schloße*.

Schloß s. mhd. ahd. *sloʒ* Riegel (seit 13. Jh. = [um]mauertes] Gebäude); vom Zw. ↗*schließen*. **Schlosser** m. mhd. *sloʒʒer, sloʒær*; von *Schloß*.

Schloße w. mhd. *slôʒ(e)* Hagelkorn (verw.: engl. *sleet* Hagel), meist md.; wie ↗*schlottern* zu einer Dentalerweiterung (↗*flacke-r-n* u.a.) der idg. Wurzel **sleu*- schlaff; eigtl. = schlaffer Niederschlag, Schlakkerwetter. ↗*schlohweiß*.

Schlot m. mhd. ahd. *slât* Kamin, meist md.; wohl verw. mit mhd. *slâte* Schilfrohr (Vergleich des Rauchfangs mit einem hohlen Halm?).

schlottern Zw. mhd. *slot(t)ern, slattern, sluttern*, verstärkend zum mhd. Zw. *sloten* zittern; zu einer Dentalerweiterung (**sleut*-) der idg. Wurzel **sleu*- schlaff (s. bei ↗*Schloße*!), zu der auch ↗*Loden*, ↗*liederlich*, ↗*lotterig*, ↗*schleudern*, ↗*Schloße* und ↗*schlummern* gehören.

Schlucht w. Mitte 16. Jh. aus nd. (mit nd. -*cht* für hd. -*ft*; ↗*achter*) dafür mhd. *sluft*; vom Zw. ↗*schliefen*.

schluchzen Zw. spätmhd. *sluchzen*, intensivierend (↗*Blitz*) abgeleitet von mhd. *slûch* Röhre, Kehle, Schlund, *slûchen* schlingen (↗*Schlauch*) oder: intensivierend zu ↗*schlucken* (wie ↗*seuf-z-en* zu ↗*saufen*); eigtl. = sich (beim Weinen) verschlucken.

schlucken Zw. mhd. *slucken* (ahd. *slucko* Schlemmer); urverw.: gr. *lýzein* den Schlucken haben, *lýgdên* schluchzend; zur idg. Wurzel **(s)le(u)g*- schlucken (SchW?). **Schlucker** m. eigtl. = Schlemmer (ahd. *slucko*); seit Mitte 16. Jh. = auf Bewirtung angewiesener Krippenreiter; dann = armer Kerl.

schludern Zw. pfuschen, schwz. für hd. *schlaudern*, ↗*schleudern* (nd. *slûdern* pfuschen). – **schlummern** Zw. spätmhd. (md.) *slummern*, mnd. *slumeren*; germ. Wort unsicherer Herkunft (mit ↗*schleudern* zur idg. Wurzel **[s]leu*- schlaff?). Vgl.: ↗*Schlaf*, ↗*schlaff*. -*rn*-Infix wie bei ↗*flatt-er-n* u. a.

Schlund m. mhd. ahd. *slunt* Speiseröhre, Schluck; Abgrund; mit Abl. vom Zw. ↗*schlingen*.

schlüpfen Zw. mhd. *slüpfen, slupfen*, ahd. *slupfen* kriechen, gleiten; intensivierend (-*pf*- für -*f*- wie bei ↗*rupfen* u.a.) vom Zw. ↗*schliefen*.

schlüpfrig Adj. seit 1300 *slipferic* für mhd. *slipfec*, vom mhd. Zw. *slip-*

fen, von ∕ *schleifen* abgeleitet (wie ∕ *schlüpfen* von ∕ *schliefen*). Das -*ü*- volkset. Anlehnung an *schlüpfen* (16. Jh.).

schlürfen Zw. 2. Hälfte 16. Jh. aus mnd. *slorpen*, das dem mhd. *sür(p)feln* entspricht (das -*l*- nach dem Vorbild von *sch-l-ucken*). Diesem urverw.: lat. *sorbere*, gr. *orpheîn* schlürfen; zu einer idg. Wurzel *srbh-, *serbh-, *srebh- (SchW).

Schluß m. spätmhd. *sluʒ;* mit Abl. von ∕ *schließen*. – **Schlüssel** m. mhd. *slüʒʒel*, ahd. *sluʒʒil*, mit dem Gerätesuffix -*el* (wie ∕ *Drisch-el*, ∕ *Flüg-el*, ∕ *Heb-el*, ∕ *Meiß-el*, ∕ *Quir-l*, ∕ *Schauf-el*, ∕ *Schleg-el*, ∕ *Sie-l*, ∕ *Spreng-el*, ∕ *Stemp-el;* aber: ∕ *Spiegel*) vom Zw. ∕ *schließen*. **Schlüsselbein** s. 2. Hälfte 17. Jh. für älteres frühnhd. *Schlüssel der Brust* LÜ von lat. *clavicula*, das LÜ von gr. *kleis* Schlüssel ist.

Schlüsselblume w. 2. Hälfte 15. Jh. *slussilblome*, wie ∕ *Himmelsschlüssel* nach der Form der (alten) Schlüssel.

Schmach w. mhd. *smâhe*, *smâch* häufiger: *smæhe* Beschimpfung, ahd. *smâhi* Geringfügigkeit, Geringschätzung, Niedrigkeit, urverw.: lat. *micidus* winzig, *mica* Bißchen; gr. *mikrós* klein; zur idg. Wurzel **smê(i)k*-, *smîk*- Körnchen (Erweiterung der idg. Wurzel *sme- zerreiben). – **schmachten** Zw. hd. 17. Jh. = hungern, mnd. *smachten* hungern; vgl.: mhd. *versmahten*, ahd. *gismâhteôn* schwinden, zum ahd. Adj. *smâhi* klein (eigtl. = klein werden). – **schmächtig** Adj. mhd. *smahtec*, vom mhd. Subst. *smaht* Verschmachten; 1. Hälfte 17. Jh. = abgezehrt. –

schmähen Zw. mhd. *smæhen* geringschätzig behandeln, ahd. *smâhên* klein, verächtlich machen, vom ahd. Adj. *smâhi* klein. **schmählich** Adj. mhd. *smæh(e)lich* schimpflich, ahd. *smâhlîh* gering, vom ahd. Adj. *smâhi*.

schmal Adj. mhd. ahd. *smal*, got. *smals* (engl. *small*); urverw.: gr.

mêlon Schaf; lat. *malus* schlecht. Urspr. = klein (daher jägersprachl. **Schmaltier** s. Jungreh; mhd. *smalvihe*, ahd. *smalenôʒ* Kleinvieh). – **schmälen** Zw. mhd. *smeln* verringern, mnd. *smelen* schelten; eigtl. = klein machen; weidmännisch vom Rehschrei (von ∕ *Schmaltier* inspiriert) 18. Jh. – **schmälern** Zw. spätmhd. *smelern* schmäler machen (∕ *flatt-er-n* u. a.). – **Schmalhans** m. (in der RA: *bei ihm ist Schmalhans Küchenmeister*) 2. Hälfte 17. Jh., nach dem Muster von ∕ *Prahlhans* (eigtl. = kleiner Hans).

Schmalz s. mhd. ahd. *smalz;* vom Zw. ∕ *schmelzen*.

Schmant m. Sahne, 2. Hälfte 15. Jh. aus nd. *smand* Rahm, Schmutz; verw.: engl. *smooth* glatt, ohne *s*-Anlaut: ahd. *mammunti* zahm.

schmarotzen Zw. 15. Jh. *smorotzen* betteln; vortoniges -*a*- für älteres -*o*- wie in ∕ *ausstaffieren*, ∕ *Gardine*, ∕ *Halunke*, ∕ *lavieren*, ∕ *Rakete;* vgl.: ∕ *Lakritze*, ∕ *Schlaraffenland*. – Herkunft ungewiß.

Schmarre w. 1. Hälfte 16. Jh. aus mnd. *smarre;* zu ∕ *Schmer*. Dasselbe Wort ist **Schmarren** m. Mehlspeise; Schund, 2. Hälfte 16. Jh.

Schmatz m. Kuß, 15. Jh. *smatz;* vom Zw. **schmatzen** mhd. *smatzen* für älteres *smackezen*, Erweiterung von mhd. *smacken* ∕ *schmecken* (eigtl. = geräuschvoll essen). ∕ *aufmutzen*, ∕ *schlitzen*, ∕ *schluchzen*, ∕ *blitzen*.

schmauchen Zw. 2. Hälfte 17. Jh. aus mnd. *smoken* (engl. *smoke*); verw.: gr. *smýchein* verschwelen lassen; zur idg. Wurzel **smeug(h)*-rauchen. – ∕ *Schmöker*, ∕ *Smoking*.

Schmaus m. 2. Hälfte 17. Jh., wohl aus nd. (ostfr.) *smûs;* verw.: nl. *smuisteren* schmausen, beschmutzen; wie ∕ *Moder* und ∕ *Schmutz* zur idg. Wurzel **(s)meu*- naß, wozu auch *schmuddelig* unsauber. Also = unappetitliche Art zu essen (stud. *Schmaus* Kommers, 17./18. Jh.). Dazu das Zw. **schmausen** 1.

Hälfte 17. Jh., eigtl. = unmanierlich essen.

schmecken Zw. mhd. *smecken*, *smacken* kosten, riechen, wahrnehmen, ahd. *smecken* etw. schmecken; *smacken* nach etw. schmecken; dazu: das Subst. mhd. ahd. *smack* ⟋ *Geschmack*, Geruch (engl. *smack*); zur idg. Wurzel **smeg(h)*- schmecken. ⟋ *Schmatz*.

schmeicheln Zw. mhd. *smeicheln* neben älterem (= ahd.) *smeichen* schöntun, streicheln, vom Subst. ahd. *smeih* Liebkosung; dazu: das Adj. ahd. *smehhar*, mhd. *smecker* (engl. *smicker*) zierlich; verw.: ⟋ *Schminke*. Wohl zur selben idg. Wurzel **smê(i)*- schmieren, zu der auch ⟋ *schmeißen* gehört. **schmeißen** Zw. (schmiß, geschmissen), mhd. *smîჳen*, ahd. *smîჳan* streichen, schlagen; got. *bi-, gasmeitan* haften lassen, streichen, schmieren (engl. *smite* schlagen); urverw.: lat. *macula* Fleck, gr. *smáein* schmieren; (dentale) Erweiterung der idg. Wurzel **smê(i)*- schmieren. Urspr. = (den Lehm beim Hausbau) streichend bewegen. Dazu das schwache Zw. *schmeißen* (mhd. *smeiჳen*) Kot ablegen, ferner: die Zs. **Schmeißfliege** w. im 16. Jh. (für älteres *Schmeiße;* weil ihre Eier als Kot mißgedeutet wurden). – ⟋ *Schmiß*, ⟋ *Geschmeiß*.

Schmelz m. 1. Hälfte 18. Jh. (mhd. *goltsmelz* Bernstein, ahd. *smelze*, *smelzi* Gold-Silber-Geschmelz; an. *smelt* Email; ⟋ *Email*); vom Zw. **schmelzen** (schmolz, geschmolzen), mhd. *smelzen*, ahd. *smelzan* (engl. *melt* schmelzen, zergehen; got. *gamalteins* Auflösung); urverw.: gr. *méldein* herausschmelzen, *amaldýnein* erweichen; idg. Wurzel **(s)meld-*, Erweiterung der idg. Wurzel **mel-*. – ⟋ *mahlen*. ⟋ *Schmalz*, ⟋ *Email*.

Schmer m. mhd. *smer*, ahd. *smero* (engl. *smear* Fett); verw.: got. *smairþr* Fett, gr. *(s)mýron* Salbe, *smýris* ⟋ *Schmirgel*; idg. Wurzel: **smeru-* Fett. Daher das

Zw. ⟋ *schmieren*. ⟋ *Schmarre(n)*.
Schmerle w. Karpfenfisch, mhd. *smerl(e)*, *smerlîn*, *smerlinc*; urverw. gr. *smarís* kleiner Seefisch. Herkunft ungeklärt. Dasselbe Wort ist **Schmerl** m. Zwergfalke (mhd. *smirel*, *smirlîn*, ahd. *smerlo*, *smirlî[n]*, *smiril*).
Schmerz m. mhd. *smerze*, ahd. *smerzo* (engl. *smart*); urverw.: lat. *mordere* beißen; gr. *smerdnós*, *smerdaléos* aufreibend, schrecklich, *maraínein* aufreiben; idg. Wurzel **mer-* zerreiben. Verw.: ⟋ *morsch*. Dazu das Zw. **schmerzen**, mhd. *smerzen*, ahd. *smerzan* (engl. *smart;* ⟋ *smart* beißend).
Schmetterling m. um 1500 (erst 2. Hälfte 18. Jh. verbreitet) aus tschech. *smétana* Milchrahm; eigtl. = Rahmling (weil man Hexen verdächtigte, in Tiergestalt Milch zu stehlen). Dafür früher: ⟋ *Falter*.
schmettern Zw. mhd. *smettern* klappern, plappern; 16. Jh. = hinkrachen lassen; SchW.
Schmied m. mhd. *smit*, ahd. *smid;* got. *aizasmiþa* Metallarbeiter; Zw. *gasmiþôn* bewirken; urverw.: gr. *smílê* Schnitzmesser, *sminýnê* Hacke; zur idg. Wurzel **smi-*, **sm∂i*- schnitzen. Von der Holzbearbeitung auf die Metalltechnik übertragen! – ⟋ *Geschmeide*.
schmiegen Zw. mhd. *smiegen* (sicher älter); intensivierend *(k)k:* -g- wie bei ⟋ *necken:* ⟋ *na-gen* u. a.): ⟋ *schmücken;* verw.: ⟋ *schmuggeln*. Idg. **smeugh-*, Erweiterung zu idg. **(s)meu-* feucht. – ⟋ *Moder*, ⟋ *Grasmücke*.
Schmiere[1] w. Wache, in der RA *Schmiere stehen* 1. Hälfte 18. Jh. aus heb. *shemirāh* Wache (jidd. *schmiro* Wächter).
Schmiere[2] w. was man aufschmieren kann, 15. Jh. vom Zw. **schmieren**, mhd. *smir(w)en*, ahd. *smirwen;* von ⟋ *Schmer*. 19. Jh. = Wanderbühne; um 1800 = Prügel.
Schminke w. 1. Hälfte 15. Jh. md. *smyncke* für älteres mhd. *smicke;* wie ⟋ *schmeicheln* und ⟋ *schmeißen*

zu einer Erweiterung der idg. Wurzel *sme(i)- schmieren (*sem-[i]g).
(Die Schminke ist keine röm. Importware!)

Schmirgel m. 1. Hälfte 16. Jh. aus it. smeriglio (frz. émeri), mlat. *smirilium. Zugrunde liegt lat. smyris (= gr. smýris) Schmirgel. ↗ Schmer.

Schmiß m. mhd. smiȝ Fleck, 17. Jh. = Hieb, 20. Jh. = Schwung; vom Zw. ↗ schmeißen.

Schmöker m. 2. Hälfte 18. Jh. stud. = altes Buch, aus dessen Seiten man Fidibusse zum Pfeifenanstekken machen kann; zu nd. smöken rauchen. ↗ schmauchen. Nd. -k- wie bei ↗ Küken, ↗ Kruke, ↗ Laken, ↗ Luke, ↗ mäkeln, ↗ Spuk.

schmollen Zw. mhd. smollen zornig schweigen; Herkunft ungeklärt (zu mhd. smielen lächeln; engl. smile?). – Die alte Bedeutung „lächeln" wurde durch ↗ schmunzeln verdrängt.

schmoren Zw. 17. Jh. aus nd. smoren ersticken, (Fleisch) dünsten (dazu engl. smother Dampf); germ. Wort; verw.: ↗ schmauchen. Weiteres undurchsichtig.

Schmu m. unerlaubter Gewinn, 1. Hälfte 18. Jh. über rotw. aus heb. šemu'â Gehörtes (nd. smu Geschwätz), eigtl. = (durch langes Gerede erzielte) Maklergebühr. – ↗ Schmus.

Schmuck m. 16. Jh. aus mnd. smuck (spätmhd. gesmuck, -smug Schmuck); vom Zw. **schmücken**, mhd. smücken, smucken an sich drücken, intensivierend zu ↗ schmiegen (also = was sich eng – gern anschmiegt). Urspr. = hemdartiges Kleid. – **schmuck** Adj. 1. Hälfte 17. Jh. aus mnd. smuk (engl. smug zierlich).

schmuddelig Adj. ↗ Schmaus.

Schmuggel m. 1. Hälfte 19. Jh. vom Zw. **schmuggeln**, 1. Hälfte 18. Jh. von nd. smuggeln (engl. smuggle); wie ↗ Meuchel(mörder) und ↗ mogeln zur idg. Wurzel *(s)meug- in böser Absicht lauern (↗ schmiegen); eigtl. = sich ducken (vgl.:

frühnhd. schmucken sich vorsichtig bewegen).

schmunzeln Zw. 15. Jh. smonczelen verkleinernd für schmunzen, für mhd. smutzen lächeln (verkürzt aus mhd. smutzelachen schmunzeln; eigtl. = schmutzig [„drekkig"] lachen). Verdrängt 1. Hälfte 18. Jh. ↗ schmollen lächeln. ↗ Schmutz.

Schmus m. Schönrederei, 1. Hälfte 19. Jh. aus rotw. schmuoß Erzählung, eigtl. = Mz. zu ↗ Schmu; dazu das Zw. **schmusen** (rotw. schmußen schwatzen).

Schmutz m. mhd. smuz (engl. smut); dazu das Zw. **schmutzen**, mhd. smutzen beflecken; mhd. smotzen schmutzig sein; ahd. muzzan putzen; wie ↗ Moder zur idg. Wurzel *(s)meu- naß. ↗ schmunzeln.

Schnabel m. mhd. snabel, ahd. snabul (dazu engl. neb, nib Schnabel, Spitze); wie ↗ schnappen, ↗ schnauben (↗ schnell?) zur idg. Wurzel *(s)nap- SchW (Zusammenklappen der Kiefer); ↗ Schnepfe, ↗ Schniepel. – **schnabulieren** Zw. 17. Jh. für schnabelieren 16. Jh., scherzhafte d.-roman. Mischbildung.

Schnake w. Mücke, mhd. snâke (dazu aus dem Skand. stammend engl. snag scharfe Ecke), zu *snaggo Haken? Urspr. wohl = stechendes (Insekt).

Schnalle w. mhd. snalle, vom Subst. mhd. snal rasche Bewegung; zu ↗ schnell (weil sich der Schließdorn am Schuh schnell öffnet und schließt). Urverw.: ↗ Schnabel? – **schnalzen** Zw. mhd. snalzen, intensivierend zum Zw. mhd. snallen sich schnell mit einem schnappenden Laut (wie der sich schließende Dorn) bewegen.

schnappen Zw. mhd. snappen (engl. snap), intensivierend zum mhd. Zw. snaben schnappen (vgl.: ↗ Knappe: ↗ Knabe u. a.), schnauben; wie ↗ Schnabel und ↗ Schnepfe zur idg. Wurzel *(s)nab-, die das Zusammenklappen der Kiefer

nachmachte (SchW); ⁊ *Schnipp-chen,* ⁊ *sich verschnappen.* –
Schnaps m. 2. Hälfte 18. Jh. aus nd. *snaps* Mundvoll, Schluck Branntwein (so 2. Hälfte 18. Jh.); vom Zw. ⁊ *schnappen.*

schnarchen Zw. mhd. *snarche(l)n;* vom Zw. ⁊ *schnarren* (wie ⁊ *horchen* von *hören,* mhd. *spiuchen* zu *speien)* (verw.: engl. *snort* schnauben, *snore* schnarchen). –
schnarren Zw. mhd. *snarren* (engl. *snarl* knurren, *sneer* grinsen); im Abl. ⁊ *sehnurren* zu der idg. Wurzel **sner-, *snur-* knarren (SchW; ⁊ *nörgeln).*

schnattern Zw. mhd. *snateren* (nl. *snater* Schnabel); SchW.

schnauben Zw. mhd. *snûben* schnarchen, SchW. – ⁊ *anschnauzen.* – Dazu obd. **schnaufen** Zw. mhd. *snûfen* (aber auch nd. *snûven* schnauben); *schnobern* schnüffeln 1. Hälfte 18. Jh. (⁊ *schnuppern).* – SchWW mit anlautendem *sn-:* ⁊ *Schnabel,* ⁊ *schnattern,* ⁊ *schnell,* ⁊ *Schnuuze,* ⁊ *schneuzen,* ⁊ *schnippisch,* ⁊ *Schnodder,* ⁊ *Heidschnukke,* ⁊ *schnüffeln,* ⁊ *beschnüffeln,* ⁊ *Schnupfen.*

Schnauze w. (engl. *snout)* 1. Hälfte 16. Jh. aus nd. *snûte;* das *-z-* statt des zu erwartenden *-ß-* wohl unter dem Einfluß von ⁊ *schneuzen.* SchW (wie ⁊ *schnauben* u. a.).
Schnauzbart m. obd. 2. Hälfte 16. Jh. für nd.-md. ⁊ *Schnurrbart.*

Schnecke w. mhd. *snecke,* ahd. *snecko* (verw.: engl. *snail);* dazu das Zw. ahd. *snahhan* kriechen (mnd. *snake* Ringelnatter, engl. *snake)* eigtl. = die Kriechende. ⁊ *geschniegelt,* ⁊ *Schnörkel.*

Schnee m. mhd. *snê,* ahd. *snêo,* got. *snaiws* (engl. *snow);* verw.: lat. *nix* (Gen. *nivis)* Schnee, gr. *nípha* den Schnee; zu einer ablaut. Form der idg. Wurzel **sneig̑h-* zusammenkleben; schneien. Eigtl. = was zusammenklebt.

schneiden Zw. (schnitt, geschnitten), mhd. *snîden,* ahd. *snîdan,* got. *sneiþan;* idg. Wurzel **sneit-*

schneiden. – Die RA *sich schneiden* sich täuschen verkürzt *sich mit dem Messer schneiden* (18. Jh.). ⁊ *Schnitzer; jmdn. schneiden* nicht beachten LÜ Mitte 19. Jh. von engl. *to cut a person.* – ⁊ *Schneise,* ⁊ *Schnitt.* **Schneid** w. Ende 18. Jh. obd. = Kraft, Mut (eigtl. = Messerschneide). – **Schneide** w. ahd. *(sneitta, sneitte, sneida)* vom Zw.

schneien Zw. mhd. *snîen,* ahd. *snîwan;* verw. gr. *níphein* schneien, lat. *ninguere* schneien; zur idg. Wurzel **sneig̑h-* zusammenkleben; ⁊ *Schnee.*

Schneise w. mhd. (md.) um 1400 *sneyße* für mhd. *sneite;* vom Zw. ⁊ *schneiden.*

schnell Adj. mhd. ahd. *snel* tatkräftig, tapfer, behende; wie ⁊ *Schnabel,* ⁊ *schnauben* u. a. zu den SchWW mit *sn-.* – ⁊ *Schnalle,* ⁊ *schnalzen.* **schnellen** Zw. plötzlich wegschleudern, mhd. *snellen,* eigtl. = schnell machen.

Schnepfe w. mhd. *snepfe,* ahd. *snepfa* (engl. *snipe);* wie das verw. ⁊ *Schnabel* und ⁊ *schnappen* zur idg. Wurzel **(s)nab-* die Kiefer zusammenklappen (SchW). Der Vogel ist nach seinem langen Schnabel benannt. ⁊ *Strich.*

schneuzen Zw. mhd. *sniuzen,* ahd. *snûzen,* vom Subst. mhd. *snuz,* ahd. *snuzza* Nasenschleim (engl. *snot);* wie das nahverw. ⁊ *Schnauze* SchW mit anlautendem *sn-* (⁊ *schnauben,* ⁊ *schnaufen,* ⁊ *schnell,* ⁊ *Schnodder).*

schniegeln Zw. ⁊ *geschniegelt.*

Schniepel m. Frack, 19. Jh. (zunächst stud.) aus nd. *snîpel* zu nd. *snip(pe)* Zipfel; verw.: ⁊ *Schnabel.* Das Kleidungsstück heißt nach seinen spitzen Schößen.

Schnippchen s. RA: *jmdm. ein Schnippchen schlagen* ihm einen Streich spielen, seit 2. Hälfte 17. Jh.; eigtl. = ihm einen kleinen Schnipp (= fortschnellende Bewegung, md.) vormachen (engl. *snip* mit der Schere abschneiden). SchW wie ⁊ *schnappen.* Dazu vor

1700: **schnippeln** Zw. zuerst nd. (*-el-* wie bei ⁄ *läch-el-n* u.a.).

schnippisch Adj. Mitte 16. Jh. *schnüppig* neben *auff schnüppich*, vom ostmd. Zw. *aufschnüppen* hochmütig die Luft hochziehen; = hd. *schnupfen* (16. Jh. = weinen; um 1600 = Tabak durch die Nase hochziehen). – ⁄ *Schnupfen;* ⁄ *schnauben,* ⁄ *schnaufen.*

Schnitt m. mhd. ahd. *snit* Messer-, Sichel-, Waffen-, Kleiderschnitt; vom Zw. ⁄ *schneiden.* **Schnitte** w. mhd. *snit(t)e,* ahd. *snit(t)a* Stück (vom Brot, Zeug). **Schnitter** m. mhd. *snitære,* ahd. *snitâri* wer mit der Sichel (später: der Sense) schneidet. **Schnittlauch** m. mhd. *snit(e)louch,* ahd. *snitilouh* (weil er abgeschnitten immer wieder nachwächst); ⁄ *Lauch.* – **schnitzen** Zw. mhd. *snitzen;* verstärkend von ⁄ *schneiden;* ähnliche Bildungen bei ⁄ *abluchsen,* ⁄ *brutzeln.* **Schnitzer** m. 1. Hälfte 16. Jh. Fehler (mhd. *snitzære,* ahd. *snizzare* Bildschnitzer); vom Zw. *sich* ⁄ *schneiden* sich täuschen (so erst 2. Hälfte 18. Jh.).

schnobern Zw. ⁄ *schnauben,* ⁄ *schnupfen.*

schnodd(e)rig Adj. vorlaut – frech, 2. Hälfte 19. Jh. berl. aus nd. *snodderig* (mit nd. *-dd-* wie ⁄ *Kladde*), vom Subst. nl. (= engl.) *snot* Nasenschleim (mhd. *snuder*); ⁄ *schneuzen.* Zu den mit *sn-* anlautenden SchWW ⁄ *schnauben* usw.; ferner vgl.: ⁄ *Rotznase.* – Von nl.-nd. *snot* kommt wohl auch **Schnösel** m. = Angeber, urspr. nd.

schnöde Adj. mhd. *snæde* verächtlich; dazu das Zw. an. *sneyða* berauben; an. Adj. *snoðinn* mit schütterem Haar; urverw.: lat. *novacula* Schermesser; zu einer Erweiterung der idg. Wurzel **kes-* kämmen, kratzen; ⁄ *Hede.* Also = wer (als Sklave) geschoren (und daher verächtlich) ist. Erst 17. Jh. = wer andere verachtet.

Schnörkel m. 1. Hälfte 17. Jh. neben *Schnirkel* 1. Hälfte 16. Jh. und

Schnögel 2. Hälfte 17. Jh. Vermischung von mhd. *snegel* ⁄ *Schnecke* + *Zirkel.* = Schneckenlinie?

schnorren Zw. 19. Jh. rotw., vom obd. ⁄ *schnurren* mit der Schnurrpfeife (= Schnarrpfeife der Bettelmusikanten) betteln.

Schnösel m. ⁄ *schnodd(e)rig.*

Schnucke w. ⁄ *Heidschnucke.*

schnüffeln Zw. 17. Jh. aus nd. *snuffeln, snüffeln,* vom Subst. nd. *snuff, snüff* Nase (engl. *snuff, sniff, snivel* schnüffeln; *snivel* Nasenschleim); zu ⁄ *Schnupfen;* mit *sn-* anlautendes SchW wie ⁄ *schnauben* usw.

Schnuller m. vom Zw. *schnullen* lutschen 17. Jh.; SchW.

Schnulze w. 20. Jh.; Herkunft ungeklärt (versehentlich bei einer Rundfunksendung 1948 aus *Schmalz* „verquatscht"? Oder nach einem Kunstkritiker des Jugendstils? Oder von nd. *snulten* mit Pathos sprechen?).

Schnupfen m. spätmhd. *snupf(e)*; älter mnd.-md. *snuppe;* zu ⁄ *schnauben,* SchW. **schnupfen** Zw. mhd. *snupfen* schnaufen, intensivierend zu ⁄ *schnauben;* dazu auch (von md. *schnuppen,* als Bezeichnung eines wiederholten Vorgangs) **schnuppern** Zw. 2. Hälfte 17. Jh.; ⁄ *schnobern;* ⁄ *verschnupft.* – **Schnuppe** w. Dochtabfall, 16. Jh. aus md.-nd. *snuppe,* vom md.-nd. Zw. *snuppen* schneuzen, die Kerze putzen. **schnuppe** Adj. gleichgültig, 2. Hälfte 19. Jh. berl. (eigtl. = wertlos wie eine *Schnuppe*), oder: eine Fingergeste der Geringschätzung, zu ⁄ *Schnippchen?*

Schnur w. mhd. ahd. *snuor;* zur idg. Wurzel **(s)ner-* drehen, vermutl. einer Erweiterung zur idg. Wurzel **(s)ne-* sich winden, zusammenschnüren; ⁄ *Natter.* Eigtl. = was gedreht wird oder: was (Körperteil, der) zusammengeschnürt wird. – *Über die Schnur hauen* um 1400. Eigtl. = über die Richtschnur des Zimmermanns schlagen. = Schwiegertochter ⁄ *Schwieger-.* –

↗ *Hutschnur. – Am Schnürchen ge-
hen,* vom Puppenspiel oder Ro-
senkranzbeten? ↗ *schnurstracks.*
schnüren Zw. mhd. *snüeren;* vom
Subst. ↗ *Schnur.* In der Jägerspra-
che = laufen (z. B. beim Fuchs),
nach des „schnurgeraden" Art des
Laufs (mit den Hinterpfoten in die
Spur des Vorderlaufs).
Schnurrbart m. 1. Hälfte 18. Jh. aus
nd. *snurbaard,* vom Subst. nd.
snurre eigtl. = Schnurrpfeife,
Lärmgerät (mhd. *snurre* sausen-
de Bewegung); dann = Schnauze
(mit der das Musikgerät betätigt
wird); ↗ *schnorren,* ↗ *Schnauzbart.*
Schnurre w. witziger Einfall, 18.
Jh. aus nd. *snurre* Schnurrpfeife
(des Bettelmusikanten); dann =
Belustigung. **schnurren** Zw. mhd.
snurren sausen, SchW (wie
↗ *schnarren* u. a.). **schnurrig** Adj.
1. Hälfte 18. Jh. vom Zw. ↗ *schnor-
ren.*
schnurstracks Adv. Zs. 16. Jh. aus
↗ *Schnur + ↗ stracks.*
Schnute w. 1. Hälfte 18. Jh. aus nd.
snûte = hd. ↗ *Schnauze.*
Schober m. mhd. *schober,* ahd. *sco-
bar, -ber* Heu-, Strohhaufen; wie
↗ *Schopf* und ↗ *Schuppen* zur idg.
Wurzel **(s)keup-* Büschel.
Schock[1] m. 2. Hälfte 19. Jh. aus frz.
choc Stoß, Schlag (engl. *shock*),
vom frz. Zw. *choquer* stoßen, krän-
ken (daher d. **schockieren** Zw. 20.
Jh.). Das frz. Zw. von mnl. *schok-
ken* anstoßen; ↗ *Schaukel* (mhd.
schocken schwingen).
Schock[2] s. mhd. *schoc* (engl. *shock*
Mandel) 60 Stück, Haufen; wie
↗ *Hocke* zur idg. Wurzel **keu-* bie-
gen; also eigtl. = (in die Höhe)
gebogene Menge.
schofel(ig) Adj. 2. Hälfte 18. Jh.
über stud. aus rotw.-jüd. *schophol*
wertlos (von heb. *šâfâl* wertlos).
Schöffe m. mhd. *scheffe(n), schepfe,*
ahd. *scaffin, sceffin(o),* zum Zw.
germ. **skapjan* ↗ *schaffen,* ordnen;
also = wer (durch sein Urteil den
Streit) ordnet; = Gerichtsbeisitzer
(seit Karl d. Gr.).

Schokolade w. 2. Hälfte 18. Jh.
(Einfluß von ↗ *Limonade*) aus nl.
chocolade für älteres *Chocolate,*
aus nl. *chocolate,* über span. aus
mex. *chocolatl* (Zs. aus mex. *choco*
Kakao + *latl* Wasser; eigtl. = Ka-
kaogetränk!
Scholle[1] w. Erdstück, mhd. *scholle,*
ahd. *scolla, scollo;* zur idg. Wurzel
*skel- spalten (wie ↗ *Schale* und
↗ *Schild*). Das *-ll-* ist aus *-ln-* ange-
glichen (wie bei ↗ *Elle* und ↗ *Mül-
ler*); also altes Partizip (eigtl. =
Gespaltenes). ↗ *Halfter*[1]. – Dassel-
be Wort ist **Scholle**[2] w. Plattfisch,
1. Hälfte 16. Jh. aus mnd. *scholle,
schulle* (der Fisch erinnert an eine
im Wasser treibende Erdscholle).
schon Adv. mhd. *schôn(e),* ahd. *scô-
no,* Adv. zu *schön* Adj. (wie ↗ *fast*
zu ↗ *fest*); also = auf schöne Weise;
dann (13. Jh.) = geziemend, voll-
ständig; schließlich (Ende 13. Jh.)
= bereits. **schön** Adj. mhd. *schœ-
ne,* ahd. *scôni* (engl. *sheen* glän-
zend); wie ↗ *schauen* zu idg.
*(s)keu-, *(s)kêu- aufpassen, hin-
sehen; eigtl. = was gesehen wird,
ansehnlich. – **schonen** Zw. mhd.
schônen schön behandeln, zum
mhd. Adv. *schôn(e)* auf schöne
Weise.
Schoner m. Zweimaster, 2. Hälfte
18. Jh. aus am. *sc(h)ooner* (1. am.
Schoner: 1713); vom Zw. *scoon*
Steine über die Wasserfläche hüp-
fen lassen (weil das Schiff gleich-
sam über das Wasser hüpft).
Schopf m. mhd. *schopf* Haar; verw.:
got. *skuft* Haupthaar; wie ↗ *Scho-
ber* zur idg. Wurzel **(s)keup-* Bü-
schel; ↗ *Schuppen* (engl. *sheaf*
Garbe).
schöpfen Zw. mhd. *schepfen,* ahd.
scepfen; got. *ga-skapjan* schaffen.
„schaffen" und „schöpfen" sind
urspr. identisch (urspr. = aus Holz
schnitzen; daher auch = Menschen
aus Baumstämmen machen); Tren-
nung in 2 verschiedene Wörter
mhd. – ↗ *schaffen,* ↗ *Geschöpf.* –
Obd. Vokalrundung *-e-* zu *-ö-* wie
bei ↗ *ergötzen,* ↗ *Löffel,* ↗ *löschen,*

↗zwölf. **Schöpfer** m. mhd. *schep-fære*, ahd. *scepfâri*, vom Zw. ahd. *scepfen* erschaffen; LÜ von lat. *creator* (bis ins 18. Jh. nur auf Gott angewandt). **Schöpfung** w. mhd. *schepfunge* (Gottes) Schöpfung; 18. Jh. = Welt, nach engl. *creation*. – **Schoppen** m. 1. Hälfte 17. Jh. aus frz. Ma. *chopenne* = frz. *chopine* Flüssigkeitsmaß, von mnd. *schópe(n)* Maurer-, Bierkelle; zum Zw. ↗*schöpfen*.

Schöps m. mhd. (ostd.) *schöpeʒ, schöp(e)tz*, aus tschech. *skopec* Hammel (aslaw. *skopiti* entmannen). Auch ↗*Wallach* ist slaw.; ↗*Hammel*.

Schorf m. mhd. *schorf;* ahd. *scorfwurz* Grindwurz (engl. *scurf*); von einem Zw., das nur ags. erhalten ist: ags. *sceorfan* nagen, *gesceorfan* zerschneiden. Wie ↗*scharf* zu einer Erweiterung der idg. *(s)ker-* schneiden. ↗*schürfen*. – **Schornstein** m. mhd. *schor(n)-, schorenstein*, ahd. *scor(en)stein;* verw.: mnd. *schore* (engl. *shore*) Strebe; wie ↗*Schäre* und ↗*scheren* zu idg. *(s)ker-*; = Stützstein, Strebestein (für den Kamin über dem Herd).

Schorlemorle s. (w.) Wein mit Sprudel, 18. Jh. bayr., verw.: obd. *Schurimuri* Brausekopf, um 1600. – *Scorlemorle* vor 1300 nd. FaN; um 1500 *scormorrium* Münsteraner Biername; 16. Jh. (*Curle*) *Murle Puf(f)* stud. Trinksitte (Reimwort).

Schoß[1] m. Pflanzentrieb, mhd. *schoʒ*, ahd. *scoʒ(ʒ)a;* vom Zw. ↗*schießen*. – **Schoß**[2] m. Körperteil, mhd. *schôʒ*, ahd. *scô(ʒ)o, scôʒ(a)* got. *skaut(s)* Kleidersaum (engl. *sheet*); vgl.: ahd. *drîscôʒ* dreieckig; eigtl. = was nach vorn herausragt (zunächst am Kleid, dann a dem von dem Kleiderteil bedeckten Körperteil); zu ↗*schießen*. – **Schote**[1] w. Segeltau, um 1700 aus nd. *schôte* (hd. *Schoß*[2]).

Schote[2] w. Samenhülse, mhd. *schôte*, ahd. *scôta;* wie ↗*Scheuer* zur idg. Wurzel *(s)k(e)u-* bedecken.

Schott s. wasserdichte Schiffsinnenwand, 1. Hälfte 18. Jh. aus nd. *schott* = hd. ↗*Schuß*.

Schotter m. 1. Hälfte 19. Jh. aus westmd. Maa.; verw.: ↗*Schutt*, ↗*schütten*.

schraffieren Zw. 2. Hälfte 15. Jh. über mnl. *schraeffeeren* aus it. *sgraffiare;* Herkunft ungeklärt (urspr. germ.?).

schräg Adj. 16. Jh. *schreg;* zu einer Erweiterung der idg. Wurzel *(s)ker-* krümmen (verw.: lat. *curvus* krumm, ↗*Kurve; circus* Kreis, ↗*Zirkus*); auch ↗*Harfe*, ↗*Ring* und ↗*Rücken.* Nah verw.: ↗*Schrank*, ↗*schränken*, ↗*Schrein*, ↗*schrumpfen*, ↗*Runzel.* – Dazu: **Schragen** m. schräge (gekreuzte) Holzfüße, mhd. *schrage*.

Schramme w. mhd. *schram(me)*; urverw.: lat. *crena* Kerbe; vgl. ferner: bergmänn. **Schram** m., 15. Jh. Gesteineinschnitt; **schrämen** Zw. ins Gestein dringen. Wie ↗*scheren* und seine Sippe zu (einer Erweiterung) der idg. Wurzel *(s)ker-* schneiden. – Bei Gregor v. Tours: *scramasaxus* Kurzschwert.

Schrank m. mhd. *schranc*, ahd. *scranc* Verflechtung, Betrug; eng verw. ↗*schräg.* Zu einer nasalierten idg. Wurzel *[s]ker-* krümmen; eigtl. = das Gekrümmte, Gebogene, das Gitter; dann = Gittergestell, Kastentruhe, Schrank. ↗*Schrein.* **Schranke** w. mhd. *schranke* Sperrgitter. ↗*beschränkt* **schränken** Zw. mhd. *schrenken* ↗*schräg* stellen, ahd. *screnken* hintergehen. ↗*unumschränkt.*

Schraube w. mhd. *schrûbe;* verw.: frz. *écrou* Schraubenmutter (engl. *screw*); lat. *scrofa* Sau (der Ferkelschwanz ähnelt einem Drahtgewinde); wohl aus einer östl. Sprache. ↗*verschroben.*

Schrebergarten m. 1868 vom Erfinder der Kleingärten Gesell in Erinnerung an den Leipziger Orthopäden Dr. *Schreber* so genannt.

schrecken Zw. mhd. *schrecken*, ahd. *screkôn* springen lassen, fürchten machen (↗ *Heuschrecke*), Kausativum zum starken Zw. frühmhd. *screkkan*, ahd. *scricken* aufspringen; wie ↗ *sich scheren* ² Erweiterung (*skreg-*) der idg. Wurzel *(s)ker-* springen. ↗ *aufschrecken.*

Schreck m. mhd. *schrecke;* vom Zw. ↗ *schrecken.*

Schrei m. mhd. *schrî, schrê, schrei,* ahd. *screi;* vom Zw. ↗ *schreien.*

schreiben Zw. (schrieb, geschrieben), mhd. *schrîben,* ahd. *scrîban,* von lat. *scribere* (mit dem Griffel) ritzen (engl. *write* schreiben, ↗ *reißen*); idg. *(s)ker-* schneiden, dazu auch: ↗ *Schere.* Dasselbe Wort: engl. *shrive* beichten (lassen), das seine Bedeutung anders entwickelt hat (ags. *scrifan* Buße auferlegen, Beichte hören). ↗ *Schrift,* ↗ *Manuskript.*

schreien Zw. (schrie, geschrie[e]n), mhd. *schrî(e)n,* ahd. *scrîan;* verw.: lat. *crimen* Anklage (eigtl. = Notruf des Klägers); engl. *scream* kreischen. Zu einer Erweiterung der idg. Wurzel *ker-* (*[s]krei-*) kratzen, schaben (SchW). – ↗ *Harke,* ↗ *Rabe,* ↗ *Reiher.*

Schrein m. mhd. *schrîn,* ahd. *scrîni* (engl. *shrine*), von lat. *scrinium* runde Kapsel; idg. *(s)ker-* krümmen (↗ *schräg,* ↗ *Schrank*). Missionswort! – **Schreiner** m. mhd. *schrînære,* obd. = ↗ *Tischler.*

schreiten Zw. (schritt, geschritten), mhd. *schrîten* gehen, aufs Pferd steigen, ahd. *scrîtan;* zur idg. Wurzel *(s)ker-* biegen, krümmen; urspr. = sich winden, im Bogen (um den umzäunten hl. Platz) gehen. ↗ *Schlittschuh.* Davon abgeleitet: ↗ *Schritt.*

Schrift w. mhd. *schrift,* ahd. *scrift;* vom Zw. ↗ *schreiben.* **Schriftsteller** m. 1. Hälfte 18. Jh. = wer eine Schrift (zum Prozeß, als Bittschrift) aufsetzt; nach dem Muster von ↗ *Briefsteller.*

schrill Adj. 1. Hälfte 19. Jh. vom Zw. *schrillen,* frühnhd. *schrellen,* angelehnt an engl. *shrill;* SchW wie das verw. ↗ *Rabe.* – ↗ *Schrulle.*

Schrippe w. berl. = Brötchen, 2. Hälfte 18. Jh. vom Zw. frühnhd. *schripfen* kratzen, aufreißen (von der Rinde); verw.: ↗ *scharf,* ↗ *schröpfen,* ↗ *schrubben.*

Schritt m. mhd. *schrit,* ahd. *scrit,* vom Zw. ↗ *schreiten.* **Schrittmacher** m. LÜ vor 1900 von engl. *pacemaker* (urspr. im Radsport).

schroff Adj. 1. Hälfte 16. Jh. vom Subst. mhd. *schrove, schroffe* Steinwand, Klippe; dazu das Zw. mhd. *schruffen* spalten, ahd. *screvôn* einschneiden; zur idg. Wurzel *skrel-,* die vermutl. die idg. Wurzel *sker-* schneiden erweitert (↗ *Schere);* ↗ *schürfen.* – **schröpfen** Zw. mhd. *schrepfen;* verw.: ↗ *scharf,* ↗ *Schrippe* (zu einer Erweiterung der idg. Wurzel *sker-).* – **Schrot** s. mhd. *schrôt* Wunde, abgesägtes, abgehacktes Stück, ahd. *scrôt* Schnitt (engl. *shred* Fetzen); vom Zw. **schroten** mhd. *schrôten,* ahd. *scrôtan* (engl. *shred* zerreißen); verw.: lat. *scrotum* Hodensack, *scrutari* untersuchen, zu der mit Dental erweiterten idg. Wurzel *sker-.* – *Schrot und Korn* (schon mhd.) Gewicht und Güte der Münze. ↗ *vierschrötig.* – Aber: **Schrothkur** w. wasserarme Diät, nach ihrem Erfinder, dem öst. Landwirt J. *Schroth* (1800−1856). – **Schrott** m. ndrh. um 1900 = Alteisen. – **schrubben** Zw. derb abreiben, 1. Hälfte 15. Jh. aus nd. (nd. *-bb-* wie bei ↗ *Ebbe,* ↗ *Krabbe,* ↗ *Robbe*); verw.: ↗ *scharf,* ↗ *Schrippe* (d. h. zu einer Erweiterung der idg. Wurzel *[s]ker-*).

Schrulle w. 2. Hälfte 18. Jh. aus nd. *schrullen* Extravanzen; Mz. zu mnd. *schrul, schrol* Übermut, schlechte Laune, verw. mit ↗ *schrill;* SchW.

schrumpfen Zw. 17. Jh. für älteres mhd. *schrimpfen* (nd. *schrumpen,* wozu *schrumpeln* [*-el*-Intensivierung wie bei ↗ *läch-el-n* u. a.]); zur idg. Wurzel *skremb-* krümmen, Erweiterung der idg. Wurzel *sker-* krümmen, drehen. ↗ *Har-*

fe, ↗*Ring,* ↗*Rücken,* ↗*schräg,* ↗Schrank; ferner ↗*verschrumpeln.* – Zur idg. Wurzel **sker-* schneiden auch: **Schrunde** w. Gebirgsspalte, Riß, ahd. *scrunta* (*scrintan* bersten).

Schub m. mhd. *schup* Aufschub, Schuldabwälzung, Beweismittel; vom Zw. ↗*schieben*[1]. ↗*schuften.* **Schubs** m. 19. Jh. vom Zw. ↗*schieben*[1].

schüchtern Adj. 1. Hälfte 16. Jh. *schuchter(n), schüchter, schochter* md. = ängstlich, aufgeschreckt. Westf. *schücht* scheu. Verw.: ↗*scheu.* Das *-n* wie bei ↗*alber-n* (aus den obliquen Formen). ↗*einschüchtern.* Wie ↗*scheu* aus idg. Wurzel **skeu-k, *skeubh-.*

Schuft m. 2. Hälfte 17. Jh. aus nd. *schuft* armer Kerl, verarmter Edelmann, Raubritter. Davor = Uhu, aus nd. *schúf ût* (Nachahmung des Uhurufes; eigtl. = schieb aus!). ↗*schieben*[1]. SchW.

schuften Zw. 19. Jh. über stud. aus md., vom nd. Subst. *schôftît* Schubzeit, Schicht (zu ↗*Schub*). Eigtl. = in einem Schub arbeiten.

Schuh m. mhd. *schuoch,* ahd. *scuoh,* got. *skôhs* (engl. *shoe*); ahd. *giscuohi,* got. *gaskôhi* Schuhwerk; zu ↗*Haus* und ↗*Scheuer* (idg. Wurzel **[s]keu-* bedecken); also = Hülle. **schuhplatteln** Zw. 19. Jh. aus bayr.; Zs. aus *Schuh* + Zw. *platteln* (Hand- und Schuh-)Platten zusammenschlagen (↗*Platte*).

Schuld w. mhd. *s(ch)ult, s(ch)ulde,* ahd. *sculd(a);* von dem bei ↗*sollen* behandelten Zw. – Kontrastwort: ↗*Huld.*

Schule w. mhd. *schuol(e),* ahd. *scuola* (engl. *school*), im 6. Jh. aus lat. *schola,* aus gr. *s|cholê* Muße. Verw.: gr. *s|chêma* Haltung, Form, Entwurf (↗*Schema*), vom gr. Zw. *échein* halten; Grundbedeutung: Freizeit (für Studien). – ↗*Sieg,* ↗*hektisch.*

Schulter w. mhd. *schulter, schulder,* ahd. *scultarra, -irra, -er(r)a, scultra* (engl. *shoulder*); mit gr. *skállein* graben, *skalís* Grabscheit zur idg. Wurzel **(s)kel-* gebogen sein? ↗*Schale,* ↗*Schild* (von der Wölbung [der Plattheit?] des Schulterblatts?).

Schultheiß m. mhd. *schultheize,* ahd. *sculdheizo;* Zs. aus ↗*Schuld* + ↗*heißen;* = der Leistung befiehlt. Spätmhd. gekürzt zu: **Schulze** m.

schummern Zw. dämmern, um die Mitte 18. Jh. aus ostmd.-nd. Maa.; im Abl. zu ↗*schimmern.*

Schund m. Mitte 16. Jh. vom Zw. ↗*schinden* (idg. **sken-* absplittern); ↗*Schinn;* eigtl. = Abfall beim Schinden (des gefallenen Viehs), = das Wertloseste, das sich denken läßt.

Schuppe w. mhd. *schu(o)ppe, schuope,* ahd. *scuoba, scuop(p)a;* vom Zw. ↗*schaben;* eigtl. = was (vom Fisch) abgeschabt wird. = *-pp-* : *-b-* wie bei ↗*Knappe:* ↗*Knabe,* ↗*Rappe* : ↗*Rabe.*

Schuppen m. 17. Jh. aus md.-nd. *schop(pen);* hd.: mhd. *schopf,* ahd. *scopf* wandloser Anbau (für Heu); wie ↗*Schober* und ↗*Schopf* zur idg. Wurzel **(s)keup-* Büschel (engl. *shop* Laden).

Schur w. mhd. *schuor;* mit Abl. vom Zw. ↗*scheren.*

schüren Zw. mhd. *schurgen, schür(ge)n* anfeuern, Feuer machen, ahd. *scurigen* stoßen, vom Subst. mhd. *schor* Schaufel, ahd. *scora* (got. *winþiskaurô* Schaufel zum Worfeln); vermutl. zu einer idg. Wurzel **skeu-,* die die Wurzel **sek-* schneiden (↗*Säge*) erweitert. Dazu gr. *skŷros, skýros* Steinabfall. Also = (die Glut) zerstochern, zerkleinern. ↗*schurigeln.*

schürfen Zw. mhd. *schür(p)fen,* ahd. *scurfen, scurphen* ausweiden; zu ↗*scharf,* ↗*Schorf,* ↗*schröpfen.*

schurigeln Zw. 1. Hälfte 17. Jh. obs. für älteres *schurgeln* herumstoßen, quälen, eine die Häufigkeit des Vorgangs bezeichnende Ableitung zu dem Zw. mhd. *schurgen, schürgen,* ahd. *scurigen* stoßen; ↗*schü-*

ren. – **Schurke** m. 17. Jh.; zu ahd. *fiur-scurgo* Feuerschürer (= Teufel); ⁊ *schüren.*

Schurz m. mhd. *schurz;* dazu das Adj. ahd. *scurz* kurz (engl. *short;* ⁊ *Shorts*). Zur idg. Wurzel **skerd-* abschneiden, verkürzen, Erweiterung der idg. Wurzel **sker-* schneiden. ⁊ *Schere.* – **Schürze** w. 17. Jh. aus mnd. *schörte* (engl. *shirt* Hemd).

Schuß m. mhd. *schuʒ,* ahd. *scuʒ;* zum Zw. ⁊ *schießen.* ⁊ *Schott.*

Schüssel w. mhd. *schüʒʒel(e),* ahd. *scuʒʒila* (engl. *scuttle* Korb), vor dem 6. Jh. (Übernahme röm. Küchenbegriffe; ⁊ *Kessel,* ⁊ *Pfanne* u.a.) von lat. *scutella* (volkslat. *scutula*), Verkleinerung zu *scutra* (Leder-)Platte, Schüssel (*scutum* Lederschild), angepaßt an germ. Gerätenamen auf *-ila* (⁊ *Dri-schel*).

Schuster m. mhd. *schuochsûtære* für ahd. *sûtâri,* aus lat. *sutor* Flickschuster (*suere* nähen). ⁊ *zuschustern.*

Schute w. flaches Leichtschiff, 2. Hälfte 16. Jh. aus mnd. *schute, schüte* hansestädt. Wort (seit 13. Jh.); zum Zw. ⁊ *schießen* (wohl wegen des herausragenden Vorderstevens).

Schutt m. 2. Hälfte 15. Jh. vom Zw. ⁊ *schütten;* ⁊ *Schotter.* – **schütteln** Zw. mhd. *schüt(t)eln,* ahd. *scutilôn* intensiviert das Zw. ⁊ *schütten* (wie ⁊ *läch-el-n* u.a.); ⁊ *erschüttern.*

schütten Zw. mhd. *schüt(t)en,* ahd. *skutten* erschüttern; wie ⁊ *schaudern* zur idg. Wurzel **skut-* rütteln. ⁊ *schützen,* ⁊ *Schotter.*

schütter Adj. mhd. *schiter,* ahd. *sketer;* verw. gr. *skidarós* dünn; zur Erweiterung der idg. Wurzel **skei-* trennen; ⁊ *scheiden,* ⁊ *Scheibe.* – *-ü-* steht für älteres *-i-* wie bei ⁊ *fünf,* ⁊ *gültig,* ⁊ *Rüffel.* Eigtl. = getrennt, gespalten, aufgelockert.

Schutz m. mhd. *schuz;* vom Zw. ⁊ *schützen.*

Schütze m. mhd. *schütze,* ahd. *scuzz(i)o;* vom Zw. ⁊ *schießen.* ⁊ *ABC-Schütze.*

schützen Zw. mhd. *schützen,* vermutl. aus mhd. **schütesen,* ahd.

*skutisôn; mhd. *schüten* umwallen, beschützen, *beschüten* beschützen; mit ⁊ *schütten* verw. – ⁊ *verschüttgehen.*

schwach Adj. mhd. *swach* schlecht, niedrig, schimpflich; zur idg. Wurzel **sȗek-* schwenken, dazu: ⁊ *schwingen* und ⁊ *schwanken.* Eigtl. = schwankend.

Schwade w. Reihe gemähten Grases, mhd. mnd. *swade* (engl. *swath[e]*), zur idg. Wurzel **sȗe-* drehen, biegen, flechten; eigtl. = (Zaun als) Grenze?

Schwaden m. qualmiger Dunst, mhd. *swadem, -en;* ahd. *swedan* verschwelen; verw.: lat. *sidus* Gestirn; zur idg. Wurzel **sȗeid-* schimmern.

Schwadron w. 1. Hälfte 17. Jh. aus it. *squadrone* großer viereckiger Haufen (Zw. *squadrare* viereckig machen; ⁊ *Quadrat*); ⁊ *Geschwader.*

schwadronieren Zw. unter volkset. Anlehnung an *Schwadron* (*schwadronieren* 18. Jh. um sich schlagen), aus älterem *schwadern,* mhd. *swateren* rauschen, plappern (SchW); ⁊ *schwatzen.*

Schwager m. mhd. *swâger,* ahd. *suâgur;* urverw: aind. *śvāśuras* Schwiegervater, *śvaśurá-* zum Schwiegervater gehörend (idg. **svékurós*). 16. Jh. = vertrauliche Anrede, daher um 1700 stud. = Postillon. **Schwäher** m. Schwiegervater, mhd. *sweher, sweger, swæher, swêr;* ahd. *swehur, swêr,* got. *svaihra;* urverw.: lat. *socer;* gr. *hekyrós* Schwiegervater. Idg. **sué-kuros;* ⁊ *Schwieger-.*

Schwalbe w. mhd. *swalwe, -be, swal(e),* ahd. *swal(a)wa* (engl. *swallow*); germ. und slaw. Vogelname, ungeklärter Herkunft.

Schwall m. mhd. *swal;* zum Zw. ⁊ *schwellen.*

Schwamm m. mhd. *swam(p),* ahd. *swam(b),* got. *swamm;* urverw. gr. *somphós* schwammig, porös (idg. **sȗombhó-s*); dazu im Abl.: ⁊ *Sumpf.*

Schwan m. mhd. *swan(e)* (engl. *swan*); urverw. lat. *sonus* Klang, *sonare* tönen; zur idg. Wurzel *suen-, suon-*. Man glaubte urspr., der sterbende Schwan beklage seinen Tod singend (daher **Schwanengesang** m. d. seit 1. Hälfte 16. Jh.).

schwanen Zw. 1. Hälfte 16. Jh., vermutl. scherzhafte Fehlübersetzung von lat. *olet mihi* ich rieche, ahne etwas (volkset. Anlehnung an lat. *olor* Schwan und ↗*ahnen*).

Schwang m. in der RA: *im Schwange sein*, mhd. *swanc*. Im Abl. zu ↗*schwingen*. – ↗*Schwank*, ↗*Überschwang*.

schwanger Adj. mhd. *swanger*, ahd. *swangar;* zur idg. Wurzel *su(e)nk-* schwerfällig (sein).

Schwank m. wie ↗*Schwang* aus mhd. *swanc* Schwung, Streich, Bericht über ihn. Im Abl. zum Zw. ↗*schwingen*. **schwanken** Zw. spätmhd. *swanken*, wohl mit mhd. *swanc* biegsam, zur idg. Wurzel *sueng-* biegen. – ↗*schwingen, ↗schwach, ↗schwenken*. – **Schwanz** m. mhd. *swanz*, vom Zw. mhd. *swanzen* schwenken, aus *swankezen*, Fortbildung von ↗*schwanken*. Ähnliche Bildung bei ↗*Blitz* u.a. – **schwänzen** Zw. versäumen, stud. 18. Jh. aus rotw. *schwentzen* schlendern, von mhd. *swankezen*.

schwären Zw. mhd. *swern* eitern, schmerzen; ahd. *sweran* schmerzen; zur idg. Wurzel *suer-* eitern, ↗*Geschwür*. Davon das Subst. **Schwäre** w. mhd. *swer* Schmerz, ahd. *swero* Schmerz. ↗*Schwert*, ↗*schwierig*, ↗*Geschwür*.

Schwarm[1] m. mhd. *swarm*, ahd. *swar(a)m* Bienenschwarm; wie *schwirren* und ↗*surren* zur idg. Wurzel (SchW) *suer-* surren (↗*schwirren*). Dazu das Zw. **schwärmen**, mhd. *swarmen, swermen* umherschwärmen; 16. Jh. = überspannt sein, sich begeistern. Daraus wird Subst. **Schwarm**[2] m. Liebhabe-r(ei) rückgebildet (19. Jh.).

Schwarte w. mhd. *swart(e)* (engl. *sward* Schwarte, Rasendecke); Herkunft ungeklärt.

schwarz Adj. mhd. ahd. *swarz*, got. *swarts* (engl. *swart*); urverw.: lat. *sordes* Schmutz, *sordidus* schmutzig, *sordere* schmutzig sein. Idg. Farbbezeichnung (*suordos*). **Schwarzarbeit** w. vom rotw. Adj. *schwarz* nächtlich, geheim (rotw. 14. Jh. *swerze* Nacht; daher das Zw. **schwärzen** schmuggeln, eigtl. = nächtlich, heimlich über die Grenze bringen. ↗*einschwärzen*).

schwatzen Zw. spätmhd. *swatzen, swätzen*, germ. SchW; intensivierend zu mhd. *swateren* rauschen, plappern. ↗*schwadronieren*.

schweben Zw. mhd. *sweben* schwimmen, fliegen, ahd. *swebên;* zu einer Erweiterung der idg. Wurzel *suei-* biegen. Dazu: ↗*Schwibbogen* m. – Verw.: ↗*Schweif*, ↗*schweifen*.

Schwefel m. mhd. *swebel, swevel;* ahd. *sweual, swebal;* got. *swibls;* urverw.: lat. *sulp(h)ur* Schwefel. Idg. *suelkulo-* ist eine Erweiterung zur idg. Wurzel *suel* = ↗*schwelen*, brennen. **Schwefelbande** w. Eindeutschung des Namens der berüchtigten Jenaer Studentenverbindung *Sulphuria* (1770).

Schweif m. mhd. *sweif* Gang, Schwung, Herumschwingen, ahd. *sweif* Schuhnestel; vom Zw. **schweifen**, mhd. *sweifen*, ahd. *sweifan* (engl. *swoop* sich stürzen); wie ↗*schweben* zu einer Erweiterung der idg. Wurzel *suei-* biegen. ↗*Schwof*, ↗*Wimpel*.

schweigen Zw. (schwieg, geschwiegen), mhd. *swîgen*, ahd. *swîgên;* urverw.: gr. *sigân* schweigen, *sigê* Schweigen; zur idg. Wurzel *sui-* abnehmen, schwach werden.

Schwein s. mhd. ahd. *swîn*, got. *swein* (engl. *swine*); von einem idg. Adj. *suwîno-* zur Sau gehörend (lat. *suinus*, Erweiterung von *sus* Schwein, ↗*Sau*). SchW (Grunzen?)? – *Schwein haben* Glück haben (stud., 19. Jh.), eigtl. = beim Schützenfest einen Trostpreis (nämlich eine Sau) bekommen.

Schweiß m. mhd. *sweiʒ* Blut, Schweiß, ahd. *sweiʒ* Schweiß (engl. *sweat;* ↗ *Sweater*); urverw.: lat. *sudor*, gr. *ídos* Schweiß; zur idg. Wurzel **sṷeid-* ↗ *schwitzen.*
schweißen Zw. gleichstoffige Metallstücke zusammenschmelzen; mhd. *sweiʒen, sweizen,* ahd. *sweiʒen* braten; eigtl. = schwitzen lassen.

schwelen Zw. 1. Hälfte 18. Jh. aus nd. *swêlen;* wie ↗ *Schwefel* zur idg. Wurzel **sṷel-* brennen. Dazu im Abl.: ↗ *schwül.*

schwelgen Zw. mhd. *swelhen, -gen* saufen, ahd. *swelg(ah)an* verschlucken (engl. *swallow*); dazu mhd. *swalch* Schlund; vielleicht zu einer Erweiterung der idg. Wurzel **sṷel-* schlingen.

Schwelle w. mhd. *swelle,* ahd. *swelli;* urverw.: gr. *sélma* Balken; idg. Wurzel **sel-* Balken. ↗ *Säule.*

schwellen Zw. mhd. *swellen,* ahd. *swellan* (engl. *swell*); dazu: ↗ *Schwall.* Idg. Wurzel **sṷel-* schwellen. ↗ *Schwiele,* ↗ *Schwulst,* ↗ *Geschwulst.*

schwemmen Zw. mhd. *swemmen;* Bewirkungswort zu ↗ *schwimmen.*
Schwemme w. spätmhd. *swem(me)* das Schwemmen; Platz, an dem das geschwemmt wird. 16. Jh. (bes. rhein.) = Gasthaus.

schwenden Zw. ↗ *schwinden.*

Schwengel m. Klöppel, mhd. *swenkel; -g-* ist md.; zu: **schwenken** Zw. mhd. ahd. *swenken;* Bewirkungswort zu ↗ *schwingen,* also = schwingen lassen.

schwer Adj. mhd. *swære,* ahd. *swâri,* got. *swêrs* geehrt, wert; verw.: gr. *aírein* heben, *aortḗr* Wehrgehenk. – *Die schwere Not* Epilepsie (Mitte 17. Jh.); daher: **Schwerenöter** m. 2. Hälfte 18. Jh. wem man *die schwere Not* anwünscht (auch ↗ *Schwierigkeit* ist erst nachträglich zu *schwer* gezogen). **schwermütig** Adj. mhd. (14. Jh.) *swærmüetec* deprimiert; davon das Subst. **Schwermut** w. 1. Hälfte 16. Jh. **Schwerpunkt** m. LÜ 1. Hälfte 18.

Jh. (Chr. Wolff) von lat. *centrum gravitatis.*

Schwert s. mhd. ahd. *swert* (engl. *sword*); zum Zw. ↗ *schwären,* ahd. *sweran;* eigtl. = was Schmerz bereitet?

Schwester w. mhd. ahd. *swester,* got. *swistar* (engl. *sister*); urverw.: lat. *soror,* gr. *éor* Tochter; Verwandte; idg. Familienbezeichnung: idg. **s(ṷ)esor* (Zs.: idg. Wurzel **s[ṷ]e-* sich [reflexiv] + **-ser* Frau; dann = verw. Frau?). ↗ *Geschwister.*

Schwibbogen m. ahd. *swibogo,* zu: ↗ *schweben.*

Schwiegermutter w. 2. Hälfte 16. Jh. nd. für älteres *Schwieger,* mhd. *swiger,* ahd. *swiger, -gar,* got. *swaihrô;* verw.: gr. *hekyrá,* lat. *socrus;* Fortbildung zu ↗ *Schwäher* wie **Schwiegersohn** m. vor 1600 für ↗ *Eidam.* **Schwiegervater** m. 16. Jh. für **Schwiegerherr** m. 14. Jh.; **Schwiegertochter** w. 17. Jh. für *Schnur* (mhd. *snu[o]r*), wohl = ↗ *Schnur* (Tabuwort?).

Schwiele w. mhd. *swil(e), swel,* ahd. *swil(o);* mit Abl. zu ↗ *schwellen.*

schwiem(e)lig Adj. taumelig, 2. Hälfte 19. Jh. über stud. zu nd. *schwimel* Rausch (verw.: mhd. *sweimen* schweben).

schwierig Adj. mhd. *sweric, swirio;* vom Subst. mhd. *swer,* ahd. *swero* Schmerz; zu: ↗ *schwären* (nicht zu ↗ *schwer*); eigtl. = eitrig. **Schwierigkeit** w. 2. Hälfte 16. Jh. = Eiterung; 2. Hälfte 17. Jh. = Revolte, Beschwerlichkeit (mhd. *swærekeit* w. Beschwerde).

schwimmen Zw. (schwamm, geschwommen), mhd. *swimmen,* ahd. *swimman;* zur idg. Wurzel **sṷem-* sich bewegen (eigtl. = sich im Wasser bewegen)? Verw.: ↗ *Sumpf.*

Schwindel m. Taumel; erst 1. Hälfte 16. Jh. = Betrug, spätmhd. *swindel;* vom Zw. **schwindeln,** mhd. *swindeln,* ahd. *swintilôn,* das aus dem Zw. ↗ *schwinden* weiterbildet (wie ↗ *läch-el-n* u. a.). – Einwirkung von engl. *swindler* Hochstapler 18. Jh.; dies aus d. **Schwindler** m. 17. Jh. = Phantast. – **schwinden** Zw. (schwand, geschwunden), mhd. *swinden*, ahd. *swintan;* dazu bewirkend mhd. *swenden* schwenden, roden (/ *verschwenden*); mit Abl. / *Schwund*. Idg. Wurzel **suendh-* schwinden. **Schwindsucht** w. mhd. *swintsuht* LÜ von gr. (-lat.) *phthísis* Auszehrung (vom Zw. *phthíein* abnehmen, schwinden).

Schwinge w. mhd. *swinge* Schwingholz, -eisen (später auch: -wanne). Torflügel; ahd. *swinga* Peitsche; 1. Hälfte 16. Jh. = Flügel (weidmännisch); vom Zw. **schwingen** (schwang, geschwungen), mhd. *swingen* schütteln, fliegen, ahd. *swingan* heben und bewegen, schlagen (engl. *swing*); zur idg. Wurzel **suenk-*. / *Schwang* und / *Schwank* ablautend. – / *Schwung*, / *Swing*, / *Überschwang*.

Schwippschwager m. nordd. = Schwager der Frau (des Bruders), zu: *schwippen* Zw. md., nd. (ablautend zu: *schwappen* [ahd. *gasopha* Abfall; idg. **sueb-*]), eigtl. = schiefer Schwager. – **Schwips** m. 19. Jh. bayr. vom Zw. *schwippen* schwenken, schnellen lassen, eigtl. = schwips! machen lassen (SchW)

schwirren Zw. Mitte 17. Jh. aus nd. *swirren;* zum idg. SchW **suer-* surren, / *Schwarm*. Verw.: lat. *susurrus* Flüstern, Zischen, *susurrare* flüstern, summen. – / *schwören*, / *surren*.

schwitzen Zw. mhd. *switzen*, ahd. *swizzen;* wie ablautend / *Schweiß* zur idg. Wurzel **sueid-* schwitzen. / *Sweater*. Zum Verhältnis *schwitzen : Schweiß* vgl. / *beizen*, / *heizen*, / *reizen*, / *Weizen*.

Schwof m. öfftl. Tanz, 1. Hälfte 19. Jh. stud. aus ostmd. *schwôf* = / *Schweif* (mhd. *sweif* kreisende Bewegung).

schwören Zw. (schwor, geschworen), mhd. *swern*, *swerì(g)en* (ahd. *swerien*, *swerren;* dazu: got. *swaran* (engl. *swear*); verw.: engl. *answer* = / *Antwort;* eigtl. = (vor Gericht, eidlich) aussagen; urverw.: lat. *sermo* Gespräch, Rede; zur idg. Wurzel **suer-* sprechen (verw.: idg. *suer-* surren? / *schwirren*). / *Geschworene*.

schwül Adj. 1. Hälfte 17. Jh. aus nd. *swûl* drückend heiß; im Abl. zu nd. *swêlen* langsam verbrennen; / *schwelen*.

Schwulst m. mhd. *swulst*, für älteres mhd. *geswulst*, ahd. *giswulst* = / *Geschwulst* (= übergroße Ausdrucksfülle Mitte 18. Jh.); vom Zw. / *schwellen*. **schwülstig** Adj. neben älterem *schwulstig*, 1. Hälfte 16. Jh. = geschwollen; 1. Hälfte 17. Jh. = prahlend; 18. Jh. = überladen.

Schwund m. 1. Hälfte 19. Jh. zum Zw. / *schwinden*.

Schwung m. mhd. (14. Jh.) *swunc;* zum Zw. / *schwingen*.

Schwur m. mhd. *swuor* für älteres mhd. *meinswuor*, ahd. *meinsuuoro*, *eidsuor;* setzt sich gegen das ältere / *Eid* durch, ohne es zu verdrängen. Zu / *schwören*.

Scout m. Pfadfinder, Ende 19. Jh. aus engl.; über mengl. und volkslat. aus lat. *auscultare* erforschen, älter **aus-clutare;* Zs. aus *auris* Ohr + *clutus berühmt.

sechs ZaW mhd. *se(h)s*, ahd. *sehs*, got. *saihs* (engl. *six*); verw. gr. *éx*, lat. *sex;* idg. ZaW (**s[u]eks*). / *Siesta*.

See m., w. mhd. *sê*, ahd. *sê(o)*, got. *saiws* (engl. *sea*); wohl LW aus einer früher in Norddeutschland lebenden (nichtidg.) Sprache (idg.: / *Meer*). Zunächst m.; dann, zuerst nd., w. Seither: *der See* Teich, *die See* (vorwiegend nordd., seemannssprachlich) Meer. / *Seele*.

Seehund m. um 1500 für älteres mnd. *sêlhund*, verdeutlichend zu mnd. *sel*, mhd. *sele*, ahd. *selah*, *selho* (an. *selr* Robbe). Herkunft?

Seele w. mhd. *sêle*, ahd. *sê(u)la*, got. *saiwala* (engl. *soul*); Ableitung von / *See* (got. *saiws*); = die aus dem Wasser Stammende (Wasser als

Seelenort)? Ähnlich gebildet wie ↗ *Wei-le.* Oder unerklärbares Tabuwort? – **Seelsorge** w. LÜ von lat. *animarum cura* (15. Jh.). **Seelsorger** m. 15. Jh. = Priester, Testamentsvollstrecker.

Segel s. mhd. *segel, sigel,* ahd. *segal* (engl. *sail*); verw.: an. *søgr* Fetzen; germ. Wort, wie ↗ *Säge* zur idg. Wurzel **sek-* schneiden (eigtl. = abgeschnittenes Stück Tuch)??

Segen m. mhd. *segen,* ahd. *segan;* vom Zw. **segnen** mhd. *segenen,* ahd. *seganôn,* vom lat. Zw. *signare* bezeichnen, volkslat. **segnare* das Kreuz schlagen (lat. *signum* Zeichen, eigtl. = Kerbe, Einschnitt [idg. **sek-* schneiden]). – ↗ *Signal.*

sehen Zw. (sah, gesehen), mhd. *sehen,* ahd. *sehan,* got. *saihvan* (engl. *see*). Urverw.: lat. *sequi* folgen (↗ *Sekte,* ↗ *Sekunde,* ↗ *konsequent);* idg. Wurzel **sek̯-* (dem gejagten Wild) mit den Augen folgen, sehen. Verw.: ↗ *sagen,* ↗ *seltsam,* ↗ *Sicht;* ↗ *Gesicht.*

Sehne w. mhd. *sen(e)we, sen(n)e,* ahd. *senuwa, -(a)wa* (engl. *sinew*); zu einer nasalierten Erweiterung der idg. Wurzel **sei-, *sêi-* binden. ↗ *Saite,* ↗ *Hachse,* ↗ *Ochsen-ziemer,* ↗ *Seil.*

sehnen Zw. mhd. *senen;* wie lat. *sinere* lassen, *desinere* ablassen, mhd. *seine* träge (↗ *lang-sam*), zu idg. **sei-n* Entspannung, vgl.: ↗ *seit.* – **Sehnsucht** w. spätmhd. *sensuht* für älteres mhd. *sene* Kummer, Verlangen; ↗ *Sucht.*

sehr Adv. mhd. *sêre,* ahd. *sêro;* zum Adj. mhd. ahd. *sêr* schmerzlich (engl. *sore*); dazu mhd. ahd. *sêr* Schmerz, got. *sair* Wunde; urverw.: lat. *saevus* wütend; idg. Wurzel **sai-* Schmerz. ↗ *versehren.*

seichen Zw. mhd. *seichen,* ahd. *seihhen,* Bewirkungswort zu ahd. *sîhan* tröpfeln; lat. *siare* harnen (vgl. ↗ *seihen*); verw.: ↗ *säen.*

seicht Adj. mhd. *sîcht(e)* flach; aengl. *sîhte* feucht, sumpfig. Wenn *-îh-* aus *-inh-* stammt, zum Zw. ↗ *sinken.*

Seide w. mhd. *sîde,* ahd. *sîda;* im 8./9. Jh. über den Niederrhein aus lat. *seta* (doch nordit. *seda*). – Ahd.-mhd. *-î-* für lat. *-ê-* wie in ↗ *Feier,* ↗ *Kreide,* ↗ *Pein,* ↗ *Speise* usw.

Seidel s. mhd. *sîdel(în),* aus rätorom. *sedla,* von volkslat. *secla.* Lat. *situla* Eimer.

Seidelbast m. Strauchpflanze; spätmhd. *zîdelbast,* Zs. aus *Zeidel* (↗ *Zeidler*) + ↗ *Bast;* volkset. zu ↗ *Seide* gezogen.

Seife w. mhd. *seife,* ahd. *seifa* (engl. *soap*), zum Zw. mhd. *sîfen* tröpfeln (engl. *seep*); urverw.: lat. *sebum* Talg (daher: *sapo* Seife, aus dem Germ.); idg. Wurzel **s(e)ib-* sieben (↗ *Sieb*). Urspr. = rotes Haarfärbemittel?

seihen Zw. mhd. *sîhen,* ahd. *sîhan* (mit grammat. Wechsel: **seigen** Zw., mhd. *sîgen,* ahd. *sîgan* tröpfeln); zur idg. Wurzel **seik̯-* träufeln; vgl.: das Bewirkungswort ↗ *seichen* und das Iterativ ↗ *sickern.* – ↗ *Siel,* ↗ *versiegen.*

Seil s. mhd. ahd. *seil* (engl. *sole*); got. *insailjan* an Seilen hinunterlassen); wie ↗ *Saite* und ↗ *Sehne* zur idg. Wurzel **sei-, *sêi-* binden. Im Abl. dazu: ↗ *Siele.*

Seim m. ahd. *(honang-)seim,* verw.: gr. *haîma* Blut; zur idg. Wurzel **sei-* tröpfeln; verw.: ↗ *Seife.*

sein[1] Zw. (war, gewesen), mhd. ahd. *sîn;* von drei Stämmen: 1) idg. Wurzel **es-* (daher: *ist, sind, seid, sei, seist, seien, seiet;* lat. *est,* gr. *estí,* lat. *sunt,* engl. *I am;* ↗ *Sünde*); von diesem Stamm ist der Inf. *sein* (davor: *wesen*) abgeleitet; 2) ↗ *Wesen* (daher *war, gewesen.* – ↗ *nur*); 3) idg. Wurzel **bhu-* (daher: *bin, bist;* engl. *be;* lat. *fui, futurus,* gr. *phúein* sein, werden. – ↗ *bauen*).

sein[2] FW mhd. ahd. *sîn,* got. *seins;* idg. **s(u̯)einos,* Erweiterung zum idg. Reflexivum **s(u̯)e-.* – ↗ *sich.*

seit Präp., Konj. mhd. *sît,* ahd. *sîd;* vgl.: spät. Adv. *seiþus* spät; urverw.: lat. *setius* später, *serus* spät; wie mhd. *seine* träge, got. *sainjan* säumen (↗ *lang-sam*) zur idg. Wurzel *sêi-, sich ↗sehnen. – **seitdem** Adv., Konj. verkürzt aus mhd. *sît dem mâle*.

Seite w. mhd. *sîte*, ahd. *sîta* (engl. *side*); urspr. Adj. vgl.: ahd. Adv. *sîto* schlaff; engl. *side* lang (herabhängend); zur idg. Wurzel **sei-*binden; eigtl. = (geflochtene) Hauswand (vgl. lat. *latus* Flanke, Wand, Seite).

Sekret s. Drüsenabsonderung, 19. Jh. aus lat. *secretum* das Ausgeschiedene (Part. zum Zw. *secernere* ausscheiden, *cernere* sondern; verw.: ↗*scheren*). – **Sekretär** m. spätmhd. *secretâri* Geheimschreiber, aus lat. *secretarius* (zum Adj. *secretus* geheim), später (18. Jh.) beeinflußt vom frz. *secrétaire*.

Sekt m. 1. Hälfte 17. Jh. aus frz. *vin sec*, span. (*vino*) *seco* süßer Südwein, eigtl. = Wein aus Trockenbeeren (die am Stock getrocknet sind). – -*t* angetreten wie bei: ↗*Ax-t*, ↗*jetz-t*, ↗*Habich-t*, ↗*Hüf-te*, ↗*Obs-t*, ↗*Palas-t*, ↗*Paps-t*, ↗*Saf-t*, ↗*selbs-t*, ↗*Spech-t*.

Sekte w. mhd. *secte* (engl. *sect*) Ketzerei; aus mlat. *secta* Irrlehre, lat. *secta* (religiöse) Partei, Denkweise (der man folgt, vom Zw. *sequi* folgen; ↗*sehen*). – **Sekunde** w. 17. Jh. aus lat. *secunda* (*pars*) 2. (Unter-) Teil einer Minute (lat. *secundus* folgend, zweiter; vom Zw. *sequi*). – **sekundieren** Zw. 1. Hälfte 17. Jh. aus lat. *secundare* beistehen (frz. *seconder* beim Zweikampf helfen). Das lat. Zw. vom Adj. lat. *secundus*. Eigtl. = zweiter Mann sein.

selbst mhd. md. (14. Jh.) *selbes, selbis;* erstarrter Genitiv zu *selb*, mhd. *selp*, ahd. *selb*, got. *silba* (engl. *self*). -*t* ist wie in ↗*Ax-t*, ↗*Habich-t*, ↗*Hüf-te*, ↗*jetz-t*, ↗*Obs-t*, ↗*Palas-t*, ↗*Paps-t*, ↗*Saf-t*, ↗*Sek-t*, ↗*sons-t*, ↗*Spech-t* angetreten. Vom idg. FW-Stamm **se-l-bho*. – **selbständig** Adj. 1. Hälfte 16. Jh. für älteres mhd. *selbstende* für sich bestehend (frühnhd. *selbstand* Person). – **Selbstgespräch** s. Mitte 18. Jh. LÜ von frz. *monologue* (aus gr. *mono-*

logía). **Selbstmord** m. LÜ 1. Hälfte 17. Jh. von lat. *suicidium*. ↗*Freitod*. – **Selbstverleugnung** w. nach Matth. 16, 24.

selig Adj. mhd. *sælic, -ec*, ahd. *sâlig* (engl. *silly* einfältig); aus einem Adj. wie got. *sêls* gütig (got. *sêlei* Güte; mit Suffix: mhd. *sælde*, ahd. *sâlida*). Urverw.: lat. *solari* trösten; zur idg. Wurzel **sel-* gewogen, freundlich. – In Adj. wie ↗*müh-selig*, ↗*saum-selig* ist -*selig* von der alten Endung -*sal* (urspr. -*sl*) abgeleitet (↗*Drang-sal*, ↗*Müh-sal*, ↗*Rinn-sal* usw.).

Sellerie m. (w.) 17. Jh. aus nordit. *selleri* Mz. zu *sellero* (frz. *céleri*); über lat. *selinum* aus gr. *sélinon* Eppich (↗*Petersilie*).

selten Adj. mhd. *selten*, ahd. *seltan;* vgl. got. *silda-leiks* von seltener Gestalt, wunderbar. – Herkunft ungeklärt (nicht verw. mit ↗*selbst*). – **seltsam** mhd. *seltsæne*, ahd. *seltsâni;* später an das Suffix -*sam* (↗*lang-sam*) angelehnt; urspr. zu einem Verbal-Adj., von ↗*sehen* abgeleitet (eigtl. = selten sichtbar); ags. *seld-sîene* seltsam, got. *ana-siuns* sichtbar.

Semester s. verkürzt aus *semestre tempus* Anfang 16. Jh.; eigtl. = Sechsmonatszeit (*sex menses*).

Semikolon s. KW 2. Hälfte 15. Jh. aus lat. *semi-* halb (= gr. *hêmi-*) + gr. *kôlon* Körper-, Satzglied (↗*Kolik*).

Seminar s. 2. Hälfte 17. Jh. aus lat. *seminarium* Baumschule (lat. *semen* = ↗*Samen*).

Semmel w. mhd. *simel, semel(e)*, ahd. *simila, semala* feines Weizenbrötchen, -mehl; aus mlat. *simila* Weizenbrötchen, lat. *simila* feines Weizenmehl; von gr. *semídalis* feinstes Weizenmehl, über ar. aus altbab. *samîdu* feines Weizenmehl.

Senat m. mhd. *senât* Staatsrat, aus lat. *senatus* Staats-, Altenrat (lat. *senex* Greis [↗*senil*]).

senden Zw. (sandte, gesandt; neben: sendete, gesendet), mhd. *senden*, ahd. *sendan, -tan*, got. *sand-*

jan (engl. *send*), Bewirkungswort zu einem zu ahd. *sind* Weg (↗ *Gesinde*) gehörenden germ. Zw. **sinþan* gehen; eigtl. = gehen machen; ↗ *Sinn,* ↗ *Gesandter*. **Sender** m. mhd. *sender* Absender; 20. Jh. = Sendeanlage.

Senf m. mhd. *sen(e)f,* ahd. *senef,* aus lat. *sinapi* = gr. *sínapi;* wohl altäg. Herkunft. Weit älter als ↗ *Mostrich.*

sengen Zw. mhd. *sengen* (engl. *singe*); ahd. *bi-sengan, -senkan;* nah verw.: mhd. *senge* Trockenheit, *sunken, -gen* anzünden, *sunkeln, -geln* knistern. Herkunft umstritten.

senil Adj. 19. Jh. aus lat. *senilis* greisenhaft (lat. *senex* Greis; ↗ *Senat;* dazu Komp.: *senior,* d. **Senior** m. [seit 17. Jh.]; volkslat. Kurzform **seior,* aus der frz. *Sire* Majestät, engl. *sir* Herr entsteht). ↗ *Jünger.*

Senkel m. mhd. *senkel* Gürtelband, Senkblei, ahd. *senkil* Zugnetz (*senchil[a]* = ↗ *Anker*); zum Zw. **senken,** mhd. ahd. *senken,* got. *sagqjan;* Bewirkungswort zu ↗ *sinken.* – **senkrecht** Adj. 2. Hälfte 17. Jh. für etwas älteres *senkelrecht.*

Senn(e) m. mhd. *senne* (neben *sennære*), ahd. *senno;* zugrunde liegt ein kelt. Alpenwort (**sanion-*) für „Melker" (ir. *sine* Zitze). Verw.: ↗ *Span(ferkel)*.

Sensation w. 18. Jh. aus frz. *sensation* Eindruck, Empfindung (später = erregendes Ereignis); aus mlat. Weiterbildung zu lat. *sensus* Wahrnehmung (*sentire* fühlen; ↗ *Sinn;* verw.: ↗ *sensibel;* ↗ *Nonsens*).

Sense w. mhd. *sense,* aus älterem *segens(e), seinse,* ahd. *segensa, -ginsa, -gansa* neben *segesna, -gisna;* verw. mit ↗ *Säge* (ahd. *sega*); idg. Wurzel **sek-* schneiden.

sensibel Adj. 18. Jh. aus frz. *sensible,* aus lat. *sensibilis* empfindsam, -lich (vom lat. Zw. *sentire;* verw.: ↗ *Sensation*). – **sentimental** Adj. Mitte 18. Jh., zuerst neben *sentimentalisch,* aus engl. *sentimental* (Ableitung vom Subst. engl. *senti-*

ment Gefühl, über afrz. und mlat. vom lat. Zw. *sentire* fühlen).

Séparée s. 2. Hälfte 19. Jh., verkürzt aus frz. *chambre séparée* Einzelzimmer (vom frz. Zw. *séparer* trennen, aus lat. *separare* trennen, eigtl. = für sich [lat. *se*] bereiten [lat. *parare;* ↗ *Parade*]. Dazu das Part. *separatus* getrennt, daher im 17. Jh. das d. Adj. **separat**).

September m. mhd. *september,* aus lat. (*mensis*) *September* 7. Monat (röm. Jahresanfang im März; lat. *septem* = ↗ *sieben*).

Serenade w. 17. Jh. aus frz. *sérénade,* von it. *serenata* (it. *sereno* heiter, lat. *serenus;* angelehnt an it. *sera* Abend, lat. *serus* spät; = Abendlied). ↗ *Ständchen.*

Sergeant m. mhd. *sarjant,* aus afrz. *serjant* Fußknecht, das von lat. *serviens* Dienender (Zw. *servire* dienen) herkommt. ↗ *Service.*

Serie w. mhd. *serje,* aus lat. *series* Reihenfolge (*serere* fügen, knüpfen; dazu im Abl. *sors* Schicksal; idg. Wurzel **ser-* verknüpfen; ↗ *de-ser-tieren,* ↗ *Dis-sertation,* ↗ *in-ser-ieren;* ↗ *Sorte*).

seriös Adj. 18. Jh. aus frz. *sérieux* (zugrunde liegt lat. *serius* ernsthaft).

Serpentine w. 19. Jh. von lat. *serpentina* (*via*) schlangenförmiger Weg (lat. *serpens* Schlange, *serpere* kriechen).

Serum s. 19. Jh. aus lat. *serum* Molken (aind. *sarás* flüssig). Verw.: ↗ *Strom.*

Service[1] s. Tafelgeschirr, 17. Jh. aus frz. *service* Dienst (von lat. *servitium* Sklavenarbeit; *servire* dienen), zu frz. *servir* dienen, aufwarten; daher d. **servieren** Zw. 18. Jh. ↗ *Sergeant.* **Service**[2] m., s. Kundendienst, 20. Jh. aus engl. *service,* über afrz. aus lat. *servitium.* – **Serviette** w. 2. Hälfte 16. Jh. aus frz. *serviette* eigtl. = Tuch zum Servieren, Mundtuch (vom frz. Zw. *servir*).

Sessel m. mhd. *seʒʒel,* ahd. *seʒʒal,* got. *sitls* (engl. *settle*); lat. *sella* (aus älterem *sedla) Sitz, *sedere* sitzen; gr. *hellá* Sitz; wie ⁄ *Nest* und ⁄ *Sattel* zur idg. Wurzel *sed- = ⁄ *sitzen;* ⁄ *siedeln.* **seßhaft** Adj. mhd. *seʒhaft,* vom Subst. mhd. *seʒ* Wohnsitz; verw.: ⁄ *sitzen.* **Set** s. Garnitur zusammenpassender Einzelteile, 20. Jh. aus engl. *set* = ⁄ *Satz.* – **Setter** m. Jagdhund, 20. Jh. aus engl. *(to set* setzen). – **setzen** Zw. mhd. *setzen,* ahd. *sezzen,* got. *satjan* (engl. *set),* Bewirkungswort zu ⁄ *sitzen* (eigtl. = sitzen lassen). ⁄ *Gesetz,* ⁄ *Satte.*

Seuche w. mhd. *siuche,* ahd. *siuhhi,* got. *siukei;* vom Adj. ⁄ *siech.*

seufzen Zw. mhd. *siufzen, -ten,* ahd. *sûft(e)ôn,* vom Subst. mhd. *sûft* Seufzer, Ableitung von ahd. *sûfan* trinken; ⁄ *saufen.* Das *-z-* durch Einfluß von ⁄ *äch-z-en, schluch-z-en* u. a.

Sex m. 20. Jh. aus am. *sex* Geschlecht (aus lat. *sexus* Geschlecht, das über frz. *sexuel* lat. *sexualis* um 1800 schon d. *sexual, sexuell* Adj. bedingt hatte). – **Sex-Appeal** m. aus am. *sex-appeal* eigtl. = geschlechtl. Appell, Reiz.

sezieren Zw. 1. Hälfte 18. Jh. aus lat. *secare* schneiden, zerlegen; ⁄ *Säge,* ⁄ *Sichel.*

Shagpfeife w. um 1900 aus engl. *shag (tobacco)* Feinschnitt(tabak); identisch: engl. *shag* Kraushaar (schwed. *skägg* Bart).

Sherry m. 1. Hälfte 19. Jh. aus engl. *sherry,* eigtl. = span. ON *Jerez.*

Shorts Mz. 20. Jh. aus am. *shorts* eigtl. = die Kurzen; ⁄ *Schurz.*

Show w. 20. Jh. aus am. *show* Darbietung; ⁄ *schauen.*

sich FW mhd. *sich,* ahd. *sih,* got. *sik;* lat. *sibi, se;* idg. Reflexivwurzel *s(u)e-;* ⁄ *sein²,* ⁄ *Sippe.*

Sichel w. mhd. *sichel,* ahd. *sihhila* (engl. *sickle),* vor dem 5. Jh. aus volkslat. *sicila,* lat. *secula* kleine Sichel *(secare* schneiden; ⁄ *Säge,* ⁄ *sezieren).*

sicher Adj. mhd. *sicher,* ahd. *sichor, sichur(e)* (engl. *sicker),* vor dem 5. Jh. aus lat. *securus* sorglos (volks-

lat. *sicurus);* lat. *se cura* ohne Sorge, *cura* Sorge (⁄ *Kur).* Zunächst vorwiegend rechtssprachlich = schuld-, straffrei.

Sicht w. mhd. ahd. *siht* (engl. *sight).* vom Zw. ⁄ *sehen;* = Laufzeit eines Wechsels zuerst mnd. *sicht,* LÜ 15. Jh. aus it. *vista;* daher die RA *auf lange (kurze) Sicht.* ⁄ *besichtigen.*

sichten¹ Zw. erblicken, 19. Jh., nd., seemännisch.

sichten² Zw. mnd. *sichten* sieben (engl. *sift);* abgeleitet vom Subst. ⁄ *Sieb* (schwz. *siften* sieben; *-cht-* ist nd. wie in ⁄ *achter* u. a.).

sickern Zw. 2. Hälfte 17. Jh. Iterativ zu ⁄ *seihen* (mit grammat. Wechsel). ⁄ *versiegen;* ⁄ *versickern.*

sie FW mhd. *sî, si(e),* ahd. in versch. nach Genus und Numerus getrennten Formen (w. Ez. *siu, si* Nom.; *sia* Akk.; m. Mz. *sie,* w. Mz. *sio,* s. Mz. *siu);* got. *si* (w. Ez.); idg. FW-Wurzel *sio-.*

Sieb s. mhd. *sip,* ahd. *sib* (engl. *sieve);* zur idg. Wurzel *seip-* seihen, vergießen, über *seib-* mit ⁄ *Seife* verw. Dazu das Zw. ⁄ *sichten².*

sieben ZaW mhd. *siben,* ahd. got. *sibun* (engl. *seven);* urverw.: lat. *septem,* gr. *heptá* (idg. ZaW: *septṇ).* – *Die böse Sieben* urspr. Trumpfkarte eines alten Kartenspiels (2. Hälfte 15. Jh. Teufelsbild oder altes Weib). Oder nach Matth. 6, 13: 7. Bitte (Übel = böses Weib), oder Sprüche 26, 25; Matth. 12, 45; Mark. 16, 9; Luk. 8, 2 [Lutherbibel!]). – *Siebenter Himmel* nach Koran (öfter), vielleicht auch 2. Kor. 12, 2 (Lutherbibel). – ⁄ *September.* – **Siebensachen** Mz. Plunder, 2. Hälfte 17. Jh., davor = Geschlechtsverkehr, -teile. **Siebenschläfer** m. 2. Hälfte 17. Jh. aus älterer Mz. die *sübensleffer,* mhd. noch getrennt *die sieben slâfære;* 2. Hälfte 18. Jh. = Haselmaus, die vermeintlich 7 Monate Winterschlaf hält.

siech Adj. mhd. *siech,* ahd. *sioh,* got. *siuks* (engl. *sick);* vielleicht vom Zw. ⁄ *saugen* (weil man sich die Krankheiten als blutsaugende Geister dachte). Von ↗*krank* spätmhd. verdrängt. ↗*Sucht.*

siedeln Zw. mhd. *sidelen;* ahd. *gisidalen* ansiedeln; *sidilo* Bauer (↗*Einsiedler*); zur idg. Wurzel **sed.* = ↗*sitzen* (↗*Sessel*).

sieden Zw. (sott, gesotten), mhd. *sieden,* ahd. *siodan* (engl. *seethe*); got. *sauþs* Opfer (eigtl. = was gekocht wird). ↗*Sodbrennen.* Zur idg. Wurzel **seu-* sieden. ↗*sudeln,* ↗*Absud.*

Sieg m. mhd. *sic, sige,* ahd. *sigo, sigu,* got. *sigis;* wie ↗*Schema* und ↗*Schule* zur idg. Wurzel **seĝh-* festhalten (gr. *échein* halten). Also = wenn man den andern festhält, bewältigt. – ↗*hektisch,* ↗*Schule.* – Vgl.: germ. PNN wie: *Segi-mundus, Segi-merus, Sege-stes,* d. VNN *Sieg-fried, Sieg-mund, Sig-rid* u.a.).

Siegel s. mhd. *sigel* (engl. *seal*), aus lat. *sigillum* Bildchen (auf dem Siegelring; zu *signum* Zeichen). Got. *sigljô* aus volkslat. *sigillo.* ↗*Insiegel,* ↗*Signal.*

Siel s. (m.) Deichschleuse, mnd. fries. as. *sîl* Schleuse, vom Zw. ↗*seihen* (mit Hilfe des Gerätesuffixes *-ila* [↗*Drisch-el,* ↗*Heb-el,* ↗*Meiß-el,* ↗*Quir-l,* ↗*Schleg-el,* ↗*Flüg-el,* ↗*Schauf-el,* ↗*Schlüss-el,* ↗*Spreng-el,* ↗*Stemp-el* usw.]).

Siele w. Zugriemen, mhd. *sil,* ahd. *silo;* im Abl. zu ↗*Seil.*

sich sielen Zw. sich räkeln, für älteres *sühlen,* mhd. *süln,* ahd. *süllen;* got. *bisauljan* beschmutzen; urverw.: gr. *hýlê* Schlamm, mhd. ahd. *sol* Kot. Dazu: *sich suhlen* sich in einer Pfütze wälzen; abgeleitet: *Suhle* w. Pfütze (17. Jh.).

Siesta w. 2. Hälfte 18. Jh. aus span. *siesta,* aus lat. *sexta* (*hora*) sechste Stunde (d. h. Mittag). ↗*sechs.*

Signal s. 2. Hälfte 17. Jh. aus frz. *signal,* aus lat. *signale* etwas, das zum Zeichengeben bestimmt ist (*signum* Zeichen aus dem Stamm von *secare* schneiden [eigtl. = Kerbzeichen], ↗*Säge*). ↗*designieren,* ↗*resignieren,* ↗*Segen,* ↗*Siegel.*

Silbe w. mhd. *sil*(*la*)*be,* ahd. *sillaba,* über lat. aus gr. *syllabê* Zusammenfassung (Zs. aus *syn* mit, zusammen + *lambánein* nehmen, fassen).

Silber s. mhd. *silber,* ahd. *sil*(*a*)*bar,* got. *silubr* (engl. *silver*), aus einer nichtidg. (asiat.) Sprache; nur bei Germanen und Baltoslawen (idg. z. B.: lat. *argentum,* Wurzel: **arĝ-* glänzend).

Silhouette w. 2. Hälfte 18. Jh. aus frz. *silhouette* Schattenriß, nach dem sparsamen Finanzminister *Etienne de Silhouette* (1709−1767), der sein Palais mit Schattenrissen (statt mit Bildern) schmückte (daher: *à la Silhouette* knapp, sehr kurz [z. B. ein Kleid]).

Silo m. 19. Jh. aus span. *silo,* vermutl. über lat. *sirus* aus gr. *seirós* Getreidemiete.

Silvester s. nach dem Tagespatron des 31. 12. *Silvester* I. (Papst 314−355) benannt, auch m. PN; lat., = Waldmann.

simpel Adj. 15. Jh. aus mnd. *simpel,* aus lat. *simplus* einfach (frz. *simple*); lat. *simplex* einfach. – ↗*sammeln.* ↗*fachsimpeln,* ↗*Singular,* ↗*Sintflut.*

Sims m., s. mhd. *sim*(*e*)*ʒ;* ahd. *simiʒstein* Säulenknauf, mhd. *gesimeʒe* Gesims. Von lat. *simatus* plattgedrückt, *sima* Rinnleiste, Teil des Säulenkranzes.

simulieren Zw. 2. Hälfte 16. Jh. aus lat. *simulare* ähnlich machen (zum lat. Adj. *similis* ähnlich; ↗*sammeln*). – **simultan** Adj. 1. Hälfte 18. Jh. mlat. *simultaneum* Parität, aus mlat. *simultaneus* gleichzeitig (lat. *simul* zusammen).

Sinfonie w. 17. Jh. aus it. *sinfonia,* über lat. aus gr. *symphônía* Einklang (*phôneîn* tönen, *phônê* Stimme).

singen Zw. (sang, gesungen), mhd. *singen,* ahd. *singan,* got. *siggwan* (engl. *sing*); verw.: gr. *omphê* (aus älterem **songu̯hâ*) Stimme; idg. Wurzel **sengu̯h-* getragen (mit singender Stimme) sprechen.

Singular m. 18. Jh. aus lat. *numerus singularis* Zahl, die zum Einzelnen gehört (lat. *singularis* eigentümlich, vereinzelt, *singulus* aus **semglo-s* jeder einzelne [**sem-* einer; ↗*simpel*]). – **Singrün** s. ahd. *singruone* Immergrün (ahd. *sin* dauernd, got. *sinteins* täglich; idg. **sem-* zusammen).

sinken Zw. (sank, gesunken), mhd. *sinken*, ahd. *sinkan*, got. *sigqan* (engl. *sink*); idg. **sengʷ-* sinken, fallen; abgeleitet. ↗*seicht*, ↗*senken*; verw.: ↗*absacken*, ↗*versacken*.

Sinn m. mhd. ahd. *sin;* verw. ahd. *sind* Weg (↗*Gesinde*, ↗*senden*); lat. *sentire* einer Richtung nachgehen, zu fühlen beginnen, fühlen, *sensus* Gefühl; idg. **sent-* gehen, fahren. Dazu: **sinnen** (sann, gesonnen) Zw., mhd. *sinnen* wahrnehmen, ahd. *sinnan* streben, reisen, gehen. *Sinn* also = Gedankengang. ↗*Gesinnung*.

Sintflut w. mhd. ahd. *sin(t)vluot* neben mhd. *sünd(en)fluot*. Bestimmungswort ahd. *sin(a)*, got. *sin-* beständig; urverw.: lat. *semper* immer, *simplex* einfach (↗*sammeln*). Eigtl. = ewige Flut (1. Mos. 6, 17).

Siphon m. 1. Hälfte 19. Jh. aus frz. *siphon*, über lat. aus gr. *síphôn* Wasser-, Saugröhre, Halm.

Sippe w. mhd. *sippe* Verwandtschaft(sgrad), Eigenart, ahd. *sipp(e)a* Verwandtschaft, (Friedens-)Bund, got. *sibja* Verwandtschaft (engl. *gossip* Gevatterin). Die idg. Wurzel **s(u̯)e-bho-* erweitert die Reflexivwurzel; ↗*sich,* ↗*Sitte.*

Sir engl. Adelstitel, **Sire** frz. Anrede an die Majestät; mhd. *sir(e)* Herr, aus frz. *sire,* von mlat. *se(n)ior* Herr (lat. *senior* der Ältere). ↗*senil,* ↗*Herr.*

Sirene w. 19. Jh. aus frz. *sirène* Nebelhorn, Lärmgerät (aus mlat. *sirena,* gr. *seirên* durch Gesang verführende Meerfrau [gr. Sagengestalt], über afrz. schon mhd. *siren[e]*, *syren[e]*).

Sirup m. mhd. *syrop, sirup,* über mlat. *sirupus, -ropus* aus ar. *šarâb* Trunk.

Sitte w. mhd. *site,* ahd. *situ,* got. *sidus* Gewohnheit; zur idg. Wurzel **sidh-,* verw.: **sei-* binden (↗*Seite*); eigtl. = Umzäunung (um den Versammlungsplatz [und was sich für diesen schickt]). – **sittlich** Adj. ahd. *situlîh* gebräuchlich; 15. Jh. = moralisch.

Sittich m. mhd. *(p)sitich,* über lat. *psittacus* aus gr. *psítta-, síttakos* Papagei. – Seit 16. Jh. vom Papagei unterschieden.

Situation w. 1. Hälfte 18. Jh. aus frz. *situation* (lat. *situs* Lage). Das frz. Zw. *situer* lieferte uns im 18. Jh. das Part. **situiert** (frz. *situé*).

Sitz m. mhd. ahd. *siz;* vom Zw. **sitzen** (saß, gesessen), mhd. *sitzen,* ahd. *sizzen,* got. *sitan* (engl. *sit*); urverw.: lat. *sedere,* gr. *hézesthai* sich setzen; idg. Wurzel **sed-* sitzen. – ↗*Nest,* ↗*Sattel,* ↗*Sessel,* ↗*Ast;* ↗*Gesäß,* ↗*Präsident.*

Skala w. Mitte 17. Jh. aus it. *scala* Treppe (aus lat. *scala* Treppe, für älteres **scandsla,* zum Zw. *scandere* steigen; ↗*Skandal,* ↗*transzendent*).

Skalp m. 1. Hälfte 18. Jh. aus engl. *scalp* (aus dän. *skalp* Hülse); zu einer Erweiterung der idg. Wurzel **skel-* schneiden; ↗*Schale,* ↗*Schild,* ↗*Scholle*[1]. **Skalpell** s. ahd. *scalpello,* aus lat. *scalpellum* Arztmesserchen (lat. *scalprum* Arztmesser, vom Zw. *scalpere* kratzen, zur idg. Wurzel **skel-* schneiden; ↗*Skulptur.*

Skandal m. Mitte 16. Jh. über lat. *scandalum* aus gr. *skándalon* Ärgernis, Anstoß, eigtl. = Fallstrick, -holz (verw.: lat. *scandere* steigen, *scala* Treppe; ↗*Skala*). „Ärgernis, Lärm" unter Einfluß von frz. *scandale* (über stud. 1. Hälfte 18. Jh.) und 1. Kor. 1, 23. – ↗*transzendent.* – **skandieren** Zw. Versfüße hervorheben, 2. Hälfte 16. Jh. von lat. *scandere.*

Skat m. (s.). Das von dem Altenburger Advokaten F. Hempel 1818 beschriebene Kartenspiel heißt nach den „gedrückten" (abgelegten) Karten; it. *scarto* hieß das Abwerfen zweier Karten (beim Tarock, vom it. Zw. *scartare* [Karten] abwerfen, it. *carta* Papier, Spielkarte. ↗*Karte*).

Skelett s. 2. Hälfte 17. Jh. von gr. *skéleton* (*sôma*) verdorrter Leib (vom Zw. gr. *skéllein, skeléein* dörren, austrocknen; zur idg. Wurzel **(s)kel-* ausdörren; ↗*schal*).

Skepsis w. 1. Hälfte 19. Jh. aus gr. *sképsis* Beschauen, Bedenken; urverw.: ↗*spähen* (gr. Zw. *sképtesthai* betrachten). ↗*Bischof*, ↗*spähen*.

Sketch m. Kurzschauspiel, 20. Jh. aus engl.-am. *sketch*, aus nl. *schets* = ↗*Skizze*, Entwurf.

Ski m. Wintersportgerät, 1891 über München aus norw. *ski* (zu: ↗*Scheit*).

Skizze w. 1. Hälfte 17. Jh. *scizzo*, aus it. *schizzo* Umriß, flüchtiger Entwurf. Zugrunde liegt über lat. *schedium* Stegreifgedicht gr. *s|chédios* eilig, aus dem Stegreif gemacht. ↗*Sketch*.

Sklave m. mhd. *s(k)lave* (engl. *slave*), aus mlat. *sclavus* Unfreier, eigtl. = leibeigener Slawe; zugrunde liegt (byz.) gr. *sklábos* (auf dem orientalischen Markt verkaufter) slaw. Kriegsgefangener, dann = Sklave überhaupt. Das Subst. verkürzt den mgr. Volksnamen *Sklabênoí* Slowenen, Südslawen, entlehnt aus Roman. als Bezeichnung für die Wenden.

Skorpion m. giftige Spinne, mhd. *sc(h)orpiôn,* ahd. *scorpiôn,* aus lat. *scorpio* = gr. *skorpíos.*

Skrofel w. Drüsengeschwulst, 15. Jh. (zuerst mnd.) aus lat. *scrofulae* Mz. Halsdrüsen; *scrofa* Zuchtsau (Schweine oft drüsenkrank!).

Skrupel m. 1. Hälfte 16. Jh. *scrupel* kleinstes Gewicht, aus lat. *scrupulum* kleinstes Gewicht, *scrupulus* Steinchen; Verkleinerungen zu *scrupus* spitzer Stein, Bedenken.

Skulptur w. 2. Hälfte 18. Jh. aus lat.

sculptura Bildhauerarbeit, -kunst (vom lat. Zw. *sculpere* schnitzen; mit *scalpere* kratzen verw.; ↗*Skalpell*).

skurril Adj. 2. Hälfte 18. Jh. aus lat. *scurrilis* possenhaft (*scurra* Possenreißer).

Slalom m. 1. Hälfte 20. Jh. aus norw. *slalåm* abschüssige Skispur, schmaler Weg (Zs. aus *slade* geneigt + *lom* Spur).

Slawe m. ↗*Sklave.*

Slibowitz m. ↗*Schlehe.*

Slipper m. Schlupfschuh, 20. Jh. aus engl. *slipper* Pantoffel (*to slip* schlüpfen; ↗*schleifen*).

Slogan m. 20. Jh. aus engl. *slogan;* zugrunde liegt gäl. *sluaghghairm* Kampfgebrüll.

Smaragd m. mhd. ahd. *smaragd, smarât* (engl. *smaragd*), aus lat. *smaragdus,* gr. *(s)máragdos.* Zugrunde liegt heb. **bâreqet* glänzender Stein (vom heb. Zw. *bâraq* glänzen).

smart Adj. gewandt, flott, 2. Hälfte 19. Jh. aus engl. *smart* beißend, schmerzhaft; ↗*Schmerz.*

Smoking m. 1. Hälfte 20. Jh. aus engl. *smoking(-jacket)* bequeme Jacke, (nach Tisch) zum Rauchen. ↗*schmauchen.* Dazu: **Smog** m. Dunstschicht, Zs. aus engl. *smoke* rauchen + *fog* Nebel; 20. Jh.

Snob m. Mitte 19. Jh. aus engl. *snob,* Herkunft ungewiß.

so Adv. mhd. ahd. *sô,* got. *swa, swê* (engl. *so*); urverw.: gr. *hos, hópôs* wie; vermutl. aus idg. Kreuzung zwischen dem Demonstrativ- und Interrogativpronomen. ↗*sonst,* ↗*sogar,* ↗*sogleich,* ↗*solch.*

Socke w. (**Socken** m. urspr. Mz.), mhd. ahd. *soc* (engl. *sock*), aus lat. *soccus* Schlupfschuh (des Schauspielers). Zugrunde liegt gr. *synkchís, sýkchos* Schlupfschuh, Bühnenwort phryg. (kaukas.?) Herkunft. – **Sockel** m. 2. Hälfte 18. Jh. aus frz. *socle* (ir. *zoccolo*); zugrunde liegt: lat. *socculus* Schühchen (bes. in der Architektur = unterer Absatz eines Hauses, einer Säule).

Soda s. (w.) 17. Jh. aus span. *soda* (weil die Spanier das kohlensaure Natron aus dem Seesalzkraut – *Salsola soda* [eigtl. = Kopfwehkraut, nach ar. *sudae* Kopfschmerz] – gewannen).

Sodbrennen s. 1. Hälfte 16. Jh., zu mhd. *sôt* Aufwallen; vom Zw. ⁄ *sieden.*

Sofa s. 2. Hälfte 17. Jh. aus frz. *sopha, sofa* (it. *sofà*), dem ar. *suffa* Ruhebank, Sattelkissen zugrunde liegt. Seit 1. Hälfte 18. Jh. s. (davor nach frz. Muster m.) durch Anlehnung an (*Lotter-*)*Bett.*

sofern Konj. zusammengerückt (15. Jh.) aus mhd. *sô verre* wenn (wohl zuerst nd.).

Soffitte w. oberer Abschluß des Bühnenbildes, 1. Hälfte 19. Jh. aus it. *soffitta* Stubendecke (lat. *suffixum* oben befestigt; ⁄ *Suffix*).

sofort Adv. zusammengerückt (16. Jh.) aus mhd. *sô vort* so alsbald (zuerst wohl nordd.).

Sog m. 2. Hälfte 18. Jh. aus nd. (seemännisch) *sôge* Kielwasser; vom Zw. ⁄ *saugen.*

sogar Adv. zusammengerückt (17. Jh.) aus älterem *sô gar* so vollständig, so sehr; ⁄ *gar.*

sogleich Adv. 2. Hälfte 17. Jh. zusammengerückt aus ⁄ *sô* + *gleich* 17. Jh. = „eben", also = soeben, ohne Verzug.

Sohle w. mhd. *sole,* ahd. *sola* (engl. *sole*), aus lat. Mz. *sola* die Böden, die Flächen (der Füße, Schuhe; daher auch lat. *solea* Sandale, ins got. *sulja* Sandale entlehnt). – = Bergmänn. *Sohle* Stollengrund (seit mhd.). ⁄ *versohlen.*

Sohn m. mhd. *su(o)n,* ahd. *sun(u),* *suno, sun,* got. *sunus* (engl. *son*); idg. Verwandtschaftsbezeichnung vom idg. Zw. **s(e)u-* gebären (eigtl. = Leibesfrucht). -*o-* für älteres -*u-* vor -*n-* wie bei ⁄ *Nonne,* ⁄ *Sonne,* ⁄ *Wonne.* – Verlorener *Sohn* nach Luk. 15, 11–32.

solch FW mhd. *sülich, sölch, solch,* ahd. *sulîh, solîh,* got. *swaleiks* (engl. *such*), Zusammenrückung

von ⁄ *so* und germ. *lîka Körper (⁄ *Leiche*); eigtl. = von so gearteter Gestalt. ⁄ *gleich,* ⁄ *welch.*

Sold m. mhd. *solt,* aus afrz. *solde* Münze, von lat. (*nummus*) *solidus* Goldmünze (deren Wert mit der Zeit sank; Adj. *solidus* gediegen; verw.: lat. *salvus* gesund; ⁄ *Salut*); ⁄ *Gage,* ⁄ *Saldo,* ⁄ *solide.* **Soldat** m. 1. Hälfte 16. Jh. aus it. *soldato* Söldner (vom it. Zw. *soldare* in Sold, Dienste nehmen). Dafür älter **Söldner** m., mhd. *soldenære, soldenier.*

Sole w. Mitte 16. Jh. aus mnd. *sole* (spätmhd. *sol, sul* Salzlake), zuerst in Lüneburg (vor 1400 *zalen*), vermutl. aus westslaw. (aslaw. *soli,* ⁄ *Salz*).

solidarisch Adj. 1. Hälfte 19. Jh. aus frz. *solidaire* gemeinsam haftend (von lat. *solidus* echt, unerschütterlich, gediegen; ⁄ *Sold*). – **solide** Adj. um 1700 aus frz. *solide* gediegen, haltbar; ⁄ *Sold,* ⁄ *Saldo.*

sollen Zw. mhd. *soln, suln;* ahd. *solan, sulen* neben älterem mhd. *scholn;* ahd. *scolan, sculan;* got. *skulan* (engl. *shall*); ⁄ *Schild;* idg. Wurzel **skel-* schneiden, töten; eigtl. = getötet haben, zur Wehrgeldzahlung verpflichtet sein; dann überhaupt = verpflichtet sein, müssen. – ⁄ *Schuld.*

Söller m. mhd. *sölre, sulre, solre,* ahd. *solari, soleri, solær* (engl. *sollar*), früh aus lat. *solarium* Sonnendach, Terrasse (zum Adj. *solarius* Sonnen...); LÜ von gr. *hêlakión* von der Sonne (*hêlios*) beschienener Hausteil.

Solo s. 1. Hälfte 18. Jh. aus it. *solo* allein (lat. *solus* allein; Herkunft?).

Sombrero m. breitrandiger Strohhut, end. 19. Jh. aus span. (von lat. *umbra* Schatten [span. *sombra,* frz. *ombre*]).

Sommer m. mhd. *sumer,* ahd. *sumar* (engl. *summer*); idg. Jahreszeitbezeichnung (**sem-* Sommer). **Sommerfrische** w. 2. Hälfte 17. Jh. tir. für älteres tir. *frische* Erholung an der frischen Luft (seit 2. Hälfte 15.

Jh.). **Sommersprosse** w. 2. Hälfte 17. Jh. für älteres *spruße;* vom Zw. *↗sprießen* (= wachsender Hautfleck).

Sonate w. 2. Hälfte 17. Jh. (= Vorspiel vor einem Gesangstück), aus it. *sonata* Tonstück (vom Zw. it. = lat. *sonare* klingen, tönen); 1. Hälfte 18. Jh. = drei-, viersätzige Instrumentalkomposition. *↗Konsonant, ↗Sonett.*

Sonde w. ärztliches Untersuchungsgerät; Senkblei, 1. Hälfte 18. Jh. aus frz. *sonde* (von lat. *subundare* untertauchen; verw.: gr. *hýdōr;* *↗Hydrant*). *↗sondieren.*

sondern[1] Konj. ostmd. 14. Jh. aus Adv. mhd. *sunder, sunter,* ahd. *suntar* (got. *sundrô*) abseits, für sich; urverw. gr. *áter* ohne; idg. Wurzel **sn̥-tér* abgesondert (Erweiterung zur idg. Wurzel **seni-* ohne; lat. *sine* ohne). **sonderbar** Adj. mhd. *sunderbar, -bære,* ahd. *sundirbâre, -bær;* Zs. des Adv. ahd. *suntar* gesondert + Adj. ahd. *bâri* (zum Zw. *beran* tragen; *↗Bahre, ↗gebären*), eigtl. = was sich gesondert trägt, ausgezeichnet; 2. Hälfte 18. Jh. = merkwürdig. **Sonderling** m. 1. Hälfte 16. Jh. (abschätzig durch Luther verbreitet) (mhd. *sunderlinc* Adj. einzeln). – **sondern**[2] Zw. mhd. *sundern, sündern,* ahd. *suntarôn* (engl. *sunder*), vom Adv. ahd. *suntar.* Die Form mit *-o-* durch Luther verbreitet. **Sonderzug** m. Verdeutschung 19. Jh. für *Extrazug.*

sondieren Zw. 1. Hälfte 18. Jh. aus frz. *sonder. ↗Sonde.*

Sonett s. 2. Hälfte 16. Jh. aus it. *sonetto* Klinggedicht (it. Subst. *s[u]ono* Klang, lat. Zw. *sonare* klingen, tönen); *↗Sonate.*

Sonnabend m. mhd. *sun(nen)âbent,* ahd. *sunnûnâband,* aus ags. *sunnanæfen* = *↗Abend* (dann = Tag) vor dem Sonntag (verbreitet durch ags. Mission gegenüber der röm. Bezeichnung *Saturni dies* Saturntag; engl. *Saturday*). **Sonne** w. mhd. *sunne,* ahd. *sunna,* got. *sun-*

nô (engl. *sun*) neben der m. Form mhd. *sune,* ahd. *sunnô.* Urverw.: lat. *sol,* gr. *hêlios* (mit *-l-*Suffix); zur nasalierten idg. Wurzel **s(â)u-* Sonne (zur ableit. Nasalierung *↗Mond*). *↗Süden.* – Nhd. *-o-* für älteres *-u-* wie bei *↗Nonne, ↗Sohn, ↗Wonne.* – **Sonnenblume** w. 2. Hälfte 16. Jh. (nach Farbe und Form der Blüten, die sich der Sonne zukehren, doch zunächst auch für andere Blumen). – **Sonnenfinsternis** w. 16. Jh. für mhd. *sunnenvinster* w. – **Sonnenstich** m. 2. Hälfte 18. Jh. (aber schon 2. Hälfte 17. Jh. = stechende Sonnenhitze). **Sonnenwende** w. mhd. *sunne(n)wende, -wendel, -wandel* Johannistag (24. 6., an dem man seit alters das *Sonnwendfeuer,* mhd. *sunnewentfiur* abbrannte, um die Wende der Sonne zu unterstützen). – **Sonntag** m. mhd. *sun(nen)tac,* ahd. *sunnûn tag* (engl. *Sunday*) LÜ von lat. *dies solis* (LÜ von gr. *hêméra hêlíū*).

sonst Adv. mhd. *sus(t), sunst,* ahd. *sus* (engl. *thus*). Vielleicht vom Pronominalstamm (*↗der*) gebildet, unter Einwirkung von *↗so.* Die md. Form (*-o-* für älteres *-u-*) von Luther durchgesetzt. *-t-*Antritt wie bei *↗Ax-t, ↗jetz-t, ↗nebs-t* usw. (kurz vor 1300). *-n-*Einschub unerklärt. *↗umsonst.*

Sopran m. 1. Hälfte 18. Jh. aus it. *soprano* (von mlat. *superanus* darüber befindlich. *↗souverän; ↗Superintendent* u. a.).

Sorge w. mhd. *sorge,* ahd. *sor(a)ga,* got. *saurga* (engl. *sorrow*); Herkunft ungewiß. **Sorgfalt** w. 2. Hälfte 17. Jh. vom Adj. mhd. *sorcveltic,* vielleicht über das mnd. Adj. *sorichvolt* sorgfältig, eigtl. = voller Sorgenfalten.

Sorte w. 1. Hälfte 16. Jh. aus it. *sorta* Güteklasse (der Handelsware); älter: mnd. *sorte* 2. Hälfte 14. Jh. über mnl. aus frz. *sorte* Qualität. Zugrunde liegt: lat. *sors* (Gen. *sort-is*) Los, mlat. auch = Weise (verw.: *↗Serie*). – **sortieren** Zw.

vor 1700 aus it. *sortire* (lat. *sortiri* [aus]losen).

Soße w. 1. Hälfte 16. Jh. aus frz. *sauce;* älter mhd. *salse,* aus afrz. *salse* Salzbrühe (von lat. *salsus* gesalzen. ↗ *Salami,* ↗ *Saline* usw.).

Soubrette w. um 1700 aus frz. *soubrette* (prov. *soubret* geziert; lat. *superare* übersteigen, *super* oben = d. über: ↗ *Superlativ*).

soufflieren Zw. 2. Hälfte 18. Jh. aus frz. *souffler,* dem lat. *sufflare* einblasen zugrunde liegt (↗ *Inflation*).

Souper s. 19. Jh. aus frz. *souper* eigtl. Zw. = die ↗ *Suppe* zu sich nehmen.

Soutane w. 1. Hälfte 19. Jh. aus frz. *soutane,* von it. *sottana* Unterkleid (it. *sottano* unter, vom Adv. *sotto* unterwärts, lat. *subtus*). ↗ *Sub-jekt.*

souverän Adj. 2. Hälfte 17. Jh. aus frz. *souverain* (von lat. *superanus;* ↗ *Sopran*).

sozial Adj. 2. Hälfte 18. Jh. (1762: Rousseau, Contrat social), aus frz. *social* (lat. *socialis* gesellschaftlich, *socius* Genosse; verw.: Zw. *sequi* folgen; ↗ *konsequent*). **Sozialismus** m. 1. Hälfte 19. Jh. aus frz. *socialisme* KW, von lat. *socius* (älter: *soquios*). **Soziologie** w. 1. Hälfte 19. Jh. aus frz. *sociologie,* frz. KW (von A. Comte) aus lat. *socius* + gr. *lógos* Rede.

Spachtel m. (w.) 1. Hälfte 16. Jh. bayr. für älteres *spatel* 15. Jh. aus it. *spatola* Schäufelchen (des Apothekers, Arztes; zum Rühren, Streichen usw.); lat. *spatula* Verkleinerungsform zu *spatha* Rührlöffel (engl. *spattle, spaddle*). Zugrunde liegt: gr. *spáthē* Löffel; ↗ *Spaten,* ↗ *Spalier.* - -*cht*- für älteres -*t*- ist bayr.; ↗ *Schachtel.*

spähen Zw. mhd. *spehen,* ahd. *spehôn;* verw.: lat. *specere, conspicere* sehen, *speculum* = ↗ *Spiegel;* gr. *sképtesthai* mit Metathese für älteres *spektesthai* = schauen, *skópos* Späher; ↗ *Skepsis;* idg. Wurzel *spek*- genau hinsehen, spähen. ↗ *spekulieren,* ↗ *Spion,* ↗ *inspizieren.*

Spalier s. 2. Hälfte 17. Jh. aus it. *spalliera* Baumgeländer (das s. Geschlecht später nach dem Muster von ↗ *Geländer*). Zugrunde liegt: it. *spalla* Schulter, aus lat. *spatula* (Schulterblatt als) Rührlöffelchen; ↗ *Spachtel.*

Spalt m. mhd. ahd. *spalt* (dazu Nbf. 15. Jh. **Spalte** w.); vom Zw. **spalten,** mhd. *spalten,* ahd. *spaltan;* verw.: ↗ *Spelt,* ferner: gr. *sphalássein* schneiden, lat. *spolium* Fell, Beute, got. *spilda* Schreibtafel; zur idg. Wurzel **(s)p(h)el*- bersten, splittern. Dazu im Abl. ↗ *Spule.* ↗ *spleißen.*

Span m. mhd. ahd. *spân* (engl. *spoon* Löffel); verw. (?) gr. *sp(h)ên* Keil; zur idg. Wurzel **sp(h)ê*- Holzlatte; verw.: ↗ *Spaten,* ↗ *Spat,* ↗ *Rotspon.*

Spanferkel s. mhd. *spenvarch, spünneverhelin,* ahd. *spen*-, *spunnifarah.* Zs. mit Subst. mhd. *spen, spune, spünne,* ahd. *spunni* Zitze; ↗ *Senn(e)* (idg. **speno* Zitze). Verw.: ↗ *spannen.* – **Spange** w. mhd. *spange,* ahd. *spanga* (engl. *spangle* Metallfolie, Flitter); mnd. *span* Spange; wohl verw. mit ↗ *spannen.* ↗ *Spengler.* – **Spann** m. Rist, 18. Jh. vom Zw. *spannen* (aber: mhd. *spân* Spannung, Streit. ↗ *widerspenstig*). **Spanne** w. mhd. *spanne,* ahd. *spanna* (engl. *span*); vom Zw. **spannen** mhd. *spannen,* ahd. *spannan* (sich) dehnen; zusammengefallen mit mhd. *spennen* spannen; verw.: mhd. *spanen,* ahd. *spanan* locken (↗ *abspenstig,* ↗ *Gespenst,* ↗ *widerspenstig*); idg. Wurzel **sp(h)e*- ziehen, sich dehnen, wozu auch gr. *spáein* zerren, *spasmós* Krampf; verw.: ↗ *spinnen,* ↗ *sparen,* ↗ *Gespann,* ↗ *überspannt.* **Spannkraft** w. Eindeutschung 2. Hälfte 18. Jh. von *Elastizität;* ↗ *elastisch.* – **Spanten** Mz. Schiffsrippen, 2. Hälfte 18. Jh. aus nd. *spant,* Fortbildung zu mnd. *span* ↗ *Spange,* Schiffs-, Dachrippe.

sparen Zw. mhd. *sparn,* ahd. *spa-*

rôn, *sparên* (engl. *spare*), vom Adj.
ahd. *spar* knapp (engl. *spare* spär-
lich); eigtl. = knapp halten, scho-
nen. Idg. Wurzel **spê(i)-*, **spî-* sich
dehnen, gedeihen; ↗ *spät*, ↗ *spazie-
ren*, ↗ *Speck*, ↗ *sputen*. **sparsam**
Adj. 2. Hälfte 16. Jh. (nachdem
ahd. *spar* sparsam, *sparhenti* spar-
sam abgestorben waren) vom Zw.
sparen (↗ *-sam*).

Spargel m. 1. Hälfte 16. Jh. für älte-
res *sparger*, *-gen* 2. Hälfte 15. Jh.
aus mlat. *sparagus* für lat. *aspara-
gus*, aus gr. *aspáragos* (gr. Zw.
sparagân geschwellt sein; zur idg.
Wurzel **sp[h]er[e]g-* sprießen). –
Schon altröm. (Plinius), unter un-
bekanntem Namen.

Sparren m. mhd. *sparre*, ahd. *sparro*
(engl. *spar*), wie ↗ *Speer* zur idg.
Wurzel **(s)per-* Stange, Astgabel
(alte Bautechnik!); lat. *sparus* kur-
zer Jagdspieß. Abgeleitet ist das
Zw. ↗ *sperren;* ↗ *sprenkeln*.

Sparte w. 2. Hälfte 17. Jh. (bes.
stud.) *sparta* Amt, Pfründe, nach
der (lat.) Humanistenform eines
Euripidesverses (aus „Telephos":
hanc spartam nactus es, orna für
den gr. Text: *Spártên élaches; kei-
nên kósmei* = du hast Sparta erhal-
ten; das verwalte!); *Sparta* (gr.
Stadt) als Berufsaufgabe. – Durch
Treitschke 1895 erneuert.

Spaß m. 1. Hälfte 17. Jh. für etwas
älteres *spasso*, aus it. *spasso* Zeit-
vertreib (vom Zw. it. *spassarsi* sich
zerstreuen; eigtl. = sich [behag-
lich] ausdehnen). Zugrunde liegt:
lat. *expandere* (Part. Pass. *expas-
sus*) ausbreiten.

Spat m. Gesteinsart, mhd. *spât* (ne-
ben *spât* s. Splitter); zu einer
Dentalerweiterung der idg. Wur-
zel **sp(h)ê-* Holzlatte; ↗ *Span*,
↗ *Spaten*.

spät Adj. mhd. *spæte*, ahd. *spâti*
(got. *spêdiza* später, *spêd[um]ists*
der späteste); zu einer Dentaler-
weiterung der idg. Wurzel **spê(i)-*,
*spî- sich dehnen; verw. mit
↗ *sparen*.

Spaten m. spätmhd. *spat(e)* (engl.

spade); urverw.: gr. *spáthê* Breit-
schwert, Ruderschaufel; zu einer
Dentalerweiterung der idg. Wurzel
*sp(h)ê- Holzlatte; verw. mit
↗ *Span* und ↗ *Spat*.

Spatz m. mhd. *spaz*, *spatze* Kose-
form zu mhd. *spar*, ahd. *sparo* =
↗ *Sperling* (wie ↗ *Heinz* zu *Hein-
rich*, *Lutz* zu *Ludwig*); eigtl. =
kleiner Sperling.

spazieren Zw. mhd. *spacieren*, *spa-
zieren* neben *spatzieren gân* aus it.
spaziare sich ergehen, sich ausbrei-
ten (von lat. *spatiari* spazieren, *spa-
tium* Wegstück; verw.: ↗ *sparen*).

Specht m. mhd. ahd. *speht* (daher:
engl. *speight*); urverw.: lat. *picus*
Specht, *pica* Elster; idg. Vogelna-
me (**[s]piko-*) zur Wurzel **sp(h)êi-*
spitz sein: der Vogel heißt nach
seiner Schnabelform; ↗ *Speiche*. *-t*
nachträglich angetreten (wie in
↗ *Ax-t* u. a.). Hierher der Gebirgs-
name *Spessart*, älter *Speicheshart*,
ahd. *Spehteshart*, *Speshart*, eigtl. =
Spechtwald.

Speck m. mhd. *spec*, ahd. *spek;* zur
idg. Wurzel **spê(i)-*, **spi-* sich deh-
nen, schwellen; verw.: ↗ *sparen*,
↗ *spät*, ↗ *spazieren*, ↗ *sputen*. Ab-
geleitet: ↗ *spicken*.

Spediteur m. 1. Hälfte 18. Jh. mit
frz. Endung vom Zw. *spedieren*
versenden, von it. *spedire* versen-
den. Zugrunde liegt: lat. *expedire*
abfertigen, erledigen. ↗ *Expedi-
tion*.

Speer m. mhd. ahd. *sper* (neben
mhd. *spar[e]*) (engl. *spear*); wie
↗ *Sparren* zur idg. Wurzel **(s)per-*
Stange. ↗ *Rippe(n)speer*.

Speiche w. mhd. *speiche*, ahd. *spei-
cha* (engl. *spoke*); wie ↗ *spitz*
zur idg. Wurzel **(s)p(h)ei-* spitz
(↗ *Specht*), lat. *spica* Ähre (↗ *Spei-
cher*), *spina* Dorn (vgl. ↗ *Spinett*).

Speichel m. mhd. *speichel*, ahd.
speihhila neben mhd. *speich(e)* und
speicholser, ahd. *speihhalsra*, got.
spaiskuldr (engl. *spattle*, *spold*);
vom Zw. ↗ *speien*.

Speicher m. mhd. *spîcher*, ahd. *spîh-
hari*, aus mlat. *spicarium* Ähren-

raum (zu *spica* Ähre wie *cellarium* = ↗ *Keller* zu *cella*); Bildung des 4. Jh.s. – ↗ *Speiche*.

speien Zw. (spie, gespie[e]n), mhd. *spî(w)en*, ahd. *spî(g)en*, *spî(w)an*, got. *speiwan* (engl. *spew*); verw.: ↗ *spotten*, ↗ *spucken*, lat. *spuere* speien, gr. *ptýein* spukken; idg. Wurzel *(s)p(h)ieu-, *(s)piu- speien. ↗ *Speichel*.

Speise w. mhd. *spîse*, ahd. *spîsa*, in Klöstern 8./9. Jh. aus mlat. *spe(n)sa*, lat. *expensa (pecunia)* Geldaufwand; verw.: ↗ *spenden*, ↗ *Spesen*, ↗ *Spind*. Ahd.-mhd. -*î*- für lat. -*ê*- wie in ↗ *Feier*, ↗ *Kreide*, ↗ *Pein*, ↗ *Seide*.

Spektakel m. 1. Hälfte 16. Jh. aus lat. *spectaculum* Schauspiel (vom Zw. *spectare* schauen). Das m. Geschlecht (für das urspr. s.) nach frz. *le spectacle* und nach d. *Lärm*, für das *Spektakel* stud. 18. Jh. üblich wurde. ↗ *Drama*, ↗ *Prospekt*, ↗ *Respekt*.

spekulieren Zw. mhd. *specul(i)eren*, aus lat. *speculari* beobachten (lat. *specere* sehen; ↗ *Spiegel*, ↗ *spähen*, ↗ *spezial*).

Spelt, Spelz m. mhd. *spelte, spelze* ahd. *spelta, spelza* (neben seltenem *spelzo* m.), vermutl. verw. mit ↗ *spalten* (weil die Ähren beim Dreschen in ihre Teile zerfallen, deren Körner von den Hüllblättern umschlossen bleiben). Das Subst. **Spelze** w. Kornhülse, Spreu (seit 17. Jh.) ist identisch. Das m. Geschlecht von *Spelt, Spelz* (für das urspr. w.) nach dem Muster des synonymen ↗ *Dinkel*.

Spelunke w. 2. Hälfte 15. Jh. aus lat. *spelunca* Höhle, von gr. *spêlynx* Höhle.

Spelze w. ↗ *Spelt, Spelz*.

spendabel Adj. Mitte 18. Jh. mit frz. Endung (stud.?) vom Zw. *spenden*. **Spende** w. mhd. *spende*, ahd. *spenta, spenda*, von mlat. *spenta, spenda* Gabe (↗ *Spind*). **spenden** Zw. mhd. *spenden*, ahd. *spentôn*, *spendôn* verausgaben (engl. *spend*), aus mlat. *spendere* aufwenden (lat. *ex-*

pendere. – ↗ *Speise;* verw. auch: ↗ *Pensum*). **spendieren** Zw. 1. Hälfte 17. Jh. unter Einfluß von it. *spendere* mit roman. Endung von *spenden*.

Spengler m. mhd. *spengeler;* vom Subst. ↗ *Spange*.

Spenzer m. taillierte gürtellange Jacke, um 1813 aus engl. *spencer*, seit 1796 nach dem 1. Lord der Admiralität Graf G. J. *Spencer* (1758–1834).

Sperber m. mhd. *sperwære*, ahd. *sparwâri*, Zs. aus germ. *sparw-* = ↗ *Sperling* + *-aro* = ↗ *Aar*, eigtl. = Sperlingsadler (engl. *sparrowhawk;* eigtl. = Sperlingshabicht).

Sperenzchen Mz. 2. Hälfte 18. Jh. aus it. *speranza* (mlat. *sperantia* Hoffnung; lat. *spes* Hoffnung).

Sperling m. mhd. *sperlinc*, ahd. *sperilig*, mit Verkleinerungssuffix von mhd. *spare*, ahd. *sparo*, got. *sparwa* (engl. *sparrow*) Sperling; Suffix *-ling* wie bei *Jüng-ling*, *Lieb-ling*, *Spät-ling;* also = kleiner (junger) Sperling; urverw.: gr. *spérgûlos*, *spýrgilos*, *sparásion* Feldvögelchen; dazu gr. *spaírein* zappeln; also = Zappler. Verw.: ↗ *Sporn;* ↗ *Spur*.

sperren Zw. mhd. *sperren, spirren*, ahd. *sperren* mit Sparren umgeben; von ↗ *Sparren*. **sperrangelweit** Adj. 1. Hälfte 18. Jh. verstärkend für *sperrweit* 17. Jh. **Sperrholz** s. das sich gegen Verziehen sperrt, weil die Fasern über Kreuz geleimt sind, 2. Hälfte 19. Jh. **Sperrsitz** m. 2. Hälfte 19. Jh. aus öst. (wo man die bevorzugten Theaterplätze abschließen, sperren konnte).

Spesen Mz. 16. Jh. aus it. *spese* Aufwendungen (Ez. *spesa* Aufwand), ↗ *Speise*.

Spessart m. ↗ *Specht*.

spezial Adj. 1. Hälfte 17. Jh. aus lat. *specialis* eigentümlich (vom Subst. *species* Erscheinung, Begriff, *specere* sehen. ↗ *spähen*, ↗ *spekulieren*, ↗ *Spiegel*). **Spezialität** w. 1. Hälfte 17. Jh. aus mlat. *specialitas* Besonderheit (Gen. *specialitat-is*).

– **speziell** Adj. 1. Hälfte 18. Jh. mit frz. Endung zu *spezial* (aber frz. *spécial*). – **spezifisch** Adj. Mitte 18. Jh. aus frz. *spécifique* (mlat. *specificus* eigentümlich, Zs. aus lat. *specere* schauen + *facere* machen [↗*faktisch*]). **spezifizieren** Zw. Mitte 15. Jh. aus mlat. *specificare* einzeln bezeichnen.

Sphäre w. mhd. *sp(h)êre*, ahd. (*himel*)*spêra*, über lat. *sphaera* aus gr. *sphaîra* Erd-, Himmelskugel; ↗*Atmosphäre*, ↗*Perle*.

Spickaal m. 18. Jh. aus nd.; mnd. *spicherinc* Bückling; Zs. mit dem mnd. Adj. *spik* geräuchert, Herkunft skand.; Weiteres unklar (volkset. Anlehnung an ↗*Speck* und ↗*spicken* jung).

spicken Zw. mhd. *spicken;* vom Subst. ↗*Speck*. Seit 17. Jh. auch = bestechen; 18. Jh. = mit fremder Hilfe arbeiten, nachdrucken, abschreiben.

Spiegel m. mhd. *spiegel*, ahd. *spiagal*, im 8. Jh. (*-g-* für lat. *-c-*!) aus mlat. *speglum* (zum Zw. lat. *specere* sehen. ↗*spähen*, ↗*spekulieren*, ↗*spezial*). Das m. (statt des urspr. s.) Geschlecht von den Gerätenamen auf *-el* (wie ↗*Heb-el*, ↗*Schlüss-el*, ↗*Schleg-el*) (doch ↗*Spind-el* w.); d. *-ie-* für lat. *-ê-* wie in ↗*Brief*, ↗*Fieber*, ↗*Riemen²*. – **Spiegelei** s. 2. Hälfte 18. Jh.; nach dem spiegelnden Glanz des Dotters. **Spiegelfechten** s. um 1500, eigtl. = Scheinkampf (bei dem man die Degen blitzen läßt? Oder Fechtübung vor dem Spiegel?).

Spiel s. mhd. ahd. *spil* Tanz (ahd. *spilâri*, *spiliman* Vortänzer, Schauspieler); seit mhd. (neue Tanzmode) = entspannender Zeitvertreib. Herkunft ungeklärt. **spielen** Zw. mhd. *spiln*, ahd. *spilôn* urspr. = sich schnell (fröhlich) bewegen. **Spielraum** m. 1. Hälfte 18. Jh. Raum, in dem sich ein Körper (Geschoß) in einem Hohlraum bewegt.

Spieß¹ m. Bratgerät, mhd. ahd. *spiz* (engl. *spit*), zum Adj. ↗*spitz*. Spie-

ßer¹ m. Junghirsch, 1. Hälfte 18. Jh. (ahd. *spizzo*, *spiჳჳo*). **Spießrute** w. 17. Jh. für älteres mhd. *spiჳholz* Gerte (ahd. *spiჳ* Gerte).

Spieß² m. Waffe, mhd. *spieჳ*, ahd. *spioჳ;* Herkunft ungeklärt. **Spießbürger** m. (nordd.) stud. Schelte für den bewaffneten Stadtbürger, 1. Hälfte 17. Jh. **Spießer²** m. abgekürzt aus *Spießbürger* 2. Hälfte 19. Jh. **spießig** Adj. kleinlich, 2. Hälfte 19. Jh. (aber: *spies[s]ig* gebrechlich 17. Jh. zu *Spieß¹*).

Spikes Mz. Rennschuhe, 20. Jh. aus engl. *spikes* Stacheln (verw.: ↗*Speiche*).

Spill s. Ankerwinde, 2. Hälfte 18. Jh. aus nd.; ahd. *spilla* aus **spinla*, zu ↗*Spindel*. Engl. *spill* (über mnl.). – Dazu: **Spin** s. Drehung (des Elementarteilchens), aus engl. 20. Jh.

Spinat m. mhd. *spinât*, über span. *espinaca* (mit volkset. Anlehnung an lat. *spina* Dorn; ↗*Spinett*) aus ar. *isfa-*, *isfinâჳ*. Die Endung *-at* vermutl. nach dem Muster von ↗*Sal-at*.

Spind s. (m.) 2. Hälfte 16. Jh. über mnd. *spinde* Schrank (von Berlin mit preuß. Kasernen verbreitet); aus mlat. *spenda*, *spenta* Gabe, Schrank (*dispendere* austeilen). ↗*Spende*.

Spindel w. mhd. *spinnel(e)*, ahd. *spin(n)ula*, *-ala*, *-ila;* vom Zw. ↗*spinnen* (Gleitlaut *-d-* wie bei ↗*Quen-d-el*). ↗*Spill*.

Spinett s. 1. Hälfte 16. Jh. aus it. *spinetta* (von it.-lat. *spina* Dorn, nach den dornartigen Federkielen, mit denen die Saiten angerissen wurden? Oder nach dem venez. Ersterbauer Giovanni *Spinetti* [um 1500]?).

Spinne w. mhd. *spinne*, ahd. *spinna;* zum Zw. *spinnen*. **spinnefeind** Adj. 1. Hälfte 16. Jh. *spinne(n)feind* (weil die Weibchen die Männchen töten und aussaugen). **spinnen** Zw. (spann, gesponnen), mhd. *spinnen*, ahd. got. *spinnan* (engl. *spin*); wie ↗*spannen* zur idg. Wurzel *sp(h)e- sich dehnen, ziehen; 19. Jh. = verrückt sein (2. Hälfte 18. Jh. = nachdenken). ↗versponnen.

Spion m. Geheimkundschafter, 1. Hälfte 17. Jh. aus frz. *espion*, it. *spione*, Ableitung von it. *spia* Spion, dies (über got.) vom d. Zw. ↗spähen.

Spirale w. KW 1. Hälfte 18. Jh. zu mlat. *spiralis* schneckenförmig gebogen, vom lat. Subst. *spira* Schneckenlinie (= gr. *speîra* Schlangenwindung).

Spirituosen Mz. 19. Jh. vom (inzwischen abgestorbenen) Adj. *spirituos* mit Weingeist. **Spiritus** m. 16. Jh. aus lat. *spiritus* Hauch, Geist, Seele (alchim. = Destillierergebnis), vom Zw. *spirare* blasen (↗inspirieren). ↗Sprit, ↗transpirieren, ↗Esprit, ↗Geist.

Spital s. mhd. *spital, spittel*, aus mlat. *hospitale* Gast-, Krankenhaus. ↗Hospital.

spitz Adj. mhd. *spitz(e)*, ahd. *spizzi;* verw. ↗Spieß¹, lat. *spina* Dorn, *spica* Ähre. Idg. Wurzel *(s)p(h)ei*spitz, spitzer Span. ↗Speiche. **Spitz** m. Hunderasse, 2. Hälfte 18. Jh. (nach der Kopfform). **Spitzbube** m. 1. Hälfte 16. Jh., eigtl. = Falschspieler (vom Adj. *spitz* 16. Jh. = scharfsinnig, listig). **Spitzel** m. 1. Hälfte 19. Jh. von Wien über München. Eigtl. = kleiner Polizeihund. **Spitzmaus** w. mhd. *spitzmûs*, ahd. *spizzimûs* für älteres ahd. *spizza* die Spitze (nach der Schnauzenform). **Spitzname** m. 2. Hälfte 17. Jh. Eigtl. = verletzender („spitzer") Name.

Spleen m. um 1770 aus engl. *spleen* Milz(laune); zugrunde liegt: gr. *splên* Milz.

spleißen Zw. (spliß, gesplissen), mhd. *splîzen* (sich) spalten (engl. *split*), zu ↗spalten; ↗Fliese, ↗Flinte, ↗Spelt. – **splitten** Zw. (Wahlstimmen) aufspalten, 20. Jh. aus engl. *to split* ↗spleißen. – **Splitter** m. mhd. *splitter* (durch Luther hd. verbreitet), mnd. *splittere;* vom Zw. *spleißen* (mnd. *splîten*). **split-**

ternackt Adj. mnd. *splitternaket.* (*splitter-* verstärkt das Grundwort; vgl.: ↗funkel-neu u.a.). Ähnlich: *faser-nackt.*

spontan Adj. 2. Hälfte 18. Jh. aus lat. *spontaneus* unmittelbar (vom Subst. *spons* freier Wille).

sporadisch Adj. 2. Hälfte 18. Jh. über frz. *sporadique* aus gr. *sporadikós* vereinzelt (*speírein* säen; ↗sprühen).

Sporn m. mhd. *spor(e)*, ahd. *sporo* (engl. *spur*); verw.: ahd. *spurnan* treten, lat. *spernere* mit Füßen treten, verachten, gr. *spaírein* zappeln; verw.: ↗Sperling, ↗Spur, ↗Sparren; idg. Wurzel *sp(h)er(ə)*treten, zappeln. Eigtl. = Treter. Das -n stammt aus den obliquen (gebeugten) Kasus. **spornstreichs** Adv. 16. Jh. Eigtl. = erstarrter Gen. zum Subst. *Spor(en)streich* Sporenantrieb. Das *-s* wie bei ↗fall-s, ↗flug-s, ↗stet-s, ↗tag-s, ↗teil-s, ↗unterweg-s, ↗unversehen-s, ↗vergeben-s.

Sport m. 1. Hälfte 19. Jh. aus engl. *sport*, verkürzt aus *disport* Zeitvertreib, aus frz. *desport* Zeitvertreib (vom afrz. Zw. *se disporter* sich zerstreuen). Zugrunde liegt: lat. *disportare* (sich) auseinandertragen, sich zerstreuen.

Spott m. mhd. ahd. *spot*, dazu das Zw. **spotten**, mhd. *spotten*, ahd. *spottôn* neben spotôn, *spotisôn* (*-tt*als Ausdrucksverstärkung). Verw. mit mhd. *spiuzen* (engl. *spout*), nhd. *speuzen* = ↗spucken (engl. *spit*); eigtl. = mit Ausdruck auf jmdn. spucken, ihn verachten. **Spottvogel** m. übertrag. seit 2. Hälfte 15. Jh. (engl. *mockbird*).

Sprache w. mhd. *sprâche*, ahd. *sprâhha* (engl. *speech* mit Ausfall des *-r-*); vom Zw. sprechen. ↗Gespräch. – **sprechen** Zw. (sprach, gesprochen), mhd. *sprechen*, ahd. *sprehhan* neben (vermutl. älterem) *spehhan* (engl. *speak*); Herkunft ungewiß (SchW??). ↗Spruch.

Spray m., s. 20. Jh. aus engl., verw: ↗sprühen.

spreizen Zw. mhd. ahd. *spriuzen* (mit einem Balken) stützen, vom Subst. mhd. *spriuz* Stützbalken, zum Zw. ↗*sprießen*. Also = sich (wie ein Zweig) ausdehnen.

Sprengel m. mhd. *sprengel;* vom Zw. *sprengen*. Eigtl. = Gerät zum Sprengen des Weihwassers; dann (zuerst mnd.) = Bereich, den der Weihwassersprengel erreicht; Diözese; hd. verbreitet durch Luther. – Gerätenamen auf *-el* wie ↗*Heb-el*, ↗*Schauf-el*, ↗*Schleg-el*, ↗*Schlüss-el*, ↗*Sie-l*, ↗*Stemp-el* usw.; aber ↗*Spiegel*. – **sprengen** Zw. mhd. ahd. *sprengen* (engl. *springe*), Bewirkungswort zu ↗*springen;* also eigtl. = springen lassen.

sprenkeln Zw. tüpfeln, Mitte 17. Jh. vom Subst. *Sprenkel* Fleck (mhd. *sprinkel* neben *spreckel*), mnl. *spranke* Fleck, *sprankel* Funken; verw.: ↗*Sparren*, ↗*sprühen*. – **Spreu** w. mhd. ahd. *spriu;* urverw. gr. *spérma* Same, *speírein* säen (↗*sporadisch*); zu einer Erweiterung der idg. Wurzel **sper-* (**spreu-*) streuen, ↗*sprühen*. – **sprießen** Zw. (sproß, gesprossen), mhd. *sprießen* (abl.: *sprûzen;* engl. *sprout*), ahd. *sprioჳan* (engl. *sprit, spirt;* ↗*Spurt*); verw.: got. *sprautô* schnell; ↗*spreizen*. Zu einer Dentalerweiterung von idg. **sp(h)er-* (**spreud-*) streuen. – ↗*sprühen*. – ↗*spritzen*, ↗*Sproß*, ↗*Bugspriet*.

Springbrunnen m. 17. Jh. = Quelle; um 1700 Ersatzwort für ↗*Fontäne*. **springen** Zw. (sprang, gesprungen), mhd. *springen*, ahd. *springan* (engl. *spring*); verw.: gr. *spérchesthai* heranstürmen, eilen; idg. Wurzel **sprengh-* sich schnell bewegen; **sper-*, ↗*Sparren;* verw.: ↗*sprinten* (urspr. Ritus beim Hausbau mit Tanz und gemeinsamem Flechten des Zauns?). Ableitungen: ↗*sprengen*, ↗*Sprung*. **Springer** m. Schachfigur, 2. Hälfte 17. Jh. (für älteres *Ritter*); mhd. *springer* Tänzer. – Dazu: **sprinten** Zw. schnell zum Ziel laufen, 20. Jh. aus engl. (s. o.!).

Sprit m. um 1800 über nd. aus frz. *esprit* Geist, dem lat. *spiritus* (↗*Spiritus*) zugrunde liegt.

Spritze w. mhd. *sprütze;* vom Zw. **spritzen**, mhd. *sprützen* (engl. *sprit*), zu ↗*sprießen*. **Spritzfahrt** w. kleine Vergnügungsreise, 2. Hälfte 19. Jh. für älteres stud. *Spritztour* (neben *Spritze*) kleiner Wagenausflug.

spröde Adj. 2. Hälfte 15. Jh. = ungeschmeidig (und daher zerbrechlich, bes. von Metallen); verw.: ↗*sprühen*? – Dafür mhd. *bræde*, ahd. *brôdi*, das vielleicht absterbend auf *spröde* eingewirkt hat.

Sproß m. mhd. *sproჳ* Zweig; vom Zw. ↗*sprießen*. Erst 18. Jh. neben: **Sprosse** w. mhd. *sproჳჳe*, ahd. *sproჳჳo* Leiterstufe (eigtl. = Aststumpf am Baumstamm); später = (wachsender) Hautfleck (↗*Sommersprosse*). **Sprosser** m. Singvogel, 1. Hälfte 18. Jh. ostmd. (nach den Brustflecken). – **Sprotte** w. 2. Hälfte 18. Jh. für älteres *Sprott* m. 2. Hälfte 16. Jh., aus nd. *sprot* (engl. *sprat*), = hd. *Sproß* Jungfisch, Junghering.

Spruch m. mhd. *spruch;* vom Zw. ↗*sprechen*.

Sprudel m. 2. Hälfte 18. Jh. (Karlsbad) vom Zw. **sprudeln** 2. Hälfte 18. Jh., vermutl.: ma. *prudeln* = ↗*brodeln* unter Einwirkung von ↗*sprühen*.

sprühen Zw. 1. Hälfte 16. Jh. (aber afrz. *esproher* besprengen stammt aus ahd. **spruowen*, mhd. **sprüejen*; diese sind also vorauszusetzen); dazu im Abl.: mhd. *spræwen* (mnl. *spræien;* engl. *spray*); verw.: gr. *speírein* streuen, säen; idg. Wurzel **sp(h)er(ə)-* spritzen, sprühen; ↗*Spray*, ↗*Spreu*, ↗*sprießen* (↗*spröde*?); ↗*Spur*, ↗*Sprudel*.

Sprung m. mhd. ahd. *sprunc;* vom Zw. ↗*springen*.

Spucke w. 1. Hälfte 18. Jh. vom Zw. **spucken** 2. Hälfte 15. Jh.; verw. mhd. *spiuchen*, Intensivbildung zu ↗*speien* (wie ↗*schnarchen* zu *schnarren*, ↗*horchen* zu *hören*).

Spuk m. 2. Hälfte 17. Jh. aus nd. *spok* (engl. *spook* aus nl.), Herkunft voridg. – Nd. *-k* wie bei ⚈ *Küken*, ⚈ *Kruke*, ⚈ *Laken*, ⚈ *Luke*, ⚈ *mäkeln*, ⚈ *Schmöker*.

Spule w. mhd. *spuol(e)*, ahd. *spuolo* m. neben *spuola* w.; vermutl. wie ⚈ *spalten* zur idg. Wurzel **(s)p(h)el-* bersten, splittern; eigtl. = Span (zum Aufwickeln der Webfäden).

spülen Zw. mhd. *spüelen*, ahd. *spuolen;* nur wgerm.; Herkunft wohl voridg. **Spülicht** s. 2. Hälfte 17. Jh. für älteres *spülich*, mhd. *spüelach;* auslautend *-t* angetreten wie bei ⚈ *Habich-t*, ⚈ *Kehrich-t*, ⚈ *Predig-t*, ⚈ *Dickich-t*.

Spund m. mhd. *spunt* Faßanstich, Spundloch, Zapfen, aus it. (*s*)*punto*, lat. (*ex*)*punctum* Stichloch, Öffnung (in einer Röhre) (Weinhandel im 11. Jh.); ⚈ *Punkt*.

Spur w. mhd. *spur, spor*, ahd. *spor;* zur idg. Wurzel **sp(h)er(ə)-* treten, zappeln. ⚈ *Sperling*, ⚈ *Sporn*. Wahrscheinlich identisch mit der idg. Wurzel von ⚈ *sprühen*. **spüren** Zw. mhd. *spürn*, ahd. *spurian*, *spurren* der Fährte folgen (Jägerwort); seit 13. Jh. = wahrnehmen; seit 18. Jh. = fühlen. **Spürhund** m. mhd. *spürhunt*, ahd. *spurihunt*.

Spurt m. verstärkter Kräfteeinsatz im Rennen, 1. Hälfte 20. Jh. aus engl. *spurt*, zum engl. Zw. *spirt* ⚈ *sprießen*, spritzen.

sich sputen Zw. 17. Jh. aus mnd. *spôden;* ahd. *spuoten* beschleunigen (engl. *speed*), abgeleitet vom Subst. mhd. ahd. *spuot* Schnelligkeit, zum Zw. mhd. ahd. *spuon* nützen, gedeihen. Zur idg. Wurzel **spê(i)-*, **spî-* sich dehnen. ⚈ *sparen*, ⚈ *spät*.

Staat m. 17. Jh. polit. Gemeinwesen, aus it. *stato* (frz. *état*); 1. Hälfte 15. Jh. *staet, stayt, staat* Zustand, Stand, Rang, aus lat. *status* (vom Zw. *stare* ⚈ *stehen*). ⚈ *Etat*, ⚈ *Stahl*, ⚈ *Stamm*, ⚈ *Station*, ⚈ *stattlich*. **Staatsbürger** m. LÜ 2. Hälfte 18. Jh. (Frz. Revolution) von frz. *ci-*

toyen. **Staatsmann** m. LÜ 2. Hälfte 17. Jh. von frz. *homme d'estat*. **Staatsstreich** m. 2. Hälfte 17. Jh. nach dem Vorbild von ⚈ *Handstreich*.

Stab m. mhd. *stap*, ahd. *stab*, got. Mz. *stabeis* (engl. *staff*); ⚈ *Buchstabe;* zur idg. Wurzel **steb(h)-* aufstellen, versteifen; verw.: ⚈ *Stapel*, ⚈ *Steven*, ⚈ *stampfen*, ⚈ *stapfen*, ⚈ *Stube*, ⚈ *Stummel*, ⚈ *Stumpf.*

Stachel m. mhd. *stachel*, ahd. *stachilla, sta(c)hhulla;* ostmd. Ableitung von ⚈ *stechen*, von Luther durchgesetzt. **Stachelschwein** s. LÜ Mitte 16. Jh. (wie das ältere *dornswîn* 14. Jh.) von mlat. *porcus spinosus*.

Stadt w. mhd. *stat* (12. Jh.) Siedlung mit Privilegien (für älteres ⚈ *Burg*); von ⚈ *stehen;* identisch mit ⚈ *Statt* (orthograph. allmählich seit 16. Jh. getrennt). **Städter** m. mhd. (13. Jh.) *steter* für älteres ⚈ *Bürger* (ohne dessen polit. Gehalt).

Stafette w. 1. Hälfte 17. Jh. aus it. *stafetta* reitender Bote (dessen Füße nicht aus dem Steigbügel – it. *staffa*, von ahd. *stapho* Stapfe – kommen; ⚈ *stapfen*).

Staffage w. französ. Bildung 2. Hälfte 18. Jh. vom Zw. **staffieren**, ⚈ *ausstaffieren*. Dafür vorher (1. Hälfte 17. Jh.) *Staffierung*. Abgeleitet von ⚈ *Stoff*.

Staffel w. mhd. *staffel, stapfel*, ahd. *staphal(a), staffal(a)* Stufe; hd. Form zu ⚈ *Stapel;* zur gleichen Wurzel wie ⚈ *Stab*. ⚈ *stapfen*. **Staffelei** w. 1. Hälfte 17. Jh. vom Subst. *Staffel*.

Stagflation w. KF 20. Jh. aus *Stagnation + Inflation* Wachstumsstillstand bei steigenden Preisen.

stagnieren Zw. 2. Hälfte 18. Jh. aus lat. *stagnare* über die Ufer treten (vom Subst. *stagnum* Teich).

Stahl m. mhd. *stahel, stâl*, ahd. *stahal* (engl. *steel*); idg. Wurzel **sta-* = ⚈ *stehen* (⚈ *Staat*, ⚈ *Stamm*), urspr.: Adjektivbildung (= standfest, hart). – **Staket** s. 2. Hälfte 15. Jh. aus it. *stacchetta* Palisade (Verkleinerung zu it. *stacca* Pfahl, aus mnd. *stake* Pfahl [verw.: ⁄ *Stekken*]). Zur großen Zahl der Hausbautermini von der idg. Wurzel *st(h)a-, *st(h)e-. – **Stalagmit** m., **Stalaktit** m. ⁄ *stallen*. – **Stall** m. mhd. ahd. *stal* (engl. *stall*), verw. gr. *stéllein* aufstellen, lat. *locus* (aus *stlocus*) Ort; zur idg. Wurzel *st(h)el-* aufstellen; eigtl. = Aufstell-, Standort (der Tiere). Dazu ⁄ *stellen*, ⁄ *still*, ⁄ *Stolle(n)*, ⁄ *Gestell*, ⁄ *Installation;* abgeleitet von ⁄ *stehen*. – **stallen** Zw. harnen, spätmhd. *stallen* (engl. *stale*, über afrz. aus afrk.); urverw. gr. *stalássein* tröpfeln (davon *Stalagmit* m., *Stalaktit* m. Tropfstein, entlehnt 2. Hälfte 18. Jh.); zur idg. Wurzel *(s)tel-* harnen, Weiterbildung zu *st(h)e-* ⁄ *stehen*. – **Stamm** m. mhd. ahd. *stam* (engl. *stem*); urverw.: lat. *stamen* Webezettel, gr. *stêmôn* Aufzug am Webstuhl, *stámnos* Krug; aus einer nasalierten Fortbildung der idg. Wurzel *sta-* ⁄ *stehen* (⁄ *Staat*, ⁄ *Stahl*). **Stammbaum** m. Mitte 17. Jh. für älteres *Geschlechtsregister* (Anlehnung an die „Wurzel Jesse", LÜ zu lat. *arbor generationis*).

stammeln Zw. mhd. *stam(e)len, stammeln*, ahd. *stam(m)alôn* vom Adj. ahd. *stam(m)al* stotternd; Fortbildung zum ahd. Adj. *stam*, got. *stamms* stotternd; wie ⁄ *stemmen* und ⁄ *stumm* zur idg. Wurzel *stem-* anstoßen.

stammen Zw. mhd. *stammen;* vom Subst. ⁄ *Stamm*.

stampfen Zw. mhd. *stampfen*, ahd. *stam(p)fôn* (engl. *stamp*), vom Subst. ahd. *stampf* Stoßgerät. Urverw.: gr. *stémbein* mit den Füßen treten; zur idg. Wurzel *stembh-* mit Füßen treten; nasalierte Weiterbildung zu ⁄ *Stab;* Wurzel: ⁄ *steb(h)-* aufstellen, versteifen. ⁄ *stapfen;* ⁄ *Stempel*.

Stand m. mhd. *stant*, ahd. *ur-stand* Auferstehung, *fir-stand* Verstand, vom Zw. *standan* ⁄ *stehen*. ⁄ *Ständchen* usw. – **Standard** m. 19. Jh. aus

engl. *standard* Richtschnur, eigtl. = **Standarte** w. mhd. *stanthart*, aus afrz. *estandart* Fähnlein, eigtl. = Soldatensammelplatz. Zugrunde liegt: afrk. **standôrd* Aufstellungsort (nachträglich im Frz. volkset. angelehnt an frz. *étendre* [lat. *extendere*] ausbreiten; im Mhd. volkset. gedeutet als: steh [*stant*] fest [*hart*]!); ⁄ *Standort. r. štandárt* aus nl. durch Peter d. Gr. (sein 1. Ostseeschiff!). – **Ständchen** s. Eindeutschung 1. Hälfte 17. Jh. für ⁄ *Serenade*. Verkleinerung von ⁄ *Stand*. – **Stander** m. kleine Standarte, 20. Jh. – **ständig** Adj. 1. Hälfte 16. Jh. aus älteren Zss. wie mhd. *be-stendec*. **Standort** m. 17. Jh. = Standpunkt; 1899 Eindeutschung von ⁄ *Garnison*. **Standpauke** w. stud. 19. Jh. für älteres *Standrede* Grabrede (1. Hälfte 18. Jh.). **Standpunkt** m. 2. Hälfte 18. Jh. nach dem Vorbild von ⁄ *Gesichtspunkt* für älteres ⁄ *Standort*. **Standrecht** s. 2. Hälfte 16. Jh. für älteres *Standgericht* eigtl. = im Stehen vollzogenes Kriegsgerichtsverfahren.

Stange w. mhd. *stange*, ahd. *stanga* (engl. *stang*); dazu got. *staggan* stechen; mit Abl. engl. *sting* stechen, mhd. ahd. *stungen* stechen; ohne Nasal: engl. *stag* Hirsch; urverw.: gr. *stóchos* Ziel(stange); zur idg. Wurzel *ste(n)gh-* stechen. – *Die Stange halten* mußte den Turnierwart über den Verlierer (zum Schutz); *bei der Stange bleiben* (d. h. die Hellebarde nicht mit dem Schwert vertauschen) mußte der Spießkämpfer. – Dazu Verkleinerung: ⁄ *Stengel*.

stänkern Zw. 1. Hälfte 16. Jh. verstärkend zu mhd. *stenken* ⁄ *stinken* machen. -r-Bildung wie ⁄ *meckern*, ⁄ *steigern* u. a.

Stanniol s. 1. Hälfte 15. Jh. aus it. *stagnuolo* (von lat. *stannum, stagnum* Zinn, vermutl. kelt.).

stanzen Zw. prägen, schneiden; vom Subst. **Stanze**[1] w. Prägestempel, 2. Hälfte 18. Jh.; ma. *stanzen, stenzen*

stoßen, schlagen, rotw. *stenze*
schlagen.

Stanze² w. Strophenform, 18. Jh.
aus it. *stanza* (mlat. *stantia*, Auf-
enthalt, Zimmer; *stare* = ↗ *stehen;*
eigtl. = Reimgehäuse).

Stapel m. mnd. *stapel* (engl. *staple;*
hd. ↗ *Staffel*); verw.: ↗ *Stab;* eigtl.
= Pfosten, Balken (z. B. Blockge-
rüst für den Schiffsbau, hd. seit 17.
Jh.); dann = Unterlage, Lager,
Warenniederlage (hd. seit 15. Jh.).
Nicht hierher: ↗ *Hochstapler.*

stapfen Zw. mhd. *stapfen, stepfen*
(engl. *step*); wie ↗ *Stapel* und
↗ *Staffel* verw. mit ↗ *Stab;* zur idg.
Wurzel **steb(h)*- aufstellen, ver-
steifen; ↗ *stampfen,* ↗ *Stufe.* Vom
davon abgeleiteten Subst. **Stapfe**
w. Fußspur, mhd. *stapf[e]*, ahd. *sta-
pho* (engl. *step;* ↗ *Fuß[s]tapfe,*
↗ *steppen*) it. *staffa,* das d. ↗ *Stafette*
(über it. *stafetta*) zugrunde liegt.
Die nd. Form *stappen* (= mnd., =
rotw.) gehen ist Ausgangspunkt für
↗ *Hochstapler.*

Star¹ m. Vogel, mhd. *star,* ahd. *stara*
(engl. *stare*); lat. *sturnus* Star; mit
Abl.: lat. *stertere* schnarchen; idg.
SchW (**stor[n]os*), das den schwir-
renden Starruf nachahmt.

Star² m. Film-, Bühnengröße, 2.
Hälfte 19. Jh. aus engl. *star* =
↗ *Stern;* 20. Jh. auch Segelbootkl.

Star³ m. Augenkrankheit, aus dem
Adj. mhd. *starblint,* ahd. *stara-
plint,* vom Zw. mhd. *starn,* ahd.
starên (↗ *starren*). Die Krankheit
heißt nach dem Bild des Auges, das
sich dem Zuschauer bietet (nicht
nach dem Seheindruck des Kran-
ken). – **stark** Adj. mhd. ahd. *starc,*
ahd. auch *star(a)h* (engl. *stark*), aus
einer Erweiterung der idg. Wurzel
*ster- starr (sein). ↗ *starr,* ↗ *sterben,*
↗ *Sterke,* ↗ *Sterz,* ↗ *Storch,* ↗ *stör-
risch,* ↗ *straff,* ↗ *stramm,* ↗ *sträu-
ben,* ↗ *Strauch,* ↗ *streben,* ↗ *strot-
zen,* ↗ *Strumpf,* ↗ *Strunk.* – **Stärke¹**
w. Kraft, mhd. *sterke,* ahd. *starchi,*
sterchi. **Stärke²** w. Steifungsmittel,
um 1600 vom Zw. **stärken,** mhd.
sterken, ahd. *sterchan.* – **starr** Adj.

mhd. *stärr(e), sterre;* ahd. *staraplint*
(↗ *Star³*); vom Zw. **starren,** mhd.
starren, sterren steif sein (↗ *stör-
risch*); daneben mhd. *starn,* ahd.
starên starr blicken (↗ *Star³*); zur
idg. Wurzel **ster*- starr (sein;
↗ *stark*), gr. *stereós, sterrós* hart,
fest. – ↗ *halsstarrig,* ↗ *sterben,*
↗ *Sterke,* ↗ *Sterz,* ↗ *stieren,*
↗ *Storch,* ↗ *störrisch,* ↗ *stracks,*
↗ *straff,* ↗ *stramm,* ↗ *sträuben,*
↗ *Strauch,* ↗ *streben,* ↗ *strotzen,*
↗ *Strumpf,* ↗ *Strunk,* ↗ *stur,*
↗ *Sturz.*

Start m. 2. Hälfte 19. Jh. aus engl.
start, vom engl. Zw. *start* plötzlich
aufstehen, beginnen, ablaufen.
Verw.: ↗ *stürzen;* hd. Entspre-
chung: ↗ *Sterz.*

Station w. 2. Hälfte 15. Jh. (über
frz.?) aus lat. *statio* Standort (vom
Zw. *stare* stehen). ↗ *Statt,* ↗ *Staat,*
↗ *Statue.* **Statist** m. KW Mitte 15.
Jh. zu lat. *stare* stehen. **Statistik** w.
Mitte 18. Jh. aus frz. *statistique*
Staatswissenschaft (KW aus lat.
status Zustand). **Stativ** s. 1. Hälfte
18. Jh. aus lat. *stativum* das Feststehe-
hende (vom Zw. *stare*).

Statt w. mhd. ahd. *stat,* got. *staþs;*
identisch: ↗ *Stadt;* zum Zw. ↗ *ste-
hen;* urverw.: gr. *stásis* Stellung,
lat. *statio* Standort (↗ *Station*). Da-
zu die Präp. **statt,** verkürzt aus
↗ *anstatt* (eigtl.: Dativ zu *Statt:*
mhd. *an ... stat, an ... stete.* –
↗ *wegen, -weise*). ↗ *erstatten.* **Stätte**
w. eigtl. = Mz. zu *Statt:* mhd. *stete,*
ahd. *steti.* **Statthalter** m. LÜ 1.
Hälfte 15. Jh. aus lat. *lociservator,*
locum tenens (↗ *Leutnant*).

stattlich Adj. 17. Jh. aus mnd. *state-
lik* ansehnlich (engl. *stately*); von
↗ *Staat* Zustand, Prunk, Auf-
machung (ahd. *statelicho* passend).

Statue w. 1. Hälfte 18. Jh. aus lat.
statua Bildsäule (vom Zw. *stare* ste-
hen; ↗ *Station,* ↗ *Prostituierte*). –
Statur w. 2. Hälfte 16. Jh. aus lat.
statura Körpergestalt (vom Zw.
stare stehen). – **Statut** s. mhd. *sta-
tut,* aus lat. *statutum* das Festge-
setzte, Bestimmte (Part. Pass. zum

Zw. *statuere* festsetzen, bestimmen, vom Zw. *stare* stehen abgeleitet)

Staub m. mhd. *stoup*, ahd. *stoub;* vom Zw. ⁊ *stieben. – Sich aus dem Staub machen* eigtl. = aus einem Handgemenge entfernen, 16. Jh.

stauchen Zw. altnd. *stûken* stoßen, hd.: 16. Jh., zur idg. Wurzel *(s)teug-* stoßen; ⁊ *verstauchen.*

Staude w. mhd. *stûde*, ahd. *stûda;* nur d. Wort. Vielleicht urverw. mit gr. *stýein* steif sein; zu einer Dentalerweiterung der idg. Wurzel *sta-*, *st(â)u-* = ⁊ *stehen? –* **stauen** Zw. mhd. ahd. *stouwen* innehalten (lassen), anklagen (engl. *stow* verstauen), got. *stôjan* richten, urteilen, *staua* Gericht; Richter; zur idg. Wurzel *st(â)u-*, *sta-* stehen; eigtl. = zum Stehen bringen; ⁊ *Steuer,* ⁊ *stützen. –* Dazu 20. Jh.: **Stau** m. – **staunen** Zw. 1. Hälfte 18. Jh. aus schwz. *stûnen* starr vor sich herblicken (älter: hd. *erstaunen*, aus schwz.); mnd. *stûnen* sich widersetzen; zur idg. Wurzel *st(â)u-*, *sta-* stehen. – **Staupe** w. Hundeseuche, 17. Jh. aus mnl. *stuype* Krampf, Fieber; wohl mit ⁊ *stauen* zur idg. Wurzel *st(â)u-*, *stu-* stehen.

Steak s. 20. Jh. aus engl. *steak,* wohl urspr. = an den Spieß gestecktes Fleisch (an. *steik* Braten); verw. mit: **stechen** Zw. (stach, gestochen), mhd. *stechen*, ahd. *stehhan*, mit jungem *-e-* gegenüber ⁊ *Stich(el),* ⁊ *ersticken* usw. (engl. *stick* stechen); urverw.: gr. *stízein* stechen, *stígma* Stich; lat. *instigare* anspornen, *distinguere* unterscheiden; ⁊ *Distel.* Zur idg. Wurzel *(s)teig-* stechen (*stei-* spitz). – **stecken** Zw. Von *stechen* stammen zwei weitere Zww.: mhd. *stecchen, stekken*, ahd. *stecchôn* haften und mhd. *stecken*, ahd. *stecchen* (stechend) befestigen; zusammengefallen (das starke Prät. *stak* seit 16. Jh.). ⁊ *Besteck,* ⁊ *ersticken,* ⁊ *verstecken.* Zum Verhältnis *stechen: stecken:* ⁊ *trecken.* **Steckbrief** m. 16. Jh. = Haftbefehl, Vorladung

(weil in den Hausriegel gesteckt). **Steckrübe** w. 15. Jh. (weil die jungen Pflanzen umgepflanzt, „gesteckt" werden).

Stecken m. mhd. *steche, stecke*, ahd. *stehho, stecko;* wie mhd. (mnd.) *stake* Pfahl (⁊ *Staket*) zur Wurzel *steg-* Stange (Einwirkung von: ⁊ *stechen* [idg. Wurzel *(s)teig-*]). **Steckenpferd** s. 16. Jh. Kinderspielzeug; um 1780 = Lieblingsbeschäftigung, nach engl. *hobby-horse* (*hobby* aus afrz. *hobin*, entstellt aus *Robin,* VN zu *Robert*); daher: ⁊ *Hobby* s. 20. Jh. aus engl.

Steg m. mhd. *stec* Pfad, ahd. *steg* Aufstieg; zum Zw. ⁊ *steigen* (weil die Flußübergänge erhöht waren). ⁊ *Stiege.* **Stegreif** m. mhd. *steg(e)reif*, ahd. *stegareif* ⁊ *Steigbügel;* Zs. von ⁊ *steigen* + *Reif²* Strick, Ring (zum Aufsteigen). – *aus dem Stegreif* urspr. = ohne abzusitzen, 17. Jh.

stehen Zw. (stand, gestanden), mhd. ahd. *stên, stân* neben ahd. *stantan*, got. *standan* (engl. *stand*); urverw.: lat. *stare* stehen, *sistere* stellen (⁊ *konsistent*); gr. *histánai* sich stellen. Neben der idg. Wurzel *st(h)a-* lieferte *stand-* einzelne Formen (z. B. Prät.) und Ableitungen (z. B. ⁊ *Stand*); dazu beeinflußte das Zw. mhd. ahd. *gên, gân* = ⁊ *gehen* die Doppelbildungen. ⁊ *First,* ⁊ *Frist,* deren Auslaut *-st* von *stehen* (am Wortschluß) stammt. – ⁊ *Gestade,* ⁊ *gestatten,* ⁊ *Stadt,* ⁊ *Stanze²,* ⁊ *Station* usw.; ⁊ *etablieren,* ⁊ *Etage,* ⁊ *Etat,* ⁊ *Stall,* ⁊ *Stein,* ⁊ *Statt,* ⁊ *Staude,* ⁊ *stellen,* ⁊ *stet,* ⁊ *Stuhl,* ⁊ *Stute,* ⁊ *System,* ⁊ *verstehen,* ⁊ *vollständig,* ⁊ *beständig,* ⁊ *Konsistenz.*

stehlen Zw. (stahl, gestohlen), mhd. *steln*, ahd. *stelan*, got. *stilan* (engl. *steal*); nichtidg. (aus voridg. Sprache?). – Das *-l-* aus dem durch Reim, Bedeutung und Verwendung verwandten Zw. ⁊ *hehlen*?? ⁊ *verstohlen,* ⁊ *Diebstahl.*

steif Adj. mhd. *stîf* (engl. *stiff*); urverw. lat. *stîpes* Stamm, *stîpare* zu-

369

sammendrücken (mit Abl.: *stîpula* Halm; ↗ *Stoppel*); wie ↗ *Stift*[1], [2] zur idg. Wurzel *steip-. ↗ steppen*[1].

steigen Zw. (stieg, gestiegen), mhd. *stîgen*, ahd. *stîgan*, got. *steigan;* urverw.: gr. *steíchein* gehen, steigen; idg. Wurzel *steigh-* schreiten. Dazu das Subst. **Steig** m. Fußweg, mhd. *stîc*, ahd. *stîg;* ↗ *Steg,* ↗ *Stiege,* ↗ *verstiegen.* **Steiger** m. mhd. *stîger* Kletterer; 16. Jh. = Grubenaufseher. **Steigbügel** m. Mitte 17. Jh. für: ↗ *Stegreif.* – **steigern** Zw. Mitte 14. Jh. für älteres *steigen* aufsteigen lassen (Bewirkungswort zu mhd. *stîgen* steigen), -r-Bildung wie ↗ *meckern,* ↗ *stänkern* u. a. – **steil** Adj. spätmhd. (mnd.) für älteres mhd. *steigel,* ahd. *steigal,* vom Zw. mhd. *stîgan* steigen, eigtl. = ansteigend.

Stein m. mhd. ahd. *stein,* got. *stains* (engl. *stone*); urverw.: gr. *stía* Steinchen, *stéar* Talg, *stîos* Kiesel; zu einer nasalierten Erweiterung von idg. *stâi-* gerinnen, *st(h)a-* stehen (↗ *destillieren*). – **Steinbock** m. mhd. ahd. *steinboc* (weil er wie der **Steinadler** m. [17. Jh.] im Felsgebirge lebt). **Steinbrech** m. Hochgebirgspflanze, mhd. *steinbreche,* ahd. *steinbreha* LÜ von lat. *saxifraga* (Steinschründe als Standort; dann: Mittel gegen Nieren- und Blasenstein). **Steinmetz** m. mhd. *steinmetze,* ahd. *steinmezzo;* Zs. aus ahd. *stein* + galloroman. *matsio* (↗ *metzeln*), über das Wgerm. vom d. Zw. ↗ *machen* (as. *makôn*). **Steinöl** s. ↗ *Erdöl!* – **steinreich** Ahd. mhd. *steinrîche* reich an Edelsteinen.

Steiß m. 17. Jh. (md.) für mhd. ahd. *stiuz;* zum Zw. ↗ *stoßen;* eigtl. = abgestoßener Körperteil; weidmänn. *Stoß* Vogelschwanz. – ↗ *Stiefbruder.*

Stellage w. 16. Jh. aus nl. *stellagie,* französisierende Endung, zu: *stellen.* – **Stelldichein** s. LÜ (Campe 1791) von frz. ↗ *Rendezvous.* – **stellen** Zw. mhd. ahd. *stellen;* vom Subst. ↗ *Stall,* zur idg. Wurzel

st(h)el- aufstellen, Erweiterung der idg. Wurzel *stha-* = ↗ *stehen.* Davon: **Stelle** w. Standort (16. Jh. für älteres mhd. *stal*), Gestell (↗ *Bettstelle*). Nah verw.: ↗ *Stiel,* ↗ *Stolle(n),* ↗ *stülpen;* ↗ *Gestalt.* – **Stelze** w. mhd. *stelze,* ahd. *stelza* Holzbein, Krücke (16. Jh. = Holzstange mit Trittholz); wie *stellen* zur idg. Wurzel *st(h)el-* aufstellen, stehen machen (engl. *stilt*); verw.: ↗ *stolz.*

stemmen Zw. mhd. *stemmen* (as. *stemmian*); wie ↗ *stammeln,* ↗ *stumm* zur idg. Wurzel *stem-* anstoßen, hemmen; ↗ *ungestüm.* Nur balt. und germ.

Stempel m. 17. Jh. aus nd. *stempel;* vom Zw. ↗ *stampfen,* mit dem Gerätesuffix *-el* wie ↗ *Drisch-el,* ↗ *Heb-el,* ↗ *Meiß-el,* ↗ *Quir-l,* ↗ *Schauf-el,* ↗ *Schleg-el,* ↗ *Schlüss-el,* ↗ *Sie-l,* ↗ *Spreng-el,* ↗ *Flüg-el.*

Stengel m. mhd. *stengel,* ahd. *stengil,* Verkleinerung zu ↗ *Stange.*

Stenographie w. 2. Hälfte 18. Jh. aus engl. *stenography,* KW aus gr. *stenós* eng + *gráphein* schreiben. **Stenotypistin** w. w. Bildung 20. Jh. zum älteren *Stenotypist* m., über frz. aus engl. *stenotypist* (KW aus gr. *stenós* + engl. *typist* Maschinenschreiber).

Stentorstimme w. um 1800, nach Ilias 5, 785 war *Stentor* ein Grieche mit gewaltiger Stimme.

Step m. ↗ *steppen*[2].

Steppe w. 1. Hälfte 18. Jh. aus r. *step* Heide.

steppen[1] Zw. aufeinanderliegende Stoffe zusammennähen, mhd. *steppen,* wohl aus nd.-md. Wortschatz (-*pp*-); as. *steppôn* stechen, (Vieh durch Einstiche) bezeichnen; urverw.: lat. *stipula* Halm; verw. mit ↗ *steif.* Man steppte urspr. mit hölzernen Nadeln. ↗ *stippen,* ↗ *Stoppel.*

steppen[2] Zw. im Stepschritt tanzen, 20. Jh. aus engl. *step,* vom Subst. *step* Tanzschritt; verw.: ↗ *Stapfe* Fußspur. – ↗ *Stufe.*

Steppke m. kleiner Kerl, 19. Jh. aus

berl., eigtl. = kleiner Korken (*Stopfen.* – ↗ *stopfen,* ↗ *Stöpsel*).

sterben Zw. (starb, gestorben), mhd. *sterben,* ahd. *sterban* (engl. *starve* erfrieren, verhungern); ahd. *sterbo* Tod; Pest; zu einer Erweiterung der idg. Wurzel **ster-* starr (sein). ↗ *starr,* ↗ *stark.* – Urspr. ein Euphemismus („erstarren" für „sterben"). – ↗ *Sterke,* ↗ *derb.* **Sterbenswörtchen** s. in der Formel *kein Sterbenswörtchen* 19. Jh. aus *kein sterbendes* (d.h. noch so schwaches, vergehendes) *Wörtchen,* 2. Hälfte 18. Jh.

sterilisieren Zw. 19. Jh. aus frz. *stériliser,* von lat. *sterilis* unfruchtbar. – **Sterke** w. Kuh vor dem 1. Kalben, mnd. *sterke* Jungkuh (engl. *stirk* Kalb), urverw.: lat. *sterilis* unfruchtbar; gr. *steĩra* die Unfruchtbare; got. *stairô* die Unfruchtbare. – Die idg. Wurzel **ster-* unfruchtbar ist vermutl. identisch mit der idg. Wurzel **ster-* starr (sein); ↗ *stark,* ↗ *starr,* ↗ *sterben.*

Sterling m. mhd. *ster-, stærlinc* (bibl.: 1. Kön. 9, 8; Matth. 17, 27; angelehnt an *Star*); daraus engl. *sterling* = Penny; spätlat. = gr. *statḗr* Münze; ihr Gewicht.

Stern m. mhd. *stern(e), sterre,* ahd. *stern(o), sterro,* got. *stairnô* (engl. *star*); urverw.: lat. *stella* (aus **stêrla*) Stern (↗ *Konstellation*); gr. *astḗr, ástron* Gestirn; lat. *sternere* ausbreiten (↗ *Straße*); idg. Wurzel **aster-,* erweitert **ster-* verbreitern; urspr. = (am Himmel) Ausgebreiteter, Ausgestreuter. *-n* unter Einfluß von *So-nn-e,* ↗ *Mo-n-d.* – ↗ *Aster,* ↗ *Gestirn,* ferner: ↗ *Stirn,* ↗ *Strahl,* ↗ *Strähne,* ↗ *Strand,* ↗ *streifen,* ↗ *streuen.* **Sternschnuppe** w. 2. Hälfte 18. Jh.; ↗ *Schnuppe* (als ob sich die Sterne schneuzten).

Sterz m. Schwanz; Pfluggriff; mhd. ahd. *sterz* (engl. *start*); idg. Wurzel **sterd-,* Erweiterung von **ster-* starr (sein); ↗ *stark,* ↗ *starr.* – Die engl. Entsprechung zu *Sterz* ist ↗ *Start,* ↗ *Sturz.*

stet Adj. mhd. *stæte,* ahd. *stâti;*

zum Zw. ↗ *stehen;* ↗ *bestätigen.* **stets** Adv. mhd. *stætes,* zum Adv. erstarrter Gen. zu *stet* (↗ *fall-s,* ↗ *flug-s,* ↗ *spornstreich-s,* ↗ *tag-s,* ↗ *teil-s,* ↗ *vergeben-s* usw.).

Steuer[1] w. mhd. *stiure,* ahd. *stiura* urspr. = Stütze, gehörig zu **Steuer**[2] s. spätmhd. *stiure,* aus mnd. *stûr(e)*; urverw.: gr. *staurós* Pfahl, lat. *re-staurare* wieder aufrichten; eigtl. = Stakstange, Ruder. Idg. Wurzel **stu-.* ↗ *stauen,* ↗ *stützen.* – Entfaltung: Zaunpfahl – umzäuntes Gehege – im Gehege gefaßter Beschluß. – **steuern** Zw. mhd. ahd. *stiuren* lenken, stützen (engl. *steer;* got. *stiurjan* feststellen); mhd. = ausstatten. ↗ *Aussteuer.* **Steuerbord** s. 2. Hälfte 15. Jh. aus mnd. *stûrbort* rechte Schiffsseite (auf der sich das Steuer befand. ↗ *Bord,* ↗ *Backbord*).

Steven m. Abschlußbalken vorn und hinten am Schiffskiel, mnd. *steven;* Nordseewort (an. *stafn*); wie ↗ *Stab* zur idg. Wurzel **steb(h)-* aufstellen, versteifen.

Steward m. Schiffs-, Flugzeugkellner, 2. Hälfte 19. Jh. aus engl. *steward* Aufwärter (ags. *stig-weard* Hauswart, -meister). ↗ *Wart.*

stibitzen Zw. 1. Hälfte 18. Jh. stud., Streckform (aus der *-bi-*Sprache der Pennäler?), zu ma. *st(r)itzen* stehlen.

Stich m. mhd. *stich,* ahd. *stih,* got. *stiks* (engl. *stitch*); von ↗ *stechen* (lat. *stinguere;* ↗ *Instinkt*). – *Im Stich lassen* eigtl. = beim Turnier verlassen (16. Jh.); *einen Stich haben* säuern: vgl. die Beziehung von ↗ *stinken* und ↗ *stoßen* (got. *stigqan*). – **sticheln** Zw. mhd. *stichilôn* umgraben; eigtl. = wiederholt stechen. *-el-* iterativ wie bei ↗ *läch-el-n* u.a. – **stichhaltig** Adj. um 1800 vom Zw. nordd. *stichhalten* im Kampf (beim Kartenspiel) den Stich aushalten. – **Stichling** m. mhd. (Mitte 14. Jh.) *stichelinc* kleiner Knochenfisch; Distel-, Mükkenstachel. **Stichprobe** w. 2. Hälfte 16. Jh. = Metallprobe beim Hochofenanstich. **Stichwort** s. 1. Hälfte 15. Jh. = stechendes Wort, Beleidigung; 18. Jh. = letztes Wort des Schauspielers, auf das der nächste Schauspieler aufzutreten hat; 19. Jh. = „Lemma" (in Wörterbüchern), Notiz. ∕ *Schlagwort.* – **stikken** Zw. mhd. ahd. *sticken,* eigtl. = Stiche machen. -*ck*- intensivierend wie bei ∕ *stecken,* ∕ *trecken* u. a. **Stickstoff** m. 1791 für älteres *Azot* (frz. engl. *azote*); von ∕ *ersticken* (weil er Atem und Flammen erstickt).

stieben Zw. (stob, gestoben), mhd. *stieben,* ahd. *stioban;* verw.: gr. *týphos* Qualm, Rauch; dazu im Abl.: ∕ *Staub.* – ∕ *stöbern [1], [2],* ∕ *aufstöbern,* ∕ *Nasenstüber.*

Stiefbruder m. mhd. *stiefbruoder* (ebs.: *Stiefeltern, -kind, -mutter, -schwester, -sohn, -tochter, -vater*), Zss. mit dem Stamm von ahd. *ar-, bi-stiuf-an* der Kinder (Eltern) berauben; ags. *be-stiep-an* berauben; verw.: ∕ *stoßen* (∕ *Steiß*); ∕ *stumpf.*

Stiefel m. mhd. *stivel, stival,* ahd. *stival,* aus afrz. (prov.) *estival* Sommerschuh (mit Schaft) der Benediktiner, von lat. *aestivale* (*aestas* Sommer). Die d. Form *Stiefel* beeinflußt von it. *stivale.* D. -*f*- für roman. -*v*- wie in ∕ *prüfen.*

Stiege [1] w. Treppe, mhd. *stiege,* ahd. *stiega;* wie ∕ *Steg* zum Zw. ∕ *steigen.*

Stiege [2] w. 20 Stück, 2. Hälfte 18. Jh. aus mnl. *stige;* krimgot. *stega* zwanzig (16. Jh.). Schwer deutbar. Wenn urverw. mit gr. *stíchos* Reihe, dann zu *Stiege [1]* (?).

Stieglitz m. mhd. *stigeliz,* aus slow. *ščegljec* SchW (nach seinem Ruf).

Stiel m. mhd. ahd. *stil,* aus lat. *stilus* Stengel, Gartengerät (∕ *Stil*); zur gleichen idg. Wurzel wie ∕ *stellen.* – Mit Stumpf und Stiel ∕ *Stumpf.* – ∕ *langstielig* gehört zu ∕ *Stil.* – **Stielaugen** Mz. 19. Jh. aus stud. (= vor Begehrlichkeit herausquellende Augen).

Stier m. mhd. *stier,* ahd. *stior,* got. *stiur* (engl. *steer*); vielleicht urverw.: lat. *taurus,* gr. *taûros* Stier, vermutl. altes Lehnwort aus einer nichtidg. (kret.?) Sprache, das an heimische Wörter wie ahd. *st(i)uri* angelehnt wurde (die idg. Bezeichnung: ∕ *Bulle*?). Germ. *st*- für idg. *t*- wie bei ∕ *stoßen.* – ∕ *Toreador.*

stieren Zw. 2. Hälfte 18. Jh. vom Adj. **stier,** starr; mit volkset. Anlehnung an ∕ *Stier* vom Adj. ∕ *stur;* verw.: lat. *stiria* Eiszapfen; d.: ∕ *starren.*

Stift [1] m. kopfloses Nägelchen, mhd. *stift, steft;* ahd. *steft;* verw.: ∕ *steif;* 17. Jh. rotw. = Halbwüchsiger.

Stift [2] s. Anstalt, Gründung, mhd. *stift(e),* ahd. *stipht* babylon. Turm, vom Zw. **stiften,** mhd. *stiften,* ahd. *stiften, stiftôn;* mnd. mnl. *stichten* bauen; urverw.: lat. *stîpes* Pfahl, Stamm, *stipula* Halm; wie ∕ *steif* und ∕ *Stift [1]* zur idg. Wurzel **stîpo*-starr. ∕ *anstiften.* **stiften gehen** Zw. weglaufen, rotw. zu *Stift [1]* Halbwüchsig; = ausreißen.

Stil m. 15. Jh. aus lat. *stilus* Pfahl, Stengel; also = ∕ *Stiel;* ∕ *langstielig.* – **Stilett** s. kurzer Dolch; 1. Hälfte 17. Jh. aus it. *stiletto* kleiner Dolch, zu *stilo* Dolch, Griffel (von lat. *stilus*).

still Adj. mhd. *stille,* ahd. *stilli* (engl. *still*). Die idg. Wurzel **stelni-* erweitert **st(h)el-* aufstellen. ∕ *Stall,* ∕ *stellen.* **Stilleben** s. Mitte 18. Jh. über nl. *stilleven* aus engl. *still-life.* **stillen** Zw. mhd. ahd. *stillen;* vom Adj. *still,* = still machen, säugen.

Stimme w. mhd. *stimme,* ahd. *stim-, stemma, -ma,* got. *stibna* (engl. *steven*); verw.: gr. *stóma* Mund? – -*mm*- aus älterem -*mn*- wie bei ∕ *Himmel,* ∕ *verdammen.* **stimmen** Zw. mhd. *stimmen* rufen; ahd. *gi-stimnan* zusammenklingen; zum Adj. *gastimni* aufeinander abgestimmt; daher: mhd. *stimmen* gleichstimmend machen. **Stimmung** w. 16. Jh. von Musikinstrumenten; 18. Jh. von Menschen. **Stimmvieh** s. LÜ Mitte 19. Jh. von am. *voting cattle.*

stimulieren Zw. an-, aufregen, 2.

Hälfte 16. Jh. aus lat. *stimulare* antreiben (*stimulus* Stachel).

stinken Zw. mhd. *stinken* üblen Geruch verbreiten, (seltener:) Geruch wahrnehmen; ahd. *stinkan, stinchen* riechen, stinken (engl. *stink*); got. *stiggan* zusammenstoßen; vgl.: *einen ⁄ Stich haben.* Herkunft unsicher.

Stint m. zur Familie der Lachse gehörender Fisch; 1. Hälfte 16. Jh. aus mnd. *stint* (mhd. *stinz[e]* mit Abl. mhd. *stunz* kurz; verw.: (ohne Nasal) *⁄stutzen.* – Idg. Wurzel **stend-?* Verw.: lat. *tondere* (ab-) scheren? – *Sich freuen wie ein Stint* schon vor 1800 (wegen seiner schnellen Bewegungen?).

Stipendium s. 1. Hälfte 16. Jh. aus lat. *stipendium,* Zs. aus lat. *stips* Spende + *pendere* zahlen, leisten (*⁄Pension*).

stippen Zw. eintunken; 1. Hälfte 16. Jh. aus mnd. *stippen* tunken, stecken, steppen; also zu *⁄steppen¹.* **Stippvisite** w. nd. Ende 18. Jh. zum Subst. *stippe* Kleinigkeit.

Stirn(e) w. mhd. *stirne,* ahd. *stirna;* urverw.: lat. *sternere* ausbreiten, gr. *stérnon* Brust, Fläche; wie *⁄Stern* und *⁄Strahl* zur idg. Wurzel **ster-* ausbreiten. – *⁄Strähne, ⁄Strand, ⁄streifen, ⁄streuen.*

stöbern¹ Zw. stieben, 2. Hälfte 18. Jh. verstärkend zu nd. *stöven, stöben ⁄stieben; ⁄Gestöber.* – **stöbern²** Zw. durchsuchen, 16. Jh. vom Subst. *Stöber, Stäuber* Jagd-, Suchhund; mhd. *stöuben* aufjagen, Bewirkungswort zu *⁄stieben* (*⁄meck-er-n* u. a.).

stochern Zw. 1. Hälfte 16. Jh. verstärkend (*⁄meck-er-n!* u. a.) zum älteren Zw. *stochen* (engl. *stoke*) Feuer schüren; wie *⁄Stock* zur idg. Wurzel **stug-* stoßen. – **Stock** m. mhd. ahd. *stoc* (engl. *stock*), zur idg. Wurzel **stug-;* nd. *stuken* stoßen; *⁄verstauchen; ⁄Stück.* **stockblind** Adj. 1. Hälfte 16. Jh. Eigtl. = blind wie ein Klotz; *stock-* wird affektbezeichnende Vorsilbe: *stockdumm, stockdunkel, stockfinster,*

stocksteif, stocktaub. **stocken** Zw. mhd. *stocken* erstarren, versteifen (eigtl. = wie ein Stock werden); 16. Jh. = durch Nässe verderben, faulen; dazu das Adj. **stockig** 18. Jh. (*⁄verstockt*). **Stockfisch** m. spätmhd. aus mnd. *stokvisch* auf Holzgerüsten gedörrter Kabeljau (verbreitet durch Hansehandel). **Stockwerk** s. Hausgeschoß, um 1500 für älteres *stock* Balkenwerk.

Stoff m. 17. Jh. über mnl. *stoffe* aus afrz. *estoffe* Gewebe (*⁄[aus-]staffieren*); Ausgangspunkt wohl: gr. *stypheîn* zusammenziehen (*stypheîon* Werg); eigtl. = vollstopfen. Dann wäre *Stoff* eigtl. : womit man sich reichlich bekleidet (oder: was man reichlich hat). **Stoffwechsel** m. Mitte 19. Jh.

Stoffel m. Tölpel, 2. Hälfte 16. Jh. aus der Koseform *Christoffel* zum PN *Christophorus* Träger Christi (als Riese gedacht); *Christoph.*

stöhnen Zw. mhd. *stenen;* wie *⁄Donner* zum idg. SchW **(s)ten-,* gr. *sténein* verengern, seufzen, stöhnen, *stóchos* Ächzen. – *-ö-* für älteres *-e-* seit 2. Hälfte 16. Jh.

Stola w. Sakralschal; mhd. *stôl(e),* ahd. *stôla,* aus lat. *stola* Talar (gr. *stéllein* ausrüsten); 20. Jh. = Damenumhang.

Stolle(n) m. mhd. *stolle,* ahd. *stollo* Pfosten; wie *⁄Stall* und *⁄stellen* zur idg. Wurzel **st(h)el-* aufstellen. Dazu *⁄Christstollen,* älter: *Stollen* (eigtl. = Mz.; 14. Jh.) pfostenähnliches Gebäck, eigtl. = Darstellung des Wickelkindes. Um 1300 = (mit Pfosten abgestützter) Bergwerksgang; später auch = (stützender) Strophenteil beim Meistersang. *⁄Stulle!*

stolpern Zw. 2. Hälfte 16. Jh. verstärkend für älteres *stolpen, stölpen,* das vermutl. nd. Herkunft (*⁄stülpen*) ist. *-r-*Intensivierung (*⁄meckern,* da [als Reimwort?] *⁄holpern*).

stolz Adj. mhd. *stolz,* im Abl. zu *⁄Stelze,* eigtl. = steif, hölzern. **stolzieren** Zw. mhd. *stolzieren,* 2.

Hälfte 13. Jh. nach dem Muster von ↗hofieren den Hof machen, ein Ständchen bringen.

stopfen Zw. mhd. *stopfen*, ahd. *stopfôn* (engl. *stop*); urverw.: lat. *stupere* starr stehen; Einwirkung von mlat. *stuppare* mit Werg zustopfen (*stup[p]a* Werg). ↗*stoppen*, ↗*Pfropf(en)*.

Stoppel w. mnd. *stoppel* gegenüber mhd. *stupfel*, ahd. *stupfala*, aus mlat. *stupula* für lat. *stipula* Halm. – ↗*steif*, ↗*steppen*.

stoppen Zw. anhalten, 2. Hälfte 18. Jh. aus nd. *stoppen* ein Schiff aufhalten (nd. Form zu hd. ↗*stopfen*); ↗*Pfropf(en)*. **Stöpsel** m. um 1800 aus nd. *stöpsel* (gegenüber hd. *Stopfen* Korken), vom Zw. *stoppen*. – ↗*Steppke*.

Stör m. Schmelzschuppenfisch; mhd. *stör(e)*, *stür(e)*, ahd. *stur(i)o*; verw.: ↗*stören*, eigtl. = im Schlick wühlender Fisch.

Storch m. mhd. *storch*, ahd. *storah* (engl. *stork*); zur idg. Wurzel *ster-* starr (sein); ↗*stark*, ↗*starr*. Der Vogel heißt nach seinem Gang. **Storchschnabel** m. Pflanze, mhd. *stork(en)snabel*, ahd. *storkessnabul;* seit 18. Jh. = Zeichengerät. ↗*Geranie*.

stören Zw. mhd. *stœren*, ahd. *stôr(r)en* verwirren, vernichten (mit Abl.: engl. *stir*); verw.: ↗*Stör*, ↗*Sturm*. -r-Ableitung zur idg. Wurzel *steu-* (↗*stoßen*)? – **Störenfried** m. 2. Hälfte 16. Jh. (Zusammenrückung aus [*ich*] *störe den Frieden*)

störrisch Adj. 2. Hälfte 16. Jh. neben älterem *störrig;* vom Subst. *Storren* Baumstumpf, mhd. *storre*, ahd. *storro;* wie ↗*stark* und ↗*starr* zur idg. Wurzel *ster-* starr (sein).

Story w. 20. Jh. aus am. *story* Geschichte; Verkürzung aus *history* (aus lat. *historia* Geschichte); ↗*historisch*.

stoßen Zw. (stieß, gestoßen), mhd. *stôȥen*, ahd. *stôȥan;* urverw.: lat. *tundere* stoßen; wie ↗*Steiß* zur idg. Wurzel *teu-* stoßen (germ. *st-* für

idg. *t-* wie bei ↗*Stier*), ↗*Stief-* (↗*stören*?). ↗*stutzen*[1], [2], ↗*stupid(e)*, ↗*tupfen*, ↗*Stups*, ↗*Typ*. –

stottern Zw. 16. Jh. aus nd. *stotern* (engl. *stutter*); nd. -r-Verstärkung zu nd. *stöten* stoßen (↗*meckern* u. a.).

stracks Adv. mhd. *strackes*. Eigtl. = Gen. zum Adj. mhd. *strac* gerade, von dem ↗*strecken* abgeleitet ist. ↗*schnurstracks*. ↗*starren* (eigtl. = steif). Zur Bildung ↗*flug-s* u. a.

Strafe w. mhd. *strâfe* Schelte; zum Zw. **strafen** mhd. *strâfen* schelten; (durch Umstellung aus der alten Vergangenheitsform *rafste* und *strafte*, vom Zw. *refsen* strafen? Um 1200 auf hd. Boden entstanden; Weiteres unklar).

straff Adj. 2. Hälfte 17. Jh. vermutl. aus nd. (1. Hälfte 15. Jh. mnd. *stref*); wohl wie ↗*stramm* zur idg. Wurzel *ster-* starr (sein). – ↗*stark*, ↗*starr*, ↗*sterben*, ↗*streben*.

Strahl m. mhd. *strâl(e)*, ahd. *strâla* Blitz, Pfeil (ahd. *donarstrâla* Blitz), wie ↗*Stern* und ↗*Stirn* zur idg. Wurzel *ster-* ausbreiten. Dazu das Zw. **strahlen** 2. Hälfte 16. Jh., eigtl. = blitzen; dann = glänzen. ↗*Strähne*, ↗*Strand*, ↗*Strieme*. – **strählen** Zw. kämmen, mhd. *strœlen*, ahd. *strâl(l)en*, vom Subst. mhd. *strœl* Kamm (zu *Strahl* Pfeil, nach den Zinken des Kamms).

Strähne w. mhd. *stren(e)*, ahd. *streno* Flechte; wie ↗*Strieme* zu einer Erweiterung der idg. Wurzel *ster-* ausbreiten (↗*Stern*, ↗*Stirn*, ↗*Strahl*, ↗*streifen*, ↗*Strieme*).

Stramin m. Gitterleinen, 19. Jh. aus nl. *stramijn, stamijne*, aus frz. *estamine* (später = *étamine*). Zugrunde liegt: lat. *stamen* Gewebe, *stamineus* voller Fäden (-r- nl. 19. Jh.!).

stramm Adj. um 1800 aus schwz. *stramm;* nl. *stram* steif. Mit ↗*stark*, ↗*starr* zur idg. Wurzel *ster-* starr (sein)?

strampeln Zw. 1. Hälfte 16. Jh. aus mnd. *strampelen*, einer Verstärkung (↗*läch-el-n*) von mnd. *strampen*, hd. *strampfen* heftig auftreten. Idg. Wurzel *stremb- (erweitertes *ster- [↗*starr*]) (mit *s*-Vorschlag zu ↗*trampeln*?).

Strand m. spätmhd. *strant*, aus mnd. *strand* (engl. *strand*); wie ↗*Stern*, ↗*Stirn(e)* und ↗*Strahl* zur idg. Wurzel *ster- ausbreiten, eigtl. = ↗*Streifen* (am Meer); **stranden** Zw. scheitern, 15. Jh. über mnd. aus mnl. *stranden* (engl. *strand*); seit 17. Jh. übtr.

Strang m. mhd. *stranc*, ahd. *strang* (engl. *string*); verw.: ↗*streng*; lat. *stringere* straffen (↗*strikt*); gr. *strangós* gedreht, *strangálê* Strick, *strangaláein* erdrosseln; idg. Wurzel *streng(h)-, *strenk straff. ↗*ansträngen*. – Dazu: **strangulieren** Zw., 2. Hälfte 16. Jh. aus lat. *strangulare* erdrosseln.

Strapaze w. 2. Hälfte 17. Jh. *strapatz* m., aus it. *strapazzo* Überanstrengung (w. nach *Mühe*). Dazu das Zw. **strapazieren** 1. Hälfte 17. Jh. aus it. *strapazare* überanstrengen, *strappare* zerbrechen, aus frk. *strappôn* scharf spannen.

Straß m. Glitzerschmuck, nach dem frz. Erfinder G. F. *Straß* (1700 bis 1773).

Straße w. mhd. *strâze*, ahd. *strâza* (engl. *street*); im 5. Jh. aus lat. *strata (via)* Pflasterweg (zum Zw. *sternere* ausbreiten; it. *strada*, span. *estrada*. – ↗*Stern*).

Stratege m. Mitte 19. Jh. über frz. *stratège* aus gr. *stratêgós* (Zs. aus gr. *stratós* Heer + *ágein* führen).

sträuben Zw. ahd. *strûben* (mhd. erweitert: *striubeln*); verw.: mhd. *strûben*, ahd. *strûbên* starren; mhd. *strûp* ↗*struppig* (↗*Gestrüpp*). Urverw.: gr. *stryphnós* sauer; zu einer Erweiterung *streu- der idg. Wurzel *ster- starr (sein). ↗*stark*, ↗*strubbelig*, ↗*Strumpf*, ↗*struppig*. – **Strauch** m. mhd. *strûch;* vermutl. wie ↗*stark*, ↗*starr* zur idg. Wurzel *streu- von *ster- starr (sein). ↗*Strunk*. Laubwaldwirtschaft: Abschlagen überschüssiger Zweige! – **straucheln** Zw. mhd. *strûcheln*, verstärkend zum ahd. Zw. *strûh-*

hên, strûhhôn (über einen Strauch) stolpern. *-l*-Bildung wie ↗*läch-el-n* u. a.

Strauß[1] m. Blumenbund, 1. Hälfte 16. Jh.; mhd. *gestrûze* Buschwerk, *striuʒach* Gebüsch; verw. ↗*strotzen;* eigtl. = was steif ist, was hervorquillt. – **Strauß**[2] m. Streit, mhd. *strûʒ;* dazu das mhd. Zw. *striuʒen* sträuben; verw.: ↗*strotzen*, eigtl. = was (plötzlich) aufquillt.

Strauß[3] m. Vogel, mhd. *strûʒe*, ahd. *strûʒ*, aus lat. *struthio;* zugrunde liegt: gr. *strûthíon* für *strûthós megálê* großer Vogel.

Strebe w. Schrägstütze, 16. Jh. vom Zw. **streben**, mhd. *streben* ragen (ahd. *strebunga* Strebe); dazu: mnd. *streven* gestrafft sein (engl. *strive* kämpfen, trachten, von einem starken Zw. neben dem schwachen Zw. starr; gr. *stériphos* starr, unfruchtbar, *strîphnós* hart, fest); vom Adj. mnd. *stref* kräftig, ↗*straff* (↗*stark*, ↗*starr*). = etw. zu erreichen suchen; seit 16. Jh. abfällig, = etw. ehrgeizig zu erreichen suchen; stud. 16. Jh.; daher **Streber** m. 18. Jh.

strecken Zw. mhd. *strecken*, ahd. *strecchan* (engl. *stretch*); ↗*stracks*. Dazu das Subst. **Strecke** w. 17. Jh. (mhd. *zilstrecke* Wegabschnitt); 19. Jh. jägersprachl. = alles erlegte (aufgereihte) Wild; daher: *zur Strecke bringen* erlegen, 19. Jh. – ↗*vollstrecken*.

Streich m. mhd. *streich* Hieb (engl. *stroke*); vom Zw. **streichen** schlagen (*jmdm. einen Streich spielen*, vom Fechten, eigtl. = unerwartet [Finten] schlagen). **streicheln** Zw. Weiterbildung (↗*läch-el-n* u. a.) zum mhd. schwachen Zw. *streichen* glätten (ahd. *streichôn* streicheln); idg. Wurzel *streig- (lat. *striga* Strich, *stringere* [ab]streifen). **streichen** Zw. (strich, gestrichen), mhd. *strîchen*, ahd. *strîhhan* (engl. *strike*); urverw.: lat. *stringere* berühren, abstreifen, *striga* Streifen (↗*Striegel*); zur idg. Wurzel *strig-streichen. – ↗*Streik*, ↗*Strich*. –

Streichholz s. 1. Hälfte 19. Jh. (aber *strich holtz* 1. Hälfte 15. Jh. = Holz zum Glattstreichen).

Streife w. 2. Hälfte 16. Jh. = Streifzug; 2. Hälfte 18. Jh. = Polizeipatrouille; vom Zw. **streifen**, mhd. *streifen* abhäuten, leise berühren, ziehen; zu einer Erweiterung der idg. Wurzel *ster-* ausbreiten (∕*Stern*, ∕*Stirn*). Dazu urspr. mit Abl.: **Streifen** m. mhd. *strîfe*. – ∕*Strippe*².

Streik m. Mitte 19. Jh. aus engl. *strike*, eigtl. = die Segel ∕*streichen*, dann = (in den Waliser Bergwerken) die Arbeit einstellen. **streiken** Zw. 1865 aus engl. *strike*.

Streit m. mhd. ahd. *strît;* idg. Wurzel *strei-* aus *ster-* (∕*starr*, ∕*streben*); eigtl. = Widerstand; vom Zw. **streiten** mhd. *strîten*, ahd. *strîtan*. ∕*strittig*.

streng Adj. mhd. *strenge*, ahd. *strengi* (engl. *strong*); verw.: ∕*Strang;* eigtl. = gestrafft, angespannt. ∕*anstrengen*. Idg. Wurzel: *ster-*.

Streß m. Überbelastung, Alarmsituation. 20. Jh. aus engl. *stress* (Kürzung von: *distress* Not; lat. *strictus* verwundet, *stringere* schnüren). ∕*Striegel*.

streuen Zw. mhd. *ströuwen, strouwen*, ahd. *strewen, strouwen*, got. *straujan* (engl. *strew*); verw.: lat. *struere* übereinanderlegen, schichten; mit ∕*Stern*, ∕*Stirn* zur idg. Wurzel *ster-* ausbreiten. Abgeleitet: das Subst. **Streu** w., mhd. *ströu(we)*. ∕*Stroh*, ∕*zerstreut*.

streunen Zw. herumstrolchen, mhd. *striunen* umherschnüffeln; ahd. *gistriunan* erwerben (ahd. *gistriuni* Schatz); urverw.: lat. *struere* aufschichten (∕*Instruktion*).

Streuselkuchen m. 1. Hälfte 19. Jh. Zs. mit dem Subst. *Streusel;* spätmhd. *streusel* Streuwerk.

Strich m. mhd. ahd. *strich* Linie, Richtung, Weg, got. *striks* Strich; zum Zw. ∕*streichen*. – *Auf den Strich gehen* urspr. vom Jäger, zum Schnepfenstrich, (Mitte 19. Jh.) übtr. (∕*Schnepfe* Dirnenschelte).

Strick m. mhd. ahd. *stric*, urspr. = Schlinge; idg. Wurzel *streig-* (lat. *stringere*) aus *ster-;* ∕*starr*, ∕*streben* u. a. – **stricken** Zw. mhd. *strikken*, ahd. *stricchan* knüpfen, flechten. – **Striegel** m. mhd. *strigel*, ahd. *strigil*, aus lat. *strigilis* Schaber (*stringere* streichen, ∕*Streß*).

Strieme w. (seit 17. Jh. auch **Striemen** m.) Hautstreifen, mhd. *strîme, strieme, streime*, ahd. *strimo;* urverw.: lat. *stria* Falte, Säulenrippe; wie ∕*Strahl* und ∕*Strähne* zu einer Erweiterung der idg. Wurzel *ster-* ausbreiten (*stri-*).

strikt Adj. um 1700 aus lat. *strictus* kurz, eng (zum lat. Zw. *stringere* straffen; ∕*Strang*, ∕*Streß*); ∕*Distrikt*.

Strippe¹ w. Mitte 18. Jh. aus nd. *strüppe* (verbreitet über berl.), mnd. (= engl.) *strop* gegenüber mhd. *strupfe*, aus lat. *struppus, stroppus* Schnur, gr. *stróphos* Seil (berl. **Strippe**² w. Öse über mnd. *strippe* Schlinge vom Zw. ∕*streifen*. Dazu: **strippen** Zw. Entkleidungsszene vorspielen, 20. Jh. aus am.).

strittig Adj. 15. Jh. vom Subst. *Stritt*, Nbf. zu ∕*Streit*.

Stroh s. mhd. ahd. *strô* (engl. *straw*); zum Zw. ∕*streuen;* eigtl. = Hingestreutes. **Strohmann** m. vorgeschobener Geschäftsmann, 19. Jh. nach frz. *homme de paille* (davor 16. Jh. = Vogelscheuche, Strohpuppe). **Strohwitwe** w. 2. Hälfte 17. Jh. Eigtl. = nur scheinbare Witwe (wie die ältere *strôbrût* 2. Hälfte 14. Jh. [= ledige Mutter] nur eine scheinbare Braut, junge Frau ist? Oder wie der *Strohmann* nur scheinbar ein Mann, in Wirklichkeit eine Puppe ist?). Ähnlich: mnd. *graswedewe* 2. Hälfte 16. Jh. = verführtes Mädchen (engl. *grasswidow*).

Strolch m. 2. Hälfte 17. Jh. über it. ma. Formen wie *strolch* Herumtreiber, aus it. *astrologo* Sterndeuter (∕*Astrologie*)? Oder zu schwz. *strolen* sich herumtreiben, = ∕*trollen*?

Strom m. mhd. *stroum, strôm,* ahd. *stroum* (engl. *stream*); urverw.: gr. *réein* fließen, *rheuma* das Fließen, zur idg. Wurzel **sreu-* fließen.

Stromer m. Landstreicher, vom Zw. mhd. *strômen* fließen, umherfahren.

Strophe w. 17. Jh. aus gr. *strophê* Wendung (des antiken Chors nach der ersten Liedhälfte); daher lat. *stropha* Kunstkniff (vom gr. Zw. *stréphein* wenden).

strotzen Zw. mhd. *strotzen* (engl. *strut* stolzieren); wie ↗*Strauß*[1] zu einer Erweiterung (**streu-*) der idg. Wurzel **(s)ter-* starren, steif sein (↗*stark,* ↗*starr*); eigtl. = steif werden, anschwellen. ↗*Truthahn,* ↗*drosseln.*

strubbelig Adj. für älteres *strobelig;* vom Zw. mhd. *strobelen* struppig machen, sein, mit *-el*-Infix (↗*läch-el-n* u.a.) abgeleitet. Dies zu ↗*sträuben.* ↗*struppig,* ↗*Struwwelpeter.*

Strudel m. spätmhd. *strudel, strodel,* mit Abl. vom Zw. ahd. *stredan* wallen, brausen; zu einer Erweiterung der idg. Wurzel **ser-* fließen. – Die Mehlspeise heißt (seit 1. Hälfte 18. Jh.) so nach ihrer Schneckenform.

Struktur w. 1. Hälfte 18. Jh. aus lat. *structura* Gefüge, Bauwerk, -art (vom Zw. *struere* erbauen, errichten. – ↗*Instruktion,* ↗*Konstruktion*).

Strumpf m. mhd. *strumpf* Stumpf, mnd. *strump* Halbhose. Mit ↗*sträuben* zu ↗*stark,* ↗*starr* (eigtl. = Steifes [Hosenende]). Die jetzige Bedeutung seit 1. Hälfte 16. Jh., als man die alten Strumpfhosen in ↗*Hose* und Strumpf teilte.

Strunk m. spätmhd. *strunc,* verw. mit (dem nicht nasalierten) ↗*Strauch,* ↗*stark,* ↗*starr* (idg. Wurzel **ster-* starr [sein]).

struppig Adj. spätmhd. *strubbich* uneben; wie ↗*strubbelig* zum Zw. ↗*sträuben* (mhd. *struppe* Buschwerk; ↗*Gestrüpp*). – **Struwwelpeter** m. Titelheld eines Kinderbuches von Heinrich Hoffmann aus Frankfurt a. M., 1846, zu ↗*strubbelig* (in Frankfurt: = *struwwelig*).

Strychnin s. 19. Jh. aus frz. *strychnine* (lat.-gr. *strychnos* Pflanzenname).

Stube w. mhd. *stube,* ahd. *stuba* heizbarer Raum, Badestube (engl. *stove* Ofen); über roman. (span. *estufa* Ofen, it. *stufa* Badestube) von volkslat. *extuphare* volldampfen, zu gr. *týphos* Dampf? Oder zur idg. Wurzel **st(h)eu-* ↗*stoßen* (Holzbau in Zeiten der Waldwirtschaft)?

Stuck m. Gipsmischung, Mitte 18. Jh. aus it. *stucco,* ahd. *stucchi* (Stück) Rinde. – **Stück** s. mhd. *stück(e),* ahd. *stucchi, stucki,* zu ↗*Stock;* eigtl. = Abgestoßenes, Abgebrochenes. **Stücklohn** m. um 1600 (Ggs. *Tagelohn*). **Stückwerk** s. unvollkommene Arbeit, seit Luther.

Studie w. 1. Hälfte 19. Jh. als Ez. zur alten Mz. *Studien* (zu *Studium,* im 16. Jh. als FrW von lat. *studium* Trieb, Liebhaberei übernommen. **studieren** Zw. mhd. *studi(e)ren,* aus lat. *studere* eifrig betreiben. **Studio** s. 19. Jh. aus it. *studio* Künstlerwerkstatt.

Stufe w. mhd. *stuofe,* ahd. *stuof(f)a;* wie ↗*stapfen* und ↗*steppen*[2] zur idg. Wurzel **steb(h)-* aufstellen, versteifen.

Stuhl m. mhd. ahd. *stuol,* got. *stôls* Thron (engl. *stool* Hocker); wie ↗*stehen* zur idg. Wurzel **st(h)a-,* **stu-* stehen; urverw.: gr. *stêlê* Säule. **Stuhlgang** m. mhd. *stuolganc* Gang auf den Nachtstuhl (spätmhd. *stuol* auch = Exkremente).

Stulle w. berl. Mitte 17. Jh. aus nl. *stul* (Brot-)Brocken; verw.: ↗*Stollen.*

stülpen Zw. 15. Jh. aus mnd. *stulpen* umstürzen; nl. *stelpen* aufhalten; abgeleitet: ↗*stolpern.* Wie ↗*stellen* zur idg. Wurzel **st(h)el-* aufstellen; eigtl. = fest, steif hinstellen. Dazu das Subst. **Stulpe** w. 2. Hälfte 17. Jh. aus nd. *stülpe* Deckel, Stiefel-

schaft. – nd. -p- erhalten wie in
↗ *Tölpel.*

stumm Adj. mhd. ahd. *stum;* wie
↗ *stammeln* und ↗ *stemmen* zur idg.
Wurzel **stem-* anstoßen. Eigtl. =
(beim Sprechen) behindert. – Mil-
dernd auf die Bedeutung von
↗ *dumm* eingewirkt.

Stummel m. mhd. *stummel, stumbel,*
ahd. *stumbal* Stumpf, vom ahd.
Adj. *stumbal* verstümmelt; verw.:
↗ *stumpf;* ↗ *verstümmeln.* – **Stum-
pen** m. mhd. *stumpe* Baumstumpf;
20. Jh. = Kurzzigarre (aus schwz.).
– **Stümper** m. 14. Jh. md. =
Schwächling, eigtl. = Krüppel; 17.
Jh. = wer mit stumpfem Werkzeug
arbeitet, Pfuscher. – **stumpf** Adj.
mhd. *stumpf,* ahd. *stumph;* eigtl. =
verstümmelt. Dazu: das Subst.
Stumpf m. mhd. *stumpf(e),* ahd.
stumph; verw. mit: ↗ *Stab.* – *Mit
Stumpf und Stiel* 16. Jh. mit dem
ganzen Stamm, völlig. – **Stumpf-
sinn** m. 2. Hälfte 18. Jh. vom Adj.
stumpfsinnig schwachsinnig (15.
Jh.).

Stunde w. mhd. *stunt, stunde* Zeit
(-punkt), ahd. *stunda, stunta* Zeit
(-punkt); im Abl zu dem alten Zw.
standan ↗ *stehen* (↗ *Stand);* eigtl. =
Zeitpunkt (*die Stunde unseres To-
des; bis zu dieser Stunde* bis zu die-
sem Augenblick); 15. Jh. = 24. Teil
des Tages (*elfte* [nicht: zwölfte]
Stunde nach Matth. 20, 6, 9). **stun-
den** Zw. fristen, 17. Jh.; dazu **Stun-
dung** w. 17. Jh.

stupfen Zw. ↗ *Tupf.*

stupid(e) Adj. 1. Hälfte 18. Jh. aus
frz. *stupide* (lat. *stupidus* dumm,
vom Zw. *stupere* betroffen sein;
mit ↗ *stoßen* verw.).

Stups m. kleiner Stoß, um 1800 aus
nd. für hd. *Stupf;* zu: ↗ *stopfen,*
↗ *stoßen.* – ↗ *tupfen.*

stur Adj. 19. Jh. aus nd. *stur,* ma. =
↗ *starr;* dazu das Zw. **sturen** vor
sich hinstarren (↗ *stieren).*

Sturm m. mhd. ahd. *sturm* (verw.:
engl. *stir* bewegen); verw.: ↗ *stö-
ren;* also = Verwirrung, Störung.
Ohne *s*-Anlaut: lat. *turma* Schar,

Schwarm. – **Stürmer** m. mhd. *stur-
mære* Streiter; 1. Hälfte 18. Jh. =
stud. Renommist; um 1800 = Stu-
dentenmütze; 20. Jh. = Angreifer
beim Fußball (Hockey).

Sturz m. mhd. ahd. *sturz* Fall, Dek-
kel, Schleier; vom Zw. **stürzen,**
mhd. *sturzen, stürzen,* ahd. *sturzen*
(engl. *sturt*); wie ↗ *Sterz* zur idg.
Wurzel **sterd-,* Erweiterung von
*ster- ↗ *starr* (sein); eigtl. = steif
gehen, stolpern; dann = umdre-
hen, auf den Kopf stellen (daher:
Glas-, Türsturz); 18. Jh. = eilen.
Sturzacker m. 2. Hälfte 18. Jh. =
(aus der Brache) umgebrochener
Acker.

Stuß m. Unsinn, 2. Hälfte 18. Jh.
stud. aus jidd. *štuß* (von heb. *šṭûth*
Narrheit).

Stute w. 15. Jh. *stuot* w. Zuchtpferd,
vom mhd. w. Subst. *stuot* Pferde-
herde (= ahd.; engl. *steed* Zucht-
hengst); wie ↗ *stehen* zur idg. Wur-
zel **st(h)a-* stehen; eigtl. = Stand-
ort (der Zuchtherde). ↗ *Gestüt.*

Stütze w. mhd. *stütze;* vom Zw.
↗ *stützen* (16. Jh. = w. Hilfe).

stutzen[1] Zw. verkürzen, 2. Hälfte
16. Jh. vom Subst. *Stutz,* mhd. *stutz*
Stoß, *stutze* Becher; zum Zw. ↗ *sto-
ßen.* Dazu: **Stutzen** m. 18. Jh.
Kurzgewehr; 19. Jh. (bayr.) kurze
Überstrümpfe; ↗ *Stutzer.* **stutzen**[2]
Zw. stocken, mhd. *stutzen* scheu-
en; ahd. *erstutzen* scheuchen;
verstärkend zum Zw. ↗ *stoßen.*
↗ *stutzig.*

stützen Zw. mhd. *stützen* (in Zss.),
ahd. *stuzzen* (in Zss.), verstärkend
zum ahd. Zw. *studen* stützen, von
mhd. *stud* (= engl.) Pfosten abge-
leitet; eigtl. = mit Pfosten befe-
stigen; von einer Erweiterung
der idg. Wurzel **stu-.* – ↗ *stauen,*
↗ *Steuer.*

Stutzer m. 2. Hälfte 17. Jh. Eigtl. =
wer einen Stutzbart trägt; zu ↗ *stut-
zen*[1]. – **stutzig** Adj. 16. Jh. vom
Zw. *stutzen*[2].

Subjekt s. 2. Hälfte 16. Jh. aus lat.
subiectum Unterlage, Grundbe-
griff (vom Zw. *subicere* darunter-,

zugrunde legen, *iacere* werfen); ↗ *Sujet*. **subjektiv** Adj. 18. Jh. aus lat. *subiectivus* zum Subjekt gehörig, auf die Person bezogen. – Zu den Wörtern mit lat. *sub* unter ↗ *Soutane*, ↗ *Summe*.

sublim Adj. geistig anspruchsvoll, 18. Jh. aus lat. *sublimis* hoch. **Sublimat** s. Quecksilberchlorid, 2. Hälfte 16. Jh. aus lat. *sublimatus* erhöht (durch Destillation).

Substantiv s. 18. Jh. aus lat. (*verbum*) *substantivum* selbständig. Wort (vom Zw. *substare* vorhanden sein; über *substantia*). ↗ *Hauptwort*. **Substanz** w. mhd. *substancie*, aus lat. *substantia* Stoff, Inbegriff, Wesen.

subtil Adj. mhd. *subtil*, aus afrz. *subtil*, von lat. *subtilis* zart (eigtl. = fein gewebt; Zs. von *sub* unter + *tela* Gewebe).

subtrahieren Zw. 1. Hälfte 16. Jh. aus lat. *subtrahere* drunter vorziehen, entziehen (Zs. aus *sub* unter + *trahere* ziehen. – ↗ *abstrakt*, ↗ *Attraktion*, ↗ *Kontrakt*, ↗ *Porträt*, ↗ *trachten*).

Subvention w. 1. Hälfte 18. Jh. aus lat. *subventio* (*subvenire* zu Hilfe, hinzukommen).

suchen Zw. mhd. *suochen*, *süechen* (be)suchen, ahd. *suohhen*, -*hhan*, got. *sôkjan* (engl. *seek*); urverw.: lat. *sagax* scharf witternd, scharfsinnig, *sagire* wittern, wahrnehmen; gr. *hêgéomai* den Weg finden, vorangehen, führen, *hêgemôn* Führer; wie ↗ *Sache* zur idg. Wurzel *sag-* witternd aufspüren; idg. Jägerwort (zunächst auf den Hund bezogen). ↗ *ersuchen*.

Sucht w. mhd. ahd. *suht*, got. *sauhts*; Ableitung von Zw., das in got. *siukan* krank sein (↗ *siech*) vorliegt. Später volkset. zu *suchen*, daher (mhd.) = Verlangen, Hang. ↗ *Eifer-*, ↗ *Sehnsucht*. **süchtig** Adj. mhd. *sühtec*, ahd. *suhtig* krank.

suckeln Zw. 2. Hälfte 18. Jh. verstärkend zu ↗ *saugen* (spätmhd. *aussuggeln*).

sudeln Zw. spätmhd. *sudelen*

schlecht kochen, iterativ (wie ↗ *lächel-n* u. a.) zu ↗ *sieden* (doch kann *sudeln* unsauber arbeiten auch vom Subst. *Sudel* Pfütze abstammen; wie ↗ *saufen* und ↗ *saugen* zur idg. Wurzel **seu(ə)*-schlürfen?).

Süden m. mhd. *sûden* neben *sunden*, ahd. *sundan;* mhd. *sunderwint*, ahd. *sund(ar)wint* Südwind, ahd. *sundan(a)* nach (im) Süden, *sundar* nach Süden, eigtl. = nach oben, zur Sonne hin; zu ↗ *Sonne* (= ähnlich: ↗ *Osten*). Die Formen ohne -*n*- und mit Umlaut (-*ü*-) stammen aus dem Nl. (*zuid*, mnl. *sûden*). Oder – als Ggs. zu ↗ *Nord* = nach unten hin – urspr. = von oben her? Dann verw.: lat. *super*, gr. *hypér* über(-hinaus) (idg. Wurzel **sup*- über **sumn*-). ↗ *Westen*. **Südwester** m. Ölleinwandkappe, Mitte 19. Jh. (zum Schutz gegen SW-Sturm).

Suff m. 2. Hälfte 16. Jh. vom Zw. ↗ *saufen*. **süffig** Adj. 1. Hälfte 16. Jh. = trunksüchtig; 19. Jh. aus obd. = gut trinkbar.

süffisant Adj. 2. Hälfte 19. Jh. aus frz. *suffisant* (vom Zw. *suffir* genügen; zugrunde liegt lat. *sufficere* ausreichen (↗ *Fazit*).

Suffix s. Ableitungs-, Nachsilbe, um 1800 aus lat. *suffixum* das Angeheftete (vom Zw. *suffigere* anheften. – ↗ *Soffitte*, ↗ *fix*).

Suggestion w. um 1700 aus lat. *suggestio* Beeinflussung (vom Zw. *suggerere*, Zs. aus *sub* nach unten hin + *gerere* bringen (dazu auch: ↗ *Register*, ↗ *Geste*). – **suggestiv** Adj. 19. Jh. aus engl. *suggestive* (frz. *suggestif*).

sich suhlen Zw. ↗ *sich sielen*.

Sühne w. mhd. *süene*, *suone*, ahd. *suona* Urteil, Versöhnung; nur germ.; Herkunft ungeklärt. ↗ *versöhnen*. Vom Zw. **sühnen** mhd. *süenen*, ahd. *suonen* ausgleichen, zufriedenstellen, versöhnen.

Sujet s. Gegenstand (eines Kunstwerkes), 2. Hälfte 18. Jh. aus frz. *sujet* (lat. *subiectum;* ↗ *Subjekt*).

sukzessiv Adj. um 1700 aus lat. *suc-*

cessivus nachfolgend (vom Zw. *succedere* nachfolgen, Zs. aus *sub* nach [unten hin] + *cedere* gehen. – ⤳ *Prozeß*).

Sultan m. 16. Jh. aus ar. *sulṭân* Herr (-schaft) (als Herrschertitel seit 10. Jh. [Entmachtung der Abassiden]); mhd. *soldân*, über afrz. aus ar.

Sulz m. (bayr.), **Sulze** w. (obd.), **Sülze** w. (md.), mhd. *sulz(e)* Salzlake, ahd. *sulza* Salzlake, Gallert, Sülzwurst; im Abl. zu ⤳ *Salz*.

Summe w. mhd. *summe*, aus lat. *summa* Höchstes, obenan stehende Zahl (es wurde von unten nach oben gerechnet), Gesamt-, Hauptzahl, Inbegriff (zu *summus* höchster, *sub* von unten [nach oben]). ⤳ *Subjekt* usw.

summen Zw. spätmhd. *summen*, SchW.

Sumpf m. mhd. *sumpf;* ahd. *sunft*, im Abl. zu ⤳ *Schwamm* (idg. **suombhó-s* schwammig; gr. *somphós*). **sumpfen** Zw. liederlich leben, 19. Jh. stud. (davor = sumpfig werden, 18. Jh.).

Sünde w. mhd. *sünde*, ahd. *suntea* (engl. *sin*); idg. Wurzel **es* ⤳ *sein [1]*, = das Seiende; (röm.-germ. Rechtsbewußtsein: Schuld als Existenzgefühl?); verw.: mit lat. *sons* schädlich, sträflich, schuldig. **Sündenbock** m. nach 3. Mose 16, 21f. **Sündflut** w. volkset. für ⤳ *Sintflut*.

Superintendent m. 16. Jh. aus kirchenlat. *superintendens;* Zs. aus lat. *super* über(-hinaus) + *intendere* achtgeben. **Superkargo** m. Frachtaufseher, 2. Hälfte 16. Jh. aus span. *sobrecargo* (Zs. aus span. *sobre* = lat. *super* + span. *cargo* Ladung, vom Zw. span. *cargar* beladen. Zugrunde liegt lat. *carrus* Wagen; ⤳ *Karre[n]*). **Superlativ** m. 2. Hälfte 18. Jh. aus lat. *superlativus* (von *superlatus* darübergetragen). ⤳ *Soubrette*.

Suppe w. 14. Jh. vom mnd. Zw. *sûpen* = ⤳ *saufen*, löffeln; von gall.-roman. **suppa* (**suppare* würzen), dazu; frz. *soupe*, das auf das (schon

vorhandene) d. Wort einwirkt (engl. *soup*).

Supplement s. Ergänzung, 2. Hälfte 16. Jh. aus lat. *supplementum* (vom Zw. *supplêre* ergänzen).

surren Zw. 1. Hälfte 17. Jh., SchW wie ⤳ *schwirren;* mnd. *surringe* gedämpftes Sausen, lat. *susurrus* Zischen, *absurdus* mißtönend (⤳ *absurd*), gr. *hýron* Summen (idg. Wurzel **suer-* surren; SchW wie ⤳ *Schwarm*).

Surrogat s. 1. Hälfte 18. Jh. KW, aus lat. *surrogare* umwählen lassen (Zs. aus lat. *sub* drunter, an Stelle von + *rogare* fragen).

suspendieren Zw. 2. Hälfte 16. Jh. aus lat. *suspendere* aufhängen, beseitigen.

süß Adj. mhd. *süeʒe*, ahd. *s(w)uoʒi* (engl. *sweet*); urverw.: lat. *suavis* mild, gr. *hêdýs* süß; lat. *suadere* als angenehm hinstellen, raten; zur idg. Wurzel **suâd-* süß, schmackhaft. **Süßholz** s. spätmhd. *süeʒholz* LÜ von lat. *liquiritia* (von gr. *glykýrriza* Süßholz; ⤳ *Lakritze*). **Süßstoff** m. vor 1900 als Eindeutschung von *Saccharin*.

Sweater m. um 1900 aus engl. *sweater* Schwitzer (⤳ *Schweiß*, ⤳ *schwitzen*).

Sweet m. Jazzstil; 20. Jh. aus am. *sweet* = ⤳ *süß*.

Swing m. Jazzart; 20. Jh. aus engl. *swing* = ⤳ *schwingen*.

Symbol s. 16. Jh. über lat. *symbolum* aus gr. *sýmbolon* Wahrzeichen (Zs. aus gr. *syn* zusammen + *bállein* werfen; eigtl. = Zusammengeworfenes, -gefügtes). – ⤳ *Teufel*.

symmetrisch Adj. 18. Jh. vom Subst. **Symmetrie** w. 1. Hälfte 18. Jh. aus gr. *symmetría* (Zs. aus gr. *syn* zusammen + *metría* zu *métron* Maß; ⤳ *messen*).

Sympathie w. 17. Jh. über lat. *sympathia* Mitleid aus gr. *sympátheia* Mitgefühl (*sympathês* mitfühlend; ⤳ *pathetisch*, ⤳ *Pathos*). **sympathisch** Adj. Mitte 18. Jh. aus frz. *sympathique*. **sympathisieren** Zw. Mitte 18. Jh. aus frz. *sympathiser*.

Symphonie w. ↗ *Sinfonie.*

Symposion s. wissenschaftl. Tagung, 20. Jh. aus gr. *sympínein* gemeinsam trinken, also = Trinkgelage.

Symptom s. 2. Hälfte 18. Jh. aus gr. *symptôma* Zufall (*syn* mit + *ptôma* Fall, Unglück; *píptein* fallen; ↗ *Feder*).

Synagoge w. mhd. *sinagôgê,* über kirchenlat. *synagoga* aus gr. *synagôgê* Versammlung (Zs. aus gr. *syn* zusammen + *agôgê* Führung, *ágein* führen. – ↗ *Acker*).

synchronisieren Zw. KW 20. Jh. aus gr. *syn* zusammen + *chrónos* Zeit (-dauer), also = die Zeitdauer übereinstimmend machen.

Syndikat s. um 1700, aus frz. *syndicat.* **Syndikus** m. 2. Hälfte 16. Jh. über lat. *syndicus* städtischer Rechtsbevollmächtigter, aus gr. *sýndikos* Sachwalter (Zs. aus gr. *syn* zusammen + *díkê* Recht).

Synode w. 18. Jh.; über lat. aus gr. *synodos* Zusammenkunft (Zs. aus gr. *syn* zusammen + *hodós* Weg).

Synonym s. sinnverwandtes Wort; 18. Jh. über lat. aus gr. *synônymon*

Gleichnamiges (zum gr. Adj. *synônymos* gleichnamig; Zs. aus *syn* zusammen + *ónoma* Name). **synonym** Adj. 19. Jh. für älteres *synonymisch* 2. Hälfte 18. Jh. aus frz. *synonymique.*

Syntax w. 2. Hälfte 16. Jh. aus gr. *sýntaxis* Zusammenordnung (gr. *syn* zusammen + *táxis* Ordnung).

Synthese w. 18. Jh. aus gr. *sýnthesis* Verknüpfung (vom gr. Zw. *syntithénai* zusammenfügen).

Syphilis w. nach dem Titelhelden eines med. Lehrgedichts von G. Fracastoro (1530).

Syringe w. Flieder, 18. Jh. über mlat. *siringa* aus gr. *sýrinx* Röhre, (Hirten-)Pfeife.

System s. um 1700 aus gr. *sýstêma* Stück aus mehreren Teilen (vom gr. *synistánai* zusammenstellen; verw.: ↗ *stehen*). **systematisch** Adj. 2. Hälfte 18. Jh. aus gr. *systêmatikós* zusammenfassend; davon **Systematik** w. 19. Jh.

Szene w. um 1700 über frz. *scène* aus lat. *scena* Schauplatz, von gr. *skênê* Zelt, Laube.

T

Tabak m. 2. Hälfte 16. Jh. aus frz. *tabac* (span. *tabaco*); zunächst neben *Tobak,* vermutl. aus engl. *tobacco;* von hait. *tobako* Y-förmige Pfeife zum (kultischen) Rauchen. ↗ *Tobak.*

Tabelle w. 2. Hälfte 17. Jh. aus lat. *tabella* Täfelchen (↗ *Tafel*) (vereinzelt ahd. *tabella*). ↗ *Tablett.*

Tabernakel s. (m.) Sakramentshäuschen, mhd. *tabernakel,* aus lat. *tabernaculum* (Auguren-)Zelt (lat. *taberna* Bretterbude).

Tablett s. 2. Hälfte 18. Jh. aus frz. *tablette* Wandbrett, Schreibtafel (von lat. *tabula;* ↗ *Tafel*); daher **Tablette** w. 19. Jh.

Tabu s. Unantastbarkeit; 19. Jh. aus engl. *taboo* (frz. *tabou*); zugrunde liegt ein polynes. Wort, das die Unberührbarkeit von Sakralgegenständen bezeichnet. Gleichzeitig das Adj. **tabu.**

Tachometer m. (s.) KW 20. Jh. aus gr. *táchos* Geschwindigkeit (*tachýs* schnell) + *métron* Maß(gerät); ↗ *Meter.*

Tadel m. mhd. *tadel* Fehler, aus mnd. *tadel;* mhd. *zadel* Mangel, ahd. *zadal;* ags. *tæl* Spott, Vorwurf; nur germ.; Herkunft ungeklärt. – *Ohne Furcht und Tadel* ohne Angst und Fehler (1527 als Beiname des Helden Bayard [†1514]:

sans peur et sans reproche). – Erst 17. Jh. = Vorwurf, unter dem Einfluß von **tadeln** Zw. 1. Hälfte 15. Jh. = verleumden (ostmd.), 16. Jh. = vorwerfen.

Tafel w. mhd. *tavel(e)*, ahd. *taval(a)*, *tabala;* spät über roman. aus lat. *tabula* Brett, Schreibtafel (↗ *Tabelle,* ↗ *Tablett;* engl. *table* über frz. *table*). Schon davor entlehnt als ahd. *zabal,* mhd. *zabel* Schach. – **Tafelrunde** w. mhd. *tavelrunde,* aus frz. *table ronde* runde Tafel (der Artusritter) (*-runde* ist urspr. Adj.); erneuert 18. Jh.

Taft m. Seidengewebe in Leinwandbindung, 1. Hälfte 15. Jh. *tafetta,* aus it. *taffetà;* zugrunde liegt pers. *tâftä* Gewobene, *taftan* weben.

Tag m. mhd. ahd. *tac,* got. *dags* (engl. *day*); zur idg. Wurzel **dheg(ṷ)h-* brennen; urverw.: gr. *téphra* Asche; lat. *favilla* Asche (aus älterem **dhogṷlolâ*), dazu das Zw. *fovere* wärmen. Also = Zeit des Brennens (der Sonne). ↗ *betagt.* **Tagebuch** s. LÜ 1. Hälfte 17. Jh. von lat. *diurnum* (dazu lat. *diurnale,* d. ↗ *Journal. Tagebuch* Eindeutschung von ↗ *Journal*?). Lat. *diurnum* LÜ von gr. *ephêmerís.* – **tagen** Zw. mhd. *tagen* dämmern, ahd. *tagên* (engl. *dawn*); 14. Jh. = zur Sitzung zusammenkommen. – **Tagesordnung** w. LÜ Ende 18. Jh. von frz. *ordre du jour* (LÜ von engl. *order of the day*). – **tags** Adv. mhd. *tages,* ahd. *dages,* erstarrter Gen. wie ↗ *fall-s,* ↗ *flug-s,* ↗ *spornstreich-s,* ↗ *stet-s,* ↗ *teil-s,* ↗ *unterweg-s,* ↗ *unversehen-s,* ↗ *vergeben-s.* Nach *tags* ist *nachts* (ahd. mhd. *nahtes*) gebildet.

Taifun m. 2. Hälfte 16. Jh. über engl. aus chin. *tai fung* starker Wind (engl. *typhoon* Wirbelwind, aus gr. *typhôn*).

Taille w. 17. Jh. aus frz. *taille* Hüfteinschnitt (vom Zw. *tailler* formschneidern; ↗ *Teller*); zugrunde liegt: lat. *talea* abgeschnittener Zweig, Pfahl (↗ *Detail*).

Takelzeug s. Lumpenpack, 2. Hälfte 17. Jh., Zs. mit **Takel** s. Tauwerk Ende 16. Jh. aus mnd. *takel* (engl. *tackle*), Herkunft? Dazu: **Takelage** w. Ende 17. Jh. aus nd. (nl. *takelage, takelasje*). ↗ *ab-, auftakeln.*

Takt m. 1. Hälfte 16. Jh. aus lat. *tactus* Berührung (vom Zw. *tangere* berühren); 16. Jh. = musikalisches Zeitmaß; 18. Jh. = Anstandsgefühl, aus frz. *tact.* – Auch ↗ *Tangente,* ↗ *intakt,* ↗ *integer,* ↗ *Kontakt,* ↗ *taxieren.* – **Taktik** w. 1. Hälfte 18. Jh. aus frz. *tactique,* von gr. *taktikê* (*téchnê*) Kunst des Aufstellens (gr. *táttein* aufstellen).

Tal s. mhd. ahd. *tal,* got. *dal* (engl. *dale*); mhd. *telle* Schlucht, nhd. ↗ *Delle* Vertiefung, engl. *dell* Tal; urverw.: gr. *thólos* Kuppelbau, *thálamos* Schlafzimmer, *oph-thalmós* Auge(nwölbung). Zur idg. Wurzel **dhel-* Wölbung, Biegung. ↗ *Tülle.*

Talar m. 1. Hälfte 16. Jh. aus lat. *talaris* (*ornatus*) knöchellanges Gewand (lat. *talus* Knöchel). ↗ *Talon.*

Talent s. 2. Hälfte 16. Jh. für älteres *talentum* 1. Hälfte 16. Jh. aus lat. *talentum* = gr. *tálanton* Waage, Gewicht, best. Geldbetrag; in der Vulgata (Matth. 25, 14 ff., Luk. 19, 12 ff.) = Begabung; daher und unter frz. Einfluß (frz. *talent*) die d. Bedeutung.

Taler m. Mitte 16. Jh. verkürzend für älteres *Joachimstaler* Silbermünze aus Joachimstal (im Erzgebirge). Daher: engl. ↗ *Dollar.*

Talg m. Mitte 16. Jh. aus mnd. *talch* (engl. *tallow*); dazu wohl im Abl. got. *tulgus* fest, eigtl. = das Festgewordene.

Talisman m. Mitte 17. Jh. aus it. *talismano* (frz. = span. *talisman*), von ar. *ṭilismân* Zauberbilder (Ez. *ṭilasm* Zauberbild), über mgr. *télesma* Weihgabe, Weihezeremonie aus gr. *teleîn* weihen (*télos* Ende).

Talmi s. um 1875 = Unechtes, für *Talmigold,* aus frz. *tal-mi-or,* Warenabkürzung für *Tallois-demi-or* („Tallois' Halbgold", goldplattiertes Kupferzink, nach einem Pariser Goldschmied, Anfang 19. Jh.,

d. verbreitet durch die Romane des H. v. *Zobeltitz* [1853–1918]).

Talmud m. jüd. nachbibl. Lehrsammlung; mhd. *tal-, dalmut,* aus rabbin. *talmûd* Unterricht.

Talon m. aus frz. *talon* Rest; Mitte 18. Jh. = Kehlleiste; um 1800 = Kartenrest, Zinsleiste an Wertpapieren; lat. *talus* Ferse; ∕ *Talar.*

Tambour m. 1. Hälfte 17. Jh. aus frz. *tambour* (mhd. *tambûrære* Handtrommler, zum Subst. mhd. *tam-, ta[n]bûr* Handtrommel, aus afrz. *ta[m]bo[u]r* Handtrommel). Zugrunde liegt: ar. *tabl* Handtrommel.

Tampon m. mediz. Wattebausch, aus frz. *tampon,* 19. Jh.; nasaliert zum germ. Stamm von ∕ *tappen.*

Tamtam s. über frz. *tamtam* m. Gong, Aufwand, 1. Hälfte 19. Jh. über frz. *tamtam* aus ind. *ṭamṭam* Eingeborenentrommel (SchW).

Tand m. mhd. *tant* Possen (mnd. *tant van Nurenberch* Spielwaren), auf lat. *tantum* so viel zurückgehend (span. *tanto* Spielgeld, Preis; mhd. *ûf den tant* auf Borg); roman. Kaufmannswort? ∕ *Tantieme.* **tändeln** Zw. 17. Jh. verstärkend (∕ *läch-el-n* u. a.) zu mhd. *tenten, tanten* Unsinn machen.

Tandem s. mehrsitziges Fahrrad, 19. Jh. aus engl. *tandem* (lat. *tandem* [aus **tam-dem* damals gerade] endlich; später = längelang).

Tang m. 2. Hälfte 18. Jh. aus mnd. *dank;* zur idg. Wurzel **tenko-* gerinnen, ∕ *gedeihen.* Also = geronnene Masse. Grundform der Wurzel: ∕ *dehnen.*

Tangente w. Mitte 18. Jh. über frz. *tangente* aus lat. *tangens* berührend. – ∕ *Kontakt,* ∕ *Kontingent,* ∕ *Takt,* ∕ *intakt,* ∕ *taxieren.*

Tank m. 2. Hälfte 18. Jh. aus engl. *tank* Wasserbehälter. Zugrunde liegt: hind. *tankh* Wasserbehälter (schon Mitte 17. Jh. in d. Prosa). 19. Jh. = Benzinbehälter; im 1. Weltkrieg (1915) engl. Tarnname (urspr. für die daran arbeitenden Männer) für Panzer(wagen).

Tann m. Wald, mhd. *tan;* ahd. *tan-esil* Wildesel; verw. mit ∕ *Tenne,* volkset. zu *Tanne.*

Tanne w. mhd. *tanne,* ahd. *tanna;* idg. Baumbezeichnung (**dha-nuo-*)? *Tanne* ist festlandgerm. Von d. *Tanne* frz. *tan* Lohe (*tanner* gerben; daher **Tannin** s. Gerbstoff, 19. Jh.).

Tante w. um 1700 aus frz. *tante,* von Kindern aus afrz. *ante,* aus lat. *amita* Vatersschwester (von einem kindl. Lallwort *am[m]a,* zum Zw. *amare* lieben; ∕ *Amateur*). – ∕ *Amme,* ∕ *Muhme.*

Tantieme w. Gewinnanteil, 1. Hälfte 19. Jh. aus frz. *tantième* der sovielte Teil (frz. *tant* so viel, aus lat. *tantus.* – ∕ *Tand*).

Tanz m. mhd. *tanz,* über nl. (daher verhochdeutschend *t-*) aus afrz. *danse* (engl. *dance*); vielleicht aus mlat. **danetzare* Dreschfest feiern? **tanzen** Zw. mhd. *tanzen,* über nl. aus afrz. *danser, dancier.*

Tapergreis m. 19. Jh. zum Zw. **tapern** ungeschickt sein, nordd. Fortbildung (*-er*-Intensivierung wie ∕ *meck-er-n* u. a.) zu ∕ *tappen.*

Tapet s. in der RA *etw. aufs Tapet bringen* (d. h. auf den Konferenztisch, eigtl. = auf seine Decke) LÜ 2. Hälfte 17. Jh. von frz. *mettre une affaire sur le tapis.* Von: lat. *tapetum* = ∕ *Teppich.* **Tapete** w. Wandbekleidung, 2. Hälfte 15. Jh. aus lat. *tapeta,* Mz. zu *tapetum.* **tapezieren** Zw. Mitte 16. Jh. aus it. *tappezzare* mit Tapeten beziehen.

tapfer Adj. mhd. *dap-, tapfer* gedrungen, bedeutend; ahd. *tapfar* schwer (an Gewicht) (engl. *dapper* flink, gewandt); 15. Jh. = mutig. Zur idg. Wurzel **dheb-* dick. – Zum *-er*-Suffix ∕ *bitter.*

Tapir m. Wasserschwein, 2. Hälfte 18. Jh. aus frz. (= engl., nl.) *tapir* KW Mitte 18. Jh. nach dem bras. Eingeborenenwort *tapira* (Tupisprache).

tappen Zw. 1. Hälfte 16. Jh. vom Subst. *Tappe,* mhd. *tâpe* Tatze(n-spur); verhochdeutschend *Tapfe,*

↗ *Fuß(s)tapfe.* – ↗ *ertappen,* ↗ *Depp,* ↗ *Zapfen,* ↗ *Tampon.* SchW. ↗ *Tapergreis,* ↗ *Tatze.* **täppisch** Adj. spätmhd. *tæpisch,* zu mhd. *tâpe* Tatze(nspur). **Taps** m. Tölpel, 1. Hälfte 18. Jh. vom Zw. *tapsen* tappen (dies 17. Jh. verstärkend zu *tappen*).

Tarantel w. Giftspinne, 2. Hälfte 16. Jh. *tarantula,* aus it. *tarantola* (vermutl. nach der Stadt *Tarent*). – *Wie von einer Tarantel gestochen* 2. Hälfte 18. Jh. – **Tarantella** w. um 1700 aus it.; eigtl. = Taranteltanz.

Tarif m. 1. Hälfte 16. Jh. *drif-, triffas, tarifa,* aus span. *tarifa* (it. *tariffa*) Preisliste. Zugrunde liegt ar. *ta-'ríf(a)* Bekanntmachung.

tarnen Zw. mhd. ahd. *tarnen, ternen,* vom Adj. ahd. *tarni* verborgen; neubelebt im Ersten Weltkrieg (für frz. *camoufler*), vorbereitet durch die Erneuerung von **Tarnkappe** w. nach 1800 (mhd. *tarnkappe,* zu mlat. *cappa* Mantel; vergessen seit 16. Jh.).

Tasche w. mhd. *tasche, täsche,* ahd. *tasca, dasga,* aus volkslat. *tasca* Aufgabe (lat. *taxare* abschätzen; ↗ *tasten;* daher it. *tasca,* engl. *task* Aufgabe). Eigtl. = geschätzter, zu zahlender Betrag, Behältnis für ihn? Oder zu ↗ *zausen,* = aus Bast geflochtenes Behältnis? **Taschengeld** s. 2. Hälfte 18. Jh. Eigtl. = lose in der Tasche (nicht im Geldbeutel) getragenes Kleingeld. **Taschentuch** s. 19. Jh. Eindeutschung für spätmhd. *fatzenet(lîn),* aus it. *fazzoletto* (von lat. *facies* Antlitz).

Tasse w. 2. Hälfte 16. Jh. aus frz. *tasse* (für frühnhd. *tatse, tatze,* aus it. *tazza* Trinkbecher). Zugrunde liegt über ar. *ṭas(a)* Napf: pers. *täšt* Schale.

Taste w. 1. Hälfte 18. Jh. aus it. *tasto* (Werkzeug zum) Tasten, Mz. *tasti* Griffsteg (*tastare* befühlen). **tasten** Zw. mhd. *tasten,* aus afrz. *taster* (engl. *taste*); zugrunde liegt (über it. *tastare*) mlat. *taxitare oft berühren (Verstärkung von lat. *taxare* befühlen, abschätzen. – ↗ *Tasche*).

Tat w. mhd. ahd. *tât;* got. *gadêþs* (engl. *deed*), mit Abl. von ↗ *tun* gebildet (gr. *thésis* Setzen, Satzung); mit *-ti*-Suffix wie bei ↗ *Flucht,* ↗ *Not,* ↗ *Zucht.* ↗ *Naht,* ↗ *Saat,* ↗ *Unflat.*

tätowieren Zw. den Körper bepunkten, 2. Hälfte 18. Jh. aus frz. *tatouer,* über engl. *tattow* aus tah. *tatau* zeichnen, Zeichen.

Tatsache w. LÜ Mitte 18. Jh. von engl. *matter of fact* (LÜ von lat. *res facti*).

tätscheln Zw. um 1500 Weiterbildung zu *tatschen,* mhd. *tetschen* mit den Händen patschen (wie ↗ *läch-el-n* zu *lachen* u.a.). SchW wie ↗ *klatschen,* ↗ *patschen,* ↗ *plätschern.*

Tatterich m. nervöses Zittern, 19. Jh. über stud. zum ma. Adj. *tatterig* zitternd, viel schwatzend, vom Zw. *tattern* schwatzen, zittern (16. Jh.). ↗ *Datterich* m. Titelheld eines Lustspiels von Niebergall, 1841; ↗ *verdattert.*

Tatze w. mhd. *tatze* Raubtierpfote, breite Hand (verstärkend zu *Tappe,* mhd. *tâpe* Tatze[nspur]? ↗ *tappen*).

Tau[1] m. nächtlicher Niederschlag, mhd. ahd. *tou* (engl. *dew*); urverw.: gr. *théein* laufen, *thoós* schnell; verw.: ↗ *Dunst* (zur idg. Wurzel **dhou̯o-,* von **dh[e]u-* stieben); eigtl. = das Strömende.

Tau[2] s. Seil, 1. Hälfte 16. Jh. aus mnd. *touwe* Webstuhl; ahd. *zouwen* bereiten; got. *taujan* machen (engl. *taw* weißgerben); ↗ *Gezäh.* Herkunft ungeklärt.

taub Adj. mhd. ahd. *toup* empfindungslos, stumpfsinnig, got. *daufs* (engl. *deaf*); urverw.: gr. *typhlós* blind; ↗ *dumm;* zur idg. Wurzel **dheubh-* neblig; verw.: ↗ *toben.* – ↗ *betäuben,* ↗ *doof.*

Taube w. = *columba,* mhd. *tûbe,* ahd. *tûba* (engl. *dove*); voridg.? – ↗ *Turteltaube.* – **Täuberich** m. 17. Jh. nach dem Muster ↗ *Enterich.*

taubstumm Adj. 2. Hälfte 18. Jh. für älteres *taub und stumm.*

tauchen Zw. mhd. (md.) *tûchen,* ahd. *intûhhan* (engl. *duck; = duck* Ente); verw. mit: ⁄ *tief*? Weitere Herkunft ungeklärt. ⁄ *ducken,* ⁄ *tunken.*

tauen[1] Zw. sich als Tau ansetzen, mhd. *touwen,* ahd. *touwôn;* vom Subst. ⁄ *Tau*[1].

tauen[2] Zw. (als Eis, Schnee) zu schmelzen beginnen, mhd. *touwen, töuwen,* ahd. *dôan, douwen, dewen* (engl. *thaw*); wie lat. *tabere* schwinden, hinsiechen, *tabes* Seuche zur idg. Wurzel *ta(u)-* schmelzen. Den alten Anlaut hat ⁄ *ver-dauen* bewahrt; anlautend *t-* vermutl. unter dem Einfluß von ⁄ *tauen*[1].

Taufe w. mhd. *toufe,* ahd. *toufa, toufî;* vom Zw. **taufen,** mhd. *toufen, töufen;* ahd. *toufen, touffan;* got. *daupjan* taufen, eintauchen (eigtl. = tief machen), vom Adj. got. *diups* = ⁄ *tief;* durch die arian. Mission im 5./6. Jh. verbreitet (dagegen ags. *fulwian* taufen, eigtl. = ganz, voll weihen; an. *skíra,* eigtl. = sauber machen; ags. *cristnian* zum Christen machen [= an. *kristna* taufen]). ⁄ *tupfen,* ⁄ *dopen.*

taugen Zw. mhd. *tougen,* neuer Inf. zum alten Präteritopräsens mhd. ahd. *touc* es nützt, got. *daug* es taugt (*daugs* Gastmahl); urverw.: gr. *týchê* Zufall, Gelingen, *týcheîn, tyngchánein* ein Ziel erreichen; zur idg. Wurzel *dheugh-* taugen. ⁄ *tüchtig,* ⁄ *Tugend.* **Taugenichts** m. Mitte 16. Jh. *tügenicht;* das *-s* vereinzelt seit 2. Hälfte 17. Jh. Ironische Aufforderung als Schelte; ⁄ *Tunichtgut.* **tauglich** Adj. 16. Jh. *tauglenlich* schon 15. Jh.

Taumel m. 2. Hälfte 17. Jh. vom Zw. **taumeln,** mhd. *tûmeln,* verstärkend zu mhd. *tûmen,* ahd. *tûmôn* kreisen, schwanken (*-el*-Ableitung wie ⁄ *läch-el-n*); verw.: ⁄ *tummeln.* Frk. *tûmôn* = frz. *tomber* fallen, aus volkslat. *tumbare* Rad schlagen. Roman. Gauklerwort?

Tausch m. 1. Hälfte 16. Jh. (*tauschbrief* Tauschurkunde Mitte 15. Jh.) vom Zw. **tauschen** Mitte 15. Jh.

(mhd. 13. Jh. *rostiuschære* Pferdehändler); zu mhd. *tûschen* Zw. lügen, eigtl. = beim Handeln betrügen (mhd. *rostûschen* lügen). **täuschen** Zw. spätmhd. *tiuschen* lügen, anführen. Nbf. zu *tûschen* lügen. ⁄ *enttäuschen.*

tausend ZaW. mhd. *tûsent, -sunt,* ahd. *dû-, thûsunt,* got. *þûsundi.* Alte Zs. mit ⁄ *-hundert* (*þûs-hundi*); das Bestimmungswort geht wie ⁄ *Daumen* auf die idg. Wurzel *t(e)u-* schwellen (lat. *tumere* schwellen) zurück. ⁄ *tosen.* **Tausendfüß(l)er** m. 19. Jh. für älteres *Tausendfuß* 2. Hälfte 18. Jh., für älteres *Tausendbein* 2. Hälfte 17. Jh. (LÜ von lat. *millepeda* [LÜ von gr. *chiliópus*]). **Tausendkünstler** m. 2. Hälfte 15. Jh. *dûsentkunstiger* für mhd. *tûsentlisteler* wer 1000 Kniffe weiß; urspr. = Teufel. **Tausendsassa** m. 2. Hälfte 18. Jh., urspr. ein nach *hopsasa* (⁄ *hopsen*) gebildeter Ausruf (der Hetzruf für Hunde *sasa* aus frz. *ça ça,* lat. *ecce hac!* siehe hierher!).

Taxe[1] w. fester Preis, spätmhd. *tax,* aus mlat. *taxa* Schätzung (frz. *taxe*); **Taxi** s., **Taxe**[2] w. Mietwagen, 20. Jh. verkürzt aus *Taxameter* nach frz. *taxi* (aus frz. *taximètre*). **Taxameter** s. KW, eigtl. = Fahrpreisanzeiger, dann auf den Mietwagen mit Fahrpreisanzeiger übergegangen. **taxieren** Zw. 2. Hälfte 15. Jh. über mnl. aus lat. *taxare* schätzen (Verstärkung von *tangere* berühren. – ⁄ *intakt,* ⁄ *Kontakt,* ⁄ *Kontingent,* ⁄ *Takt,* ⁄ *Tangente*).

Teak(holz) s. 20. Jh. über engl. *teak* (port. *teka*) aus tam. *tekku* ein großer ind. Baum.

Team s. Mitarbeiterstab, Sportgruppe; 20. Jh. aus engl. *team* (ags. *têam* Ochsengespann) = hd. ⁄ *Zaum;* zu ⁄ *ziehen.*

Technik w. 2. Hälfte 18. Jh. über frz. *technique* vom gr. Adj. *technikós* zur Kunst gehörend (von *téchnê* Kunst, *téktôn* Baumeister; verw.: lat. *texere* weben, zusammenfügen, bauen. ⁄ *Text*); ⁄ *Architekt.*

Techtelmechtel s. 19. Jh. aus öst. *Dechtelmechtl* (it. *teco meco* ich mit dir, du mit mir = unter 4 Augen??), vor 1800, = geheimes Einverständnis.

Teckel m. 2. Hälfte 18. Jh. nordd. Nbf. zu ↗*Dackel.*

Teddy(bär) m. 1. Hälfte 20. Jh. aus am. *teddy bear* (1908). Verbreitet durch *Theodor* (KF: *Teddy*) Roosevelt, am. Präsident (1858–1919; Präsident 1901–1909). – 1890 erhalten die *Steifftiere* (*Teddys*) Mohärplüsch (Beginn ihres Siegeszuges durch die Kinderwelt).

Tee m. (1631 engl. *tea*) über nl. *thee* aus dem Mal.; Wort und Sache aus südchin. *tê.*

Teenager m. Mädchen zwischen 13 und 19 Jahren; 1950 aus am. *teenager* wer teenaltrig ist (d. h. ein Alter hat, das mit einer mit *-teen* zusammengesetzten Zahl bezeichnet wird, *thirteen* 13 bis *nineteen* 19).

Teer m. 1. Hälfte 16. Jh. aus mnd. *ter(e)* (engl. *tar*); verw. mit: got. *triu* Baum (engl. *tree;* gr. *drŷs* Baum, *dóry* Speer). – ↗*Flie-der,* ↗*Holun-der,* ↗*Rüs-ter,* ↗*Wacholder.* – Eigtl. = was vom Baum kommt. Verw.: ↗*trauen,* ↗*treu,* ↗*Trog.*

Teich m. mhd. (ostmd.) *tîch,* identisch mit nd. ↗*Deich;* also = Ausgestochenes (Fischbecken).

Teig m. mhd. *teic,* ahd. *teig,* got. *daigs* (engl. *dough*); urverw.: gr. *teîchos* Mauer, *toîchos* Wand; got. *digan* = lat. *fingere* bilden; ↗*Paradies;* zur idg. Wurzel **dheigh-* Lehm (Teig) kneten, **dhigh-* (Lehm) schmieren, bilden (Töpfereibegriff!); ags. *hlæf-dîge* Brotkneterin, = engl. *lady* (↗*Lady*) (↗*Figur,* ↗*Fiktion,* ↗*fingieren*).

Teil m. mhd. ahd. *teil,* got. *dails* (engl. *deal*); voridg. – ↗*Drittel,* ↗*Sechstel,* ↗*Achtel,* ↗*Viertel,* ↗*Zehntel.* – **teilen** Zw. mhd. *teilen,* ahd. *teilan,* got. *dailjan* (engl. *deal*), vom Subst. *Teil.* **Teilhaber** m. Eindeutschung 1. Hälfte 18. Jh. für ↗*Kompagnon.* **teils** Adv. 17.

Jh., erstarrter Gen. wie ↗*fall-s,* ↗*flug-s,* ↗*spornstreich-s,* ↗*stet-s,* ↗*tag-s,* ↗*unterweg-s,* ↗*unversehen-s,* ↗*vergeben-s.*

Teint m. 2. Hälfte 18. Jh. aus frz. *teint* (vom frz. Zw. *teindre* färben, aus lat. *tingere* färben. – ↗*Tinte,* ↗*tunken*).

Telefon s. ↗*Telephon.*

Telegramm s. 1857 über frz. *télégramme* aus am. *telegram,* KW 1852 aus gr. *têle* fern + gr. *grámma* Buchstabe. Vorbild: **Telegraph** m. Ende 18. Jh. aus frz. *télégraphe* KW 1792 aus gr. *têle* + gr. *gráphein* schreiben (urspr. = optischer Fernmelder; Eindeutschung: ↗*Fernschreiber*). **Telephon** s. KW 1860 aus gr. *têle* + gr. *phônê* Stimme (↗*Fernsprecher*). – **Telex** m., s. 20. Jh. aus am.; verkürzt aus *teleprinter exchange* = Austausch über Fernschreiber.

Teller m. mhd. *deller* aus afrz. *taill-l(e)or* Vorlegebrettchen, mhd. *telier, talier* aus it. *tagliere* Hackbrett. Zugrunde liegen: die Zww. frz. *tailler,* it. *tagliare* zerlegen, schneiden, lat. *taliare* zerlegen (*talea* abgeschnittener Zweig). – ↗*Taille,* ↗*Detail.*

Tempel m. mhd. *tempel,* ahd. *tempal,* früh aus lat. *templum* (urspr. = abgesonderter heiliger Bezirk; gr. *témnein* abschneiden). – ↗*Tempo,* ↗*Antenne,* ↗*Timing.*

Temperament s. 17. Jh. über frz. *tempérament* aus lat. *temperamentum* (*temperare* mäßigen, mischen). **Temperatur** w. 2. Hälfte 16. Jh. aus lat. *temperatura* richtige Mischung (vom Zw. *temperare*). **temperieren** Zw. mhd. *temperîren, tempern,* aus lat. *temperare.* – **Tempo** s. um 1650 aus it. *tempo* Zeit, zur Sippe von ↗*dehnen;* lat. *tempus.* – ↗*Echo.* – **Tendenz** w. 2. Hälfte 18. Jh. aus frz. *tendance;* vom frz. Zw. *tendre* spannen, abzielen (lat. *tendere* spannen, ausstrecken, streben). ↗*Intendant,* ↗*Tenor* [1], [2] (lat. *tendere* und *tenere* sind verw.); alle zu ↗*dehnen.*

Tender m. Kohlenwagen der Loko-
motive, 1. Hälfte 19. Jh. aus engl.
tender, verkürzt aus *attender* Be-
gleiter, Hilfswagen (vom Zw. *at-
tend* aufpassen). Mitte 19. Jh. =
Beiboot, ebf. nach engl. Vorbild.
↗ *Lokomotive,* ↗ *Waggon.*

Tenne w. mhd. *tenne,* ahd. *tenni*
(engl. *den* Höhle); verw.: ↗ *Tann;*
dazu der Name der *Dänen* (eigtl. =
Bewohner der Ebene); ahd. *tenar*
Handfläche; mnd. *dene* Kuhle,
denne = Tierlager. Eigtl. = festge-
tretener Lehmboden.

Tennis s. Ende 19. Jh. für älteres
Lawn-Tennis aus engl. *lawn-tennis*
Rasentennis (Regeln 1873 von
Dyke aufgezeichnet; seit 14. Jh.
Name eines Ballspiels; ↗ *Land*).
Zugrunde liegt: afrz. *tenez* haltet
(den Ball) fest! (lat. *tenete*). – *Te-
nor*[1], [2]. **Tenor**[1] m. Haltung, Wort-
laut, um 1700 aus lat. *tenor* Fort-
gang, -dauer (zum Zw. *tenere* hal-
ten, dauern; ↗ *Tendenz,* ↗ *Tennis*).
– **Tenor**[2] m. 15. Jh. aus it. *tenore*
die höhere Männerstimme (die die
Melodie „hält".

Teppich m. mhd. *tep(p)ich, tep-
(p)ech, tebech,* ahd. *tep(p)ih* neben
tep(p)id, -ith, aus lat. *tap(p)etum,*
gr. *tápês* Decke. ↗ *Tapete. -i-* für
lat. *-e-* wie bei ↗ *Essig;* die Formen
auf *-ich* hat Luther durchgesetzt.

Termin m. 1. Hälfte 15. Jh. = Zahl-
tag (zunächst nordd.), aus lat. *ter-
minus* Grenzzeichen, Ende; gr. *tér-
ma* Wendepunkt auf der Rennbahn
(↗ *Trümmer*). – ↗ *erörtern.*

Termite w. weiße Ameise, 19. Jh.
über frz. aus lat. *termes* abgeschnit-
tener Zweig (nach ihrer Gestalt).

Terpentin s. 2. Hälfte 15. Jh. aus lat.
terebintina was vom Terebinthen-
baum kommt (nämlich: Harz); zu
lat. *terebinthus* Terebinthe (mhd.
terebint), von gr. *terébinthos.* Zu-
grunde liegt der kretisch-minoische
Baumname.

Terrain s. 1. Hälfte 17. Jh. aus frz.
terrain, von volkslat. **terranum,*
lat. *terrenum* Gelände, Erde, Ak-
ker. Zugrunde liegt lat. *terra* Land.

– ↗ *dürr* (eigtl. = trockene Fläche).
– **Terrasse** w. 1. Hälfte 18. Jh. aus
frz. *terrasse* (zu frz. *terre* Land, lat.
terra). – **Terrier** m. 2. Hälfte 19. Jh.
aus engl. *terrier,* Verkürzung von
terrier dog Erdhund (der dem Wild
bis in die Höhle folgt; von volkslat.
terrarium was zur Erde gehört). –
Terrine w. 2. Hälfte 18. Jh. aus frz.
terrine irdene Suppenschüssel (zum
Unterschied von den älteren aus
Zinn); volkslat. *terrina* die Irdene
(lat. *terra*). – **Territorium** s. um
1700 aus lat. *territorium* Stadtge-
biet (von *terra*).

Terror m. 2. Hälfte 19. Jh. aus lat.
terror Schrecken (Stamm: **ter-*
aus: **ters-* zittern machen). Älter
das Zw. **terrorisieren** um 1800 aus
frz. *terroriser.*

Terz w. mhd. *terz,* aus lat. *tertia* die
dritte. **Terzerol** s. Taschenpistole,
1. Hälfte 17. Jh. aus it. *terzeruolo*
kleiner Falke (Verkleinerung zu it.
terzuolo Falkenmännchen); zu-
grunde liegt mlat. *tertiolus* der
(kleine) Dritte (weil man annahm,
jedes 3. Falkenjunge sei ein Männ-
chen?). Zur Namengebung ↗ *Mus-
kete.* – **Terzett** s. dreistimmiges
Musikstück, 2. Hälfte 18. Jh. aus it.
terzetto.

Tesching s. 1. Hälfte 18. Jh. Eigtl. =
Kleingewehr aus *Teschen* (zwi-
schen Polen und Tschechen geteil-
te Stadt in Schlesien).

Test m. 20. Jh. aus engl. *test* Probe,
über afrz. *test* Irdentopf aus lat.
testum, testa Schüssel (spätmhd.
test Tiegel, Metallschlacke; 18. Jh.
bergmännisch = Schmelzprobe).
↗ *Tête-à-tête.*

Testament s. spätmhd. *testament(e),*
aus lat. *testamentum* (zum Zw. *te-
stari* bezeugen, Subst. *testis* Zeuge;
Stamm: **tri-sti-s* als Dritter dabei-
seiend: ↗ *drei.* – ↗ *Attest,* ↗ *Pro-
test*).

Tête-à-tête s. vertrautes Gespräch
zu zweit; 1. Hälfte 18. Jh. aus frz.
tête-à-tête, eigtl. = Kopf bei Kopf.
Frz. *tête* Kopf, aus lat. *testa* Ge-
schirr (↗ *Test*). Eine parallele Be-

deutungsentwicklung bei ⁄ *Haupt,* ⁄ *Kopf,* ⁄ *Schädel,* ⁄ *Schale.*

teuer Adj. mhd. *tiure,* ahd. *tiuri* lieb, wertvoll (engl. *dear; darling* Liebling). Herkunft? Dazu im Abl.: ⁄ *dauern* ²; ⁄ *bedauern.*

Teufel m. mhd. *tiuvel, tievel,* ahd. *tiu-, diufal, tiu-, diubil, tiefal,* alle mit Anlehnung an *tief, tiuf;* durch Mission von got. *diabulus* (engl. *devil*). Zugrunde liegt: gr. *diábolos* Verleumder (zum Zw. *diabállein* durcheinanderwerfen, verwirren [⁄ *Emblem,* ⁄ *Problem,* ⁄ *Symbol*]). – Die einheim. Teufelsbezeichnung ist ⁄ *Unhold.*

Text m. spätmhd. *text,* aus lat. *textus* Gewebe, (Rede-)Zusammenhang, vom lat. Zw. *texere* weben. – ⁄ *Technik,* ⁄ *Toilette.* – **Textilien** Mz. 20. Jh. für älteres *Textilwaren;* Zs. 19. Jh. mit lat. *textilis* gewebt (frz. *textile*).

Theater s. 17. Jh. aus frz. *théâtre* und lat. *theatrum.* Zugrunde liegt gr. *théatron* Zuschauerraum (*théa* Schau[spiel]). – ⁄ *Theorie.*

Theke w. Laden-, Schanktisch, 19. Jh. aus gr. *thêkê* Behältnis, Kasten (vom Zw. *tithénai* setzen, stellen, legen. ⁄ *Apotheke,* ⁄ *Bibliothek,* ⁄ *Diskothek,* ⁄ *Hypothek,* ⁄ *These*). – **Thema** s. 1. Hälfte 16. Jh. über lat. aus gr. *théma* das Gesetzte, der Satz (vom Zw. *tithénai*). – ⁄ *tun.*

Theodolit m. Höhen-, Entfernungsmesser, 19. Jh. aus engl.; dort so seit 1571, wohl Umformung aus älterem *athelida* aus frz. *alidade,* dem ar. *al-idâda* Längenmeßlineal zugrunde liegt.

Theologie w. 1. Hälfte 16. Jh. über lat. aus gr. *theología* Götterlehre; Zs. von gr. *theós* Gott + *légein* reden, *lógos* Wort, Kunde. – ⁄ *Lexikon,* ⁄ *Logik,* ⁄ *Prolog* usw.

Theorie w. um 1700 über lat. *theoria* aus gr. *theôría* Beschauen, Untersuchung (vom Zw. *theôrein* besehen, *théa* Schau[spiel]). ⁄ *Theater.*

Therapie w. Heilbehandlung, 2. Hälfte 18. Jh. aus gr. *therapeía*

Dienst (am Kranken; vom Zw. *therapeúein* dienen).

Thermometer s. KW 1. Hälfte 18. Jh. aus gr. *thermós* warm + *métron* Maß (⁄ *Meter*).

These w. 1. Hälfte 18. Jh. aus frz. *thèse,* von gr. *thésis* Setzen, Stellen (vom Zw. *tithénai* setzen, stellen, legen. ⁄ *Theke,* ⁄ *tun*).

Thriller m. Reißer, 20. Jh. aus am. (*to thrill* aufregen, eigtl. = bohren; ⁄ *drillen*).

Thron m. mhd. *t(h)rôn,* aus afrz. *t(h)rone,* über lat. aus gr. *thrónos* Stuhl. Das urspr. kurze *-o-* gedehnt wie bei ⁄ *Ton* ².

Thunfisch m. Mitte 16. Jh. *thunnfisch,* nach lat. *thunnus* (engl. *tunny*), von gr. *thýnnos* (ar. *tinnîn* großer Fisch, dem Gr. über das Phönikische [Lehrmeister im schwierigen Thunfischfang!] zugewandert).

Thymian m. Quendel, mhd. *tymian, thimean;* ahd. *thimiân, timiâm;* got. *þymiama* Rauchopfer; aus gr. *thymíama* Opfer-, Räucherwerk (zum Zw. *thýein* opfern).

Tick m. Schrulle, 1. Hälfte 18. Jh. aus frz. *tic* Gliederzucken. Vom Zw.: **ticken** 2. Hälfte 18. Jh. aus nd. *ticken* (engl. *tickle* kitzeln); SchW *tick!* (= kurzes, leichtes Klopfen). ⁄ *Zeck.* Oder zu: ⁄ *Zecke?*

Tide w. ⁄ *Gezeiten.*

tief Adj. mhd. *tief,* ahd. *tiof,* got. *diups* (engl. *deep*); zur idg. Wurzel **dheu-b-* tief; ⁄ *taufen,* ⁄ *Tümpel;* ⁄ *Topf,* ⁄ *tupfen.* **Tiefsinn** m. Mitte 18. Jh. für älteres *Tiefsinnigkeit* w. 1. Hälfte 18. Jh. vom Adj. **tiefsinnig** schlau (seit 16. Jh.).

Tiegel m. mhd. *tigel,* ahd. *tegel* Irdentopf (vielleicht mit ⁄ *Teig* zur idg. Wurzel **deigh-* Lehm kneten?), beeinflußt von lat. *tēgula* Pfanne, von gr. *têganon* Pfanne (nicht zu verwechseln mit lat. *tēgula* = ⁄ *Ziegel*).

Tier s. mhd. *tier,* ahd. *tior,* got. *dius* (engl. *deer* Rotwild); wie ⁄ *Dunst* zur idg. Wurzel **dh(e)u-* stieben, hauchen; eigtl. = atmendes Geschöpf (*Tier* urspr. im Ggs. zum ↗ *Vieh* = Wildtier; weidmänn. *Tier* = w. Rotwild; vgl.: lat. *anima* Luft, Atem: *animal* Lebewesen). – **Tierkreis** m. Mitte 17. Jh. für älteres *Tierzirkel*, Eindeutschung von lat.-gr. *zodiacus*.

tifteln Zw. ↗ *tüfteln*.

Tiger m. Raubkatze, 2. Hälfte 17. Jh. für älteres mhd. *tigertier*, ahd. *tigertior*, über lat. *tigris* aus gr. *tígris*. Zugrunde liegt ein apers. Wort für „Pfeil".

Tilde w. Zeichen ~, 19. Jh. aus span. *tilde*, katalan. *tittla*, von lat. *titulus* = ↗ *Titel*.

tilgen Zw. mhd. *tîligen*, ahd. *tîligôn* über as. *far-dîligôn* aus ags. *for-dîligian*, von lat. *delere* zerstören, (die Schrift auf der Tafel) löschen (Wort der ags. Mission).

Timing s. Wahl des richtigen Zeitpunkts, 20. Jh. = engl. (engl. *time* Zeit aus lat. *tempus*; ↗ *Tempo*).

Tingeltangel m., s. 2. Hälfte 19. Jh. berl. SchW (nach der aus den Musikkneipen dringenden Musik). Daher: **tingeln** Zw. 20. Jh. auf Provinzbühnen kurzzeitig auftreten.

Tinktur w. 2. Hälfte 16. Jh. aus lat. *tinctura* das Färben (vom Zw. *tingere* färben). ↗ *tunken*. – **Tinte** w. mhd. *tin(k)te*, ahd. *tincta*, aus mlat. *tincta* (*aqua*) Farbe (= it. *tinta*; eigtl. = gefärbtes [Wasser]; lat. *tingere*). – Zum Ausfall von -*k*- zwischen -*n*- und -*t*- vgl. ↗ *bunt*. – ↗ *Teint*. **Tintenfisch** m. 1. Hälfte 17. Jh. (nach dem Saft, den er absondert).

Tip m. Wetthinweis, 2. Hälfte 19. Jh. aus engl. *tip* Spitze, SchW (↗ *Zipfel*, ↗ *Zitze*); dazu das Zw. **tippen**[1] wetten, vermuten, 20. Jh. ↗ *tipptopp*.

tippen[2] Zw. leicht berühren, Mitte 16. Jh. aus mnd. ↗ *dippen*, zu hd. ↗ *tupfen*; 20. Jh. = maschineschreiben. Dazu aus rotw. 19. Jh.: **tippeln** Zw. wandern (Iterativbildung wie ↗ *läch-el-n*).

tipptopp Adj., Adv. Ende 19. Jh.

(über Hamburg) aus engl. *tiptop*, Zs. aus *tip* Spitze + *top* Spitze; eigtl. = Spitze der Spitze. ↗ *Tip*.

Tisch m. mhd. *tis*(*ch*), ahd. *tisc*, *disc* (engl. *dish* Schüssel, Speise); über lat. *discus* Schüssel aus gr. *dískos* Wurfscheibe, Teller (↗ *Diskothek*, ↗ *Diskus*). Man benutzte im germ. Altertum und weit ins Mittelalter hinein kleine napfartige vertiefte Gestelle als Brotunterlagen, später als Speiseträger (für jede Person ein besonderes), die Schüssel und (Tisch-)Platte zugleich waren. Andere Bezeichnungen: got. *biuþs* (Deutung?), got. *mês* (lat. *mensa*). ↗ *Trapez*. **Tischler** m. spätmhd. *tisch*(*l*)*er*, ostd. für ↗ *Schreiner*.

Titel m. mhd. *tit*(*t*)*el*, ahd. *titul*(*o*), aus lat. *titulus* Überschrift (Herkunft?). – ↗ *Tilde*.

Toast m. 1. Hälfte 18. Jh. aus engl. *toast* Röstschnitte, Trinkspruch (zum Zw. *toast* rösten), von lat. *tostus* getrocknet. Von der idg. Wurzel **ters-* trocknen; ↗ *dürr*. – Der Toastende tunkte urspr. in den Wein eine Röstschnitte. ↗ *Trinkspruch*. **Toaster** m. Brotröster, 20. Jh. aus engl. *toaster*.

Tobak m. alte Form von ↗ *Tabak* (bis Anfang 19. Jh.). – *Anno Tobak* in grauer Urzeit (scherzhaft für *anno domini* im Jahr des Herrn).

toben Zw. mhd. *toben*, ahd. *tobên*, *tobôn* rasen, irre sein; verw. mit: ↗ *taub* und ↗ *dumm*; eigtl. = stumpf (verwirrt) sein. **Tobsucht** w. mhd. *tobesuht*.

Tochter w. mhd. ahd. *tohter*, got. *dauhtar* (engl. *daughter*); verw.: gr. *thygátêr*; idg. Wurzel **dhug*(*h*)*ǝter*-Tochter. ↗ *Saaltochter*.

Tod m. mhd. *tôt*, ahd. *tôd*, got. *dauþus* (engl. *death* [engl. *die* sterben, von an. *deyja* sterben]); verw.: lat. *funus* Bestattung (aus älterem **dheu̯ǝnos*); zur idg. Wurzel **dh*(*e*)*u*-, **dhou*-. – ↗ *Dunst*. – = zerstieben, schwinden. ↗ *tot*.

Tohuwabohu s. Ende 18. Jh. aus heb. *tôhu wa-bôhû* wüst und leer (1. Mose 1, 2).

Toilette w. um 1700 aus frz. *toilette*
Tüchlein (für die Nacht, dann für
den Putztisch), Verkleinerung zu
frz. *toile* Tuch (von lat. *tela* aus
texla Gewebe, *texere* weben;
↗ *Text*); 18. Jh. = Ankleiden (*Toi-
lette machen*), Kleidung (*seine Toi-
lette vervollständigen*); 2. Hälfte 19.
Jh. auch = (Waschraum mit) Ab-
ort (*auf die Toilette gehen*).

tolerant Adj. 18. Jh. aus frz. *tolérant*
duldsam (lat. *tolerare* ertragen;
↗ *dulden;* seit 2. Hälfte 16. Jh.; da-
her d. **tolerieren** Zw.). **Toleranz** w.
1. Hälfte 16. Jh. aus lat. *tolerantia*
Geduld.

toll Adj. mhd. ahd. *tol* (engl. *dull*
dumm, faul); verw.: got. *dwals* tö-
richt; ahd. *twelan* betäubt sein,
ahd. *twalm* Betäubung; gr. *tholerós*
verwirrt (*thólos* Schlamm, eigtl. =
schlammig); zu einer Erweiterung
der idg. Wurzel *dh(e)u-* stieben
(↗ *Dunst*); eigtl. = bestäubt, ge-
trübt, verwirrt.

Tolle w. Schopf, 16. Jh. nordd.-md.
Form von ↗ *Dolde* (mhd. *tolde*).

Tolpatsch m. 2. Hälfte 17. Jh. *Tol-
batz*, aus mag. *talpas* Breitfuß, In-
fanterist (mag. *talp* [Fuß-]Sohle;
die ungar. Infanterie trug Sohlen
mit Schnüren statt Schuhe).

Tölpel m. mhd. *dörpære* Dorflümm-
mel, aus mnl. *dorpere* (LÜ von
afrz. *vilain* Bauer[nlümmel]). Nd.
-p- erhalten wie in ↗ *Stulpe;* *-l-* für
älteres *-r-* seit 1. Hälfte 16. Jh.
(analog zu mhd. *dolp* Knüppel?
Dann volkset. = Kerl wie ein [mit
einem] Knüppel. – *t-* für älteres *d-*
wie in ↗ *Ton*[1], ↗ *tosen*, (↗ *Trabant*),
↗ *traben*. Doch ↗ *übertölpeln*. **töl-
pisch** Adj. Mitte 16. Jh. von älte-
rem Subst. *tölp, dölp*, abgestorbe-
ne Verkürzung von *Tölpel*.

Tomate w. 1. Hälfte 17. Jh. über frz.
(= span.) *tomate* aus mex. *tomatl*
(vom mex. Zw. *tomana* schwellen).

Tombola w. 19. Jh. aus it. *tombola*
Warenlotterie (*tombolare* hinkul-
lern).

Ton[1] m. verwitterter Feldspat, mhd.
tâ-, dâhe, ahd. *dâha*, got. *þâhô;*

verw.: ↗ *dicht* und ↗ *gedeihen;*
eigtl. = was beim Trocknen dicht
wird, schrumpft. Nhd. *-o-* vor *-n*
wie in ↗ *Argwohn*, ↗ *Mohn*, ↗ *Mo-
nat*, ↗ *Mond*, ↗ *Ohm*[1], ↗ *ohne*
usw.; die Form auf *-n* aus den flek-
tierten Fällen (mhd. *dâhe*, Gen.
dâhen), durch Luther durchge-
setzt. Die Zusammenziehung *tôn*
aus mhd. *dâhe(n)* ähnlich wie bei
↗ *Mohn*. T- für älteres *d-* wie bei
↗ *Tölpel*, ↗ *tosen*, (↗ *Trabant*),
↗ *traben*.

Ton[2] m. Laut, mhd. *tôn, dôn*, ahd.
tonus, aus lat. *tonus* Musik-,
Sprechton. Zugrunde liegt: gr. *tó-
nos* Spannung, gespannte Saite,
Akzent (vom Zw. *teínein* spannen;
d. ↗ *dehnen* im Abl. – ↗ *Bari-ton*,
↗ *mono-ton*). Zum langen *-ô-*
↗ *Thron*. – **tönen** Zw. mhd. *tœnen*,
dænen singen, spielen.

tönern Adj. 17. Jh. für älteres *tönen,
thenen;* vom Subst. *Ton*[1]. – Das *-r-*
nach dem Muster von Adjektiven,
die von Substantiven auf *-r* abgelei-
tet sind (wie *leder-n, kupfer-n*).

Tonkunst w. 2. Hälfte 17. Jh. als
Eindeutschung von ↗ *Musik*.

Tonne w. mhd. *tunne, tonne*, ahd.
tunna (engl. *tun*), in Trier (röm.
Weinhandel!) ziemlich spät aus
mlat. *tunna* Faß, aus dem Kelti-
schen (gäl. *tunna* Faß). – ↗ *Tunnel*.
– **Tonnage** w. 1. Hälfte 18. Jh. aus
frz. *tonnage* Tonnengehalt (von
frz. *tonne* Tonne).

Tonsur w. 1. Hälfte 17. Jh. aus lat.
tonsura Schur (*tondēre* scheren).

top- als Steigerungspräfix (*top-fit*,
Top-kraft), 20. Jh. aus am. (=
↗ *topp*).

Topas m. Edelsteinart, mhd. *topâze*,
topâsius, aus lat. *topaz(i)us;* von
gr. *tópazos, topázios, topázion*.
Zugrunde liegt vermutl. ein asiat.
Wort.

Topf m. mhd. (ostmd.) *topf*, durch
Luther verbreitet; vielleicht zu
↗ *tief*, dann eigtl. = (eingetiefte)
Hohlform. – ↗ *dippen*, ↗ *topp*. –
Töpfer m. 14. Jh. ostmd. für obd.
Hafner (↗ *Hafen*[2]). – **topp!** Interj.

(es gilt!) 2. Hälfte 17. Jh. aus nd. *topp* (anl. *topp* Berührung; mnl. *topp maken* Absprache treffen; frz. *tôper* mitspielen); aus wgerm. Wurzel, von der auch ↗*Topf* abstammt: wgerm. **dupp-* durch Berührung tiefer machen (↗*dippen*); eigtl. = Zustimmung durch mehrfaches Klopfen (auf den Tisch)?

Topp m. Mastspitze, um 1700 aus nd. (= nl.) *top* (hd. ↗*Zopf*); daher: *über die Toppen flaggen.* – ↗*top-*.

Tor[1] s. große Türe, mhd. ahd. *tor*, got. *daur* (engl. *door*); eng verw.: ↗*Tür*.

Tor[2] m. Dummkopf, mhd. *tôre* der Unverständige (substantiv. Adj.); dazu (mit grammat. Wechsel *s:r*) ahd. *tusíg* töricht (engl. *dizzy*); ↗*dösen*, ↗*Dusel*. – Zu: ↗*Dunst*.

Toreador m. Stierkämpfer zu Pferd, 2. Hälfte 19. Jh. aus span. *toreador* (*torear* mit dem Stier kämpfen; von lat. *taurus* = ↗*Stier*). **Torero** m. Stierkämpfer zu Fuß, 2. Hälfte 19. Jh. aus span. *torero*, lat. *taurarius* Stierkämpfer.

Torf m. 16. Jh. aus mnd. *torf* Rasen (-stück), hd.: ahd. *zurf, zurba* Rasen(stück), verklungen. Identisch mit *Turf* m. Pferderennbahn (2. Hälfte 19. Jh. aus engl. *turf* Rasen). Zur idg. Wurzel **der-* spalten, ausschneiden. Eigtl. = abgestochenes Grasstück (als Stallunterlage; erst später = Brennstoff).

torkeln Zw. mhd. *torkeln* schwanken, aus lat. *torculare* keltern (mlat. *torcula* Kelter, lat. *torculum* Drehpresse [daher **Torkel** m. Weinpresse, schon mhd.]; vom Zw. *torquere* drehen. ↗*Tort*, ↗*Torte*, ↗*Tortur*). Eigtl. = schwanken wie beim Drehen der Kelter. Verw.: ↗*drechseln*.

Tornister m. Mitte 17. Jh. *Tanister* für älteres *Habersack*; aus tschech. *tanystra* Ranzen, (über Byzanz) aus gr. *tágistron* Futtersack (vom Zw. *tagízein* [Pferde] füttern, *táttein* ordnen). Dabei hat vermutl. lat. *canistrum* (von gr. *kánistron* Rohrkorb; ↗*Kanister*) eingewirkt –

-or- für *-a-* (seit etwa 1700) unerkl.

Torpedo m. 2. Hälfte 19. Jh. = Geschoß; aus span. *torpedo* Zitterrochen (aus lat. *torpedo*, eigtl. = Erstarrung [weil der Fisch seine Gegner durch elektr. Schläge erstarren läßt]; zum Zw. *torpêre* erstarren).

Torso m. 2. Hälfte 18. Jh. aus it. *torso* Kohlstrunk, über mlat. *tursus* aus lat. *thyrsus* Pflanzenstengel (aus gr. *thýrsos* Bacchusstab [mit Laub umwundener Stab, der in einem Pinienzapfen mündet]).

Tort m. Unrecht, Schaden, 2. Hälfte 17. Jh. aus frz. *tort* (vom Zw. *tordre* zusammenziehen, lat. *torquêre* drehen. – ↗*drechseln*, ↗*zerge(l)n*, ↗*Retorte*. – **Torte** w. Mitte 16. Jh. *tort*, aus it. *torta;* davor 2. Hälfte 15. Jh. *tarte* aus frz. *tarte;* beide vom lat. *tortum* Art Brezel, *tortula* kleines Weißbrot (vom Zw. *torquêre*). – **Tortur** w. 16. Jh. aus mlat. *tortura* Folter (lat. *tortura* Krümmung, vom lat. Zw. *torquêre*; ↗*Trosse*).

tosen Zw. mhd. *dôsen*, ahd. *dôsôn* brausen, lärmen; wie ↗*Daumen* und ↗*tausend* zur idg. Wurzel **t(e)u-* schwellen. *t-* für älteres *d-* wie in ↗*Tölpel*, ↗*Ton*[1] (↗*Trabant*), ↗*traben*. – ↗*Getöse*.

tot Adj. mhd. *tôt*, ahd. *tôt, tôd*, got. *dauþs* (engl. *dead*); wie ↗*Tod* (grammat. Wechsel *d:t*) zur germ. Wurzel **dau-* sterben, idg. Wurzel **dh(e)u-*, **dhou-* zerstieben, schwinden. – ↗*Dunst*.

total Adj. 2. Hälfte 16. Jh. aus frz. *total* (von mlat. *totalis* gänzlich, lat. *totus* ganz. ↗*Toto*). **Totalisator** m. ↗*Toto*. **totalitär** Adj. KW 20. Jh. von *total* mit frz. anmut. Endung.

Totem s. hl. Stammeszeichen, vor 1800 aus engl. *totem;* zugrunde liegt ein Indianerwort (Algonkin, Chippewa) *ote* Sippe.

Toto m., s. Sportwette, 20. Jh. abgekürzt aus *Totalisator* m. Wettstelle auf Rennplätzen (2. Hälfte 19. Jh. aus engl. *totalisator*, latinisierend zu frz. *totaliser* zusammenzählen; von lat. *totus* ganz; ↗*total*).

Toupet s. Haarersatz, 18. Jh. aus frz. *toupet* Haarwulst vorn am Kopf (afrz. *top* Schopf aus ↗ *Topp*).

Tour w. 2. Hälfte 17. Jh. aus frz. *tour* Dreheisen, Wendung, Umdrehung, Reise; zugrunde liegt lat. *tornus* Dreheisen (↗ *Turnus*), aus gr. *tórnos*. **Tourist** m. 1. Hälfte 19. Jh. aus engl. *tourist* (von frz. *tour* Reise). **Tournee** w. Gastspielreise, 1. Hälfte 19. Jh. aus frz. *tourné* (Part. Pass. vom Zw. frz. *tourner* wenden).

Tower m. Kontrollturm, 20. Jh. aus engl. *tower*, über frz. *tour* von lat. *turris* = ↗ *Turm*.

Trab m. mhd. *drab;* vom Zw. ↗ *traben*.

Trabant m. 1. Hälfte 15. Jh. *drabant;* in den Hussitenkriegen aus tschech. *drabant* Infanterist (*drab* Fußsoldat). Volkset. zu *traben*.

traben Zw. mit kurzen Schritten laufen, mhd. *draben, draven,* aus mnd. (= nl.) *draven;* urverw.: gr. *trapeîn* (mit den Füßen) keltern; zur idg. Wurzel **trep-* treten, trampeln (lat. *trepidus* ängstlich [herumlaufend]). – *t-* für älteres *d-* wie bei ↗ *Tölpel,* ↗ *Ton*[1] (↗ *Trabant*), ↗ *tosen*.

Tracht w. mhd. *traht(e),* ahd. *draht(a);* zum Zw. ↗ *tragen;* ↗ *trächtig,* ferner: ↗ *Eintracht,* ↗ *Niedertracht.*

trachten Zw. mhd. *trahten,* ahd. *trahtôn;* aus lat. *tractare* bedenken, be-, ab-, unterhandeln (vom Zw. *trahere* ziehen. ↗ *abstrakt,* ↗ *Attraktion,* ↗ *Kontrakt,* ↗ *Porträt,* ↗ *subtrahieren,* ↗ *Train,* ↗ *Traktat,* ↗ *Trasse,* ↗ *Tratte,* ↗ *treideln,* ↗ *betrachten*). D. *-cht-* für lat. *-ct-* wie bei ↗ *dichten,* ↗ *Frucht,* ↗ *Pacht.*

trächtig Adj. mhd. *trehtec* schwanger; vom Subst. ↗ *Tracht.*

Tradition w. 1. Hälfte 16. Jh. aus lat. *traditio* Übergabe, überlieferte Ansicht (vom Zw. *tradere* übergeben; *dare* geben; ↗ *Datum*).

träg(e) Adj. mhd. *træge, trâge,* ahd. *trâgi;* verw. (mit Abl.) got. *trigô* Trauer. Herkunft ungeklärt.

tragen Zw. (trug, getragen), mhd. *tragen,* ahd. *tragan,* got. *dragan* (engl. *draw* ziehen). ↗ *Getreide,* ↗ *Tracht,* ↗ *Eintracht.* Weitere Bezüge ungeklärt. **Tragweite** w. LÜ 1. Hälfte 19. Jh. von frz. *portée* Schußweite.

tragisch Adj. 17. Jh. über lat. *tragicus* aus gr. *tragikós* zum Trauerspiel gehörend. **Tragödie** w. 1. Hälfte 16. Jh. über lat. *tragoedia* aus gr. *tragôdía,* Zs. aus *trágos* Bock + *ôdê* Gesang, eigtl. = Bocksgesang (d. h. Kultlied zu Ehren des Dionysos). ↗ *Komödie,* ↗ *Trauerspiel,* ↗ *Ode.*

Train m. Fuhrwesen, 1. Hälfte 17. Jh. aus frz. *train* Zug (vom frz. Zw. *traîner,* von lat. *trahere* ziehen; ↗ *trachten*). **trainieren** Zw. für sportl. Wettkampf üben, 19. Jh. aus engl. *train,* über frz. *traîner* aus volkslat. **traginare,* Erweiterung zu **tragere,* lat. *trahere.*

Trajekt s. (m.) Fähre, 1. Hälfte 19. Jh. aus lat. *traiectus* Überfahrt (vom Zw. *traicere* hinüberbringen; ↗ *Trichter*).

Traktat s. spätmhd. *tractât,* aus lat. *tractatus* Abhandlung (zum lat. Zw. *tractare* bedenken. ↗ *trachten*). **traktieren** Zw. Mitte 15. Jh. aus lat. Zw. *tractare.* ↗ *malträtieren*). **Traktor** m. Zugmaschine, 20. Jh. aus engl. *tractor* (vom lat. Zw. *trahere;* Part. Pass. *tractum*).

trällern Zw. 18. Jh. Eigtl. = *tralla* singen (nach dem Kehrreim span. Lieder). ↗ *trillern.* – *-er-*Bildung wie ↗ *meckern* u. a.

Tram w. 20. Jh. abgekürzt aus *Trambahn* w., 2. Hälfte 19. Jh. aus engl. *tramway* Schienenweg (Zs. aus engl. *tram* Vierradwagen, urspr. Zugstange an Karren [*Tram* m. Balken, mhd. *drâ-, trâm(e)*] + *way* Weg).

trampeln Zw. spätmhd. *trampeln* (engl. *trample*), nordd. Verstärkung (↗ *läch-el-n* u. a.) zu mnd. *trampen* stampfen (engl. *tramp* wandern, woher d. **trampen** Zw. 20. Jh.); nasalierte Nbf. zu ↗ *trap-*

pen SchW. Dazu im Abl.: got. *anatrimpan* drängen. Verw.: ↗ *Treppe.*
– **Trampel** m. (s.) unbeholfener Mensch, 2. Hälfte 17. Jh. vom Zw. *trampeln.* **Trampeltier** s. Mitte 16. Jh. als Eindeutschung von ↗ *Kamel* und Schelte für einen Unbeholfenen. **Trampolin** m. (s.) Federsprungbrett, 2. Hälfte 19. Jh. aus it. *tremplino;* d. *trampeln.*

Tran m. 16. Jh. aus mnd. *trân* (mhd. *trahen* = ↗ *Träne,* Tropfen), eigtl. = aus dem Fett ausgekochter Tropfen.

Trance w. Entrücktheit, 20. Jh. aus engl. *trance* (frz. *transe* Hinübergehen, Sterben; vom Zw. *transir* hinübergehen [von lat. *transire* überschreiten]; lat. *ire* gehen. ↗ *Abiturient,* ↗ *transitiv*).

tranchieren Zw. 2. Hälfte 16. Jh. aus frz. *trancher* zerschneiden; Herkunft ungeklärt (von lat. *truncare* abschneiden?).

Träne w. 15. Jh. *trene* eigtl. = Mz. zu mhd. *trahen* Tropfen (zusammengezogen aus *trehene*), ahd. *trahan.* ↗ *Tran.* Urverw.: lat. *lacrima* (für älteres *dacruma*), gr. *dákryon* Träne; idg. Wurzel *d(r)akru-* Tropfen, Träne. Verw.: ↗ *Zähre.*

Trank m. mhd. ahd. *trank,* got. *dragk* (engl. *drench*); zum Zw. ↗ *trinken.* **tränken** Zw. mhd. *trenken,* ahd. *trenkan,* got. *dragkjan* (engl. *drench*). Bewirkungswort zu ↗ *trinken,* eigtl. = trinken machen.

Transformator m. Stromumspanner, KW 2. Hälfte 19. Jh. nach frz. *transformateur,* aus lat. *transformare* umgestalten (↗ *Format*).

Transistor m. Kristallverstärker, tragbarer Funkempfänger; Mitte 20. Jh. aus am. *transistor,* KW aus engl. *transfer* Übertragung und lat. *resistere* widerstehen.

transitiv Adj. 18. Jh. aus lat. *transitivus* übergehend (*transire* hinübergehen, *ire* gehen. – ↗ *Abiturient,* ↗ *Trance*). – Von lat. *transitus* Übergang im 20. Jh.: **Transit** m. Durchreise.

Transmission w. Kraftübertragungsanlage, 19. Jh. aus lat. *transmissio* Übersendung (vom Zw. *transmittere* hinübersenden); davor als Rechtsbegriff = Übertragung. ↗ *Mission.*

transparent Adj. 1. Hälfte 18. Jh. über frz. *transparent* aus mlat. *transparens* (Gen.: *transparent-is*) durchscheinend; vom lat. Zw. *transparere* durchscheinen, *parere* erscheinen, gehorchen. ↗ *parieren*[2], ↗ *Komparse.*

transpirieren Zw. 2. Hälfte 18. Jh. aus lat. *transpirare* (Zs.: *trans* hinüber + *spirare* atmen. ↗ *Spiritus*).

transportieren Zw. 17. Jh. aus frz. *transporter,* vom lat. Zw. *transportare* hinübertragen (↗ *Porto*). ↗ *Übertrag.*

transzendental Adj. KW 2. Hälfte 18. Jh. nach lat. *transcendens* (*-dentis*) (die Grenzen der ratio) überschreitend, *transscendere* überschreiten (*scandere* steigen. ↗ *Skandal,* ↗ *Skala*).

Trapez s. Schwebereck, 1. Hälfte 18. Jh. *Trapezium,* aus lat. *trapezium,* aus gr. *trapézion* Tischchen, ungleichseitiges Viereck (gr. *trápeza* Tisch, im Ggs. zum urspr. runden ↗ *Tisch* viereckig).

trappeln Zw. spätmhd. *trappeln;* iterativ zum Zw. **trappen,** 17. Jh. aus mnd. *trappen* (engl. *trape*), SchW (= trapp machen). ↗ *Treppe,* ↗ *trampeln,* ↗ *trippeln,* ↗ *Attrappe.*

Trara s. SchW 2. Hälfte 18. Jh. (vom Posthorn), Lärm um nichts.

Trasse w. abgesteckter Weg, 1. Hälfte 19. Jh. aus frz. *trace* (vom frz. Zw. *tracer* [einen Weg] abstekken) (zugrunde liegt: das lat. Zw. *trahere* ziehen; ↗ *trachten*).

tratschen Zw. schwatzen, 2. Hälfte 17. Jh., vielleicht verstärkend zu ↗ *treten* (dann = breittreten?)? Ähnlich gebildet: ↗ *latschen.* – Dazu das Subst. **Tratsch** m. Geschwätz, 19. Jh. – Oder SchW (vom Wassergeplätscher)?

Tratte w. gezogener Wechsel, 1. Hälfte 16. Jh. aus it. *tratte* Mz. zur Ez. *tratta* Zug, gezogener Wechsel (zugrunde liegt: lat. *trahere* ziehen. ↗ *trachten*).

Traube w. mhd. *trûbe,* ahd. *thr-, drûba, trûbo;* verw. nd. *drubbel* Klumpen. Herkunft ungeklärt.

trauen Zw. mhd. *trûwen,* ahd. (*ga*)*trû*(*w*)*en* hoffen, (ver-, zu-) trauen; dazu (mit Abl.): got. *trauan* (engl. *trow*); über ↗ *treu* zu ↗ *Teer;* eigtl. = fest werden; 13. Jh. = ehelich verbinden (eigtl. = die Frau dem Mann anvertrauen; daher: **Trauung** w. mhd. *trûunge* Vertrauen, seit 16. Jh. = Hochzeit). ↗ *traun,* ↗ *Trost;* ↗ *traulich.* Verw.: ↗ *Trust,* aber nicht: ↗ *traut.*

Trauer w. mhd. *trûre;* vom Zw. **trauern** mhd. *trûren,* ahd. *trûrên;* got. *driusan* fallen, eigtl. = den Kopf (die Augen) senken; ↗ *traurig.*

Trauerkloß m. fader Kerl, 19. Jh. soldatensprachl.; ↗ *Kloß.* **Trauerspiel** s. 1. Hälfte 17. Jh. Eindeutschung von ↗ *Tragödie,* nach ↗ *Lustspiel.*

Traufe w. mhd. *trouf*(*e*), ahd. *trouf;* vom Zw. ↗ *triefen.* **träufeln** Zw. Mitte 17. Jh. Wiederholungswort (↗ *läch-el-n* u. a.) zu *träufen, traufen* tropfen, mhd. *tröufen,* mhd. ahd. *troufen;* eigtl. = fortgesetzt tropfen.

traulich Adj. 2. Hälfte 18. Jh. verkürzend aus *vertraulich* intim (16. Jh.); zu ↗ *trauen.*

Traum m. mhd. *troum, troun,* ahd. *tr-, droum* (engl. *dream*); dazu: as. *gidrog* Erscheinung (germ. Wurzel **draugma;* Entwicklung zu *drauma ähnlich wie bei ↗ *Baum;* nur germ. Wortbildung!). Zur idg. Wurzel **dhreu-* ↗ *stark, kräftig;* dazu ahd. mhd. *truht* Schar, Gruppe? Ähnlich: ↗ *Zaum* zu ↗ *ziehen.* ↗ *Zwerg.* **Träumer** m. mhd. *troumære;* vom Zw. **träumen,** mhd. *tröumen, troumen,* ahd. *troumen.*

Trauma s. unterbewußt fortwirkender Schock, 20. Jh. aus gr. *traûma* Wunde.

traun Interj. ostmd. *trûn* verkürzt aus mhd. *entriuwen* wahrhaftig!, durch Luther verbreitet. Zu:

↗ *trauen.* – Nhd. *-au-* für älteres *-iuw-* wie in ↗ *brauen,* ↗ *kauen.*

traurig Adj. mhd. *trûrec,* ahd. *trûrac* (dazu im Abl.: engl. *dreary*); vom Subst. ↗ *Trauer.*

traut Adj. mhd. *trût,* ahd. *d-, trût;* mhd. *tru*(*i*)*ten* liebhaben; idg. Wurzel *dhru-t-ó fest, stark (nicht zu ↗ *trauen*).

Travestie w. scherzhafte Umdichtung, 18. Jh. aus engl. *travesty,* über frz. aus dem lat. Zw. *travestire* verkleiden (Zs. von *trans* hinüber + *vestire* bekleiden, *vestis* Kleid. ↗ *Weste;* ↗ *investieren*).

Treber Mz. Kelter-, Braurückstand; mhd. *treber*(*n*), ahd. *trebir* (Ez. mnd. *draf,* engl. *draff* Hefe); vermutl. voridg. – ↗ *Trester.*

Treck m. Zug, mnd. *trek,* vom Zw. **trecken,** mhd. = mnd. *trecken,* das mhd. *trechen* ziehen verstärkt (*stechen:* ↗ *stecken,* ↗ *Stich:* ↗ *sticken*). Wohl voridg. – ↗ *vertrackt.* **Trecker** m. 17. Jh. Schiffstreidler (15. Jh. = Zapfen); 20. Jh. = Zugmaschine.

Treff[1] s. Kartenfarbe, um 1700 aus frz. *trèfle* Klee, Dreiblatt, als Verkleinerung zu *Treff*[2] mißverstanden; vielmehr von: lat. *trifolium* Dreiblatt (↗ *Folio*). ↗ *drei.* – **Treff**[2] m. Begegnung (mit Agenten), 20. Jh. nach r. Vorbild vom Zw. **treffen** (traf, getroffen), mhd. *treffen,* ahd. *treffan;* zu got. *gadraban* anhauen. ↗ *Betreff,* ↗ *triftig,* ↗ *vortrefflich.* **Treffen** s. Gefecht, 15. Jh. (urspr. substantiv. Inf.); 20. Jh. = Begegnung. – **Treffer** m. mhd. *treffære* wer trifft; 15. Jh. = treffender Schuß; 16. Jh. = Gewinnlos. – **trefflich** Adj. mhd. *treffe*(*n*)*lich* für älteres *treffentlich* (vom Part. Präs. *treffend*). – **Treffpunkt** m. 18. Jh. Eindeutschung von ↗ *Rendezvous* (= milit. Sammelplatz).

treiben Zw. (trieb, getrieben), mhd. *trîben,* ahd. *trîban,* got. *dreiban* (engl. *drive*); eigtl. = Vieh auf die Weide treiben (zu ↗ *trocken*?); außerhalb des Germ. nicht belegbar. ↗ *Getriebe,* ↗ *Trieb,* ↗ *Trift,* ↗ *vertreiben.*

treideln Zw. 2. Hälfte 18. Jh. aus nd. *treideln, treueln* (nl. *treilen,* engl. *trail*), von frz. *trailler* ziehen, schleppen. Ursprung: lat. *tragula* Schleppnetz (vom Zw. *trahere* ziehen). ↗ *trachten.*

Trend m. Richtung, 20. Jh. aus engl. *trend* (*to trend* sich erstrecken; mhd. *trendel* Kugel). **trendeln** Zw. spätmhd. *trendeln* wirbeln.

trennen Zw. mhd. *trennen* (ahd. nur in Zss.), bewirkend zum starken Zw. ahd. *trinnan,* mhd. *trinnen* (↗ *abtrünnig,* ↗ *entrinnen*); wie ↗ *zehren* zur idg. Wurzel *der-* spalten, schinden (↗ *zart*). – ↗ *zerren.*

Trense w. leichter Pferdezaum, um 1600 aus nl. *trens(se)* Strick, Zaum, von span. *trenza* Flechte, Seil. Zugrunde liegt (u. a.?): volkslat. **trinicare* aus 3 Stricken flechten (gr. *trícha* dreifach). ↗ *Tresse.*

Treppe w. 1. Hälfte 16. Jh. md. = Stufe aus mnd. *treppe, trappe* (17. Jh. = Stiege); zum SchW ↗ *trappen* (↗ *trampeln*); eigtl. = wo man trapp! macht. **Treppenwitz** m. LÜ Mitte 19. Jh. von frz. *esprit d'escalier,* eigtl. = Gedanke, der sich erst auf der Treppe, d. h. nach dem Besuch, zu spät, einstellt (verbreitet durch das Buch von W. L. Hertslet, *Treppenwitz der Weltgeschichte,* [1822]).

Tresen m. Ladentisch, mhd. *trese(m),* mhd. *tresen, trise, trese,* ahd. *treso,* aus lat. *thesaurus* (gr. *thêsaurós*). – **Tresor** m. spätmhd. *tresori* Schatzkammer (19. Jh. = Stahlschrank), aus frz. *trésor* (von lat. *thesaurus* Schatzkammer).

Trespe w. Grasart, Lolch; mhd. *trefs(e),* mnd. *drespe;* nur germ. bekannt. Aus voridg. Sprache?

Tresse w. um 1700 aus frz. *tresse,* mit span. *trenza* Flechte, Seil (it. *treccia*) verw. (↗ *drechseln*[?], ↗ *Trense*).

Trester Mz. Kelterrückstand, mhd. *trester,* ahd. *trestir.* Mit dem Suffix *-ust* gebildet wie ↗ *Ang-st,* ↗ *Dien-st,* ↗ *Ern-st,* ↗ *Gun-st,* ↗ *Hor-st,* ↗ *Kun-st,* ↗ *Ri-st,*

↗ *Brun-st;* vielleicht zur idg. Wurzel **dher-* Bodensatz, Schmutz. – ↗ *Treber;* ↗ *trüb.*

treten Zw. (trat, getreten), mhd. *treten,* ahd. *tretan* (engl. *tread;* mit Abl.: got. *trudan* treten, keltern); nur germ.; idg. Wurzel: **der-.* ↗ *Teer.* – ↗ *Tritt,* ↗ *Trott.* **Tretmühle** w. 15. Jh. = Mühle, die von Menschen (Tieren) durch Treten betrieben wird; 19. Jh. = eintönige schwere Arbeit.

treu Adj. spätmhd. *triu(we)* für älteres mhd. *getriuwe,* ahd. *gitriuwi;* got. *triggws* zuverlässig (engl. *true* echt, treu); wie ↗ *Teer* zur idg. Wurzel **dereu̯(o)-* Baum; eigtl. = fest wie Baumholz. – ↗ *trauen,* ↗ *Trog,* ↗ *Trost.*

Triangel m. (öst. auch s.), urspr. = Dreieck; dann (16. Jh.) = dreiseitiges Musikinstrument. – 15. Jh. aus lat. *triangulum* (Zs. aus lat. **tri-* drei [lat. *tres, tria;* d. ↗ *drei*] + *angulum* Winkel, Ecke). – ↗ *Trillion,* ↗ *Trio,* ↗ *trivial.*

Tribüne w. 18. Jh. aus frz. *tribune* (von it. *tribuna*); mhd. *trybûne;* lat. *tribunal* Hochsitz (für die Tribunen, Feldherren usw.); *tribunus* Zahlmeister, Beamter, Oberst; ↗ *tribuere* zuwenden, erteilen. ↗ *Attribut.* **Tribut** m. spätmhd. *tribûte,* von lat. *tributum* Abgabe (Zw. *tribuere; tribus* Drittel).

Trichine w. 19. Jh. aus engl. *trichine,* KW 1836 (Owen) aus gr. *thrix* (Gen. *trichós*) Haar; eigtl. = Haartier.

Trichter m. mhd. *triehter, trichter,* spätahd. *trihtere, trahter, trahtare, træhter,* aus lat. *traiectorium* Trichter (vom Zw. *traicere* umgießen, hinüberbringen; ↗ *Trajekt*). – *Nürnberger Trichter* nach dem Titel eines Buches von Harsdörffer, 1648. – ↗ *eintrichtern,* ↗ *Jeton.*

Trick m. 19. Jh. aus engl. *trick* jeder Whiststich über den sechsten; von frz. *tricher* mogeln. Herkunft?

Trieb m. mhd. *trîp* Antrieb, Trift; zum Zw. ↗ *treiben.*

triefen Zw. (troff, getroffen), mhd.

triefen, ahd. *triofan* (verw.: engl. *drip*); idg. Wurzel: **dhreubh-* (**dreu-* bröckeln); verw.: ↗*Traufe*, ↗*Tripper*, ↗*Tropfen*.

triezen Zw. necken, 2. Hälfte 18. Jh. aus nd.-md. *trītsen;* vom Subst. *Trieze* Winde (mnd. *trītse* aufgewundenes Tau). Herkunft?

Trift m. mhd. *trift* Weide, Herde, Holzflößung, Lebensart (engl. *drift*); zu ↗*treiben*. – ↗*Drift*.

triftig Adj. spätmhd. *triftec* (das Ziel) treffend, für älteres *triftlîch;* zum Zw. ↗*treffen*.

Trikot s. (m.) Mitte 18. Jh. aus frz. *tricot, tricoter* säumen; zu nd., nl. *strîken* sich bewegen.

Triller m. 2. Hälfte 17. Jh. aus it. *trillo* SchW. Dazu das Zw. **trillern** 17. Jh. aus it. *trillare* SchW (↗*trällern*).

Trillion w. KW 1. Hälfte 18. Jh. nach dem Muster von ↗*Million* mit lat. **tri-* = ↗*drei* gebildet. – (↗*Triangel*, ↗*Trio*, ↗*trivial*). – **Trilogie** w. Einheit aus 3 Werken, um 1800 aus gr. *trilogía* 3 zusammengehörende Trauerspiele.

trimmen Zw. in Ordnung, unterbringen, 19. Jh. aus engl. *trim* in Ordnung bringen, putzen (ags. *trymman* befestigen, ags. *trum* stark). Über die Hafenwendung *Kohlen trimmen* Kohlen bunkern 19. Jh. (Schwerarbeit) zur Bedeutung: „sich körperlich ertüchtigen", 20. Jh. – Zu ↗*Trumm*.

trinken Zw. (trank, getrunken), mhd. *trinken*, ahd. *trinkan*, got. *drigkan* (engl. *drink*); ohne außergerm. Beziehungen. Voridg.? – ↗*Drink*, ↗*Trunk*. **Trinkspruch** m. um 1800 Eindeutschung von ↗*Toast*.

Trio s. Tonstück für 3 Instrumente, 1. Hälfte 18. Jh. aus it. *trio* (von lat. **tri-* = ↗*drei*. – ↗*Triangel*, ↗*Trillion*, ↗*trivial*).

trippeln Zw. 2. Hälfte 15. Jh. im Abl. zu ↗*trappeln*, SchW. – Dazu: **Trip** m. 20. Jh. aus engl. *trip* Reise, Fahrt.

Tripper m. Geschlechtskrankheit, 2.

Hälfte 17. Jh. aus nd. zum nd. Zw. *trippen* tropfen, zu ↗*triefen*. Also = Tropfer.

trist Adj. mhd. *triste*, aus afrz. *triste* (von lat. *tristis* traurig); verbreitet als stud. seit 18. Jh.

Tritt m. mhd. *trit;* zum Zw. ↗*treten*.

Triumph m. 2. Hälfte 15. Jh. aus lat. *triumphus* Sieges(ein)zug, das auf gr. *thríambos* Festzug, -lied zurückgeht. ↗*Trumpf*.

trivial Adj. 2. Hälfte 17. Jh. aus frz. *trivial* alltäglich, von lat. *trivialis* am Dreiweg, d. h.: allgemein bekannt (Zs. aus lat. **tri-* = ↗*drei* + *via* Weg).

trocken Adj. mhd. *trocken, trucken*, ahd. *trucchan, truckan* (verw. engl. *dry*); ohne außergerm. Beziehungen; voridg.? – ↗*Droge*.

Tröddel w. 2. Hälfte 15. Jh. *trôdel* Hanf-, Wergfaser, Verkleinerung zu mhd. *trâde* Saum, Franse, ahd. *trâdo, trâda* Saum. Herkunft ungeklärt. Zur Bildung: ↗*Zottel*.

trödeln[1] Zw. zögern, 16. Jh., Herkunft ungeklärt. Vermutl. nicht identisch mit **trödeln**[2] Zw. hökern, von **Trödel** m. Altwaren abgeleitet. Auch dessen Herkunft ungeklärt. ↗*trudeln*, ↗*vertrödeln*.

Trog m. mhd. *troc*, ahd. *trog* (engl. *trough*); zu einer Erweiterung der idg. Wurzel **dereu(o)-* Baum. ↗*Teer*, ↗*trauen*, ↗*treu*. Also = Holzgefäß, ausgehöhlter Baum. Verw.: ↗*Truhe*.

Troika w. 19. Jh. aus r. *trójka* (zu r. *trój* = ↗*drei*).

Troll m. Kobold, 17. Jh. aus schwed. (= an.) *troll* Unhold; dazu mhd. *trolle* Tolpatsch; vermutl. zum Zw. **trollen** mhd. *trollen;* verw.: engl. *troll* umhergehen; vielleicht zur idg. Wurzel **der-* laufen. ↗*Trulle*. Verw.: ↗*drollig?*

Trommel w. *trumbe, trumme* (später = *trum[p]el*), ahd. *trumba* Trompete; SchW. – **Trompete** w. mhd. *trum(p)et, trum-, drumete*, aus frz. *trompette* (Verkleinerung von frz. *trompe* Jagdhorn; dies von ahd. *trumba*).

Tropen Mz. 1. Hälfte 19. Jh. über engl. aus gr. *tropaí* Mz. die Kehren (zu *tropê* [Sonnen-]Wende, *trépein* wenden. ⟋ *Trophäe*).

Tropf m. Dummkopf, spätmhd. *tropfe* Schlagfluß, Gelähmter; identisch mit *Tropfen* (weil man glaubte, ein in die Glieder fallender Tropfen verursache Gicht, Schlagfluß usw.). **Tropfen** m. mhd. *tropfe*, ahd. *tropfo*; zum Zw. ⟋ *triefen*. ⟋ *Dribbling*, ⟋ *Drops*. **tropfen** Zw. mhd. *tropfen*, ahd. *trophôn*. **tröpfeln** Zw. 2. Hälfte 15. Jh., Verkleinerung zu *tropfen* (wie ⟋ *läch-el-n* zu ⟋ *lachen*).

Trophäe w. 1. Hälfte 17. Jh. über frz. *trophée* aus lat. *tropaeum*. Zugrunde liegt: gr. *trópaion* Siegeszeichen, vom Zw. *trépein* wenden (⟋ *Tropen*); eigtl. = Wendezeichen (errichtet, wo sich der Feind zur Flucht wandte).

Troß m. spätmhd. (15. Jh.) *trosse* Gepäck, aus frz. *trousse* Bündel, Pack. **Trosse** w. Schiffsseil, um 1800 aus nd. (Seemanns-, bes. Hansewort); mnd. *trosse* aus frz. *trousse* Tau (vom frz. Zw. *trousser* drehen, aus mlat. *tortiare*. Zugrunde liegt das Part. Pass. *tortus* zum Zw. *torquere* drehen; ⟋ *Tortur*).

Trost m. mhd. ahd. *trôst* (engl. *trust* Vertrauen); verw.: got. *trausti* Bündnis; zu ⟋ *trauen* und ⟋ *treu*. – *Nicht bei Troste sein* 18. Jh., eigtl. = verzweifelt, ohne Hoffnung sein. – ⟋ *Trust*. – **trösten** Zw. mhd. *trôsten*, *trœsten*, ahd. *trô-*, *drôstan*.

Trott m. 2. Hälfte 16. Jh. aus it. *trotto* Trab. Zugrunde liegt das d. Zw. **trotten**, mhd. *trotten*, ahd. *trottôn*, zu ⟋ *treten* (frz. *trotter*, engl. *trot* traben). – **Trottel** m. Dummkopf, Mitte 19. Jh. aus öst., zum Zw. **trotteln** langsam traben, täppisch gehen (Verkleinerung [wie ⟋ *lächeln*] zu *trotten*. ⟋ *trappen*). – **Trottoir** s. Bürgersteig; 2. Hälfte 18. Jh. aus frz. *trottoir* (vom frz. Zw. *trotter* traben, trippeln).

Trotz m. mhd. *truz*, *traz*, (md.) *troz*; ohne weitere Entsprechungen; zur idg. Wurzel *der-* spalten? – **trotz** Präp. 2. Hälfte 16. Jh. vom Adj. mhd. *traz* trotzig (zunächst nur mit Dativ. **trotzdem** Konj. 19. Jh., aus *trotz dem, daß* ...). **Trotzkopf** m. 2. Hälfte 17. Jh. = Trotzgebärde; 2. Hälfte 18. Jh. = trotzender Mensch.

trüb(e) Adj. mhd. *trüebe*, ahd. *truobi* düster; vom Zw. **trüben**, mhd. *trüeben*, *truoben*, ahd. *truoban* verwirren, betrüben, got. *drôbjan* verwirren, trüben; wie ⟋ *Treber* und ⟋ *Trester* zur idg. Wurzel *dher-* Bodensatz, Schmutz. ⟋ *Trübsal*.

Trubel m. Mitte 17. Jh. aus frz. *trouble*, vom frz. Zw. *troubler* trüben. Zugrunde liegt: volkslat. *turbulare* beunruhigen (von *turba* Haufen, Verwirrung. ⟋ *Turbine*).

Trübsal w. mhd. *trüebesal*, ahd. *truobisal*, mit der Endung *-sal* (⟋ *Drang-sal*, ⟋ *Lab-sal*, ⟋ *Müh-sal*, ⟋ *Rinn-sal*) zum Zw. ⟋ *trüben*. **trübselig** Adj. 1. Hälfte 16. Jh. von *Trübsal*, volkset. zu *selig* gezogen (⟋ *mühselig*). – **Trübsinn** m. Eindeutung 18. Jh. für *Melancholie* (⟋ *melancholisch*).

trudeln Zw. rollen, sich drehen, würfeln, nordostd.; verw. mit: ⟋ *trödeln*?

Trüffel w. 1. Hälfte 18. Jh. aus frz. *truff(l)e* (vgl.: engl. *truffle*) für älteres *tufre, aus volkslat. *tufer(a)* = lat. *tuber* Knolle, Beule (⟋ *Tuberkulose*, ⟋ *Kartoffel*). Der Schlauchpilz heißt nach seinen knolligen Fruchtkörpern.

trügen Zw. (trog, getrogen), mhd. *triegen*, ahd. *triogan*; wie ⟋ *Traum* zur idg. Wurzel **dhreugh-* trügen. *-ü-* nach dem Muster von ⟋ *lügen*. Dazu das Subst. **Trug** m. 1. Hälfte 16. Jh. für mhd. *troc*, *trüge*. – ⟋ *betrügen*, ⟋ *Zwerg*. **Trugbild** s. Eindeutung 18. Jh. von ⟋ *Phantom*; mhd. ahd. *trugebilde* Gespenst, Täuschung. **trügerisch** Adj. 16. Jh. vom alten Subst. *Trüger* m. mhd. *trieger*, ahd. *triugari* Betrüger. **Trugschluß** m. 2. Hälfte 18. Jh. als Eindeutung von *Sophisma*.

Truhe w. mhd. *truhe*, ahd. *truha* neben *truccha*. Wie ↗ *Trog* zu einer Erweiterung der idg. Wurzel **dereu̯(o)*- Baum; eigtl. = Holzgefäß, ausgehöhlter Stamm.

Trulle w. Schlampe, mhd. *trülle* Dirne; zum Zw. ↗ *trollen*.

Trümmer Mz. 15. Jh. als Mz. zu **Trumm** s. Ende, Bruchstück, mhd. ahd. *drum* Ende, Splitter; urverw.: lat. *terminus* (↗ *Termin*); gr. *térma* Ziel, Ende; idg. Wurzel **tr̥mo*-.

Trumpf m. Mitte 16. Jh. = stechende Farbe im Kartenspiel (entsprechend: frz. *triomphe*), ma. für älteres ↗ *Triumph* (mlat. *triumphus* Kartenspielart); engl. *trump*. ↗ *auftrumpfen*.

Trunk m. mhd. *trunc*, ahd. *trunk;* vom Zw. ↗ *trinken*. ↗ *Drink*. **trunken** Adj. mhd. *trunken*, ahd. *trunkan*, *trunchan*, got. *drugkans* (engl. *drunk*). Eigtl. = Part. Pass. zu ↗ *trinken*, mit aktiver Bedeutung, = wer (zu viel) getrunken hat.

Truppe w., **Trupp** m. 1. Hälfte 17. Jh. aus frz. *troupe*, aus anfrk. **prop* (mit Metathese für **thorp*) Ansammlung. Die urspr. Bedeutung von ↗ *Dorf* Herde, Viehpferch?

Trust m. Zusammenschluß gleichgerichteter Geschäftsunternehmungen; 2. Hälfte 19. Jh. aus am. *trust*, Abkürzung von *trust company* Treuhandgesellschaft. Am. *trust* (aus an. *traust*) Vertrauen. ↗ *trauen*, ↗ *treu*, ↗ *Trost*.

Truthahn m. 2. Hälfte 17. Jh. zu mnd. *drôten* drohen, wie ↗ *strotzen* zur idg. Wurzel **(s)ter*- starren, steif sein. ↗ *Puter*.

Tschako m. nach 1800 nach frz. Vorbild aus mag. *csákó* Husarenhelm; von d. *Zacke(nhelm)*.

tschüs! ↗ *ade!*

Tube w. 19. Jh. aus engl. *tube*, über frz. *tube* aus lat. *tuba* Röhre, Blasinstrument. Dazu: **Tuba** w. 18. Jh. aus lat. = Trompete; vor 1835 = Posaune.

Tuberkulose w. KW 19. Jh. zum Subst. **Tuberkel** m., w., im 19. Jh.

aus lat. *tuberculum* entlehnt (zu lat. *tuber* Geschwulst. ↗ *Trüffel*). **tuberkulös** Adj. 19. Jh. aus frz. *tuberculeux*.

Tuch s. mhd. *tuoch*, ahd. *tuoh;* nur germ.; Herkunft ungeklärt.

tüchtig Adj. mhd. *tühtec* (engl. *doughty*), abgeleitet vom Subst. mhd. *tuht* Tüchtigkeit; zum Zw. ↗ *taugen*.

Tücke w. mhd. *tücke*, eigtl. = Mz. zum Subst. mhd. *tuc* Schlag, Stoß, Streich. Herkunft ungeklärt. – ↗ *Heimtücke*. – **tückisch** Adj. 15. Jh. vom Subst. mhd. *tuc*.

tüfteln Zw. 18. Jh. aus md. Ma. (neben *tifteln*, *difteln*) durch stud.; Herkunft ungeklärt (vielleicht über rotw. zu ↗ *dufte* prima? Mhd. *tüfteln* schlagen gehört nicht dazu).

Tugend w. mhd. *tugent*, *tugende*, ahd. *tugud* neben *tugathi* Tauglich-, Tüchtigkeit; vom Zw. ↗ *taugen*, gebildet wie: ↗ *Jug-end*. Die Bedeutung unter Einfluß von lat. (= christl.) *virtus*. **Tugendbold** m. 19. Jh. nach ↗ *Raufbold*. ↗ *bald*.

Tüll m. 1. Hälfte 19. Jh. über engl. *tull* aus frz. *tulle*. Das Gewebe heißt nach seinem Ursprungsort *Tulle* (Frankreich).

Tülle w. Gießschnauze, mhd. *tülle*, ahd. *tulli* Röhre, in der die Speer-(Pfeil-)spitze am Schaft festsitzt. Wie ↗ *Delle* verw. mit: ↗ *Tal;* zur idg. Wurzel **dhel*- Wölbung, Biegung.

Tulpe w. 1. Hälfte 17. Jh. aus nl. *tulp(e)*, davor *Tulipan* 2. Hälfte 16. Jh., aus it. *tulipa* (engl. *tulip*); zugrunde liegt: pers. *dulbänd* Turban, über türk. *tülbent* nach Europa. Die Blume heißt nach Farbe und Form der Blüte. ↗ *Turban*.

-tum Suffix (z. B. ↗ *Irr-tum*), urspr.: Subst., mhd. ahd. *tuom* Macht, Urteil, got. *dôms* Urteil, Ruhm (engl. *-dom*); zum Zw. ↗ *tun;* urspr. = Wesen, Stand. ↗ *Ungetüm*.

tummeln Zw. 1. Hälfte 16. Jh. vom Subst. mhd. *tumel* Lärm, Krach (↗ *Getümmel*). Wie ↗ *taumeln* zur idg. Wurzel **dh(e)u*- stieben, dazu:

↗ *Dunst.* – **Tümmler** m. Delphin, 2. Hälfte 18. Jh. aus nd., = Taumler (engl. *tumbler*).

Tumor m. Geschwulst, 20. Jh. aus lat. *tumor* (zum Zw. *tumere* schwellen; ↗ *Tumult*).

Tümpel m. 16. Jh. aus md. für älteres mhd. *tümpfel* Lache, ahd. *tumphilo* Strudel (engl. *dump* Wasserloch, *dimple* Grübchen); zu einer nasalierten Erweiterung der idg. Wurzel **dheu-b-* = ↗ *tief*.

Tumult m. 16. Jh. aus lat. *tumultus* Getümmel (zum Zw. *tumere* schwellen. ↗ *Daumen*, ↗ *Tumor*).

tun Zw. (tat, getan), mhd. ahd. *tuon* (engl. *do*); urverw.: lat. *facere*, gr. *tithénai* setzen, stellen, legen, tun (Ableitungen: ↗ *Theke*, ↗ *Thema*); zu idg. **dhe-* stellen, legen, tun. – ↗ *Tat*, ↗ *-tum*, ↗ *betulich*.

tünchen Zw. mhd. *tünchen*, ahd. *tunihhôn* (mit Kalk) bewerfen, vom Subst. ahd. *tunihha* Kleid (eigtl. = bekleiden [mit Kalk]). Zugrunde liegt: lat. *tunica* Kleid (engl. *coat* Kleid, *coat* anstreichen); daher: **Tünche** w., mhd. *tuniche*, ahd. *tunicha* Verputz. Ursprung: vermutl. ein ostafr. (sem.) Wort, wohl mit ↗ *Kattun* verw.

Tunichtgut m. 2. Hälfte 17. Jh.; höhnische Aufforderung als Schelte; ↗ *Taugenichts*.

Tunke w. 2. Hälfte 17. Jh. vom Zw. **tunken**, mhd. *tun-*, *dunken*, ahd. *dunkôn*; verw.: ↗ *tauchen*, ↗ *dukken*. Ohne außergerm. Entsprechungen.

Tunnel m. 1. Hälfte 19. Jh. (1839) aus engl. *tunnel*, von frz. *tonelle* Gewölbe (↗ *Tonne*).

Tupf m. Pünktchen; frühnhd. gegenüber mhd. *topfe*, ahd. *dop-*, *topfe* Punkt. Vom Zw. **tupfen,** mhd. (md.) *tüpfen*, *dupfen*, ahd. *tupfan* (engl. *dip*; ↗ *dippen*); verw. mit: ↗ *tief* und ↗ *taufen* (eigtl. = vertiefen), Einwirkung von ↗ *stoßen* (daher = berühren; *stupfen*, mhd. *stup-*, *stüpfen* berühren, antreiben; ↗ *Stups*). **Tüpfel** m., s. 15. Jh. *tupf-*, *dupplin.*

Tür(e) w. mhd. *tür(e)*, ahd. *turi*, got. *daurôns* Mz. (engl. *door*); eigtl. = Mz. (richtiger: Dual = zweipfostige Tür); gr. *thýra* Tür(flügel), lat. *fores* (Mz.) Tür; lat. *forum* Vorhof, *foris* draußen. Idg. Wurzel **dheu-* Flechtwerk (geflochtener Hausverschluß!). ↗ *Tor.*

Turban m. 1. Hälfte 16. Jh. über rumän. *turban* aus türk. *tülbend*, von pers. *dulbänd*. ↗ *Tulpe.*

Turbine w. 19. Jh. aus frz. *turbine*, KW aus lat. *turbo* Wirbel (zu lat. *turba* Haufen, Verwirrung; ↗ *Trubel*); zu einer Erweiterung der idg. Wurzel **tuer-* drehen. **turbulent** Adj. 17. Jh. (über frz. *turbulent*) aus lat. *turbulentus* unruhig, stürmisch (zum Subst. *turba*).

Turf m. ↗ *Torf.*

Türkis m. Edelstein, mhd. *turggîs*, *turkîs*, *turkoys*, aus frz. *turquoise* der Türkische (nämlich: Edelstein, nach den ersten Fundorten; engl. *turquoise*). Die nhd. Form seit Luther.

Turm m. mhd. *turn*, *torn* (selten) *turm* (md.), aus afrz. **torn*, von lat. *turrem* (Akk. zu *turris*). Schon ahd. *turri*, *turra* unmittelbar aus lat. *turris* Turm (engl. *tower*, auch frz. *tour*). – Die (md.) Formen auf *-m* durch Luther langsam durchgesetzt (zum Nebeneinander von mhd. *turn* : *turm* vgl.: *farn* : *farm*; ↗ *Farn*).

türmen Zw. entweichen, 20. Jh. aus rotw. von heb. *thârám* entfernen. Aber: **(auf)türmen** Zw. zu *Turm!*

Turn m. Kurve; Drogenrausch; 20. Jh. aus engl. *turn* (lat. *tornare* ↗ *drehen*, drechseln [frz. *tourner*]). – **turnen** Zw. KW 1811 (Jahn; als Ersatzwort für ↗ *Gymnastik*); ahd. *turnên* wenden, von lat. *tornare*. **Turner** m. schon um 1650 bei Moscherosch, aus: *Turnier.* – **turnieren** Zw. mhd. *turnieren*, aus afrz. *torn(e)ier*. Davon das Subst. **Turnier** m. s. spätmhd. *turnier*, das älteres *turnei* aus afrz. *to(u)rnei* Turnier verdrängt. Zugrunde liegt (über afrz. *torn*) lat. *tornus* Dreheisen (*tornare*!). – **Turnus** m. 1. Hälfte 18. Jh. aus mlat. *turnus* Umlauf, Wechsel, von gr. *tórnos* Zirkel, Kreislinie, Dreheisen.

Turteltaube w. mhd. *turtel-, türteltûbe*, ahd. *turtul(a)-, turtili-, turteltûba* verdeutlichend für einfaches ahd. *turtura*, von volkslat. *turturella* (engl. *turtle*), lat. *turtur* (SchW nach dem Ruf des Vogels). – Nhd. *-l-* für *-r-*: Dissimilation!

Tusch[1] m. Orchesterfanfare, seit Mitte 18. Jh. über öst. vermutl. aus slaw. *tus* Freudenruf mit Musik (aber: mhd. *duʒ* Lärm, vom Zw. mhd. *dieʒen* schmettern).

Tusch[2] m. Beleidigung, 2. Hälfte 18. Jh. vom Zw. **tuschieren** beleidigen, 1. Hälfte 18. Jh. aus frz. *toucher* anrühren, stoßen (von volkslat. *toccare* beiern, eine Glocke anschlagen, SchW). – ↗ *retuschieren*. – **Tusche** w. 1. Hälfte 18. Jh. vom Zw. **tuschen** 1. Hälfte 17. Jh. aus frz. *toucher* (Drucker-)Farbe auftragen. Nicht dazu: ↗ *vertuschen*.

tuscheln Zw. 18. Jh. Verstärkung vom Zw. *tuschen* schweigen lassen (mhd. *tuschen* sich verborgen halten), SchW (vgl.: die Interj. *tusch!* still!). ↗ *zisch-el-n*, ↗ *läch-el-n* (u. a.).

Tüte w. 16. Jh. aus mnd. *tüte* Blashorn, Hornförmiges; nach der spitzen Form des Papierbeutels; ahd. *tutta, tutto* Zipfel; mhd. *zutzel* Schnuller; voridg.? ↗ *Tüttel*.

tuten Zw. 14. Jh. aus mnd. *tuten* SchW (engl. *toot*).

Tüttel m. Pünktchen, Bißchen, in übtr. Bedeutung 2. Hälfte 15. Jh.; davor mhd. *tüttel* Brustwärzchen, Punkt (Verkleinerung zu mhd. *tut[t]e*, ahd. *tut[t]a, tut[t]o* Brustwarze, w. Brust. ↗ *Tüte*, ↗ *Zitze*).

Tweed m. Gewebeart, 19. Jh. über engl. aus schott. *tweel;* verw.: ↗ *Zwillich*. – Auch der Fluß, der durch das urspr. (schott.) Herstellungstal fließt, heißt *Tweed*.

Twen m. junger Mensch zwischen 20 und 30 Jahren; 20. Jh. aus am. (= Verkürzung von: *twenty* = ↗ *zwanzig*).

Twist[1] m. Modetanz, Mitte 20. Jh. aus am. *twist* eigtl. = Drehen (am. *twist* drehen, verrenken; ↗ *Zwist*); dazu engl. *twist* Faden, Flechte (d. *Twist*[2], *Zwist* Doppelfaden). ↗ *Zwirn*.

Typ m. 19. Jh. für älteres *Typus* m., (um 1700) aus lat. *typus* Figur, Gepräge. Das zugrunde liegende gr. *týpos* Gepräge, Form vom gr. Zw. *týptein* schlagen, mit ↗ *stoßen* verw. – **Type** w. urspr. = Letter, dann = Photographie, schließlich = komischer Kerl; um 1800 aus frz. *type* (für alle Bedeutungen anregend); zugrunde liegt: lat. *typus*.

Typhus m. KW 19. Jh. (wie frz. engl. *typhus*) aus gr. *týphos* Dunst, Qualm, Benommenheit, zu ↗ *Dunst* (gr. Zw. *týphein* dampfen, qualmen).

Tyrann m. mhd. *tyranne* (14. Jh.) aus lat. *tyrannus*, von gr. *týrannos* Herr(scher). Zugrunde liegt vermutl. ein voridg. Wort aus der Ägäis.

U

übel Adj. mhd. *übel*, ahd. *ubil*, got. *ubils* (engl. *evil*); zur idg. Präp. *upo-* unten heran, von unten herauf (verw. mit: lat. *s-ub*, gr. *hypó*); eigtl. = über das Maß hinausgehend, überheblich. Ahd. *uppi* böse. – ↗ *üppig;* ↗ *auf,* ↗ *über.* – **Übeltäter** m. mhd. *übeltæter*, vom Subst. mhd. *übeltât*, ahd. *ubiltât* Verbrechen; eigtl. = Verbrecher.

üben Zw. mhd. *üeben, uoben,* ahd. *uoben* das Land bebauen, treiben, verehren; dazu die Subst. ahd. *uobo* Bauer, *uoba* Feier; urverw.: lat. *opus* Werk (↗ *Frevel!*), *operari* tun, ↗ *opfern;* zur idg. Wurzel *ab-, *ŏbn-* tun, verrichten. ↗ *üblich,* ↗ *Übung,* ↗ *Kopie,* ↗ *Manöver.*

über Adv. mhd. *über*, ahd. *ubiri.* Daneben die Präp. *über*, mhd. *über;* ahd. *ubar, uber;* got. *ufar* (engl. *over*); urverw.: gr. *hypér*, lat. *super.* – ↗ *auf,* ↗ *ob²,* ↗ *ober.* Zur idg. Wurzel *upor(i)-* oben (= über anderem). ↗ *erübrigen,* ↗ *übrig,* ↗ *Übel,* ↗ *üppig.*

Überbein s. mhd. *überbein;* weil man die Sehnengeschwulst für einen „oben liegenden" Knochen (-auswuchs) hielt. ↗ *Bein.*

Überbrettl s. Steigerung von ↗ *Brettl* (1900 durch E. v. Wolzogen).

Überdruß m. mhd. *überdrôʒ;* ↗ *verdrießen.*

überflügeln Zw. 2. Hälfte 18. Jh. Eigtl. = über die ↗ *Flügel* des feindlichen Heeres hinausgelangen.

Überfluß m. mhd. *übervluʒ* LÜ von lat. *superfluxus* eigtl. = das Überquellen, dann = Übermenge. – **Überflußgesellschaft** w. 20. Jh. LÜ von engl. *affluent society.* – **überflüssig** Adj. mhd. *übervlüʒʒec* LÜ von lat. *superfluus*, zunächst = überquellend, dann (16. Jh.) = überreichlich; 18. Jh. = zwecklos.

überfragt sein Zw. 20. Jh. von alem. Zw. *überfragen* zuviel fragen; vom Subst. mhd. *übervrâge* überflüssige Frage abgeleitet.

überführen Zw. als schuldig erweisen, 1. Hälfte 16. Jh. Eigtl. = den Mörder (im Verlauf des „Bahrrechts") an den Ermordeten führen, dessen Wunden dann nach altem Volksglauben aufbrechen.

überhaupt Adv. spätmhd. *über houbet* ohne (beim Viehhandel) die einzelnen Stücke zu zählen, also = in Bausch und Bogen; erst. 18. Jh. = im allgemeinen.

überholen Zw. 2. Hälfte 18. Jh. Zs. mit ↗ *holen;* = einholen und überflügeln; 19. Jh. aus engl. *overhaul* überprüfen (zunächst seemännisch, dann bes. sportsprachlich).

überlegen¹ Adj. 1. Hälfte 16. Jh. Eigtl. = Part. Pass. zum Zw. mhd. *überligen* (im Ringkampf) oben zu liegen kommen. – **Überlegung** w. Mitte 18. Jh. vom Zw. **überlegen²**, mhd. *überlegen* überziehen, belegen; Mitte 16. Jh. = zu stark belegen; Mitte 17. Jh. = bedenken.

übermächtig Adj. 2. Hälfte 15. Jh. weit überlegen; davon das Subst. **Übermacht** w. 18. Jh. (mhd. *übermaht* große Menge).

Übermensch m. 1. Hälfte 16. Jh. vom Adj. **übermenschlich** übernatürlich; in der Theologenliteratur, dann in der Dichtung (Herder, Goethe, Grabbe), schließlich von Nietzsche verbreitet.

übermütig Adj. mhd. *übermüete(c), übermuot,* ahd. *ubarmuoti(g);* vom Subst. **Übermut** m. mhd. *übermuot,* ahd. *ubarmuot* Hochmut, Herzhaftigkeit.

übernächtig Adj. mhd. *übernehtic* eine Nacht dauernd; seit 1800 = unausgeschlafen.

überraschen Zw. 2. Hälfte 16. Jh. zum Adj. ↗*rasch;* eigtl. = schnell über jmdn. herfallen.

überrumpeln Zw. 1. Hälfte 16. Jh. Eigtl. = mit Lärm überfallen. ↗*rumpeln.*

überschätzen Zw. Mitte 16. Jh. = zu hoch bewerten (seit 2. Hälfte 18. Jh. verbreiteter); mhd. *überschetzen* zu hoch besteuern.

überschnappen Zw. Ende 17. Jh. vom Schloß; 18. Jh. von der Stimme; 2. Hälfte 18. Jh. = verrückt werden.

Überschuß m. mhd. (14. Jh.) *überschuʒ* was (z. B. von einem Gebäude) hinausragt; vom Zw. mhd. *überschiezen* übrigbleiben, hinausragen. Seit 16. Jh. = Gewinn. Dazu das Adj. **überschüssig** 18. Jh.

Überschwang m. mhd. *überswanc* Überströmen, Verzückung; vom Zw. ↗*schwingen.* ↗*Schwang.* Dazu das Adj. **überschwenglich** mhd. *überswenclich* übergroß.

überseeisch Adj. 1. Hälfte 15. Jh. = jenseits des Sees (schwz.); Mitte 15. Jh. = transatlantisch (ostpr.); mhd. *über sê* jenseits des Meeres (LÜ von lat. *ultra mare?*).

überspannt Adj. verschroben, 2. Hälfte 18. Jh. Eigtl. = Part. Pass. zum Zw. **überspannen** zu sehr spannen 2. Hälfte 17. Jh.; ↗*spannen.*

überständig Adj. 2. Hälfte 18. Jh. = (Holz,) das zu lange steht. Dafür mhd. *überstanden.*

übertölpeln Zw. 2. Hälfte 16. Jh. zusammengerückt aus der RA *über den tölpel werfen* 16. Jh. = über das Holz werfen (Spielbrauch?). *Tölpel* = Holz, vielleicht zu *dolb* Keule? Sonst unerklärt. – Später volkset. zu ↗*Tölpel* Dummkopf gezogen.

Übertrag m. um 1800 Eindeutschung von *Transport* (↗*transportieren*).

überwältigen Zw. 1. Hälfte 16. Jh. vom Zw. mhd. *waltigen, weltigen* Gewalt verleihen.

überwinden Zw. mhd. *überwinden* neben *überwinnen,* ahd. *ubarwintan* neben *ubarwinnan,* zu ahd. *winnan* kämpfen, sich mühen (↗*gewinnen*); das *-t-* (*-d-*) nachträglich eingeglitten. Später volkset. zu: *winden.*

überzeugen Zw. mhd. *überziugen* mit Zeugen überführen (Rechtswort); seit 16. Jh. (in theol. Literatur) = (zu andrer Ansicht) bekehren; dazu: **Überzeugung** w. feste Ansicht, um 1800. ↗*zeugen*[1].

üblich Adj. 2. Hälfte 17. Jh. vom Subst. *uop* Sitte (zum Zw. ↗*üben*).

übrig Adj. mhd. *überec* übermäßig, -flüssig (*ein übriges tun*); später = restlich. ↗*über.*

Übung w. mhd. *üebunge* Gebrauch, Gottesverehrung, ahd. *uobunga* Landbebauung, Gebrauch, Gottesverehrung; ↗*üben.*

Ufer s. mhd. (meist md.) *uover, ûfer, ûber,* aus as. **obir,* mnd. *ôver, över;* urverw.: gr. *êpeiros* Festland; idg. **âpero-;* zur Präp. idg. **ap(o)-* ↗*ab.* Eigtl. = (zum Fluß hin) abgelegenes Land. Durch Luther gegen obd. ↗*Gestade* durchgesetzt.

Uhr w. mhd. *ûr(e),* (*h*)*ôre* Stunde, aus mnd. *ûr(e)* Stunde; früh entlehnt (wie engl. *hour*) aus afrz. (*h*)*ore,* = lat. *hora* Stunde (aus gr. *hôra;* ↗*Jahr*). – *U-* für älteres *O-* seit 2. Hälfte 16. Jh. vorherrschend; etwa gleichzeitig die Entwicklung der Bedeutung von „Stunde" (*vier Uhr*) zu „Stundenmesser" (*eine Uhr haben*).

Uhu m. 16. Jh. aus ostmd.; davor mhd. *ûve, hûwe,* ahd. *ûvo, hûwo;* SchW (lat. *bubo,* gr. *býas;* vgl. dazu d. ma. *Schuhu* [thür.], *Buhu* [siebb.], *Huhu* [frühnhd.]).

Ulan m. vor Mitte 18. Jh. aus poln. *uɫan* Tatarenreiter; zugrunde liegt: türk. *oghlan* Bursche.

Ulk m. 17. Jh. über stud. aus mnd. *ulk* Lärm, Streit, vom Zw. mnd. *ulken* sich (wie eine kleine Eule) ausputzen, sich auffällig benehmen. Zugrunde liegt die Verkleinerung zu mnd. *ûle* ↗*Eule.*

Ulme w. 2. Hälfte 15. Jh. für älteres verdeutlichendes mhd. *ulmboum;* aus lat. *ulmus.* Daneben mhd. ahd. *elm*(*boum*), mhd. *ilm*(*e*), ahd. *ilmboum, ilme;* zur idg. Wurzel **el-, *ol-* rot-, braunglänzend (↗ *Erle*). Der Baum heißt bei Germanen, Kelten, Italern nach der Farbe seines Holzes. ↗ *Rüster,* ↗ *Eller!*

Ulster m. Mantelart, Ende 19. Jh. aus engl. *ulster,* Abkürzung für *Ulster overcoat* Mantel im nordir. (Ulsterschen) Schnitt (seit 1867 durch eine Belfaster Firma verbreitet).

Ultimatum s. KW 1. Hälfte 18. Jh. nach lat. *ultimus* der letzte (eigtl. = der am weitesten jenseits liegende, zu lat. *uter* jenseitig, *ultra* jenseits). – **Ultimo** m. 1. Hälfte 16. Jh. aus it. *ultimo,* Abkürzung von it. *a di ultimo* am (Monats-)Letzten. –

ultramarin Adj. 16. Jh. aus lat. *ultramarinum* überseeisch (weil der Lasurstein, von dem die blaue Farbe gerieben wurde [↗ *Azur*], aus Asien kam).

um Adv., Präp. mhd. *umbe,* ahd. *umbi;* mit Abl. verw.: lat. *ambi*ringsum, gr. *amphí* um, *amphís* auf beiden Seiten (↗ *Amphibie,* ↗ *Amphitheater*); idg. Wurzel **ambhi*-um - herum (↗ *bei;* verw.: ↗ *beide*).

Umfang m. mhd. *umbevanc* Kreis, Umarmung, Umhüllung; vom Zw. **umfangen,** mhd. *umbevâhen* umarmen, ahd. *umbifâhan.* – ↗ *fangen.*

umgarnen Zw. 18. Jh. aus der Jägersprache. Eigtl. = mit Netz zu fangen suchen.

umgehend Adj. eigtl. = Part. Präs. vom Zw. *umgehen* zurückkehren (*mit umgehender Post* sofort antwortend; ganz ähnlich: *postwendend,* 19. Jh. verkürzt aus: mit wendender Post, sofort).

Umriß m. 2. Hälfte 18. Jh. verdeutlichend für ↗ *Riß.*

umsatteln Zw. 2. Hälfte 17. Jh. = weglaufen; vor 1700 = Studium (Konfession, später auch Beruf) wechseln; stud.

Umsatz m. um 1700 hd. aus mnd.

ummesat Tausch (vom Zw. *ummesetten;* Mitte 17. Jh. *geld umbsetzen* wechseln).

umschichtig Adj. 19. Jh. vom Subst. *Umschicht* Wechsel; (bergmänn.) ↗ *Schicht.*

umsonst Adv. mhd. *umb*(*e*)*sus*(*t*); ↗ *sonst.* Eigtl. = um ein So (= für ein Nichts).

Umstand m. mhd. *umbestant* was (wer) herumsteht, bes. Gerichtszuschauer; daher: *ohne Umstände* ohne Zuschauer, ohne Aufwand; *Umstände machen* Aufwand betreiben; 18. Jh. *in andern Umständen* schwanger. – **umständlich** Adj. weitläufig, zeitraubend, 16. Jh.

Umwälzung w. LÜ für frz. *révolution* 1791 (von Campe) (schon 1789: *Staatsumwälzung*).

Umwelt w. um 1800 nach dän. *omverden* als Eindeutschung von *Milieu.* Davor = Gegend; seit 1909 (v. Uexküll) = biolog. Umgebung.

un- mhd. ahd. got. (engl.) *un-;* idg. Verneinungspartikel (**n̥*); dazu im Abl. idg. **ne*(*i*)-, wozu ↗ *nein,* ↗ *nicht,* ↗ *nie,* ↗ *nur* usw.

unaussprechlich Adj. mhd. *unûzsprechelich,* Mystikerwort.

unbändig Adj. mhd. *unbendec* was nicht bändig (= am Band, an der Hundekoppel zu halten) ist (Jägerwort); ↗ *bändigen.*

unbedarft Adj. harmlos, 20. Jh. aus nd. (mnd. *unbedarve, -derve,* Ggs. zu mnd. *bederve* ↗ *bieder;* oder: Ggs. zum Part. Pass. vom Zw. mnd. *bedarven* bedürfen; ↗ *bedürftig*).

unbedingt Adj. mhd. (1. Hälfte 15. Jh.) *unbedinget* (gerichtlich) unangefochten. – ↗ *Ding.*

unbehaust Adj. ↗ *Behausung!*

unbeholfen Adj. ungeschickt, um 1800 aus ma. für älteres *unbehilflich* 18. Jh. (mhd. *unbeholfen* ohne Hilfe).

unbeschadet Präp. seit 2. Hälfte 17. Jh. (bes. im Kanzleigebrauch); eigtl. = Part. Pass. zum Zw. *beschaden* beschädigen. ↗ *Schaden.*

unbescholten Adj. mhd. *unbeschol-*

ten eigtl. = Part. Pass. zum Zw. mhd. *beschelten,* ahd. *bisceltan* schmähen (*⁄schelten*).

Unbill w. 2. Hälfte 16. Jh. aus schwz. vom Adj. mhd. *unbil* unschicklich (*⁄billig*). **Unbilden** Mz. von der mhd. Ez. *unbilde* Unrecht, Wunder, ahd. *unpilide;* Suffixbildung vom selben Adj. Verw.: *⁄Bild.*

und Konj. mhd. *und(e),* ahd. *un-, in-, en-, anti, unta* (engl. *and*). Idg. Konj.

Unding s. mhd. *undinc* Übel; 18. Jh. = Nichts; 19. Jh. = Widersinn.

unentgeltlich Adj. um 1800 vom Zw. *entgelten; ⁄Entgelt.*

unentwegt Adj. 2. Hälfte 19. Jh. aus schwz., Negierung zum Part. Pass. *entwegt* unruhig (mhd. *entwegen* herausbewegen, scheiden; *⁄verwegen*).

unergründlich Adj. mhd. *unergruntlich;* Mystikerwort.

unerschwinglich Adj. 2. Hälfte 16. Jh. vom Zw. *erswingen* Kosten aufbringen; *⁄erschwinglich.*

Unfall m. spätmhd. *unval* (15. Jh.) für älteres mhd. *ungeval, -gevel(le); ⁄Gefälle.* – *Unfall* ist der Ggs. zu nd. *geval* Zufall, Glück.

unfehlbar Adj. LÜ 2. Hälfte 17. Jh. von lat. *infallibilis.*

unflätig Adj. mhd. *unvlætec,* zum Subst. ahd. *flât* Schönheit, Zw. ahd. *flâwen* säubern; Herkunft ungeklärt. Gebildet wie *⁄Tat.*

Unfug m. mhd. *unvuoc, -vuoge* Roheit, Frevel, Torheit; Verneinung zu mhd. *vuoc. – ⁄fügen.*

ungebärdig Adj. 1. Hälfte 16. Jh. zum Subst. mhd. *ungebærde* schlechtes Benehmen; *⁄Gebärde.*

ungefähr Adv. Mitte 15. Jh. *ungever* für älteres *ongefer(e),* eigtl. = Rechtswort für unverschuldet ungenaue Angaben („etwa"); aus mhd. *âne gevære* ohne betrügerische Absicht.

ungehalten Adj. mhd. *ungehalten* ungezäunt; Mitte 17. Jh. = zornig.

Ungeheuer s. mhd. *ungehiure,* vom Adj. mhd. *ungehiure,* ahd. *ungahiuri* schrecklich, Verneinung zu

⁄geheuer; also: genaue Entsprechung zu *unheimlich.* Die nhd. Bedeutung durch lat. *monstrum* beeinflußt, ebso. das Geschlecht (mhd. neben s. auch m. und w.).

ungehobelt Adj. 2. Hälfte 16. Jh. aus stud. (stud. Aufnahmebrauch des „Hobelns" [symbol. Maßnahme bei der Aufnahme des Studenten, „Deposition"]: wer nicht „gehobelt" war, war kein richtiger Student).

Ungemach s. mhd. *ungemach* Unruhe, Unbehagen; Ggs.: mhd. *gemach,* ahd. *gimah* Ruhe, Behagen. *⁄Gemach.*

ungeschlacht Adj. mhd. *ungeslaht* von übler Art, ahd. *ungislaht* entartet; *⁄Geschlecht.*

ungeschoren lassen Zw. mhd. *ungeschorn lân* eigtl. = jmdm. die Haare (zur Strafe) nicht abschneiden.

ungestalt Adj. mhd. *ungestalt* häßlich, ahd. *ungistalt* unschön; Ggs.: mhd. *(wol-)gestalt* schön (beschaffen). – *⁄Gestalt, ⁄verunstalten.*

ungestüm Adj. mhd. *ungestüeme,* ahd. *ungistuomi;* Ggs.: mhd. *gestüeme* sanft, ruhig; vom Zw. mhd. *⁄stemmen* hemmen, anhalten; eigtl. = ungehemmt.

Ungetüm s. 1. Hälfte 16. Jh. = Gespenst; Ggs. zu einem nicht belegten Subst., das zu mhd. ahd. *tuom* Wesen, Stand, Macht usw. gehört; eigtl. = Unwesen (*⁄-tum*).

Ungeziefer s. mhd. *ungezibere, -bele,* Ableitung vom Subst. ahd. *zebar* Opfer(tier), eigtl. = was nicht zum Opfern, als Opfertier paßt (Herkunft?); daraus rückgebildet: *Geziefer* s. Kleinvieh (17. Jh.).

Unhold m. mhd. *unholde,* ahd. *unholdo, -da,* got. *unhulþô, -þa* Teufel; vom Adj. mhd. *unhold* unfreundlich, feindselig; Ggs.: *⁄hold. – ⁄Teufel.*

Uniform w. 17. Jh. aus frz. *uniforme,* substantiv. Adj. frz. *uniforme* gleichförmig (lat. *uniformis* gleich-, einförmig; Zs. aus: lat. *unus* einer [*⁄ein*] + *forma* Gestalt *⁄Form. – ⁄Unze.* – **Unikum** s. 2. Hälfte 19. Jh. von lat. *unicum* das einzige (lat. *unus*). – **Union** w. um 1600 aus lat. *unio* Vereinigung (lat. *unus*). – **universal** Adj. 17. Jh. aus mlat. *universalis* allgemein (Zs. aus: lat. *unus* + lat. Part. Pass. *versus* gewendet [vom Zw. *vertere* wenden, ↗ *werden*]); neben **universell** Adj. 18. Jh. aus frz. *universel* (von mlat. *universalis*). – **Universität** w. vor 1400 aus lat. *universitas* Gesamtheit (der Professoren und Studenten, zum Adj. *universus* allgemein); ↗ *Hochschule.* **Universum** s. All, 2. Hälfte 18. Jh. aus lat. *universum* das Allgemeine.

Unke w. mhd. ahd. *unc* Schlange (urverw.: lat. *anguis* Schlange); daneben: mhd. *ûche* Kröte, ahd. *ûcha* (urverw.: lat. *uvidus* feucht). – *Unke* verdrängt *ûche*, je seltener die Schlangen in Deutschland werden (17. Jh.); es übernimmt dabei von *ûche* das auslautende -*e* mit dem w. Geschlecht. **unken** Zw. Unheil verkünden, 18. Jh. Eigtl. = wie ein Frosch quaken.

Unkosten Mz. 15. Jh. als Kaufmannswort (*Un*- = schlimm, wie in ↗ *Unkraut*, ↗ *Untat*, ↗ *Untier*, ↗ *Unwesen*, ↗ *Unwetter;* eigtl. = üble Kosten).

Unkraut s. mhd. ahd. *unkrût* eigtl. = übles Kraut.

unliebsam Adj. 19. Jh. Ggs. zu dem abgestorbenen Adj. *liebesam*, mhd. ahd. *lieb(e)sam* zugeneigt.

Unmensch m. mhd. *unmensch*, vom Adj. **unmenschlich**, mhd. *unmenschlich* LÜ von lat. *inhumanus*.

unpäßlich Adj. 2. Hälfte 17. Jh., vom älteren Adv. *unpaß*, Ggs. zu mhd. *pas* Maß (↗ *Paß¹*). – RA *zu passe sein* (kommen) = das rechte Maß haben (bekommen), 16. Jh.

unpersönlich Adj. 1. Hälfte 17. Jh. im Hinblick auf das Zw. („*unpersönliches Zw.*"), LÜ von lat. *verbum impersonale.*

Unrat m. mhd. *unrât* Nichtigkeiten, Unheil, Mangel, übler Rat, ahd. (selten) *unrât* schlechter Rat. Ggs. zu: ↗ *Rat.*

unser FW mhd. *unser*, ahd. *unser*, got. *unsar* (engl. *our*), vom Dat. (Akk.) des Personal-FWs **uns** mhd. ahd. got. *uns* (engl. *us*); urverw.: lat. *nos*, gr. *hêmeîs* (idg. ** n̥s*).

Unsinn m. mhd. *unsin* Torheit; 18. Jh. LÜ von frz. *nonsens* (engl. *nonsense*), = Albernheit. Vom Adj. **unsinnig** mhd. *unsinnec*, ahd. *unsinnig* töricht, rasend.

Unstern m. LÜ 2. Hälfte 16. Jh. von frz. *désastre.*

untadelig Adj. 1. Hälfte 16. Jh. (das Positivum **tadelig* gibt es nicht; dafür mhd. *tadelhaft*).

Untat w. mhd. ahd. *untât* üble Tat (↗ *Unkosten*, ↗ *Unkraut*, ↗ *Unwesen*, ↗ *Unwetter*).

unter Präp. (Adv.) mhd. *unter, under*, ahd. *unter, untar(i)*, got. *undar* (engl. *under*). 2 idg. Wurzeln: idg. **n̥dhér* unter (dazu lat. *infra* unterhalb, *inferus* der untere, gr. *atheríz̧ein* verachten) und idg. **n̥tér-* zwischen (alter Komp.; dazu: lat. *inter* zwischen, gr. *éntera* Eingeweide) – Adv. **unten** mhd. *unden*, ahd. *untanân* (gebildet wie: ↗ *auß-en*). – **unterdessen** Adv. 16. Jh. für älteres *unterdes*, das erhalten bleibt (mhd. *unter des* während dem).

Untergrund m. 19. Jh. = Bodenschicht unter der Ackerkrume, Fundament; 20. Jh. = antifaschistische Kampfbewegung (Abkürzung von *Untergrundbewegung*).

Unterhalt m. 1. Hälfte 17. Jh. vom Zw. **unterhalten** (mit Nahrung) erhalten, ernähren; 17. Jh. LÜ von frz. *entretenir* die Zeit verkürzen; dazu **Unterhaltung** w. 18. Jh. (Luther: *Unterhalt* = Gespräch).

unterjochen Zw. 2. Hälfte 18. Jh. LÜ von lat. *subiugare;* ↗ *Joch.*

Unterkunft w. 19. Jh. für älteres *Unterkommen* s. 2. Hälfte 17. Jh. vom Zw. **unterkommen** Aufnahme finden, 1. Hälfte 17. Jh. (mhd. *underkomen* verhindern).

Unterlaß m. mhd. *âne underlâz̧*, ahd. *âno untarlâz̧*; Zs. von: *unter* + mhd. ahd. *lâz̧* Unterbrechung (↗ *lassen*).

unternehmen Zw. mhd. *unternemen* unterbrechen; *sich unternehmen* etw. übernehmen; daher: 18. Jh. als LÜ von frz. *entreprendre* (engl. *undertake*) geschäftlich beginnen. Dazu das Subst. **Unternehmen** s. 1. Hälfte 18. Jh.; über **Unternehmer** m. LÜ von frz. *entrepreneur* (engl. *undertaker*).

untersagen Zw. mhd. *undersagen* (LÜ von lat. *interdicere?*).

unterschlagen Zw. mhd. *underslahen* eigtl. = etw. unter etw. anderes schlagen, daß es nicht zu sehen ist, es übergehen; 17. Jh. = veruntreuen.

Unterschleif m. mhd. *undersleipf* neben *underslouf* Versteck, vom Zw. mhd. *undersliefen* hintergehen (eigtl. = hinunterschlüpfen machen; ↗ *schliefen*).

unterstellen Zw. mhd. *understellen* etw. unter etw. anderes stellen; 18. Jh. LÜ von frz. *supposer* (lat. *supponere* fälschlich behaupten).

untertan Adj. mhd. *undertân*, ahd. *untartân*, eigtl. = Part. Pass. zum Zw. mhd. *undertuon*, ahd. *untartuon* unterwerfen. Dazu das Subst. **Untertan** m. mhd. *undertân(e)*, und das Adj. **untertänig**, mhd. *undertænec*.

unterwegs Adv. mhd. ahd. *underwegen*, seit 16. Jh. mit adverb. *-s* (↗ *flug-s*, ↗ *spornstreich-s*, ↗ *tag-s*, ↗ *teil-s*, ↗ *unversehen-s*, ↗ *vergeben-s*): *unterwegens;* 1. Hälfte 18. Jh. gekürzt.

Untier s. mhd. *untier* übles Tier, Ungeheuer (↗ *Unkosten*, ↗ *Unkraut*, ↗ *Untat*, ↗ *Unwesen*, ↗ *Unwetter*).

unumgänglich Adv. 1. Hälfte 17. Jh. zum Subst. mhd. *umbeganc* Seitenweg; also = ohne Seitenschliche. – **unumschränkt** Adj. 2. Hälfte 17. Jh. zum Zw. mhd. *umbeschrenken* beschranken; ↗ *schränken*.

unverfroren Adj. Mitte 19. Jh. berl. aus nd. *unvervêrt* unerschrocken (vom mhd. mhd. *vâre* = ↗ *Gefahr*, Nachstellung), volkset. an *verfroren* angelehnt. – **unversehens** Adv. 1. Hälfte 16. Jh. für älteres (md.)

unvorsên, vom Zw. mhd. *versehen* vorhersehen; mit adverb. *-s* wie ↗ *fall-s*, ↗ *flug-s*, ↗ *spornstreich-s*, ↗ *tag-s*, ↗ *teil-s*, ↗ *unterweg-s*, ↗ *vergeben-s*.

Unwesen s. mhd. *unwesen* Nichtsein (Mystikerwort). (In Anlehnung an ↗ *Un-kosten*, ↗ *Un-kraut*, ↗ *Un-tat*, ↗ *Un-tier*, ↗ *Un-wetter*) 15. Jh. = übles Wesen, feindliches Verhalten.

Unwetter s. mhd. *unweter* übles Wetter (*un-* wie bei ↗ *Unkosten* usw.).

unwirsch Adj. *unwirdesch* schmählich, verächtlich, vom Subst. *unwirde* Unwert (mit allmählicher Kürzung der unbetonten 2. Silbe: über *unwirdsch* 16. Jh. zu *unwirs(ch)* 17. Jh. Seit 2. Hälfte 15. Jh. = mürrisch (zur Anlehnung an mhd. *wirs* schlimmer?); ↗ *wert*.

Unze w. mhd. *unz(e)*, ahd. *unza* (engl. *inch* Zoll), aus lat. *uncia* (röm.) Pfund (eigtl. = 1 Zwölftel; über afrz. *once*, engl. *ounce*). Zugrunde liegt lat. *unus* einer; eigtl. = Gewichtseinheit ($\frac{1}{12}$). – ↗ *ein*, ↗ *Uniform* usw.

unziemlich Adj. mhd. *unzim(e)lich* ungebührlich (Ggs.: ↗ *ziemlich* in urspr. Bedeutung).

üppig Adj. mhd. *üppic*, ahd. *uppîg* überflüssig, übermütig; verw. mit: ↗ *über* (↗ *auf*, ↗ *übel*); also = über das Maß hinausgehend.

Ur m. ↗ *Auerochse* (mhd. *ûr*, erneuert 2. Hälfte 18. Jh.).

ur- Vorsilbe mhd. ahd. *ur-* (unbetont: ↗ *er-*); identisch mit der Präp. ahd. *ur*, got. *us, uz* aus, von – her; ↗ *aus*. Herkunft ungeklärt. Bei Adj. verstärkt die Vorsilbe (*urgemütlich;* durch stud. verbreitet); bei Subst. bezeichnet sie einen Anfang, eine Vor- oder Frühstufe (*Urahn, Urwald*).

Uran s. Element, 1786 nach dem Planeten (eigtl.: gr. Himmelsgott) *Uranus.*

Uraufführung w. 1. Hälfte 20. Jh. Eindeutschung von ↗ *Premiere.*

urban Adj. weltmännisch, um 1800

aus lat. *urbanus* städtisch (*urbs* Stadt).

urbar Adj. 17. Jh. aus mnd., mnd. *orbarheit* Vorteil, *orbaren* urbar machen; vom mnd. Subst. *or-, urbar* Ertrag (= mhd. *urbar, -ber, -bor, -bur*). Zugrunde liegt: das Zw. mhd. *erbern*, ahd. *urberan* hervorbringen; ↗ *gebären*. Eigtl. = fruchtbar.

Urbild s. LÜ 2. Hälfte 17. Jh. von lat. (= gr.) *archetypus;* Eindeutschung 1. Hälfte 18. Jh. von ↗ *Original*.

Urheber m. 1. Hälfte 15. Jh. vom Subst. mhd. *urhap* Ursprung (vom Zw. *erheben;* ↗ *heben*); in der Bedeutung von lat. *auctor* Urheber mitbeeinflußt.

Urin m. 17. Jh. aus lat. *urina* Harn; zur idg. Wurzel **u̯er-* feucht(en). – ↗ *Auer(ochse)*. Verw.: ↗ *Wasser*.

Urkunde w. mhd. *urkunde, -künde*, ahd. *urkundî;* vom Zw. *erkennen*, eigtl. = Erkenntnis, Zeugnis, Beweis.

Urlaub m. mhd. ahd. *urloup;* vom Zw. ↗ *erlauben*, eigtl. = Erlaubnis (wegzugehen).

Urne w. Aschen-, Zierkrug; 1. Hälfte 17. Jh. aus lat. *urna* Krug

(spätmhd. *ürn* aus lat. *urna,* älter **úrena;* gr. *órchê* Krug).

Ursache w. mhd. *ursache* Klagegrund (↗ *Sache*); die Bedeutung unter lebhafter Einwirkung von lat. *causa*.

Ursprung m. mhd. *ursprunc* neben *ursprinc*, ahd. *urspring* Quelle; vom Zw. *erspringen* entspringen.

Urteil s. mhd. *urteil(e)*, ahd. *urteil, -i, -î, -a;* vom Zw. *erteilen* (zunächst = Richterspruch abgeben [vgl. die ahd. stabreimende Formel *tuom irteilen*]); ↗ *Vorurteil*.

usurpieren Zw. 16. Jh. aus lat. *usurpare* sich aneignen (aus: *usu rapere* benutzend an sich reißen). – **Usus** m. Brauch, 17. Jh. über stud. aus lat. *usus* (Ge-)Brauch (Zw. lat. *uti* [ge]brauchen). – **Utensilien** Mz. 2. Hälfte 18. Jh. aus lat. *utensilia* Gebrauchsdinge, vom Zw. *uti*.

Utopie w. 16. Jh. aus frz. *utopie*, aus engl. *utopia* Nirgendheim (KW 1516 [durch Th. Morus] aus gr. *û* nicht + *tópos* Ort).

uzen Zw. foppen, 2. Hälfte 16. Jh. aus südd. Maa., in denen der PN *Ulrich* zu *Uz* abgekürzt wurde. Nach dem Muster von *Hans:* ↗ *hänseln*.

V

Vagabund m. 2. Hälfte 18. Jh. nach lat. *vagabundus*, für älteres *Vagabond* (um 1700 aus frz. *vagabond*); vom lat. Adj. *vagabundus* Umschweife(nde)r (*vagari* umherschweifen, *vagus* unstet [über frz. *vague* zu d. **vage** Adj. 18. Jh.]). – ↗ *extravagant*.

vakant Adj. 2. Hälfte 16. Jh. aus lat. *vacans* (Gen. *vacantis*), Part. Präs. vom Zw. *vacare* leer sein. – **Vakuum** s. 1. Hälfte 18. Jh. aus lat. *vacuum* (das, die) Leere (Adj. *vacuus* leer, vom Zw. *vacare*).

Valet s. 1. Hälfte 16. Jh. von lat.

valete Imp. vom Zw. *valere* gesund, bei Kräften, stark sein (eigtl. ein Abschiedsgruß; = bleibt gesund!). – **Valuta** w. 16. Jh. aus it. *valuta;* Zw. *valere* wert sein (↗ *Invalide*). – ↗ *walten*.

Vamp m. Verführerin, 20. Jh. aus engl. *vamp*, verkürzt aus *vampir* (von serb. *vàmpûr* Blutsauger; d.: **Vampir** m. 18. Jh.).

Vanille w. 2. Hälfte 17. Jh. aus span. *vainilla* Schötchen, kleine Scheide (lat. *vagina* Schwertscheide, Ährenhülse; *vaginula* kleine Hülse).

Variante w. um 1800 aus frz. *varian-*

te, eigtl. = w. Part. Präs. zum Zw. *varier* wechseln (vom lat. *variare* abwechseln, *varius* verschiedenartig, bunt). **Varieté** s. 19. Jh. verkürzend für *Varieté-Theater,* aus frz. *théâtre des variétés* bunte Bühne (frz. *varier* abwechseln; lat. *varius*). **variieren** Zw. 2. Hälfte 16. Jh. aus lat. *variare.*

Vase w. 2. Hälfte 15. Jh. über frz. *vase* Ziergefäß aus lat. *vas* Gefäß.

Vater m. mhd. *vater,* ahd. *fater,* got. *fadar* (engl. *father*); urverw.: lat. *pater, gr. patêr*; idg. Verwandtenbezeichnung (**pətér*); vermutl. Weiterbildung einer Lallsilbe (*↗ Papa, ↗ Mutter*); *↗ Vetter.* **Vaterland** s. mhd. *vaterlant* LÜ von lat. *patria* (engl. *fatherland* 19. Jh. vom D.).

Vegetarier m. Mitte 19. Jh. aus engl. *vegetarian* (1847 *Vegetarian Society*); lat. *vegetare* beleben (*vegere* munter sein). **vegetieren** Zw. 1. Hälfte 18. Jh. aus lat. *vegetare.*

Vehemenz w. 1. Hälfte 18. Jh. aus lat. *vehementia* (vom Adj. *vehemens* [Gen.: *-mentis*] heftig einherfahrend, zum Zw. *vehere* fahren). – **Vehikel** s. um 1700 *Vehiculum,* aus lat. *vehiculum* Fahrzeug (zum Zw. *vehi = vehere.* – *↗ Wagen*).

Veilchen s. 1. Hälfte 17. Jh. verkleinernd zu älterem mhd. *vîel,* davor *vîol(e),* ahd. *víola,* aus lat. *viola;* Verkleinerung zu gr. *íon* Veilchen (*↗ Jod, ↗ Levkoje*). Zugrunde liegt vielleicht die Pflanzenbezeichnung einer voridg. Mittelmeersprache. *↗ violett.*

Velours s. Samtgewebe, 19. Jh. aus frz. *velours* für älteres *velous* Samt; lat. *villosus* haarig (von *vellus* Schurwolle; *↗ Wolle*); *↗ Flor¹.*

Velociped s. Fahrrad, nach 1870 aus frz. *vélocipède* (lat. *velox* schnell [verw.: *veles* Leichtbewaffneter] + *pes* [Gen. *ped-is*] Fuß).

Ventil s. 2. Hälfte 16. Jh. aus mlat. *ventile* Kanalschleuse (zu lat. *ventus = ↗ Wind*). **Ventilator** m. 18. Jh. aus engl. *ventilator* KW zu lat. *ventus.* – *↗ Wanne.*

Venus w. *↗ Wunsch.*

ver- (Vorsilbe) mhd. *ver-,* ahd. *fir-, far-,* got. *fair-* (als Präp.: heraus), *faur-* (als Präp.: vor[bei]), *fra-* (als Präp.: weg); urverw.: lat. *prae, per, pro;* gr. *pará, perí, pró;* idg. **per(i)-, *pṛ-, *pro-,* Entwicklungsformen der idg. Wurzel **per-* über – hinaus. – *↗ vor, ↗ für, ↗ fort.*

verachten Zw. *↗ Acht².*

Veranda w. Um 1850 aus engl. *veranda(h),* über Indien aus port. *váranda.* Ursprung: aind. *baranda* Erdaufschüttung.

verantworten Zw. mhd. *verantworten, -wurten, -würten* (vor Gericht) antworten.

Verb(um) s. 1. Hälfte 17. Jh. aus lat. *verbum* aus **verdhom ↗ Wort.*

verbal(l)hornen Zw. um 1800 nach dem Lübischen Drucker Johann *Bal(l)horn,* der 1586 eine fehlerreiche Neuauflage des Lübischen Rechts herausbrachte.

verbissen Adj. 1. Hälfte 18. Jh. Eigtl. = Part. Pass. zum Zw. *verbeißen,* mhd. *verbîʒen,* zer-, zusammenbeißen, verschweigen (*↗ beißen*).

verblüffen Zw. 18. Jh. aus nd. *vorbluffen* durch Gesten einschüchtern. SchW? – *↗ Bluff.*

verblümt Adj. eigtl. = Part. Pass. zum Zw. *verblüemen* beschönigen, eigtl. = mit Redeblumen (LÜ von lat. *flores.* – *↗ Blume; ↗ Flor²*) schmücken.

verbohrt Adj. 19. Jh. Part. Pass. vom Zw. *verbohren* falsch bohren (Handwerkerwort).

verbrämen Zw. spätmhd. *verbremen* umranden, zum Subst. mhd. *brem* Rand (engl. *brim*). – *↗ Brombeere.*

Verbrauch m. 2. Hälfte 18. Jh. Eindeutschung von *↗ Konsum(tion).*

Verbrechen s. spätmhd. Substantivierung zum Zw. *verbrechen,* mhd. *verbrechen,* ahd. *farbrehhan* (das Gesetz) verletzen; dazu **Verbrecher** m. mhd. *verbrecher.* – *↗ brechen.*

verdächtig Adj. mhd. *verdæhtic* vorbedacht, argwöhnisch; 17. Jh. =

Verdacht erregend. Vom Subst. **Verdacht** m. 16. Jh., mnd. *vordacht* Argwohn. – ∕ *denken.*

verdammen Zw. mhd. *verdam(p)nen,* ahd. *firdamnôn;* aus lat. *damnare* verurteilen (*damnum* Schaden, Buße); zuerst kirchensprachl. (vgl. *verdammt!* und: **Verdammnis** w. mhd. *verdam[p]nisse).* *-mm-* aus älterem *-mn-* wie bei ∕ *Stimme.*

verdattert Adj. 19. Jh. aus ma. (von *tattern* schwatzen. – ∕ *Tatterich.*

verdauen Zw. mhd. *verdouwen,* *-doü(w)en,* ahd. *firdouwen,* Kompositum von mhd. *douwen, doüwen;* ahd. *douwen, dewen;* zu ∕ *tauen²;* urspr. = (die Nahrung im Darm) schmelzen lassen, auflösen.

Verdeck s. LÜ 2. Hälfte 16. Jh. von it. *coperta* (zunächst = Schiffsdeck).

verderben Zw. (verdarb, verdorben), mhd. *verderben* zugrunde richten (gehen); dazu das (schwach flektierte) Bewirkungswort mhd. *verderben* zugrunde richten, töten; verw.: an. *djarfr* kühn; lit. *dárbas* Arbeit. Von einem voridg. nordeurop. (versklavten) Volk?

verdrießen Zw. (verdroß, verdrossen), mhd. *(v)erdriezen,* ahd. *irdriozan,* got. *uspriutan* beschwerlich fallen; urverw.: lat. *trudere* stoßen (idg. Wurzel **treu-d-* [von **ter-*] stoßen, quetschen. – ∕ *Überdruß.*) Dazu: **Verdruß** m. mhd. *verdruz.*

verdutzt Adj. Mitte 18. Jh. für älteres mnd. *vorduttet,* Part. Pass. zum Zw. *vordutten* verwirren (engl. ma. *dudder* verwirren); wie ∕ *Dunst* zur idg. Wurzel **dh(e)u-* stieben.

vereinbaren Zw. mhd. *vereinbæren* gemeinsam beschließen, vereinigen; vom mhd. Adj. *einbære* einträchtig (∕ *gebären.*)

Verfahren s. Verhandlung, um 1700 vom Zw. **verfahren.** Mnd. (Rechtsbedeutung) = behandeln (mhd. *vervarn* vorüber-, falsch fahren; ahd. *firfaran* vorübergehen, sterben). – ∕ *fahren.*

verfänglich Adj. mhd. *vervanc-, vervenclich* nützlich; Mitte 17. Jh. = bedenklich. – ∕ *fangen.*

Verfasser m. Mitte 17. Jh. als Verkürzung für *Schriftverfasser* (Verdeutschung von lat. *autor*); vom Zw. **verfassen,** mhd. *vervazzen* aufnehmen; später = zusammenfassen, herrichten. – ∕ *fassen.*

vergattern Zw. mhd. *vergateren* sich vereinigen (∕ *Gatter).*

vergällen Zw. mhd. *vergellen* verbittern; von ∕ *Galle.*

vergebens Adv. mhd. *vergebene(s);* zum Part. Pass. *vergeben* weggeschenkt; eigtl. = als Geschenk, unentgeltlich. Gen.-*s* bei Adv. ∕ *fall-s,* ∕ *flug-s* usw.

vergessen Zw. (vergaß, vergessen), mhd. *(v)ergezzen,* ahd. *(f)irgezzan.* Ggs. (*ver-*!) zu einem Simplex wie engl. *get* erreichen, erlangen, erhalten (got. *bi-gitan* finden; dazu als Bewirkungswort: ∕ *ergötzen.*) Urverw.: lat. *prehendere* erfassen, ergreifen; gr. *chandánein* fassen; zur idg. Wurzel **ghed-* fassen, ergreifen. *Ver-* drückt hier den Ggs. aus; eigtl. = loslassen, (aus dem Gedächtnis) verlieren.

vergeuden Zw. mhd. (selten) *vergiuden* für häufigeres *giuden* prahlen, verschwenden. Vielleicht wie ∕ *gähnen* zur idg. Wurzel **ĝhêi-, ĝhi-* klaffen; dann eigtl. = bellen, das Maul aufreißen, renommieren.

Vergißmeinnicht s. 15. Jh. (Imp., weil die Wurzel als Liebeszauber verwendet wurde).

Vergnügen s. 2. Hälfte 15. Jh. = Genüge (Kanzleiwort); 18. Jh. = Belustigung (vermutl. als Verkürzung von *Vergnügung* 17. Jh.). Substantiv. Infinitiv vom Zw. **vergnügen,** mhd. *vergenüegen* zufriedenstellen; von Adj. ∕ *genug.*

vergöttern Zw. 17. Jh. für älteres *vergotten,* mhd. *vergotten* (er-Iterativ wie bei *meck-er-n* u. a).

Vergünstigung w. 2. Hälfte 17. Jh. von abgestorbenem Zw. spätmhd. *vergünstigen* erlauben; von ∕ *Gunst.*

Verhältnis s. LÜ 2. Hälfte 17. Jh. von lat. *proportio.*

Verhandlung w. 2. Hälfte 18. Jh. vom Zw. **verhandeln** 2. Hälfte 17. Jh. = beraten (spätmhd. *verhandeln* handeln, verkehrt handeln, *verhandelunge* Verbrechen).

Verhängnis s. mhd. *verhencnisse, -hancnisse* Einwilligung; vom Zw. *verhängen*, mhd. *verhengen* dem Pferd die Zügel lassen. 1. Hälfte 16. Jh. = göttl. Fügung; 18. Jh. = Schicksal (dazu das Adj. **verhängnisvoll** Ende 18. Jh.).

verharschen Zw. spätmhd. *verharsten;* mnd. *harsch* rauh; urverw.: lat. *carrere* Wolle krämpeln. Zur idg. Wurzel **kars-* kratzen; ∕*scharren.*

sich verhaspeln Zw. 16. Jh. Eigtl. = beim Aufspulen die Fäden verwirren; zum Subst. ∕*Haspel.* – ∕*sich verheddern.*

sich verhauen Zw. fehlgreifen, stud. 1. Hälfte 17. Jh. Eigtl. = durch Hauen, d. h. mit gehauenen Bäumen versperren. Dazu **Verhau** m. Mitte 18. Jh.

sich verheddern Zw. 2. Hälfte 18. Jh. aus ostpr.; zum Subst. ∕*Hede;* eigtl. = nach dem Hecheln die Hedefasern verwirren.

verheeren Zw. mhd. *verhern*, ahd. *farheriôn* (mit Heeresmacht) verderben; vom Simplex mhd. *her(j)en, hern,* ahd. *heriôn* (engl. *harry, harrow*) plündern; von ∕*Heer.*

verhunzen Zw. 17. Jh. für älteres *hunzen,* mnd. (1392) *hundaten* wie einen ∕*Hund* behandeln (zu: *Hund* wie: ∕*duzen* [mhd.] zu *du*).

verkehren Zw. mhd. *verkêren* umwenden, mnd. *vorkêren* Handel treiben; 2. Hälfte 18. Jh. hd. = Umgang pflegen. Daher das Subst. **Verkehr** m. 1. Hälfte 18. Jh. = Handelsvertrieb; dann = Umgang; 2. Hälfte 19. Jh. = Bewegung auf Straßen (Verkehrsmitteln).

verketzern Zw. 16. Jh. (Zwingli).

verknacken Zw. bestrafen, volkst. an ∕*knacken* angelehnte Bildung für älteres stud. *verknassen* verurteilen (von heb. *kânas* Strafe, dem lat. *census* Steuer zugrunde liegt). ∕*Knast.*

verknusen Zw. 19. Jh. über berl. aus nd. *verknusen* zerquetschen, verdauen; zu den Wörtern mit (germ.) *kn*-Anlaut (idg. **gen-*), die „zusammenpressen, -ballen" bedeuten. – ∕*Knopf.*

verkohlen Zw. 19. Jh. stud., vom Simplex ∕*kohlen* Unsinn reden.

verkorksen Zw. 19. Jh. aus nd.-md. *gorksen* pfuschen, volkst. an ∕*Kork* angelehnt (= falsch korken. Oder stud. = den Korken beim Flaschenöffnen zerbrechen?).

sich verkrümeln Zw. 1. Hälfte 19. Jh. Eigtl. = in ∕*Krümel* zerfallen.

Verlag m. ∕*verlegen²*.

verlangen Zw. mhd. *verlangen* begehren; zum Simplex mhd. *langen,* ahd. *langên* gelüsten (engl. *long* sich sehnen); vom Adj. ∕*lang;* ahd. *mich langêt* etw. wird mir lang.

verläppern Zw. um 1600 zum Simplex ∕*läppern;* eigtl. = durch Schlecken vergeuden.

verlautbaren Zw. mhd. *verlûtbæren,* vom mhd. Adj. *lûtbære* laut, öffentlich. ∕*laut,* ∕*gebären.*

verlegen¹ Adj. befangen, mhd. *verlegen;* Part. Pass. zum mhd. Zw. *verligen* durch Liegen(bleiben) schlecht, träge werden. Die Bedeutung entwickelt sich über „untätig" zu „unschlüssig"; 1. Hälfte 18. Jh. = befangen. – **verlegen²** Zw. mhd. *verlegen* hinlegen, verauslagen; 16. Jh. = Druckkosten tragen; dazu *Verlag* m. 1. Hälfte 16. Jh. = Verauslagung, dann = Drucklegung. – **Verlegenheit** w. mhd. *verlegenheit* Faulheit; 1. Hälfte 18. Jh. = Schwierigkeit; Mitte 18. Jh. = Befangenheit. – **Verleger** m. 15. Jh. = Unternehmer; 17. Jh. = Buchverleger; 18. Jh. = Tuchhersteller; 19. Jh. = Biererzeuger.

verletzen Zw. mhd. *verletzen* hemmen, verwunden; vom Simplex *letzen* aufhalten, schädigen, das vom Adj. *laß* abgeleitet ist. – ∕*lässig.*

verleumden Zw. mhd. *verliumden,* vom Subst. got. *hliuma* Gehör. – ⁊ *Leumund.*

verlieren Zw. (verlor, verloren), mhd. *verliesen,* ahd. *farliosan;* verw. mit ⁊ *los* (eigtl. = los machen). Das *-r-* aus dem Part. Pass. (mhd. *verlorn*); grammat. Wechsel. Dazu **Verlies** s. 2. Hälfte 18. Jh. aus nd., eigtl. = Ort, an dem man verloren (= unsichtbar) wird, unterird. Gemach. ⁊ *Verlust.*

verloben Zw. mhd. *verloben* versprechen (wie ⁊ *geloben*). – ⁊ *Lob.*

verlottern Zw. 2. Hälfte 16. Jh. vom Adj. mhd. *loter* locker. – ⁊ *lotterig.*

verludern Zw. mhd. *verluodern* verprassen, verschwenden; vom Subst. ⁊ *Luder;* eigtl. = als Lockspeise verkommen.

Verlust m. mhd. *verlust,* ahd. *vir-, farlust,* got. *fralust;* vom Zw. ⁊ *verlieren.* – ⁊ *Frost.*

Vermächtnis s. 17. Jh. vom Part. Pass. *vermacht* übereignet; zum Zw. *vermachen* übereignen, vererben (seit 14. Jh.). – Bildungen mit *-nis:* ⁊ *Gedächtnis.*

vermählen Zw. spätmhd. *vermehelen* für älteres mhd. *(ge)mahalen,* ahd. *(gi)mahalan* zur Gattin (ahd. *gimahala;* ⁊ *Gemahl)* geben.

vermeintlich Adj. 2. Hälfte 16. Jh. Zs. vom Part. Pass. vom Zw. mhd. *vermeinen* glauben (⁊ *meinen).*

vermessen Adj. mhd. *vermeʒʒen,* ahd. *firmeʒʒan* verwegen; eigtl. = Part. Pass. vom Zw. mhd. *vermeʒʒen,* ahd. *firmeʒʒan* falsch messen, dann = überschätzen.

Vermögen s. mhd. *vermügen* Hab und Gut, Kraft, substantiv. Inf. zum Zw. mhd. *vermügen,* ahd. *furimugan* in der Lage, stark sein (⁊ *mögen).*

vermummen Zw. hd. Ende 16. Jh. aus mnd. *vormummen,* vom Simplex mnd. *mummen* verkleiden. – ⁊ *Mumpitz.*

vermuten Zw. 1. Hälfte 16. Jh., mnd. *vormoden;* vom Subst. ⁊ *Mut.*

vernichten Zw. mhd. *vernihten* zu nichts machen; vom Adv. ⁊ *nicht.*

Vernissage w. 20. Jh. aus frz.; zum frz. Zw. *vernir* Gemälde vor dem Firnissen ansehen, lackieren.

Vernunft w. mhd. *vernunft,* ahd. *vernumft;* vom Zw. *vernehmen,* mhd. *vernemen,* ahd. *farneman* erfassen, begreifen, hören (got. *franiman* ergreifen). *-f-* wie bei ⁊ *Brunft,* ⁊ *künftig,* ⁊ *Zunft.*

verplempern Zw. 2. Hälfte 16. Jh. (schwz.) verstärkend (wie ⁊ *mek-k-er-n* u. a.) zum schwz. Zw. *plampen* baumeln (dazu das Subst. *Plempe* w. Seitengewehr [Nbf. *Plampe*], 2. Hälfte 17. Jh.); eigtl. = überschwappen lassen, vergeuden.

verpönt Adj. eigtl. = Part. Pass. zum spätmhd. Zw. *verpênen* bei Strafe verbieten; 18. Jh. = verrufen, für strafbar gehalten; wie ⁊ *Pein* von lat. *poena* Strafe.

verpuffen Zw. Mitte 17. Jh. (eigtl.: vom Aufzischen des Pulvers).

verquicken Zw. 17. Jh. = mit Quecksilber amalgamieren (⁊ *erquicken);* 18. Jh. = vermengen.

Verrat m. 2. Hälfte 17. Jh. vom Zw. **verraten,** mhd. *verrâten* durch falschen Rat verführen, durch Preisgabe von Geheimnissen vernichten; ahd. *farrâtan* (⁊ *Rat).*

verrecken Zw. mhd. *verrecken* (mit erstarrenden Gliedern) sterben (zunächst nur vom Vieh). ⁊ *recken.*

verringern Zw. 17. Jh. für mhd. *ringern;* vom Komp. *ringer* (mhd. *ringe,* ahd. *ringi* leicht); eigtl. = leichter machen. – ⁊ *gering.*

verrotten Zw. 17. Jh. aus mnd. *vorrotten* verfaulen. – Zum Simplex mnd. *rotten* faulen (= ahd. *rôʒen* faulen; engl. *rot;* mhd. *ræʒen* Flachs faulen machen); außergerm. Beziehungen ungeklärt.

verrucht Adj. mhd. *verruochet* sorglos (vom mhd. Zw. *ruochen* sich kümmern. – ⁊ *geruhen,* ⁊ *ruchlos).*

verrückt Adj. 2. Hälfte 16. Jh. Eigtl. = Part. Pass. vom Zw. mhd. *verrücken* vom Platz wegrücken (zunächst mit Zusatz: *verrückt im Kopf* im Gehirn verschoben).

verrufen Adj. eigtl. = Part. Pass.
vom Zw. mhd. *verrüefen* durch
Ausruf bekannt machen (z. B. den
Bankrott [schwz.], den schlechten
Ruf).

Vers m. mhd. ahd. *vers* (engl. *verse*,
über frz. *verse*), im 8. Jh. aus lat.
versus Furche, Verszeile (vom Zw.
verrere am Boden schleifen).

versacken Zw. versinken, 19. Jh. aus
der Seemannssprache: nd. *sacken*
sinken (engl. *sag*); verstärkend
vom Zw. ↗ *sinken*.

verscheiden Zw. mhd. *verscheiden*
weggehen, sterben. Dazu als Part.
Pass. **verschieden** Adj. unter-
schiedlich (eigtl. = weggegangen,
sich getrennt habend), 2. Hälfte 17.
Jh. (↗ *scheiden*).

Verschiß m. Verruf, stud. 2. Hälfte
18. Jh.; ↗ *scheißen*.

verschlagen Adj. eigtl. = Part. Pass.
zum mhd. Zw. *verslahen* falsch
↗ *schlagen*, durch Schlagen beseiti-
gen, verstecken; daher 1. Hälfte
16. Jh. = versteckt, listig (↗ *ver-
schmitzt*).

verschleißen Zw. (verschliß, ver-
schlissen), mhd. *verslîzen*, ahd.
farslîzan abnutzen; vom Simplex
mhd. *slîzen*, ahd. *slîzan* schälen,
spalten; wie ↗ *Schild* zur idg. Wur-
zel *skel-* schneiden. Dazu **Ver-
schleiß** m. 1. Hälfte 16. Jh., zu-
nächst = Kleinverkauf, dann =
Abnutzung. – ↗ *Eklat*.

verschmitzt Adj. Mitte 16. Jh. nach
dem Muster von ↗ *verschlagen*, das
als „verprügelt" mißdeutet wurde
(eigtl. = Part. Pass. vom Zw. *ver-
schmitzen* mit Ruten prügeln; mhd.
smitzen aus älterem *smickezen*
[wie ↗ *Blitz* u. a.] vom Subst. mhd.
smicke Rute).

sich verschnappen Zw. übereilt aus-
plaudern, 1. Hälfte 16. Jh. (Lu-
ther); ↗ *schnappen*.

verschnupft Adj. verärgert, übtr.
seit Ende 17. Jh. – ↗ *schnupfen*.

verschollen Adj. 2. Hälfte 18. Jh.;
zunächst Rechtswort (= wer sich
bei wiederholtem Gerichtsaufruf
nicht meldet); eigtl. = Part. Pass.

zum Zw. *verschallen* verklingen.
↗ *Schall*.

verschroben Adj. 2. Hälfte 18. Jh.
aus nd., eigtl. = (stark gebildetes)
Part. Pass. zu *verschrauben* falsch
schrauben (↗ *Schraube*).

verschrumpeln Zw. 2. Hälfte 16. Jh.
aus nd., vom nd. Simplex *schrum-
peln*, Intensivierung (↗ *läch-el-n*
u. a.) von nd. *schrumpen*, hd.
↗ *schrumpfen*.

verschüttgehen Zw. verhaftet wer-
den, versacken, 20. Jh. aus rotw.,
von nd. *schütten* pfänden, in
Schutzhaft nehmen; identisch mit:
hd. ↗ *schützen*.

verschwenden Zw. mhd. ahd. *ver-
swenden* verschwinden machen,
Bewirkungswort zum Zw. *ver-
schwinden*. – ↗ *schwinden*.

verschwitzen Zw. vergessen, um
1700 stud. (eigtl. = über schweiß-
treibender Arbeit vergessen).

versehren Zw. mhd. *versêren* ver-
wunden; zum Simplex mhd. *sêren*
verletzen, mhd. ahd. *sêr* Schmerz.
↗ *sehr*.

versiegen Zw. 17. Jh. Neubildung
vom Part. Pass. *versigen*, zum mhd.
Zw. *versîhen* vertrocknen. ↗ *sei-
hen*. – **versickern** Zw. dazu iterativ
(↗ *meck-er-n* u. a.): ↗ *sickern*.

versohlen Zw. verprügeln, 2. Hälfte
18. Jh. (eigtl. = wie der Schuster
auf die Sohlen schlagen).

versöhnen Zw. mhd. *versüenen;* das
bayr. *-ö-* setzt sich im 19. Jh. durch.
Vom Subst. ↗ *Sühne*.

versponnen Adj. 19. Jh. Eigtl. =
Part. Pass. vom Zw. *sich verspin-
nen* sich einpuppen.

Verstand m. seit 16. Jh. = Denkver-
mögen (mhd. *verstantnisse*, ahd.
firstantnissi); mhd. *verstant* (selten)
= Verständigung. Vom Zw. ahd.
firstantan verstehen; auch das Adj.
verständlich (mhd. *verstentlich*,
ahd. *firstantlîh*), während das Adj.
verständig (mhd. *verstendic*) vom
Subst. abgeleitet ist. ↗ *verstehen*.

verstauchen Zw. 17. Jh. aus nd. *ver-
stûken* (zum Simplex nd. *stûken*
breitstoßen). – ↗ *stauchen*, ↗ *Stock*.

verstecken Zw. wegstecken, verbergen (mhd. *verstecken* ersticken lassen). *↗stecken, ↗ersticken.*

verstehen Zw. mhd. *verstên, -stân,* ahd. *firstân;* urspr. Rechtswort, = für etw. eintreten; dann = es (geistig) bewältigen. *↗Verstand.*

verstiegen Adj. 17. Jh. Eigtl. = Part. Pass. vom Zw. *sich versteigen* zu weit steigen (*↗steigen*).

verstimmen Zw. 2. Hälfte 17. Jh. = ein Instrument falsch stimmen; übtr. 1. Hälfte 19. Jh.

verstockt Adj. mhd. *verstockt* unempfindlich; Part. Pass. vom Zw. mhd. *verstocken* unempfindlich machen (eigtl. = erstarren lassen; *↗stocken*).

verstohlen Adj. mhd. *verstoln,* Part. Pass. vom Zw. mhd. *versteln* unbemerkt wegnehmen. *↗stehlen.*

verstricken Zw. mhd. *verstricken* in Netze (Fallstricke) verwickeln (Jägerwort).

vertagen Zw. auf später aufschieben, LÜ kurz vor 1800 von frz. *ajourner* (von engl. *adjourn*; *↗Journal;* mhd. *vertagen* (Gerichts-)Termin ansetzen. – **verteidigen** Zw. 1. Hälfte 16. Jh. für mhd. *verteidingen,* (-)*tagedingen,* vom Subst. mhd. *teidinc, tagedinc* (ahd. *tagading*) Gerichtsverhandlung; *↗Ding.* Zum Ausfall des *-n-* vor *-g-: ↗Honig, ↗König, ↗Pfennig* (bei denen ein *-n-* vorhergeht. Analogiebildung?). Parallelen für *-ei-* aus *-age-: ↗Maid.*

vertikal Adj. 1. Hälfte 18. Jh. aus lat. *verticalis* scheitelrecht (vom Subst. *vertex, -ticis* Scheitel, *vertere* wenden). – *↗werden, ↗pervers.*

Vertiko s. (m.) Zierschrank mit Aufsatz, vor 1880 nach dem berl. Tischlermeister *Vertikow.*

vertonen Zw. Eindeutschung 2. Hälfte 19. Jh. für *↗komponieren.*

vertrackt Adj. 2. Hälfte 17. Jh. aus nd.; eigtl. = Part. Pass. vom Zw. nd. *vertrecken* verziehen, -zerren. *↗Treck.*

Vertrag m. spätmhd. (2. Hälfte 15. Jh.) vom Zw. mhd. *vertragen* weg-, in falscher Richtung tragen, ertragend geschehen lassen (ahd. *fartragan*); dazu das Adj. **verträglich,** mhd. *vertregelich.*

vertraut Adj. 1. Hälfte 17. Jh. Eigtl. = Part. Pass. vom Zw. *vertrauen,* mhd. *vertrûwen,* ahd. *fertrûen* Zutrauen haben.

vertreiben Zw. mhd. *vertrîben* wegtreiben, verkaufen; ahd. *fartrîban* wegtreiben, vernichten; dazu: **Vertrieb** m. Verkauf 17. Jh.

vertrödeln Zw. 2. Hälfte 18. Jh. in beiden Bedeutungen (verzögern – billig verkaufen). Handelt es sich um ein Wort oder 2 Wörter (*↗trödeln[1], [2]*)?

vertuschen Zw. mhd. *vertuʒʒen, -tussen, -dussen, -tuschen, -tüschen* usw.; mhd. *tuschen* sich verborgen halten. Herkunft ungeklärt (nicht zu *↗Tusche*).

verunglimpfen Zw. 2. Hälfte 15. Jh. zum Subst. mhd. *ungelimpf* Unrecht, Schmach. *↗glimpflich.*

verunstalten Zw. 16. Jh. vom Adj. *↗ungestalt.*

Verve w. Schwung, nach 1800 aus frz. (von lat. *verba* die Worte; eigtl. = Wortemacherei?).

vervielfältigen Zw. 17. Jh. für älteres *vielfältigen; ↗vielfältig.*

verwahrlosen Zw. mhd. *verwarlôsen,* vom Adj. mhd. *warlôs* unachtsam, ahd. *waralôs* (zum Subst. ahd. *wara* Achtsamkeit). *↗wahren.*

verwandt Adj. spätmhd. (15. Jh.) *verwant* zur selben Familie gehörend, vom Zw. mhd. *verwenden* zuwenden (eigtl. = zugewandt).

verwegen Adj. mhd. *verwegen* furchtlos wagend, schnell entschlossen, eigtl. = Part. Pass. vom Zw. mhd. *sich verwegen* sich schnell entschließen (*sich wegen* sich bewegen). *↗Bẹweggrund, ↗unentwegt.*

Verweis m. Tadel, mhd. *verwîʒ;* vom Zw. **verweisen,** mhd. *verwîʒen* vorwerfen, ahd. *farwîʒan,* got. *fraweitan* rächen; zum Simplex ahd. *wîʒan* strafen; idg. Wurzel **u̯id-* sehen (lat. *videre* sehen; got.

witan beobachten). Eigtl. = strafend hinblicken. – ↗*wissen,* ↗*Visage.*

verwerflich Adj. 2. Hälfte 17. Jh. vom Zw. *verwerfen,* mhd. *verwerfen,* ahd. *farwerfan,* got. *frawairpan* fortwerfen (eigtl. was als unnütz weggeworfen werden muß).

verwesen[1] Zw. verfaulen; mhd. *verwesen,* ahd. *firwesan;* ahd. *wesanên* faulen. Urverw.: lat. *virus* Gift, gr. *iós* Gift; idg. Wurzel **u̯is-* faulen. ↗*Virus.* – **verwesen**[2] Zw. verwalten, mhd. *verwesen,* ahd. *firwesan* an jmds. Stelle treten (*wesen* sein. ↗*Wesen*).

verwirken Zw. einbüßen; mhd. *verwirken, -würken,* ahd. *firwirken, farwurchan* zerstören (Ggs.: ↗*wirken*).

verwittern Zw. 1. Hälfte 18. Jh. Bergmannssprache, = von der Witterung (↗*Wetter*) zersetzt werden.

verwöhnen Zw. mhd. *verwenen* schlecht, zum Nachteil ↗*gewöhnen.*

verzeihen Zw. mhd. *verzîhen,* ahd. *farzîhan* absagen, sich lossagen (Ggs.: ↗*zeihen,* mhd. *zîhen* sagen). – ↗*Verzicht.*

verzetteln[1] Zw. 16. Jh. verstärkend zu mhd. *verzetten,* Simplex mhd. ahd. *zetten* ausstreuen (daher: ↗*Zettel*[2]); engl. *ted* verstreuen. *-el-* wie bei ↗*läch-el-n* u. a. – ↗*anzetteln.* – **verzetteln**[2] Zw. auf Zettel exzerpieren, 18. Jh. von ↗*Zettel*[1]; davor: schriftl. Abmachung treffen.

Verzicht m. mhd. *verziht* Entsagung, vom Zw. *verzîhen* (↗*verzihen*) ab-, sich lossagen. Dazu **verzichten** Zw. 2. Hälfte 18. Jh.

verzwickt Adj. 2. Hälfte 16. Jh. Eigtl. = Part. Pass. vom Zw. mhd. *verzwicken* mit ↗*Zwecken* (Nägelchen) befestigen.

vespern Zw. Nachmittagsimbiß einnehmen, 2. Hälfte 18. Jh. aus obd.; vom Subst. **Vesper** w. Nachmittagsimbiß, mhd. *vesper,* ahd. *vespera* vorletzte kanonische Stunde (vorletztes Horengebet, nach 18

[später: 15] Uhr); Klosterwort von lat. *vespera* Abendzeit (engl. *vespers*); gr. *hespéra* Abendzeit. – ↗*West(en).*

Vestibül s. 1. Hälfte 19. Jh. aus frz. *vestibule* (von lat. *vestibulum* Vorhalle, aus **verostabulum* Torplatz). – ↗*Wehr*[1].

Veteran m. um 1700 aus lat. *veteranus* alter Soldat (vom lat. Adj. *vetus* alt; eigtl. [wie gr. *éthos*] = Jahr). – **Veterinär** m. um 1800 aus frz. *vétérinaire* Tierarzt (vom lat. Adj. *veterinus* altes, zum Lastentragen abgestelltes Vieh, von *vetus.* ↗*Vettel*). – ↗*Widder.*

Veto s. Einspruch, 18. Jh. über frz. aus lat. *veto* ich verbiete, erhebe Einspruch (Sprache des Parlamentarismus).

Vettel w. alte Schlampe, 15. Jh. aus lat. *vetula* alte Frau (*vetus* alt. ↗*Veteran*).

Vetter m. mhd. *veter(e)* Geschwisterkind, Vatersbruder, ahd. *fatirro, fetiro, fatureo* Vatersbruder; lat. *patruus;* gr. *pátrôs* Vatersbruder; von ↗*Vater.* Bedeutungsentwicklung wie bei ↗*Base.*

via Präp. über, 17. Jh. aus lat. *viâ* auf dem Wege. – ↗*Konvoi.* – **Viadukt** m., s. KW 19. Jh. aus lat. *via* Weg + *ducere* führen (eigtl. = Überführung).

vibrieren Zw. 18. Jh. aus lat. *vibrare* zittern (idg. **u̯eib-* schwingen). Verw.: ↗*Wimpel,* ↗*wippen.*

Video s. 20. Jh. aus engl. (lat. *video* ich sehe. ↗*wissen*).

Vieh s. mhd. *vihe, vehe, vich,* ahd. *fihu, fehu;* got. *faihu* (engl. *fee*); urverw.: lat. *pecus* Vieh; zur idg. Wurzel **peku-,* Erweiterung der idg. Wurzel **pek-* Wolle (lat. *pectere* kämmen, gr. *pékein* kämmen, gr. *pékos, pókos* Schaffell); eigtl. = Wolltier, Schaf; dann = Haustier. Lat. *pecunia* Geld, eigtl. = Viehbesitz (↗*pekuniär*); ↗*feudal.* – ↗*Tier.*

viel Adv. (Adj.) mhd. *vil,* ahd. *filu;* verw.: gr. *polý(s);* zur idg. Wurzel **pelu-, *polú-.* ↗*voll* (verw.: ↗*füllen;* lat. *plenus* voll).

vielfältig Adj. 16. Jh. für älteres spätmhd. *vielfalt* LÜ von lat. *multiplex* (Anlehnung an ↗ *Einfalt*). Dazu das Subst. **Vielfalt** w. 2. Hälfte 18. Jh. ↗ *vervielfältigen*.

Vielfraß m. 15. Jh. *veelvratz*, *villefras*, aus norw. *fjeldfross* Bergkater, -marder (hanseat. Pelzhandel; volkset. an *viel*- und *-fressen* angelehnt). Mhd. *vilfrâʒ*, ahd. *vilifrâʒ* Freßsack, Hyäne.

vielleicht Adv. 15. Jh. aus mhd. *vil lîhte* sehr leicht (möglich).

Vielweiberei w. 2. Hälfte 17. Jh. LÜ von gr. *polygamía*.

vier ZaW mhd. *vier*, ahd. *fior* (engl. *four*); got. *fidwôr* (urverw.: lat. *quattuor*, gr. *téttares*); idg. Zahlwort (mit schwer überschaubarer Geschichte) (*k^uetu̯er-*). Zur alten Viererzählung ↗ *acht*. **Viereck** s. 1. Hälfte 16. Jh. aus dem Adj. mhd. *viercke(ht)*, LÜ von lat. *quadrangulus*. **vierschrötig** Adj. mhd. *vierschrœte(c)*, ahd. *fiorscrôti;* vom Subst. ↗ *Schrot* (ahd. *scrôt*) Fetzen, Schnitt. **Viertel** s. mhd. *vierte(i)l*, ahd. *fiorteil*. Wie ↗ *Achtel*, ↗ *Zehntel* usw., bes.: ↗ *Teil*.

Vignette w. Titelbildchen, 2. Hälfte 18. Jh. aus frz. *vignette*, vom frz. Subst. *vigne* Rebe (lat. *vinea* Weinstock); eigtl. = Weinranke (als Ornament). – ↗ *Wein*.

Vikar m. mhd. *vicâr(i)*, *vicârier*, aus lat. *vicarius* Stellvertreter (des Pfarrers; zum Subst. *vicis* Wechsel). Verw.: ↗ *Wechsel*, ↗ *Woche*. – ↗ *Vize*-.

Villa w. 2. Hälfte 18. Jh. aus it. *villa*, von lat. *villa* Landhaus (zu *vicus* [*aus:* *voikos;* gr. *oîkos* Haus], Hof[gruppe]; ↗ *Weichbild*, ↗ *Weiler*).

violett Adj. spätmhd. *fiolet*, aus frz. *violet* (vom Subst. *violette* Veilchen, Verkleinerung von afrz. *viole* Veilchen [aus lat. *viola*]). ↗ *Veilchen*.

Violine w. 2. Hälfte 17. Jh. aus it. *violino;* Verkleinerung von it. *viola* Bratsche, aus volkslat. *vitula;* lat. *vitulari* jubeln; verw.: ↗ *Fiedel*.

Viper w. mhd. *vip(p)er*, *vipere*, aus lat. *vipera* Giftschlange (von *vivipara* lebendige Junge gebärend?).

Virtuose m. 1. Hälfte 18. Jh. aus it. *virtuoso* (vom it. Subst. *virtù* Tüchtigkeit, lat. *virtus* Tugend; *vir* Mann. ↗ *Werwolf*).

Virus s. (m.) winziger Krankheitserreger, 20. Jh. aus lat. *virus* (älter: *visos;* gr. *iós*) Gift. – ↗ *verwesen*[1], ↗ *Wiese* usw.

Visage w. um 1700 über stud. aus frz. *visage* Gesicht (*vis* Gesicht; lat. *visus* Gesicht, vom Zw. *videre* sehen; ↗ *Verweis*, ↗ *wissen*). – **vis-à-vis** Adv. 1. Hälfte 18. Jh. aus frz. *vis-à-vis* gegenüber, eigtl. = Gesicht gegen Gesicht. – **Visier**[1] s. Helmgitter, spätmhd. *visier(e)*, aus frz. *visière* eigtl. = Sehspalte (*vis* Gesicht). **Visier**[2] s. Zielvorrichtung, 18. Jh. aus frz. *visière* (zum Zw. *viser* zielen, genau hinsehen; lat. *videre* sehen). – **Vision** w. mhd. *visiôn*, *-siûne* Traumbild; aus lat. *visio* Erscheinung (vom Zw. *videre* sehen; ↗ *Revision*). – **Visite** w. Besuch (des Arztes), Mitte 17. Jh. aus frz. *visite* (vom Zw. *visiter* besuchen, besichtigen, lat. *visitare* besichtigen; *videre* sehen). – **Visum** s. 20. Jh. aus lat. *visum* gesehen (Part. Pass. vom Zw. *videre*). – ↗ *Fisimatenten*.

vital Adj. 2. Hälfte 19. Jh. aus frz. *vital* (von lat. *vitalis* lebendig, zu lat. *vita* Leben, *vivere* [älter: *gvivere;* gr. *bíos* Leben] leben). – **Vitamin** s. KW 1913 aus lat. *vita* Leben + *Amin* Stickstoffverbindung.

Vitrine w. Schauschränkchen, 2. Hälfte 19. Jh. aus frz. *vitrine* (zum Subst. *vitre* Glas, von lat. *vitrum* Glas [frz. *verre*]) – Lat. FrW (aus dem Germ.?)?

Vize- seit 2. Hälfte 16. Jh. häufiger als 1. Wortglied (= stellvertretend) aus lat. *vice* Adv. (eigtl. = Abl. von lat. *vicis* ↗ *Wechsel*. – ↗ *Vikar*). – Schon mhd. *viztuom* Statthalter (von lat. *vicedominus*).

Vlies s. Wollfell, 16. Jh. aus nl. *vlies* (Orden vom goldenen) Vlies; mhd.

vlius, vlus Schaffell. – ↗ *Flaus(ch)*. Dazu: lat. *pluma* aus **plusma* ↗ *Flaum*, Feder.

Vogel m. mhd. *vogel*, ahd. *fogal*, got. *fugls* (engl. *fowl*); Herkunft ungewiß. ↗ *Geflügel*. – *Den Vogel abschießen*, nämlich beim Schützenfest (16. Jh.). **Vogelbeere** w. Mitte 17. Jh. (Ebereschenfrucht diente zum Vogellocken). **Vogelperspektive** w. LÜ um 1800 von frz. *vue d'oiseau*. **Vogelscheuche** w. 2. Hälfte 15. Jh.; ↗ *Scheuche*.

Vogt m. mhd. *vog(e)t*, ahd. *fogat*, *fogât*, aus lat. *vocatus*, Verkürzung von *advocatus*. ↗ *Advokat*, ↗ *provozieren*. – **Vokabel** w. Mitte 16. Jh. aus lat. *vocabulum* Hauptwort (vom Zw. *vocare* rufen, *vox* Stimme; verw.: gr. *épos* Wort, *ops* Stimme, *eîpon* ich sprach; ↗ *Epos*). – **Vokal** m. 2. Hälfte 16. Jh. aus lat. *vocalis* (*littera*) (selbst)lautender Buchstabe (vom Zw. *vocare*).

Volant m. Kleidbesatz, 2. Hälfte 19. Jh. aus frz. *volant* (vom Zw. *voler* fliegen, lat. *volare*); 1. Hälfte 20. Jh. = Lenkrad (im Auto). – ↗ *Volleyball*.

Volapük s. Welthilfssprache, KW aus engl. *world* = ↗ *Welt* + *speak* = ↗ *sprechen* (durch Pfarrer J. M. *Schleyer;* SchlW seit 1881).

Volk s. mhd. *volc*, ahd. *folc(h)* (engl. *folk*); alb. *plogu* Haufen; weitere Bezüge unsicher. Eigtl. = Menge, Haufen (*Bienenvolk*); dann = Heerhaufen (↗ *Pulk*); schließlich (18. Jh.) = traditionell (durch Geschichte und Sprache) verbundene Gemeinschaft. – **Völkerfrühling** m. Wortprägung von Heine (Atta Troll) oder Börne? – **Völkerwanderung** w. LÜ 18. Jh. von lat. *migratio gentium*. – **völkisch** Adj. Eindeutschung 2. Hälfte 19. Jh. von *national* (*volckisch* 16. Jh. = volkstümlich). – **Volkslied** s. LÜ 1773 (Herder) von engl. *popular song*. **Volksschule** w. 18. Jh. Eigtl. = Schule für die Kinder niederer Stände. **Volkstum** s. durch F. L. Jahns Zeitschrift (1810). **Volks-**

wirtschaft w. LÜ 1. Hälfte 19. Jh. von engl. *national economy*.

voll Adj. mhd. *vol*, ahd. *fol*, got. *fulls* (engl. *full*); urverw.: lat. *plenus* voll; idg. Wurzel **plno-*, Part. zur Zw.-Wurzel **ple-*, **pel-* füllen (lat. *im-plere* anfüllen); verw.: ↗ *viel*. – *-ll-* aus älterem *-ln-* wie bei ↗ *Welle*. – ↗ *Wolle*. ↗ *Fülle*. **Vollblut** s. LÜ um 1800 von engl. *full-blood* (das ältere Adj. *vollblütig* LÜ 2. Hälfte 17. Jh. von lat. *sanguineus*). – **vollends** Adv. mhd. *vollen* völlig, verkürzt aus *in vollen* in der Fülle; auslautendes *-d* seit 16. Jh.; adverbielles (genitivisches) *-s* wie in ↗ *flug-s*.

Volleyball m. Flugball, 19. Jh. aus engl. *volley* (16. Jh. von frz. *volé;* lat. *volare* fliegen [↗ *Volant*]).

vollkommen Adj. mhd. *volkomen* vollständig, eigtl. = Part. Pass. vom mhd. Zw. *volkomen* ans Ziel ↗ *kommen*. – **Vollmacht** w. LÜ 2. Hälfte 14. Jh. von lat. *plenipotentia*. – **vollständig** Adj. um 1500 vom Zw. mhd. *vol(le)stân* bis zuletzt ausharren. – **vollstrecken** Zw. 2. Hälfte 15. Jh. Eigtl. = fertig ↗ *strecken*, durchführen. – **Vollzug** m. mhd. *volzuc;* vom Zw. **vollziehen**, mhd. *vol(le)ziehen*, ahd. *follaziohan* fertig ↗ *ziehen*, ausführen.

Volontär m. 2. Hälfte 17. Jh. aus frz. *volontaire* freiwillig (lat. *voluntarius*, von *voluntas* Willen; ↗ *wollen*); zuerst = Freiwilliger (Soldat); dann (18. Jh.) = Handlungslehrling.

Volt s. Einheit der Spannung, KW (1898), nach dem PN des it. Physikers A. *Volta* (1745–1827).

voltigieren Zw. kunstreiten, 17. Jh. *voltesieren*, aus frz. *voltiger* (vom frz. Subst. *volte* Wendung, als **Volte** w. um 1700 entlehnt); lat. *volvere* herumdrehen, ↗ *wälzen*.

von Präp. mhd. *von(e)*, *van(e)*, ahd. *fon(a)*, *fan(a)*; vielleicht Ableitung von *af-* (vgl. ↗ *ab*) mit Nasalsuffix; nur kontinental-westgerm.

vor Präp. mhd. *vor(e)*, ahd. *fora*, got. *faur;* wie ↗ *ver-* zur idg. Wurzel *per- über – hinaus; urverw.: gr. *páros* früher, vor. – / für, / fordern, / fort, / vorn, / bevor; Steigerung: / vorder; / Fürst.

vorder Adj. mhd. *vorder,* ahd. *fordaro;* Steigerung (Bildungsweise: / ander) zu vor. / fordern.

Vorfahr m. mhd. *vorvar* Vorgänger; später (durchgesetzt 18. Jh.) = Ahn.

Vorgebirge s. 1. Hälfte 17. Jh. LÜ von lat. *promunturium (prominere* hervorragen; volkset. angelehnt an *mons* Berg).

Vorgesetzte m., w. 18. Jh., substantiv. Part. Pass. vom Zw. *vorsetzen.*

Vorhaben s. 1. Hälfte 16. Jh., substantiv. Inf. vom Zw. *vorhaben* vor sich haben, planen.

vorhanden Adv. (Adj.) 1. Hälfte 16. Jh. aus älterem *vor handen* (flektiert wie / abhanden).

Vorhut w. LÜ 16. Jh. von frz. *avantgarde.*

vorläufig Adj. 1. Hälfte 18. Jh. vom Subst. *Vorlauf* m. spätmhd. *vorlouf* eigtl. = was beim Keltern zuerst abfließt.

vorlaut Adj. Mitte 15. Jh.; Jägerwort (eigtl. = Hund, der zu früh anschlägt).

vorlieb Adv. / für.

Vormund m. mhd. *vormunt* neben *vormünde;* ahd. *foramundo* (neben **foramunteo);* zu / Mund² (/ Mündel); eigtl. = Beschützer. / bevormunden.

vorn Adv. mhd. *vorn(e),* ahd. *forna;* Nasalerweiterung zu / vor.

vornehm Adj. mhd. *vürnæme;* vom Zw. / nehmen; eigtl. = vorwegzunehmen, vorzuziehen. Gebildet wie / angenehm, / genehm. Das Adv. **vornehmlich** spätmhd. *vürnæmlîche* (= besonders) hat die neue Bedeutung (= nach Art der höheren Stände) nicht übernommen.

Vorrat m. mhd. *vorrât* zurückgelegte Menge, Überlegung. / Rat.

Vorrichtung w. 2. Hälfte 18. Jh. vom Zw. *vorrichten* zum Gebrauch einrichten.

Vorschub leisten Zw. dafür spätmhd. *fürschup tuon* Hilfe leisten. – / schieben¹.

Vorschuß m. mhd. *vürschuჳ* Überschuß (bes. was beim Mahlen, Branntweinbrennen zuerst abläuft); dazu Zw. **vorschießen** Geld leihen, um 1700 (mhd. *vürschieჳen,* ahd. *fureskieჳen* vortreten).

Vorsehung w. mhd. *vürsehunge* Obhut, Schutz; 18. Jh. = göttliche Planung; / für. – **vorsichtig** Adj. mhd. *vor-, fürsihtec,* ahd. *foresihtig* vorausschauend, -sorgend; dazu **Vorsicht** w. 2. Hälfte 17. Jh. (ahd. *foresiht* Voraussicht).

Vorsitz m. LÜ 2. Hälfte 17. Jh. von lat. *praesidium* (mhd. *vor sitzen* präsidieren).

vortrefflich Adj. 2. Hälfte 15. Jh. *fürtreffenlich,* vom Zw. mhd. *vürtreffen,* ahd. *furitreffan* übertreffen (/ treffen).

Vorurteil s. LÜ Mitte 17. Jh. von lat. *praeiudicium;* 1. Hälfte 16. Jh. = vorläufiger Richterspruch.

Vorwand m. 15. Jh. vom Zw. mhd. *vürwenden* vorgeben. – / wenden, / Aufwand.

Vorwerk s. mhd. *vorwerc* Landgut vor der Stadt (dem Hauptgut).

vorwiegen Zw. 2. Hälfte 18. Jh. gemischt aus *vor*-herrschen und über*wiegen.*

vorwitzig Adj. mhd. *vor-, vür-, virwitzec,* ahd. *fir(i)wizic* neugierig; dazu **Vorwitz** m. mhd. *vor-, virwiz,* ahd. *fure-, firiwizzi* eigtl. = was das Wissen übersteigt.

Vorwurf¹ m. künstlicher Stoff, LÜ 14. Jh. von lat. *obiectum* (gr. *próblema* [eigtl.: das Vorgelegte]). Mystikerbildung (dafür später / Gegenstand). **Vorwurf²** m. Rüge, Mitte 17. Jh. vom Zw. mhd. *vürwerfen* heftig vorhalten.

vorzüglich Adj. 1. Hälfte 18. Jh. vom Subst. **Vorzug** m. vorzuziehende Eigenschaft (mhd. *fürziehen* geltend machen, darlegen).

Votum s. Stimmabgabe, 17. Jh. aus lat. *votum* Gelübde, Urteil (vom Zw. *vovere* geloben; / devot).

417

vulgär Adj. 2. Hälfte 17. Jh. über frz. *vulgaire* aus lat. *vulgaris* gewöhnlich, allgemein (vom Subst. *vulgus* Volk).

Vulkan m. nach span. *vulcano* feuerspeiender Berg (in Mittelamerika), aus lat. *Vulcanus, Volcanus* urspr. kret. Beiname des Zeus, dann = röm. Feuergott (den man sich im Ätna wohnend dachte).

W

Waage w. mhd. *wâge,* ahd. *wâga;* wie ↗*bewegen,* ↗*Wagen,* ↗*Weg* usw. zur idg. Wurzel **u̯eĝh-,* **u̯oĝh-* bewegen; eigtl. = was sich (hin und her) bewegt. Dazu das Zw. ↗*wagen.* ↗*Wiege,* ↗*Woge.*

wabbeln Zw. 19. Jh. aus nd. *wabbeln.* Mhd. *wabelen* sich stetig bewegen (engl. *wabble* wackeln). Mit verstärkender Konsonantenverdopplung (*-bb-*) zu: ↗*weben;* eigtl. = sich schnell hin und her bewegen. – **Wabe** w. mhd. *wabe(n),* ahd. *wabo, waba;* zum Zw. ↗*weben* (eigtl. = Gewebe [der Bienen]; ↗*Wachs, Waffel*).

wach Adj. 16. Jh. vom Subst. **Wache** w. mhd. *wache,* ahd. *wacha* Zustand des Wachseins. – *Er ist (in) wache* eigtl. = er ist im Wachsein, ist „wach“. – Den Ausgang bildet das Zw. **wachen,** mhd. *wachen,* ahd. *wahhên, wahhôn* (got. *wakan* wachsam sein). Nah verw. mit ↗*wecken;* lat. *vegere* frisch sein. Eigtl. = munter sein. ↗*Wacht,* ↗*wacker,* ↗*Biwak.*

Wacholder m. mhd. *wecholder,* ahd. *wechalter, wachalter, wecholter;* idg. Baumbezeichnung (↗*Teer*) wie ↗*Flie-der,* ↗*Holun-der,* ↗*Rüs-ter.* Im Bestimmungswort die idg. Wurzel **u̯eg-* binden, weben; ↗*wickeln* (weil man die Zweige zum Flechten benutzte)? ↗*Machandelbaum.* – **Wachs** w. mhd. *wahs* (engl. *wax*); zur idg. Wurzel **u̯eg-* ↗*weben,* binden. Eigtl. = Gewebe [der Bienen]; ↗*Wabe.* Dazu: das Zw. **wachsen**[1] mit Wachs bestreichen, 15. Jh. – ↗*Wespe,* ↗*wichsen,* ↗*Wickel.*

wachsen[2] Zw. (wuchs, gewachsen), mhd. *wahsen,* ahd. *wahsan,* got. *wahsjan* (engl. *wax*); urverw: gr. *a|éxein* wachsen lassen, vermehren, *auxánein* mehren; ohne *-s-*Erweiterung: got. *aukan* vermehren, lat. *augere* vermehren, *auxilium* Hilfe; ↗*auch.* – Idg. Wurzel **aug-,* **(a)u̯eg-* vermehren. ↗*Wucher,* ↗*Wuchs,* ↗*Gewächs.*

Wacht w. mhd. *wahte,* ahd. *wahta,* got. *wahtwô;* vom Zw. ↗*wachen.* ↗*Wachtmeister.*

Wächte w. überhängender Schnee, 2. Hälfte 19. Jh. aus schwz.; zum Zw. ↗*wehen.*

Wachtel w. mhd. *wahtele,* ahd. *wahtala,* wgerm. Vogelbezeichnung, SchW (Wachtelruf „*wak!*“).

Wachtmeister m. 2. Hälfte 15. Jh. obd. (= 14. Jh. md. *wachemeister*) = die Wachen beaufsichtigender Zunftmeister; 2. Hälfte 16. Jh. = soldat. Charge.

wackeln Zw. 14. Jh. iterativ (wie bei ↗*läch-el-n* u. a.) zum älteren Zw. mhd. *wacken,* das mhd. *wagen,* ahd. *wagôn* sich bewegen intensiviert. Verw.: ↗*bewegen,* ↗*Wagen.* – ↗*Wackerstein,* ↗*watscheln,* ↗*Wiege.*

wacker Adj. mhd. *wacker, wacher,* ahd. *wackar, wa(c)char;* wie ↗*wach* verw. mit: ↗*wecken;* eigtl. = munter, frisch. *-er-*Suffix wie bei ↗*bitter* u. a.

Wackerstein m. 1. Hälfte 19. Jh. (Grimm), Zs. mit **Wacke** w. mhd. *wacke,* ahd. *wacko* Stein, Kiesel; vermutl. vom Zw. ahd. *wegan* bewegen (↗*Beweggrund*).

Wade w. mhd. *wade,* ahd. *wado;*

urverw. lat. *vatax* krummbeinig, *vatius* krumm, *vascus* schief; eigtl. = Biegung. Das Subst. ist zunächst m. (w. seit 18. Jh.); der w. Artikel stammt aus der Mz. (↗ *Hüfte*).

Waffe w. mhd. *wâfen*, ahd. *wâf-(f)an*, got. *wêpna* die Waffen (engl. *weapon*). (hd.) identisch mit ↗ *Wappen* (nd.). – Die Form ohne -*n* entstand dadurch, daß die alte Form mit -*n* als Mz. mißverstanden wurde. – Nur germ., keine sonstigen Anknüpfungen.

Waffel w. 2. Hälfte 16. Jh. über nd. aus mnl. *wâfel* (engl. *waffle*); wie ↗ *Wabe* zur Wurzel von ↗ *weben*; eigtl. = Gebäck mit Wabenmuster.

wagen Zw. mhd. *wâgen*, vom Subst. mhd. *wâge* ↗ *Waage* Gerät, das sich hin und her bewegt; dann = Ding mit ungewissem Ausgang. Eigtl. = etw. tun, dessen Ausgang ungewiß ist. ↗ *waghalsig*.

Wagen m. mhd. *wagen*, ahd. *wagan* (engl. *wain*); von einer nasal. Erweiterung der idg. Wurzel **u̯egh-, *u̯ogh-* bewegen. ↗ *Waage*, ↗ *Weg*, ↗ *Wiege*, ↗ *Woge*, ↗ *Beweggrund* usw., lat. *vehiculum* Gefährt (d.: ↗ *Vehikel*). – ↗ *Waggon*. – **wägen** Zw. (wog, gewogen), mhd. *wegen*, ahd. *wegan*, got. *gawigan* bewegen (engl. *weigh*); eigtl. = bewegen (von der idg. Wurzel **u̯egh-, *u̯ogh-* bewegen; ↗ *Waage*, ↗ *Wagen* usw.); das -*ä*- in Anlehnung an *Waage*. Heute gegenüber dem allgemeineren (aus *wägen* entstandenen) ↗ *wiegen* vorwiegend obd.

Waggon m. Mitte 19. Jh. aus engl. *waggon* Eisenbahnwagen (mit frz. Aussprache), zu d. ↗ *Wagen*. – ↗ *Lokomotive*, ↗ *Tender*.

waghalsig Adj. 2. Hälfte 18. Jh. vom Subst. *wag(e)hals*, 1. Hälfte 16. Jh. (vermutl. aus nd.); urspr. Beiname: (*Ich*) *wage den Hals* (d. h. das Leben).

Wahl w. mhd. *wal(e)*, ahd. *wala*; vom Zw. **wählen**, mhd. *wel(l)en*, ahd. *wellen*, got. *waljan*; zur idg. Wurzel **u̯el-* wollen, identisch mit ↗ *wollen*; ↗ *Wille*. **wählerisch** Adj.

LÜ 2. Hälfte 17. Jh. von lat. *lectibilis* (zu: *wählen*, nicht von *Wähler*). **wahlfrei** Adj. 2. Hälfte 19. Jh. Verdeutschung von ↗ *fakultativ*. **Wahlspruch** m. Mitte 17. Jh. Verdeutschung von lat. *symbolum*

Wahn m. mhd. ahd. *wân*, got. *wêns*; vom Zw. **wähnen**, mhd. *wanen*, ahd. *wân(n)en* (engl. *ween*), got. *wênjan* hoffen; wie ↗ *gewinnen* zur idg. Wurzel **u̯en(ə)-* umherstreifen, streben. Zunächst = Hoffnung, Erwartung, Vermutung (Ggs.: ↗ *Argwohn*); erst 19. Jh. = Selbsttäuschung.

Wahnsinn m. 16. Jh. vom Adj. **wahnsinnig** 15. Jh., dies nach dem Muster von *wahnwitzig* Adj. gebildet (als ↗ *Witz* den Sinn von „Klugheit" allmählich verlor; mhd. *wanwitzec* für älteres mhd. *wanwitze*, ahd. *wanawizzi* ohne Verstand). Bestimmungswort: mhd. ahd. *wan* fehlerhaft, leer; got. *wans* fehlend (engl. *wan-ton* unzüchtig); urverw. lat. *vanus* leer; zur idg. Wurzel **u̯a-, *u-* leer (gr. *eûnis* ermangelnd).

wahr Adj. mhd. *wâr* neben *wære*, ahd. *wâr* neben *wâri*; urverw.: lat. *verus* wahr, *severus* streng (eigtl. = unfreundlich); westeurop. Wort von der idg. Wurzel **u̯êr-* freundlich. – ↗ *albern*; ↗ *gewähren*, ↗ *Währung*, ↗ *wahrscheinlich*, ↗ *zwar*, ↗ *sich bewähren*.

wahren Zw. mhd. *warn* beachten; ahd. *biwarôn* bewahren (engl. *beware*); dazu: ahd. *war* aufmerksam = got. *wars*; urverw.: lat. *vereri* verehren, gr. *éphoros* Aufseher, *horân* sehen; zur idg. Wurzel **u̯er-* achtgeben. – ↗ *gewahr*, ↗ *verwahrlosen*, ↗ *wahrnehmen*, ↗ *Wahrzeichen*, ↗ *Ware*, ↗ *warnen*, ↗ *Garage*.

währen Zw. mhd. *wern*, ahd. *werên*, zum Zw. mhd. *wesen*, ahd. *wesan* sein (↗ *Wesen*). Eigtl. = ständig sein. Dazu: ↗ *langwierig*. – **während** Präp., Konj. 18. Jh. Eigtl. = Part. Präs. zum Zw. *währen*.

wahrnehmen Zw. zusammengerückt aus mhd. *war nemen*, ahd.

wara neman beachten. Zum Subst. mhd. *war* Aufmerksamkeit, ahd. *wara.* – ↗ *wahren.*

wahrscheinlich Adj. 2. Hälfte 17. Jh. nach nl. *waarschijnlijk,* LÜ (vom Ende des 16. Jh.s) von frz. *vraisemblable,* lat. *verisimilis.* – ↗ *wahr.*

Währung w. mhd. *werunge,* vom Zw. mhd. *wern* ↗ *gewähren,* leisten, zugestehen. Eigtl. = Zugeständnis (eines best. Münzgehaltes). ↗ *wahr.*

Wahrzeichen s. mhd. *warzeichen* für ahd. *wortzeichen;* (volkset. über nd. *wor[t]tekan?*) zum Zw. ↗ *wahren* (eigtl. = Zeichen zur Beachtung).

Waid m. Färbepflanze, mhd. ahd. *weit;* got. mit Verkleinerungssuffix: **wizdila;* verw.: lat. *vitrum* Weid. – Urheimische Pflanze.

Waidmann m., **Waidwerk** s. ↗ *Weidmann, Weidwerk.*

Waise w., m. mhd. *weise,* ahd. *weiso,* zum Zw. ahd. *(bi)wîsan* vermeiden, mhd. Part. *entwisen* verlassen; urverw.: lat. *dividere* teilen, trennen; zur idg. Wurzel **u(o)idh-* trennen. ↗ *Witwe* – **Waisenvater** m. nach Sirach 7, 40 (Lutherbibel).

Wal m. mhd. ahd. *wal* neben mhd. *walfisch,* ahd. *walfisc* (engl. *whale*) (↗ *Wels*); als Ursprung oder Ableitung verw.: finn. *kala* großer Fisch. Grundbedeutung ungeklärt.

Wald m. mhd. *walt,* ahd. *wald* (engl. *wold*); vielleicht urspr. = Laubwald (zur Winterfütterung), dann verw. mit: ↗ *wild;* eigtl. = abgestreifte Laubtriebe zur Fütterung? – **Waldeinsamkeit** w. Wortprägung von L. Tieck (1773–1853). – **Waldmeister** m. spätmhd. (15. Jh.) *waltmeister,* wegen seiner Heilkraft (als Bowlenwürze erst 19. Jh., davor [15. Jh.] als Bierzusatz).

Walhall(a) w. ↗ *Walküre.*

walken Zw. mhd. *walken,* ahd. *walchan* kneten (engl. *walk* gehen, Gang); zur idg. Wurzel **uelg-* von **uel-* drehen (dazu: lat. *valgus* säbelbeinig).

Walküre w. 18. Jh. aus an. *valkyria*

Schlachtjungfrau; Zs. aus germ. **wala* tot (↗ *Walstatt*) + ↗ *kiesen* wählen. – ↗ *Wolf.* – Zu **wala* auch **Walhall(a)** w.; 1750 aus an. *valhöll* (durch Schütze).

Wall m. mhd. *wal,* aus lat. *vallum* (engl. *wall*) Pfahlwerk um das Lager (lat. *vallus* Pfahl).

Wallach m. 2. Hälfte 15. Jh. Eigtl. = verschnittenes Pferd aus der *Wallachei,* „Wallache" (= Rumäne; bulg. *vlach* Rumäne). – Der slaw. Name der Rumänen stammt von ahd. *walh* ↗ *welsch* (↗ *Walnuß*). – Auch der ↗ *Schöps* hat eine slaw. (tschech.) Bezeichnung.

wallen[1] Zw. sprudeln, mhd. *wallen,* ahd. *wallan;* urverw.: lat. *volvere* wälzen; wie ↗ *Welle* zur idg. Wurzel **uel-* drehen, winden (mit Abl. got. *wulan* sprudeln). ↗ *Walze*[1], ↗ *Wellfleisch,* ↗ *Wolle,* ↗ *wühlen,* ↗ *Wurzel.*

wallen[2] Zw. pilgern, mhd. *wallen,* ahd. *wallôn;* ahd. *wadalôn* umherschweifen, vom Adj. ahd. *wadal* umherschweifend. Wie ↗ *Wedel* zu einer Erweiterung der idg. Wurzel **ue-* ↗ *wehen.*

Walm m. abgeschrägtes Giebeldach; mhd. *walbe,* ahd. *walbo;* zum Zw. ↗ *wölben;* idg. **vel-* drehen; eigtl. gedrehtes Strohbündel, = Gewölbe(dach).

Walnuß w. 1. Hälfte 18. Jh. aus nd. (mnd. *walnut*), eigtl. = welsche Nuß; LÜ von lat. *nux gallica* (↗ *welsch,* ↗ *Wallach;* VkN *Volcae*).

Walstatt w. mhd. *walstat* Kampfplatz; mhd. ahd. *wal* Kampfplatz; mit Abl.: ahd. *wuol* Niederlage; an. *valr* Gefallener auf der Kampfstätte. Germ. **wala* = „Toter"; urverw.: lat. *vellere* rupfen, *vulnus* Wunde. Zur idg. Wurzel **uel-* reißen, töten (↗ *Walküre,* ↗ *Wolf;* PN *Waltr[a]ud*).

walten Zw. mhd. *walten,* ahd. *waltan,* got. *waldan;* zu einer Erweiterung der idg. Wurzel **ual-* stark sein, dazu: lat. *valere* (↗ *Valuta*). – ↗ *Anwalt,* ↗ *Gewalt.*

Walze w. mhd. *walze*, ahd. *walza;* vom Zw. **walzen**, mhd. *walzen* rollen, wälzen, ahd. *walzan, walzôn;* wie ↗ *wallen* [1] zur idg. Wurzel **u̯el-* drehen. – = Rotw. *Walze* Wanderung, 19. Jh. ins Hd. (*auf der Walze sein*). – **wälzen** Zw. mhd. ahd. *welzen*, got. *waltjan;* Bewirkungswort zu *walzen;* eigtl. = rollen machen. – **Walzer** m. 2. Hälfte 18. Jh. (aus Wien) vom Zw. *walzen*. – **Wälzer** m. LÜ 2. Hälfte 18. Jh. von lat. *volumen* (zum Zw. *volvere* wälzen).

Wamme, Wampe w. mhd. *wamme*, *wambe*, ahd. got. *wamba* (engl. *womb*); Herkunft ungeklärt.

Wams s. mhd. *wambeis*, aus afrz. *wambais* unter dem Panzer zu tragende Jacke (ritterl. Modewort!), aus mlat. *wambasium* Steppjacke, -decke. Zugrunde liegt: gr. (byzant.) *bámbax* Baumwolle. ↗ *Bombast.*

Wand w. mhd. ahd. *want;* vom Zw. ↗ *winden* (got. *wandus*, engl. *wand* Rute). Eigtl. = Flechtwerk (geflochtene Wände!). ↗ *Wanten,* ↗ *Mauer,* ↗ *Walm.* – **Wandel** m. mhd. *wandel*, ahd. *wantal* Verkehr, Änderung; vom Zw. **wandeln**, mhd. *wandelen*, ahd. *wantalôn*, Erweiterung (wie ↗ *läch-el-n* u. a.) vom Zw. ahd. *wantôn* wenden; über ↗ *wenden* zu ↗ *winden*. – **wandern** Zw. mhd. *wandern* (engl. *wander*), verstärkend (wie ↗ *meck-er-n* u. a.) zum ahd. Zw. *wantôn* wenden. – ↗ *wenden* und ↗ *winden,* ↗ *bewandert.*

Wange w. mhd. *wange*, ahd. *wanga* (got. *waggareis* Kopfkissen); verw.: ahd. *wang* Wiese, got. *waggs* Wiese, Paradies; an. *vangr* krumm, falsch, zur idg. Wurzel **u̯en-* Blätterzweig (fürs Vieh). – Eigtl. = behaarte Oberfläche. – Obd. für md. ↗ *Backe* [2].

wankelmütig Adj. mhd. *wankelmüetec, -müete, -muot*, vom Adj. mhd. *wankel*, ahd. *wanchal* unbeständig; mhd. ahd. *wanc* Unbeständigkeit (nhd. *ohne Wank*). Im Abl. zum Zw. ↗ *winken* eigtl. = „sich seitwärts bewegen". Aber: **Wankelmotor** m. 1957 nach dem Erfinder Felix *Wankel*. – **wanken** Zw. mhd. *wanken*, ahd. *wankan*, vom Subst. ahd. *wanc* Unbeständigkeit.

wann Adv. mhd. *wanne*, ahd. (*h*)*wanne* (engl. *when* wann, als); zum idg. FW-Stamm **ku̯o-;* ↗ *wer.* – Die Konj. ↗ *wenn* (mhd. *wenne*, ahd. [*h*]*wenne*), gleichgebildet, im 19. Jh. von *wann* abgehoben. – ↗ *weder,* ↗ *welch.*

Wanne w. mhd. *wanne*, ahd. *wanna*, aus lat. *vannus* Getreideschwinge; 14. Jh. = Badegefäß. Dazu das lat. Zw. *ventilare* worfeln (↗ *Ventilator*); verw.: lat. *ventus* = ↗ *Wind.*

Wanst m. mhd. *wanst*, ahd. *wanast;* verw.: gr. *énystron* Labmagen, lat. *ve(n)sica* Blase; eigtl. = Tierbauch.

Wanten Mz. Stütztaue, 2. Hälfte 17. Jh. aus nd.; wie ↗ *Wand* zum Zw. ↗ *winden;* eigtl. = Gewundenes, Geflochtenes (mnd. nl. *want* Fischnetz).

Wanze w. mhd. (obd.-ostmd.) *wanze* neben dem älteren mhd. ahd. *wantlûs* Wandlaus (die Kurzform dringt spätmhd. vor).

Wappen s. mhd. *wâpen* aus mnl. *wâpen;* unverschoben zu hd. ↗ *Waffe,* urspr. Nbf. hierzu (im 16. Jh. sondern sich die Bedeutungen: *Waffe* = Kampfgerät; *Wappen* = Schildbild). Das Zw. **wappnen**, mhd. *wâpenen* behält die Bedeutung „zum Kampf rüsten".

Ware w. mhd. *war(e)* (engl. *ware*), zu mnd. *ware* Gewahrsam; eigtl. = in Verwahr Gehaltenes (↗ *wahren*). Hansewort?

Warf w. ↗ *Werft.*

warm Adj. mhd. *warm*, ahd. *war(a)m* (engl. *warm*); got. *warmjan* wärmen; idg. Wurzel **u̯er-* branden. – ↗ *gar.*

warnen Zw. mhd. *warnen* aufmerken lassen, sich vorsehen, ahd. *warnôn* sich vorsehen, schützend ausrüsten (engl. *warn* warnen); wie

↗ *wahren* zur idg. (erweiterten) Wurzel **u̯er*- achtgeben. – ↗ *garnieren*, ↗ *Ware*. – **Wart** m. mhd. ahd. *wart* (got. *daura-wards* Türhüter); zu: ↗ *wahren*; ↗ *Steward*. **Warte** w. mhd. *warte*, ahd. *warta* Ausguck, das Spähen (engl. *ward* Wachehalten). ↗ *Garde*. – **warten** Zw. mhd. *warten*, ahd. *wartên;* vom Subst. *Warte*, eigtl. = spähen (ob jmd. kommt). – ↗ *gewärtig*, ↗ *Anwärter.*

-wärts Nachsilbe, eigtl. = adverb. Gen. zum Adj. *wert (nicht erhalten). Zss.: ahd. *andwert* gegenwärtig und Ableitung **-wärtig** (mhd. *wertic;* z. B. in *gegenwärtig*, woher ↗ *Gegenwart;* ↗ *widerwärtig*). Wie lat. *vertere* wenden, drehen verw. mit: ↗ *werden*. – ↗ *dort.*

warum Adv. mhd. *wârumbe*, ahd. *wâr umbe*, Zs. aus *wâ(r)* ↗ *wo* + *umbe* um.

Warze w. mhd. *warze*, ahd. *warza;* zur erweiterten idg. Wurzel **u̯er*-Erhöhung; urverw.: lat. *verruca* Warze, *varus* Buckel.

waschen Zw. (wusch, gewaschen), mhd. *waschen*, ahd. *wascan* (engl. *wash*); wie ↗ *Wasser* zur idg. Wurzel **u̯ed*-benetzen. Daher: **Wäsche** w., mhd. *wasche*, *wesche*, ahd. *wasca*, *wesca.* **waschecht** Adj. beim Waschen nicht verfärbend; 19. Jh. **Waschlappen** m. Ende 17. Jh.; als Schelte 1. Hälfte 19. Jh. **Waschzettel** m. 1. Hälfte 18. Jh. = Wäschezettel; 2. Hälfte 19. Jh. = Buchreklame.

Wasser s. mhd. *waʒʒer*, ahd. *waʒʒar* (engl. *water*); zur idg. Wurzel **u̯ed*-benetzen; urverw. gr. *hýdor* Wasser (↗ *Hydrant*), lat. *unda* Welle. – ↗ *Otter¹*, ↗ *Urin*, ↗ *Wodka*. – **Wasserhose** w. 1. Hälfte 18. Jh. nach nl. *waterhoos*. ↗ *Hose*. **Wasserkopf** m. 2. Hälfte 18. Jh. LÜ von gr. *hydroképhalos*. **Wasserratte** w. 16. Jh. *wasserratz(e)* (engl. *waterrot*); 19. Jh. = guter Schwimmer. **Wasserstoff** m. LÜ 2. Hälfte 18. Jh. von frz. *hydrogène*.

waten Zw. mhd. ahd. *waten;* verw.:

lat. *vadare* waten, *vadere* gehen, *vadum* Furt; idg. Wurzel **u̯adh*-gehen. – ↗ *Watt.*

Watsche w. Ohrfeige, mhd. *ôrewetzelîn*, zum Adj. ahd. *was* scharf, verw.: ↗ *wetzen*. Eigtl. = was anschärft.

watscheln Zw. 1. Hälfte 16. Jh., wohl vom mhd. Zw. *wackzen*, verstärkende Bildung zu mhd. *wacken* sich stark bewegen, wozu auch ↗ *wackeln.*

Watt¹ s. Ende 17. Jh. aus nd. *wat;* eigtl. = Stelle, die man durchwaten kann. Vom Zw. ↗ *waten.*

Watt² s. Einheit der elektr. Leistung, 1889 zu Ehren von James *Watt* (1736–1819) benannt.

Watte w. 2. Hälfte 17. Jh. aus nl. *watten* (engl. *wad*), über mlat. *wadda* vermutl. aus ar. Mz. *bâṭa'in* Unterfutter (Ez. ar. *baṭn* Bauch).

Wau m. Reseda, vor 1800 aus mnd. *wolde*, nl. *wouw* (über got. ins Roman.: frz. *gaude* usw.); wohl zur idg. Wurzel **u̯el*- pflücken.

weben Zw. (wob, gewoben), mhd. *weben*, ahd. *weban* sich bewegen, weben (engl. *weave*); wie ↗ *Waffel* zur idg. Wurzel **u̯ebh*- sich (am Webstuhl) bewegen. – ↗ *Wabe*, ↗ *Wespe.*

Wechsel m. mhd. *wehsel*, ahd. *wehsal* (Aus-)Tausch, Handel; verw.: lat. *vices* Abwechslung; 1. Hälfte 18. Jh. als Kürzung für **Wechselbrief** m. (seit Ende 14. Jh.) = verbriefte Zahlungsverpflichtung. Wie ↗ *weichen*, ↗ *Woche* zur idg. Wurzel **u̯ei*- binden. **Wechselbalg** m. spätmhd. (durch Luther verbreitet) für mhd. *wehselkint*, ahd. *wihselinc* (man glaubte, mißgestaltete Kinder seien von bösen Geistern gegen die eigenen eingetauscht). **Wechselreiterei** w. Wechselbetrug, 2. Hälfte 18. Jh. LÜ von nl. *wisselruiterij*, eigtl. = Zeitgewinn für Kreditbefriedigung durch Ausnutzung fremder Börsen (mit Hilfe der reitenden Post).

Weck¹ m., **Wecke** w., **Wecken** m. Weizenbrötchen, mhd. *wecke,* ahd. *wecki, weggi;* an. *veggr* Keil; verw.: lat. *vomer* Pflug(schar). Das Gebäck heißt nach seiner Keilform (vgl.: ähnlicher Gebäckname wie: ⁄ *Knüppel*).

Weck² m. Einkochgerät (der Firma J. *Weck* u. Co. in Öflingen, Baden; gegr. 1900); ⁄ *einwecken.*

wecken Zw. mhd. ahd. *wecken* für älteres (ahd.) *wecchan,* got. *uswakjan;* wie ⁄ *wach* verw. mit lat. *vegere* munter sein, *vigil* wach; idg. Wurzel **u̯eg-* frisch; eigtl. = frisch machen (vorauszusetzen ist ein nicht erhaltenes Zw. germ. **wekan* frisch sein). – ⁄ *wacker.*

Wedel m. mhd. *wedel, wadel,* ahd. *we-, wadil, wadal, -ol* Büschel, Quaste; ahd. *wadal* umherschweifend, unstet; wie ⁄ *wallen²* zur idg. Wurzel **u̯e-* wehen. Also = was man durch die Luft schwenkt.

weder Konj. mhd. *weder,* ahd. *(h)wedar;* got. *hvapar* wer von beiden (engl. *whether*), eigtl. = was von beiden (= s. Form von ahd. *wedar*); urverw.: lat. *uter* wer von beiden, gr. *póteros.* Wie ⁄ *wer* und ⁄ *wann* zum idg. FW-Stamm **ku̯o-,* der hier eine steigernde Endung (-*tero* wie bei ⁄ *ander*) erhielt. – ⁄ *welch.*

Weg m. mhd. ahd. *wec,* got. *wigs* (engl. *way*); wie ⁄ *Wagen* zur idg. Wurzel **u̯egh-* bewegen. – ⁄ *durchweg.* – **weg** Adv. mhd. *enwec,* aus ahd. *in wec* auf den Weg; seit 14. Jh. schwindet die Vorsilbe. – **wegen** Präp. Kürzung (seit 2. Hälfte 14. Jh.) von mhd. *von* – *wegen* von seiten; zur Kürzung: ⁄ *laut,* ⁄ *statt,* ⁄ *-weise.* – **Wegerich** m. Pflanze Plantago, mhd. *wegerîch,* ahd. *wegarîh;* Zs. von *Weg-* + *-rich* (got. *reiks* König; häufig als 2. Glied von PNN [*Hein-rich* usw.], hier wohl als Muster dienend). – ⁄ *Hederich.*

Wegwarte w. Zichorie, mhd. *weg(e)wart(e),* weil sie ihre Blüten erst bei Sonnenaufgang öffnet, also am Wege auf die Sonne wartet? ⁄ *Zichorie.*

weh(e) Interj., mhd. ahd. *wê,* got.

wai (engl. *woe*); urverw.: lat. *vae;* idg. SchW (**u̯ai-*). ⁄ *wehleidig* usw.; ⁄ *weinen.* **Wehe¹** w. Geburtsschmerz, 16. Jh.; aber schon mhd. *wê(wê),* ahd. *wêwô* Schmerz. – ⁄ *Wohl.*

Wehe² w. Verwehung, 19. Jh. für älteres *Schneewehe, -wehung* 2. Hälfte 17. Jh. vom Zw. **wehen** mhd. *wæjen,* ahd. *wâen* (got. *waian*). Wie ⁄ *wallen²* und ⁄ *Wedel* zur idg. Wurzel **u̯e-* wehen. – ⁄ *Wächte,* ⁄ *Wetter,* ⁄ *Wind.*

wehleidig Adj. 17. Jh. aus nordd. Maa., urspr. aus einer Zusammenrückung der Subst. ⁄ *Weh* + ⁄ *Leid.* **Wehmut** w. 1. Hälfte 16. Jh. aus ostmd. (durch Luther verbreitet); vom Adj. **wehmütig** (woher spätmhd. *wêmüetecheit* Zorn), Zs. von ⁄ *weh!* + ⁄ *Mut,* zunächst = Zorn; seit 2. Hälfte 17. Jh. = leiser Schmerz.

Wehr¹ w. Waffe, Abwehr; mhd. *wer(e),* ahd. *werî, warî;* zur idg. Wurzel **u̯or-* hemmen (lat. *vestibulum* für älteres **veristabulum* Wachraum an der Tür).

Wehr² s. Staudamm; mhd. *wer,* aus as. *werr* Fischwehr; mit Abl.: ahd. *wuori* Damm; idg. Wurzel **u̯er-* Flechtwerk. ⁄ *Werder.*

wehren Zw. mhd. *wer(je)n,* ahd. *werian,* got. *warjan.* Idg. Wurzel **u̯er-* schließen, bedecken. – ⁄ *Bürger,* ⁄ *Gewehr.*

Weib s. mhd. *wîp,* ahd. *wîb* (engl. *wife*); verw.: mhd. Zw. *weiben* sich bewegen (zur idg. Wurzel **u̯eip-* drehen, winden; ⁄ *Feldwebel*); eigtl. = die Umwundene, Verhüllte (Haarverhüllung nach der Hochzeit). – ⁄ *Wimpel,* ⁄ *Wippe.*

weich Adj. mhd. *weich,* ahd. *weih* (engl. *weak*); verw. mit ⁄ *weichen;* eigtl. = nachgiebig. – ⁄ *Weiche¹.*

Weichbild s. mhd. *wîchbilde* (md.), mnd. *wîkbelde;* Zs. des alten Subst. *Weich-* m. ahd. *wîh* Siedlung (lat. *vicus* Dorf; got. *weihs* Dorf; gr. *oíkos* Haus; lat. *villa* Landgut) mit ⁄ *-Bild;* eigtl. = Siedlungszeichen (z.B. Marktkreuz), Rechtssymbol der Siedlung. Seit 1200 = Siedlungsbezirk (in dem das Recht der Siedlung gilt). ⌐ *Villa,* ⌐ *Weiler.*

Weiche[1] w. Flanke, mhd. *weiche,* ahd. *weihhî* weiche Stelle; 1. Hälfte 16. Jh. = Flanke. Vom Adj. ⌐ *weich.*

Weiche[2] w. 1. Hälfte 18. Jh. = Ausweichstelle auf dem Fluß (1741 auf der Elbe); zum Zw. ⌐ *weichen.* 1. Hälfte 19. Jh. = Eisenbahnweiche.

weichen Zw. (wich, gewichen), mhd. *wîchen,* ahd. *wîhhan;* urverw.: gr. *eíkein* weichen, ⌐ *Wechsel* und ⌐ *Woche.* Zur idg. Wurzel **uei(ə)*- biegen. – ⌐ *Weide*[1].

Weichsel(kirsche) w. mhd. *wîhsel,* ahd. *wîhsila;* urverw.: lat. *viscum* (Vogelleim aus) Mistel(holz), gr. *ixós* Mistel(leim); idg. Wurzel *uîks- Mistel, Leimbaum. Zum germ. Suffix *-ila;* Parallelen bei ⌐ *Dist-el.*

Weichselzopf m. Kopfhaarverfilzung, 1. Hälfte 18. Jh. über schles. *wickselzupp* aus poln. *wieszczye* (zu poln. *wieszczyca* Zauberin).

Weide[1] w. Baum, mhd. *wîde,* ahd. *wîda* (engl. *withy*); urverw.: lat. *vitis* Rebe, *vimen* Rute, gr. *itéa* Weide; zur idg. Wurzel **uei(ə)*- biegen, *wi- biegsam. Der Baum hat seinen idg. Namen von seinen flechtbaren Zweigen. ⌐ *weichen.* – Zu: **Weidicht** s., mhd. *wîdah,* ahd. *wîdahi* vgl.: ⌐ *Dickicht.* – Wohl dasselbe Wort wie *Weide*[1] ist: **Weide**[2] w. Trift, mhd. *weide,* ahd. *weida* (an. *veiðr* Jagd, Fischfang); urverw.: lat. *venari* jagen; vermutl. zur gleichen idg. Wurzel. Bedeutungsgeschichte: Baum mit biegsamen Zweigen – mit Flechtwerk umhegte Grasfläche. – ⌐ *Eingeweide,* ⌐ *Wiede,* ⌐ *Weih,* ⌐ *anderweit.* – Dagegen bezeichnete mhd. *wünne* (⌐ *Wonne*) die Frühjahrsweide ("die Ersehnte"). – **weiden** Zw. mhd. *weiden(en)* Futter suchen, jagen; ahd. *weid(an)ôn* Futter suchen. – **weidlich** Adj. mhd. *weide(n)lich(e),* vom Zw. mhd. *weiden(en)* jagen; eigtl. = jagdgerecht. **Weidmann**

m. mhd. *weideman* neben mhd. *weidenære,* ahd. *weidinâri* wer weidet, jagt. **Weidwerk** s. mhd. *weidewerc* Jägerei, jagdbare Tiere.

weigern Zw. mhd. *weiger(e)n,* ahd. *weigarôn;* vom Adj. mhd. *weiger,* ahd. *weigar* stolz, widerstrebend, tollkühn, zum Zw. mhd. *wîgen,* ahd. *wîgan,* got. *weihan* kämpfen (urverw.: lat. *vincere* siegen). – Verw.: m. PN *Weigand.*

Weih m., **Weihe** w. Raubvogel, mhd. *wîe,* ahd. *wîo* neben *wiho, wigo* usw.; lat. *via* Weg, *vis* Kraft; wie ⌐ *Weide*[2] zur idg. Wurzel **uei(ə)*- Nahrung suchen, jagen; eigtl. = Jäger.

weihen Zw. mhd. ahd. *wîhen,* got. *weihan,* vom Adj. mhd. *wîch* heilig, ahd. *wîh,* got. *weihs;* urverw. vermutl.: lat. *vincire* fesseln, *vinculum* Fessel, *victima* Opfertier; eigtl. = (zum Opfer) binden. – ⌐ *Weihnachten.*

Weiher m. mhd. *wîher, wîger, wî(w)er, wî(w)ære;* ahd. *wîhiri, wîweri, wî(w)ari, wîâre;* aus lat. *vivarium* Fisch-, Tierbehälter (zum lat. Adj. *vivus* lebendig, *vivere* leben [⌐ *keck*]).

Weihnacht w., **Weihnachten** s. mhd. (2. Hälfte 12. Jh.) *ze(den) wîhen naht(en)* in der geweihten Nacht (mhd. *wîch* heilig. ⌐ *weihen*). **Weihnachtsbaum** m. ⌐ *Christbaum.* **Weihrauch** m. mhd. *wîchrouch,* ahd. *wîhrouh* heiliger Rauch (Bildung des 8. Jh.s).

weil Konj. mhd. *die wîle,* ahd. *dia wîla sô* (engl. *while* während); eigtl. = Akk. zu mhd. *wîle* ⌐ *Weile,* = in dem Zeitraum, in dem ... – **weiland** Adv. mhd. *wîlen,* ahd. *hwîlôm, wîlôn;* Dat. Mz. (in instrumentaler Bedeutung) zum Subst. ⌐ *Weile.* Antritt des *-d* wie in ⌐ *irgen-d,* ⌐ *jeman-d,* ⌐ *nieman-d; -a*- für älteres *-e*- wie in ⌐ *Eidam* u. a. – ⌐ *zuweilen.* – **Weile** w. mhd. *wîle,* ahd. *hwîl(a),* got. *ƕeila* (engl. *while*); urverw.: lat. *quies* Ruhe, *quietus, tran-quill-us* ruhig (⌐ *quitt*); zu einer Erweiterung der idg. Wurzel *$k^u ei_o$- ruhen. – **weilen** Zw. mhd. *wîlen,* ahd. *wîlôn,* got. *hveilan;* vom Subst. ↗*Weile.*

Weiler m. mhd. *wîler,* ahd. *wîlâri,* aus lat. *villare* Gehöft (s. Form zum Adj. *villaris,* vom Subst. *villa* Landhaus, Hof. ↗*Villa.* – ↗*Weichbild*).

Wein m. mhd. ahd. *wîn,* got. *wein* (engl. *wine;* engl. *vine* Rebe aus afrz.), aus lat. *vinum;* gr. *oînos* Wein; Bezeichnung für den Rauschtrank aus einer pontischen Sprache (georgisch *gwino* Wein): Herkunft des Weinstocks aus dem Kaukasus (über Griechenland in den Westen). **Weinbrand** m. Eindeutschung 1921 für ↗*Kognak* (Versailler Vertrag beschränkt die frz. Bezeichnung auf das Herkunftsland).

weinen Zw. mhd. *weinen,* ahd. *weinôn* (got. *wainahs* elend); eigtl. = Wai! schreien (↗*wehe*). ↗*ächzen,* ↗*wenig.* **weinerlich** Adj. 1. Hälfte 16. Jh. für älteres mhd. *wein(e)lich,* nach dem Muster von ↗*jämmerlich.* Md. *-er-* wie bei: ↗*fürcht-erlich,* ↗*les-er-lich.*

weise Adj. mhd. *wîs(e),* ahd. *wîs(i)* (engl. *wise*); wie ↗*wissen* zu idg. *$u(e)id$-* sehen (↗*Idee*). **Weise** w. mhd. *wîse,* ahd. *wîs(a)* (engl. *wise* Art). Urverw.: lat. *visum* Erscheinung, Bild, gr. *eîdos* Gestalt, Ansehen; zu ↗*wissen* (idg. *$u(e)id$-* sehen). Also = Aussehen, dann = Beschaffenheit. Die Bedeutung „Melodie" schon ahd. (an. *visa* Strophe, Vers). – ↗*Modus.* Hierher das Adv.-Suffix **-weise** (seit 16. Jh.), mhd. *in wehsels wîse* in Art eines Wechsels (Parallelen bei: ↗*wegen*). – **Weisel** m. Bienenkönigin, mhd. *wîsel,* ahd. *wîso* Führer, Bienenkönigin (vgl.: mhd. *bynenkunig* m. Bienenkönigin). – **weisen** Zw. (wies, gewiesen), mhd. ahd. *wîsen;* vom Adj. *weise,* mhd. *wîs(e),* ahd. *wîs(i).* Starke Beugung 16. Jh. – **Weisheitszahn** m. LÜ 1. Hälfte 18. Jh. von lat. *dens sapientiae* (frz. *dent de sagesse*). – **weisma-**

chen Zw. mhd. *wîs machen* kundig machen (für ahd. *wîs[i] tuon* kundtun); 16. Jh. = vortäuschen.

weiß Adj. mhd. *wîȝ,* ahd. *(h)wîȝ;* zur idg. Wurzel *$kuei(t)$- leuchten. – ↗*Weizen.* – **Weißbrot** s. mhd. *wîȝbrôt* Weizenbrot; Ggs.: *Schwarzbrot.*

weissagen Zw. mhd. *wîssagen,* ahd. *wîssagên;* von ahd. *wîȝago* Wahrsager, *wîȝ(z)ag* wissend; volkset. früh an *wîs* und *sagen* angelehnt (ahd. *wîssago* Wahrsager). – ↗*wissen.*

Weistum s. mhd. ahd. *wîstuom,* von: ↗*weise;* = Weisheit; später zu: ↗*weisen* gezogen, = Rechtsaufzeichnung, -belehrung.

weit Adj. mhd. ahd. *wît* (engl. *wide*); urverw.: lat. *vitare* vermeiden, *vitium* Fehler; alte Zs. der idg. Wurzeln *ui-* auseinander (↗*wi[e]der,* ↗*Witwe*) + *ei-* gehen (↗*eilen*). **weitläufig** Adj. 1. Hälfte 16. Jh. für älteres *weitläuftig,* mhd. *wîtlouftic;* Zs. mit *Lauft,* mhd. *louft* (↗*Zeitläufte*). Formen ohne *-t-* 16. Jh.

Weizen m. mhd. *weize,* ahd. *weizzi;* nach der weißen Farbe des Weizenmehls; ↗*weiß.* Zum Verhältnis *Weizen:weiß* vgl.: ↗*beizen,* ↗*heizen,* ↗*reizen,* ↗*schwitzen.*

welch FW mhd. *wel(i)ch,* ahd. *(h)welich* (got. *hileiks,* engl. *wich*); Zs. der idg. FW-Wurzel *k^uo-, *k_ue-* ↗*wer* (↗*wann,* ↗*weder*) + germ. *$lika$* Körper (↗*gleich,* ↗*solch,* ↗*Leiche*); eigtl. = wie beschaffen.

welk Adj. mhd. *welc,* ahd. *welk;* wie ↗*Wolke* zur idg. Wurzel *$uelg$-* feucht. Die Bedeutung „welk" entwickelt sich erst im Ahd., vielleicht über das Zw. **welken,** ahd. *(ir)welken* feucht werden, an Frische verlieren (engl. *welk* schwinden, welken).

Welle w. mhd. *welle* Woge, Walze, Reisigbündel; ahd. *wella* Woge; zum Zw. **wellen**[1], mhd. *wellen,* ahd. *wellan* rollen, wie ↗*wallen* und ↗*Walze* zur idg. Wurzel *uel-*

425

drehen, winden. **wellen**[2] Zw. in Lockenform biegen, 19. Jh. – **Wellfleisch** s. 2. Hälfte 18. Jh. aus nordd. Maa., Zs. mit ↗ *wallen*[1]; = Fleisch, das man aufkochen läßt.

Welp(e) m. Hundejunges, 2. Hälfte 19. Jh. aus nd., = hd. *welf*, mhd. *welf*, ahd. *(h)welf* (engl. *whelp*); zur idg. Wurzel **kṷel-* winseln. Verw.: ↗ *hell*.

Wels m. spätmhd. (15. Jh.) *wels;* verw. mit ↗ *Wal* und wie dieses unerklärt.

welsch Adj. mhd. *wel(hi)sch, wälhisch,* ahd. *wal(a)hisc* romanisch (engl. *Welsh* wallisisch), abgeleitet vom (abgestorbenen) Subst. mhd. *walch,* ahd. *walah* Kelte (kelt. Stammesname *Volker,* lat. *Volcae*), dann, nach der Besetzung der kelt. Lande durch die Romanen, = Romane. – ↗ *Kauderwelsch,* ↗ *rotwelsch,* ↗ *Walnuß,* ↗ *Wallach.*

Welt w. mhd. *we(r)lt, werelt,* ahd. *weralt, worolt* Zeitalter (engl. *world*); Zs. von ahd. *wer* Mann (got. *wair;* ↗ *Werwolf*) + **alt* (got. *alds;* ↗ *alt*) Zeit, Alter; eigtl. = Menschenzeit, *-alter.* **Weltall** s. Mitte 18. Jh. verdeutlichend für älteres ↗ *All.* **Weltanschauung** w. Mitte 19. Jh. für älteres *Weltansicht* w. um 1800. **Weltausstellung** w. 1851 (London). **Weltliteratur** w. 1827 (Goethe). **Weltmann** m. mhd. *werltman,* ahd. *weroltman* wer an der Welt hängt; 2. Hälfte 16. Jh. = (span.) Höfling, Mann von Welt. **Weltschmerz** m. LÜ 1810 (J. Paul) von engl. *world-woe;* verbreitet durch Heine. **weltweit** Adj. LÜ 1. Hälfte 17. Jh. (Weckherlin) von engl. *world-wide.*

Wende w. mhd. *wende* Umkehr, Grenze, ahd. *wentî* Grenze, Wandlung, Handlung (Ort) des Wendens; vom Zw. ↗ *wenden.* **Wendekreis** m. LÜ 2. Hälfte 17. Jh. von gr. *tropikós (kýklos)* (lat. *circulus tropicus*). **Wendeltreppe** w. 1. Hälfte 17. Jh. für mhd. *wendelstein* (*wendel* was sich wendet). **wenden** Zw. (wandte neben wendete, gewandt neben gewendet), mhd. *wenden,* ahd. *wenten,* got. *wandjan* (engl. *wend* gehen); Bewirkungswort zu ↗ *winden,* also = winden machen. ↗ *gewandt,* ↗ *auswendig,* ↗ *Gewand.* **wendig** Adj. mhd. *wendic* hingewandt, ahd. *wendig* veränderlich. ↗ *auswendig,* ↗ *notwendig.* In der Bedeutung „geschickt" 19. Jh. Eindeutschung von ↗ *elastisch.*

wenig Adj. mhd. *weinec, wênec,* ahd. *weinag, wênag;* vom Zw. ↗ *weinen,* eigtl. = beklagenswert. Dazu: ↗ *winzig.* – **wenigstens** Adv. Mitte 17. Jh. *zum wenigsten,* mit adverb. Gen.-s wie ↗ *mindesten-s* (↗ *flug-s*).

wenn Konj. mhd. *wenne,* erst im 19. Jh. von ↗ *wann* (mhd. *wanne*) inhaltlich geschieden.

Wenzel m. PN, KF von *Wenzeslaus* (slaw. = Ruhmeskranz; ↗ *scharwenzeln*). Um 1750 = Spielkartenbild, nach dem hl. Wenzel, dem Schutzpatron Böhmens (daher sudetendeutsch = Knecht, Untergebener).

wer FW mhd. *wer,* ahd. *(h)wer,* got. *hvas* (engl. *who*); urverw.: lat. *quis, quid, quod, qui;* gr. *póteros* wer von beiden; zur idg. FW-Wurzel **kṷo-, *kṷe-.* – ↗ *wann,* ↗ *weder,* ↗ *welch,* ↗ *wie,* ↗ *wo.*

werben Zw. (warb, geworben), mhd. *werben,* ahd. *hwerban* sich drehen, sich umtun, sich bemühen; got. *hvairban* wandeln; idg. **kṷerp-* sich drehen (gr. *karpós* Handwurzel, eigtl. = Drehgelenk). 2. Hälfte 19. Jh. = sich um einen Kunden bemühen. – ↗ *Werft,* ↗ *Wirbel,* ↗ *Gewerbe.*

werden Zw. (wurde, geworden), mhd. *werden,* ahd. *werdan,* got. *wairþan;* verw.: lat. *vertere* drehen, wenden, *vertex* Scheitel (↗ *vertikal,* ↗ *pervers,* ↗ *Prosa,* ↗ *Revers*); zur idg. Wurzel **u̯er-* drehen (↗ *-wärts*). ↗ *werfen,* ↗ *Werk,* ↗ *Wirtel,* ↗ *Wurm,* ↗ *Wurst,* ↗ *Würze.*

Werder m. mhd. *werder,* ostmd., nordd. für hd. *wert* Insel, ahd. *we-*

rid, warid; zu ↗ *Wehr²* (idg. **u̯er-* umschließen, beschirmen); eigtl. = eingedeichtes Land.

werfen Zw. (warf, geworfen), mhd. *werfen,* ahd. *werfan,* got. *wairpan* (engl. *warp*); verw.: ↗ *werden;* zu einer Erweiterung der idg. Wurzel **u̯er-* drehen (eigtl. = Hauswand mit Lehm bewerfen und glattstreichen); nhd. *sich werfen* sich krümmen; engl. *warp.* – ↗ *worfeln,* ↗ *Wurf,* ↗ *Wurm.*

Werft w. Schiffsbauanlage, um 1700 aus nl. *werf* (engl. *wharf*); zum Zw. ↗ *werben;* eigtl. = (runder) Ort, an dem man sich (geschäftig) umtut (Thingplatz). *-t-*Antritt 1. Hälfte 16. Jh. wie bei ↗ *Ax-t,* ↗ *Saf-t* u. a. – Dasselbe Wort ist *Werf*(t), Warf, Wur(f)t erhöhte Hofstelle, nd.

Werg s. mhd. *werc*(h), ahd. *werc, werah,* identisch mit ↗ *Werk,* eigtl. = Arbeit(sabfall). – **Werk** s. mhd. *werc,* ahd. *werc, werah;* zur idg. Wurzel **u̯erg-* Arbeit, arbeiten; verw. gr. *érgon* Werk, Arbeit. Erweiterung zur idg. Wurzel **u̯er-* drehen, flechten (↗ *werden,* ↗ *werfen*); eigtl. = Flechtwerk, Gespinst. Dazu das Zw. ↗ *wirken.* – ↗ *Gewerkschaft,* ↗ *bewerkstelligen,* ↗ *Energie.*

Wermut m. mhd. *wermüete,* -muot(e), ahd. *werimuota;* ungeklärt.

wert Adj. mhd. *wert,* ahd. *werd,* got. *wairþs* (engl. *worth*); zur idg. Wurzel **u̯er-* drehen (Flechtwerk als bes. alte Ware?) Dazu die Substantivierung **Wert** m. mhd. *wert,* ahd. *werd,* got. *wairþ* (engl. *worth*). ↗ *Würde,* ↗ *unwirsch.*

Werwolf m. wer sich in einen Wolf verwandeln kann, mhd. *werwolf.* Zs. mit ↗ *Wolf,* deren Bestimmungswort ahd. *wer* Mann (↗ *Welt*) ist.

Wesen s. mhd. *wesen* Besitztum, Sein, Tun; substantiv. Inf. vom Zw. mhd. *wesen,* ahd. *wesan,* got. *wisan* sein (↗ *sein¹*); davon: ↗ *während,* ↗ *verwesen²,* ↗ *Abwesenheit,* ↗ *Anwesen,* ↗ *hiesig,* ↗ *nur.* Verw.:

Vesta röm. Göttin des Herdfeuers, lat. *verna* im Haus geborener Sklave; got. *wists* = ahd. *wist* Wesen. – **wesentlich** Adj. mhd. *wesen*(t)*lich* dem (inneren) Sein nach. *-t-*Einschub wie bei ↗ *eigen-t-lich* u. a.

Wespe w. mhd. *v-, wespe; webse, -ze; wefse,* ahd. *wefsa;* verw.: lat. *vespa* (Einfluß auf unsere hd. Form); wie ↗ *weben* zur idg. Wurzel **u̯ebh-* sich bewegen, weben; eigtl. = die Webende (wegen ihres Nestgeflechtes). ↗ *Wachs.* Umstellung von *-fs-* zu *-sp-* wie bei ↗ *Knospe.*

Weste w. 2. Hälfte 17. Jh. über frz. *veste* aus lat. *vestis* Kleid (verw. got. *wasti* Kleid; ↗ *investieren*). – *Eine weiße (reine, saubere) Weste haben* Ende 19. Jh. (Bonmot von O. v. Bismarck auf den Afrikaforscher v. Wißmann, 1892).

Westen m. mhd. *westen,* ahd. *westan;* verw.: gr. *hespéra* Abend, lat. *vesper* Abend; eigtl. = Abendseite. ↗ *Süd,* ↗ *Ost.* Die Kurzform **West** m. seit 15. Jh. – **Western** m. Film (Roman) aus der am. Pionierzeit; 20. Jh. aus am. *western* (eigtl. Adj. = westlich).

Wette w. mhd. *wet, wet*(t)*e* ahd. *wetti,* got. *wadi* (engl. *wed*); urverw.: lat. *vas* (*vadis*) Bürge; zu idg. **u̯adh-* Pfand. Dazu das Adj. **wett,** mhd. *wette* quitt, aus dem Subst. entwickelt. – ↗ *Gage.* – **Wettbewerb** m. Eindeutschung 2. Hälfte 19. Jh. von *Konkurrenz.*

Wetter s. mhd. *weter,* ahd. *wetar* (engl. *weather*); Ableitung von idg. **u̯e-* ↗ *wehen.* – ↗ *Gewitter,* ↗ *verwittern,* ↗ *wittern.* – **Wetterhahn** m. spätahd. *weterhano.* – **Wetterleuchten** s. volkset. Umdeutung von mhd. *weterleich* Blitz (ohne Donner), Zs. von *weter* + *leich* Spiel, Tanz (↗ *Leich*); also = Wetterspiel. – **wetterwendisch** Adj. 1. Hälfte 16. Jh. (Luther [LÜ nach Matth. 13, 21; gr.: *próskairos*], und aus md. Maa.); eigtl. = sich wendend wie das Wetter.

wetzen Zw. mhd. *wetzen,* ahd. *wez-*

zan, got. *galvatjan* anschärfen, an-
reizen (engl. *whet*); verw.: *✓ Wat-
sche;* vom Adj. ahd. *waȝ* scharf
(eigtl. = scharf machen); urverw.:
lat. *tri-quet-rus* dreikantig (= ags.
þri-feoðor).

Whisky m. 1. Hälfte 19. Jh. aus engl.
whisky, anglisierte Verkürzung
von gäl. *uisge-beatha* Wasser des
Lebens (also = *✓ Aquavit; ✓ Wod-
ka* Wässerchen). Gäl. *uisge* ist d.
✓ Wasser verw.

Wichs m. Prunkkleid, 2. Hälfte 18.
Jh. stud. vom Zw. *wichsen* putzen.
Wichse w. 2. Hälfte 18. Jh. =
Glänzmittel, dann auch (da Wachs-
schmiere auf den zu wichsenden
Gegenstand kräftig aufgeschlagen
wurde) = Prügel; vom Zw. **wichsen**
spätmhd. (15. Jh.) *wihsen* neben
älteren *wächsen, wahsen* mit
Wachs beschmieren. Alte (zufällig
spät überlieferte) Ableitung zu
✓ Wachs.

Wicht m. mhd. ahd. *wiht,* got. *waihts*
Sache (engl. *wight* Kerl, Wesen);
✓ nicht. Verw.: aslaw. *vešti* Ding,
Sache; lat. *vox* Stimme, Sprache,
vocare rufen? – Altes Tabuwort:
der Kobold wurde nicht mit seinem
Namen, sondern als „Ding" be-
zeichnet. Dazu (als *Wicht* seine alte
Bedeutung [= Kobold] verlor):
Wichtelmännchen s. 1. Hälfte 16.
Jh. für älteres mhd. *wihtelmenlîn,
wihtelîn.*

wichtig Adj. mhd. (md.) *wihtec,*
mnd. *wichtich,* vom Subst. mnd.
wicht(e) ✓ Gewicht (**Wichte** w. =
spezifisches Gewicht erst 1. Hälfte
20. Jh.); zu *✓ wiegen;* eigtl. = Ge-
wicht habend; 16. Jh. = bedeu-
tend.

Wicke w. mhd. *wicke,* ahd. *wicka,
wiccha,* früh aus lat. *vicia* Wicke
(engl. *vetch*).

Wickel m. mhd. *wickel* neben der
(doppelten) Verkleinerung *wicke-
lîn,* ahd. nur (doppelt) verklei-
nernd *wicchilî, wickilîn* Flachsrolle
am Rocken. Von: mhd. *wicke,*
ahd. *wich(a)* Docht; zur idg. Wur-
zel ** u̯eg-* weben (*✓ Wachs*); lat. *ve-*

lare verhüllen, *velum* Segel, *vexil-
lum* Fahne. – *Beim Wickel kriegen*
Mitte 19. Jh. eigtl. = beim Haar-
schopf (dessen Locken gewickelt
sind) fassen.

Widder m. mhd. *wider,* ahd. *widar;*
got. *wiþrus* Lamm (engl. *wether*);
urverw.: lat. *vetus* alt; *vitulus* Kalb
(*✓ Veteran*), gr. *étos* Jahr, *étalon*
jahraltes Haustier; zur idg. Wurzel
*u̯et- Jahr; eigtl. = Jährling.

wider Präp., Adv. mhd. *wider,* ahd.
widar, got. *wiþra;* zu einer alten
Steigerung der idg. Wurzel **u̯i-*
auseinander (**u̯i-t[e]ro-* weiter aus-
einander); verw. mit *✓ weit.* Im 17.
Jh. *wieder* gegen *wider* abgehoben.
✓ zuwider, ✓ zwei, ✓ erwidern. **Wi-
derhall** m. spätmhd. *widerhal,* Ein-
deutung von *✓ Echo.* **widerle-
gen** Zw. mhd. *widerlegen* vergel-
ten; 16. Jh. = als unrichtig nach-
weisen. **Widersacher** m. mhd. (15.
Jh.) *widersache,* Zs. aus *wider* ge-
gen + mhd. *-sache,* ahd. *sahho* Pro-
zeßgegner (*✓ Sache*). *-r* nach dem
Muster von *✓ Gegne-r;* durch Lu-
ther verbreitet. – **widerspenstig**
Adj. spätmhd. *widerspenstec* (15.
Jh.); wie *✓ abspenstig* und *✓ Ge-
spenst* zum Zw. *✓ spannen,* ahd.
spanan locken; eigtl. = wer dage-
gen lockt. Vermutl. volkset. Um-
deutung von älterem mhd. *wi-
derspæne(c),* zu mhd. (*wider-*) *spân*
Streit. **widerwärtig** Adj. mhd. *wi-
derwertic, -wartic,* ahd. *widarwartîg*
entgegengesetzt, von mhd. *wider-
wart, -wert,* ahd. *widarwert, -wart*
feindlich; *✓ -wärts.* **Widerwille** m.
mhd. *widerwille* Ungemach, seit
16. Jh. volkset. an mhd. *wille* Ekel,
willen Übelkeit empfinden ange-
lehnt; seither = Abscheu.

widmen Zw. mhd. *widemen,* ahd.
widimen beschenken, ausstatten;
vom Subst. mhd. *wideme,* ahd. *widimo*
Gabe, Aussteuer, Stiftung, ahd.
wida-, widimo Aussteuer; wie gr.
hédna Mitgift zur idg. Wurzel
*u̯edh- (heim)führen.

wie Adv. mhd. *wie,* ahd. *(h)wio,
hwêo,* got. *ƕaiwa* (engl. *how*); mit

der Sippe von ⟋ *wer* zur idg. FW-Wurzel *k^ueo-, *k^uee-.

Wiede w. Flechtreis, Weidenband, mhd. ahd. *wid;* verw.: ⟋ *Weide*²; nicht verw.:

Wiedehopf m. mhd. *witehopfe,* ahd. *wituhopfa, -hoffa, -hopfo;* volkset. Anlehnung an ahd. *witu* Holz, Wald + Zw. *hüpfen;* eigtl. = SchW nach dem Paarungsruf des Vogels **wudhup;* (beeinflußt durch?) lat. *upupa* Wiedehopf, gr. *épops, épopos.* D. ma. *Huppupp* (gr. Rufnachahmung: *epopoî popopó*). Oder = Waldhüpfer?

wieder Adv. vgl. ⟋ *wider.* **Wiedergeburt** w. LÜ 2. Hälfte 17. Jh. von lat. *regeneratio* (frz. *renaissance*). – **wiederkäuen** Zw. ⟋ *kauen.* – **Wiederkehr** w. ⟋ *kehren.*

Wiege w. mhd. *wi(e)ge,* ahd. *wiga;* vermutl. wie: ⟋ *Wagen,* ⟋ *Weg,* ⟋ *Waage,* ⟋ *wackeln,* ⟋ *Woge* usw. zur idg. Wurzel *uegh- bewegen (nämlich: die an der Decke aufgehängte Wiege). – **wiegen**¹ Zw. hin und her schaukeln, 15. Jh. ⟋ *gewiegt.*

wiegen² Zw. (wog, gewogen) abwiegen, Gewicht haben; 16. Jh. von ⟋ *wägen* (aus den Präsensformen *du wiegst, er wiegt* neugebildet). ⟋ *Gewicht,* ⟋ *gewogen.*

Wiegendruck m. LÜ 2. Hälfte 19. Jh. von lat. *Inkunabel* (das 2. Hälfte 15. Jh. aus lat. *incunabula* Mz. Windeln, Wiege [*cunabula* Mz. = *cunae* Mz. Wiege] entlehnt war).

wiehern Zw. mhd. *wiheren;* verstärkend (wie ⟋ *meck-er-n* u. a.) zum mhd. Zw. *wihen(en),* ahd. *wihôn;* dazu im Abl. mhd. *weijen,* ahd. *(h)weion* (engl. *whinny*); SchW.

wienern Zw. glänzend machen, 20. Jh. aus sold. Eigtl. = mit *Wiener* Putzkalk säubern.

Wiese w. mhd. *wise,* ahd. *wisa;* verw. engl. *woosy* feucht, an. *veisa* Schlamm (dazu lat. *virus* Gift; ⟋ *Virus*); zur idg. Wurzel *ueis- (stinkend) zerfließen. Also (im Ggs. zur ⟋ *Matte*) die nicht mähbare, sumpfige Wiese. ⟋ *Wismut.* – **Wiesel** s.

mhd. *wisele,* ahd. *wisula* (engl. *weasel*); ebf. zur idg. Wurzel *ueis- (stinkend) zerfließen (lat. *vissio* Gestank, Bauchwind; daher: frz. *voison* Wiesel). Eigtl. = Stinker. ⟋ *Iltis,* ⟋ *Wisent.*

Wigwam m., s. 2. Hälfte 17. Jh. über engl. aus indian. (Algonkindialekt) *weko-om-ut* in sein Haus.

Wiking(er) m. Normanne, aus an. *víkingr* Seeräuber. Das Wort ist vornormannisch: 8. Jh. ags. *wîcing* Küstenräuber. Herkunft unklar.

wild Adj. mhd. *wilde,* ahd. *wildi,* got. *wilþeis* (engl. *wild*); vielleicht mit ⟋ *Wald* verw. Oder zu ⟋ *Wolle* (= des Fells wegen jagdbar)? – Dazu die Sammelbezeichnung **Wild** s. mhd. *wilt,* ahd. *wilt* (= jagdbares Tier?). – **Wildbret** s. mhd. *wiltpræte, -brät,* ahd. *wiltbrât,* Zs. mit ahd. *brâto* Schierfleisch. ⟋ *Braten.* – **Wilderer** m. mhd. *wilderære* Jäger; 16. Jh. = Wilddieb; dazu das Zw. **wildern** 2. Hälfte 18. Jh. – **Wildfang** m. 15. Jh. = gefangenes wildes Tier (auch = unruhiger Gefangener); seit 17. Jh. auch = ausgelassenes Kind. **Wildschütz** m. 1. Hälfte 16. Jh. = Jäger; seit 1. Hälfte 17. Jh. auch = Wilddieb. **Wildwest** m. 20. Jh. aus am. *Wild West* nordam. Westgebiet (z. Zt. des Goldfiebers). Aber: **Wildschur** w. Wolfspelz 2. Hälfte 18. Jh. aus poln. *wilczura* Wolfspelz (*wilk* Wolf).

Wille m. mhd. *wille,* ahd. *will(i)o,* got. *wilja* (engl. *will*); vom Zw. ⟋ *wollen* (⟋ *Wahl*) ⟋ *gewillt sein.* – **willfahren** Zw. spätmhd. *willenvarn* für älteres mhd. *eines willen vâren* jmds. Wunsch beachten (zum mhd. Zw. *vâren* trachten; ⟋ *Gefahr*). Dazu: 16. Jh. das Subst. *willfart,* von dem das Adj. *willfertig* 16. Jh. abgeleitet wird, daneben gleichzeitig **willfährig** Adj. (nicht zu: *fahren!*). – **Willkomm** m. mhd. *willekome,* ahd. *willicomo* Gast nach Wunsch (gebildet wie *Nachkomme*); davon (über mhd. *sît willekomen!*) das Adj. **willkommen,** mhd. *willekommen,* ahd. *willecho-*

men. ⁄bewillkommnen. – **Willkommen** m. seit Mitte 16. Jh. auch = großes Trinkgefäß. – **Willkür** w. mhd. *willekür* freie Wahl, Wahl nach Wunsch (⁄*Kür*); seit 2. Hälfte 18. Jh. meist = rücksichtsloses Vorgehen (gelegentlich auch schon früher so).

wimmeln Zw. mhd. *wimelen*. Weiterbildung (wie ⁄*lächeln* zu ⁄*lachen*) zum mhd. (md.) Zw. *wimmen* sich regen (⁄*streicheln*, ⁄*winseln*, ⁄*worfeln*); weitere Bezüge ungeklärt.

wimmern Zw. 16. Jh. vom Subst. mhd. *wimmer* Winseln. SchW.

Wimpel m. 1. Hälfte 17. Jh. aus mnd. *wimpel* streifenförmige Flagge; mhd. *wimpel* Kopftuch, ahd. *wimpal* Schleier (engl. *wimple*); dazu: mhd. *bewimpfen* verhüllen, an. *veipa* Kopftuch; ahd. *weif* Band; got. *waips* Kranz; lat. *vibrare* zittern; mhd. *weifen* haspeln, *wîfen* winden, got. *weipan* bekränzen. – ⁄*Weib*, ⁄*schweifen*, ⁄*wippen*.

Wimper w. mhd. *wintbrâ*, ahd. *wintbrâwa*; Zs. mit einem idg. Wort für „Haar" (gr. *íonthos* junger Bart) und ⁄*Braue* (zu mhd. *brehen* aufstrahlen). – -*mb*- für älteres -*nb*- wie in ⁄*Amboß*; -*p*- für älteres -*b*- wie in ⁄*empor*.

Wind m. mhd. ahd. *wint*, got. *winds* (engl. *wind*); verw.: lat. *ventus;* von einer nasalierten Erweiterung der idg. Wurzel **u̯e-* ⁄*wehen*. ⁄*winden²*. **Windbeutel** m. 2. Hälfte 18. Jh. = Hohlgebäck (wie ein windgeblähter Beutel); dann auch = Bruder Leichtfuß.

Winde w. mhd. *winde*, ahd. *winta* Hebegerät, Pflanzenname; vom Zw. *winden¹*. – **Windel** w. mhd. *windel*, ahd. *wintila*, vom Zw. *winden¹*, eigtl. = Wickelbinde. **windelweich** Adj. 1. Hälfte 19. Jh. nach dem Muster von obd. *windelbleich* weiß wie eine Wickelwinde. – **winden¹** Zw. (wand, gewunden); mhd. *winden*, ahd. *wintan*, got. *windan* (engl. *wind*); zur idg. Wur-

zel **u̯endh-* drehen, flechten. Davon: ⁄*wenden*, ⁄*Wand*, ⁄*wandeln*, ⁄*wandern* (aber: ⁄*überwinden* gehört nicht hierher, wohl aber ⁄*Windsbraut*, ⁄*windschief*).

winden² Zw. wehen, spätmhd. *winden;* vom Subst. ⁄*Wind*.

Windhund m. 2. Hälfte 16. Jh. für älteres mhd. ahd. *wint;* also = VN Wende; also (wie *Windspiel*, mhd. *wintspil*) = wendischer Hund.

Windsbraut w. mhd. *windesbrût*, ahd. *wintesprût, -brût, windisbrût;* Zs. mit ahd. *winta* Windung, ⁄*Braut* volkset. Anlehnung eines nicht erkennbaren älteren Wortes?

windschief Adj. 18. Jh.; Zs. mit ⁄*winden¹*; eigtl. = schief gewunden.

Windspiel s. ⁄*Windhund*.

Wink m. mhd. *winc*, ahd. *winch;* zum Zw. *winken*. – **Winkel** m. mhd. *winkel*, ahd. *winkil;* verw.: *winken* sich seitwärts bewegen. Also = Biegung. **Winkelzug** m. 2. Hälfte 18. Jh.; eigtl. = Wegabkürzung. – **winken** Zw. mhd. ahd. *winken* (engl. *wink* blinzeln); wie das dazu im Abl. stehende ⁄*wanken* zur idg. Wurzel **u̯eng-* sich biegen; also = sich zur Seite neigen, schwanken. – ⁄*zwinkern*.

winseln Zw. mhd. *winseln*, verstärkend zum Zw. mhd. *winsen*, ahd. *winsôn* jammern (gebildet wie ⁄*läch-eln*, ⁄*streich-eln*, ⁄*wimm-eln*). Wie ⁄*wiehern* und ⁄*wimmern* SchW.

Winter m. mhd. *winter*, ahd. *wintar*, got. *wintrus* (engl. *winter*); urverw.: air. *find* weiß; eigtl. = weiße Jahreszeit? Oder verw. mit lat. *unda* Welle; = feuchte Jahreszeit? Oder zu ⁄*Wind*, = windige Jahreszeit?

Winzer m. mhd. *winzürl*, ahd. *winzuril*, aus lat. *vinitor* Winzer (das im Spätmhd. abgefallene -*l* ist das Suffix -*il;* ⁄*Bütt-el*).

winzig Adj. mhd. *winzic;* von ⁄*wenig* (ähnlich wie ⁄*ein-zig*).

Wipfel m. mhd. *wipfel, wiffel*, ahd. *wiphil, wiffil;* zum Zw. mhd. *wip-*

fen schaukeln, das zu *Wippe* gehört. Also = Schaukelndes. *-el*-Suffix wie bei ↗ *Gipf-el* u. a. **Wippe** w. 2. Hälfte 17. Jh. aus nd. *wippe,* vom Zw. mnd. **wippen** schaukeln. Dazu hd. mhd. *wipfen* schaukeln, springen; verw.: lat. *vibrare* schwingen, zittern (↗ *vibrieren*); wie ↗ *Wimpel* zur idg. Wurzel **u̯eib-, *u̯eip-* drehen, winden. – Dazu: *Wippchen machen* nordd. = Ausflüchte versuchen, 2. Hälfte 19. Jh. – ↗ *gewieft.*

Wirbel m. mhd. *wirbel* Scheitel, ahd. *wirbil, -vil* Strudelwind; mit dem Suffix *-ila* (↗ *Beut-el²,* ↗ *Drisch-el,* ↗ *Heb-el,* ↗ *Wirt-el* usw.) zum Zw. ↗ *werben* sich drehen (also = sich drehender Wind; strudelndes Wasser; Kopfstelle, an der die Haare im Kreis stehen usw.). ↗ *zwirbeln.*

wirken Zw. mhd. ahd. *wirken* neben mhd. *würken,* ahd. *wurchen,* got. *waurkjan* (engl. *work*); vom Subst. ↗ *Werk.* **wirklich** Adj. mhd. *würk[e(n)]lich* tätig, wirkend (Mystikerwort); seit 15. Jh. = real (verbreitet 1. Hälfte 18. Jh.). **Wirklichkeit** w. mhd. *werkelicheit* Werktätigkeit (Mystikerwort); 16. Jh. = Realität. **wirksam** Adj. 16. Jh. für älteres *wirklich.*

wirr Adj. 17. Jh. vom Zw. **wirren** mhd. *werren,* ahd. *werran* durcheinanderbringen (dazu: *verwirren,* mhd. *verwerren,* ahd. *firwerran* mit dem Part. *verworren*); urverw.: lat. *verrere* schleifen; zur idg. Wurzel **u̯ers-* vermengen (↗ *Guerilla,* ↗ *Wurst*). **Wirrwarr** m. Mitte 18. Jh. aus nd.-nl. (reduplizierendes SchW zu *wirr*); ↗ *Mischmasch,* ↗ *Zickzack.*

Wirsing m. um 1600 *Versich,* 1. Hälfte 18. Jh. *Wirsching,* über schwz. *wirz, werz* aus engadinisch *verza* (lombardisch *verdza*). Zugrunde liegt: lat. *viridia* Grünes (Gemüse), *viridis* grün (weitere Bezüge unklar).

Wirt m. mhd. ahd. *wirt* Hausherr, Gastfreund, *-wirt;* got. *wairdus*

Gastfreund; an. *verðar* Mz. Mahl (-zeiten). Vorgerm. Herkunft?

Wirtel m. Spindelspulring; wie ↗ *Drisch-el,* ↗ *Heb-el,* ↗ *Wirb-el* usw. mit dem Suffix *-ila;* wie ↗ *werden* zur idg. Wurzel **u̯er(t)-* drehen („Drehgerät").

Wirtschaft w. mhd. *wirtschaft,* ahd. *wirtscaft* Gastlichkeit, Gastmahl; seit 16. Jh. = Gastwirtschaft; 17. Jh. = Haushalt (eines Bauern); 18. Jh. = Wirtschaftswesen; 19. Jh. = Betrieb, Durcheinander.

Wisch m. mhd. *wisch* (ahd. *arswisc*) (engl. *whisc*); wie lat. *virga* Rute zur idg. Wurzel **u̯eis-* drehen (**u̯ei[ə]-* biegen; ↗ *weichen;* ↗ *Weide¹*). Also = (gedrehtes Stroh-) Büschel zum Fegen, Wischen. Dazu das Zw. **wischen,** mhd. *wischen,* ahd. *wisken* (engl. *wisk*). ↗ *entwischen,* ↗ *Irrwisch.* **Wischer** m. Tadel, 2. Hälfte 17. Jh. Eigtl. = Schlag (vgl.: *jmdm. etw. auswischen*).

Wisent m. mhd. *wisent,* ahd. *wisant, -sunt* neben *wirunt;* wie ↗ *Wiese* und ↗ *Wiesel* zu idg. **u̯eis-* (stinkend) zerfließen. Das Tier heißt nach seinem Brunftgeruch. ↗ *Bison.*

Wismut s. (m.) Metall, Mitte 15. Jh. Eigtl. = das aus den ↗ *Wiesen* (des Erzgebirges) *gemutete* Metall (↗ *muten*).

wispern Zw. 16. Jh. (engl. *whisper*) für älteres mhd. *wispeln,* ahd. *wispalôn,* ↗ *lispeln;* SchW.

wissen Zw. (wußte, gewußt), mhd. *wiʒʒen,* ahd. *wiʒʒan,* got. *witan* (engl. *wit*); zur idg. Wurzel **u̯oida-* ich habe gesehen, ich weiß (Perfekt der Zw.-Wurzel **u̯id-* sehen; lat. *videre* sehen). – *wissen* ↗ *historisch,* ↗ *improvisieren,* ↗ *weise,* ↗ *Verweis,* ↗ *weissagen,* ↗ *gewiß;* ↗ *Idee,* ↗ *Video,* ↗ *Witz.* – **Wissenschaft** w. mhd. (2. Hälfte 14. Jh.) *wiʒʒen(t)schaft* Wissen; Mitte 17. Jh. = Forschung. **Wissenschafter** m. um 1800 für älteres *Wissenschaftler* m. 2. Hälfte 18. Jh. (zunächst humoristisch).

wittern Zw. mhd. *witern* Wetter sein

(werden, machen); mit der Nase wahrnehmen (weidmännisch); vom Subst. ↗ *Wetter.*

Witwe w. mhd. *witewe,* ahd. *wituwa,* got. *widuwô* (engl. *widow*); verw.: lat. *vidua* Witwe; idg. Wurzel **u̯i-dheu̯a-* Witwe, abgeleitet von der idg. Wurzel **u̯(e)idh-* trennen (dazu: lat. *dividere* trennen, teilen. ↗ *dividieren,* ↗ *individuell*); also = die (von ihrem Mann) Getrennte. ↗ *Waise,* ↗ *Dividende.* **Witwer** m. mhd. *witewære* für ahd. *wituwo.*

Witz m. mhd. *witze,* ahd. *wizzi* Klugheit (got. *unwiti* Unwissenheit; engl. *wit* Geist); vom Zw. ↗ *wissen;* 17. Jh. = Geist (Eindeutschung von frz. *esprit*); 18. Jh. = Scherz; 19. Jh. = Streich (stud.; „*schlechter Witz*"). **Witzbold** m. mhd. *witzbolt* frühreifes Kind; 1. Hälfte 19. Jh. = Spaßmacher. ↗ *bald.* **witzig** Adj. mhd. *witzec* klug, ahd. *wizzîg.* ↗ *gewitzigt.*

wo Adv. mhd. *wô,* ahd. *wâ,* davor (h)*wâr* (dazu im Abl. got. *ƕar* wo); zur idg. FW-Wurzel **ku̯o-.* ↗ *wer,* ↗ *warum.* -ô für älteres -â-: ↗ *Argwohn,* ↗ *Kot* u. a.

Woche w. mhd. *woche,* ahd. *wohha, wehha,* got. *wiko* Reihenfolge (engl. *week* Woche); zum Zw. ↗ *weichen;* also eigtl. = (regelmäßiger) ↗ *Wechsel* (zunächst im Gemeinschaftsdienst? Dann: = im Zeitablauf; für die von den Römern übernommene Zeiteinteilung benutzt). **wöchentlich** Adj. mhd. *woche(n)lich.* -*t*- gleitet im 14. Jh. ein wie bei ↗ *ei-gen-t-lich.* **Wöchnerin** w. 2. Hälfte 17. Jh. verkürzend für älteres *Sechswöchnerin,* 1. Hälfte 16. Jh. = Kindbetterin (die nach alter Regel 6 Wochen Bett und Zimmer hüten mußte).

Wodan ↗ *Wut.*

Wodka m. 20. Jh. aus r. *vódka* Branntwein, eigtl. = verkleinernd zu r. *vodá* = ↗ *Wasser* (eigtl. = Wässerchen); vgl.: ↗ *Aquavit,* ↗ *Whisky.*

Woge w. mhd. *wâc* See, ahd. *wâg* bewegtes Wasser, got. *vêgs* Sturm,

Mz. = Wogen; seit 1. Hälfte 16. Jh. = Welle (urspr. nd.); wie ↗ *Wagen,* ↗ *Waage,* ↗ *Weg,* ↗ *wackeln,* ↗ *Wiege* usw. zur idg. ↗ *Wagen.* -ô- für älteres -â- wie bei ↗ *Argwohn;* urspr. alte Mz.-Form wie ↗ *Borste* (daher w. – Ähnlich bei ↗ *Zigarre*). – ↗ *Bachstelze.*

wohl Adv. mhd. *wol,* ahd. *wola, wala, wela,* got. *waila* (engl. *well*); zum Zw. ↗ *wollen,* eigtl. = nach Wunsch. **Wohl** s. spätmhd. (15. Jh.) *wol,* substantiv. Adv. nach dem Vorbild von ↗ *Weh(e).* **Wohlfahrt** w. um 1500 nach dem Vorbild von ↗ *Hoffart* gebildet; urspr. = Wohlergehen (für älteres spätmhd. *wolvarn* s. Wohlergehen). **wohlgemut** Adj. mhd. *wolgemuot* wohlgesonnen, guten Mutes; ↗ *Mut.* 1. Hälfte 18. Jh. **Wohltat** w. mhd. *woltât,* ahd. *wolatât,* LÜ von lat. *beneficium.* **Wohlwollen** s. LÜ 2. Hälfte 16. Jh. von lat. *benevolentia.*

wohnen Zw. mhd. *wonen,* ahd. *wonên;* an. *una* zufrieden sein. Wie ↗ *gewinnen* zur idg. Wurzel **u̯en(ə)-* umherstreifen, erstreben; ahd. *winna* (umzäunte) Weide; urspr. = im umhegten Raum (im Dorf, auf seinem Erbe) bleiben. – ↗ *Wonne.* **Wohnung** w. mhd. *wonunge* Gewohnheit, Wohnung.

wölben Zw. mhd. ahd. *welben;* verw.: gr. *kólpos* Bucht, Busen. ↗ *Walm.* Idg. Wurzel **ku̯el-* drehen; eigtl. = Rundung. -ö- für -*e*- wie bei ↗ *gewöhnen,* ↗ *Gewölbe,* ↗ *zwölf* usw. – ↗ *Golf¹,* ↗ *Wulst.*

Wolf m. mhd. ahd. *wolf,* got. *wulfs* (engl. *wolf*); urverw.: lat. *lupus* Wolf, gr. *lýkos* Wolf. Idg. Tiername (*u̯l̥ku̯os*); zur idg. Wurzel **u̯el-* reißen, töten (↗ *Walküre,* ↗ *Walstatt*). Also = Reißer, Töter; 2. Hälfte 15. Jh. auch = Hautentzündung (wegen der brennenden Schmerzen); ↗ *Lupe.* – **Wolfram** s. metall. Grundstoff, 2. Hälfte 16. Jh. bergmänn. Zs. aus *Wolf* + mhd. ahd. *râm* Schmutz; also eigtl. = Wolfsdreck (da für minderwertig gehalten). ↗ *Osram.*

Wolke w. mhd. *wolke(n)*, ahd. *wolka(n)* (dazu mit Abl.: engl. *welkin* bedeckter Himmel); wie ↗*welk* zur idg. Wurzel *uelg-* feucht; eigtl. = die Nasse. **Wolkenkratzer** m. LÜ 1. Hälfte 20. Jh. von am. *skyscraper* (urspr. scherzhaft).

Wolle w. mhd. *wolle*, ahd. *wolla*, got. *wulla* (engl. *wool*); urverw.: lat. *villus* Tierzotte, *lana* Wolle (aus älterem *vlana*. ↗*Flanell*!); idg. Wurzel *ulna-* (-*ll-* aus älterem -*ln-* wie bei ↗*voll*); vielleicht wie ↗*wallen* [1] zur idg. Wurzel *uel-* drehen, winden; dann eigtl. = das (auf der Spindel) Gedrehte. ↗*Flor*. – ↗*wild*.

wollen Zw. mhd. *wol-*, *wellen*, ahd. *wellen*, got. *wiljan*; verw.: lat. *velle* wollen; wohl urspr. identisch mit ↗*wählen* ↗*wohl*. – **Wollust** w. mhd. spätahd. *wollust* Vergnügen, Genuß (schon mhd. erotisch-abwertend); mit altem (kurzem) -*o*- (↗*wohl*).

Wonne w. mhd. *wonne*, *wünne* Lust, ahd. *wunni*, *wunna*, *wunja*; dazu: mhd. *wünne* Weide, *wunne* Laub; ahd. *wunnja*, *winne*; got. *winja* Weide, Futter; wie ↗*gewinnen*, ↗*wohnen* zur idg. Wurzel *uen-* umherstreifen, erstreben; eigtl. = was man begehrt. ↗*Weide*. Nhd. -*o*- für älteres -*u*- vor -*n* wie bei ↗*Nonne*, ↗*Sohn*, ↗*Sonne*. **Wonnemonat** m. mhd. *winne-*, *wunne-mânôt*, ahd. *winni-*, *wunnimânôd* eigtl. = Weide-, Austriebmonat.

worfeln Zw. Getreide sieben, 1. Hälfte 16. Jh.; Weiterbildung (wie bei ↗*wimmeln* u. a.) zu mhd. *worfen* Getreide reinigen; ahd. *wintworfa* Getreideschaufel; vom Zw. ↗*werfen*.

Wort s. mhd. ahd. *wort*, got. *waurd* (engl. *word*); verw.: lat. *verbum*; zur idg. Wurzel *uer-* sagen. ↗*Antwort*. **Wortklauber** m. 2. Hälfte 18. Jh., stud.; ↗*klauben*. **Wortspiel** s. 1. Hälfte 17. Jh. (LÜ von frz. *jeu de mots*?).

Wrack s. 2. Hälfte 17. Jh. aus nd. *wrak* (dazu das nd. Adj. *wrak* be-

schädigt); wie ↗*rächen* zur idg. Wurzel *u(e)reg-* (ver)treiben, stoßen; eigtl. = was (auf dem Wasser) treibt.

wringen Zw. (wrang, gewrungen), 2. Hälfte 17. Jh. aus nd. *wringen* (Wäsche) pressen; zu einer nasalierten Erweiterung der idg. Wurzel *uergh-* pressen, zusammenschnüren, zu deren Grundform ↗*würgen* gehört. Einfluß von ↗*ringen* führt in manchen md. Maa. zum Abfall des *w-*. Verw. auch: ↗*renken*.

Wruke w. Kohlrübe, 2. Hälfte 18. Jh. über nordostd. Maa. aus poln. *brukiew* Kohlrübe.

Wucher m. mhd. *wuocher*, ahd. *wuohhar* Gewinn, got. *wôkrs* Zins; wie ↗*wachsen* [2] zur idg. Wurzel *aug-*, (*a*)*ueg-* vermehren. – **Wuchs** m. 1. Hälfte 18. Jh. vom Zw. ↗*wachsen* [2].

Wucht w. 17. Jh. aus nd. *wucht*, Nbf. zu nd. *wicht(e)* ↗*Gewicht*.

wühlen Zw. mhd. *wüelen*, ahd. *wuol(l)en*; wie ↗*wallen* [1] zur idg. Wurzel *uel-* drehen, eigtl. = herumdrehen, umwälzen.

Wu(h)ne w. Loch im Eis, spätmhd. *wune*, wie lat. *vanus* leer, mhd. ahd. *wan* fehlend (↗*Wahnsinn*) zur idg. Wurzel *ua-* leer. ↗*wüst*.

Wulst m. mhd. *wulst*, ahd. *wulsta* Randwölbung, geschürzte Lippe; zu ↗*wölben* (wie ↗*Gunst* von ↗*gönnen*).

wund Adj. mhd. ahd. *wunt*, got. *wunds* verwundet; Partizipialbildung zur idg. Wurzel *uen-* schlagen; eigtl. = geschlagen (engl. *wen* Beule). Zur selben Wurzel als Abstraktum **Wunde** w. mhd. *wunde*, ahd. *wunta*; eigtl. = Schlag.

Wunder s. mhd. *wunder*, ahd. *wuntar* Unmenge, Verwunderung; Herkunft ungeklärt. **Wunderkind** s. 2. Hälfte 16. Jh. = wunderbar geborenes Kind (= Christus); 1. Hälfte 18. Jh. = auffallend begabtes Kind.

Wunsch m. mhd. *wunsch*, ahd. *wunsc*; wie ↗*gewinnen* zur (erweiterten) idg. Wurzel *u̯en(ə)- erstreben, zu der auch lat. *Venus* gehört (*venus* Liebe[sverlangen]); ↗ *Wonne.* – **Wünschelrute** w. mhd. *wünschelruote* neben *wünschelgerte* (ahd. *wunschiligerta*; zum Aufspüren von Wasser in der Erde). – **wünschen** Zw. mhd. *wünschen,* ahd. *wunsken* (engl. *wish*); vom Subst. *Wunsch.*

Würde w. mhd. *wirde,* ahd. *wirdî* Wert, Ehre, angesehene Stellung; vom Adj. ↗ *wert.* **Würdenträger** m. LÜ 1. Hälfte 19. Jh. von frz. *dignitaire* (lat. *dignitarius*).

Wurf m. zunächst = Zahl der geworfenen Würfelaugen; dann = der Jungen, mhd. ahd. *wurf;* vom Zw. ↗ *werfen.* **Würfel** m. mhd. *würfel,* ahd. *wurfil* Spielwürfel; vom Subst. *Wurf.*

würgen Zw. mhd. *würgen,* ahd. *wurgen;* zur idg. Wurzel *u̯ergh- pressen (↗ *wringen*).

Wurm m. mhd. ahd. *wurm,* got. *waurms* (engl. *worm*); urverw.: lat. *vermis* Wurm; wie ↗ *werden,* ↗ *werfen* zur idg. Wurzel *u̯er- drehen; eigtl. = der sich Drehende (Windende). **(sich) wurmen** Zw. 1. Hälfte 15. Jh. = Eingeweidewürmer haben; 2. Hälfte 17. Jh. = sich quälen (als ob man Würmer habe). **Wurmfortsatz** m. LÜ 1. Hälfte 19. Jh. von lat. *processus vermiformis.*

Wurst w. mhd. ahd. *wurst;* vielleicht wie ↗ *werden* und seine Sippe zur idg. Wurzel *u̯er- drehen (dann = Gedrehtes). Oder: wie ↗ *wirr* zur idg. Wurzel *u̯ers- vermengen (dann = Gemengsel). – *Das ist mir Wurst* 19. Jh. stud. (weil es gleich ist, an welcher Seite man eine

Wurst anschneidet?). *Wurst wider Wurst* 1. Hälfte 16. Jh. von der Sitte, sich beim Schlachten gegenseitig mit Würsten zu beschenken. – **wursteln** Zw. schludern, 19. Jh. (obd.) für älteres *wursten,* 15. Jh. = Wurst machen; dann auch = schludern. *-el*-Infix wie bei ↗ *läch-el-n* u.a.

Wurt w. ↗ *Werft.*

Würze w. mhd. *würze* neben (mit Abl.) *wirze,* vom Subst. mhd. ahd. *wurz* (engl. *wort*) Kraut, Wurzel; urverw.: lat. *radix* Wurzel, *ramus* Zweig, *radius* Speiche (↗ *Radius*); zur idg. Wurzel *u̯(e)rād- Zweig, einer Fortbildung von *u̯er- drehen. ↗ *werden.* – ↗ *Gewürz.* – **Wurzel** w. mhd. *wurzel,* ahd. *wurzala,* germ. *wurtwalu- (Zs. von *wurt-Wurz + got. *walus* Stab; eigtl. = Wurzel-, Krautstock). Zu got. *walus* Stab; ↗ *wallen¹* (eigtl. = das Gewundene, Runde).

Wust m. Durcheinander, mhd. *wuost* Verwüstung, Unrat; vom Adj. *wüst.* – **wüst** Adj. mhd. *wüeste,* ahd. *wuosti* unbebaut, leer; urverw.: lat. *vastus* öde? ↗ *Wuhne,* ↗ *Wahnsinn;* lat. *vanus* leer. Idg. Wurzel *eu̯(ə)- fehlen, leer. – **Wüste** w. mhd. *wüeste(n),* ahd. *wuosti(nna).*

Wut w. mhd. ahd. *wuot;* dazu das Adj. ahd. *wuot* unsinnig, got. *wôds* rasend; davon der germ. Göttername *Wodan,* ahd. *Wuotan,* an. *Oðinn* eigtl. = der Rasende (Führer der Seelen im Sturmwind?); urverw.: lat. *vates* Seher, an. *óðr* Gesang (Priester und Dichter als Gottberauschte). – Idg. *u̯at- Aufregung.

X

X unbekannte Größe. Ar. *šai* Ding, etwas; it. als *cosa* Ding übernommen (abgekürzt: *co,* daraus: *x* [in verschnörkelter Schrift]). Seit Descartes (1596–1650) Zeichen für die Unbekannte.

Xanthippe w. zänkisches Weib, 18. Jh. vom gr. Frauennamen *Xantíppê* (zänkische Frau des Sokrates).

x-beliebig Adj., **x-mal** ZaW 19. Jh. aus der Fachsprache der Mathematik, in der *x, y, z* seit Descartes die Unbekannten bezeichnen. – *Ein X für ein U* (eigtl. = V) *machen* = ein (römisches) V betrügerisch in eine Zehn (X) verwandeln. – **X-Strahlen** Mz. von Röntgen so 1896 (als „unbekannte Strahlen") benannt.

Xenie w. 1797 (Goethe, Schiller) aus gr. *xénion* Gabe (*xénos* Gast).

Xylophon s. KW 20. Jh. aus gr. *xýlon* Holz + *phônê* Stimme.

Y

Yankee m. Ende 18. Jh. nach engl. Vorbild. Eigtl. = *Janke* Hänschen, zunächst Spitzname für die Holländer in Nordamerika. *Jan* (poln. KF für *Johannes*).

Yard s. engl. Längenmaß, 19. Jh. aus engl. *yard;* verw. mit: ⁄ *Gerte* (eigtl. = Elle); lat. *hortus* ⁄ *Garten.* *grad Stadt, Burg.

Yoga s. (m.) ⁄ *Joga.*

Z

Zabel s. mhd. ⁄ *Tafel.*

Zacke w. (*Zacken* m.) mhd. (md.) *zacke;* aus mnd. *tacke* Spitze (engl. *tack* Stift). ⁄ *Zickzack.* **zackig** Adj. 2. Hälfte 18. Jh. = eckig; 1. Hälfte 20. Jh. über sold. = schneidig.

zag Adj. mhd. *zage,* vom Subst. mhd. *zage,* ahd. *zago* Feigling, aus dem Zw. **zagen** (mhd. ahd. *zagên*). Herkunft ungeklärt (vielleicht Zs. mit ahd. *az,* got. *at,* lat. *ad* zu; urspr. = „sich heranfürchten"?).

Zagel m. Schwanz, mhd. *zagel,* ahd. *zagal* (engl. *tail*); got. *tagl* Haar; verw.: got. *tahjan* zerren, an. *tág* Faser. Aind. *daśá* Docht bezeugt das Alter des Wortes.

zäh(e) Adj. mhd. *zæhe,* ahd. *zâhi* (neben mhd. ahd. *zach,* engl. *tough*); mit grammat. Wechsel: ahd. *gizengi* dicht dabei liegend. – Germ. Wurzel **tanhu;* verw.: ⁄ *lange*?

Zahl w. mhd. *zal* Anzahl, Schar, Rede; ahd. *zala* (Erb-)Gut, Reihe, Ordnung (engl. *tale* Erzählung); zur idg. Wurzel **del(ə)-,* **dol-* (Zweige ab)hauen; dazu lat. *dolare* behauen, *dolabra* Beil; eigtl. = abgeschlagene Zweige (die gezählt, deren Verwendungen besprochen werden). Davon die Zww. **zahlen** (mhd. *zaln,* ahd. *zalôn;* engl. *talk*) und **zählen** (mhd. *zeln,* ahd. *zell-*

an). ⁄ Zoll². – **Zahlwort** s. LÜ
1. Hälfte 17. Jh. von lat. *numerale*.
zahm Adj. mhd. ahd. *zam* (engl.
tame); vom Zw. **zähmen** mhd.
zem(m)en, ahd. *zemmen,* got. *ga-
tamjan;* urverw.: lat. *domare* zäh-
men; gr. *damá(z)ein* bändigen,
verheiraten, *damálês* Jungochse,
dámalis Kalb; lat. *domus* Haus; gr.
démein bauen; zur idg. Wurzel
*dem(â)- bauen. Also = domesti-
zieren, ans Haus gewöhnen. ⁄ *zie-
men,* ⁄ *Zimmer,* ⁄ *Damhirsch,*
⁄ *Dompteur.*
Zahn m. mhd. ahd. *zan,* älter *zand*
(engl. *tooth*); dazu mit Abl. got.
tunpus Zahn (engl. *tusk* Fang-
zahn); urverw.: lat. *dens* Zahn, gr.
odús, Gen. *odóntos* Zahn; verw.:
mhd. *zint* Zacken, Zinken. Eigtl.
= die Spitze. ⁄ *zanken,* ⁄ *Zinken,*
⁄ *Zinne.* – ⁄ *Gebiß.* **Zahnarzt** m.
Ende 17. Jh. für älteres *Zahnbre-
cher* Mitte 16. Jh. **Zahnfleisch** s. 1.
Hälfte 16. Jh. *zanfleysch* für älteres
mhd. *zan(t)vleisch,* ahd. *zand-,
zendfleisc.*
Zähre w. mhd. *zehere, zahere,* Mz.
zur Ez. mhd. *zaher* ahd. *zahar;*
dazu mit grammat. Wechsel got.
tagr Träne. Urverw.: lat. *lacrima*
(für älteres **dacruma*), gr. *dákry.*
Idg. Wurzel **d(r)akru-* Tropfen,
Träne; ⁄ *Träne.*
Zander m. Hechtbarsch, 16. Jh.
nordostd., aus mnd. *sandat,*
dies aus niedersorbisch *zandor*
(tschech. *candát*).
Zange w. mhd. *zange,* ahd. *zanga*
(engl. *tongs* Mz.); urverw.: gr. *dák-
nein* beißen; zur idg. Wurzel
*denk- beißen; nasaliert von **dek-*
ziehen; verw.: mhd. *zanke* Spitze,
zangen zerren. Eigtl. = spitzes Ge-
rät (zum Entlauben der Äste).
Zankapfel m. LÜ 2. Hälfte 16. Jh.
von lat. *pomum Eridis* (weil Eris
der Mythe nach unter die Feiern-
den auf einer Götterhochzeit, zu
der sie nicht eingeladen worden
war, einen Goldapfel mit der Auf-
schrift „Der Schönsten" geworfen
hatte; daraus entstand ein Streit

zwischen 3 Göttinnen [Urteil des
Paris] und schließlich der Trojani-
sche Krieg). **zanken** Zw. 14. Jh.
md. *zenken,* obd. *zanken;* vom
Subst. ⁄ *Zahn;* eigtl. = mit den
Zähnen zerren (ahd. *zanigôn*). Da-
von das Subst. **Zank** m. 2. Hälfte
15. Jh. (schon mhd. *gezenke* s.).
Zapfen m. mhd. *zapfe,* ahd. *zapho*
(engl. *tap*); verw. mit: ⁄ *Zipfel,*
⁄ *Zopf,* ⁄ *tappen.* Eigtl. = heraus-
stehendes Ende. SchW (vom
Klangcharakter des [urspr. anlau-
tenden] *t* ausgehend). **Zapfen-
streich** m. 2. Hälfte 17. Jh. Signal,
daß der Zapfen ins Faß getrieben
werden mußte (zum Zeichen, daß
der Ausschank geschlossen wurde;
engl. *taptoo,* über nl. aus nd. *den
tappen tôslân*).
zappeln Zw. mhd. *zappeln* neben
zabeln, ahd. *zabalôn;* jidd. (die in-
tensivierende Form mit *-pp-* durch
Luther durchgesetzt).
Zar m. 1. Hälfte 17. Jh. aus r. *car,*
von lat. *Caesar;* ⁄ *Kaiser.*
Zarge w. Randeinfassung, mhd. *zar-
ge,* ahd. *zarga,* daher: mlat. *tar-
g(i)a* (frz. *targe,* it. *targa* Schild);
urverw.: aslaw. *po-drag-u* Rand,
gr. *drássesthai* ergreifen (Meta-
these!).
zart Adj. mhd. *zart* lieb, vertraut,
fein, ahd. *zart* zart, schwächlich;
vermutl. zu einer Erweiterung der
idg. Wurzel **der-* schinden, zu der
auch ⁄ *trennen* und ⁄ *zehren* gehö-
ren. Also = etwas, wovon man die
Haut abgezogen hat, was dünn,
empfindlich ist. **Zartgefühl** s. 2.
Hälfte 18. Jh. als Eindeutschung
von ⁄ *Delikatesse* (J. H. Campe).
Zaster m. Geld, 2. Hälfte 19. Jh.
über sold. aus rotw. (= zig.) *sáster*
Eisen, vom aind. *sastra* Geschoß.
Zäsur w. Einschnitt, 17. Jh. aus lat.
caesura Schnitt (bes. im Vers), vom
Zw. *caedere* hauen (⁄ *präzis,* ⁄ *Ze-
ment,* ⁄ *ziselieren*).
Zauber m. mhd. *zoub-, zouver,* ahd.
zoubar, -var; dazu: ags. *têafor* Rö-
tel (mit dem die Runen eingerieben
wurden); eigtl. = Schriftzauber

(-mittel)? Tabuwort, in seinen sprachl. Bezügen wohl absichtlich verdunkelt.

zaudern Zw. 1. Hälfte 16. Jh. ostmd., Erweiterung zu mhd. *zûwen* ziehen; iterativ (wie ⟋*mek-k-er-n* u. a.) zu (im Abl.) *zauen* Zw., mhd. *zouwen* gelingen, ahd. *zawen* sich beeilen, gelingen, got. *taujan* machen, wozu ⟋*Gezäh* gehört. Nur germ.? Vielleicht vorgerm.?

Zaum m. mhd. *zoum, zâm, zôm;* ahd. *zoum* (engl. *team* Gespann; ⟋*Team*); idg. Wurzel *deu-* binden; verw.: ⟋*Zaun.* – **Zaun** m. mhd. ahd. *zûn* (engl. *town* Stadt); verw.: air. *dûn* Burg (*-dunum* in kelt. ONN wie *Lopodunum* Ladenburg); eigtl. = Gehege (aus Flechtwerk). **Zaunkönig** m. 15. Jh. md. für älteres mhd. *küniclîn,* ahd. *kuniclîn, kuningilîn* LÜ von lat. *regulus* Königlein (der Tiere) = gr. *basileús* König (der Tiere; eigtl. haftet die Märe vom Zaunkönig am Goldhähnchen, wegen seiner kronenartigen Kopffedern).

zausen Zw. 16. Jh.; schon mhd., ahd. *erzûsen* (engl. *touse*); davon abgeleitet: mhd. *zûsach* Gestrüpp. Urverw.: lat. *dumus* (für älteres *dusmus*) Gestrüpp; weitere Bezüge ungeklärt (SchW, vom Klangcharakter *t-s* angeregt?).

Zebra s. 17. Jh. über port. aus einer Bantusprache? Oder von volkslat. *equiferus* Wildpferd (über *eciferus,* port. 9. Jh. *cebrario, ezebrario*)?

Zeche w. mhd. *zeche,* älter ahd. *gizeh* geordnet (*gi*)*zehôn* anordnen; zunächst = Ordnung, geordnete Versammlung, Vereinigung; dann = Genossenschaft, Zunft (13. Jh. = Bergwerk), ferner = geselliger Schmaus (und Beitrag dazu. Abgeleitet: das Zw. **zechen** [spätmhd. *zechen*] zusammen trinken; davor mhd. *zechen* anordnen, ahd. *gizehôn* ordnen. – Seit 15. Jh. *Zeche* = Zahlung an den Wirt.

Zechine w. 1. Hälfte 15. Jh. *zesîn* Dukaten, aus it. *zecchino* venezian. Goldmünze, von it. *zecca*

Münzhaus (in Venedig). Zugrunde liegt ar. *sikka* Prägestock, Münze.

Zechstein m. Gesteinsart, Mitte 18. Jh. zum Adj. *zech,* ma. = ⟋*zäh* (bergmänn.).

Zeck[1] m., s. Haschenspiel, 1. Hälfte 18. Jh. aus berl., vom Zw. mhd. *zecken,* nd. *ticken* leicht anstoßen. ⟋*ticken.* **Zeck**[2] m. (öst.), **Zecke** w. mhd. *zecke, zeche,* ahd. *zecho* (engl. *tick*); verw.: mhd. *zicken* anstoßen, ahd. *zechôn* foppen, nd. *ticken* antippen; zur idg. Wurzel *deigh-* Kneiftier.

Zeder w. Nadelholzbaum, mhd. *cêder*(*boum*), ahd. *cêdarboum,* über lat. *cedrus* aus gr. *kédros;* zugrunde liegt: heb. *qâtár* räuchern; eigtl. = Räucherbaum. ⟋*Zitrone.*

Zeh m. (Luther), **Zehe** w. mhd. *zê*(*he*), ahd. *zê*(*c*)*ha* (engl. *toe*); urverw.: lat. *digitus* Finger, Zehe; vermutl. verw. mit: got. *tains* Zweig, *taínjo* Korb = ahd. *zein*(*n*)*a;* urspr. = Beinsproß?

zehn ZaW mhd. *zehen, zên,* ahd. *zehan,* got. *taihun* (engl. *ten*); urverw.: lat. *decem* (vgl. ⟋*Dezember*); gr. *déka;* idg. ZaW *dékm̥*(*t*)-, einer Zs. aus idg. *de-* zwei + *km̥*-Hand (got. *handus* ⟋*Hand, hinþan* fangen). Also = die Hand doppelt. ⟋*-zig.* **Zehntel** s. 18. Jh. für älteres mhd. *zehenteil;* ⟋*Achtel,* ⟋*Viertel;* ⟋*Teil.*

zehren Zw. mhd. *zern* sich nähren, vernichten, ahd. *zeren* verspeisen, vernichten; dazu: ahd. *zeran* zerreißen, got. *gatairan* zerstören; urverw.: gr. *dérein* schinden, d. ⟋*zerren;* wie ⟋*trennen* und ⟋*zart* zur idg. Wurzel *der-* schinden. Dazu vielleicht auch: ⟋*Zorn.*

Zeichen s. mhd. *zeichen,* ahd. *zeihhan,* got. *taikn* (engl. *token*), von einer Erweiterung der idg. Wurzel *dei-,* *deiₐ-* leuchten, scheinen (zu der auch, anders erweitert, ⟋*zeihen* gehört). – *Zeichen der Zeit* nach Matth. 16, 3. – ⟋*Anzeichen.*

zeichnen Zw. mhd. *zeichenen,* ahd. *zeihhanen, zeihhonôn,* got. *taiknjan;* eigtl. = mit (einem) Zeichen versehen. – **Zeidler** m. Imker, mhd. *zîdelære;* mhd. *zîdel-weide,* ahd. *zîdal-weida* Bienenwald, -wiese. Das alte Wort für „Honig" (mhd. **zîdel-*) gehört zur idg. Wurzel **dei-,* **deia-* leuchten, scheinen; er war „der Leuchtende" (wie ↗ *Honig* = der „Goldgelbe").

zeigen Zw. mhd. *zeigen,* ahd. *zeigôn* (↗ *Anzeige*); verstärkend zu: **zeihen** Zw. (zieh, geziehen), mhd. *zîhen* anklagen, ahd. *zîhan* anklagen, got. *gateihan* anzeigen; verw.: gr. *deiknýnai* zeigen, lat. *dicere* sagen; zur idg. Wurzel **deik-* zeigen, kundtun; ↗ *Zeichen;* ↗ *verzeihen,* ↗ *bezichtigen.*

Zeile w. mhd. *zîle,* ahd. *zîla;* wie ↗ *Zeit* zur idg. Wurzel **di̯-,* **dei-* (Blätter) abstreifen, abtrennen. Urspr. = das Abgetrennte.

Zeisig m. Erlenfink, mhd. *zîsic,* aus tschech. *čižek* Zeisiglein (von tschech. *čiž* Zeisig, = mhd. *zîse, zîsic*); = Kleinchen.

Zeit w. mhd. ahd. *zît* (engl. *tide* [Flut-]Zeit); wie ↗ *Zeile* zur idg. Wurzel **dei-* (Blätter) abstreifen, abtrennen, zuteilen. Urspr. = Anteil (am Gemeingut)? (gr. *daíesthai* [ver]teilen, *dêmos* Volk [engl. *time* Zeit]). ↗ *Gezeiten.* **Zeitalter** s. 2. Hälfte 18. Jh., Eindeutschung für lat. *saeculum.* **Zeitgeist** m. 2. Hälfte 18. Jh. (Herder). **Zeitgenosse** m. 1. Hälfte 16. Jh. für lat. *synchronus* zur gleichen Zeit lebend. **Zeitlose** w. ↗ *Herbstzeitlose.* **Zeitschrift** w. LÜ Mitte 17. Jh. von lat. *chronographicon;* gleichzeitig Eindeutschung von ↗ *Chronik;* um 1800 Eindeutschung von ↗ *Journal.* **Zeitung** w. 16. Jh. *Newe zeytung* aktueller (gedruckter) Bericht, aus mnd. *tîdinge* Nachricht (vom mnd. Zw. *tîden* gehen, sich ereignen). **Zeitwort** s. LÜ 1. Hälfte 17. Jh. von lat. *verbum temporale.*

zelebrieren Zw. 1. Hälfte 17. Jh. aus lat. *celebrare* oft tun, preisen (*celeber* häufig).

Zelle w. mhd. *zelle,* ahd. *cella,* aus lat. *cella* Mönchsklause, Vorrats-

kammer (zur Sippe von ↗ *hehlen,* eigtl. = Ort zum Verbergen). Davor wurden ↗ *Keller,* ↗ *Kellner* entlehnt (Aussprache des lat. *c-* = *k-*). Mhd. auch = Bienenzelle, daher im 18. Jh. (nach engl. Vorbild) = organische Aufbaueinheit. – **Zellulose** w. KW 19. Jh. von lat. *cellula* kleine Zelle; dafür seit Mitte 19. Jh. die Eindeutschung **Zellstoff** m.

Zelt s. mhd. ahd. *zelt* (engl. *tilt*); dazu ags. *beteldan* bedecken; vorgerm.?

Zelter m. Reitpferd auf Paßgang, mhd. *zelter,* ahd. *zeltâri;* vermutl. altes LW aus span. (über lat.) *thieldo* asturisches (im Paßgang gehendes) Reitpferd.

Zement m. 1. Hälfte 18. Jh. aus frz. *cément, ciment,* von mlat. *cimentum* Mörtel. Davor liegt: lat. *caementum* Bruchstein (vom Zw. *caedere* hauen; ↗ *Zäsur*).

Zenit m. Scheitelpunkt des Himmels, 1. Hälfte 16. Jh. aus it. *zenit,* verschrieben, aus span. *zemt.* Zugrunde liegt: ar. *samt* Richtung des Kopfes.

Zensur w. 2. Hälfte 16. Jh. aus lat. *censura* Kritik, Beurteilung. ↗ *Rezension,* ↗ *Zins.*

Zentner m. mhd. *zent(e)ner, -tenære,* ahd. *centenâri,* aus mlat. *centenarius* aus 100 (Pfund) bestehend. ↗ *hundert* (lat. *centum*).

Zentrale w. 1. Hälfte 20. Jh. aus lat. *centrale* was in der Mitte liegt (lat. *centralis* in der Mitte). **Zentrum** s. mhd. *zenter, zentrum,* aus lat. *centrum* Mittelpunkt; zugrunde liegt: gr. *kéntron* Stachel (im Mittelpunkt der Scheibe; vom gr. Zw. *kenteîn* stechen). – ↗ *konzentrieren,* ↗ *Center.*

Zephir m. Südwestwind, mhd. *zephirus,* aus lat. *zephyrus* = gr. *zéphyros* Westwind (zu gr. *zóphos* Abend, Westen).

Zepter s. mhd. *zepter,* aus lat. *sceptrum,* von gr. *skêptron* Stab, Stütze (vom Zw. *skêptein* stützen. – ↗ *Schaft*).

zer- Vorsilbe mhd. *zer-,* ahd. *zar-,*

zir-, zur-; vermutl. Zusammenziehung der Vorsilbe ahd. *ir-* und der Vorsilbe mhd. *ze-*, ahd. *za-*, *zi-;* verw.: lat. *dis* auseinander, gr. *diá* durch. ↗ *zwei*. Urspr. = auseinander. ↗ *zu²*.

Zerberus m. 2. Hälfte 19. Jh. über lat. *Cerberus* aus gr. *Kérberos* mythischer Wachhund der Hölle.

Zeremonie w. 1. Hälfte 16. Jh. aus mlat. *ceremonia* (= frz. *cérémonie*), lat. *caerimonia* gottesdienstliche Handlung.

zerfahren Adj. eigtl. = Part. Pass. vom Zw. mhd. *zervarn* zerbrechen, zerfallen; also = zerteilt; 19. Jh. = zerstreut.

zerfled(d)ern Zw. zerfetzen, 19. Jh. für älteres mhd. *vledern* flattern. ↗ *Fledermaus*.

zerge(l)n Zw. necken, reizen; 2. Hälfte 17. Jh. (engl. *tarry*); urverw.: lat. *torquere* quälen. ↗ *Tort*. Zur idg. Wurzel *dergh-* reißen.

Zerrbild s. 2. Hälfte 18. Jh. (Campe) als Eindeutschung von ↗ *Karikatur*. **zerren** Zw. mhd. ahd. *zerren;* wie ↗ *zehren* zur idg. Wurzel *der*schinden, spalten, zu der auch ↗ *trennen* gehört.

zerrütten Zw. mhd. *zerrütten* verderben, mhd. *rütten* erschüttern; ↗ *rütteln*.

zerschellen Zw. mhd. *zerschellen* mit Schall zerspringen; eingewirkt hat dessen Bewirkungswort *schellen* erschallen lassen; ↗ *Schall* (unser Zw. ↗ *schellen* ist von *Schelle* abgeleitet).

zersetzen Zw. auflösen, 1. Hälfte 18. Jh. aus bergmänn. *zersetzen* zerschlagen; 19. Jh. = unterwühlen.

zerstreut Adj. mhd. (Mystikerwort) *zerströwet* nicht gesammelt. Mitte 18. Jh. von frz. *distrait* beeinflußt. – ↗ *streuen*.

Zertifikat s. schriftl. Beglaubigung, um 1700 FW der Behörden, durch Zeitungen verbreitet, aus mlat. *certificatum* Beglaubigtes (lat. *certus* bestimmt, älter: *kritos*, gr. *kritós*; ↗ *Kritik*).

Zervelatwurst w. 2. Hälfte 17. Jh.,

vermutl. KW von lat. *cervus* ↗ *Hirsch*, also = Wildfleischwurst (nicht von: it. *cervellata* Hirnwurst).

zetern Zw. 18. Jh. vom alten Klageschrei mhd. *zêt(h)er*, *zetter*, vermutl. aus dem mnd. Kampfschrei *tiodute* (für älteres *ti-jod-ûta* zum Kampf heraus!; aind. *yudh* Kampf).

Zettel¹ m. Papierblatt, mhd. *zedel(e)*, aus mlat. *cedula* (über it. *cedola?*) Blättchen; zugrunde liegt: lat. *schedula* Blättchen, Verkleinerung von lat. *scheda*, *scida* Papierstreifen, von gr. *s|chídê* Splitter (vom Zw. *s|chízein* spalten; verw.: ↗ *scheiden¹*).

Zettel² m. Gewebekette, spätmhd. *zettel*, vom Zw. mhd. *zetten* ausbreiten (↗ *anzetteln*, ↗ *verzetteln¹*); verw.: gr. *dateîsthai* (ver)teilen, *dásma* Anteil; zur idg. Wurzel *det*teilen.

Zeug s. mhd. *(ge)ziuc*, ahd. *giziug(i)* Aufwand, Stoff; mit grammat. Wechsel zum Zw. ↗ *ziehen;* eigtl. = (Mittel zum) Ziehen, dann = Mittel, Gerät, Material. **Zeuge** m. mhd. *(ge)ziuc*, *geziuge* Zeuge, Zeugnis; vom Zw. mhd. *geziugen* durch Zeugnis erhärten, ahd. *giziugan* beweisen; vom Zw. ↗ *ziehen* (eigtl. = vor Gericht ziehen); dazu: das Zw. **zeugen¹** mhd. *ziugen*, ahd. *giziugôn* Zeugnis ablegen. ↗ *überzeugen*. **zeugen²** Zw. erzeugen, mhd. *ziugen;* vom Subst. *Zeug*, mhd. *ziuc* Stoff, Gerät.

Zeughaus s. 1. Hälfte 16. Jh. als Eindeutschung von ↗ *Arsenal*.

Zichorie w. 2. Hälfte 16. Jh. über it. *cicoria* (mlat. *cichorea*) aus gr. *kichôrion* = ↗ *Wegwarte*, ↗ *Endivie*. Herkunft ungeklärt. ↗ *Chicorée*.

Zicke w. ahd. *zicchî*, *zickîn;* affektvoll (*-ck-!*) zu ↗ *Ziege*. ↗ *Ricke*.

Zickzack m. um 1700 = scharfwinkliger Belagerungsgraben; zu ↗ *Zakke(n)*; gebildet wie ↗ *Mischmasch*, ↗ *Krimskrams*, ↗ *Wirrwarr*.

Ziege w. mhd. *zige*, ahd. *ziga;* urverw.: gr. *díza* Ziege, mnd. *tike* (engl. *tike*) Hündin; zur idg. Wurzel *dik-, *digh- Ziege, Weibchen (vermutl. urspr. ein Lockruf, SchW?). – Luther setzt ⁄ *Ziege* gegenüber ⁄ *Geiß* durch.

Ziegel m. mhd. *ziegel*, ahd. *ziagal(a)* (engl. *tile*), aus lat. *tegula* Dachziegel (vom Zw. *tegere* ⁄ *decken*).

Ziegenpeter m. Mitte 19. Jh.; *Peter* (als landläufiger VN) hier = Einfaltspinsel. Die Krankheitsbezeichnung zielt auf die entstellten Gesichtszüge des Kranken („dumm wie eine Ziege aussehend").

Zieger m. Quark, Kräuterkäse, mhd. ahd. *ziger*, wohl ein kelt. Wort der alpinen Milchwirtschaft (verw.: altgall. *dwi- zwiefach, von der zwiefachen Wärmung der Milch?).

ziehen Zw. (zog, gezogen), mhd. *ziehen*, ahd. *ziohan*, got. *tiuhan;* urverw.: lat. *ducere* führen; zur idg. Wurzel *deuk- ziehen. Davon abgeleitet: ⁄ *Herzog*, ⁄ *Zaum*, ⁄ *Zeug*, ⁄ *Zucht*, ⁄ *Zug*, ⁄ *zögern* usw., ⁄ *zucken*, ⁄ *aufziehen*, ⁄ *beziehen*, ⁄ *Deduktion*.

Ziel s. mhd. ahd. *zil*; got. *tilarids* zielstrebig, *gatilôn* erzielen, *tils* passend (engl. *till* Feld bestellen); ahd. *zilôn*, *zilên* sich beeilen; ferner: engl. *till* bis (zu); Weiteres unsicher.

ziemen Zw. mhd. *zemen*, ahd. *zeman*, got. *gatiman;* wie ⁄ *zahm* verw. mit: lat. *domus* Haus, gr. *démein* bauen, *despótês* Hausherr (⁄ *Despot*); zur idg. Wurzel *dem-zusammenfügen (⁄ *Zimmer*). Also = zusammengefügt, passend sein. Davon abgeleitet: ⁄ *Zunft*. **ziemlich** Adj. mhd. *zimelich*, ahd. *zimilîh* gebührend; 15. Jh. = mäßig, beträchtlich; ⁄ *unziemlich*.

Ziemer[1] m. ⁄ *Ochsenziemer*.

Ziemer[2] m. Wildrücken, mhd. *zimere*, *zim(b)ere;* germ., ohne weitere Bezüge.

Zier w. mhd. *ziere*, ahd. *ziari* Schönheit, Schmuck; Substantiv vom Adj. mhd. *zier(e)* prächtig, ahd.

ziari kostbar, schön (engl. *tire* Schmuck); vermutl. verw. mit: lat. *dies* Tag, *deus* Gott (⁄ *Diva*), gr. *Zeus* (alat. *Diovis;* *dieu pjoter wird zu lat. *Juppiter*) Name des Himmelsgottes; zur idg. Wurzel *dei- scheinen, schimmern. **Zierat** m. mhd. *zierôt*, vom Adj. mhd. *ziere*, mit dem Suffix, das auch ⁄ *Arm-ut*, ⁄ *Ein-öd-e*, ⁄ *Klein-od* aufweisen. -*a*- abgeschwächt wie bei ⁄ *Heim-at* u. a.

Ziffer w. spätmhd. *zif(f)er* Null; 16. Jh. = Zahlzeichen. Aus mlat. (= it.) *cifra*, afrz. *cifre* Null (daher auch engl. *cipher*), von ar. *sîfr* leer (⁄ *Chiffre*). ⁄ *entziffern*, ⁄ *Null*.

-zig ZaW-Endung mhd. -*zic*, ahd. *zug*-, got. *tigus* Zehner (engl. -*ty*); Ableitung zum idg. ZaW ⁄ *zehn*.

Zigarette w. Mitte 19. Jh. aus frz. *cigarette*, Verkleinerung zu frz. *cigarre*, also = Zigärrchen. **Zigarre** w. 2. Hälfte 18. Jh. aus span. *cigarro* (das w. Geschlecht im D. von der anfangs ausschließlich gebrauchten Mz., ⁄ *Woge* usw.). Zugrunde liegt ein Mayawort (Zw. *siqar* Rolltabak rauchen). ⁄ *Glimmstengel*. **Zigarillo** s., m. (w.) 20. Jh. aus span. *cigarillo* kleine Zigarre.

Zigeuner m. 16. Jh. aus mag. *Czigány* (identisch mit dem ind. Stammesnamen *Tschangar*?).

Zikade w. Baumgrille, 18. Jh. aus lat. *cicada*, SchW (einer Mittelmeersprache?).

Zimbel w. ⁄ *Cembalo*.

Zimmer s. mhd. *zimber*, *zum(m)er*, ahd. *zimbar* Wohnung, Holzhaus, Bauholz; wie ⁄ *zahm* und ⁄ *ziemen* verw. mit: lat. *domus* Haus, gr. *démein* bauen; zur idg. Wurzel *dem-zusammenfügen, bauen.

zimperlich Adj. Mitte 17. Jh., aus md. Maa. (ma. *zimper* geziert, spätmhd. *zymphirn* weinen); verw. (aber ohne Nasal: mnl. *sippin* schlürfen, nd. *sîpeln* etwas weinen.

Zimt[1] m. Gewürzrinde, spätmhd. *zymmat*, mhd. *zinment*, *zinemîn;* ahd. *cinment*, davor *sinamîn;* aus lat. *cinnamum,* über gr. *kin(n)amon* aus heb. *qinnâmôn.* Zugrunde liegt eine mal. Zs.: *kayumanis* Süßholz. *-t-*Antritt wie bei ⁄ *Dechan-t.*

Zimt² m. Unsinn, 2. Hälfte 19. Jh. über rotw. aus jidd. *simon* Null.

Zink s. (m.) 1. Hälfte 16. Jh. *zinken* (Paracelsus), wohl aus der Bergmannssprache, = **Zinken** m. (neben **Zinke** w.) Zacken, mhd. *zinke,* ahd. *zinko;* verw. mit: ⁄ *Zahn,* ⁄ *Zinne,* eigtl. = Zahnförmiges. Daher auch ⁄ *Zinken* Mz. Gaunerzeichen (rotw.), eigtl. = Gekrakel.

Zinn s. mhd. ahd. *zin* (engl. *tin*); verw. mit: mhd. ahd. *zein,* got. *tains* Stäbchen; nach seiner urspr. Gießform (Zinnstäbchen als Handelsware der späteren Bronzezeit!).

Zinne w. Mauerkranz, mhd. *zinne,* ahd. *zinna;* wie ⁄ *Zinken* verw. mit: ⁄ *Zahn.*

Zinnober m. mhd. *zinober,* aus prov. *cinobre,* von lat. *cinnabaris* (über gr. *kinnábari* rote Malerfarbe aus pers. *šängärf* Mennig).

Zins m. mhd. ahd. *zins,* aus lat. *census* Abgabe (vom Zw. *censere* abschätzen; ⁄ *Zensur*), seit mhd. auch = Vergütung für Leihgeld; dafür seit 18. Jh. meist Mz.: *Zinsen.* **Zinshahn** m. 2. Hälfte 17. Jh. = Hahn als Bauerntribut; Mitte 18. Jh. *erhitzt* (später: *rot, aufgeregt* u. ä.) *wie ein Zinshahn,* weil die Zinshähne mit rotdurchblutetem Kamm abgeliefert werden sollten (was man künstlich erzeugte).

Zipfel m. spätmhd. *zipfel* für älteres mhd. *zipf* Spitze (engl. *tip*); verw. mit ⁄ *Zapfen* und ⁄ *Zopf.* SchW??

Zipperlein s. vor 1500 *cypperlein,* zum Zw. *zippern* trippeln (verw.: ⁄ *zappeln*); mhd. *zippeltrit* das Trippeln. SchW.

zirka Adv. 17. Jh. aus lat. *circa* ringsum, ungefähr, zum Subst. *circus* Kreis; ⁄ *Bezirk.* **Zirkel** m. Kreis, mhd. *zirkel,* ahd. *zirkil,* aus lat. *circulus* Kreis (Verkleinerung von *circus* Kreis); = Gerät zum Kreisschlagen (schon mhd.). Von lat.

circinus, gr. *kírkinos* (mit d. *-l* für älteres *-n* wie in ⁄ *Esel,* ⁄ *Himmel,* ⁄ *Kessel,* ⁄ *Kümmel*). **zirkulieren** Zw. 17. Jh. aus lat. *circulare* kreisen (vom Subst. *circulus*). **Zirkus** m. 18. Jh. aus lat. *circus* Kreis, Rennbahn; ⁄ *schräg.*

Zirpe w. Grille, 2. Hälfte 18. Jh. vom Zw. **zirpen** 2. Hälfte 17. Jh., SchW.

zischeln Zw. scharf flüstern, 2. Hälfte 17. Jh. vom Zw. **zischen** (wie ⁄ *tuscheln* von *tuscheln*), 16. Jh., SchW.

ziselieren Zw. 2. Hälfte 18. Jh. aus frz. *ciseler* (vom frz. Subst. *ciseau* Meißel). Von lat. *caedere* hauen, schneiden. ⁄ *Zäsur.*

Zisterne w. Wassergrube, mhd. *zisterne,* aus lat. *cisterna* (vom lat. Subst. *cista* ⁄ *Kiste,* von gr. *kístê* Korb).

Zitadelle w. spätmhd. *zyttidell* aus frz. *citadelle* (it. *cittadella* Stadtschloß, vom Subst. *città* Stadt; lat. *civitas* Bürgerschaft, Stadt). ⁄ *zivil.*

Zitat s. 2. Hälfte 18. Jh. aus lat. *citatum* das Angeführte (vom lat. Zw. *citare* erwähnen, *ciere* erregen, aufrufen; *citus* rasch [bewegt]).

Zither w. 2. Hälfte 17. Jh. aus lat. *cithara* (schon ahd. *zitara;* engl. *cither*), über gr. *kithára* vermutl. aus Pers. *sihtâr* Dreisaiteninstrument. ⁄ *Gitarre.*

Zitronat s. Sukkade, 2. Hälfte 17. Jh. aus frz. *citronat,* von it. *citronata.* **Zitrone** w. 1. Hälfte 16. Jh. aus it. *citrone,* von lat. *citrus* (vielleicht = lat. *cedrus* ⁄ *Zeder.,* gr. *kédros?* Oder ägypt.?).

zittern Zw. mhd. *zit(t)ern,* ahd. *zitte-, zittarôn;* verw. mit gr. *didráskein* laufen, *drómos* Lauf (⁄ *Dromedar*) (mit Reduplikation) zur idg. Wurzel **dra-* laufen.

Zitz m. Kattunart; 2. Hälfte 18. Jh. aus bengal. *chits* (aind. *citra* bunt).

Zitze w. Saugwarze, spätmhd. *zitze* (engl. *teat*), wie ⁄ *Tip* eine Art SchW zur Bezeichnung von etwas Spitzem. – ⁄ *Tüttel.*

zivil Adj. 2. Hälfte 16. Jh. aus lat.

civilis (vom Subst. *civis* Bürger. ↗*Heirat*, ↗*Heim*, ↗*heißen*, ↗*City*, ↗*Zitadelle*). **Zivilisation** w. 2. Hälfte 18. Jh. aus frz. *civilisation.* – ↗*Gesittung.*

Zobel m. sibir. Marder, mhd. *zobel*, ahd. *zobil*, aus r. *sóbol';* Herkunft ungeklärt.

Zofe w. 1. Hälfte 17. Jh. sächs. für älteres *zoffmagd*, vom sächs. Zw. *zofflen* hinterherschlendern (ma. *zaufen* zurückgehen; dazu mhd. *zôfen*, *zoffen*, *zâven* ziehen); eigtl. = die hinterherschlendert. Weitere Bezüge ungeklärt.

zögern Zw. Mitte 17. Jh. aus mnd. *tögeren*. Weiterbildung (wie ↗*meck-er-n* u. a.) zu mnd. *togen* = mhd. *zogen*, ahd. *zogôn* (engl. *tug*) ziehen. Durch zwiefache Verstärkung aus ↗*ziehen* (zur Bedeutung vgl.: *verziehen* trödeln). **Zögling** m. Mitte 18. Jh. vom Zw. ↗*ziehen* (↗*Her-zog*), Eindeutschung von frz. *élève.*

Zölibat s., m. 2. Hälfte 16. Jh. aus mlat. *coelibatus* (für lat. *caelibatus*, vom Adj. *caelebs* unbeweibt; lett. *kails* kinderlos).

Zoll[1] m. Grenzsteuer, mhd. ahd. *zol* (engl. *toll*) aus volkslat. *toloneum* für lat. *teloneum* Zoll(haus), von gr. *telónion.* Zugrunde liegt gr. *télos* Ziel, Bezahlung. Vielleicht Einwirkung eines heimischen, mit ↗*Zahl* verw. Wortes?

Zoll[2] m. Maß, mhd. *zol* Holzzylinder, Klotz. Wie ↗*Zahl* zur idg. Wurzel **del-* einkerben, spalten, abhauen; urspr. = Finger, Holzstück (als Maß).

Zone w. um 1700 über lat. *zona* aus gr. *zônê* (Erd-)Gürtel.

Zoologie w. 2. Hälfte 18. Jh. aus frz. *zoologie* KW aus gr. *zô(i)on* Tier (↗*keck*) + *lógos* Rede, Aussage.

Zopf m. mhd. *zopf* Zipfel, Haarflechte, Gebäck in Zopfform; ahd. *zoph* Locke (engl. *top* Spitze, Gipfel). ↗*Topp.* Urspr. = Spitze; nur hd. = Haarflechte (= Spitze des Kopfes). Verw. mit: ↗*Zapfen*, ↗*Zipfel;* vielleicht Einfluß von

↗*toben?* Seit 18. Jh. = Rückständigkeit (weil damals die Zöpfe in der Herrenmode aufgegeben wurden). – Dazu: ↗*zupfen.*

Zorn m. mhd. ahd. *zorn*, vom mhd. Adj. *zorn* grausam; wie ↗*zehren* zur idg. Wurzel **der-* schinden (got. *gataura* Riß, *distairan* zerreißen); eigtl. = (Abreißen von Zweigen), Riß, Zwist. – ↗*zürnen.*

Zote w. 2. Hälfte 15. Jh.; identisch mit ↗*Zotte* (frühnhd. *zotten* Mz. Schamhaare; daher: *zotten reißen* schamlose Gebärden machen).

Zotte w. mhd. *zot(t)e* Büschel, Flausch, ahd. *zot(t)a*, *zotto*, *zata* (engl. *tod* Buschwerk, 28 Pfund Wolle); aus der alten Waldwirtschaft. – **Zottel** w. spätmhd. *zotel* (gebildet wie ↗*Troddel*). Dazu das Zw. **zotteln** Mitte 15. Jh. (engl. *tottle* watscheln); eigtl. = wie eine Haarzotte nachschleifen (z. B. bei Schafen).

zu[1] Adv. (Präp.) mhd. *zuo* neben *ze*, ahd. *zuo*, *zua*, *zo* neben *za*, *zi* (engl. *to*); verw.: gr. *-de* (z. B. in *oíka-de* nach Haus).

zu[2] Adv. allzu, erst nhd. (engl. *too*), identisch mit ↗*zer-*.

Zuber m. mhd. *zuber*, ahd. *zubar*, *zuibar* (engl. *tub*); Zs. aus ↗*zwei* + *-bar* (↗*Bahre*); eigtl. = zweihenkliges Gefäß (im Ggs. zum ↗*Eimer*).

Zucht w. mhd. ahd. *zuht* (engl. *tight*); vom Zw. ↗*ziehen* mit *-ti*-Suffix (wie ↗*Flucht*, ↗*Not*, ↗*Tat*); eigtl. = das Ziehen des Tierjungen aus dem Mutterkörper; dann = Paarung und Aufziehen von Haustieren. **züchten** Zw. mhd. *zühten*, ahd. *zuhten*, *zuhtôn* Tiere (Pflanzen) aufziehen; dazu: **Züchter** m. mhd. *zühter* (ahd. *zuhtâri* Lehrer). **Zuchthaus** s. 1. Hälfte 16. Jh. = Erziehungsanstalt; 2. Hälfte 17. Jh. nach dem Muster von nl. *tuchthuis* = Arbeitshaus; 18. Jh. = schweres Gefängnis. – **züchtigen** *zühtegen* strafen, vom Adj. mhd. *zühtec*, ahd. *zuhtig* gut gezogen.

zucken Zw. mhd. *zucken*, ahd. *zuc-*

chen, zucken; verstärkende Bildung (affektvolles *-ck-*!) zu ⟋*ziehen* (urspr. obd., da fehlender Umlaut; md.: **zücken,** mhd. *zücken*). Beide Zww. bedeuten urspr. = stark ziehen (seit 1. Hälfte 18. Jh. *zücken* schnell die Waffe ziehen). ⟋*entzücken.* Eine Iterativbildung (wie ⟋*läch-el-n* zu ⟋*lachen*) zu *zucken* ist **zuckeln** Zw., 2. Hälfte 18. Jh.

Zucker m. mhd. *zucker,* spätahd. *c-, zuccer, zuker,* aus it. *zucchero,* von ar. *sukkar* (engl. *sugar,* über frz. *sucre*). Zugrunde liegt: aind. *śárkarâ* Streuzucker, Grieß (daher über pers. und gr. auch lat. *saccharum,* dem 2. Hälfte 19. Jh. d. *Saccharin* entnommen wird).

Zufall m. mhd. *zuoval,* LÜ (der Mystiker) von lat. *accidens* was von außen hinzukommt.

zufrieden Adj. seit 1. Hälfte 18. Jh.; davor Adv. 16. Jh. ; eigtl. = Präp. ⟋*zu* + Dat. von ⟋*Friede* (gebildet wie ⟋*abhanden* u. a.).

Zug m. mhd. *zuc,* ahd. *zug* (engl. *tug*); wie ⟋*Zucht* vom Zw. ⟋*ziehen* (gebildet wie ⟋*Flug*). – **Zügel** m. mhd. *zügel,* ahd. *zugil, zuhil, zuol;* wie ⟋*Drisch-el* mit dem Gerätesuffix *-el* (vom Zw. ⟋*ziehen*).

Zuhälter m. 1. Hälfte 19. Jh. als m. Gegenstück zum älteren *Zuhälterin* w. 2. Hälfte 15. Jh. = Dirne (zum Zw. *mit jmdm. zuhalten* mit ihm außerehel. Verkehr haben).

Zukunft w. mhd. *zuokumft,* ahd. *zuochumft* Ankunft (vom Zw. *zukommen,* mhd. *zuokommen* herzukommen); seit spätmhd. = künftige Zeit (unter Einfluß des Adj. *zukünftig,* mhd. *zuokünftic*). Zur Bildung (mit Gleit-*f*) vgl.: ⟋*Brunft,* ⟋*künftig,* ⟋*Vernunft,* ⟋*Zunft.* – **Zukunftsmusik** w. durch R. Wagner (1850).

Zumutung w. 2. Hälfte 15. Jh. vom Zw. spätmhd. *zuomuoten* mehr als recht (*zuo-*) begehren. – ⟋*Mut.*

zünden Zw. mhd. *zünden,* ahd. *zunten* brennen machen; got. *tandjan* anstecken, -zünden; vorgerm. –

Zunder m. mhd. *zunder,* ahd. *zundira, zuntil* (engl. *tinder*); vom Zw. *zünden* (obd.).

Zunft w. mhd. *zunft, zumft,* ahd. *zumft;* von ⟋*ziemen* (mit Gleit-*f* wie ⟋*Brunft,* ⟋*Vernunft,* ⟋*künftig,* ⟋*Zukunft*).

Zunge w. mhd. *zunge,* ahd. *zunga,* got. *tuggô* (engl. *tongue*); verw.: lat. *lingua* (für älteres **dingua*) Zunge, Sprache; idg. Tabubezeichnung (**dṇĝhụ-*)?

zupfen Zw. 15. Jh. für älteres *zopfen*: Ableitung von ⟋*Zopf;* vermutl. urspr. = Hanf (Flachs) rupfen (da *Zopf* ma. auch = Hanf-, Flachsbüschel).

zurechnungsfähig Adj. 19. Jh. zum alten Subst. *Zurechnung* w. 1. Hälfte 17. Jh., das vom Zw. **zurechnen** 1. Hälfte 16. Jh. = zusprechen stammt.

zurecht Adv. mhd. *ze rehte,* ahd. *zi rehte* dem ⟋*Recht* entsprechend (als Rechtsformel).

zürnen Zw. mhd. *zürnen, zurnen,* ahd. *zurnôn, zornôn;* von ⟋*Zorn.*

zurren Zw. festbinden, 19. Jh., seemännisch, aus nl. *sjorren, tsorren;* letztlich zur idg. Wurzel **de*binden.

zurück Adv. mhd. *ze rucke,* ahd. *zi rucke* nach dem ⟋*Rücken* hin, in der Richtung der Rückenseite.

zusammen Adv. mhd. *zesam(e)ne,* ahd. *zi-, zasamane,* zum Adv. mhd. *samen,* ahd. *saman,* got. *samana* zusammen. ⟋*sammeln.*

zuschanzen Zw. in die Hände spielen, 1. Hälfte 16. Jh. = zufügen; 17. Jh. = beim Kartenspiel in die Hand des Partners spielen; zum mhd. Zw. *schanzen* Hasard spielen; ⟋*Schanze*[1] (⟋*Chance*).

zuschustern Zw. heimlich zuwenden, 19. Jh. (*sich einschustern* sich einschmeicheln; ⟋*Schuster*).

zuständig Adj. maßgebend, um 1500 vom Zw. *zustehen* zukommen.

zustatten Adv. ⟋*gestatten.*

zuträglich Adj. um 1700 vom alten Subst. *Zutrag* m. Nutzen, 2. Hälfte 17. Jh.

zuverlässig Adj. 2. Hälfte 17. Jh. vom Subst. mhd. *zuoverlâz* Zuversicht.

zuweilen Adv. 2. Hälfte 15. Jh. *zu wylen*, erneuert und verdeutlicht das ältere mhd. *wilen*(*t*) ⁄ *weiland*. ⁄ *zuzeiten*.

zuwider Adv. 1. Hälfte 16. Jh. aus mnd. *toweddern*. ⁄ *wider*.

zuzeiten Adv. 2. Hälfte 15. Jh. *zu zeytten;* ⁄ *zuweilen*.

zwacken Zw. mhd. *zwacken* zupfen; im Abl. zu ⁄ *zwicken*.

Zwang m. mhd. *zwanc*, (*ge*)*twanc, dwanc*, ahd. *thuang;* vom Zw. ⁄ *zwingen*. – **zwängen** Zw. mhd. *zwangen, zwengen, twengen;* ahd. *zwangen, zwengen, dwengen;* Bewirkungswort zum Zw. ⁄ *zwingen*. ⁄ *quengeln*. – **zwangsläufig** Adj. 2. Hälfte 19. Jh. (1875) *zwangläufig* als technisches Fachwort (durch Reuleaux geprägt). – **Zwangsvollstreckung** w. 19. Jh. Eindeutschung von ⁄ *Exekution*.

zwanzig ZaW mhd. *zweinzec, -zic, zwênzic;* ahd. *zweinzug* (engl. *twenty*); Zs. aus ahd. *zweine (später = *zwêne*) die ⁄ *zwei* (m. Mz.) + *-zig*, also eigtl. = zwei Zehner (got. *twai tigjus*).

zwar Adv., Konj. mhd. *ze wâre, zwâre,* ahd. *zi wâre* in Wahrheit (⁄ *wahr*).

Zweck m. mhd. ahd. *zwec* Holznagel; seit mhd. auch = Holzpflock in der Mitte der Schießscheibe; daher seit 15. Jh. = Ziel; mit affektvollem *-ck-* wohl von ⁄ *Zweig;* eigtl. = Ast? – ⁄ *Zwickel,* ⁄ *verzwickt.* – **Zwecke** w. Nagel, Stift, 18. Jh. (als *Zweck* nur noch = Ziel gebraucht wurde). – **zweckmäßig** Adj. Mitte 18. Jh.; dazu das Subst. **Zweckmäßigkeit** w. 2. Hälfte 18. Jh. **zweckwidrig** Adj. um 1800, verstärkt das etwas ältere *zwecklos* Adj.

zwei ZaW mhd. ahd. *zwei;* got. *twai* (engl. *two, twain*); verw.: lat. *duo,* gr. *dýo* (*dýô*); idg. ZaW, vermutl. Zs. aus **de-* zwei (⁄ *zer-*) + *u̯e-, u̯i-* auseinander, gegenüber (⁄ *wider*): **du̯o*(*u*). – ⁄ *zwanzig,* ⁄ *entzweien,*

⁄ *Zwickmühle* und die Zss. mit ⁄ *zwie-;* ⁄ *Zwirn,* ⁄ *Zwitter.* –
Zweifel m. mhd. *zwîvel,* ahd. *zwîfal,* got. *tweifls.* Zs. von *zwei* mit einer Ableitung der idg. Wurzel **pel-* (⁄ *falten*); verw.: lat. *duplus* doppelt, gr. *diplós* doppelt; eigtl. = was sich zweimal falten, mehrere Möglichkeiten offenläßt. – **Zweig** m. mhd. *zwîc,* ahd. *zwîg* (engl. *twig*); Ableitung von *zwei* (mhd. ahd. *zwî* Zweig); verw.: ⁄ *Zweck;* = Gabelast. ⁄ *zwicken. – Auf keinen grünen Zweig kommen* 2. Hälfte 15. Jh. – **Zweikampf** m. LÜ 17. Jh. (Zesen) für lat. *duellum.*

Zwerchfell s. 16. Jh. Zs. von ⁄ *Fell* mit dem alten Adj. *zwerch,* mhd. *twerch,* ahd. *twerah, dwerah,* got. *þwairhs* zornig; vermutl. verw. mit: lat. *torquere* drehen; eigtl. = verdreht (⁄ *drehen*). „Durch den Leib gedrehte Haut". – ⁄ *Quer* ist zu *zwerch* die md. Form (⁄ *Zwetsch*[*g*]*e*).

Zwerg m. mhd. *zwerc,* (*ge*)*twerc, querch,* ahd. (*ge*)*twerg* (engl. *dwarf*); wie ⁄ *Traum* und ⁄ *trügen* zur idg. Wurzel **dhreugh-* trügen; eigtl. = Truggestalt? Oder vorgerm.? ⁄ *Quarz.*

Zwetsch(g)e w. 15. Jh. *quetzig,* 16. Jh. *quetschke,* 17. Jh. *zwetsch*(*k*)*e,* aus volkslat. *davascena* Damaszenerpflaume, über lat. *damascena* aus gr. *Damaskêná* (*Damaskus* alter Verschiffungshafen dieser Pflaumenart). – Zum Nebeneinander von *qu-* und *zw-:* ⁄ *quer;* ⁄ *zwerch-.*

Zwickel m. mhd. *zwickel* Keil; Verkleinerung von mhd. *zwic* Nagel, Kniff (Nbf. von ⁄ *Zweck*). – **zwicken** Zw. mhd. *zwicken* annageln, einklemmen, kneifen; dazu: ahd. *gizwickan* zusammenklemmen (engl. *twitch*); vermutl. verstärkend (-*ck-!*) zu ahd. *zwîgôn* pflücken; von ⁄ *Zweig,* ahd. *zwîg,* später an ⁄ *Zweck* Nagel angelehnt. – **Zwicker** m. Mitte 19. Jh. verkürzend aus *Nasenzwicker,* dies LÜ 1. Hälfte 19. Jh. von frz. *pince-nez.*

Zwickmühle w. 2. Hälfte 15. Jh. Zs. mit ⟋ *zwei*: Mühlespiel, bei dem sich durch die Öffnung einer Mühle eine andre schließen läßt (Anlehnung an ⟋ *zwicken* volkset.: der Gegner wird „gezwickt"!). – **Zwieback** m. 2. Hälfte 17. Jh. für älteres *Zweiback* LÜ 1. Hälfte 17. Jh. von it. *biscotto* (⟋ *Biskuit*).

Zwiebel w. mhd. *zibel, zibolle*, ahd. *cibolla*, aus mlat. *cipolla* = lat. *c(a)epulla* Zwiebelchen (Verkleinerung von lat. *cepa*, von gr. *κêpê* Zwiebel); Klosterwort; früh volkset. angelehnt an *zwie-* ⟋ *zwei* und *Bolle* Knolle (⟋ *Bowle*), begriffen als „Knolle mit zwei Schalen". – **zwiebeln** Zw. 2. Hälfte 17. Jh. Eigtl. = jmdn. so quälen, daß ihm die Augen wie beim Zwiebelschneiden tränen.

Zwielicht s. 2. Hälfte 18. Jh. aus nd. *twelecht* Doppellicht (engl. *twilight*). – **Zwiespalt** m. 1. Hälfte 16. Jh. für mhd. *zwîspeltunge*, vom Adj. **zwiespältig**, mhd. *zwîspeltec*, ahd. *zwîspaltic* in 2 Stücke gespalten. – **Zwietracht** w. mhd. *zwîtracht*, wie ⟋ *Eintracht* gebildet (mhd. *enzwei tragen* sich streiten). – **Zwillich** m. mhd. *zwil(i)ch*, ahd. *zwilih* Doppelfadengewebe, vom Adj. mhd. *zwil(i)ch*, ahd. *zwilîh* doppelfädig; gebildet nach dem Muster von ⟋ *Drillich*. Anlehnung an lat. *bilix* zweifädig (Zs. von *bis* zweimal + *licium* Faden). – **Zwilling** m. mhd. *zwillinc, zwin(e)linc*, ahd. *zwiniling*, abgeleitet vom Adj. ahd. *zwinal* doppelt, aus der gleichen Geburt. *-ll-* seit mhd. aus älterem *-ln-* wie bei ⟋ *Elle*, ⟋ *Müller*, ⟋ *Scholle*[1], ⟋ *Drilling*.

Zwinge w. Preßwerkzeug, Metallring, 2. Hälfte 18. Jh. vom Zw. **zwingen** (zwang, gezwungen), mhd. *tw-, dwingen*, ahd. *dwingan* (seit 14. Jh. mit *zw-*); Herkunft ungeklärt. **Zwinger** m. mhd. *twingære* Bändiger, Bedränger; dann = Raum zwischen Festungsgraben und -mauer; 15. Jh. auch = Käfig. **zwinkern** Zw. 17. Jh. verstärkend

(wie ⟋ *meck-er-n*) zum älteren Zw. mhd. *zwinken* blinzeln; verw. mit (beeinflußt durch?) ⟋ *winken*.

zwirbeln Zw. mhd. *zwirbe(l)n* sich rundherum drehen; Mischwort aus mhd. *zirben* sich rundherum drehen, ahd. *sih zerban* sich drehen + ⟋ *wirbeln*.

Zwirn m. mhd. *zwirn* Doppelfaden; engl. *twine* Doppelfaden, Zwirn. Abgeleitet von ⟋ *zwei* (idg. Wurzel *$d\underset{.}{u}is$-* auseinander) + Suffix. ⟋ *Twist*. – **zwischen** Adv. (Präp.) mhd. *zwi-, zwü-, zwu-, zuschen*, verkürzt aus mhd. *in* (*under*) *zwischen*, ahd. *in* (*untar*) *zwiskên*, von mhd. *zwisc(h)*, ahd. *zwiski* zweifach; eigtl. = in Zweifachem, ebf. von der (anders suffigierten) idg. Wurzel *$d\underset{.}{u}is$-*. – **Zwist** m. spätmhd. *zwist*, aus mnd. *twist* Entzweiung (engl. *twist* Geflecht; ⟋ *Twist*); zur idg. Wurzel *$d\underset{.}{u}is$-* auseinander.

zwitschern Zw. 2. Hälfte 17. Jh. für älteres mhd. *zwitzern*, ahd. *zwizzirôn* (engl. *twitter*). Verdoppelndes SchW. – Nhd. *-tsch-* für älteres *-z-* wie in ⟋ *fletschen*, ⟋ *glitschen*, ⟋ *Pritsche*, ⟋ *quetschen*, ⟋ *rutschen*.

Zwitter m. mhd. *zwitarn, -torn, -dorn*, ahd. *zwitar(a)n*; Zs. mit *zwie-* ⟋ *zwei*, deren 2. Glied (ein Suffix?) ungeklärt ist. – **zwölf** ZaW mhd. *zwelf, -lef, -lif*, ahd. *zwelif*, got. *twalif* (engl. *twelve*); wie ⟋ *elf* mit *-lif* gebildet; also eigtl. = zwei drüber. – Obd. *-ö-* für *e* wie in ⟋ *schöpfen* u. a.

Zyane w. Kornblume, KW um 1800 von gr. *kyáneos* dunkelblau. **Zyankali** s. KW 19. Jh., Zs. aus *Zyan* (gr. *kyáneos*) + ⟋ *Kali*.

Zyklon m. Wirbelsturm, 19. Jh. aus engl. *cyclone*, das von gr. *kyklôn* sich im Kreise drehend stammt. – **Zyklop** m. einäugiger Riese, über lat. aus gr. *kýklôps* rundäugig (vom Subst. *kýklos* Kreis + *ôps* Auge). **Zyklus** m. 18. Jh. über lat. *cyclus* aus gr. *kýklos* (zur idg. Wurzel *$k\underset{.}{u}el$-* drehen; ⟋ *Hals*).

Zylinder m. Mitte 16. Jh. aus lat.

cylindrus, das von gr. *kýlindros* Walze herkommt (vom Zw. *kylíndrein* rollen); 1. Hälfte 19. Jh. = hoher Hut, für älteres *Zylinderhut;* Ende 18. Jh. (aus Frankreich).

zynisch Adj. Mitte 18. Jh. über frz. *cynique* und lat. *cynicus* aus gr. *kynikós* nach der (zudringlichen) Art der *Kyniker* (gr. Philosophieschule). Versammlungsort: das Gymnasium *Kynosarges* in Athen. Die frühe Anlehnung an gr. *kýôn* ⚲ Hund spielte auf die Bedürfnislosigkeit und Aufdringlichkeit der Kyniker an.

Zypresse w. Lebensbaum, mhd. *cipres(se),* ahd. *cipresenboum,* aus lat. *cyp(a)rissus* (it. *cipresso*) für älteres *cupressus* (=gr. *kypárissos*). Vermutl. aus einer kleinasiat. Sprache. – Seit 16. Jh. zunehmend Übergang zum w. Geschlecht.

Lutz Mackensen

Deutsches Wörterbuch

Rechtschreibung · Grammatik ·
Stil · Worterklärungen ·
Fremdwörterlexikon · Geschichte
des deutschen Wortschatzes.
1263 Seiten, fester Einband.

Die neueste Ausgabe des ein-
bändigen Deutschen Wörterbuchs
ist mit 300 000 Stichwörtern,
Redewendungen, Redensarten
und Sprichwörtern das
umfassendste Nachschlagewerk für
Lehrer, Studenten, Schüler
und alle, die privat oder
beruflich mit Sprache umgehen
müssen. Das große, kompakte
Wörterbuch für jeden
Schreibtisch, jedes Büro und
jede Hausbibliothek.

Südwest Verlag